Axel Flügel

Anatomie einer Ritterkurie

STUDIEN UND SCHRIFTEN ZUR GESCHICHTE
DER SÄCHSISCHEN LANDTAGE

Herausgegeben von Uwe Israel und Josef Matzerath
Band 2

Axel Flügel

Anatomie einer Ritterkurie

Landtagsbesuch und Landtagskarrieren im kursächsischen
Landtag (1694–1749)

JAN THORBECKE VERLAG

Die Publikation entstand im Rahmen eines von der Deutschen Forschungsgemeinschaft geförderten Forschungsprojektes (FL 763/1) an der Universität Bielefeld und in Kooperation mit dem Graduiertenkolleg „Geschichte der sächsischen Landtage" an der TU Dresden.
Die vorliegende Veröffentlichung wurde mit Mitteln der DFG und des Sächsischen Landtags gefördert.

Für die Verlagsgruppe Patmos ist Nachhaltigkeit ein wichtiger Maßstab ihres Handelns. Wir achten daher auf den Einsatz umweltschonender Ressourcen und Materialien.

Bibliografische Information der Deutschen Nationalbibliothek
Die Deutsche Nationalbibliothek verzeichnet diese Publikation in der Deutschen Nationalbibliografie; detaillierte bibliografische Daten sind im Internet über http://dnb.dnb.de abrufbar.

Umschlaggestaltung: Finken & Bumiller, Stuttgart
Umschlagabbildung: Heinrich Graf von Bünau, Ausschnitt (© bpk / Staatliche Kunstsammlungen Dresden / Hans-Peter Klut). – Schema der Landtagseröffnung, Ausschnitt (Sächsisches Staatsarchiv, Hauptstaatsarchiv Dresden, 10006 Oberhofmarschallamt, Lit.MNr. 23a, Bl. 124; Vorlage und Repro: Sächsisches Staatsarchiv, Hauptstaatsarchiv Dresden). – Schloss Scharfenberg (Foto und Repro: Landesamt für Denkmalpflege Sachsen).
Satz und Repro: Schwabenverlag AG, Ostfildern
Druck: Memminger MedienCentrum, Memmingen
Hergestellt in Deutschland
ISBN 978-3-7995-8461-6

Inhalt

Vorwort 7

I. **Einleitung. Forschungsstand und Vorgehensweise** 9

   1. Dualismus: Landständische Verfassung und konstitutionelle
      Monarchie 10
   2. Alteuropa: Fürsten, Adel und politische Kultur 17
   3. Kontext: Landtage im frühneuzeitlichen Fürstenstaat 34
   4. Landtage: Untersuchungsrichtung und Quellen 54

II. **Kursachsen und der kursächsische Landtag im 18. Jahrhundert** 67

   1. Die Zusammensetzung des kursächsischen Territoriums der
      Wettiner aus der albertiner Linie 68
   2. Die Sekundogenituren von 1657 80
   3. Die Kurien, die Steuern und die Tagungsfrequenz des
      kursächsischen Landtages im 18. Jahrhundert 86
   4. Die Landtagsordnung von 1728 98
      a) Das Landtagsverfahren und der Gang der Verhandlungen 105
      b) Die Verteilung der Ausschußstellen auf die sieben
         erbländischen Kreise 111
      c) Die Ahnenprobe der ritterschaftlichen Landtagsteilnehmer 121

III. **Landtagsbesuch und Landtagskarrieren in der ersten Hälfte des
     18. Jahrhunderts** 133

   1. Die Zahl der Landtagsbesucher und die Landtagskarrieren in den
      Jahren 1694 bis 1749 146
      a) Die Teilnehmer im Kollegium der Allgemeinen Ritterschaft 148
      b) Der Besuch der Allgemeinen Ritterschaft und der Aufstieg in
         den Weiteren und den Engeren Ausschuß 153
      c) Die Deputierten aus den kursächsischen Ämtern im Dresdner
         Landtag 190
   2. Die Tätigkeiten der Landtagsbesucher. Höflinge, Amtsträger und
      Offiziere in den Landesversammlungen und ihre Karrieren von
      1694 bis 1749 207
      a) Landstände und Steuern: Ober-Steuereinnehmer und
         Kreis-Steuereinnehmer 218
      b) Hofadel: Ober-Chargen, Kammerherren, Kammerjunker und
         Kammerräte 241
      c) Minister und Räte: Kabinett, Geheimer Rat und
         Cammer-Collegium 262

d) Richter und Juristen: Landes-Regierung, Obergerichte und
Ober-Consistorium 296
e) Militäradel: Offiziere im Landtag 314

IV. **Anatomie der Ritterkurie im allgemeinen Landtag von 1742** **337**

1. Die Wiederbesetzung der freien Stellen in den beiden Ausschüssen
der Ritterkurie 346
2. Die Landtagserfahrung der ritterschaftlichen Mitglieder des
Landtags 352
3. Die amtsässigen Deputierten in der Ritterkurie von 1742 361
4. Zur Wahl der ritterschaftlichen Deputierten durch die Amtsassen 368
5. Höflinge, Räte und Militärs in der Ritterkurie von 1742 374
6. Landtagsbesucher und Rittergutsbesitzer 1742. Das Beispiel des
Vogtländer Kreises 396

V. **Zusammenfassung. Landtag im frühneuzeitlichen Fürstenstaat** **419**

VI. **Anhang** **449**

1. Landständische Verfassung. Anmerkungen zur
Forschungsgeschichte 449
   1. Vorbemerkung 449
   2. Der Dualismus der landständischen Verfassung 451
      a) Die innerfachlichen Themen der Dualismus-These im
      Rahmen der Staatsbildung 453
      b) Die Verfassungsgeschichte und die konstitutionelle
      Monarchie des 19. Jahrhunderts 468
      c) Begriffe und Sachverhalte. Methodenfragen in der
      Ständegeschichte 487
   3. Ergebnisse. Revisionismus, Alteuropa und politische Kultur 510
2. Die Mitglieder der Ritterschaft im Landtag von 1742 531
3. Liste der neu erteilten Schriftsässigkeit für Rittergüter seit 1675 538
4. Die landtagsfähigen Rittergüter des Kollegiatstifts Wurzen 540
5. Das Personal des Domstifts Meißen und Kollegiatstifts Wurzen im
Jahr 1731 541
6. Beispiele nobilitierter Familien in Kursachsen vom 16. bis
18. Jahrhundert 542

VII. **Literaturverzeichnis** **547**

1. Archivalien 547
2. Gedruckte Quellen und ältere Literatur 547
   a) biographische Hilfsmittel und genealogische Literatur 547
   b) ältere Literatur (bis 1918) 549
3. neuere Literatur 553

VIII. **Verzeichnis der Tabellen im Text** **567**

Personenregister 569

Vorwort

Nach einem bekannten Wort haben auch Bücher ein Schicksal; und das Vorwort ist der Ort, davon zu berichten. Dieses Buch enthält Ergebnisse eines vor bald zwanzig Jahren von mir gestarteten Projektes zur kursächsischen Landtagsgeschichte im 18. Jahrhundert. Meine Studie zum Landtagsbesuch im 18. Jahrhundert ist dennoch in keiner Weise besonders ungewöhnlich. Sie teilt vielmehr mit anderen wissenschaftlichen Vorhaben, die am Ende noch zur Publikation gekommen sind, die unvorhergesehenen Windungen einer langen Vorgeschichte. Die vorliegende Untersuchung zu den adligen Landtagsteilnehmern in der Zeit von 1694 bis 1749 geht zurück auf meine 1998 abgeschlossene Habilitationsschrift, die im Jahr 2000 unter dem Titel ‚Bürgerliche Rittergüter' veröffentlicht wurde. Die Habilschrift entstand im Rahmen des SFB 177 ‚Sozialgeschichte des neuzeitlichen Bürgertums im internationalen Vergleich' (1986–1998) an der Universität Bielefeld. Aus der sozialgeschichtlichen Untersuchung der Zusammensetzung der Rittergutsbesitzer und ihrer Veränderungen im Verlauf des 18. Jahrhunderts erwuchs das Interesse an der politischen Seite dieser Gruppe und an ihrer Geschichte in den kursächsischen Landtagen.

Im Zentrum stand und steht ein Zugang zur Politik des Ancien Régime, der nicht bei den Verordnungen und Landtagsschriften beginnt, sondern den Weg über eine prosopographische Untersuchung möglichst aller Landtagsbesucher und darüber hinaus aller Lehngutsinhaber nimmt. Aus dieser Entstehungszeit stammt auch als zweiter Schwerpunkt das Interesse an einem gegenüber den überbordenden soziologischen, philosophischen oder juristischen Definitionen stärker historisch gefüllten Verständnis von ‚bürgerlicher Gesellschaft' in der Frühen Neuzeit und in der Moderne. Entgegen dem ersten Anschein erschöpfte sich die beabsichtigte Untersuchung von Anfang an nicht in der ausufernden empirischen Erhebung biographischer Angaben, sondern war als Beitrag zu unserem Verständnis des frühneuzeitlichen Fürstenstaates konzipiert. Im Blick auf den untergegangenen Fürstenstaat der frühneuzeitlichen Epoche kommt es daher nicht nur auf die Quellen an. Vielmehr muß es immer auch um eine kritische Geschichte der historiographischen Überlieferung gehen und um eine Kritik der vorliegenden Begriffe und Vorstellungen von der Frühen Neuzeit und ihrem vermuteten Beitrag zu unserer Moderne.

Das prosopographische Vorhaben habe ich damals dem in Bielefeld neu geplanten SFB 584 ‚Das Politische als Kommunikationsraum in der Geschichte' (2001–2012) angeboten. Angesichts der Suche nach einer Neuen Politikgeschichte erschien eine personenbezogene Landtagsgeschichte konzeptionell von vornherein als ebenso altbacken wie der Antragsteller als zu alt für eine Förderung. Das Projekt wurde seitdem mit den Mitteln und der Ausstattung eines Privatdozenten so weit möglich weiter bearbeitet. Eine erste Lektion über prosopographische Untersuchungen, die sich hier schon abzeichnete, war, daß derartige Vorhaben sehr lange dauern, wie man auch in Sigrid Jahns' Buch zu den Kammerrichtern lesen kann, und daß man vor allem selbst an sie glauben muß. In der Zwischenzeit war es vor allem die unermüdliche Ausdauer und Kollegialität von Josef Matzerath an der TU Dresden, die für mich eine mehr als willkommene und unverzichtbare Unterstützung darstellten. Ohne seine Neugier, sein Organisationstalent in der Anwerbung immer neuer Mitarbeiter zur Hebung der Schätze des Dresdner Staatsarchivs und die außergewöhnliche Großzügigkeit, mit der er seine Daten und Materialien zur Verfügung stellte, wäre dies ein sehr viel schlechteres Buch geworden. Nicht weniger danke ich Tim S. Müller, der mir seine Datenbank zu den Rittergutsbesitzern des Vogtländer Kreises seit 1763 großzügig überlassen hat, und Silke Marburg für ihre Neugier und ihr Interesse.

Einen beträchtlichen neuen Aufschwung nahm mein Vorhaben durch die Bewilligung eines Antrages an die Deutsche Forschungsgemeinschaft (DFG Projekt FL763/1) für die Jahre 2012–2015, für die ich den in der DFG und als Gutachter Beteiligten hier ebenfalls gerne danken möchte. In dieser Zeit konnten vor allem wesentlich ausgedehntere Archivrecherchen durchgeführt werden. Die empirische Grundlagenarbeit ließ sich aber in den bewilligten drei Jahren nicht zum Abschluß bringen, nicht zuletzt, weil die beantragte Mitarbeiterstelle nicht gefördert worden war und die Untersuchung so weiterhin ein Einmann-Unternehmen blieb. Außerdem ist inzwischen aufgrund allzu knausriger Mittelzuweisung der Landesregierung eine Verkürzung der Öffnungszeit des Lesesaals im Hauptstaatsarchiv Dresden exekutiert worden, welche die wissenschaftliche Arbeit auswärtiger Archivnutzer empfindlich behindert. Eine weitere Lektion, die sich nach drei Jahren Projektzeit einstellte, war die, daß angesichts der üblichen Bewilligungsperioden und der möglichen Mittelausstattung die Geduld mit und das Interesse an mittelfristigen Vorhaben, wie es die Erhebung von umfangreicheren Daten für eine größere Personengruppe aus den Archivalien darstellt, nicht sehr dauerhaft ist. Rasche Ergebnisse, die gefragt waren, lagen am Ende der ersten Förderphase nicht vor. Die Gutachter haben die beantragte Verlängerung des Projektes daher verworfen.

Mit dieser Studie zum Landtagsbesuch, die zu beträchtlichen Teilen auf eigenen Vorarbeiten und meinem DFG-Projekt beruht, hoffe ich einen Beitrag zur kursächsischen Landtagsgeschichte und zur frühneuzeitlichen Epoche allgemein vorzulegen und zugleich auch die Möglichkeit zu haben, nachzuweisen, wie ich die mir verfügbar gemachten Mittel und Archivalien genutzt habe. Mein Dank geht daher sowohl an die Dresdner Kollegen als auch an die Mitarbeiter des Hauptstaatsarchivs Dresden und die der Universitätsbibliothek Bielefelds, als auch besonders an die Herausgeber der Reihe zur Landtagsgeschichte Uwe Israel und Josef Matzerath und zuletzt auch an Jürgen Weis vom Verlag Thorbecke. Für die Vorbereitung des Drucks hat mich Andrea Bendlage beim Korrekturlesen tatkräftig unterstützt, wofür ich ihr herzlich danke. Nun, am Ende einer recht langen Strecke können sich die LeserInnen selbst ein Bild machen, welche Ergebnisse sich für die frühneuzeitliche Landtagsgeschichte in Sachsen erzielen lassen und inwieweit die Gelder für dieses Projekt tatsächlich verbrannt worden sind.

Bielefeld, März 2017

I. Einleitung. Forschungsstand und Vorgehensweise

Mit der Verfassung vom 4. September 1831 trat das Königreich Sachsen rechtlich und politisch in das bürgerliche Zeitalter der konstitutionellen Monarchien des 19. Jahrhunderts ein. In seiner Rede zur Übergabe der neuen Verfassungsurkunde blickte der alte sächsische Konferenzminister Gottlob Adolph Ernst v. Nostitz und Jänkendorf (1765–1836) auf die gerade beendete Epoche der alten Landtage zurück. Als er von dem „Abschied des Fürsten von seiner alten Landschaft" sprach, da entwarf er zugleich ein sehr bezeichnendes Bild der Vergangenheit. In seiner Sicht brachten Landesherr und Stände mit der Verfassung bedeutende Opfer, indem der Landesherr „der Willkühr entsagt, unbeschränkt Gutes stiften zu können" und die Stände auf das Vorrecht verzichteten, „des Landes Beste ausschließend vertreten und berathen zu können."[1] Die von ihm angesprochene Doppelung von fürstlicher bzw. königlicher Regierung einerseits und einer ständischen Landesvertretung andererseits bildete den Kern einer staatswissenschaftlichen Theorie der konstitutionellen Monarchie, die sie als spezifisch deutsche Staatsform vom vermeintlich westlichen Parlamentarismus unterscheiden wollte. Weil der Begriff der konstitutionellen Monarchie ein Schlüsselkonzept der traditionellen historischen Forschung zur Geschichte der alten Landtage ist, muß jede Überlegung, wie eine Untersuchung zur Landtagsgeschichte heute konzipiert werden soll, ihren Ausgangspunkt in einer kritischen Darstellung der Rolle beginnen, welche der Begriff der konstitutionellen Monarchie in der Forschung gespielt hat.[2]

---

1   Siehe den amtlichen Bericht in der Leipziger Zeitung Nr. 216 aus dem Jahr 1831, wieder abgedruckt bei Cäsar Dietrich v. Witzleben, Die Entstehung der constitutionellen Verfassung des Königreiches Sachsen, Leipzig 1881, S. 280–285, hier S. 285. Laut sächsischem Hof- und Staatskalender war er seit 1791 Capitular des Domstifts Merseburg, außerdem 1786–89 wirklicher Finanzrat in Dresden, seit 1793 dann Landesältester des Bautzener Kreises, 1808/09 kurze Zeit Präsident des Oberkonsistoriums in Dresden. Im Jahr 1810 wechselte er schließlich als wirklicher geheimer Rat und Konferenzminister in das Geheime Consilium. Für das neuschriftsässige Rittergut Doberschau im Amt Stolpen nahm er am alten, unreformierten Landtag von 1811 teil. Er war auch literarisch tätig und seit Mitte der 1790er Jahre Präsident der Oberlausitzer Gesellschaft der Wissenschaften; Friedrich Gottlob Leonhardi lobte ihn in seiner Erdbeschreibung der churfürstlich- und herzoglich sächsischen Lande, dritte Auflage, Bd. 4, Leipzig 1806, S. 56, als „achtungsvollen Gelehrten, eifrigen Vaterlandsfreund und wahrhaft edlen Mann".

2   Eine kritische Wissenschaftsgeschichte der historischen und juristischen Literatur zur Landtagsgeschichte fehlt bislang. Die derzeit beste und ausführlichste Übersicht findet sich bei Tim Neu, Die Erschaffung der landständischen Verfassung. Kreativität, Heuchelei und Repräsentation in Hessen (1509–1655), Köln 2013, S. 13–95, der sich an einer Wiederbelebung der Verfassungsgeschichte versucht. Allerdings werden in seiner Interpretation wichtige Aspekte vernachlässigt. Das hier verwendete Verständnis der Forschungstradition weicht daher von Neus Darstellung deutlich ab, siehe dazu ausführlicher im Anhang den Aufsatz ‚Landständische Verfassung. Anmerkungen zur Forschungsgeschichte'.

1. Dualismus: Landständische Verfassung und konstitutionelle Monarchie

Die Theorie der konstitutionellen Monarchie hat sowohl das politische Denken als auch die historischen Arbeiten zur Landtagsgeschichte vom 19. Jahrhundert bis weit in das 20. Jahrhundert hinein in umfassender Weise beherrscht. Erst ein Aufsatz von Ernst-Wilhelm Böckenförde aus dem Jahr 1967 hat diesem wissenschaftlichen Spuk ein Ende bereitet.[3] Bis hin zum Ersten Weltkrieg durchzieht die politische Geschichte Deutschlands unter dem Einfluß der konstitutionellen Doktrin ein unablässiger Streit um die Kompetenzen der neuen, in den Verfassungen vorgesehenen konstitutionellen Landtage und um ihren Einfluß auf die ministerielle Zusammensetzung und die Politik der königlichen Regierungen. In sozialgeschichtlicher Hinsicht dominiert parallel dazu der bis 1918 ohne abschließendes Ergebnis geführte Kampf um das Wahlrecht zum Landtag in den einzelnen Ländern und zum Reichstag des Kaiserreiches.[4]

Die Doppelung von fürstlicher Regierung und Landesvertretung, die der Politiker v. Nostitz und Jänkendorf 1831 ansprach, wurde durch den Juristen Otto v. Gierke (1841–1921) in seinem epochalen Werk zum Genossenschaftsrecht aus dem Jahr 1868 zu einer den gesamten Geschichtsprozeß durchziehenden dialektischen Bewegung systematisiert und überhöht. Gierke versuchte die Mannigfaltigkeit und Wechselhaftigkeit der historischen Ereignisse auf Grundprinzipien zurückzuführen und mit ihrer Hilfe die historische Entwicklung in ihrem Auf und Ab in signifikante Perioden zu gliedern, die in ihrer Abfolge dann eine Fortschrittsgeschichte ergeben.[5] In der juristischen Durchgestaltung des

---

3   Siehe Ernst Wilhelm Böckenförde, Der deutsche Typus der konstitutionellen Monarchie im 19. Jahrhundert (1967), in: ders., Recht, Staat, Freiheit. Studien zur Rechtsphilosophie, Staatstheorie und Verfassungsgeschichte, Frankfurt am Main 1991, S. 273–305. Inzwischen wird unter Konstitutionalismus die gemeineuropäische Tendenz verstanden, seit 1789/1830 politische Verfassungsordnungen durchzusetzen, wobei ausgehend vom englischen und französischen Begriff der ‚constitution‘ ein weiter Verfassungsbegriff verwendet wird, der nichts mehr mit der emphatischen Vorstellung einer besonderen deutschen Form des konstitutionellen Staates zu tun hat, siehe z. B. Detlef Lehnert (Hg.), Konstitutionalismus in Europa. Entwicklung und Interpretation, Köln 2014. Siehe auch Dieter Grimm, Deutsche Verfassungsgeschichte 1776–1866. Vom Beginn des modernen Verfassungsstaats bis zur Auflösung des Deutschen Bundes, Frankfurt am Main 1988, insbesondere zum Begriff der modernen Verfassung und dem der ihr korrespondierenden bürgerlichen Gesellschaft.

4   Es ist daher kein Zufall, daß einer der Begründer der historischen Landtagsforschung ein Buch zum aktuellen Stand der Kämpfe um das Wahlrecht schreibt, siehe Georg v. Below, Das parlamentarische Wahlrecht in Deutschland, Berlin 1909. Noch im Jahr 1909 verabschiedete das konservative Sachsen ein Gesetz zum Pluralstimmrecht, das nur wegen des bald beginnenden Krieges nicht mehr angewendet wurde. Below sprach sich übrigens gegen ein Pluralstimmrecht und für das preußische Dreiklassenwahlrecht aus.

5   Siehe Otto v. Gierke, Das deutsche Genossenschaftsrecht. Bd. 1. Rechtsgeschichte der deutschen Genossenschaft (1868), ND Darmstadt 1954, S. 1–11, die Einleitung und den § 1 zur Periodeneinteilung, u. a. auch S. 2 über Einheit und Freiheit: „Der Kampf dieser beiden großen Principien bestimmt eine der mächtigsten Bewegungen in der Geschichte."

historischen Materials arbeitete Gierke mit den gegensätzlichen Prinzipien von Einheit und Freiheit, Persönlichkeit und Dinglichkeit, Herrschaft und Genossenschaft, Privatrecht und Öffentlichem Recht. Jede historische Periode kennzeichnete eine spezifische Mischung dieser Prinzipien, die sich als das prägnante Verfassungsprinzip der Epoche formulieren lasse. In Gierkes vierter Epoche, die von 1525 bis 1806 reicht, ist das markante Ereignis der „definitive Sieg der Landeshoheit" – der Gesichtspunkte der Einheit und Herrschaft oder das „Princip der Obrigkeit" – über die Freiheit. In diesem Zusammenhang verortet Gierke auch die in vielen frühneuzeitlichen Territorien vorhandene Einrichtung von landständischen Körperschaften oder Landtage:

> „Nicht in der Ausbildung der Landeshoheit allein darf man die Quelle des deutschen Staatsgedankens suchen: neben und mit ihr war die landständische Entwicklung ein gleich wichtiges Element. Bedeutet aber jene die Umwandlung einer Herrschaft in eine Landesobrigkeit: so bedeutet diese die Organisation des Landes – sofern dieses der Obrigkeit gegenüber gedacht wird – durch die genossenschaftliche Einung der Stände. Landesherr und Land werden so zu zwei nebeneinanderstehenden Trägern staatlichen Rechtes, die in ihrer Vereinigung den deutschen Staat darstellen, wie er aus dem Abschluß des Mittelalters hervorgieng."
>
> „Landesherr und Landschaft wurden so zwei von einander unabhängige Mächte, von denen keine ihr Recht von der andern ableitete."[6]

In der häufig verwendeten Bezeichnung ‚deutsch' zeigt sich der Patriotismus Gierkes, dem die Einheit der Nation wissenschaftlich wie politisch eine Herzensangelegenheit war. Der im 19. Jahrhundert, in der Zeit Gierkes, durchgesetzte moderne Staatsbegriff machte Fürst und Landesvertretung für ihn zu den ‚Organen' des einen geeinten Staates, der dann mit der Reichsgründung von 1870/71 endlich erreicht zu sein schien. Die konstitutionelle Monarchie ist in diesem Sinne eine Form des modernen Staates und die Entwicklungsgeschichte von Einheit und Freiheit findet in der von ihr verkörperten Versöhnung der gegensätzlichen Prinzipien an ihr Ziel. Die rechtshistorische Konstruktion

---

6   Ebd., S. 534–581, § 51 ‚Landständische Körperschaften', hier S. 534 f und S. 537. Vgl. damit die folgende Stelle aus Belows empirischer Untersuchung: Georg v. Below, Die landständische Verfassung in Jülich und Berg (1885–1891), ND Aalen 1965, S. 4: „Die Landstände des deutschen Mittelalters waren gewisse bevorzugte Klassen eines Territoriums in korporativer Vereinigung, die dem Landesherrn gegenüber das Land vertraten. Freilich war die Art dieser Vertretung prinzipiell von der der modernen Volksvertretung verschieden. Denn zunächst waren die Landstände ebenso wenig wie der Landesherr Organ eines einheitlichen Staates, sondern das mittelalterliche Territorium bestand aus zwei Gliedern, der Landesobrigkeit und den Landständen mit dem von ihnen vertretenen Lande, von welchen beiden Gliedern jedes Träger eines selbständigen Rechtssubjekts war." Gierke nimmt das Thema der Landstände in § 60 ‚Die Landständekorpora im obrigkeitlichen Staat', S. 801–822 wieder auf. Das Wort Dualismus findet sich bei ihm nicht, auf S. 827 spricht er aber von der ‚alten Zweiheit des Staates'.

Gierkes mündet am Ende des Buches in der auf die Tagespolitik zielenden Rechtfertigung der konstitutionellen Monarchie.[7]

Mit seiner juristischen Konstruktion der Landtagsgeschichte sind wichtige Elemente für die weitere Diskussion der Landtags-Materie gegeben. Im Zentrum steht eine Entwicklungsgeschichte, Entwicklung aber vorrangig verstanden als Geschichte bestimmter Prinzipien von Freiheit, politischer Partizipation oder Repräsentation, die sich zu einer Geschichte der Staatsbildung und der Vorgeschichte des modernen Staates formen lassen. Diese grundsätzliche Ausrichtung des Konzeptes bevorzugt die Suche nach den Ursprüngen oder Anfängen der landständischen Verfassung sowie den Nachweis der Geltung der Prinzipien, der sich besonders in den spektakulären Konflikten um Steuererhebungen oder Vormundschaftsregierungen zeigen soll. Die historische Forschung zu den Landtagen hat dementsprechend lange Zeit die Suche nach den spätmittelalterlichen Anfängen und die Darstellung des Höhepunktes ständischer Macht im Ständestaat des 16. Jahrhunderts bevorzugt. Demgegenüber fand die unspektakuläre Alltagspraxis der Landtage und ihre weitere Geschichte nach ihrer konfliktträchtigen Etablierung vergleichsweise wenig Interesse, wenn sie nicht sogar direkt als Verfallsgeschichte gewertet und dem Vergessen überantwortet wurde.[8] Aufgrund ihrer engen Verbindung zu rechtshistorischen Problemen wurde die historische Erscheinung, die als Landstände und als Landtage bezeichnet wurde, in der Geschichtswissenschaft seit und nach v. Below unter dem Oberbegriff einer veritablen, historisch nachweisbaren und abgegrenzten ‚landständischen Verfassung' gebündelt und rubriziert.

Aus der durch Otto v. Gierke formulierten juristischen These von den zwei unabhängigen Trägern staatlichen Rechts wurde bei den Historikern Georg v. Below und Felix Rachfahl um 1900 der Dualismus der landständischen Verfassung als einer spezifischen Epoche der Staatsbildung in Deutschland. Der Dualismus von Fürst und Ständen avancierte seitdem zum Grundbegriff der historischen Forschung bis in die 1960er Jahre. In ausdrücklicher Abgrenzung zur modernen Repräsentation durch gewählte Abgeordnete im parlamentari-

---

7   Siehe Otto v. Gierke, Das deutsche Genossenschaftsrecht, Bd. 1, S. 833: „Die verfassungsmäßige Organisation des Staates aber besteht darin, daß sie die Verschmelzung der genossenschaftlichen und herrschaftlichen Elemente zu einer harmonischen Einheit anstrebt. Die moderne Staatsidee enthält daher die Versöhnung der uralten Genossenschaftsidee und der uralten Herrschaftsidee, von denen jede in ihrer Sphäre zur Geltung kommen, deren feindlicher Gegensatz aber in einer höheren Einheit seine Lösung finden soll." Gierke schreibt, um nur daran zu erinnern, vor dem Hintergrund der durch das Scheitern der 1848er Revolution enttäuschten liberalen Hoffnungen und dem gerade stattfindendem preußischen Verfassungskonflikt um den Militärhaushalt, den der preußische Ministerpräsident Otto v. Bismarck (1815–1898) erzwungen hatte.

8   Siehe z. B. Georg v. Below, System und Bedeutung der landständischen Verfassung, in: ders., Territorium und Stadt. Aufsätze zur deutschen Verfassungs-, Verwaltungs- und Wirtschaftsgeschichte, München 1900, S. 163–282, hier S. 167. Eine zweite, überarbeitete Auflage erschien 1923, ND Osnabrück 1965. Über v. Below siehe jetzt Hans Cymorek, Georg von Below und die deutsche Geschichtswissenschaft um 1900, Stuttgart 1998.

schen System wurde für die ältere Zeit ein „eigenthümliches Verhältnis zwischen Landesherrn und Unterthanen" angenommen:

> „Der ältere Territorialstaat ist nämlich dualistisch, setzt sich aus zwei verschiedenen Rechtssubjekten zusammen: dem Landesherrn und dem Lande. … Die Bewohner des Territoriums gehören zwei verschiedenen Sphären an: sie sind einmal Glieder des von den Ständen gegenüber dem Landesherrn vertretenen Landes; andererseits sind sie als Unterthanen den Herrschaftsrechten des Landesherrn unterworfen und als solche ihm zu Treue und Gehorsam verpflichtet."[9]

Unbeschadet der zeitgenössischen und der späteren fachwissenschaftlichen Debatten über die Kontinuität oder Diskontinuität zwischen den Landtagen vor und nach 1800, die eine politische Nebenfolge des Artikels 13 der Deutschen Bundesakte von 1815 über die landständische Verfassung bildeten,[10] und unbeschadet der Debatten über den von praktisch niemandem bestrittenen Unterschied zwischen der älteren Territorialgeschichte bis 1800 und dem modernen Staat der konstitutionellen Monarchie im 19. Jahrhundert, sahen sich die geschichtswissenschaftlichen Vertreter einer Theorie der landständischen Verfassung und des ständischen Dualismus doch in einer großen historischen Kontinuität wechselnder Formen monarchischer Regierungen vom Mittelalter bis in ihre Gegenwart.[11] In genau diesem Zusammenhang hatte die Ausrichtung auf die Entwicklungsgeschichte und die Suche nach historischen Prinzipien der politischen Repräsentation eine sowohl wissenschaftliche wie politisch-praktische Bedeutung und Berechtigung. Die Historiker waren zudem durchweg Verfechter der konstitutionellen Monarchie als explizit deutscher Staatsform und standen dem Parlamentarismus ablehnend bis skeptisch gegenüber. Das gilt nicht nur für Autoren, die ihre Texte vor 1918 verfaßten. In der Forschungsgeschichte gibt es angefangen bei Georg v. Below, über Felix Rachfahl und Otto Hintze bis Fritz Hartung zahlreiche Belege für die Auseinandersetzung der Historiker mit den aktuellen – auch rechtswissenschaftlichen und philosophischen – Fragen zur Staatsform, wie sie heutzutage nahezu undenkbar erscheint und sich außerdem rasch dem Verdacht einer unstatthaft politisierten Wissenschaft aussetzen würde.[12] Als Beispiel einer solchen Stellungnahme für die

---

9 Siehe Georg v. Below, System und Bedeutung der landständischen Verfassung (1900), S. 248.

10 Siehe dazu abschließend Barbara Stollberg-Rilinger, Vormünder des Volkes? Konzepte landständischer Repräsentation in der Spätphase des alten Reiches, Berlin 1999; und zur Debatte selbst Heinz Rausch (Hg.), Die geschichtlichen Grundlagen der modernen Volksvertretung. Reichsstände und Landstände, Darmstadt 1974; sowie die Schlußdiskussion in Peter Baumgart (Hg.), Ständetum und Staatsbildung in Brandenburg-Preußen. Ergebnisse einer internationalen Fachtagung, Berlin 1983, S. 485–495.

11 Hier ist nicht nur an die Hohenzollern in Brandenburg und das große Buch von Otto Hintze, Die Hohenzollern und ihr Werk. 500 Jahre vaterländische Geschichte, Berlin 1915, oder die Wettiner in Sachsen zu erinnern, sondern auch an den landesgrundgesetzlichen Erbvergleich von 1755, der bis 1918 geltendes Verfassungsrecht des Herzogtums Mecklenburg darstellte.

12 Welcher Historiker würde es heute übernehmen, aktuelle Werke vom Kaliber der Allgemeinen Staatslehre Hans Kelsens oder des Verfassungsrechts von Rudolf Smend in der HZ zu bespre-

konstitutionelle Monarchie seitens der Fachhistoriker soll an dieser Stelle ein kurzer Ausschnitt aus dem von Felix Rachfahl prominent plazierten Vortrag in der Sektion für Rechts- und Wirtschaftsgeschichte des Internationalen Kongresses für historische Wissenschaften vom 12. August 1908 genügen:

> „Es ist die Aufgabe des Historikers, die Erscheinungen der Vergangenheit nicht nur festzustellen und zu beschreiben; er soll auch das Prinzip erklären, das für ihren Ursprung maßgebend war."
>
> „… gegenüber der Idee von der Superiorität der monarchischen Gewalt, die der Quell alles Rechtes sei, vermochte sich die Lehre von der Volkssouveränität hier [in Deutschland, A.F.] nicht durchzusetzen, – und indem sie aus dem System des Konstitutionalismus ausgemerzt wurde, entstand der neue deutsche Verfassungsstaat in seiner charakteristischen Eigentümlichkeit, die ihn vom westeuropäischen Parlamentarismus unterscheidet. Für den Historiker aber ist es eine Aufgabe von höchstem Reize, den viel verschlungenen Pfaden dieser Entwicklung nachzugehen,… Und wer möchte zweifeln, …, daß es so gelingt, in die unendliche Masse der politischen Begebenheiten, der Strebungen, Kämpfe und Irrungen der Personen, der Parteien und der Völker Klarheit und Übersicht zu bringen, in der Vielheit der Erscheinungen das einheitliche Grundprinzip aufzudecken, dem einzelnen seine gebührende Stellung im Zusammenhange des Ganzen anzuweisen?"[13]

Wie in diesem Auszug aus der Rede Rachfahls deutlich wird, ist für den entwicklungsgeschichtlich konzipierten Dualismus ein gewisser Reduktionismus typisch. In ihm geht es nicht so sehr um die vergangenen Ereignisse und die einzelnen Vorgänge, sondern um deren Bedeutung im Licht einer bestimmten Auffassung vom Staat und von staatlicher Ordnung, die insofern eine metahistorisch gültige Theorie des Staates voraussetzt und verwendet. Die vergangenen Handlungen und historischen Ergebnisse werden daran gemessen, welchen Beitrag sie – objektiv – zur Verwirklichung des historischen Zieles geleistet haben. In diesem Sinne kann man sie daher als eine Prinzipiengeschichte be-

---

chen, wie Otto Hintze es nahezu selbstverständlich getan hat? Siehe auch Hans-Christof Kraus, Soldatenstaat oder Verfassungsstaat? Zur Kontroverse zwischen Carl Schmitt und Fritz Hartung über den preußisch-deutschen Konstitutionalismus (1934/35), in: Jahrbuch für die Geschichte Mittel- und Ostdeutschlands 45 (1999), S. 275–310. Zu Hintze siehe jetzt die umfangreiche Biographie von Wolfgang Neugebauer, Otto Hintze. Denkräume und Sozialwelten eines Historikers in der Globalisierung 1861–1940, Paderborn 2015, hier bes. S. 529–549, der aber allzu immanent vorgeht und die politische Brisanz der wissenschaftlichen Debatten leider nicht deutlich herausarbeitet, sondern nur allgemein vom ‚Wandel der politischen Welt' spricht.

13   Der Vortrag ist in erweiterter Form prominent publiziert in Schmollers Jahrbuch: Felix Rachfahl, Alte und neue Landesvertretung in Deutschland, in: Jahrbuch für Gesetzgebung, Verwaltung und Volkswirtschaft im Deutschen Reich, hg. v. Gustav Schmoller, Jg. 33 (1909), S. 89–130, hier S. 123 und S. 130. Rachfahls Rede vom ‚Prinzip' enthält keine Nachläßigkeit in der ausdrucksweise, sondern bezeichnet präzise seine Absicht. Weitere Belege zu diesem Punkt finden sich im Anhang ‚Landständische Verfassung. Anmerkungen zur Forschungsgeschichte'.

zeichnen,[14] die nach der im historischen Prozeß endlich erreichten Entfaltung einer Repräsentation des Landes, einer periodischen Steuergesetzgebung und einer Budgetkontrolle oder einer beauftragten Staatsverwaltung fragt.[15] Die Absichten und die Sichtweisen der handelnden Akteure bleiben demgegenüber als subjektive Beimischungen immer zweitrangig. Weder müssen sie für die Argumentation Rachfahls berücksichtigt werden, noch müssen die Zeitgenossen überhaupt gewußt haben, an welchem weltgeschichtlichen Drama, das der Historiker in seiner rückblickenden Untersuchung ausbreitet, er sie gerade hat teilnehmen lassen.

Auch nach dem Untergang der Monarchie in Deutschland 1918 wurden die im Fach bereits gut eingeführten Debatten fortgesetzt und reichten als Überhang sehr weit in das 20. Jahrhundert hinein. Das Thema des staatlichen Dualismus blieb bis 1945 ungebrochen aktuell und wurde etwa bis 1970 sowohl aufgrund der Geburtsjahrgänge und Sozialisation der beteiligten Personen als auch durch die Weitergabe der traditionellen Fragestellungen innerhalb der Historikerzunft auf der wissenschaftlichen Agenda gehalten. Mit dem Ende des Zweiten Weltkrieges und dem Grundgesetz vom 23. Mai 1949 war die Thematik der konstitutionellen Monarchie zwar historisch erledigt. Den kulturellen Überhang abzubauen und auch in der politischen Alltagskultur eine demokratische Orientierung zu fundieren, dauerte rund ein weiteres Viertel Jahrhundert.[16] Mit dem

---

14 Siehe dagegen Gabriele Haug-Moritz, Württembergischer Ständekonflikt und deutscher Dualismus, Stuttgart 1992, S. 7 oder S. 12, für die der Dualismus aus dem Gegensatz zweier „Kontrahenten" bzw. „Partner", also von Personen, besteht. Für die Prinzipiengeschichte sind die Personen aber vor allem die Verkörperung der dualistischen Prinzipien. Die Personen werden nur daran gemessen, wie gut sie ihre historische Aufgabe ergriffen haben. Die empirische Darstellung der Ereignisse ist in dieser (Verfassungs-)Geschichte dann die Sache der politischen Geschichtsschreibung.

15 Siehe zur Prinzipiengeschichte z.B. Felix Rachfahl, Die Organisation der Gesamtstaatsverwaltung Schlesiens vor dem dreißigjährigen Kriege, Leipzig 1894, S. 402: „Die Lösung der Aufgaben, welche den Ständen unmöglich gewesen war, ging jetzt über auf das Königtum, und man muß gestehen, daß sich dieses seit Ferdinand I. seinen neuen Pflichten gewachsen zeigte. Es schuf eine wahre Staatsgewalt; es nahm auf den abstrakten Staatsgedanken." Oder Felix Rachfahl, Der dualistische Ständestaat in Deutschland, in: Jahrbuch für Gesetzgebung, Verwaltung und Volkswirtschaft im Deutschen Reich, hg. v. Gustav Schmoller, Jg. 26, 1902, S. 1063–1117, hier S. 1112: „Denn nicht um den faktischen Einfluß der privilegierten Klassen handelt es sich hier, den sie in den Bureaus und in den Salons der regierenden Kreise gewißlich in hohem Grade geltend zu machen verstanden, sondern um ihren verfassungsmäßigen Anteil an der Regierung der einzelnen Länder durch das Mittel der Landtage. Das Wichtigste ist es doch eben, daß in der Epoche des Dreißigjährigen Krieges die Mitherrschaft der Stände in den einzelnen Territorien vernichtet wurde, daß die landständischen Versammlungen von da an keine politische Macht und Bedeutung mehr besaßen." Als Komplementärstücke gehören zur Prinzipiengeschichte die Suche nach dem ‚Ursprung' und die Ergründung des ‚Wesens'.

16 Es wird heute leicht übersehen, daß die parlamentarische Demokratie bis zum wirtschaftlichen und kulturellen Aufschwung der 1960er Jahre weder in der Politik noch in der Wissenschaft die hohe Wertschätzung erfuhr, die sie heute besitzt. Siehe beispielsweise die Europarats-Publikation ‚Grundbegriffe der Geschichte. 50 Beiträge zum europäischen Geschichtsbild, hg. in Zusammenarbeit mit dem Europarat und dem Internationalen Schulbuchinstitut', Gütersloh 1964, in der Alexander Novotny über ‚Parlament und parlamentarisches System', S. 289–298, auf

Untergang der Monarchien sollte aber auch in der Geschichtswissenschaft der konstitutionelle Staat kein Bezugs- oder Ausgangspunkt mehr sein können.[17] Aber auch erst seitdem die Monarchie als Staatsform geendet hatte und die parlamentarische Demokratie im Alltag weitgehend etabliert war, verlor die Entwicklungsgeschichte und das Bedürfnis nach historischer Kontinuität an wissenschaftlicher und politischer Dringlichkeit und Plausibilität. Das Übergewicht, das die Fixierung auf die eigene Staatsbildung in Recht und Geschichte besessen hatte, konnte langsam durch ein weniger praktisches Interesse an den vergangenen staatlichen Zuständen zur Seite geschoben werden.[18] Statt nach der Vorgeschichte oder den Wurzeln zu suchen, wurde Platz geschaffen für eine Erforschung der alteuropäischen Formen der Staatlichkeit.[19] In der Verschiebung der bevorzugten Ausdrucksweise von ‚Staat' und ‚Staatsbildung' zu ‚Staatlichkeit' zeigt sich dieser Wandel.[20]

Die konventionellen Begriffe, die Methoden und Fragestellungen, mit denen seit der Gründungsphase der historischen Landtagsforschung von Belows ‚System und Bedeutung der landständischen Verfassung' von 1900 bis zu Dieter Gerhards ‚Probleme ständischer Vertretungen in Europa' von 1964/69 gearbeitet wurde, blieben aber durchtränkt von ihrer Herkunftsgeschichte.[21] Der Streit um

---

S. 296 schreibt „Die eigentlichen Schwierigkeiten, welche der Parlamentarismus der Gegenwart zu bestehen hat, liegen aber darin, daß 1. Die Volksvertretung nicht nur nicht mehr [sic!] das primäre Organ der Gesetzgebung, sondern auch nicht mehr [sic!] das der primären politischen Willensbildung ist (…), daß 2. insbesondere dort, wo Koalitionsparteien an der Macht sind, sich gelegentlich der Vorwurf erhebt, das Parlament übe eine verschleierte Diktatur aus,…"

17 Siehe auch Wolfgang Reinhard, Probleme deutscher Geschichte 1495–1806, in: Gebhardt. Handbuch der deutschen Geschichte, 10., völlig neu bearbeitete Auflage, Bd. 9, Stuttgart 2001, S. 89, für den aber gegenüber den Eigenheiten des Ancien Régime ebenso die Entwicklungsprozesse „mit Richtung auf den modernen Staat", nämlich die Geschichte der Staatsgewalt, ein zentrales Anliegen bleiben, denen er ein eigenes Buch gewidmet hat.

18 Die Bemerkung von Günter Birtsch, Die landständische Verfassung als Gegenstand der Forschung, in: Dietrich Gerhard (Hg.), Ständische Verrtretungen in Europa im 17. und 18. Jahrhundert, Göttingen 1969, S. 32–55, hier S. 33: „Für die moderne Historiographie ist die Zeitgebundenheit verfassungsgeschichtlicher Fragestellung wie die Standort- und Sichtbestimmtheit historischer Forschung überhaupt ein unbestreitbares, den Kontroversenreichtum der Geschichtsschreibung nährendes Faktum.", gilt ja nicht nur für die vergangegen Forschungsperspektiven, sondern logischerweise auch für die gegenwärtige, die eigene und alle zukünftigen.

19 Es geht also weniger um eine rigoros objektiv wahre Darstellung ferner und vergangener Ereignisse an sich als um eine neu bestimmte Rechenschaft, die wir uns heute von der Vergangenheit geben im Sinne von Johan Huizinga, Über eine Definition des Begriffs Geschichte, in: ders., Wege der Kulturgeschichte, München 1930, S. 78–88, hier S. 86: „Geschichte ist die geistige Form, in der sich eine Kultur über ihre Vergangenheit Rechenschaft gibt."

20 Um diesen Wandel deutlich zu machen, wäre es angebracht, in der Geschichtsschreibung mit Blick auf die Frühe Neuzeit nicht mehr vom ‚frühmodernen Staat' zu sprechen, denn was soll an ihm im Sinne der heutigen Zivilgesellschaft ‚modern' gewesen sein, sondern distanzierter vom ‚frühneuzeitlichen Fürstenstaat'.

21 Siehe Dietrich Gerhard, Probleme ständischer Vertretungen im frühen achtzehnten Jahrhundert und ihre Behandlung in der gegenwärtigen Forschung, in: ders. (Hg.), Ständische Vertretungen in Europa im 17. und 18. Jahrhundert, Göttingen 1969, S. 9–31. In seinem Aufsatz hat er die Thematik in fünf Hauptfragen gebündelt undzwar: 1. zur Zusammensetzung, 2. zum Verfahren,

die Repräsentativität der Stände – sind sie und sprechen sie für das ganze Land oder nur für sich selbst – hat inzwischen keine politische Relevanz mehr und keine Auswirkungen auf die heutige Gestaltung des Wahlrechts zum Bundestag. Die unter der Leitvorstellung eines dualistischen Verhältnisses von Ständen – faktisch aber vor allem des Adels – und Landesherr durchgeführten Forschungen haben, bei aller Voreingenommenheit für die Anfänge der landständischen Verfassung, in der Vielzahl der untersuchten Einzelfälle eine große Leistung vollbracht und unverzichtbare Informationen und Einsichten über die frühneuzeitlichen Landtage aus den Archiven zu Tage gefördert. Das gilt insbesondere für die Erforschung der Zusammensetzung der Landtage, ihrer Tagungsgegenstände und Arbeitsweise oder hinsichtlich ihrer organisatorischen Entwicklung. Für alle derartigen Fragen sind die älteren Arbeiten zur Landtagsgeschichte in keiner Weise überholt.

In den Kontroversen um die frühneuzeitliche Staatsbildung und den Anteil der Landstände an ihren Erfolgen behauptete am Ende die Position das Feld, die im Fürsten und in der landesherrlichen Verwaltung, in der Landeshoheit das dynamische und produktive Moment erblickte, das aber immer im Verdacht absolutistischer Willkür stand. Von Otto v. Gierke bis Francis L. Carsten blieb den Ständen nur der schwache Glanz, gegenüber dem Obrigkeitsstaat im historischen Prozeß die Idee der Rechtsstaatlichkeit und der Freiheit in der Periode des Absolutismus gegen alle Anfechtungen und Versuchungen letztlich doch aufrecht erhalten und über die Zeit gerettet zu haben.[22] Als Bewahrer und Überlieferer erfüllten sie somit eine – ihre – wertvolle historische Aufgabe, die ihnen wiederum einen Anspruch auf einen Platz im historischen Gedächtnis sichern sollte.

2. Alteuropa: Fürsten, Adel und politische Kultur

Bedeutendere Modifikationen am konventionellen Bild des Dualismus der landständischen Verfassung erfolgten erst seit dem Ende der 1960er Jahre. Zum einen ist hier der Hinweis auf das Alte Reich als maßgebender rechtlicher und politischer Rahmen für das Verständnis der einzelnen Landtagsgeschichten in den jeweiligen Territorien einflußreich geworden. Wichtige Stationen dieser Aufwertung des Alten Reiches markieren die Publikationen von Günther Birtsch

---

　　　3. zu den Kompetenzen, 4. zum Selbstverständnis und 5. zur politischen Leistung der ständischen Vertretungen.

22　Siehe Otto v. Gierke, Das deutsche Genossenschaftsrecht, Bd. 1 (1868), S. 580 f und S. 820 f; Francis L. Carsten, Princes and Parliaments in Germany from the Fifteenth to the Eighteenth Century, Oxford 1959, S. 444: „Yet the German Estates fulfilled important historical functions. … Their opposition may not have been very effective, but it existed nevertheless. They preserved the spirit of constitutional government and liberty in the age of absolute monarchy. … A new spirit began to permeate them with the coming of the French Revolution and the penetration of French ideas of liberty and equality. For these reasons alone the Estates deserve an honoured place in German history."

(geb. 1929) und Volker Press (1939–1993) zur Landtagsforschung.[23] Die vor allem im 16. und 17. Jahrhundert für das Reich erhobenen Steuern, die sogenannten Türkensteuern, haben danach die Entstehung und Ausbildung landständischer Einrichtungen in den Territorien angestoßen und gefördert. Im Falle Württembergs und Mecklenburgs im 18. Jahrhundert hat erst der förmliche Appell an den Kaiser als alleroberstem Richter die Existenz der Landstände bewahrt. Das Alte Reich, dem sich die neu berufenen Fachvertreten der Epoche der Frühen Neuzeit widmeten, erfuhr im Zuge ihrer Ausbreitung eine markante wissenschaftliche Aufwertung. Die machtpolitische Nullität, die das Reich nach 1648 in den nationalgeschichtlichen Darstellungen dargestellt hatte, wurde zur europäischen rechtsbewahrenden und föderalen Friedensordnung promoviert.[24]

Außerdem wurde das Dualismus-Modell von Volker Press sozusagen auch innenpolitisch stark relativiert durch seinen Hinweis, daß es sich in denjenigen Personen vielfach aufhebe, „die gleichzeitig Angehörige der Stände, der Bürokratie und des Hofes sind."[25] Seine Bemerkung stützt sich auf die 1974 veröffentlichte Kieler Dissertation von Armgard v. Reden über die landständische Verfassung in Sachsen-Lauenburg.[26] In den weiteren Forschungen zur Geschichte der Landtage hat sie aber kaum Niederschlag gefunden. Die schon bei Gierke zu findenden Vorstellungen von einem Absolutismus genannten Herrschaftstypus und von der Entstehung des modernen Staates blieben weiterhin unverrückt gültig. Am Ende wurde bei Volker Press aus den Landständen als den prinzipiellen Gegenspielern des Fürsten in seinem Forschungs-Überblick von 1983 ein Instrument des Fürsten:

---

23 Siehe Günter Birtsch, Die landständische Verfassung als Gegenstand der Forschung, S. 45: „Zusammenhang und Kontinuität der altständischen Gesellschaft sind in einer ihr eigentümlichen, über die Grenzen des Territoriums hinaus wirkenden Anschauung vom Recht zu suchen. Die Geschichte der deutschen Territorien und mit ihr die Geschichte der landständischen Verfassung aber ist nicht zu verstehen, ohne den sie umschließenden Rahmen des Reichsverbandes." Ferner Volker Press, Vom ,Ständestaat' zum Absolutismus. 50 Thesen zur Entwicklung des Ständewesens in Deutschland, in: Peter Baumgart (Hg.), Ständetum und Staatsbildung in Brandenburg-Preußen, Berlin und New York 1983, S. 319–326, These 1: „Die Struktur der territorialen Stände hängt jeweils auch von der Stellung des Landesherrn in der Lehenspyramide, in der ständischen Hierarchie des Reiches ab." Siehe ebd. auch die These 44 über das rechtswahrende System des Reiches.

24 Siehe z. B. einerseits Johannes Haller, Die Epochen der deutschen Geschichte, Tübingen 1922; andererseits Johannes Burkhardt, Vollendung und Neuorientierung des frühmodernen Reiches 1648–1763, in: Gebhardt. Handbuch der deutschen Geschichte, 10., völlig neu bearbeitete Auflage, Bd. 11, Stuttgart 2006

25 Volker Press, Vom ,Ständestaat' zum Absolutismus, These 8.

26 Siehe Armgard v. Reden, Landständische Verfassung und fürstliches Regiment in Sachsen-Lauenburg (1543–1689), Göttingen 1974, S. 11: „Wenn man in der Institutionengeschichte die ständischen und fürstlichen Bereiche scharf trennt, übersieht man, daß in den Personen das Gegeneinander von Ständen und Behörden vielfach aufgehoben war: häufig saßen dieselben Männer in beiden." Frau v. Reden konzentrierte sich im Sinne der Verfassungsgeschichte jedoch mehr auf eine Analyse des fürstlichen Behördenapparates, die eine derartige personale Verflechtung der ständischen Sphäre mit der fürstlichen mehr konstatiert als sie in einer personengeschichtlichen Untersuchung systematisch zu belegen.

„Zusammenfassend können die Stände als ein Instrument zur Einbindung der traditionellen adelig-feudalen Schicht in den modernen
Staat angesehen werden, das heißt ihres Zusammenführens mit den
wichtigen anderen privilegierten Kräften im Lande."[27]

Der Blick auf die Personen anstelle der Prinzipien mündete in die gut begründete
Entdeckung einer personellen Verflechtung, insbesondere der des Adels mit der
Regierung und Verwaltung (Horst Kruse), oder einer strukturellen und perso-
nalen Verflechtung von fürstlicher und ständischer Sphäre als Normalfall (Tim
Neu).[28] Aber auch in dieser Relativierung des Dualismus durch die personelle
Verflechtung der beiden ‚Sphären' bleibt die vorausgesetzte Modellvorstellung
eines Dualismus und der Existenz derartiger ‚Sphären' intakt. Übrigens dürfte
Forschern wie Georg v. Below oder Felix Rachfahl die Tatsache einer Doppel-
stellung zahlreicher Landtagsteilnehmer als ständischer Repräsentanten und
fürstlicher Amtsträger aus den Quellen ihrer Untersuchungsgebiete bekannt und
wohl vertraut gewesen sein.

Zum anderen modifizierte das nach 1945 langsam durchgesetzte Alteuropa-
Konzept den Rahmen, in den die Landtage einzubetten waren. Mit der Unter-
teilung der Neuzeit in eine Frühe Neuzeit von der Reformation bis zur Französischen Revolution, die zusammen mit dem späten Mittelalter die alteuropäische
Epoche bildet, und die Moderne des 19. und 20. Jahrhunderts wurde der Bruch in
den wirtschaftlichen, gesellschaftlichen, politischen und kulturellen Strukturen
und im Selbstbewußtsein der handelnden Zeitgenossen vor und nach der Epochenschwelle betont. Die für den Dualismus typische Vorstellung vom historischen Zusammenhang und von der durchlaufenden staatlichen Entwicklung
seit dem Mittelalter war im Rahmen der Frühen Neuzeit verzichtbar. Das Interesse der Forschung konnte sich von dem Zwang lösen, die historische Entwicklung vor allem als die Vorgeschichte der Gegenwart zu sehen, und sich
stärker den zeittypischen Eigenheiten der untersuchten Verhältnisse zuwenden,
also ihrer Differenz oder Alterität im Vergleich mit der Gegenwart. Der Akzent
verschob sich hin zu einer umfassenden Rekonstruktion des historischen Kontextes in dem die Ereignisse stattgefunden hatten. Die Neugier richtete sich nun
auf die in der Vergangenheit gültigen Mechanismen, Prozesse und Ziele. Statt
der Prinzipien, die dem Handeln in der Vergangenheit unterstellt worden waren,
und des Beitrages, den die vergangenen Ereignisse – oft sehr ungewollt – für die
viel später gültigen Zustände geleistet haben sollen, rückten die Wahrnehmungen, die Motive, die Absichten und Vorstellungen der historischen Akteure in
den Mittelpunkt. Es sollte jetzt, in den Worten Dietrich Gerhards von 1964/69
allein um ein besseres Verständnis des Ancien Régime gehen, um seine Lebensformen und überlieferten Vorstellungen.[29] Auf diese Weise sollten die Tiefe

---

27 Volker Press, Vom ‚Ständestaat' zum Absolutismus ‚These 49.
28 Siehe Horst Kruse, Stände und Regierung – Antipoden? Die calenbergisch-göttingschen Lan-
     desstände 1715–1802, Hannover 2000, S. 11, und Tim Neu, Die Erschaffung der landständischen
     Verfassung, S.36.
29 Dietrich Gerhard, Probleme ständischer Vertretungen im frühen achtzehnten Jahrhundert, hier
     S. 30 f. Gerhards einleitender Aufsatz zum Kolloquium von 1964 markiert sehr gut die Schwelle

und die Bedeutung des Epochenumbruchs um 1800 auch von der Perspektive
der Frühen Neuzeit her besser verständlich gemacht werden.

Die bis dahin in der Landtagsforschung dominierende enge Vorstellung von
Politik im Sinne der hohen Politik der Haupt- und Staatsaktionen konnte aufgegeben werden zugunsten eines breiter gelagerten Verständnisses, das die Ereignisse, Handlungen und Sichtweisen der Akteure als Teil einer bestimmten
politischen Kultur interpretiert. Innerhalb der Geschichtswissenschaft treten
diese neueren Tendenzen daher in der Regel unter dem Etikett der Neuen Kulturgeschichte auf. Jetzt konnten Fragen der symbolischen Inszenierungen, des
Zeremoniells, der Rang- und Sitzordnung, der fürstlichen und ständischen
Selbstdarstellung in der Forschung zum Thema gemacht werden, die sonst als
Kuriositäten an den Rand der Aufmerksamkeit verbannt gewesen waren.[30]

Mit der Öffnung der Landtagsforschung hin zur neueren Kulturgeschichte
könnten auch die in der Forschungsgeschichte unterlegenen und an den Rand
gedrückten Positionen wieder rezipiert werden. Denn trotz ihrer Dominanz in
der praktischen Forschung war die Dualismus-These nicht unwidersprochen
geblieben. Der Wiener Jurist Friedrich Tezner (1856–1925) hat sie bereits im Jahr
1901 in seiner Broschüre ‚Technik und Geist des ständisch-monarchischen
Staatsrechts‘ kritisiert und ihr eine grundlegend anders ausgerichtete Interpretation gegenüber gestellt. Auch der Berliner Historiker Fritz Hartung (1883–
1967), der im Jahr 1914 die erste Auflage seiner ‚Deutschen Verfassungsgeschichte vom 15. Jahrhundert bis zur Gegenwart‘ veröffentlichte, die für ein gutes
halbes Jahrhundert ein Standardwerk der historischen wie juristischen Verfassungsgeschichte bleiben sollte, distanzierte sich bei aller Übereinstimmung mit
dem Interesse an der Geschichte der Staatsbildung von der Dualismus-These.[31]
Nach seiner berühmt gewordenen Bemerkung ging es dem Adel weder um die
politische Teilhabe noch um einen Beitrag zur Staatsbildung, sondern allein
negativ um die Bewahrung seiner ‚Freiheit vom Staat‘.[32] Hartungs Einspruch

---

zwischen der älteren von der Dualismus Vorstellung bestimmten Forschung und den neueren
erst sozial- und dann kulturgeschichtlichen Tendenzen.

30   Siehe an neueren Arbeiten z. B. Tim Neu, Michael Sikora und Thomas Weller (Hg.), Zelebrieren
und Verhandeln. Zur Praxis ständischer Institutionen im frühneuzeitlichen Europa, Münster
2009; oder Elizabeth Harding, Landtag und Adligkeit. Ständische Repräsentationspraxis der
Ritterschaften von Osnabrück, Münster und Ravensberg 1650 bis 1800, Münster 2011. Ferner für
den sächsischen Landtag am Ende der Frühen Neuzeit: Andreas Denk und Josef Matzerath, Die
drei Dresdner Parlamente. Die sächsischen Landtage und ihre Bauten: Indikatoren für die
Entwicklung von der ständischen zur pluralisierten Gesellschaft, Wolfratshausen 2000, sowie
der Vergleich des Eröffnungsprozederes im sächsischen Landtag und im englischen Parlament
bei Josef Matzerath, „… dass ich Zeit meines Lebens nicht mehr Confusion und Disordre gesehen". Eröffnungszeremonien des sächsischen Landtages und des englischen Parlaments am
Beginn des 18. Jahrhunderts, in: Neu, Sikora, Weller (Hg.): Zelebrieren und Verhandeln, S. 107–
118.

31   Fritz Hartung, Deutsche Verfassungsgeschichte vom 15. Jahrhundert bis zur Gegenwart, Leipzig
und Berlin 1914. Die neunte und letzte Auflage erschien 1969.

32   Fritz Hartung Herrschaftsverträge und ständischer Dualismus in deutschen Territorien (1952),
in: ders., Staatsbildende Kräfte der Neuzeit. Gesammelte Aufsätze, Berlin 1961, S. 62–77, hier
S. 75: „Der ursprüngliche Gedanke des Ständetums – … – ist ja nicht etwa gewesen, Anteil am

blieb in der Landtagsforschung jedoch folgenlos. Er ließ sich ohne die Hilfe der Alteuropa Vorstellung nicht in ein praktikables Arbeitskonzept für quellengestützte Untersuchungen umsetzen.

Die Studie Friedrich Tezners war in der von Gustav Schmoller herausgegebenen renommierten Reihe der ,Staats- und socialwissenschaftlichen Forschungen' erschienen und konnte daher nicht einfach ignoriert werden. Der Historiker Felix Rachfahl, der Rezensent des Juristen Tezner und wie dieser ein Bearbeiter der frühneuzeitlichen österreichischen Verwaltungsgeschichte,[33] hat daher dessen Auffassungen scharf bekämpft und erfolgreich gegen ihre Rezeption in der Geschichtswissenschaft gestritten.[34] Die Kontroverse zwischen Rachfahl und Tezner wird zwar in den Forschungsüberblicken der Studien zu einzelnen Landtagen regelmäßig kursorisch erwähnt. Einen ausführlichen Bericht über die Argumente Tezners erhält man aber ebenso regelmäßig nicht.[35] Die Forschung hat es überwiegend mit dem vermeintlichen Sieger gehalten.

Die Argumente Tezners waren in der Tat in mehrfacher Hinsicht eine schwere Provokation für die Historiker. Erstens gab es eine Rivalität zwischen Juristen und Historikern um die Definitionsmacht in der Verfassungsgeschichte. Zeittypisch war zweitens auch eine gewisse Rivalität zwischen den beiden deutschen Vormächten, symbolisiert durch die Hauptstädte Wien und Berlin und die nationalpatriotischen Emotionen, die hier auch in jede wissenschaftliche Auseinandersetzung hineinspielten. Drittens und in der Hauptsache war es aber die radikal abweichende Darstellung der frühneuzeitlichen gesellschaftlichen Verhältnisse durch Tezner, die eine heftige ablehnende Reaktion nicht nur bei Felix Rachfahls, sondern in der Geschichtswissenschaft allgemein provozierte. Denn Tezner kritisierte nicht so sehr einzelne Elemente oder Umstände der Dualismus-These. Vielmehr stellte er den ganzen methodischen Ansatz in Frage und bestritt das Grundverständnis der Historiker über den anzuwendenden Interpretationsrahmen. Erschwert wurde der Fall Tezner für die Historiker durch die unbestreitbare detaillierte Materialkenntnis und Kompetenz in der

---

Staat zu erlangen, sondern war auf möglichste Freiheit vom Staat innerhalb des eigenen Bezirks gerichtet."

33 Siehe Felix Rachfahl, Die Organisation der Gesamtstaatsverwaltung Schlesiens vor dem 30jährigen Kriege, Leipzig 1894; und Friedrich Tezner, Die landesfürstliche Verwaltungsrechtspflege in Österreich vom Ausgang des 15. bis zum Ausgang des 18. Jahrhunderts, Wien 1898.

34 Siehe vor allem seine Entgegnung auf die Darstellung Tezners: Felix Rachfahl, Der dualistische Ständestaat, in: Jahrbuch für Gesetzgebung, Verwaltung und Volkswirtschaft im deutschen Reich, hg. v. Gustav Schmoller, Bd. 26 (1902), S. 1062–1117.

35 Siehe geradezu klassisch seine lediglich en passant erfolgende Erwähnung bei Tim Neu, Die Erschaffung der landständischen Verfassung, S. 47. Tezners Argumente werden nicht referiert. Zu dieser Lage hat möglicherweise auch das Diktum Fritz Hartungs, Herrschaftsverträge und ständischer Dualismus in deutschen Territorien (1952), S. 65 beigetragen: „Eine Auseinandersetzung wie die zwischen F. Rachfahl und F. Tezner über den landständischen Dualismus mußte unfruchtbar bleiben, da der eine sich auf schlesische und der andere auf oberösterreichische und ungarische Verhältnisse berief." Hartung ist als Mitkombatant kein unverdächtiger Zeuge. Er vernebelt durch seinen positivistischen Verweis mehr als das er etwas klärt. Sein Urteil trifft nur den Gegenstand der Texte, aber nicht die Argumente selbst, wie man sich durch eine Lektüre von Rachfahl und Tezner leicht überzeugen kann.

Sache, die auf beiden Seiten vorhanden war, so daß Tezner nicht einfach des Feldes zu verwiesen werden konnte. Wie der Titel ‚Technik und Geist des stän-disch-monarchischen Staatsrechts' seiner Broschüre präzise umschreibt, zielte er auf ein grundlegend anderes Verständnis des Themas insgesamt:

> „Das Ständerecht verträgt … die Übertragung der modernen Begriffe von Gesetzgebung und Verordnung, Gesetzgebung und Vollziehung auf seine organisatorischen Einrichtungen nicht. Es kennt gar kein objektives, von der Tendenz der erschöpfenden Verteilung der staat-lichen Kompetenzen beherrschtes Verfassungsrecht, es wird vielmehr beherrscht von dem Gegensatze der subjektiven Rechte des Königs oder Landesherrn, der Regalien, Majestätsrechte, Hoheiten und Ob-rigkeiten auf der einen Seite, und der Rechte der ständischen Ver-sammlung, ihrer Unterabteilungen, und selbst einzelner Glieder der-selben, auf der andern Seite."
>
> „War nun die ständische Steuer keine Steuer, der Bewilligungsakt weder nach Art seiner Entstehung noch nach seiner Wirkung, ein Steuergesetz im modernen Sinn, so erscheint es anachronistisch von einem Steuergesetzgebungsrecht der Stände zu sprechen."
>
> „Am stärksten aber wird der Jurist reagieren gegen die allzugroße Entschiedenheit, mit welcher selbst hervorragende Historiker Begriffe des modernen und des allermodernsten Staatsrechts, wie Gesetz, Ge-setzeskraft, Autonomie, Organ, Repräsentation u.s.w., mit einem scharf ausgeprägten Inhalt zur Kennzeichnung höchst schwankender, gegen eine juristisch vollkommene Erfassung sich spröde verhaltender Einrichtungen der Vergangenheit verwenden, wodurch die große Kluft zwischen Gegenwart und Vergangenheit für den Unkundigen in täuschender Weise verdeckt wird."[36]

Friedrich Tezner warf den Landtags-Historikern nicht nur die Übertragung einzelner moderner Begriffe auf vergangene Zustände vor, vielmehr geißelte er ihre darin ausgedrückte Grundhaltung als ‚Anachronismus'.[37] An die Stelle eines homogenen historischen Raumes, der Vergangenheit und Gegenwart verbindet und prinzipiell mit denselben Begriffen erforscht werden kann, trat die Idee von historisch unterschiedlich strukturierten Zeiten, die mit dem ihnen angemesse-nen Instrumentarium zu erschließen sind. In der Frage der ständischen Steuer-bewilligung entwickelt er die folgenden Ansichten, denen die Vertreter einer Theorie der landständischen Verfassung nicht zustimmen konnten:

> „Den Begriff der modernen Steuer hat man von dem ständischen Steuerbewilligungsrecht fernzuhalten. Die Steuer ist nach Vorstellung der Stände keine Abgabe, sondern eine Gabe, keine Steuer, sondern

---

36   Friedrich Tezner, Technik und Geist des ständisch-monarchischen Staatsrechts, Leipzig 1901, hier S. 11, S. 65 und S. 101 f.

37   Anachronismus ist, wie sich im 20. Jahrhundert noch zeigen sollte, eine Schlüssel- und Lieb-lingswort jeder revisionistischen Geschichtsschreibung.

eine Beisteuer, eine Aushilfe, ein Zuschuß, der dem König oder Landesherrn gewährt wird, wenn er mit dem Seinen, d.i. dem ihm rechtlich gehörigen und gebührenden Einkünften, sei es in seinem Haushalte, sei es bei Bestreitung der Kosten der Verwaltung seiner Hoheitsrechte nicht auszukommen vermag. Dieser Gesichtspunkt wird während der ganzen Dauer des ständischen Bewilligungsrechts festgehalten,..."
„Die Steuer soll eine vollkommen freie Gabe sein. Nichtsdestoweniger bieten die Quellen Anhaltspunkte dafür, daß für die Stände eine Rechtspflicht zur sachlichen Erledigung der königlichen oder landesherrlichen Postulate bestand,..., wie umgekehrt eine Rechtspflicht des Königs oder Landesherrn zu einer sachlichen Erledigung der ständischen Beschwerden."
„Krone wie Stände ziehen die Rechtsunsicherheit mit ihrem großen Spielraum für die volle Bethätigung der jeweiligen Macht der Aufstellung dauernder und fester Rechtsschranken vor."[38]

Tezner kritisierte also nicht nur die Anwendung moderner juristischer Begriffe auf die vormodernen Verhältnisse. Er ging viel weiter und bestritt überhaupt den systematischen, von Prinzipien geleiteten Charakter der alteuropäischen Verhältnisse. Man hätte also von historischer Seite zugeben müssen, daß es kein System einer landständischen Verfassung, ja nicht einmal eine landständische Verfassung als Begriff gegeben haben konnte. Für ihn zeichneten sich das Rechtsverständnis und die politischen Verhältnisse der Zeit gerade dadurch aus, daß sie sich nicht in moderner Weise auf derart systematisierte Begriffe bringen lassen. Die „landständische Verfassung" bildet kein System, sie enthält kein Prinzip, sondern ist nur der abkürzende Name für eine Zusammenfassung der vom Landesherrn anerkannten Einzelrechte. Der Fürstenstaat, oder besser noch der Fürst ist der Dreh- und Angelpunkt der ganzen Veranstaltung. Die jeweiligen Zustände, Rechte, Kompetenzen oder Privilegien sind zudem, wie Tezner mehrfach betont, Ergebnis der „Machtverhältnisse".

„Dasselbe Bild größter Verschwommenheit und Unsicherheit, wie die gesamte Rechtsordnung des ständisch-monarchischen Staates überhaupt, bietet auch jener Teil derselben, der sich auf die Struktur der Landschaft selbst bezieht. Man pflegt die Landschaft bald als Korporation, bald als eine mit Rechtssubjektivität ausgestattete Zwangsgenossenschaft zu kennzeichnen. Allein damit erregt man bei den Juristen jene verhältnismäßig klaren Vorstellungen, die sich an diese modernen Gebilde knüpfen, die jedoch, auf die Landschaften selbst bezogen, ganz falsch sind."
„Es bestehen ... keine im vorhinein aufgestellten Rechtsnormen, welche die Voraussetzungen der Mitgliedschaft und die interna corporis in abstrakter Form regeln würden, sondern alle diese Dinge passen sich den jeweiligen Machtverhältnissen an und wir gewahren deshalb noch

---

38 Friedrich Tezner, Technik und Geist des ständisch-monarchischen Staatsrechts, hier S. 62, S. 63 und S. 64.

im 15. Jahrhundert, und noch später, ein Schwanken in der Zusammensetzung innerhalb verhältnismäßig kurzer Zeiträume, ohne daß demselben irgendwelche Satzungen entsprechen würden. Wo Landesmatrikeln bestehen, klären sie nicht das Recht, sondern spiegeln nur die jeweilige Machtlage wieder."[39]

Bemerkenswert und keineswegs zufällig an seiner Argumentation ist zudem, daß Tezner die Wahrnehmung der Zeitgenossen, die Steuer sei ein Zuschuß und eine freiwillige Gabe, zu einem Kriterium für eine angemessene Interpretation der Vorgänge erhob. Er betonte in allen strittigen Fragen über den Charakter der Landesvertretung, der ständischen Steuerbewilligung oder der Gesetzgebung, die im Mittelpunkt der Darstellung von Landtagen standen, zum einen die Variabilität der Verhältnisse und zum anderen immer die Vorherrschaft und dominante Aktivität des Landesherrn. Eine fest umreißbare ständische Sphäre hatte da keinen Platz. Er strich stets den unfertigen, kasuistisch-pragmatischen Charakter des ständisch-monarchischen Staatsrechtes heraus – aber diesen wiederum gerade nicht als Mangel, als unvollständig ausgebildete oder fehlerhafte Lehre. Vielmehr machte er den – entwicklungsgeschichtlich gesehen – eklatanten Mangel zum definierenden Merkmal der Epoche.

Nicht die Prinzipien treiben die Geschichte an, sondern die für die Frühe Neuzeit typische, auf Umstände und Einzelfälle, nicht auf gesetzliche Grundnormen ausgerichtete Politik der Privilegierung, der fürstlichen Gnade, Milde oder Clemens. Das politische Handeln nahm vor allem Rücksicht auf die Überlieferung, auf lokale oder partikulare Traditionen. Es stützte sich auf die Orientierung der handelnden Zeitgenossen an dem Vorrang einer Erhaltung der bestehenden Rechte vor deren Vereinheitlichung und Beseitigung von Irregularitäten, die erst in der Kodifikationsbewegung und mit dem Aufkommen des statistischen Denkens am Ende des 18. Jahrhunderts durchgesetzt werden wird.[40] Die historischen Zustände sind daher für Tezner nichts anderes als der Ausdruck der jeweiligen konkreten Machtverhältnisse, und mit einer Änderung der jeweiligen Macht von Fürst oder Ständen änderte sich demnach auch die Einrichtung und Kompetenz der Landtage. Das klang verdächtig nach reiner Machtgeschichte, ja nach einer Rechtfertigung der Macht und bloßen Gewalt in den staatlichen Verhältnissen Europas. Die meisten Vertreter der konstitutionellen Monarchie waren aber keine Anhänger einer fürstlichen Alleinherrschaft oder Autokratie. Sie wollten nicht den Absolutismus, sondern den Rechtsstaat, sie traten nicht für ein absolutes oder persönliches Regiment des Fürsten ein,

---

39 Ebd., S. 56. Zu einem vergleichbaren Ergebnis über ein ,Schwanken in der Zusammensetzung' kommt auch Annette v. Stieglitz, Ständegeschichte der hessischen Grafschaft Schaumburg 1640–1821, Melle 2000, S. 3, Anm. 11: „Doch wenn man die Signaturen der Landtagsabschiede und anderer wichtiger Schriftstücke vergleicht, ergeben sich von Jahr zu Jahr Unterschiede in der Zusammensetzung der Ritterschaft, es handelt sich also nicht um ein fest formiertes Gremium."

40 Siehe z. B. Lars Behrisch (Hg.), Vermessen, Zählen Berechnen. Die politische Ordnung des Raums im 18. Jahrhundert, Frankfurt am Main 2006. Die bekanntesten Kodifikationen sind der Codex Maximilianeus Bavaricus Civilis (1756) und das Allgemeine Landrecht für die preußischen Staaten (1794).

sondern für die staatliche Macht. Daher war Tezners Studie für sie methodisch derart skandalös. Am Ende seiner Ausführungen erhob er zu Recht den Anspruch auf eine „Revision der bisher herrschenden staatsrechtswissenschaftlichen Vorstellungen von dem ständisch-monarchischen Staate" und führte damit nach dem Vorwurf des Anachronismus einen zweiten Grundbegriff der neueren Debatten um frühneuzeitliche Ständevertretungen ein, der sich aber erst vor dem begrifflichen Hintergrund einer Gesellschaft Alteuropas völlig entfalten konnte.

Die Ablehnung der Entwicklungsgeschichte und der Vorwurf des Anachronismus an die Adresse der etablierten Forschung kennzeichnet seit den 1970er Jahren auch die Geschichtsschreibung zum englischen Parlament durch die als ‚revisionistische Schule' bezeichneten Kritiker. Während die deutsche Landtagsgeschichte ihren Schwerpunkt im Ständestaat des 16. Jahrhundert hat, liegt die heiße Zone der englischen Forschung zur Parlamentsgeschichte im 17. Jahrhundert, in der das Unterhaus die unterstellten absolutistischen Bestrebungen der Stuart Könige konterte und über seine Siege im Bürgerkrieg von 1642–49 und mithilfe der Glorious Revolution von 1688/89 den – überwiegend kontinentalen – Absolutismus für immer erfolgreich von der Insel ferngehalten und die englischen Freiheiten gesichert habe. Im Zentrum der historischen und politischen Kontroversen steht die Frage nach den Ursachen des Bürgerkrieges und der Hinrichtung des Königs Charles I. am 30. Januar 1649. Die konventionelle Darstellung, die als Whig History in den Wahlrechtskämpfen des 19. Jahrhundert entwickelt worden war, sah die Parlamentsgeschichte seit ihren Anfängen als die Entwicklungsgeschichte eines ‚parliamentary government' und das Ende des 16. Jahrhunderts, noch unter Elisabeth I., und den Anfang der Stuart Herrschaft im 17. Jahrhundert als die Formierungsphase einer ‚opposition' zur ‚personal rule' des Königs, welche die Freiheit gegen dessen autokratische Übergriffe verteidigte. Der historische Prozeß fand sein Ziel demnach in der politischen und gesellschaftlichen Herrschaft des Liberalismus und des British Empire im 19. Jahrhundert. Der Revisionismus der 1970er und 80er Jahre zielte daher darauf, den Überhang dieser Begriffe und Vorstellungen der Whig History aus dem 19. Jahrhundert wegzuräumen.

Ein erster Angriff auf die etablierten Positionen der Parlamentsgeschichte erfolgte bereits in einem Festschriftbeitrag von Geoffrey Elton (1921–1994) aus dem Jahr 1966, als er sich unter der rhetorischen Frage nach der ‚High Road to Civil War' der sogenannten ‚Apology and Satisfaction' der Commons von 1604 annahm.[41] In einer quellenkritischen Analyse nach allen Regeln der historischen Kunst weist er nach, daß in der genannten Quelle, die ein zentrales Beweisstück der Whig History bildete, kein Oppositionsprogramm enthalten war, daß die

---

41 Siehe Geoffrey R. Elton, A High Road to Civil War? (1966), wieder abgedruckt in: ders., Studies in Tudor and Stuart Politics and Government, Bd. 2, Cambridge 1974, S. 164–181, die Zitate S. 170. Eltons Hauptgegener war sein akademischer Lehrer John Ernest Neale (1890–1975) und dessen Werk ‚The Elizabethan House of Commons', London 1949. Zur wissenschaftsgeschichtlichen Bedeutung von Eltons Aufsatz siehe z. B. Jenny Wormald, Conclusion, in: dies. (Hg.), The Seventeenth Century, Oxford 2008, hier S. 227. Elton hatte übrigens von 1967 bis 1983 einen Lehrstuhl für englische Verfassungsgeschichte.

Apologie vom Unterhaus nicht einmal verabschiedet worden war und daß aus ihr definitiv nicht die Ansichten der Abgeordneten im Jahr 1604 abgeleitet werden können. Darüber hinaus erklärte Elton die Vorstellung, das Unterhaus wäre die folgenden 84 Jahre bis 1688 ein „identifiable single body" gewesen zu einem „full mystical concept". Er bestritt vehement die Idee einer politischen Einheit der Parlamentarier des frühen 17. Jahrhunderts, nicht nur als faktische Behauptung, sondern verwarf insgesamt die Wahrscheinlichkeit einer zielgerichteten Politik des Unterhauses, die zum Bürgerkrieg führen mußte. Er negierte schließlich noch die Vorstellung von der Unvermeidbarkeit des Konflikts und traf damit einen wunden Punkt in der Argumentationsstrategie der Whig History.[42]

Die ausgesprochene Erfolgsgeschichte des Revisionismus nach diesem Aufschlag begann aber erst mit den Publikationen des Historikers Conrad Russell (1937–2004). Im Jahr 1976 erschien sein großer Besprechungsaufsatz über die Erträge und Perspektiven der Parlamentsgeschichte der frühen Stuarts und 1983 veröffentlichte er seine Sichtweise über die Natur der Parlamente der Stuarts.[43] Hatte Elton sich mit Blick auf den Begriff der Opposition noch auf die Tatsachenfrage beschränkt, verabschiedete Russell das Konzept in Bausch und Bogen als unanwendbar und anachronistisch und bestritt grundsätzlich, daß es einen „constitutional struggle" gegeben habe.

> „The conventional belief that the Parliaments of 1604–29 were a ‚high road to Civil War' logically implies two further beliefs. One is the belief that Parliament was a powerful institution;… The other logical necessity … is the belief that Parliaments of these years witnessed a constitutional struggle between two ‚sides', government and opposition, or in modern language, court and country. „
> „It is the contention of this article that these two beliefs are false. Before 1640, Parliament was not powerful, and it did not contain an ‚opposition'."[44]

In revisionistischer Perspektive machten die Ereignisse des 17. Jahrhunderts erst Sinn, wenn man die tiefen Unterschiede in den Denkgewohnheiten beachtete, die das 20. vom 17. Jahrhundert trennen.[45] Laut Conrad Russell war der Erfolg der parlamentarischen Sache im Bürgerkrieg nicht ihren überlegenen Freiheitsideen oder ihrer erfolgreichen zähen Oppositionspolitik geschuldet, sondern einem plötzlichen hereinbrechenden Ereignis, dem Einmarsch der schottischen Ar-

---

42   Ebd., S. 166: „What these views have in common is a sense of inevitability, a feeling that so profound a disturbance as a civil war must have had roots so deep, causes so fundamental, that analysis can be expected to discover them clearly enough."

43   Siehe Conrad Russell, Parliamentary History in Perspective, 1604–1629, in: History 61 (1976), S. 1–27; und ders., The Nature of a Parliament in early Stuart England, in: Howard Tomlinson (Hg.), Before the Civil War, Basingstoke 1983, S. 123–150. Conrad Russel, der fünfte Earl Russell, verfügte seit 1987 über eigene parlamentarische Erfahrung, erst im Unterhaus und dann im House of Lords.

44   Conrad Russell, Parliamentary History in Perspective, S. 3.

45   Siehe Conrad Russell, The Nature of a Parliament, S. 125.

meen in England. In der Gentry gab es keine Opposition, der englische Adel kannte keine prinzipiengeleiteten Gruppengegensätze.[46] Der Konflikt hatte demnach keine tief zurückreichenden ,historischen Wurzeln', vielmehr entsprang er rein kurzfristigen Fehlentscheidungen des Königs. Das Wissen um den weiteren Verlauf der Geschichte dürfe nicht die Analyse und Darstellung der Ereignisse bestimmen.

> „When we know, as twentieth-century historians cannot help knowing, that king and parliament later fought a civil war against each other, we risk finding them fixed as opposites in our minds as firmly as Liberal and Conservative, or as Stephen and Matilda. In doing this, we miss the main reason why ,this bloody and unnatural war' of 1642 was such a profound shock to those who took part in it. We thus risk endowing the participants with motives they could not have had."[47]

Es gelte stattdessen, die tatsächlichen Motive der Akteure zu ermitteln. Was die Parlamentarier damals jedenfalls mit Sicherheit bewegte, sei die Hoffnung auf ein lukratives königliches Amt gewesen.[48] Ein Parlament im 17. Jahrhundert war also nach revisionistischer Ansicht ein ,Ereignis', keine feste ,Institution', es fand nur aufgrund des königlichen Willens statt und nur solang es ihm gefiel. Aus dem notwendigen Kampf der Prinzipien, die im Bürgerkrieg in die Entscheidungsschlacht zogen, wird bei Conrad Russell ein leicht vermeidbarer Unfall, verursacht vor allem durch schlechtes Management und Ungeschick seitens Charles I. einerseits und andererseits durch das Unverständnis der damaligen Parlamentarier, für die finanziellen Bedürfnisse des Fürsten bzw. des Fürstenstaates in angemessener Weise durch Steuern aufzukommen. Statt die konventionellen Ansichten weiter zu tragen, verlangte Russell eine Rückwendung in die Archive und zu den lokalen Quellen. Den Revisionismus der 1970er und 1980er Jahre kennzeichnet schließlich die Ablehnung der traditionellen Form politische Geschichte als die Geschichte bestimmter Ideen von Freiheit oder der parlamentarischer Regierungsweise.

Die aufgrund der revisionistischen Angriffe eingetretenen positiven Veränderungen sah Geoffrey Elton 1979 in den neueren Darstellungen erfüllt, welche an die Stelle des Konflikt zwischen Krone und Commons ein komplexeres Bild setzten, das die parlamentarischen Vorgänge in den innerhöfischen Wettbewerb einbettet:

---

46 Siehe Conrad Russell Parliamentary History in Perspective, S. 20: „There appear to have been no important issues of principle which divided members of the so-called opposition from their friends in the Council."

47 Conrad Russell, The Nature of a Parliament, S. 124. Der Verweis auf Stephen und Matilda spielt an auf Ereignisse der Jahre 1135–1153 und die Gründung des Hauses Anjou-Plantagenet.

48 Conrad Russell, Parliamentary History in Perspective, S. 20: „Where there is not a divided society, there is not the fuel to sustain a division into parties. All the leading members of Parliament of the 1620 s were legitimately entitled to hope for office. Since they could accept office without abandoning any of the principles for which they pressed while in Parliament, those,…, who accepted office, do not deserve the strictures for ,changing sides'. They saw no sides to change."

> „...; they [the younger scholars, A.F.] are replacing the old story of a
> conflict between Crown and Commons by a new and complex story of
> interests and ambitions in which especially the influence of various
> peers on individuals and groupings in the Lower House receives at-
> tention."[49]

Die Reibungspunkte lagen damit nicht mehr zwischen den Einrichtungen Hof,
königlicher Rat oder Parlament oder zwischen einer Hofpartei und dem Land.
Stattdessen finden sie sich innerhalb der jeweiligen Institutionen. Auf diese
Weise zersplittern die Revisionisten einerseits die politischen Aktionen am Hof
oder im Unterhaus, andererseits binden sie die Einzelteile über die Institutionen
und jeweiligen Ebenen von Hof, Lords und Commons hinweg wieder zusammen.

Im Rahmen einer dezidiert als frühneuzeitlich verstandenen Politik, die nicht
mehr entlang der Schiene von Regierung und Opposition zu interpretierten ist,
erhalten die bekannten Einrichtungen eine veränderte Stellung und neue Bedeutung. Im Hinblick auf die Arbeitsweise des komplexen Systems der frühneuzeitlichen Politik und die Frage, wie es der frühneuzeitlichen Weise zu Regieren gelang, eine gewisse Stabilität der Verhältnisse und eine gewisse Zufrie-
denheit der Beteiligten und der Untertanen zu erzeugen, hat Elton für die Tu-
dorzeit in drei Vorträgen von den „points of contact" gesprochen, an denen das
politische Zentrum und die politische Nation bzw. die lokalen Verhältnisse
miteinander in Kommunikation traten und zu den von ihnen gewünschten
rechtlich verbindlichen und kulturell befriedigenden Entscheidungen gelangten,
die wiederum für die mittelfristige Stabilität von Gesellschaft und Fürstenstaat
nötig waren. Die drei Einrichtungen, die Elton in dieser Perspektive analysierte
waren der königliche Hof, der Geheime Rat und an erster Stelle das Parlament.[50]

Den heftigen Angriffen der revisionistischen Historiker auf die etablierte
Geschichtsschreibung entspricht auf verschiedenen Seiten eine nicht minder
heftige Reaktion auf ihre Thesen bis hin zur vollständigen Ablehnung. Die bestehenden Richtungen der Geschichtsschreibung setzten ihre Arbeit fort, gerieten aber durch die Revisionisten unter einen gewissen Druck, sich zu rechtfertigen. Derek Hirst stritt für die Position, daß Ideen in der Geschichte doch eine
große Rolle gespielt haben.[51] Der amerikanische Historiker Jack H. Hexter (1910–
1996) sah in der revisionistischen Schule nur einen alten Hut und hielt vehement
an einer entwicklungsgeschichtlichen Parlamentsgeschichte als ‚history of freedom' fest:

---

49   Geoffrey R. Elton, Parliament in the sixteenth century: Functions and Fortunes, in: Historical
      Journal 22 (1979), S. 255–278, hier S. 257.

50   Es handelt sich um die ‚Presidential Adress' der Jahre 1973, 1974 und 1975 vor der Royal
      Historical Society, publiziert in den Transactions der Gesellschaft unter dem Titel „Tudor
      Government: The Points of Contact", wieder abgedruckt in Geoffrey Elton, Studies in Tudor and
      Stuart Politics and Government, Bd. 3, Cambridge 1983, S. 3–57.

51   Derek Hirst, The Place of Principle, in: Past & Present Nr. 92 (1981), S. 79–99.

„Nevertheless there was conflict between the King and the House of Commons and it was constitutional conflict. It had to do with the second set of constitutional issues – with the bounds of political authority. With the relation of that authority to the rights of freemen. … The clash at the boundaries of the King's prerogative and the subject's liberties was loud, explicit and frequent from the first day of James I's first Parliament to the day 25 years later when Charles I's consent made the Petition of Right the law of the land. … Some of the matters concerning the liberty of the subject that were of deepest concern in the 1620s are of deepest concern to men in the 1880 s – the abuse of martial law in peacetime, for example, or the detention of people by state power without bringing any charge of criminal action against them. Lech Walesa and Solidarity in Poland have recently had some experience of such things. When ‚Whiggish' is used as a pejorative term, do those who use it mean that it is Whiggish to point out that in the seventeenth century for the first time men tried effectively to limit the power of the state over its subjects in many of the same ways and for precisely the same reasons as we do today? Really? If that be Whiggery make the most of it."[52]

Der Revisionismus erlebte, wie im Gang historischer Kontroversen nicht unüblich, am Ende des 20. Jahrhunderts einen Rückgang an Prominenz und das Aufkommen einer „post-revisionistischen" Strömung.[53] In Deutschland hat die Landtagsgeschichte es allerdings vorgezogen, sich für die englischen Debatten nicht zu interessieren, obwohl die englische Diskussion zu einer größeren Konvergenz zwischen dem Bild des unreformierten englischen Parlaments und dem der kontinentalen Ständevertretungen der Frühen Neuzeit geführt hat.[54]

In der revisionistischen Sicht auf den englischen Fall finden sich viele der Argumente von Friedrich Tezner wieder, insbesondere (1) über den unfertigen, unsystematischen Charakter der untersuchten Phänomene, (2) über den Ana-

---

52 J. H. Hexter, The Early Stuarts and Parliament. Old Hat and the Nouvelle Vague, in: Parliamentary History 1 (1982), S. 181–215, hier S. 208. Man fragt sich, was Hexter wohl zu Guantanamo gesagt hätte. Hexter hatte 1966 in Yale ein Center for Parliamentary History gegründet, das sich der Edition der Parlamentsverhandlungen widmete. Von 1978 bis 1990 leitete er als John M. Olin Professor an der Universität Washington in St. Louis das Center for the History of Freedom.

53 Siehe z. B. den kritischen Aufsatz zu dem Symposium ‚The Eltonian Legacy' von Pauline Croft, The Parliament of England, in: Transactions of the Royal Historical Society, 6th series, Bd. 7 (1997), S. 217–234; oder den Sammelband von Richard Cust und Ann Hughes (Hg.), The English Civil War, London 1997.

54 Siehe z. B. Kevin Sharpe, Re-writing the history of parliament in seventeenth-century England, in: ders., Remapping Early Modern England. The culture of seventeenth-century politics, Cambridge 2000, S. 269–293, S. 291: „The early modern period, in England as on the continent, had seen new problems and tensions which placed peculiar strains on a still essentially medieval polity." Für die deutschsprachige Rezeption siehe dagegen das aufschlußreiche Fehlen der revisionistischen Positionen im Forschungsbericht von Raingard Esser, Landstände im Alten Reich. Ein Forschungsüberblick, in: Zeitschrift für Neuere Rechtsgeschichte 27 (2005), S. 254–271.

chronismus moderner Begriffe, (3) über die Initiative und Übermacht der Fürsten, hinsichtlich der politischen Agenda, (4) über den Vorrang der Macht- und Interessenpolitik der beteiligten Personen vor den Ideen und Prinzipien. Diese Überlegungen resultieren in der Schlußfolgerung, zwischen den Begriffen und der politischen Welt des liberalen 19. Jahrhunderts und den Zuständen, Mechanismen und Sichtweisen der Frühen Neuzeit deutlich zu trennen. Für die frühneuzeitliche Epoche sind daher eigenständige Begriffe und Konzepte zu verwenden. In der Summe geht es also darum, die Erbschaft des 19. Jahrhunderts, die in den Begriffen, Fragestellung und methodischen Annahmen aufgespeichert und vorhanden sind, abzulegen. Die Ereignisse und Zustände sollen nicht mehr in entwicklungsgeschichtlicher Perspektive zur Vorgeschichte der Gegenwart gemacht und auf diese Weise instrumentalisiert werden. Stattdessen sollen sie zunächst in ihrem historischen Kontext rekonstruiert werden, um uns die Funktionsweise der alteuropäischen Gesellschaft verständlich zu machen. Die Rücksicht auf den historischen Kontext und auf die Perspektive der Akteure macht neben der Warnung vor Anachronismen und der Forderung nach einer Revision der Begriffe und methodischen Perspektiven ein drittes Element in der Erforschung der alteuropäischen Gesellschaft aus.

Zur Einbettung in den historischen Kontext gesellt sich daher eine Rekonstruktion der Komplexität der Bezüge, die wirtschaftlich, sozial, konfessionell und kulturell in die frühneuzeitlichen Einrichtungen hineinspielten und sich nicht auf eine Funktion oder ein Prinzip reduzieren lassen. Allerdings wird die Geschichte dadurch zugleich unaufgeregter und unspektakulärer. Der neuen historischen Erzählung fehlt die dramatische Zuspitzung, der Eklat, der im Leser die Anteilnahme erzeugen kann, den der Dualismus von Fürst und Ständen oder der ,constitutional conflict' von Unterhaus und Krone besessen hat. Sie verliert damit zunächst einmal den unmittelbaren Ertrag, die direkte politische Nutzbarkeit für die Gegenwart, wie sie die Dualismus Theorie oder die Geschichte der Freiheit besitzen. In der Allgemeinen Geschichte spielt der Begriff der landständischen Verfassung oder die Idee eines prinzipiellen Dualismus von Fürst und Ständen jedenfalls keine Rolle mehr, um die gesellschaftlichen und politischen Verhältnisse der Frühen Neuzeit zu beschreiben.[55] Auch die Deutsche Verfassungsgeschichte von Dietmar Willoweit kennt zwar Landstände und spricht ihnen auch einen gewissen Einfluß zu, kommt aber ohne das Konzept der landständischen Verfassung aus.[56]

---

55   Siehe die einschlägigen Abschnitte der 10. Auflage des Gebhardt. Handbuch der deutschen Geschichte von Wolfgang Reinhard, Bd. 9, Maximilian Lanzinner, Bd. 10, und Johannes Burkhardt, Bd. 11. In Burkhardts Darstellung der Zeit von 1648 bis 1763, S. 189–193, kommt der Ausdruck zwar dreimal vor. Es handelt sich aber nur noch um eine konventionelle Redeweise, eine kategoriale Rolle spielt die landständische Verfassung nicht mehr. Der Band von Kersten Krüger, Die landständische Verfassung, München 2003, stellt demgegenüber ein Dokument des Stillstandes dar, siehe stattdessen Ernst Schubert, Fürstliche Herrschaft und Territorium im späten Mittelalter, München 1996, oder ders., Einführung in die deutsche Geschichte im Spätmittelalter, Darmstadt 1998.

56   Siehe Dietmar Willoweit, Deutsche Verfassungsgeschichte. Vom Frankenreich bis zur Wiedervereinigung Deutschlands, 7., überarbeitete und wiederum erweiterte Auflage, München 2013,

In Tezners Ansicht von der Unfertigkeit der vormodernen Verhältnisse steckt zwar immer noch ein Stück von der entwicklungsgeschichtlichen Grundhaltung des modernen Juristen, der die Systematik und Vollständigkeit der Staatsrechtslehre zum Maßstab seiner juristischen Beurteilung nimmt.[57] Aber die von ihm herausgestellte Differenz zur eigenen Gegenwart stellte einen wichtigen Fortschritt dar. Auf dem Hintergrund der Vorstellung von einem Alteuropa läßt sich die Differenz mit Hilfe eines erweiterten Kulturbegriffs auch positiv fassen und produktiv ausarbeiten.[58] In den letzten Jahren erschienen zahlreiche Arbeiten, in denen die spezifische frühneuzeitliche Kultur Gegenstand der Analyse wurde und Vertreterinnen und Vertreter dieser Forschungsrichtung sich häufig explizit einer eigenen Fachrichtung der neueren Kulturgeschichte zurechnen.[59] Für England hat Kevin Sharpe von einem Re-Mapping des frühneuzeitlichen England gesprochen und den Übergang vom Revisionismus zu einer „culture of politics" vorgeschlagen.[60] Die Versuche, die wissenschaftlichen Rekonstruktio-

---

S. 96–98, 133 f, 157, 178 f, 185 f und S. 216. Nur bei dem Politikwissenschaftler Hans Boldt, Deutsche Verfassungsgeschichte, Bd. 1. Von den Anfängen bis zum Ende des älteren Deutschen Reiches 1806, München 1984, S. 184, teilen sich der Fürst und lokale Gewaltträger in der landständischen Verfassung weiterhin unverdrossen Regierung und Verwaltung.

57 Wie sie z. B. zeitgleich mit Tezners Studie in Wien bzw. Heidelberg in Georg Jellinek (1851–1911), Allgemeine Staatslehre, Berlin 1900, ausgearbeitet ist. Die Allgemeine Staatslehre erschien 1900 als Bd. 1 einer Reihe über ‚Das Recht des modernen Staates'. Es scheint mir allerdings problematisch zu sein, heutige staatliche Verhältnisse und diejenigen vor 1914 ohne jede weitere Qualifikation gleichmäßig als ‚moderne Staaten' zu bezeichnen wie es von Otto v. Gierke bis Volker Press üblich ist. Das kann, vor allem bei Lesern ohne breitere Kenntnisse der Ideengeschichte, zu heillosen Mißverständnissen führen, denn die frühneuzeitlichen Verhältnisse und die des bürgerlichen 19. Jahrhunderts sind mit den heutigen nicht mehr ohne weiteres gleichzusetzen. Entweder haben wir daher heute keinen modernen Staat mehr, wenn man ihn z. B. an der konstitutionellen Monarchie mißt, oder die Formel vom modernen Staat sollte auf die frühe Neuzeit und das 19. Jahrhundert nicht mehr angewendet und durch zeitspezifische Ausdrücke wie ‚frühneuzeitlicher Staat' und ‚konstitutioneller Staat' ersetzt werden.

58 Zum Alteuropa Begriff siehe den klassischen Aufsatz von Dietrich Gerhard, Regionalismus und ständisches Wesen als ein Grundthema europäischer Geschichte (1952), in: Hellmut Kämpf (Hg.), Herrschaft und Staat im Mittelalter, Darmstadt 1956, S. 332–364, in dem er bereits die Frage nach den Bedeutungen ins Zentrum stellte und sein Thema als gemeineuropäisches Problem entfaltete. An neuerer Literatur siehe z. B. die Aufsätze von Stefan Brakensiek, Akzeptanzorientierte Herrschaft. Überlegungen zur politischen Kultur der Frühen Neuzeit, und Luise Schorn-Schütte, Vorstellungen von Herrschaft im 16. Jahrhundert. Grundzüge europäischer politischer Kommunikation, beide in dem Sammelband von Helmut Neuhaus (Hg.), Die Frühe Neuzeit als Epoche, München 2009, S. 395–406 bzw. S. 347–376.

59 Siehe Wolfgang Reinhard, Was ist europäische politische Kultur? Versuch zur Begründung einer politischen Historischen Anthropologie, in: Geschichte und Gesellschaft, Bd. 27 (2001), S. 593–616; Barbara Stollberg-Rilinger (Hg.), Vormoderne politische Verfahren, Berlin 2001; dies. (Hg.), Was heißt Kulturgeschichte des Politischen?, Berlin 2005; und dies., State and Political History in a Culturalist Perspective, in: Antje Flüchter und Susan Richter (Hg.), Structures on the Move. Technologies of Governance in Transcultural Encounter, Berlin und Heidelberg 2012, S. 43–58; oder Barbara Stollberg-Rilinger, Tim Neu und Christina Brauner (Hg.), Alles nur symbolisch? Bilanz und Perspektiven der Erforschung symbolischer Kommunikation, Köln 2013.

60 Siehe Kevin Sharpe, Remapping early modern England: from revisionism to the culture of politics, in: ders., Remapping Early Modern England, S. 3–37, S. 3: „What I wish to do is …: to

nen auf dem Kulturbegriff aufzubauen, sind nicht auf die Geschichtswissenschaft begrenzt, sondern folgen einem allgemeineren Trend.[61] Kennzeichnend für diese Ansätze sind die Rolle, die sie den symbolischen, bildlichen und performativen Elementen in der Kultur zuspricht, und die Aufmerksamkeit, die sich auf die verwendete Sprache, die semantische Bedeutung und ihren Wandel oder auf das Zeremoniell richtet, sowie die detailreiche, quasi mikroskopische Darstellung, die sie den einzelnen Fällen widmet.[62] Außerdem verzichten sie auf die im 19. Jahrhundert durchgesetzte Engführung auf eine machtpolitisch ausgerichtete Nationalgeschichte und situieren sich meist in einem, europäische Geschichte genannten Kontext. Diese Bewegung innerhalb der Geschichtswissenschaft, der Kultur für die Epoche der Frühen Neuzeit einen definierenden Stellenwert zuzuweisen, hat inzwischen auch die Ebene der Geschichtsschreibung und der Epochendarstellungen erreicht.[63]

Im Mittelpunkt der neueren kulturgeschichtlichen Ansätze zur politischen Kultur Alteuropas steht demnach nicht die entwicklungsgeschichtliche Bedeutung der Ereignisse und Entwicklungen, sondern die vergangene politisch-soziale Praxis, die in ihren Bedeutungen und vielfältigen Bezügen rekonstruiert und dadurch den heutigen Lesern verständlich gemacht werden soll. Den dazugehörigen Rahmen liefert die Herausbildung einer fürstlichen Herrschaft und landesherrlichen Obrigkeit. Allerdings werden sie nicht mehr wie in der älteren Forschung als feudale Willkür oder adelige Anarchie interpretiert. Stattdessen wird zusätzlich zu den starken religiös-konfessionellen Einflüssen eine Reihe von Differenzierungen herausgestellt. Den Ausgangspunkt bilden unverändert die monarchische Herrschaft und das große Gewicht des Adels in der ständischen Gesellschaft. Die Unterscheidung von Amt und Person des Fürsten verweist allerdings auf die Rechtsbindung der Herrschaft (Ulrike Müßig), die in umfassender Weise die Praxis und das Denken und Handeln der Akteure durchdrungen hat. Für Wolfgang Reinhard steht daher fest:

---

urge a move from politics conceived (anachronistically) as the business of institutions, bureaucracies and officers to the broader politics of discourse and symbols, anxieties and aspirations, myths and memories." Ferner ders., Re-writing the history of parliament in seventeenth-century England, S. 285: „The microscopic analysis of seventeenth-century parliaments has scarcely begun." „… the interrelations of parliament, Council and court went beyond the narrow politics of faction and we await a study of the Commons in the context of these broader, complex and fluid arrangements – in the context of patronage."

61 Siehe z. B. die Juristin Ulrike Müßig, Forschungsaufgaben, Probleme und Methoden einer europäischen Verfassungsgeschichte, in: Helmut Neuhaus (Hg.), Verfassungsgeschichte in Europa, Berlin 2010, S. 175–216.

62 Zur historischen Semantik siehe Volker Seresse, Politische Normen in Kleve-Mark während des 17. Jahrhunderts. Argumentationsgeschichtliche und herrschaftstheoretische Zugänge zur politischen Kultur der frühen Neuzeit, Epfendorf am Neckar 2005.

63 Siehe z. B. Tim C.W. Blanning, Das Alte Europa 1660–1789. Kultur der Macht und Macht der Kultur, Darmstadt 2006. Die englische Erstausgabe von 2002 hatte den Haupttitel: The Culture of Power and the Power of Culture.

„Europäische politische Kultur ist seit alters in besonderer Weise Rechtskultur,..."[64]

Wichtige Merkmale dieser alteuropäischen Rechtskultur liegen in der vor allem rechtswahrenden Tätigkeit und in dem statischen Rechtsverständnis der Zeitgenossen. Die fürstliche Herrschaft bezieht sich auf ein Territorium und konstituiert sich als Obrigkeit über die landsässigen Untertanen. Zu ihr gehören der fürstliche Hof und die zentralen Einrichtungen von fürstlicher Kanzlei, Rat und Kammer. Das Territorium wiederum weist eine Binnengliederung in landesherrliche Ämter, adelige Grundherrschaften, städtische Gemeinden und weitere korporative Grundherren wie Stifter oder Universitäten auf. Außerdem hat Reinhard als einer der ganz wenigen Forscher auf die zentrale Stellung hingewiesen, die der rechtlich-sozialen Kategorie des Eigentums für die politische Kultur zukommt:

> „Vor allem waren die zur Ressourcenmobilisierung erforderlichen Eingriffe in das Eigentum der Untertanen traditionell nur aufgrund eines korrekten Zustimmungsverfahrens der Betroffenen möglich."[65]

Es sind folglich die mit dem Zusammenhang zwischen dem Amt des Fürsten, den territorial gültigen Rechten und dem Eigentum der Untertanen verbundenen zeitgenössischen Vorstellungen, welche die Geschicke der Landtage bestimmt haben. Die Eigentümer par excellence dieser Zeit waren die im Land angesessenen und lokale Herrschaft ausübenden Adeligen, die daher nach dem Fürsten aufgrund ihres quantitativen Gewichts wie aufgrund ihrer politischen Stellung die prominenteste Rolle spielten. Wenn die Steuerzahlung als Zeichen der Untertänigkeit galt,[66] dann konnte die ungefragte Erhebung von Steuern die

---

64 Wolfgang Reinhard, Was ist europäische politische Kultur?, S. 607. Siehe auch Wolfgang Schmale, Das Heilige Römische Reich und die Herrschaft des Rechts. Ein Problemaufriß, in: Ronald G. Asch und Heinz Duchhardt (Hg.), Der Absolutismus – ein Mythos? Strukturwandel monarchischer Herrschaft in West- und Mitteleuropa (ca. 1550–1700), Köln 1996, S. 229–248; und Steve Hindle, Law, law enforcement and state formation in early modern England, in: Ronald G. Asch und Dagmar Freist (Hg.), Staatsbildung als kultureller Prozess. Strukturwandel und Legitimation von Herrschaft in der Frühen Neuzeit, Köln 2005, S. 209–233.

65 Wolfgang Reinhard, Was ist europäische politische Kultur?, S. 604. Das Eigentum wird in den Darstellungen der deutschen Verfassungsgeschichte vielleicht deshalb regelmäßig nicht erwähnt, weil es juristisch als Teil des Zivilrechts gilt. Siehe aber zur Verbindung der Landeshoheit und der Landtage mit der Geschichte der Freiheit und des Eigentums den Landsyndikus Georg Adolf Caroc, Begründete Deduction von Land-Ständen, derselben Befugnisse, Pflichten und Nutzen, absonderlich in denen Landen des Reichs Teutscher Nation, o.O. 1718, S. 87: „Wird nun voraus gesetzet, daß Unterthanen das Ihrige eigenthümlich besitzen: So ist eine natürlich Folge, es könne ihnen davon etwas ohn ihren Willen nicht entzogen werden." Oder Gustav v. Lerchenfeld, Die altbaierischen landständischen Freibriefe mit den Landesfreiheitserklärungen, München 1853, S. cxxvii: „aber immerhin konnte man nicht nach blossem belieben abgaben erheben, denn aus dem begriff des deutschen echten eigenthums floss für jeden grundherrn von selbst schon die steuerfreiheit. Und auch die unterthanen derselben waren gerade durch diesen verband vor willkührlichem eingreifen von seiten des herzogs geschützt,..."

66 Als ‚signum subiectionis', wie Dietmar Willoweit, Deutsche Verfassungsgeschichte, S. 98, schreibt.

Gefahr der Knechtschaft herauf beschwören.[67] Wenn sich eine Steuererhebung also aus politischen und aus praktischen Gründen nicht mehr vermeiden ließ, dann schien eine förmlich Beteiligung des Landes in der Form von Landesversammlungen politisch geboten.

In diesem Sinne sollen für die folgende Untersuchung des kursächsischen Landtags im 18. Jahrhundert die Begriffe Alteuropa, politische Kultur und Fürstenstaat die leitenden Konzepte der Untersuchung und Darstellung sein. Mit der Übernahme des Alteuropa-Konzepts in die Landtagsforschung entsteht nicht so sehr eine neue Theorie, in der neue, zuvor unbekannte Tatsachen systematisiert werden, vielmehr funktioniert es als ein veränderter Rahmen, in dem viele der bekannten Elemente erhalten bleiben, aber eine andere oder anders gewichtete Stellung angewiesen bekommen und in ihrer Bedeutung anders gewertet werden. Zugleich soll damit der in unterschiedlicher Weise von Friedrich Tezner und Fritz Hartung ausgelegte Faden wieder aufgenommen und fortentwickelt werden, indem der Landtag als integraler Teil des frühneuzeitlichen Fürstenstaates mit seiner für ihn spezifischen politischen Kultur betrachtet wird.[68]

3. Kontext: Landtage im frühneuzeitlichen Fürstenstaat

Damit die Struktur der Landtage, die Praxis der Landtagsteilnahme und der Landtagsverhandlungen im Fürstenstaat dargestellt werden können, ist zuvor der Fürstenstaat selbst ausführlicher zu beschreiben, so weit er für die folgende Untersuchung vorausgesetzt wird. Es sollen insbesondere die Elemente hervorgehoben werden, die zu seiner spezifischen politischen Kultur oder Rechtskultur gehört haben. Der frühneuzeitliche Fürstenstaat baut auf den spätmittelalterlichen Ergebnissen auf und setzt zahlreiche der im Mittelalter formierten Elemente fort. Es handelt sich um ein in sozialer und kultureller Hinsicht sehr komplexes Gebilde. Der Fürstenstaat war, wie sich zeigen wird, nicht homogen.[69] Vielmehr sind es die zahlreichen inhärenten Spannungen und Widersprüche, die für die große Dynamik und Unruhe der spätmittelalterlichen und frühneuzeitlichen Geschichte verantwortlich sind. Die Landesherrschaft, welche die Fürsten ausübten, beruhte bis zum Ende des 18. Jahrhunderts auf einer Zusammenfassung einzelner Rechtstitel von sehr unterschiedlicher Qualität und

---

67 Die britischen Kolonien in Amerika haben aufgrund dieser Vermutung 1776 den Aufstand gewagt.

68 Es soll also am Ende nicht nachgewiesen werden, daß der Landtag Teil des Fürstenstaates ist, sondern wenn man von der Annahme ausgeht, ihn als Teil des Fürstenstaates zu nehmen, dann lautet die zentrale Frage: Wie stellen sich in diesem Licht die damaligen konkreten Ereignisse und historischen Entwicklungen für uns dar.

69 Ein gleiches – Komplexität und Inhomogenität – gilt für die alteuropäische Gesellschaft oder die europäische politische Kultur. Von einer durch die Moderne aufgelösten oder zerstörten Harmonie kann demnach keine Rede sein.

Dignität in einer Hand, wie jede fürstliche Titulatur ausführlich, aber keineswegs vollständig, belegt:

> „Von Gottes Gnaden Wir Johann Georg der Dritte, Herzog zu Sachsen, Jülich, Cleve und Berg, des heiligen Römischen Reichs Erz-Marschall und Chur-Fürst, Landgraf in Thüringen, Markgraf zu Meißen, auch Ober- und Nieder-Lausitz, Burggraf zu Magdeburg, Gefürsteter Graf zu Henneberg, Graf zu der Marck, Ravensberg und Barby, Herr zu Ravenstein."[70]

Zu den durchlaufenden, genuin alteuropäischen Merkmalen gehören die vorherrschend agrarwirtschaftliche Ökonomie, die ständische Gliederung der Gesellschaft, der dynastische Faktor und die rechtsbewahrende, am Einzelfall orientierte, eher kasuistische Ausrichtung des Denkens und Handelns, die sich für eine streng systematische Vereinheitlichung der Fälle noch nicht interessiert.

Zur Dominanz der Agrarwirtschaft in der alteuropäischen Gesellschaft gehört nicht nur ihr Anteil an der gesamtwirtschaftlichen Leistung. Grund und Boden waren zugleich die wichtigste Form des Eigentums. Die Ausstattung mit Land bzw. die Verfügung über bäuerliche Produzenten definierte die adelige Herrenstellung. Kirchliche, soziale und kulturelle Einrichtungen wie Hospitäler oder Universitäten verfügten zu ihrem Unterhalt über eigenen Grundbesitz. Grundbesitz strukturierte daher auch in großem Umfang die soziale Schichtung und das politische Denken der Zeitgenossen. Der Fürst ist zunächst vor allem der größte und mächtigste Grundbesitzer im Land. Die Teilnahme des Adels am Landtag setzt den Besitz eines Rittergutes voraus. Die Zunahme einer Gruppe adeliger Männer, die keinen Grundbesitz mehr hatten, war, da ihre Existenz nicht vorgesehen war, ein gravierendes soziales und politisches Problem. Nicht geringer war das gesellschaftliche Ordnungsproblem, wenn Personen bürgerlichen Standes oder Frauen in den Besitz der landtagsberechtigten Rittergüter gelangten und dadurch den Kreis der möglichen Landtagsbesucher verkleinerten.[71] Auch in den dörflichen Gemeinden bildeten die Angesessenen, die mit mehr oder weniger auskömmlichem Landbesitz ausgestattet waren, das Machtzentrum. In den Städten war der Hausbesitz zentral für den Status eines Vollbürgers und für den Zugang zu Handwerk und Handel. Auf der Verfügung über Grundbesitz und auf dem Zugang zu dessen Ressourcen bauten die Vorstellung vom Haushalten und Haushalt auf.

Der Grundbesitz war darüber hinaus ein fester Bestandteil der Geldwirtschaft. Die Steuer par excellence, die direkte Steuer oder Landsteuer, die politisch eine so herausragende Bedeutung besaß, fußte in der Regel auf einer Einschätzung des Grundbesitzes. Grundbesitzer waren kreditwürdig und konnten Hypotheken aufnehmen. Der ritterschaftliche Adel betrieb wie alle anderen

---

70 Chur-Fürstlich Sächsische erneuerte Ordinanz anno 1686, Dresden 1686. Bei manchen Titeln, wie dem auf die Herzogswürde von Jülich, Kleve und Berg handelt es sich allerdings nur um Ansprüche und Anwartschaften und nicht um tatsächlich ausgeübte Herrschaft.

71 Siehe Axel Flügel, Bürgerliche Rittergüter. Sozialer Wandel und politische Reform in Kursachsen (1680–1844), Göttingen 2000.

Grundbesitzer eine ausgedehnte Kreditwirtschaft. Der adelige Grundbesitz wurde aus zahlreichen Gründen hypothekarisch belastet. Zu den wichtigsten zählen erstens die Sicherung des weiblichen Heiratsgutes und die Versorgung der adligen Hausfrau, wenn sie Witwe wurde, zweitens die zur Verheiratung notwendige Ausstattung der Töchter, drittens die Auszahlung von Brüdern oder viertens größere Baumaßnahmen am Herrenhaus und in der Gutswirtschaft. Aufgrund des anhaltenden Kreditbedarfs fungierten die Rittergüter, beim Mangel an Alternativen, sozusagen als kleine Banken, in die Geldbesitzer – sowohl andere Adelige als auch Stadtbürger, Geistliche und ziemlich häufig auch Frauen – ihre Kapitalien gegen Zins anlegten. Die Bewirtschaftung der Rittergüter einschließlich der mit ihnen verbundenen nutzbaren Rechte und ihre Wertschätzung erfolgten bereits unter dem Gesichtspunkt des in ihnen bereitgestellten oder verfügbaren Kapitals.[72] Bei der Taxierung eines Rittergutes konnten die Einkünfte aus der Patrimonialgerichtsbarkeit oder das Recht zum Landtagsbesuch mit einem Geldbetrag kapitalisiert werden. Auch in der Frühen Neuzeit spielt also die mittelalterliche Kommerzialisierung von Titeln, Rechten, Ansprüchen und Anwartschaften noch eine große Rolle und wird erst langsam durch eine strengere Unterscheidung von öffentlichem Recht und privaten Rechten zurückgedrängt.[73] Rittergüter wurden ständig gekauft und verkauft und in diesen Transaktionen war es üblich, große Teile des Kaufpreises als Kredit auf dem Gut stehen zu lassen und erst in langen und ausgefeilten Zahlungs- und Tilgungsmodalitäten zu bezahlen. Ohne diese Praktiken wären die meisten Geschäfte, ganz wie im kaufmännischen Handel, überhaupt nicht zustande gekommen.

Der agrarwirtschaftlichen Basis und der überragenden Bedeutung des Grundbesitzes korrespondierte die ständische Gesellschaft Alteuropas. Das wichtigste Merkmal der ständischen Gliederung liegt in der Verknüpfung von sozialer Ungleichheit einerseits und andererseits von Rechten und Kompetenzen, über die jeder einzelne Stand verfügt. Zu einem Stand gehört in der Praxis auch eine bestimmte Vorstellung von Ehre, welche die einzelnen Personen für sich beanspruchen und eifersüchtig gegen tatsächliche oder befürchtete Schmälerungen verteidigen. Zu den ständischen Ungleichheiten gehört die Hierarchisierung der Stände und der Standesangehörigen nach Alter, Ehre oder Macht, die von den Kleiderordnungen über Rang- und Sitzordnungen, in Prozessionen und zeremoniellen Verfahren sowie bildlichen Darstellungen immer wieder repräsentiert und verhandelt wurde.[74] Unter den Ständen sind aber in der alteuropäischen Gesellschaft nicht nur die Großstände von Adel, Stadtbürgern

---

72   Siehe dazu jetzt Sean A. Eddie, Freedom's Price. Serfdom, Subjection and Reform in Prussia, 1648–1848, Oxford 2013.

73   Siehe zur Kommerzialisierung im Mittelalter Ernst Schubert, Fürstliche Herrschaft und Territorium, S. 19 f.

74   Siehe zu den Komplexitäten von Rangstreitigkeiten Barbara Stollberg-Rilinger, Rang vor Gericht. Zur Verrechtlichung sozialer Rangkonflikte in der frühen Neuzeit, in: ZHF 28 (2001), S. 385–418; und allgemein zur Ehre Klaus Schreiner und Gerd Schwerhoff (Hg.), Verletzte Ehre. Ehrkonflikte in Gesellschaften des Mittelalters und der Frühen Neuzeit, Köln 1995.

und Bauern zu verstehen. Tatsächlich sind die drei Stände in sich vielfältig differenziert. In der Stadt unterscheiden sich die Kaufleute nicht nur von den Krämern und Handwerkern, auch innerhalb der Kaufleute und Handwerker gibt es große ständische Unterschiede zwischen Tuchhändlern und anderen Kaufleuten oder zwischen Goldschmieden und Schuhmachern. Ähnliches gilt für den Adel und die Bauern. Darüber hinaus gibt es zahlreiche weitere Gruppen, die selbst wieder einen Stand bilden, wie die Pfarrer, die landesherrlichen Amtsträger, die Universitätsgelehrten oder die Witwen. Selbst das Gesinde bildete einen Stand und hat als solches seine vom Fürsten zu schützenden und zu respektierenden Rechte. Das zeitgenössische Selbstbild zielte auf eine Harmonie der Stände, die konkreten ständischen Gruppierungen mit ihren jeweiligen persönlichen Ansprüchen schufen aber eine derart komplexe Gemengelage, daß die hierarchische ständische Ordnung in der Regel nicht aufgehen konnte und nur temporär zu befrieden war.[75]

Zur Welt der ständischen Gesellschaft und ihrer ständischen Ungleichheit gehört außerdem noch das patriarchale Element der Hausherrschaft, das Verhältnis zwischen Hausherr und Ehefrau, zwischen Eltern und Kindern und zwischen der Herrschaft und dem Gesinde, also den Knechten und Mägden.[76] Auch erwachsene junge Adelige oder nachgeborene Brüder verfügten nur über einen minderen Status, solange sie noch kein eigenes Haus führten und sich mit einem eigenen Haushalt etabliert hatten. Die väterliche Disposition, der testamentarische Wille des Erblassers waren sowohl rechtlich als auch moralisch in hohem Grade verbindlich. Das alteuropäische Gemeinwesen, vor allem das politische Gemeinwesen bestand aus Häusern bzw. Haushalten und nur der Haushaltsvorstand war – in Stadt und Land – im vollen Sinne politisch berechtigt und Eigentümer.[77] Erst außerhalb des Hauses begann der öffentliche Raum oder der Bereich der politischen Herrschaft.

Die Einteilung in Stände sollte gesellschaftliche Stabilität garantieren. Dem jeweiligen Stand waren bestimmte Tätigkeiten und Vorrechte zugewiesen, die in der Summe zur Erhaltung der bestehenden Gesellschaft, zu ihrer ‚Konservation', beitragen sollten. Die Stände waren aber keine Kasten. Die ständische Gesellschaft enthielt vielmehr ein beachtliches Potential an sozialer Mobilität und Dynamik, das ihr nicht als äußerliche Störung zuwuchs, sondern in ihre Funktionsweise, in ihre ‚Technik' (Friedrich Tezner) eingebaut war. So unveränderbar

---

75 Siehe Barbara Stollberg-Rilinger, Zeremoniell als politisches Verfahren. Rangordnung und Rangstreit als Strukturmerkmale des frühneuzeitlichen Reichstags, in: Johannes Kunisch (Hg.), Neue Studien zur frühneuzeitlichen Reichsgeschichte, Berlin 1997, S. 91–132.

76 Siehe paradigmatisch: Christian Wolff, Vernünfftige Gedancken von dem gesellschafftlichen Leben der Menschen und insonderheit dem gemeinen Wesen (Deutsche Politik) (1721), ND 4. Auflage 1736, in: ders. Gesammelte Werke, Abt. 1: Deutsche Schriften, Bd. 5, Hildesheim 1975, u. a. § 195: „Weil der Mann die Herrschafft über die Frau, die Kinder und das Gesinde hat, ...: so hat er die Herrschaft im ganzen Hause."

77 Das adelige Haus kann, nicht zuletzt als Hof-Staat oder als Maison du Roi, sehr umfangreich sein und sowohl die höfische Gesellschaft als auch die fürstliche Armee beinhalten. Noch die industriellen Werkstätten des Zeitalters der Dampfmaschinen galten lange als Haus des Unternehmers, in das keine Gewerkschaft eingreifen dürfe.

die Stände und die Arbeitsteilung zwischen ihnen bewahrt werden sollte, so wenig galt das für die soziale Position des Einzelnen. Der Adel sollte die Rittergüter besitzen und den Landtag besuchen, die Bauern ihre Äcker bearbeiten. Diese allgemeine Ordnungsvorstellung stand unbeschadet neben der Tatsache, daß Bauern das städtische Bürgerrecht erwarben und Kaufleute oder fürstliche Amtsträger Rittergüter ankauften, auch wenn sich damit die Zusammensetzung der Klasse der Rittergutsbesitzer veränderte. Erst in der Aufklärung kam ein soziologischer Blick auf, der den sozialen Befund einer veränderten Rittergutsbesitzerklasse und die vorliegenden Ordnungsvorstellungen in einem systematischen Reformprogramm zusammenführte und kritisch bewertete.

Zur ständischen Gesellschaft gehörte untrennbar das Streben nach Standeserhöhung, nach einer Verbesserung der sozialen Position der eigenen Familie. Die ständische Gesellschaft ist eine unruhige Gesellschaft. Je höher der Stand, desto größer die Unruhe und das Störpotential. Im regierenden Adel ging es um die Steigerung der ‚Gloire‘ des Hauses, um die Erlangung der Fürstenwürde, um die Kurwürde oder den Königstitel. Im landsässigen Adel vermehrten sich in der Frühen Neuzeit die Freiherren- und Grafentitel, wurden über Ahnenproben schärfere Grenzen im Adel zwischen Stiftsadel und Landadel, zwischen landtagsfähigem Adel und nicht landtagsfähigem Adel, zwischen altem Adel und nobilitiertem Adel gezogen, so daß sich der adlige Stand im Verlauf der Frühen Neuzeit in Untergruppen weiter aufsplittete, die lange Zeit erfolgreich je spezifische Vorrechte zu monopolisieren suchten.[78] Die Bürgerlichen wiederum versuchten durch den Erwerb von Rittergütern und Adelstiteln in den gesellschaftlich höher geschätzten Stand überzutreten. Inneradlige Differenzen, frisch nobilitierte Adelige und wohlhabende Bürgerliche schufen im 18. Jahrhundert eine unübersichtliche Lage. Der Eindruck einer ständischen Erstarrung war vor allem der Tatsache geschuldet, daß diese vielfältigen Ansprüche und Erwartungen in der Form von Rechten und Privilegien verhandelt werden mußten und an schon etablierten Beständen rüttelten.

Die frühneuzeitliche ständische Gesellschaft stützte sich in außerordentlichem Maße auf das Recht und ein Rechtsbewußtsein der Akteure, welches das Recht trug und zu einem festen Bestandteil der Alltagskultur machte.[79] Die Vorrechte des Standes, die Ansprüche und die Ehre der Familie strukturierten weitgehend die Lebensführung. Die vorhandenen Rechte waren zugleich ein überliefertes Erbe, das nicht nur für ihren aktuellen Inhaber zu bewahren war. Die eignen Rechte wurden immer auch in Hinblick auf die ‚Posterität‘, auf die nachkommenden Generationen, verteidigt und bewahrt. Andererseits ist diese frühneuzeitliche Gesellschaft zwar seit 1495 in umfangreichem Maße verrechtlicht worden, aber noch nicht durchbürokratisiert.[80] Die Rechte und Privilegien

---

78   Siehe zur Ahnenprobe jetzt Elizabeth Harding und Michael Hecht (Hg.), Die Ahnenprobe in der Vormoderne. Selektion – Initiation – Repräsentation, Münster 2011.

79   Zur Bedeutung eines ausgeprägten zeitgenössischen Rechtsbewußtseins siehe Dietmar Willoweit, Deutsche Verfassungsgeschichte, S. 180.

80   Zum Prozeß der Verrechtlichung in der Frühen Neuzeit, der sich vor allem auf die Ersetzung der Fehde durch die Klage vor Gericht, den Ausbau des Gerichtswesens im Alten Reich und in den

waren nicht in allgemeinen Gesetzen vollständig normiert, systematisiert und kodifiziert. Dies erfolgte erst mit der Aufklärung, die eine grundlegende Revolutionierung der Denkungsart herbeiführt. Gegenüber der Landesordnung konnte sich in der Frühen Neuzeit das Einzelprivileg sehr wohl behaupten. Privilegien waren weder Willkür noch problematische Ausnahmen von einer generell gültigen Regel, sondern geltendes und zu bewahrendes und mehr noch schützenswertes Recht. In ihrem Vergleich vom 22. April 1657 anläßlich der Landesteilung in vier Territorien stellten die Söhne des sächsischen Kurfürsten hinsichtlich der „Untertanen Gerechtigkeit" ausdrücklich fest:

> „Es soll aber diese brüderliche Vergleichung allerseits Chur- und Fürstlichen Ständen und Unterthanen, Prälaten, Grafen, Herren, Schrift- und Amtsäßigen Ritterschaft, Schrift- und Amtsäßigen Städten, an ihren erlangten Gerechtigkeiten gantz unschädlich seyn, sondern selbige allerseits, ja ein jeder Unterthan in particulari, bey seinen habenden Rechten, Privilegien, Immunitäten und redlich hergebrachten Gewonheiten, insonderheit eine getreue Landschafft, bey ihren Lehen, gesamter Hand, Anwartungen und erlangten Reversalien gelassen, solche ihnen bekennet und erneuret werden, auch ein Ort gegen den andern sich seiner Geräde, Befreyung, Heergeräthe, Abzugs-Gelder, Brauen, Mältzen, Schencken, Handeln, Handwercken, Zöllen, Ungeldern, Jagden, Hüttungen, Trifften in Höltzern, Feldern und Auen, wie sie solche biß dato beständig her gebracht, und dergleichen ungekräncket, ohne eintzige Neuerung gebrauchen.[81]

Die penible Auflistung der Einzelrechte illustriert den kasuistischen Ansatz und das große Gewicht der konkreten Berechtigungen. Der Vergleich von 1657 zeigt die vier neuen regierenden Fürsten aber auch als gute Landesherren hier in ihrer ersten Aufgabe, der Wahrung von Frieden und Recht nachzukommen, indem sie alle bestehenden Rechte bestätigen.

Die frühneuzeitliche Rechtskultur bevorzugte die älteren Urkunden vor den neueren und bewahrte sie deshalb über die Jahrhunderte hinweg so sorgsam auf, daß sie noch heute den Schatz der Archive bilden. Das spezifische Privileg rangierte gleichauf mit der allgemeinen Norm und die lokale Rechtsregel rangierte vor der Landesgesetzgebung, die vor allem gebraucht wurde, wenn die lokalen Rechte keine eindeutigen Regelungen vorsahen. In der Rechtsbegründung ermöglichten die Ersitzung, die Ergreifung herrenlosen Besitzes oder der langjährige unwidersprochene Gebrauch eines Rechts oder einer Sache unbestritten gültige Rechtstitel. Daher mußte jeder Handlung, welche die Gefahr einer Rechtsänderung oder Fixierung neuer Ansprüche heraufbeschwor formell

---

einzelnen Territorien sowie die Aufbau eines dreistufigen Instanzenzuges bezieht, siehe Winfried Schulze, Einführung in die Neuere Geschichte, 2., verbesserte Auflage 1991, S. 62.

81 Siehe Nina Krüger, Landesherr und Landstände in Kursachsen auf den Ständeversammlungen der zweiten Hälfte des 17. Jahrhunderts, Frankfurt am Main 2007, S. 118; auch abgedruckt in: Adam Friedrich Glafey, Kern der Geschichte des Hohen Chur- und Fürstlichen Hauses zu Sachsen, Frankfurt und Leipzig 1721, hier S. 454.

widersprochen werden. Die aus regelrechten Urkunden, anderen Schriftstücken oder aus einer nachweisbaren Praxis belegbare Präzedenz bestimmte die Rechtswirklichkeit und die Gerichtsprozesse mindestens genauso stark wie die vorliegende Gesetzgebung. Die eigenen Rechte wurden also eifersüchtig gegen Übergriffe verteidigt, während man selber durch eben solche Übergriffe den eigenen Besitz und die eigene Rechtsposition zu verbessern trachtete. Sich an einer Tafel auf einen anderen, besseren Platz zu setzen, war in diesem Sinne nicht nur ein Rangstreit, sondern ein Rechtsgeschäft. Die Hinnahme der Platzveränderung hätte bei der nächsten Sitzung ein Anrecht begründet.

In diesem Zusammenhang erschließt sich auch die vielgeübte Praxis frühneuzeitlicher Landtage, jede regelmäßig wiederholte Bewilligung einer Landsteuer mit dem Vorbehalt zu versehen, daß die Bewilligung nur temporär erfolge und demnächst wegfallen solle. Darin manifestierte sich zum einen die Ansicht, daß Steuern nur für prinzipiell vorübergehende Notfälle erforderlich sein sollen, der Fürst und seine Regierung ansonsten aber mit den hergebrachten landesherrlichen Einkünften und Regalien auszukommen haben.[82] Zum anderen handelte es sich um eine Rechtsfrage. Die ältere Literatur hat den Landständen entweder Unkenntnis oder Ignoranz gegenüber der politischen Tatsache einer inzwischen permanenten Steuererhebung zur Deckung der Staatsbedürfnisse insbesondere für das stehende Heer unterstellt oder ihnen blanke Heuchelei bescheinigt. Beide Verurteilungen sind unangemessen. Mit ihren Einwänden, mit dem Widerspruch, haben die Landstände die Verfestigung der vereinbarten Bewilligung einer Steuer zu einem Präzedenzfall, der einen Anspruch oder formales Recht auf Bewilligung seitens des Fürsten begründet, unterbrochen. Es handelt sich bei den landständischen ‚Reversen‘ also nicht um ein leeres Ritual, sondern um eine symbolische Handlung, aber zugleich auch einen rechtstechnisch nötigen Vorgang, um die Verhandlungsposition der Landtage rechtlich zu sichern. Nur der leicht querulantisch anmutende, immer wieder erneuerte Widerspruch konnte den Mangel an Kodifikation ausgleichen.[83] Aus diesem Grund hatte die – immer zu verteidigende, nie schlicht besessene – Ehre damals einen so

---

82 Siehe dazu allgemein Andreas Schwennicke, ‚Ohne Steuer kein Staat‘. Zur Entwicklung und politischen Funktion des Steuerrechts in den Territorien des Heiligen Römischen Reichs (1500–1800), Frankfurt am Main 1996.

83 Selbstverständlich kannte bereits das Mittelalter allgemeine Regeln und minutiöse Auflistungen, aber hier kommt es wieder nicht auf die formale Existenz oder Abwesenheit der Einzelfälle an, sondern auf die zeitgenössische Bedeutung und die Handhabung der Gesetze und Verzeichnisse. Die alteuropäische Gesellschaft kennt noch nicht den gesteigerten Anspruch an die Vollständigkeit, Homogenität, monopolisierte Gültigkeit und gerichtliche Beweiskraft der modernen Kodifikation, die dann mit den Ausdrücken ‚System‘ oder gar ‚Vollständiges System‘ in zeitgenössischen Buchtiteln signalisiert wird. Siehe auch Wilhelm Brauneder, Frühneuzeitliche Gesetzgebung: Einzelaktionen oder Wahrung eine Gesamtrechtsordnung, in: Barbara Dölemeyer und Diethelm Klippel (Hg.), Gesetz und Gesetzgebung im Europa der Frühen Neuzeit, Berlin 1998, S. 109–129, zu den sehr wohl prinzipiell vorhandenen zeitgenössischen Vorstellungen von einer Gesamtordnung.

großen Stellenwert, denn Ehre und Recht waren im Alltag geradezu äquivalente Ausdrücke.[84]

Ein weiteres Merkmal der spezifischen alteuropäischen Rechtskultur findet sich in der Art, wie rechtliche Zustände entwickelt und in altes Recht oder eine ehrwürdige Tradition überführt werden. Der charakteristische Vorgang besteht aus einem Wechselspiel von Neuerung und Fixierung. Es werden z. B. die landesherrlichen Einkünfte und Rechte in einem Gebiet zusammengefaßt und einem Amt überwiesen und zu deren Erhebung und Verwaltung die Position eines Amtmanns geschaffen. Die Einrichtung des landesherrlichen Amtes war durchaus eine Neuerung, das einmal geschaffene Amt gewann jedoch rasch ein institutionelles Gewicht, das später kaum noch eine Abänderung zuläßt, so daß trotz neuer oder veränderter funktionaler Erfordernisse das einmal geschaffene Amt langfristig bestehen bleibt und sogar größere politische Umbrüche überdauern kann. Noch stärker gilt dies für die bereits im Verlauf des Mittelalters formierten Territorien oder Landschaften, die in der Frühen Neuzeit weitgehend fortbestehen. Ähnliche Mechanismen hat Andreas Schwennicke für das Steuerwesen beobachtet:

> „Überhaupt ist der Gegensatz zwischen bereits eingeführten, althergebrachten, gewohnheitsrechtlich verankerten dauerhaften Steuern und ad hoc zu erhebenden, zusätzlichen neuen Steuern bis zum Ende des Alten Reiches in der politischen Praxis wie in der rechtlichen Diskussion strukturprägend."[85]

Unumgängliche Neuerungen verdrängen und ersetzen häufig nicht die älteren Lösungen, sondern werden als Aushilfen und Ergänzungen hinzu addiert, wodurch das Gesamtsystem wie z. B. die Steuererhebung, weiter kompliziert wird.

Das Wechselspiel zwischen der Traditionalisierung einmal gefundener Lösungen und den skeptisch betrachteten Neuerungen hat daher für das frühneuzeitliche Steuerwesen eine große Rolle gespielt. Im Verlauf des 16. Jahrhunderts wurde die als Landsteuer erhobene Abgabe vom Eigentum der Untertanen rasch zur normalen, wenn auch noch nicht unbedingt zu einer bereits permanenten Form der Besteuerung. Sie erfuhr damit zugleich eine Fixierung, die das Steueraufkommen auf einen konventionellen Betrag oder Anteil festlegte, der einen kaum veränderbaren Sockel bildete.[86] Höhere Steuererträge waren dann nur zu erzielen, indem man entweder temporär auf zusätzliche Steuerarten wie Kopfsteuern, Vermögenssteuern, Abgaben auf Bier oder Wein, auf Mahlgroschen oder ähnliches auswich. Oder die normale Landsteuer wurde ergänzt um extraordinäre und wiederum zeitlich befristete Zuschläge auf die gewöhnlichen Hebesätze. Betrug der gewöhnliche Hebesatz der Landsteuer z. B. 12 Pfg., so

---

84 Siehe auch Volker Seresse, Politische Normen in Kleve-Mark, S. 212 f.

85 Andreas Schwennicke, ‚Ohne Steuer kein Staat', S. 348.

86 In Bayern wurde eine Landsteuer im 18. Jahrhundert auf 220.000 bis 227.000 Gulden veranschlagt, erhoben wurden aber durchschnittlich vier Landsteuern und in Krisenjahren fünf, siehe Jutta Seitz, Die landständische Verordnung in Bayern im Übergang von der altständischen Repräsentation zum modernen Staat, Göttingen 1999, S. 53 f.

konnten als extraordinäre Zuschlagsteuer auf einige Jahre weitere 4 Pfg., oder dreißig Prozent mehr, erhoben werden.

Für die Landtagsgeschichte folgenreich sind wiederum vor allem die damit verbundenen Effekte. Eine einmal traditionalisierte Landsteuer mußte nicht mehr von einem allgemeinen Landtag bewilligt werden. Sie war noch nicht Teil eines zeitlich befristeten landesherrlichen Budgets, sondern eine rechtlich hergebrachte und landschaftlich übliche Praxis. Solange keine größeren Neuerungen oder gänzlich neue Steuern eingeführt wurden und nicht eine erneute Übernahme hoher fürstlicher Schulden anstand, konnte die Landsteuer weiter erhoben werden.[87] Die Regulierung der Hebesätze konnte dagegen einem Ausschuß des Landtages, einer Landschaftsverordnung, einem Schatzkollegium oder wie auch immer die Einrichtungen genannt wurden, übergeben werden.[88] Der mühselige und kostspielige allgemeine Landtag brauchte dann nicht mehr zusammentreten. Häufig beschäftigten sich die Landtagsverhandlungen in Steuerfragen auch gar nicht mit der politischen Frage, ob eine Steuer erhoben werden sollte, sondern nur mit den praktischen Fragen, welche Art von Steuer zur Aufbringung der geforderten Summe zu erheben sei, welcher Erhebungs- und Zahlungsmodus dem Landeswohl (oder den Privilegierten) zuträglich sei und wie lange die Steuer gezahlt werden solle. Ohne eine Rücksicht auf die technischen Details der üblichen ordentlichen Steuern und der extraordinären Abgaben, der traditionellen Hebesätze und der temporären Zuschläge, der Steuerpflichtigen und der Exemten ist die frühneuzeitliche Landtagsgeschichte nicht zu verstehen.

Die spätmittelalterliche Landesherrschaft setzt sich nicht nur aus einem Bündel unterschiedlicher Herrschaftsrechte zusammen, die vom adelig-grundherrlichen Eigenbesitz, über den Besitz von Gerichtsbarkeiten und Kirchen-Vogteien bis zur Wahrnehmung königlicher Regalienrechte an Zoll, Geleit oder Münzrechten reichten, im Fürstenstaat sind in der Regel auch mehrere Landschaften oder Territorien derselben dynastischen Oberherrschaft unterworfen. Die größeren Fürstenstaaten, insbesondere Österreich, Brandenburg-Preußen und das spätere Königreich Hannover, waren zusammengesetzte Staaten.[89]

---

87 Siehe geradezu paradigmatisch die bayerische Landschaftsverordnung in: Jutta Seitz, Die landständische Verordnung in Bayern, bes. S. 41 f zu ihrer Installation im Jahr 1669, S. 111 über den Protest der Verordneten im Jahr 1787 gegen die hohen fürstlichen Geldforderungen, S. 213 über die katastrophale Finanzlage im Jahr 1799 und die anschließende Debatte, erneut einen Landtag zu berufen. Die bayerischen Fürsten bedienten sich in finanziellen Notlagen gerne und erfolgreich bei den Klöstern in ihrem Herrschaftsbereich. Die Maßnahmen reichten von Zwangsanleihen bis zur blanken Konfiskation.

88 Der extremste Fall ist hier der bayerische, siehe noch einmal Jutta Seitz, Die landständische Verordnung in Bayern, S. 42: „Bereits 1669 ging man … davon aus, daß in absehbarer Zeit kein Landtag mehr stattfinden würde, und so wurden die Verordneten mit derart umfassenden Vollmachten bezüglich der Erhebung von Ordinarien und Extraordinarien ausgestattet, daß die landschaftliche Verordnung die nächsten 139 Jahre ohne die Einberufung ihrer Landstände auskommen konnte." Die Verordnung hatte 16 Mitglieder, dazu kamen noch vier Rechnungsaufnehmer.

89 Speziell für Österreich wurde der Begriff der ,composite monarchy' geprägt, siehe z. B. Peter Rauscher (Hg.), Kriegführung und Staatsfinanzen. Die Habsburgermonarchie und das Heilige

Wenn die nur dynastisch zusammengefaßten Landschaften sich zu eigenen Rechtskreisen verfestigt hatten und darüber hinaus über je eigene landständische Versammlungen verfügten, dann ließen sie sich in der Rechtsordnung des Alten Reiches praktisch nicht mehr zu einem vereinigten Landtag zusammenfassen, sofern es dazu seitens der Regenten, der hohen landesherrlichen Amtsträger oder der Stände überhaupt Bestrebungen gegeben haben sollte. Die Landstände beharrten zumeist auf ihrer provinziellen Separatverfassung, auf ihren Freiheiten, Privilegien, lokalen Steuern und Rechtsgebräuchen. Dieses rechts- und mentalitätsgeschichtliche Phänomen der adeligen politischen Kultur Alteuropas hat Dietrich Gerhard schon 1952 als Regionalismus bezeichnet.[90] Andererseits waren Fürst und Stände aber auch gehalten, die verschiedenen Landesteile zu berücksichtigen und in ihrer Mitte oder in ihren Kommissionen Vertreter aller Landesteile teilnehmen zu lassen.[91]

An der zeitgenössischen alteuropäischen Rechtskultur ist in einer historischen Perspektive nicht so sehr die bloße Tatsache von Interesse, in welch großem Umfang soziale Beziehungen, gesellschaftliche Verhältnisse, kirchlich-theologische Fragen und politische Probleme in die vielfältigen rechtlichen Formen gekleidet wurden. Von fast noch größerer Bedeutung sind die mit dem ausgeprägten Rechtsbewußtsein verbundenen Effekte. Das Landrecht z. B. war kein fürstliches Diktat, sondern einer Umfrage bei den Betroffenen oder dem lokalen Gerichtsgebrauch entnommen oder von den Ständen gegenüber dem Fürsten eingefordert.[92] Die in den Urkunden niedergelegten, vom Fürsten aus besonderer Gnade gewährten Privilegien erwuchsen häufig aus einer Vereinbarung, aus Absprachen zwischen dem Berechtigten und dem Fürsten. Fürstliche Entscheidungen beruhten zu einem beträchtlichen Teil auf Textentwürfen, welche die Empfänger dem Austeller der Beurkundung zukommen ließen. Das Recht stellte in der Gesellschaft Alteuropas einen weiten Gestaltungsrahmen für den Willen der Vertragspartner bereit, auch wenn sie hierarisch und ständisch sehr ungleiche Partner darstellten, und damit eine spezifische Form von Teilhabe beider Seiten.[93] Es konnte deshalb aber auch nur sehr schwer einseitig abgeändert werden.

Ein weiteres Merkmal liegt in der Verdinglichung von Rechten. Die Berechtigung, den Landtag zu besuchen, hing abgesehen von der persönlichen

---

Römische Reich vom Dreißigjährigen Krieg bis zum Ende des habsburgischen Kaisertums 1740, Münster 2010; zu Hannover siehe Brage bei der Wieden (Hg.), Handbuch der niedersächsischen Landtags- und Ständegeschichte, Bd. 1: 1500–1806, Hannover 2004; und Ulrike Hindersmann, Der ritterschaftliche Adel im Königreich Hannover 1814–1866, Hannover 2001.

90　Dietrich Gerhard, Regionalismus und ständisches Wesen, S. 13–39.

91　Die hier erwähnten Landesteile können sowohl geographischer Art sein als auch rechtlich unterschiedliche selbständige Korporationen oder ständische Teilgruppen betreffen.

92　Siehe Ernst Schubert, Fürstliche Herrschaft und Territorium, S. 69 und S. 90.

93　Winfried Schulze, Deutsche Geschichte im 16. Jahrhundert. 1500–1618, Frankfurt am Main 1987, S. 220, zitiert aus dem Umfeld des Bauernkrieges von 1525 den Protest von Bauern gegen die Überwälzung der Reichssteuern auf sie, in dem die Vorstellung der Akteure vom Vertragscharakter der rechtsgebundenen Herrschaft deutlich artikuliert ist: „… darumb das wir Zins und Gilt geben, darum unser Juncker billich uns beschützen und schirmen soll."

Qualifizierung an dem Besitz eines landtagsberechtigten Ritterguts. Die schriftliche Ladung zum Landtag ging daher an das Rittergut. Derartige Schreiben erhielten folglich auch minderjährige männliche Besitzer, weibliche Inhaber oder bürgerliche und korporative Besitzer, die nicht an den Sitzungen der Ritterkurie teilnehmen konnten. Die Teilnahme ruhte sozusagen, bis wieder ein persönlich qualifizierter adliger Besitzer vorhanden war. Durch das wiederholte Anschreiben wurde technisch die Landtagsfähigkeit des Gutes vor dem Vergessen bewahrt, die bei seinem eventuellen Verkauf an z. B. einen Bürgerlichen auch finanziell in Anschlag gebracht werden konnte. Im Fall der bürgerlichen und nobilitierten Rittergutsbesitzer landtagsfähiger Güter erinnerten die Ausschreiben zum Landtag sie symbolisch daran, daß sie zwar über die dingliche Voraussetzung – und insofern auch bereits über das Recht zum Landtagsbesuch – verfügten, von einer tatsächlichen politischen Mitwirkung im wichtigsten politischen Forum aber ausgeschlossen blieben. Am Ende des 18. Jahrhunderts finden sich dann allenthalben Proteste gegen derartige Ausschließungen aufgrund einer Ahnenprobe.[94]

Der wichtigste Effekt der zeitgenössischen Orientierung am Recht zeigte sich in der sozialen Blindheit des Rechts. Darin liegt zugleich die große Stärke einer rechtsförmigen Regelung. Als Rechteinhaber sind sich Stände und Fürst, Untertan und Gutsherr, Untertan und Fürst gleich und klären ihre Ansprüche vor Gericht. Das Gericht sieht – oder soll es zumindest – nur auf den strittigen Rechtstitel und nicht auf die soziale Stellung oder Ehre des Beklagten oder Klägers. Wenn die gesellschaftlichen Verhältnisse jedoch nicht statisch sind, sondern sozialer Wandel Platz greift, wie es in der Frühen Neuzeit ständig geschah, entstehen unausweichlich neue Spannungen. Die rechtlichen Vorschriften zum Landtagsbesuch deckten das zu regelnde Feld nur noch unvollständig ab, da sich die Klasse der Rittergutsbesitzer stark differenziert hatte. Eine Änderung des geltenden Rechts hin zu einer Ausweitung des Teilnehmerkreises erforderte die Zustimmung der bislang allein Berechtigten, wenn die Änderung rechtsförmig und nicht aufgrund von Gewalt oder Machtspruch erfolgen sollte. Derartige Zustimmungen sind aber notorisch schwer zu erlangen. Sie wird auch nicht erleichtert, wenn die erste Aufgabe der fürstlichen Regierung im Schutz der bestehenden Rechte aller Untertanen gesehen wird. Innerhalb des Rechts gab es kaum Ansatzpunkte für einen Rechtswandel, der Appell an den Fortschritt der Zeiten oder ein Hinweis auf die veränderten Umstände mußte oft hilflos bleiben. Für das Problem eines geordneten Rechtswandels hat das Ancien Régime keine Lösung gefunden. Die in der alteuropäischen Gesellschaft intellektuell und administrativ so hoch entwickelte Rechtskultur war sowohl eine Lösung, mit der soziale und politische Konflikte und Spannungen bewältigt werden konnten, aber zugleich auch, nicht unähnlich den Kirchen, selbst wieder an der Generierung von Konfliktlagen beteiligt.

---

94 Siehe z. B. Ronald G. Asch, ‚Wie die Fledermäuse‘? Die Osnabrücker Ritterschaft im 18. Jahrhundert, in: Niedersächsisches Jahrbuch für Landesgeschichte 75 (2003), S. 161–184; oder Axel Flügel, Bürgerliche Rittergüter, S. 188–209.

Ebensowenig nimmt das Recht von sich aus Rücksicht auf das Machtpotential. Fürst und Reichsstand war z. B. der Graf von Schwarzburg-Rudolstadt ebenso sehr wie der Markgraf von Meißen. Die politische Ordnung des Alten Reiches schützte die Grafschaften und Reichsritter nicht weniger als die Kurfürsten und Herzöge. Die Grafschaft war 1599 aus einer dynastischen Erbteilung entstanden und wurde im Jahr 1710 vom Kaiser in den Reichsfürstenstand erhoben. Sie überdauerte als rechtliche Einheit bis 1920, als der Freistaat Schwarzburg-Rudolstadt in dem Land Thüringen aufging. Die alte Grafschaft kannte landständische Aktivitäten, die vor allem in der zweiten Hälfte des 17. Jahrhunderts stattfanden, und erhielt am 8. Januar 1816 sogar eine der ersten konstitutionellen Verfassungen.[95] Die neuere Forschung zur frühneuzeitlichen Epoche hat den kleineren Reichsständen große Aufmerksamkeit geschenkt, um den Charakter des Alten Reiches besser fassen zu können und aus der Mißachtung zu lösen, in die das Alte Reich in der nationalpolitischen Geschichtsschreibung versunken war.[96] Dennoch kann kein Zweifel daran bestehen, daß Größe zählt.[97] Der formale Rechtsstatus sei es als Reichsstand, sei es als Adeliger oder Stiftsadeliger, kann nicht das ausschlaggebende Kriterium einer historischen Beurteilung bilden, sondern nur einen relevanten Aspekt unter anderen abgeben. Meißen und Schwarzburg waren demnach beides Fürstentümer des Alten Reiches, aber nur Meißen erlangte die quantitative Größe und in seiner inneren Struktur und Verwaltung die Komplexität eines veritablen zeitgenössischen Fürstenstaates. Schwarzburg dagegen blieb eine große Grundherrschaft.[98]

---

95 Siehe Hans Herz, Ständische Land- und Ausschußtage in Schwarzburg-Rudolstadt vom 18. bis zum Beginn des 19. Jahrhunderts, Weimar 1995. Von 1724 bis 1821 gab es keine landständische Vertretung, der Fürst hatte das Schreiben des Landschaftskollegiums einfach unbeantwortet gelassen. Schwarzburg-Rudolstadt hatte 1817 bei Eintritt in den Deutschen Bund 53.940 Einwohner – soviel wie ein großes Fußballstadion heute an Besuchern faßt. Der konstitutionelle Landtag von 1821 bestand aus fünf auf sechs Jahre gewählten adeligen Deputierten, fünf Stadtbürger und fünf Landleuten. Siehe ferner August Friedrich Wilhelm Crome, Geographisch-statistische Darstellung der Staatskräfte von den sämmtlichen, zum deutschen Staatenbunde gehörigen Ländern, III. Theil, Leipzig 1827, S. 122 und S. 125. Sehr schön beschreibt Crome auf S. 125 den Zweck der Hinzuziehung von Ständen im Fürstenstaat: „Die Berathung der Landstände erstreckt sich über alle Gegenstände der Gesetzgebung, welche die Rechte der Person und des Eigenthums der Unterthanen betreffen, mit Einschluß der Besteuerung, welche ohne ihre Zustimmung nicht statt finden kann,…" Siehe auch Peter Burg. Der Wiener Kongreß. Der Deutsche Bund im europäischen Staatensystem, München 1984, S. 193–195.

96 Siehe z. B. Peter Claus Hartmann, Das Heilige Römische Reich deutscher Nation in der Neuzeit 1486–1806, Stuttgart 2005.

97 Die sogenannte ‚realpolitische‘ Macht der großen Territorien war das Paradeargument der politischen Historiker des 19. Jahrhunderts wie Heinrich v. Treitschke (1834–1896) gegen die Verteidigung des ‚Rechtsbodens‘ seitens der liberalen Politiker und Publizisten. Das Verhältnis von Macht und Recht bildete ein durchgängiges Motiv der älteren Geschichtsschreibung, ohne das es aber selbst historisch reflektiert und relativiert worden wäre.

98 Siehe auch in Bezug auf die Landgrafschaft Hessen das Urteil von Thomas Fox, Land Tenure, Feudalism, and the State in Eighteenth-Century Hesse, in: Richard Herr (Hg.), Themes in Rural History of the Western World, Ames, Iowa, 1993, S. 99–139, hier S. 129: „…Hesse-Kassel, a west German state, looks in many ways like nothing more than a large Gutsherrschaft." Einem

Die Bezeichnung als frühneuzeitlicher Fürstenstaat impliziert also mehr als nur eine formalrechtliche Qualifikation. Sie ist an bestimmte, zeitlich variable inhaltliche Kriterien gebunden und beinhaltet eine historische Wertung.

Von durchlaufender und überragender struktureller Bedeutung ist schließlich der dynastische Faktor im Fürstenstaat.[99] Die im Spätmittelalter ausgebildete Fürstenherrschaft kennzeichnet, daß sie zugleich ein erbliches Eigentum an der Regierung der betreffenden Lande beinhaltet und die Wahrnehmung eines Fürstenamtes, das auf das Gemeinwohl verpflichtet ist.[100] Während das Eigentum den Fürstenstaat zum erblichen Besitz einer Dynastie macht, die im dynastischen Interesse Kriege führt, einzelne Ämter verpfändet, das Land im Erbgang teilt oder ganz vertauschen und verkaufen können will, verlangt das Amt des Fürsten eine Politik zur Erhaltung des Fürstentums und zum Schutz der Untertanen und somit eine gewisse Zurückstellung rein dynastischer Interessen. Der Fürstenstaat war demnach kein harmonisches Gebilde, sondern von inhärenten Spannungen durchsetzt. Das Amt des Fürsten zielte auf die Wahrung von Frieden und Recht, den Schutz der Kirche und die Erhaltung der territorialen Einheit. Das Interesse der Dynastie lag in der Vergrößerung des Ruhmes des eigenen Hauses und brachte ein Streben nach Rangerhöhung bis zum Aufstieg zur Königswürde durch Kriege oder vorteilhafte Ehebündnisse mit sich. Oder es verschleiß die Ressourcen des Landes in aufwändigen und kostspieligen Bauprojekten, vorzugsweise Schlösser. Das dynastische Interesse kollidierte häufig mit der ruhigen Ausübung des Fürstenamtes. Die Landesteilungen im dynastischen Erbgang, oder die langjährige Verpfändung von Ämtern zwecks Schuldentilgung, gefährdeten öfters die territoriale Einheit. Im Fall des Hauses Braunschweig-Lüneburg und in dem der ernestinischen Wettiner haben die Erbteilungen zu langdauernden Besitzzersplitterungen geführt. Die durch das Amt auferlegte Verpflichtung des Fürsten auf das Landesinteresse hing zudem allein am Handeln des jeweils gerade regierenden Fürsten. Sein Charakter, seine Eheschließung und seine Kinder oder Bastarde, seine Politik und nicht zuletzt seine Langlebigkeit werden im Fürstenstaat zu entscheidenden Größen.[101] Jede Nachfolge im Fürstenamt stellt damit zugleich eine Krise dar, einen mehr oder weniger großen Personal- und Politikwechsel.

In der alteuropäischen politischen Kultur sorgte daher der dynastische Wettbewerb zwischen den Fürstenstaaten für permanente Unruhe. Auch ohne Kriege zu führen, konnten fürstliche Heiraten und dynastische Erbfälle politische Krisen hervorrufen. Die in Festungsbauten nach den Vorschriften von Sébastian Vauban (1633–1707) oder in großdimensionierten Schloßbauten mit ausgedehnten Parkanlagen, in Gemäldegalerien und Kunstkammern, in perso-

---

amerikanischen Autor fällt dieses nüchterne Urteil, das leicht als ehrenrührig aufgefaßt und empfunden werden kann, vielleicht leichter als einheimischen Historikern.

99 Siehe auch Wolfgang E.J. Weber (Hg.), Der Fürst. Ideen und Wirklichkeiten in der europäischen Geschichte, Köln 1998.

100 Siehe Dietmar Willoweit, Deutsche Verfassungsgeschichte, S. 93–95.

101 Die Untertanen hatten gute, auch finanziell gute Gründe ihrem Fürsten ein langes Leben zu wünschen, sofern seine Regierung eine einigermaßen milde war.

nalstarken Orchestern und aufwendigen Opern- und Balletproduktionen entfaltete, ressourcenfressende Barockkultur war ein genauso wichtiges Terrain fürstlicher Herrschaft.[102] Innerhalb des Fürstenstaates stand der dynastischen Konkurrenz ein nicht minder heftiger Wettbewerb adliger ‚Emulation' kongenial zur Seite, sei es um sich am Hof fürstliche Gunst zu erwerben, die Standeserhöhung des eigenen Hauses zu betreiben oder um sich vom einfachen Adel abzusetzen.

Die Regierung und Verwaltung im Fürstenstaat oberhalb der lokalen Herrschaft war in erster Linie die Sache des Fürsten. Dennoch regierte in der Frühen Neuzeit nicht die fürstliche Willkür. Die bloße physische oder militärische Macht oder die finanzielle Fähigkeit allein, die naturwüchsig fortwährend ihren Einfluß entfalteten, begründeten keine legitime und anerkannte Herrschaft. Der alteuropäische Fürst war kein Despot, vielmehr war fürstliche Herrschaft eine Herrschaft in rechtlichen Formen und mit Hilfe des Rechts (und der Kirche), das seit dem Mittelalter zahlreiche institutionalisierte und fixierte Formen erhalten hatte, die sich nicht durch einen Federstrich beseitigen ließen. Die Ausgestaltung der Länder und Landschaften mit ihren Landrechten sind hier einschlägige Beispiele. Der frühneuzeitliche Fürst hatte ein Amt inne, seine Hauptaufgabe bestand darin, für Stabilität oder Konservation der Untertanen zu sorgen. Die wichtigste Erwartung an das fürstliche Handeln war, daß es „rechtsbewahrend" tätig war.[103] Diese Erwartung prägte in ausgezeichneter Weise gerade das Selbstverständnis des letzten sächsischen Kurfürsten Friedrich August III. (1763–1827), der eine solide staatswissenschaftliche Ausbildung erhalten hatte. Das brachte ihm zwar zeitgenössisch den Beinamen „der Gerechte" und ein Denkmal ein, die spätere Geschichtsschreibung hat aber vor allem die machtpolitische Erfolglosigkeit und die Abwehr grundlegender Reformen, besonders nach 1789, betont.[104] Es liegt eine gewisse historische Ironie darin, daß am Vorabend der Französischen Revolution ein sächsischer Kurfürst die Aufgaben eines frühneuzeitlichen Landesherrn so gut verstanden und zu seiner Sache gemacht hatte.

Zur Erfüllung seiner Aufgaben verfügte der Fürst über die landesherrlichen Einnahmen: erstens aus dem Grundbesitz, aus den landesherrlichen Forsten, möglicherweise auch aus Bergwerken, zweitens die Einkünfte aus der Gerichtsbarkeit, den Zöllen, Geleitsgeldern und anderen Regalien. Zu diesen ordentlichen Einnahmen traten seit dem Spätmittelalter die mehr oder weniger

---

102 Siehe z. B. den Bau der opulenten Würzburger Residenz der Fürstbischöfe unter Friedrich Karl v. Schönborn (1674–1746), Bischof von Bamberg und seit 1729 Bischof von Würzburg.

103 Siehe Dietmar Willoweit, Deutsche Verfassungsgeschichte, S. 138: „Durch Rechtsbesserung soll nicht neues Recht gesetzt, sondern das Rechtsherkommen geschützt werden. Das Recht bedarf der Normierung daher vor allem dort, wo es der Unverstand der Menschen verwirrt hat. Das Motiv dieser Gesetzgebung ist also rechtsbewahrend,…"

104 Siehe Winfried Halder, Friedrich August III./I. (1763/1806–1827), in: Frank Lothar Kroll (Hg.), Die Herrscher Sachsens. Markgrafen, Kurfürsten, Könige. 1089–1918, München 2004, S. 203–222. Zu seinem Lehrer in den Staatswissenschaften siehe Horst Schlechte, Art. ‚Christian Gotthelf von Gutschmid', in: Neuen Deutschen Biographie 7 (1966), S. 349 f. Gutschmid verfaßte 1765 für den Kurfürsten einen überlieferten, aber ungedruckten und inhaltlich recht summarischen Grundriß der Staatsklugheit. Ferner Katrin Keller, Landesgeschichte Sachsens, Stuttgart 2002, S. 158.

umfangreichen indirekten Abgaben auf den Verbrauch, die Akzisen, und die Steuern im engeren Sinn, die als außerordentliche, ergänzende Finanzmittel galten.[105] Die Lebenshaltung eines Fürsten erforderte einen entsprechenden Apparat, um den fürstlichen Haushalt zu organisieren und die verschiedenen Aufgaben zu bewältigen. Dieser Fürsten-Staat im zeitgenössischen Sinn gliederte sich in den Hof-Staat sowie die Collegia oder den Civil-Staat. Im 17. Jahrhundert trat dann außerdem noch das Militär-Wesen hinzu. Am Hof mit seinen Kammerherren und den Gesandten, in der fürstlichen Kammerverwaltung, dem Geheimen Rat oder Kabinett dominierte der erbeigentümliche Charakter der fürstlichen Herrschaft. In den aus dem Hof ausgegliederten Collegia der Hof- und Appellationsgerichte, der Kanzlei und Landesregierung sowie der Steuerverwaltung kam mehr die Verantwortung des Fürstenamtes zum Zuge. Im frühneuzeitlichen Fürstenstaat gab es zwischen dem Hof als der engeren, persönlichen Umgebung, und den Landes-Kollegien der landesherrlichen Regierung, als den dem Landeswohl verpflichteten Instanzen, immer wieder Spannungen.

Der Fürstenstaat ist ein Produkt der mittelalterlichen Geschichte. Aus der Sicht des 18. Jahrhunderts lassen sich drei markante Phasen unterscheiden. Im späten Mittelalter konnten sich die Fürsten von den übrigen Landesherren und den Reichsstädten deutlich absetzen und ihren Einfluß zur fürstlichen Landesherrschaft ausbauen.[106] Auf der lokalen Ebene blieb die herrschaftliche Stellung der adeligen und gräflichen Grundherren und der Stadträte allerdings bestehen. Sie behielten weiterhin die lokale Gerichtsbarkeit und Verwaltung in der Hand. Die Bezirke der lokalen Herrschaftsträger bekamen aber mehr und mehr landesherrliche Ämter zu Nachbarn.[107] Mit den Ämtern gelang den Fürsten eine Territorialisierung ihrer Herrschaft, die sich jetzt auch an der Zahl und dem Umfang ihrer Ämter ablesen ließ. Der Pfandbesitz an einem Amt war neben dem Kauf ganzer Grafschaften und Standesherrschaften ein probates Mittel, die fürstliche Herrschaft und damit den Fürstenstaat über den bisherigen Bezirk hinaus zu erweitern.

Ein weiteres Kennzeichen des spätmittelalterlichen Fürstenstaates liegt laut Dietmar Willoweit in der Fortbildung der fürstlichen Oberherrschaft zur Obrigkeit durch das neue, vom Fürsten gehandhabte Gesetzgebungsrecht.[108] Dennoch blieb die fürstliche Herrschaft sowohl hinsichtlich ihrer flächendeckenden Ausdehnung als auch was ihre Zuständigkeiten und Kompetenzen angeht bis zum Ende der Frühen Neuzeit durchbrochen und durchsetzt von den Immunitäten und Privilegien zahlreicher anderer Herrschaftsträger. Mit dem neuen Verständnis der regierenden Adelsgeschlechter als Obrigkeiten, die mit einer höheren Würde, ,maiestas' oder Hoheit ausgestattet wurde, ging seit dem Spätmittelalter zugleich eine schärfere soziale Abschichtung im Adel zwischen

---

105 Selbst im 15. Jahrhundert war das Leben schon teuer und viele Fürsten erhoben eine Fräuleinsteuer von ihren Untertanen, um ihre Töchter verheiraten zu können.
106 Siehe Dietmar Willoweit, Deutsche Verfassungsgeschichte, S. 92 f.
107 Siehe Ernst Schubert, Fürstliche Herrschaft und Territorium, S. 14–19.
108 Siehe Dietmar Willoweit, Deutsche Verfassungsgeschichte, S. 129 f.

Fürstengeschlechtern einerseits und adligen Landsassen andererseits einher. Auch jenseits der Landfriedensgebote wurde eine Fehde zwischen dem Fürsten und einem landsässigen Adligen unmöglich.[109] Der Vorgang der Differenzierung im Adel durch Titelinflation, korporativer Abschließung gegenüber Konkurrenten und Nobilitierung hielt die ganze Frühe Neuzeit über an und produzierte bis zum Ende des 18. Jahrhunderts eine große Vielfalt an miteinander unverträglichen adligen Grüppchen.[110]

Mit der Reformation und Konfessionalisierung trat der Fürstenstaat in eine andere Phase ein, die eine neue Schicht zu den mittelalterlichen Leistungen hinzufügte. Die Fürsten gewannen, als die nächst dem Kaiser zuständigen Obrigkeiten, erheblich verstärkte Kompetenzen im kirchlichen Bereich. Sie erhielten zudem, auch in den katholischen Fürstentümern, einen verbesserten Zugriff auf die finanziellen Ressourcen der Kirche, die sie jetzt in großem Umfang durch direkte Säkularisationen oder als Geldquellen für ihre Zwecke nutzen konnten. In den protestantischen Fürstenstaaten wie Kursachsen erhielten die Regenten ein landesherrliches Kirchenregiment eingeräumt. Die religiöse Unruhe mündete in allen Konfessionen in eine Phase intensivierter Staatsbildung:

> „Der durch die Reformation angestoßene Wandel christlicher Kultur lief zwar auf eine inhaltliche Differenzierung nach Konfessionen hinaus, wies aber bei alledem erhebliche strukturelle und prozessuale Gemeinsamkeiten auf, die es gestatteten, dem europaweiten Konfessionalisierungprozeß ein gemeinsames Raster zugrunde zu legen,…"
> „Intendiert war ein konfessionell korrektes Verhalten der Menschen, ein Ziel das im 18. Jh. In Deutschland weitgehend erreicht schien. Nicht intendierte Folgen waren der erwähnte Beitrag der Konfessionalisierung zum Wachstum der Staatsgewalt und die Förderung von Grundlagen späterer Modernisierung wie Alphabetisierung, Bürokratisierung, Disziplinierung."[111]

Das Sündenbewußtsein, die Sorge um das individuelle Seelenheil und die Sicherung eines gottgefälligen Verhaltens der Gläubigen, all das blieb weiterhin zugleich eine öffentliche Angelegenheit. Die Zulassung zum oder der Ausschluß vom Abendmahl, die Durchführung einer Prozession oder der landesweit angeordneten Bußtag belegen die Bedeutung der Religion im Alltag der Zeitgenossen und in der frühneuzeitlichen politischen Kultur. Zur Eröffnung eines kursächsischen Landtages gehörte selbstverständlich und geradezu unver-

---

109 Siehe als spätes Beispiel einer solchen Fehde den Streit des Paul v. Freyberg mit dem wittelsbacher Herzog Wolfgang im Jahr 1511 bei Gabriele Greindl, Untersuchungen zur bayerische Ständeversammlung im 16. Jahrhundert. Organisation, Aufgaben und die Rolle der adeligen Korporation, München 1983, S. 157–160.

110 Im Gegensatz zu der eingangs zitierten Behauptung des Ministers v. Nostitz und Jänkendorf aus dem Jahr 1831 kann die Politikfähigkeit des alteuropäischen Adels als sozialer Gruppe mit guten Gründen bezweifelt werden.

111 Wolfgang Reinhard, Probleme deutscher Geschichte, S. 98.

meidlich der feierliche Gottesdienst mit den Ständen und die Landtagspredigt durch den Oberhofprediger, die anschließend auch gedruckt wurde.[112]

Die spektakuläre Glaubensspaltung und die Auseinandersetzungen zwischen den drei Konfessionen der Lutheraner, Katholiken und Reformierten um den Aufbau der Konfessionskirchen, aber auch die Streitigkeiten innerhalb der jeweiligen Kirchen, begleitet von Verfolgungen der Täufer und weiterer religiösen Strömungen, hielten das Reich von 1521 bis 1648 in Atem. Die Forschung zur Frühen Neuzeit hat die Konfessionalisierung zu einem bedeutenden Schwerpunkt ihrer Arbeit gemacht. Sie erreicht inzwischen die Darstellungen der europäischen Geschichte. Zusammen mit der politisch-militärischen Geschichte und den wirtschaftlichen Verhältnissen ist die Konfessionalisierung zum definierenden Merkmal der frühneuzeitlichen Epoche geworden.[113] Die Rolle des Rechts und des Rechtsbewußtseins in der alteuropäischen Gesellschaft, die dem weniger spektakulären Alltag der Akteure angehört, tritt demgegenüber jedoch allzu stark in den Hintergrund.[114] Fasziniert von den militärischen Konflikten und den theologischen Streitpunkten kann leicht übersehen werden, wie stark die Konfessionalisierung in den rechtlichen Formen des kanonischen und des römischen Rechtes voranschritt oder sich ihrer bediente und bedienen mußte, wenn sie erfolgreich sein wollte.

Parallel zur Kirchenspaltung und Konfessionalisierung führte die hohe Frequenz an kriegerischen Auseinandersetzungen, in welche die Fürsten verwickelt waren bzw. in die sie sich stürzten, zu einem entsprechend unstillbaren Geldbedarf, der vor allem über Schulden gedeckt wurde. Militärischen Aufwand und Schäden an Leben und Eigentum der Untertanen verursachten die Fehden zwischen Fürsten und Adeligen innerhalb des Reiches, von denen die Grumbachschen Händel des Jahres 1567 als eines der letzten spektakulären Beispiele für einen Landfriedensbruch im Reich gelten. Noch größere militärische Aktionen bestimmten den Schmalkaldischen Krieg von 1546/47 zwischen Kaiser Karl V. und den protestantischen Fürsten und Städten sowie die unablässigen Auseinandersetzungen zwischen den habsburger Kaisern und dem französischen

---

112 Siehe z. B. die Landtagspredigten von Matthias Hoë von Hoënegg, Christliche Predigt als der Churfürst zu Sachsen einen Land-Tag 1640 zu Dreßden ausgeschrieben, Dresden 1640; oder Reinhard Franz Volkmar, Predigt bey Eröfnung des von Sr. Churfl. Durchl. zu Sachsen ausgeschriebenen allgemeinen Landtags, Dresden 1793.

113 Siehe z. B. Luise Schorn-Schütte, Konfessionskriege und europäische Expansion. Europa 1500–1648, München 2010; oder Robert v. Friedeburg, Europa in der frühen Neuzeit, Frankfurt am Main 2012.

114 Die Sache wird nicht erleichtert dadurch, daß Autoren wie Dietrich Gerhard der rechtlichen Dimension für ein Verständnis der alteuropäischen Gesellschaft zwar eine große Bedeutung zusprechen, diese aber gleich mit dem Spuk eines „germanischen Rechtsempfindens" verbunden haben, siehe Dietrich Gerhard, Regionalismus und ständisches Wesen, hier S. 22, mit Verweis auf Arbeiten von Fritz Kern (1884–1950) aus den Jahren 1914 und 1916. In dem Adjektiv „germanisch" steckt noch viel 19. Jahrhundert, daß ebenfalls in einer Wissenschaftsgeschichte kritisch aufzuarbeiten und abzuräumen wäre.

König um die Herrschaft in Italien seit 1494, eine Rivalität die mehr oder minder intensiv über die gesamte Frühe Neuzeit hinweg andauerte.[115]

Schließlich wurden die sogenannten Türkenkriege des 16. Jahrhunderts zu einem maßgebenden Faktor des historischen Wandels.[116] Zwischen der ersten Belagerung Wiens durch die Truppen des Osmanischen Reiches im Jahr 1529 und dem ‚langen Türkenkrieg' von 1593 bis 1606 blieben Fragen der Kriegsführung und der Finanzierung der Heere unablässig auf der Tagesordnung. Das Reich forderte im 16. Jahrhundert von seinen Mitgliedern enorme Summen unter dem Namen der ‚Römermonate', als den in der Reichsmatrikel festgelegten Beiträgen zur Finanzierung und zur Verteidigung des Reiches, die entweder in Person oder durch Geldzahlung zu leisten waren.[117] Mitglieder des Reiches waren aber die Reichsfürsten selbst, und die Beiträge für das Reich waren zunächst einmal aus den fürstlichen Kammereinkünften und keineswegs von den fürstlichen Untertanen zu bestreiten. Die stetige fürstliche Verschuldung aufgrund der Kriegszüge und aus anderen Ursachen, die sie zur Verpfändung ganzer Ämter oder zur Erhebung extraordinärer Steuern zwang, war ein Hauptmotiv in der Verstetigung landständischer Versammlungen im 15. und 16. Jahrhundert, die daher vor allem mit dem Schuldenproblem und der Gefahr einer Entfremdung von Landesteilen oder dem Modus der Steuererhebung befaßt waren.

Die Übernahme der fürstlichen Schulden, die Anerkennung der Reichsforderungen als Lasten der Untertanen und ihre direkte Bezahlung bzw. langsame Rückzahlung der Kredite gab den Landtagen Dauer.[118] Die immer wieder erneute Überschuldung der Fürsten sorgte für eine regelmäßig erneuerte Ladung zu Landtagen. Zur Einsammlung, Überweisung und Auszahlung der bewilligten Gelder bildete sich ein förmlicher Apparat der territorialen Finanzverwaltung neben der fürstlichen Kammerverwaltung, an dem die Landstände einen

---

115 Siehe Heinz Schilling, Aufbruch und Krise. Deutschland 1517–1648, Berlin 1988, S. 215–226.

116 Siehe dazu die eindrückliche Darstellung bei Winfried Schulze, Reich und Türkengefahr im späten 16. Jahrhundert. Studien zu den politischen und gesellschaftlichen Auswirkungen einer äußeren Bedrohung, München 1978; oder Winfried Schulze, Deutsche Geschichte im 16. Jahrhundert, S. 221. Ferner Peter Rauscher, Andrea Serler und Thomas Winkelbauer (Hg.), Das ‚Blut des Staatskörpers'. Forschungen zur Finanzgeschichte der Frühen Neuzeit, München 2012.

117 Die Wettiner hatten als Kurfürsten von Sachsen für einen Römermonat nach der Reichsmatrikel von 1521 die Zahl von 60 Mann zu Roß und 277 Mann zu Fuß zu stellen und für ihren Unterhalt während des Kriegszuges aufzukommen. Ferner stellten sie als sächsische Herzöge für die Markgrafschaft Meißen und die übrigen Länder noch einmal die doppelte Anzahl. Siehe Neue und vollständigere Sammlung der Reichs-Abschiede, 2. Teil: Reichs-Abschied von dem Jahr 1495 bis auf das Jahr 1551 inclusive, Frankfurt am Main 1747, S. 221–227. Als Administratoren des Stifts Meißen kamen noch einmal sechs Reiter und zwanzig Fußknechte hinzu und als Grafen von Barby schickten sie einen weiteren Reiter und zwei Fußknechte. Bei steigendem Bedarf wurde entsprechend der zeitgenössischen Finanz- und Verwaltungstechnik einfach die Zahl der Monate heraufgesetzt. Die Anforderung während der Türkenkriege konnte schon mal auf 60 Römermonate steigen.

118 Durch die Übernahme der Verpflichtungen auf die Rechnung der Landstände wurden aus den fürstlichen Schulden, die zunächst nur persönliche Schulden des Herrschers waren, erst wirkliche Landesschulden.

großen Anteil hatten.[119] Zwar waren die Adeligen, welche die Landsteuer oder die Konsumabgaben auf den Landtagen bewilligten, in der Regel für ihre Person von deren Bezahlung befreit. Dennoch war es auch für die Privilegierten nicht ohne Belang, wenn der Fürst ihre Bauern und Untertanen besteuerte und deren Ressourcen in seine Kasse lenkte und so den Überschuss schmälerte, auf den auch die Gutsherren zu ihrer privilegierten Lebensführung angewiesen waren. Aufgrund dieses neu hinzu tretenden Elements einer Finanzierung des frühneuzeitlichen Fürstenstaates aus Steuern, die von Landtagen bewilligt wurden, hat Gerhard Oestreich im Blick auf das 16. Jahrhundert den Begriff des Finanzstaates zur Kennzeichnung der politischen Verhältnisse vorgeschlagen.[120] Mit der Einrichtung von landesherrlichen Ämtern und dem Aufbau einer Finanzverwaltung wurden im Fürstenstaat auch neue Anstellungen geschaffen, in die Adlige einrücken konnten, um sich im Fürstendienst ihren Lebensunterhalt zu sichern.

Die Zerstörungen des dreißigjährigen Krieges in demographischer, ökonomischer und sozialer Hinsicht bilden eine Zäsur in der frühneuzeitlichen Gesellschaft. Die zweite Hälfte des 17. Jahrhunderts wurde zu einer langanhaltenden Phase mühsamen Wiederaufbaus. Mit Blick auf den Fürstenstaat sind die Veränderungen im militärischen Bereich am bezeichnendsten. Die bislang gebräuchlichen Kampagnen mit Söldnerherren oder das Anmieten von Regimentern bei selbständig agierenden professionellen adligen Militärunternehmern wurde mehr und mehr ersetzt durch das dem Landesherrn direkt unterstellte sogenannte stehende Heer.[121] Damit wurde auch das traditionelle Lehnsaufgebot der Ritter und der Städte, das vor allem für die Landesdefension zuständig gewesen war, obsolet. Die Verstetigung der landesherrlichen Infanterie- und Kavallerieregimenter sowie ihre Vermehrung eröffnete ein weiteres Feld für adlige Karrieren im Offiziersdienst. Mit der verstetigten eigenen Armee mußte auch ihre Finanzierung auf Dauer gestellt werden. Die Geldwirtschaft erhielt daher einen bedeutenden Schub. Die zunehmend standardisierte Versorgung und Ausrüstung der Regimenter, am sichtbarsten in der Uniformierung mit extra

---

119 Sehr bündig formuliert Ernst Schubert, Einführung in die deutsche Geschichte im Spätmittelalter, S. 210: „Krieg und Schulden machen erst aus dem Fürstentum den Staat – denn sie erfordern Steuern und ständische Mitwirkung, jene beiden zusammenhängenden Faktoren, die für die Umformung der fürstlichen Herrschaft vor allem seit der frühen Neuzeit verantwortlich sind. Stände und Steuern nämlich integrieren die einzelnen fürstlichen Rechte in das Land."

120 Siehe Gerhard Oestreich, Ständetum und Staatsbildung in Deutschland (1966/67), in: ders., Geist und Gestalt des frühmodernen Staates. Ausgewählte Aufsätze, Berlin 1969, S. 277–289, hier bes. S. 279. Als praktische Beispiele siehe Kersten Krüger, Finanzstaat Hessen 1500–1567. Staatsbildung im Übergang vom Domänenstaat zum Steuerstaat, Marburg 1980; und Friedrich Freiherr Waitz v. Eschen, Die Anfänge des gewerblichen Domänenstaates in Hessen unter Landgraf Philipp dem Großmütigen, in: Heide Wunder, Christina Vanja und Berthold Hinz (Hg.), Landgraf Philipp der Großmütige von Hessen und seine Residenz Kassel, Marburg 2004, S. 151–170.

121 Siehe Bernhard R. Kroener, Kriegswesen, Herrschaft und Gesellschaft 1300–1800, München 2013; ferner Wolfgang Reinhard, Geschichte der Staatsgewalt. Eine vergleichende Verfassungsgeschichte Europas von den Anfängen bis zur Gegenwart, zweite, durchgesehene Auflage München 2000, S. 355–359.

produziertem Wolltuch, stimulierte die Wirtschaft, insbesondere das Manufakturwesen. Die in den größeren Territorien in großem Umfang benötigten Geldmittel für den Festungsbau und die Armee konnten nur aus Steuern kommen.[122] Die Fürsten brauchten folglich einen Akkord mit ihren Landständen, um ihre Ziele verfolgen zu können.

Nach dem Ende des Dreißigjährigen Krieges hörten die militärischen Verwicklungen in Europa keineswegs auf, vielmehr zogen sie sich auf wechselnden Kriegstheatern seit dem Ende des 17. Jahrhunderts in immer wieder erneuten Kampagnen jahrelang hin. Sie wurden jetzt allerdings mit der Kriegsmaschinerie des stehenden Heeres ausgefochten. Die Konflikte mit dem Osmanischen Reich aus dem 16. Jahrhundert erlebten eine spektakuläre Neuauflage. Von der zweiten Belagerung Wiens im Jahr 1683 bis zum Frieden von Belgrad von 1739 war Ungarn für mehr als ein halbes Jahrhundert einer der Kriegsschauplätze. An dem Entsatz von Wien im Jahr 1683 und den Kampagnen in Ungarn waren auch sächsische Regimenter im Rahmen der Reichshilfe beteiligt.[123] Außerdem finden sich sächsische Adelige auch direkt als kaiserliche Offiziere im Dienst der Habsburger. Viele dieser Offiziere sind gefallen oder durch Krankheiten umgekommen, die wenigsten haben im Dienst ihr Glück gemacht. Als Stand oder soziale Schicht sind die adeligen Rittergutsbesitzer und Landtagsbesucher also in doppelter Weise in diese Geschichte verwickelt. Sie bewilligen nicht nur die Finanzmittel, sie nehmen auch die Offizierspatente in den aufgestellten Regimentern wahr. Weitere große und für die europäische Geschichte folgenreiche Konflikte brachte der Spanische Erbfolgekrieg (1701–1714), der Nordische Krieg (1700–1721) oder der Siebenjährige Krieg (1756–1763).[124]

Der sich gegenseitig stützende oder fordernde Zusammenhang von militärischen Aufwendungen, einer kräftigen Erweiterung des bürokratischen Apparates zur Durchführung der fürstlichen Zielsetzungen mit einer zuvor unbekannten Mobilisierung von ergiebigen Geldquellen durch neue oder höhere Abgaben, durch die Erteilung von Monopolen oder über das neue Instrument der öffentlichen Anleihen wird in der neueren, vor allem englischsprachigen Forschung unter dem Titel des ‚fiscal-military state‘ begrifflich gefaßt und zur Charakterisierung vor allem der Zeit von 1650 bis 1800 verwendet.[125] Die neue

---

122 Eine schon im 18. Jahrhundert notorische Ausnahme bildete der hessische Landgraf, der sich weitgehend auf Subsidien stützte und seine hessischen Truppen bis nach Amerika vermietete.

123 Laut O. Schuster u. F.A. Francke, Geschichte der sächsischen Armee von deren Errichtung bis auf die neueste Zeit, Leipzig 1885, S. 103, betrug die Stärke des sächsischen Korps zum Entsatz von Wien 10.454 Mann.

124 Zu einer ausführlicheren Übersicht der Konflikte siehe z.B. Barbara Stollberg-Rilinger, Europa im Jahrhundert der Aufklärung, Stuttgart 2000. S. 33.

125 Siehe die Einleitung in Christopher Storrs (Hg.), The Fiscal-Military State in Eighteenth-Century Europe. Essays in honour of P.G.M. Dickson, Farnham 2009, S. 1–22; und Bernhard R. Kroener, Kriegswesen, Herrschaft und Gesellschaft, S. 72 f; ferner Bartolomé Yun-Casalilla und Patrick K. O'Brien (Hg.), The Rise of Fiscal States. A Global History 1500–1914, Cambridge 2012; Richard Bonney (Hg.), The rise of the fiscal state in Europe, c. 1200–1815, Oxford 1999; und Peter Rauscher, Andrea Serles und Winkelbauer, Thomas (Hg.): Das ‚Blut des Staatskörpers‘. Der Begriff des ‚fiscal-military state‘ ist nicht weit entfernt von dem, was Gerhard Oestreich in seinem

Begriffsbildung ersetzt die Vorstellung von einem Zeitalter des Absolutismus und der bürokratisierten Herrschaft nach 1648. An die Stelle des absoluten Herrschers, der gestützt auf die Idee der Souveränität und – zur Not – auf sein stehendes Heer den Ständen wie den Untertanen seinen persönlichen Willen aufzwingt, tritt eine komplexere Vorstellung von der Funktions- und Arbeitsweise des frühneuzeitlichen Fürstenstaates in dem ‚negotiation‘, das Aushandeln von finanziellen Arrangements mit verschiedenen Interessengruppen, und die Suche nach einem akzeptablen Konsens die grundlegenden Verfahrensweisen bilden.[126] Die Rolle der Zwischengewalten, der Landesversammlungen und Gerichtshöfe oder die verschiedenen Fraktionen und Klientelgruppierungen, die am fürstlichen Hof um den Zugriff auf die vom Fürsten vergebenen finanziellen und symbolischen Ressourcen konkurrieren, erhalten eine zentrale Rolle im politischen Spiel und für die politischen Dynamik im frühneuzeitlichen Fürstenstaat.[127] Auf der lokalen Ebene veränderte sich das Nebeneinander von lokalen Herrschaftsträgern – den adeligen, korporativen und bürgerlichen Grundherren und den Stadträten – einerseits und den landesherrlichen Ämtern, Domänen, Kammergütern und Forsten andererseits bis zum Ende des 18. Jahrhunderts jedoch praktisch nicht.

4. Landtage: Untersuchungsrichtung und Quellen

Die Landtage im frühneuzeitlichen Fürstenstaat fanden also einerseits in einer komplexen adelig-höfischen Gesellschaft statt, in einer hierarchischen Umwelt, in der Rang und Stand, Recht und Ehre für das Handeln der Akteure wichtig waren. Andererseits entschieden sie auch in der so zentralen Frage der Steuererhebung nur über genau umgrenzte Teilbereiche und in keiner Weise über die Staatsfinanzen insgesamt oder über das Budget und die politische Tendenz der Regierung. Es ist daher wahrscheinlich, daß sich das Handeln der Landtagsteilnehmer nicht auf die Funktion reduzieren läßt, gesellschaftlich bindende

---

Vortrag ‚Ständetum und Staatsbildung‘ (1966), den „Militär-, Wirtschafts- und Verwaltungsstaat“ seit der zweiten Hälfte des 17. Jahrhunderts genannt hat, der als „zweite Form des frühmodernen Staates“ den Finanzstaat ablöste. Siehe auch, mit einem deutlich evolutionstheoretischen Akzent, Wolfgang Reinhard, Kriegsstaat – Steuerstaat – Machtstaat, in: Ronald G. Asch und Heinz Duchhardt (Hg.), Der Absolutismus – ein Mythos? Strukturwandel monarchischer Herrschaft in West- und Mitteleuropa (ca. 1550–1700), Köln 1996, S. 277–310.

126 Die Paradefälle sind Frankreich und England, siehe aber auch die Interpretation der hessischen Konflikte zwischen der Landgräfin und den Landständen der Jahre 1646 bis 1655 bei Armand Maruhn, Necessitäres Regiment und fundamentalgesetzlicher Ausgleich. Der hessische Ständekonflikt 1646–1655, Darmstadt und Marburg 2004; und insgesamt zum Sachverhalt unter dem Begriff der Herrschaftsvermittlung: Stefan Brakensiek, Corinna von Bredow und Birgit Näther (Hg.), Herrschaft und Verwaltung in der Frühen Neuzeit, Berlin 2014.

127 Zum höfischen Machtspiel siehe jetzt die prosopographische Studie von Leonhard Horowski, Die Belagerung des Thrones. Machtstrukturen und Karrieremechanismen am Hof von Frankreich 1661–1789, Ostfildern 2012.

Entscheidungen zu produzieren. Ein derartiger reduktionistischer Ansatz ist nur im Rahmen juristischer oder sozialwissenschaftlicher Diskurse sinnvoll. Er enthält zudem ein starkes normatives Element, denn alles, was sich nicht der Funktion oder Aufgabenerfüllung zuordnen läßt, kann als dysfunktional bewertet und bekämpft werden.[128] Ohne eine Einbettung in den Kontext des in sich widersprüchlichen Fürstenstaates wird sich kein größerer Fortschritt in der Landtagsforschung erzielen lassen. Eine gut ausbalancierte Darstellung der Rolle, welche die Landtage in der Frühen Neuzeit spielen konnten, wird daher insgesamt fünf deutlich unterscheidbare Untersuchungsrichtungen zusammenzuführen haben. Jede dieser Perspektiven verfügt über ihre eigenen Leistungen und Stärken, sie hat damit aber auch je spezifische Defizite.

Der erste und älteste Aspekt der Landtagsgeschichte, der die große Masse an Literatur zu den alteuropäischen Landesversammlungen hervorgebracht hat, erfaßt ihre institutionelle Geschichte. Zu ihm gehört die Untersuchung der Rechtsgrundlagen der Landtagsteilnahme, der ständischen Zusammensetzung der Landtage, der Häufigkeit und Dauer von Landtagen, der Einrichtung von Ausschüssen, der Anstellung von eigenem Amtspersonal und die Frage nach den Tagungsorten. Diese Beschreibung der Strukturen und Rahmenbedingungen ergänzt die Darstellung der Sitzungs- und Verhandlungsformen, der Verhandlungsgegenstände und Verhandlungsergebnisse. Es geht um die Teilnahme der Stände an der landesherrlichen Finanzverwaltung, ihren Anteil an der Erstellung von Landesordnungen und an der Artikulation der Beschwerden des Landes. Die Ergebnisse dieser im älteren Sinne verfassungsgeschichtlichen Forschungen bleiben für jede Interpretation der frühneuzeitlichen Landtage unverzichtbar.[129] Die Forschungen dieser Richtungen haben sich vor allem der Suche nach den Ursprüngen gewidmet und sich auf die Frühgeschichte der Landtage im 15. und 16. Jahrhundert konzentriert. Die späteren Zeiten wurden darüber deutlich vernachlässigt.

Die institutionelle Geschichte ist zudem verhältnismäßig stark von rechtsgeschichtlichen Einflüssen geprägt, denn sie kommt wissenschaftsgeschichtlich

---

128 So kann aus der Definition, daß Parlamente dem Gemeinwohl dienliche und allgemein verbindliche Entscheidungen treffen sollen, die politische Dysfunktionalität des Lobbyismus für die parlamentarische Regierungsweise in einer Demokratie abgeleitet werden.

129 Diese Forschungsrichtung wird auch weiterhin gepflegt, siehe z. B. Annette v. Stieglitz, Landesherr und Landstände zwischen Konfrontation und Kooperation. Die Innenpolitik Herzog Johann Friedrichs im Fürstentum Calenberg 1665–1679, Hannover 1994; Katrin Ellen Kummer, Landstände und Landschaftsverordnung unter Maximilian I. von Bayern (1598–1651), Berlin 2005; oder Monika Schaupp, Die Landstände in den zollerischen Fürstentümern Ansbach und Kulmbach im 16. Jahrhundert, München 2004. In ihr wird allerdings mit Blick auf die Landtage und Ausschüsse häufig auf die Redeweise vom ‚Organ‘ – z. B. Verwaltungsorgan oder Organ ständischer Repräsentation – im Sinne der konstitutionellen Staatslehre des 19. Jahrhunderts zurückgegriffen. Diese Redeweise ist jedoch für die alteuropäischen Verhältnisse anachronistisch, denn die frühneuzeitlichen Einrichtungen sind gerade keine Staatsorgane eines übergeordneten abstrakten Staates. Außerdem geht damit die spätere politische Pointe der juristischen Konzepte seit der Aufklärung verloren, durch dieses Sprachspiel gerade den Regenten und die fürstliche Regierung einzubinden und im Interesse der bürgerlichen Gesellschaft zu disziplinieren.

gesehen von den zeitgenössischen juristischen und politischen Streitigkeiten um die konstitutionelle Monarchie im 19. Jahrhundert her. Daher herrscht in ihr eine gewisse formale Betrachtung der Landtage vor, für die die Zahl der Teilnehmer, die Häufigkeit der Tagungen oder die Dauer der Versammlungen selbst nicht entscheidend sind.[130] Es erscheint aber für eine genuin historische Perspektive problematisch, eine Versammlung, die sich nur zur zeremoniellen Eröffnung und zur Wahl der Verordneten trifft, dem Namen und der Sache nach mit einer regelmäßig deliberierenden Versammlung gleichzusetzen, in der die Stände über mehrere Tage oder Wochen zusammenbleiben.[131] Dennoch leistet die juristische und institutionelle Analyse wichtige Beiträge zur Landtagsgeschichte, wenn sie untersucht, welche Aufgaben, Kompetenzen und Wirkungsmöglichkeiten, welche organisatorischen Abteilungen und Verfahrensweisen die Landstände eines bestimmen Territoriums hatten. Allerdings sieht die institutionelle und juristische Betrachtung der landständischen Rechte in der Regel nicht auf die kulturelle Bedeutung der in dieser Weise rechtlich verfaßten Einrichtungen. Für sie ist z. B. die Versorgung adliger Töchter in säkularisierten Klöstern als ritterschaftliches Privileg vor allem eine Berechtigung, deren Entstehung und Wirksamkeit untersucht werden kann. Inwieweit aber mit diesem Privileg innerhalb der Ritterschaft zugleich ein Habitus oder eine Mentalität von exklusiverer Altadeligkeit geschaffen wird, die wiederum vielfältige Konsequenzen für die zeitgenössische politische Praxis hervorbringt, bleibt im Dunkeln.

Kaum weniger Aufmerksamkeit als die Begründung landständischer Versammlungen und ihre institutionelle Entwicklung hat zweitens die politische Geschichte im traditionellen Sinne von Konflikten zwischen Fürst und Landständen gefunden.[132] Ein besonderes Interesse galt der Kritik an der fürstlichen Ausgabenpolitik oder an der Entfremdung von Landesteilen durch Pfandschaften oder Erbteilungen seitens der Landstände. Weitere Themen drehten sich um die Teilhabe an einer Vormundschaftsregierung, um die Regelung der konfessionellen Fragen in der Kirchenverfassung, im Bildungs- und Sozialwesen oder um die Einrichtung von Landesdefension und Kriegswesen. Die Haltung der Landstände zur Einführung neuer Steuern und Abgaben, wie der Akzise,

---

130 In Württemberg fanden nach 1699 das 18. Jahrhundert über bis 1793 nur zwei allgemeine Landtage statt, die 1737 und 1763 eröffnet wurden, siehe James Allen Vann, Württemberg auf dem Weg zum modernen Staat 1593–1793, Stuttgart 1986, S. 228 f und S. 263; zur geringen Teilnehmerzahl siehe z. B. Ulrich Lange, Die politischen Privilegien der schleswig-holsteinischen Stände 1588–1675. Veränderung von Normen politischen Handelns, Neumünster 1980, S. 25 und S. 32 f.

131 Siehe Jutta Seitz, Die landständische Verordnung in Bayern, S. 38: „Die Landstände nahmen ihre Privilegien und Rechte also [seit 1429/30, A.F.] nur noch insofern wahr, als sie zur Eröffnung eines Landtages erschienen, die Verordneten ihres Standes wählten und ihnen ihre Befugnisse übertrugen. Die eigentlichen Verhandlungen mit den jeweiligen Fürsten führten dann nur noch die Ausschüsse." Der letzte dieser ‚regulären Landtage' fand 1669 statt, der vorletzte kam 1612 zusammen.

132 Als ein neueres Beispiel politischer Geschichte siehe Michael Busch, Machstreben – Standesbewusstsein – Streitlust. Landesherrschaft und Stände in Mecklenburg von 1755 bis 1806, Köln 2013.

und ihre Bereitschaft zur Übernahme der fürstlichen Schulden galten als Ausweis ihrer staatlichen Gesinnung oder ihres Patriotismus.

Die politische Geschichte der landständischen Verhandlungen war sehr stark auf das entwicklungsgeschichtliche Thema der Staatsbildung und ihr unterstelltes Ergebnis, die historisch notwendige Durchsetzung des Absolutismus, bezogen. Inzwischen hat sich das Interesse der neuen ‚historischen Politikforschung' von den Ereignissen und Ergebnissen der hohen Politik zu dem in der politischen Kommunikation greifbar werdenden semantischen Komplex von Normen, Maßstäben, Schlüsselbegriffen und Sichtweisen der Akteure hin verlagert.[133] Damit stehen nicht mehr nur die politischen Großereignisse von Krieg und Frieden oder die mehr oder weniger politischen Konflikte zwischen dem regierenden Fürsten und den Landständen bzw. einzelnen Landständen im Mittelpunkt. Vielmehr rücken jetzt auch die Gravamina und Petitionen in den Blick, in denen sich sowohl zeitgenössische lokale Probleme niederschlagen, als auch die Ansprüche an das landesherrliche Regiment, aber auch die Sichtweisen der Akteure und ihre Legitimationsformeln ermitteln lassen.[134] An die Stelle der Entwicklungsgeschichte des Staates tritt eine Untersuchung der in der politischen Kommunikation artikulierten alteuropäischen politischen Kultur. Die politischen Konflikte, die zumeist das bevorzugte Material der Untersuchung bilden, werden dann nicht mehr als Etappen auf dem Weg eines vorgezeichneten historischen Prozesses angeordnet. Konflikte und Störungen des reibungslosen Alltags eröffnen vielmehr einen Zugang zu den vorausgesetzten oder involvierten Werten und Sichtweisen, die häufig nicht direkt artikuliert wurden, aber für die politische Kultur und ihre Dynamik maßgebend waren. An diesem Punkt geht die breiter aufgefaßte politische Geschichte in die neuere Kulturgeschichte über.

Die dritte und derzeit vielleicht wichtigste Perspektive auf die ständischen Versammlungen entfaltet sich im Rahmen der als Neue Kulturgeschichte bezeichneten Programmatik. Die Untersuchungen widmen sich Merkmalen, die in der institutionellen und politischen Geschichtsschreibung bislang am Rande der Aufmerksamkeit standen, weil sie in der Geschichte der Staatsbildung als mehr oder weniger nebensächliches Beiwerk galten.[135] Gerade dieses vernachlässigte barocke oder zeremonielle Beiwerk stellen kulturgeschichtliche Studien ins Zentrum. Es geht ihnen um die Inszenierung der zeremoniellen Eröffnung und Beendigung eines Landtags, um die Sitzordnung und die Rangstreitigkeiten auf

---

133 Siehe z.B. Luise Schorn-Schütte, Vorstellungen von Herrschaft im 16. Jahrhundert. Grundzüge europäischer politischer Kommunikation, in: Helmut Neuhaus (Hg.), Die Frühe Neuzeit als Epoche, München 2009, S. 347–376. Die semantischen Zusammenhänge werden auch als ‚politische Sprachen' bezeichnet.

134 Siehe z.B. Volker Seresse, Politische Normen in Kleve-Mark während des 17. Jahrhunderts. In diesem Punkt bestehen große Überschneidungen mit der überaus reichhaltigen neueren Literatur zu den frühneuzeitlichen Policeyordnungen, siehe z.B. statt anderer Titel, die genannt werden könnten, Matthias Weber, Die schlesischen Polizei- und Landesordnungen der frühen Neuzeit, Köln 1996.

135 Siehe Barbara Stollberg-Rilinger, Des Kaisers alte Kleider. Verfassungsgeschichte und Symbolsprache des Alten Reiches, München 2008, S. 15f.

den Landtagen und allgemein um die symbolischen Formen und Kommunikationsakte, die den Zeitgenossen wichtig waren. Die Rituale, Zeremonien und symbolischen Formen werden jedoch nicht bloß als Illustrationen der alteuropäischen Verhältnisse angeführt, sondern es wird weit anspruchsvoller herausgearbeitet, in wieweit die repräsentative Inszenierung nicht nur die Stände, die Hierarchie, das Heilige Römische Reich darstellten, sondern in gewisser Weise erst herstellten.[136] Den Versammlungen wird also neben der instrumentellen Funktion, für bindende politische Entscheidungen zu sorgen, eine äußerst wichtige symbolische Aufgabe zugesprochen, die sowohl für ihre Existenz als auch für ihre Fortdauer konstituierend war.[137] Die Leistung der Rituale und Zeremonien, der Kleidung, Zeichen und Abzeichen lag nicht nur darin, den Hof, den Reichs- oder Landtag darzustellen. Im Vollzug der Handlung und in der gleichzeitigen symbolischen Repräsentation wurde die Herrschaft, das Reich oder das Land konstituiert und durch seine Sichtbarkeit hergestellt. Wer an der Handlung teilnahm, zeigte und behauptete seine Zugehörigkeit. Innerhalb der Handlung konnten Akteure und Zuschauer den jeweils zugehörigen Platz in der Hierarchie ablesen.

Die neuere Kulturgeschichte nach der ‚kulturalistischen Wende' zieht ihre Anregungen vor allem aus ethnologischen Forschungen, aber auch aus den Literaturwissenschaften, um ihre Perspektive auf die alteuropäischen Reichs- und Landtage zu entwickeln. Im scharfem Gegensatz zur Entwicklungsgeschichte erscheint in ihrem ‚ethnologischen Blick' die frühneuzeitliche Geschichte als in ihren Strukturen, Mechanismen und Wertorientierungen entschieden andersartig. Statt Kontinuität mit der Vergangenheit legt sie den Akzent ausdrücklich auf die Alterität, die Differenz zwischen der eigenen Gegenwart und den alteuropäischen Verhältnissen. Sie fokussiert sich besonders auf die wechselseitigen Bedeutungszuschreibungen der Akteure, um die vergangene Praxis und die verwendeten Praktiken zu rekonstruieren. Dadurch bevorzugt sie in ihren Darstellungen eher einen kurzfristigen Zeithorizont, wie er mit den untersuchten Ereignissen gegeben ist. Aufgrund ihres Interesses an dem konkreten Handeln der beteiligten Akteure, an der Performanz, treten prosopographische oder quantitative Gesichtspunkte, wie sie für die Tabellen und Übersichten in sozialgeschichtlichen Untersuchungen kennzeichnend sind, in den Hintergrund.

Das Handeln der Zeitgenossen hat jedoch auch Bedeutungen, die indirekter und längerfristiger Art sind und in den Zuschreibungen der Akteure nicht immer greifbar sind, sich im historischen Rückblick aber sehr deutlich abzeichnen. Privilegien und Vorschriften wie die Ahnenprobe, die Stiftsfähigkeit, die Aufschwörung oder die mehr oder weniger zeremonielle Aufnahme in eine

---

136 Siehe Barbara Stollberg-Rilinger, Die Symbolik der Reichstage. Überlegungen zu einer Perspektivenumkehr, in: Maximilian Lanzinner und Arno Strohmeyer (Hg.), Der Reichstag 1486–1613. Kommunikation – Wahrnehmung – Öffentlichkeiten, Göttingen 2006, S. 77–93.

137 Siehe Barbara Stollberg-Rilinger, Herstellung und Darstellung politischer Einheit. Instrumentelle und symbolische Dimension politischer Repräsentation im 18. Jahrhundert, in: Jan Andres, Alexa Geisthövel und Matthias Schwengelbeck (Hg.), Die Sinnlichkeit der Macht. Herrschaft und Repräsentation seit der Frühen Neuzeit, Frankfurt am Main 2005, S. 73–92.

geschlossene Matrikel sind nicht nur Zeichen, in und mit denen eine adlige Landschaft und Korporation erzeugt und dargestellt wurde.[138] Indem sich eine Gruppe von Rittergutsbesitzern zum indigenen alten Adel abschließt, spaltet sie den Adel und sorgt für eine so vorher nicht vorhandene Heterogenität von altem Adel, neuem oder ausländischem Adel und nobilitiertem Adel. Bei fortdauerndem sozialen Wandel schwächt die Selbstzuschreibung zum Altadel aber die gesellschaftliche Stellung des Adels, der seinen Führungsanspruch selbst in seinem eigenen Bereich nicht mehr überzeugend glaubhaft machen kann.[139] Die in Bausch und Bogen, aber in der neueren Kulturgeschichte wohl vorschnell abgelehnte Entwicklungsgeschichte hat in der längeren Zeitperspektive ein starkes Argument für sich.

Eine vierte Möglichkeit, sich den alteuropäischen Ständeversammlungen zu nähern, läuft auf dem Weg über die Prosopographie, in der anstelle der politischen Ereignisse, der schriftlich niedergelegten Texte oder der symbolischen Kommunikationsakte das Personal der Landtage untersucht und in seinen historischen Kontext eingebettet wird. Sie steht im Zentrum der vorliegenden Darstellung zum Landtagsbesuch und den Landtagskarrieren im kursächsischen Landtag. Die prosopographische Perspektive betrifft vor allem die Mitglieder der Ritterkurie, die in den alteuropäischen Landtagen in der Regel als Besitzer der landtagsfähigen Güter für ihre Person landtagsberechtigt waren und in Person zu erscheinen hatten.[140] Im Mittelpunkt stehen wiederum weniger die spektakulären Konflikte um politische Fragen, um Rang und Stand. Zentral ist vielmehr die Beobachtung der stillen Ereignisse, welche die Alltagspraxis oder den Normalbetrieb ausmachen. Sie erfaßt also nicht direkt die Inhalte der politischen Streitfragen, Eingaben oder Denkschriften, aber sie kann das individuelle Handeln einzelner Akteure im Landtagsgeschehen von seiner Einbettung in biographische und soziale Kontexte her aufschlüsseln und damit ebenfalls Hinweise auf die Bedeutung der Aktionen und die Motive oder Ziele der Handelnden liefern.

Das prosopographische Interesse richtet sich zunächst auf die Frage, wer von den Landtagsberechtigten tatsächlich den Landtag besucht hat und wie häufig. Anhand dieser Beobachtungen kann ermittelt werden, ob bestimmte adlige Geschlechter eine besondere Tradition oder Mentalität der Landtagsteilnahme ausgebildet haben und ob sich das Korpus der Landtagsbesucher geographisch, sozial oder familial strukturieren und näher kennzeichnen läßt. Die prosopographische Beschreibung enthält ferner Angaben zu den Landtagskarrieren der

---

138 Siehe Stollberg-Rilinger, Herstellung und Darstellung politischer Einheit, S. 89.

139 Genau das passierte am Ende des Ancien Régime im letzten Drittel des 18. Jahrhunderts. Die ohne Abstriche zustimmungsfähige Bemerkung von Barbara Stollberg-Rilinger aus dem Jahr 2005 in ‚Einleitung: Was heißt Kulturgeschichte des Politischen?‘, S. 19: „... die Beschreibung makrohistorischer Prozesse wie der Staatsbildung und der Konfessionalisierung bedarf der Ergänzung durch eine kulturalistische Perspektive,..." kann und sollte auch in die andere Richtung gelesen werden.

140 Da die Städte und Gemeinden in der Regel ihre Funktions- und Amtsträger – ihre Bürgermeister, Syndici oder Stadtschreiber – abordneten, ist die Prosopographie für diese Kurie von anderer Bedeutung als es beim Adel der Fall ist.

einzelnen Teilnehmer, und zwar wer von den Landtagsbesuchern im Rahmen der landständischen Einrichtungen Karriere machte, indem er in die Ausschüsse, in Deputationen oder in Ämter der landständischen Finanzverwaltung gewählt wurde.

Landtagsbesuche und Landtagskarrieren sollen jedoch nicht als isolierte Ereignisse untersucht, sondern darüber hinaus in den weiteren Kontext der frühneuzeitlichen Öffentlichkeit und Verwaltung eingebettet werden. In welchem Umfang hängen die Landtagskarrieren mit weiteren Anstellungen und Ämtern am fürstlichen Hof, in der Landesregierung oder im Gerichts-, Finanz- oder Militärwesen zusammen. Schließlich ist ein Blick auf die familiale Herkunft und den Besitz der Landtagsbesucher nötig. Es geht zum einen darum, wie die männlichen Landtagsteilnehmer im Netz der Heiratsverbindungen situiert waren, wenn sie auf dem Landtag auftraten oder mit den fürstlichen Räten verhandelten. Zum anderen ist, insbesondere auf längere Sicht, nach der Besitzverteilung der landtagsfähigen Rittergüter zu fragen, da diese die Möglichkeiten zur Landtagsteilnahme begrenzte und damit indirekt den Sinn und die Bedeutung der landständischen Vertretungen im Fürstenstaat beeinflußte.

Ihre vollständige Leistung zur Erhellung der Landtage und der alteuropäischen politischen Kultur kann die prosopographische Untersuchung also erst zeigen, wenn in ihr die verschiedenen Spezialstränge der historischen Forschung zusammengeführt werden. Die Besitzgeschichte der Rittergüter, die üblicherweise nur im Rahmen der Agrargeschichte behandelt wird, sowie die Geschichte der Landtage, die Verwaltungsgeschichte der landesherrlichen Ämter und schließlich die Hofgeschichte werden normalerweise je für sich betrieben und stellen analytisch gut abgrenzbare und in sich völlig berechtigte Teilbereiche der Geschichtswissenschaft dar. In der zeitgenössischen Praxis fließen die Bereiche dagegen ineinander, bedingen sich möglicherweise und stützen sich gegenseitig. Ein Verzeichnis der Teilnehmer an den Landtagssitzungen sagt daher für sich noch recht wenig aus, wenn man nichts über die Ämter, den Besitz und die Familiengeschichte der einzelnen Teilnehmer weiß. Das Ziel der Untersuchung richtet sich am Ende daher auf Fragen nach den Netzwerken (Wolfgang Reinhard), in denen im frühneuzeitlichen Fürstenstaat Politik gemacht wurde, und nach dem immateriellen Erbe (Giovanni Levi) der sozialen Beziehungen und des sozialen Ansehens, das für das politische Handeln der Akteure relevant war.[141] Daher sind prosopographische Untersuchungen vor allem besonders zeitaufwendig, um die erforderlichen Informationen aus den verschiedenen Teilbereichen und Quellentypen zu erheben und zusammenzustellen.

Prosopopraphische Forschungen über die Landtage im Alten Reich sind jedoch ausgesprochen selten geblieben.[142] Anders als in England, wo unter an-

---

141 Wolfgang Reinhard, Lebensformen Europas. Eine historische Kulturanthropologie, München 2004, hier S. 271–275, und Giovanni Levi, Das immaterielle Erbe. Eine bäuerliche Welt an der Schwelle zur Moderne, Berlin 1986.

142 Positiv zu prosopographischen Ansätzen in der Landtagsforschung äußern sich Ferdinand Kramer, Die bayerischen Landstände im Zeitalter des Absolutismus und der Aufklärung, in: Walter Ziegler (Hg.), Der Bayerische Landtag vom Spätmittelalter bis zur Gegenwart, München

derem angeregt durch Lewis Namier (1888–1960) eine lebhafte biographische und personengeschichtliche Forschung existiert,[143] gibt es hinsichtlich der Landtage im Alten Reich kaum ein solch ausgeprägtes Interesse in der deutschen Geschichtswissenschaft. Darin zeigt sich vermutlich erneut der lange Schatten der verfassungsgeschichtlichen Ausrichtung der Landtagsforschung, in dessen Horizont selbst die landesgeschichtlichen Studien weitgehend verblieben sind.[144]

Die prosopographische Perspektive, wie sie hier im Mittelpunkt steht, bildet keine Konkurrenz oder Alternative zur kulturgeschichtlichen Hermeneutik, vielmehr ist sie durchaus im Sinne der neueren Kulturgeschichte konzipiert und soll entsprechend verwendet werden. Die Frage nach dem Landtagsbesuch und den Landtagskarrieren sowie nach dem Umfeld der Landtagteilnehmer zielt auf die Bedeutung, die dem Besuch und der Karriere am Landtag für die adligen Rittergutsbesitzer im 18. Jahrhundert zukam. Sie versteht sich daher als Unterstützung und Einbettung einer Forschung, die fragt, „welche strukturellen Einsichten in das Funktionieren einer Gesellschaft sich ergeben können, wenn man

---

1995, S. 97–125, hier S. 104; und Ernst Schubert, Landstände und Fürstenherrschaft. Kommentar zu den Beiträgen von Ulf Molzahn und Frank Göse, in: Katrin Keller und Josef Matzerath (Hg.), Geschichte des sächsischen Adels, Köln, Weimar, Wien 1997, S. 163–166. Neuere, allerdings nicht ganz ausgearbeitete Beispiele finden sich bei Gabriele Greindl, Die Ämterverteilung in der bayerischen Landschaft von 1508 bis 1593, in: Zeitschrift für Bayerische Landesgeschichte 51 (1988), S. 101–196; Horst Kruse, Stände und Regierung – Antipoden? Die calenberg-göttingschen Landstände von 1715–1803, Hannover 2000; sowie Ulf Molzahn, Adel und frühmoderne Staatlichkeit in Kursachsen. Eine prosopographische Untersuchung zum politischen Wirken einer territorialen Führungsschicht in der frühen Neuzeit (1539–1622), phil. Diss., Leipzig 2005. Die Dissertation von Andreas Müller über die Ritterschaft im Herzogtum Westfalen von 1651 bis 1803, Universität Paderborn 2006, ist leider ungedruckt geblieben, siehe aber seinen Aufsatz ‚Die Ritterschaft des kurkölnischen Herzogtums Westfalen im Ancien Régime. Regionale Verflechtung und politische Eigenständigkeit‘, in: Bettina Braun, Frank Göttmann und Michael Ströhmer (Hg.), Geistliche Staaten im Nordwesten des Alten Reiches. Forschungen zum Problem frühmoderner Staatlichkeit, Köln 2003, S. 159–176. Siehe außerdem auch Hans Rall, Kurbayern in der letzten Epoche der alten Reichsverfassung 1745–1801, München 1952, S. 425–457.

143 Lewis B. Namier war spiritus rector und Bearbeiter des seit 1951 betriebenen Projektes einer vollständigen History of Parliament, in der die alphabetisch geordneten Biographien aller Abgeordneten des Unterhauses und die Geschichte der einzelnen Wahlbezirke sowie der Wahlkämpfe und Nachwahlen untersucht werden. Die erste Publikation in der Reihe erschien nach seinem Tode: Lewis Namier und John Brooke, The House of Commons 1754–1790, 3 Bde., London 1964. Namiers biographisch-personengeschichtlicher Zugriff in der Analyse politischer Ereignisse war derart prominent, daß er die Neubildung des Schlagwortes ‚Namierism‘ hervorgebracht hat.

144 Siehe z.B. die bezeichnende Abwesenheit der Prosopographie in der Übersicht von Raingard Esser, Landstände im Alten Reich. Ein Forschungsüberblick, in: Zeitschrift für Neuere Rechtsgeschichte 27 (2005), S. 254–271. In seinem Tagungs-Kommentar ‚Zusammenfassung: Staatsbildung durch ‚Aushandeln‘?‘, in: Ronald G. Asch und Dagmar Freist (Hg.), Staatsbildung als kultureller Prozess. Strukturwandel und Legitimation von Herrschaft in der Frühen Neuzeit, Köln 2005, S. 429–438, hier S. 429, hat Wolfgang Reinhard nicht zufällig davon gesprochen, daß „die Distanzierung von der hergebrachten sozialgeschichtlichen Grundlagenforschung prosopographischen Zuschnitts … vielleicht etwas weit getrieben" wurde. Auch Kersten Krüger, Landständische Verfassung, hält sie – natürlich, wie man hinzufügen möchte – keiner Erwähnung wert.

Phänomene symbolischer Kommunikation, Zeremonien, Rituale in den Blick nimmt..."[145] Denn dem Versuch, den die neuere Kulturgeschichte unternimmt, die Normen, Regeln und Institutionen unter die Lupe zu nehmen und auf das Niveau des individuellen sinnhaften Handelns und der konkreten Kommunikationsakte hinunter zu verfolgen,[146] kann eine genauere Kenntnis der Personen oder Personengruppen, die handeln und kommunizieren, nicht schaden. Darüber hinaus kann bereits die Reise zum Landtag und die kontinuierliche Teilnahme an den Sitzungen als ein bedeutsamer Akt, als eine Aussage gelesen werden, deren Bedeutung sich allerdings erst im prosopographischen Kontext vollständig erschließt, insbesondere wenn sie als die Fortsetzung einer familiären Tradition oder als Teil einer bestimmten Karriereplanung erscheint. Die Beobachtung des zeitgenössischen Handelns auf prosopographische Weise ermöglicht es, gerade die nicht schriftlich fixierten oder gar in Konflikten und Streitigkeiten von den Akteuren formulierten und kommunizierten Sichtweisen und Bedeutungen, also die stillschweigenden und unreflektierten kulturellen Muster und Gewohnheiten, zu erfassen. Schließlich rückt der Blick auf die Akteure als Gruppe auch die Grenzen ihrer Handlungsfähigkeit, die beschränkte Zahl der Optionen und verfügbaren Stellen oder die strukturellen Disparitäten zwischen ihren Zielen und ihren Möglichkeiten ins Licht.

Die fünfte und letzte Perspektive auf die Landtage untersucht die Versammlungen als soziales Ereignis, als eine Form der Soziabilität. Bislang war ausschließlich von den internen Verhältnissen der Institution Landtag und dem Verhältnis des Landtags zur fürstlichen Regierung die Rede, nicht aber von dem konkreten Ort und dem Umfeld der Landtage. Ein mehrere Wochen dauernder Landtag war jedoch auch ein eminentes soziales Ereignis in der Stadt. Es bleibt noch zu untersuchen, inwieweit die Landtagsteilnehmer und weitere Besucher während der Dauer des Landtages geschäftliche und private Angelegenheiten regelten. Denkbar sind sowohl finanzielle Transaktionen wie der Verkauf eines Rittergutes, die Aufnahme oder Tilgung eines Kredits, familiäre Angelegenheiten wie die Anbahnung einer Eheschließung oder ein Treffen mit Verwandten und Vettern, ferner die Suche nach geeignetem Dienstpersonal, der Umschlag von kostspieligeren Konsumgütern wie Büchern, Gemälden oder anderen Preziosen und schließlich ein kommerzielles Angebot an musikalischen oder darstellerischen Aufführungen während der Tagungsdauer. Derartige Untersuchungen zur äußeren Geschichte einzelner Landtage im Alten Reich fehlen bislang völlig.[147] Möglicherweise waren aber die Soziabilität im Zusammenhang mit der Abhaltung eines Landtages für manche der Teilnehmer genauso wichtig wie die aktuellen fürstlichen Propositionen, die ständischen Gravamina oder gar politische Forderungen.

---

145 Barbara Stollberg-Rilinger, Zeremoniell, Ritual, Symbol. Neue Forschungen zur symbolischen Kommunikation in Spätmittelalter und Früher Neuzeit, in: ZHF 27 (2000), S. 389–405, hier S. 405.

146 Siehe Barbara Stollberg-Rilinger, Einleitung. Was heißt Kulturgeschichte des Politischen?, S. 21.

147 Nur für den Reichstag gibt es erste Überlegungen, siehe die Beiträge von Alfred Kohler, Rosemarie Aulinger und Alfred P. Luttenberger, in: Alfred Kohler und Heinrich Lutz (Hg.), Alltag im 16. Jahrhundert. Studien zu Lebensformen in mitteleuropäischen Städten, München 1987.

Die vorliegende prosopographische Untersuchung kombiniert die Landtagsgeschichte mit der Besitzgeschichte der Güter, der allgemeinen Geschichte der Verwaltung und den Verbindungen zur Hofgesellschaft im frühneuzeitlichen Fürstenstaat. Für jeden der vier in sich umfangreichen Bereiche sind unterschiedliche Quellentypen heranzuziehen. Grundbesitz, Verwaltung, Hof und Landtag in Kursachsen nach dem Westfälischen Frieden sind zudem sehr unterschiedlich gut erforscht.

Ausgangspunkt der Untersuchung sind die Landtagsakten, die den Ablauf und die Ergebnisse der Verhandlungen ausführlich dokumentieren, allerdings kein Protokoll der einzelnen Sitzungen und Debatten bieten. Zum Auftakt eines Landtages gehören außer der gedruckten Ladung und der landesherrlichen Proposition auch die Teilnehmerlisten der verschiedenen Abteilungen des Landtages. Sie erlauben eine vollständige Übersicht über die Landtagsbesucher, über ihre Kreiszugehörigkeit und über das Rittergut, für das sie teilnahmeberechtigt sind. Sie geben aber nur selten Auskunft über weitere Anstellungen und Beschäftigungen der Landtagsteilnehmer. Die tatsächliche Teilnahme an den Sitzungen kann zwar nicht anhand von Sitzungsprotokollen nachgewiesen werden, die Akten des Oberhofmarschallamtes verzeichnen aufgrund der Auszahlung von Reisespesen und Tagegeldern aber die Anmeldung zum Landtag, die Abreise und die eventuell während der Dauer des Landtages erteilte Beurlaubung.[148] Die empfindlichste Lücke liegt dagegen in dem Mangel an Briefen oder Tagebüchern adliger Rittergutsbesitzer, die uns über ihre Teilnahme am Landtag und ihre Sichtweise auf die Institution oder das Geschehen informieren.

Für die Karrieren der Landtagsteilnehmer am Hof, in der Landesverwaltung oder im Militär mußte auf zeitgenössische gedruckte Quellen und Materialien, die im enzyklopädischen 19. Jahrhundert erstellt wurden, zurückgegriffen werden. In der Hofforschung und in der Verwaltungsgeschichte liegen für Kursachsen noch zahlreiche unbeackerte Felder brach, für die es in den Archiven eine insgesamt gute Aktenüberlieferung gibt. Die wichtigste Quellenserie zur Verwaltung bilden zur Zeit die seit 1728 publizierten sächsischen Hof- und Staatskalender. Sie enthalten für den Hof Angaben über die Kammerherren und Kammerjunker, das Forst- und Jagdpersonal. Darüber hinaus erfassen sie das Personal der Landesregierung, der Hofgerichte und der zahlreichen weiteren Kollegien vom Obersteuerkollegium über das General-Akzisekollegium bis zur Hauptsalzkasse in Dresden. Schließlich finden sich auch die Domherren und Verwaltungsbeamten der Stifte Meißen, Merseburg und Naumburg-Zeitz abgedruckt, soweit sie wieder an die kursächsische Linie zurückgefallen waren. Im Hinblick auf das Militärpersonal wurde die von Heinrich August Verlohren erarbeitete alphabetische Zusammenstellung der Armeeoffiziere herangezo-

---

148 Ich danke Josef Matzerath, TU Dresden, für die großzügige Überlassung und Benutzung seiner Datenbank zur Auszahlung von Landtagsdiäten im Oberhofmarschallamt.

gen.[149] Die Zeit vor 1728 läßt sich teilweise mit den zeitgenössischen Publikationen von Johann Georg Zirschke schließen.[150] Für eine Reihe von sächsischen Adelsgeschlechtern enthält das von 1732 bis 1754 in achtundsechzig Bänden in Leipzig erschienene Zedlersche Universal-Lexicon viele hilfreiche genealogische Artikel zum sächsischen Adel.

Im Vergleich der Landtagsteilnehmer mit den überhaupt beliehenen Rittergutsbesitzern zeigt sich deren Profil erst wirklich ab. Die Besitzgeschichte der kursächsischen Rittergüter kann sich in der Zeit von 1648 bis 1844 auf den außerordentlich reichen Aktenbestand des Dresdner Lehnhofes stützen, der es erlaubt, alle Inhaber derartiger Lehen zu erfassen. Der Lehnhof war Teil der Landesregierung, für die Aktenführung war ein geheimer Legations-Secretär zuständig. Am Ende des 17. Jahrhunderts wurden für jedes kursächsische Rittergut zwei Aktenreihen angelegt. Die jeweiligen Lehnakten verzeichneten alle Vorgänge, im Zusammenhang mit der Belehnung des Vasallen, die Erteilung von Indulten, die Benennung von Mitbelehnten am Rittergut, die Vererbung des Gutes oder die Erteilung von Lehnbriefen und Einzelprivilegien. Die Consensakten betreffen als Vorläufer der Hypothekenakten vor allem die Zustimmung des Lehnsherrn zur finanziellen Belastung der Rittergüter aufgrund von Eheverträgen, testamentarischen Verfügungen oder wegen der Aufnahme eines Kredites.

Die Untersuchung des Landtagsbesuchs konzentriert sich auf die Landtage der Jahre von 1694 bis 1749 und umfaßt damit die Regierungszeit des Kurfürsten Friedrich August I. (1694–1733, geboren 1670) und seines Sohnes Friedrich August II. (1733–1763, geboren 1696). Die hier behandelte erste Hälfte des 18. Jahrhunderts bildet als ausgesprochene Barockepoche fürstlichen Glanzes einen für die frühneuzeitliche Landtagsgeschichte ähnlich aufschlußreichen Fall wie die Zeit der Reformation und der Konfessionalisierung. Seit der Annahme des katholischen Glaubens und der Wahl des Kurfürsten zum polnischen König im Juni 1697 deckt sich der Zeitraum mit der Epoche der sächsisch-polnischen Personalunion.[151] Den Endpunkt im Jahr 1749 markiert die Unterbrechung der Tagungen des Dresdner Landtages von 1749 bis 1763 im Umfeld des Siebenjährigen Krieges. Die Personalunion hatte zwar auch Folgen für den Dresdner Landtag – vor allem wegen der finanziellen Forderungen des Landesherrn – hinsichtlich des Landtages handelte es sich aber weiterhin um den Fürsten des Reiches und Markgrafen von Meißen und nicht um den König, der den Landtag berief. Daher wird in den folgenden Kapiteln durchgängig vom sächsischen Kurfürsten gesprochen, wenn vom Landesherrn oder von der fürstlichen Regierung die Rede

---

149 Heinrich August Verlohren, Stammregister und Chronik der kur- und königlich sächsischen
Armee von 1670 bis zum Beginn des Zwanzigsten Jahrhunderts, hg. v. Max Barthold und Franz
Verlohren, Leipzig 1910, ND Neustadt an der Aisch 1983.

150 Insbesondere Johann Georg Zirschke, Entwurf eines Chronologischen Verzeichnisses von des
Hohen Hauses Sachsen, Albertinischer Linie, Hof-, Kriegs- und Civil-Staat seit zweyhundert
Jahren. Erster Theil, den Hof-Staat betreffend, Görlitz 1754, erwies sich als nützlich. Ich danke
wiederum Josef Matzerath sehr für seinen Hinweis auf Zirschke.

151 Als polnische Könige firmierten die beiden sächsischen Kurfürsten als August II. bzw. August
III.

ist.[152] Außerdem werden, soweit möglich, im Text häufig die zeitgenössischen Ausdrücke und Schreibweisen verwendet und nicht modernisiert, um auch auf diesem Weg auf die Alterität der frühneuzeitlichen Gesellschaft zu verweisen und ein vorschnelle Gleichsetzung der vergangenen Einrichtung mit den heute vertrauten Begriffen und Verhältnissen zu unterbinden.

Die Darstellung beginnt mit einer Beschreibung des ‚chur-sächsischen Fürsten-Stats' und der Landtagsorganisation in der ersten Hälfte des 18. Jahrhunderts. In den weiteren Kapiteln wendet sie sich dann detailliert den Fragen der Besuchsfrequenz, den Landtagskarrieren und den Anstellungen der Landtagsteilnehmer außerhalb des Landtages zu.

---

152 Die Rangerhöhung der Albertiner durch die polnische Krone soll also nicht negiert werden. Aber für den Landtagsbesuch hat sie nur eine geringe und vermittelte Rolle gespielt. Sie gehört zum weiteren Hintergrund des Geschehens.

II. Kursachsen und der kursächsische Landtag im 18. Jahrhundert

Im vorhergehenden Kapitel wurde der Forschungsstand zur Geschichte der frühneuzeitlichen Landtage analysiert. Eine weitere Rahmenbedingung für jede Beschäftigung mit der Rolle des Landtagsbesuches liegt in den reichs-, kirchen- und lehnsrechtlichen Voraussetzungen und in der territorialen Zusammensetzung des Herrschaftsbereichs der albertinischen Wettiner, denn der kursächsische Landtag des 17. und 18. Jahrhunderts war nur für die ‚Erblande' zuständig. Größere Herrschaftsbereiche, vor allem die 1635 erworbene Herrschaft über die böhmischen Lehen der Ober- und Niederlausitz, die ganz außerhalb des alten Reichsverbandes lagen und von den Habsburgern als böhmischen Königen vergeben wurden, blieben bis zum Ende des Alten Reiches außerhalb der Zuständigkeit des chursächsischen Landtages. In den poltischen Manövern, die zum Prager Frieden vom 30. Mai 1635 zwischen dem protestantischen Kursachsen und dem habsburger Kaiser führten, erhielt der sächsische Kurfürst Johann Georg I. (1611–1656) die Ober- und die Niederlausitz. Der Wettiner wurde durch die Belehnung mit den Lausitzen bis zur Auflösung des Alten Reiches zum Vasallen des böhmischen Königs. Die beiden Markgrafschaften besaßen aber keine Reichsstandschaft und sollten nicht unter dem Namen Kursachsen mitangesprochen werden, weil sie nur über die Personalunion eingebunden waren und immer außerhalb der kursächsischen Landes-Verwaltung standen.

Wie die Ober- und Niederlausitz gehörten auch das Fürstentum Querfurth, der kursächsische Anteil an der gefürsteten Grafschaft Henneberg und die Herrschaft Treffurth bis 1806 zwar zum Wettinischen Besitz, aber territorial und politisch waren sie kein Teil von Kursachsen. Das ehemalige Herzogtum Sachsen-Wittenberg, die alte Markgrafschaft Meißen und weitere Territorien, welche die wettinischen Fürsten im 14. und 15. Jahrhundert akquiriert und eingegliedert hatten wie die Herrschaft Plauen im Vogtland oder die thüringischen Besitzungen um Weißenfels und Langensalza sowie das in der Reformation säkularisierte Hochstift Meißen, bildeten die im 18. Jahrhundert unter dem Namen Erblande zusammengefaßten fürstlichen Besitzungen der Albertiner.[1] Ihr Bestand wurde in der zweiten Hälfte des 16. Jahrhunderts unter den ersten beiden albertinischen Kurfürsten Moritz und August geformt. Die Ritter- und die Städtekurie des kursächsischen Landtags beziehen sich allein und ausschließlich

---

1   Siehe Friedrich Gottlob Leonhardi, Erdbeschreibung der churfürstlich- und herzoglich-sächsischen Lande, dritte vermehrte und verbesserte Auflage, Bd. 1, Leipzig 1802, S. 37–40; Christian Gottlob Wabst, Historische Nachricht von des Churfürstenthums Sachsen und derer dazu gehörigen Lande jetziger Verfassung der hohen und niederen Justiz, aus authentischen Urkunden abgefasset, Leipzig 1732, Beilage Nr. III; und Gerhard Schmidt, Die Staatsreform in Sachsen in der ersten Hälfte des 19. Jahrhunderts. Eine Parallele zu den Steinschen Reformen in Preußen, Weimar 1966, S. 28–45.

auf diese Territorien der Erblande. Wo in den Stiftslanden eigene Stiftstage der Vasallen etabliert waren, bestanden sie fort und wurden ebensowenig aufgehoben wie andere Einrichtungen der Stifte.[2] Die übrigen Länder der Kurfürsten außerhalb der Erblande waren daher bis 1815 nicht in die landesherrliche Verwaltung und die Organisation der Ritter- und Städtekurie des kursächsischen Landtages einbezogen.[3]

1. Die Zusammensetzung des kursächsischen Territoriums der Wettiner aus der albertiner Linie

Wie der weiter oben angeführte Titel des Kurfürsten Johann Georg III. belegt, regierten die Wettiner mehrere rechtlich selbständige Territorien im Heiligen römischen Reich deutscher Nation. Die Dynastie der Wettiner verwaltete seit dem Ende des 11. Jahrhunderts die Mark Meißen, im 13. Jahrhundert kam die Landgrafschaft Thüringen hinzu. Unter den Askaniern war die sächsische Herzogswürde, und im Gefolge der Goldenen Bulle von 1356 die Kurfürstenwürde, an das Herzogtum Sachsen-Wittenberg gekommen.[4] Die Kurfürstenwürde hing somit an dem Besitz des Wittenberger Territoriums.[5] Nach dem Aussterben der wittenberger Askanier belehnte König Sigismund im Jahr 1423 den Meißener Markgrafen Friedrich mit der Kurwürde. Im Jahr 1485 erfolgte zwischen seinen Enkeln, den Brüdern Ernst und Albrecht, eine dynastische Herrschaftsteilung, die dauerhafte Folgen hatte. Der ältere Bruder Ernst behielt die Landgrafschaft Thüringen und das Herzogtum Sachsen-Wittenberg, Albrecht, der jüngere Bruder, regierte die Länder um die Städte Meißen, Dresden,

---

2   Laut Friedrich Gottlob Leonhardi, Erdbeschreibung, Bd. 3, Leipzig 1804, S. 496, fanden im Hochstift Merseburg von 1727 bis 1764 keine Stiftstage statt, seit 1764 aber wieder und zwar jeweils im Anschluß an den allgemeinen Landtag in Dresden. Zur Merseburger Ritterschaft gehörten alle alt- und neuadeligen Rittergutsbesitzer, eine Ahnenprobe war im Gegensatz zur kursächsischen Ritterschaft nicht erforderlich. Bürgerliche Rittergutsbesitzer konnten nicht am Stiftstag teilnehmen, aber einen Adeligen bevollmächtigten. Im Hochstift Naumburg-Zeitz konnten sogar die bürgerlichen Rittergutsbesitzer auf den Stiftstagen in Person erscheinen, siehe ebd., Bd. 3, S. 547.

3   Die Landabtretungen Kursachsens von 1815 halten sich übrigens – abgesehen von der Lausitz – ziemlich weitgehend an eine Reduktion der Wettiner Herrschaft auf die unangetastet bleibende Markgrafschaft Meißen. Die in der Landesgeschichte gerne bemühte Rede von einer Teilung Sachsens im Jahr 1815, z. B. bei Schmidt, Staatsreform, S. 78, ist historisch ungenau und arbeitet mit einem problematisch idealisierenden Raumbegriff ‚Sachsen‘.

4   Siehe Dietmar Willoweit, Deutsche Verfassungsgeschichte, S. 100.

5   Das Herzogtum Sachsen-Wittenberg ging zwar im Churkreis auf. Dieser ehrwürdigen Herkunft wegen wurde der Kreis in allen zeitgenössischen Aufzählungen, so auch im Landtag, immer an erster Stelle genannt. Mit den Abtretungen von 1815 an Preußen verlor Sachsen vor allem dieses rechts- und reichspolitisch so wichtige Territorium.

Leipzig und Freiberg.[6] Von diesen beiden Regenten leitet sich die Unterscheidung in das ernestinische und das albertinische Sachsen ab. Im Jahr 1521 führte Kurfürst Johann Friedrich die Reformation in seinen Ländern ein, 1539 folgte das albertinische Sachsen.

Obwohl beide Linien die lutherische Reformation in ihren Landen eingeführt hatten, standen sie im Konflikt mit Kaiser Karl V. während des Schmalkaldischen Krieges auf unterschiedlichen Seiten. Der albertinische Herzog Moritz (1541–1553) kämpfte 1547 in der Schlacht bei Mühlberg auf der kaiserlichen Seite gegen seinen ernestinischen Vetter, den Kurfürsten Johann Friedrich. Nach der militärischen Niederlage der protestantischen Fürsten verlor Johann Friedrich die Kurwürde, Herzog Moritz dagegen wurde auf dem Geharnischten Reichstag zu Augsburg am 25. Februar 1548 zum Kurfürsten erhoben und erhielt als Kriegsbeute das Wittenberger Territorium und die ernestischen Anteile an der Markgrafschaft Meißen. Das Herzogtum Sachsen verwandelte sich nun in den ‚Churkreis'. Das herzogliche Hofgericht in Wittenberg blieb aber neben dem Leipziger Oberhofgericht erhalten.[7] Sein Bruder und Nachfolger Kurfürst August (1553–1586) baute die Territorialgewinne weiter aus und vollendete die Säkularisation der Bistümer im Einflußbereich der albertiner Kurfürsten. Damit war der Kernbestand der seitdem als die ‚kursächsischen Erblande' bezeichneten Ländereien zusammengebracht.

Vor allem der Besitz, über den der Bischof zu Meißen als Landesherr verfügt hatte, konnte weitgehend in den Kurstaat überführt werden.[8] Aus dem bischöflichen Besitz gingen fünf neue landesherrliche Ämter hervor: das Erbamt Meißen, das Procuratoramt Meißen, das Stiftsamt Meißen, das Schulamt Meißen und das Amt Stolpen, das schon seit 1559 landesherrlich war. Das Amt Stolpen hat in der Folge immer sehr stark die Züge eines Kammergutes des Kurfürsten behalten. An kirchlichen Einrichtungen blieben nach 1581/87 nur das Domkapitel zu Meißen und das Kollegiatstift Wurzen, letzteres mit eigener Regierung in

---

6   Siehe Katrin Keller, Landesgeschichte Sachsen, Stuttgar 2002, hier besonders die Karten S. 20 und S. 21, und zu den einzelnen Albertinern auch die Artikel in Frank-Lothar Kroll (Hg.), Die Herrscher Sachsens. Markgrafen, Kurfürsten, Könige 1089–1918, München 2004.

7   Siehe Christian Gottlob Wabst, Historische Nachricht, S. 115.

8   Siehe Friedrich Gottlob Leonhardi, Erdbeschreibung, Bd. 2, Leipzig 1803, insbesondere S. 81: „Von dieser Zeit [1581/87] an wurden beständig die Nachkommen Augusts durch freie Wahl des Domkapituls zu Adminstratoren des Bisthums postulirt, bis es endlich Johann Georg II. dahin zu bringen wußte, daß das Domkapitul, vermöge der im Jahre 1663 aufgerichteten perpetuirlichen Postulation, an das regierende Churhaus gebunden ward. Seit dieser Zeit hat das Bisthum seine Stiftstage, Sedisvacanz und eigentliche Verfassung größtentheils verloren; und die ehemaligen bischöflich Meißnischen meistentheils in der Pflege Wurzen gelegenen Vasallen sind, obgleich das Stift Meißen an sich in keinen der sieben Kreise einbezirkt ist, zum Leipziger Kreise geschlagen worden, bey welchem sie auf den allgemeinen Landtagen ihre Stellen erhalten haben. Indessen werden diese Vasallen doch immer noch von der Regierung zu Wurzen beliehen und gerichtet; und in Lehnssachen erstattet die Regierung unmittelbar zum geheimen Consilio Bericht,…" Siehe auch Heribert Smolinsky, Albertinisches Sachsen, in: Anton Schindling und Walter Ziegler (Hg.), Die Territorien des Reichs im Zeitalter der Reformation und Konfessionalisierung. Land und Konfession 1500–1650, Bd. 2: Der Nordosten, Münster 1990, S. 9–32.

der Stadt Wurzen, bestehen.[9] Die Meißner Stiftstage bestanden zunächst fort, im Jahr 1661 wurden sie allerdings aufgehoben. Die Stiftsstände des zum Hochstift Meißen gehörenden Kollegiatstifts Wurzen gingen stattdessen in die kursächsische Landtagsorganisation über und erhielten gesonderte Plätze innerhalb des Leipziger Kreises.[10] In der Ritterkurie des Landtags waren das Kollegiatstift bzw. die ehemals ritterschaftlichen Vasallen des Bischofs im Leipziger Kreis mit festen eigenen Stellen berücksichtigt, so daß ihre Herkunft aus dem bischöflichen Besitz trotz der Eingliederung bis zum Ende des Ancien Régime sichtbar blieb.

Die Hochstifte Merseburg und Naumburg-Zeitz konnten dagegen aus reichs- und kirchenrechtlichen Gründen nicht vollständig in die Landesverwaltung einbezogen werden und behielten eine rechtlich selbständige Stellung mit eigener Verwaltung. Die Albertiner hatten sich ihre Herrschaft über die Bistümer nur dadurch sichern können, daß sie sich hinsichtlich der Regierung der Stifte zu Administratoren auf Dauer wählen bzw. erklären ließen. Daher blieben die Stifte außerhalb der Landtagsorganisation und der Steuerbewilligungen durch den Dresdner Landtag. In der Regel wurden die Stiftstage aber im Anschluß an den kursächsischen Landtag abgehalten.[11] Die Hochstifte Merseburg und Naumburg-Zeitz erhielten 1544/61 und 1564 kursächsische Administratoren.[12] Sie bestanden als zwar „incorporirte Lande" aber dennoch eigenständige Territorien mit Reichsstandschaft fort.[13] Mit Domstift, eigener Stiftsre-

---

9   Siehe Friedrich Gottlob Leonhardi, Erdbeschreibung, Bd. 2, S. 915–928. Laut Leonhardi gehörte unter die Verwaltung des Kollegiatstiftes 24 Rittergüter. Siehe auch Anhang 4: Die landtagsfähigen Rittergüter des Kollegiatstifts Wurzen.

10 Eine Liste der Meißner Stiftsstände findet sich bei Christian Gottlob Wabst, Historische Nachricht, S. 140 f.

11 Siehe Markus Cottin, Quellen zur Geschichte der wettinischen Sekundogenitur Sachsen-Merseburg (1657–1738) in Domstiftsarchiv und –bibliothek Merseburg, in: Vinzenz Czech (Hg.), Fürsten ohne Land. Höfische Pracht in den sächsischen Sekundogenituren Weißenfels, Merseburg und Zeitz, Berlin 2009, S. 273–303, hier S. 284 f.

12 Der letzte Merseburger Bischof Sigismund starb 1544, daraufhin wählte das Domkapitel Mortiz Bruder August zum weltlichen Adminstrator und Georg von Anhalt zum Koadjutor in geistlichen Sachen. Nach einem erfolglosen Versuch in den Jahren 1548–61, den Katholizismus wieder zu etablieren, konnten die Wettiner sich mit der Wahl Alexanders, Sohn des Kurfürsten August, die reichsrechtlich anerkannte Administration des Stifts sichern, siehe Uwe Schirmer, Die Verfassung des Hochstifts Merseburg vom 15. bis zur Mitte des 17. Jahrhunderts, in: Holger Kunde, Andreas Ranft, Arno Sames und Helge Wittmann (Hg.), Zwischen Kathedrale und Welt. 1000 Jahre Domkapitel Merseburg, Petersberg 2005, S. 121–132. Im unter ernestinischem Einfluß stehenden Naumburg wählte das Domkapitel 1541 mit Julius v. Pflugk noch einmal einen altgläubiger Bischof, der sich rechtlich auch gegen seinen lutherischen Konkurrenten Nikolaus v. Amsdorf behaupten konnte. Dennoch wurde die lutherische Lehre 1555 im Stiftsgebiet verbindlich und nach dem Tod des Bischofs im Jahr 1564 Alexander, der Sohn des Kurfürsten, auch zum Administrator von Naumburg-Zeitz gewählt, siehe Rudolf Drößler, Das Ende des Bistums Naumburg-Zeitz als Voraussetzung für die Bildung des Herzogtums Sachsen-Zeitz, in: Die sächsischen Wurzeln des Landes Sachsen-Anhalt und die Rolle der Sekundogenitur Sachsen-Zeitz, Halle 1997, S. 10–18.

13 Ulrich Rosseaux hat hinsichtlich der Mischung von rechtlich fortbestehender Reichsstandschaft der Hochstifte einerseits und ihrer festen Bindung an Kursachsen mittels der postulierten Administratoren von Dynastisierung gesprochen, siehe Ulrich Rosseaux, Vom geistlichen Fürs-

gierung, Lehnhof und Kammer besassen sie eine vollständige landesherrliche Verwaltung. Sie zahlten daher auch keine direkten sächsischen Landsteuern in die Dresdner Obersteuereinnahme. Laut Leonhardi gehörten zur Ritterschaft des Stiftes Merseburg 79 alte Schriftsassen, im Stift Naumburg-Zeitz saßen 32 Schriftsassen und ein Amtsasse.[14]

Für die innere Gliederung der Erblande wurde die von Kurfürst Moritz eingeführte Kreiseinteilung prägend.[15] Insbesondere auf die innere Organisation des Landtages hat die Gliederung in sieben Kreise einen großen Einfluß erlangt. Im Zug der Übernahme des Herzogtums Sachsen erließ Moritz am 5. August 1547 eine neue Kanzleiordnung. Die in der Folge gebildeten fünf Kreise – Kurkreis, Thüringischer Kreis, Meißnischer Kreis, Leipziger Kreis, Gebirgischer Kreis – zeigt in ihrer Reihenfolge erneut den Sinn der Beteiligten für die historisch-rechtliche Abstufung zwischen dem alten Herzogtum Sachsen, der Landgrafschaft Thüringen und den drei Kreisen der Markgrafschaft Meißen und des Osterlandes.[16] Unter Kurfürst August kamen zwei weitere Kreise hinzu, die an sechster und siebter Stelle einsortiert wurden. Der Vogtländische Kreis aus den Ämtern Plauen und Voigtsberg bei Oelsnitz sowie dem kleinen Amt Pausa war ehemals im Besitz der Vögte von Plauen aus dem Haus Reuß gewesen. Die 1547 vom Kaiser eingezogenen Ländereien wurden in den 1560er Jahren vom Kurfürsten August gekauft und zum neuen Vogtländer Kreis formiert.

Der letzte und kleinste Kreis bestand ebenfalls aus altem reußischem Besitz, der an die Ernestiner verpfändet gewesen war. Im Zuge der Grumbachschen Händel erhielt Kurfürst August 1567 die Verwaltung der Ämter Arnshaug, Weida, Ziegenrück und Sachsenburg zur Deckung seiner Exekutionskosten, die seitdem zunächst als die „vier assekurierten Ämter" firmierten. Eine vollständige Abtretung seitens der Ernestiner erfolgte erst im Jahr 1660.[17] Seitdem formten Arnshaug, Weida und Ziegenrück den Neustädter Kreis und waren ein Bestandteil der kursächsischen Landtagsorgansiation. Das Amt Sachsenburg wurde entsprechend seiner geographischen Lage dem Thüringer Kreis zuge-

---

tentum zur wettinischen Sekundogenitur. Zur Dynastisierung der Hochstifte Merseburg und Naumburg in der Frühen Neuzeit, in: Martina Schattkowsky und Manfred Wilde (Hg.), Sachsen und seine Sekundogenituren. Die Nebenlinien Weißenfels, Merseburg und Zeitz (1657–1746), Leipzig 2010, S. 73–96. Zu Organisation und Personal der Hochstifte siehe z.B. den kursächsischen Hof- und Staats-Kalender auf das Jahr 1742, S. 51–54, und Friedrich Gottlob Leonhardi, Erdbeschreibung, Bd. 3, Leipzig 1804, S. 491–568.

14   Friedrich Gottlob Leonhardi, Erdbeschreibung, Bd. 3, S. 499, S. 548, 560 und S. 567, siehe auch Christian Gottlob Wabst, Historische Nachricht, Beilagen H und I.

15   Siehe Christian Gottlob Wabst, Historische Nachricht, S. 12 f.

16   Siehe noch Carl Heinrich v. Römer, Staatsrecht und Statistik des Churfürstenthums Sachsen und der dabey befindlichen Lande, Bd. 1, Halle 1787, S. 13–51. Römer spricht in normativer und nivellierender Absicht, aber rechtlich unzutreffend, auf S. 105 davon, daß diese Ländereien „einen eigenen geschlossenen Landeskörper ausmachen". Zum historischen Hintergrund siehe auch Leo Bönhoff, Die ältesten Ämter der Mark Meißen, in: Neues Archiv für Sächsische Geschichte und Altertumskunde 38 (1917), S. 17–45.

17   Siehe Carl Heinrich v. Römer, Staatsrecht und Statistik, Bd. 1, S. 121 f.

schlagen.[18] Im Gegensatz zu den Hochstiften Merseburg und Naumburg konnten die reichs- und lehnrechtlich schwächeren reußischen Besitzungen als Vogtländer und Neustädter Kreis eingeschmolzen und mit den Erblanden vereinigt werden.

Die adligen Besitzer der Lehen in den sieben erbländischen Kreisen bildeten die im Landtag auftretende kursächsische Ritterschaft bzw. die jeweiligen Kreisritterschaften. Der Besitz eines Lehens war die dingliche Grundlage für die Teilnahme am Landtag und an den Kreisversammlungen. Die Belehnung erfolgte am Dresdner Lehnhof, der zur Landesregierung unter der Leitung des Kanzlers gehörte. Für die Zugehörigkeit zur Ritterschaft genügte bereits die Belehnung mit einem entsprechenden Gut, eine ausdrückliche Aufnahme in die Ritterschaft durch den Landadel, wie sie in anderen Territorien des Reiches praktiziert wurde,[19] fand in Kursachsen nicht statt. Die kursächsische Ritterschaft war relativ offen gegenüber Neulingen oder Auswärtigen und formte keine abgeschlossene Korporation. So nahm im Jahr 1722 der kursächsische Capitain Joachim Ernst v. Natzmer, der das Rittergut Pretzsch im Thüringer Kreis erworben hatte, in der Allgemeinen Ritterschaft am Landtag teil. Fünfzehn Jahre später folgte ihm sein Sohn Wolff Heinrich Ernst v. Natzmer als Landtagsbesucher und saß ebenfalls einmal in der Allgemeinen Ritterschaft. Die Natzmer waren – wie die v. Flemming – ein altes adeliges Geschlecht in Pommern, die viele Angehörige im reichsweiten Militäradel stellten.[20] Auch mit den benachbarten Territorien vom Fürstentum Anhalt über die ernestinischen Territorien bis zur Markgrafschaft Bayreuth der Hohenzollern und den protestantischen Territorien Braunschweig-Lüneburg und Württemberg gab es einen gewissen personalen Austausch bzw. personale Verbindungen.[21] Die v. Zanthier z. B. waren sowohl im Fürstentum Anhalt-Dessau angesessen wie auch im

---

18   Siehe auch Carl Gottlob Rößig, Die Chursächsische Staatskunde nach ihren ersten Grundsätzen, Leipzig 1787, S. 34 f, § 11.

19   Siehe z. B. für Oberösterreich, Petr Mat'a, Ort der Distinktion – Ort der Entscheidung. Zur Teilnahme des Adels am oberösterreichischen Landtag unter Karl VI., in: Gabriele Haug-Moritz, Hans Peter Hye und Marlies Raffler (Hg.), Adel im ‚langen' 18. Jahrhundert, Wien 2009, S. 205–237, hier 218.

20   Siehe den Geschlechterartikel in Zedler, Universal-Lexicon, Bd. 23 (1740), Sp. 1255–1259. Auch die v. Flemming in kursächsischen Diensten stammten aus Pommern, so u. a. Generalfeldmarschall und Kabinettsminister Jacob Heinrich Graf v. Flemming (1667–1728), der 1718, 1722 und 1728 im Engeren Ausschuß der Ritterkurie saß, und sein Bruder, der Generalleutnant und Kammerherr Joachim Friedrich Graf von Flemming (1665–1740), Landtagsteilnehmer von 1711 bis 1728 im Weiteren und im Engeren Ausschuß, oder der Diplomat Carl Georg Friedrich Graf v. Flemming (1705–1767).

21   Ein Nebenzweig der v. Bülow aus Braunschweig-Lüneburg besaß das landtagsfähige Gut Beyernaumburg, das zum Amt Sangerhausen des Thüringer Kreises gehörte und bis 1746 also im Gebiet der Sekundogenitur Sachsen-Weißenfels lag. Johann Gottlieb v. Bülow, geboren 1678, besuchte den Dresdner Landtag von 1708 bis 1742, gelangte bis in den Engeren Ausschuß und verfügte am Ende über eine sechsunddreißigjährige Landtagserfahrung. Die meisten Mitglieder der kursächsischen v. Bülow gehörten aber dem Militäradel ohne eigenen Grundbesitz an, siehe Heinrich August Verlohren, Stammregister und Chronik der Kur- und Königlich Sächsischen Armee, Leipzig 1910, ND Neustadt an der Aisch 1983, S. 157–159.

Churkreis, wo sie das altschriftsässige Rittergut Salzfurth im Amt Bitterfeld besaßen. Die Verbindung wurde auch dadurch erleichtert, daß das Gut Salzfurth, das rechtlich dem Churkreis angehörte, geographisch mitten in Anhalt-Dessau lag.[22] Auch die v. Krosigk hatten ihren Besitz vor allem im Fürstentum Anhalt und im Herzogtum Magdeburg.[23] Im 17. Jahrhundert kamen außerdem eine Reihe von protestantischen adeligen Familien aus Böhmen und den österreichischen Ländern nach Sachsen, weil sie im Zuge der Rekatholisierung ihre Güter verloren oder aufgegeben hatten.[24]

Die Ritterlehne und damit ihre Inhaber, die Vasallen, unterschieden sich in ihrem Bezug zum Landesherrn und seiner Regierung in die zwei Klassen der schriftsässigen Rittergüter und der amtsässigen Rittergüter.[25] Ihre Inhaber waren folglich entweder Schriftsassen oder Amtsassen. Die Unterscheidung implizierte aber keine persönliche Eigenschaft des Inhabers, sie hing allein am Status des Gutes, war also eine dingliche Eigenschaft des Gutes und stellte ein rechtliches Zubehör dar wie die konkreten Jagd-, Gerichts- oder Patronatsrechte des jeweiligen Lehens.[26] Die schriftsässigen Güter unterstanden direkt der Landesregierung und wurden von der landesherrlichen Kanzlei einzeln angeschrieben. Sie wurden daher manchmal auch als Kanzleischriftsassen bezeichnet. Laut Veit Ludwig v. Seckendorf waren sie die „eigentliche Stände des Landes".[27] Insbesondere erhielten die schriftsässigen Güter individuelle Ladungen zum Landtag, und zwar unbeschadet der Umstände, ob der aktuelle Inhaber landtagsfähig war oder nicht.[28] Das führte manche Gutsbesitzer zu der Annahme, sie könnten schon aufgrund der schriftlichen Ladung, der ‚Missive', an den Landtagssitzungen

---

22 Die zeitgenössischen territorialen Einteilungen und Abgrenzungen waren vor allem rechtlicher Art und nicht räumlicher Natur. Selbstverständlich haben schon die Zeitgenossen nach geschlossenen und homogenen Bezirken gestrebt, die geographische Lage war aber noch nicht zum regulativen Prinzip erhoben. Das kommt erst mit der systematisierenden und naturalisierenden Aufklärung am Ende des 18. Jahrhunderts.

23 Gebhardt Friedrich v. Krosigk besaß das amtsässige Rittergut Queis und nahm 1694/95 und 1711 als Deputierter des Amtes Delitzsch in der Allgemeinen Ritterschaft am Landtag teil. Laut Friedrich Gottlob Leonhardi, Erdbeschreibung, Bd. 2, S. 730 war Queis mit einem Viertel Ritterpferd belegt.

24 So unter anderen aus Böhmen einige v. Bünau und die Wostromirski von Rockittnig, oder aus Österreich der Leipziger Ober-Hofrichter Matthias Gundacker Frh v. Herberstein (1656–1737).

25 Siehe Friedrich Gottlob Leonhardi, Erdbeschreibung, Bd. 1, S. 154–156, und Manfred Wilde, Grundherrschaftliche Qualitäten von sächsischen Rittergütern bis zum 17. Jahrhundert, in: Uwe Schirmer (Hg.), Sachsen im 17. Jahrhundert, Beucha 1998, S. 43–67, ferner zur Unterscheidung von Schrift- und Amtsassen im 15. Jahrhundert Joachim Schneider, Schriftsassen und Amtsassen, in: Martina Schattkowsky (Hg.), Adlige Lebenswelten in Sachsen, Köln 2013, S. 27–35.

26 Daher konnte dieses Recht bei einem Verkauf des Gutes auch kapitalisiert werden. Die Schriftsässigkeit wurde im 18. Jahrhudnert mit 1.000 Talern veranschlagt.

27 Veit Ludwig v. Seckendorf, Teutscher Fürsten-Stat, 5. Auflage, Frankfurt und Leipzig 1687, 1. Teil, 4. Kapitel, S. 46.

28 Siehe die gedruckte Landtagsordnung von 1728, § 35: „Es werden auch gnädigste Erforderungsschreiben auf alle Güther, so Sessiones und Voti fähig, …, zu Erhaltung solcher Güther Recht, um künftiger Besitzere willen, gesendet." Es handelt sich eben auch um die symbolisch wichtige Frage des Gerichtsstandes der Rittergüter und ihrer Inhaber, siehe auch Friedrich Gottlob Leonhardi, Erdbeschreibung, Bd. 1, S. 154 f.

teilnehmen.[29] Die Ladungen erfolgten anhand einer bei der Landesregierung intern geführten Matrikel.[30]

Das jedesmalige Anschreiben, z. B. auch an weibliche Rittergutsbesitzer, erfolgte jedoch nicht zuletzt, um den Rechtsstatus des Rittergutes zu wahren. Eine nicht erfolgte Ladung hätte auf Dauer bedeuten können, daß ein Gut seine Schriftsässigkeit verliert. Diese in Kursachsen übliche Praxis, die belehnten Vasallen zum Landtag zu laden, ermöglichte es seit dem Ende des 18. Jahrhunderts, der traditionellen Verfahrensweise ein neues Prinzip zu unterstellen, indem man das herkömmliche Verfahren im Sinne der bürgerlichen Eigentümergesellschaft und konstitutionellen Monarchie umdeutete und nun unterstellte, es wären in der Landtagsverfassung nicht die adeligen Vasallen gemeint gewesen, sondern im Landtag wäre – im Prinzip – der große Grundbesitz repräsentiert, der früher sozusagen nur zufällig ausschließlich durch adelige Personen erschienen sei.[31]

Den amtsässigen Gütern wurden die landesherrlichen Verfügungen und Ladungen zum Landtag durch die Ämter bzw. den (bürgerlichen) Amtmann bekannt gemacht. Wie Veit Ludwig v. Seckendorf schreibt, waren die Amtsassen an die landesherrlichen „Beampten oder auch die Prälaten und Grafen im Lande mit Gebot und Gehorsam gewiesen".[32] Der Besitz amtsässiger Güter berechtigte nicht direkt zur Teilnahme am Landtag, stattdessen konnten die Amtsassen pro Amt ein bis zwei Deputierte zum Landtag entsenden. Der kursächsische Landtag war also in erster Linie die Versammlung der adligen Inhaber schriftsässiger

---

29 Siehe z. B. die Ladungsschreiben von 1731 bis 1749, die sich in HSTA Dresden, Bestand 10.1042, Grundherrschaft Berreuth, Nr. 7 erhalten haben. Besitzer des altschriftsässigen Gutes im Amt Dippoldiswalde war zu dieser Zeit Christian Lippold, der sich 1734 auch beim Hofmarschallamt angemeldet hatte, aber „wegen beylaufender Umstände" den Sessionen nicht beiwohnen konnte. Daraufhin beauftragte er per Vollmacht den Obristen Christian Vitzthum v. Eckstädt auf Röhrsdorf, zum Nutzen von Berreuth als auch seiner Untertanen zu handeln und zu beschließen. Für den Landtag von 1737 beauftragte er in gleicher Weise Kammerjunker und Landkammerrat Carl Adolph v. Carlowitz auf Ottendorf und im Jahr 1742 Caspar Abraham v. Schönberg (1680–1763), auf Reichstädt und Maxen. Nach einer eigenhändigen Notiz hatte Christian Lippold am 15. April 1733 an der Erbhuldigung, über deren Ablauf ein „Avertissement" mit zehn Punkten ausgeteilt wurde, im Dresdner Schloß teilgenommen und nebst anderen Adligen und Bürgerlichen den Handschlag geleistet. Im Jahr 1746 war das Landtags-Ausschreiben der Landesregierung an die „Liebe besondere" Anne Marie Lippold zu Berreuth adressiert, 1749 ging es an den Commercien-Rat Johann Christoph Lippold.
30 Siehe Landtagsordnung von 1728, § 1. Die Matrikel war kein offiziell rechtsverbindliches oder gar öffentliches Verzeichnis oder Kataster der Berechtigten, sondern ein rein innerbürokratisches Hilfsmittel. Als Beispiel siehe HSTA Dresden, Bestand 10.080, Lehnhof Dresden, Loc 14.682, die sogenannte ,Canzley-Matrikel 1750', deren Aufzeichnungen mit dem Regierungswechsel von 1733 einsetzen. Es ist bislang nicht bekannt, daß die Landstände bzw. der Landtag irgendeine Beteiligung an diesen Matrikeln erlangt hatten oder gewollt hätten.
31 Auf diese Weise konnte das Privileg des Adels, die Ritterkurie zu stellen, als Usurpation gedeutet werden und die Neuerung, nobilitierte und bürgerliche (oder katholische, oder weibliche) Rittergutsbesitzer zuzulassen als Rückkehr zu den Grundprinzipien erscheinen, siehe dazu Axel Flügel, Adelige Rittergutsbesitzer in der konstitutionellen Monarchie. Das Königreich Sachsen 1800–1866, in: Deutscher Adel im 19. und 20. Jahrhundert, hg. v. Günther Schulz und Markus A. Denzel, St. Katharinen 2004, S. 197–218.
32 Veit Ludwig Seckendorf, Teutscher Fürsten-Stat, 5. Auflage, 1. Teil, 4. Kapitel, S. 46.

Lehen aus den sieben erbländischen Kreisen. Die Zahl der erbländischen Vasallenlehen betrug nach einer Aufstellung Ende des 18. Jahrhunderts 1.403.

Tabelle 1: Die Zahl der Schrift- und Amtsassen in den sieben erbländischen Kreisen im 18. Jahrhundert

		Schriftsassen		Amtsassen	Summe
Nr.	Kreise	Alte	Neue		
1	Churkreis	47	18	64	129
2	Thüringer	123	53	52	228
3	Meißner	181	56	89	326
4	Erzgebirger	74	27	76	177
5	Leipziger	153	37	129	319
6	Vogtländer	73	34	40	147
7	Neustädter	50	12	15	77
	Summe	**701**	**237**	**465**	**1.403**

Quelle: Johann Georg Canzler, Récapitulation Générale des Provinces, Cercles, Baillages et Seigneuries, qui forment les Etats de l'Electeur de Saxe, in: ders., Tableau Historique pour servir à la Connoissance des Affaires Politiques et Economiques de L'Electorat des Saxe et des Provinces Incorporées ou Réunies, Dresden und Leipzig 1786, S. 711–715. Kreis Leipzig inklusive der achtundzwanzig alten Schriftsassen des Kollegiatstifts Wurzen.

Nach dieser Aufstellung von Johann Georg Canzler (1740–1809) machten die alten Schriftsassen die Hälfte der vorhandenen ritterschaftlichen Lehen aus. Es handelt sich allerdings um eine Momentaufnahme, da sowohl Ländereien oder Vorwerke zu neuen Rittergütern erhoben als auch bestehende amtsässige in schriftsässige Lehen gewandelt werden konnten. Trotz der Tendenz zur Vermehrung der schriftsässigen Güter im 17. und 18. Jahrhundert gibt die Tabelle einen guten Überblick über die Zahl und die Verteilung der Rittergüter in Kursachsen. Die einzelnen Kreise zeigen eine sehr unterschiedliche Größe gemessen an der Zahl der zu ihnen gehörenden altschriftsässigen Rittergüter. Der Meißner und der Leipziger Kreis weisen die größte Häufung an landtagsberechtigten Gütern auf. Auch der Thüringer Kreis enthält zahlreiche Güter, wogegen der Churkreis, der Erzgebirger, Vogtländer und Neustädter Kreis deutlich kleiner ausfallen.

Seitens des Adels bestand in der Frühen Neuzeit ein permanenter Druck, die Zahl der verfügbaren Lehen und der landtagsfähigen Rittergüter zu vermehren. Die Möglichkeiten zu einer Umwandlung bäuerlicher Grundstücke in Rittergüter oder einer Teilung bestehender Lehen waren jedoch sehr begrenzt. Die Ritterschaft sah sich aufgrund dieser Lage veranlaßt, gegen die großzüge und lukrative Verleihung der Schriftsässigkeit durch den Landesherrn eine Grenze zu errichten. Auf dem Landtag des Jahres 1660 erreichte die Ritterschaft ein landesherrliches Dekret, daß nur die bis 1660 bestehenden schriftsässigen Lehen unmittelbar landtagsfähig sein sollten und die vorgesehene Auslösung bekommen. Für neu zur Schriftsässigkeit erhobene Rittergüter sollte das nicht gelten. Damit war der Unterschied zwischen alten und neuen Schriftsassen geschaffen und die neuen Schriftsassen mit einem ökonomischen Nachteil versehen. Das

Oberhofmarschallamt sparte damit an den Kosten für die Abhaltung eines Landtages und der Inhaber eines neuschriftsässigen Gutes mit Landtagsberechtigung mußte die Kosten für Anreise, Unterkunft und Verpflegung während des Landtages selber tragen. Diese Vorschrift konnte den Landesherrn aber nicht hindern, im Einzelfall doch das Privileg der Auslösungsberechtigung zu gewähren oder gleich die Altschriftsässigkeit zu verleihen.[33]

Die zentralen Verwaltungseinrichtungen des frühneuzeitlichen Fürstenstaates außerhalb des Hofpersonals im engeren Sinne waren im Bereich der Rechtspflege die ‚Landes-Regierung' in Dresden mit ihren Hof- und Justitienräten unter der Leitung des Canzlers und die ihr zugeordneten Hofgerichte in Leipzig und Wittenberg sowie das Appellationsgericht in Dresden. Eine Abteilung innerhalb der Landesregierung urkundete als Dresdner Lehnshof. Er betreute alle Fragen, die den Besitz und die Verleihung der Lehen, ihre Vererbung und die hypothekarische Belastung der Vasallengüter betrafen. Die Hofräte der Landesregierung waren in Lehenssachen nur gutachterlich tätig und berichteten an den Geheimen Rat, in dem die Entscheidungen in der Sache fielen. Für die politische Beratung des Kurfürsten in allen rechtlichen, diplomatischen und militärischen Angelegenheiten war seit 1574 der Geheime Rat, in Sachsen Geheimes Konsilium genannt, tätig. Ihm wurde unter Kurfürst Friedrich August I. seit 1706 ein noch engeres und mit rein fürstlichen Vertrauensleuten besetztes Gremium, das Geheime Kabinett, vorgesetzt. Die im engeren Sinne militärischen Angelegenheiten der Infanterie, Kavallerie und Artillerie besorgte seit 1684 das Geheime Kriegsratskollegium, denn seit 1680er Jahren verfügte Kursachsen über ein stehendes Heer.[34] In der zeitgenössischen Selbstdarstellung des Fürstenstaates, wie sie z.B. in den Hof- und Staats-Kalendern sichtbar wird, wurden diese drei Bereiche seit dem Ende des 17. Jahrhunderts unterschieden in den ‚Hof-Staat' der Kammerherren und Kammerjunker, den ‚Civil-Staat' der zahlreichen zentralen und lokalen Räte in den verschiedenen Behördenzweigen und den ‚Militair-Staat' der Offiziere und Truppenteile. Die meisten adligen Räte hatten an den Landesuniversitäten eine juristische Ausbildung genossen und sich auf Reisen nach England, Holland, Frankreich und Italien weitergebildet.

Mit den Finanzen befaßten sich mehrere nebeneinander arbeitende Einrichtungen. Um die zum Hofstaat gehörenden Kammergefälle aus den Domänen, Regalien und sonstigen landesherrlichen Rechten kümmerte sich das Kammerkollegium und am Hofe speziell der Ober-Kämmerer. Ihm unterstanden auch die Landkammerräte und die Räte der Land-Accise, die Kammer-Gemachs-Expedition und die Rentkammer-Expedition. Für die einzelnen Steuerarten bestanden je eigene Kassen. Ihre Zusammenfassung erfolgte im Obersteuerkollegium, das je zur Hälfte aus landesherrlichen und landständischen Mitgliedern zusammengesetzt war. Die Aufsicht über die Ausbeutung der Bo-

---

33 Siehe Friedrich Karl Hausmann, Beiträge zur Kenntniß der kursächsischen Landesversammlungen, Bd. 2, Leipzig 1789, S. 157–159, der das Beispiel der Rittergutes Gangloff-Sömmern im Amt Langensalza, Thüringer Kreis, anführt, daß im Jahr 1731 für altschriftsässig erklärt wurde.

34 Siehe O. Schuster und F.A Francke, Geschichte der sächsischen Armee von deren Errichtung bis auf die neueste Zeit, Leipzig 1885, Teil 1 bis 1740, S. 111.

denschätze, die ein Teil der fürstlichen Regalrechte waren, besorgte das Berggemach mit seinen Kammer- und Berg-Räten.

Die kirchlichen Fragen, das Schulwesen und die Universitäten fielen in die Kompetenz des Ober-Consistoriums in Dresden. Dem Ober-Consistorium stand ein adliger Geheimer Rat vor, unter den Consistorial-Räten finden sich auch der Superintendent und der Oberhofprediger, die bürgerlichen Standes waren.

Schließlich gehört zum Bild des frühneuzeitlichen Fürstenstaates, seiner Verwaltung, seiner sozialen Umgangsformen und seiner prägenden Vorstellungen, die Hofrangordnung, also die Ordnung der höheren landesherrlichen Untertanen und Amtsträger in ein kleinteilig abgestuftes System des Ehrenvorranges.[35] Die Mitglieder des Hofes, der Behörden und des stehenden Heeres wurden in der Hofrangordnung in eine kunstvolle Ordnung von Vorrang, aber auch von Nähe zueinander und zum Fürsten gebracht. Die gedruckte und öffentlich gemachte kursächsische Ordnung von 1755 gibt eine Vorstellung von der Bedeutung des Ranges in der alteuropäischen Adelsgesellschaft und von der Rolle, welche die zahllosen Titel, insbesondere die Verleihung der rein dem Titel nach, also ‚titular' vergebenen, die nicht mit einer tatsächlich ausgeübten Funktion verbunden waren, besaßen.[36] Sie umfaßt insgesamt 130 Klassen oder Rangstufen, angefangen vom ersten Rang, den der ‚Premier-Ministre' Heinrich Graf v. Brühl (1700–1763) einnahm,[37] bis zu den elf namentlich genannten königlich-kurfürstlichen Bereitern bürgerlichen Standes.[38] Die Klassen oder

---

35 Zu der Bedeutung von Rangfragen allgemein und zur Unlösbarkeit der Aufgabe, die Personen in eine harmonische und verbindliche Rangordnung einzuordnen, siehe Barbara Stollberg-Rilinger, Rang vor Gericht. Zur Verrechtlichung sozialer Rangkonflikte in der frühen Neuzeit, in: ZHF 28 (2001), S. 385–418. Der soziale Rang war eng mit der Ehre als sozialer Wertschätzung verbunden und beide haben unmittelbare Folgen für die Rechtsstellung und die Rechte einer Person, siehe dazu auch Andreas Deutsch, Hierarchien der Ehre. Zur rechtlichen Dimension von Ehre und Unehrlichkeit in der Frühneuzeit, in: Sylvia Kesper-Biermann, Ulrike Ludwig und Alexandra Ortmann (Hg.), Ehre und Recht. Ehrkonzepte, Ehrverletzungen und Ehrverteidigungen vom späten Mittelalter bis zur Moderne, Magdeburg 2011, S. 19–39.

36 Königlich Pohlnische im Chur-Fürstenthume Sachsen zu observirende Neue Hof-Rang-Ordnung, Dresden 1755. Der Abdruck der Behörden im Staatskalender spiegelt ebenfalls die Rangordnung wieder, allerdings sind hier die drei großen Bereiche Hofstaat, Civilstaat, Militärstaat getrennt nacheinander aufgeführt und nicht verschränkt wie in der Hofrangordnung.

37 Die Akkumulation der Leitungsfunktionen bzw. der Kontroll- und Eingriffsmöglichkeiten, die v. Brühl erlangt hatte, ist beeindruckend, denn er war zugleich: Kabinettsminister, Konferenzminister, General-Feldzeugmeister, wirklicher Geheimer Rat, General der Infanterie, Ober-Kammerherr, Ober-Cämmerer, Cammer-Präsident, Ober-Steuerdirektor, General-Akzisdirektor, Stift Merseburger und Stift Naumburger Cammer-Direktor, General-Commissarius der Baltischen Meeres-Pforten, Domherr des Stifts Meißen, Dompropst zu Bautzen, Kommandant der sächsischen Truppen in Polen, Obrist über ein Regiment Chevaux-Legers. Außerdem war er Direktor der Ober-Rechnungs-Deputation, welche die Abrechnungen der verschiedenen Steuerkassen prüfte und Direktor des Berggemachs. Die Verwaltungsaufgaben konnte und wollte v. Brühl nicht selbst erledigen, sondern als Präsident oder Direktor seine Günstlinge als Vize installieren, welche die Tagesgeschäfte in seinem Sinne erledigten.

38 Die Bereiter waren Reitlehrer sowohl für Mensch wie Pferd, siehe den Artikel ‚Bereuter' in: Zedler, Universal-Lexicon, Bd. 3 (1733), Sp. 1224–1227.

Rangstufen fassen in der Regel mehrere Personen zusammen. Innerhalb der Klassen galt die Anciennität nach dem Datum der Ernennung.

Auf den Premierminister folgen an zweiter Stelle der Oberhofmarschall und an dritter Stelle der Generalfeldmarschall Friedrich August Graf Rutowski (1702–1764).[39] Den vierten Rang nehmen die Kabinettsminister ein, den fünften die Konferenzminister und wirklichen geheimen Räte, den sechsten der Oberhofmeister des Kurprinzen. Auch in dieser unter dem Regiment des Premierministers Brühl erlassenen Rangordnung behalten die wirklichen geheimen Räte eine hohe Stellung und kommen noch vor den Generälen und den übrigen ‚Ober-Chargen' am Dresdner Hof.

In der siebten Klasse werden dem Rang nach gleichgestellt, die wirklichen geheimen Räte ohne Session und die Generäle von Infanterie und Kavallerie. Die Generäle und die wirklichen Geheimen Räte ohne Session hatten wie die Minister einen Anspruch auf die Anrede Excellenz.[40] Rang acht ist den titular geheimen Räten vorbehalten, die vor dem 16. August 1741 ernannt worden waren. Die später ernannten titular geheimen Räte rangieren im zehnten Rang hinter den zehn Ober-Chargen des kurfürstlichen Hofes, die nur den neunten Rang einnehmen.[41] An Nummer elf folgen die Präsidenten und Vizepräsidenten der Dresdner Oberbehörden: u. a. der Kammerpräsident, der Präsident des geheimen Kriegsrats-Kollegiums bzw. des Appellationsgerichts, der Ober-Steuerdirektor, der General-Accis-Director und der Präsident des Ober-Consistoriums. An zwölfter Stelle sind die zwölf namentlich genannten General-Leutnants aufgeführt, dann an dreizehnter der General-Kriegkommissarius und der Haus- und Land-Feldzeugmeister.[42] Danach kommen die Vertreter der Oberlausitz und der Niederlausitz.

---

39   Die Stelle des Oberhofmarschalls war zur Zeit der Publikation der Ordnung nicht besetzt. Der Graf Rutowski war ein außerehelicher Sohn, ein Bastard, des Kurfürsten Friedrich August I. Er stand seit 1729 in kursächsischen Diensten, wurde 1740 Haus- und Land-Zeugmeister, 1746 General en Chef und 1749 General-Feldmarschall, siehe Heinrich August Verlohren, Stammregister und Chronik der sächsischen Armee, S. 444, und die biographische Skizze von Robert Winter, Friedrich August Graf von Rutowski. Ein Sohn Augusts des Starken geht seinen Weg, Dresden 2012.

40   Zur zeitgenössischen Bedeutung der richtigen Anrede und des richtigen Anschreibens siehe die Titularbücher, z. B. Heinrich Volck v. Wertheim, Anderer Theil des vollkommenen genealogischen Frantzösisch- und Deutschen Titular-Buchs, begreifft in sich den vorietzo florirenden respective Königlich Polnischen und Churfürstlich Sächsischen Hof-, Regierungs-, Militz,– Cammer-, Steuer-, General-Accis- und Kirchen-Staat, Chemnitz 1712. Das Titularbuch ist in gewisser Weise ein Vorläufer des Staatskalenders, es erschien in mehreren Auflagen bis 1750.

41   Die Ober-Chargen des Hofes nach dem Ober-Hofmarschall waren: der Ober-Kammerherr, Ober-Kämmerer, Ober-Stallmeister, Ober-Hofjägermeister, Ober-Küchenmeister, Ober-Schenck, Ober-Falkenmeister, der Schweitzer-Hauptmann, der General-Postmeister und der Hof-Marschall. Die Kammerjunker, die Jagdpagen und Hofpagen unterstanden dem Oberhofmarschall; die Kammerherren dagegen dem Oberkammerherren. Die ebenfalls adligen Chargen der Hof- und Land-Jägermeister, der Forst- und Wildmeister sowie der Oberaufseher der Floß-Inspection gehörten zum Bereich des Oberhofjägermeisters.

42   Die Komplexität von Rangordnungen illustriert auch dieses Beispiel auf das Schönste. Land-Feldzeugmeister war Graf Rutowski, der als solcher dem Präsidenten des Kriegsratskollegiums

An achtzehnter Stelle ist der Ober-Hofrichter zu Leipzig eingruppiert,[43] direkt vor dem Stifts-Hauptmann zu Wurzen. Dann folgen die oberen Domherren der drei Stifte auf den Plätzen zwanzig bis dreiundzwanzig.[44] Auch die Cammer-Räte der drei Stifte bzw., ihre Regierungs-Räte werden im Folgenden immer gesondert mit einem Rang ausgestattet und zwar in der Reihenfolge Meißen, Merseburg, Naumburg-Zeitz und immer nach den entsprechenden erbländischen Räten. Auf diese Weise blieb nicht nur der Unterschied zwischen den Erblanden und den bloß ,incorporierten' Stiften sichtbar, sie wurden zudem in ihrem Ansehen abgestuft.

Auf dem vierundzwanzigsten Platz stehen die älteren Kammerherren gleichauf mit den Generalmajoren; die Kammerherren und Generalmajore seit 1742 erhalten dagegen den Platz siebenundzwanzig. Vor ihnen auf Platz sechsundzwanzig nehmen die fünf geheimen Kammerräte ihren Rang ein und auf Platz achtundzwanzig die fünf geheimen Kriegsräte. Die Kreishauptleute der erbländischen Kreise haben den Rang Nummer vierzig, die Obristen und General-Adjutanten Rang vierundvierzig, die Land-Kammerräte Rang achtundvierzig. Die adeligen Hofräte der Landesregierung erscheinen erst an einundfünfzigster Stelle. In der Hofrang-Ordnung von 1755 sind die Hofräte auffällig weit hinten einsortiert. Das entspricht weder dem Alter der Einrichtung, denn der Canzler und die Landes-Regierung gehören zu den ältesten Einrichtungen des Fürstenstaates überhaupt, noch der Abfolge im Staatskalender, wo die Landesregierung ihren Platz direkt hinter dem Kriegsrat und dem Cammer-Collegium findet.[45]

Weit hinter den Kammerherren erscheinen die Kammerjunker erst auf Rang fünfundsechzig. Die Kreiskommissare, die für die Marschroute und die Einquartierung der Truppen zuständig waren, haben den siebzigsten Rang, noch vor den Obrist-Leutnants und dem Ober-Landbaumeister auf Rang zweiundsiebzig. Die adeligen Appellationsräten stehen auf Rang dreiundsiebzig.[46] Die für die Landtagsgeschichte wichtigen Ober-Steuereinnehmer erscheinen auf Rang fünfundsiebzig, die Amtshauptleute dagegen erst auf Rang fünfundachtzig. Ein Ober-Forstmeister stand aber, wenn sie sich einmal begegneten, immer noch drei Ränge vor dem Amtshauptmann auf Rang zweiundachtzig, ein Ober-Aufseher der Flöße mußte aber dem Amtshauptmann den Vortritt lassen. Ein Jagd-Junker hatte den Rang neunundachtzig, der in der Regel bürgerliche

---

den Vortritt lassen mußte. Da er aber zugleich auch Generalfeldmarschall war, ging der Feldzeugmeister vor dem Präsidenten.

43 Der Hofrichter zu Wittenberg folgte erst auf dem achtzigsten Rang.

44 Und zwar die Stifts-Canzler, Dom-Pröbste und Dom-Dechanten. Die Capitulares der drei Stifter erscheinen erst auf den Nummern 58–60. Der Aufstieg zum Domdechanten bedeutete also zugleich einen großen Fortschritt in der Hofrangordnung.

45 Zum Cammer-Collegium gehörten die geheimen Kammerräte (Rang 26), die Cammer-Räte ohne Session (Rang 38) und die Land-Cammer-Räte (Rang 48). Mit dem Staatskalender des Jahres 1752 schiebt sich allerdings die Floß-Inspection, die bis 1751 zum Hofstaat und nicht zu den kurfürstlich sächsischen Collegia gerechnet wurde, noch vor die Landesregierung.

46 Bei den, wiederum namentlich genannten Richtern oder Assessoren der Ober-Gerichte werden die Adligen immer einen Rang vor den bürgerlichen Juristen platziert.

Oberhofprediger Rang einundneunzig und die bürgerlichen Ober-Consistorialräte Rang zweiundneunzig.

Die Klassen hunderteins bis hundertzehn listen nur Titularräte vom Titular-Kammerrat als höchstem über die Titular Hofräte und Appellationsräte bis zum Titular-Stiftsrat. Kaufleute, die dem Landesherrn wichtige Dienste geleistet hatten, konnten über die Verleihung eines solchen Titels in die Rangordnung integriert werden. Dann erst kommen die Assessoren der adligen Bank und der gelehrten Juristen der beiden Hofgerichte in Leipzig und Wittenberg. Den Rang hundertsechzehn hatten die Majore für sich, Hauptleute und Rittmeister folgen auf Rang hundertsiebenundzwanzig.

Die Landtagsteilnehmer kommen in dieser weitläufigen Rangordnung allerdings überhaupt nicht vor, auch der Erbmarschall als Leiter des Landtages wird als solcher nicht ausdrücklich erwähnt. Nur die Verleihung des Titels Geheimer Rat (ohne Session), die üblich war, gab ihm seinen Platz und Rang in dieser Hof-Gesellschaft.[47] Dasselbe gilt für den Vorsitzenden der Landes-Regierung, den Canzler, der in der Hofrangordnung von 1755 als solcher ebenfalls nicht genannt wird.[48]

2. Die Sekundogenituren von 1657

Der in der Frühen Neuzeit so markante dynastische Faktor kam in Kursachsen 1652/57 wieder vehement ins Spiel, da Kurfürst Johann Georg I. (1611–1656) entgegen der Primogeniturregelung von 1499 in seinem Testament für seine jüngeren Söhne eine umfangreiche Erbteilung vorgesehen hatte. Die unter den Kurfürsten Moritz und August zusammengebrachte Masse an Ländereien war im Zuge der dynastischen Erbregelung noch einmal in ihrem Bestand gefährdet. Das Testament vom 20. Juli 1652 wurde im Jahr 1657 wirksam und sorgte für eine Landesteilung anstelle der sonst gebräuchlichen befristeten Apanagen für die nachgeborenen fürstlichen Kinder.[49] Daraufhin kam es zur Einrichtung der drei Nebenlinien Sachsen-Weißenfels (1657–1746), Sachsen-Merseburg (1657–1738) und Sachsen-Zeitz (1657–1718). Die jüngeren Brüder wurden mit jüngeren und

---

47   Der damals aktuelle Erbmarschall Graf Löser ist folglich auf Rang sieben unter den wirklichen geheimen Räten ohne Session zu finden, und zwar unter den insgesamt achtzehn Räten an zehnter Stelle.

48   Es muß hier offen bleiben, ob darin lediglich ein Versehen und Druckfehler zu sehen ist. Der im Jahr 1755 verstorbene Canzler der Landesregierung Erasmus Leopold v. Gersdorf gehörte ebenfalls der siebten Rangklasse an und stand an vierzehnter Stelle hinter Graf Löser. Sein Nachfolger, der Vice-Canzler Hieronymus Friedrich v. Stammer, mußte noch ein paar Jahre auf seine Ernennung zum wirklichen geheimen Rat ohne Session warten.

49   Johann Georg I., geboren 1585, regierte seit dem 23. Juni 1611. Sein Testament erhielt am 18. November 1652 die Konfirmation des Kaisers. Der Haupttext wurde vom Testator am 20. Juli 1653 noch einmal ergänzt. Der Vorgang belegt zum einen den (rechtlichen) Einfluß des Reiches in dieser Landesangelegenheit, zum anderen zeigt er die zeitgenössisch hohe Bedeutung und Bindungswirkung des väterlichen Willens für die Erben.

kleineren Besitzungen und mit Nebengebieten der Dynastie abgefunden, die nicht integraler Teil der albertinischen Erblande waren. Alle drei waren zuvor schon Administratoren von Hochstiften mit Reichsstandschaft gewesen. Die Nebenlinien erhielten ihre Erbteile nicht als Unterhalt auf Lebenszeit zugewiesen, sondern sollten ihre Ländereien, die damit verknüpften Einkünfte, die dort wohnenden Untertanen und die zugehörigen amtsässigen Städte und Rittergüter erblich genießen können. Die nachgeborenen Söhne strebten folglich – durchaus im Sinne des Erblassers – in den ihnen erblich überlassenen „Landes-Portionen" nach der Errichtung eigener Landesherrschaften.

Die Erbteilung von 1652/57 folgte dennoch ganz den Bahnen des zeitgenössischen Rechtsdenkens und zeigte in der Zuteilung der Erbteile sowohl die Bedeutung der reichs- und kirchenrechtlichen Regelungen als auch eine feine hierarchische Abstufung zwischen den Erben. Johann Georg II. (1613–1680) bekam als ältester Sohn mit dem Herzogtum Sachsen und der Kurwürde die höchstrangigen Güter und aufgrund der Markgrafschaft Meißen auch den größten Teil des Hausbesitzes. Er erhielt somit den älteren Kernbestand der wettinischen Herrschaften um Wittenberg, Meißen, Dresden und Leipzig und die Kurwürde.[50] Er mußte seinen drei jüngeren Brüdern aber die „Landes-Portionen" oder Sekundogenituren zugestehen, die den Brüdern die Würde und Stellung von Herzögen bescherten.[51] Die Erbportionen gingen also über eine standesgemäße Versorgung adliger Söhne deutlich hinaus und eröffneten den jüngeren Brüdern die Aussicht auf eine eigene Landehoheit und Reichsstandschaft.

Der zweitälteste Sohn, Herzog August (1614–1680), war seit 1635 – jedoch nur auf Lebenszeit – Bischof und Administrator des Erzstifts Magdeburg.[52] Er erhielt die nach dem Herzogtum Sachsen prestigeträchtigsten albertinischen Landesteile: die Landgrafschaft Thüringen, außerdem die Herrschaft Querfurt – 1663 zum Reichsfürstentum erhoben – und weitere magdeburgische Ämter. Seine Gebiete bestanden demnach in der Hauptsache aus den Ämtern des Thüringer Kreises sowie aus den vier durch den Prager Frieden aquirierten magdeburger Ämtern Querfurt, Jüterbog, Dahme und Burg. Dazu wurden ihm noch einige Klöster und Stifte in Thüringen überantwortet. Schließlich ging die im Jahr 1659 gerade erworbene Grafschaft Barby an ihn.[53] August kam damit der eigenständigen Landesherrschaft am nächsten und begründete die Linie der

---

50 Siehe dazu ausführlicher Nina Krüger, Landesherr und Landstände in Kursachsen, S. 101–123, und Hellmut Kretzschmar, Zur Geschichte der sächsischen Sekundogeniturfürstentümer [1925/27], in ders., Vom Anteil Sachsens an der neueren deutschen Geschichte. Ausgewählte Aufsätze, hg. v. Reiner Groß und Manfred Kobuch, Stuttgart 1999, S. 141–203.

51 Insofern hat Johann Georg I. die Forderung nach Unteilbarkeit durchaus beachtet, soweit es die Kurwürde und die Markgrafschaft Meißen anging.

52 Herzog August wurde damit der letzte Wettinische Administrator des Erzstiftes Magdeburg, das im Westfälischen Frieden von 1648 Brandenburg-Preußen zugeschlagen worden war.

53 Für die Grafschaft Barby waren die sächsischen Fürsten seit 1659 auch Reichsstand in der Gruppe der Grafen und Herren, siehe die Übersicht über die Reichsstände von 1521 und 1755 in: Gerhard Oestreich, Verfassungsgeschichte vom Ende des Mittelalters bis zum Ende des alten Reiches, München 1974, S. 137–151, hier S. 145.

Herzöge von Sachsen-Weißenfels, die von allen drei Nebenlinien am längsten fortbestand und die Jahre von 1657 bis 1746 umfaßt.

Der dritte, Herzog Christian I. (1615–1691), bekam das Hochstift Merseburg als seine Erbportion, dem er schon seit 1650 als Administrator vorstand, und die außerhalb Kursachsens und des Reiches gelegene Markgrafschaft Niederlausitz sowie die Ämter Bitterfeld, Zörbig und Delitzsch. Die Herzöge von Sachsen-Merseburg regierten ihre Lande bis 1738. Herzog Moritz (1619–1681) als jüngster der Brüder mußte sich schließlich mit dem kleineren Hochstift Naumburg-Zeitz begnügen, in dem er schon seit 1622 formell Administrator war. Zum Ausgleich wurden ihm ferner die Herrschaften Tautenburg, Frauenprießnitz und Niedertrebra zugestanden sowie die Ämter in den erst im 16. Jahrhundert erworbenen Votgländer bzw. Neustädter Kreis, die außerhalb der Markgrafschaft Meißen lagen.[54] Zudem erwarb Moritz 1658/62 vom Kurfürsten noch das im Leipziger Kreis gelegene Amt Pegau durch Kauf.[55] Dieser Verkauf des Amtes war nicht nur durch die Geldnot des Kurfürsten aufgrund seiner Ausübung des Reichsvikariats bedingt oder durch die Lage des Amtes, das an Zeitz grenzte. Die Entfremdung war vielmehr dadurch erleichtert, daß das Amt Pegau aus den Ländereien der ehemaligen Grafschaft Groitzsch gebildet und dem Leipziger Kreis angegliedert worden war. Da es insofern nicht zum Kernbestand der wettinischen Lande gehörte, konnte es veräußert werden. Die Herzöge von Sachsen-Zeitz brachten es allerdings nur auf zwei Generationen. Da der Nachfolger des Herzogs Moritz Wilhelm (1681–1718) katholisch geworden war, fiel das Fürstentum im Jahr 1718 an die Kurlinie zurück.[56] Nach dem Anfall der Zeitzer Erbportion stand auch das Amt Pegau wieder unter der direkten Herrschaft des Kurhauses.

---

54   Im Jahr 1547 hatte König Ferdinand die vogtländischen Ämter Plauen, Voigtsberg und Pausa als verwirkte und der Krone Böhmen heimgefallene Lehen eingezogen und an seinen böhmischen Kanzler verkauft. Dessen Erben mußten die Ämter Plauen und Voigtsberg 1560 wegen ihrer hohen Schulden an den sächsischen Kurfürsten verpfänden. 1563 nahm Kurfürst August die Ämter Plauen und Voigtsberg in Besitz und ließ sich von Ritterschaft, Städten und Untertanen huldigen, 1568 erlangte er zudem den Pfandbesitz des Amtes Pausa. Im Jahr 1569 schließlich verkaufte der letzte Erbe das erbliche Eigentum an Plauen, Voigstberg und Pausa dem Kurfürsten für einen Restbetrag von 27.142 Gulden meißnisch, siehe Friedrich Gottlob Leonhardi, Erdbeschreibung, Bd. 3, Leipzig 1804, S. 389–393 und S. 396 f. Noch Anfang des 19. Jahrhunderts hält also Leonhardis Erdbeschreibung, S. 397, die Erinnerung wach, daß es sich bei den Ämtern des Vogtländer Kreises um ehemalige reußische Herrschaft und böhmische Lehen handelt!: „Der jetzige churfürstliche Voigtländische Kreis bestehet demnach aus den ehemaligen reußischen Herrschaften Voigtsberg und Plauen, welch in die 3 unmittelbaren Ämter, Voigtsberg, Plauen und Pausa eingetheilt sind." Auch der Neustädter Kreis entstand aus ehemals reußischem Besitz, siehe ebd., S. 458 f, und gehört erst seit 1660 rechtlich zu den Erblanden.
55   Nach Friedrich Gottlob Leonhardi, Erdbeschreibung, Bd. 2, S .890 fanden sich im Amt Pegau 11 alte Schriftsassen mit 34 ganzen Dörfern, 9 neue Schriftsassen mit 2 Dörfern, 2 Amtsassen mit 2 Dörfern und 22 Amtsdörfer.
56   Seine eigenen Kinder aus der Ehe mit Maria Amalia von Brandenburg-Schwedt starben mit Ausnahme der Tochter Dorothea Wilhelmine (1691–1743) im Kindesalter. Sein jüngerer Bruder Christian August (1666–1725) wurde Bischof von Raab und Primas von Ungarn, der Sohn – und potentielle Nachfolger – seines zweiten Bruders Friedrich Heinrich (1668–1713), Moritz Adolf Karl (1702–1759), konvertierte schon 1716 und wurde 1731 Bischof von Königsgrätz.

Alle drei nachgeborenen Brüder hatten die Lehnsherrschaft über die amt-sässigen Vasallen in ihren Ländern erhalten, die daher auch an die entspre-chenden Lehnhöfe der Sekundogenituren verwiesen waren.[57] Eine kleine Bege-benheit aus dem Streit um die Zuordnung der Schriftsassen macht erneut die Systematik und die rechtlichen Rücksichten der Erbteilung deutlich. Sie belegt aber auch noch einmal die symbolische Dimension des Zugriffs auf die Schrift-sassen. In den Verhandlungen zur Umsetzung des väterlichen Testaments konnte nur Herzog August und zwar allein für das Amt Sachsenburg im Thü-ringer Kreis die rechtliche Unterstellung der Schriftsassen unter seine Hoheit erlangen. Der rechtliche und geschichtliche Hintergrund dieser zunächst merkwürdigen Bestimmung findet sich darin, daß das Amt Sachsenburg bei der wettinischen Teilung von 1485 noch zum ernestinischen Teil der Landgrafschaft Thüringen gehörte. Erst 1571 kam es in der Nachfolge der Reichsexekution gegen Johann Friedrich zusammen mit den drei Ämtern, die später den Neustädter Kreis bildeten, unter albertinische Herrschaft. Das Amt Sachsenburg wurde zwar dem Thüringer Kreis zugeschlagen, die Herkunft aus ernestinischem Besitz im Unterschied zur albertinischen Landgrafschaft blieb aber erhalten und er-laubte die Einrichtung einer Sonderregel für dieses eine Amt im Thüringer Kreis.[58] Nach Leonhardis Erdbeschreibung gab es im Amt Sachsenburg aller-dings nur einen einzigen alten Schriftsassen, und zwar erst seit einem landes-herrlichen Reskript aus dem Jahr 1753.[59]

Ähnlich verhält es sich mit der Herauslösung der Ämter Delitzsch und Zörbig aus dem Leipziger Kreis und des Amtes Bitterfeld aus dem Churkreis und ihrer Überweisung an die Nebenlinie Sachsen-Merseburg. Bei den Ländereien, aus denen dann die Ämter Delitzsch und Zörbig gebildet worden waren, handelt es sich zwar am sehr alte Besitzungen der Wettiner aus dem 13. Jahrhunderts, beide gehörten aber nicht zur Markgrafschaft Meißen, sondern zur Ostmark bzw. zum Erzstift Magdeburg.[60] Das Amt Zörbig hatten die Albertiner erst 1573 erworben. Dem Amt Bitterfeld dagegen lag die Grafschaft Brehna zugrunde, die im 12. Jahrhundert wettinischer Besitz geworden war, dann aber unter askani-sche Herrschaft kam, ohne zum Herzogtum Sachsen zu gehören.[61] Nach der Übernahme der sächsischen Kurwürde 1423 war das Amt Bitterfeld bis 1547 ernestinisch und gelangte dann erst an die Albertiner. Auch in diesem Fall wurde durch die Überweisung der Ämter an die Nebenlinie der alte albertinische Be-sitzstand an der Markgrafschaft Meißen und dem Osterland rechtlich in vollem Umfang bewahrt.

---

57 Dieser Tatbestand läßt sich auch an den überlieferten Lehnsakten deutlich ablesen. Die Lehnhöfe befanden sich in den jeweiligen Residenzen der Herzöge.

58 Siehe auch Christian Gottlob Wabst, Historische Nachricht, S. 14 f, der das Amt Sachsenburg zum Erzgebirge und nicht zu Thüringen rechnet, also rechtlich und nicht geographisch zuordnete.

59 Friedrich Gottlob Leonhardi, Erdbeschreibung, Bd. 1, S. 660 und S. 662, außerdem lagen im Amt Sachsenburg drei neue Schriftsassen und sieben Amtsassen.

60 Siehe Leo Bönhoff, Die ältesten Ämter der Mark Meißen, S. 28.

61 Siehe auch Carl Heinrich v. Römer, Staatsrecht und Statistik, Bd. 1, S. 43 f.

Die kurfürstliche Haupt-Linie wollte gegen die Bestrebungen der Sekundogenituren, je für sich eigene Landesherrschaften zu etablieren, die Oberherrschaft über diese albertinischen Gebiete sichern und aufrechterhalten. Zwar erhielten die Nebenlinien einen eigenen Hofstaat, eine eigene Regierung mit Lehnhof und Kanzlei in Weißenfels, Merseburg und Zeitz. Aber die Vertretung auf Reichs- und Kreistagen blieb nach zähen Verhandlungen allein dem Kurfürsten vorbehalten. Auch während der Dauer ihres Bestehens galt in den Sekundogenituren die kursächsische Steuerverfassung fort, ebenso blieben die Oberkonsistorien und das Dresdner Appellationsgericht für die geistlichen Sachen und die Rechtspflege zuständig. Nicht zuletzt wurden die Schriftsassen der drei Gebiete, soweit sie zu den Erblanden gehört hatten, weiterhin zu den Landesversammlungen nach Dresden geladen.[62] Insbesondere die Ritterkurie des Dresdner Landtages wehrte sich gegen die vollständige Umsetzung des kurfürstlichen Testaments und gegen ihre Aufteilung auf die vier Erben. Auf dem im Jahr 1657 einberufenen allgemeinen Landtag sprach sie sich energisch dafür aus, daß die Schriftsassen in den Sekundogenituren weiterhin zur Kurlinie gehören sollten, und unterstützte den neuen Kurfürsten in den Verhandlungen mit seinen Brüdern, die zum ,Freundbrüderlichen Hauptvergleich' vom 22. April 1657 führten.[63]

Die fortdauernde Unterstellung der Schriftsassen in den Landesportionen unter die kurfürstliche Herrschaft und ihre unveränderte Ladung zum Dresdner Landtag symbolisierten am offensichtlichsten den Anspruch auf eine übergeordnete Stellung des Kurhauses über die Nebenlinien. Beides war allerdings erst das Ergebnis einer massiven Intervention der Stände auf den Landtagen von 1657 und 1660/61 gegen die ungeschmälerte Ausführung des väterlichen Testaments.[64] Insofern demonstrierte jeder Besuch des Landtages durch einen schriftsässigen adeligen Rittergutsbesitzer aus den Sekundogenituren seit 1657 zugleich die von ihnen gewünschte Zugehörigkeit zur Herrschaft des Kurhauses. Wie im Gegenzug der Zugriff auf die Schriftsassen für die Herzöge, die um ihre Anerkennung im Reich rangen, wiederum ein Ausweis der landesherrlichen Stellung war. Die in der Ritterkurie versammelten Landstände unterstützten den Kurfürsten in jedem Versuch, die Oberherrschaft über die Nebenlinien zu behalten, und widersetzten sich darüber hinaus einer endgültigen Landesteilung. Die Stände votierten für die Beibehaltung eines ungeteilten Steuerwesens und einer ungeteilten Steuerverwaltung der albertinischen Lande und konnten sich damit im Hauptvergleich zwischen den Erben vom 22. April 1657 auch durchsetzen.

---

62 Mit Ausnahme der Schriftsassen in den aus ehemals reußischem Besitz übernommenen Ämtern, die den Neustädter Kreis bildeten, und dem Amt Pausa. Die Neustädter Ämter befanden sich seit 1567 im Pfandbesitz der Albertiner. Laut Hellmut Kretzschmar, Zur Geschichte der sächsischen Sekundogeniturfürstentümer, S. 197 erfolgte die endgültige Abtretung durch die Ernestiner erst im Jahr 1660!

63 Siehe Nina Krüger, Landesherr und Landstände in Kursachsen, S. 112–114. Der Landtag von 1657 dauerte vom 9. Februar bis zum 15. Juni.

64 Zu den Einzelheiten siehe ebd., S. 101–149.

Die Erbteilung widersprach zwar einer strikten Primogeniturordnung, sie zeigt aber in ihren Abstufungen zwischen dem Erstgeborenen und den Nachgeborenen und in der Aufteilung der Länder und Befugnisse wieder die Funktionsweise des frühneuzeitlichen Fürstenstaates und seine spezifische Rechtskultur. Darüber hinaus belegt die Aufteilung das ausgeprägte historische Bewußtsein der Zeitgenossen für die Herkunft und rechtliche Stellung der verschiedenen Teile der Landes-Herrschaft.

In der ersten Hälfte des 18. Jahrhunderts starben alle drei Nebenlinien nach und nach wieder aus und ihre Besitzungen fielen zurück an die Kurlinie.[65] Die Landesteilung von 1657 verfestigte sich daher nicht zu neuen rechtlich eigenständigen Territorien im Alten Reich. Die Amtsassen allerdings verloren in der Zeit ihres Bestehens ihre Verbindung zum Kurfürsten und unterstanden in dieser Zeit wie die übrigen Untertanen den Herzögen der Sekundogenituren.

Solange die drei Sekundogenituren bestanden, kamen zu den Anhalter und den Ernestinischen Fürstentümern drei weitere Residenzen hinzu, die dem Adel an ihren Höfen, Kammern und Regierungen Anstellungen als Kammerjunker, Hofräte, geheime Räte oder Offiziere boten. Kursächsische Rittergutsbesitzer konnten daher einerseits in die Sekundogenituren ausweichen, wenn für sie die Bedingungen oder die Konkurrenz um Anstellungen in Dresden zu nachteilig waren. Andererseits fanden die sächsischen Kurfürsten dort ein Rekrutierungsfeld für neue Kräfte, die sie in die Landesverwaltung nach Dresden holen konnten.

Seit Johann Georg II. kehrten die Kurfürsten wieder zur Praxis der Apanage zurück. Einer der bekanntesten nachgeborenen Söhne im 18. Jahrhundert war Prinz Franz Xaver (1730–1806), der den Titel Graf von der Lausitz führte. Er war der zweite überlebende Sohn des Kurfürsten Friedrich August II. und damit typischerweise auf eine militärische Karriere verwiesen. Von 1763 bis 1768 konnte er in einer wichtigen politischen Umpruchphase kurze Zeit anstelle seines unmündigen Neffen als Administrator des Kurfürstentums agieren. Nach diesem Zwischenspiel lebte er in Frankreich und Italien. Aufgrund der Französischen Revolution kam er zurück nach Kursachsen und verbrachte die letzten Jahre auf dem altschriftsässigen Gut Zabeltitz im Amt Hayn.[66]

---

65 Die Aufteilung Kursachsens, die Episode blieb und nicht dauerhaft wurde wie in Hessen oder in Thüringen, war aber letztlich nicht das Ergebnis einer klugen und vorausschauenden Politik, welche die mißlichen Folgen der Wünsche Johann Georgs I. vereitelte, sondern das Resultat genealogischer Zufälle und konfessioneller Bindungen.

66 Das landtagsfähige Rittergut Zabeltitz war seit den 1580er Jahren Kammergut, nach 1717 schenkte Kurfürst Friedrich August I. es seinem Günstling, dem Diplomaten und Feldmarschall August Christoph Graf v. Wackerbarth (1662–1734) aus dem Herzogtum Lauenburg, der als Page nach Dresden gekommen war. Ihn beerbte sein Adoptivsohn Joseph Anton Gabaleon Graf Wackerbarth-Salmour, der Zabeltitz 1768 wieder an den Kurfürsten Friedrich August III. verkaufte, der es an seinen Onkel, den Prinzen Xaver weiterreichte, siehe G. A. Poenicke (Hg.), Album der Rittergüter und Schlösser im Königreiche Sachsen, II. Section: Meissner Kreis, Leipzig 1854, S. 145. Das Gut, das zu den schriftsässigen Rittergütern gezählt wurde, war daher im 17. und 18. Jahrhundert nie auf dem Dresdner Landtag vertreten. Franz Xavers jünger Bruder

Die letzte Schicht und Komplizierung in der Zusammensetzung der hier zu behandelnden Territorien aufgrund des dynastischen Faktors kam schließlich unter Friedrich August I. (1694–1733) hinzu. Er war nach dem frühen Tod seines älteren Bruders, des Kurfürsten Johann Georg IV. (1691–1694), im Jahr 1694 überraschend zum Kurfürsten avanciert. Drei Jahre später trat er zur katholischen Kirche über, um sich die polnische Krone zu sichern. Im Jahr 1697 wählte ihn der Sejm in Warschau zum polnischen König und am 15. September 1697 wurde er in Krakau zum König gekrönt. Seitdem hatte die protestantische sächsische Ritterschaft einen katholischen Landesherrn, der häufig außerhalb des Landes weilte und nicht mehr nur als Kurfürst des Reiches und Landesvater seiner angestammten sächsischen Lande agierte. Durch die Religionsversicherung von 1697 übertrug der Kurfürst die landesherrlichen Befugnisse in Universitäts-, Kirchen- und Schulfragen dem Geheimen Rat und versuchte auf diese Weise die konfessionellen Sorgen der Landstände und kursächsischen Untertanen zu beruhigen.[67] Das polnische Abenteuer der Wettiner dauerte bis 1763 und brachte Kursachsen im Nordischen Krieg, in den Schlesischen Kriegen und im Siebenjährigen Krieg zahlreiche militärische Verwicklungen mit Schweden, Rußland und Preußen, und zwar insbesondere Niederlagen.

3. Die Kurien, die Steuern und die Tagungsfrequenz des kursächsischen Landtages im 18. Jahrhundert

Die allgemeinen Landtage fanden im 18. Jahrhundert in der Regel alle sechs Jahre statt, da die Bewilligung der direkten Landessteuern üblicherweise auf sechs Jahre befristet war. Aus politischen oder militärischen Gründen konnte aber auch eine häufigere Ladung zum Landtag erfolgen. In formaler Hinsicht umfaßte der Dresdner Landtag drei Kurien: die erste Kurie der Prälaten, Grafen und Herren, die zweite Kurie der Ritterschaft und die dritte Kurie der Städte.[68] In der ersten Kurie waren Korporationen, Klienten und Vasallen des Hauses Wettin zusammengefaßt, die aus reichs- und kirchenrechtlichen Gründen nicht zu reinen Landsassen herabgedrückt werden konnten. Im 18. Jahrhundert hatte die erste Kurie elf Mitglieder.[69] Dem Rang nach an der Spitze standen die Repräsentanten

---

Karl (1733–1796), Herzog von Kurland, hatte im Amt Hayn das Schloß Elsterwerda als Apanage erhalten.

67   Siehe Friedrich Gottlob Leonhardi, Erdbeschreibung, Bd. 1, S. 255.

68   Die Bezeichnung ist in der Literatur nicht einheitlich, siehe Friedrich Gottlob Leonhardi, Erdbeschreibung, Bd. 1; Daniel Gottlob Schreber, Ausführliche Nachricht von den churfürstlich-sächsischen Land- und Ausschußtägen von 1185 bis 1787, Dresden 1793; Friedrich Karl Hausmann, Beiträge zur Kenntnis der kursächsischen Landesversammlungen, Bd. 1, Leipzig 1798; und Carl Heinrich v. Römer, Staatsrecht und Statistik, Bd. 3, Wittenberg 1792, sprechen von Klassen statt von Kurien, z.T. wird auch die Bezeichnung Corpus verwendet, so bei Christian Gottlob Wabst, Historische Nachricht, S. 5.

69   Außerdem wurden zeitweise das Amt Ebeleben, ein kursächsisches Lehen der Grafen von Schwarzburg-Sondershausen, und das ehemals zur Grafschaft Barby gehörende Amt Walter-

der Domkapitel aus den drei Hochstiften Meißen, Merseburg und Naumburg-Zeitz. Darauf folgten die Grafschaft Schwarzburg und die Grafschaft Mansfeld, dann die Herrschaften Solms-Wildenfels, Solms-Sonnewalde, und Solms-Baruth, Stolberg-Stolberg und Stolberg-Roßla und schließlich die Herren von Schönburg für ihre reichsrechtlich anerkannten Herrschaften Glauchau, Waldenburg, Lichtenstein und Hartenstein mit Stein.[70] Im Jahr 1740 mußten die Herren von Schönburg die kursächsische Landeshoheit über ihre Lande förmlich anerkennen, ihre Besitzungen hießen seitdem die Schönburger Rezeßherrschaften.

Die beiden Universitäten Leipzig und Wittenberg mußten getrennt von den Prälaten, Grafen und Herren in einem anderen Zimmer tagen. Sie gehörten rechtlich zwar zum Prälatenstand, wurden aber von den Grafen und Herren in dieser Qualität nicht anerkannt.[71] Ein Dekret vom 13. April 1666 fixierte dieses Verhältnis im Sinne der Grafen und Herren.[72] Die Universitäten überreichten daher auch eine eigene Bewilligungsschrift.

Die erste Kurie war machtpolitisch allerdings weitgehend unbedeutend und symbolisierte vor allem den Anspruch des Kurhauses auf Oberherrschaft. Für die Sifte nahmen zwar z. T. altadelige Domdechanten an den Sitzungen teil, die Grafen und Herren dagegen ließen sich in der Regel durch juristisch gebildete Deputierte vertreten.[73] Die erste Kurie hatte daher entgegen ihrem Namen ihrer tatsächlichen Zusammensetzung nach praktisch den Charakter einer Versammlung von Syndices und Advokaten bürgerlichen Standes, die über die Rechtsstellung ihrer Patrone wachte. Schließlich bleibt noch festzuhalten, daß die erste Kurie keinen Anteil am wichtigsten politischen Geschäft der Landtage nahm, an der Bewilligung und Verwaltung der kursächsischen Landessteuern.[74]

---

nienburg, das im Besitz der Fürsten zu Anhalt war, aufgeführt, siehe Carl Heinrich v. Römer, Staatsrecht und Statistik, Bd. 3, S. 7–9; und Friedrich Gottlob Leonhardi, Erdbeschreibung, Bd. 1, S. 146.

70 Zur Geschichte der Grafen und Herren Mansfeld, Stolberg, Reuß, Schönburg und Schwarzburg siehe Vinzenz Czech, Legitimation und Repräsentation. Zum Selbstverständnis thüringisch-sächsischer Reichsgrafen in der frühen Neuzeit, Berlin 2003. Für ihre schriftsässigen kursächsischen Lehen Penig, Rochsburg, Wechselburg und Remissau verfügten die Herren von Schönburg über eine eigene Stelle im Weiteren Ausschuss. Siehe Friedrich Gottlob Leonhardi, Erdbeschreibung, Bd. 3, S. 334–376.

71 Siehe Carl Heinrich v. Römer, Staatsrecht und Statistik, Bd. 3, S. 33, § 37.

72 Siehe Friedrich Gottlob Leonhardi, Erdbeschreibung, Bd. 1, S. 148; ferner Nina Krüger, Landesherr und Landstände in Kursachsen, S. 51–53.

73 So z. B. Friedrich Carl v. Pöllnitz auf Benndorf für das Hochstift Meißen auf den Landtagen von 1728 bis 1742 oder 1734 Friedrich Wilhelm Vitzthum v. Eckstädt für das Hochstift Naumburg und Hans Friedrich v. Römer für das Hochstift Merseburg. Siehe die Liste der Prälaten, Grafen und Herren 1694 bis 1749, in: Josef Matzerath (Hg.), Aspekte sächsischer Landtagsgeschichte. Die Mitglieder der (kur-)sächsischen Landstände 1694 bis 1749, Dresden 2015, S. 18–22. Die Anwesenheit von Fürst Christian Günther zu Schwarzburg-Sonderhausen auf dem Landtag 1781 war eine seltene Ausnahme.

74 Siehe auch Carl Heinrich v. Römer, Staatsrecht und Statistik, Bd. 3, S. 39 f, § 46. Die Steuer-Bewilligungen des Landtags erfolgten nur seitens der „getreuen Landschaft von Ritterschaft und Städten".

In der zweiten Kurie versammelte sich die Ritterschaft der kursächsischen Erblande, die im Besitz altschriftsässiger und unmittelbar landtagsberechtigter Rittergüter war. Außerdem besuchte eine Anzahl von Deputierten der amtsässigen Ritterschaft den Landtag. Die Ritterkurie war in drei Abteilungen oder ‚Collegien' gegliedert. An der Spitze stand der Engere Ausschuß mit vierzig Stellen oder Mitgliedern.[75] Die beiden anderen Abteilungen bildeten der Weitere Ausschuß mit sechzig Stellen und die Allgemeine Ritterschaft, in der sich alle übrigen adligen Teilnehmer versammelten. In den Ausschüssen tagten die Mitglieder an zwei Tafeln. Die Allgemeine Ritterschaft wiederum saß getrennt nach den sieben Kreisen an je eigenen Tischen. Laut Daniel Gottfried Schreber beobachteten die Stände in der Allgemeinen Ritterschaft während der Sessionen unter sich keinen Rang, „sondern es sitzet ein jeder nach Gelegenheit und Belieben".[76] In den Ausschüssen dagegen saßen die Mitglieder streng nacheinander in der Rangfolge ihrer Zugehörigkeit zum Ausschuß, also nach Anciennität.

Bei seiner erstmaligen Teilnahme an einem Landtag trat der adlige Rittergutsbesitzer zunächst in die Allgemeine Ritterschaft ein. Auf dem folgenden Landtag konnte er in den Weiteren Ausschuss aufsteigen und wieder einen Landtag später sogar in den Engeren Ausschuß berufen werden. Da die Belehnung mit einem Rittergut üblicherweise erst mit dem einundzwanzigsten Lebensjahr erfolgte, wäre ein neues Mitglied des Engeren Ausschuß nach Ablauf der zwei Bewilligungsperioden normalerweise mindestens dreiunddreißig Jahre alt.[77] Im Gegensatz zu den Ausschüssen konnte die Zahl der Teilnehmer in der Allgemeinen Ritterschaft stark schwanken, je nachdem in welchem Ausmaß die ritterlichen Vasallen gewillt oder in der Lage waren, den Landtag zu besuchen.

Eine Stelle in einem der beiden Ausschüsse hatte dagegen schon Züge einer Amtsstellung, die wahrzunehmen den Inhaber verpflichtete. Die Landtagsordnung von 1728 bezeichnet die Mitglieder der beiden Ausschüsse im § 15 als ‚Assessoren', ein Titel, den auch die adligen und gelehrten bürgerlichen Mitglieder der beiden Hofgerichte in Leipzig und Wittenberg führten.[78] Die Wahl in

---

75   Siehe dazu im Einzelnen weiter unten den Abschnitt 4: ‚Die Landtagsordnung von 1728'.

76   Daniel Gottfried Schreber (1709–1777), Ausführliche Nachricht von den churfürstlich-sächsischen Land- und Ausschußtägen. Auch wie die Steuern und Anlagen nach einander eingeführet und erhöhet worden. Nebst einem vierfachen Anhange, dritte vermehrte und verbesserte Auflage, Dresden 1793, S. 28. Die erste Auflage erschien 1754, die zweite 1769, die dritte Auflage veranlaßte der Verleger Johann Samuel Gerlach.

77   Alter und Erfahrung, das war die Grundidee beim langsamen Aufstieg in den engeren Ausschuß. Es versteht sich nahezu von selbst, daß die Praxis davon in vielfältiger Weise abwich. Noch die Wahlrechte zu den Zweiten Kammern der konstitutionellen Landtage im 19. Jahrhundert sahen übrigens für die Wahlfähigkeit zum Abgeordneten ein Mindestalter von dreißig Jahren vor, siehe z. B. Josef Matzerath, Adelsprobe an der Moderne. Sächsischer Adel 1763 bis 1866, Stuttgart 2006, S. 270.

78   Den Vorsitz über die Assessoren der beiden Hofgerichte hatte ein Hofrichter, die Mitglieder des Dresdner Appellationsgerichts hießen dagegen Appellations-Räte, ihr Vorsitzender Präsident. Auch das Reichskammergericht kannte Assessoren. Zur Bedeutung des Ausdrucks Assessor siehe die ganz mit antik-römischen Reminiszenzen durchsetzte Erläuterung im Zedler, Universal-Lexicon, Bd. 1 (1732), Sp. 580, s.v. ‚Adsessores': „Beysitzer, Räthe, die nemlich von der Obrigkeit und Praesidibus mit in Rath gezogen wurden. Sind also genennet worden von adsi-

einen Ausschuß erfolgte grundsätzlich immer auf Lebenszeit. Ein Ausscheiden aus dem Ausschuß geschah durch „Absterben, Resignation oder Translocation" aus dem Weiteren in den Engeren Ausschuß bzw. aus der Allgemeinen Ritterschaft in den Weiteren Ausschuß. Gründe für eine Resignation waren Alter und Krankheit oder der Verkauf des Rittergutes. In den Landtagsakten des Ausschußtages von 1700/01, der am 28. November 1700 eröffnet wurde, findet sich ein Resignationsschreiben des Hofrats Julius Albrecht v. Rohr auf Elsterwerda an den Erbmarschall vom 22. November, in dem er seine Stelle als Kondirektor im Weiteren Ausschuß wegen einer Erkrankung resignierte, zugleich aber versprach, er wolle sich zum Ausschußtag, so nicht gleich anfangs, doch etliche Tage hernach „obligender Schuldigkeit nach" einstellen.[79] Seine Stelle als Kondirektor erhielt daraufhin Hans Carl von Carlowitz auf Arnsdorf im Leipziger Kreis.[80] Wie die Akten des Oberhofmarschallamtes über die Auslösung der Landtagsbesucher zeigen, ist v. Rohr am 1. Dezember tatsächlich noch zum Landtag gekommen und über den Schluß des Ausschußtages am 12. Januar 1701 hinaus bis zum 19. März in Dresden geblieben. Vermutlich war er zum Mitglied einer Deputation gewählt worden, die bestimmte Aufträge bearbeitete.

Die Städtekurie als dritte Kurie des Landtages kannte ebenfalls die Einteilung in einen Engeren und einen Weiteren Ausschuß sowie eine Abteilung der Allgemeinen Städte. Aber im Unterschied zur Ritterschaft war die Verteilung und Reihenfolge der 126 berücksichtigten Städte ein für allemal fixiert. Der Engere Ausschuß umfaßte die acht Städte Leipzig, Wittenberg, Dresden, Zwickau, Freyberg, Chemnitz, Langensalza und Torgau. Die ersten vier Städte des Engeren Ausschusses bildeten die ‚vorsitzenden Städte', welche die Verhandlungen mit dem Engeren Ausschuss der Ritterschaft führten. Das Direktorium der Städtekurie war der Stadt Leipzig anvertraut. Im Weiteren Ausschuß tagten achtzehn Städte unter dem Vorsitz der Stadt Annaberg. Die Abteilung der All-

---

dere, darbeysitzen, weil sie darbey sassen, wenn Recht gesprochen wurde, und die Obrigkeit in denen Rechten infomirten,…, denn indem die Richter insgemein derer Rechte nicht kundig, so wurden sie durch diesen Rath regiret; diese Adsessores hatten keine Macht, Recht zu sprechen, oder Jurisdiction, daher sie in Abwesenheit der Obrigkeit weder die Sache erkennen, noch selbige entscheiden konten,…" Aufschlußreich an diesem Lexikoneintrag ist die Trennung von Rechtskenntnis (bei den Assessoren) und Entscheidungskompetenz (beim Richter bzw. bei der Obrigkeit). Daraus ergibt sich eine spezielle Kommunikationslage: Die Aufgabe der Information über das Recht, seitens der Assessoren, und die Pflicht der Obrigkeit zur Erfragung des Rechts, zur Gewährung rechtlichen Gehörs. Recht und Jurisdiction, nach Zedler, die Botmäßigkeit oder Macht und Gewalt, Sachen zu entscheiden, fallen demnach in dieser zeitgenössischen Sichtweise nicht zusammen. Im Unterschied zum Assessor, der eigene Kenntnisse der Rechtsgebräuche des Landes einbringt, ist der Rat ein vom Fürsten Beauftragter, laut Zedler, Universal-Lexicon, Bd. 30 (1741), Sp. 926, „ihm in Sachen, die Verführung seines Regiments betreffend, zu helffen, zu rathen und die vorkommenden Geschäfte,…, nach Gelegenheit auszurichten." Auch die Tätigkeit des Rates besteht nicht in der reinen Exekution des fürstlichen Willens, sondern hat mit Rücksicht auf Recht und Billigkeit, auf die Landes-Ordnungen, Privilegien, Constitutiones und das Herkommen zu erfolgen.

79   HSTA Dresden, Bestand 10.015: Landstände A Nr. 63, Ausschußtag 1700.

80   Julius Albrecht v. Rohr wurde daher sozusagen zurückgesetzt und saß nun statt an zweiter Stelle nur an siebzehnter Stelle im Weiteren Ausschuss.

gemeinen Städte war in sich wieder nach den sieben erbländischen Kreisen unterteilt. Zu ihr gehörten nach einer Aufstellung des Oberhofmarschallamtes vom 2. April 1716 siebzehn Städte, die im Churkreis lagen, sechs Städte aus dem Thüringer Kreis, dreiundzwanzig aus dem Meißner Kreis, einunddreißig aus dem Erzgebirger Kreis, fünfzehn aus dem Leipziger Kreis, aus dem Vogtländer Kreis fünf und aus dem Neustädter schließlich drei, alles in allem demnach einhundert Städte.[81] Auch in den Ausschüssen der Städtekurie war eine Vertretung aller sieben Kreise berücksichtigt. Jede Stadt entsandte ein bis zwei Deputierte zum Landtag, in der Regel waren dies ihr Bürgermeister sowie der Stadtsyndikus oder Stadtschreiber.

Im Sprachgebrauch der Zeit handelte es sich bei den (allgemeinen) Landtagen um eine Landesversammlung oder einen ‚Landesconvent', zu dem sowohl die Ausschüsse als auch die Abteilungen der Allgemeinen Ritterschaft und der Allgemeinen Städte geladen waren. Zu einem derartigen Voll-Landtag kamen in der ersten Hälfte des 18. Jahrhunderts deutlich über vierhundert Personen. Wenn nur die Ausschüsse der Ritterschaft und der Städte nach Dresden kamen, dann handelte es sich um Ausschußtage. Die Ausschußtage besprachen dringliche Fragen, sie verfügten aber nur über begrenzte Kompetenzen zur Steuerbewilligung. Auch ein kursächsischer Ausschußtag war mit seinen hundert regulären Mitgliedern der Ritterkurie noch eine stattliche Versammlung.

Das Hauptgeschäft der Ritter- und Städtkurie lag in der Bewilligung der geforderten Steuerlasten. Es war der Gegenstand der allgemeinen Landtage unter Einschluß aller drei Abteilungen. Die Steuern wurden in der Regel auf sechs Jahre bewilligt. Laut Christian Gottlob Wabst lautete der „Stylum bey Unterschrift derer abgefaßter Schriften": „Die von der Ritterschaft und Städten des Churfüstenthum Sachsens".[82] Das zeitgenössische Spektrum der Steuerverhandlungen hat Friedrich Gottlob Leonhardi prägnant zusammengefaßt.

> „Die gewöhnlichen Abgaben der sieben Kreise sind die Land- und Pfennig- oder Schockstuer, die Quatembersteuer, die Milizgelder, die Magazinmetze nach Anzahl der Hufen; die Personensteuer, die Tranksteuer, die Fleischsteuer, der Mahlgroschen, die Accisen, nämlich die Landaccis und die Generalconsumtionsaccise, Stempelimpost, die Donativgelder, die Ritterpferdsgelder und das Schönburgische Steurcontingent. Denn die landesherrlichen Einkünfte aus der Lausitz, aus dem Hennebergschen und Querfurtschen, werden durch besondere Landtage bewilligt und nicht zur Obersteuereinnahme abgeliefert, so wie die Bewilligungen der Stifter Merseburg und Naumburg zur Renthkammer kommen."[83]

---

81   Siehe Fortgesetzter Codex Augusteus oder neuvermehrtes Corpus Juris Saxonici … bis zum Jahr 1772, Leipzig 1772, Sp. 43–44, und Daniel Gottfried Schreber, Ausführliche Nachricht, S. 143–148. Bei Schrebers Abdruck fehlen im Thüringer Kreis die Städte Eckartsberga und Laucha.

82   Christian Gottlob Wabst, Historische Nachricht, S. 12.

83   Friedrich Gottlob Leonhardi, Erdbeschreibung, Bd. 1, S. 291 f. Für einen konzentrierten Überblick über die Entstehung der kursächsischen steuerlichen Abgaben siehe Uwe Schirmer,

Unter den aufgeführten Steuerarten sind zwei, die nur von der kursächsischen Ritterschaft gezahlt wurden. Die Ritterpferdsgelder waren ein Surrogat für das mit der Gründung der landesherrlichen Armee am Ende des 17. Jahrhunderts nicht mehr geforderte Lehnsaufgebot der fürstlichen Vasallen, bei dem die Vasallen in Person mit Pferd und Rüstung als landesherrliche Mannschaft zur Verteidigung des Landes erschienen. Die schrift- wie amtsässigen Rittergüter waren zumeist mit einem halben bis zwei Ritterpferden belegt, für das dann die festgesetzten und auf dem Landtag bewilligten Beträge von den einzelnen Rittergutsbesitzern zu zahlen waren. Laut Christian Gottlob Wabst, verteilten sich die Ritterpferde wie folgt.

Tabelle 2: Die Verteilung der Ritterpferde auf die sieben erbländischen Kreise im 18. Jahrhundert

Nr.	Kreise	Ritterschaft	Kammergüter	Summe
1	Churkreis	125,50	11,0	136,50
2	Thüringer	340,50	0	340,50
3	Meißner	307,83	9,0	316,83
4	Erzgebirger	98,75	3,0	101,75
5	Leipziger	299,75	5,5	305,25
6	Vogtländer	125,25	0	125,25
7	Neustädter	90,92	0	90,92
	Alle Kreise	**1.388,50**	**28,5**	**1417,00**

Quelle: Christian Gottlob Wabst, Historische Nachricht (1732), S. 78.

Die Aufstellung zeigt auch die beträchtliche Zahl von ehemals ritterschaftlichen Lehngütern, die mit Ritterpferden belegt, jetzt aber in der Hand des Kurfürsten waren.[84] Die Güter trugen nicht nur zu den Einkünften der unabhängig von den Landständen durch den Hof verwalteten Kammer bei. Sie spielten auch eine wichtige Rolle für die Ausstattung kurfürstlicher Witwen oder der nachgeborenen Kinder des Landesherrn.[85]

Das Donativ war eine freiwillige Gabe der Ritterschaft an den Landesherrn, die auf die Rittergüter umgelegt wurde. In der zweiten Hälfte des 17. Jahrhunderts lag das regelmäßig gezahlte Donativ bei 50 bis 60.000 Gulden und stellte somit eine beträchtliche Belastung der Rittergüter dar.[86] Für die Ritterschaft lag der entscheidende Aspekt des Donativs darin, daß diese Gelder getrennt von den

Grundriß der kursächsischen Steuerverfassung (15.–17. Jahrhundert), in: ders. (Hg.), Sachsen im 17. Jahrhundert. Krise, Krieg und Neubeginn, Beucha 1998, S. 161–207.

84   Laut Leonhardi, Erdbeschreibung, Bd. 1, S. 561 kamen zu den ritterschaftlichen Ritterpferden noch sechzehn kurfürstliche hinzu, darunter allein sieben Ritterpferde für die Herrschaft Tautenburg und drei für das Amt Wendelstein.

85   Zur Versorgung der fürstlichen Witwen siehe auch Martina Schattkowsky, Die Sekundogenituren und ihre Fürstinnen. Das Beispiel der Herzoginwitwe Christiane von Sachsen-Merseburg (1634–1701), in: dies. und Manfred Wilde (Hg.), Sachsen und seine Sekundogenituren, Leipzig 2010, S. 229–255.

86   Die Angaben nach Nina Krüger, Landesherr und Landstände in Kursachsen, S. 175, Anm. 771.

ordentlichen und außerordentlichen Landsteuern bewilligt und übergeben wurden. Vom Grund und Boden der Rittergüter wurden nicht die ordentlichen Landsteuern erhoben, sie blieben in diesem Sinne steuerfrei. Die Ritter betonten damit symbolisch, daß sie nicht zu den steuerpflichtigen Untertanen gehörten, welche die Landessteuern zu zahlen hatten. Die Rittergutsbesitzer waren somit nur rechtstechnisch und symbolisch ,steuerfrei', denn faktisch zahlten sie sehr wohl regelmäßig Abgaben an den Landesherrn. Daß ihr Beitrag in rechtlicher Hinsicht freiwillig und nicht pflichtgemäß erfolgte, war für das Selbstbewußtsein der ritterlichen Landstände, in einem besonderem und höherem Maße als freie Männer auftreten zu können, sehr wichtig, wie gering die Chance in (macht-)politischer Hinsicht auch immer gewesen sein mag, sich dieser Freiwilligkeit je wieder zu entziehen.

Das Einsammeln der Ritterpferdgelder und der Beiträge zum Donativ erfolgte nicht durch landesherrliche Unterbehörden, sondern durch die Kreisritterschaften der erbländischen Kreise. Über die Tätigkeit der Kreisritterschaften ist bislang wenig bekannt.[87] Sie ist in der Literatur zum kursächsischen Landtag auch praktisch nicht wahrgenommen worden. Eine Studie zu diesem Unterbau der Dresdner Landesversammlungen steht noch aus. Die Kreisritterschaft erfaßte die schriftsässigen Rittergutsbesitzer im jeweiligen erbländischen Kreis. Wie die Bestandsübersichten in den sächsischen Staatsarchiven, z. B. zu den Ständen des Leipziger Kreises, ausweisen, hielten sie Kreiskonvente ab, erwählten sich einen Kreisdirektor und bevollmächtigten ihre Ausschußmitglieder, wenn ein reiner Ausschußtag abgehalten wurde. Außerdem übernahmen sie Aufgaben in der Versorgung der Armee, im Straßenbau und im Armenwesen. Die lokal erhobenen Steuern flossen zunächst in die Kreiskasse der Kreisstände, bevor man sie nach Dresden weiterleitete oder mit ihrer Hilfe vor Ort landesherrliche Rechnungen beglich. In seinen späteren Jahren war der ehemalige geheime Rat Heinrich v. Bünau Kreisdirektor des Thüringer Kreises.[88]

Zur Verwaltung der Landessteuern oberhalb der einzelnen Tranksteuer- oder Fleischsteuer-Kassen war seit 1570 mit dem Ober-Steuerkollegium eine auf Dauer gestellte Einrichtung etabliert worden, die sich um die Einnahme, Abrechnung und die Verwaltung der auf den Landtagen bewilligten ordentlichen und außerordentlichen Steuern kümmerte.[89] Sie bestand aus insgesamt acht

---

87 Das liegt z. T. auch daran, daß manche Aktentitel im Staatsarchiv, die ,Kreisangelegenheiten' betreffen, sich nicht mit den erbländischen Kreisen Kursachsens befassen, sondern mit dem Obersächsischen Kreis im Rahmen der Kreisverfassung des Alten Reiches.

88 Siehe mit Bezug auf die Zeit des Siebenjährigen Krieges: Gisela Schlüter, Heinrich Reichsgraf von Bünau – Stationen seines Lebens, in: Heinrich Graf von Bünau (1697–1762). Gedenkschrift zur Ausstellung aus Anlaß seines 240. Todestages, Oßmannstedt 2002, S. 22–76, hier S. 63 und S. 73. Er folgte in diesem Amt seinem 1745 verstorbenen Vater gleichen Namens.

89 Siehe dazu die Bemerkung bei Carl Heinrich v. Römer, Staatsrecht und Statistik, Bd. 2, S. 624 f, § 68: „So groß aber auch übrigens der Antheil ist, welchen die Landstände an Verwaltung der obgedachten ... Abgaben und Gefälle erlangt haben, so eingeschränkt werden sie auf der andern Seite doch dadurch, daß die Steuerbegnadigungen, Steuerermäßigungen und die Erörterung der Steuerbefreyungen lediglich vor das geheime Konsilium gehören, mithin aller Beurtheilung der Landstände entzogen sind."

Ober-Steuereinnehmern, von denen der Kurfürst vier ernannte und die Landschaft ebenfalls vier. Die landschaftlichen Oberteuereinnehmer gehörten sozusagen von Amts wegen immer zu den Teilnehmern der Ritterkurie. Die Städte dagegen hatten in diesem Kollegium keine Vertretung.

Das Gesamtaufkommen der landesherrlichen Einkünfte hat Peter Claus Hartmann aufgrund zeitgenössischer Angaben um 1765 in seiner Größenordnung für Kursachsen ermitteln können.[90] Die Einkünfte lagen ohne Donativ und ohne die Beiträge der Stifter, der Grafen und Herren und ohne die Ober- und Niederlausitz bei sechs Millionen Reichstalern.[91] Interessanter als der absolute Betrag ist aber seine Aufteilung auf die Herkunft der Gelder: 38 % stammten aus den Domänen, Regalien, Zöllen und der Landakzise, die direkt in die landesherrliche Kammer flossen, 19 % erbrachten die indirekten Steuern und Abgaben. Die direkten Steuern machten mit 49 % gerade einmal die Hälfte der fürstlichen Einkünfte aus. Abgesehen von der Schuldentilgung war die Landschaft von Ritterschaft und Städten in erster Linie für diese Hälfte des Budgets zuständig. Ihr Einfluß konnte sich daher auch nicht weiter erstrecken.

Die Fortdauer der allgemeinen Landtage bis zum Ende des Alten Reiches zählt zu den Besonderheiten der kursächsischen Geschichte im Rahmen der deutschen Reichs- und Territorialgeschichte. Diese Tatsache ist allerding nicht der inneren Stärke einer kursächsischen Landtagsverfassung geschuldet. Sie ist vielmehr das Resultat kontingenter Umstände und des ausgeprägten zeitgenössischen Rechtsbewußtseins. Zu den kontingenten Umständen, die im Rückblick die Kontinuität des kursächsischen Landtages stiften, zählen die Aussetzung der Erbportionen 1652, die es dem neu antretenden Kurfürsten Johann Georg II. (1656–1680) geraten erscheinen ließen, sich zur Wahrung seines Vorranges auf die Landstände zu stützen. Der Konfessionswechsel Friedrich Augusts I. 1697, die Niederlagen im Nordischen Krieg und der faktische Staatsbankrott am Ende des Siebenjährigen Krieges stützten jeweils die Landstände und unterstrichen ihre über die Landtage und die Steuer- und Schuldenverwaltung geleisteten Beiträge zur Einheit und Wohlfahrt der kursächsischen Erblande. Möglicherweise stand der kursächsische Landtag im Jahr 1749 schon kurz vor dem Aus, als Heinrich v. Brühl in diesem Jahr eine Ausdehnung der Steuerbewilligung auf eine zwölfjährige Periode bis zum Jahr 1761 erlangte, so daß der sonst nötige gewesene Landtag von 1755 ausfiel.[92] Der kurz darauf erfolgende Einmarsch der preußischen Armeen änderte dann aber wieder alles. Mit der Rückkehr zum Frieden 1763 war ein größeres Rétablissement des kur-

---

90 Siehe Peter Claus Hartmann, Das Steuersystem der europäischen Staaten am Ende des Ancien Régime. Eine offizielle französische Enquête (1763–1768), München 1979, hier das Kapitel Kursachsen, S. 226–241.

91 Die Ober- und Niederlausitz zahlten 150.000 Reichstaler an den Kurfürsten; die Hochstifte Merseburg und Naumburg Zeit 88.666 Reichstaler und aus dem Fürstentum kamen 11.333 Taler, zusammen also 100.000 Taler. Die auffällig runden Geldbeträge beruhen also nicht allein auf der tatsächlichen Ertragsfähigkeit der Territorien, sondern sie enthalten ein politisch-symbolisches Element, das v. a. die Anerkennung der kursächsischen Oberhoheit ausdrückt.

92 Siehe Daniel Gottfried Schreber, Ausführliche Nachricht, S. 178 f.

sächsischen Fürstenstaates nötig, in dem die Landstände wieder einmal die Schuldentilgung übernahmen.[93]

In seiner Biographie über Heinrich v. Bünau, der vor allem als Verfasser einer „umständlichen" Teutschen Kaiser- und Reichs-Historie in Erinnerung geblieben ist, gibt Carl Sahrer v. Sahr einen Einblick in die rechtlichen und die finanzpolitischen Beschränkungen fürstlichen Handelns, die aus der Rücksicht auf geordnete Rechtsverhältnisse erwuchsen. Heinrich v. Bünau (1697–1762) auf Domsen im Thüringer Kreis war am 11. April 1730 zum wirklichen geheimen Rat ernannt worden.[94] Am 26. August 1730 reiste er zum Kurfürsten-König Friedrich August I. nach Warschau, um ihn in ‚Domestiquesachen' zu beraten und die Verbindung zu den leitenden Behörden in Dresden zu halten. Von Interesse sind in diesem Zusammenhang vor allem die Verhandlungen, die v. Bünau mit Friedrich August I. im Herbst 1730 über die Notwendigkeit führte, einen Landtag einzuberufen.

Die Geldbewilligungen des letzten Landtags aus dem Jahr 1728 reichten bereits nicht mehr aus. Die Hofkasse und die Baukasse machten laufend beträchtliche Defizite. In den Augen der geheimen Räte in Dresden gefährdete die Aufnahme neuer Schulden oder die Ausgabe weiterer Schuldverschreibungen die Kreditwürdigkeit des Fürstenstaates, wenn keine Fonds und Steuertitel benennbar waren, mit denen die eingegangenen Zahlungsverpflichtungen bedient und wieder getilgt werden konnten. Solche Aussichten auf Tilgungsmittel gab es jedoch nicht. Es drohte daher die Gefahr, die gesamte kursächsische Finanzpolitik durch Zahlungsversäumnisse und Abwertung der bereits ausgegebenen Schuldtitel öffentlich in Mißkredit zu bringen. In dieser Situation sahen die Räte nur zwei Möglichkeiten einer Abhilfe: Entweder müßten bei der Militärkasse größere Einsparungen vorgenommen werden, vor allem durch die Abdankung von ganzen Truppenteilen, oder es müßte statt eines Ausschußtages wieder ein für die Hofkasse teurer Landtag eingebrufen werden, der die nötigen Steuermittel bewilligen müßte. Im Auftrag des Kabinettsministers Carl Siegfried Graf v. Hoym und im Namen der geheimen Räte schrieb also der wirkliche Geheime Rat Johann Adolph v. Loß (1690–1759) als der nach Bünau jüngste geheime Rat, in der Wiedergabe Sahrers v. Sahr im Oktober 1730 nach Warschau:

> „Wenn Ihro Majestät bei jetzigen Conjuncturen die Armee beibehalten wollten,…, so müsse Geld sein und könne mit der auf 14.000 Mann gerichteten Bewilligung von 1728, da jetzt noch einmal so viel gehalten würden, nicht auskommen; der Geheime Rath sei einstimmig der

---

93   Siehe Horst Schlechte (Hg.), Die Staatsreform in Kursachsen 1762–1763. Quellen zum kursächsischen Rétablissement nach dem Siebenjährigen Kriege, Berlin 1958.

94   Carl Sahrer v. Sahr, Heinrich des H.R.R. Graf von Bünau aus dem Hause Seußlitz, Dresden 1869, S. 161, und zum folgenden S. 175–202. Sein Vater hieß ebenfalls Heinrich v. Bünau (1665–1745). Er war Kanzler der Landesregierung in Dresden, Landtagsteilnehmer und Besitzer des Rittergutes Seußlitz im Meißner Kreis.

Ansicht gewesen, daß ein Ausschuß mehr als zeither nicht bewilligen könne."[95]

Diese politische Position vertrat der geheime Rat v. Bünau dann mündlich vor seinem Landesherrn.[96] Der Minister v. Hoym drängte im Oktober 1730 vor allem auf eine Verminderung der Armeestärke auf 18.000 Mann, um die Einberufung eines Landtages zu vermeiden.[97] Eine Entscheidung in dieser oder jener Hinsicht wurde zunächst vertagt. Am 9. März 1731 war Kurfürst Friedrich August I. zurück in Dresden, Ende März erhielt v. Hoym seine ungnädige Entlassung. Die Finanzprobleme ließen sich aber nicht auf diese Weise behandeln. Nur drei Jahre nach dem letzten Landtag eröffnete am 19. August 1731 der achte und letzte Landtag Friedrich Augusts I.

Die Umstände und das mehr oder weniger stark ausgeprägte Rechtsbewußtsein der Minister, geheimen Räte und nach 1763 auch des Landesherrn selbst sorgten, wie die Tabelle 3 belegt, im Endeffekt für eine einigermaßen stabile Frequenz der Landtagssitzungen im 18. Jahrhundert. Ein landtagsberechtigter Rittergutsbesitzer konnte demnach zuversichtlich davon ausgehen, daß er wenigstens alle sechs Jahre einen Landtag besuchen würde. Kriegerische Ereignisse wie die preußisch-österreichischen Kriege der 1740er Jahre oder akute Finanznöte verkürzten diese Fristen vor allem in der ersten Hälfte des 18. Jahrhunderts sogar, allerdings nur für die Ausschußmitglieder. Eine größere Unterbrechung der Landtage erfolgte nur 1706 durch die schwedische Besetzung Sachsens im Zuge des Nordischen Krieges, die zur Abdankung Friedrich Augusts I. als polnischer König und am 24. September 1706 zum Frieden von Altranstädt führte, und 1755 durch die zwölfjährige Bewilligung der Landessteuern und den bald einsetzenden Siebenjährigen Krieg. Während die erste Unterbrechung noch mit Ausschußtagen überbrückt wurde, fand in den vierzehn

---

95 Carl Sahrer v. Sahr, Heinrich v. Bünau, S. 195. Johann Adolph v. Loß war am 19. Dez. 1724 zum wirklichen geheimen Rat ernannt worden. Seine Karriere umfaßte die Stationen: 1712 Kammerjunker, 1718–1729 Hofmarschall, 1725 Kammerherr, 1729–1733 Oberstallmeister, 1733–1738 Gesandter in London, München, Versailles, 1746 Kabinettsminister. Am 21. April 1746 war er am Abschluß des geheimen Subsidienvertrages mit Frankreich beteiligt, 1741 wurde er im Reichsvikariat nebst seinem jüngerem Bruder Christian in den Reichsgrafenstand erhoben, siehe ebd. S. 163, Anm. 194; und Allgemeine Deutsche Biographie, Bd. 19, S. 215 f. Was Sahrer v. Sahr nicht erwähnt ist, daß der junge Hofmarschall 1722 das Rittergut Hirschstein im Amt Meißen erwarb und 1722, 1728 und 1731 für Hirschstein im Meißner Kreis in der Allgemeinen Ritterschaft des Landtages saß.

96 Ebd., S. 193 f und S. 197 f. Für Sahrer v. Sahr handelte es sich – typischerweise – bereits um den Streit einer „verfassungstreuen Partei" um v. Hoym und v. Bünau mit einer „Höflingspartei" um den im Frühjahr 1730 zum Kämmerer ernannten Heinrich v. Brühl und den Kabinettsminister Marquis de Fleury, siehe ebd., S. 182.

97 Der Minister v. Hoym konnte sich in seiner Politik auch auf das Recht stützen: Weder im Kabinett noch im Geheimen Rat herrschte unumschränkt „la volonté du maître", vielmehr beklagte sich der Kurfürst in einer Notiz an v. Hoym über die Widerrede seines Bediensteten: „8. on ne se contente pas de la réponse du maitre, on réplique toujours et on veut qu'il réponde comme on le désire;…" Siehe Carl Sahrer v. Sahr, Heinrich v. Bünau, S. 164 und S. 177. Die geheimen Räte waren durch ihre Instruktionen nicht nur auf den Willen des Landesherrn, sondern auch auf die Wahrung der bestehenden Landesgesetze und Landesordnungen vereidigt.

Jahren von 1749 bis 1763 überhaupt keine kursächsische Landesversammlung statt. Das nach 1763 sowohl finanzpolitisch wie außenpolitisch ruhigere Fahrwasser des kursächsischen Landesherrn und seiner Regierung zeigt sich sowohl in den regelmäßigen Landtagssitzungen als auch in dem weitgehenden Verzicht auf Ausschußtage.[98] Die politischen Umstände und die am vorliegenden Recht ausgerichtete Regierung und Verwaltung des kursächsischen Fürstenstaates im 18. Jahrhundert sorgten in der Summe für eine hohe Frequenz von Landesversammlungen. Bei den landtagsberechtigten Vasallen – aber auch bei den übrigen Zeitgenossen und Beobachtern – konnte sich demnach aufgrund der faktischen Periodizität, die nicht zuletzt von den Steuerbewilligungen des Landtags gestützt wurde, eine stabile Erwartung ausbilden, im eigenen Leben eine bedeutende Rolle als Landstand zu spielen.

Der Besuch der Landtage im 18. Jahrhundert wurde jedoch nicht nur durch rechtliche Regelungen wie die über die Schriftsässigkeit bestimmt. Zahlreiche andere Faktoren beeinflußten den Landtagsbesuch der adligen Rittergutsbesitzer. Demographische, kulturelle und soziale Einflüsse spielten hier hinein. Die Zahl der möglichen adligen Teilnehmer wurde vermindert durch die Minderjährigkeit des Besitzers, die unter den demographischen Bedingungen des Ancien Régime recht häufig eintrat. Die landtagsfähigen Rittergüter konnten sich in der Hand adliger Witwen oder Töchter befinden, die von einer politischen Aktivität ausgeschlossen waren.[99] Die adligen Besitzer im landesherrlichen oder kaiserlichen Armeedienst konnten unabkömmlich sein. Ähnliches galt für Adlige, die an auswärtigen Höfen oder Regierungen Dienste angenommen hatten. Dazu kamen als mögliche Gründe der Abwesenheit noch das Alter oder eine Erkrankung des Besitzers. Wenn über das Rittergut der Konkurs verhängt war, ruhte auch die Landtagsbefähigung des Besitzers. Bei dem Ankauf eines Gutes mußte erst die Belehnung mit dem Gut formgerecht absolviert sein, um am Landtag teilnehmen zu können. Die Besitzkonzentration im Rittergutsbesitz, also der Besitz mehrerer Güter durch einen Landtagteilnehmer, verminderte ebenfalls die mögliche Besucherzahl.[100] Ob schließlich auch mangelnde finanzielle Mittel oder ein mangelnder Wille bei dem adligen Vasallen für das Fehlen auf dem Landtag verantwortlich waren, ließe sich wie viele der gerade angeführten Fragen erst anhand einer detaillierten Besitzgeschichte der Rittergüter beantworten.[101]

---

98 Die beiden Ausnahmen fallen in das Jahr 1778, in dem von Ende August bis Anfang Oktober ein sechswöchiger Ausschußtage abgehalten wurde und dann erst wieder zur Jahreswende 1805/06.

99 Siehe dazu Axel Flügel, Bürgerlicher Rittergüter, S. 139–143.

100 So waren z. B. die schriftsässigen Güter Börln und Radegast im Amt Oschatz seit 1635 kombiniert und Besitz der v. Döring.

101 Die Besitzgeschichte zu erstellen, ist zwar aufwendig, anhand der zahlreich überlieferten Lehnakten des Dresdner Lehnhofes aber möglich.

Tabelle 3: Die kursächsischen Landesversammlungen und ihre Dauer, 1694–1805

Nr.	Jahr	Regent	Dauer	Wochen
		Friedrich August I.		
1	1694/95	Landtag	18. Nov. – 31. März	19
	1696	Ausschußtag	15. März – 15. April	5
2	1699/1700	Landtag	29. Aug. – 17. März	28
	1700/01	Ausschußtag	28. Nov. – 12. Jan.	7
	1701/02	Ausschußtag	31. Juli – 29. Jan.	26
	1704	Ausschußtag	20. Jan. – 19. Juli	26
	1708	Ausschußtag	21. Jan. – 14. April	12
3	1711	Landtag	6. Feb. – 24. April	11
	1712	Ausschußtag	11. Feb. – 20. April	10
	1713	Ausschußtag	19. Feb. – 19. Juni	22
	1715	Ausschußtag	20. Jan. – 30. April	15
4	1716	Landtag	2. Feb. – 18. April	11
5	1718	Landtag	23. Jan. – 28. Mai	18
6	1722	Landtag	8. Feb. – 14. Juni	18
	1725/26	Ausschußtag	30. Okt. – 12. April	23
7	1728	Landtag	15. Feb. – 19. Mai	14
8	1731	Landtag	19. Aug. – 7. Okt.	7
		Friedrich August II.		
1	1734	Landtag	27. Juni – 5. Sept.	10
2	1737	Landtag	10. März – 5. Mai	8
3	1742	Landtag	3. Juni – 5. Aug.	9
4	1746	Landtag	19. Juni – 14. Aug.	8
5	1749	Landtag	22. Juni – 14. Sep	12
6	1763	Landtag	7. Aug. – 20. Nov.	15
		Herzog Xaver (Administrator)		
1	1766	Landtag	11. Mai – 14. Sept.	18
		Friedrich August III.		
1	1769/70	Landtag	15. Okt. – 14. Jan.	13
2	1775/76	Landtag	15. Okt. – 25. Feb.	19
	1778	Ausschußtag	23. Aug. – 4. Okt.	6
3	1781	Landtag	7. Jan. – 18. März	10
4	1787	Landtag	7. Jan. – 27. März	12
5	1793	Landtag	3. Jan. – 25. März	12
6	1799	Landtag	6. Jan. – 31. März	12
7	1805	Landtag	6. Jan. – 15. April	15

Quelle: C. D. v. Witzleben, Die Entstehung der constitutionellen Verfassung des Königreichs Sachsen, Leipzig 1881, S. 302–304

Nobilitierte Besitzer landtagsfähiger Güter konnten an der Ahnenprobe scheitern, die für eine Zulassung zum Landtag gefordert wurde. Schließlich befanden sich zahlreiche landtagsfähige Güter im Besitz von Personen bürgerlichen

Standes oder in der Hand von Korporationen wie den Universitäten oder einzelnen Städten, die alle weder persönlich noch durch Stellvertreter an den Sitzungen der Ritterkurie teilnehmen durften. Auch der Landesherr zog einzelne Rittergüter vorübergehend oder auch auf Dauer als Kammergüter an sich. So z. B. das altschriftsässige Rittergut Elsterwerda im Amt Hayn, Meißner Kreis, das im 17. Jahrhundert den v. Rohr gehörte und um 1700 noch auf dem Landtag vertreten war,[102] oder die beiden einzigen schriftsässigen Rittergüter des Amtes Düben im Leipziger Kreis, das neuschriftsässige Schwemsal und das altschriftsässige Görschlitz, für das der Generalleutnant Siegmund v. Brause (1654–1725) auf dem Landtag von 1716 noch in der Allgemeinen Ritterschaft gesessen hatte.[103]

4. Die Landtagsordnung von 1728

Die Bedeutung der Schriftsässigkeit oder Amtsässigkeit der Rittergüter und die Rolle der sieben erbländischen Kreise für die Landtagsteilnahme ist bereits berührt worden. Weitere Regelungen wie der Verhandlungsmodus oder die Ahnenprobe sollen nun im Zusammenhang mit der Landtagsordnung vorgestellt werden. Mit dem kurfürstlichen Dekret vom 11. März 1728 wurde eine Landtagsordnung in Kraft gesetzt, die nicht so sehr eine Neuregelung der Landtagsfähigkeit oder des Geschäftsganges brachte, sondern überwiegend die gängige Praxis der Landtagsarbeit seit der zweiten Hälfte des 17. Jahrhunderts fixierte. Bis zum Ende des Alten Reiches traten danach keine größeren Veränderungen mehr ein. In insgesamt vierzig Paragraphen und drei Anhängen regelte sie den Ablauf der Land- und Ausschußtage von der ‚Convocation' der Stände bis zum erteilten landesherrlichen Abschied sowie die Bezahlung der Auslösung für die Landtagsbesucher.[104]

---

102 Elsterwerda gehörte dann von 1708–1727 dem aus Dänemark stammenden Günstling des Kurfürsten Woldemar Frh v. Löwendal (1660–1740), siehe Friedrich Gottlob Leonhardi, Erdbeschreibung, Bd. 2, S. 478 f. Löwendal war von 1712–1740 Oberhofmarschall, außerdem geheimer Rat und seit 1717 auch Kabinettsminister. Der Kurfürst Friedrich August I. half ihm 1727 durch den Ankauf des Gutes einschließlich der Güter Krauschütz und Kotzschka aus seinen finanziellen Schwierigkeiten. Das ebenfalls im Amt Hayn gelegene altschriftsässige Rittergut Mückenberg, siehe Friedrich Gottlob Leonhardi, Erdbeschreibung, Bd. 2, S. 482 f und S. 484–488, war mindestens seit dem 8. August 1718 beim Lehnhof Dresden auf seine Ehefrau Benedicta Margaretha Freiin v. Löwendal (1683–1776), geborne v. Rantzau, eingetragen. Sie gründete das Eisenhüttenwerk Lauchhammer. Nach ihrem Tod ging der Besitz 1776 an den Kabinettsminister Detlev Carl Graf v. Einsiedel, ihr Patenkind.

103 Siehe Friedrich Gottlob Leonhardi, Erdbeschreibung, Bd. 2, S. 765. Das Rittergut Görschlitz wurde spätestens Ende des 18. Jahrhunderts ebenfalls zum Kammergut. Siegmund v. Brause war 1683 beim Entsatz von Wien mit dabei gewesen, siehe Heinrich August Verlohren, Stammregister und Chronik der sächsischen Armee, S. 149.

104 Ein erster Abdruck der Ordnung erfolgte im Fortgesetzten Codex Augusteus von 1772, Sp. 31–44, eine Separatdruck erschien unter dem Titel ‚Land- und Ausschußtags-Ordnung de Anno 1728. Mit Beylagen, Dresden 1799.

Allerdings sind nicht alle für den tatsächlichen Landtagsbesuch wichtigen Sachverhalte in der Ordnung aufgeführt. Die große Bedeutung, die der Besitz der Rittergüter für den Landtagsbesuch hatte, wurde nach den Vorschriften des kursächsischen Lehnrechts geregelt. Sie werden in der Landtagsordnung vorausgesetzt, aber nicht weiter thematisiert. Der Gutsbesitz war die dingliche Voraussetzung, um am Landtag teilnehmen zu können. Die Art der Verfügung über die Lehen beeinflußte daher in erheblicher Weise die Möglichkeit zum Landtagsbesuch.

Das im 17. und 18. Jahrhundert geltende Lehnrecht kannte drei Unterschiede der Lehnsqualität, die das Recht der Vererbung betrafen.[105] An erster Stelle stand die Qualität des Mannlehens. Sie war die von den Zeitgenossen anerkannte normative Regel für den Besitz der Ritterlehen, welche immer auch die rechtliche Vermutung für sich hatte. Mannlehen konnten nur an die Söhne des letzten Besitzers vererbt werden. Die Söhne erbten zunächst zu gleichen Anteilen. Da die allermeisten Güter nicht groß und ertragreich genug waren, um mehrere Haushalte zu versorgen, übernahm möglichst ein Sohn, in der Regel der Älteste, das väterliche Gut und zahlte seine Brüder aus, die versuchen mußten ein eigenes Gut zu erwerben oder zu erheiraten. Längere Phasen einer gemeinsamen brüderlichen Verwaltung des Besitzes bis zur endgültigen ‚brüderlichen Teilung' waren jedoch nicht ungewöhnlich. Die Verhältnisse wurden zudem oft dadurch kompliziert, daß spätestens beim Tod des Vaters eine Bereinigung der oft hohen Schuldenstände erfolgen mußte, die in vielen Fällen in einen temporären oder dauerhaften Konkurs mündete.[106]

Der Fall, daß ein Vater jedem Sohn ein Rittergut vererben konnte, kam angesichts der finanziellen Möglichkeiten des kursächsischen Landadels nur in wenigen adligen Geschlechtern vor und er ließ sich nicht in jeder Generation wiederholen. Zudem gestattete die Verfassung des Marktes, in dem die Nachfrage nach Rittergütern meistens über dem verfügbaren Angebot lag, nur wenigen eine Tätigkeit als Gütersammler. Sie erforderte jedenfalls eine gewisse Ausdauer und Geduld, wenn sie nicht in den Bahnen verwandtschatlicher oder nachbarlicher Verbindungen ablief. Zusammen mit den demographischen Wechselfällen, sei es wegen des vorzeitigen Todes des Rittergutsbesitzers oder aufgrund eines durch Unfruchtbarkeit oder Kindersterblichkeit bewirkten Mangels an erbberechtigtem Nachwuchs, kennzeichnet den Besitz der ritterli-

---

105 Zum Lehnrecht siehe den bedeutenden Staatsrechtler Carl Salomo Zachariä (1769–1843), Handbuch des chursächsischen Lehnrechts, Leipzig 1796, eine zweite, vermehrte Auflage herausgegeben von Christian Ernst Weiße und Friedrich Albert v. Langenn erschien noch 1823 in Leipzig.

106 Denn die Söhne erbten zwar das Lehen, aber auch bedeutende Verpflichtungen, denn nichtsdestotrotz war die verwitwete Mutter, die Ansprüche auf Ihre Versorgung aus dem Ehevertrag besaß, abzufinden und die Schwestern waren mit den für ihre Verheiratung oder Versorgung nötigen Geldern auszustatten, auf die sie ebenfalls einen rechtlich verbindlichen Anspruch hatten. Ein beträchtlicher Teil der auf den Gütern haftenden Schulden stammte aus diesen Ansprüchen.

chen Lehngüter in Kursachsen ein bewegliches Moment.[107] Trotz dieser nicht so seltenen Fälle kam es im 18. Jahrhundert kaum noch zu einem Heimfall von Lehen an den Lehnsherrn.

Die zweite, aber sehr viel seltener verliehene Qualität war das Mann- und Weiberlehen. In diesem Fall waren auch Töchter erbberechtigt, aber nur ersatzweise. Sie kamen überhaupt erst zum Zuge, nachdem der männliche Erbgang mangels Kandidaten ausfiel.[108] So lange es wenigstens einen Sohn gab, erhielten die Schwestern keinen Anteil an dem ritterlichen Lehngut. Das war erst bei der Umwandlung der Lehen in Allod der Fall. Die Allodifizierung berührte nur den Erbgang. Die Pflicht zur formgerechten Suchung der Belehnung bei Tod des Lehnsherrn oder des Vasallen, die Belastung mit Abgaben oder die mit dem Gut verbundenen Rechte wie das der Landtagsbefähigung wurden von der Umwandlung nicht berührt. Als Allod trat eine Erbteilung des Rittergutes unter alle Kinder des Erblassers ein und Söhne wie Töchter erhielten eine Belehnung mit der ihnen zustehenden Portion. Das entsprach dem bürgerlichen Erbrecht, wie es in den Städten galt. Rittergutsbesitz in der Hand von Ehefrauen, Witwen oder Töchtern kommt daher auch unter den Bedingungen des Lehnrechts und der Bevorzugung männlicher Erben im 17. und 18. Jahrhundert in zahlenmäßig relevantem Umfang vor.[109]

In der zweiten Hälfte des 17. Jahrhunderts und das 18. Jahrhundert über liefen bei den Lehnhöfen stetig Anträge auf die Erteilung des entsprechenden Privilegs und die Abänderung des Erbrechts in den Lehnbriefen ein. Die Motive, eine Allodifizierung zu beantragen, waren vielgestaltig. Mancher Besitzer wollte das Gut, das möglicherweise erst mit dem Geld der Ehefrau gekauft oder saniert werden konnte, nach seinem Tod an seine Frau vererben. Oder die Erbtochter sollte das Rittergut übernehmen. In diesem Fall mußten der Lehnhof und die Regierung in Dresden in ihrem Gutachten aus rechtlichen Gründen und im Interesse des Lehnsherrn pflichtschuldigst der Umwandlung widerraten. Sie wurden aber im 18. Jahrhundert vom Geheimen Rat durchweg überstimmt. Ein weiteres Motiv lag in dem beabsichtigten Verkauf des Gutes an bürgerliche Erwerber, die für ein allodiales Gut mehr zu zahlen bereit waren. In einigen Fällen erfolgte im Anschluß an die Umwandlung der Verkauf des Gutes. Die Rückumwandlung eines Lehens in reines Mannlehen kam dagegen praktisch nicht vor. Ebenso selten blieben im 18. Jahrhundert die Gründung von regelrechten Majoraten und die Errichtung von Fideicommissen.

Die Umwandlung in Allod und der damit erleichterte Besitz der landtagsfähigen Rittergüter durch Frauen sowie der Verkauf der Lehen an Bürgerliche

---

107 Besitzwechsel der Rittergüter mußten noch nicht zu sozialem Wandel führen, wenn sie innerhalb des Adels erfolgten. Im 18. Jahrhundert jedoch kamen durch Verkauf und Versteigerung zahlreiche Lehngüter in bürgerliche Hand und wurdem dem alten Adel entfremdet.

108 Siehe auch Carl Heinrich v. Römer, Staatsrecht und Statistik, Bd. 2, S. 286, § 24.

109 Siehe Axel Flügel, Bürgerliche Rittergüter, S. 139–143. Zu strukturell ähnlichen, für das Ancien Régime kennzeichnenden Praktiken im bäuerlichen Milieu Tirols siehe Margareth Lanzinger, „aus khainer gerechtigkeit…, sondern aus gnaden." Erbinnen – Handlungsoptionen und Geschwisterkonstellationen, in: Frühneuzeit-Info 15 (2004), S. 20–28.

hatten unmittelbaren Einfluß auf die Zusammensetzung der ‚getreuen Landschaft'. Die Anträge erfolgten aus jeweils individuellen Motiven und je spezifischen Umständen oder Fällen. Der Anteil weiblicher und bürgerlicher Rittergutsbesitzer nahm dadurch mittelfristig zu. Solange sich in den Vorschriften zum Landtagsbesuch parallel dazu nichts änderte, mußte also das Potential an Landtagsteilnehmern nach und nach naturwüchsig schrumpfen.

Die Landtagsordnung von 1728 behandelt vor allem die Tagungsmodalitäten der drei Kurien und insbesondere die Verhältnisse der ‚getreuen Landschaft' von Ritterschaft und Städten. Nur im Anhang A über die Zahl der für die Anreise zugestandenen Pferde sind auch die Prälaten, Grafen und Herren näher berücksichtigt.[110] Im § 3 bestätigte die Ordnung die hergebrachte Beteiligung des Amtsassen:

> „Damit auch die Besitzere der Amtsässigen Rittergüther,…, welche anhero zu Ausstellung der Vollmachten, herkommlicher Maßen, beschrieben worden, in ihren Anliegen gehöret werden können, so mögen jene noch vor angehenden Landtage, auf Veranlaßung eines ihres Mittels, oder, wie es sonsten gebräuchlich, sich zusammen betagen, und in denen Aemtern, nachdem eines oder das andere von weitem oder engen Bezirk, Ein, Zwey, oder Drey Personen, nachdem die Aemter schwach oder stark sind, bevollmächtigen, welche sodann solcher Amtsäßigen Ritterschaft und Amtseingesessen Bestes sich angelegen sein lassen,…"

Der Paragraph verdeutlicht eine grundlegende Funktionsweise des kursächsischen Landtages, den Landsassen die Möglichkeit zu gewähren, in öffentlichen Angelegenheiten und „in ihren Anliegen" beim Fürsten Gehör zu finden. Zu diesem Zweck werden die Landesteile in der Form der sieben erbländischen Kreise berufen und es wird den Amtsassen neben den persönlich landtagsberechtigten Schriftsassen eine Vertretung durch gewählte Abgeordnete eingeräumt.

Der Deputierte der Amtsassen wurde in der Regel in der Amtsstadt gewählt, wo die Amtsassen zu einer Versammlung zusammentraten, und mit einer Vollmacht versehen.[111] Zur Ausstellung der Vollmacht erhielten sie für einen Tag Auslösung in Höhe von zwei Gulden. Diese Vollmachten sind z. T. bei den Landtagsakten überliefert. Ähnliche Vollmachten erteilten sowohl die Schriftsassen als auch die Amtsassen bei der Berufung eines Ausschußtages. Wenn in einem Amt nur ein einziger Amtsasse angesessen war, so war dieser automatisch zur Teilnahme als Deputierter berechtigt. Die Deputierten mußten allerdings den Vorschriften der Ahnenprobe genügen.

---

110 Außerdem werden sie noch erwähnt bei der Aufstellung der Landstände, wenn die Proposition in zeremonieller Form übergeben wird, und bei den Prälaten und Grafen sowie den beiden Universitäten zugewiesenen eigenen Sitzungsräumen (§§ 6 und 10). Die Abgeordneten der ersten Kurie meldeten sich beim Geheimen Rat an.

111 Die Bevollmächtigung konnte aber auch per Zirkularumlauf unter den Amtsassen erfolgen.

Bemerkenswert ist ferner, daß, wie die Ordnung im § 3 ausdrücklich ver-merkt, an der Ausstellung der Vollmachten Besitzer ritterlichen wie bürgerlichen Standes beteiligt waren. Die überlieferten Vollmachten belegen zudem die Teil-nahme von weiblichen Rittergutsbesitzern an der Abordnung eines Deputierten. Die zeitgenössischen Akteure verfügten demnach sehr wohl über die Vorstel-lung und die Mittel, wie eine Landesvertretung mittels Wahl und Abordnung bestellt werden könnte, die dann aber erst in den konstitutionellen Landtagen des 19. Jahrhunderts zur Norm wurde.

Aufgrund der Bestimmung, der amtsässigen Ritterschaft der sieben Kreise, eine Vertretung durch gewählte Vertreter einzuräumen, finden sich solche De-putierte tatsächlich in größerer Zahl in den Landtagsakten. Es bestand also in dieser Gruppe von Rittergutsbesitzern ein anhaltendes Interesse, an den Land-tagsverhandlungen teilzunehmen. Die Stärke der Deputierten mußte sich zu-nächst nach der Zahl der kursächsischen Ämter und der in ihnen angesessenen amtsässigen Vasallen richten, die jene wählen und mit Vollmachten versehen konnten.

Tabelle 4: Die Zahl der kursächsischen Ämter

Nr.	Kreise	Kursächsisch Ämter	Davon mit Amtsassen
1	Churkreis	12	9
2	Thüringer	13	6
3	Meißner	16	11
4	Erzgebirger	13	8
5	Leipziger	17	13
6	Vogtländer	3	2
7	Neustädter	4	3
	Summe	**78**	**52**

Quelle: Friedrich Gottlob Leonhardi, Erdbeschreibung, Bde. 1–3

Die Einteilung der Ämter und ihre Zuordnung zu den Kreisen veränderten sich im 17. und 18. Jahrhundert nur geringfügig.[112] Von den bei Friedrich Gottlob Leonhardi aufgeführten 78 Ämtern in den sieben erbländischen Kreisen werden für 52 Ämter auch Amtsassen erwähnt. Manche Ämter wie Seyda im Churkreis oder Sittichenbach im Thüringer Kreis waren nichts anderes als kurfürstliche Kammergüter. Andere Ämter, wie die Schulämter Pforta und Meißen oder das Amt Eckartsberga im Thüringer Kreis hatten keine amtsässigen Rittergüter in ihrem Bezirk. Bei einer Abordnung von ein bis zwei Deputierten pro Amt konnten unter den Teilnehmern aller drei ritterschaftlichen Kollegien eines Landtages demnach relatistischerweise zwischen fünzig und fündundsiebzig

---

112 Vgl. z. B. Christian Gottlob Wabst, Historische Nachricht, Beilagen A-G; und Friedrich Gottlob Leonhardi, Erdbeschreibung, Bde. 1–3: Die Ämter Dippoldiswalde und Pirna gehören bei Wabst zum Erzgebirger Kreis und bei Leonhardi zum Meißner; das Amt Oschatz kam erst im Vormärz vom Meißner an den Leipziger Kreis.

Deputierte sein. Sie sind somit, was ihre Stellung in der Organisation des Landtages und was ihre Zahl angeht, kein unerheblicher und zu vernachlässigender Bestandteil der Landesversammlungen.[113]

Der § 37 der Landtagsordnung nannte ausdrücklich die evangelisch-lutherische oder „ungeänderte Augspurgische Confession" als Bedingung, um zu den Sessionen des Landtages zugelassen zu werden.[114] Infolge der Konversion des Landesherrn zum katholischen Glauben traten im fürstlichen Umfeld vermehrt Adlige auf, die der katholischen Konfession angehörten oder zu ihr konvertiert waren und dadurch vom offiziellen Erwerb der Lehngüter und einer Landtagsteilnahme auch bei unbestritten altem Adel ausgeschlossen blieben.[115]

Weitere Klarstellungen der Landtagsordnung, die für die Teilnahme am Landtag relevant waren, erfolgten im Zusammenhang mit den Bestimmungen über das Recht, Auslösung zu beziehen. Sie betrafen den Ausschluß von der Teilnahme, wenn die Rittergutsbesitzer noch nicht förmlich belehnt waren (§ 36)[116] oder wenn über ihr Vermögen der Konkurs verhängt war (§ 38).[117] Von mehreren Brüdern oder Vettern, die ein Rittergut gemeinsam besaßen, konnte nur einer Auslösung erhalten (§ 35). Diese Bestimmung implizierte, daß pro Rittergut nur ein Besitzer am Landtag teilnehmen sollte. Adlige, die Lehngüter in unterschiedlichen Kreisen besaßen, konnten nur für eines einen Sitz am Landtag einnehmen und erhielten nur einmal Auslösung. Besitzer, die förmlich geladen worden waren, den Deliberationen aber nicht wirklich beiwohnten, erhielten auch keine Auslösung (§ 34).

Wer den Landtag zwischenzeitlich wegen dringender Geschäfte verlassen wollte, hatte beim Erbmarschall um Urlaub nachzusuchen (§ 22) und bekam für diese beim Oberhofmarschallamt genau registrierten Tage keine Auslösung. Die Auslösung belief sich auf einen Gulden pro Tag für jedes den Landtagsbesuchern zugestandene Pferd (§ 39). Die nach Rang und Ehre abgestufte Zahl der Pferde betrug:

– sechs Pferde für den Erbmarschall, die Stifts-Deputierten, die Universität Leipzig, die in Person erscheinenden Grafen,[118]
– fünf Pferde für die Universität Wittenberg,
– vier Pferde für die gräflichen Abgeordneten, die Mitglieder des Engeren Ausschusses und die Direktoren des Weiteren Ausschusses,

---

113 Hier geht es zunächst nur um das Institut der Deputierten, zu den tatsächlichen Zahlen in den einzelnen Landtagen siehe unten die Kapitel drei und vier.

114 Diese konfessionelle Bestimmung griff bereits bei der Belehnung mit Vasallengüter. Allerdings konnte sich eine nicht lehnsfähige Person in bestimmten Fällen durch einen Lehnträger vertreten lassen. Im übrigen gab es natürlich auch schon die Möglichkeit, einen Strohmann zu verwenden.

115 Die Emanzipation der Katholiken brachte erst Napoleon mit dem Posener Frieden von 1806 nach Sachsen, siehe Josef Matzerath, Adelsprobe an der Moderne, S. 65 f. Siehe zum Milieu auch Friedrich August Freiherr Ô-Byrn, Camillo Graf Marcolini, königlich sächsischer Cabinetsminister, Oberstallmeister und Kämmerer. Eine biographische Skizze, Dresden 1877.

116 Das galt auch für die Kuratoren oder Vormünder minderjähriger Lehngutserben.

117 Das gleiche galt für „in causis famosis" angeklagte oder bereits rechtskräftig verurteilte Adlige.

118 Laut Oberhofmarschallamt wurden für den Erbmarschall Hans Löser auf den Landesversammlunen von 1704 bis 1713 allerdings noch acht Pferde abgerechnet.

– drei Pferde für die Mitglieder des Weiteren Ausschusses und die Kreisdirektoren in der Allgemeinen Ritterschaft und
– zwei Pferde schließlich für jeden Teilnehmer in der Allgemeinen Ritterschaft.[119]

Die Landtagsteilnehmer erhielten vom Oberhofmarschallamt ausgestellte Auslöse-Zettel, mit den ihnen zustehenden Beträgen. Die Zettel konnten bei der Ober-Steuer-Buchhalterei eingereicht werden, welche die Summen aus der Land- und Tranksteuer-Hauptkasse begleichen sollte (§ 14).[120] Außerdem erhielten die Teilnehmer für die An- und Abreise pro Pferd für jedes Nachtlager 14 Groschen anhand einer im Jahr 1612 erstellten Übersicht der Entfernungen von Dresden. Ein Nachtlager wurde gewährt, wenn die Anreise eine Strecke von vier Meilen überstieg. Amtsträger und Adlige, die in Dresden residierten und dort ein Haus besaßen, erhielten keine Reisekosten. Die Reisestrecke zum Landtag nach Dresden konnte von den weiter abgelegenen Kreisen her recht beträchtlich sein.

Nach den Abrechnungen im Oberhofmarschallamt hatten Caspar v. Berlepsch auf Hennigsleben und Christian Rudolph Marschall auf Altengottern im Thüringer Kreis eine Anreise von sechzehn Nachtlagern, die sie in den Jahren 1716 und 1718 auf sich nahmen, um in der Allgemeinen Ritterschaft ihren Platz einzunehmen. Christoph Heinrich v. Obernitz, der 1716 und 1718 für Neidenberga im Neustädter Kreis ebenfalls die Allgemeine Ritterschaft besuchte, wurden zehn Nachtlager erstattet. Er besuchte bis 1737 noch vier Mal den Landtag und saß auf sieben Landtagen über einen Zeitraum von einundzwanzig Jahren immer in der Allgemeinen Ritterschaft, ab 1722 allerdings für das Rittergut Bucha. Ebenfalls zehn Nachtlager benötigte Christoph Erdmann v. Reitzenstein (1690–1763) auf Schönberg an der Grenze zur böhmischen Stadt Eger, der als Deputierter der Amtsassen des Amtes Voigtsberg im Vogtländer Kreis in den Jahren 1722, 1728 und 1731 in der Allgemeinen Ritterschaft saß.[121]

Die Reise- und Auslösegelder erleichterten zwar die Teilnahme an den zwei bis sechs Monate dauernden Landtagen seitens der Stände. Die Kosten einer Teilnahme summierten sich andererseits für Landesherr und Stände dennoch zu erklecklichen Beträgen, die einen Landtag zu einer kostspieligen Veranstaltung machten.

---

119   Anhang A der Landtagsordnung. Vgl zur zeremoniellen Bedeutung dieser Regulierung auch Andreas Pečar, Die Ökonomie der Ehre. Höfischer Adel am Kaiserhof Karls VI., Darmstadt 2003, S. 210 f, über das Privileg der Botschafter mit drei sechsspännigen Kutschen im inneren Burghof der Wiener Hofburg vorfahren zu dürfen.

120   Auch die Kosten der Kreis- und Amtsversammlungen wurden aus diesem Fonds bestritten. Bis zum Landtag von 1660 wurden die Kosten aus der fürstlichen Rentkammer bestritten, siehe Daniel Gottfried Schreber, Ausführliche Nachricht, S. 92.

121   Laut Heinrich August Verlohren, Stammregister und Chronik der sächsischen Armee, S 428, stand v. Reitzenstein seit 1710 in Kriegsdiensten. Seine Karrierestationen waren: 1721 Rittmeister, 1731 Major, 1732 Oberstleutnant, 1742 Oberst, 1751 Generalmajor. Mit dem Aufschwung seiner militärischen Karriere nach 1731 endet seine Landtagsteilnahme.

a) Das Landtagsverfahren und der Gang der Verhandlungen

Einen Tag vor der Eröffnung des Landtags hatten sich die Teilnehmer mit dem ihrem schriftsässigen Gut zugestellten Ladungsschreiben, auch ‚Missive' genannt, beim Oberhofmarschallamt und dann beim Erbmarschall anzumelden (§ 5). Der Landtag begann mit einem gemeinsamen Gottesdienst und einer auch im Druck verbreiteten Landtagspredigt.[122] Anschließend wechselten die Stände aus der Kirche ins Schloß. Im Beisein des Kurfürsten wurde ihnen im großen Saal die ‚Proposition' verlesen und an den Erbmarschall übergegeben. Sie enthielt die Liste der landesherrlichen Forderungen, über die der angehende Landtag zu beraten hatte (§§ 6 und 7).

Die Ankunft von weit über dreihundert Landtagsteilnehmern mit ihrem Troß an Pferden, Kutschen und Begleitern war ein unübersehbares Ereignis in der Stadt. Die zu Beginn des Landtags erfolgende Prozession zur Schloßkirche, um die Landtagspredigt zu hören, und dann zurück zum Schloß, wo die Mitglieder der drei Kurien sich zunächst in die ihnen zugewiesenen Räume begaben, um dann abgeholt zu werden und sich im großen Saal in zeremonieller Gliederung vor dem Geheimen Rat und dem fürstlichen Landesherrn aufzustellen,[123] schließlich die zeremoniellen Reden und Gegenreden der Räte und des Erbmarschall bei der Übergabe der landesherrlichen Proposition an die Stände, alle diese Elemente der Eröffnung eines Landtages zeigen ihn in ‚solenner' Form, also als eine besonders feierliche Sitzung, in der die Landesversammlung sich als solche darstellt und konstituiert wird.[124]

Am folgenden Tag begann die Arbeit des Landtags an den durch das Ladungsschreiben und die Proposition bezeichneten Aufgaben. Zuvor erfolgte jedoch noch die Ersetzung der freien Stellen im Engeren und im Weiteren Ausschuß, die durch den Verkauf oder Verlust des Lehngutes, den Tod des Inhabers oder die Resignation der Stelle aus Alters- bzw. Krankheitsgründen frei geworden war. Die Nominierung der Kandidaten nahm der Engere Ausschuß vor und übergab die Liste der neuen Mitglieder dem Geheimen Rat zur Genehmigung (§ 12). Außerdem wählte der Engere Ausschuß die beiden Direktoren des Weiteren Ausschusses aus (§ 13). In der Allgemeinen Ritterschaft dagegen wählten

---

122 Siehe für den Landtag von 1728 Bernhard Walther Marperger (1682–1746), Ein Land, das im Seegen Jehovä liegt, Dresden und Leipzig 1728. Die gedruckte Fassung der Predigt hat 84 Seiten. Die Landtagspredigt war eine Sache des jeweiligen Oberhofpredigers.

123 Siehe das Beispiel bei Josef Matzerath, Aspekte sächsischer Landtagsgeschichte. Die Ständeversammlungen des 17. und frühen 18. Jahrhunderts, Dresden 2013, S. 54.

124 Zur Bedeutung der symbolischen Handlungen siehe Barbara Stollberg-Rilinger, Herstellung und Darstellung politischer Einheit. Instrumentelle und symbolische Dimensionen politischer Repräsentation im 18. Jahrhundert, in: Jan Andres, Alexa Geisthövel und Matthias Schwengelbeck (Hg.), Die Sinnlichkeit der Macht. Herrschaft und Repräsentation seit der Frühen Neuzeit, Frankfurt und New York 2005, S. 73–92, und ihre Darstellung der Praktiken und Bedeutungen der Abhaltung von Reichstagen im Alten Reich, die in vielen Einzelheiten das Vorbild der Landtage waren: dies., Des Kaisers alte Kleider. Verfassungsgeschichte und Symbolsprache des Alten Reiches, München 2008. In ähnlich feierlicher Form erfolgte auch die Schließung des Landtags durch den Landtagsabschied.

die sieben Kreise ihre Direktoren, welche die Sitzungen leiteten und die Voten protokollierten, selber (§ 16). Den Zweck der Berufung eines Landtages und seiner Beratungen formulierte die Landtagsordnung im § 11 als Hierarchie der folgenden Ziele:

- zum immerwährenden Flor des Durchlauchtigsten Hauses,
- Schutz und Wohlfahrt dero Lande und Unterthanen,
- unveränderter Erhaltung der Evangelischen reinen Lehre und Gottesdienste,
- nach des Landes Gesetzen wohl eingerichtete Justiz,

und erlegte den versammelten Ständen auf, die zu diesem „abgezielten Endzweck" folglich „darzu gehörigen Mittel" zu bewilligen, womit die entsprechenden Steuerleistungen der Untertanen gemeint waren. Die Beratungen sollten sich sowohl auf die rasche „Erreichung des Landesfürsten gnädigste(r) Intention" richten als auch auf „das allgemeine Beste derer Lande und Unterthanen" abzielen. Die Harmonie dieser beiden Eckpunkte herzustellen, konnte in den Beratungen der Kurien allerdings ein Problem sein.

Die weiteren Deliberationen zielten darauf, in mündlichen und für wichtigere Punkte auch schriftlichen Verhandlungen eine festgelegte Zahl von Landtagsschriften zu verfertigen: die Präliminarschrift und die Hauptbewilligungsschrift seitens der Stände sowie den Abschied und die kurfürstlichen Reversalien seitens des Landesherrn.[125] Zur Erleichterung der Landtagsarbeit wurden eigene Landtagsschreiber verpflichtet und vereidigt (§ 9). Der Gang der Verhandlungen startete mit einer Konferenz des Engeren Ausschusses mit den vier vorsitzenden Städten Leipzig, Wittenberg, Dresden und Zwickau (§§ 18–20). Die Abgeordneten der Stadt Leipzig fertigten einen Entwurf der jeweiligen Schriften und Eingaben an, der in der Städtekurie und mit dem Engeren Ausschuß der Ritterschaft so lange beraten wurde, bis man sich auf eine gemeinsame Linie verständigt hatte. Erst nachdem dieses Ergebnis erzielt worden war, kamen die beiden anderen Kollegia der Ritterschaft zum Zuge. Zunächst wurde der Weitere Ausschuß mit seiner „Erinnerung gehöret", die er gegen das vorliegende Ergebnis vorbringen wollte. Nachdem der Engere Ausschuß und die Städte diese Einwände beraten hatten, wurde die Schrift schließlich noch der Allgemeinen Ritterschaft vorgelegt, die dann ihre „Monita" vorbringen konnte, die im Engeren Ausschuß „nach Befinden der Nothdurft" schließlich berücksichtigt oder weggelassen wurden. Die Verhandlungen selber waren nicht öffentlich und die Landtagsschreiber zur Verschwiegenheit verpflichtet.

Das Ergebnis der Deliberationen aus den Sessionen des Landtags war die von Ritterschaft und Städten am Ende verabschiedete und im Geheimen Rat durch eine Delegation übergebene offizielle und rechtlich verbindliche Entschließung der kursächsischen Landstände. Die Delegation der Landstände

---

125 Siehe Daniel Gottfried Schreber, Ausführliche Nachricht, 75–83. Siehe ausführlicher zum Gang der Landtagsverhandlungen auch Nina Krüger, Landesherr und Landstände in Kursachsen, S. 62–84.

wurde vom Erbmarschall angeführt und bestand aus bis zu sechs Vertretern der Ritterschaft und den Abgeordneten der vorsitzenden Städte. Unter den ritterschaftlichen Delegierten mußten alle drei Kollegien oder Abteilungen vertreten sein (§ 24). Außerdem kannte der kursächsische Landtag die parlamentarische Praxis zur Rechnungsrüfung und er konnte für andere wichtige Fragen Deputationen einsetzen.[126] In derartigen Deputationen mußten alle drei ritterschaftlichen Kollegien berücksichtigt sein und aus jedem der sieben Kreise durfte nur ein Gutsbesitzer entsandt werden (§ 21). Auf dem Landtag von 1749 wurde z. B. eine Deputation zur Revision des Lehns-Mandates eingesetzt.

Tabelle 5: Die ritterschaftlichen Mitglieder in der Deputation zur Revision des Lehnsmandates 1749

Nr.	Kollegium	Deputierter	Rittergut	Kreis
1	Engerer Aussschuß	Heinrich Graf v. Bünau	Domsen	Thüringer
2	Engerer Aussschuß	Christian Gottlieb Graf v. Holtzendorf	Bärenstein	Meißner
3	Weiterer Ausschuß	Carl Gottlob v. Ende	Kaymberg	Neustädter
4	Weiterer Ausschuß	Christian August v. Beulwitz	Kloschwitz	Vogtländer
5	Allgemeine Ritterschaft	August Gottlob Frh v. Seyfertitz	Ahlsdorf	Churkreis
6	Allgemeine Ritterschaft	Johann David v. Döring	Seelingstädt	Leipziger
7	Allgemeine Ritterschaft	Cajus Rudolph Spohr	Rauenstein	Erzgebirger

Quelle: HSTA Dresden, Bestand 10.024, Geheimer Rat, Loc. 94112/1, Landtag 1749

In der Zusammensetzung der Delegation und der Deputationen erkennt man wieder die zeitgenössische Vorstellung, den verschiedenen Landesteilen und Kollegien in zeremonieller und abgestufter Form mit ihren Anliegen und Meinungen zu beteiligen und ihnen vor dem Landesherrn ‚Gehör' zu gewähren. Die Entschließungen oder Resolutionen des Landesherrn auf die Meinung der Stände wurden ebenfalls durch eine Delegation im Geheimen Rat abgeholt.

Die Präliminarschrift enthielt eine vorläufige Antwort der Stände auf die landesherrlichen Forderungen. Zuvor sollten die Stände noch eine Zusammenstellung der ständischen „Erinnerungen oder Gravamina", also der Beschwerden des Landes über Mißstände in der landesherrlichen Lokalverwaltung, über den lokalen Zustand von Ackerbau und Gewerbe, Straßen, Schul- und Armenwesen, „welche sowohl in ganzen Creyßen sich hervor gethan, als auch ein und anderer Stand in pariculari hat,…, binnen einer kurzen Frist von Acht oder mehr Tagen, übergeben,…" (§11). Dazu gehörten nicht zuletzt die seit dem letzten Landtag immer noch unerledigten Sachen. Auch die Redaktion der Gravamina erfolgte im Engeren Ausschuß zusammen mit den vorsitzenden Städten. Sie sollte möglichst rasch erfolgen, um zur Beratung der Bewilligungsschrift über-

---

126 Die Arbeit und die Rolle dieser Deputationen des kursächsischen Landtags ist in der Literatur zur Geschichte des kursächsischen Landtages ebenfalls noch nicht aufgearbeitet und ausgewertet, siehe Nina Krüger, Landesherr und Landstände in Kursachsen, S. 84 f. Der § 28 der Landtagsordnung erwähnt ausdrücklich eine während des Landtages tagende Deputation zur Abnahme der Steuerrechnungen.

gehen zu können. Andere Beschwerden, die vor die bestehenden Landes-Behörden und Gerichte gehörten, sollten dagegen zurückgewiesen werden.

Das größte Interesse des Landesherrn und des Geheimen Rates, der die Proposition und den Landtag vorbereitet hatte, galt naturgemäß der Haupt-Bewilligungsschrift, in der die Geldforderungen des Fürsten beantwortet wurden. In dieser Frage ging es vor allem um die technische Umsetzung der fürstlichen Anforderungen und um die Frage, mit welchen Steuern, in welcher Zeit und in welchem Zahlungsmodus die Geldsummen vom Land aufgebracht werden konnten, oder mit Hilfe von Anleihen aufzunehmen waren, deren Verzinsung und Tilgung der Landtag garantierte. Der Gang der Verhandlung folgte wieder dem oben vorgestellten Muster. Wenn der Landesherr und die Räte mit dem Angebot der Stände unzufrieden waren, konnte eine neue Runde der Deliberationen eröffnet und im selben Verfahren eine neue Schrift beraten werden, die dann Duplik hieß, oder in ganz schweren Fällen auch eine dritte und vierte Runde.

Die Landtagsordnung von 1728 macht deutlich, daß der Engere Ausschuß zusammen mit der Stadt Leipzig die erste Rolle für die Beratungen der Proposition im Landtag spielte und über den größten Einfluß auf die Ausgestaltung der einzelnen Bestimmungen und die Abfassung der Landtagsschriften verfügte. Der Verhandlungsmodus des kursächsischen Landtages kann daher den Eindruck erwecken, daß nur der Engere Ausschuß von wirklichem Belang war und sowohl der Weitere Ausschuß als auch insbesondere die Allgemeine Ritterschaft kaum Einfluß auf die Beratungen gehabt haben.[127] Daraus ließe sich schlußfolgern, daß es eigentlich kein großes Interesse an einer Teilnahme in der Allgemeinen Ritterschaft gegeben haben kann. Ohne einen Blick auf das tatsächliche Verhalten der Landtagsberechtigten und die zeitgenössischen Praktiken und Sichtweisen, muß es aber eine offene Frage bleiben, ob die zeitgenössischen Akteure das auch so gesehen haben.

Wenn die Verhandlungen zu einem erfolgreichen Abschluß gebracht und die Haupt-Bewilligungsschrift im Geheimen Rat übergeben und akzeptiert worden war, folgte als letzter Akt eines förmlichen Landtages die zeremonielle Beendigung durch Revers und Abschied. Im sogenannten Revers, den die Landstände entwarfen, versprach der Landesherr die Rechte und Privilegien der Stände zu wahren. Der Revers wurde nur in einem einzigen Exemplar ausgefertigt. Der § 27 der Landtagsordnung führt dazu aus:

> „Es wird auch der Landschaft, (welche eine ohnmaßgebliche Notul dazu zu entwerfen pfleget) auf ihr Ansuchen, ein schriftlicher gewöhnlicher Revers, daß solche Verwilligung zu keiner Einführung gereichen solle, unter des Landesfürsten angehengten großen Insiegel und eigenhändiger Unterschrift ausgestellet, und wird solcher alsdenn

---

127 Die vorrangig machtpolitische Bewertung des Engeren Ausschusses ist typisch für die älteren Darstellungen der Landtagsgeschichte. Sie findet sich häufig in der Literatur, siehe z.B. Nina Krüger, Landesherr und Landstände in Kursachsen, S. 82.

originaliter in der Landschaft Documenten Kasten geleget, und darinne verwahret."

Durch den Revers ließen sich die Stände jedesmal bestätigen, daß die Steuerbewilligungen rechtlich nur auf Zeit und als außerordentliche Nothilfe erfolgten.[128] Auch wenn die Steuern faktisch bereits eine dauerhafte Einrichtung waren, war es den zeitgenössischen Akteuren sehr wichtig, durch die Reverse die juristische Institutionalisierung der Steuern jedesmal zu unterbrechen.[129] Selbst von seiten des Landesherrn werden die Steuererhebungen weiterhin noch als „Beihülfe" bezeichnet.[130] Die einseitige Änderung der traditionellen Formulierungen des Reverses durch den Landesherrn, also der Versuch, sich den üblichen rechtlichen Bindungen zu entziehen, stieß immer auf den energischen Protest der Stände.

Als Gegenstück zur Übergabe der Proposition endete der Landtag wieder mit einer gleichermaßen zeremoniellen Sitzung, in welcher der Landtagsabschied verlesen und an die Stände übergeben wurde. Der Abschied enthielt die Antwort des Fürsten bzw. seines Geheimen Rates auf die finanziellen Angebote und anderweitige Forderungen der Landschaft, mit der das Verhandlungsergebnis der beendigten Landtagsarbeit fixiert wurde. Von den Landtagsakten, die alle Schriftstücke von der gedruckten Ladung zum Landtag über die Verzeichnisse der Landtagsteilnehmer bis zum Landtagsabschied enthielten und den Status von „Acta publica" hatten, bekam jeder ritterschaftliche Kreis ein „vidimirtes Exemplar, welches ieder Creyß iemand ihres Mittels, um künftiger Nachricht willen, in Verwahrung giebet" (§ 30).[131] Für die Städte wurde der Stadt Leipzig ein Exemplar der Landtagsakten zur Aufbewahrung übergeben.

---

128 Zur frühneuzeitlichen Auffassung der Steuern als temporärer Aushilfe und der Vorstellung, der Fürst solle allein von seinen eigenen Einkünften aus der Domänen, den Zöllen und Regalien leben, die von manchen liberalen Politikern in die Neuzeit hinübergenommen wurde, siehe Andreas Schwennicke, „Ohne Steuer kein Staat". Zur Entwicklung und politischen Funktion des Steuerrechts in den Territorien des Heiligen Römischen Reichs (1500–1800), Frankfurt am Main 1996, hier bes. S. 218. Die Hinweise der frühneuzeitlichen Landstände, der Fürst solle zuerstmal an den Ausgaben für den Hof und die Armee sparen, bevor er vom Land Steuerzahlungen verlangt, sind ebenso zahlreich gewesen wie völlig wirkungslos geblieben. Hier hat erst das Staatsbudget und die Zivilliste der konstitutionellen Monarchie Abhilfe geschaffen, nicht zuletzt aufgrund der frühneuzeitlichen Erfahrungen.

129 Siehe die Liste der einzelnen Punkte bei Daniel Gottfried Schreber, Ausführliche Nachricht, S. 81 f. Der Landesherr erklärt: „1) daß er sich solcher Verwilligung nicht von Recht oder Pflicht, oder als erblich anmaßen wolle,…, 3) keine Schulden zu machen, und ohne der Landschaft Rath kein Geld aufzunehmen,…, 4) Die Steuer als ein von der Kammer separirtes Collegium bleiben zu lassen,…"

130 Siehe z. B. den Auszug aus dem Landtagsabschied vom 14. Juni 1722, in: Fortgesetzter Codex Augusteus, Leipzig 1772, Sp. 25: „Nachdem Wir aus denen in … der am 8. Febr. eröffneten gnädigsten Proposition mit mehrern angezeigten Ursachen Uns unumgänglich genöthiget gefunden, Unsere getreuen Stände … zu Uns in Unsere hiesige Residenz zu erfordern, und mit ihnen ein und andere angelegene Sachen in Ueberlegung zu stellen, auch bey zu Ende gehenden bisherigen Bewilligungen ihrer fernern unterthänigsten Beyhülfe zu begehren,…"

131 Diese Regel verweist erneut auf die Existenz und die Rolle der Kreisritterschaften als Unterbau der Dresdner Landtagskonvente.

Mit dem ersten Band des ‚Codex Augusteus', erschienen im Jahr 1724, beginnt darüber hinaus der Abdruck von Auszügen aus den Landtagsabschieden und landesherrlichen Resolutionen, die somit öffentlich gemacht werden. Der Band brachte Auszüge für die Land- und Ausschußtage aus den Jahren von 1661 bis 1718.[132] Die zwanziger Jahre des 18. Jahrhunderts markieren einen deutlichen Übergang in der Publizistik und im Buchmarkt, der auch für den frühneuzeitlichen Fürstenstaat einen Umschwung im kulturellen Klima anzeigt. Auf den Codex Augusteus von 1724 folgte seit 1728 die nahezu jährliche Herausgabe eines ausführlichen kursächsischen Hof- und Staatskalenders.[133] Mit den Werken wie Valentin Königs ‚Genealogischer Adels-Historie', deren Erster Band 1727 erschien, v. Bünaus ‚Reichs-Historie' seit 1728 oder Wabsts ‚Historischer Nachricht' von 1732 setzte ein unaufhörlicher Strom von Publikationen ein, der in überwiegend deutscher Sprache rechtliche, historische, statistische und am Ende auch politische Fragen der rechtlichen Gestaltung und überlieferten Einrichtung des Gemeinwesens behandelt.

Während die einfachen Landtagsteilnehmer nach erteiltem förmlichen Abschied nach Hause reisen konnten, blieben die kurfürstlichen und landschaftlichen Ober-Steuereinnehmer in der Stadt. Sie setzten sich laut Landtagsordnung gleich nach dem Ende des Landtages zusammen und begannen ihre Arbeit, indem sie die Steuer-Bewilligungen des Landtags in gedruckte Steuerausschreiben umsetzten, die den regionalen und lokalen Steuerbeamten zugestellt wurden (§ 28).

Die Donativschrift der Ritterschaft wird in der Landtagsordnung von 1728 dagegen nicht erwähnt. Sie wurde allein von der Ritterkurie beraten und gesondert von den Landtagsschriften, die als die Beschlüsse der gemeinen Landschaft von Ritterschaft und Städten galten, übergeben. Die Donativgelder, auch als ‚subsidium charitativum' bezeichnet, wurden anhand der Belastung mit Ritterpferden auf die Lehngüter verteilt und laut Carl Heinrich v. Römer wie die ordentlichen und außerordentlichen Landsteuern in die Ober-Steuerkasse entrichtet.[134] Eine gewisse Schwierigkeit besteht allerdings darin, daß unter dem Namen Donativ sowohl die Zahlung von Ritterpferdsgeld anstelle des Lehnsaufgebots als auch das freiwillige Subsidium der Rittergutsbesitzer an den Landesherrn verstanden werden konnte. Steuertechnisch sind das jedoch ganz unterschiedliche Dinge, die aber in der Donativschrift wohl oft zusammen geworfen worden sind.

---

132 Siehe Codex Augusteus oder neuvermehrtes Corpus Juris Saxonici, hg. v. Johann Christian Lünig, Leipzig 1724, und zwar im ersten Teil als zweiter Anhang zu den General-Verordnungen.

133 Siehe dazu Volker Bauer, Repertorium territorialer Amtskalender und Amtshandbücher im Alten Reich. Adreß-, Hof- Staatskalender und Staatshandbücher des 18. Jahrhunderts, Bd. 1: Nord- und Mitteldeutschland, Frankfurt am Main 1997.

134 Siehe Carl Heinrich v. Römer, Staatsrecht und Statistik, Bd. 2, S. 564–566, §§ 4–6, und S. 620, § 63, sowie Karl Salomo Zachariä, Handbuch des chursächsischen Lehnrechts, Leipzig 1796, § 135.

b) Die Verteilung der Ausschußstellen auf die sieben erbländischen Kreise

Ein in der Landtagsordnung ausführlich geregelter und damit rechtlich fixierter Komplex betraf die Verteilung der Stellen, die jedem der sieben Kreise in den beiden Ausschüssen zustanden. Wie die Landtagsakten der zweiten Hälfte des 17. Jahrhunderts belegen, bestätigte die Ordnung von 1728, soweit es die Gesamtzahl der Stellen und ihre Verteilung auf die Kreise anging, eine bereits gängige Praxis von vierzig Stellen im Engeren und sechzig Stellen im Weiteren Ausschuß. Der normale Gang einer vollständigen Landtagskarriere umfaßte daher drei Stationen. Nach dem Eintritt in den Landtag kam der Aufstieg aus der Allgemeinen Ritterschaft auf eine freie Stelle im Weiteren Ausschuß, die dem jeweiligen erbländischen Kreis, in dem das Rittergut lag, zustand, und dann womöglich ein Aufrücken in den Engeren Ausschuß. Die Sitzordnung in den Ausschüssen bestimmte sich nach der Anciennität. Die neu besetzten Stellen wurden am Ende der Sitzordnung zunächst in der Reihenfolge der Kreise vom Churkreis bis zum Neustädter Kreis angehängt (§ 12). Danach rückten die Mitglieder in der Weise Richtung Vorsitzendem weiter vor, wie sich durch das Ausscheiden von weiter vorne sitzenden Mitgliedern Lücken ergaben, die von dem jeweils nächst platzierten Ausschußmitglied gefüllt wurden. Die Zahl der Ausschußstellen nach § 12 und § 13 der Landtagsordnung verteilte sich wie folgt.

Tabelle 6: Die Anzahl an Stellen für die sieben erbländischen Kreise im Engeren und im Weiteren Ausschuss der Ritterkurie

Nr.	Kreise	Engerer Ausschuss	Weiterer Ausschuss	Summe
1	Churkreis	5	6	11
2	Thüringer	11	15	26
3	Meißner	5	9	14
4	Erzgebirger	4	6	10
5	Leipziger	9	12	21
6	Vogtländer	4	8	12
7	Neustädter	2	4	6
	Summe	**40**	**60**	**100**

Quelle: Landtagsordnung von 1728

Die in der Landtagsordnung vorgenommene Verteilung der Stellen auf die Kreise in den beiden Ausschüssen zeigt, daß einerseits eine gewiße Rücksicht auf die Größe der Kreise genommenen wurde, andererseits gibt es aber auch auffallende Unterschiede. Die Zahl der Rittergüter in den sieben Kreisen streute ebenso deutlich wie die Zuteilung von Stellen im Weiteren und Engeren Ausschuß an die einzelnen Kreise in der Landtagsordnung. Auf den ersten Blick läßt sich daher nur schwer erkennen, welche Zusammenhänge zwischen der Zahl der Rittergüter in den Kreisen und der Verteilung der Ausschuß-Stellen bestanden haben. Daher soll in den folgenden Absätzen zweierlei versucht werden, zum einen die Beziehung zwischen den drei ritterschaftlichen Abteilungen des Landtages aufzuhellen und zum anderen die Beziehung zwischen den Lehngütern, die im Prinzip in der Allgemeinen Ritterschaft vertreten sein können, und den Ausschuß-Stellen zu klären.[135] Diese Fragen liefern einen ersten allgemeinen Hintergrund zu der Art und Weise, wie die Lehngüter im Rahmen der Ritterkurie des kursächsischen Landtages repräsentiert waren. Sie weisen darüber hinaus voraus auf die von der Aufklärung am Ende des 18. Jahrhunderts geführte kritische Diskussion über die Repräsentativität der alten Landtage, die sowohl das Repräsentationsprinzip Grundbesitz tangierte als auch die quantitative und proportionale Vertretung des Grundbesitzes im Landtag.

Der Engere Ausschuß wurde gegenüber dem Weiteren Ausschuß um ein Drittel in der Mitgliederzahl vermindert. Die Herabsetzung der Stellen für die einzelnen Kreise schwankt jedoch sehr beträchtlich und im selben Maße variierten die Chancen, in den Engeren Ausschuß aufsteigen zu können. Die beiden jüngsten Kreise, der Vogtländer und der Neustädter, mußten eine Reduktion auf die Hälfte hinnehmen. Sie hatten zwar auch ihren Anteil am Engeren Ausschuß, wurden aber als relativ neue Erwerbungen sowohl quantitativ als auch symbolisch deutlich hinter die älteren Landesteile zurückgesetzt. Beim Thüringer und beim Leipziger Kreis sank die Stellenzahl demgegenüber nur um ein Viertel.[136] Der Erzgebirger Kreis liegt mit einer Kürzung um ein Drittel genau auf der Linie des allgemeinen Verhältnisses zwischen dem Engeren Ausschuß und dem Weiteren. Der Churkreis hatte mit sechzehn Prozent die geringste Einbuße aller sieben Kreise, wodurch sein relatives Gewicht im Engeren Ausschuß sich von einem Zehntel, den er im Weiteren Ausschuß besaß, auf ein Achtel vermehrte. Diese quantitative Überrepräsentation des Churkreises ist vermutlich seinem Ehrenvorrang geschuldet, den Sitz der Kurfürstenwürde zu repräsentieren.

Das merkwürdigste und auffälligste Verhältnis zeigt jedoch der Meißner Kreis. Mit nur fünf Stellen im Engeren Ausschuß – also genau so vielen wie der Churkreis hatte – und neun im Weiteren stand er von den alten erbländischen Kreisen am schlechtesten da. Seine Vertretung im Engeren Ausschuß wurde nahezu auf die Hälfte reduziert, obwohl in ihm die landesherrliche Residenz lag und die Stadt Dresden seit 1631 der unangefochtene Tagungsort der Landstände war. Der Meißner Kreis mußte im Vergleich zum Leipziger Kreis eine doppelt so hohe Reduktion hinnehmen und stand damit nur auf der Stufe des Vogtländer und des Neustädter Kreises. Dementsprechend sank auch sein Gewicht, das im Weiteren Ausschuß noch fünfzehn Prozent betragen hatte, auf nur noch zwölfeinhalb Prozent. Welche Motive für diese relative Zurücksetzung des Meißner

---

135 An dieser Stelle geht es um die Rahmenbedingungen und die vorgegebenen Größenordnungen. Zur Frage, wie die Möglichkeiten dann von den adligen Vasallen tatsächlich genutzt wurden, siehe das folgende Kapitel zum Landtagsbesuch.

136 Im Thüringer Kreis müssen hinsichtlich der Aufstiegschancen der Landtagsbesucher die beiden Stellen der Ballei Thüringen und der Commende Griefstedt im Engeren Ausschuß bzw. im Weiteren Ausschuß die Stelle für die Herrschaft Tautenburg abgezogen werden. Für den Leipziger Kreis ist im Weiteren Ausschuß die Stelle des Abgeordneten der Herren v. Schönburg abzuziehen. Diese festen Stellen in den Ausschüssen werden weiter unten näher erläutert.

Kreises verantwortlich waren, liegt zur Zeit noch im Dunkeln. Auch wenn die Zeitgenossen nicht die hier vorgenommenen rechnerischen Kalkulationen durchgeführt haben, so waren deren Wirkungen im praktischen Handeln und in den Erfahrungen, welche die Landtagsbesucher im Umgang mit ihrer Institution machten, für sie doch sehr wohl spürbar. Die Ungleichgewichte in den Anteilen, den Verteilungen und in den Aufstiegschancen können daher nicht als Chimären oder Willkür abgetan werden, sondern verweisen auf ihre Art wieder auf intentionale Einflüsse oder kulturelle Faktoren.

Wenn man sich in gleicher Weise das Verhältnis der Zahl der überhaupt landtagsberechtigten Rittergüter zu den verfügbaren Ausschuß-Stellen ansieht, dann wiederholt sich das Bild der deutlich hervortretenden ungleichgewichtigen Akzentsetzung zwischen den Kreisen.[137]

Tabelle 7: Das Verhältnis der Stellen im Weiteren Ausschuss zur Zahl der landtagsberechtigten altschriftsässigen Rittergüter

Nr.	Kreise	Altschriftsässige Rittergüter		Stellen im Weiteren Ausschuss		Rittergüter pro Ausschußstelle
		Anzahl	in %	Anzahl	in %	
1	Churkreis	47	6,7	6	10,0	7,83
2	Thüringer	123	17,6	15	25,0	8,20
6	Vogtländer	73	10,4	8	13,3	9,12
4	Erzgebirger	74	10,6	6	10,0	12,33
7	Neustädter	50	7,1	4	6,7	12,50
5	Leipziger	153	21,8	12	20,0	12,75
3	Meißner	181	25,8	9	15,0	20,11
	Summe	**701**	**100,0**	**60**	**100,0**	**11,68**

Quelle: Tabelle 1 (Rittergüter) und Landtagsordnung 1728

Die Kreise sind in der Tabelle 7 absteigend nach ihrer Proportion sortiert von der günstigsten im Churkreis bis zur relativ ungünstigsten im Meißner Kreis. Es geht an dieser Stelle also um das Verhältnis zwischen den zugrunde liegenden Lehngütern im Land und ihrer Berücksichtigung im Ausschuß des Dresdner Landtages. Zwar haben die Kreise mit zahlreichen schriftsässigen Rittergütern auch eine größere Anzahl von Stellen im Weiteren Ausschuß. Aber die Abweichungen von einer strikt proportionalen Abbildung sind auffällig. Der Thüringer Kreis erhält bei einem Anteil von gut einem Sechstel der Rittergüter den stattlichen Anteil von einem Viertel der Sitze im Weiteren Ausschuß und erfährt damit eine deutliche Bevorzugung.[138] Umgekehrt wird der Meißner Kreis, zu dem ein

---

137 An dieser Stelle bleiben zur Vereinfachung der Verhältnisse die amtsässigen Rittergüter und die Deputierten der Amtsassen, die im Weiteren Ausschuß saßen, ausgeklammert.

138 Da hier die altschriftsässigen Rittergüter zugrunde gelegt werden, ist die Veränderung der Werte aufgrund der Erteilung der Schriftsässigkeit im Verlauf des 18. Jahrhunderts nur von geringem Einfluß auf die Verteilung der Anteile. Da diese Verleihung der Schriftsässigkeit zudem in allen Kreisen erfolgte, dürfte sie die Tendenz der Verteilung nicht sehr verzerrt haben.

Viertel aller schriftsässigen Rittergüter gehörten, nur mit einem Sechstel der Stellen berücksichtigt.

Die durchschnittliche Relation für alle sieben Kreise ergibt einen Wert von 11,68, d. h. auf eine Stelle im Weiteren Ausschuß kamen elf bis zwölf Rittergüter bzw. Rittergutsbesitzer, die sich vielleicht Hoffnung auf eine Landtagskarriere machten. Die Werte für die einzelnen Kreise weichen vom Mittelwert merklich nach oben oder nach unten ab. Ein niedrigerer Wert bedeutet eine gewisse Bevorzugung des Kreises in seiner Vertretung im Ausschuß, eine Abweichung nach oben zeigt eine entsprechende Zurücksetzung des Kreises an. Bei allen Differenzierungen im Detail wird man die Chancen für einen adeligen Vasallen, einmal Ausschußmitglied zu werden, insgesamt jedoch als gut bewerten müssen.

Die Relationen zwischen der Zahl an Ausschußstellen und den Rittergütern offenbaren demnach drei interessante Ergebnisse. Erstens: Der Meißner Kreis, der die höchste Zahl schriftsässiger Lehngüter aufwies und räumlich die größte Nähe zum Dresdner Hof, zur Landesregierung, zum Appellationsgericht und zu den übrigen kursächsischen Oberbehörden besaß, hatte zugleich die schlechteste Relation, denn auf eine Stelle im Weiteren Ausschuß entfielen zwanzig Rittergüter. Die Vertretung der altschriftsässigen Rittergüter im Meißner Kreis im Weiteren Ausschuß kommt damit nur auf eine Quote von fünf Prozent. Damit war die rechnerische Chance für einen Aufstieg aus der Allgemeinen Ritterschaft für die im Meißner Kreis angesessenen Vasallen am geringsten. Zweitens: Nahe am Durchschnitt und mit einer mittleren Chance des Aufstieges liegen der Leipziger, der Erzgebirger und der Neustädter Kreis relativ nahe bei einander. Obwohl sie sich in der Zahl der landtagsberechtigten Lehngüter deutlich unterscheiden, sind sie in annähernd gleichem Verhältnis mit Stellen im Weiteren Ausschuß vertreten. Drittens: Die günstigsten Möglichkeiten für eine Landtagskarriere boten dagegen die im rechtlich-historischen Ansehen hochrangigen ersten beiden Kreise, der Churkreis und der Thüringer Kreis.

Die Beziehungen zwischen der Zahl der Rittergüter und der Verteilung der Stellen in den Ausschüssen genügt offensichtlich nicht den Anforderungen an eine Repräsentation, wenn darunter die proportionale Abbildung der zugrunde liegenden Verteilung in den delegierten Vertretern verstanden werden soll. In einem qualitativen Sinn von Vertretung, der mehr in Richtung einer Teilhabe und Mitsprachemöglichkeit ausgerichtet war, ist die Vertretung mit gewissen markanten Bevorzugungen und Zurücksetzungen von den zeitgenössischen Akteuren und Beobachtern vermutlich dennoch als ausgewogen empfunden worden.

Eine weitere Besonderheit der kursächsischen Landtagsverfassung, die sie von modernen Zuständen unterscheidet, lag in der kleinen Zahl von Sitzen, die in der Ritterkurie des Landtages fest an bestimmte Personen oder Inhaber von Grundbesitz vergeben waren. Die Inhaber der festen Stellen waren sozusagen qua Amt Mitglieder des Landtages. Sie konnten nicht aufsteigen und durchliefen keine Landtagskarrieren, sondern nahmen entweder den ihnen aus den unterschiedlichen Gründen akkordierten Platz ein oder sie blieben fern und der Platz blieb unbesetzt. Die zuerst zu behandelnde feste Stelle ist die des Erbmarschalls.

An der Spitze des gesamten Landtags stand der Erbmarschall, der den ersten Platz im Engeren Ausschuß einnahm. Das Erbmarschallamt war im Geschlecht der Löser seit dem 14. Jahrhundert erblich, die auf Gütern im Leipziger Kreis und im Churkreis angesessen waren.[139] Der Erbmarschall war sozusagen auch der oberste Archivar der Landstände. Er erhielt einen finanziellen Zuschuß zur sicheren Aufbewahrung der Landschaftsakten in seinem Haus. Ende des 17. Jahrhunderts kamen die Erbmarschälle aus demjenigen Zweig des Löserschen Geschlechts, der auf den Rittergütern Sahlis und Nenkersdorf im Leipziger Kreis saß. Dieser Zweig der Familie starb im Jahr 1721 mit dem unverheirateten Tham Löser aus und das Erbmarschallamt wechselte in den Churkreis zu den Löser auf Reinharz und Klöden. In der Landtagsordnung von 1728 wird die Stelle des Erbmarschallamtes daher fest zu den Stellen des Churkreises im Engeren Ausschuß gezählt.[140] Der Erbmarschall nahm zugleich immer die erste Stelle unter den von der Landschaft bestimmten Ober-Steuereinnehmern ein. Im 18. Jahrhundert erhielt er üblicherweise auch den Titel eines Geheimen Rates, allerdings nur als titulär geheimer Rat ohne Sitz und Stimme im Kollegium.

Wenn die Löser keinen befähigten männlichen Kandidaten für das Amt des Erbmarschalls stellen konnten, wurden die Position und die mit ihr verbundenen Aufgaben und Pflichten durch einen Erbmarschallamts-Verweser wahrgenommen.[141] Auf den Landesversammlungen von 1722, 1725 und 1728 übte dieses Amt Caspar Heinrich v. Beneckendorf (1650–1729) aus. Er war ein brandenburgischer Adeliger aus der Neumark, der in Kursachsen eine militärische Karriere durchlaufen hatte. Im Jahr 1694 bekleidet er die Charge eines Obersten der Infanterie, wurde 1697 General-Major und 1702 General-Leutnant.[142] Anfang des 18. Jahrhunderts hatte er die beiden Rittergüter Alt- und Neukötitz im Amt Oschatz, Meißner Kreis, erworben und trat auf dem Ausschußtag des Jahres 1704 direkt in den Weiteren Ausschuß ein. Es war vermutlich seine militärische Expertise, die ihm zu seiner Landtagskarriere verhalf. Im Landtag von 1711 war er bereits Direktor des Weiteren Ausschusses, ein Jahr später stieg er in den Engeren Ausschuß auf und das Oberhofmarschallamt führte ihn mit dem Titel eines geheimen Kriegsrates, im Jahr 1718 wird er dann als geheimer Rat bezeichnet. Er nahm weiterhin regelmäßig am Landtag teil und erhielt 1722 das Amt des Verwesers übertragen. Damit stand für sechs Jahre bis zu seinem Tod ein der Herkunft nach brandenburgischer Adeliger an der Spitze der kursächsischen Landschaft. Er leitete die Landtage von 1722 und 1728, auf denen unter anderem die Fragen der Landtagsordnung verhandelt wurden.

---

139 Siehe Zedler, Universal-Lexicon, Bd. 18 (1738), Sp. 203. Die Löser führten – wie manches andere adlige Geschlecht in Sachsen – lange Zeit nicht das ‚von' im Namen.

140 Dadurch erhöhte sich die Stellenzahl des Churkreises im Engeren Ausschuß vermutlich von vier auf fünf, wie sich im Vergleich mit den Landtagen von 1694 und 1699 feststellen läßt. In diesem Zusammenhang scheint auch eine Reduktion der Leipziger Stellen von zwölf auf neun vorgenommen worden zu sein.

141 Die Zahl der Mitglieder des Engeren Ausschusses sinkt dadurch auf 39, den der Verweser wird im Teilnehmerverzeichnis doppelt geführt: einmal an erster Stelle und dann auf seinem regulären Platz.

142 Siehe Heinrich August Verlohren, Stammregister und Chronik der sächsischen Armee, S. 120f.

Auf v. Beneckendorf folgte für die Landtage von 1731 und 1734 als Verweser des Erbmarschallamtes Johann Moritz v. Heßler (1677–1741) auf Vitzenburg im Thüringer Kreis, der aus einer alten thüringer Adelsfamilie stammte.[143] Seine Karriere in Dresden begann 1704 als Kammerjunker. Mit dieser Charge trat er nach dem Tod des Vaters und der Belehnung mit seinem Anteil an Vitzenburg beim Landtag des Jahres 1711 unmittelbar in den Weiteren Ausschuß ein, dem er bis 1718 angehörte. Unter v. Beneckendorf stieg er 1722 in den Engeren Ausschuß auf und übernahm für die drei Landtage von 1731, 1734 und 1737 das Amt des Erbmarschalls. Mit der durch seine neue Amtsstellung an der Spitze des Landtages bedingten Ernennung zum titular geheimen Rat im Jahr 1733 schied er laut Staatskalender aus der Gruppe der Kammerjunker am Dresdner Hof aus.[144] Als Erbmarschallamts-Verweser wurde er auch landschaftlicher Ober-Steuereinnehmer und stieg nach der Niederlegung seines Amtes als Verweser unter dem Direktor Heinrich v. Brühl für den Rest seiner Tage noch zum Vize-Direktor des Ober-Steuerkollegiums auf.[145] Auf dem Landtag des Jahres 1742 amtierte dann wieder ein Löser.

Mit Hans Löser (1704–1763) begann die Reihe der Erbmarschälle aus dem Haus Rainharz und Klöden im Churkreis. Er hatte als junger Mann 1722 und dann noch einmal 1737 in der Allgemeinen Ritterschaft persönliche Erfahrungen mit dem Landtagsgeschehen sammeln können. Er wurde unter Friedrich August I. im Jahr 1723 Kammerjunker, 1728 dann Kammerherr. Mit der Übernahme des Erbmarschallamtes 1742 bekam er die Würde eines titular geheimen Rates, 1744 aufgewertet zum wirklichen geheimen Rat mit dem Titel ‚Excellenz‘, aber ohne Sitz und Votum im Kollegium. Außerdem nahm er 1742 den für ihn reservierten Platz im Ober-Steuerkollegium als erster landschaftlicher Ober-Steuereinnehmer ein. Im Rahmen der frühneuzeitlichen Titelinflation erhielt der Erbmarschall Löser im Jahr 1745 im Zuge des kursächsischen Reichsvikariats noch den Titel eines Reichsgrafen verliehen.

Die zweite und die dritte Stelle an der Spitze des Engeren Ausschusses gehörten dem Statthalter der Ballei Thüringen des Deutschen Ritterordens bzw. dem ‚Comthur‘ der Commende Griefstedt, die im Deutschen Orden zur Ballei Hessen gehörte, aufgrund ihres in den kursächsischen Landen gelegenen, aber nicht sehr umfangreichen Grundbesitzes. Die beiden Stellen wurden zum Thüringer Kreis gezählt und auf die Gesamtzahl der Thüringer Stellen angerechnet. Die kursächsische Landesregierung betrachtete sowohl den Statthalter der Ballei Thüringen als auch den Komtur zu Griefstedt als kursächsische Vasallen, nicht anders als andere Schriftsassen und Stände auch.[146] Sie konnte diese Auffassung

---

143 Siehe Zedler, Universal-Lexicon, Bd. 12 (1735), Sp. 1882–1887, hier Sp. 1884. Sein Vater Georg Friedrich v. Heßler (1644–1705) war kursächsischer Kriegskommissar und adeliger Inspector von Schulpforta, der sich von 1666 bis 1704 eine nahezu vierzigjährige Landtagserfahrung erwarb. Johann Moritz hatte noch einen jüngeren Bruder mit Namen Georg Heinrich, geb. 1678.

144 Siehe die Hof- und Staatskalender von 1732 bis 1741.

145 Nach v. Heßlers Tod blieb der Posten des Vize-Obersteuer-Direktors unbesetzt, 1748 wurde er ersatzlos gestrichen.

146 Siehe J.G.L. Anderson, Geschichte der Deutschen Ordens-Commende Griefstedt, Erfurt 1867, S. 247, und A.F. Völkel, Geschichte des Deutschen Ritterordens im Vogtlande. Ein Beitrag zur

auch gegen den Deutschen Orden und das Reichsrecht durchsetzen und daher die Repräsentanten des Ordens, zwar an prominenter Stelle, aber doch als Landsassen zu den Landeskonventen zitieren. Damit war aber noch nicht zwangsläufig die Anwesenheit eines Vertreters auf den Dresdner Landtagen verbunden. Vor allem Ordensritter, die zugleich Angehörige des kursächsischen Landadels waren, haben die Landesversammlungen auch in Person besucht, Angehörige des fränkischen oder hessischen Adels haben den Landtag dagegen weitmöglichst gemieden.

Aufgrund der Dispositionen Johann Georgs I. war das Statthalteramt der Ballei Thüringen in den Jahren von 1656 bis 1725 im Besitz der Herzöge aus der Nebenlinie Sachsen-Zeitz.[147] Sie haben den Landtag in Dresden nicht besucht. Im Jahr 1725 starb der zur katholischen Kirche konvertierte Herzog Christian August von Sachsen-Zeitz. Daraufhin erfolgte eine fünfjährige Sequestration der Ordensgüter durch das Kurhaus Sachsen. Erst von 1731 an verwaltete der Griefstedter Komtur Freiherr Karl v. Stein, der zum fränkischen Adel gehörte, das Amt des Statthalters oder Landkomturs mit. In den Jahren 1733 bis 1755 stand Graf Moritz von Brühl (1693–1755), der ältere Bruder des Premierministers Heinrich Graf v. Brühl, der Ballei vor und führte den Titel eines Landkomturs von Thüringen. Außerdem war er in Personalunion auch Komtur von Griefstedt. Der letzte Landkomtur war Heinrich Moritz Baron v. Berlepsch, der von 1755 bis 1809 amtierte und von 1763 bis 1805 immer in den Landtagsverzeichnissen geführt wurde.[148]

Der Platz Nummer drei für die Commende Griefstedt im Engeren Ausschuß blieb Anfang des 18. Jahrhunderts zunächst verwaist. Erst in den Jahren von 1711 bis 1713 kam Johann Adolph Marschall v. Bieberstein, Komtur von 1701 bis 1716, nach Dresden. Er geriet aber aufgrund seiner „unbezähmbaren Baulust" und anderer Unregelmäßigkeiten in solche Schwierigkeiten, daß er abgesetzt und in Arrest gesteckt wurde.[149] Die Landtagsakten von 1715, 1716 und 1725 führen ihn zwar noch namentlich auf, aber anwesend war er nicht. Sein Nachfolger v. Stein, Komtur von 1716 bis 1734, hat den Landtag nicht besucht. Bis zum Beginn des Siebenjährigen Krieges war der Posten dann in der Hand des Statthalters v. Brühl. Die Komture aus Franken und Hessen – Freiherr Adam Alexander v. Diemar (1756–1772) und Carl Friedrich Reinhold Baron v. Baumbach (1772–1778) – haben die in ihre Amtszeit fallenden Dresdner Landtage seit 1763 besucht. Mit Freiherr Maximilian Wilhelm Siegmund v. Stetten (1779–1794) aus Franken hörte die Landtagsteilnahme der Komture seit 1781 wieder auf. Als im

Heimatskunde, Plauen 1888, Kap. 10: Die Ballei Thüringen seit der Kirchen- und Schulvisitation im Jahre 1529, hier S. 230 f.

147 Herzog Moritz v. Sachsen-Zeitz (1619–1681) war schon seit 1648 Landkomtur, ihm folgte sein zweiter Sohn Christian August (1666–1725), der 1693 konvertierte und daher 1695 von Kursachsen seines Amtes verlustig erklärt wurde. Die Ballei wurde kurzzeitig in Sequestration genommen, dann aber räumte Kurfürst Johann Georg IV. (1691–1694) ihm die Statthalterschaft wieder ein.

148 Beim Landtag von 1781 wird er allerdings als abwesend vermerkt.

149 Zu der dramatischen Geschichte im Einzelnen siehe J.G.L. Anderson, Geschichte der Commende Griefstedt, S. 240–249.

Jahr 1795 der Landkomtur der Ballei Thüringen v. Berlepsch auch die Commende Griefstedt erhielt, fiel eine Besetzung ihres Stuhles im Engeren Ausschuß ebenfalls weg.

Die drei obersten Stellen des Engeren Ausschusses waren demnach für den normalen landsässigen kursächsischen Adel praktisch nicht verfügbar. Die höchste Position, die ein adliger Landtagsteilnehmer in einer langen Landtagskarriere zu erreichen hoffen konnte, war daher der vierte Platz im Engeren Ausschuß.

Von den neun Stellen des Leipziger Kreises im Engeren Ausschuß war eine Stelle für ein Rittergut aus dem Kollegiatstift Wurzen reserviert. Ebenso waren von den zwölf Stellen im Weiteren Ausschuß zwei für Rittergutsbesitzer aus dem Gebiet des Stifts reserviert. Es handelte sich in diesem Fall somit nicht um genau fixierte Plätze. Die Vorschrift sollte nur sicherstellen, daß das Stift Wurzen als ehemaliges Bistumsland und nun dem Leipziger Kreis angegliedertes Gebiet immer im Engeren und Weiteren Ausschuß vertreten war. Auf diese Weise wurde zugleich die rechtliche und politische Herkunft der Landtagsteilnehmer wach gehalten. Der Unterschied in der rechtlichen Herkunft der Besitzungen zwischen dem Stift Wurzen und dem erbländischen Leipziger Kreis blieb bis zum Ende des Alten Reiches erhalten.

Die festen Stellen im Weiteren Ausschuß folgten an dritter und vierter Stelle nach dem Direktor und Kondirektor des Weiteren Ausschusses. An Nummer drei erschien der Abgeordnete der Herren zu Schönburg, die zum Leipziger Kreis gehörten. Den vierten Sitz sollte der Inhaber der Herrschaften Tautenburg und Frauenprießnitz im Thüringer Kreis besetzen. Die Herrschaft Tautenburg war reichsunmittelbar gewesen und in den Reichsmatrikeln verzeichnet.[150] Im Jahr 1562 wurde die Herrschaft zusammen mit Frauenprießnitz in ein kursächsisches Amt verwandelt und kam in der Erbteilung von 1656 an die Herzöge von Sachsen-Zeitz, die den Dresdner Landtag grundsätzlich nicht besuchten. Die Stelle eines Inhabers von Tautenburg und Frauenprießnitz wurde aber in den Verzeichnissen der Landtagsteilnehmer unverändert weitergeführt. Nach dem Anfall von Sachsen-Zeitz im Jahr 1718 kam auch die Herrschaft wieder an Kursachsen. Da sie aber nicht wieder ausgetan wurde, blieb sie Kammergut und der Sitz im Landtag das ganze 18. Jahrhundert über vakant.[151]

Die nach Reichsunmmitelbarkeit strebenden Herren zu Schönburg mußten ebenfalls ihre Angliederung an das Kurfürstentum Sachsen hinnehmen. Mit dem Rezeß von 1740 wurden die Verhältnisse zugunsten des Kurhauses festgeschrieben. Sie verfügten aber auch über reichsunmittelbare Herrschaften. Ihre Zwischenstellung wurde in der Form anerkannt, daß sie das Recht hatten, einen Abgeordneten in den Weiteren Ausschuß zu entsenden, der den dritten Platz an der ersten Tafel einnahm. [152] Seine Ladung zum Landtag erfolgte aufgrund der

---

150 Nach Friedrich Gottlob Leonhardi, Erdbeschreibung, Bd. 1, S. 570, war sie bis 1640 im Besitz der Herren Schenk von Tautenburg.

151 Noch die Landtagsverzeichnisse von 1805 und 1811 führen Tautenburg unverdrossen an vierter Stelle im Weiteren Ausschuß.

152 Für ihre Person waren die Schönburg Mitglied der ersten Kurie der Prälaten, Grafen und Herren.

kursächsischen Lehen der Herren zu Schönburg. Von 1694 bis 1749 hat allerdings kein Abgeordneter der Schönburger an den Verhandlungen im Weiteren Ausschuß teilgenommen. Erst 1787 findet sich mit Graf Hermann zu Schönburg ein Vertreter im Landtag.[153] Der Weitere Ausschuß verfügte somit zwar über sechzig Stellen, er hatte jedoch bis 1749 nicht mehr als achtundfünfzig Mitglieder, die an den zwei Tafeln die Landtagsdeliberationen verfolgten.

Ähnlich dem Kollegstift Wurzen war auch den amtsässigen Ritterschaften der sieben Kreise, die wie erwähnt gewählte Deputierte entsandten, durch den § 13 der Landtagsordnung eine gewisse Berücksichtigung ihrer Gruppe in den Ausschüssen des Landtages zugesichert. Insgesamt wurden der amtsässigen Ritterschaft vierzehn Stellen in den Ausschüssen zugesichert. Die Ordnung von 1728 sagte aber nichts darüber, wie sich die Stellen auf die beiden Ausschüsse verteilen sollten.[154] Sowohl mit Blick auf die zwei Stellen der Amtsassen des Churkreises als auch bei den Stellen im Weiteren Ausschuß erinnerte die Landtagsordnung ausdrücklich daran, daß es jeweils um den Churkreis „inclusive des Amtes Bitterfeld" ginge.[155] In seiner Darstellung des kursächsischen Staatsrechts am Ende des 18. Jahrhunderts berichtet Carl Heinrich v. Römer, es sei üblich, „daß sich fünf Amtsassen in dem engern Ausschusse, und neune in dem weiten Ausschusse befinden."[156] Im Hinblick auf das Amt Bitterfeld spricht er gar von einem Recht, „eine perpetuirliche Stelle im engern Ausschuß" unter den zwei Stellen zu behaupten, die den Amtsassen des Churkreises zugesprochen worden waren.

---

153   Er nahm auch am Landtag von 1793 teil. Im Jahr 1799 war Hans Rudolph August v. Gersdorf Abgeordneter der Herren zu Schönburg, siehe Josef Matzerath, Aspekte sächsischer Landtagsgeschichte. Die Mitglieder der (kur-)sächsischen Landstände 1763 bis 1831, Dresden 2009.

154   Die Landtagsordnung bestimmte in § 13 nur, daß die Regelung sowohl für die amtsässige Ritterschaft der kurfürstlichen als auch der Herren Vettern Landes-Portionen galt, also auch für die Amtsassen in den Herzogtümern Sachsen-Merseburg und Sachsen-Weißenfels. Zum Streit um die Berücksichtigung der Amtsassen siehe das bei Friedrich Karl Hausmann, Kursächsische Landtags-Ordnung, nebst Beilagen, Bemerkungen und einem Anhange, Leipzig 1799, S. 58 f abgedruckte kurfürstliche Dekret vom 1. Juni 1722.

155   Das Amt Bitterfeld gehörte, da es aus der Grafschaft Brehna hervorgegangen war, nicht direkt zum Churkreis. Bis 1738 unterstand das Amt Bitterfeld der Sekundogenitur des Herzogtums Sachsen-Merseburg.

156   Carl Heinrich v. Römer, Staatsrecht und Statistik, Bd. 3, Wittenberg 1792, S. 22, § 22.

Tabelle 8: Die Anzahl der amtsässigen Deputierten in den Ausschüssen des kursächsischen Landtages

Nr.	Kreise	Stellen im Engeren und Weiteren Ausschuss Anzahl	Stellen für die Amtsassen Anzahl	Anteil der Amtsassen %
1	Churkreis	11	2	18,2
2	Thüringer	26	3	11,5
3	Meißner	14	3	21,4
4	Erzgebirger	10	1	10,0
5	Leipziger	21	3	14,3
6	Vogtländer	12	1	8,3
7	Neustädter	6	1	16,7
	Summe	**100**	**14**	**14,0**

Quelle: Landtagsordnung von 1728, § 15.

Die Berücksichtigung der Amtsassen machte das Geschäft der Ersetzung der vakanten Stellen zu Anfang eines Landtags noch komplizierter, da einmal nach Kreisen und dann mit Blick auf die amtsässigen Deputierten die vorhandenen freien Stellen wieder zu besetzen waren. Ein Beispiel aus dem Landtag von 1749 verdeutlicht, wie ernst diese Regeln in der Praxis genommen wurden. Nachdem der Kreiskommissar Georg Friedrich v. Rockhausen sein altschriftsässiges Gut Kirchscheidung verkauft hatte, mußte auf dem Landtag von 1749 seine Stelle im Thüringer Kreis als eine von zwei unbesetzten Stellen im Engeren Ausschuß neu vergeben werden.[157] Da zu diesem Zeitpunkt jedoch alle Stellen der Thüringer Amtsassen in den Ausschüssen nicht besetzt waren, wurde der Deputierte des Amtes Langensalza, Heinrich Ernst v. Töpffern auf Sundhausen aus der Allgemeinen Ritterschaft direkt in den Engeren Ausschuß versetzt.[158]

Heinrich Ernst v. Töpffern hatte seine überraschende Beförderung auf den letzten Platz im Engeren Ausschuß auch dem Aspekt der Anciennität zu verdanken. Die beiden Amtsassen-Stellen des Thüringer Kreises im Weiteren Ausschuß wurden entsprechend der Landtagsordnung aus der Allgemeinen Ritterschaft besetzt.[159] Die erste Stelle erhielt Carl Heinrich v. Germar auf Gorsleben, Deputierter des Amtes Sachsenburg, der seit 1718 die Landtage besuchte und bis 1746 an insgesamt sechs Landtagen teilgenommen hatte. Die zweite

---

157 Georg Friedrich v. Rockhausen verfügte über eine fünfunddreißigjährige Landtagskarriere. Er hatte auf den Landtagen von 1711, 1716 und 1718 in der Allgemeinen Ritterschaft gesessen, 1722 fehlte er, 1728 stieg er aber in den Weiteren Ausschuß auf, wo er auch in den Jahren 1731, 1734 und 1737 an den Sessionen teilnahm, 1742 wurde er sogar in den Engeren Ausschuß berufen und nahm dort auch 1746 seinen Platz ein. Er wird im Oberhofmarschallamt seit 1737 als Kreiskommissar geführt.

158 HSTA Dresden, Bestand 10.24: Geheimer Rat, Locat 9412/1: Landtag 1749.

159 Im § 13 hatte die Ordnung verfügt: „und soll keiner in den Weiten Ausschuß gezogen werden, der nicht wenigstens vorher bey der allgemeinen Ritterschaft gesessen." Der Engere Ausschuß sollte laut § 12 aus den Mitgliedern des Weiteren Ausschusses ergänzt werden.

Stelle ging an Friedrich August v. Rockhausen, den Sohn Georg Friedrichs, auf Albersrode im Amt Freyburg und Landtagsteilnehmer seit 1734. Heinrich Ernst v. Töpffern dagegen war seit dem Landtag von 1716 ein regelmäßiger Besucher der Allgemeinen Ritterschaft als Deputierter des Amtes Langensalza.[160] Seit 1716 hatte er keinen Landtag versäumt und die dreißig Meilen lange und vierzehn Nachtlager beanspruchende Reise nach Dresden gemacht. Er war aber in den neun Landtagen, die er bis 1746 besuchte, nie über die Allgemeine Ritterschaft hinausgekommen, obwohl es zwischenzeitlich immer wieder Vakanzen in den Ausschüssen gegebenen hatte.

Keines der drei erwähnten adligen Geschlechter findet sich übrigens nach 1763 noch unter den Besuchern des Dresdner Landtages.

c) Die Ahnenprobe der ritterschaftlichen Landtagsteilnehmer

Die schließlich noch zu behandelnde Regelung, die mit der Landtagsordnung für das 18. Jahrhundert rechtlich festgezurrt wurde und in der Reformzeit um 1800 zu großen Problemen führen sollte, betrifft die Bestätigung einer verschärften Ahnenprobe für die Zulassung von geladenen und belehnten Besitzern ritterschaficher Vasallengüter zu den Sessionen des Landtags. Der Rittergutsbesitz war nur die allgemeine dingliche Grundlage einer Landtagsteilnahme. Die Ladung der Schriftsassen seitens des Landesherrn und die Vollmachten der Amtsassen für ihre Deputierten stellten die aktuelle politische Voraussetzung her. Aber zur persönlichen Teilnahme erforderte die kursächsische Ritterschaft außerdem den Nachweis adliger Herkunft, denn die Ritterkurie war traditionell und anerkanntermaßen eine Versammlung adliger Vasallen.

Die Ahnenprobe war ein in der Frühen Neuzeit weit verbreitetes Instrument, mit dem bestehende adelige Gruppen ihre Pfründe in den Domstiften oder ihre Interessen an adeligen Versorgungsinstituten gegen unliebsame Mitbewerber abzuschirmen suchten.[161] Der Streit ging vor allem darum, welcher Grad an Adeligkeit erforderlich war. In der zweiten Hälfte des 17. Jahrhunderts verschärften maßgebliche Teile der kursächsischen Ritterschaft ihre Anforderungen an die adlige Herkunft und verlangten, daß ein Landtagsbesucher eine Ahnenprobe über vier Generationen oder insgesamt dreißig adelige Vorfahren

---

160　Zu Sundhausen siehe Friedrich Gottlob Leonhardi, Erdbeschreibung, Bd. 1, S. 688.

161　Zur Bedeutung der Ahnenprobe allgemein als Repräsentation der Abstammung und Verwandtschaft, als politisches Instrument und als kulturelle Haltung siehe Elizabeth Harding und Michael Hecht (Hg.), Die Ahnenprobe in der Vormoderne. Selektion – Initiation – Repräsentation, Münster 2011, und darin speziell die Beiträge von Andreas Müller, Die Praxis der Ahnenprobe im deutschen Adel des 18. Jahrhunderts. Das Beispiel der Ritterschaft des kurkölnischen Herzogtums Westfalen, S. 247–266, und zu Kursachsen von Josef Matzerath, Die Einführung der Ahnenprobe in der kursächsichen Ritterschaft in der zweiten Hälfte des 17. Jahrhunderts, ebd, S. 233–245. Siehe zur Ahnenprobe im Fürstbistum Münster jetzt auch Tim Neu, Strafbare Beleidigung oder vertrauliche Äußerung? Ein lokales Beispiel für die Transformation des Umgangs mit Ehrverletzungen in der Sattelzeit, in: Sylvia Kesper-Biermann, Ulrike Ludwig und Alexandra Ortmann (Hg.), Ehre und Recht, Magdeburg 2011, S. 117–131, hier S. 119–121.

nachzuweisen hatte, um in die Allgemeine Ritterschaft eintreten und an den Sessionen teilnehmen zu können. Da solch hohe Anforderungen an die Herkunft zuerst bei einigen Domstiften verlangt und eingeführt worden waren, spricht man in diesem Fall zumeist von der Stiftsfähigkeit der Person. Adelige, die dieses Kriterium erfüllen, werden stiftsfähiger oder stiftsmäßiger Adel genannt, auch wenn es nicht darum geht, sich um ein Domherrenstelle zu bewerben. Die Stiftsfähigkeit wurde beispielsweise auch für den Zugang zum kurfürstlichen Hof übernommen. Mit seinem Dekret vom 1. März 1700 hatte Kurfürst Friedrich August I. diese 16er Ahnenprobe für die Dresdner Ritterkurie verbindlich gemacht. Die Landtagsordnung von 1728 wiederholte und bestätigte in ihren §§ 32–33 die Bestimmungen des Dekrets.

Der Streit um die Ahnenprobe war auf dem Landtag von 1681 akut geworden, als Ernst Friedrich v. Döring (1658–1726), auf Börln im Amt Oschatz, Meißner Kreis, die Teilnahme an der Session der Allgemeinen Ritterschaft verweigert wurde, da er aus dem Stande geheiratet habe.[162] Ernst Friedrich von Döring hatte 1681 in erster Ehe Johanna Maria Becker v. Rosenfeld geheiratet.[163] Er gehörte zu einer nobilitierten Familie, die seit fünfzig Jahren ein kaiserliches Adelsdiplom von Ferdinand II. besaß. Ernst Friedrichs Großvater, der Kammer- und Bergrat Dr. David Döring war im Jahr 1630 in den erblichen Adelsstand erhoben worden. Seine Mutter Anna Magdalena v. Grünrodt kam aus einem alten Meißener Adelsgeschlecht.[164] Der am 2. November eröffnete Landtag von 1681, der auch der erste Landtag für den neuen Kurfürsten Johann Georgs III. (1680–1691) war, stellte für v. Döring die erste Möglichkeit dar, nach Erreichen der Volljährigkeit einen Landtag zu besuchen.

In einem Schreiben an den Kurfürsten vom 7. November beschwerte Ernst Friedrich v. Döring sich über seinen Ausschluß aus der Ritterschaft. Er hatte umso mehr Grund zur Empörung, als sein Cousin Johann Georg Joachim v. Döring (1645–1718) auf Seelingstädt im Erbamt Grimma, Leipziger Kreis, seit 1670 am Landtag teilnahm.[165] Sein Onkel David Friedrich v. Döring (1618–1689) auf Böhlen bei Grimma nahm ebenfalls erstmals und unbeanstandet in der Allgemeinen Ritterschaft am Tisch des Leipziger Kreises Platz. Die Beschwerde

---

162   Siehe Josef Matzerath, Die Einführung der Ahnenprobe, hier S. 234 f. Ich stützte mich auch im Folgenden weitgehend auf diesen Aufsatz. Zum parallelen Fall des Carl Siegmund v. Hasse auf Schletta siehe Matzerath, ebd., S. 236. Zu ähnlich gelagerten Vorfällen auf den Landtagen von 1660 und 1670 siehe Nina Krüger, Landesherr und Landstände in Kursachsen, S. 55 f.

163   Siehe den Artikel ‚Döring' in: Gothaisches genealogisches Taschenbuch der adeligen Häuser, Briefadel, 3. Jg. (1909). Die Ehe wurde allerdings bereits im Jahr 1688 geschieden. Ob die Ereignisse auf dem Landtag Einfluß auf den unglücklichen Verlauf der Ehe hatten, muß offen bleiben.

164   Seine Eltern waren demnach die erste Generation, in der Mann und Frau adelig waren.

165   Laut Ausweis der Teilnehmerverzeichnisse in den Landtagsakten saß Johann Georg Joachim v. Döring auf allen sechs Landtagen von 1670 bis 1692 in der Allgemeinen Ritterschaft am Tisch des Leipziger Kreises. Er war seit 1674 in erster Ehe mit Dorothee Sophie v. Oppel verheiratet, die ebenfalls aus einer nobilitierten Familie stammte. Der gleich zu erwähnende Onkel David Friedrich, ebenfalls ein Sohn von Dr. David Döring, war in erster Ehe mit Anna Maria v. Canitz, und dann mit Agnese v. Dieskau verheiratet, beides respektable alte Geschlechter.

wurde dem Engeren Ausschuß der Ritterschaft zur Stellungnahme zugestellt. Das Ergebnis der Affäre war, daß erstens in der Sache v. Döring eine Entscheidung auf den nächsten Landtag vertagt wurde, zweitens Ernst Friedrich v. Döring vom Engeren Ausschuß die volle Auslösung zugesprochen bekam,[166] und drittens eine mehr oder weniger anhaltende Debatte um die Kriterien der geforderten Adeligkeit eröffnet war.

Die Allgemeine Ritterschaft verlangte den Nachweis von vier Generationen adliger Vorfahren, der Engere Ausschuß dagegen wollte die Forderung 1681 auf drei Generationen ermäßigen. Eine Entscheidung in ihrem Sinne konnte die Ritterschaft aber auf diesem Landtag nicht erreichen. Die Ritterschaft, jedenfalls die Meißner Kreisritterschaft, wiederholte daher ihre Forderung auf den folgenden Landtagen von 1687 und 1692. Ernst Friedrich v. Döring wandte sich nach Naumburg-Zeitz, wo er die Stelle des Kanzlers erlangte. Ausgestattet mit dem Titel eines geheimen Rates unternahm er beim Landtag des Jahres 1699 einen erneuten Versuch, Zutritt zur Ritterkurie zu erhalten, und scheiterte damit wieder. Außerdem wiesen die Meißner Kreisritter den aus alter Familie stammenden Hans Georg v. Grünrodt ab, weil er einen „Defect in der mütterlichen Linie" habe.[167]

Zwei Tage vor Schließung des Landtages erschien dann am 15. März 1700 das landesherrliche Dekret, in dem Kurfürst Friedrich August I. die von der Ritterschaft so sehr gewünschte Barriere einer vier Generationen umfassenden Ahnenprobe für die Teilnahme am Landtag verbindlich machte.[168] Das Dekret entzog auch demjenigen von altem Geschlecht, welcher sich „außer seinem Stande" – oder, wie die Landtagsordnung von 1728 präzisiert: von altem Adel in bürgerlichen Stand – verheiratet, die persönliche Landtagsfähigkeit. Anläßlich der ersten Teilnahme am Landtag mußte künftig jeder adlige Rittergutsbesitzer eine die Stiftsfähigkeit beglaubigende Ahnentafel vorlegen, die von einer dazu eingesetzten Kommission geprüft wurde. Das Dekret statuierte jedoch auch zwei Ausnahmen, für die eine Ahnenprobe nicht gelten sollten. Zum einen galt die Vorschrift nicht bei Adligen, die als kursächsische wirkliche geheime Räte beim ‚Civil-Etat' bestallt waren, oder für diejenigen, die als Obristen wirklich ein Regiment kommandierten und zum ‚Militair-Etat' gehörten. Die Landtagsordnung von 1728 wiederholte und bestätigte die Vorschriften und die Ausnahmen in ihren §§ 32 und 33.

Am kursächsischen Fall lassen sich die Auswirkungen des Dekrets genau beobachten. In historischer Perspektive ist nicht so sehr die Tatsache der schärferen Abschließung des bereits landtagsfähigen Adels von Interesse. Viel

---

166 Laut Josef Matzerath, Die Einführung der Ahnenprobe, S. 238, erhielt v. Döring für die Zeit vom 1. Nov. 1681 bis zum 1. März 1682 insgesamt 255 Taler und 7 Groschen ausbezahlt, obwohl er von den Direktoren des Meißner Kreises in der Allgemeinen Ritterschaft – wahrscheinlich Oberhofjägermeister Loth v. Bomsdorf und Dam Siegmund Pflug – nicht in das Kreisverzeichnis aufgenommen worden war.

167 Zit. n. Josef Matzerath, Die Einführung der Ahnenprobe, S. 241.

168 Abgedruckt im Codex Augusteus, Sp. 367 unter dem Titel: Decret vor die Ritterschaft, wegen der Session bey den Landes-Versammlungen.

schwerwiegender sind die durch das Dekret in Gang gesetzten dynamischen Prozesse und die mit ihm verknüpften Bedeutungen. Das Dekret sicherte nämlich nicht die Einheit der kursächsischen Ritterschaft, da die Nobilitierungspraxis, der nahezu freie Handel mit Rittergütern und die Eheschließung mit nobilitierten und bürgerlichen Frauen unvermindert fortbestanden. Vielmehr fügte es der bestehenden Spaltung in schriftsässige und amtsässige Gutsbesitzer bzw. Adlige und der stärkeren Schichtung durch die Titelinflation der Freiherren und Grafen anhand der neu vorgeschriebenen Stiftsfähigkeit eine weitere Spaltung hinzu. Außerhalb des Landtags blieben nun nicht nur die weiblichen und die bürgerlichen Besitzer von adligen Lehngütern. Auch die Zahl der unzweifelhaft Adligen ohne ritterschaftlichen Grundbesitz wurde um die nicht stiftsfähigen adligen Grundbesitzer vermehrt. Die Legitimation der verbliebenen, durch das Dekret unausweichlich schrumpfenden Gruppe altadeliger Landtagsvertreter begann langsam zu erodieren,[169] denn der Zweck des kursächsischen Landtages lag nicht in der Wohlfahrt oder Privilegierung einer speziellen Gruppe, sondern wie der § 11 der Landtagsordnung in Erinnerung gerufen hatte, im Flor des kurfürstlichen Hauses und in Schutz und Wohlfahrt der kurfürstlichen Lande und Untertanen. Zudem stand die verschärfte Forderung nach adeligen Vorfahren in Spannung zur Landtagsfähigkeit der schriftsässigen Rittergüter, die sich im landesherrlichen Ladungsschreiben manifestierte. Auf diese für die frühneuzeitliche Rechtskultur typische Weise förderten die verschiedenen Einzelregelungen der Landtagsberechtigung, die unbestreitbar gültige einzelne Rechte oder Privilegien der Personen, Korporationen oder des Grundbesitzes schufen, die inneren Spannungen, die im Ancien Régime nicht mehr aufgelöst werden konnten.

Die Nobilitierung gehörte zum politischen Instrumentarium des frühneuzeitlichen Fürstenstaates. Ausgesprochen wurde die Erhebung in den erblichen Adel oder eine Standeserhöhung durch den Kaiser für diplomatische, militärische oder finanzielle Dienste.[170] Die sächsischen Kurfürsten konnten bei einer Vakanz im Kaiseramt als Reichsvikare selbst Nobilitierungen vornehmen und nutzten diese Möglichkeit ausgiebig zur Befriedigung ihrer Klientel und höheren Bedienten.[171] Der Nobilitierung ging in der Regel der Erwerb eines rittermäßigen Lehngutes voraus. Zwar starben manche nobilitierte Familien wie z. B. die Kregel von Sternbach oder die Romanus von Muckershausen nach zwei oder drei Generationen wieder aus, einige gründeten aber Geschlechter, die sich dauerhaft

---

169 Denn das durch das Dekret auf etwa hundert Jahre verlangsamte Hineinwachsen neuer Familien in den etablierten Adel konnte den Verlust an altadeligen Besitzern durch den Verkauf der Rittergüter oder durch das Aussterben der Familien in der männlichen Linie nicht ausgleichen. Außerdem konnte der langsame Aufstieg das vorhandene Potential an nobilitierten und bürgerlichen Besitzern, oft genug von durchaus sehr konservativer Couleur, nicht ausschöpfen.

170 Siehe die Zusammenstellung bei Karl Friedrich v. Frank, Standeserhebungen und Gnadenakte für das Deutsche Reich und die österreichischen Erblande bis 1806 sowie kaiserlich österreichische bis 1823, 5 Bde., Schloß Senftenegg 1967–1974, und für Kursachsen die Beispiele in Anhang 6.

171 So z. B. 1745 durch die Verleihung des Reichsgrafentitels an den Geheimen Rat Bernhard v. Zech (1681–1748).

behaupten konnten und in größerem Umfang Rittergüter besaßen, so die Döring oder die Hohenthal.[172]

Ein Beispiel für die erfolgreiche Etablierung in der kursächsischen Ritterschaft sind die Mitte des 16. Jahrhunderts nobilitierten Pistoris, die zunächst eine Dynastie von Rechtsgelehrten und Oberhofrichtern stellten. Im 17. und 18. Jahrhundert saßen Vertreter der Familie für die Rittergüter Seußlitz und Merschwitz im kursächsischen Landtag. Hans Ernst v. Pistoris auf Seußlitz im Meißner Kreis war adeliger Assessor am Oberhofgericht in Leipzig und nahm von 1657 bis 1680 an den Sitzungen des Engeren Ausschusses teil. Unter seinem Nachfolger Hartmann v. Pistoris, Mitglied der Allgemeinen Ritterschaft in den Jahren 1711 und 1716, ging das Gut an den Kanzler Heinrich v. Bünau verloren, der am 14. April 1722 mit Seußlitz belehnt wurde. Für Merschwitz, ein altschriftsässiges Rittergut bei Seußlitz, lassen sich von 1657 bis 1781 fünf Generationen von Landtagsteilnehmern der Pistoris nachweisen. Das Gut war durch sie mit nur kleineren Unterbrechungen immer auf den Landtagen vertreten. Soweit Berufsangaben überliefert sind, hatte sich dieser Familienzweig seit dem Ende des 17. Jahrhunderts allerdings militärischen Karrieren zugewandt. Trotz ausgiebiger Landtagsbesuche – der Hauptmann August Adolph v. Pistoris nahm bis auf 1722 an allen acht Landtagen von 1711 bis 1742 teil – sind die Pistoris auf Merschwitz nie in den Weiteren Ausschuß berufen wurden. Dennoch gehörten sie zu den regelmäßigen Teilnehmern.

Die Auswirkungen der aufgrund der Ahnenprobe gegenüber der Mitte des 17. Jahrhunderts deutlich restringierteren Bedingungen für eine Landtagsteilnahme werden im Fall der v. Döring unmittelbar sichtbar. Von 1692 bis 1749 hat kein v. Döring mehr an einer Landtagssitzung teilgenommen. Erst im Jahr 1749 kehrte die Familie mit Johann David v. Döring (1721–1764) auf Seelingstädt in den Landtag zurück und nahm wieder an den Sessionen der Allgemeinen Ritterschaft teil. Johann David v. Döring repräsentierte die fünfte Generation und heiratete im Jahr 1757 Christiane Sophie Friederike v. Canitz. Die Ahnenprobe war inzwischen kein Hindernis mehr gegen eine Teilnahme an den Landtagssitzungen

Als einziger v. Döring schaffte Johann David v. Döring im Jahr 1763 sogar den Sprung in den Weiteren Ausschuß. Alle andern v. Döring haben, ähnlich den Pistoris auf Merschwitz, von 1657 bis 1805 immer nur in der Allgemeinen Ritterschaft gesessen. Dennoch gab es auch am Ende des 18. Jahrhunderts in der Familie ein starkes Interesse an einer Landtagsteilnahme. Zwar hat sein Bruder und Erbe von Seelingstädt, der Hauptmann Friedrich Gottlieb v. Döring (1725–1802), den Landtag nie besucht. Aber sein jüngster Bruder Siegmund Traugott v. Döring (1740–1814) hat sein Erbteil dazu verwendet, um zunächst das amtsässige Rittergut Commichau und dann Zollwitz zu erwerben. Für diese beiden Güter saß er von 1766 bis 1781 bzw. von 1793 bis 1805 jeweils als Deputierter des

---

172 Zur Familie Kregel siehe jetzt Jan Bergmann, Die Familie Kregel von Sternbach, in: Lars-Arne Dannenberg und Matthias Donath (Hg.), Lebensbilder des sächsischen Adels, Bd. 1, Bernstadt a. d. Eigen 2014, S. 31–82, dem ich für die Zusendung der Druckfahnen seines Aufsatzes herzlich danke.

Amtes Colditz ausschließlich in der Allgemeinen Ritterschaft und konnte am Ende somit auf eine vierzigjährige Landtagsteilnahme, wenn auch keine regelrechte Landtagskarriere, zurückblicken.

Die verschärfte Ahnenprobe schloß im 18. Jahrhundert auch eine weitere, in diesen Jahren aufsteigende und sehr bedeutende Familie, die von Hohenthal, dauerhaft von einer Landtagsteilnahme aus. Die durch Heereslieferungen im Zuge des Spanischen Erbfolgekrieges reich gewordene Leipziger Kaufmannsfamilie Hohmann begann 1716 mit dem Erwerb von Rittergütern und erhielt 1717 den Reichsadels- und Ritterstand mit dem Prädikat ,Edle v. Hohenthal'.[173] Die sechs Söhne Peter Hohmanns (1663–1732) erlangten 1732/36 den Reichsfreiherrenstand, der Enkel Peter v. Hohenthal (1726–1794) 1790 im Reichsvikariat den Grafentitel für sich und sämtliche Vettern. Trotz dieses rasanten Aufstieges im Fürstendienst konnte kein Hohenthal den Landtag besuchen. Der erste Vertreter des Geschlechts, den die Landtagsakten verzeichneten, war Peter Friedrich Graf v. Hohenthal (1735–1819), auf Niederpöllnitz im Neustädter Kreis, der im Jahr 1805 direkt in den Weiteren Ausschuß eintrat. Er war seit 1764 Hof- und Justizienrat und gehörte seit 1765 der Landes-Ökonomie-Deputation an. Seine Teilnahme verdankte er aber nicht seinem Rittergutsbesitz oder seiner persönlichen Qualität, sondern der Tatsache, daß er im Jahr 1800 zum wirklichen geheimen Rat und Konferenzminister ernannt worden war und daher in seinem Fall die Ausnahmeregelung der Landtagsordnung hinsichtlich der Ahnenprobe griff.[174]

Auf dem Landtag von 1749 konnte Johann David v. Döring auch auf den schon erwähnten ehemaligen geheimen Rat Heinrich v. Bünau (1697–1762), den Gelehrten, treffen, mit dem er weitläufig verwandt war. Heinrich v. Bünau saß für das Rittergut Domsen im Engeren Ausschuß und gilt als Gegenspieler des Premierministers Heinrich v. Brühl. Im hier zu behandelnden Zusammenhang geht es um die Auswirkungen der Ahnenprobe auf seine Söhne. Heinrich v. Bünau war in erster Ehe von 1721 bis 1728 mit Augusta Helene v. Döring (1705–1728) verheiratet, die ihm die Hälfte des Rittergutes Dahlen in die Ehe eingebracht hatte.[175] Da sein Vater, der Kanzler Heinrich v. Bünau (1665–1745), für den Familienbesitz Pretzsch bzw. ab 1722 für Seußlitz den Landtag besuchte und bis 1737 im Engeren Ausschuß saß, konnte er aus eigener Kraft nicht am Landtag teilnehmen. Erst das Gut seiner Frau, das sie in die Ehe einbrachte, ermöglichte

---

173 Siehe Georg Schmidt, Die Familie der Grafen von Hohenthal, Halle 1896. Schmidt listet in seiner dritten Abteilung, S. 105–152 eine beeindruckende Sammlung von Hohenthalschen Grundbesitzungen auf.

174 Sein Vater war der Freiherr Christian Gottlieb v. Hohenthal (1701–1763), seit 1749 auf Dölkau, Stift Merseburg, seine Mutter Johanna Elisabeth Neuhaus, Tochter des Leipziger Kaufmanns Christian Neuhaus.

175 Siehe HStA Dresden, Bestand 10.080, Ritterguts-Matrikel 1728. Die Hochzeit erfolgte am 5. Juni 1721 in Dresden, seit dem 27. November 1721 war er mit der Hälfte von Dahlen belehnt, die andere hatte seit dem 24. Mai 1703 sein Schwiegervater Hans August v. Döring in Lehn. Carl Sahrer v. Sahr, Bünau, S. 103 f nennt die Transaktion einen Scheinkauf. Der vorgezogene Zugriff auf das Erbe seiner Frau ermöglichte es Heinrich v. Bünau jedenfalls schon 1722, einen Landtag zu besuchen.

ihm im Jahr 1722 den Eintritt in den Landtag.[176] Da Helene von Döring aber nicht stifts- und damit in Dresden nicht hoffähig war, und diesen Makel an ihre Söhne weitergab, ist es kein Zufall, daß die beiden Söhne Heinrich v. Bünaus sich anderwärts hin orientierten, wo die Bedingungen nicht so restriktiv gehandhabt wurden, oder einen Umweg gehen mußten.

Sein älterer Sohn, der wieder den Namen Heinrich v. Bünau (1722–1784) trug und auf Domsen angesessen war, wurde wirklicher geheimer Rat in Weimar und besuchte nicht den Landtag. Nur der Enkel, der wiederum Heinrich (1755–1826) hieß, nahm im Jahr 1787 für Domsen einmalig am kursächsischen Landtag teil. Das Rittergut Domsen fiel demnach in der zweiten Hälfte des 18. Jahrhunderts als landtagsfähiges Rittergut weitgehend aus. Der jüngere Sohn Günther (1726–1804) auf Dahlen schlug die militärische Laufbahn ein und kam erst nach seiner Verabschiedung als Oberstleutnant und Adjutant des Generals Karl Siegmund v. Arnim im Jahr 1763 zum Landtag von 1766.[177] Auf dem Landtag von 1769 fehlt er, 1775 war er aber zurück in der Allgemeinen Ritterschaft. Auf den folgenden Landtagen machte er dann rasch Karriere, denn 1781 wurde er direkt auf den Posten des Kondirektors des Weiteren Ausschußes berufen, und rückte schon 1787 in den Engeren Ausschuß auf, wo er auch 1793 und 1799 Platz nahm.

Die Ausnahmen, welche die Landtagsordnung von der Ahnenprobe gestattete – die wirklichen geheimen Räte und die kommandierenden Obersten –, waren, soweit es sich bislang beurteilen läßt, nicht von großer zahlenmäßiger Bedeutung. Es sind vor allem die Fälle der geheimen Räte, die hier interessant sind. In den dreißiger und vierziger Jahren des 18. Jahrhunderts ist es vor allem die Landtagskarriere von Bernhard v. Zech (1681–1748), die auffällig und für die zeitgenössischen Praktiken aufschlußreich ist. Er gehörte einer nobilitierten Familie an und war seit 1709/10 über eine Doppelhochzeit seines Bruders Ludwig Adolph (1683–1760) und seiner Schwester Dorothea Sibylla Zech (1693–1745) mit der Familie Kregel v. Sternbach verwandt.[178]

Bernhard v. Zech war der Sohn von Bernhard Zech (1649–1720) und Regine Elisabeth Dauderstedt.[179] Der Vater war aus dem sachsen-weimarer Regierungsdienst als Hof- und Regierungsrat abgeworben und 1691 in Dresden als Hof- und Justitienrat angestellt worden. Der neue Kurfürst Friedrich August I. machte ihn 1697 zum wirklichen geheimen Rat. Ohne Landbesitz und Verbindungen in Kursachsen gehörte Bernhard Zech zur engeren Mannschaft des neuen Kurfürsten, mit der er seine Politik durchsetzte. Zech gehörte der im Juli 1697 eingesetzten Revisionskommission an, mit dem bislang herrschende Ade-

176 Die von Carl Sahrer von Sahr, Bünau, S.104, geäußerte Vermutung, er habe wohl 1722 am Landtag teilgenommen, ist zutreffend. Der Landtag dauerte vom 8. Februar 1722 bis zum 14. Juni. Der relativ junge Mann, und erst seit 1718 geheimer Referendar im Geheimen Rat, bekam auf seinem ersten Landtag sofort die Position eines Kondirektors des Meißner Kreises in der Allgemeinen Ritterschaft.

177 Siehe Heinrich August Verlohren, Stammregister und Chronik der sächsischen Armee, S. 161, Nr. 38. Bünau hatte an den Kampagnen von 1742, 1744–45 und 1758–63 teilgenommen. Er trat später als Oberst der Kavallerie in kaiserlich französische Dienste.

178 Siehe Jan Bergmann, Die Familie Kregel von Sternbach, hier S. 62 f.

179 Siehe Zedler, Universal-Lexicon, Bd. 61 (1749), Sp. 262–269 und Sp. 271–274.

lige, Amtsträger und städtische Magistrate unter Korruptionsverdacht gestellt und vom neuen Landesherrn mit gerichtlichen Untersuchungen drangsaliert wurden.[180] Beim Sturz des Großkanzlers v. Beichlingen im Jahr 1703 nahm Bernhard Zech dessen Verhaftung vor. Für seine Verdienste im Verwaltungs- und im diplomatischen Dienst sowie seine historisch-politischen Schriften erlangte er 1716 die Erhebung in den Adelsstand durch Kaiser Karl VI.[181] Ein Rittergut in Kursachsen hat Bernhard Zech aber nicht erworben. Erst die Söhne gingen auch in den Grundbesitz.

Der älteste Sohn, Bernhard Freiherr v. Zech (1681–1748), folgte der Berufslaufbahn des Vaters, die sich eng an den Dresdner Hof angelehnt hatte.[182] Seine Karriere begann 1703 als Kommissionsrat und geheimer Referendar. Auf dem Wahltag von 1711 zur Wahl des neuen Kaisers führte er das Protokoll. Im Jahr 1713 veröffentlichte er, allerdings ohne Angabe seiner Autorschaft, ein umfangreiches Werk über die ‚Gegenwärtige Verfassung der kayserlichen Regierung in Deutschland'. In den Geheimen Rat rückte er schließlich 1725 auf. Die nächsten Schritte nach der Ernennung zum wirklichen geheimen Rat bestanden in dem Kauf des Rittergutes Schmorkau im Amt Stolpen an der Grenze zur Niederlausitz im Jahr 1727 und seinem Eintritt in den Landtag im darauf folgenden Jahr.[183] Parallel dazu erhielt er im Jahr 1729 den Titel eines Reichsfreiherren. Nach einem weiteren Landtag in der Allgemeinen Ritterschaft im Jahr 1731 stieg er 1734 in den Weiteren Ausschuß auf und 1742 dann in den Engeren Ausschuß. Seit er im Weiteren Ausschuß saß, gehörte er zu den sechs ‚Conferenz-Ministern'.[184] Anfang der dreißiger Jahre kam zu Gut Schmorkau noch das Rit-

---

180 Siehe Wieland Held, Der Adel und August der Starke. Konflikt und Konfliktaustrag zwischen 1694 und 1707 in Kursachsen, Köln 1999, S. 52.

181 Unter dem Namen Friedrich Leutholf v. Franckenberg hatte er die ‚Schaubühne der jetzt regierenden Welt' (1675) und den ‚Europäischen Herold, oder zuverläßige Beschreibung derer Europäisch-Christlichen Kayserthums, Königreiche, freyer Staaten und Fürstenthümer' (1705) veröffentlicht.

182 Bernhard v. Zech war von 1708 bis 1727 mit Johanna Susanne v. Jobin verheiratet. Ernst Heinrich Kneschke, Neues allgemeines deutsches Adels-Lexicon, Bd. 4, Leipzig 1869, S. 583 erwähnt den Reichsadelsstand für den kursächsischen Kommissionsrat Johann Julius Jobin, der 1738 in Kursachsen bekannt gemacht wurde. Bruder und Kinder bevölkerten vor allem Positionen in den Stiftischen Nebenländern: Sein jüngerer Bruder Ludwig Adolph v. Zech (1683–1760) übernahm mehrere größere diplomatische Missionen und wurde Dompropst zu Merseburg, 1731 erhielt er den Titel wirklicher geheimer Rat (ohne Session). Dessen Tochter aus erster Ehe, Louise Charitas, heiratete 1726 den Merseburger Vicekanzler Johann Georg v. Beulwitz auf Lohma. Der andere jüngere Bruder, Wilhelm Ernst (geb. 1690) war Merseburger Cammer- und Consistorial-Rat. Der Sohn Bernhards, August Ferdinand (1719–1793), wurde 1742 Hof- und Justitienrath in Dresden und 1748 – wie sein Vater – Domherr zu Zeitz.

183 Zum Kauf des Rittergutes siehe Walter v. Boetticher, Geschichte des oberlausitzischen Adels und seiner Güter 1635–1815, Bd. 3, Görlitz 1919, S. 147.

184 Der Titel ‚Conferenz-Minister' taucht in den Hof- und Staatskalendern seit 1744 auf. Es handelt sich hier um keine neue Behörde oder Instanz, sondern um eine – wie der Name andeutet – Konferenz zwischen den aktiven Kabinettsministern und wirklichen Geheimen Räten. In der Sache ist es wohl vor allem ein neuer Titel, die Praxis dagegen war älter.

tergut Klingenberg im Amt Dresden hinzu.[185] Nach den Angaben in Zedlers Universal-Lexicon hatte v. Zech die Präsidentenstelle im Reichsvikariatsgericht inne. Den Abschluß einer langen Karriere im landesherrlichen Dienst bildete die Erhebung in den Reichsgrafenstand im Reichsvikariat von 1745. Zu dieser höfischen Karriere gehörte offensichtlich dennoch auch der Dienst im kursächsischen Landtag.

Bernhards Sohn und Erbe, der Hof- und Justitienrat der Dresdner Landeregierung August Ferdinand v. Zech (1719–1793) auf Schmorkau und Klingenberg, verfügte zwar über einen klangvollen Freiherren- und seit 1745 Grafentitel, trotzdem war an einen Landtagsbesuch wegen der fehlenden Ahnen bzw. Amtsstellung nicht zu denken. Bernhard v. Zechs Tochter, Christiane Friederika, heiratete 1736 den Hofrat der Merseburger Stiftsregierung und Leipziger Oberhofgerichts-Assessor, später auch Direktor des Leipziger Consistoriums Carl Gottlob v. Ende auf Kaymberg im Neustädter Kreis, der von 1731 bis 1749 den Dresdner Landtag besuchte.[186] Im Jahr 1731 kam Bernhard v. Zech wie sein Schwiegersohn v. Ende in die Allgemeine Ritterschaft. Sie saßen allerdings an unterschiedlichen Tischen des Meißner bzw. Neustädter Kreises. Aber erst nachdem sein Schwiegervater 1742 in den Engeren Ausschuß aufgerückt war, trat v. Ende im Jahr 1746 in den Weiteren Ausschuß ein.[187]

Der jüngere Bruder Bernhards, Ludwig Adolph Freiherr v. Zech (1683–1760), erwarb die Güter Bündorf und Geusa im Amt Merseburg, die außerhalb der sieben erbländischen Kreise gelegen waren.[188] Er war 1706 in erster Ehe mit Johanna Charitas Winckler, aus der nobilitierten Leipziger Kaufmannsfamilie, und 1709 in zweiter Ehe mit Christina Florentina Kregel v. Sternbach aus Leipzig verheiratet.[189] Sein Sohn Ludwig Bernhard v. Zech, geboren 1715 und das dritte Kind dieser Ehe, wurde 1740 Hof- u. Justitienrat der Regierung von Sachsen-Weißenfels und trat zwei Jahre darauf in den dortigen Geheimen Rat ein.[190]

---

185 Bernhard v. Zech wurde 1734/35 Conferenz-Minister. Klingenberg blieb bis 1764 im Besitz der v. Zech, Schmorkau bis 1795.

186 Siehe Zedler, Universal-Lexicon, Bd. 61 (1749), Sp 263.

187 Inwieweit man bei der Berufung in die Ausschüsse auf enge Verwandtschaftsverhältnisse geachtet hat und nicht Vater und Sohn, Schwiegerväter und Schwiegersöhne, Brüder oder Schwäger zugleich berufen hat, ist beim derzeitigen Forschungsstand nicht sicher zu beurteilen. Manche Indizien sprechen aber für derartige Rücksichten oder Bedenken.

188 Siehe Friedrich Gottlob Leonhardi, Erdbeschreibung, Bd. 3, S. 510 und 512. An Gelegenheiten, in den Erblanden landtagsfähige Lehngüter zu erwerben, hätte es nicht gemangelt.

189 Die untereinander durch Heirat verbundenen nobilitierten Familien der ersten Hälfte des 18. Jahrhundert scheinen fast ein eigenes Milieu gebildet zu haben.

190 Zedler, Universal-Lexicon, Bd. 61 (1749), Sp. 267. Er heiratete 1744 in erster Ehe Sophie Dorothee, Tochter des Oberst Christian Vitzthum v. Eckstädt auf Röhrsdorf, und nach deren Tod in zweiter Ehe 1747 Dorothee Charlotte v. Watzdorf. Sie war die zweite Tochter des Friedrich August v. Watzdorf Rittergutsbesitzer auf Jößnitz, Kauschwitz und Röttis, Kreishauptmann, Appellationsrat, Obersteuer-Einnehmer und Kreis-Kommissarius des Vogtländischen Kreises, und der Eleonore Ernestine Dorothee, geborene Senft v. Pilsach. Die Vitzthum v. Eckstädt, v. Watzdorf und Senft v. Pilsach gehörten zum altetablierten kursächsischen Adel. Seinen Grundbesitz hatte v. Zech mit dem Rittergut Ober-Lödla allerdings im Fürstentum Altenberg.

Derartige Favoriten, Mignons, Günstlinge und enge Vertraute, die im Pagendienst aufstiegen, in der Prinzenzeit als Hofmeister tätig waren oder als juristische Berater das Vertrauen des Fürsten gewonnen hatten, gehörten zum Herrschaftsstil des frühneuzeitlichen Fürstenstaates, der immer noch stark von persönlichen Beziehungen und der Kultur der Anwesenheit geprägt war.[191] Ein weiterer Günstling des Hofes, der in der ersten Hälfte des 18. Jahrhunderts im fürstlichen Dienst den Adel erlangte und dessen Aufstieg bis in den Geheimen Rat führte, war Johann Christian Hennicke (1681–1752).[192] Er stammte aus Halle, wo sein Vater beim Salzwerk angestellt war, und gilt vor allem in der älteren Literatur als rechte Hand und Werkzeug des Premierministers. Seine Laufbahn begann aber schon 1709 in der Verwaltung der von Kurfürst Friedrich August I. neu eingeführten und gegen die Stände durchgesetzten General-Accise. Beim Anfall von Sachsen-Zeitz im Jahr 1718 besorgte Hennicke die Interessen des Kurhauses. Den Reichsadelsstand, der in Kursachsen am 12. Juli 1733 notifziert wurde, erhielt er schon im Jahr 1728 unter Friedrich August I.[193]

In den Hof- und Staatskalendern von 1728 bis 1733 firmiert Johann Christian Hennicke unter den Vice-Präsidenten Johann George v. Zehmen auf Lauterbach bzw. Heinrich v. Bünau als Cammer-Rat und Cammer- und Bergrat (seit 1729) ohne das Adelsprädikat. Unter Heinrich v. Brühl, der seit 1732 wirklicher geheimer Rat und dirigierender Sekretär im ‚Domestique-Departement' des Geheimen Kabinetts, seit 1734 dann auch formell ‚Cabinets-Ministre' und Präsident des Cammer-Collegiums war, setzte sich Hennickes Karriere fort. Er erscheint nun seit 1735 mit Adelsprädikat im Staatskalender, wo er 1732 als Direktor der Stifts-Cammer von Naumburg-Zeitz geführt wird. Mit dem Jahrgang 1736 rückte er zum Vice-Director des Cammer-Collegiums in Dresden auf und wurde zugleich titular geheimer Rat. Als Hennicke 1738 auf einer neu geschaffenen zehnten Ratsstelle in den Geheimen Rat eintrat, traf er dort nicht nur auf die Brüder Johann Adolph und Christian v. Loß, deren Familie seit hundert Jahren Hofräte und geheime Räte stellte, sondern auch auf die Brüder Bernhard und Ludwig Adolph, Freiherren v. Zech. Im Jahr darauf war v. Hennicke zusätzlich

---

191 Siehe zu diesem Komplex Michael Kaiser und Andreas Pečar (Hg.), Der zweite Mann im Staat. Oberste Amtsträger und Favoriten im Umkreis der Reichsfürsten in der Frühen Neuzeit, Berlin 2003, und insbesondere den Beitrag von Jürgen Luh, Vom Pagen zum Premierminister. Graf Heinrich von Brühl (1700–1762) und die Gunst der sächsisch-polnischen Kurfürsten und Könige August II. und August III, ebd., S. 121–135; und Rudolf Schlögl, Kommunikation und Vergesellschaftung unter Anwesenden. Formen des Sozialen und ihre Transformation in der Frühen Neuzeit, in: Geschichte und Gesellschaft, Bd. 34 (2008), S. 155–224; oder ders., Anwesende und Abwesende. Grundriss für eine Gesellschaftsgeschichte der Frühen Neuzeit, Konstanz 2014.

192 Johann Christian Hennicke hat in der sächsischen Landesgeschichte eine schlechte Presse: Heinrich Theodor Flathe (1827–1900) scheute nicht vor moralischer Verurteilung zurück und nannte ihn in seinem ADB Artikel, in Bd. 11 (1880), S. 772 f, „eine gemeine Natur, aber durch Geschick, Schlauheit, Gewissenlosigkeit zu Allem brauchbar", als wäre er allein (oder zusammen mit Heinrich v. Brühl) für Kursachsens Unglück haftbar.

193 Siehe Ernst Heinrich Kneschke, Adels-Lexicon, Bd. 4, S. 310 f. Seine Tochter Christiana Sophie, gestorben 1789, heiratete den Ober-Küchenmeister Gottlob Erich v. Berlepsch auf Uhrleben.

zu seinen bisherigen Amtsstellen auch noch Direktor der Cammer des Stifts Merseburg.

Seinen Diensten im Interesse des Landesherrn und des Premierministers v. Brühl folgte während der Reichsvikariate die Erhebung in den Freiherrenstand im Jahr 1741 und in den Grafenstand 1745. Sie wurde auch durch den Erwerb eines standesgemäßen Rittergutes, des altschriftsässigen Gutes Wiederau im Amt Pegau, Leipziger Kreis, im Jahr 1737 vorbereitet und unterfüttert.[194] Nach Adelsstand, Rittergutserwerb und Berufung in den Geheimen Rat kam dann 1742 der Eintritt des Freiherren in den kursächsischen Landtag, und zwar entgegen der Landtagsordnung unmittelbar in den Weiteren Ausschuß. Auf den Landtagen von 1746 und 1749 saß der frisch ernannte Conferenz-Minister und Reichsgraf schließlich im Engeren Ausschuß. Das Oberhofmarschallamt verzeichnete zwar seine Teilnahme am Landtag, inwieweit er aber bei den einzelnen Sitzungen tatsächlich zugegen war oder sich in der Ratsstube aufhielt, muß offen bleiben. Aber selbst wenn es sich bei den Ausschußstellen für den Geheimen Rat und Conferenz-Minister v. Hennicke nur um eine Berufung für den Eventualfall gehandelt haben sollte und er gar nicht oder nur selten seinen Platz im Ausschuß wirklich einnahm, so bleibt die Tatsache unberührt, daß die Zeitgenossen eine derartige Platzierung im Landtag als wichtig genug ansahen, um sie vorzunehmen.[195] Ein Widerstand seitens der Ritterkurie gegen die Teilnahme von landesherrlichen Amtsträgern ist bislang nicht bekannt geworden.[196] Trotz des Grafentitels saß mit dem Geheimen Rat v. Hennicke faktisch ein Bürgerlicher mit am Tisch der adeligen Landstände.

Weitere wirkliche geheime Räte, die nur in dieser Eigenschaft und nicht aufgrund ihres Adels am Landtag teilnahmen, waren Thomas v. Fritsch (1700–1775), der für das Rittergut Seerhausen von 1763 bis 1775 im Engeren Ausschuß saß. Er stammte aus einer Leipziger Buchhändlerfamilie, war von 1732 bis 1738 ein paar Jahre lang geheimer Referendar beim Geheimen Rat gewesen und wird in den Hof- und Staatskalendern von 1747 bis 1757 als titular geheimer Rat geführt. Er gehört zur Gruppe der Adligen und landesherrlichen Amtsträger, die für die Zeit nach dem Siebenjährigen Krieg die Restauration der öffentlichen, insbesondere der finanziellen Verhältnisse plante.[197] Diese Politik konnte er dann als wirklicher geheimer Rat und Konferenz-Minister auch direkt und mündlich

---

194 Siehe Gustav Adolph Poenicke (Hg.), Album der Rittergüter und Schlösser im Königreich Sachsen, I. Section, Leipziger Kreis, Leipzig 1854, S. 151. Vorbesitzer des Gutes war der nobilitierte Leipziger Kaufmann David v. Fletzscher.

195 Oder sogar im Rahmen der Aufgaben der Geheimen Räte als normal und selbstverständlich ansahen. Formal war ein geheimer Rat für die Landtagsverhandlung möglicherweise von seinem Diensteid entbunden und saß nicht unmittelbar in dieser Funktion im Landtag, sondern in seiner Eigenschaft als Landstand. Ein geheimer Rat blieb er aber dennoch.

196 In der konstitutionellen Monarchie dagegen war die Wählbarkeit der Beamten ein politisches Problem.

197 Siehe dazu Horst Schlechte (Hg.), Die Staatsreform in Kursachsen 1762–1763. Quellen zum kursächsischen Rétablissement nach dem Siebenjährigen Kriege, Berlin 1958, S. 46–59. Auf seine Teilnahme am Landtag geht Schlechte nicht ein.

im Engeren Ausschuß vertreten. Obwohl das Gut Seerhausen im Familienbesitz blieb, war Thomas v. Fritsch bis 1805 der einzige Landtagsteilnehmer.

Im Jahr 1781 trat schließlich auch Freiherr Christian Gotthelf v. Gutschmid (1721–1798) direkt in den Weiteren Ausschuß ein. Er war ein Mitarbeiter von Thomas v. Fritsch und bis 1766 Hof- und Justitienrat, stieg dann von 1767 bis 1770 zum Vicekanzler der Landesregierung in Dresden auf und wird seit 1771 im Hof- und Staatskalender als wirklicher geheimer Rat geführt, nachdem er zuvor im Jahr 1769 geadelt worden war und den Freiherrentitel erhalten hatte.[198] Den fehlenden Rittergutsbesitz bekam er 1776 mit dem Rittergut Kleinwolmsdorf im Amt Radeberg, Meißner Kreis. Auf den Landtagen der Revolutionszeit von 1787 und 1793 saß mit Gutschmid wieder ein frisch nobilitierter Bürgerlicher unter den altadeligen Landtagsbesuchern.

Die Teilnahme an den Verhandlungen des kursächsischen Landtags im 18. Jahrhundert erweist sich als komplexes und facettenreiches Zusammenspiel vieler Bedingungen und Einflüsse. Landtagskurien, Collegien und Kreise; Schriftsassen und Amtsassen; Mannlehen und Ahnenprobe; landesherrliche Landtagsausschreiben, sechsjährige Steuerbewilligungen und Gravamina; Auslösung und Nachtlager; Anciennität, Präzedenz, Privileg und Hofrangordnung: das waren die Rahmenbedingungen, Praktiken und Orientierungspunkte, wenn sich ein adliger Vasall entschließen sollte, nach Dresden zu reisen, um den Landesversammlungen in Person beizuwohnen. In welchem Umfang und in welcher Art der kursächsische Adel diese Möglichkeit genutzt hat, steht im Mittelpunkt des folgenden Kapitels.

---

198 Siehe ebd., S. 59–61. Sein Landtagsbesuch findet bei Horst Schlechte ebenfalls keinen Niederschlag.

III. Landtagsbesuch und Landtagskarrieren in der ersten Hälfte des 18. Jahrhunderts

Im vorigen Kapitel wurden die Rahmenbedingungen, die Organisation und die Verfahren des kursächsischen Landtages im 18. Jahrhundert vorgestellt. Nun soll es vor allem darum gehen zu beobachten, wie die landtagsberechtigten Rittergutsbesitzer die vorhandene Einrichtung tatsächlich genutzt haben. Auch wenn bislang keine Selbstzeugnisse von Landtagsbesuchern vorliegen, die über ihre Sichtweise der Landtags-Sessionen Auskunft geben, so kann doch aus dem Verhalten der Landtagsberechtigten – also ob sie den Landtag besuchten, wer von den Berechtigten es besonders häufig tat und welche Karriere sie im Landtag und außerhalb des Landtages machten – geschlossen werden, wie es um die Bedeutung der Landesversammlungen für die adeligen Zeitgenossen stand. Diese Beobachtungen können zum einen auf statistischem Wege erfolgen, zum anderen kann das Verhalten bestimmter Gruppen, die Anstellungen am Hof, im Militär oder in den verschiedenen Chargen landesherrlicher Amtsträger besaßen, beobachtet werden. Darüber hinaus läßt sich das Verhalten einzelner adeliger Geschlechter, auch über mehrere Generationen hinweg, nachzeichnen und sogar die Karriere einzelner Landtagteilnehmer beschreiben. Zwar bilden die Umstände, Motive und Entscheidungen jedes individuellen Rittergutsbesitzers hinsichtlich seines Besitzes, seines Berufsweges und seines Verhaltens ein je eigenes Schicksal, dennoch können unbeschadet dieser Individualität im Detail doch Muster und Tendenzen beobachtet werden, die allgemeinere Aussagen zu machen gestatten.

Im Mittelpunkt dieses Kapitels steht die Beobachtung des Landtagsgeschehens, wenn man die erste Hälfte des 18. Jahrhunderts insgesamt bzw. im Längsschnitt betrachtet. Der Schwerpunkt liegt hier auf der Prüfung einer möglichst großen Vielzahl von Faktoren oder Umständen im Hinblick auf ihre Bedeutung für den Landtagsbesuch. Es ist z. B. zu fragen, ob bestimmte kursächsische Kreise auf dem Landtag stärker vertreten waren als andere, wie sich der Aufstieg in die Ausschüsse gestaltete, oder ob die Bestallung bei Hofe, bei den oberen oder unteren Landesbehörden einen Einfluß auf die Landtagsteilnahme oder die Landtagskarriere hatte. Im folgenden Kapitel werden die in diesem Untersuchungsschritt behandelten Fragen noch einmal aufgegriffen, aber der Schwerpunkt wechselt hin zu einem konkreten Landtag, der in seiner personellen Zusammensetzung, also in einem exemplarischen Querschnitt, analysiert werden soll.[1] Ziel der Darstellung ist es zunächst, eine reichhaltigere Anschauung von der zeitgenössischen Praxis der Landtagsbesuche zu vermitteln, die dann als Material für eine Interpretation der Rolle und der zeitgenössischen Bedeutung der Landtage dienen kann.

---

1   Die Beispiele werden sich daher z. T. wiederholen, da sie einmal auf einen konkreten Landtag und einmal auf ihre allgemeine Bedeutung im 18. Jahrhundert bezogen werden.

Die reine Tatsache einer zum Teil langen und im Winter auch beschwerlichen Anreise nach Dresden mit anschließender mehrwöchiger Teilnahme an den Landtagssitzungen ist schon in sich eine Aussage über den Landtag. Selbst wenn die individuellen Motive oft nicht in einer politischen Mission, sondern in privaten Geschäften und Angelegenheiten gelegen haben sollten, würde dies die Funktion und Bedeutung des Landtages für die adelige Gesellschaft demonstrieren. In der neueren Forschung wird der frühneuzeitliche Landtag nicht mehr ausschließlich als politische Einrichtung gesehen, auf dem über Außenpolitik, Steuern und stehendes Heer gestritten und der Weg zur konstitutionellen Monarchie gebahnt oder offen gehalten wurde. Für Petr Maťa waren Landtage nicht nur Orte der Entscheidung, sondern im Rahmen der fürstenstaatlichen Öffentlichkeit und der adeligen Gesellschaft zugleich und an erster Stelle Orte der Distinktion.[2] Auch Josef Matzerath sieht in den Landtagen nicht nur Geldtage, sondern ebenso ein Treffen des sächsischen Adels und eine Bühne, um den Rang einer Familie innerhalb der adeligen Gesellschaft darzustellen.[3]

Der Landtagsbesuch ist allerdings bislang in der wissenschaftlichen Literatur zur Landtagsgeschichte, aber auch darüber hinaus in den allgemeinen historischen Epochendarstellungen, wenig berücksichtigt worden. Im Vordergrund standen stattdessen die institutionelle Geschichte und die rechtsgeschichtliche oder politische Entwicklung der Landtagseinrichtungen. Dennoch hat die Landtagsteilnahme in Kursachsen, wie noch ausführlicher gezeigt werden wird, für die verschiedensten sozialen und politischen Akteure kontinuierlich eine Rolle gespielt. Wenn man den Blick aber einmal auf diese Frage nach dem Landtagsbesuch richtet, dann fällt zunächst auf, daß er schon in den zeitgenössischen Leichenpredigten oder in den Personalartikeln in Zedlers Universal-Lexicon nicht erwähnt wird. Die Landtagsteilnehmer wurden auch nicht in die seit 1728 erscheinenden kursächsischen Hof- und Staatskalendern aufgenommen. Die wissenschaftliche Literatur hat diese Auslassung in ihren Publikationen dann auf breiter Front übernommen und reproduziert. Gedruckte Verzeichnisse der Landtagsteilnehmer erschienen erst seit dem Landtag von 1763, wurden dann aber regelmäßig aufgelegt. Die durch diese Auslassung entstehende einseitige Darstellung und verzerrte Wahrnehmung der zeitgenössischen Akteure kann an dieser Stelle am Beispiel Heinrich von Bünaus (1697–1762) aufgezeigt werden, der geradezu stereotyp als Diplomat, Historiker und Staatsmann erinnert wird.[4] In der Literatur oder in Ausstellungen wird er immer wieder in dieser Weise präsentiert, nicht aber als mehrfacher und engagierter Landtagsbesucher.[5] Bünau ist literarhistorisch vor allem als Verfasser einer

---

2   Petr Maťa, Ort der Distinktion – Ort der Entscheidung. Zur Teilnahme des Adels am oberösterreichischen Landtag unter Karl VI., in: Gabriele Haug-Moritz, Hans Peter Hye und Marlies Raffler (Hg.), Adel im ,langen' 18. Jahrhundert, Wien 2009, S. 205–237.

3   Josef Matzerath, Adelsprobe an der Moderne, S. 110.

4   Siehe als Beispiel aus der älteren Literatur, die dieses seitdem immer wieder reproduzierte und variierte Muster enthält Eduard Vehse, Geschichte der Höfe des Hauses Sachsen, Sechster Theil, Hamburg 1854, S. 99 f.

5   Zu diesem Ergebnis kam auch Josef Matzerath, Aspekte sächsischer Landtagsgeschichte. Die Ständeversammlungen des 17. und frühen 18. Jahrhunderts, Dresden 2013, hier S. 72.

vierbändigen Kaiser- und Reichsgeschichte und als Dienstherr des Bibliothekars Johann Joachim Winckelmann auf Schloß Nöthnitz in Erinnerung geblieben.[6] In der ersten größeren biographischen Darstellung Heinrichs v. Bünau (1697–1762), die jedoch nur bis zur Entlassung des Kabinettsministers Graf Hoym im Jahr 1731 reicht, vermutet der Verfasser Carl Sahrer v. Sahr für das Jahr 1722 immerhin den Besuch des Landtages. Die Vermutung Sahrer von Sahrs ist tatsächlich zutreffend. Das Thema verschwindet damit aber schon wieder. Im weiteren Verlauf des Kapitels behandelt er dann ausführlich die finanziellen Überlegungen, Vorgespräche und Korrespondenzen zwischen dem Geheimen Rat v. Bünau, der sich vom August 1730 bis Februar 1731 in Warschau beim Kurfürsten-König aufhielt, und dem Minister v. Hoym in Dresden, die im Vorfeld der zunächst vermiedenen Einberufung des Landtages von 1731 am Hofe stattfanden.[7] Werner Schultzes Leipziger Dissertation über den Politiker und Mäzen Heinrich v. Bünau aus dem Jahr 1933, die ihn als Gegner des Premierministers Heinrich v. Brühl stilisiert, kommt weitgehend ohne einen Blick auf den kursächsischen Landtag aus.[8] Bünaus Landtagsaktivitäten, vor allem die Beratung über die Steuerforderungen, spielen erst wieder auf den Landtagen von 1746 und 1749 ausführlicher eine Rolle. Seine prominenten Aktivitäten auf den beiden Landtagen haben jedoch bei Schultze keine erkennbare Auswirkung auf die Grundkonzeption, wie die politischen Verhältnisse im Kursachsen des 18. Jahrhunderts darzustellen wären. Auch die Kataloge zu den Ausstellungen anläßlich der Jubiläen von 1997 und 2002 widmen der Landtagstätigkeit kein Kapitel.[9] Nur kursorisch werden wiederum – vermutlich im Rückgriff auf die

---

6   Heinrich v. Bünau, Genaue und umständliche teutsche Kayser- und Reichs-Historie, Bd. 1, Leipzig 1728, 925 S. ohne Register, Bd. 2, Leipzig 1732, 930 S., Bd. 3, Leipzig 1739, 868 S., Bd. 4 Leipzig 1743, 636 S. Die Darstellung reicht nur bis in das Jahr 918. Dem Werk war eine 1722 in Leipzig erschienene 433 Seiten starke „Probe einer genauen und umständlichen teutschen Kayser- und Reichshistorie, oder Leben und Thaten Friedrich I. Römischen Kaysers" vorausgegangen. Siehe auch Friedrich Gundolf (1880–1931), Anfänge deutscher Geschichtsschreibung von Tschudi bis Winckelmann [1938], Frankfurt am Main 1992, S. 83–91, der v. Bünau als „Fachhistoriker" bezeichnet. Für die typische Einordnung der Person „als Gelehrter und Staatsmann gleich berühmte(n) Heinrich Graf von Bünau" siehe z. B. Gustav Adolf Poenicke (Hg.), Album der Rittergüter, II. Section: Meissner Kreis, Supplement S. 3 den Artikel zu Dahlen.
7   Carl Sahrer von Sahr, Heinrich des H.R.R. Graf von Bünau aus dem Haus Seußlitz,…, „ein gelehrter Herr", Bd. 1, Dresden 1869. Ob die Landtagsbesuche bei einer Fortsetzung seiner Biographie eine größere Rolle gespielt hätten, muß offen bleiben, ist aber aufgrund der sorgfältigen und quellengestützten Arbeit des Verfassers nicht unwahrscheinlich. Sahrer von Sahr fühlte sich Heinrich von Bünau nicht zuletzt als Nachfolger auf dessen Gut Dahlen verbunden. Er hatte die Witwe des Enkels, des letzten Landtagsmarschalls der vorkonstitutionellen Landtage von 1820 bis 1831 Graf Günther v. Bünau, geheiratet.
8   Werner Schultze, Heinrich von Bünau. Ein kursächsischer Staatsmann, Gelehrter und Mäzen, Leipzig 1933, hier bes. S. 35–40. Schultze geht in seiner landesgeschichtlichen Arbeit von einer ganz modernen Vorstellung von ‚Staatsdienst' aus, in der die Landtagsteilnahme keinen Platz finden kann.
9   Siehe Ulrike Götz (Hg.), Graf Heinrich von Bünau – ein „merk-würdiger" Sachse. Festschrift der Ausstellung aus Anlaß seines 300. Geburtstages 1697–1997, Nöthnitz 1997, insbes. S. 17, und Heinrich Graf von Bünau (1697–1762). Gedenkschrift zur Ausstellung aus Anlaß seines 240.

Arbeit von Werner Schultze – die Landtage von 1746 und 1749 erwähnt und die Bemerkung über die zerrütteten Staatsfinanzen wiederholt. Ein Blick in die Landtagsakten zeigt dagegen, in welchem Maße die öffentlich-politische Tätigkeit und die Teilnahme am Landtag in Dresden parallel gingen.

Nach einem 1716 mit einer Dissertation über Fragen der deutschen Münzgeschichte abgeschlossenem juristischem Studium an der Universität Leipzig und anschließender Kavaliersreise durch Holland, England und Frankreich, die ihn auch für längere Zeit nach Paris führte, trat der einundzwanzigjährige Heinrich v. Bünau im Frühjahr 1719 die Stelle eines geheimen Referendars für Steuersachen im Geheimen Rat an.[10] Außerdem hatte er seit 1717 als Supernumerar bei der Landesregierung die Aussicht auf eine Anstellung als Hof- und Justitienrat. Im Geheimen Rat traf er auf seinen Vater Heinrich v. Bünau (1665–1745), den Vize-Kanzler der Landesregierung, der durch Reskript vom 15. Juni 1718 auch Sitz und Stimme im Geheimen Rat erhalten hatte. Durch seine Heirat am 5. Januar 1721 mit der Erbtochter Helene v. Döring etablierte der junge v. Bünau einen eigenen Haushalt und gelangte durch seine Ehefrau in den Besitz des altschriftsässigen Rittergutes Dahlen. Das Gut lag im Amt Oschatz und gehörte damals zum Meißner Kreis. Seine Belehnung mit der Hälfte des Gutes erhielt er am 27. November 1721, wodurch es ihm möglich gemacht wurde, an dem am 8. Februar 1722 eröffneten allgemeinen Landtag in der Allgemeinen Ritterschaft teilzunehmen.[11] Auf diesem Landtag waren auch Fragen der später publizierten Landtagsordnung Gegenstand der Diskussionen. Gleich auf seinem ersten Landtag erhielt Heinrich v. Bünau durch die Wahl seiner Mitstände das Amt des ‚Con-Directors‘ des Meißner Kreises, und damit zusammen mit Gottlob Siegmund Bose auf Nickern die Aufgabe übertragen, die Sitzung zu leiten und das Protokoll zu führen.[12] Schon einen Monat später, am 17. März 1722 erlangte v. Bünau die Ernennung zum wirklichen Hof- und Justitienrat mit einem Gehalt

---

Todestages, hg. von der Evangelisch-Lutherischen Kirchengemeinde Oßmannstedt, Oßmannstedt 2002, insbes. S. 29.

10   Siehe Werner Schultze, Heinrich von Bünau, S. 9, und Carl Sahrer von Sahr, Heinrich v. Bünau, S. 80 f. Die erste Station seiner Laufbahn war die Assessorenstelle am Leipziger Oberhofgericht, die dem Herzogtum Sachsen-Weißenfels zustand, die er von 1716 bis 1730 bekleidete. Vater und Sohn trugen den gleichen Vornamen. Im Geschlecht der v. Bünau erhielten alle Söhne auschließlich einen der drei Vornamen: Heinrich, Rudolph oder Günter. Das erleichterte zwar die Kontinuitätsfiktion der Familie, erschwert aber sowohl den Zeitgenossen wie HistorikerInnen – und LeserInnen – den Überblick.

11   Siehe HSTA Dresden, Matrikel 1728. Die andere Hälfte gehörte seinem Schwiegervater Hans August v. Döring, der seit 1703 mit Dahlen belehnt war. Erbrechtlich war Dahlen ein Allodialgut.

12   Heinrich v. Bünau war allerdings nicht die gesamte Sessionsdauer anwesend. Laut einer Notiz im Oberhofmarschallamt sollte ihn Johann Friedrich v. Heynitz während seiner Abwesenheit vom 25. April bis 13. Mai und nach seiner Abreise am 22. Mai vertreten. Der Landtag dauerte noch bis zum 14. Juni. Weder das Amt noch die Landtagsprotokolle verzeichnen aber für den Landtag von 1722 – im Gegensatz zu den Jahren 1716, 1718 und 1728 – die Teilnahme Johann Friedrichs v. Heynitz: möglicherweise, weil er seinen Deputiertenplatz für das Amt Oschatz an Wilhelm Gottfried v. Mordeisen auf Goselitz oder Friedrich Heinrich v. Starschedel auf Merzdorf verloren hatte.

von 1.000 Gulden und legte die Stelle als geheimer Referendar nieder.[13] Er wohnte während des Landtages laut Oberhofmarschallamt im Haus seines Vaters, des Kanzlers v. Bünau, in der Scheffelgasse.

Nach der einmaligen Teilnahme in der Allgemeinen Ritterschaft im Jahr 1722 konnte v. Bünau an dem im Jahr 1725 einberufenen Ausschußtag nur teilnehmen, weil er in den Weiteren Ausschuß berufen wurde. Sein Aufstieg vollzog sich aber nicht im Rahmen der Meißner Kreisritterschaft, sondern auf einem Ticket des mit seiner Familie verbundenen Thüringer Kreises. Der junge Hof- und Justitienrat und Kondirektor des Meißner Kreises gab also seine Landtagsteilnahme für das schriftsässige Rittergut Dahlen auf und kehrte stattdessen für das amtsässige Gut Domsen im Thüringer Kreis in den Landtag zurück, nun aber als gewählter Deputierter und im Auftrag der Amtsassen des Amtes Weißenfels. Dem jungen Heinrich v. Bünau war es dadurch möglich, 1725 die letzte der drei im Weiteren Ausschuß frei gewordenen Stellen des Thüringer Kreises zu erhalten.[14] Der Wechsel von Kreiszugehörigkeit und Rittergut war offensichtlich Teil einer größeren strategischen Aktion, deren Hintergründe sich zur Zeit jedoch noch nicht ganz aufhellen lassen. Während der Sohn in den Thüringer Kreis wechselte, kaufte sich der Vater, der bislang zum Thüringer Kreis gehört hatte, mit dem schriftsässigen Rittergut Seußlitz, das im Amt Hayn lag, im Meißner Kreis neu an.

Der Ausschußtag dauerte vom 30. Oktober 1725 bis zum 12. April 1726. Im Vorfeld des Ausschußtages war der junge v. Bünau am 29. August 1725 zum Appellationsrat am Appellationsgericht in Dresden ernannt worden.[15] Im Jahr darauf wurde er Kammerherr und 1727 zudem Präsident des Oberkonsistoriums in Dresden, so daß er auf dem nächsten Landtag von 1728, an dem er die volle Sitzungsdauer über teilnahm, als Oberkonsistorialpräsident, Kammerherr und Hof- und Justitienrat in den Weiteren Ausschuß zurückkehrte und sofort auf dem Stuhl des Kondirektors des Weiteren Ausschußes Platz nahm. Ungeachtet seiner Amtsgeschäfte und seiner Arbeit an der mehrbändigen Reichshistorie setzte v. Bünau seine Landtagsbesuche fort. Seine gesamte Landtagskarriere über wird er seit 1725 mit dem Rittergut Domsen in den Landtagsprotokollen geführt. Erst durch ein Reskript vom 12. September 1746 erhielt sein Lehngut die Qualität der Altschriftsässigkeit verliehen.[16]

Im Jahr 1730 wechselte Heinrich von Bünau vom Oberkonsistorium in das Geheime Consilium, für das er am 11. April seine Bestallung zum wirklichen geheimen Rat erhielt und wo sein Vater, der Kanzler Heinrich v. Bünau, inzwi-

---

13 Carl Sahrer v. Sahr, Heinrich v. Bünau, S. 97.
14 Die Berufung geschah, wie die Landtagsordnung von 1728 beschreibt, durch den Engeren Ausschuß. Die einzige 1725 freie Stelle für den Meißner Kreis erhielt der Kreis-Steuereinnehmer Haubold Ehrenreich v. Miltitz auf Rossendorf und Eschdorf. Ob die Knappheit an freien Stellen für den Wechsel v. Bünaus in den Thüringer Kreis eine Rolle gespielt hat oder es sich zufällig so ergab, daß er auf diesem Landtag problemlos für Thüringen in den Weiteren Ausschuß eintreten konnte, muß hier offen bleiben.
15 Siehe Werner Schultze, Heinrich v. Bünau, S. 9, und Carl Sahrer v. Sahr, Heinrich v. Bünau, S. 107 f.
16 Siehe Friedrich Gottlob Leonhardi, Erdbeschreibung, Bd. 1, S. 602.

schen zum dirigierenden Geheimen Rat aufgestiegen war.[17] Im Herbst 1730 ging er dann nach Warschau zum Kurfürsten-König Friedrich August I. und führte in den politischen Unterredungen die Korrespondenz mit dem Kabinettsminister Carl Heinrich v. Hoym (1694–1736).[18] Seine Aufgabe bestand darin, dem König die in Dresden anfallenden „Domestique-Affairen", also alle Vorgänge in innenpolitischen Angelegenheiten im Unterschied zu den militärischen und diplomatischen Sachen, vorzutragen. Zum Landtag von 1731, der am 19. August eröffnet wurde und bis zum 7. Oktober dauerte, war er wieder zurück in Dresden und nahm seinen Platz jetzt nicht mehr im Weiteren Ausschuß, sondern an der zweiten Tafel des Engeren Ausschusses ein.[19]

Ende März 1731 war der Kabinettsminister Graf Hoym vom Kurfürsten in Ungnade entlassen worden, sein Nachfolger im „Departement der Domestique-Affairen" des Kabinetts wurde der Kämmerer Heinrich v. Brühl.[20] Der geheime Rat v. Bünau überstand den Sturz des Ministers v. Hoym zunächst unbeschadet. Mit dem Thronwechsel im Jahr 1733 wurde er jedoch durch v. Brühl kaltgestellt. Im Oktober erhielt er seine Ernennung zum Oberaufseher der Grafschaft Mansfeld und wurde nach Eisleben abgeschoben. Nach Werner Schultze war damit „einer der fähigsten Vertreter des alten Ständestaates … aus dem Staatsdienst ausgeschieden."[21] Außerdem durfte er Dresden nicht mehr betreten. Dieser Bann kann jedoch nicht für die Landtagssessionen gegolten haben, denn auf den Landtagen von 1734 und 1737 verzeichnet ihn das Oberhofmarschallamt unter den anwesenden Landtagsteilnehmern, die Auslösung und Reisekosten bezogen.[22]

In den Jahren 1740/41 wurde Heinrich v. Bünau noch einmal im kursächsischen Dienst für eine diplomatische Mission an den kurmainzer Hof verwendet. Von 1742 bis 1745 aber wandte er sich Kaiser Karl VII. zu und erhielt den Posten eines evangelischen Reichshofrates in Frankfurt am Main. Im Jahr 1742 erfolgte auch die Erhebung in den Reichsgrafenstand durch den Kaiser. Aufgrund dieser Verpflichtung in Diensten des Kaisers nahm v. Bünau nicht am Landtag des Jahres 1742 teil, wird aber im Landtagsprotokoll weiterhin geführt und rückt

---

17   Siehe Carl Sahrer v. Sahr, Heinrich v. Bünau, S. 161. Als jüngster der wirklichen geheimen Räte bezog v. Bünau ein Gehalt von 3.000 Talern.

18   Die Hof- und Staatskalender von 1728, 1729 und 1731 nennen allerding nur Carl Siegfried Graf v. Hoymb als Kabinettminister. Zu den politischen Verhandlungen und zur politischen Geschäftskorrespondenz zwischen Warschau und Dresden siehe Carl Sahrer v. Sahr, Heinrich v. Bünau, S. 164–232.

19   Das Oberhofmarschallamt verzeichnet ihn für die gesamte Sessionszeit mit der Ankunft am 18. August und der Abreise am 8. Oktober und nennt als seinen Aufenthalt das Edelmannische Haus in der Moritzstraße.

20   Siehe Carl Sahrer v. Sahr, Heinrich v. Bünau, S. 233 f.

21   Werner Schultze, Heinrich v. Bünau, S. 23. Auch sein Vater wir seit 1733 nicht mehr als Kanzler der Landesregierung im Hof- und Staatskalender geführt; 1735 sind Vater und Sohn auf den Status von „wirklichen Geheimen Räthen, so nicht votiren" zurückgestuft.

22   Der Landtag 1734 begann am 27. Juni, v. Bünau traf in Dresden schon am 11. Juni ein und wohnte „in dero Hauß auf der kleinen Brüder gaß". Er reiste am 31. August, kurz vor Schluß des Landtages am 5. September ab. Im Jahr 1737 kam er zehn Tage zu spät, blieb aber bis zum Schluß des Landtags.

auch in der Sitzordnung weiter auf, als wenn er anwesend gewesen wäre.[23] Nach dem Tod des Kaisers war Heinrich v. Bünau auf den nächsten Landtagen von 1746 und 1749 im Engeren Ausschuß wieder präsent und kümmerte sich auch durch Mitarbeit in einer Deputation aktiv um den Finanzstatus des Landes.[24] Seine letzten politisch aktiven Jahre von 1751 bis 1758 verbrachte er zunächst als Statthalter und dann als Regierungschef im Herzogtum Sachsen-Weimar-Eisenach. Da von 1749 bis 1763 in Kursachsen keine Landtage abgehalten wurden, kann die auswärtige Anstellung in Sachsen-Weimar-Eisenach bei Heinrich v. Bünau in keiner Weise als eine Abkehr von seinem Interesse an landständischer Teilhabe in Dresden gedeutet werden. Vielmehr zeigt die berufliche und politische Karriere von 1718 bis 1749 eine erstaunliche Parallelität von landesherrlichem Dienst und landständischem Engagement. Eine Charakterisierung der Person als Staatsmann und Gelehrter ohne Rücksicht auf den Landtagsteilnehmer v. Bünau ist jedenfalls offensichtlich unvollständig und einseitig. Über seine Weimarer Zeit berichtet Gisela Schlüter, daß er als Premierminister des Landes in den Jahren 1756 und 1757 für die Einberufung von Landtagen nach Weimar, Jena und Eisenach sorgte.[25]

Mit seiner Kombination von Landtagsteilnahme und Anstellung im landesherrlichen Dienst folgte der jüngere Heinrich v. Bünau nicht zuletzt der Laufbahn seines Vaters. Bei seinem Weg handelt es sich daher nicht um eine individuelle Besonderheit, vielmehr kann man von einem zeittypischen Muster sprechen. Der Vater war von 1700 bis Ende 1709 geheimer Rat und Kanzler unter Herzog Johann Georg von Sachsen-Weißenfels (1697–1712). Außerdem vertrat er die Sekundogenitur als Assessor am Leipziger Oberhofgericht. Nach seinem Abschied aus Weißenfels fand er eine Anstellung als Regierungspräsident in der Markgrafschaft Brandenburg-Ansbach bis er durch ein Reskript vom 1. August 1715 zum Vice-Canzler der kursächsischen Landesregierung in Dresden berufen wurde, wo er im Jahr 1721 auch zum Kanzler aufstieg.[26] Über den Wechsel nach Dresden schrieb Carl Sahrer v. Sahr: „Man sah sich nach jüngeren Kräften um und die Wahl fiel auf Bünau, …"[27]

---

23 Im Jahr 1734 saß der geheime Rat und Oberaufseher zu Eisleben Heinrich v. Bünau an der ersten Tafel des Engeren Ausschusses an 21. Stelle und 1737 an 19. Stelle. 1742 rückte er, obwohl abwesend, an die 11. Stelle auf und nahm 1746, inzwischen zum Grafen erhoben, bei seiner Rückkehr in den Landtag die achte Stelle ein. Er votierte somit immer vor dem Kabinettsminister Heinrich Graf v. Brühl, sofern dieser an den Sitzungen des Engeren Ausschusses teilnahm.

24 Siehe Werner Schultze, Heinrich v. Bünau, S. 35–41. Laut Oberhofmarschallamt nahm er 1746 am gesamten Landtag teil, wohnte aber nicht mehr im eigenen Haus, sondern bei Frau Weber auf der Moritzstraße, und ebenso im Jahr 1749, da wohnte er jedoch bei Monsieur Lafont in der Pirnaschen Gasse.

25 Gisela Schlüter, Heinrich Reichsgraf von Bünau – Stationen seines Lebens, in: Heinrich Graf von Bünau (1697–1762). Gedenkschrift zur Aussstellung aus Anlaß seines 240. Todestages, Oßmannstedt 2002, S. 22–76, hier S. 55. Wie sein Vater hatte er seit dessen Tod im Jahr 1745 zudem die Ämter des Geschlechtsältesten der v. Bünau und des Landschaftsdirektors im Fürstentum Altenburg inne.

26 Siehe Carl Sahrer v. Sahr, Heinrich v. Bünau, S. 47 und S. 85.

27 Ebd., Heinrich v. Bünau, S. 47.

Die Wahl dürfte nicht zuletzt dadurch erleichtert und angebahnt worden sein, daß v. Bünau seit 1708 regelmäßig den kursächsischen Landtag besucht hatte. Auf dem Ausschußtag von 1708 trat er für das Rittergut Pretzsch im Amt Weißenfels, Thüringer Kreis, direkt in den Weiteren Ausschuß ein, ohne zuvor in der Allgemeinen Ritterschaft gesessen zu haben.[28] Auf dem folgenden Ausschußtag im Jahr 1711 rückte er schon in den Engeren Ausschuß auf. An den Ausschußtagen von 1712 und 1713 scheint er seinen Platz im Engeren Ausschuß nicht eingenommen zu haben. Im Jahr 1715 fand vom 20. Januar bis 30. April erneut ein Ausschußtag statt, an dem der ältere v. Bünau wieder teilnahm.[29]

Die schriftsässige Ritterschaft des Thüringer Kreises hatte den Weißenfelser Kanzler Heinrich v. Bünau im Jahr 1705 zu ihrem Direktor gewählt.[30] Als nachgeborener dritter Sohn besaß er von Haus aus zunächst keinen eigenen Grundbesitz. In seiner Dienstzeit konnte er zunächst das amtsässige Rittergut Bonau im Amt Weißenfels erwerben, das er um die Zeit seiner Wahl zum Direktor der Kreisritterschaft verkauft hat, um stattdessen das schriftsässige Gut Pretzsch, ebenfalls im Amt Weißenfels, zu erlangen.[31] Von 1708 bis 1718 hatte er für das Rittergut Pretzsch am Dresdner Landtag teilgenommen und war im Engeren Ausschuß in der Rangfolge bis auf den zweiundzwanzigsten Platz vorgerückt. An dem allgemeinen Landtag von 1722, auf dem sein Sohn seine eigene Landtagskarriere begann, konnte er nicht teilnehmen, da er das Rittergut Pretzsch bereits wieder verkauft hatte, die Belehnung mit seinem neuen Gut Seußlitz im Meißner Kreis aber erst am 14. April 1722 erhielt. Der Landtag tagte schon seit dem 15. Februar und die Ausschußstellen waren inzwischen besetzt.

Auf dem Ausschußtag von 1725 trat er dann als Besitzer von Seußlitz wieder in den Engeren Ausschuß ein und konnte seine Landtagskarriere auf Platz dreizehn wieder aufnehmen, als wenn sie nie unterbrochen worden wäre. Seine Stelle im Engeren Ausschuß wurde also gewissermaßen als sein persönliches Gut behandelt, die er nach dem Erwerb des neuen Rittergutes wieder einnehmen konnte. Die Entlassung als Kanzler 1733 hatte keine direkt sichtbare negative Auswirkung auf seine Landtagtätigkeit, die auch mit der Zurücksetzung zum geheimen Rat ohne Votum keineswegs aufhörte. Bis 1737 gelangte er vielmehr noch auf Platz sechs im Engeren Ausschuß. Im Jahr 1731 konnte er seinen Sohn im Engeren Ausschuß begrüßen, 1734 und 1737 saßen sie sogar zusammen an der ersten Tafel des Engeren Ausschusses. Im Jahr 1737 endete eine fast dreißigjährige Landtagskarriere des älteren Heinrich v. Bünau.

Eine ähnliche Lücke wie im Fall Bünau weist die wissenschaftliche Literatur auch für die Karriere des Johann Christian Hennicke (1692–1752) auf, eines bürgerlichen Verwaltungsfachmanns, der für den Regierungsstil des Ministers

---

28   Der Ausschußtag dauerte vom 21. Januar bis 14. April, laut Oberhofmarschallamt kam v. Bünau erst am 11. Februar verspätet an und reiste am 8. März vorzeitig ab.

29   Allerdings kam er laut Oberhofmarschallamt einen Tag zu spät und reiste schon am 21. Februar wieder ab.

30   Siehe Carl Sahrer v. Sahr, Heinrich v. Bünau, S. 26.

31   Siehe ebd., Heinrich v. Bünau, S. 35. Außerdem erwarb er im Jahr 1706 noch das Rittergut Göllnitz im Fürstentum Altenburg, wo er später ebenfalls der Ritterschaft vorstand.

Heinrich v. Brühl als „erster Gehilfe", „fügsames Werkzeug" und „Mitwisser mancher Dinge" eine zentrale Rolle spielte und daher die Figur des „dunklen Ehrenmannes" zugesprochen bekommen hat.[32] Sein Aufstieg vom Kammerdiener eines Prinzen von Sachsen-Zeitz, zum Akzise-Inspector, Kammer- und Bergrat (1722), Stiftskammerdirektor zu Zeitz (1730), Vizekammerpräsident und geheimer Rat (1734), Direktor der Oberrechnungs-Deputation (1734/35), wirklicher geheimer Rat und Konferenzminister (1739) wird ebenso sorgfältig verzeichnet wie die parallel zu seinem Aufstieg in der Verwaltung erfolgenden Standesverbesserungen. Im Jahr 1728 erhielt Hennicke vom Kaiser den Adel verliehen, außerdem wurde er in den beiden Reichsvikariaten vom Kurfürsten 1741 in den Freiherrenstand und 1745 zum Grafen erhoben. Keine Aufmerksamkeit finden dagegen die parallel dazu ergriffenen Maßnahmen: die im Vorfeld der Erhebung zum wirklichen geheimen Rat erfolgende Belehnung mit dem altschriftsässigen Rittergut Wiederau im Leipziger Kreis im Jahr 1737.[33] Ausgestattet mit Rittergut und dem Titel als wirklicher geheimer Rat zog Hennicke dann sogleich in den ersten für ihn erreichbaren Landtag ein und zwar unmittelbar in den Weiteren Ausschuß von 1742.[34] Die beiden folgenden Landtage von 1746 und 1749 saß er bereits im Engeren Ausschuß. Die Mitglieder des Engeren Ausschusses hatten ihn 1746 auf die einzige verfügbare Stelle des Leipziger Kreises befördert. Dieser Aufwand und die rasche, vermutlich aber doch nicht völlig plan- und nutzlos unternommene Landtagskarriere werden bislang in der Erörterung der zeitgenössischen Politik und Regierungsweise nicht berücksichtigt.[35]

Wie das Beispiel des älteren Heinrich v. Bünau und seiner Nachkommen zur weiteren Überprüfung an anderen Fällen nahelegt, war ein Besuch des Dresdner Landtages wahrscheinlich nicht nur eine Funktion des Rittergutsbesitzes oder der Amtsstellung, sondern auch Teil einer Familientradition, ein immaterielles Erbe der Väter an die Söhne. Wenn nach der Unterbrechung durch den Siebenjährigen Krieg im Jahr 1763 der jüngere Bruder, der Kammerherr, titular geheime Rat und kurfürstlicher Ober-Steuerdirektor und Erbe von Seußlitz Rudolph Graf

---

32 So die rhetorisch eindrucksvollen Beinamen bei Otto Eduard Schmidt (Hg.), Minister Graf Brühl und Karl Heinrich von Heinecken. Briefe und Akten, Charakteristiken und Darstellungen zur sächsischen Geschichte (1733–1763), Leipzig 1921, S. 227 f. Siehe auch Heinrich Theodor Flathe, Art. ‚Hennicke, Johann Christian', in: Allgemeine Deutsche Biographie 11, Leipzig 1880, S. 772 f; und zuletzt Josef Matzerath, Aspekte sächsischer Landtagsgeschichte, 2015, S. 34–37. Die Allgemeine Deutsche Biographie gibt Hennickes Geburtsdatum mit 13. Juni 1681 an, Schmidt dagegen mit 10. Juli 1692.

33 Das Gut Wiederau im Amt Pegau zirkulierte innerhalb des Milieus der fürstlichen Räte. Der Vorbesitzer war ein ebenfalls nobilitierter Kammerrat, David v. Fletcher. Siehe Gustav Adolf Poenicke (Hg.), Album der Rittergüter, I. Section: Leipziger Kreis, S. 151.

34 HSTA Dresden, Bestand 10015, Landtag, Landtagsakten A Nr. 85. Hennicke erhielt mit Nr. 51 den Platz an der Spitze der neu in den Weiteren Ausschuß eintretenden Mitglieder. Als wirklicher geheimer Rat war er von der Ahnenprobe ausgenommen.

35 Siehe z.B. Horst Schlechte (Hg.), Die Staatsreform in Kursachsen 1762–1763, Berlin 1958, S. 47 und S. 540, Anm. 696; oder Reiner Groß, Geschichte Sachsens, Berlin 2001, S. 148 f. Die Lücken der Forschung kann auch der Biograph nicht ausfüllen, siehe Walter Fellmann, Heinrich Graf Brühl. Ein Lebens- und Zeitbild, Würzburg 1990.

v. Bünau (1711–1772), oder 1766 der zweite Sohn des gelehrten Heinrich v. Bünau, der Oberst Günther Graf v. Bünau (1726–1804) und Besitzer von Dahlen, in den kursächsischen Landtag eintraten und dort in den folgenden Jahren Karriere machten, dann traten sie auch in die Fußstapfen des Vaters und Großvaters.[36] Es gab nicht nur die individuelle politische Erfahrung des jeweiligen adligen Landstandes aufgrund der eigenen Teilnahme an einem oder mehreren Landtagen. Es ist damit zu rechnen, daß die Kenntnisse und Erfahrungen der landständischen Teilhabe auch in der Generationenfolge weitergegeben wurden. Von 1708 bis 1799 waren, wie sich in der langfristigen Perspektive zeigt, drei aufeinander folgende Generationen der v. Bünau an prominenter Stelle und nur mit kurzen Unterbrechungen oder Abwesenheiten auf dem kursächsischen Landtag präsent. Die Landtagsteilnahme kann somit zum normalen Bestandteil einer Zugehörigkeit zum angesessenen ritterschaftlichen Adel gehört haben.

Detaillierte Untersuchungen zum Landtagsbesuch sind aber rar. Inzwischen haben vereinzelt neuere Studien jedoch begonnen, nicht allein oder vorrangig nach dem Beitrag der Landstände für die Staatsbildung zu fragen, sondern die Perspektive umzukehren und sich stattdessen für die Bedeutung zu interessieren, welche die Landtage für die landsässige Adelsgesellschaft der Frühen Neuzeit gehabt hat.

In eine vergleichbare Richtung, wie die hier verfolgte, zielt die Untersuchung Petr Mat'as zur Landtagsteilnahme im Fall des oberösterreichischen Landtags in Linz in der ersten Hälfte des 18. Jahrhunderts.[37] Die oberösterreichischen Verhältnisse unterschieden sich allerdings in mehreren institutionellen und personellen Punkten von denen in Kursachsen. Zum einen waren in Linz jährliche Landtagssitzungen üblich, auf denen die „Postulate" für die aktuelle Staats- und Militärfinanzierung verhandelt wurden. Dafür dauerten die Landtagssitzungen nur wenige Tage. Zum anderen verfügte der oberösterreichische Adel über ein autonomes Recht, die Zugehörigkeit zum Landesadel und damit die Landtagsfähigkeit formell und in solenner Form zu verleihen. Der Adel bildete jedoch keine einheitliche Korporation, sondern gliederte sich nach Rang und Alter in fünf Klassen. Der wichtigste Unterschied zu Kursachsen in dieser Hinsicht liegt in der Differenzierung der Adelskurie in den wohlhabenden und privilegierten

---

36   Rudolph v. Bünau saß von 1763 bis 1769 im Weiteren Ausschuß, Günther von Bünau kam in den Jahren 1787, 1793 und 1799 bis in den Engeren Ausschuß. Auch die vierte Generation findet sich unter den Landtagsbesuchern. Des gelehrten Heinrichs Enkel, Günther Graf v. Bünau (1768–1841), war von 1820 bis 1831 sogar der letzte Landtagsmarschall vor Einführung der konstituionellen Verfassung, siehe zu ihm Josef Matzerath, An der Tafel Graf Günther von Bünaus auf Dahlen (1768–1841). Zur Küche des Adels im frühen 19. Jahrhundert, in: Martina Schattkowsky (Hg.), Die Familie von Bünau. Adelsherrschaften in Sachsen und Böhmen vom Mittelalter bis zur Neuzeit, Leipzig 2008, S. 247–257.

37   Siehe Petr Mat'a, Ort der Distinktion – Ort der Entscheidung; siehe ebenso Shuichi Iwasaki, Konflikt, Annäherung und Kooperation. Herrscher und Stände auf den niederösterreichischen Landtagen 1683 bis 1740, in: Frühneuzeit-Info 16 (2005), S. 18–34, der ebenfalls die Unterschiede innerhalb des Adels und die oligarchische Beherrschung des niederösterreichischen Landtags in Wien hervorhebt.

Herrenstand und den einfachen Ritterstand des Landes.[38] Die Freiherren und Grafen des Herrenstandes waren viel stärker auf den Kaiserhof in Wien ausgerichtet und besaßen häufig weitere umfangreiche Besitzungen in anderen Landesteilen der zusammengesetzten Habsburger Monarchie. Aufgrund politischer und ökonomischer Prozesse sank die Bedeutung des im 16. Jahrhunderts noch zahlenmäßig starken Ritterstandes.

Hinsichtlich der adeligen Landtagsteilnehmer der 1730er Jahre beobachtet Petr Mat'a eine relative schmale Gruppe regelmäßiger Teilnehmer, die ‚Routiniers', die besonders aus dem mittleren Herrenstand kamen, aber auch eine kleine oligarchische Gruppe des Ritterstandes umfaßte.[39] Diese hoben sich von jenen adligen Herren und Rittern ab, die nur gelegentlich oder sogar nur einmal den Landtag besuchten. Auf einer allgemeinen Ebene beobachtet er für das Land ob der Enns eine vergleichsweise überraschend starke Partizipation an der Landtagsarbeit. Landtagsferne Adlige wiederum fanden sich insbesondere auch in den Reihen des Hochadels. Über die individuellen oder gruppenspezifischen Gründe für die Abstinenz vom Landtag oder für die regelmäßige Teilnahme kann Mat'a beim derzeitigen Stand der prosopographischen Erforschung des Adels aber noch keine detaillierten Angaben machen.[40] Die Unterscheidung von Routiniers und Landtagsfernen oder Abstinenten kann aber sicher auch für den Dresdner Landtag verwendet werden.

Mit Blick auf die sächsischen Verhältnisse und den Dresdner Hof nach dem Westfälischen Frieden hat Katrin Keller eine Einteilung des kursächsischen Adels vorgenommen, die auch für die Teilnahme am Landtag relevant ist.[41] Sie unterscheidet innerhalb des Hofadels eine Gruppe von alteingesessenen ‚Adelspolitikern', die dem Hof traditionell nahestand und hohe Ämter am Hof und in der landesherrlichen Verwaltung bekleidete, aber auch die Politik der Landstände dominierte. Die Adelspolitiker verfügten über ausgedehnten und relativ großen Grundbesitz im Lande und gehörten zu den finanzstarken Gruppen im Lande, die dem Fürsten gegenüber auch als Kreditgeber von Belang waren. Neben den Adelspolitikern, die über eine gewisse Unabhängigkeit verfügten, finden sich im Hofadel die Höflinge im engeren Sinne, die entweder von auswärts an den Hof nach Dresden kamen oder sich ganz im höfischen und landesherrlichen Dienst vom Pagen bis zum Minister hinaufgearbeitet haben, die aber beide in der Regel über keinen größeren Reichtum oder Rittergutsbesitz im Lande verfügten, sondern erst durch landesherrliche Dotationen zu Wohlstand

---

38 Der zahlreiche oberösterreichische Herrenstand kann nicht mit den Mitgliedern der Herrenkurie des sächsischen Landtages verglichen werden. Die österreichischen Herren waren die adlige Oberschicht des Landes, die sächsischen Grafen und Herren gehörten (noch) nicht zum kursächsischen Landadel.

39 Petr Mat'a, Ort der Distinktion – Ort der Entscheidung, S. 220–226.

40 Eine seiner offen formulierten Vermutungen, ebd. S. 226, zielt auf den Zusammenhang von aktiver Landtagsteilnahme und der Bekleidung von Ämtern in der Landesverwaltung.

41 Katrin Keller, Der Hof als Zentrum adliger Existenz? Der Dresdner Hof und der sächsische Adel im 17. und 18. Jahrhundert, in: Ronald G. Asch (Hg.), Der europäische Adel im Ancien Régime. Von der Krise der ständischen Monarchien bis zur Revolution (ca. 1600–1789), Köln 2001, S. 207–233.

zu gelangen hofften.[42] Als dritte Gruppe erkennt Katrin Keller den landsässigen Adel, der nicht in das Hofleben integriert war und „allenfalls" den Landtag besuchte. Sie sieht in den Entwicklungen nach dem Dreißigjährigen Krieg somit eine deutliche Fraktionierung des Adels:

> „Es kristallisierte sich ... ein Hofadel im engeren Sinne heraus, der sich aus verschiedenen Quellen speiste, der sich aber personell von der landständischen Ritterschaft erkennbar abhob."[43]

In wieweit diese analytisch unterschiedenen drei adligen Gruppen im Rahmen der Landesverwaltung oder der Landtags-Sessionen zusammentrafen und mit- oder gegeneinander handelten, mußte sie in ihrem kurzen Überblick offenlassen. Die Unterscheidung zwischen einem höfischen Adel im engeren Sinne, einem Adel, der Rittergutsbesitz und höhere landesherrliche Ämter kombinierte und einem von Hof- und Amtsstellungen distanzierten Landadel ist ohne Zweifel auch für die Frage nach der Landtagsteilnahme des kursächsischen Adels von Interesse.

Mit der Gründung der stehenden Heere in der zweiten Hälfte des 17. Jahr- hunderts und angesichts der unablässigen Auseinandersetzungen des Alten Reiches bzw. der Habsburger mit der französischen Krone und dem Osmani- schen Reich, die dem Adel im Reich zahlreiche Offiziersstellen im kaiserlichen – aber auch im holländischen – Dienst bot, erscheint es sinnvoll, den Militäradel als eine vierte relevante Gruppe im Adel anzusehen. Wie der Hofadel oder die landsässigen Rittergutsbesitzer bildete der Militäradel keine homogene oder geschlossene Gruppe. Der Militäradel stand im höfischen Dienst, weilte aber überwiegend nicht am Hof oder in der Hauptstadt. Er rekrutierte sich zu großen Teilen aus den nachgeborenen Söhnen von Rittergutsbesitzern. Wenn sie aber über ein Rittergut verfügten, so waren sie häufig nicht abkömmlich, solange sie im aktiven Dienst standen, und konnten die Landtage erst besuchen, nachdem sie ihren Abschied genommen hatten. Im Verlauf des 18. Jahrhunderts konnten, wie die biographischen Angaben bei Heinrich August Verlohren zeigen, darüber hinaus zahlreiche adlige Familien ohne Grundbesitz eine regelrechte militärische Berufsorientierung ausbilden.[44] Die Anstellungen in der Armee boten Karriere- möglichkeiten und ein Tummelfeld besonders für die Söhne aus dem nobil- itierten Adel und für andere Adlige, welche die Ahnenprobe für den Landtag nicht erfüllen konnten.

Ein Beispiel für die Ausrichtung bzw. Beschränkung auf die militärische Karriere im Fürstenstaat bieten die v. Egidy, die aus Elbing in Ostpreußen nach Kursachsen kamen.[45] Samuel v. Egidy war nach mehreren Stationen in den

---

42   Dieser Karriereweg als Höfling im engeren Sinne wurde entweder von Angehörigen verarmter Familien oder von nachgeborenen Söhnen angesessener Geschlechter eingeschlagen.

43   Katrin Keller, Hof als Zentrum adliger Existenz?, S. 222.

44   Heinrich August Verlohren, Stammregister und Chronik der sächsischen Armee.

45   Siehe zum Folgenden: ebd., S. 194–196; ferner Johann Georg Zirschke, Hof-Staat, S. 19; Friedrich Gottlob Leonhardi, Erdbeschreibung, Bd. 2, S. 731; HSTA Dresden, Bestand 10.015, Landtags- akten A Nr. 62a; HSTA Dresden, Bestand 10.080, Ritterguts-Matrikel 1728, HSTA Dresden,

Niederlanden und in Brandenburg nach Dresden gekommen und hatte im Jahr 1680 unter Kurfürst Johan Georg III. die Charge eines Oberküchenmeisters am Hof erhalten. Im Jahr 1687 erlangte er von Kaiser Leopold I. die Anerkennung seines adeligen Standes in Form einer Bestätigung des Reichsadelsstandes für ihn und seine Nachkommen. Sein Sohn Otto Heinrich (1662–1702) schlug dann die militärische Laufbahn ein. Er wurde 1682 Fähndrich und nahm 1683 am Entsatz von Wien und 1689–90 an der Kampagne am Rhein teil. Im Jahr 1693 gelang ihm der Ankauf des Rittergutes Badrina im Amt Delitzsch des Leipziger Kreises. Nachdem er 1698 zum Rang eines Oberst im Regiment Beneckendorf avanciert war, konnte er am 1699 eröffneten Landtag teilnehmen.[46] Seine Söhne setzten den väterlichen Weg der kursächsischen Kriegsdienste fort: Samuel Heinrich erreichte den Rang eines Majors und verstarb 1737 in Ungarn. Der – vermutlich ältere – Bruder Hans Otto (1690–1753) wurde mit Erreichen der Volljährigkeit im Jahr 1711 mit Badrina belehnt und 1748 in der Rangliste als Premier-Leutnant geführt. An einer Landtagssitzung nahm er allerdings nicht teil, dazu genügten weder sein militärischer Rang noch sein adeliger Stammbaum. Keiner der Brüder und Söhne erreichte wieder den Rang eines kommandierenden Obersten.

Das Gut Badrina kam nach 1750 an den ältesten Sohn Julius Heinrich v. Egidy (1714–1763), der 1733 seine Laufbahn als Fähndrich begann bis 1742 zum Rang eines Kapitäns aufstieg. Seine drei jüngeren Brüder wurden regelrechte Berufsoffiziere und hatten keine Anbindung mehr an den ritterschaftlichen Grundbesitz. Hans Dietrich (1723–1798) und Otto Gottlob (gest. 1788) waren 1742 Fähndriche und stiegen bis 1762 bzw. 1763 zum Kapitänsrang auf. Carl Christoph v. Egidy (1728–1809) wurde 1753 Sous-Leutnant und brachte es bis 1800 zum Oberst-Leutnant. Auch die Eheschließungen erfolgten zum überwiegenden Teil im Milieu des Militäradels, wodurch es weiter an Kohäsion gewann. Otto Gottlobs Schwiegervater war Johann Christoph v. Döring (1682–1758), Rittmeister bei den Ritterpferden und Besitzer Gutes Sachsendorf im Kollegiatstift Wurzen, und Carl Christoph hatte in die ebenfalls nach Sachsen eingewanderte und 1775 nobilitierte Familie Lecoq eingeheiratet.[47] Einen erneuten Anteil am ritterschaftlichen Grundbesitz Kursachsens erlangten alle drei in der Folgezeit weder durch den Ankauf eines Ritterguts noch über ihre Heiraten.

Das durch Reskript vom 21. Januar 1682 für altschriftsässig erklärte und seit 1696 in eine Allodial- und Erbgut verwandelte Rittergut Badrina ging nach dem

---

Bestand 10.024, Locat 14.682: Kanzlei-Matrikel 1750; und Manfred Wilde, Die Ritter- und Freigüter in Nordsachsen. Ihre verfassungsrechtliche Stellung, ihre Siedlungsgeschichte und ihre Inhaber, Limburg 1997, S. 204; und schließlich auch Wikipedia, Art. ‚Egidy (Adelsgeschlecht)‘ (zuletzt besucht am 17. Oktober 2015). Inzwischen enthält die Wikipedia Enzyklopädie durchaus nützliche und hilfreiche Artikel zu einer Anzahl von Adelsgeschlechtern.

46   Zur Erinnerung: Die Landtagsordnung hatte 1728 den Rang eines Oberst als eine der wenigen Ausnahmen von der Erfüllung der Ahnenprobe fixiert.

47   Jacob Lecoq (1676–1766) wird im Hof- und Staatskalender 1748 als geheime Kriegsrat geführt, der Generalmajor Johann Ludwig Lecoq (1719–1789) erhielt 1775 den Reichsadel verliehen, siehe Heinrich August Verlohren, Stammregister und Chronik der sächsischen Armee, S. 326, Nr. 1 und Nr. 2.

Tod von Julius Heinrich v. Egidy an seine einzige Tochter Conradine Elisabeth Catharina Augusta, die den Premier-Leutnant Otto Ernst v. Schütz geheiratet hatte.[48] Damit war das Gut nicht mehr in der Hand der Familie v. Egidy, deren Besitzer aufgrund hoher Schulden immer wieder Schwierigkeiten gehabt hatten, den Besitz zu halten. Schon Hans Otto v. Egidy (1690–1753) mußte Badrina aus finanziellen Gründen 1739 an seine Ehefrau Charlotte Perpetua, geborene v. Hartitzsch, übergeben. Durch die Belehnung seiner Ehefrau mit Badrina verblieb er zwar im Besitz des Gutes, verlor aber die Möglichkeit, den Landtag besuchen zu können. Obwohl die v. Egidy im 18. Jahrhundert in Kursachsen durchaus florierten und seit 1752 mit dem amtsässigen Rittergut Ottersitz im Amt Liebenwerda auch wieder angesessen waren, hat von 1699 bis 1805 kein v. Egidy an einem kursächsischen Landtag teilgenommen bzw. teilnehmen können.

Bevor weiter auf die Einzelanalyse der Landtagsteilnahme und der Landtagskarrieren im kursächsischen Adel eingegangen werden kann, soll zunächst auf einer allgemeinen und statistischen Ebene nach der tatsächlichen Teilnahme von Schriftsassen und Deputierten gefragt werden, denn bereits die Reise nach Dresden und der Besuch der feierlichen Landtagseröffnung und einer oder mehrerer Sessionen des Landtages ist im kulturgeschichtlichen Sinne, auch unabhängig von den gefaßten Beschlüssen oder den jeweils erzielten machtpolitischen Ergebnissen der Verhandlungen, als eine Rekonstituierung des Landtages als Institution und als Belebung und zeitgenössische Wertschätzung dieser politischen Einrichtung aufzufassen. Im Folgenden geht es zunächst nur um die Zahlenverhältnisse im Sinne eines Handlungsrahmens, in dem die tatsächlich getätigten und gewollten Aktionen der Zeitgenossen sich entfalteten.

1. Die Zahl der Landtagsbesucher und die Landtagskarrieren in den Jahren 1694 bis 1749

In einer Gesellschaft, die trotz Medienrevolution durch Schriftlichkeit und Buchdruck und trotz des Ausbaus der über Ämter, Gerichte und Behörden ermöglichten bürokratischen Verwaltung des Landes sich immer noch bevorzugt an der Vergesellschaftung unter Anwesenden (Rudolf Schlögl) orientierte,[49] ist jede Veranstaltung eines ‚Land-Tages‘ bereits als reines Ereignis bemerkenswert.

---

48   Die v. Schütz waren eine schon 1539 geadelte Familie aus Chemnitz, die in der Hauptlinie auf dem altschriftsässigen Rittergut Erdmannsdorf im Amt Augustusburg des Erzgebirger Kreises angesessen war und nach 1657 regelmäßig Landtagsbesucher stellte. Otto Ernst (1719–1789) war der Sohn des 1755 gestorbenen Majors Jacob Ernst v. Schütz, der ebenfalls mit einer Egidy verheiratet gewesen war, siehe ebd., S. 474 f, Nr. 4 und Nr. 14. Auch der Vater Jacob Ernst gehörte zum unangesessenen Militäradel. Otto Ernst v. Schütz verkaufte das altschriftsässige Badrina 1789 an Caroline Wilhelmine v. Einsiedel und erwarb stattdessen das nicht landtagsberechtigte neuschriftsässige Gut Niederglaucha im Amt Eilenburg des Leipziger Kreises. Den Landtag hat er nicht besucht.

49   Siehe Rudolf Schlögl, Kommunikation und Vergesellschaftung unter Anwesenden. Formen des Sozialen und ihre Transformation in der frühen Neuzeit, in: GG 34 (2008), S. 155–224.

Für eine derart ausgeprägte alteuropäische Präsenskultur (Barbara Stollberg-Rilinger)[50] wie für die Festigung und Ausgestaltung des Landtags als Institution ist die Häufigkeit, Dauer und Frequenz der Landesversammlungen von großer Bedeutung. Das gilt nicht nur für die Wirksamkeit und Bedeutung der Landtage in der historischen Entwicklung, sondern mindestens ebenso für die Einstellung seiner Teilnehmer zu ihm und für die weiter gezogene Gruppe der zeitgenössischen Beobachter und Zuschauer. Es ist daher wichtig, die Mechanismen dieses Landtages genau zu kennen und zu verstehen, bevor man als Historiker hohe Erwartungen an das politische Verhalten der Akteure stellt.

Der sächsische Landtag hat nicht die jährlichen Sitzungen entwickelt wie sie manche österreichischen Landtage oder die bayerische Landesverordnung kennzeichnen, die jährliche Postulats-Verhandlungen mit dem Fürsten und seinen geheimen Räten durchführten, aber er hat auch nicht so selten getagt wie der vielzitierte württembergische Landtag, der im 18. Jahrhundert nur dreimal zusammentrat.[51] Da in Kursachsen die direkten Landessteuern in der Regel auf eine Periode von sechs Jahren bewilligt wurden, war auch in normalen Zeiten nach Ablauf der Bewilligung ein neuer Landtag zu erwarten. Politische oder militärische Ereignisse wie die Aussetzung der Sekundogenituren 1656, der Reichskrieg mit dem Osmanischen Reich oder mit Frankreich, der Konfessionswechsel des Landesherrn 1697, die schwedische Besetzung Sachsens 1706/07 oder der Staatsbankrott im Zuge des Siebenjährigen Krieges machten den Rückgriff auf Land- und Ausschußtage immer wieder nötig. Die Kontinuität der sächsischen Landtage im 17. und 18. Jahrhundert beruhte also nicht auf der inneren Qualität oder Dignität einer festverwurzelten landständischen Verfassung selbst, sondern sie ist erst das Ergebnis komplexer und z. T. auch zufälliger Umstände und Einzelentscheidungen, die sich erst im Rückblick, der die jeweiligen konkreten Motive und Ereignisse vernachlässigen kann, zur Einheit zusammenschließt. Die landtagsberechtigten Inhaber eines Rittergutes konnten dennoch mit gutem Recht und hoher Sicherheit davon ausgehen und erwarten, daß sie einen Landtag besuchen und eine Landtagskarriere anstreben konnten, die sie möglicherweise bis in den Engeren Ausschuß führte. Daher sammelte sich aufgrund mehrfacher Landtagsarbeit sowohl bei einzelnen Landtagsteilnehmern wie auch innerhalb adeliger Geschlechter über den Generationenwechsel hinweg ein beträchtlicher Erfahrungsschatz.

Die Stellen in den beiden Ausschüssen des Landtages bildeten ein verhältnismäßig festes Element und sicherten dem Landtag bereits eine Teilnahme von knapp hundert Landständen. Die Allgemeine Ritterschaft dagegen war das

50   Barbara Stollberg-Rilinger, Des Kaisers alte Kleider. Verfassungsgeschichte und Symbolsprache des Alten Reiches, München 2008, hier bes. S. 299–305.

51   Zu Österreich siehe Herbert Hassinger, Ständische Vertretungen in den althabsburgischen Ländern und in Salzburg, in: Dietrich Gerhard (Hg.), Ständische Vertretungen in Europa im 17. und 18. Jahrhundert, Göttingen 1969, S. 247–285, hier S. 266; zu Bayern Jutta Seitz, Die landständische Verordnung in Bayern im Übergang von der altständischen Repräsentation zum modernen Staat, Göttingen 1999, S. 42 f; und zu Württemberg James Allen Vann, Württemberg auf dem Weg zum modernen Staat 1593–1793, Stuttgart 1986. In Württemberg wurden in den Jahren 1699, 1739, 1763 und 1797 Landtage berufen, also nur einer in jeder Generation.

stärker variable Element und kann daher viel eher die zeitgenössische Wertschätzung des Landtages im Adel anzeigen. Die Frage nach der Teilnahmefrequenz in der Allgemeinen Ritterschaft soll daher zunächst untersucht werden.

a) Die Teilnehmer im Kollegium der Allgemeinen Ritterschaft

Den tatsächlichen Besuch der Allgemeinen Ritterschaft auf den Landtagen der ersten Hälfte des 18. Jahrhunderts, wie er unter den im vorigen Kapitel zu den Rahmenbedingungen skizzierten Voraussetzungen erfolgte, zeigt Tabelle 9. Sie beruht auf den Verzeichnissen der Landtagsbesucher, die zur Eröffnung eines Landtags angefertigt und dem Erbmarschall eingereicht wurden. In einigen Fällen sieht man in diesen Verzeichnissen, daß die verspätet eintreffenden Teilnehmer am Ende der Listen nachgetragen wurden. Die Übersichten wurden zu den Landtagsakten genommen. Sie geben immer die maximale Teilnehmerzahl an.[52] Sie sagen jedoch nichts über die Teilnahme an den einzelnen Sitzungen der verschiedenen Kollegien aus oder über die Dauer, die einzelne Mitglieder in den jeweiligen Sitzungen der Land- oder Ausschußtage zugebracht haben.[53] Ein Vergleich mit den im Oberhofmarschallamt erteilten Beurlaubungen lassen jedoch den Schluß zu, daß die Listen die Präsenz in Dresden insgesamt weitgehend zutreffend wiedergeben. So heißt es beispielsweise 1728 von Siegmund August v. Arnim auf Döben im Leipziger Kreis, der im Weiteren Ausschuß saß, er sei am 24. April mit Erlaubnis verreist und den 10. Mai wiedergekommen, oder 1734 von Carl Christoph v. Beneckendorf auf Grödel im Meißner Kreis, einem Mitglied der Allgemeinen Ritterschaft, er sei am 3. August verreist und den 9. August wiedergekommen.[54]

In dem halben Jahrhundert nach dem Regierungsantritt Friedrich Augusts I. nahmen im Durchschnitt 209 adlige Rittergutsbesitzer an den Sitzungen der Allgemeinen Ritterschaft teil. Die turbulenten Regierungsjahre Friedrich August I. bis 1733 zeigen sogar eine deutlich höhere Besucherzahl in der Allgemeinen Ritterschaft als in der Zeit seines Sohnes und Nachfolgers Friedrich Augusts II. (1733–1763). Von deutlich über zweihundert Teilnehmern an der Allgemeinen Ritterschaft sinkt die Besucherzahl in den 1730er und 1740er Jahren ebenso deutlich unter zweihundert. Möglicherweise hat auch der Rückfall der Sekundogenituren an das Kurhaus eine Rolle für diesen Rückgang gespielt. Weitere offene Fragen über die Gründe für die geringeren Teilnehmerzahlen in der Allgemeinen Ritterschaft, die sich erst durch prosopographische Analysen beantworten lassen, betreffen sowohl Veränderungen in der Zusammensetzung der Rittergutsbesitzer als auch einen möglichen Wandel im Verhalten der Land-

---

52   Landtagsjournale oder Teilnahmeprotokolle zu einzelnen Sitzungen der Landtagsgremien sind in den offiziellen Akten der Landtage leider nicht enthalten.

53   In der nicht immer vollständigen Anwesenheit der Mitglieder in den einzelnen Plenarsitzungen würde sich der kursächsische Landtag im übrigen weder vom englischen Parlament noch vom Bundestag wesentlich unterscheiden.

54   HSTA Dresden, Bestand 10.006, Oberhofmarschallamt, M Nr. 12–31.

tagsberechtigten. Mit einer Stärke von 150 bis 250 Mitgliedern aus allen Teilen des Kurfürstentums stellte die Allgemeine Ritterschaft in der ersten Hälfte des 18. Jahrhunderts ohne Zweifel ein bedeutendes Gremium der Beratung und der Kommunikation zwischen den zentralen Behörden in Dresden und den lokalen Herrschaftsträgern dar.

Tabelle 9: Die Zahl der Teilnehmer an der Allgemeinen Ritterkurie des Landtags nach Kreisen, 1694–1749

Jahr	Chur-kreis	Thüringer K.	Meiß-ner K.	Erzgebirger K.	Leipziger K.	Vogt-länder K.	Neustädter K.	Summe
1694/95	21	37	70	25	75	20	23	271
1699	19	25	64	21	59	15	11	214
1711	26	36	65	20	62	19	24	252
1716	26	31	71	19	59	23	27	256
1718	23	39	70	21	63	23	27	266
1722	22	31	62	17	56	19	24	231
1728	20	22	65	18	57	24	28	234
1731	16	27	62	17	45	15	23	205
1734	10	30	49	19	38	12	27	185
1737	15	23	47	15	45	12	27	184
1742	10	24	46	21	31	8	18	158
1746	11	26	35	17	28	11	22	150
1749	8	18	32	17	17	11	12	115
Mittelwert	**17,5**	**28,4**	**56,8**	**19,0**	**48,8**	**16,3**	**22,5**	**209,3**

Quelle: HSTA Dresden, Bestand 10.015, Landtagsakten

Die weitere Aufschlüsselung des Landtagsbesuches anhand der sieben erbländischen Kreise belegt die erheblichen Unterschiede in der Stärke ihrer Vertretung in der Allgemeinen Ritterschaft. Der Meißner und der Leipziger Kreis sind mit durchschnittlich rund 57 bzw. 49 Teilnehmern unter den Landtagsbesuchern besonders zahlreich vertreten. Aus diesen beiden Kreisen kam die Hälfte aller Teilnehmer an der Allgemeinen Ritterschaft. Da in der Allgemeinen Ritterschaft aber nach Kreisen debattiert wurde, gab es keine Möglichkeit, daß diese beiden großen und zentralen Kreise die übrigen Kreise hätten dominieren oder majorisieren können. Zum anderen zeigt der Verlauf der Werte, daß die Größenverhältnisse zwischen den einzelnen Kreisen in diesem Zeitraum relativ stabil blieben.

Zusammen mit den fast hundert Mitgliedern der beiden Ausschüsse belegen die Zahlen ein erhebliches Interesse der adligen Landsassen an den Landtagssitzungen. Der Anteil der Schriftsassen, die einen Gesamtlandtag besuchten, lag in der ersten Hälfte des 18. Jahrhunderts schätzungsweise zwischen einem guten Drittel und knapp der Hälfte der rechnerisch möglichen Besucher. Der Dresdner Landtag kann mit gutem Grund ein zentraler Ort der Kommunikation (Josef Matzerath) genannt werden. Allerdings setzte nach 1728 ein deutlicher Rückgang in der Teilnahme an der Allgemeinen Ritterschaft ein. Dieser Rückgang ist bei den Landtagsteilnehmern aus dem Leipziger Kreis am ausgeprägtesten, während die Besucherzahlen aus dem relativ abgelegenen Neustädter Kreis, der erst seit 1718 von der Nebenlinie Sachsen-Zeitz wieder an das Kurhaus zurück- gefallen war, weitgehend stabil blieben. Die Aufhellung der Gründe für den insgesamt recht schlechten Besuch des Landtages von 1749 muß einer detail- lierten Untersuchung dieses Landtages vorbehalten bleiben.

Einen weiteren Einblick in das zeitgenössische Interesse am Landtag er- möglicht ein Vergleich der tatsächlichen Teilnahme in der Allgemeinen Ritter- schaft mit den überhaupt vorhandenen Rittergütern. Entgegen der Rechtsfiktion, daß alle geladenen Schriftsassen auf dem Landtag erscheinen, muß man in der Praxis von der Erwartung ausgehen, daß die Werte deutlich unter hundert Prozent liegen, weil zahlreiche Faktoren den möglichen Landtagsbesuch ver- mindern. Mehrere landtagsberechtigte Rittergüter konnten in einer Hand sein, die altadeligen Besitzer konnten noch unmündig, alt oder krank sein, in einem Konkursverfahren stecken oder in auswärtigen oder inländischen Diensten un- abkömmlich sein. Zudem waren zahlreiche Güter in korporative, bürgerliche oder weibliche Hände übergegangen, die alle nicht in Person auf dem Landtag erscheinen konnten. Ein Teil der Landtagsberechtigten aus den Kreisen saß zudem bereits in den beiden Ausschüssen.

Tabelle 10: Das Verhältnis der Landtagsbesucher in der Allgemeinen Ritterschaft zu den überhaupt landtagsberechtigen Rittergütern, 1694–1749

Nr.	Kreise	Schriftsässige Rittergüter Anzahl	Mittelwert der Teilnahme Anzahl	Quote der Rittergüter Prozent
7	Neustädter	50	22,5	45,0
1	Churkreis	47	17,5	37,2
5	Leipziger	153	48,8	31,9
3	Meißner	181	56,8	31,4
4	Erzgebirger	74	19,0	25,7
2	Thüringer	123	28,4	23,1
6	Vogtländer	73	16,3	22,3
	Alle Kreise	**701**	**209,3**	**29,9**

Quelle: Tabellen 1 und 9. Die Kreise sind nach ihrer Quote von der besten bis zur niedrigsten gereiht

Die Aufstellung in der Tabelle 10 gibt die Kreise in der Abfolge der berechneten Quoten wieder. Obwohl die Berechnung des Verhältnisses der Landtagsbesu- cher zur Zahl der berechtigten Güter eine gewisse Ungenauigkeit enthält, da die Zahl der schriftsässigen Güter etwas zu hoch angesetzt ist und da in den Landtagsbesuchern auch die Deputierten der Amtsassen enthalten sind, ist die allgemeine Tendenz doch aufschlußreich. Außerdem dürfte diese Ungenauig- keit der Einzelwerte nicht zu einer bedeutsamen Verzerrung der Größenver- hältnisse führen. Es sind aber gerade die Größenverhältnisse zwischen den verschiedenen Kreise, die hier von Interesse sind und nicht der in der Berechnung erzielte Zahlenwert.

In der Allgemeinen Ritterschaft des kursächsischen Landtags versammelten sich demnach in den Jahren von 1694 bis 1749 im Vergleich zu den landtagsberechtigten Rittergütern knapp dreißig Prozent der Landsassen. Die Teilnahme aus den verschiedenen Kreisen streute allerdings erheblich. Die Ergebnisse der Verhältnisbestimmung zeigen, daß aus dem Meißner und dem Leipziger Kreis nicht nur der absoluten Zahl nach viele Rittergutsbesitzer zum Landtag gingen, sondern daß die beiden Kreise auch bezogen auf die Zahl der landtagsberechtigten Rittergüter relativ viele Teilnehmer stellten, und zwar etwa im Anteil von einem Drittel. In diesen Kreisen war das Interesse der adligen Gutsinhaber an einem Besuch des Landtages relativ hoch. Im Erzgebirger Kreis bzw. Thüringer und Vogtländer Kreis lag die relative Quote nur bei einem Viertel bzw. einem Fünftel der Gesamtzahl an Rittergütern. Die höchsten Teilnahmequoten erreichten jedoch die relativ kleinen Kreise des Churkreises und des Neustädter Kreises. Mit 45 % Abdeckung erscheint sie im Neustädter Kreis ungewöhnlich hoch und liegt konstant doppelt so hoch wie die Teilnahmequote des benachbarten Vogtländer Kreises.

Eine konsistente regionale Streuung der Landtagsteilnahme läßt sich aus diesen Werten nicht ablesen. Der hofnahe Meißner Kreis, in dem sich zahlreiche Mitglieder der landesherrlichen Verwaltungen und Gerichte angekauft hatten, dominierte nicht die Dresdner Landtagssitzungen. Die von Dresden aus gesehen periphereren Kreise wie Thüringen und Vogtland sind zwar schwächer vertreten, aber die Randlage des Vogtländer und des Neustädter Kreises mit ihrer Nähe zu den ernestinischen Fürstentümern und zu Brandenburg-Bayreuth implizieren nicht von sich aus ein Desinteresse am kursächsischen Landtag.

Schließlich läßt sich das statistische Material auch daraufhin betrachten, welche Chancen ein Landtagsbesucher hatte, aus der Allgemeinen Ritterschaft in den Weiteren Ausschuß aufzusteigen. In diesem Übergang lag der für eine Landtagskarriere entscheidende Schritt. Der weitere Fortschritt bis hin zum Übergang in den Engeren Ausschuß erforderte vor allem Ausdauer und Gesundheit. Die Berufung in den Weiteren Ausschuß stellte aber eine verhältnismäßig bewußte Auswahl dar, nicht zuletzt weil das Angebot größer war.[55] Die zu untersuchende Frage ist hier, ob die Chancen, in die Ausschüsse zu kommen, in allen Kreisen gleich waren oder ob es markante Unterschiede zwischen den Kreisen gegeben hat. Wenn es solche Unterschiede gab, dann haben sie möglicherweise einen negativen Einfluß auf die Bereitschaft der Lehnsinhaber zum Landtagsbesuch ausgeübt, weil sich die Zeitgenossen in ihrem Handeln auf die

---

55   Damit soll nicht impliziert sein, daß die Wahl in den Weiteren oder Engeren Ausschuß vor allem eine Sache der Quantitäten war. Vielmehr sind die Gründe für die Berufung in die Ausschüsse erst noch zu untersuchen. Inwieweit die Bestallung als landesherrlicher Amtsträger oder die familiäre Herkunft des Landtagsteilnehmers den Aufstieg in die Ausschüsse beeinflußt, soll hier zunächst ausgeklammert bleiben. Die Verteilung der Stellen auf die Kreise und die Zahlenverhältnisse in der Allgemeinen Ritterschaft geben jedenfalls bestimmte Handlungsgrenzen vor, die wiederum auch nicht ohne historisches Interesse sind.

guten oder schlechten Chancen eingestellt hatten. Vor diesem Hintergrund wäre eine mehrfache Teilnahme an der Allgemeinen Ritterschaft ohne einen Aufstieg in die Ausschüsse dann umso bemerkenswerter. Eine langjährige Mitgliedschaft allein in der Allgemeinen Ritterschaft wäre andererseits geradezu als nachdrücklicher Beweis für die Attraktivität des Landtages zu werten, auch wenn diese Attraktivität nicht unbedingt innerhalb der Landtagsarbeit, im Sinne einer Mitentscheidung schwerwiegender politischer Fragen, gelegen haben sollte, sondern vielleicht ebenso außerhalb der Landtagsgeschäfte im engeren Sinne.

Wie sich die Verhältnisse im kursächsischen Landtag darstellen, wenn man hypothetisch davon ausgeht, daß alle Stellen im Weiteren Ausschuß auf einmal neu zu besetzen wären, zeigt die folgende Tabelle.[56]

Tabelle 11: Das Verhältnis der Landtagsbesucher in der Allgemeinen Ritterschaft zu den vorhandenen Stellen im Weiteren Ausschuß, 1694–1749

Nr.	Kreise	Mittelwert der Teilnahme Anzahl	Weiterer Ausschuss Stellen Anzahl	Ratio Teilnehmer zu Stellen Anzahl
3	Meißner	56,8	9	6,31
7	Neustädter	22,5	4	5,62
5	Leipziger	48,8	12	4,06
4	Erzgebirger	19,0	6	3,16
1	Churkreis	17,5	6	2,91
6	Vogtländer	16,3	8	2,03
2	Thüringer	28,4	15	1,89
	alle Kreise	**209,3**	**60**	**3,48**

Quelle: Tabellen 9 und 6. Die Kreise sind absteigend gereiht vom ungünstigsten zum besten Verhältnis.

Von den landtagsberechtigten adligen Rittergutsbesitzer, die tatsächlich zum Landtag gingen und an den Sessionen teilnahmen, hatten die Vasallen aus dem Meißner und dem Neustädter Kreis die geringsten Chancen, in den Weiteren Ausschuß aufzusteigen, denn auf jede Ausschußstelle kamen rechnerisch etwa sechs Kandidaten.[57] Dennoch hat, wie weiter oben in Tabelle 10 aufgezeigt wurde, eine hohe Quote von Neustädter Landsassen immer wieder den Dresdner Landtag besucht. Deutlich günstiger war das Verhältnis für den Leipziger, den Erzgebirger und den Thüringer Kreis, in denen etwa vier bzw. drei

---

56   Die Ergebnisse dieses Querschnitts lassen sich auch auf die kontinuierliche Ersetzung der frei gewordenen Stellen im Zeitverlauf übertragen. Da nicht anzunehmen ist, daß die Kreise sich im Eintrittsalter, in der Lebenserwartung oder in ihrem Besitzverhalten gravierend von einander unterscheiden, ist das Verhältnis der möglichen Kandidaten zu den vorhandenen Stellen die entscheidende Variable für die Aufstiegschance eines Landtagsbesucher, die sowohl im Querschnitt wie im Zeitverlauf die Möglichkeiten bestimmt.

57   Natürlich haben die Zeitgenossen derartige Berechnungen nicht angestellt. Aber in der Alltagspraxis sind solche Effekte sehr wohl spürbar und auch intuitiv erfaßbar. Sie gehen daher in den Erfahrungsschatz der Akteure ein und bilden ein Element ihrer Entscheidungen, auch wenn sie die Verhältnisse nicht, wie hier geschehen, in Zahlenwerten sichtbar machen.

Teilnehmer auf eine Stelle entfielen. Die Landsassen aus dem Thüringer und dem Vogtländer Kreis besaßen die größten Chancen, in den Weiteren Ausschuß aufzusteigen. Im Churkreis, Erzgebirger und Leipziger Kreis lagen die Chancen dagegen nahe am Gesamtdurchschnitt. Landtagsbesucher aus dem Neustädter Kreis und insbesondere die hof- und regierungsnahen Meißner Teilnehmer mußten in einem viel höherem Maße darauf gefaßt sein, daß ihre Landtagskarriere bereits in der Allgemeinen Ritterschaft endete, da hier der Wettbewerb um die Ausschußstellen am größten war und dreimal mehr Kandidaten verfügbar waren als im Thüringer und im Vogtländer Kreis.

Insgesamt wird man als Ergebnis der statistischen Überblicke eine lebhafte Teilnahme der erbländischen Vasallen am Dresdner Landtag festhalten können. Die relativ größte Teilnahme an den Landtagsverhandlungen zeigt der kleine Neustädter Kreis, obwohl er von Dresden relativ entfernt liegt und die Chancen für einen Aufstieg in den Engeren Ausschuß vergleichsweise schlecht waren. Die bisher angestellten Überlegungen betrafen nur die aufgrund des Lehnsbesitzes und der Adelsprobe direkt für eine Teilnahme am Landtag qualifizierten Mitglieder der kursächsischen Ritterschaft. Von ebenso großem Interesse ist der Landtagsbesuch der Deputierten Mitglieder, die von den Amtsassen gewählt wurden und denen die Landtagsordnung von 1728 bestimmte Anteile und Stellen zugesichert hatte. Zuvor soll allerdings die Frage nach dem Besuch der Allgemeinen Ritterschaft und den Aufstiegsmöglichkeiten in die Ausschüsse behandelt werden.

b) Der Besuch der Allgemeinen Ritterschaft und der Aufstieg in den Weiteren und den Engeren Ausschuß

Die Landtagsordnung hatte vorgesehen, daß jedes neue Mitglied des Dresdner Landtages zunächst eine Sitzungsperiode in der Allgemeinen Ritterschaft verbringt und frühestens auf dem nächsten Landtag in den Weiteren Ausschuß aufsteigt. Die ‚Translocation', so der zeitgenössische Ausdruck, in den kleineren und bedeutenderen Engeren Ausschuß erforderte dann einen weiteren Landtag.[58] Wenn statt eines allgemeinen Landtages nur ein Ausschußtag berufen wurde, mußten sich neue Mitglieder der Ritterschaft noch länger gedulden, da bei den Ausschußtagen das Kollegium der Allgemeinen Ritterschaft nicht zusammentrat. Da die Landtagsproposition vor allem im Engeren Ausschuß beraten wurde, der Weitere Ausschuß und die Allgemeine Ritterschaft nur noch Erinnerungen und Einwände an diese Beratungen anhängen konnten, sollte jeder Landtagsbesucher seinen Ehrgeiz und seine Ehre daran gesetzt haben, Mitglied des Engeren Ausschusses zu werden. Inwieweit diese Möglichkeit tatsächlich bestand, wenn man einen entsprechenden Ehrgeiz einmal voraussetzen will, läßt sich anhand der Daten für die Landtage von 1694 bis 1749 überprüfen. Die Zahlen der Zu- und Abgänge an Ausschußmitgliedern sind

---

58　Bei einer Steuerbewilligung auf sechs Jahre würde der regelgerechte Aufstieg von der Allgemeinen Ritterschaft in den Engeren Ausschuß also zwölf Jahre dauern.

nicht zuletzt auch deshalb von Interesse, weil sie die Erwartungen der zeitgenössischen Akteure über ihre persönlichen Chancen zu einer Landtagskarriere beeinflußten.

Die Tabelle 12 enthält Angaben zu den von Landesversammlung zu Landesversammlung eintretenden Veränderungen in der Mitgliedschaft der beiden Ausschüsse. Die Einflüsse auf die Mitglieder sind vorwiegend zeitlicher Natur, obwohl es keine Wahlperioden gab, sondern die Mitglieder ihre Stelle im Ausschuß grundsätzlich auf Lebenszeit einnahmen. Der Austritt aus dem Engeren Ausschuß erfolgte in der Regel aufgrund des hohen Alters oder der Gebrechlichkeit des Mitgliedes, wesentlich seltener aufgrund eines Verkaufs des Rittergutes. Dennoch kennzeichnen den kursächsischen Landtag in der Ritterschaft keineswegs statische oder sich kaum verändernde Verhältnisse. Es zeichnet sich vielmehr eine kräftige Fluktuation und beständige Durchmischung der Mitglieder ab. Wenn die Versammlungen in größeren zeitlichen Abständen zusammentraten, ist folglich auch eine höhere Zahl an Austritten und Neuzugängen zu erwarten. Die Austritte aus dem Engeren Ausschuß setzten entsprechende Eintritte aus dem Weiteren Ausschuß und direkt daran anschließend den Aufstieg von Teilnehmern aus der Allgemeinen Ritterschaft in den Weiteren Ausschuß in Gang. Die detaillierte prosopographische Analyse der Übertritte zeigt zudem, daß anders als beim Weiteren Ausschuß die neuen Mitglieder des Engeren Ausschusses nicht mechanisch in der Reihenfolge der erbländischen Kreise am Ende der Liste angehängt wurden, sondern daß sie nach bestimmten Bevorzugungen im Einzelfall gereiht werden konnten.

In der linken Hälfte zeigt Tabelle 12 für den Engeren Ausschuß die im Vergleich zur vorhergehenden Versammlung erfolgenden Austritte aus dem Ausschuß sowie die Zahl der neu Eintretenden. In der Regel heben sich die beiden Werte auf. Aber es sind auch Abweichungen von diesem Grundmuster möglich. Ein Überschuß an Austritten bedeutet die Verminderung von überzähligen Stellen, ein Überschuß an Eintritten die entsprechende Zulassung von Stellen über die festgesetzte Anzahl von vierzig Stellen hinaus. Ein solcher Fall trat z. B. ein, als der ältere Heinrich v. Bünau auf dem Ausschußtag von 1725 für den Meißner Kreis in den Engeren Ausschuß zurückkehrte. Der Engere Ausschuß wuchs dadurch auf einundvierzig Mittglieder an.[59] Mit dem Landtag von 1731, als nur eine der beiden freien Stellen des Meißner Kreises wieder besetzt wurde, entsprach die Mitgliederzahl des Engeren Ausschusses wieder der Norm.

Einen noch extremeren Fall bildete die Aufnahme des aus Pommern stammenden Grafen Jacob Heinrich v. Flemming (1667–1728) in den Engeren Ausschuß, der seit 1691 wie sein Bruder Joachim Friedrich in kursächsischen Kriegsdiensten stand und vom Oberst (1691) bis zum Präsidenten des Kriegsratskollegiums (1710) und schließlich 1712 zum General-Feldmarschall und

---

59   Die Rückkehr v. Bünaus wirkte sich allerdings nur deshalb in der beschriebenen Weise aus, weil zugleich zwei neue Mitglieder für den Leipziger Kreis in den Engeren Ausschuss eintraten, obwohl für diesen Kreis nur eine Stelle frei geworden war. Ohne diese Maßnahme wäre sonst der Anteil der Leipziger Kreisritterschaft im Engeren Ausschuß auf nur noch sieben Mitglieder gesunken.

Tabelle 12: Die Zahl neuer Mitglieder im Engeren und Weiteren Ausschuß, 1699–1749 (Veränderungen gegenüber der vorherigen Versammlung)

| Jahr | Engerer Ausschuß | | Weiterer Ausschuß | | |
	Austritt	Eintritt	Austritt	Aufstieg	Eintritt
LT 1694/95	–	–	–	–	–
LT 1699	8	7	17	6	24
AT 1700	0	0	0	0	0
AT 1701	0	0	0	0	0
AT 1704	9	7	9	7	16
AT 1708	8	8	10	8	18
LT 1711	16	17	7	16	23
AT 1712	6	6	2	6	8
AT 1713	4	4	1	4	5
AT 1715	4	4	3	4	7
LT 1716	3	2	5	2	7
LT 1718	9	9	4	8	12
LT 1722	12	11	11	10	21
AT 1725	5	6	11	5	16
LT 1728	7	7	12	5	17
LT 1731	14	13	7	12	19
LT 1734	8	9	12	9	21
LT 1737	2	2	4	2	6
LT 1742	16	16	11	15	26
LT 1746	9	9	13	9	22
LT 1749	11	11	9	10	19

Quelle: HSTA Dresden, Bestand 10.015, Landtagsakten. LT = Landtag; AT = Ausschußtag. Spalte 5: Aufstieg in den Engeren Ausschuß

Kabinettsminister aufstieg.[60] In Kursachsen ansässig wurde er erst im Jahr 1714 mit dem Erwerb des Rittergutes Burgscheidungen im Thüringer Kreis, für das er unmittelbar in den Engeren Ausschuß eintrat. Seine Landtagskarriere bis 1728 bestand aus einem ständigen Wechsel der Rittergüter und der Kreiszugehörig-

---

60   Sein Bruder Joachim Friedrich v. Flemming (1665–1740) seit 1707 General-Leutnant und 1724 Gouverneur von Leipzig trat auf dem Landtag von 1711 als Besitzer von Nedaschütz im Meißner Kreis direkt in den Weiteren Ausschuß ein, dem er bis 1716 angehörte. Im Jahr 1718 glückte ihm, inzwischen zum General der Kavallerie ernannt und Besitzer des Gutes Kleinwölkau im Leipziger Kreis, der Aufstieg in den Engeren Ausschuß, dem er bis 1728 weiter angehörte. Das Gut Nedaschütz hatte Joachim Friedrich v. Flemming 1699 nur über seine Ehefrau Christiane Charlotte v. Watzdorf, verwitwete Vitzthum v. Eckstätt erlangt und später wieder an sie verkauft, siehe Walter v. Boetticher, Geschichte des Oberlausitzischen Adels und seiner Güter, 1635–1815, Bd. 1, Görlitz 1912, S. 375. Das Rittergut Kleinwölkau lag im Amt Delitzsch. Es ging um 1730 wieder an die Freiherren v. Scheiding, von denen es Joachim Friedrich v. Flemming im Jahr 1709 übernommen hatte. Zur militärischen Karriere der beiden Flemming siehe Heinrich August Verlohren, Stammregister und Chronik der sächsischen Armee, S. 216f. Laut Karlheinz Blaschke, Art. ‚Flemming, Jakob Heinrich Graf von‘, in: Neue Deutsche Biographie, Bd. 5 (1961), S. 239 f trat Jakob Heinrich erst 1694 in kursächsische Dienste.

keit. Nach dem Thüringer Kreis 1718 folgte 1722 der Erzgebirger Kreis wegen des Gutes Lichtewalde, das er aber auch nur von 1719 bis 1722 innehatte, so daß er auf dem Ausschußtag von 1725 fehlte und erst 1728 als Besitzer von Putzkau im Amt Stolpen, Meißner Kreis, in den Landtag zurückkehrte.[61]

Eine reguläre Ausnahme von der normalen Landtagskarriere machte die Landtagspraxis dagegen beim Amt des Erbmarschalls, der den Vorsitz im engeren Ausschuß innehatte und die gesamten Landtagsgeschäfte leitete. Die Position des Vorsitzenden war ein erbliches Amt, das von den kursächsischen Kurfürsten an die Familie Löser vergeben worden war. Die für das Amt des Erbmarschalls vorgesehenen Kandidaten konnten direkt in den Engeren Ausschuß eintreten. So nahm Hans Löser (1654–1715) auf Sahlis im Leipziger Kreis, der Erbmarschall der Jahre 1683 bis 1713, mit Erreichen der Volljährigkeit auf dem Ausschußtag von 1676 erstmals im Engeren Ausschuß Platz und übernahm, nachdem er 1682 mit seinem Anteil der väterlichen Güter auch formell belehnt worden war, das Amt des Erbmarschalls von Wolf Heinrich Löser auf Ahlsdorf im Churkreis, der als Erbmarschallamts-Verweser agiert hatte.[62] Auf ihn folgte sein Sohn erster Ehe Tham Löser, der im Jahr 1711 direkt in den Engeren Ausschuß eintrat und von 1715 bis 1718 als Erbmarschall amtierte.[63]

Da Tham Löser aber bereits im Jahr 1721 unverheiratet verstarb, mußte zunächst wieder ein Amtsverweser eingesetzt werden. Auf den Landtagen von 1722 bis 1728 versah das Amt der Obristleutnant Caspar Heinrich v. Beneckendorf auf Kötitz im Meißner Kreis, der dem Landtag seit 1704 angehörte und seit 1712 im Engeren Ausschuß saß. Obwohl v. Beneckendorf auf dem Stuhl des Erbmarschalls Platz nahm, behielt er seine normale Stelle im Engeren Ausschuß und rückte entsprechend der Anciennität auch in der Rangfolge weiter vor.[64] Auf ihn folgte in den Landtagen von 1731 bis 1737 Johann Moritz v. Heßler, Kammerjunker seit 1704, auf Vitzenburg im Thüringer Kreis, der seit 1711 den Landtag besuchte und seit 1722 eine Stelle im Engeren Ausschuß hatte. Erst mit dem Landtag von 1742 fiel das Amt des Erbmarschalls wieder an einen Löser aus dem Haus Reinharz im Churkreis. Hans Löser (1704–1763) übernahm 1742 den Vorsitz im Landtag, nachdem er als junger Mann im Jahr 1722 schon einmal Landtagsluft in der Allgemeinen Ritterschaft geschnuppert und 1737 dort noch einmal Platz genommen hatte.[65]

---

61   Das Oberhofmarschallamt bezeichnet ihn 1728 ausdrücklich als „supernumerarius". Er hat allerdings nicht an den Sitzungen teilgenommen, da er sich auf diplomatischer Mission am Kaiserhof in Wien befand, wo er am 30. April 1728 verstarb.

62   Er folgte damit seinem 1670 verstorbenen Vater Curth Löser im Amt des Erbmarschalls.

63   Siehe Zedler, Universal-Lexicon, Bd. 18 (1738), Sp. 205.

64   Zu v. Beneckendorf, gestorben 1729, siehe Heinrich August Verlohren, Stammregister und Chronik der sächsischen Armee, S. 120 f. Solange er das Amt des Erbmarschalls versah wurde v. Beneckendorf doppelt gezählt: als Erbmarschall und als Ausschußmitglied. Dasselbe gilt von seinem Nachfolger Johann Moritz v. Heßler. Der Engere Ausschuß konnte in der Zeit von 1722 bis 1737 also nur 39 reguläre Mitglieder haben.

65   Siehe Walther Fischer, Art. ‚Löser, Hans Graf von', in: Neue Deutsche Biographie, Bd. 15 (1987), S. 66.

Für die Vertreter der Ballei Thüringen und der Kommende zu Griefstädt entfiel ebenfalls die Frage des Aufstieges. Sofern die Vertreter des Deutschen Ordens ihrer Ladung zum Landtag Folge leisten wollten, saßen sie direkt neben dem Erbmarschall an zweiter und dritter Stelle im Engeren Ausschuß. In der Zeit von 1694 bis 1734 blieben die beiden Stühle unbesetzt. In den Jahren von 1734 bis 1755 war Hans Moritz v. Brühl (1693–1755), der Ältere, im Jahr 1738 ebenfalls in den Grafenstand erhobene Bruder Heinrichs v. Brühl, zugleich Statthalter der Ballei Thüringen und Komtur zu Griefstedt. Er konnte daher die vier Landtage der Jahre 1737, 1742, 1746 und 1749 besuchen und führte laut § 12 der Land-tagsordnung von 1728 als Statthalter der Ballei Thüringen jeweils das erste Votum im Engeren Ausschuß.[66] Eigenen Rittergutsbesitz in den kursächsischen Erblanden besaß er zu diesem Zeitpunkt, soweit bisher bekannt, nicht. Sein Vater, der Weißenfelser Oberhofmarschall Hans Moritz v. Brühl (1655–1727), hatte von 1687 bis 1725 den Dresdner Landtag besucht.[67] Er war mit dem amt-sässigen Rittergut Gangloff-Sömmern belehnt gewesen und saß seit 1704 als Deputierter des Amtes Weißensee im Engeren Ausschuß.[68] Der ältere v. Brühl war im Jahr 1704 auf die einzige freie Stelle für den Thüringer Kreis im Weiteren Ausschuß nachgerückt, die der verstorbene Weißenfelser Oberjägermeister und Kammerrat Hans Dieter v. Geißmar (1649–1702) inne gehabt hatte.[69] Nach dem Tod des Vaters ging das Rittergut Gangloff-Sömmern jedoch nicht an Hans Moritz als erstgeborenen Sohn, sondern an den jüngeren Bruder Johann Adolph v. Brühl (1695–1742), der seit 1731 den Landtag besuchte und 1732 Stallmeister am Dresdner Hof wurde.[70]

Im Unterschied zu seinem Bruder Heinrich v. Brühl, der bis 1731 eine lu-penreine Hofkarriere vom Pagen, Kammerjunker zum Kämmerer eingeschlagen und es zu diesem Zeitpunkt schon zum wirklichen geheimen Rat und Leiter des Departements der Domestique-Affairen gebracht hatte, verfolgte Hans Moritz v. Brühl die Hofkarriere nur vorübergehend und schlug stattdessen die militärische

---

66 Laut Oberhofmarschallamt war er auch während des Landtags von 1746, der vom 19. Juni bis 14. August dauerte, zunächst in Dresden, reiste aber schon am 8. Juli ab. Das Landtagsver-zeichnis registriert ihn als abwesend.

67 Der Hof- und Staatskalender 1728 führt den Oberhofmarschall v. Brühl zu Weißenfels unter den titular geheimen Räten.

68 Auch der Großvater des Deutschordensritters Hans Moritz v. Brühl, ebenfalls mit Namen Hans Moritz v. Brühl (1614–1694) war seit 1657 Landtagsmitglied gewesen und hatte von 1660 bis 1690 im Weiteren Ausschuss gesessen.

69 Der Deputierte v. Brühl vertrat wahrscheinlich ebenso sehr die Interessen der Weißenseer Amtsassen wie er aufgrund seines Hofamtes auch die Sekundogenitur Sachsen-Weißenfels auf dem Landtag repräsentierte. Solange der Vater selbst den Landtag besuchte, war den Söhnen der Zugang versperrt.

70 Johann Adolph v. Brühl avancierte nach den Regeln der Landtagsordnung: nach seinem Eintritt in die Allgemeine Ritterschaft kam er 1734 in den Weitern Ausschuß und stieg 1742 in den Engeren Ausschuß auf – ein vergleichsweise rascher Aufstieg. Auch der vierte der Brüder, Friedrich Wilhelm v. Brühl (1699–1760), trat 1731 in den Landtag ein und stieg 1734 für das Rittergut Wiederau im Churkreis in den Weiteren Ausschuss auf. 1749 gelangte er, inzwischen auf dem Gut Martinskirchen, das zum Kollegiatstift Wurzen gehörte, in den Engeren Ausschuß.

Laufbahn ein.[71] Im Jahr 1730 erhielt er die Stelle eines Oberst-Leutnants im Kürassier-Regiment Prinz Friedrich, 1734 wurde er Oberst, 1741 Generalmajor, 1745 General-Leutnant und 1754 schließlich General der Kavallerie. Im Jahr 1734 gelang es den geheimen Räten um Heinrich v. Brühl, dessen Bruder beim Deutschmeister des Ritterordens, dem Kölner Kurfürsten Clemens August aus dem Haus der bayerischen Wittelsbacher, als Komtur und Statthalter der Ordensbesitzungen in Thüringen durchzusetzen.[72] Die Karriere im Deutschen Orden brachte schließlich auch ihn 1737 wieder in den Landtag.

Der jüngste der Brüder, der spätere Premier-Minister Heinrich v. Brühl (1700–1763), trat 1731 ebenfalls in den Landtag ein. Dieses Jahr markiert nach dem Tod des Vaters eine massive Hinwendung der Brüder hin zu einer hervorgehobenen Rolle im Dresdner Landtag.[73] Da Heinrich v. Brühl kein eigenes Rittergut geerbt und seinen Anteil an Gangloff-Sömmern angetreten hatte, mußte eine andere Aushilfe gefunden werden. Diese bestand in dem Erwerb des Rittergutes Grochwitz bei Torgau, im Amt Schlieben des Churkreises gelegen. Der Erwerb des Rittergutes im Jahr 1731 und der Eintritt in den Landtag, der vom 19. August bis 7. Oktober dauerte, fallen praktisch zusammen. Allerdings sparte sich der frisch ernannte geheime Rat den zeitraubenden Aufstieg und trat gleich in den Engeren Ausschuß ein, wo glücklicherweise die Stelle des Kreissteuer-Einnehmers im Churkreis Heinrich Dietrich v. Zanthier (1676–1729) auf Salzfurth frei geworden war.[74] Er mußte sich jedoch erst einmal mit dem letzten Platz im Engeren Ausschuß zufrieden geben. An diesem Vorgang ist nicht so sehr die Tatsache erstaunlich, daß Heinrich v. Brühl an der Landtagsordnung vorbei direkt in den Engeren Ausschuß einzog, sondern daß sich ein Kämmerer, General-Akzise-Direktor, wirklicher geheimer Rat und Mitglied des Geheimen Kabinetts die Mühe machte, Geld und Zeit aufwendete, um in den Landtag zu kommen.[75]

---

71   Laut Zedler, Universal-Lexicon, Bd. 4, Sp. 1563, war Hanz Moritz v. Brühl zunächst Bayreuther Hofrat, bevor er dann kursächsischer Leutnant der Kavallerie wurde. Zu seiner militärischen Laufbahn siehe Heinrich August Verlohren, Stammregister und Chronik der sächsischen Armee, S. 154, Nr. 1, ferner Johann Georg Zirschke, Zuverläßige Beschreibung der Hohen Generalität oder ausführliche Nachrichten von den Hohen Kriegsbedienten, Görlitz 1756, S. 188–191.

72   Siehe J.G.L. Anderson, Geschichte der Deutschen Ordens-Commende Griefstedt, S. 264 f.

73   Dazu gehörte auch die folgerichtige Erhebung von Gangloff-Sömmern im Amt Langensalza zur Schriftsässigkeit: das Oberhofmarschallamt vermeldete bei der Eröffnung des Landtages von 1731 den Vollzug der Erhebung am 21. Januar 1729. Der Vater hatte noch als Deputierter des Amtes Weißensee zum Landtag gehen müssen. Bei Friedrich Gottlob Leonhardi, Erdbeschreibung, Bd. 1, S. 673, rangieren die drei schriftsässigen Rittergüter zu Gangloff-Sömmern noch unter den „neuen schriftsässigen Rittergütern".

74   Zu v. Zanthier siehe Zedler, Universal-Lexicon, Bd. 60 (1749), Sp. 1608 f. Zu seinen Söhnen gehört der Oberforst- und Jagdmeister zu Stolberg-Wernigerode Hans Dietrich v. Zanthier (1717–1778), der auch als Begründer von Forstschulen und als Schriftsteller zum Forstwesen aktiv war.

75   Die Protokolle des Oberhofmarschallamtes berichten über mehrfache Beurlaubungen v. Brühls, aber ohne Abzug an der Auslösungsvergütung, da er ex officio reise. Ob und in welchem Umfang Heinrich v. Brühl an den Beratungen des Engeren Ausschusses persönlich teilgenommen hat, selbst wenn er in Dresden anwesend war, muß offen bleiben. Das schmälert aber nicht die Tatsache, daß er zusätzlich zu seinen Klienten oder Vertrauten, die im Ausschuß saßen, einen

Von derartigen Sonderfällen abgesehen kamen auf jeder Landtagsversammlung zwischen sechs und sechzehn neue Mitglieder in den Engeren Ausschuß, so daß der Engere Ausschuß rechnerisch gesehen etwa alle zwölf Jahre seinen Mitgliederbestand nahezu erneuert hatte. Tatsächlich aber blieben manche Mitglieder deutlich länger im Engeren Ausschuß, während andere vor allem aufgrund gesundheitlicher Umstände rascher wieder abtraten. Auch wenn kein allgemeiner Landtag abgehalten wurde, konnten die beiden Ausschüsse nach den Regeln der Landtagsordnung neue Mitglieder rekrutieren. Auf den ersten beiden kurz nach dem Landtag von 1699 abgehaltenen Ausschußtagen war das zwar nicht nötig, aber für die Ausschußtage von 1704 und 1708 wurden die entsprechenden Translocationen wieder vorgenommen. Der Engere Ausschuß bediente sich im Weiteren Ausschuß und von den sechzehn neuen Mitgliedern des Weiteren Ausschusses hatten dreizehn in der Allgemeinen Ritterschaft des Landtages von 1699 gesessen. Im Jahr 1708 kam immer noch knapp die Hälfte der neuen Mitglieder im Weiteren Ausschuss aus der Allgemeinen Ritterschaft der Landtage von 1699 und 1694/95, die anderen wurden direkt in den Ausschuß berufen.[76]

Für den Weiteren Ausschuß gestalteten sich die Verhältnisse naturgemäß noch dynamischer als im Engeren Ausschuß. Hier tritt als dritte Kategorie der Austritt aus dem Weiteren Ausschuß ohne einen Aufstieg in den Engeren Ausschuß zu den beiden anderen Fällen – nämlich dem Aufstieg in den Engeren Ausschuß und dem Eintritt aus der Allgemeinen Ritterschaft in den Weiteren Ausschuß, um die entstandenen Lücken wieder zu füllen – hinzu.

Für diese dritte Gruppe von Landtagsmitgliedern war der Weitere Ausschuß demnach die Endstation ihrer Landtagskarriere. Erst die Summe dieser Austritte zusammen mit den Aufstiegen in den Engeren Ausschuß ergibt die Fluktuation des Mitgliederbestandes in diesem Kollegium. Wie die Tabelle 12 zeigt, liegt die Zahl der Austritte häufig sogar über derjenigen für den Aufstieg in den Engeren Ausschuß. In der Regel war demnach von Versammlung zu Versammlung ein Viertel bis ein Drittel der sechzig Mitglieder des Weiteren Ausschußes neu in dem Gremium. Die relativ hohe Fluktuation bedeutete zugleich, daß es für die Mitglieder der Allgemeinen Ritterschaft gute Aussichten auf einen Aufstieg in den Weiteren Ausschuß gab. Allerdings war die Aussicht nicht in allen sieben Kreisen gleich gut.

Ein konkretes Beispiel kann die zeitgenössischen Verhältnisse und Praktiken näher beleuchten. Auf dem letzten Landtag in der Regierungszeit Friedrich Augusts I. im Jahr 1731 waren insgesamt neunzehn Stellen im Weiteren Ausschuß wieder zu besetzen. Für den Thüringer Kreis traten sechs Mitglieder neu in den Ausschuß ein, für den Meißner und Erzgebirger Kreis jeweils zwei, für den Leipziger vier, den Vogtländer ebenfalls zwei und schließlich für den Neustädter Kreis drei Vertreter, die an das Ende des Weiteren Ausschusse auf die Stellen

---

Sitz hatte und jeder Zeit dort selbst Platz nehmen konnte, wenn es ihm denn nötig erscheinen sollte.

76 Bei den 1708 direkt in den Ausschußtag eintretenden Mitgliedern des Weiteren Ausschusses haben möglicherweise die jeweiligen Kreisritterschaften an der Auswahl mitgewirkt.

Nummer zweiundvierzig bis sechzig platziert wurden. Der Churkreis war in dieser Runde aus zwei Gründen nicht vertreten. Zum einen trat Heinrich v. Brühl für den Churkreis direkt in den engeren Ausschuß ein und verhinderte so ein ordnungsgemäßes Nachrücken auf eine frei werdende Stelle im Weiteren Aussschuß. Zum anderen hatte es im Ausschußtag von 1725 geradezu einen Generationenwechsel unter den Vertretern des Churkreises im Weiteren Ausschuß gegeben. Vier der sechs Stellen des Churkreises waren frei geworden, weil ihre Inhaber aus dem Landtag ausschieden, eine fünfte kam durch den Aufstieg von Raban Heinrich v. Witzleben auf Rackith in den Engeren Ausschuß hinzu. Die fünf Plätze wurden aus der Allgemeinen Ritterschaft wieder besetzt und im Jahr 1731 saßen ihre Inhaber weiterhin an der ersten Tafel des Weiteren Ausschusses.[77]

Die jeweilige Chance für einen Aufstieg aus der Allgemeinen Ritterschaft in den Weiteren Ausschuß wechselte sehr stark von Landtag zu Landtag, je nach der weitgehend von äußeren Umständen abhängigen Verfügbarkeit an freien Stellen. Aufgrund der Zuteilung der Stellen zu den einzelnen erbländischen Kreisen und der unterschiedlichen Stärke ihrer Vertreter in der Allgemeinen Ritterschaft zeigte der Meißner Kreis die ungünstigste Relation, weil hier die Auswahl unter möglichen Nachfolgern am größten war. In allen anderen Kreisen hatte man eine bessere Chance, in den Weiteren Ausschuß aufzusteigen. Diese Ungleichgewichtung wirkte sich aber vermutlich nur geringfügig auf die Entscheidungen der einzelnen Rittergutsinhaber aus, da der in der Anzahl zwar schwankende, dennoch aber stete Fluß der von Session zu Session aufsteigenden Mitglieder die Hoffnung auf eine Landtagskarriere wach hielt.

Die Kooptationen in den Weiteren Ausschuß im Jahr 1731 lassen darüber hinaus erkennen, daß in der Auswahl der Kandidaten gewisse Gesichtspunkte oder Faktoren mitgespielt haben, den Aufstieg rein nach der Anciennität der Teilnahme und der Sitzfolge in den Ausschüssen zu beschleunigen. Aus der Thüringer Ritterschaft traten sechs Mitglieder in den Weiteren Ausschuß ein. In der Allgemeinen Ritterschaft blieben siebenundzwanzig weitere Landtagsbesucher zurück, die ebenfalls im Thüringer Kreis angesessen waren. Unter diesen siebenundzwanzig befanden sich zehn amtsässige Deputierte. Von den Aufsteigern des Jahres 1731 war keiner ein von den Amtsassen deputiertes Mitglied des Landtages. Fünf der sechs Aufsteiger hatten zuvor die Allgemeine Ritterschaft besucht: Caspar v. Berlepsch auf Henningsleben insgesamt dreimal seit 1716, Johann Julius Marschall auf Schönstedt sogar fünfmal seit 1711, Johann Adolph v. Taubenheim auf Bedra aber nur einmal im Jahr 1722 und Hartmann

---

77   Sie erhielten 1725 die Plätze fünfundvierzig bis neunundvierzig und saßen 1731 weiterhin zusammen auf den Plätzen sechzehn bis zwanzig. Ihr Vorgänger und Senior im Weiteren Kreis war Gotthelf Friedrich von Schönberg auf Trebitz, seit 1713 Dresdner Kammerherr, Landtagsbesucher seit 1711, Mitglied des Weiteren Ausschusses seit 1722, der im Jahr 1734 zusammen mit Otto Wilhelm v. Bodenhausen auf Radis und Moritz Friedrich v. Milckau auf Lebusa in den Engeren Ausschuß kooptiert wurde, so daß wieder Mitglieder der Ritterschaft des Churkreises in den Weitern Ausschuß aufrücken konnten. Im Jahr 1734 fielen dagegen im Erzgebirger Kreis keine freien Stellen im Weiteren Ausschuß an.

Tabelle 13: Der Aufstieg aus der Allgemeinen Ritterschaft in den Weiteren Ausschuss im Landtag von 1731

Nr.	Kreise	Allgemeine Ritterschaft Anzahl	Weiterer Ausschuss Stellen	Translocationen Anzahl
1	Churkreis	16	6	0
2	Thüringer	27	15	6
3	Meißner	62	9	2
4	Erzgebirger	17	6	2
5	Leipziger	45	12	4
6	Vogtländer	15	8	2
7	Neustädter	23	4	3
	Summe	**205**	**60**	**19**

Quelle: Tabelle 6 und HSTA Dresden, Bestand 10.015, Landtagsakten A 82a

Ludwig v. Witzleben auf Wolmirstedt ebenfalls nur einmal im Jahr 1728. Das fünfte neue Mitglied, Hans Adolph Wilhelm v. Seebach, folgte in gewisser Weise seinem Vater Hans Wilhelm v. Seebach (1651–1725) auf Schönewerda nach, der seit 1670 den Landtag besucht hatte, von 1687 bis 1704 dem Weiteren Ausschuß angehört und zehn Jahre von 1708 bis 1718 im Engeren Ausschuß gesessen hatte.[78] Der Sohn Hans Adolph Wilhelm war zu Lebzeiten des Vaters im Jahr 1718 für das väterliche Gut Porstendorf im Amt Eckartsberga in den Landtag eingetreten. Nach dem Tod des Vaters kehrte er 1728 als Besitzer von Schöne-werda im Amt Sangerhausen in die Allgemeine Ritterschaft zurück und wurde auf dem folgenden Landtag von 1731 in den Weiteren Ausschuß berufen.[79]

In der Sitzordnung mußte der Kammerjunker Hans Adolph Wilhelm v. Seebach im Weiteren Ausschuß dann aber hinnehmen, daß ihm von den freien Stellen für den Thüringer Kreis nur der letzte Platz zugeteilt wurde. Vor ihm wurde noch Friedrich Abraham v. Hopfgarten auf Mülverstedt eingeschoben, der nicht aus der Allgemeinen Ritterschaft kam und im Jahr 1731 zum allerersten Mal den Landtag besuchte, aber direkt in den Weiteren Ausschuß berufen wurde.[80] Er war nicht nur der Sohn des Generalmajors und Kommandanten von Leipzig Georg Friedrich v. Hopfgarten auf Mülverstedt im Amt Langensalza, der von 1711 bis 1728 eine Stelle im Engeren Ausschuß besessen hatte, sondern er

---

78   Hans Wilhelm v. Seebach war Rittmeister bei den Ritterpferden, siehe Zedler, Universal-Lexicon, Bd. 36 (1743), Sp. 1021 f; und Heinrich August Verlohren, Stammregister und Chronik der sächsischen Armee, S. 484, Nr. 1. Im Jahr 1718 wurde er noch zum Dresdner Kammerherren ernannt und zugleich erhielt sein Sohn die Charge eines Kammerjunkers, die er noch bis 1775 bekleidete, siehe Johann Georg Zirschke, Hof-Staat, S. 27 und S. 37, und die chursächsischen Hof- und Staatskalender.

79   Dort war er ein regelmäßiger Teilnehmer. In den 1740er Jahren lautete die Missive auch auf seinen Bruder Hans Anton Gottlob v. Seebach.

80   Die drei Jahre zuvor erlassene Landtagsordnung von 1728 hatte dagegen im § 13 ausdrücklich festgesetzt: es „soll keiner in den Weiten Ausschuß gezogen werden, der nicht wenigstens einen Landtag vorher, bei der allgemeinen Ritterschaft gesessen."

war seit 1730/31 hinter Heinrich v. Bünau auch der jüngste adelige Hofrat der Dresdner Landesregierung. Unter den anderen vor ihm platzierten Mitberufenen war ein Kreishauptmann, Johann Julius Marschall, und ein Stiftsrat zu Naumburg, Johann Adolph v. Taubenheim. Bei Caspar v. Berlepsch und Hartmann Ludwig v. Witzleben sind bislang zwar keine Amtsstellungen nachweisbar, die ihre vorrangige Berücksichtigung rechtfertigen könnten, aber sie verfügten über eine gute Verbindung in den Engeren Ausschuß, da sie ältere Brüder in dem Kollegium hatten. Zum einen war dies der Amtshauptmann und Assessor am Oberhofgericht zu Leipzig, Appellationsrat in Dresden, Kreissteuer-Einnehmer des Thüringer Kreises und Kanonikus des Stifts Naumburg Otto Heinrich v. Berlepsch auf Gröbitz,[81] der 1731 in den Engeren Ausschuß aufrückte, und zum anderen Dietrich Wilhelm v. Witzleben auf Tauchard.[82] Die Amtstitel und verwandtschaftlichen Beziehung der Mitaufsteiger Hans Adolphs von Seebach scheinen für die Reihung der Plätze gewichtiger gewesen zu sein als diejenigen, über die er verfügte. In den Kollegien der Ritterschaft traten offensichtlich nicht bloß Landstände oder Vertreter der erbländischen Kreise zusammen, um wichtige Landesangelegenheiten oder lokale Gravamina zu besprechen. Jeder Landtag hatte unvermeidlicher Weise auch etwas von einem Familientreffen.

---

81   So die eindrucksvolle Liste der Amtsverpflichtungen Otto Heinrichs v. Berlepsch im 1733 erschienenen Band von Zedlers, Universal-Lexicon, Bd. 3 (1733), Sp. 1326. Er war im Jahr 1711 für das Rittergut Teuchner in die Allgemeine Ritterschaft eingetreten und von 1712 bis 1728 Mitglied des Weiteren Ausschusses gewesen und gehörte dem Engeren Ausschuß von 1731 bis 1749 an. Seit 1728 saß er im Ausschuß nicht mehr für das Rittergut Teuchern im Amt Weißenfels, das für die Schocksteuer beim Leipziger Kreis veranlagt wurde, sondern als Inhaber des Gutes Gröbitz im selben Amt.

82   Außerdem saß im Engeren Ausschuß zwei Plätze weiter vorne auch noch Dietrich Wilhelms Cousin Raban Heinrich v. Witzleben auf Rackith im Churkreis, dessen Sohn Philipp Heinrich auf Wartenburg wiederum in den Jahren 1728 und 1731 Direktor des Weiteren Ausschusses war. Die Teilnahme der v. Witzleben auf Wollmerstädt wirft allerdings noch eine Reihe von ungeklärten Fragen auf: Nach dem Tod ihres Vaters Wolff Dietrich Arnold v. Witzleben (1627–1684), Mitglied im Engeren Ausschuß von 1663 bis 1684 und Ober-Steuereinnehmer des Thüringer Kreises, haben die Söhne bzw. Brüder Wolff Friedrich, Christian Arnold, Hartmann Ludwig und Wolff Dietrich (Arnold) das Gut Wollmerstädt im Amt Eckartsbergs nicht nur nacheinander, sondern zeitweise auch gleichzeitig auf dem Landtag vertreten, obwohl Friedrich Gottlob Leonhardi, Erdbeschreibung, Bd. 1, S. 642, in Wollmerstädt nur ein einziges Rittergut vorkommt. Aber auf dem Landtag von 1718 z.B. ist Christian Arnold Kondirektor des Weiteren Ausschusses und sechs Stühle weiter sitzt sein Bruder Wolf Dietrich (Arnold). Zweitens: Im Jahr 1728 tritt Dietrich Wilhelm v. Witzleben auf Tauchardt in den Engeren Ausschuß ein, ohne jemals zuvor in einem Landtagsverzeichnis registriert worden zu sein. Er tritt vermutlich an die Stelle seines 1725 verstorbenen Bruders Christian Arnold, der 1722 in den Engeren Ausschuß kooptiert worden war. Andererseits verzeichnet aber das Oberhofmarschallamt dennoch die Anwesenheit und das Wohnquartier von Dietrich Wilhelm v. Witzleben in Dresden während der Landtags-Sessionen von 1708, hier wird er als Weimarer Stallmeister bezeichnet, 1711, 1712, 1713, 1716 und 1722 ohne ihn einem Kollegium der Ritterschaft zuzuordnen. Auch im Fall der Teilnahme von Dietrich Wilhelm v. Witzleben im Engeren Ausschuß von 1728 und 1731 handelt es sich demnach um eine Unregelmäßigkeit.

Die Tatsache, daß v. Seebach 1731 in der Sitzreihung etwas hintangesetzt wurde, wirkte sich dann auf seine weitere Karriere aus. Während v. Berlepsch 1742, Marschall 1746 und v. Hopfgarten 1749 in den Engeren Ausschuß aufrückten, verblieb v. Seebach bis zum späten Ende seiner Landtagskarriere im Jahr 1769 auf Dauer im Weiteren Ausschuß.[83] Er mußte daher auch miterleben, daß ihn hinsichtlich der knappen Zahl freier Stellen im Engeren Ausschuß im Jahr 1742 der Oberstallmeister Johann Adolph v. Brühl, 1746 dann Hans Heinrich v. Heringen auf Ottenhausen und 1749 auch noch Heinrich Ernst v. Töpffern auf Sundhausen durch ihren Aufstieg in den Engeren Ausschuß überholten. Der Oberstallmeister v. Brühl (1695–1742) war einer der älteren Brüder des Kabinettsministers Heinrich v. Brühl und profitierte deutlich von dem großen Einfluß seines Bruders am Hof und in der Regierung unter der neuen Regentschaft Friedrich August II. In der Amtszeit seines Bruders als Kämmerer – Ober-Kammerherr war zu dieser Zeit noch der Kabinettsminister Heinrich Friedrich Graf v. Friesen – wurde er 1732 zum Kammerherrn ernannt und erhielt eine Stelle als Stallmeister. Nach dem Sturz des Favoriten Alexander Joseph Fürst v. Sulkowski im Jahr 1738 konnte er aus dessen Ämter-Portefeuille auf die nun frei gemachte Hofcharge des Ober-Stallmeisters nachrücken.[84] Unter den Ober-Chargen am Dresdner Hof stand er damit nach dem Ober-Hofmarschall und dem Ober-Kammerherrn an dritter Stelle. Parallel zu der Hofkarriere von Johann Adolph v. Brühl verlief sein Eintritt in die Allgemeine Ritterschaft 1731 für das väterliche Rittergut Gangloffsömmern im Thüringer Kreis, sowie die Teilnahme im Weiteren Ausschuß von 1734 und 1737 und schließlich im Engeren Ausschuß von 1742.[85]

Der zweite Vertreter der Thüringer Schriftsassen, der v. Seebach überholte, war Hans Heinrich v. Heringen, seit 1734 ein Mitarbeiter Heinrich v. Brühls zum einen in dessen Eigenschaft als Direktor des General-Accis-Collegiums, zum

---

83 Im Jahr 1749 hatte er Platz sechs im Weiteren Ausschuß erreicht, 1766 und 1769 saß er auf dem fünften Platz, das war für normale Mitglieder die höchstmögliche Platzierung nach den beiden Direktoren und den beiden Funktionsstellen im Weiteren Ausschuß. Die 1731 vor ihm platzierten Mitaufsteiger v. Taubenheim und v. Witzleben schieden schon 1742 bzw. 1734 aus dem Weitern Ausschuß und damit aus dem Landtag aus.

84 Siehe Johann Georg Zirschke, Hof-Staat, S. 29 und S. 41 f. Nachfolger in der Hofcharge wurde 1742 sein Bruder Hans (Johann) Moritz v. Brühl (1693–1755), zu dieser Zeit auch Generalmajor der sächsischen Armee und Statthalter der Ballei Thüringen des Deutschen Ritterordens. Fürst Sulkowski hatte bis 1738 auch die Ämter des Kämmerers und – zusammen mit Heinrich v. Brühl – des vortragenden geheimen Kabinettsministers inne gehabt.

85 Seine Teilnahme war dadurch erleichtert, daß er laut Oberhofmarschallamt beständig in Dresden wohnte, 1737 z. B. auf der Kreuzgasse im Haus seiner Mutter. Daher wurden ihm 1734 und 1737 weder Reisemeilen noch Nachtlager zugestanden. Der Übertritt in den Engeren Ausschuß erfolgte 1742 allerdings nicht mehr für das väterliche Gut Gangloffsömmern, das nach Walter Fellmann, Heinrich Graf Brühl, S. 404, zwangsweise verkauft werden mußte, sondern für das Rittergut Zehista im Amt Pirna des Meißner Kreises. Er räumte also eine Thüringer Schriftsassenstelle im Weiteren Ausschuß und besetzte 1742 im Engeren Ausschuß eine der vier freien Stellen für den Meißner Kreis. Ohne die Erwerbung des Gutes Zehista hätte er den Landtag verlassen müssen.

anderen in dem seit 1740 ausgeübten Amt als Ober-Steuer-Director.[86] In der Verwaltung der Akzisesteuern hatte v. Heringen gleich nach dem Direktor v. Brühl die Position des ersten General-Akziserates. Im Obersteuerkollegium war er seit 1740 zusammen mit Adam Friedrich v. Schönberg (1688–1751) auf Börnichen einer der beiden von kurfürstlicher Seite ernannten Ober-Steuereinnehmer, die mit den vier Ober-Steuereinnehmern der Landschaft die oberste Steuerbehörde bildeten.[87] Mit seinem Eintritt in das Ober-Steuer-Collegium erhielt v. Heringen auch die Würde eines Kammerherren. Seine Landtagskarriere hatte Hans Heinrich v. Heringen (1797–1773) im Jahr 1722 als Deputierter des Amtes Weißensee begonnen. Er war ein fleißiger Landtagsbesucher. In den Weiteren Ausschuß kam er 1734 zeitgleich mit seiner Anstellung als Akzisrat in Dresden. Im Jahr 1742 war er Direktor des Weiteren Ausschusses, 1746 und 1749 schließlich Mitglied des Engeren Ausschusses und zugleich kurfürstlicher Ober-Steuereinnehmer und titular geheimer Rat.

Die Teilnahme in der Funktion eines Deputierter der Amtsassen hatte Hans Heinrich v. Heringen auf Ottenhausen dem Umstand zu verdanken, daß sein Vater Hans Ludwig v. Heringen (1664–1743) das Rittergut Ottenhausen von 1699 bis 1742 selbst als Schriftsasse auf dem Dresdner Landtag repräsentierte. Der Sohn mußte daher diesen Weg wählen, um ebenfalls am Landtag teilnehmen zu können, da er über kein eigenes schriftsässiges Rittergut verfügte. Der Vater gehörte bereits seit 1711 dem Engeren Ausschuß an. Der Sohn rückte erst zu dem Zeitpunkt in den Engeren Ausschuß nach, zu dem der Vater den Ausschuß verlassen hatte. Die Landtagsbesuche des jüngeren v. Heringen erfolgten übrigens auch in seiner Zeit in Diensten des Herzogs von Sachsen-Eisenach bis 1734.[88] Die Wahl zum Deputierten und die frühe Teilnahme am Dresdner Landtag, wie auch die fortgesetzte Teilnahme im Rahmen seiner Berufskarriere in Dresden können als starke Belege für die zeitgenössische Bedeutung der Institution Landtag in Kursachsen gewertet werden. Die steile Verwaltungskarriere im Umkreis des Ministers v. Brühl und die ausdauernde Landtagsteilnahme waren offensichtlich keine schwer zu vereinbarenden Gegensätze.

---

86   Siehe die Hof- und Staatskalender. Vice-Ober-Steuer-Direktor unter Centurius v. Militz auf Oberau war v. Brühl schon seit 1733.

87   Außerdem saß im Ober-Steuer-Collegium noch ein weiterer Bruder Heinrichs v. Brühl, Friedrich Wilhelm v. Brühl auf Martinskirchen.

88   Siehe Lutz Bannert, ‚Heeringen, Hans Heinrich von', in: Sächsische Biografie, htttp:// www.isgv.de/saebi (zuletzt besucht am 19. 11. 2015). Wie schon bei Horst Schlechte und anderen älteren Autoren, fehlt auch in dieser jüngsten Biographie aus dem Jahr 2009 – bis auf den Hinweis auf 1749 – die Landtagskarriere v. Heringens völlig, die immerhin über vierzig Jahre dauerte. Er wird stattdessen fast ausschließlich in seiner Tätigkeit als Finanz- und Steuerfachmann, als landesherrlicher Amtsträger, vorgestellt. Dadurch wir die Trennung zwischen Landtagsgeschichte und Verwaltungsgeschichte weiter zementiert. Wenn das Oberhofmarschallamt Hans Heinrich v. Heringen 1722 als Kammerjunker bezeichnet und den Vater Hans Ludwig 1716 als Oberhofmeister, dann ist vermutlich der Sachsen-Eisenacher oder ein anderer der kleineren Höfe in Sachsen und Thüringen gemeint. Bei Johann Georg Zirschke, Hof-Staat, findet sich jedenfalls keine Bestätigung dieser Angaben für den Dresdner Hof.

Hans Heinrich v. Heringen besuchte den Landtag nach der u. a. kriegsbe-
dingten Unterbrechung der Landtagssitzungen in den 1750er Jahren auch weiterhin und zwar von 1763 bis zum Jahr 1769. Er spielte nach 1763 politisch eine
bedeutende Rolle in der zur Sanierung der Staatsfinanzen im Jahr 1762 eingesetzten Restaurationskommission.[89] Bereits vor dem Siebenjährigen Krieg soll er
auf dem Landtag von 1749 die durch Heinrich v. Brühl betriebene Finanzpolitik
des Hofes kritisiert haben.[90] In dieser Aktion im Engeren Ausschuß bzw. in den
Deputationen des Landtages stand der kurfürstliche Ober-Steuereinnehmer v.
Heringen dann Seite an Seite mit dem in der Verbannung lebenden ‚geschick-
testen Vertreter des Ständestaats' (Werner Schultze) Heinrich v. Bünau auf
Domsen.[91] Die Kritik, die auf dem Landtag geäußert wurde, richtete sich gegen
die Politik des Hofes unter dem inzwischen auch offiziell zum Premierminister
erhobenen Heinrich Graf v. Brühl.[92] Sie kam in diesem Forum, wenn man so will,
seitens v. Bünaus aus dem ‚Land' und seitens v. Heringens aus den oberen Verwaltungsbehörden selbst. Der Premierminister, der ja ebenfalls einen Platz im
Engeren Ausschuss hatte, saß damit buchstäblich zwischen allen Stühlen.[93] Der
Engere Ausschuß wiederum fungierte nahezu wie ein erweiterter großer Rat für
die Debatte der aktuellen, vom Hof den versammelten Ständen vorgelegten
Landesangelegenheiten.

Ganz anders gelagert, aber mindestens genauso interessant und aufschluß-
reich ist der dritte Fall. In diesem Beispiel fand eine Translocation direkt aus der
Allgemeinen Ritterschaft in den Engeren Ausschuß statt. Der Weitere Ausschuß,
und damit u. a. auch v. Seebach, wurde komplett übersprungen und der der-
maßen bevorzugte Heinrich Ernst v. Töpffern auf Sundhausen, Deputierter des
Amtes Langensalza im Thüringer Kreis, 1749 auf den letzten Platz im Engeren
Ausschuß gesetzt, noch hinter die neuen Mitglieder für den Meißner und den
Erzgebirger Kreis.[94] Er ersetzte dort Georg Friedrich v. Rockhausen, der sein
altschriftsässiges Gut Kirchscheidungen verkauft hatte.[95]

89   Siehe dazu die Quellenedition von Horst Schlechte (Hg.), Die Staatsreform in Kursachsen 1762–
     63, Berlin 1958, hier bes. S. 25.
90   Siehe Lutz Bannert, ‚Heeringen, Hans Heinrich von', in: Sächsische Biografie, htttp://
     www.isgv.de/saebi (zuletzt besucht am 19. 11. 2015).
91   Zu v. Bünau siehe Werner Schultze, Heinrich v. Bünau, S. 36–38.
92   Den Titel Premierminister hatte er seit 1746, den Grafentitel seit 1737. Seine Brüder wurden 1738
     zu Grafen erhoben.
93   Auf dem Landtag von 1749 saßen v. Bünau auf Platz Nr. 7 und v. Brühl auf Nr. 12 an der ersten
     Tafel des Engeren Ausschusses, während v. Heringen seinen Stuhl an der zweiten Tafel an Nr. 23
     hatte. Der Premierminister war zur Zeit des Landtages in Dresden anwesend. Leider ist aber
     nicht bekannt ob die drei Herren jemals in der Stube des Engeren Ausschusses aufeinander
     getroffen sind. Mit zwei Brüdern im Engeren Ausschuss kann dem Premierminister aber nicht
     verborgen geblieben sein, was dort verhandelt wurde.
94   Während also v. Töpffern ganz am Ende auf Platz vierzig kam, erhielt sein einziger Mitaufsteiger
     in den Engeren Ausschuß für den Thüringer Kreis, Friedrich Adam v. Hopfgarten, weiter vorne
     den Platz zweiunddreißig. Normalerweise hätte man ihm den Platz dreiunddreißig zugeteilt. Die
     Zuweisung der Plätze im Engeren Ausschuß war laut Landtagsordnung von 1728, § 14, Aufgabe
     des Erbmarschalls.

Die Auflösung für diese ungewöhnliche Maßnahme und ihren Hintergrund findet sich im ‚Memorial des Engeren Ausschusses wegen der vacanten Stellen‘, das am 28. Juni 1749 die landesherrliche Konfirmation erhielt.[96] Darin berufen sich die Vertreter des Engeren Ausschusses auf eine am 14. Mai 1722 errichtete ‚Convention‘ der Thüringer Ritterschaft, daß im Engeren Ausschuß ein Amtsasse und im Weiteren Ausschuß zwei Amtsassen zu den Beratungen hinzugezogen werden müssen.[97] Weil aber sämtliche drei amtsässigen Stellen gegenwärtig ‚vacant‘ also unbesetzt seien, habe man den v. Töpffer „obiger Convention gemäß" aus der Allgemeinen Ritterschaft in den Engeren Ausschuß versetzen müssen. Die im Jahr 1728 erlassene Landtagsordnung hatte im § 15 nur bestimmt, daß den Thüringer Amtsassen in den beiden Ausschüssen drei Stellen zukommen sollen. Die Verteilung dieser Stellen auf die Ausschüsse hatte die Thüringer Ritterschaft eigenständig festgelegt, und zwar derart rechtsverbindlich, daß sich der Engere Ausschuß daran gebunden sah. Er war sogar bereit – oder sah sich gezwungen – in der Kooptation neuer Mitglieder in diesem Fall andere Gesichtspunkte hintanzustellen. Das Beispiel zeigt also nicht nur einen ungewöhnlichen Karrieresprung in der persönlichen Landtagslaufbahn, sondern belegt zugleich den Gestaltungsspielraum der Ritterschaft, wenn hier die

---

95   STAD, Bestand 10.024 Geheimer Rat, Loc. 9412/1: Landtags-Acta de Ao 1749, vol. I. Er wurde zudem Friedrich August v. Rockhausen auf Albersroda im Amt Freyburg vorgezogen, der 1746 Kondirektor des Thüringer Kreises gewesen war, nun aber nur in den Weiteren Ausschuß aufrückte. Die andere Stelle für die Amtsassen des Thüringer Kreises im Weiteren Ausschuß erhielt Carl Heinrich v. Germar auf Gorsleben im Amt Sachsenburg. Insgesamt stiegen 1749 vier Mitglieder der Thüringer Ritterschaft in den Weiteren Ausschuß auf. Am Ende des 18. Jahrhunderts blieb manche Stelle in den Ausschüssen zeitweise unbesetzt wegen Mangel an Ständen, siehe Johann August Milhauser, Tabellen derer gesamten Herren Stände bey dem Landtage zu Dresden 1793, Dresden 1793, und ders., Tabellen derer gesamten Herren Stände bey dem Landtage zu Dresden 1799, Dresden 1799.

96   STAD, Bestand 10.026 Geheimer Rat, Loc 9.412/1: Landtags-Acta de Ao 1749, vol. I., Bl. 43–45.

97   Ähnliche gütliche Vereinbarungen müssen auch der Meißner, der Leipziger und der Neustädter Kreis getroffen haben. Nur im Fall des Churkreises, des Erzgebirger und des Vogtländer Kreises kam es zum Streit über die den Amtsassen zustehenden Ausschuß-Stellen, der dem Landesherrn zur Entscheidung vorgelegt wurde. Diese erfolgte per Dekret am 1. Juni 1722, abgedruckt in der Ausgabe der Landtagsordnung von 1799, S. 53f. Im Jahr 1728 beschwerten sich die Amtsassen des Erzgebirger Kreises noch einmal, siehe ebd. S. 55f, aber erfolglos, daß ihnen von der altschriftsässigen Ritterschaft nur eine Stelle in beiden Ausschüssen zusammen eingeräumt worden sei, „solchergestalt aber ihr Interesse bey denen Land- und Ausschußtagshandlungen nicht gnüglich beobachtet werden könnt,…" Interessant an der 1722 von den wirklichen geheimen Räten Ludwig Alexander v. Seebach (auf Großfahner im Amt Tonna des Fürstentums Sachsen-Gotha) und Bernhard Edler Herr v. Zech (erst ab 1728 auch Landtagsmitglied für Schmorkau im Meißner Kreis) mit unterzeichneten Entscheidung ist, daß Landesherr und Geheimer Rat den Streit zwischen Schriftsassen und Amtsassen über die Zahl und Verteilung der Deputiertenstellen eigentlich gar nicht entscheiden wollten, sondern die Streitfragen als Sache der drei Ritterschaften ansahen und nur aushilfsweise und notgedrungen selber eingriffen. Die Landtagsordnung von 1728 regelte demnach bestimmte Punkte, beanspruchte aber nicht, eine umfassende und erschöpfende Regelung der Landtagsgeschäfte zu enthalten. Der Text der Convention findet sich möglicherweise in den Landtagsakten des Jahres 1722 oder bei der Kreisritterschaft.

Thüringer Ritterschaft für ihren Bereich unbeanstandet eine Convention errichtet, die vom Engeren Ausschuß des Landtages in der von ihm vorzunehmenden Wiederbesetzung der Ausschußstellen beachtet und als verbindlich anerkannt wird.

Die mißliche Situation der drei unbesetzten Amtsassenstellen war durch mehrere unabhängig voneinander eintretende Entwicklungen entstanden. Die beiden Stellen im Weiteren Ausschuss waren 1749 frei geworden, weil der Kammerrat Wolff Heinrich v. Rothe auf Löbitz, Deputierter des Amtes Weißenfels, verstorben war und weil Hans Carl v. Tettenborn auf Gangloffsömmern, Deputierter des Amtes Weißensee, das Rittergut verkauft hatte. Damit waren aktuell keine Thüringer Deputierten mehr im Weiteren Ausschuß, die in den Engeren Ausschuß hätten berufen werden können. Denn die nächsten beiden ehemaligen deputierten Mitglieder des Weiteren Ausschusses kamen ebenfalls nicht mehr für eine Amtsassenstelle in Frage. Der Assessor am Leipziger Oberhofgericht Wolff Heinrich v. Helldorf auf Gröst war zwar, als er 1742 in den Weiteren Ausschuß kam, Deputierter des Amtes Freyburg, aber er hatte für sein Rittergut im Jahr 1744 das Privileg der Altschriftsässigkeit erworben und fiel damit seit dem Landtag von 1746 sowohl im Weiteren Ausschuß, wo er 1749 Direktor wurde, als auch bei einem eventuellen Aufstieg in den Engeren Ausschuß für die Amtsassenstellen aus. Der Kammerherr Hans Heinrich v. Heringen auf Ottenhausen, zusammen mit v. Tettenborn langjähriger Vertreter der Weißenseer Amtsassen, wechselte nach dem Tod des Vaters bei seinem dann erfolgenden Aufstieg in den Engeren Ausschuß im Jahr 1746 seinen Status vom Deputierten zum Schriftsassen, so daß die Amtsassenstelle im Engeren Ausschuß 1746 weiterhin frei blieb und auf dem Landtag von 1749 zur Wiederbesetzung anstand.

Der Deputierte v. Töpffern hatte seit dem Landtag von 1716 an den Landtagsverhandlungen teilgenommen und bis zu seiner überraschenden Beförderung in den Engeren Ausschuß im Jahr 1749 dreißig Jahre lang oder neun Mal hintereinander alle ihm möglichen Sessionen der Allgemeinen Ritterschaft besucht. Er war damit im Jahr 1749 wahrscheinlich das älteste deputierte Mitglied des Thüringer Kreises in der Allgemeinen Ritterschaft.[98] Im Jahr 1718 bescheinigte ihm Georg Friedrich v. Kutzleben auf Freienbessingen, der Direktor des Thüringer Kreises in der Allgemeinen Ritterschaft, die lange Anreise von dreißig Meilen zum Tagungsort nach Dresden und vierzehn Nachtlager, die er seitdem beide vom Oberhofmarschallamt vergütet bekam.[99] Nach dessen Aufzeichnungen kam das Mitglied der Allgemeinen Ritterschaft alle Landtage pünktlich einen Tag vor der Eröffnung in Dresden an und blieb bis zum Ende der Sessionen

---

98 Es sei denn bei Moritz Wilhelm v. Bendeleben auf Kannawurf, Deputierter des Amtes Sachsenburg 1716 und 1718 und Wilhelm Moritz v. Bendeleben, Deputierter seit 1722, handelt es sich nur um eine Vertauschung in der Reihenfolge der Vornamen und damit um ein und dieselbe Person. Dann hätte er aber immer noch zwei Landtage weniger als v. Töpffern, da er 1728 und 1737 fehlte.

99 Für seinen ersten Landtagsbesuch 1716 hatte ihm das Oberhofmarschallamt die Auslösung nur für fünfundzwanzig Meilen und zwölf Nachtlager bezahlt.

in der Stadt. Bis 1728 erfolgte die Anreise übrigens immer in den Wintermonaten Januar und Februar. Die Teilnahme im Engeren Ausschuß des Landtags von 1749 blieb allerdings sein einziger Auftritt dort. Abgesehen von seiner Wahl zum Deputierten sind bislang keine weiteren Amtsstellungen für ihn bekannt geworden. Die zehnmalige Reise nach Dresden, die wochenlange Teilnahme an den Landtagssessionen und die dreiunddreißigjährige Landtagskarriere sind ein eindrucksvolles Beispiel von landadeliger Teilnahme am kursächsischen Landtag.[100]

Derart waren die Entwicklungen und Hintergründe, die dazu führten, daß der Kammerjunker Hans Adolph Wilhelm v. Seebach auf Schönewerde seit 1731 im Weiteren Ausschuß verblieb und bis 1749 langsam auf den sechsten Platz vorrückte. Mit seiner langjährigen Teilnahme an den Sitzungen brachte er auch ein entsprechendes Maß an Landtagserfahrungen in die Verhandlungen im Weiteren Ausschuß ein. Abgesehen von den formalen Kriterien der Zahl der Stellen und ihrer Zuordnung zu einem der sieben erbländischen Kreise bzw. zu den amtsässigen Deputierten spielten für den Aufstieg in die Ausschüsse vermutlich nicht nur die Anciennität der Teilnahme und verwandtschaftliche Verbindungen eine Rolle, sondern auch die Art und der Rang der zusätzlich noch ausgeübten landesherrlichen Ämter, wenn es um die Zusammenstellung der kooptierten Landtagsmitglieder und damit um die persönliche Landtagskarriere ging. Möglicherweise war die Stellung eines Kammerjunkers nicht bedeutend genug, um gegenüber anderen Kandidaten berücksichtigt zu werden.

Im Landtag des Jahres 1731 war außerdem noch Christian v. Uffel (1688–1748) auf Trünzig im Erzgebirger Kreis aus dem Weiteren Ausschuß in den Engeren Ausschuß gezogen worden. Sein Aufstieg beleuchtet noch einmal weitere Aspekte des Landtagsbesuchs und der Landtagskarrieren. Er war laut Zedler hochfürstlich wirklicher geheimer Rat in Sachsen-Gotha.[101] Den Landtag hatte er seit 1716 besucht und dreimal in der Allgemeinen Ritterschaft gesessen. Auf dem Ausschußtag von 1725 war er in den Weiteren Ausschuß gekommen. Das Oberhofmarschallamt verzeichnete ihn in diesem Jahr als Kammerrat des Herzogs von Gotha. In den seit 1728 erscheinenden Hof- und Staatskalendern wird er bereits als Domherr des Stifts Naumburg geführt. Die weiteren Stationen seiner Stiftskarriere lauteten ‚Scholasticus' seit 1729, ‚Residens' seit 1732, ‚Senior und Custos' im Jahr 1744 und 1746 schließlich ‚Dom-Dechant'. Auch das Oberhofmarschallamt registrierte ihn im Jahr 1731 als Domherren. Aus den Angaben für die übrigen Landtage ergibt sich aber, das v. Uffel seinen Platz im Landtag von 1728 nicht eingenommen hat und es seit seinem Zwischenspiel im Engeren Ausschuß von 1731 vorzog, auf den Landtagen von 1737, 1742 und 1746 für das Stift Naumburg in der ersten Kurie zu sitzen und die höhere Auslösung für die

---

100 Das Amt Langensalza in Thüringen, das v. Töpffern in Dresden repräsentierte, gehörte von 1657 bis 1746 zur Sekundogenitur Sachsen-Weißenfels. Sein direkter Landesherr war daher der albertiner Herzog Christian (1712–1736) bzw. Johann Adolf II. (1736–1746). Die Landtagsbesuche demonstrieren daher möglicherweise auch den Willen der Amtsassen, ihre Zugehörigkeit zum Churhaus aufrecht zu erhalten.

101 Zedler, Universal-Lexicon, Bd. 48 (1746), Sp. 422.

Prälaten-Vertreter zu genießen.[102] Da er aber seine Stelle im Engeren Ausschuß nicht förmlich resignierte, wurde er seit 1731 unverändert weiter in der Mitgliederliste geführt und rückte bis 1746 noch auf den zwölften Platz vor. Die durch v. Uffel im Jahr 1731 geräumte Stelle im Weiteren Ausschuß dagegen wurde wieder mit einem Naumburger Domherren besetzt. An v. Uffels Stelle trat sein Kollege, der Capitular Johann Adolph v. Taubenheim auf Bedra.

Eine besondere Aufmerksamkeit verdienen auch die Direktoren und Kondirektoren des Weiteren Ausschusses, die für die Leitung der Verhandlungen und die Kommunikation mit dem Engeren Ausschuß zuständig waren. In dem hier näher betrachteten Zeitraum fanden zweiundzwanzig reguläre Landesversammlungen statt, auf denen eine Leitung des Weiteren Ausschusses zu wählen war. Hinsichtlich der Auslösung waren der Direktor und der Kondirektor des Weiteren Ausschusses den Mitgliedern des Engeren Ausschusses gleichgestellt und erhielten nach der Landtagsordnung wie diese eine Entschädigung für vier Pferde statt den drei Pferden, die den einfachen Mitgliedern zugestanden worden waren.

In den Jahren von 1694 bis 1749 wurde allerdings nur ein Mitglied des Churkreises Direktor bzw. Kondirektor des Weiteren Ausschusses: Christian Wilhelm v. Thümen auf Blankensee war auf dem Ausschußtag von 1713 Kondirektor, zwei Jahre darauf stand er dem Ausschuß vor. Abgesehen von v. Thümen übten nur noch Carl Rex auf Blankenhain im Erzgebirger Kreis in den Jahren 1711 und 1712 und Centurius v. Miltitz auf Oberau um Meißner Kreis in den Jahren 1712 und 1713 sowohl das Amt des Kondirektors als auch das des Direktors nacheinander aus. Die meisten Direktoren stellten der Meißner Kreis mit insgesamt acht und der Leipziger Kreis mit sechs Stelleninhabern.[103] Die Kondirektoren kamen in dieser Zeit fünf- bzw. viermal aus diesen beiden Kreisen. Der Vogtländer Kreis stellte aber ebenfalls fünfmal den Kondirektor und der Erzgebirger Kreis drei Mal.

Die Leitungsfunktion des Direktors und des Kondirektors in den zweiundzwanzig Landesversammlungen wurde von vierzehn bzw. sechzehn verschiedenen Personen ausgeübt. Nur zwölf Direktoren und Kondirektoren übten ihr Amt länger als eine Sitzungsperiode aus, und zwar zumeist in zwei schnell aufeinanderfolgenden Tagungen. So war z. B. Hans Bastian v. Zehmen (1629–1702) auf Markersdorf im Neustädter Kreis auf dem Landtag von 1694 und dem Ausschußtag von 1696 Direktor des Weiteren Ausschusses,[104] Hans Christoph v.

---

102 Die Stifts-Deputierten erhielten laut Landtagsordnung von 1728 wie der Erbmarschall Auslösung für sechs Pferde statt der vier Pferde bei den Mitgliedern des Engeren Ausschusses. Zu den Mitgliedern der Ersten Kurie der Prälaten, Grafen und Herren siehe Josef Matzerath, Aspekte sächsischer Landtagsgeschichte, 2015, S. 18–22.

103 Mit vierzehn von zweiundzwanzig Direktoren leiteten sie zu nahezu zwei Dritteln die Sitzungen des Weiteren Ausschusses.

104 Er hatte sich bereits auf dem Landtag von 1657 in der Allgemeinen Ritterschaft vorgestellt, wurde nach Ende des Landtages zum Hofrat in Sachsen-Zeitz ernannt und vertrat seinen Herrn Herzog Moritz, den Statthalter der Ballei Thüringen auf Lebenszeit, von 1661 bis 1666 im Engeren Ausschuß, kehrte aber dann erst 1687, also zwanzig Jahre später, wieder zurück und trat nun als Besitzer des Gutes Markersdorf im Neustädter Kreis in den Weiteren Ausschuß ein, siehe

Ponickau auf Pomsen im Leipziger Kreis übte diese Funktion 1699, 1700 und 1701 aus.[105] Länger als dreimal hat kein Mitglied der Ritterkurie das Amt des Direktors oder Kondirektors ausgeübt. Joachim Dietrich v. Bose auf Schleinitz im Meißner Kreis, der sechs Jahre lang, nämlich 1722, 1725 und 1728 Direktor des Weiteren Ausschusses war, stellt bereits eine große Ausnahme von der üblichen Praxis dar. Man kann aus dieser Beobachtung den begründeten Schluß ziehen, daß die Funktionen des Direktors und Kondirektors im Weiteren Ausschuss sich nicht zu Ämtern eines regelrechten Sitzungsmanagements verdichteten. Ein derartiges Management war offensichtlich nicht notwendig für die Arbeit des Ausschusses bzw. für die Wahrung der landesherrlichen Interessen im Weiteren Ausschuß.

Der Grund für die kurze Verweildauer auf den Leitungsposten liegt weit überwiegend in der raschen Berufung der Direktoren und Kondirektoren in den Engeren Ausschuss. Bis auf die Leitung des Ausschußtages von 1696 sind im Untersuchungszeitraum alle Direktoren und Kondirektoren in den Engeren Ausschuß berufen worden. Beim Ober-Steuereinnehmer Hans Bastian von Zehmen auf Markersdorf im Neustädter Kreis, der 1696 Direktor des Weiteren Ausschusses war, spielt für den fehlenden Aufstieg vermutlich das hohe Alter eine Rolle, sein Kondirektor Heinrich Friedrich v. Schönberg auf Reinsberg im Meißner Kreis verstarb bereits 1698.[106] Die beiden Leitungsämter erweisen sich somit als regelrechtes Sprungbrett für den weiteren Aufstieg der Landtagsteilnehmer.

In zwei Fällen erfolgte die Kooptation in den Engeren Ausschuß erst mit einer gewissen Verzögerung. Der Kondirektor des Jahres 1699, der Hofrat Julius Albrecht v. Rohr auf Elsterwerda im Meißner Kreis, der schon seit 1681 den Dresdner Landtag besuchte, kam erst auf dem Ausschußtag von 1704 in den Engeren Ausschuß. Auf den Ausschußtagen von 1700 und 1701 saß er dagegen wieder als einfaches Mitglied des Kollegiums an siebzehnter statt an der zweiten Stelle. Laut Oberhofmarschallamt hatte er von sich aus das Kondirektorium „resignirt", aber mit einigen Unterbrechungen und Beurlaubungen weiter an

---

Zedler, Universal-Lexicon, Bd. 61 (1749), Sp. 484, und A. F. Völkel, Geschichte des Deutschen Ritterordens im Vogtlande, S. 230.

105 Hans Christoph v. Ponickau (1652–1726) besuchte 1676 nach Erreichen der Volljährigkeit seinen ersten Landtag und trat beim Leipziger Kreis in die Allgemeine Ritterschaft ein, auf dem Ausschußtag von 1683 berief man ihn in den Weiteren Ausschuß, wo er langsam vorrückte – 1696 hatte er Platz neunzehn erreicht –, bis er 1699 Direktor des Weiteren Ausschusses wurde. Dem Engeren Ausschuß gehörte er seit 1704 noch bis 1725 an. Er brachte es demnach auf eine fünfzigjährige Landtagstätigkeit. Im Jahr 1711 war er laut Oberhofmarschallamt Stiftshauptmann zu Wurzen und Kammerherr der königlichen Frau Mutter. Johann Georg Zirschke, Hof-Staat, S. 27, führt ihn erst 1717, nach dem Tod von Anna Sophie von Dänemark, zusammen mit seinem Neffen Johann Christoph v. Ponickau (1674–1734) auf Belgershain als Kammerherrn Friedrich Augusts I.

106 Zu v. Zehmen siehe Jahrbuch des deutschen Adels, Bd. 3 (1899), S. 934; und Josef Matzerath, Hans Bastian von Zehmen, in: ders. (Hg.), Aspekte sächsischer Landtagsgeschichte, 2015, S. 28–30, insbesondere zu dessen Hof- und Verwaltungskarriere in der Sekundogenitur Sachsen-Zeitz. Zu v. Schönberg siehe Gustav Adolf Poenicke (Hg.), Album der Rittergüter, II. Section: Meißner Kreis, S. 36; und Zedler, Universal-Lexicon, Bd. 35 (1743), Sp. 483.

den Sitzungen teilgenommen.[107] Den Engeren Ausschuß besuchte er bis 1708.[108] Sein Nachfolger als Kondirektor in den Jahren 1700 und 1701, der Berghauptmann Hans Carl v. Carlowitz auf Arnsdorf im Leipziger Kreis, ist der zweite Fall eines Rücktritts vom Direktorium des Weiteren Ausschusses.[109] Auf den Ausschußtagen von 1704 und 1708 nahm er seinen Platz an achtzehnter bzw. an zehnter Stelle ein. Laut Oberhofmarschallamt hatte v. Carlowitz sein Amt „wegen Unpäßlichkeit" niedergelegt. Daher, oder dennoch, wurde er zum Landtag von 1711 in den Engeren Ausschuß berufen. Es bleibt aber unklar, ob er an ihm tatsächlich noch teilgenommen hat, da für ihn im Oberhofmarschallamt kein Quartier und keine Auslösung verzeichnet ist.

Wie im Engeren Ausschuß folgten auch im Weiteren Ausschuß auf den Vorsitz bzw. das Direktorium des Kollegiums zwei besondere Stellen, die in ihrem Rang fest installiert waren und außerhalb der normalen Landtagskarrie-

---

107 Den Ausschußtag von 1701 hat er vermutlich überhaupt nicht besucht. Möglicherweise haben unabweisbare Dienstgeschäfte den Rücktritt vom Kondirektorium veranlaßt.

108 Den allgemeinen Landtag von 1711 konnte der am 22. Mai 1712 zu Merseburg verstorbene v. Rohr nicht mehr besuchen, da er das Rittergut beim Vasallenstädtchen Elsterwerda im Amt Hayn Schulden halber an den Kabinettsminister Woldemar Freiherr v. Löwendahl veräußert hatte, der am 23. April 1708, siehe HSTA Dresden, Matrikel 1728, damit belehnt wurde. Der Ausschußtag schloß am 14. April 1708, v. Rohr reiste bereits am 13. April ab. Zu v. Rohr siehe Zedler, Universal-Lexicon, Bd. 32 (1742), Sp. 559 f. Der Sohn Julius Bernhard v. Rohr (1688–1742), der sich als kameralistischer Schriftsteller einen Namen machte, ehrte den Vater mit einer drei Seiten langen gedruckten poetischen Gedächtnisschrift: Ein Denckmal kindlicher Pflicht wollte bey dem höchst-schmertzlichen Ableben des hochwürdigen, wohlgebornen Herrns, Herrn Julii Albrechts von Rohr, ihrer königl. Majest. in Pohlen und Churfürstl. Durchl. zu Sachsen hochbestalten Cammer-Herrns wie auch Hof-, Justitien- und Appellations-Raths, des hohen freyen Stiffts Meissen und derer beyder Stifter Merseburg und Naumburg respective Dohm-Dechants, Senioris und Dohm-Herrens,…, in nachgesetzten Zeilen gehorsamst auffrichten, Merseburg 1712. Der aus Dänemark stammende Freiherr v. Löwendahl (1660–1740) gehörte zur Entourage der Gräfin v. Cosel und stieg 1712 zum Oberhofmarschall und 1717 zum Kabinettsminister auf. Im Jahr 1727 wurde Elsterwerda bereits landesherrliches Kammergut. Es schied daher seit 1708 faktisch aus den auf den kursächsischen Landesversammlungen vertretenen Rittergütern aus und ebenso verschwanden 1708 die v. Rohr als landständisches adliges Geschlecht aus dem Dresdner Landtag.

109 Hans Carl v. Carlowitz (1645–1714), Berghauptmann seit 1677, Landtagsmitglied seit 1694, ist mit seinem Werk zur Forstwirtschaft ‚Sylvicultura Oeconomica oder Haußwirthschaftliche Nachricht und naturmäßige Anweisung zur Wilden Baum-Zucht nebst gründlicher Darstellung, wie zuförderst durch Göttliches Benedeyen dem allenthalben und insgemein einreissenden grossen Holtz-Mangel vermittelst Säe- Pflantz- und Versetzung vielerhand Bäume zu prospiciren,…', Leipzig 1713, bekannt geworden. Er lebte überwiegend in Freiberg, dem Sitz des Oberbergamtes. Mit dem Rittergut Arnsdorf waren, laut der Ritterguts-Matrikel von 1728, seit dem 18. Dezember 1710 seine drei Töchter belehnt. Das Gut war zuletzt in der Hand seiner Tochter Ursula v. Tümpling, gestorben 1746. Nach ihrem Tod ging es an den jüngeren Sohn der Charlotte Marie v. Carlowitz (gestorben 1734), die im Jahr 1701 Georg Wolf v. Tümpling (1672–1732) geheiratet hatte. Ihr Sohn Karl Georg Heinrich v. Tümpling (1708–1762) schlug die Militärlaufbahn ein. Er war 1730 Leutnant der Garde du Corps und brachte es bis 1762 zum Obersten, siehe Jahrbuch des deutschen Adels, Bd. 3 (1899), S. 656 und S. 664; und Heinrich August Verlohren, Stammregister und Chronik der sächsischen Armee, S. 521, Nr. 2, Nr. 5 und Nr. 6.

ren vergeben wurden. Die Herrschaft Tautenburg mit dem Vorwerk Frauenprießnitz besaß den vierten Platz im Weiteren Ausschuß, den der Inhaber der Herrschaft ohne weitere Umstände einnehmen konnte.[110] Sie hatte dem Dynastengeschlecht der von Schenck gehört und war in die Reichsmatrikel der Mitglieder des Heiligen Römischen Reiches eingetragen.[111] Nach dem Aussterben des Geschlechts gelangte die reichsunmittelbare Herrschaft in den Besitz von Kurfürst Johann Georg I. (1611–1656), der sie im Jahr 1652 in ein landesherrliches Amt verwandelte. Die Einordnung in den Weitern Ausschuß zeigt eine gewisse Rechts- und Ehrenstellung der Besitzungen an, die allerdings etwas geringer ausfiel als diejenige der Güter des Deutschen Ritterordens, die ihre Plätze im Engeren Ausschuß erhielten. Aufgrund ihres überkommenen Rechtsstatus im Alten Reich hat die Herrschaft bis 1811 eine Sonderstellung auf dem kursächsischen Landtag behalten. Bei der Aussetzung der Sekundogenituren 1657 wurde die Herrschaft dem Herzogtum Sachsen-Zeitz zugeteilt. Sie kam jedoch schon vor dem Erlöschen der Zeitzer Nebenlinie im Jahr 1718 durch einen 1711 getätigten Verkauf an das Kurhaus zurück.[112] Seitdem gehörten die Herrschaften bzw. das Amt Tautenburg zum kurfürstlichen Kammergut.

Die Herzöge von Sachsen-Zeitz haben den Dresdner Landtag nicht durch einen Abgeordneten beschickt, noch viel weniger haben sie den Landtag als Inhaber der Herrschaft in Person besucht, um nicht auf diese Weise die Oberherrschaft des Kurhauses anzuerkennen und zu befördern. Auch nach der Rückkehr unter die kursächsische Verwaltung hat der Landesherr keinen Repräsentanten zum Landtag abgeordnet. Der vierte Stuhl an der ersten Sessionstafel des Weiteren Ausschusses blieb daher im 18. Jahrhundert immer unbesetzt. Andererseits blieb der Stuhl aber auch stehen für einen möglichen künftigen Inhaber, der den Landtag dann besuchen würde. Der Sitz im Weiteren Ausschuß war ein Zubehör der Herrschaft wie die Ländereien, Gebäude und

---

110 Diese Ehre, ein hochrangiger Teil des Weiteren Ausschusses zu sein, wurde für den Inhaber allerdings dadurch getrübt, daß er nie in den Engeren Ausschuß aufsteigen konnte. Je höher also der Engere Ausschuß politisch und der Ehre nach über den beiden anderen ritterschaftlichen Kollegien rangieren würde, desto wertloser wäre diese Stelle für ihren Inhaber. Die feine Abstufung und Austarierung der Stellen zwischen den Kollegien macht daher nur Sinn, wenn die Zeitgenossen subjektiv von einer gewissen Bedeutsamkeit jeder Abteilung überzeugt waren.

111 Sie gehörte zum Obersächsischen Kreis, siehe als zeitgenössische Publikation noch Heinrich S. Gumpelzhaimer, Die Reichs-Matrikel aller Kreise. Nebst den Usual-Matrikeln des Kaiserlichen und Reichs-Kammergerichts. Mit beygefügten, seit deren Entstehung bis auf gegenwärtige Zeit erfolgten Veränderungen, Ulm 1796, S. 171; oder eine neuere Übersicht bei Gerhard Oestreich, Verfassungsgeschichte vom Ende des Mittelalters bis zum Ende des alten Reiches, München 1974, hier S. 146, Nr. 128. Die Herren von Schönburg finden sich bei Oestreich unter Nr. 117.

112 Siehe Zedler, Universal-Lexicon, Bd. 42 (1744), Sp. 460; und Friedrich Gottlob Leonhardi, Erdbeschreibung, Bd. 1, S. 570f. Laut Zedler war die Herrschaft unter Johann Georg I. an die von Werther, Döring und Taube verliehen – also an kurfürstliche Favoriten und Günstlinge. Als landesherrliches Amt wurde die Herrschaft von einem Amtsinspektor und einem Amtsverweser bzw. später einem Justizamtmann sowie einem Amtsrentverwalter und Rentbeamten verwaltet, die dem Cammer-Collegium unterstanden. Diese lokalen und als solche bezeichneten „Beamten" waren aber erst seit 1756 einer Aufnahme in die Hof- und Staatskalender würdig, siehe den Jg. 1756, S. 55–58.

Einkünfte, die zu ihr gehörten. Bei einem eventuellen Verkauf der Herrschaft gehörte er zu den geldwerten Aktiva. Schon aus diesem Gesichtspunkt gab es guten Grund, den leeren Stuhl im Weiteren Ausschuß zu belassen.

Etwas anders verhielt es sich mit der Stelle der Herren v. Schönburg im Weiteren Ausschuß, die den dritten Platz hinter dem Kondirektor und Direktor erhalten hatte. Der Hintergrund dieser Platzierung war jedoch ähnlich der Herrschaft Tautenburg durch weiterbestehende ältere Rechtsverhältnisse bestimmt. Die von Schönburg waren für den Besitz der böhmischen Reichslehen Glauchau und Waldenburg reichsunmittelbare Herren und zahlten dreiunddrei-ßig Reichstaler zum Unterhalt des Reichskammergerichts.[113] Für die sächsischen Herrschaften und Ämter Penig, Wechselburg, Rochsburg und Remißau waren die Herren von Schönburg dagegen kursächsische Vasallen.[114] Ihre Zwischenstellung zwischen Reichsunmittelbarkeit und kursächsischer Landeshoheit spiegelt sich in der Einordnung des Geschlechts – nicht seiner Besitzungen – in die Sitzordnung des Weiteren Ausschusses.

Für ihren reichsunmittelbaren Besitz waren die Grafen und Herren v. Schönburg Mitglieder der Ersten Kurie des Dresdner Landtages. In der ersten Hälfte des 18. Jahrhunderts nahmen sie jedoch nicht in Person an der Kurie der Prälaten, Grafen und Herren teil, sondern ließen sich dort wie alle anderen Grafen und Herren auch durch in der Regel promovierte bürgerliche Juristen vertreten.[115] Aufgrund ihrer sächsischen Lehen hatten sie das Recht erhalten, zudem einen von ihnen bestimmten adeligen Abgeordneten in den Weiteren Ausschuß der Ritterschaft zu entsenden. Dieses Recht haben sie nur äußerst sporadisch wahrgenommen. Ausschließlich in den turbulenten Jahren des Nordischen Krieges saß Christoph Heinrich v. Heynitz als Abgeordneter während der fünf Ausschußtage von 1700 bis 1708 auf dem Platz der Herren von Schönburg im Weiteren Ausschuß. Von dieser Zeit abgesehen hat von 1694 bis 1749 kein weiterer Abgeordneter den Stuhl der v. Schönburg eingenommen, auch nicht bei den Thronwechseln. Faktisch hatte der Weitere Ausschuß daher zumeist höchstens achtundfünfzig Teilnehmer.

Darüber hinaus findet sich in den Unterlagen des Oberhofmarschallamtes für das Jahr 1742 noch die Bemerkung, daß der Hauptmann Hans Carl v. Tettenborn, der weiter oben erwähnte Deputierte des Amtes Weißensee im Thü-

---

113 Siehe Heinrich S. Gumpelzhaimer, Reichs-Matrikel, S. 184.

114 Siehe die ausführliche Auflistung des Besitzes an Städten, Schlössern, Gütern und Dörfern bei Friedrich Gottlob Leonhardi, Erdbeschreibung, Bd. 3, S. 334–376. Zu den Besitzungen zählten auch ein paar kursächsische Rittergüter: Kändler, Breunsdorf, Ostrau. Durch einen Rezeß vom 4. Mai 1740 und den Frieden von Teschen vom 13. Mai 1779 mußten die Herren v. Schönburg sich weitgehend der kursächsischen Landeshoheit beugen. Die Herren v. Schönburg teilten sich in mehrere Linien, die sich nach den Besitzungen Waldenburg, Hartenstein bzw. Glauchau voneinander unterschieden.

115 Siehe Josef Matzerath, Aspekte sächsischer Landtagsgeschichte. Die Mitglieder der (kur-)sächsischen Landstände 1694 bis 1749, Dresden 2015, S. 18–22: Liste der Prälaten, Grafen und Herren 1694 bis 1749. Nur für die Landtage von 1718 und 1731 ist kein Vertreter der v. Schönburg in der Ersten Kurie verzeichnet. Möglicherweise war aus Kostengründen ein anderes Mitglied der Kurie beauftragt worden, die Schönburger Stimme mit zu vertreten.

ringer Kreis, der im Jahr 1742 den Platz sieben im Weiteren Ausschuß innehatte, für seine Legitimation zum Besuch des Landtages nicht nur über eine Sachsen-Weißenfelser Missive verfüge, sondern auch eine Vollmacht wegen der Grafen von Schönburg zum Weiteren Ausschuß habe. Inwieweit diese Beauftragung eines Landtagsbesuchers nur in der Nachfolge des 1740 mit Kursachsen gerade vereinbarten Rezesses erfolgte oder regelmäßig ein Mitglied des Weiteren Ausschußes eine derartige Vollmacht besaß, läßt sich beim derzeitigen Stand der Forschung nicht beurteilen.[116] Es ist aber damit zu rechnen, daß die Beauftragung in der Sichtweise der Zeitgenossen eine größere Rolle gespielt hat als aus den Landtagsakten ersichtlich ist. Die Landtagsordnung regelt diesen Gegenstand nicht ausdrücklich. Er ist ihr aber nicht völlig unvertraut, denn im Zusammenhang mit der Frage, wer Auslösung und Reisekosten empfangen kann, wird u. a. darauf verwiesen, daß die Kuratoren unmündiger Besitzer schriftsässiger Rittergüter einen Mitstand bevollmächtigen können.[117]

Für die Direktoren und Kondirektoren der sieben erbländischen Kreise in der Allgemeinen Ritterschaft sieht das Bild ein wenig anders aus als das für die Direktoren des Weiteren Ausschusses. Hinsichtlich der Karrieremöglichkeiten im Landtag fällt es insgesamt etwas dunkler aus. Die Posten in der Allgemeinen Ritterschaft waren in den Jahren von 1711 bis 1749 in keiner Weise in dem Ausmaß wie im Weiteren Ausschuß ein Sprungbrett für den weiteren Aufstieg. Die Aussichten variierten allerding sehr stark von Kreis zu Kreis. Nur vier der acht ehemaligen Direktoren des Churkreises erlebten am Ende ihren Aufstieg aus dem Weiteren in den Engeren Ausschuß. Von den insgesamt elf Direktoren in der Zeit von 1711 bis 1746 schafften zwei nicht einmal den Aufstieg in die Ausschüsse.[118] Der eine war Philipp Heinrich v. Witzleben, der über einen Zeitraum von zwanzig Jahren fünf Landtage besuchte und sowohl 1728 als auch 1731 das Amt des Direktors versah. Er war im Jahr 1711 für das Rittergut Merzdorf im Meißner Kreis zum ersten Mal zum Landtag gekommen und wechselte 1716 in den Churkreis, da ihm inzwischen das väterliche Gut Wartenburg von seinem 1712 ertrunkenen Bruder angefallen war.[119] Der Großvater Hartmann Ludwig v. Witzleben (1628–1706) auf Wartenburg hatte von 1657 bis 1694 den Dresdner Landtag besucht, zuletzt seit 1679 im Engeren Ausschuß gesessen und starb 1706 als Kriegskommissar. Sein Vater Raban Heinrich v. Witzleben auf Rackith war 1711 und 1716, als sein Sohn für das Rittergut Wartenberg zurück in den

---

116 Dann wäre die Frage nach der Besetzung des Stuhles nicht eine nach Teilnahme oder Abstinenz vom Landtag, sondern eine nach den Kosten und der Oppurtunität, wann man sich einen eigenen Vertreter und nicht nur einen Mitbevollmächtigten auf dem Landtag leisten wollte.

117 Der § 36 sagt im Worlaut: „So genießen auch keine Auslösung diejenigen, welche ihre Güther nicht in Lehn haben, noch auch Curatores unmündiger Kinder, noch ein Sohn vor seinen Vater, weil sie zu Ersparung großer Unkosten einem ohnedieß anwesenden Stande Vollmacht auftragen könnnen."

118 Für die erst 1746 oder 1749 in ihr Amt einrückenden Direktoren oder Kondirektoren ist aufgrund der kurzen Zeitspanne und der Unterbrechung der Landtagstätigkeit bis 1763 keine Aussage möglich.

119 Siehe Zedler, Universal-Lexicon, Bd. 57 (1748), Sp. 2028. Der verstorbene Bruder Wolff Dietrich v. Witzleben hatte nach Übernahme des Gutes gleich den Landtag von 1711 besucht.

Churkreis kam, Kondirektor des Churkreises. Nach einer weiteren Landtagsperiode als Direktor des Kreises auf dem Landtag von 1718 stieg er 1722 in den Weiteren Ausschuß, 1725 schließlich in den Engeren Ausschuß auf, dem er noch bis 1731 angehörte. In diesem Fall hat es den Anschein, daß der Sohn deshalb nicht in die Ausschüsse aufsteigen konnte, weil der Vater ihnen bereits angehörte.

Im anderen Fall, in dem die Karriere nach über fünfundzwanzig Jahren mit dem Kondirektorat im Jahr 1737 endete, handelt es sich um Hans Christoph v. Sommerlatt, der für das Rittergut Collochau als Deputierter des Amtes Schlieben nach Dresden kam.[120] Er war der Sohn von Hans Heinrich v. Sommerlatt (1638–1684), der als Obrist in dänischen Diensten gestanden hatte, nach dem Ende seiner Dienstzeit dann das Rittergut Kollochau erwarb und am Landtag von 1676 in der Allgemeinen Ritterschaft teilnahm. Sein 1684 geborener Sohn Hans Christoph v. Sommerlatt wurde jedoch schon im selben Jahr Waise, da sein Vater in einem Duell getötet wurde. Nachdem er die Volljährigkeit erlangt hatte, war der Landtag von 1711 die erste Landesversammlung, die er durch eine Wahl zum amtsässigen Deputierten besuchen konnte. Im Jahr 1715 heiratete er Aemilie Sophie v. Biesenroth. Weitere Landtagsbesuche und Abordnungen als Deputierter fielen in die Jahre 1716, 1722, 1731 und 1734. Er fehlte demnach nur auf den Landtagen von 1718 und 1728, und zwar deshalb, weil er sich mit seinem Nachbarn, dem Major Johann Leopold v. Drandorf in der Deputiertenstelle des Amtes Schlieben abwechselte.[121] Obwohl die v. Sommerlatt laut Zedler ein „uraltes adeliches Geschlecht in Thüringen" waren, blieb es bei der Landtagsteilnahme von Hans Christoph v. Sommerlatt in der Allgemeinen Ritterschaft.[122]

Sein Aufstieg in die Ausschüsse wurde zunächst vor allem dadurch unterbunden, daß die beiden Ausschußstellen, die laut Landtagsordnung den Amtsassen des Churkreises zustanden, in dieser Zeit bereits vergeben waren. Zudem mußte eine der beiden Stellen immer mit einem Deputierten des Amtes Bitterfeld besetzt werden, so daß die Chancen der amtsässigen Deputierten aus den übrigen Ämtern des Churkreises noch einmal sanken. Die eine der beiden Stellen war bis 1722 mit Christian aus dem Winckel auf Schierau im Amt Bitterfeld besetzt, die andere mit dem Oberaufseher Valentin Dietrich v. Lichtenhayn auf

---

120 Zu Collochau siehe Friedrich Gottlob Leonhardi, Erdbeschreibung, Bd. 1, S. 501 f: „Collochau,…, ein Dorf mit einer Mutterkirche, gehört zu den hier befindlichen beyden Rittergütern Collochau ersten Antheils, jetzt von Sommerlattische, und Collochau andern Antheils, jetzt das Gadegastische, vor dem von Drandorffsche genannt, und treibt starken Tabacksbau."

121 Die v. Drandorf besaßen Kollochau 2. Teil, und Johann Leopold v. Drandorf kam statt v. Sommerlatt 1718 und 1728 als Deputierter in die Allgemeine Ritterschaft. Die andere Amtsassenstelle versah der Hauptmann Wolff Gottfried v. Drandorf auf Kollochau 2. Teil in den Jahren 1718, 1722 und 1728. Auf den Landtagen von 1711 und 1716 war Hans Christoph v. Sommerlatt der einzige Vertreter der Amtsassen des Kreises Schlieben. An die Stelle der v. Drandorf trat im Jahr 1731 der Hofgerichtsassessor Gottlob Heinrich v. Birckholz auf Stechau, der 1746 in den Weiteren Ausschuß kam, 1756 Hofrichter wurde und von 1763 bis 1781 im Engeren Ausschuß saß.

122 Siehe Zedler, Universal-Lexicon, Bd. 38 (1743), Sp. 703–705.

Werchau im Amt Schweinitz.[123] Eine dritte Stelle im Weiteren Ausschuß ging zudem von 1716 bis 1722 an das Amt Wittenberg und wurde von Gottlob v. Globig auf Großwig vertreten.[124] Seit 1725 hatte die Stelle des Amtes Bitterfeld Ernst Dietrich aus dem Winckel auf Möst. Auf v. Globig folgte 1728 für das Amt Wittenberg George Damian Marschall v. Bieberstein auf Bleddin. Im Jahr 1734 wurde v. Sommerlatt schließlich der amtsässige Deputierte und Kondirektor von 1731, Christoph Friedrich v. Leipziger auf Zwethau im Amt Schweinitz, vorgezogen. Er war ebenfalls ein Hofgerichtsassessor zu Wittenberg und stieg 1734 in den Weiteren Ausschuss auf. Hans Christoph v. Sommerlatt wurde stattdessen auf dem folgenden Landtag des Jahres 1737 sozusagen mit dem Posten des Kondirektors in der Allgemeinen Ritterschaft abgefunden. Obwohl v. Sommerlatt nicht für einen Aufstieg in die Ausschüsse berücksichtigt wurde, wäre es dennoch vorschnell, in seinem Fall von einer gescheiterten Landtagskarriere zu sprechen. Die Landtagteilnahme der ritterschaftlichen kursächsischen Landstände sollte nicht auf den Sitz im Engeren Ausschuß verengt werden.

Beim Neustädter Kreis gelangten seit 1711 von den neun Direktoren bis 1746 zwar acht in den Weiteren Ausschuß, aber kein einziger kam in den Engeren Ausschuß. In diesem Unterschied macht sich die Verknappung der Stellen für die erbländischen Kreise in den Ausschüssen bemerkbar. Der Neustädter Kreis hatte für Schrift- und Amtsassen insgesamt nur zwei Stellen im Engeren Ausschuß und vier Stellen im Weiteren Ausschuß. Auf den Land- und Ausschußtagen von 1722, 1725, 1728, 1734, 1737 und 1746 gab es keine Bewegung unter den Mitgliedern des Neustädter Kreises im Engeren Ausschuß. Zwischen 1711 und 1746 stiegen daher für den Neustädter Kreis nur fünf Personen in den Engeren Ausschuß auf. Keiner von ihnen hatte seine Landtagskarriere nach 1716 begonnen. Sie alle hatten mindestens einen Landtag in der Allgemeinen Ritterschaft verbracht und waren erst langsam in den Engeren Ausschuß vorgerückt. Trotz dieser geringen Chancen für einen Aufstieg sind, wie die Angaben zum Besuch der Allgemeinen Ritterschaft gezeigt haben, relativ viele Landstände des Neustädter Kreises nach Dresden gekommen.

Auch im Leipziger Kreis verblieben von den dreizehn Direktoren des Kreises vier bis zum Ende ihrer Karriere in der Allgemeinen Ritterschaft, und nur vier von acht Mitgliedern des Weiteren Ausschusses stiegen noch in den Engeren auf. Im Thüringer Kreis, der über das beste Angebot an Ausschußstellen verfügte kamen zwar alle dreizehn Vertreter des Kreises, die seit 1711 in der Allgemeinen Ritterschaft im Direktorium des Kreises gewesen waren, bis 1749 in den Weiteren Ausschuß, aber nur drei von ihnen schafften es, und zwar in den Jahren 1722,

---

123 Die amtsässigen Rittergüter Schierau, Möst und Priorau lagen geographisch im Fürstentum Anhalt-Dessau, gehörten aber rechtlich zum Amt Bitterfeld des Churkreises, siehe Friedrich Gottlob Leonhardi, Erdbeschreibung, Bd. 1, S. 536. Von 1694 bis 1749 haben drei Generationen aus dem Winckel die Bitterfelder Amtsassenstelle im Weiteren Ausschuß innegehabt. Valentin Dietrich v. Lichtenhayn war zwischen 1708 und 1742 der einzige Deputierte Amtsasse des Churkreises mit einem Sitz im Engeren Ausschuß und das auch nur für den Landtag von 1722.

124 Laut Zedler, Universal-Lexicon, Bd. 10 (1735), Sp. 1679 war Gottlob v. Globig 1716 kursächsischer Ober-Steuereinnehmer und Hofgerichtsassessor zu Wittenberg.

1742 und 1746, noch bis in den Engeren Ausschuß. Im Erzgebirger Kreis erreichten von den zwölf Direktoren zwei Drittel den Aufstieg in den Weiteren Ausschuß und die Hälfte von ihnen gelangte – wie im Leipziger Kreis – bis 1746 in den Engeren Ausschuß. Ähnlich waren die Relationen auch im Vogtländer Kreis und im Meißner Kreis.

Manche Landtagsbesucher haben mit großer Geduld in der Allgemeinen Ritterschaft gesessen und sind immer wieder nach Dresden gekommen. Für den Meißner Kreis war Hermann Heinrich v. Schleinitz auf Saalhausen sowohl 1728 als auch 1731 Kondirektor in der Allgemeinen Ritterschaft. Er hatte den Landtag schon seit 1711 besucht und ist doch trotz seiner sechsmaligen Teilnahme über einen Zeitraum von zwanzig Jahren nie in einen Ausschuß aufgerückt.[125] Im Jahr 1713 war er laut Johann Georg Zirschke Kammerjunker geworden und 1732 wurde er unter dem geheimen Rat und Vice-Cammer-Präsidenten Heinrich v. Bünau noch für kurze Zeit zum Cammer- und Bergrat ernannt.[126] Den Landtag besuchte er nach seiner Ernennung nicht mehr. Wolff Siegfried Curt v. Lüttichau auf Ober-Ulbersdorf, Kammerjunker seit 1714 und Landkammerrat seit 1736, war bei seinem Kondirektorat im Jahr 1749 sogar zum siebtem Mal seit 1728 Teilnehmer in der Allgemeinen Ritterschaft des Landtages. Ebenfalls sechs Mal nahm von 1716 bis 1737 der Hauptmann Caspar Abraham v. Schönberg (1680–1763) an der Allgemeinen Ritterschaft teil.[127] Er wurde 1737 dann schließlich einmal Kondirektor. Aber im Gegensatz zu v. Schleinitz machte er noch weiter Karriere, indem er 1742 in den Weiteren Ausschuß kam und 1749 sogar in den Engeren Ausschuß. Seine Landtagsbesuche startete er 1716 als Besitzer des amtsässigen Gutes Maxen und als Deputierter des Amtes Pirna, wechselte 1718 auf das schriftsässige Rittergut Reichstädt, zu dem er über seine Ehefrau gelangt war,[128] und besuchte seine letzten drei Landtage von 1742, 1746 und 1749 wieder als Besitzer von Maxen und Deputierter des Amtes Pirna. Ein viertes Beispiel bietet Gottlob Ferdinand v. Ende auf Taubenheim, der von 1722 bis 1737 fünf Mal in der Allgemeinen Ritterschaft saß. Im Jahr 1734 wurde er Kondirektor des Meißner Kreises und 1737 dann Direktor, stieg dann 1742 in den Weiteren Ausschuß auf und im Landtag darauf in den Engeren Ausschuß.[129]

---

125 In den Jahren von 1711 bis 1718 besuchte er den Landtag als Besitzer des Rittergutes Schieritz. Mit Saalhausen im Amt Oschatz wurde Hermann Heinrich v. Schleinitz am 19. Juni 1720 beliehen, siehe HSTA Dresden, Matrikel 1728. Schieritz im Amt Meißen ging an Christoph Friedrich v. Schleinitz, der mit Hilfe dieses Gutes 1734 vom Leipziger in den Meißner Kreis wechselte. Er war vermutlich ein Bruder von Hermann Heinrich.

126 Mit dem Thronwechsel von 1733/34 war die Herrlichkeit dann schon wieder vorbei. Unter dem neuen Präsidenten des Cammer-Collegiums Heinrich v. Brühl taucht er im Hof- und Staatskalender von 1735 bis 1757 nur noch unter den „Cammer-Räthe(n), so nicht Session haben" auf.

127 Auf dem Landtag von 1734 fehlte er. Laut Heinrich August Verlohren, Stammregister und Chronik der sächsischen Armee, S. 464, Nr. 32, war Caspar Abraham v. Schönberg 1718 Hauptmann bei der Miliz.

128 Laut Oberhofmarschallamt lautete das Ausschreiben für Maxen 1742 und 1746 mit auf seine Gemahlin Charlotte Christiane, geborene v. Nostitz, als Mitbesitzerin.

129 Das Oberhofmarschallamt bezeichnete ihn 1746 als Vice-Kreishauptmann des Meißner Kreises. Weiter Amtstätigkeiten v. Endes sind bislang nicht ermittelt worden.

Im Jahr 1737 verwaltete v. Ende gemeinsam mit v. Schönberg das Direktorat des Meißner Kreises. Die beiden Landstände hatten sich bereits auf den Landtagen von 1722, 1728 und 1731 in der Allgemeinen Ritterschaft getroffen. Außerdem trafen sie auch den Obrist-Leutnant August Adolph v.d. Sahla auf Schönfeld, hinteren oder neueren Teils, wieder, der von 1711 bis 1737, also über eine Zeitspanne von sechsundzwanzig Jahren, ebenfalls alle acht allgemeinen Landtage in der Allgemeinen Ritterschaft verbrachte, aber weder in den Weiteren Ausschuß aufstieg noch am Direktorat des Meißner Kreises beteiligt wurde. [130] Bei aller Fluktuation in der Allgemeinen Ritterschaft saßen auf dem Landtag von 1731 mit den fünf genannten Mitgliedern des Meißner Kreises – v. Schleinitz, v.d. Sahla, v. Ende, v. Carlowitz und v. Schönberg – erfahrene und routinierte Landtagsbesucher im Kollegium, welche die vorhergehende Landtagsarbeit bis 1711 überblicken konnten. Sie waren in ihrer Art nicht die einzigen. Man wird daher auch in der Allgemeinen Ritterschaft mit einer gewissen Erfahrung und Kompetenz in Sachen Landtagsverhandlungen zu rechnen haben, die ihre Mitglieder nicht ohne weiteres zum Spielball der ihnen übergeordneten Gremien machte.

Ein weiteres Beispiel aus der Gruppe der Direktoren in der Allgemeinen Ritterschaft illustriert sowohl die Möglichkeit einer Vereinbarkeit von Landtagsteilnahme und auswärtiger Dienststellung als auch die sich daraus für Akteure – wie auch Historiker – ergebenden Schwierigkeiten. Philip Adolph v. Münchhausen auf Steinburg wurde gleich bei seinem ersten Landtagsbesuch im Jahr 1722, den er aber schon am 28. April vorfristig beendete, von seinen Mitständen zum Kondirektor des Thüringer Kreises gewählt. Das Oberhofmarschallamt bezeichnete ihn bei seiner Aufnahme in den Weiteren Ausschuß im Jahr 1725 als Hofrat des Herzogs von Braunschweig-Wolfenbüttel, im Landtag darauf dann als Appellationsrat. [131] An den Beratungen von 1725 und 1728 nahm er nur zu Anfang teil und reiste vorzeitig wieder ab. Zu den Landtagen von 1731, 1734 und 1737 kam er überhaupt nicht nach Dresden. Dennoch rückte er von

---

130 Laut HSTA Dresden, Matrikel von 1728, war er seit dem 19. Februar 1709 mit Schönfeld, hinteren Teils, im Amt Hain beliehen. Er begann seine Landtagskarriere also gleich nach Übernahme des Rittergutes. August Adolph war, laut Zedler, Universal-Lexicon, Bd. 33 (1742), Sp. 602, der Sohn von Christoph Abraham v.d. Sahla, kursächsischer Obrister, Kriegsrat und Kommandant zu Leipzig, der 1698 wegen seines hohen Alters die von ihm beantragte „Dimission" erhielt. August Adolph hinterließ wie sein Bruder, der Obrist-Wachtmeister Hans Friedrich v.d. Sahla, keine Kinder, wohl aber sein ältester Bruder. Der kursächsische Appellationsrat Christoph Gottfried v.d Sahla hatte in der Ehe mit Marie Dorothee v. Biesenroth drei Söhne: (Hans) Christoph Abraham geboren 1705, August Siegmund 1708 und Erdmann Heinrich Wilhelm 1716. Die beiden älteren Söhne wurden ebenfalls zu Landtagsbesuchern, August Siegmund zuletzt 1766 im Weiteren Ausschuß.
131 Siehe auch Zedler, Universal-Lexicon, Bd. 22 (1739), Sp. 312 f. Es ist zu vermuten, daß Phillip Adolph v. Münchhausen schon 1722 eine Stelle als Hofrat oder eine ähnliche juristische Empfehlung mit zum Landtag gebracht hat. Sein Bruder Gerlach Adolph auf Straußfurth war 1722 gerade in den Weiteren Ausschuß aufgestiegen, sein Vater Gerlach Heino, gestorben 1710, hatte 1708 für Steinburg im Engeren Ausschuß gesessen. Der Bruder ging Philipp Adolph 1715 voran und nahm eine Anstellung als Appellationsrat in Celle an. Gerlach Adolph stellte daher seine Landtagsbesuche in Dresden mit dem Landtag von 1722 wieder ein.

Platz fünfzig, den er 1725 bei seinem Eintritt in den Ausschuß erhielt, immer weiter vor und wurde 1742 auf Platz sechs des Weiteren Ausschusses geführt. Erst zum Landtag von 1742, der am 3. Juni eröffnet wurde, sandte er ein auf den am 30. Mai 1742 datiertes Resignationsschreiben, das allerdings zu spät beim Erbmarschall Hans Löser eintraf, um noch bei der Aufstellung der Teilnehmerverzeichnisse und der Translocationen berücksichtigt zu werden.[132] Er begründete den Verzicht auf seine Ausschußstelle mit dem Hinweis auf die weite Entfernung und seine Dienstgeschäfte. Für dieses Mal blieb sein Stuhl im Ausschuß wieder unbesetzt.[133]

Schließlich ist noch die Vertretung des Kollegiatstifts Wurzen auf den Landtagen zu berücksichtigen. Das Stift verfügte zwar nicht über feste Deputiertenstellen, aber den Schriftsassen war anstelle der aufgehobenen Stiftstage eine Vertretung in den Ausschüssen zugesichert und garantiert worden. Das Stift behielt aber eine eigenständige Stiftsregierung in der Stadt Wurzen mit einem Stifts-Hauptmann, einem Canzler und sechs Stiftsräten sowie einen eigenen Steuereinnehmer. Ferner bestand das Stiftskapitel fort und es gab ein eigenes Stifts-Consistorium.[134] Mit der Landtagsordnung von 1728 erhielten die Vasallen, die mit ihren Rittergütern zum Kollegiatstift Wurzen gehörten, im Engeren Ausschuß eine Stelle und im Weiteren Ausschuß zwei Stellen verbrieft.[135] Der Verwaltung des Kollegiatstifts unterstanden insgesamt sechsundzwanzig schriftsässige Rittergüter, die überwiegend im Amt Wurzen lagen.[136] Einige

---

132 HSTA Dresden, Bestand 10.015, Landtagsakten A 85. Das Resignationsschreiben hat Ordnungsnummer 29, Bl. 88, und kam wahrscheinlich zwischen dem 7. Juni und dem 11. Juni in die Hand des Erbmarschalls. Das Memorial des Engeren Ausschusses wegen der Vacanzen und das Verzeichnis der Translocationen findet sich weiter vorne unter den Nummern 20 und 21, nach einem ersten Schwung von Resignationsschreiben unter den Nummern 9 bis 19. Die landesherrliche Confirmation der Translocationen trägt das Datum vom 11. Juni.

133 Dieser Fall illustriert sehr schön die Schwierigkeiten, ganz exakte Zahlen über die Teilnahme an den Landtagen zu ermitteln, da auch die Landtagsverzeichnisse keine echten Protokolle darstellen. Da es hier aber nicht um eine Abstimmung geht, sind die kleinen Fehler in den Zahlenwerten in der Analyse der Landtagspraktiken hinnehmbar.

134 Siehe die Aufstellung des Personals in den Hof- und Staatskalendern. Die ‚Canonici Capitulares‘ des Kollegiatstifts waren überwiegend studierte Bürgerliche, während die Stiftsräte überwiegend Adelige waren.

135 Siehe Landtagsordnung 1728, § 12 und § 13. Faktisch blieben den normalen ritterschaftlichen Besitzern von Vasallengütern im Leipziger Kreis also nur neun der zwölf Stellen im Weiteren Ausschuß, die zu diesem Kreis gehörten.

136 Siehe Friedrich Gottlob Leonhardi, Erdbeschreibung, Bd. 2, S. 920–925 und S. 590, sowie Christian Gottlob Wabst, Historische Nachricht, Beilage D, S. 82 f: Stift und Amt Wurzen, und die Übersicht über die Rittergüter des Stiftes im Anhang Nr. 4. Im Rechtsgebiet des Kollegiatstifts wurde der Unterschied zwischen alten und neuen Schriftsassen nicht gemacht. Die Landtagsteilnehmer aus dem Kollegiatstift wurden in den Landtagsverzeichnissen allerdings nur selten als solche gekennzeichnet, so daß ihr Interesse am Landtagsbesuch nicht ohne weiteres zu erkennen ist. Das Klosteramt Sornzig kam erst 1761 an den Kurfürsten. Das Rittergut Goselitz als Lehen des Stifts Meißen, bei Leonhardi zu den Amtsassen des Amtes Oschatz im Meißner gerechnet, wird hier mit zu den stiftischen Rittergütern gezählt, da es im Landtag immer zum Leipziger Kreis gezählt worden ist. Ebenso firmiert bei Leonhardi, ebd., S. 49 und S. 71, das Rittergut Ober-Eula als amtsässig bzw. neuschriftsässig im Erbamt Meißen, es wird aber in den

wenige Rittergüter lagen in anderen erbländischen Kreisen.[137] Das Amt Mügeln im Kollegiatstift gehörte dagegen zum kurfürstlichen Kammergut. Es verfügte auch nur über ein einziges schriftsässiges Rittergut, das Kammergut Schladitz, das damit für eine Teilnahme am Dresdner Landtag ausfiel.

Wie die Tabelle 14 zeigt, hat um 1700 eine Zahl von Schriftsassen aus dem Bezirk des Kollegiatstifts den Dresdner Landtag besucht, die knapp der Hälfte der überhaupt verfügbaren Güter entsprach. Angesichts der demographischen Unwägbarkeiten handelt es sich demnach um eine bemerkenswert hohe Quote der Landtagsteilnahme. Im hier betrachteten Zeitraum von 1694 bis 1749 waren nahezu alle Rittergüter einmal auf dem Landtag vertreten.[138] In der Allgemeinen Ritterschaft stellten die Besucher aus dem Kollegiatstift bis in die 1730er Jahre relativ konstant ein Sechstel aller Mitglieder des Leipziger Kreises. Der beträchtliche Rückgang der Leipziger Teilnehmer auf den Landtagen der 1740er Jahre ist daher durch den überproportionalen Verfall der Besuche aus dem Kollegiatstift stark mitverursacht worden.

Am Ende 17. Jahrhunderts hatte das Kollegiatstift sowohl im Engeren als auch im Weiteren Ausschuß jeweils zwei Vertreter gestellt, also mehr als ihm in der Landtagsordnung von 1728 zugestanden werden sollten. Es waren dies Georg Rudolph v. Heynitz auf Dröschkau und Heinrich v. Bünau auf Püchau im Engeren Ausschuß sowie Christian Plötz auf Kühnitzsch und Hans Dietrich v. Schönberg auf Thammenhayn im Weiteren Ausschuß.[139] Die Landtagsordnung von 1728 fixierte dann eine Verteilung der Sitze des Stifts in den Ausschüssen, die seit dem Landtag von 1711 bestand und ihre Anzahl im Engeren Ausschuss auf einen reduzierte.

Heinrich v. Bünau (1656–1729) auf Püchau repräsentierte das Kollegiatstift Wurzen fast fünfzig Jahre lang. Er war im Jahr 1681 erstmals in die Allgemeine Ritterschaft gekommen, 1687, im Landtag darauf, in den Weiteren Ausschuß aufgestiegen und saß seit dem Landtag von 1692 im Engeren Ausschuß, wo er bis 1728 verblieb. Mit dem Ausscheiden von v. Heynitz aus dem Engeren Ausschuß vertrat er das Stift seit 1704 allein. Seine Ämterlaufbahn ist nicht minder eindrucksvoll als seine Landtagskarriere. Heinrich v. Bünau erhielt, nachdem er schon neunmal den Landtag besucht hatte und Mitglied des Engeren Ausschusses war, im Jahr 1697 seine Ernennung zum Kammerherrn. Das Oberhof-

---

Landtagsakten wegen des Stifts immer zum Leipziger Kreis gezählt und dementsprechend nahm der Besitzer auch in den Kollegien seinen Stuhl ein.

137 Im Meißner Kreis lagen im Amt Torgau die Güter Knathewitz und Röcknitz, im Erbamt Meißen Obereula, im Amt Oschatz Goselitz und im Amt Mühlberg Martinskirchen, zum Leipziger Kreis gehörten Burkhartshayn und Sachsendorf mit Wäldgen im Erbamt Grimma.

138 Nur die Güter Ammelgoßwitz bei Belgern, mindestens seit 1731 in bürgerlicher Hand, Roitzsch und Sachsendorf mit Wäldgen tauchten nicht in den Landtagsverzeichnissen auf. Genauere Angaben über die Gründe könnte erst eine detaillierte Besitzgeschichte der Rittergüter liefern. Die Güter Pauschwitz, Tauchwitz und Liebersee gehörten laut Friedrich Gottlob Leonhardi, Erdbeschreibung, Bd. 1, S. 921, nur mit ihren Steuern in das Stift Wurzen, in der Gerichtsbarkeit standen sie unter dem Amt Torgau. Daher waren sie bis 1749 nie auf einem Landtag vertreten.

139 Die Plötz führten wie andere sächsische Geschlechter, z. B. die Bose, das Adelspartikel ‚von‘ üblicherweise nicht im Namen.

Tabelle 14: Die Schriftsassen aus dem Kollegiatstift Wurzen (Leipziger Kreis) im Dresdner Landtag, 1694–1749

Jahr	Engerer Ausschuß Anzahl	Weiterer Ausschuß Anzahl	Allgemeine Ritterschaft Anzahl	Allgemeine Ritterschaft Prozent	Summe Anzahl
1694	2	2	11	14,7	15
1699	2	2	10	16,9	14
1711	1	2	11	17,7	14
1716	1	2	10	16,9	13
1718	1	2	9	14,3	12
1722	1	2	9	16,1	12
1728	1	1	13	22,8	14
1731	0	2	7	15,6	9
1734	0	2	6	15,8	8
1737	0	2	7	15,6	9
1742	1	2	3	9,7	6
1746	1	2	2	7,1	5
1749	1	2	1	5,9	4

Quelle: HSTA Dresden, Bestand 10.015, Landtagsakten. Spalte 5: Anteil der Wurzener Schriftsassen an den Teilnehmern aus dem Leipziger Kreis

marschallamt verzeichnet ihn zudem als Amtshauptmann (1711) und dann als Kreishauptmann (1722). Außerdem erhielt er im Jahr 1722 die Titular-Würde eines geheimen Rates. Nach seinem Ausscheiden blieb das Kollegiatstift in den 1730er Jahren ohne eine Vertretung im Engeren Ausschuß, obwohl es 1731 sogar vier und 1734 noch einmal zwei freie Plätze für den Leipziger Kreis gegeben hatte. Aber die Kandidaten für den Platz im Engeren Ausschuß mußten noch warten. Anders als im oben behandelten Fall der unbesetzten Thüringer Amtsassenstelle im Engeren Ausschuß sah dieser Ausschuß sich gelegentlich sehr wohl in der Lage, eine Vorschrift der Landtagsordnung auch einmal eine Dekade lang zu ignorieren.

Mit dem Landtag von 1728 war auch der einzige Vertreter des Stifts im Weiteren Ausschuß, Wilhelm Siegmund v. Mordeisen auf Knathewitz, aus dem Kollegium ausgetreten, so daß erst einmal der Weitere Ausschuß wieder besetzt wurde. Aus dem Angebot von vierzehn dem Stift zugerechneten Schriftsassen wählte der Engere Ausschuß 1728 aber nur den Appellationsrat Heinrich v. Bünau auf Lossa, den Sohn des gerade ausgeschiedenen Heinrich v. Bünau (1656–1729) auf Püchau, aus.[140] Die zweite Stiftsstelle im Weiteren Ausschuß ließ

---

140 Von 1737 an kam er im Namen des väterlichen Rittergutes Püchau zum Landtag. Weil sein Vater ihm zuvor das Rittergut Lossa überlassen hatte, konnte der junge Merseburger Hofrat Heinrich v. Bünau 1722 in den Landtag eintreten. Auf seinem zweiten Landtag im Jahr 1728 kam er bereits in den Weiteren Ausschuß. Sein Vater hat ihn demnach sowohl am Appellationsgericht wie am Landtag als Nachfolger installiert. Sein rascher Aufstieg führte ihn 1732 bis 1740 auf den Stuhl des Präsidenten am Appellationsgericht in Dresden und nach 1741 auf den Posten eines Gesandten am Wiener Kaiserhof. Heinrich v. Bünau verstarb aber schon 1745 in Venedig. Sein Vater

er noch einmal unbesetzt, indem er den Leipziger Landständen Adam Heinrich Bose auf Mölbis, Hans Georg v. Einsiedel auf Wolckenburg und Christian August v. Friesen, alles Familienangehörige alteingesessener und vornehmer sächsischer Geschlechter, den Vorzug gab. Erst auf dem folgenden Landtag von 1734 wurde die zweite Stiftsstelle mit August Philipp v. Mergenthal, auf Ober-Eula, besetzt, der laut Hof- und Staatskalender 1728/29 vom Domküster zum Cantor und Senior der Domherren des Stifts Meißen aufgestiegen war. Der Vertreter des Stifts im Weiteren Ausschuß, v. Bünau auf Lossa, blieb bis 1742. Seine Berufung auf einen Gesandtschaftsposten in Wien verhinderte am Ende aber noch seinen Aufstieg in den Engeren Ausschuß. Statt v. Bünau kam im Jahr 1742 schließlich Philipp August v. Mergenthal in den Engeren Ausschuß.[141] Die beiden Nachrücker im Weiteren Ausschuß waren 1742 Friedrich Wilhelm Graf v. Brühl auf Martinskirchen und Georg Ernst v. Heynitz auf Dröschkau. Damit war der in der Landtagsordnung vorgesehene Bestand an landständischen Vertretern des Kollegiatstifts wieder hergestellt.

Auch die Landtagsteilnahme der Amtsträger und Pfründeninhaber des Stifts Meißen und des Kollegiatstifts Wurzen kann für das Jahr 1731 beispielhaft untersucht werden.[142] Der Meißner Domherr August Philipp v. Mergenthal war eines der wenigen Mitglieder, das sowohl im Bezirk des Stiftes mit seinem Rittergut angesessen war und zugleich eine Stelle als Domherr oder Stiftsrat bekleidete. Die meisten Besitzer der stiftischen Lehngüter verfügten nicht über eine derartige Anstellung. Das bedeutete andererseits, daß sich im Landtag Inhaber von Rittergütern, die nicht zu den Lehen des Stifts gehörten, aber dennoch Amtsträger des Domstifts oder des Kollegiatstifts waren, wiederfinden. Außer v. Mergenthal besuchte von den insgesamt sechs adeligen Mitgliedern des Domstifts Meißen, die 1731 im Hof- und Staatskalender aufgeführt sind, nur Friedrich Carl v. Pöllnitz (1682–1760), auf Benndorf im Amt Borna, zeitweise den Landtag. Er hatte 1731 die Position des Dom-Dechanten inne und war Merseburger Ober-

---

war ‚Inspector‘ der Landschule in Grimma, Steuereinnehmer des Leipziger Kreises und titular geheimer Rat gewesen. Über seinen Sohn Heinrich (1732–1768), der 1763 und 1766 für Püchau im Weiteren Ausschuss saß und 1766 Christine Elisabeth Freiin v. Hohenthal heiratete, kam das Rittergut Püchau an die nobilitierten v. Hohenthal, siehe Poenicke (Hg.), Album der Rittergüter, I. Section: Leipziger Kreis, hier S. 16. Der Wechsel auf das väterliche Gut Püchau ermöglichte 1734 zudem die Übergabe von Lossa an Rudolph v. Bünau, der 1734 auch als Nachfolger v. Ponickaus in Wurzen als Stiftshauptmann installiert wurde und gleichzeitig seinen Kammerherrenschlüssel erhielt. Die Hof- und Staatskalender führen ihn noch bis 1768 als Stiftshauptmann, den Dresdner Landtag hat er aber nur 1734, welcher der erste Landtag des neuen Landesherrn war, besucht. Nach 1766 bzw. 1734 verschwinden daher die Rittergüter Püchau und Lossa aus der Landtagsgeschichte des 18. Jahrhunderts.

141 Er zog es aber 1742 vor, seinen Platz zunächst in der Ersten Kurie für das Domstift Meißen einzunehmen. Ob aus genuinem Interesse oder wegen der höheren Auslösung, läßt sich nicht beurteilen. 1746 kam er laut Oberhofmarschallamt nur für zwanzig Tage, und zwar vom 3. bis zum 23. Juli von Meißen nach Dresden. Am Landtag von 1749 scheint er überhaupt nicht teilgenommen zu haben. Es hat daher den Anschein, als habe das Kollegiatstift seit 1728 keinen energischen Vertreter mehr gehabt, der seine Anliegen im Engeren Ausschuß vertreten konnte.

142 Zum Personal des Domstifts zu Meißen und des Kollegiatstifts zu Wurzen im Jahr 1731 siehe im Anhang die Übersicht Nr. 5.

Hofmarschall gewesen.[143] Seine Belehnung mit Benndorf hatte er im Jahr 1704 erhalten, seine Teilnahme beschränkte sich jedoch auf die Landtage von 1711, 1716 und 1718, wo er ausschließlich in der Allgemeinen Ritterschaft saß. Die Grafen v. Callenberg und v. Watzdorf sowie der Domherr v. Nostitz gehörten dagegen zum Adel der Oberlausitz und konnten den Dresdner Landtag nicht besuchen. Der Meißner Domherr Hans (Johann) Alexander v. Ponickau (1709–1754) schließlich war ein Sohn des Wurzener Stiftshauptmanns Hans Christoph v. Ponickau auf Belgershain und erhielt seine Belehnung mit einem Ritterlehn erst nach dem Tod des Vaters.[144]

Die Stiftsregierung des Kollegiatstifts Wurzen bestand aus einem Hauptmann, einem Canzler und fünf Stiftsräten. Das Domkapitel zu Wurzen umfaßte insgesamt acht Kapitulare. Von der Stifts-Regierung besuchte vor allem der Stiftshauptmann Hans (Johann) Christoph v. Ponickau (1674–1734), auf Belgershain im Amt Grimma, den Landtag. Er war seit 1699 Erbe des Gutes und trat im gleichen Jahr in die Allgemeine Ritterschaft ein. Im Jahr 1711 erfolgte sein Aufstieg in den Weiteren Ausschuß, 1722 dann in den Engeren Ausschuß, dem er bis 1731 angehörte.[145] Stiftsrat Joachim Siegmund Plötz auf Kühnitzsch besaß wie der Domherr v. Mergenthal ebenfalls ein zum Amt Wurzen gehörendes stifti-

---

143 Als Geliebter der Herzogin von Sachsen-Merseburg löste er einen Skandal aus, der im Jahr 1720 zu seiner Verhaftung führte, siehe Jochen Vötsch, Art. ‚Moritz Wilhelm, Herzog von Sachsen-Merseburg‘, in: Sächsische Biografie, Online-Ausgabe: http://www.isgv.de/saebi/ (zuletzt besucht am 8.4.2015). Zur Belehnung mit Benndorf siehe HSTA Dresden, Bestand 10.080, Ritterguts-Matrikel 1728.

144 Er ist daher als Nachfolger seines Vaters erst 1734 in die Allgemeine Ritterschaft eingetreten und hat dort auch bei den Landtagen von 1742 und 1746 gesessen. Die zeitgenössische Angabe des Vornamens kann je nach Quelle zwischen der Schreibweise ‚Johann‘ oder ‚Hans‘ wechseln.

145 Das Datum seiner Ernennung zum Stiftshauptmann liegt z. Z. leider noch nicht vor. Hans Christoph v. Ponickau (1674–1734) auf Belgershain war seit 1694 Kammerjunker am Dresdner Hof, 1717 wurde er Kammerherr. Von 1718 bis 1728 wird er zudem als Schloßhauptmann zu Lichtenburg verzeichnet. Im Jahr 1717 wurde laut Johann Georg Zirschke, Hof-Staat, S. 27, auch ein weiterer Hans oder Johann Christoph v. Ponickau (1652–1726), der aber auf dem Rittergut Pomsen im Amt Grimma residierte, zum Kammerherrn ernannt. Dieser gehörte dem Landtag schon seit 1681 an, kam 1683 in den Weiteren Ausschuß, wo er im Landtag von 1699 das Direktorium führte, und saß von 1704 bis 1725 im Engeren Ausschuß. In Dresden wohnte er im eigenen Haus auf der Wilsdrufer Gasse. Laut Oberhofmarschallamt war er zuvor Kammerherr der Mutter des Kurfürsten, Anna Sophie von Dänemark (1647–1717), die auf Schloß Lichtenburg bei Prettin im Amt Schweinitz ihren Witwensitz hatte. Außerdem wird er von 1711 bis 1716 als Stiftshauptmann zu Wurzen geführt. Bei Hans Christoph v. Ponickau auf Pomsen handelte es sich um den Onkel des Hans Christoph auf Belgershain, der folglich seinem Onkel – und seinem Cousin Johann Christoph v. Ponickau (1681–1727) auf Großzschocher, der 1718 und 1725 als Stiftshauptmann genannt wird – im Amte nachfolgte. Auch sein Großvater Hans Georg v. Ponickau (1605–1663) war bereits Stiftshauptmann gewesen. Die Rittergüter Pomsen und Belgershain lagen außerhalb des Stiftsgebietes benachbart im Süden des Erbamtes Grimma. Zum Kammergut Schloß Lichtenburg siehe August Schumann, Vollständiges Staats- Post- und Zeitungs-Lexikon von Sachsen, Bd. 5, Zwickau 1818, S. 667–674. Zur Wohnung in Dresden siehe die Kartenbeilage zum Landtag von 1711 in: Josef Matzerath, Aspekte sächsischer Landtagsgeschichte 1694–1749, Dresden 2015, und zum Geschlecht der v. Ponickau den Gotha, Genealogisches Taschenbuch der adeligen Häuser. Uradel, Bd. 8 (1907).

sches Lehen und besuchte die Landtage der Jahre 1728, 1734, 1737 und 1742. Er wurde 1735 unter Rudolph v. Bünau auf Lossa Vice-Stiftshauptmann, kam aber über die Allgemeine Ritterschaft nicht hinaus. Bis 1757 steht er als Vice-Hauptmann im Hof- und Staatskalender, aber eine Teilnahme an den Sitzungen von 1746 und 1749 fand nicht mehr statt.[146] Die beiden anderen adligen Stiftsräte, Bernhard Siegmund v. Könneritz und Johann Jacob v. Zobel, verfügten nicht über den notwendigen Grundbesitz bzw. die adligen Vorfahren, um den Landtag überhaupt besuchen zu können.[147]

Unter den acht Mitgliedern des Domkapitels zu Wurzen waren im Jahr 1731 insgesamt nur zwei Adlige.[148] Der Präpositus Freiherr v. Huyssen gehörte jedoch nicht zur kursächsischen Ritterschaft und hielt sich auch nicht im Lande auf.[149] Bernhard Freiherr v. Zech hingegen verfügte seit 1727 über den nötigen Grundbesitz und konnte seine fehlenden Ahnen durch die Stellung als wirklicher geheimer Rat ersetzen.[150] Er trat 1728 in die allgemeine Ritterschaft ein,

---

146 Der neue Stiftshauptmann Rudolph v. Bünau auf Lossa im Amt Wurzen, der seit 1734 als Nachfolger des verstorbenen v. Ponickau im Amt war, hat sogar nur in diesem Jahr, dem ersten Landtag des neuen Landesherrn, in der Allgemeinen Ritterschaft am Landtag teilgenommen, obwohl er mindestens bis 1757 im Besitz sowohl des Amtes wie des Gutes blieb.

147 Bernhard Siegmunds Vater, der kursächsische Offizier Bernhard v. Könneritz (1661–1704) war noch ein deputiertes Mitglied für das amtsässige Gut Bösau im Amt Weißenfels gewesen und saß seit 1687 im Weiteren Ausschuß und von 1694 bis 1704 sogar im Engeren Ausschuß. Zu v. Könneritz siehe Zedler, Universal-Lexicon, Bd. 15 (1737), Sp. 1375 f. Johann Jacob v. Zobel (1701–1761) stammt aus einer 1605 in den Reichsadel erhobenen Familie. Sein Vater war Amtmann von Mutzschen. Kaiserliche Bestätigungen des Adels erfolgten 1696 und 1733, die kursächsische Anerkennung des Adelsstandes folgte erst 1734, siehe Gothaisches genealogisches Taschenbuch der briefadeligen Häuser, Bd. 6 (1912), S. 1070. Im Hof- und Staatskalender taucht das ‚von‘ seit 1736 auf. Sein Sohn Heinrich Adolf Sigismund v. Zobel, geboren am 19. November1748, auf Gröppendorf wurde seit 1777 ebenfalls als Stiftsrat in Wurzen geführt.

148 Das Domkapitel zu Wurzen bestand weit überwiegend aus Männern bürgerlichen Standes. Die Position des Decanus war laut Hof- und Staatskalender im Jahr 1731 unbesetzt. Nach dem Aufrücken von Dr. Ludwig August Schröter auf diesen Posten wurde die dritte Kapitularstelle zu Wurzen erst 1734/35 mit dem Appellationsrat Dr. Gottfried Wilhelm Küstner besetzt. Der Scholasticus Friedrich Gottlob Beyer war zugleich Stiftsrat der Regierung zu Wurzen und wurde 1732 unter dem neuen Direktor Heinrich v. Brühl zum General Akziserat im General-Accis-Collegium befördert. Auch die acht Kapitulare im Stift Zeitz waren überwiegend bürgerlichen Standes, wohingegen die Domherren zu Naumburg und zu Merseburg ausschließ von Adel waren.

149 Es handelt sich um den in Essen geborenen, 1706 geadelten und 1707 in den Reichsfreiherrenstand erhobenen Bernhard Frh v. Huyssen (1666–1739), der für kurze Zeit Sekretär des Generals v. Flemming war und seit 1702 in russischen Diensten stand, zuletzt als geheimer Rat der Zarin Anna, siehe Erik Amburge, Art. ‚Huysen‘, in: NDB, Bd. 10 (1974), S. 106 f. Er gehörte also nicht zum sächsischen Adel, war nicht im Land angesessen und residierte nicht in Wurzen.

150 Bernhard Freiherr v. Zechs Vater Bernhard Zech (1649–1720) trat 1691 aus Weimarer in kurfürstlich-sächsische Dienste und wurde 1716 von Kaiser Karl VI. in den Adelsstand erhoben. Er war im Jahr 1697 Mitglied des im sächsischen Adel äußerst unbeliebten Revisionsrates und leitete 1703 die Untersuchung gegen den gestürzten Großkanzler Wolf Dietrich Graf v. Beichlingen, trat aber auch als Schriftsteller hervor, siehe Paul Haake, Art. ‚Zech, Bernhard‘, in: ADB, Bd. 44 (1898), S. 734–737, und Christian Heinker, Die Bürde des Amtes – die Würde des Titels. Der kursächsische Geheime Rat im 17. Jahrhundert, Leipzig 2015, S. 346 f. Der Sohn Bernhard

erlangte 1734 seine Berufung in den Weiteren Ausschuß und 1742 in den Engeren Ausschuß. Man wird ihn kaum als kursächsischen Landstand betrachten können, sondern vorrangig als Vertreter der kurfürstlichen Regierung, insbesondere des Geheimen Rates, im Landtag qualifizieren müssen. Trotz der hohen Stellungen, des Erwerbs von Freiherren- und Grafentitel und trotz des Kaufs von Schmorkau blieben die v. Zech nicht hoffähig und wurden nicht zu Kammerherren ernannt. Im Unterschied zu den Lehen scheinen die Amtsstellungen, die im Kollegiatstift Wurzen zu vergeben waren, nicht zum landschaftlichen Bereich, sondern mehr oder weniger direkt zur landesherrlichen Verfügungsmasse gehört zu haben, die wie das Kammergut vom Hof als Dotationen und Belohnungen für geleistete oder erwartete Dienste vergeben werden konnten.

Wenn man schließlich den Aufstieg aus der Allgemeinen Ritterschaft in die beiden ritterschaftlichen Ausschüsse, wie er hier analysiert worden ist, allgemein in den Blick nimmt, dann ergeben sich drei unterschiedliche Karrieremuster.[151] In der ersten Karriere durchlief der Landtagsteilnehmer nacheinander, wie in der Landtagsordnung vorgesehen, alle drei Kollegien bis zum Engeren Ausschuß. In der zweiten Variante endete die Laufbahn im Weiteren Ausschuss und an dritter Stelle steht die reine Teilnahme allein in der Allgemeinen Ritterschaft. Auch für diesen anscheinend so unattraktiven dritten Fall gibt es im kursächsischen Landtag eindrückliche Beispiele. Es scheint daher nicht gerechtfertigt, im Aufstieg in den Engeren Ausschuß umstandslos die ideale Karriere eines kursächsischen Landstandes zu sehen und demgegenüber die beiden anderen Varianten als unvollständig oder gar als gescheiterte Versuche abzuwerten. Das Verhalten der zeitgenössischen Landstände deutet nicht auf eine Hierarchisierung der Kollegien anhand einer klaren Abstufung von mächtigem Engeren Ausschuß zu machtloser Allgemeiner Ritterschaft hin. Die Teilnahme an der Allgemeinen Ritterschaft läßt sich nicht auf einen Warteraum oder eine bloße Lehrzeit bis zum endlich erreichten Aufstieg in den Engeren Ausschuß verkürzen. Sicherlich läßt sich in den Fällen eines fehlenden Aufstieges in die Ausschüsse nicht ausschließen, daß es hin und wieder zu frustriertem Ehrgeiz auf Seiten des Landstandes gekommen ist. Aber die Beispiele eines langjährigen und wiederholten Besuches ausschließlich in der Allgemeinen Ritterschaft sind zu zahlreich, um die Teilnahme allein und eindimensional an einen Aufstiegswunsch zu binden.

(1681–1748), Reichsfreiherr seit 1729, setzte den Dienst für den Landesherrn fort und wurde zunächst Hof- und Justizrat. Im Jahr 1728 war er bereits wirklicher geheimer Rat. Er erscheint im Hof- und Staatskalender von 1731 außerdem als Canonicus und Decanus des Stiftes Zeitz und stieg 1734/35 zum Conferenzminister auf. Im Jahr 1745 erhielt er für seine Dienste den Reichsgrafenstand. Sein jüngerer Bruder Ludwig Adolph Frh v. Zech (1683–1760), seit 1715 Canonicus des Stiftes Merseburg, trat 1732 in den Geheimen Rat ein. Grundbesitz erwarb Bernhard Freiherr v. Zech 1727 mit dem altschriftsässigen Rittergut Schmorkau, das halb im Amt Stolpen des Meißner Kreises und halb in der Oberlausitz lag.

151 Darin unterschied sich die Ritterschaft grundlegend von den Städten. In der Städtekurie lag die Verteilung der Städte auf die drei Kollegien ein für allemal fest. Es gab daher keinen Aufstieg oder Platzwechsel der städtischen Abgeordneten. Die Ratsmitglieder, Bürgermeister und Syndici konnten allenfalls die Stadt wechseln, wenn sie auf dem Landtag eine andere Stellung erreichen wollten.

So besuchte z. B. zwischen 1694 und 1718 Caspar Heinrich v. Hartitzsch auf Voigtsdorf im Erzgebirger Kreis fünfmal den Landtag in der Allgemeinen Ritterschaft, oder der Kammerherr und Appellationsrat Ernst Ferdinand Knoche, der für Reichenau zwischen 1711 und 1734 siebenmal am Tisch des Meißner Kreises saß.[152]

Als Beispiel für die zeitgenössische Sichtweise auf das Handlungsfeld eines adligen Landstandes kann an dieser Stelle, solange nicht mehr briefliche Selbstzeugnisse von adligen Landtagsteilnehmern vorliegen, eine Beschreibung in Valentin Königs Genealogischer Adels-Historie aus dem Jahr 1736 dienen, in der das gesamte Spektrum von der Sorge um Haus und Familie, über die Pflichten gegenüber den Nachbarn bis zum Engagements als Landstand und schließlich zur Frage der Übernahme höfischer oder öffentlicher Ämter angesprochen wird. Im Anschluß an seine Heirat mit Johanna Sibylle von Luckowin (1670–1751) aus Miltitz im Jahr 1690, die für ihre vernünftige Verwaltung des Haushalts und die sorgfältige Erziehung der Kinder gelobt wird,[153] heißt es von ihrem Ehemann Friedrich Christian v. Heynitz (1664–1724):

> „Übrigens hat er öffters mit grosser Danckbegierigkeit bezeuget, mit was vor vieler Gnade der grosse GOtt seine Wirtschafft geseegnet, diejenigen auch, so ihm gekannt, und sich seiner Wissenschafft in Haußhaltungs Sachen nicht ohne sonders guten Success bedienet, stehen ihm diese gerne zu, daß er darinnen eine sondere Einsicht gehabt, und auf den Grund zu gehen, sich eyffrigst angelegen seyn lassen. Sollte es zu seinen Ruhm oder zu anderer klugen Nachahmung gereichen, wenn hierbey mit angeführet würde, wie ihm verschiedene, ob wohl in geheim angetragene Ehren-Aemter an Höffen und in Collegiis, in Ansehung der Umstände seines Haußwesens, klüglich von sich abgelehnt, so würde darzu gnug seyn anzuführen, wie er sich des Eengagements als Ober Hoff-Meister bey Ihro Majestät der hochseeligen Königin in Pohlen und Chur-Fürstin zu Sachsen, nach des Herrn v. Rex Absterben,[154] als Cammer-Directoris, bey dem Hertzog von Anhalt-Zerbst, und als Stiffts-Rath in Wurtzen, in aller Stille geäussert,

152 Ernst Ferdinand Knoche wurde im Jahr 1697 Kammerjunker in Dresden, erbte 1705 von seinem Onkel das Rittergut Reichenau – und außerdem noch den Fideikommiß bestehend aus den Gütern Elstra, Gödlau, Koitzsch und Reichenbach in der Oberlausitz –, 1711 wurde er zum Kammerherrn ernannt und starb im Jahr 1745.
153 Die v. Luckowin gehören zu den in Kursachsen im Laufe des 18. Jahrhunderts verschwundenen oder ausgestorbenen adligen Geschlechtern. Johanne Sibylle war eine der beiden Töchter von Nicol Ernst v. Luckowin auf Miltitz, ein Landtagsteilnehmer von 1666 bis 1695. Mit ihrem Vater und seinen beiden älteren Brüdern Brüdern Cornelius v. Luckowin auf Döbernitz, Leipziger Kreis-Steuereinnehmer, Landeshauptmann der Niederlausitz und Landtagsteilnehmer von 1660 bis 1708, sowie dem geheimen Rat und Cammer-Director in Merseburg Georg Heinrich v. Luckowin auf Roitzsch im Churkreis, Landtagsteilnehmer von 1679 bis 1689, starb das Geschlecht im Jahr 1717 in männlicher Linie aus, siehe Zedler, Universal-Lexicon, Bd. 18 (1738), Sp. 743, s.v. ‚Luckowien'.
154 Laut Johann Georg Zirschke, Hof-Staat, S. 38 verstarb der Oberhofmeister Carl v. Rex im Jahr 1716, sein Nachfolger wurde nicht v. Heynitz sondern Wolf Dietrich v. Werther.

wie eyfrig und patroitisch [sic!] hingegen sein Bemühen gewesen, auf Land- Ausschuß- und Deputations-Tägen dem Lande rechtschaffene Dienste zu thun und zu leisten, davon würden mit leichter Mühe seiner Herrn Mitstände unpartheyische Zeugnisse zu erlangen seyn; besonders hielt ihm sein uninteressirtes und vor das gemeinsame Wesen wohlsorgendes Gemüthe darzu sonderlich an, mit Hindansetzung aller Menschen-Furcht, besonders Eigennutzes und unzeitiger Schmeicheley, dasjenige mit andern treugesinten Patrioten anzugehen, was eine gründliche Einsicht der vorseyenden Landes-Sachen, reiffliche Behertzigung der hohen Landes-Obrigkeit unumgängliches Bedürffniß, und des Landes Kräffte und Vermögen an die Hand geben kunte. Als der feindliche Einbruch der Schweden denen treuen Sächsischen Vasallen Gelegenheit gab, durch kluge Rathschläge und unermüdetes Sorgen ein sehr schweres Schicksal nur in einigermassen den armen Leuten erträglich zu machen, so hat es seine Schulden, nachdem er seine eigene Familie in Sicherheit gebracht, und sich von diesen Sorgen loß gewickelt, Zutragung und Erleichterung dieser von GOtt dem Sachsen-Lande aufgelegten Last mit aller Willigkeit und Muth dargegeben. Dem Beruff, so von der hohen Landes-Obrigkeit durch allergnädigsten Befehl, an ihm ergieng, vielen wider sich selbst bey Gelegenheit dieser Landes-Calamität wegen mit eingerissener Unordnung und einiger Privat-Interesse aufgebrachten Städten und Communen wieder zu ihren vorigen Ruhestand zu verhelffen, verfolgte er mit möglichster Treue und unermüdeter Arbeit. Wo in Familien zu rechtschaffner Kinder-Zucht aufrichtiger Rath gesucht oder nur angenommen, wo entsponnene Zwistigkeiten sollten gütlich gehoben und beygeleget, wo Witben und Waysen an die Hand gegangen, und was Gutes vor sie ausgerichtet solte werden, da konnte er gegen demjenigen sich nicht erkänntlich genug, erzeigen, der ihm solche gar angenehme Verrichtungen auftrugen."[155]

In dieser biographischen Vignette innerhalb des weitgehend tabellarischen Werkes aus der ersten Hälfte des 18. Jahrhunderts, die Friedrich Christian v. Heynitz als vorbildliches Exemplar adeligen Verhaltens charakterisiert und stilisiert, nimmt die Fürsorge für das eigene Hauswesen – zusammen mit einer ausgeprägten Gottesfürchtigkeit – unzweifelhaft die erste Stelle ein und rangiert legitimerweise vor allen anderen Tätigkeiten. Den zweiten großen Bereich bildet die aus Nachbarschaft und Verwandtschaft erwachsende Übernahme von Aufgaben. Zu diesen Anforderungen der lokalen Gesellschaft gehören typischerweise die Vormundschaft über unmündige Kinder, die Vermittlung und Schlichtung in familiären Auseinandersetzungen, die Bezeugung von Verträgen

---

155 Valentin König, Genealogische Adels-Historie oder Geschlechts-Beschreibung derer in Chur-Sächsischen und angräntzenden Landen … in gutem Flor stehenden ältesten und ansehnlichsten Adelichen Geschlechter, Bd. 3 , Leipzig 1736, S. 485 f. Siehe auch Benno v. Heynitz, Beiträge zur Geschichte der Familie von Heynitz und ihrer Güter, I.-III. Teil, Kirchrode 1971, S. 76–80.

oder die Übernahme und Vermittlung von Geldanlagen. Genau auf dieser Ebene liegt auch der drittens genannte Bereich, das „patriotische" Engagement als Teilnehmer an den kursächsischen Land- und Ausschußtagen. Bemerkenswerterweise hebt der Biograph an den „Patrioten" die Vermittlung zwischen den unumgänglichen finanziellen Bedürfnissen der Landesobrigkeit und der Leistungsfähigkeit, den „Kräften", des Landes hervor. Diese Haltung hatte sich hier in Fragen der Steuerbewilligung bereits von der zeitgenössisch noch lange die Rhetorik beherrschenden Illusion verabschiedet, der Fürst – bzw. der Staat – solle in der Regierung des Landes von seinem Eigenen, d. h. vom Kammergut, Zöllen und Gebühren, leben und auf die Erhebung direkter Vermögenssteuern bei den Untertanen in Friedenszeiten möglichst verzichten.[156] Sie näherte sich vielmehr der aufgeklärten Forderung an, wer den Zweck – namentlich Friedenssicherung, Rechtsschutz und gute Policey – wolle, der müsse auch die dazu nötigen Mittel, also Steuern, gewähren und ihre Zahlung entsprechend bereitwillig leisten.

Viertens erwähnt die biographische Skizze die Übernahme temporärer politischer Aufträge, die seitens der landesherrlichen Regierung in der Form genau spezifizierter Kommissionen an v. Heynitz ergingen.[157] Im Zuge der Besetzung Kursachsens durch schwedische Truppen in den Jahren 1706/07 und der damit verbundenen finanziellen Extraktionen hatte er als Kommissar den Auftrag erhalten, einige derangierte kommunale Haushalte zu regulieren. Die Übernahme eines höfischen oder öffentlichen Amtes folgt in der Darstellung der Adels-Historie von 1736 dagegen erst an letzter Stelle. Laut Biograph waren Friedrich Christian v. Heynitz drei Ämter angetragen worden: das eines Oberhofmeisters der Kurfürstin, die Stelle des Cammer-Directors beim Herzog von Sachsen-Anhalt und die eines Stiftsrates im Kollegiatstift Wurzen. Alle drei Anträge seien von ihm abgelehnt worden. Als Begründung wird die kluge Rücksicht auf die „Umstände seines Haußwesens" genannt. Zu diesen allgemeinen Gründen, die bei der Übernahme eines öffentlichen oder höfischen Amtes wohl mehr oder weniger immer zutrafen, da jedes derartige Amt eine gewiße relative Vernachlässigung der häuslichen Angelegenheiten mit sich brachte, wird man noch die spezifischen Merkmale der Amtspflichten hinzunehmen müssen. Die Übernahme eines öffentlichen oder höfischen Amtes bedeutete nicht nur außerhäusige Tätigkeit und eine, wenn auch nicht immer regelmäßige oder vollständig bezahlte Besoldung, die als zusätzliches Einkommen willkommen war. Sie erforderte auch den Eintritt in einen Dienst, also die Unterwerfung unter den Befehl des Dienstherrn und die unbefristete Verpflichtung auf dessen Willen und

---

156 Zum zeitgenössischen Steuerdiskurs in Deutschland siehe Andreas Schwennicke, „Ohne Steuer kein Staat." Zur Entwicklung und politischen Funktion des Steuerrechts in den Territorien des Heiligen Römischen Reichs (1500–1800), Frankfurt am Main 1996, hier bes. S. 218 und S. 231.

157 Zum Unterschied von Kommission und Amt und zur historischen Bedeutung der Kommissare immer noch grundlegend der Aufsatz von Otto Hintze, Der Commissarius und seine Bedeutung in der allgemeinen Verwaltungsgeschichte (1910), in: ders., Staat und Verfassung. Gesammelte Abhandlungen zur allgemeinen Verfassungsgeschichte, hg. v. Gerhard Oestreich, 3. durchgesehene und erweiterte Auflage, Göttingen 1970, S. 242–274.

Wünsche.[158] Der Eintritt in einen Dienst tangierte somit die zeitgenössische Vorstellung von der einem Adeligen und begüterten Landsassen zukommenden Freiheit und Autonomie, die durch eine Anstellung gefährdet wird, denn die Bestallungen mit höfischen oder öffentlichen Ämtern geschah im Unterschied zu den Kommissionen üblicherweise auf Lebenszeit. Die Übernahme eines Amtes hat daher in diesem Bild des Landadels und untadeligen adeligen Landstandes keinen herausragenden Stellenwert, ihre Ablehnung kann sogar „zu anderer klugen Nachahmung" empfohlen werden.

Das auf diese Weise gezeichnete Bild vom landadeligen Friedrich Christian v. Heynitz (1664–1724) sollte jedoch nicht zu dem Eindruck verleiten, bei seinem Verhalten handele es sich um eine Form der typischen provinziellen Beschränktheit eines kleinen Landsassen. Er hatte vielmehr eine zeittypisch sorgfältige Erziehung in den adeligen ‚Exercertiis' erhalten, zunächst die sächsische Landesschule zu Meißen, dann die Universität Wittenberg besucht und anschließend eine Kavalierstour durch Holland, Frankreich, Italien und das Reich gemacht. Sein Biograph lobt zudem besonders seine guten Sprachkenntnisse. Nach dem vorzeitigen Ende der Tour verkaufte sein Vater Georg Rudolph v. Heynitz (1627–1715) ihm das Rittergut Dröschkau im Kollegiatstift Wurzen, um dem Sohn die Heirat und den Auftritt auf der Bühne des Landtages zu ermöglichen.[159] Im Jahr 1694 erfolgte schließlich der Eintritt von Friedrich Christian v. Heynitz in die Allgemeine Ritterschaft beim Leipziger Kreis. Auf dem Landtag traf er auch seinen Vater, Mitglied des Landtages seit 1657, der inzwischen im Engeren Ausschuß saß.[160] Nach seiner Heirat mit Johanna Sibylle v. Luckowin wechselte er für den Ausschußtag von 1712 auf das von ihr in die Ehe eingebrachte Gut Miltitz im Meißner Kreis und erlangte mit Hilfe dieses Gutes seine Berufung in den Weiteren Ausschuß, dem er noch bis 1722 angehörte.[161] Wie sein

---

158 Diese Unterwerfung betraf nicht nur die unmittelbaren dienstlichen Angelegenheiten, sondern griff auch in die persönlichen Handlungsfreiheiten über. Viele militärische und höfische Ämter waren mit einer Einschränkung der Heiratsmöglichkeit verbunden. Offiziere und Höflinge blieben häufig unverheiratet oder sie brauchten eine Heiratserlaubnis und heirateten erst sehr spät in ihrem Lebenslauf.

159 Valentin König, Adels-Historie, Bd. 3, S. 483, Nr. 12 gibt als Lebensdaten des Vaters die Zeit von 1619 bis 1674, was offensichtlich nicht zutreffen kann. Ich folge hier Benno v. Heynitz, Beiträge zur Geschichte der Familie von Heynitz und ihrer Güter. I.-III. Teil, Kirchrode 1971, S. 33. In den Landtagsverzeichnissen wird Georg Rudolph v. Heynitz bis 1701 als Mitglied des Engeren Ausschusses geführt. Er hat aber an den Ausschußtagen von 1694, 1696, 1700 und 1701 nicht mehr teilgenommen.

160 Für die Landtage von 1694 und 1699 wird in den Verzeichnissen sowohl für den Vater im Engeren Ausschuß als auch für den Sohn in der Allgemeinen Ritterschaft das Rittergut Dröschkau angegeben. Diese Doppelung war vermutlich möglich, weil sein Vater zwar eine Stelle im Engeren Ausschuß hatte, aber den Landtag in Person nicht besuchte. In den 1690er Jahren scheinen die Ausschüsse relativ schlecht besucht worden zu sein und hohe Abwesenheitsraten bis zu einem Viertel der nominellen Mitglieder aufzuweisen, siehe auch Nina Krüger, Landesherr und Landstände in Kursachsen, S. 59 f.

161 Bereits der Vater hatte einen Wandel der Kreiszugehörigkeit vollzogen: vor 1670 saß er für das Rittergut Heynitz unter den Ständen des Meißner Kreises der Allgemeinen Ritterschaft, seitdem für Dröschkau im Stift Wurzen im Leipziger Kreis. Nur für den Landtag von 1676 wechselte er

Vater verfügte er also über eine langjährige und ausgedehnte Landtagserfahrung.

Die Charakterisierung des Friedrich Christian v. Heynitz als guter Hausvater und Nachbar gibt nur eine Facette adeliger Handlungsoptionen wieder. Ohne Zweifel gab es genauso die Adeligen, die als Einzelne oder als Familienverbände die Besoldung der zahlreichen Ämter oder den politischen Einfluß hoher Ratsstellen und Hofämter gesucht haben und sich traditionell in den landesherrlichen oder höfischen Dienst begaben. Unter ihnen finden sich sowohl große und wohlhabende adelige Geschlechter wie solche, die den Dienst aus Mangel an zureichenden Grundrenten zu suchen gezwungen waren. An dieser Stelle sollte nur die weitere Möglichkeit des sich möglichst unabhängig haltenden begüterten Landadels plausibel gemacht werden, der deshalb aber nicht als unpolitisch oder provinziell anzusehen ist. Vielmehr ist zu vermuten, daß ein beträchtlicher Teil der regelmäßigen Landtagsbesucher in Dresden zu dieser adeligen Gruppierung gehörte. Außerdem ist an dieser Stelle die Frage nach einer weitverbreiteten adeligen Mentalität oder einem Habitus angesprochen, in der die persönliche Freiheit und Unabhängigkeit in allen öffentlichen Verhältnissen und politischen Umständen einen sehr hohen Stellenwert zugemessen bekam.[162] Diese Haltung konnte möglicherweise sogar bis zum Rückzug von der Politik und aus dem Landtag führen. Auch wenn diese letzte Konsequenz nicht oder erst sehr viel später unter den deutlich veränderten Verhältnissen der konstitutionellen Monarchie gezogen wurde, so könnte diese am Beispiel von Friedrich Christian v. Heynitz faßbare zeitgenössische Sichtweise der Akteure ein wichtiger Baustein sein für eine Erklärung, warum die adligen Rittergutsbesitzer ihre Landtagsteilnahme im 17. und 18. Jahrhundert in der hier vorliegenden Form wahrgenommen und gehandhabt haben.

c) Die Deputierten aus den kursächsischen Ämtern im Dresdner Landtag

Eine Untersuchung der deputierten Mitglieder des Dresdner Landtages ist in mehrfacher Hinsicht von Interesse. Das Institut der deputierten adeligen Amtsassen ist bislang in der Darstellung der Landtagsgeschichte kaum gewürdigt worden. Zwar wird auf diese Einrichtung in der Darstellung der Organisation

---

noch einmal zum Meißner Kreis und führte dort zusammen mit Hans Pflug auf Strehla das Directorat. Seine Aufnahme in den Weiteren Ausschuß erlangte er mit Dröschkau erst im Jahr 1681 nach vierundzwanzigjähriger Landtagszugehörigkeit, seit 1687 gehörte er dann dem Engeren Ausschuß an.

162 Als ein weiteres Beispiel für diese Haltung siehe auch die Darstellung von Benno v. Heynitz, Beiträge zur Geschichte der Familie von Heynitz und ihrer Güter, V. Teil, Kirchrode 1968, S, 166, hinsichtlich der noch 1832 erfolgreich durchgesetzten Forderung des Schwiegervaters von Heinrich August v. Heynitz (1804–1870), er solle den angestrebten Beruf als landesherrlicher Forstbeamter aufgeben, da er für seine Tochter lieber einen unabhängigen Mann wolle. Der Schwiegervater, Kammerherr Friedrich Gottlob Benno v. Heynitz, war der Sohn des 1801 gestorbenen ‚Accisrates', Berghauptmanns, Kammerherrn und Landtagsmitglieds von 1766 bis 1799 Carl Wilhelm Benno v. Heynitz auf Miltitz.

des Landtages gelegentlich hingewiesen, eine größere Bedeutung für die Definition und Beurteilung der Institution ‚Landtag' insgesamt wird ihr aber regelmäßig nicht zuerkannt.[163] Die Deputierten werden in der Forschung, wenn es um die Zusammenfassung der Ergebnisse geht, vielmehr regelmäßig wieder vergessen. Das ist um so auffälliger, als im historischen Rückblick auf die Wahl von Deputierten ein sozusagen vorwärtsweisendes Element sichtbar wird, das in der konstitutionellen Zweiten Kammer der Landtage des 19. Jahrhunderts später verallgemeinert werden wird. Die Deputierten sind aber nicht als ‚Vorläufer' der späteren Parlamentsabgeordneten bemerkenswert, sondern als Hinweis darauf, daß den Zeitgenossen die Wahl von Landtagsmitgliedern und die Vertretung von Gruppen und Gebietseinheiten auf einem Landtag im Alltag sehr wohl vertraut waren. Diese schon vorhandenen Elemente wurden aber im 18. Jahrhundert nicht in größerem Umfang genutzt und für die Landtagsarbeit nicht auf andere Fälle übertragen und ausgeweitet. Aus welchen Gründen diese prinzipiell schon bekannten Verfahren lange Zeit nicht genutzt wurden, also latent blieben, und keine größere politische Aufmerksamkeit gefunden haben, sind daher die für eine historische Reflexion die eigentlich spannenden Aspekte an dieser Einrichtung.

Entgegen ihrer Vernachlässigung in der Historiographie hat die zeitgenössische Praxis den Deputierten einen keineswegs nur marginalen und vernachlässigbaren Anteil an der Landtagsarbeit zugestanden. Die Landtagsordnung von 1728 sicherte in § 3 den amtsässigen Inhabern von kursächsischen Rittergütern in jedem Amt endgültig das Recht zu, je nach Größe des Amtes einen, zwei oder drei Deputierte zum Landtag zu entsenden. Diese unscheinbare Vorschrift enthält eine gewiße rechtliche und politische Brisanz, da an der Wahl der Deputierten alle Amtsassen teilnehmen konnten, und zwar unbeschadet ihres persönlichen Standes. Unter den Wählern finden sich daher sowohl neue und nobilitierte Adelige wie bürgerliche und korporative Rittergutsbesitzer und zahlreiche weibliche Eigentümer, die als Schriftsassen alle nicht zu einer Beteiligung an den Landtagsgeschäften zugelassen gewesen wären. Mit der Wahl von Deputierten der amtsässigen Rittergüter sollte laut Landtagsordnung nicht nur in qualitativer Weise die Vertretung „ihrer Anliegen" auf dem Landtag sicher gestellt werden, in der Abstufung von ein bis drei Vertretern je nach Größe des Amtes wird bereits mit dem Gesichtspunkt der Proportionalität zwischen der Zahl der Wähler und derjenigen der Vertreter gerechnet. Die schließlich gewählten Amtsassen mußten jedoch wiederum Adelige sein, die das Kriterium der Ahnenprobe erfüllen konnten.[164] Die Deputierten erhielten für ihre Landtagsteilnahme die gleiche Kostenerstattung wie die Schriftsassen.

---

163 Siehe beispielsweise Nina Krüger, Landesherr und Landstände, S. 54 und S. 302 f.
164 Wenn sich unter den Amtsassen kein derartiger erwachsener männlicher Altadeliger finden sollte, konnten die Amtsassen ihr ansonsten garantiertes Wahlrecht nicht wahrnehmen. Auch an dieser Stelle war demnach eine Bruchstelle in die bestehende Rechtordnung eingebaut, sobald die Teilnahme am Landtag als wichtiger angesehen wird als die Beschränkung auf rein altadelige, persönlich privilegierte Männer.

Die Landtagordnung sicherte außerdem allen Wählern „ritterlichen oder bürgerlichen Standes" zu, für ihre eintägige Versammlung eine Entschädigung von zwei Gulden zu erhalten, wenn sie sich zur Beratung ihrer Angelegenheiten in der Amtsstadt versammelten und die Vollmachten für ihre Deputierten ausstellten.[165] Die Einrichtung durchbrach daher in gewißer Weise das „ausschliessende Sitz- und Stimmrecht des alten Adels".[166] Die Bedeutung der Amtsassen zeigt sich auch in der Vorschrift, den Deputierten eine Anzahl von Stellen in den für den Ablauf der Landtagsverhandlungen so wichtigen Ausschüssen zuzugestehen. Aus diesen Umständen und Zusammenhängen ergeben sich daher mehrere interessante historische Fragen, die eine genauere Untersuchung verdienen: Wie verbindlich und wirksam waren die Bestimmungen der Landtagsordnung? In welchem Umfang haben die Amtsassen ihre Möglichkeiten wahrgenommen? Konnten amtsässige Deputierte eine erfolgreiche Landtagskarriere beginnen oder blieben sie Mitglieder zweiter Klasse?

Das Institut der gewählten amtsässigen Deputierten und ihr Anteil an der Landtagsarbeit zählen bislang mit zu den in der zeitgenössischen wie in der wissenschaftlichen Literatur zum sächsischen Landtag am wenigsten untersuchten Elementen – und möglicherweise handelt es sich um eine nicht nur im Fall Kursachsens unterschätzte Praxis. So bezeichnet z. B. der Staatskalender des Jahres 1759 für Kurköln in der Ritterschaft unter den achtunddreißig Teilnehmern des Landtages sechs als ‚Deputatus', ohne das in der zugehörigen Untersuchung bei Aloys Winterling näher darauf eingegangen wird.[167] Winterling stützt sich auf Karsten Ruppert, der in seiner Darstellung der landständischen Verfassung Kurkölns in der frühen Neuzeit kategorisch feststellt: „Auf den Landtagen konnten die Ritter sich nicht vertreten lassen, sondern mußten persönlich erscheinen."[168] Um dieses apodiktische Urteil einordnen zu können, muß man aber wissen, daß Ruppert sich nur auf die vorhandene Literatur stützen konnte und für seine Studie nach eigener Aussage keine Archivalien in der Hand gehabt hat. Die frühneuzeitlichen Ordnungen sind aber in deskriptiver Hinsicht notorisch unvollständig. Weder bilden sie die vorhandene Praxis erschöpfend ab, noch streben sie dies überhaupt an. Manches, was heute wenigstens per

---

165 In einem Amt mit nur einem Amtsassen, wo also technisch keine Wahl durch die „Mitstände" stattfinden konnte, war dieser Amtsasse automatisch zur Landtagsteilnahme qualifiziert und faktisch also im Status eines Schriftsassen.

166 So der Titel einer späten, historisch geradezu zu späten Reformschrift des Juristen und bedeutenden Staatsrechtlers Karl Salomo Zachariä, Gegen das ausschliessende Sitz- und Stimmrecht des alten Adels auf den Chursächsischen Landes-Versammlungen, Leipzig 1805. Seit wann es die Einrichtung der amtsässigen Deputierten gegeben hat, konnte bislang nicht ermittelt werden.

167 Siehe Aloys Winterling, Der Hof der Kurfürsten von Köln 1688–1794. Eine Fallstudie zur Bedeutung „absolutistischer" Hofhaltung, Bonn 1986. Das Faksimile aus dem Hofkalender findet sich ebd., S. 176, vgl. damit ebd., S. 52 f. Möglicherweise hat der Ausdruck ‚Deputatus' auch nichts mit der Landtagsteilnahme zu tun, aber das bleibt bislang völlig unklar.

168 Karsten Ruppert, Die Landstände des Erzstifts Köln in der frühen Neuzeit. Verfassung und Geschichte, in: Annalen des Historischen Vereins für den Niederrhein, Bd. 174 (1972), S. 47–111, hier S. 64. Insgesamt handelt es sich um eine Folgelast seiner Ausrichtung an den Arbeiten von Otto Brunner.

Geschäfts- oder Ausführungsverordnung geregelt und schriftlich fixiert wird, blieb in der Frühen Neuzeit noch den Akteuren überlassen. Ein Blick in die Akten kann daher Praktiken und zeitgenössische Sichtweisen aufspüren, für die sich in den Rechtstexten keine Entsprechungen finden lassen.[169]

Zudem zeigt sich an dieser Stelle einmal mehr die Schwäche einer juristisch orientierten Verfassungsgeschichte, die – wie das insgesamt gut gearbeitete Beispiel von Karsten Ruppert sehr schön belegt – bis in die jüngste Zeit hinein wohl an der konflikthaften hohen Politik, nicht aber an der alltäglichen Praxis interessiert war. Denn die verfassungsgeschichtliche Schule versucht die ständischen Verhältnisse ja gerade auf gewisse, möglichst mittelalterliche, ,Grundsätze' und rechtliche ,Prinzipien' zurückzuführen, die entweder fundamental oder ursprünglich waren oder wenigstens der Sache nach intendiert gewesen sein müssen, und zwar weil sie sich vor allem für das ,System' – wie Georg v. Below schon 1900 formulierte – interessiert, daß in der von ihr vorausgesetzten und postulierten ,landständischen Verfassung', die sie bevorzugt im Spätmittelalter ansiedelt, enthalten sei. Dazu gehören im Fall der Ritterkurien der Rittersitz als dingliche Grundlage, die Ahnenprobe als persönliche Qualifikation und die Pflicht zum persönlichen Erscheinen auf den Landtagen als Repräsentationsprinzip. Die empirische Vielfalt der in den Akten aufbewahrten Landtagspraktiken kann dagegen nur als Fall von Korruption, Verkennung oder Verschmutzung der ,eigentlichen' Grundsätze des ,landständischen Wesens' oder ,Ständetums' verbucht werden, die in der verfassungsgeschichtlichen Analyse geklärt und gereinigt wird, um die ,mittelalterlichen Grundlagen' oder ,Prinzipien' der Landstandschaft und einer ,wahren' landständischen Verfassung zu erhalten. Dieses Vorgehen war insofern auch gerechtfertigt, als die Bedeutung der landständischen Verfassung mit dem Blick auf die konstitutionelle Monarchie des 19. Jahrhunderts entworfen wurde.[170] Wenn aber nicht mehr die geschichtliche Entwicklung der Verfassungsprinzipien im Zentrum der historischen Analyse steht, dann gewinnen die heterogenen Verhältnisse und die heterodoxen Praktiken der Akteure ein größeres Gewicht, gerade auch für die allgemeine historische Beurteilung der zeitgenössischen Landtage.[171]

Hinweise auf die Praktiken und Sichtweisen oder auf die zeitgenössische Handhabung der landständischen Vertretung, die außerhalb und zusätzlich zu den rechtlich fixierten Normen existierten, finden sich nur in sehr begrenzter Zahl in der Landtagsordnung oder den Landtagsakten. Nur einem beiläufigen Hinweis in der Landtagsordnung läßt sich z. B. entnehmen, daß im Falle der Ausschreibung von Ausschußtagen ebenfalls Amtsversammlungen stattgefunden haben, um die beiden Ausschüsse in ihrer Arbeit zu autorisieren. In diesem

---

169 Um so erhellenden würden darüber hinaus Briefe oder Tagebücher der Akteure sein, in denen aus der Landtagpraxis berichtet wird.

170 Die ständischen Landtage bilden sozusagen das Alte Testament des in der konstitutionellen Verfassung erneuerten Bundes zwischen Fürst und Land.

171 Natürlich stellt sich dann auch wieder, aber auf andere Weise, das Problem der historischen Entwicklung, der Vermittlung zwischen vergangenen Verhältnissen und heutigen Zuständen bzw. der Bedeutung dieser Vergangenheit für die heutige Gesellschaft.

Fall haben sich aber nicht nur die Amtsassen versammelt, sondern ebenso auch die Schriftsassen der Kreise, denn im § 3 heißt es:

> „..., bey Ausschußtägen aber, wird es mit Convocation derer Besitzer derer Schrift- und Amtsäßigen Güter gehalten, wie es bisanhero hergebracht, und werden zu solchen Verrichtungen ihnen zwey Tage zur Deliberation exclusive derer Reisekosten, passiret."

In welchem Umfang derartige Versammlungen in den verschiedenen Kreisen stattfanden und wie sich die Teilnahme an ihnen veränderte, läßt sich jedoch zur Zeit auch aufgrund der schwierigen Quellenlage nicht beurteilen.

Noch an einer weiteren Stelle bezieht sich die Landtagsordnung auf zeitgenössische Vorstellungen von Vertretung und Landtagsteilnahme auf Seiten der Lehnsinhaber, wenn der § 36 festsetzt:

> „So genießen auch keine Auslösung diejenigen, welche ihre Güther nicht in Lehn haben, noch auch Curatores unmündiger Kinder, noch ein Sohn vor seinen Vater, weil sie zu Erspahrung großer Unkosten einem ohnedieß anwesenden Stande Vollmacht auftragen [Hervorhebung A.F.] können."

Auch in diesem Fall muß es offen bleiben, welchen Umfang die Erteilung von Vollmachten an andere Schriftsassen tatsächlich angenommen hat und wie lange eine derartige Sichtweise im 18. Jahrhundert üblich war. Die explizite Erwähnung kann vielleicht als Hinweis gewertet werden, daß diese Praktik zumindest als Vorstellung einer den Besitzern zustehenden Kompetenz ein weit verbreitetes Allgemeingut gewesen ist. In dieser Hinsicht würde die Landtagsteilnahme mehr zu den im Alltag gebräuchlichen zahlreichen Formen der Rechtsvertretung bei einem Vertragsabschluß, in Zeiten der Vormundschaft oder in der Hauptversammlung einer Aktiengesellschaft ähneln als der Partizipation aufgrund eines irgendwie gearteten politischen Mandates.

Eine Anzahl aufschlußreicher Hinweise zum Verhalten der Zeitgenossen lassen sich dagegen den Abrechnungen entnehmen, die das Oberhofmarschallamt wegen der Auslösung angelegt hat. Der Schriftsasse Georg Otto v. Berga auf Kleinvargula im Amt Langensalza des Thüringer Kreises z.B. kam im Jahr 1718 nicht nur für sich zum Landtag nach Dresden, sondern, wie das Oberhofmarschallamt in einer Notiz festhält, zugleich in Vollmacht seines Bruders Wolff Ernst und – noch erstaunlicher – wegen des Stadtrates von Zörbig, dem im Leipziger Kreis das bei der Stadt gelegene schriftsässige Rittergut Neustadt gehörte.[172] Offensichtlich haben sowohl der Bruder als auch die Stadt Zörbig, die nicht an der Ritterkurie teilnehmen konnten oder teilnehmen wollten, eine Notwendigkeit gesehen, Georg Otto v. Berga mit der Vertretung ihrer Interessen zu beauftragen. Im Jahr 1749 saß Carl Heinrich v. Bodenhausen auf Radis im Weiteren Ausschuß und hatte zugleich eine Vollmacht des Fürsten Leopold zu

---

172 Für seine Reise nach Dresden wurden ihm übrigens Reisekosten in Höhe von dreißig Meilen und vierzehn Nachtlagern zugestanden. Er traf pünktlich zu Eröffnung des Landtages am 22. Januar in Dresden ein.

Anhalt wegen des Gutes Salzfurth, das wie Radis zum Churkreis zählte. Der Fürst wollte sicher nicht in Person in der Versammlung von Landsassen erscheinen, eine Vertretung der mit dem Besitz des Rittergutes gegebenen Interessen schien ihm gleichwohl nötig.[173] Die Beauftragung scheint auch von bürgerlichen Rittergutsbesitzern, die ja nicht zum Landtag gehen konnten, genutzt worden zu sein, denn im Jahr 1722 wird beim Kammerherrn Hiob Friedrich v. Bomsdorf, Deputierter des Amtes Gommern, vermerkt, er komme auch in Vollmacht des Herrn Johann Daniel Alemann. Die zeitgenössischen Auffassungen sind bei den Akteuren auch durch die Landtagsordnung von 1728 nicht berührt oder abgeschafft worden. Noch in einer Notiz zum Landtag von 1734 vermerkte das Oberhofmarschallamt, daß Christoph Friedrich v.d. Gablenz nicht nur als „Ambts Deputierter" erschienen sei, sondern auch eine „Vollmacht" von den unmündigen v. Öbschelwitz zu Ober- und Unter-Renthendorf habe. Renthendorf war ein in einen oberen und einen unteren Teil unterschiedenes, altschriftsässiges Rittergut im Amt Arnshaugk des Neustädter Kreises.[174] Im darauf folgenden Landtag von 1737 hat dann der Schriftsasse Carl Wilhelm v. Öbschelwitz auf Unter-Renthendorf an den Beratungen in der Allgemeinen Ritterschaft teilgenommen. Die Deputation und die Bevollmächtigung zum Landtag, so viel kann hier festgehalten werden, bezeichnen ein deutlich breiter gelagertes und für die Zeitgenossen wichtigeres Phänomen, als in der Literatur zur Landtagsgeschichte bislang wahrgenommen.

Die mangelnde Integration der zeitgenössischen Wahrnehmung der landständischen Vertretung in die Beschreibung und Bewertung der alteuropäischen Landtage betrifft auch die in der Landtagsordnung explizit vorgesehenen Deputierten der Amtsassen. Das liegt zum Teil auch an der Überlieferung, denn die deputierten Mitglieder der Landtage werden in den Landtagsverzeichnissen nicht immer ausgewiesen und bleiben daher häufig unsichtbar, wenn man nicht Rittergut für Rittergut auf seinen schriftsässigen oder amtsässigen Status hin überprüft.[175] In der Regel sind die Deputierten nur in den Verzeichnissen der Mitglieder der Allgemeinen Ritterschaft mit einem Hinweis auf das Amt, das sie bevollmächtigt hatte, gekennzeichnet. Die entsprechenden Mitgliederlisten der beiden Ausschüsse machen die Deputierten so gut wie nie kenntlich. Darin steckt möglicherweise ein Hinweis, daß mit dem Aufstieg in die Ausschüsse, entweder der Makel gegenüber den aus eigenem Recht erscheinenden Schriftsassen, wenn es denn einer war, getilgt wurde, oder es verweist darauf, daß in den Ausschüssen das Amt ‚Ausschußmitglied' im Vordergrund stand und nicht mehr die Kreisherkunft oder die Qualität des Lehens.[176]

---

173 Laut Friedrich Gottlob Leonhardi, Erdbeschreibung, Bd. 1, S. 541 hatte Fürst Leopold das schriftsässige Rittergut Salzfurth, das zwar zum Amt Bitterfeld im Churkreis gehörte, geographisch jedoch „mitten im Anhalt-Dessauischen" lag, 1746 von v. Zanthier gekauft.

174 Siehe Friedrich Gottlob Leonhardi, Erdbeschreibung, Bd. 3, S. 472.

175 Zur Verleihung der Schriftsässigkeit an amtsässige Lehngüter siehe im Anhang die Übersicht Nr. 3; und Manfred Wilde, Die Ritter- und Freigüter in Nordsachsen, Limburg 1997, S. 92.

176 Zwar sind die Ausschüsse nach Kreiskontingenten zusammengesetzt, die Stellen werden aber in den Akten nicht mehr sichtbar gemacht, d.h. der symbolischen Form nach: Das Mitglied kommt zwar z.B. aus dem Erzgebirger Kreis, es soll aber nicht für den Kreis im Ausschuß sitzen. Die

Aber nicht einmal in der Allgemeinen Ritterschaft gab es eine einheitliche Behandlung der deputierten Mitglieder, vielmehr wird ihre Kennzeichnung von Kreis zu Kreis ganz unterschiedlich gehandhabt. Besonders häufig werden die „Herren Gevollmächtigten der Ambtsässigen Ritterschaft" im Meißner Kreis ausgewiesen und am Ende des Kreisverzeichnisses erst nach den Schriftsassen als zusammenhängender Block mit Angabe des Amtes angefügt. Für den Leipziger Kreis werden sie dagegen schon mal mit den Schriftsassen vermischt aufgelistet. Für andere Kreise erfolgt die Angabe deutlich sporadischer. Der Meißner Kreis zeigt daher die von allen Kreisen ausführlichste Kennzeichnung seiner deputierten Mitglieder.

Die Sache wird dadurch nicht einfacher, daß immer wieder die Schriftsässigkeit an einzelne amtsässige Rittergüter verliehen wurde, manchmal mit Landtagsberechtigung und Auslösung, manchmal aber ohne diese beiden Rechte.[177] Im letzteren Fall konnte der Besitzer auf eigene Kosten zum Landtag kommen. Es bedurfte also gewißer Ressourcen, um diesen Nachteil über mehrere Wochen hinweg auf sich zu nehmen, und einer hohen Motivation auf Seiten des Landstandes. Wie viele neue Schriftsassen dennoch den Landtag besuchten, ist unklar, es können aber nicht allzu viele gewesen sein. Die Gruppe der neuschriftsässigen Rittergüter ist daher hinsichtlich der Frage, ob ihre Inhaber als Schriftsassen oder als Deputierte der Amtsassen an den Sitzungen teilnahmen, nur sehr schwer aufzuschlüsseln.

Ein Beispiel für die Verleihung der Schriftsässigkeit während einer Landtagssession bietet das Gut Berbisdorf im Amt Dresden. Im Jahr 1699 kam Hans Heinrich v. Trützschler als Deputierter des Amtes Dresden zum Landtag, der am 29. August eröffnet wurde.[178] Am 29. Dezember 1699 erhielt er für sein Rittergut Berbisdorf die Verleihung der Schriftsässigkeit mit der Berechtigung zur Landtagsteilnahme und dem Bezug von Auslösung.[179] Als im Jahr 1711 der nächste allgemeine Landtag zusammentrat konnte v. Trützschler, der es inzwischen zum Kammerherrn (seit 1700) und zum Kammer- und Bergrat gebracht hatte, nun als Schriftsasse in der Allgemeinen Ritterschaft platznehmen. Beim Ausschußtag des folgenden Jahres kam er in den Weiteren Ausschuß, dem er dann ohne Unterbrechung bis 1731 angehörte. Nach Ausweis der Abrechnungen im Oberhofmarschallamt zählte er zu den regelmäßigen und ausdauernden Land-

---

Herkunft sichert nur die sachliche Kompetenz, sie soll nicht die jeweilige Politik des Mitgliedes bestimmen.

177   Siehe insbesondere die Mitgliederverzeichnisse der Landtage von 1699, 1711, 1716, 1718 und 1722 für den Meißner Kreis. Beim Landtag von 1711 z. B. sind zwar die Deputierten des Meißner Kreises benannt, im Thüringer und im Erzgebirger Kreis aber fehlt die Kennzeichnung.

178   Genau genommen kam v. Trützschler wieder zum Landtag. Er hatte schon 1692 als Deputierter der Dresdner Amtsassen teilgenommen mußte aber den Landtag von 1694 aussetzen, weil das Amt statt ihn und Casapr Heinrich v. Zeutzsch die Amtsassen Caspar Dietrich v. Haugwitz und Reinhard Edler v. d. Planitz wählte. Vielleicht hat diese Erfahrung bei Trützschler mit dazu beigetragen, die Schriftsässigkeit zu erstreben.

179   Siehe die Notiz in der Ritterguts-Matrikel von 1728, HSTA Dresden, Bestand 10.080.

tagsbesuchern.[180] Die Teilnahme wurde ihm sicherlich dadurch erleichtert, daß er in seinem eigenen Haus in der Moritzstraße wohnte. Obwohl ihm seit 1725 auch das Prädikat eines geheimen Rates beigelegt war, wurde er dennoch nicht in den Engeren Ausschuß berufen.[181]

Hans Heinrich v. Trützschler (1658–1734) stammte zwar aus einer alten Familie, sein Glück hatte er aber erst durch seine Heirat mit Johanne Sophie v. Zeidler (1664–1729) im Jahr 1680 und durch den Eintritt in den landesherrlichen Dienst gemacht. Sein 1675 verstorbener Vater Georg Abraham v. Trützschler hatte noch das amtsässige Gut Hartmannsgrün im Vogtländer Kreis besessen und den Landtag von 1666 als Deputierte der Voigtsberger Amtsassen besucht. Entweder aufgrund der väterlichen Schulden oder als nachgeborener Sohn ohne Anteil am Grundbesitz konnte er die Nachfolge des Vaters in Rittergutsbesitz und Landtagsbesuch nicht antreten.[182] Seine Ehefrau war die jüngste Tochter von Hans Siegmund v. Zeidler, Landtagsbesucher von 1660 bis 1681, und brachte ihm das Rittergut Berbisdorf im Meißner Kreis in die Ehe ein. Nach dem Tod ihres unverheirateten Bruders, des Generalmajors Hans Carl Dietrich v. Zeidler (1660–1700), erbte sie auch die beiden altschriftsässigen Rittergüter Grubnitz und Ragewitz im Amt Oschatz des Meißner Kreises, die sie aber nicht ihrem Mann überschrieb, sondern in ihrem eigenen Besitz behielt.[183] Im Landtag von 1699, in dem der Deputierte v. Trützschler die Erhebung seines erheirateten Gutes Berbisdorf zur Schriftsässigkeit betrieb, traf er in der Allgemeinen Ritterschaft auch seinen schriftsässigen Schwager v. Zeidler wieder.

Beispiele für die Teilnahme neuer Schriftsassen sind nur schwer zu ermitteln, da sie nicht im Oberhofmarschallamt registriert werden, weil sie keine Auslösung empfangen, wenn sie nicht von den Amtsassen zu Deputierten gewählt wurden. So erging es Georg Rudolph v. Heßler auf Balgstädt im Thüringer Kreis, der am Landtag von 1711 noch unbeanstandet seine Auslösung und Reisekosten bekommen hatte. Im Jahr 1716 vermerkt das Oberhofmarschallamt jedoch in einer Notiz, das er auf Anweisung des Erbmarschalls keine Auslösung erhalten soll, weil das Rittergut neuschriftsässig sei und er nicht als amtsässiger Bevollmächtigter zum Landtag gekommen war. Zwei Jahre später, bei seinem Aufstieg in den Weiteren Ausschuß, scheint er die Landtagsdiäten dennoch bekommen zu haben. Für den Landtag von 1722 und den Ausschußtag von 1725 wird v. Heßler in den Landtagsakten zwar weiterhin als Ausschußmitglied geführt, nicht aber

---

180 Als Landstand aus dem Amt Dresden erhielt er allerdings keine Reisekosten und keine Entschädigung für ein Nachtlager.

181 Es handelte sich um eine Titular-Ernennung, nicht um eine Bestallung zum wirklichen geheimen Rat mit Sitz und Stimme im Kollegium. Im Oberhofmarschallamt wird er nach 1718 nicht mehr als Kammer- und Bergrat bezeichnet, auch die seit 1728 erscheinenden Hof- und Staatskalender führen ihn nicht mehr als Mitglied des Kammerkollegiums.

182 Um 1680 war Hartmannsgrün in der Hand von Hans Joachim v. Seidewitz, siehe HSTA Dresden, Bestand 10.080, Loc. 14.682, Amtsmatrikel 1681.

183 Siehe HSTA Dresden, Bestand 10.080, Ritterguts-Matrikel 1728; und Gustav Adolf Poenicke (Hg.), Album der Rittergüter, II. Section: Meißner Kreis, S. 82. Die beiden älteren Schwestern der Johanne Sophie v. Zeidler waren, was das Erbe anging, vermutlich mit ihrer Heirat abgefunden und ausgesteuert worden.

in den Abrechnungen des Oberhofmarschallamtes, so daß es unklar bleibt, ob er auch ohne Auslösung die Anreise von neunzehn Meilen und acht Nachtlagern aus dem Amt Freyburg auf sich genommen hat, um den Sitzungen in Dresden beizuwohnen.

Eine weitere, allerdings relativ singuläre Merkwürdigkeit betrifft in den Jahren 1716 und 1718 das Amt Oschatz. Wie schon im Landtag von 1716 waren die Gebrüder Georg Ernst v. Heynitz (1692–1751) und Johann Friedrich v. Heynitz (1693–1746), beide auf dem Rittergut Oppitzsch angesessen, im Landtagsverzeichnis von 1718 als Deputierte für das Amt Oschatz eingetragen, und zwar „beyde vor einen Angeordneten" „wegen der ambtsäßigen Ritterschaft".[184] Sie sind dementsprechend auch beide im Oberhofmarschallamt verzeichnet für die Zeit vom 22. Januar bis zum 13. Mai. Sie wohnten zudem gemeinsam auf der Töpffergasse im Wolckensteinschen Haus. Der Auftritt der jungen Brüder v. Heynitz in Dresden auf den Landtagen von 1716 und 1718 erfolgte während ihrer Studienzeit in Wittenberg und geschah eindeutig unter den Augen ihres Vaters Friedrich Christian v. Heynitz (1664–1724), des Kommissionsrates und Inspectors der Fürstenschule St. Afra zu Meißen, angesessen auf Miltitz im Amt Meißen, der im Weiteren Ausschuß saß und ebenfalls im Wolckensteinschen Hause wohnte. Auf diese Weise wurden die Brüder in die adlige und die Dresdner Gesellschaft eingeführt. Warum diese unübliche doppelte Teilnahme einerseits in Szene gesetzt und andererseits sowohl im Landtag als auch am Hof akzeptiert wurde, läßt sich allerdings nicht ermitteln.[185] Es ist dagegen eindeutig, daß die beiden Brüder zusammen als der zweite Deputierte des Amtes Oschatz akzeptiert und zugelassen wurden.[186] Dieser Fall wird bereits bei Daniel Gottfried Schreber kommentiert und auf den Wunsch des Vaters zurückgeführt, seine Söhne auf dem Landtag gegenwärtig zu haben.[187] Allerdings ist nicht so sehr der Wunsch des Vaters erstaunlich, sondern die Tatsache, daß er zweimal akzeptiert wurde. Einzelfälle dieser Art oder aus anderen speziellen Umständen oder Motiven heraus sind zwar nicht häufig gewesen, kamen aber im frühneuzeitlichen Fürstenstaat immer wieder vor.[188]

---

184 Der andere Deputierte des Amtes Oschatz war 1718 Friedrich Heinrich v. Starschedel auf Merzdorf.

185 Ebenso bleibt die Frage offen, wie die Höhe und Verteilung der Auslösung geregelt wurde.

186 Georg Ernst v. Heynitz setzte seine Landtagskarriere noch bis 1749 fort, allerdings seit 1724 auf dem schriftsässigen Rittergut Dröschkau, für das er 1746 und 1749 im Weiteren Ausschuß saß. Johann Friedrichs Karriere im Landtag dauerte nur bis 1731. In den Jahrgängen von 1728 bis 1733 wird Johann Friedrich im Hof- und Staatskalender als Appellationsrat geführt. Nach der bei Benno v. Heynitz, Beiträge, I.-III. Teil, S. 81–84 abgedruckten Leichenpredigt wurde er 1722 zum Appellationsrat ernannt und erhielt seitens des obersächsischen Reichskreises 1728 eine Assessorenstelle am Kammergericht in Wetzlar, die er bis zu seinem Tode im Jahr 1746 bekleidete; siehe dazu auch Sigrid Jahns, Das Reichskammergericht und seine Richter. Verfassung und Sozialstruktur eines höchsten Gerichts im Alten Reich, Teil II: Biographien, Bd. 2, Köln 2003, hier Biographie 110, S. 1225–1238.

187 Daniel Gottfried Schreber, Ausführliche Nachricht, S. 30.

188 So erhielt der Freiherr (seit 1704) Hannibal Germanus v. Schmerzing (1660–1715) auf dem eigentlich neuschriftsässigen Rittergut Reussa im Vogtländer Kreis 1711 laut Notiz im Oberhofmarschallamt dennoch vermöge landesherrlichen Spezialbefehls aus Gnade die Auslösung für

So hatte der Hauptmann Carl Heinrich v. Uechtritz auf Rössuln, geboren 1677, in den Jahren 1711 und 1716 als Deputierter des Amtes Weißenfels unbeanstandet an den Verhandlungen des Thüringer Kreises in der Allgemeinen Ritterschaft teilgenommen.[189] Im Jahr 1718 kam er aber erst am 11. Februar verspätet zum Landtag und wurde im Landtagsverzeichnis unter den Nachträgen als Teilnehmer aufgenommen.[190] Dann aber konfrontierte ihn das Oberhofmarschallamt damit, daß er als ein „dritter Gevollmächtigter" für das Amt Weißenfels nach einer Erklärung des Erbmarschalls Tham Löser vom 16. März keine Auslösung erhalten könne. Die beiden anderen Deputierten, die zwar um fünf Tage verspätet, aber bereits am 27. Januar – möglicherweise zusammen – in Dresden eingetroffen waren, waren der Sachsen-Weißenfelser Amtshauptmann Heinrich George Janus v. Eberstädt auf Wehlitz und der Sachsen-Weißenfelser Hof- und Justitienrat Hans George v. Troyth auf Deumen, die beide zum ersten Mal den Landtag besuchten. Vermutlich gab der Erbmarschall einer Teilnahme der beiden Amtsträger aus der Sekundogenitur Sachsen-Weißenfels den Vorzug vor dem chursächsischen Hauptmann. Ob v. Uechtritz dennoch, insbesondere nach dem 16. März, an den Verhandlungen teilgenommen hat, muß offen bleiben.

Trotz der Schwierigkeiten, die genaue Anzahl der deputierten Landtagsteilnehmer zu ermitteln, kann es keinen Zweifel geben, daß eine Beschreibung der Ritterkurie und eine Bewertung der Landtagsarbeit oder der Politik der adligen Landtagsteilnehmer ohne die Berücksichtigung der Deputierten und ihrer Wähler und Wählerinnen offensichtlich unvollständig bleibt und möglicherweise dahin tendiert, den Charakter der Einrichtung ‚Landtag' zu verkennen. In einer der frühen, im Jahr 1754 erstmals erschienenen Publikationen zur kursächsischen Landtagsgeschichte hat Daniel Gottfried Schreber bereits die Zahl der Deputierten und ihre Kreise exemplarisch für den Landtag von 1718 publiziert und somit der weiteren wissenschaftlichen Debatte – allerdings ohne nachhaltigen Erfolg und erkennbare Wirkung – zugänglich gemacht. Laut Schreber hatten die sieben Kreise im Jahr 1718 aus achtunddreißig Ämtern insgesamt fünfundsechzig Deputierte entsandt.[191] Sie stellten somit auf jeden Fall einen beträchtlichen Teil der Landtagsbesucher, denn bezogen auf die Gesamtzahl der Landtagsteilnehmer des Jahres 1718 in allen drei Abteilungen der Ritterkurie würde sich ein Anteil der Deputierten von achtzehn Prozent ergeben. Ein Vergleich mit den Landtagsakten erlaubt darüber hinaus eine Überprüfung

---

seine Landtagsteilnahme. Er war nicht nur Amtshauptmann der Ballei Thüringen und Ritter des Johanniterordens, sondern auch Kammerherr in Dresden seit 1698 und fürstlich sächsischer Oberhofmeister zu Sachsen-Zeitz. Siehe den Artikel über ihn in Zedler, Universal-Lexicon, Bd. 35 (1743), Sp. 325–327, der eine nahezu klassische Hofkarriere vom güterlosen Pagen zum Reisebegleiter, Kammerjunker und Militärfachmann und schließlich Kammerherrn absolvierte.

189 Das Geburtsdatum nach Heinrich August Verlohren, Stammregister und Chronik der sächsischen Armee, Nr. 6.

190 Der Landtag wurde am 23. Januar eröffnet und dauerte bis zum 28. Mai.

191 Daniel Gottfried Schreber, Ausführliche Nachricht, S. 29–31.

der Angaben in Schrebers Werk, wie sie in der Tabelle 15 zusammengestellt sind.[192]

Tabelle 15: Die Zahl der kursächsischen Ämter und der deputierten Mitglieder der Amtsassen auf dem Landtag von 1718

Nr.	Kreis	Ämter mit Amtsassen Anzahl	Ämter im Landtag nach Schreber	laut Landtag	Zahl der Deputiertent nach Schreber	laut Landtag
1	Churkreis	9	6	6	12	15
2	Thüringer	6	5	5	7	13
3	Meißner	11	9	9	17	17
4	Erzgebirger	8	4	4	8	8
5	Leipziger	13	10	11	16	18
6	Vogtländer	2	1	2	2	4
7	Neustädter	3	3	3	3	6
	Summe	**52**	**38**	**40**	**65**	**81**

Quelle: Christian Gottlob Wabst, Historiche Nachricht; Daniel Gottfried Schreber, Ausführliche Nachricht von Land- und Ausschußtägen, S. 29–31,und HSTA Dresden, Bestand 10.015, Landtagsakten A Nr. 78a

Die Angaben bei Daniel Gottfried Schreber für den Landtag von 1718 geben ein insgesamt zutreffendes Bild von der Anzahl und Bedeutung der amtsässigen Landtagsteilnehmer.[193] Etwa drei Viertel aller Ämter hatten im Jahr 1718 mindestens einen Deputierten zum Landtag entsandt. Typischerweise wurden allerdings zwei Vertreter zum Landtag geschickt. Die Deputierten kamen aus ihrem jeweiligen Amt und besaßen in ihm ein amtsässiges Vasallengut.

Im Vergleich mit den Mitgliederlisten aus den Landtagsakten gibt es aber auch eine Reihe aufschlußreicher Abweichungen. Eine vollständige Übereinstimmung mit denen der Landtagsakten zeigen die gedruckten Angaben für den Erzgebirger und für den Meißner Kreis. Dagegen sind die Zahlen in drei Kreisen unvollständig, weil Ämter im Druck nicht aufgeführt wurden, die in der Landtagsakte verzeichnet sind, und zwar im Vogtländer Kreis das Amt Voigtsberg, im Neustädter Kreis das Amt Arnshaugk und im Leipziger Kreis das Amt Delitzsch.[194] Außerdem ist die Zahl der Deputierten für Rochlitz im Leipziger Kreis zu niedrig, für die Ämter Pegau und Borna zu hoch angegeben und der Deputierte des Amtes Colditz im Engeren Ausschuß fehlt ganz, so daß sich in der

---

192 Für diese und die folgende Tabelle wurden nur die zuverlässig als deputierte Teilnehmer nachweisbaren Mitglieder des Landtags gezählt.

193 Schrebers Angaben für den Landtag von 1716 sind dagegen weniger zuverlässig. So behauptet er S. 29, vom Churkreis und Thüringer Kreis seien keine Amtsassen erschienen – was nicht mit den Landtagsakten und dem Oberhofmarschallamt übereinstimmt. Für die Amtsassen des Amtes Belzig im Churkreis nahm z. B. Johann August v. Lochau auf Lübnitz am Landtag teil und für das Amt Freyburg im Thüringer Kreis z. B. Otto Heinrich Bose auf Oberwünsch.

194 Merkwürdigerweise kennt noch die dritte Auflage von Schrebers Werk keinen Neustädter Kreis und behauptet zu Unrecht im Jahr 1716 wären aus dem Vogtländer Kreis keine Deputierten zum Landtag gekommen.

Summe für den Leipziger Kreis zwei Teilnehmer mehr ergeben. Aufgrund dieser Differenzen fehlen in Schrebers Aufstellung aus den drei Kreisen zusammen sieben Landtagsteilnehmer. Im Falle des Churkreises gibt Schreber die Deputierten in der Allgemeinen Ritterschaft korrekt wieder, aber es fehlen die drei Deputierten im Weiteren Ausschuß. Die größten Lücken bestehen für den Thüringer Kreis, wo er für die Ämter Weißenfels, Sachsenburg und Weißensee nur einen statt zwei Deputierte zählt. Ferner fehlen zwei Deputierte für Langensalza und Weißenfels, die in der Landtagsakte erst unter den Nachträgen der verspätet eingetroffen Landtagsbesucher auftauchen, und es fehlt der Deputierte im Weiteren Ausschuß. Das macht im Ganzen eine Differenz der gedruckten Angaben von denen in den Landtagsverzeichnissen von sechzehn Teilnehmern.

Die Gründe für die Abweichungen bei den einzelnen Ämtern in Schrebers Druckfassung lassen sich nicht mehr nachvollziehen. Es scheint jedoch offensichtlich, daß sich seine Angaben nur auf die Allgemeine Ritterschaft beziehen, da sich unter den bei ihm nicht aufgeführten Deputierten alle Mitglieder finden, die in den Ausschüssen gesessen haben. Darin spiegelt sich möglicherweise wiederum eine spezifische zeitgenössische Sichtweise, wie sie sich auch in der mangelnden Kennzeichnung der deputierten Mitglieder in den Ausschüssen gezeigt hat. Bezogen auf die Allgemeine Ritterschaft ergibt sich im Landtag von 1718 eine tatsächliche Gesamtzahl von 76 Deputierten.[195] Bei einer Gesamtstärke der Allgemeinen Ritterschaft von 266 Mitgliedern macht das einen Anteil der Deputierten von gut achtundzwanzig Prozent. Mit über einem Viertel der Landtagsbesucher in der Allgemeinen Ritterschaft stellten sie folglich schon quantitativ ein keineswegs zu vernachlässigendes Element des Dresdner Landtages dar. In qualitativer Hinsicht banden die Deputierten nicht nur die Klasse der amtsässigen Lehngüter in die Landtagsorganisation ein, sondern darüber hinaus auch ihre adligen, bürgerlichen und oder weiblichen Wähler.[196]

Anhand der Landtagsakten läßt sich unter den zuvor genannten Einschränkungen das Verhalten des deputierten Teils der Ritterschaft von 1711 bis 1749 noch weiter beobachten und analysieren. Die Landtagsordnung von 1728 hatte den Vertretern der Amtsassen vierzehn der insgesamt hundert Stellen in beiden Ausschüssen zusammen zugestanden. Die ermittelbare Teilnahme seitens der deputierten Amtsassen in den Ausschüssen für die Landtage von 1711 bis 1722 liegt, wie die Tabelle 16 zeigt, mit neun bis fünf Mitgliedern aber deutlich

---

195 Genau genommen sind es – wie weiter vorne erläutert – nur 75 Deputierte, da ja die beiden Brüder v. Heynitz für nur einen Deputierten stehen.

196 Siehe dazu mit weiteren detaillierten Nachweisen den vierten Abschnitt im folgenden Kapitel. Langfristig gesehen könnte hinsichtlich der Deputierten im Verlauf des 18. Jahrhunderts eine gravierende Veränderung eingetreten sein, denn vor allem die vergleichsweise kleineren amtsässigen Rittergüter gingen mehr und mehr aus dem Besitz stiftsfähiger Adeliger in bürgerliche oder weibliche Hände über. Daraus kann sowohl ein Mangel an wahlfähigen Deputierten in den einzelnen Ämtern entstanden sein, die noch am Landtag teilnehmen konnten, als auch allgemein ein Beitrag zur Erosion des Ansehens und der Legitimation des bestehenden Landtages erwachsen, wie er um 1800 dann evident geworden ist. Siehe dazu auch Manfred Wilde, Ritter- und Freigüter, S. 149, oder Tim S. Müller, Der Rittergutsbesitz im sächsischen Vogtland (1763–1945), Magisterarbeit TU Dresden 2005.

unter dem in der Landtagsordnung fixierten Quorum. Nach 1728 bessert sich die Lage und erreicht weitgehend den vorgesehenen Anteil. Allerdings findet die Zunahme vor allem im Weiteren Ausschuß statt. In den Engeren Ausschuß konnten die Deputierten nicht in größerer Zahl vorrücken. Betrachtet man die einzelnen Kreise, dann ergeben sich ebenfalls markante Unterschiede. Von 1711 bis 1749 saß kein Deputierter für den Erzgebirger oder den Vogtländer Kreis im Engeren Ausschuss. Jedem der beiden Kreise stand auch überhaupt nur ein Sitz in den Ausschüssen zu. Die knappen Stellen im Ausschuß sicherten sich daher vor allem die Schriftsassen. Ein Deputierter aus dem Meißner Kreis saß nur im Jahr 1711 und dann wieder im Jahr 1749 im Engeren Ausschuß. Beidesmal handelte es sich um einen v. Schönberg, und zwar um den Hofrat und Kreis-Steuereinnehmer Hans Heinrich bzw. um Caspar Abraham, aus dem Haus Maxen. Für den Thüringer Kreis kam erstmals im Jahr 1746 ein Deputierter der Amtsassen in den Engeren Kreis. Die übrigen drei Kreise zeigen eine gleichmäßigere Teilhabe am Engeren Ausschuss. Im Weiteren Ausschuß lassen sich aufgrund der höheren Zahl von deputierten Mitgliedern nicht derart markante Unterschiede feststellen. Außerdem brauchte der Aufstieg in den Weiteren Ausschuß nicht so viel Zeit. Der Erzgebirger, der Vogtländer und der Neustädter Kreis, die drei Kreise mit nur einem Sitz in den Ausschüssen, waren erst seit 1728 im Weiteren Ausschuss vertreten. Die kräftigste und kontinuierlichste Vertretung der Amtsassen kam aus dem Churkreis.

Tabelle 16: Die Zahl der amtsässigen Deputierten und ihr Anteil an der Allgemeinen Ritterschaft, 1711 bis 1749

| Jahr | Deputierte | | | Summe | Allgemeine Ritterschaft | |
	Engerer Ausschuss	Weiterer Ausschuss	Allgemeine Ritterschaft		Gesamtzahl	Anteil Deputierte
1711	4	5	58	67	252	23,0 %
1716	2	4	73	79	256	28,5 %
1718	1	4	76	81	266	28,6 %
1722	2	3	75	80	231	32,5 %
1728	0	9	69	78	234	29,5 %
1731	2	8	67	77	205	32,7 %
1734	2	10	59	72	185	31,9 %
1737	2	10	64	76	184	34,8 %
1742	2	10	58	70	158	36,7 %
1746	3	12	52	67	150	34,7 %
1749	4	11	46	61	115	40,0 %

Quelle: HSTA Dresden, Bestand 10.015, Landtagsakten, und Tabelle 9

In der Allgemeinen Ritterschaft ging die Zahl der aus den Ämtern entsandten Landtagsbesucher seit 1728 mehr und mehr zurück. Besonders in den vierziger Jahren des 18. Jahrhunderts liegen sie deutlich niedriger. Der Grund für diese Entwicklung ergibt sich zum kleineren Teil aus ihrem Aufstieg in den Weiteren Ausschuß. Darüber hinaus handelte es sich jedoch um einen realen Rückgang in der Teilnahme. Weil aber die Frequenz der Schriftsassen sich noch stärker abschwächte als die der Deputierten, stieg ihr relatives Gewicht in der Allgemeinen Ritterschaft während der vierziger Jahre dennoch auf über ein Drittel der registrierten Teilnehmer an. Die dann eintretende Unterbrechung der Landtagsaktivitäten von 1749 bis 1763 stoppte zunächst auch die weitere Änderung in der Zusammensetzung der Allgemeinen Ritterschaft.

Ferner findet sich bei Daniel Gottfried Schreber eine interessante Bemerkung zur Zahl der Deputierten aus jedem Amt und zum Umgang mit ihnen in der Landtagspraxis. Der Verfasser schreibt:

> „In der Landtagsordnung ist zwar § 3 enthalten, daß die Amtsassen zween oder dreye ihres Mittels zu den Landtägen abschicken und bevollmächtigen sollen: Allein nachdem bishero nur höchstens zween aus einem Amte erschienen, will es nunmehro pro lege, consuetudine et observantia introducta genommen werden, daß deren nicht mehr zu admittiren; wiewohl noch bey dem Landtage 1718 die sämtliche Ritterschaft unterm 3. Maji 1718 dieserwegen Sr. Königl. Majest. und Churfürstl. Durchl. allerunterthänigst angegangen und gebeten, daß aus den stärksten Aemtern drey Deputirte möchten admittiret werden; darauf aber noch keine Resolution erfolget ist."[197]

Erstens ist die Unterstellung bemerkenswert, der Brauch und die eingeführte Gewohnheit könnten selbst als ein geltendes Gesetz („pro lege") angesehen werden und den klaren Wortlaut der gedruckten Landtagsordnung, die von „Ein, Zwey oder Drey Personen" spricht, abändern. Zweitens: Wenn die Darstellung der Landtagsordnung bei Schreber auch ungenau ist und in ihrem rechtlichen Gehalt als zweifelhaft erscheinen muß, so ist sein Hinweis auf die Landtagspraxis und die Handhabung der Einrichtung durch die Erbmarschälle sehr wertvoll. In dem weiter oben angeführten Fall des Hauptmann v. Uechtritz hatte der Erbmarschall 1718 zwar nicht die Teilnahme untersagt, aber die Auszahlung der Landtagsdiäten an ihn als einem dritten Deputierten des Amtes Weißenfels erfolgreich verweigert. Dennoch läßt sich eine dreifache Vertretung von Ämtern im Dresdner Landtag nachweisen. So nahmen für das Amt Weißenfels im Thüringer Kreis im Jahr 1731 Georg Adam v. Landwüst auf Großgestewitz, Friedrich Carl Metzsch auf Mutzschau und Otto Friedrich v. Posern auf Posern an den Landtagssitzungen teil.[198] Oder im Amt Delitzsch des Leipziger Kreises im Jahr 1742, wo Haubold Siegmund v. Zanthier auf Zschernitz, Ludwig Gustav v. Rauchhaupt auf Burg und Lebrecht Carl Heinrich v. Uechtritz

---

197 Daniel Gottfried Schreber, Ausführliche Nachricht, S. 31 f. Hervorhebung im Original. Vgl. damit den sozusagen amtlichen Abdruck der Landtagsordnung im Fortgesetzten Codex Augusteus, Leipzig 1772, Sp. 31–44, hier Sp. 31.

198 Christian Gottlob Wabst, Historische Nachricht, Beilage B, S. 27, nennt 1732 für Weißenfels insgesamt 35 amtsässige Güter; Friedrich Gottlob Leonhardi, Erdbeschreibung, Bd. 1, S. 581, zählt am Ende des 18. Jahrhunderts noch fünfzehn Amtsassen.

auf Freiroda den Landtag besuchten.[199] Dasselbe gilt im Jahr 1731 für das Amt Wolkenstein im Erzgebirger Kreis oder das Amt Meißen im Meißner Kreis.

In allen diesen Fällen war jedoch jeweils einer der drei Vertreter, den die Amtsassen gewählt hatten, inzwischen ein Mitglied des Weiteren Ausschusses. In der Allgemeinen Ritterschaft nahmen tatsächlich nie mehr als zwei Deputierte aus einem Amt an den Sitzungen teil. Die Praxis scheint daher im Sinne Schrebers tatsächlich gewesen zu sein, nicht mehr als zwei Vertreter je Amt in die Allgemeine Ritterschaft aufzunehmen. Die Gegenprobe kann das Amt Borna im Leipziger Kreis liefern. Das Amt hatte laut Christian Gottlob Wabst vierundzwanzig amtsässige Güter und Friedrich Gottlob Leonhardi zählte in seiner Erdbeschreibung Ende des 18. Jahrhunderts immer noch zwanzig Amtsassen.[200] Es war daher in etwa so stark mit Amtsassen besetzt wie die Ämter Weißenfels und Delitzsch. Aus dem Amt Borna hat es aber zwischen 1711 und 1749 kein Deputierter in den Weiteren Ausschuß geschafft. Mit Ausnahme der Landtage von 1728 und 1749 mit jeweils nur einem Deputierten, wurden immer zwei Vertreter des Amtes in der Allgemeinen Ritterschaft registriert. Darunter finden sich klangvolle adlige Namen wie der des Amtshauptmanns Heinrich v. Einsiedel (1709–1783) auf Kesselshain, der von 1734 bis 1749 Deputierter des Amtes Borna war und im Jahr 1749 auch „Condirector" des Leipziger Kreises.[201] Insgesamt kann hinsichtlich der deputierten Vertreter der Ämter festgehalten werden, daß es in der ersten Hälfte des 18. Jahrhunderts eine lebhafte Teilnahme der Amtsassen an den Landtagen gegeben hat und daß den Bestimmungen der Landtagsordnung weitgehend nachgelebt wurde.

Eine gewiße Sonderstellung nimmt der Churkreis durch die hohe Zahl von Deputierten ein, die zu gleicher Zeit Mitglieder im Weiteren Ausschuß waren. Im Jahr 1737 besetzten die Amtsassen drei der sechs Kreis-Stellen, welche ihm im Ausschuß zustanden.[202] Die Deputierten hatten also im Weiteren Ausschuß mit den Schriftsassen aus dem Churkreis gleichgezogen. Ernst Dietrich aus dem Winckel auf Möst vertrat dort seit 1725 das Amt Bitterfeld, George Damian Marschall v. Bieberstein auf Bleddin ebenfalls seit 1725 das Amt Wittenberg und

---

199 Christian Gottlob Wabst, Historische Nachricht, Beilage D, S. 81, nennt vierundzwanzig amtsässige Güter; Friedrich Gottlob Leonhardi, Erdbeschreibung, Bd. 2, S. 713 zählt neunzehn Amtsassen.

200 Christian Gottlob Wabst, Historische Nachricht, Beilage D, S. 78; Friedrich Gottlob Leonhardi, Erdbeschreibung, Bd. 2, S. 900.

201 Nach der großen Landtagspause saß Heinrich v. Einsiedel dann aber noch von 1763 bis 1775 im Weiteren Ausschuß. Seine Volljährigkeit hatte er erst kurz vor dem Landtag von 1731 erlangt. Die Wahl zum Deputierten gelang ihm dann nach dem Thronwechsel bereits zum Landtag von 1734. Sein ebenfalls 1734 erstmals gewählter Mit-Deputierter war George Carl Trützschler auf Kleinhermsdorf. Bis 1749 repräsentierten die beiden ununterbrochen das Amt Borna im Landtag. Heinrich v. Einsiedels Sohn Heinrich (1741–1781) heiratete 1774 Henriette Wilhelmine Trützschler und war 1781 für Kleinhermsdorf einmal Mitglied des Dresdner Landtages, und zwar wiederum als Deputierter des Amtes Borna.

202 Drei Deputierte der Amtsassen des Churkreises im Weiteren Ausschuß gab es auch auf den Landtagen von 1716, 1718 und 1734, wo die Landtagsordnung für den Kreis nur zwei Vertreter in beiden Ausschüssen zusammen vorgesehen hatte. Neben Bitterfeld sicherte sich immer auch das Kreisamt Wittenberg eine Vertretung in den Ausschüssen.

Christoph Friedrich v. Leipziger auf Zwethau seit 1734 das Amt Schweinitz. Letzterer schaffte 1742 auch den Aufstieg in den Engeren Ausschuß. Für Bitterfeld und Wittenberg blieb dann nur noch ein Vertreter in der Allgemeinen Ritterschaft. Das Amt Schweinitz war 1737 dort weiterhin mit den zwei Deputierten Hans Christoph v. Leipziger auf Wildenau und Christoph Heinrich v. Globig vertreten. Da die Berufung der Deputierten in den Weiteren Ausschuß vom Engeren Ausschuß vorgenommen wurde, kann man annehmen, daß sie nicht gegen den Willen oder ohne den Rat der vier Schriftsassen des Churkreises im Engeren Ausschuß erfolgt sind.

Was die Teilnahme der deputierten Mitglieder an den Landtags-Sessionen angeht, so finden sich in ihrem Fall wie bei den Schriftsassen mehrfach Beispiele eines ausdauernden Interesses, die allgemeinen Landtage in Dresden zu besuchen. Viele Ämter wurden auf Jahre hinaus von denselben Rittergutsbesitzern vertreten. Der schon erwähnte Ernst Dietrich aus dem Winckel auf Möst z. B. kam für das Amt Bitterfeld im Churkreis von 1711 bis 1749 zu jedem der elf allgemeinen Landtage und saß seit 1725 sogar für alle folgenden Landversammlungen im Weiteren Ausschuß.[203] Auch ohne einen Aufstieg in die Ausschüsse und eine reguläre Landtagskarriere im engeren Sinne haben amtsässige Lehngutinhaber wiederholt an den Landtagssitzungen teilgenommen und sich dadurch eine entsprechende Landtagsroutine erworben. Für das Amt Sachsenburg im Thüringer Kreis hat Wilhelm Moritz v. Bendeleben auf Kannawurf mit zwei Ausnahmen von 1716 bis 1749 acht Mal ausschließlich in der Allgemeinen Ritterschaft gesessen.[204] Die beiden Ausnahmen fallen in die Jahre 1728 und 1737, in denen aber auch kein anderer Deputierter anstelle des v. Bendeleben nach Dresden kam. Seit 1718 war Carl Heinrich v. Germar sein Mit-Deputierter aus dem Amt Sachsenburg, der ebenfalls bis 1746 regelmäßig an den Sessionen der Allgemeinen Ritterschaft teilnahm und im Landtag von 1749, also nach rund dreißig Jahren, sogar noch den Aufstieg in den Weiteren Ausschuß erlebte, der in dann von seinem Mitstand v. Bendeleben trennte. Laut Oberhofmarschallamt haben sie beide in der Regel die gesamte Landtagssession bis zum Landtagsschluß absolviert. Wie v. Bendeleben fehlt auch v. Germar auf zwei Landtagen, und zwar hintereinander in den Jahren 1734 und 1737.[205] Auf dem Landtag von

---

203 Das Oberhofmarschallamt verzeichnet sogar seine Anwesenheit in Dresden vom 14. Dezember 1725 bis zum 7. März, also während der Sitzungen des Ausschußtages, der vom 30. Oktober 1725 bis zum 12. April 1726 dauerte, an denen er aber nicht teilnehmen konnte. Im Oberhofmarschallamt wird er von 1728 bis 1737 als Kammerjunker tituliert. Er läßt sich aber nicht als Kammerjunker am Dresdner Hof nachweisen, sondern hatte seine Bestallung wohl an einem anderen Hof. Das amtsässige Rittergut Möst lag laut Friedrich Gottlob Leonhardi, Erdbeschreibung, Bd. 1, S. 536, entfernt vom Amtsbezirk mitten im Fürstentum Anhalt-Dessau, so daß es nahe liegt zu vermuten, daß er dort auch Kammerjunker war.

204 In den Protokollen von 1716 und 1718 wird als Vorname ‚Moritz Wilhelm' angegeben. Bislang sind für ihn keine Verwaltungs- oder Hofämter in Kursachsen bekannt, bei den Deputierten-Wahlen für den Landtag von 1742 wird er als Sachsen-Weißenfelser Kammerjunker tituliert, siehe HSTA Dresden, Bestand 10.024, Geheimer Rat, Loc. 9411/2.

205 Das Wahlverzeichnis von 1742 bezeichnet v. Germar als Schwarzburger Amtshauptmann, siehe HSTA Dresden, Bestand 10.024, Geheimer Rat, Loc. 9411/2.

1737 wurde er jedoch von Georg Adam v. Germar vertreten, so daß das Amt Sachsenburg auch auf dieser Landesversammlung nicht ohne eine Vertretung blieb. Die langjährige Vertretung des Amtes durch v. Bendeleben und v. Germar wurde auch dadurch erleichtert, daß dort laut Wabst überhaupt nur fünf bis sechs amtsässige Güter vorhanden waren.[206]

Ähnliche Beispiele lassen sich auch für andere Kreise anführen. So vertrat Christoph Friedrich v.d. Gablenz auf Lemnitz das Amt Arnshaugk im Neustädter Kreis ohne Unterbrechung von 1711 bis 1742 oder Hiob Friedrich v. Bomsdorf auf Gommern das Amt Gommern im Churkreis mit Ausnahme des Jahres 1742 von 1722 bis 1749.[207] Beide kamen über die Allgemeine Ritterschaft in ihrer langen Zeit als Landtagsbesucher nicht hinaus. Dennoch nahmen sie die Reise nach Dresden auf sich, die für v.d. Gablenz auf einundzwanzig Meilen und zehn Nachtlager berechnet worden ist und für v. Bendeleben aus dem Thüringer Kreis auf fünfundzwanzig Meilen und zwölf Nachtlager. Eine deutlich kürzere Anreise von zehn Meilen und vier Nachtlagern hatte der Obrist Heinrich Gottfried v. Wesenig auf Oelzschau, der das Amt Mühlberg im Meißner Kreis über die gesamte Zeitspanne von 1711 bis 1749 hinweg in der Allgemeinen Ritterschaft vertrat. Auch ohne einen Aufstieg in die Ausschüsse müssen der mehrfache Landtagsbesuchs und die langjährige Mitarbeit in der Allgemeinen Ritterschaft eine gewiße Bedeutung gehabt haben. Eine Beschränkung der Analyse und der historischen Darstellung auf den Engeren Ausschuß scheint daher nicht gerechtfertigt.[208]

In kleinen Ämtern konnte in dieser Zeit hin und wieder auch das amtsässige Gut eine stabile Grundlage für eine dauerhafte Landtagsteilnahme eines adligen Geschlechts abgeben. So hat im Amt Hohenstein des Meißner Kreises ausschließlich und allein Hannibal v. Lüttichau, Besitzer von Ober- und Nieder-Ulbersdorf, von 1781 bis 1718 am Landtag teilgenommen, allerdings immer nur in der Allgemeinen Ritterschaft.[209] Das Oberhofmarschallamt nennt ihn im Jahr 1711 Amtshauptmann zu Hohenstein. Nach einer kurzen Unterbrechung im Jahr 1722 setzte Wolff Siegfried Curt v. Lüttichau auf Ober-Ulbersdorf diese Tradition fort. Er nahm von 1728 bis 1749 an allen allgemeinen Landtagen teil, aber

---

206 Christian Gottlob Wabst, Historische Nachricht, Beilage B, S. 28. Auch Friedrich Gottlob Leonhardi, Erdbeschreibung, Bd. 1, S. 660 und S. 662, kommt nur auf sieben Amtsassen und drei neue Schriftsassen, wobei er in Bilzingleben und Gorsleben jeweils zwei amtsässige Güther zählt.

207 Da aus dem Amt Gommern regelmäßig nur ein Deputierter nach Dresden geschickt wurde, fiel die Vertretung des Amtes im Jahr 1742 aus. Aus Gommern, wie aus den Ämtern Liebenwerda und Schweinitz (hier erstmals 1749), hat es übrigens kein Deputierter in die Ausschüsse geschafft.

208 Siehe dazu beispielsweise Nina Krüger, Landesherr und Landstände, S. 82 f.

209 Christian Gottlob Wabst, Historische Nachricht, Beilage C, S. 69, nennt für das Amt Hohenstein und (Niederamt) Lohmen sechs amtsässige Güter, einschließlich der beiden Rittergüter Ober- und Nieder-Ulbersdorf. Bei Friedrich Gottlob Leonhardi, Erdbeschreibung, Bd. 2, S. 402 sind es sogar nur drei neu Schriftsassen und zwei Amtsassen, zur Schriftsässigkeit von Ulbersdorf siehe ebd., S. 418.

ebenfalls nur in der Allgemeinen Ritterschaft.[210] Nach dem dreimaligen Besuch des Landtages erlangte er 1735/36 unter dem ‚Vice-Präsidenten' Johann Christian v. Hennicke das Amt eines Landkammer-Rates.[211] Mit der Erteilung der alt-schriftsässigen Qualität durch ein landesherrliches Reskript vom 6. Juli 1745 war dann die Notwendigkeit beseitigt, sich als Deputierten der Amtsassen aufstellen zu lassen.

Die bislang zusammen getragenen Fälle und Beobachtungen einer Teilnahme von amtsässigen Deputierten am Dresdner Landtag geben insgesamt keine Hinweise darauf, daß es sich bei den Vertretern der Amtsassen im Landtag um Mitglieder zweiter Klasse gehandelt habe. Die Karrierehindernisse, denen sie vielleicht unterlagen, sind wahrscheinlich weitgehend damit erklärbar, daß es sich bei den amtsässigen Rittergütern im Durchschnitt um kleinere und weniger ertragreiche Güter gehandelt hat, die sich für die abkömmliche Lebensführung in der Hauptstadt oder am Hof nur in beschränktem Maße eigneten.

2. Die Tätigkeiten der Landtagsbesucher. Höflinge, Amtsträger und Offiziere in den Landesversammlungen und ihre Karrieren von 1694 bis 1749

Der Landtagsbesuch und die Landtagskarrieren können nicht nur im Vergleich zu den Regelungen betrachtet werden, welche in der Landtagsverfassung oder in der alltäglichen Praxis niedergelegt sind, sondern sie lassen sich auch hinsicht-lich der beruflichen Tätigkeiten untersuchen, welche die adligen Landtagsteil-nehmer ausgeübt haben. Es kann also gefragt werden, inwieweit die Land-tagsarbeit mit bestimmten Anstellungen besonders affin war, mit anderen Tä-tigkeiten dagegen nicht. Ebenso kann der Einfluß der beruflichen Merkmale auf die Karrierechancen im Landtag beobachtet werden. Allerdings muß anderer-seits damit gerechnet werden, daß eine Landesversammlung auch ein Forum für die Bewerbung um eine Anstellung im landesherrlichen Dienst darstellte und die Reise zum Landtag nach Dresden vor allem als Sprungbrett für eine Anstellung am Hof oder im landesherrlichen Dienst diente. Selbstverständlich ist in diesem Zusammenhang auch der unabhängige grundbesitzende Landstand ohne jede weitere Anstellung am Hofe oder in einer fürstlichen oder ständischen Behörde eine interessante Figur, die große Aufmerksamkeit verdient.

Unter den beruflichen Tätigkeiten lassen sich mehrere größere Bereiche unterscheiden. Einen relativ selbständigen Komplex bildet der unmittelbar fürstennahe Dienst am Hof, z.B. als Kammerherr, oder der Dienst in der lan-

---

210 Nach der Landtagspause von 1749 bis 1763 setzte Wolff Siegfried Curt v. Lüttichau seine Landtagsbesuche als Schriftsasse noch bis 1775 fort. Er kam 1763 in den Weiteren Ausschuß und stieg auf seinem letzten Landtag im Jahr 1775 noch in den Engeren Ausschuß auf. Seit seinem ersten Landtag im Jahr 1728 war fast ein halbes Jahrhundert vergangen.

211 Siehe Hof- und Staatskalender 1736. Mit ihm wurde Carl Heinrich Marschall v. Bieberstein ernannt.

desherrlichen Armee. Weitere Bereiche werden durch die verschiedenen zeitgenössischen Kollegien des Geheimen Rates, der Landesregierung, der Kammer-
und der Finanzverwaltung bezeichnet, zu denen noch die Tätigkeit an einem der
drei Obergerichte in Dresden, Leipzig und Wittenberg hinzukommt. Inwieweit
und in welcher Weise die verschiedenen Gruppen von Räten, Hofleuten oder
Offizieren überhaupt das Personal der kursächsischen Landtage stellten, ist die
erste Frage, um deren Beantwortung es gehen soll. Erst im Anschluß an derartige
Erhebungen lassen sich weitergehende Fragen über den zeitlichen Zusammenhang oder die Abfolge von Landtagsbesuch, fürstlichem Dienst und ständischen
Funktionen stellen und auf ausgeprägte Karrieremuster oder familiäre Traditionen hin beobachten.

Die These vom Dualismus in der landständischen Verfassung setzt den
Gegensatz von ‚fürstlicher Sphäre' und ‚ständischer Sphäre' voraus, der sich im
Landtag auch in relevanter Zahl als Gegensatz oder Unterschied zwischen unabhängigen adligen Haushaltsvorständen und Landständen einerseits und den
durch ihr Dienstverhältnis gebundenen Kammerherren, geheimen Räten oder
landesherrlichen Kommissaren zeigen sollte.[212] Trotz ihrer unbestreitbaren
Vorteile folgt die Verflechtungsthese in dieser Hinsicht sehr nah den Vorgaben
des Dualismusmodells. Sie legt den Schwerpunt allerdings nicht auf den prinzipiellen Gegensatz der unterstellten Interessen, sondern auf die Tatsache ihrer
praktischen Zusammenarbeit in den Landtagsgeschäften. Die Verflechtungsthese umgibt jedoch zugleich immer auch der Hauch der Korruption, wie sich
z. B. in der Darstellung von Nina Krüger zeigt:

> „Die enge Verflechtung zwischen Landständen und kurfürstlichen
> Räten erleichterte es … dem Landesherrn, Einfluss auf die Beschlüsse
> der ganzen Ständeversammlung zu nehmen, indem die adligen Ver-
> treter, die sowohl ständische als auch landesherrliche Funktionen be-
> gleiteten [sic], in den Verhandlungen der ständischen Kollegien sehr
> effektiv die Position des Kurfürsten vertreten konnten."[213]

Dualismusthese und Verflechtungsthese gehen von einer Unterscheidbarkeit
von fürstlicher und ständischer Sphäre bzw. von Landständen und fürstlichen
Dienern aus, die sich am Sozialprofil, insbesondere an den Anstellungen und
beruflichen Tätigkeiten festmachen und ablesen läßt. Die damit aufgeworfenen
Fragen lassen sich nur durch umfangreichere prosopographische Untersuchungen bearbeiten, die allerdings für das 17. und 18. Jahrhundert bislang kaum
erfolgt sind.

Stattdessen ist die Forschung weitgehend bei der verfassungsgeschichtlichen
Perspektive stehen geblieben. Die Auswirkungen dieser Vernachlässigung der

---

212 Letztere wären also das Gegenstück zu den ‚placemen' der Regierung im englischen Unterhaus.
213 Nina Krüger, Landesherr und Landstände in Kursachsen, S. 84. An der markierten Stelle muß es
   wohl ‚bekleideten' heißen. Im Hintergrund steht das für die konstitutionellen Verfassungen
   umstrittene Problem, ob Beamte für die Landtage wählbar sein konnten, weil sie die von der
   Regierung, ihrem Dienstherrn, unabhängige Beratung der Regierungsvorlagen gefährden
   könnten.

personellen Zusammensetzung sind weitreichend. Sie zeigen sich auch unmittelbar in charakteristischen Sprechweisen. Für die älteren, entwicklungs- und politikgeschichtlich orientierten Darstellungen der alteuropäischen Landtage repräsentierte der Gegensatz von Fürst und Ständen die rivalisierenden Prinzipien von Herrschaft und Hierarchie einerseits und von Freiheit und Genossenschaft – also die Idee der Gleichheit der Mitglieder – andererseits.[214] Gegenüber der Entwicklungsgeschichte der Prinzipien war die soziale Zusammensetzung der Kurien über die allgemeine Unterscheidung von Prälaten, Rittern und Städten hinaus nicht von Bedeutung, obwohl sie den archivalisch arbeitenden Historikern sehr wohl bekannt war. Daß auf einem Landtag auch landesherrliche Räte saßen und als Vertreter der Herrschaft in der landständischen Institution mitarbeiteten und sie so ihrerseits am Leben erhielten, mußte in der entwicklungsgeschichtlichen Perspektive sozusagen als List der Geschichte verbucht werden. Die ältere Landtagsgeschichte neigt daher dazu, den Gegensatz oder Dualismus auch sprachlich zu inszenieren und in den Landtagshandlungen allgemein von *dem* Fürsten und *der* Ritterschaft als Kollektivsubjekt zu sprechen.[215] So schreibt z.B. Wieland Held in einer neueren Darstellung über die Verhandlungen des Landtages am 28. Dezember 1694:

> „Mit dieser Vorlage setzte die sächsische Ritterschaft den in der Proposition ihres Monarchen erhobenen erhöhten Steuer- und Abgabenforderungen verschiedene Wünsche entgegen, die man hoffte, gewissermaßen im Gegenzug auch durchsetzen zu können."[216]

In dieser Darstellungsweise blendet die Geschichtsschreibung nicht nur aus, daß keineswegs der Landesherr, sondern in der Regel einige geheime Räte oder Kabinettsminister die Proposition formulierten und die Verhandlungen mit den Ständen führten.[217] Auch die Ritterschaft bestand, was die ältere Forschung durchaus schon wußte und von Volker Press wieder formuliert und in Erinnerung gebracht wurde, nicht nur aus Landständen, die in Form einer Opposition der landesherrlichen Regierung gegenübertreten. Unter den adligen Rittergutsbesitzern finden sich vielmehr zahlreiche Amtsträger unterschiedlicher Abstufung. Dennoch sind genauere Analysen der personellen „Verflechtung" von fürstlicher und ständischer Sphäre rar. In welchem Ausmaß die verschiedenen Gruppen, die im Hof- und Staatskalender aufgeführt werden, sich auch

---

214 Siehe noch Gerhard Oestreich, Verfassungsgeschichte vom Ende des Mittelalters bis zum Ende des alten Reiches, München 1974, S. 14.

215 Hier macht sich wieder die juristische Denktradition bemerkbar, denn im Vordergrund steht nicht das Handeln der tatsächlichen Akteure, sondern die verbindliche Zurechnung der gefaßten oder erzielten Beschlüsse.

216 Wieland Held, Der Adel und August der Starke. Konflikt und Konfliktaustrag zwischen 1694 und 1707 in Kursachsen, Köln 1999, S. 21.

217 Rechtlich gesehen, also der Rechtsfiktion nach, waren die Propositionen die Vorlagen des Fürsten, faktisch hatten die Verwaltungsfachleute und zuständigen Juristen, oder bestimmte Landstände oder in Einzelfragen gar ein Supplikant, sie entworfen oder eingefordert. Der Fürst hatte die Propositionen in der Regel nur gebilligt und abgezeichnet.

im Landtag – und an welcher Stelle im Landtag – wiederfinden, bleibt weiterhin zu untersuchen.

Im Folgenden wird eine erste vorläufige Einteilung der Landtagsbesucher hinsichtlich ihrer Zuordnung zu bestimmten Tätigkeitsfelder vorgenommen, die zwischen dem Hofadel (Kammerherr, Kammerjunker, Forst- und Jagdjunker, Kammerrat), den landesherrlichen Amtsträgern (geheimer Rat, Hofrat, adeliger Assessor an den Obergerichten), dem Landadel (ohne landesherrliches Amt, aber inklusive der Amtshauptleute, Kreishauptleute, landschaftlichen Ober-steuer-Einnehmer, Kriegskommissare) und dem Militäradel (Armee-Offiziere) unterscheidet. Mit der Kennzeichnung als Hofadel oder landschaftlicher Ober-Steuereinnehmer soll allerdings keine bestimmte Interessensposition oder poli-tische Handlungsweise impliziert werden. Es wird weder angenommen, daß der Kammerherr automatisch die fürstlichen Forderungen unterstützte, noch daß der Ober-Steuereinnehmer ihnen selbstverständlich entgegentrat.[218] Beides müßte erst durch die konkreten Voten und Handlungen erwiesen werden. Mit der vorgenommenen Einteilung sollen nur Erfahrungsbereiche und Orientie-rungen bezeichnet werden, welche die Landtagsteilnehmer in die Sitzungen mitbrachten. Der Vergleich zwischen der Teilnahme an den Landtagen und der Bestallung im höfischen oder landesherrlichen Dienst wird anhand der Hof- und Staatskalender vorgenommen, die jedoch erst ab 1728 veröffentlicht worden sind.[219] Der Zeitraum unter Beobachtung umfaßt daher nur die Jahre von 1728 bis 1757.[220] Für die früheren Zeiten müßten die Angaben zu beruflichen Aktivitäten zu großen Teilen erst noch aus den Archivalien erhoben werden. Es ist deshalb derzeit nicht immer möglich, die Abfolge der Tätigkeiten im landesherrlichen Dienst im Verhältnis zur Teilnahme an den Landtagssitzungen genau anzuge-ben. Dennoch sollten sich auch in den hier immerhin behandelten dreißig Jahren interessante Hinweise ergeben, wie man sich den Zusammenhang zwischen Landtagsbesuch und beruflichen Karrieren im frühneuzeitlichen Fürstenstaat vorstellen kann.

Bevor die einzelnen Gruppen und ihre Teilnahme an den Landesversamm-lungen in Dresden vorgestellt werden, ist noch eine allgemeine Einschätzung über die zeitgenössischen Berufstätigkeiten und ihre Möglichkeiten vorzu-schalten, die den Rahmen für die Aktionen der Zeitgenossen bereitstellt. Eine derartige Vorstellung von den allgemein vorauszusetzenden Bedingungen der

---

218 Ob ein derartiger grundlegender, also prinzipieller und auf Dauer gestellter Gegensatz außer-halb der Verfassungsgeschichte angenommen und unterstellt werden kann, kann dagegen be-zweifelt werden. Selbst ein tatsächlich nachweisbarer Gegensatz könnte partikulären und vor-übergehenden Umständen, persönlichen Temperamenten und zufälligen Konstellationen in-nerhalb einer einheitlichen und geteilten Situationsdeutung geschuldet sein.

219 Der Abdruck im Hof- und Staatskalender erfolgt gegenüber der tatsächlichen Bestallung häufig um ein Jahr verspätet. Ebenso kann das Ausscheiden aus dem Amt ein Jahr früher erfolgt sein als im Kalender angegeben. Trotz dieser möglichen Ungenauigkeit werden, sofern keine besseren anderen Angaben vorliegen, hier im Folgenden die Daten des Hof- und Staatskalenders zu-grundegelegt.

220 Die Jahrgänge 1758 bis 1764 sind aufgrund des Siebenjährigen Krieges und des doppelten Thronwechsels in Dresden Ende 1763 nicht erschienen.

Berufswahl ist nötig, um die Einzelbeobachtungen einordnen zu können. Trotz des Ausbaus der Behörden im frühneuzeitlichen Fürstenstaat nach dem Westfälischen Frieden verändert sich das Grundproblem des Adels nicht. Die Versorgung der Söhne mit Posten und Positionen, die für den Adel standesgemäß und einträglich genug waren, blieb prekär. Die kursächsischen Rittergüter, sofern vorhanden, konnten in der Regel nur einen Haushalt tragen. Da ihre Zahl nicht nennenswert vermehrt werden konnte und die Teilung eines Rittergutes wirtschaftlich keine sinnvolle Option darstellte, blieben die nachgeborenen Söhne auf Anstellungen verwiesen, die im Lebenslauf durch Kauf oder Heirat wieder zu Grundbesitz führen sollten.[221] In Kursachsen waren aber nicht nur die Rittergüter als Grundlage adliger Lebensführung knapp, ein Gleiches galt hinsichtlich der verfügbaren Posten im landesherrlichen Dienst am Hof, in der Verwaltung oder in der Armee. Es bestand daher im 17. und 18. Jahrhundert ein unablässiger Druck des Adels auf den Fürsten, die verfügbaren Stellen zu erhöhen und die bestehenden höher zu dotieren. Die so häufig erhobenen Forderungen der Stände nach einer sparsamen Haushaltsführung des Fürsten sind auch vor diesem Hintergrund eines Streits um die Verteilung der Finanzmittel auf die verschiedenen adligen Interessenten zu entschlüsseln.

Nicht wenige adlige Söhne mußten daher ihr Glück an auswärtigen Höfen und in den Verwaltungen anderer Herrschaften suchen oder sie traten als Offiziere in den kaiserlichen Dienst und reisten quer durch Europa zu einem der zahlreichen Schlachtfelder, auf denen die Habsburger in Westen, Süden und Südosten des Kontinents unablässig engagiert waren. Die protestantischen Höfe in Braunschweig-Lüneburg und Württemberg gehörten ebenso dazu wie das brandenburgische Bayreuth, die anhaltiner oder die ernestinischen Fürstentümer. Die Einrichtung der drei albertinischen Sekundogenituren nach 1657 mit ihrem Bedarf an eigenen spektakulären Hofhaltungen und eigenen Regierungsstäben boten in dieser Hinsicht dem sächsischen Adel eine Sonderkonjunktur. In allen diesen Fällen entschwinden die Adligen allerdings zeitweise oder für immer aus dem Beobachtungsfeld der in Dresden verfügbaren Quellen.

Weitere Schwierigkeiten für eine strategische Lebensplanung erwuchsen aus den zeitgenössischen Rechtspraktiken in der Verwaltung. Die Anstellung im landesherrlichen Dienst war eine Ehrenstellung. Sie erfolgte auf Lebenszeit. Eine Entlastung von den Dienstpflichten aufgrund des hohen Alters des Stelleninhabers oder dauerhafter Erkrankung, war zwar möglich, eine Altersgrenze oder im Voraus festgesetzte Pensionierung existierte jedoch im frühneuzeitlichen Fürstenstaat noch nicht.[222] Die Stelleninhaber waren aus finanziellen Gründen,

---

221 Sowohl aus demographischen Gründen – fehlende Söhne als Erben – wie aus wirtschaftlichen Gründen gab es sowohl eine beträchtliche Fluktuation der Mannlehngüter und übrigen Rittergüter bzw. der Rittergutsbesitzer. Die Vorstellung vom adeligen Stammgut und jahrhundertelanger Ansässigkeit ist nur in Einzelfällen zutreffend, sie trifft aber nicht die Verhältnisse des Adels als sozialer Klasse, obwohl sie häufig generalisierend bemüht worden ist. Siehe dazu Axel Flügel, Bürgerliche Rittergüter, Göttingen 2000.

222 Die meisten Beispiele für eine Pensionszahlung in der ersten Hälfte des 18. Jahrhunderts finden sich bei den abgedankten Armeeoffizieren. Jede Pension war allerdings eine fürstliche Gnade, eine Bewilligung im Einzelfall ohne rechtlichen Anspruch seitens des Empfängers.

was die Versorgung ihrer Kinder und ihre eigene Haushaltsführung anging, daran interessiert, die einmal erreichte lukrative Position so lange wie möglich zu behalten. Natürlich konnte der Fürst im Einzelfall seine Ungnade walten lassen und einen Amtsträger aus seinem Dienst entlassen. Das bedeutete aber, je nach dem, wen der Zorn des Herrn traf, jedesmal einen kleineren oder größeren öffentlichen Skandal. Ein normales Regulativ der landesherrlichen Politik konnte die Entlassung daher nicht sein. Ein größeres Revirement unter den Kammerherren, Räten und Amtsträgern ermöglichte vor allem der Thronwechsel, also der Regierungsantritt des neuen Herrschers, wenn alle bestehenden Bestallungen automatisch erloschen und erst wieder bestätigt und erneuert werden mußten, oder im Gegenteil eine entsprechende Erneuerung eleganterweise durch Stillschweigen unterblieb und die Bestallung dadurch auslief. Wer im 18. Jahrhundert in Kursachsen eine Bestallung als landesherrlicher Amtsträger besaß, konnte dennoch zu Lebzeiten seines Fürsten auch schon vor der Installierung des modernen Beamtenrechts mit Festanstellung, Pensionsanspruch und Witwenversorgung relativ sicher sein, diese Tätigkeit lebenslang auszuüben.

Auf die Knappheit an verfügbaren Positionen und aufgrund des Drucks auf den Fürsten reagierten die Akteure mit einem Bündel von Aushilfen, die vor allem in dilatorischen Formeln bestanden, die sowohl dem Fürsten Zeit verschaffen sollten als auch dem Bewerber eine – nicht immer realistische – Aussicht auf baldige Berücksichtigung gaben. Um Bewerber nicht zu brüskieren und abweisen zu müssen, erteilte der Fürst daher Anwartschaften auf demnächst zu erwartende erledigte Lehen oder altershalber frei werdende Anstellungen.[223] Ein Stelleninhaber wiederum konnte an seinem Posten und den damit verbundenen Einkünften monetärer oder naturaler Art festhalten, für die tatsächlichen Dienstgeschäfte aber die Erlaubnis erhalten, einen Adjunkten zu beschäftigen. Dieser Adjunkt oder Supernumerar konnte entweder unbesoldet mit Hoffnung auf die Nachfolge arbeiten, oder vom Stelleninhaber entlohnt werden.

Die Praxis, einen Adjunkten anzustellen, eröffnete den Amtsträgern entweder die Möglichkeit, eine beschränkte Form des Ämterhandels zu betreiben oder das Amt an den eigenen Sohn weiterzugeben.[224] Derartige Familienstrategien der Berufsvererbung und der Familientradition waren dann besonders aussichtsreich, wenn die Dienstobliegenheiten gewisse fachliche oder lokale Kenntnisse erforderten.[225] Die allgemeine Vorbereitung der jungen Adligen, die auf eine landesherrliche Anstellung aus waren, bestand in einem Jurastudium an

---

223 Das Institut der Anwartschaft oder ‚Expektanz‘ konnte dann in der Folge zu einem Sekundärmarkt ausgebaut werden, indem der Fürst derartige Anwartschaften gegen Geldzahlungen regelrecht verkaufte. Die Anwartschaft wurde damit zu einer Art Spekulationsobjekt mit hohem Verlustrisiko für den Käufer.

224 So konnte der jüngere Heinrich v. Bünau gleich nach Abschluß des Studiums 1716 eine Assessorenstelle am Oberhofgericht in Leipzig und 1717 die Stelle eines Supernumerar Hof- und Justizrates bei der Landesregierung in Dresden unter dem Vizecanzler Heinrich v. Bünau, seinem Vater, erlangen.

225 Siehe für das Forstwesen im Hochstift Bamberg Claus Fackler, Stiftsadel und geistliche Territorien 1670–1803. Untersuchungen zur Amtstätigkeit und Entwicklung des Stiftsadels, besonders in den Territorien Salzburg, Bamberg und Ellwangen, St. Ottilien 2006, S. 84 und S. 93.

der Universität und – wenn sie sich nicht mit einem der Landeskollegien begnügen wollten, sondern in den Hofdienst oder diplomatischen Dienst wollten oder zu den politischen Geschäften des Geheimen Rates – in der ausgedehnten Kavalierstour durch Europa.[226] Studium und Kavalierstour verlangten aber wiederum hohe Investitionen des Vaters in die Ausbildung der Söhne, welche die Haushaltsressourcen sehr belasten und sogar die Verschuldung des Rittergutes weiter steigern konnten. Dennoch haben zahlreiche adlige Söhne ein Studium an auswärtigen Universitäten absolviert und die große Kavaliersreise von England, den Niederlanden, Frankreich, Österreich bis Italien und durch das Reich unternommen. Provinzielle Beschränktheit oder gar lokale Borniertheit kann man den kursächsischen Adel daher nicht unterstellen, vielmehr sollte man – zeittypisch – gute Kenntnisse der politischen und kulturellen Verhältnisse Europas annehmen.[227]

Ein Beispiel für die Weitergabe eines Amtes in Kursachsen findet sich unter anderem am Dresdner Appellationsgericht: Im Jahr 1734/35 trat laut Hof- und Staatskalender zum zweitältesten adeligen Appellationsrat Johann Georg v. Ponickau, der Supernumerar Johann Georg v. Ponickau hinzu, die seitdem als ‚senior' respektive ‚junior' bezeichnet werden.[228] Nachdem der ältere von Ponickau mit dem Jahr 1742 aus dem Apppellationsgericht ausgeschieden war, rückte der Supernumerar nach zehn Dienstjahren auf die Stelle des jüngsten ordentlichen Appellationsrates nach. Die Kennzeichnung als ‚junior' viel damit wieder weg. Obwohl der genealogische Zusammenhang zur Zeit nicht eindeutig zu klären ist und es offen bleiben muß, ob hier der Sohn auf den Vater folgte, ist es sehr wahrscheinlich, daß in diesem Fall eine Berufsvererbung innerhalb des Geschlechts v. Ponickau vorliegt, die über die Anstellung als Supernumerar bewerkstelligt worden ist.[229]

Eine weitere Aushilfe gegenüber der ungestillten Nachfrage nach Anstellungen bestand in dem großen und im 18. Jahrhundert stark wachsenden Anteil, Adeligen (wie auch Bürgerlichen) zwar den entsprechenden Titel zu verleihen, ohne ihn aber mit einer entsprechenden Amtstätigkeit zu verbinden. Im Unter-

---

226 In einer Zeit, die keine öffentliche Ausschreibung von Stellen, keine regelmäßigen und geregelten Bewerbungsverfahren für adelsadäquate Anstellungen, keine Ausbildungsgänge jenseits eines allgemeinen Jurastudiums des Adels und der Reisen kannte, begann die Karriere in der Regel durch den Eintritt in einen adeligen Haushalt. Sie beruhte auf Bekanntschaft und Empfehlung, sei es mündlicher oder schriftlicher Art.

227 Wenn die finanziellen Mittel der eigenen Familie nicht ausreichten, konnte die Kavalierstour öfters doch noch als Page oder Reisebegleiter eines großen Herrn erlangt werden und als Sprungbrett dienen, sich im fürstlichen Dienst aus der subalternen Stellung zu ehrenvolleren Positionen empor zu arbeiten.

228 Es ist ferner unklar, in welchem Verhältnis der ältere v. Ponickau zu dem 1725 verstorbenen wirklichen geheimen Rat und Präsidenten des Oberkonsistoriums und Appellationsgerichts Hans Georg v. Ponickau (1669–17125) auf Kleinopitz und Mitglied es Weiteren Ausschusses von 1715 bis 1722 gestanden hat.

229 Bei der Berufsvererbung und den Familientraditionen muß nicht immer eine Vater-Sohn Abfolge vorliegen. Schon aus demographischen Gründen ist der Kreis deutlich weiter gezogen und schließt nicht nur die Neffen der männlichen Linie ein, sondern auch die Söhne verheirateter Schwestern und Töchter.

schied zu den Lehngütern und den landesherrlichen Bedienungen waren die Titel eine relativ leicht vermehrbare Gunst der Fürsten. Die Spannbreite reichte von den Kammerherren, die den Titel führten, ohne je zum Kammerherrendienst an den Hof zu kommen, über die auch im Hof- und Staatskalender entsprechend ausgewiesenen Titularräte, die keinen Sitz und keine Stimme im Kollegium hatten. Darunter finden sich nicht nur Kammerräte, Landkammerräte, Hofräte und adlige Amtshauptleute, sondern auch geheime Räte.[230] Die Ausweitung der Vergabe von Titeln im Fürstenstaat verweist abgesehen von den finanziellen Aspekten wieder auf das zentrale Element der Ehre im Fürstenstaat und in der hierarchischen ständischen Gesellschaft. Jede Anstellung und jeder Titel, auch und gerade die im Vorgriff auf erhoffte Dienste oder als Abgeltung für schon geleistete, aber nicht oder nur teilweise bezahlte Leistungen ehrenhalber verliehenen Titel, schuf auch eine symbolische Verbindung zwischen dem Empfänger dieser Gnade und dem regierenden Fürstenhaus. Sie zeigten die Nähe zum Fürsten und den Besitz fürstlicher Gunst an.[231] Sie vermittelten Ehre und Ansehen in einer Gesellschaft, die sich anhand dieser Qualitäten zu orientieren versuchte, und sie signalisierten schließlich auch die Fähigkeit zur Patronage. Insofern konnten Titel in der eigenen Lebens- und Haushaltsführung wiederum Dritten gegenüber von Vorteil sein und im strikt monetären Sinn die Kreditwürdigkeit des Titelträgers verbessern.[232]

Die Gruppe der Titularräte ist sehr heterogen und wirft deshalb mehrere Probleme auf. Zum Teil handelt es sich bei ihnen um altershalber oder aus anderen Gründen entpflichtete ehemalige Räte, die auch im Ruhestand ehrenhalber ihren Titel behalten und weiter führen dürfen. In anderen Fällen ist der reine Titulartitel dagegen mehr eine Form der Anwartschaft auf die ordentliche Bestallung. Von 1734 bis 1748 z. B. hatte Heinrich v. Lüttichau die Stelle eines Hof- und Justitienrates bei der Landesregierung in Dresden inne. Von 1731 bis 1746 nahm er außerdem fünf Mal für das Rittergut Rittmitz im Meißner Kreis an den Sitzungen der Allgemeinen Ritterschaft teil.[233] Im Jahr 1748 stand er in der Liste

---

230 Eine zeitgenössische Reaktion auf die Dynamik der Stellen- und Titelvermehrung ist die Einführung des Titels wirklicher geheimer Rat im 18. Jahrhundert. Folgerichtig gibt es im Hof- und Staatskalender dann auch „Würkliche Geheime Räthe, so keine Session haben".

231 In der 1755 gedruckten Neuen Hofrangordnung, die 130 Klassen unterscheidet, kamen die Titular Geheimen Räte, die vor dem 16. August 1741 ernannt waren, an Nr. 8 gleich nach den wirklichen Geheimen Räten und den Generälen der Kavallerie und Infanterie, die später ernannten bildeten die zehnte Klasse. Die übrigen Titularräte von den Kammerräten bis zu den Stiftsräten erhielten die Nummern 101 bis 110.

232 Das mag sowohl gegenüber dem eigenen Schneider gelten, der die Anzüge liefert, als auch auf dem adeligen Kreditmarkt, um an die hypothekarisch zu sichernden baren Geldmittel zu gelangen, die es dann wiederum ermöglichen, den bestehenden Zahlungskreislauf in Gang zu halten und den drohenden Konkurs abzuwenden oder aufzuschieben.

233 Der Eintritt in den Landtag erfolgte, wie man sieht, vor seiner Ernennung zum Hofrat. Sein älterer Bruder Georg v. Lüttichau saß von 1728 bis 1742 für das Rittergut Falkenhain im Stift Wurzen in der Allgemeinen Ritterschaft des Leipziger Kreises. Beide folgten im Landtagsbesuch ihrem Vater, dem Hauptmann Rudolph Heinrich v. Lüttichau (gestorben 1725), der für Falkenhain von 1695 bis 1716 den Landtag besucht hatte, allerdings ebenfalls ausschließlich in der Allgemeinen Ritterschaft. Zu v. Lüttichau siehe Zedler, Universal-Lexicon, Bd. 18 (1738),

adeliger Hofräte an vierter Stelle. Im Jahr darauf ist er unter die Klasse der Hofräte ohne Session versetzt, also offenbar im Ruhestand. Umgekehrt gestaltete sich dagegen der folgende Fall. Im Jahr 1733 erscheint Carl Heinrich v. Bibra in den Hof- und Staatskalendern erstmals bei den „Titular-Cammer-Räthen, so nicht Session haben". Mit dem Jahrgang 1736 rückt er dann auf zum Kammerrat und amtiert in den vierziger Jahren als geheimer Kammerrat sowie Kammer- und Bergrat.

Die Angabe eines Titels in den Quellen ist daher manches Mal schwierig zu interpretieren, weil nicht immer klar ist, ob es sich um eine bloße Titulatur, um eine tatsächlich ausgeübte Amtsstellung oder um eine ehemals wirklich ausge- übte Tätigkeit handelt. Der Zusatz ‚titular', den die in dieser Hinsicht akribi- scheren Hof- und Staatskalender aufführen, wird in anderen Quellentexten häufig weggelassen. Insgesamt zeigt die Doppelung von wirklichen und nur titularen Räten jedoch die eminente Notwendigkeit zusätzlich zu Stand und Besitz auch über einen öffentlich registrierten Titel zu verfügen, um in dieser Gesellschaft Respektabilität beanspruchen zu können.[234] Es kann daher be- zweifelt werden, ob dem adeligen Selbstbild vom unabhängigen und auf seinen Gütern sitzenden und Herrschaft ausübenden alten Adel im 17. und 18. Jahr- hundert noch ein größerer Realitätsgehalt bei den Zeitgenossen zukam.

Waren auf der einen Seite die freien Stellen knapp, so herrschte andererseits – zumindest in der zeitgenössischen Wahrnehmung – auch ein Mangel an kom- petentem Personal. Die noch nicht bestallten Kandidaten konnten sich noch keinen Ruf erwerben, hatten sie aber eine leitende Position erreicht, waren auch größere Karrieren möglich. Sei es aufgrund erwiesener Fachkompetenz oder wegen des Rufes eines unabhängigen oder gar unbestechlichen Urteils, wurden Räte von auswärtigen Höfen abgeworben und nach Dresden geholt.[235] Dies war sowohl bei dem älteren Heinrich v. Bünau der Fall wie bei Bernard Zech (1649– 1720), der 1691 aus Weimarer Diensten abgeworben und in Dresden erst Hof- und Justizrat und 1697 dann wirklicher geheimer Rat wurde.[236] Laut Carl Sahrer v. Sahr wurde Heinrich v. Bünau „wegen seiner probité, dextérité wie auch besondern humanité gar sehr gerühmt" und erhielt 1715 die Stelle des Vizekanzler der Landesregierung zu Dresden.[237]

Sp. 1132, und Gustav Adolf Poenicke (Hg.), Album der Rittergüter, I. Section: Leipziger Kreis, S. 55 f.

234 Dem korrespondiert auch die Inflation der Verleihungen von Freiherren- und Grafentitel an Adlige und Nobilitierte und die Mode der Orden vom Golden Vlies bzw. der schwarzen, weißen oder roten Adlerorden, der Schwanenritter usw.

235 Siehe auch die biographische Skizze über Hans Heinrich v. Schönberg auf Maxen in Valentin König, Genealogische Adels-Historie, Bd. 2, S. 918 f, der Angebote des Herzogs zu Württemberg, des ostfriesischen Herzogs und der regierenden Fürstin zu Mömpelgard abgelehnt haben soll.

236 Bernhard Zech gehörte 1697 der vom Kurfürsten eingesetzten Revisionskommission an, siehe Wieland Held, Der Adel und August der Starke, S. 52. Zech, der auch politische Überblickswerke über die europäischen Regenten verfaßt hatte, wurde 1716 von Karl VI. in den Reichsritterstand erhoben. Sein Sohn Bernhard v. Zech (1681–1748) amtierte ebenfalls als wirklicher geheimer Rat und erhielt im Fürstendienst 1729 den Stand eines Reichsfreiherren und 1745 eines Reichsgrafen.

237 Carl Sahrer v. Sahr, Heinrich v. Bünau, S. 48.

Für die große Mehrheit der landesherrlichen Amtsträger galten diese günstigen Karriereaussichten natürlich nicht. Sie hatten sich mit dem langsamen Vorrücken in der Diensthierarchie zu begnügen, die am Ende vielleicht doch noch auf den Präsidentenstuhl führte. Allerdings konnte gerade die Besetzung der Präsidentenposten durch politische Motive bestimmt sein und die Ambitionen altgedienter Räte für immer konterkarieren. Insgesamt läßt sich aber aus der Lektüre der Hof- und Staatskalender entnehmen, in welch hohem Ausmaß bereits in der ersten Hälfte des 18. Jahrhunderts ein Laufbahnprinzip de facto vorherrschte. Nach dem Eintritt in einen Verwaltungszweig blieben die Räte und Amtsträger in der Regel in ihrem Verwaltungszweig. Die Entscheidung fiel also am Beginn: entweder Kammerrat oder Hofrat, Forst- und Wildmeister oder Hofgerichtsassessor. Nach dem Eintritt in die Regierung oder die Kammer blieb es zumeist dabei.

Die Festlegung auf einen bestimmen Verwaltungszweig galt vor allem für die nachgeborenen Söhne und den Adel ohne größeren ländlichen Grundbesitz, der auf das Amtseinkommen zur Lebensführung angewiesen war. Für die Haupterben, welche das Rittergut übernahmen, kam häufig ein anderes Muster in Frage. Solange der Vater lebte und im Besitz des Lehngutes war, suchten sie eine Anstellung im Fürstenstaat oder dienten als Offiziere in der kursächsischen oder der kaiserlichen Armee. Mit der Übernahme des Lehngutes und nach der Regelung des Erbfalls mit der überlebenden Witwe sowie den abzufindenden Brüdern und Schwestern konnte sich der Lehnsfolger – wohlgemerkt: häufig mit seinem Titel – aus dem Dienst verabschieden und sich der Bewirtschaftung seiner Güter und der Abzahlung der überkommenen Schulden widmen. Inwieweit diese Lehnserben dann einen regelmäßigen Besuch des Landtages begannen, bleibt zu untersuchen.

Der Eintritt in die Kammer oder in die Regierung fiel leichter, wenn der Vater oder Onkel ihr schon angehörte oder wenn sie durch Nachbarschaft, Patenschaft oder Bekanntschaften schon angebahnt war. Auf diese Weise konnten sich bestimmte Familientraditionen des Hofdienstes oder des Engagements in der Forstverwaltung oder im Militärwesen bilden. Außerdem war die adelige Gesellschaft wiederum in sich in vornehmere und weniger vornehme Geschlechter und Heiratskreise geschichtet, die mit deutlich unterschiedlichen Erfolgschancen die höheren Positionen am Hof und in der Verwaltung für sich reklamieren konnten. Aber auch eine vorteilhafte Position zur Platzierung des eigenen Nachwuchses war auf verfügbare Stellen angewiesen und auf die nötigen finanziellen Ressourcen.[238] Selbst wenn eine Familienstrategie vorhanden gewe-

---

238 Die Geschichte des Adels im 17. und 18. Jahrhundert ist immer auch die ökonomische Geschichte einer ausgedehnten Kreditwirtschaft und häufiger Konkurse und zahlreicher Zwangsverwaltungen. Wie der Herrscherwechsel war der Erbfall im Adel jedesmal eine Krise, weil die innerfamiliären Beteiligten und die übrigen Gläubiger ihre Geldforderungen präsentierten. Erben von Rittergütern, die zur Regulierung und Abtragung der Schulden unter Zwangsverwaltung standen, konnten in dieser Zeit nicht den Landtag besuchen. Die meisten Zwangsverwaltungen oder Sequestrationen dauerten nur einige Jahre, das amtsässige Gut Lobstädt, das einem Zweig der v. Einsiedel gehörte, soll laut Gustav Adolf Poenicke (Hg.), Album der Rittergüter, I. Section: Leipziger Kreis, S. 196, jedoch seit 1724 für gut hundert Jahre sequestriert gewesen sein.

sen ist, so fand sie doch ihre Grenze an der Unmöglichkeit, die Konjunkturen auf dem Stellenmarkt und die demographischen Wechselfälle zu koordinieren und zu harmonisieren.[239] Auf der anderen Seite war die Familientradition, einen bestimmten Dienst zu bevorzugen, kein unumstößliches Gesetz. Auch im 18. Jahrhundert hatten die Söhne schon eine Wahl, spielten Neigung und Interesse und nicht allein der väterliche Wille bei der Wahl des eingeschlagenen Berufsweges eine Rolle, soweit er sich durch eine günstige Gelegenheit und die vorhandenen Mittel realisieren ließ. Die Familientradition ist daher ebenso sehr eine Handlungsmaxime wie eine erst im Rückblick konstruierte Sichtweise.[240]

Im Bereich der landesherrlichen Verwaltung findet sich trotz der hohen ungestillten Nachfrage nach Stellen immer wieder eine Titel- und Ämterhäufung bei einer Person. Manche Titelhäufungen waren pragmatischer und politischer Natur. Einem Gesandten wurde zur Steigerung seiner Reputation in der Regel der Geheimratstitel mitgegeben, wenn er ihn noch nicht besaß. Ein weiteres Motiv lag jedoch in den frühneuzeitlichen Besoldungsverhältnissen. Die im Fürstendienst erzielten Einkommen setzten sich in der Regel aus mehr oder weniger regelmäßig erfolgenden Soldzahlungen und vielfältigen naturalen Lieferungen und anderen geldwerten Vorteilen zusammen.[241] Die Höhe der Besoldung in den jeweiligen Ämtern war jedoch fixiert. Die Beträge symbolisierten wie in anderen Bereichen auch zugleich eine Ordnung, die grundsätzlich beibehalten und nicht verändert werden sollte. Allenfalls konnte zeitweise ad personam eine Zulage gewährt werden. Höhere persönliche Einkommen waren daher leichter durch eine Stellenakkumulation erreichbar als durch höhere Bezüge in einem Amt. Unter diesen Verhältnissen bestand demnach für bereits erfolgreiche Amtsträger ein gewisser Anreiz, weiter Posten und Funktionen zu akkumulieren. Je erfolgreicher sie damit für sich waren, desto mehr verschärften sie allgemein den Mangel an verfügbaren Stellen. So behielt der jüngere Heinrich v. Bünau laut Carl Sahrer v. Sahr seine 1717 erlangte Stelle als Assessor am Oberhofgericht in Leipzig bis 1730 bei, als er in Dresden längst Hofrat bei der Landesregierung und Präsident des Ober-Consistoriums war.[242] Erst mit seiner

---

239   Wenn man die biographischen Artikel in Zedlers Universal-Lexicon liest, dann fällt die hohe Zahl von Amtsinhabern auf, die aufgrund der hohen Kindersterblichkeit oder aus anderen Gründen erbenlos verstarb oder unverheiratet blieb. Nicht nur das Milieu der Armeeoffiziere, sondern auch der Hofadel ist aufgrund der sozialer Bedingungen und Lebensverhältnisse in größerem Umfang unfruchtbar hinsichtlich der demographischen Reproduktion. Die in der Adelsgenealogie übliche Fixierung auf die Stammlinie gibt dagegen nur ein sehr einseitiges und beschränktes Bild vom tatsächlichen Adel, sie ist mehr Selbstdeutung und Ideologie als historische Darstellung des Adels. Die biographischen Werke des 18. Jahrhunderts legen im übrigen ein deutlich größeres Gewicht auf die Herkunft der Ehefrauen, auf die Töchter und auf die schon in sehr jungen Jahren verstorbenen Kinder und Kleinkinder als es spätere Arbeiten tun.

240   Diese Feststellung gilt gleichermaßen für die zeitgenössischen Akteure wie die ihnen nachspürenden Historiker.

241   Siehe z. B. die äußerst instruktiven Beispiele aus dem Fürstbistum Bamberg bei Claus Fackler, Stiftsadel und geistliche Territorien 1670–1803, S. 110–115.

242   Siehe Carl Sahrer v. Sahr, Heinrich v. Bünau, S. 64.

Ernennung zum wirklichen geheimen Rat im Jahr 1730 räumte er den Sitz am Oberhofgericht.

Aus dieser komplexen und ständig fluktuierenden Mischung aus adeliger Nachfrage, beschränkten öffentlichen Finanzmitteln, einem langsamen Ausbau der Verwaltung und politisch-militärischen Konjunkturen resultiert am Ende das Bild der Beteiligung der adeligen Geschlechter am Hof- und Militärdienst sowie an den landesherrlichen und ständischen Ämtern. Die Ergebnisse einer Untersuchung der Berufstätigkeit und der beruflichen Karrieren im Kursachsen der ersten Hälfte des 18. Jahrhunderts sollten immer vor diesem Hintergrund begrenzter Spielräume und kleinteiliger Variationen gesehen und entsprechend relativ gelesen werden.[243]

a) Landstände und Steuern: Ober-Steuereinnehmer und Kreis-Steuereinnehmer

Die zeitgenössischen Beobachter haben bereits die Formel geprägt, Landtage seien in erster Linie Geldtage, eine Formel, die in der Literatur zur Landtags-geschichte aufgegriffen und bekräftigt worden ist.[244] Eine Hauptbetätigung der frühneuzeitlichen Landstände lag in der Einziehung und Verwaltung der von ihnen bewilligten direkten Steuern, für die in Kursachsen gemischte Kommis-sionen eingerichtet wurden, in welche die Stände und die landesherrliche Seite Mitglieder entsandten. Die Kommissionen verfestigten sich mit der Kontinuität der Steuererhebung zu eigenen Behördenapparaten. Es ist daher zu erwarten, daß die mit der Steuer befaßten Adeligen zu den regelmäßigen Landtagsbesu-chern gehörten. Noch interessanter ist allerdings die eventuelle Landtagskarriere der Mitglieder, die für die landesherrliche Seite in dem Gremium mitarbeiteten.

In Kursachsen nahm im Untersuchungszeitraum das Ober-Steuer-Collegi-um die Aufgabe wahr, die von den Landtagen bewilligten direkten Steuern zu verwalten.[245] Es bestand im Grundsatz aus acht Mitgliedern, von denen vier kurfürstlicherseits ernannt wurden und den vier Vertretern, welche die Land-stände benannten, darunter als erster immer der Landtagsmarschall aus dem

243 Siehe auch Mark Hengerer, Kaiserhof und Adel in der Mitte des 17. Jahrhunderts, Konstanz 2004, S. 561 f, der mit Blick auf den Wiener Hof zu vergleichbaren Einschätzungen über das Zusammenspiel von Komplexität und Gelegenheit in den Laufbahnen kommt.

244 Siehe Ernst Schubert, Einleitung, in: Brage Bei der Wieden (Hg.), Handbuch der niedersächsi-schen Landtags- und Ständegeschichte, Bd. 1: 1500–1806, Hannover 2004, S. 9–19, hier S. 18; und Kersten Krüger, Die landständische Verfassung, München 2003, S. 8.

245 Siehe Katrin Keller, Landesgeschichte Sachsen, Stuttgart 2002, S. 138; und Uwe Schirmer, Grundriß der kursächsischen Steuerverfassung (15.–17. Jahrhundert), in: ders. (Hg.), Sachsen im 17. Jahrhundert, Beucha 1998, S. 161–207, hier S. 181. Das 1570 eingeführte und aus der Rent-kammer ausgegliederte Obersteuer-Collegium gehörte zu den ältesten neuen Fachbehörden des Fürstenstaates. Die wichtigsten direkten Steuern waren die Land- und Pfennigsteuer (Schock-steuer) sowie die Quatembersteuer als Personen- und Gewerbesteuer. Dem Obersteuer-Colle-gium unterstanden im Untersuchungszeitraum als gesonderte Kassen die Land- und Trank-steuer-Hauptkasse, die Milizsteuer-Hauptkasse und die Extraordinär-Hauptkasse.

Geschlecht der Löser bzw. an seiner Stelle der Erbmarschallsamtsverweser.[246] Die Obersteuer-Einnehmer tagten nur ausnahmsweise in Dresden, vielmehr trafen sie sich regulär immer zu den Messezeiten in Leipzig.[247] Ihr Hauptgeschäft war die Verzinsung und Tilgung der Steuerschulden mithilfe der während der Leipziger Messe getätigten Finanz- und Kreditgeschäfte.[248] Dem Collegium zugeordnet waren die ‚Kreis-Steuer-Einnehmer‘ und die lokalen Steuereinnehmer für die verschiedenen Steuerarten. Jeder Kreis verfügte daher über einen adligen Kreissteuer-Einnehmer, der vom Kurfürsten ernannt wurde, und ihm zur Seite beim Einsammeln der Steuerbeträge eine federführende Stadt.[249]

In der Zeit der drei Sekundogenituren bis 1746 kam auf der kurfürstlichen Seite für jede Sekundogenitur ein Vertreter in das Collegium.[250] Für die Sekundogenitur Sachsen-Weißenfels war dies nach Ausweis der Hof- und Staatskalender der Jahrgänge von 1728 bis 1737 der ältere Heinrich v. Bünau auf Seußlitz, der bis 1733 in seiner Eigenschaft als Kanzler der Landesregierung in Dresden vorstand. Ihm folgte dann für die letzten Jahre von 1739 bis 1746 Friedrich Wilhelm Graf v. Brühl auf Martinskirchen, der Bruder des Premierministers und seit 1739 auch Obersteuer-Directors Heinrich Graf v. Brühl.[251] Im Jahr 1748 kam v.

---

246 In der Zahl vier der landschaftlichen Vertreter spiegelt sich die alte Einteilung der Erblande in den Churkreis, den Thüringer, Leipziger und Meißner Kreis. Der Erzgebirger Kreis war eine Ausgliederung aus den Meißnischen Landen, der Vogtländer und Neustädter Kreis dagegen Neuerwerbungen. Das bedeutet jedoch nicht, daß Vertreter aus diesen Kreisen nicht zu Obersteuer-Einehmern berufen werden konnten, sondern hatte nur die Folge, daß nicht immer jeder Kreis in der Ober-Steuereinnahme vertreten war.

247 Siehe Heinrich Haug, Das sächsische Obersteuerkollegium, in: Neues Archiv für Sächsische Geschichte und Altertumskunde, Bd. 21 (1900), S. 224–240.

248 Die Steuerschulden machten den Teil der fürstlichen Schulden aus, den die Landstände zur Verzinsung und Tilgung übernommen hatten. Die übrigen fürstlichen Schulden waren die Kammerschulden, die – wie der Name besagt – in der Kammer verzeichnet und verwaltet wurden.

249 Die städtische Seite der Kreissteuer-Einnahme war folgenden Stadträten übergeben: Wittenberg für den Churkreis, Langensalza im Thüringer Kreis, Dresden im Meißner Kreis, Freyberg im Erzgebirger Kreis, Leipzig im Leipziger Kreis, Plauen im Vogtländer und Neustadt an der Orla im Neustädter Kreis. Die Stifte Wurzen und Naumburg (bis 1738) hatten eigene Steuereinnahmen. Bis auf Plauen und Neustadt, die im Weiteren Ausschuß saßen, gehörten die übrigen fünf Städte zum Engeren Ausschuß der Städtekurie. Auf dieser Ebene bestand also eine unmittelbare Zusammenarbeit zwischen Ritterschaft und Städten, die sich auch in den Landtagsverhandlungen niederschlagen konnte.

250 Da Sachsen-Zeitz schon 1718 an das Churhaus zurückfiel, erhöhte sich die Anzahl der Mitglieder nur vorübergehend. Im Jahr 1728 saßen für die kurfürstliche Seite einschließlich des Directors zwar vier Mitglieder im Gremium, so daß sich zusammen mit Weißenfels und Merseburg die Summe von sechs Vertretern ergab. Die kurfürstliche Seite begnügte sich in den vierziger Jahren aber zeitweise mit der Benennung zweier Ober-Steuereinnehmer. Auch auf der landschaftlichen Seite war die vierte Stelle von 1736 bis 1738 drei Jahre lang unbesetzt.

251 Selbst ein Heinrich v. Brühl mußte sich der bestehenden Verwaltungs- und Rechtspraxis beugen und warten, bis sein Vorgänger, der alte Steuer-Director Centurius v. Miltitz (1665–1737) auf Oberau und Rothwernsdorff, abgetreten war. Erst dann konnte er an die Spitze des Collegiums treten. Für v. Brühl wurde aber 1733 das vorher nicht bestehende Amt eines Vice-Directors geschaffen. Er war also sechs Jahre lang der Adjunktus cum spes des v. Miltitz. Centurius v. Miltitz war 1730/31 vom Ober-Steuereinnehmer der kurfürstlichen Seite zum Director aufge-

Brühl als vierter kurfürstlicher Obersteuer-Einnehmer in das Collegium zurück. Die Sekundogenitur Sachsen-Merseburg vertrat bis zum Anfall im Jahr 1738 der fürstliche Hofrat Rudolph Heinrich v. Nostitz auf Lüttewitz im Amt Meißen. Nach dem Verlust seiner Stelle im Obersteuer-Collegium tauchte er im Juni 1742 im Dresdner Landtag mit dem Titel eines Kreishauptmanns wieder auf, und zwar saß er ohne eine vorherige Teilnahme direkt im Weiteren Ausschuß auf einer Stelle des Meißner Kreises. Der Eintritt in den Landtag war ihm nach einer Notiz im Oberhofmarschallamt erst möglich gemacht worden, indem seinem Gut Lüttewitz am 21. März 1742 die Schriftsässigkeit erteilt worden war.[252] Auch in den Jahren 1746 und 1749 nahm der ehemalige fürstliche Ober-Steuereinnehmer an den Sitzungen des Weiteren Ausschusses teil.

Die Obersteuer-Direktoren wurden immer von der kurfürstlichen Seite gestellt. Der Direktor Christoph Heinrich v. Watzdorf (1670–1729) stammte aus einem wenig vermögenden Zweig des Geschlechts in der Oberlausitz und verfügte zunächst über keinen Rittergutsbesitz in den erbländischen Kreisen.[253] Erst am Ende seiner wohl sehr lukrativen Laufbahn erwarb er im Jahr 1722 das Gut Lichtewalde im Amt Augustusburg des Erzgebirger Kreises. Eine im Jahr 1716 vom Kurfürsten erhaltene Anwartschaft auf das altschriftsässige Gut Lomnitz konnte nicht realisiert werden.[254] Seine erste und einzige Landtagsteilnahme beschränkte sich daher auf das Jahr 1728.[255] Trotz seiner Stellung als „Geheimer Cabinets-Ministre", wirklicher geheimer Rat und Direktor sowohl des General-Accis- als auch des Ober-Steuer-Collegiums saß er nur in der Allgemeinen Ritterschaft.[256] Schließlich erwarb er 1726 eigenen Grundbesitz, jedoch außerhalb der kursächsischen Erblande, als er mit der Herrschaft Pförten in der Niederlausitz belehnt wurde, für die er seit 1721 eine ,Exspektanz' von Herzog-Moritz

---

stiegen. Außerdem war er. Kreishauptmann des Meißner Kreises. Als Director des Collegiums erhielt Centurius von Miltitz im Hof- und Staatskalender auch den Titel ,geheimer Rat', wie man aber im Kalender weiter vorne beim Kollegium des Geheimen Rates nachschlagen kann, war diese Ernennung nur dem Namen nach, also titular, erfolgt.

252 Siehe HSTA Dresden, Bestand 10.006, Oberhofmarschallamt, M.

253 Sein Vater, der kursächsische Kammerjunker, Amtshauptmann zu Hoyerswerda und Ober-Landfischmeister Christian Wilhelm v. Watzdorf (gestorben 1690) hatte das Gut Crostau erst durch seine 1665 erfolgte Heirat mit der Erbtochter Eva Catharina v. Seidlitz erlangt, siehe Walter v. Boetticher, Oberlausitzischer Adel, Bd. 2, S. 878 f, und Bd. 3, S. 100–103. Laut Johann Georg Zirschke, Hof-Staat, S. 26 wurde v. Watzdorf 1698 Kammerherr.

254 Seit den 1720er Jahren war das Rittergut Lomnitz in bürgerlicher Hand und fiel damit für eine Vertretung auf dem Landtag aus. Laut Oberhofmarschallamt erhielt v. Watzdorf für sein Gut Wiesa durch allergnädigstes Dekret vom 30. Mai 1722 für sich und die künftigen Besitzer die Altschriftsässigkeit inklusive Auslösung zuerkannt. Diese Maßnahme kam allerding für den vom 8. Februar bis 14. Juni dauernden Landtag von 1722 zu spät.

255 Anders als der Kabinettsminister v. Flemming, der 1718 direkt in den Engeren Ausschuß eintrat, oder sein Bruder der Generalleutnant v. Flemming, der 1711 direkt in den Weiteren Ausschuß kam, mußte der Herr Obersteuerdirector und Kabinettsminister v. Watzdorf mit der Allgemeinen Ritterschaft vorlieb nehmen, und zwar obwohl es auch auf dem Ausschußtag von 1725 in beiden Ausschüssen freie Stellen für den Erzgebirger Kreis gegeben hat. Die Kürze seiner gerade begonnenen Landtagskarriere ist dann durch seinen schon 1729 erfolgenden Tod bedingt.

256 Vom 18. April bis 1. Mai 1728 war er für eine Reise zur Leipziger Messe vom Landtag beurlaubt.

Wilhelm von Sachsen-Merseburg besaß.[257] Im Zedler findet sich eine äußerst plastische und aufschlußreiche Beschreibung seiner höfischen Karriere:

> „Weil seine … Frau Schwester den Bruder des Feld-Marschalls, Jacob Heinrichs, Grafens von Flemming, zum Gemahl hatte, so gab dieses Anlaß, daß ihm dieser vielgeltende Staats-Minister bey Hofe ans Bret brachte. Nachdem er eine Zeitlang Königlicher Cammerherr gewesen, ward er an des Grafens Adolph Magnus von Hoym Stelle Ober-Steuer-Präsident und General-Accis-Director, und einige Jahre darauf würcklicher geheimer Rath und geheimer Cabinets-Minister. Im Jahr 1719 im Junius Monate ward er von dem Kayser aus Selbsteigener Bewegniß in des heiligen R.R. Grafen-Stand erhoben, und von dem Könige in Polen mit dem Orden des weissen Adlers beehret. Im Jahr 1722 erhielt er die Dom-Probstey zu Budißin. Auch ist er des hohen Stifts Meissen Dom-Herr, Cammerherr und Hauptmann des Leipziger Kreises gewesen."[258]

Seine Schwester Christiane Charlotte (1668–1738) hatte am 11. November 1696 in zweiter Ehe den aus Pommern stammenden Oberstleutnant Joachim Friedrich Graf v. Flemming (1765–1740) geheiratet, der bis 1708 zum General der Kavallerie in der kursächsischen Armee aufstieg.[259] Joachim Friedrich v. Flemming war

---

257 Siehe Richard Jocksch-Poppe, Die patrimoniale Verfassung und Verwaltung der Standesherrschaft Forst und Pförten, in: Niederlausitzer Mitteilungen 9 (1905) S. 1–180, hier S. 16 f. Der Vorbesitzer Anshelm Graf v. Promnitz – laut Zedler, Univeral-Lexicon, Bd. 29 (1741), Sp. 810, merseburger geheimer Rat und Präsident der Oberamts-Regierung der Niederlausitz – war 1726 ohne Erben zu hinterlassen verstorben. Jocksch-Poppe nennt v. Watzdorf „merseburgischer Kabinetsminister". Das Mannlehen wurde für ihn in eine Erbherrschaft verwandelt, 1729 bekam sie sein Sohn, der Kammerherr und Kapitän der Garde Friedrich Karl Graf v. Watzdorf, der dann ebenfalls für Lichtewalde an den allgemeinen Landtagen von 1734 bis 1742 teilnahm. Laut Heinrich August Verlohren, Stammregister und Chronik der sächsischen Armee, S. 540, Nr. 11, hat Friedrich Carl trotz der Einschreibung in die Gardeliste wahrscheinlich nicht als Offizier gedient. Nach dem Anfall der Sekundogenitur Sachsen-Merseburg ging die Herrschaft Pförten 1740 durch Kauf an Heinrich Graf v. Brühl. Die jeweiligen Besitzer von Pförten gehörten zum Herrenstand der niederlausitzer Landtage.
258 Zedler, Universal-Lexicon, Bd. 53 (1747), Sp. 838. Laut Johannes Dürichen, Geheimes Kabinett und Geheimer Rat unter der Regierung Augusts des Starken in den Jahren 1704–1720, in: Neues Archiv für Sächsische Geschichte und Altertumskunde 51 (1930), S. 68–134, hier S. 86, Anm. 56, waren seine Stationen: 1705 Ober-Steuereinnehmer, 1710 Vizesteuerdirektor, 1712 Generalakzisedirektor, 1713 Obersteuerdirektor, 1715 wirklicher geheimer Rat und Kabinettsminister für innere Angelegenheiten.
259 In erster Ehe war sie bis zum 5. März 1694 mit dem Kammerjunker Johann Georg Vitzthum v. Eckstädt (1667–1694) auf Harthau und Nedaschütz in der Oberlausitz verheiratet. Nach dem Tod ihres ersten Mannes erbte sie die Güter, die sie 1699 an ihren zweiten Ehemann verkaufte und 1712 wieder von ihm zurückkaufte, siehe Boetticher, Oberlausitzer Adel, Bd. 1, S. 375, und Bd. 3, S. 50 f. Boetticher nennt kein Heiratsdatum für die Ehe mit v. Vitzthum, es dürfte aber im Umfeld oder kurz nach dessen Belehnung mit den Lehngütern 1787/88 gelegen haben. Zu Flemming siehe auch Verlohren, Stammregister der sächsischen Armee, S. 216 f Nr. 3 und Nr. 5. Den Reichsgrafenstand hatte erst der Vater Georg Kaspar v. Flemming im Jahr 1700 erlangt.

seit 1697 Kammerherr am Dresdner Hof.[260] Sein Schwager v. Watzdorf wurde 1698 auch Kammerherr. Im Landtag saß Joachim Friedrich v. Flemming für das Gut Nedaschütz, das seiner Ehefrau gehörte, in den Jahren von 1711 bis 1716 im Weiteren Ausschuß. Nachdem sie ihre Güter zurückgekauft hatte, wechselte er in den Leipziger Kreis über und stieg zugleich in den Engeren Ausschuß auf, wo er von 1718 bis 1728 als Besitzer des Rittergutes Kleinwölkau im Amt Delitzsch, mit dem er seit 1711 belehnt war, seinen Platz nahm. Sein jüngerer Bruder Jacob Heinrich v. Flemming (1667–1728) trat 1694 als Oberst in kursächsische Dienste und leitete im Jahr 1697 die Wahlkampagne für den Kurfürsten Friedrich August in Warschau.[261] Im Jahr 1699 war er Chef der Garde du Corps und 1705 General der Kavallerie. Weitere Stationen führten ihn 1710 auf den Stuhl des Präsidenten des Geheimen Kriegsrates, 1712 wurde er schließlich Generalfeldmarschall und dirigierender Kabinettsminister.[262] Der im Zedler erwähnte Adolph Magnus Graf v. Hoym (1668–1723) war von 1697 bis 1699 der Leiter des Generalrevisions-Kollegiums, wurde 1703 Direktor des neu eingeführten General-Accise-Kollegiums und 1706 Kabinettsminister. Im Jahr 1711 legte er jedoch seine Ämter nieder und wanderte nach Schlesien aus.[263] Jetzt konnte v. Watzdorf seinen Aufstieg als Nachfolger des Grafen v. Hoym im Steuer- und im Accise-Collegium fortsetzen. Bis zu seinem Tod im Jahr 1729 blieb er auf diesen Posten.

Sein Nachfolger im Amt des Direktors wurde Centurius v. Miltitz (1665–1737), der lange als Obersteuer-Einnehmer gedient hatte und bis 1731 zunächst als ‚Vice-Director' und von 1732 bis 1737 als ‚Director' seine Laufbahn krönen konnte. Im Gegensatz zu v. Watzdorf konnte v. Miltitz parallel auf eine längere Landtagskarriere zurückblicken. Nachdem er 1694 mit dem altschriftsässigen Rittergut Oberau im Amt Hayn des Meißner Kreises belehnt worden war, trat er in diesem Jahr auch für den Meißner Kreis in den die Allgemeine Ritterschaft ein.[264] Das Landtagsprotokoll bezeichnet ihn bei seinem Eintritt als gewesenen

---

260 Siehe Johann Georg Zirschke, Hof-Staat, S. 26

261 Siehe Karlheinz Blaschke, Art. ‚Flemming, Jakob Heinrich Graf von', in: Neue Deutsche Biographie, Bd. 5 (1961), S. 239 f.

262 Er ist auch der in der Literatur erwähnte ‚Graf Flemming', der dem Grafen v. Watzdorf 1722 das Rittergut und Schloß Lichtewalde verkauft hat, siehe Schumann, Zeitungs-Lexikon, Bd. 5, S. S. 685 f; oder Poenicke (Hg.), Album der Rittergüter, IV. Section: Erzgebirger Kreis, S. 8. Denn im Jahr 1722 saß er für Lichtewalde im Engeren Ausschuß des Landtages. Das Gut zirkulierte im 18. Jahrhundert weiterhin innerhalb des höfischen Milieus: Watzdorfs Sohn Friedrich Carl heiratete eine Gräfin Vitzthum v. Eckstädt, die Lichtewalde nach dessen Tod 1764 erbte und an ihren jüngeren Bruder den Oberkammerherren Ludwig Siegfried Graf Vitzthum v. Eckstädt weitergab. Seit 1777 war Lichtewalde ein Majorat.

263 Siehe Helmut Neuhaus, Friedrich August I. (1694–1733) in: Frank Lothar Kroll (Hg.), Die Herrscher Sachsens. Markgrafen, Kurfürsten, Könige. 1089–1918, München 2004, S. 173–191, hier, S. 182; und Alfons Perlick, Art. ‚Hoym, Adolf Magnus Graf von', in: Neue Deutsche Biographie, Bd. 9 (1972), S. 670 f. Im Jahr 1714 erwarb v. Hoym die oberschlesische Herrschaft Ehrenforst von Jacob Heinrich Graf v. Flemming, die übrigens im Kreis Cosel lag.

264 Siehe Zedler, Universal-Lexicon, Bd. 21 (1739), Sp. 247 f. Der Landtag wurde am 18. November 1694 eröffnet, die Belehnung mit Oberau erfolgte am 7. Dezember. Centurius v. Miltitz war der Sohn des 1670 gestorbenen Dietrich v. Miltitz auf Oberau, sein Großvater war der Kreissteuer-Einnehmer Alexander v. Miltitz auf Schenckenberg. Sein Vater Dietrich war ein fürstlicher

hessischen Kammerherrn, in Dresden erhielt er trotz seiner Ämter und Dienste jedoch nie den Kammerherrenschlüssel. Nach einer weiteren Landtagsteilnahme in der Allgemeinen Ritterschaft 1699, wo er als Direktor des Meißner Kreises fungierte, stieg er auf dem nächsten allgemeinen Landtag im Jahr 1711 in den Weiteren Ausschuß auf, zwei Jahre später war er bereits Direktor des Weiteren Kreises und auf dem Ausschußtag von 1715 kam er in den Engeren Ausschuß, dem er bis 1737 angehörte. Von 1711 bis 1728 firmiert er im Oberhofmarschallamt immer unter dem Titel eines Vize-Kreishauptmanns. Mit dem Aufstieg zum Direktor im Obersteuer-Collegium ging die Verleihung des Titels eines geheimen Rates einher. In den langen Jahren seiner Landtagsteilnahme hat Centurius v. Militz die Steuervorlagen demnach sowohl als Landstand des Meißner Kreises wie als kurfürstlicher Ober-Steuereinnehmer debattiert. Er verstarb 1737 ohne männliche Erben. Während Centurius v. Miltitz auch am Landtag Karriere machte, blieb sein älterer Bruder, der Kreissteuer-Einnehmer Alexander v. Miltitz (1653–1721), der von 1676 bis 1716 ebenfalls regelmäßig zum Landtag ging, immer nur ein Mitglied der Allgemeinen Ritterschaft.[265] Dieser hatte eine Tochter des Kammer-Direktors und Obersteuer-Einnehmers Johan (oder Hans) Nicol v. Schönfeld (1613–1679) auf Wachau geheiratet, der bis 1679 zugleich Mitglied des Engeren Ausschusses war.[266]

Der dritte Direktor des Obersteuer-Kollegiums wurde Heinrich v. Brühl (1700–1763), der seit 1739 formell die Leitung übernahm, nachdem er seit 1733 schon Vizedirektor gewesen war. Der Kammerjunker Heinrich v. Brühl hatte im Zusammenhang mit dem Zeithainer Lager vom Juni 1730 einen raschen Aufstieg am Hof als rechte Hand des Kurfürsten zum Ober-Kämmerer erlebt, der ihn schon 1732 das Direktorat im General-Accise-Collegium und die Stelle eines kurfürstlichen Obersteuer-Einnehmers bescherte,[267] ohne in irgendeiner Weise eine Verwaltungslaufbahn absolviert zu haben. Aufgrund dieser Posten erhielt er 1732 zudem die Stelle des jüngsten wirklichen geheimen Rates mit Sitz und Stimme im Rat. Unter dem neuen Kurfürsten Friedrich August II. konnte er die zentrale Rolle eines Geldbeschaffers und Organisators fortsetzen und erhielt am 25. März 1733 die Aufsicht über sämtliche landesherrlichen Kassen übertra-

---

Hofmeister und gehörte von 1657 bis 1670 zu den regelmäßigen Landtagsbesuchern. Seit 1660 saß er für Oberau im Weiteren Ausschuß und fungierte die letzten drei Male sogar als Direktor des Ausschusses.

265 Siehe Zedler, Universal-Lexicon, Bd. 21 (1739), S. 247 f; und Jahrbuch des deutschen Adels, Bd. 2 (1898), S. 580. Anfangs kam Alexander v. Miltitz für das väterliche Gut Oberau zum Landtag, seit 1692 aber für Rossensorf und Eschdorf am Amt Hohenstein und Lohmen des Meißner Kreises.

266 Siehe Zedler, Universal-Lexicon, Bd. 35 (1743), Sp. 806. Auch Johann Nicols Sohn Johann Adam v. Schönfeld auf Wachau, gestorben 1701, war Obersteuer-Einnehmer und praktisch als Nachfolger seines Vaters von 1690 bis 1701 Mitglied des Engeren Ausschusses. Die im Jahr 1704 in den Grafenstand erhobenen Nachkommen Johann Siegfried und dann Johann George v. Schönfeld (1718–1770) besuchten nur noch sporadisch den Landtag und kamen bis 1749 über die Allgemeine Ritterschaft nicht mehr hinaus.

267 Heinrich v. Brühl rückte damit in die aufgrund des Todes von Christoph Heinrich v. Watzdorf frei gewordenen und zunächst nicht wieder besetzten Stellen im General-Acise- und Ober-Steuer-Collegium.

gen.[268] Obwohl er sich 1731 auch ein Rittergut kaufte und seit dem Landtag von 1731 immer über einen Sitz im Engeren Ausschuß verfügte, gehörte er von seinem Lebensweg und von seinen Aufgaben her ganz dem höfischen Milieu an.

Außer Centurius v. Miltitz gehörten bei der Publikation des ersten Hof- und Staatskalenders im Jahr 1728 noch Gottlob Innocentius v. Einsiedel und Adam Friedrich v. Schönberg zu den kurfürstlicherseits ernannten Obersteuer-Einnehmern. Sie verfügten ebenfalls über beträchtliche Landtagserfahrung. Gottlob Innocentius v. Einsiedel (1683–1738) auf Hopfgarten im Borna des Leipziger Kreises kam erstmals 1716 zum Landtag. Zwei Jahre später gehört er bereits dem Weiteren Ausschuß an und trägt das Prädikat eines Obersteuer-Einnehmers. Von 1728 bis 1737 saß er schließlich im Engeren Ausschuß. Gottlob Innocentius setzte damit unmittelbar die Tätigkeiten seines Vaters Haubold v. Einsiedel (1644–1712) fort, der von 1670 bis 1711 Mitglied des Landtages gewesen war. Bei seinem Eintritt in den Weiteren Ausschuß im Jahr 1681 war Haubold v. Einsiedel Kreishauptmann, 1687 kam er in den Engeren Ausschuß und amtierte mindestens seit 1693 als Obersteuer-Einnehmer. Auf seinem letzten Landtag im Jahr 1711 wird er als Obersteuer-Direktor bezeichnet.

Nach dem Tod von Gottlob Innocentius v. Einsiedel ging die frei gewordene Stelle eines kurfürstlichen Obersteuer-Einnehmers 1738 an Friedrich August v. Brandenstein (1694–1743) auf Hermsdorf im Amt Leißnig des Leipziger Kreises. Er war der Sohn von Adam Friedrich v. Brandenstein (1658–1728), der vom Kornett (1682) bis zum Generalleutnant (seit 1715) in der kursächsischen Armee gedient hatte und von 1711 bis 1728 auch den Landtag besuchte, zuletzt 1728 im Engeren Ausschuß.[269] Im Jahr 1726 hatte Friedrich August v. Brandenstein den Kammerherren-Schlüssel erhalten und der Vater führte ihn 1728 am Landtag ein.[270] Laut Hof- und Staatskalender von 1735 war er zugleich Amtshauptmann zu Leißnig. Nach seiner Ernennung zum Obersteuer-Einnehmer stieg er 1739 noch zur Ober-Charge eines Ober-Küchenmeisters am Dresdner Hof auf. Als Kammerherr blieb er von 1728 bis 1737 immer Mitglied der Allgemeinen Ritterschaft. Die kurze Zeit als Obersteuer-Einnehmer von 1738 bis 1739 wirkte sich auf seine Landtagskarriere nicht mehr aus. Nachdem er seine Stelle im Obersteuer-Collegium zugunsten der Hofcharge niedergelegt hatte, kam er 1742 in den Weiteren Ausschuß. Die Einnehmerstelle ging 1740 an den Kammerherrn

---

268 Siehe Walter Fellmann, Heinrich Graf Brühl, S. 41–50 und S. 63.

269 Siehe Heinrich August Verlohren, Stammregister und Chronik der sächsischen Armee, S. 146, Nr. 3. Adam Friedrich war 1683 mit am Entsatz von Wien beteiligt, 1689/90 am Rhein und 1695 in Ungarn. Friedrich August v. Brandensteins Mutter war Gisela Sophia v. Holtzendorf, Tochter des Kammerherrn und Amtshauptmanns zu Eilenburg und Düben Christian Siegmund v. Holtzendorf (1630–1683) auf Dallwitz, siehe Zedler, Universal-Lexicon, Bd. 13 (1735), Sp. 696, außerdem ebd., Supplement, Bd. 4, Sp. 501. Gisela Sophia war die Tante des weiter unten zu behandelnden landschaftlichen Obersteuer-Einnehmers Christian Gottlieb v. Holtzendorf.

270 Siehe Johann Georg Zirschke, Hof-Staat, S. 29, Mit ihm wurde 1726 übrigens auch Alexander Joseph Graf v. Sulkowski Kammerherr. Während der Vater für Hermsdorf im Engeren Ausschuß saß, trat der Sohn für Hermsdorf in die Allgemeine Ritterschafft ein. Beide wohnten laut Oberhofmarschallamt in Dr. Albhardts Haus in der Schloßgasse. Die Belehnung des Vaters mit dem Rittergut Hermsdorf erfolgte am 27. Januar 1705.

Hans Heinrich v. Heringen (1697–1773) auf Ottenhausen, einen unter Heinrich v. Brühl aufgestiegenen erfahrenen General-Akziserat,[271] der schon seit 1722 regelmäßig an den Landtagssitzungen teilgenommen hatte, und zwar zunächst als Deputierter für das Amt Weißenfels im Thüringer Kreis, weil sein Vater Hans Ludwig v. Heringen (1664–1743) selbst für das Rittergut Ottenhausen im Engeren Ausschuß saß.[272] Hans Heinrich trat mit seiner Ernennung zum Akzisrat in Dresden im Jahr 1734 in den Weiteren Ausschuß ein, den er 1742 als Direktor leitete. Nach dem Ausscheiden des Vaters saß er dann 1746 und 1749 ebenfalls im Engeren Ausschuß. Auf dem Landtag von 1749 soll er sich gegen eine Fortsetzung der Finanzpolitik von Heinrich Graf v. Brühl ausgesprochen haben. Bis 1757 wird Hans Heinrich v. Heringen im Hof- und Staatskalender weiterhin als kurfürstlicher Obersteuer-Einnehmer und General-Akziserat geführt. Im Jahr 1762 wurde er Mitglied der Restaurationskommission.[273]

Die andere kurfürstliche Einnehmerstelle, die im Jahr 1728 Adam Friedrich v. Schönberg (1688–1751) auf Börnichen im Amt Augustusburg des Erzgebirger Kreises innehatte, blieb in dessen Hand bis zu seinem Tod.[274] Er war der zweite Sohn des Obersteuer-Directors, geheimen Rates, Bergrates, Kammerherrn und Amtshauptmanns, der ebenfalls Adam Friedrich v. Schönberg (1654–1707) hieß.[275] Der Vater hatte für das Rittergut Wingendorf von 1676 bis 1704 den Landtag besucht und seit 1690 im Weiteren, seit 1699 dann im Engeren Ausschuß gesessen. Nach dem Studium in Leipzig hatte er eine Kavalierstour in die Schweiz und nach Frankreich unternommen, kam im Jahr 1680 nach Paris und reiste im Herbst dieses Jahres nach London und schließlich wieder über Flandern und Brabant nach Paris. Im September 1681 war er zurück in Sachsen. Über den älteren Adam Friedrich v. Schönberg findet sich im zweiten Band von Valentin Königs Genealogischer Adels-Historie, der im Jahr 1729 während der Amtszeit des Sohnes erschien, die folgende Bemerkung:

> „Nach sothaner Reise hat er sich der Administration seiner Güther selbsten unterwunden, und bestmöglichst die Wirthschafft getrieben, auch bey denen Landes-Angelegenheiten einen Access zu suchen sich bemühet, worzu ihm ein noch selbiges Jahr ausgeschriebener allgemeiner Land-Tag das erstemahl die Gelegenheit geöffnet,[276] daß er

---

271 Brühl hatte ihn 1734 aus Sachsen-Eisenacher Diensten abgeworben, siehe Lutz Bannert, ‚Heringen, Hans Heinrich‘, in: Sächsische Biographie, Online-Ausgabe: http://www.isgv.de/saebi/ (zuletzt besucht am 19.11.2015).

272 Hans Ludwig v. Heringen wird 1716 als Oberhofmeister bezeichnet, es bleibt jedoch unklar, wo er die Funktion ausübte. Bei Johann Georg Zirschke, Hof-Staat, ist er nicht nachweisbar.

273 Siehe Horst Schlechte (Hg.), Die Staatsreform in Kursachsen 1762–1763, Berlin 1958, S. 25.

274 Zu den v. Schönberg siehe jetzt Matthias Donath, Rotgrüne Löwen. Die Familie von Schönberg in Sachsen, 2., verbesserte Auflage, Meißen 2015, hier S. 346 und S. 349. In diesem neueren Werk finden sich jetzt, ebd., S. 368 f, immerhin fünf recht kursorische Seiten über den Landtag, allerdings bleibt er in seiner Bedeutung für die Adeligen unbestimmt.

275 Siehe Christian Heinker, Die Bürde des Amtes, S. 371 f.

276 Bei Valentin König, Genealogische Adels-Historie, Bd. 2, S. 1014, ist die Jahreszahl 1682 angegeben, es muß sich aber um das Jahr 1681 und den am 2. November eröffneten Landtag handeln. Eine weitere Ungenauigkeit betrifft die Angabe „erstmals". Adam Friedrich v. Schönberg hat

seine weisen und patriotischen Consilia in gepflogenen Deliberationen gesamten Mit-Ständen bekannt machen können, weßwegen man ihn denn nicht allein den Zutritt alsbald in Weiten, sondern auch nach kurzer Zeit in den Engern Ausschuß gegönnet, nicht weniger in denen wichtigsten Landschaffts-Disputationibus auf ihn vor andern reflectiret. In solchen Occupationen brachte er biß in das 1694. Jahr zu, da ihm von damahliger Churfürstlicher Durchlaucht zu Sachsen die Amts-Haupmannschafft zu Wolckenstein, und hernach … Anno 1697 der Cammer-Herrn-Schlüssel,…, und endlich anno 1702 der Geheimbde Raths Titul, Anno 1703 aber die Creyß-Einnehmer Stelle im Erzgebürgischen Creyße gnädigst und allergnädigst conferirt wurde."[277]

Der Vater war zudem gut vernetzt. Eine seiner beiden Schwestern hatte 1665 den Kammerherrn, Appellationsrat und Inspektor der Fürstenschule zu Meißen Hans Heinrich v. Schönberg (1638–1711) auf Maxen geheiratet, den er 1699 bei seinem Eintritt in den Engeren Ausschuß des Landtages wiedersehen konnte und der zudem auch Kreissteuer-Einnehmer des Meißner Kreises war.[278] Er selbst hatte 1685 die 1669 geborene Auguste Marie, Tochter des Moritz Dam Marschall v. Bieberstein (1645–1702) auf Hermsdorf im Leipziger Kreis, geheiratet. Sein Schwiegervater war geheimer Rat zu Weißenfels und zu Dresden und „Chur- und Fürstlich Sächsischer gesamter Ober-Steuer-Einnehmer", den er ebenfalls 1699 im Engeren Ausschuß antraf.[279]

Die Teilhabe an den „patriotischen Consilia" setzte dann der Sohn fort. Der jüngere Adam Friedrich v. Schönberg auf Börnichen trat im Jahr 1711 kurz nach Erlangung der Volljährigkeit in den Landtag ein. Er wurde 1722 in den Weiteren Ausschuß berufen und kam 1728 in den Engeren Ausschuß.[280] In den Jahren 1728

---

schon während seiner Studienzeit erstmals einen Landtag besucht. Nach dem Tod des Vaters Johann Georg am 18. August 1676, der von 1659 bis 1673 dem Engeren Ausschuß angehört hatte, kam er zu dem am 29. Oktober 1676 eröffneten Landtag und hat dort als Nachfolger in das väterliche Rittergut Wingendorf in der Allgemeinen Ritterschaft gesessen.

277 Valentin König, Genealogische Adels-Historie, Bd. 2, S. 1013f, Nr. 368. An anderer Stelle des Eintrags ist von „des Erzgebürgischen Creyses Ober-Steuer-Einnehmer" die Rede, es handelt sich daher möglicherweise um eine der von den Landständen zu vergebenden Stellen als adeliger Ober-Steuereinnehmer.

278 Ebd., S. 918f, Nr. 116. Da das Gut Maxen im Amt Pirna amtsässig war, kam v. Schönberg, Landtagsbesucher seit 1666 und Mitglied des Engeren Ausschusses von 1681 bis 1711, als Deputierter nach Dresden. Obwohl das Amt Pirna bei Christian Gottlob Wabst, Historische Nachricht, Beilagen, S. 82, zum Erzgebirger Kreis gerechnet wird, zählte es im Dresdner Landtag immer zum Meißner Kreis.

279 Ebd., Bd. 2, S. 1013, siehe auch Carl Sahrer v. Sahr, Heinrich v. Bünau, S. 49, Anm. 42.

280 Sein älterer Bruder, der Kammerjunker (seit 1711) und Landtagsteilnehmer (seit 1716) Johan Tham v. Schönberg (1686–1748) auf Naundorf rückte für ihn 1728 in den Weiteren Ausschuß nach, wo er bis 1737 blieb, der jüngere Bruder Friedrich August v. Schönberg, geboren 1706, Kammerjunker von 1734 bis 1743, Kammerherr ab 1744, trat im Jahr 1728 für Wingendorf erstmals in die Allgemeine Ritterschaft ein, der er bis 1749 weiter angehörte. Der vierte Bruder Curt Alexander v. Schönberg, geboren 1706, Kammerjunker von 1728 bis 1736, Kammerherr seit 1737, wurde 1734/35 Oberberghauptmann zu Freyberg und besuchte 1728 erstmals die Allgemeine Ritterschaft für das Rittergut Oberschöna im Erzgebirger Kreis. Nach einer Unterbre-

und 1729 war er zudem nach dem Leipziger Oberhofrichter Matthias Gundacker Freiherr v. Herberstein der zweitälteste Hofrichter der Landesregierung zu Dresden, gab die Stelle 1730/31 aber zugunsten der Vice-Präsidentschaft der Ober-Rechnungs-Deputation auf. Sie ging aber 1734/35 schon wieder an den Konferenzminister und wirklichen geheimen Rat Bernhard v. Zech.[281] Im Jahr 1744 erlangte auch Adam Friedrich v. Schönberg das Prädikat wirklicher geheimer Rat, aber ohne Session im Rat, und damit verbunden die Anrede Excellenz. Seine Ehefrau wurde im Jahr 1716 die 1695 geborene Wilhelmina Ernestina, Tochter des Hans Haubold v. Einsiedel (1654–1700) auf Wolckenburg im Leipziger Kreis, der 1688 Hofmarschall des Chur-Prinzen Johann Georg IV. gewesen war und im Jahr 1699 ebenfalls in den Engeren Ausschuß des Landtages kam.[282]

Die Familientradition der v. Schönberg in der Obersteuer-Einnahme setzte sich auch in der zweiten Hälfte des 18. Jahrhunderts fort. Adam Friedrichs Sohn der Kammerherr (seit 1757) Carl August v. Schönberg auf Meineweh im Thüringer Kreis, Mitglied des Landtages von 1763 bis 1805, wird in den Hof- und Staatskalendern von 1765 bis 1773 als kurfürstlicher Obersteuer-Einnehmer geführt. Im Jahr 1774/75 stieg er auf zum Vize-Steuer-Director und amtierte von 1783 bis 1805 als Nachfolger von Detlev Carl Graf v. Einsiedel lange Jahre als Ober-Steuer-Director. Sein älterer Bruder Heinrich Wilhelm v. Schönberg, der vom Vater das Gut Börnichen und vom Onkel Friedrich August das Gut Wingendorf geerbt hat, war seit 1752 Hof- und Justitienrat bei der Landesregierung in Dresden und gehörte dem Obersteuer-Collegium nicht an.[283] Aber sein Sohn, der Kammerherr Friedrich Alexander v. Schönberg, der 1773 Börnichen erbte und 1775 in den Landtag eintrat, findet sich wieder dort. Laut Hof- und Staatskalender war er seit 1781 ein landschaftlicher Obersteuer-Einnehmer, der er auch bis zu seinem Tode im Jahr 1803 blieb. Von 1781 bis 1799 gehörte er zugleich durchgehend dem Weiteren Ausschuß an. Bei seinem Eintritt in das Ober-Steuer-Collegium als Vertreter der Landschaft traf er dort übrigens auf seinen Onkel, den Vice-Director Carl August v. Schönberg.

Auf Adam Friedrich v. Schönberg folgte als kurfürstlicher Obersteuer-Einnehmer im Jahr 1752 der frisch ernannte ,Conferenz-Minister' und wirkliche geheime Rat Wilhelm August Graf v. Stubenberg (1709–1771), der von 1732 bis 1745 Hofrat und von 1746 bis 1752 ,Vice-Canzler' der Landesregierung zu Dresden gewesen war. Er verkörperte eine ausgesprochen höfische Ernennung ohne größeren Rückhalt in der kursächsischen Landschaft. Die v. Stubenberg waren evangelische Exulanten aus der Steiermark, die in Kursachsen mit

---

chung während der Landtage von 1737 und 1742, weil er als Bergwerksfachmann in Rußland tätig war, nahm er 1746 und 1749 im Weiteren Ausschuß Platz.

281 Siehe Hof- und Staatskalender 1728, 1729, 1731 und 1735.

282 Sein Enkel Detlev Carl Graf v. Einsiedel (1737–1810) auf Wolckenburg wird in den Hof- und Staatskalendern von 1765 bis 1773 als Kreishauptmann des Leipziger Kreises geführt und – zusammen mit Carl August v. Schönberg – als kurfürstlicher Obersteuer-Einnehmer. Von 1775 bis 1782 war er Obersteuer-Director, von 1783 an wirklicher geheimer Rat und Konferenzminister. Detlev Carl Graf v. Einsiedel war außerdem von 1763 bis 1805, man kann fast sagen: natürlich auch Mitglied des Dresdner Landtages.

283 Siehe Gustav Adolf Poenicke (Hg.), Album der Rittergüter, IV. Section: Erzgebirger Kreis, S. 170.

Straßberg im Vogtländer Kreis nur über geringen Grundbesitz verfügten und auf höfische oder landesherrliche Bedienungen angewiesen waren.[284] Dennoch kam auch er um eine Landtagsteilnahme offensichtlich nicht herum.[285] Im Jahr 1742 trat er in die Allgemeine Ritterschaft des Vogtländer Kreises ein und saß 1746 und 1749 im Weiteren Ausschuß. Die letzte Ernennung auf kurfürstlicher Seite vor dem Siebenjährigen Krieg fand 1754 statt. Als Super-Nummerar Obersteuer-Einnehmer trat Rudolph Graf v. Bünau (1711–1772) auf Seußlitz im Meißner Kreis in das Kollegium ein.[286] Er machte dort rasch Karriere, denn in den Hof- und Staatskalendern von 1765 bis 1772 wird er als Obersteuer-Director geführt. Seinen ersten Landtag in der Allgemeinen Ritterschaft besuchte er 1749, von 1763 bis 1769 saß er allerdings nur im Weiteren Ausschuß.

Unter den kurfürstlichen Obersteuer-Einnehmern finden sich demnach mit v. Watzdorf, v. Brühl, v. Brandenstein, v. Heringen und v. Stubenberg mehrere Vertreter, die ihre Laufbahn eindeutig im Rahmen einer dezidiert höfischen Karriere absolvierten. Sie waren nicht nur Finanzfachleute, sondern übten in ihrer Tätigkeit der Geldbeschaffung und des Schuldenmanagements politische Aufgaben im Interesse des Landesherrn aus. Auch wenn sie ihre Ämter dem Hof verdankten, waren sie jedoch nicht von vornherein bloße Erfüllungsgehilfen, wie das Beispiel v. Heringens deutlich machen kann. Kurfürstliche Vertrauensstellung und Landtagskarriere bildeten bei den Obersteuer-Einnehmern keine Gegensätze, sondern existierten parallel nebeneinander. Auf der anderen Seite zeigen die Beispiele v. Einsiedel und v. Schönberg das erhebliche Gewicht familiärer Traditionen. Außerhalb der nachbarschaftlichen Verbindungen scheinen die beruflichen Kontakte und wiederholten Begegnungen im Rahmen der Landtags-Sessionen auch Heiraten angebahnt zu haben. Über die Heiratsverbindungen entstanden wenigstens auf eine gewisse Zeit geradezu spezifische Milieus wie hier das der Steuereinnehmer. Es bliebe in weiteren detaillierten Studien zu prüfen, inwieweit solche Traditionen und Milieus abrupte Politikwechsel des Landesherrn abzudämpfen in der Lage waren.

Die landschaftliche Seite im Ober-Steuer-Collegium hat nicht weniger gewichtige Namen vorzuweisen. Die erste Stelle auf landschaftlicher Seite, die dem Erbmarschall des Dresdner Landtages und damit einem Angehörigen des Geschlechts der Löser erblich zustand, mußte mangels Kandidaten in den Jahren 1728 und 1729 von Caspar Heinrich v. Beneckendorf auf Alt- und Neu-Kötitz und von 1733 bis 1738 von Johann Moritz v. Heßler auf Vitzenburg vertreten werden. Aufgrund der Koppelung mit dem Amt des Erbmarschalls des Dresdner Landtages handelte es sich bei dieser landschaftlichen Einnehmerstelle jedoch

---

284 Siehe Zedler, Universal-Lexicon, Bd. 40 (1744), Sp. 1173.
285 Sein Vater, der Dresdner Kammerherr Adolph Wilhelm v. Stubenberg (1671–1738) auf Krebs im Meißner Kreis hatte sich nur einmal im Jahr 1711 der Landschaft vorgestellt.
286 Es handelt sich hier um den jüngeren Bruder des Geschichtsschreibers und ehemaligen geheimen Rates Heinrich v. Bünau auf Domsen. Er wurde nach Studium und Kavaliersreise 1733 zunächst adliger Assessor am Oberhofgericht zu Leipzig, war zudem fürstlich Weißenfelser Hofrat und dann seit 1743 schon Kammerherr am Dresdner Hof, bevor er von Heinrich v. Brühl in das Obersteuer-Collegium berufen wurde. Auch der Vater, der Kanzler Heinrich v. Bünau, war Obersteuer-Einnehmer gewesen, siehe Carl Sahrer v. Sahr, Heinrich v. Bünau, S. 44–46.

nicht um eine Wahlstelle, sondern um ein Erbamt. Da der Landesherr auch die Verweser des Erbmarschallamtes ernannte, gehört diese Stelle politisch eigentlich zum direkten kurfürstlichen Einflußbereich.[287] In den Jahren 1731 bis 1732 und 1739 bis 1741, in denen keine Landtage stattfanden, blieb die Erbmarschallsstelle im Obersteuer-Collegium sogar „vacant". Erst 1742 war mit dem Kammerherrn Hans Graf Löser auf Reinharz im Churkreis wieder ein Erbmarschall vorhanden, der die nächsten fünfzehn Jahre an der Spitze der landschaftlichen Obersteuer-Einnehmer stand. Zwei Jahre später erhielt er zudem das Prädikat eines wirklichen geheimen Rates ohne Session hinter seinen Kollegen in der Obersteuer-Einnahme Adam Friedrich v. Schönberg für die kurfürstliche und Christian Gottlieb v. Holtzendorf für die landschaftliche Seite.

Im Jahr 1728 waren außer dem Verweser des Erbmarschallamts nur zwei weitere landschaftliche Mitglieder im Collegium. Die eine Stelle hatte der Kreishauptmann des Churkreises Christian Wilhelm v. Thümen auf Blanckensee bis zu seinem Tod im Jahr 1741 inne. Er gehörte dem Landtag seit 1687 an, wurde auf dem Ausschußtag von 1704 in den Weiteren Ausschuß berufen und gehörte von 1716 bis 1737 zum Engeren Ausschuß. In seiner fünfzigjährigen Landtagsteilnahme erlebte er demnach vier Kurfürsten. Sein Vater Joachim v. Thümen hatte als Hauptmann des Landes Luckenwalde amtiert und auch Christian Wilhelm v. Thümen wurde zuerst preußischer Landrat und dänischer Ober-Land-Fischmeister, bevor er ganz in kursächsische Dienste trat.[288] Er begann seine Laufbahn in Kursachsen als Kriegs-Commissarius und stieg dann zum Kreishauptmann und Obersteuer-Einnehmer sowie Hofrichter am Hofgericht zu Wittenberg auf, wo er bis 1741 als Hofrichter den Vorsitz führte.[289] Seit 1736 war er zwar auch titular geheimer Rat, zum Kammerherrn wurde er jedoch nicht ernannt. Christian Wilhelm v. Thümen war in dritter Ehe mit Sabine Hedwig, Tochter des Kreis-Kriegs-Commissarius im Churkreis Christoph Albrecht v. Schlieben verheiratet, der von 1699 bis 1716 dem Engeren Ausschuß angehörte.[290] Eine seiner Töchter heiratete Friedrich Wilhelm Graf v. Brühl, den Repräsentanten des Herzogs von Sachsen-Weißenfels im Obersteuer-Collegium seit 1739 und Bruder des Obersteuer-Directors Heinrich Graf v. Brühl. Auffällig an der Karriere v. Thümens ist zum einen der fehlende Kammerherrentitel, zum anderen die zeitgleiche Anstellung am Hofgericht zu Wittenberg.

Nach dem Ausscheiden des Hofrichters v. Thümen 1741 blieb die vierte landschaftliche Stelle ein Jahr lang unbesetzt. Im Jahr 1743 rückte für ihn Statz Hilmar v. Fullen auf Störmthal im Leipziger Kreis in das Ober-Steuer-Collegium

---

287 Die Landschaft konnte also praktisch nur drei Vertreter im Obersteuer-Collegium nominieren.
288 Siehe Zedler, Universal-Lexicon, Bd. 43 (1745), Sp. 1805 f.
289 Das Oberhofmarschallamt tituliert ihn 1718 erstmals als Kreishauptmann. Wann seine Tätigkeit am Wittenberger Hofgericht begann, läßt sich zur Zeit nicht sagen. In den Hof- und Staatskalendern wird das Hofgericht erst seit 1738, nach dem Anfall von Sachsen-Merseburg aufgelistet. Bei der Verleihung des Titels geheimer Rat im Jahr 1736 wird er als adliger Hofgerichts-Assessor zu Wittenberg bezeichnet.
290 Christian Wilhelm v. Thümen hat aber seinen Schwiegervater bei seinem Eintritt in den Engeren Ausschuß 1716 dort vermutlich nicht mehr angetroffen. Das Oberhofmarschallamt verzeichnet für die Jahre 1715 und 1716 keine Teilnahme v. Schliebens an den Sessionen.

nach.[291] Er gehörte dem Landtag schon seit 1711 an, kam im Jahr 1722 in den Weiteren Ausschuß und saß seit 1728 einundzwanzig Jahre lang im Engeren Ausschuß. Bei seinem Eintritt in den Landtag wird er im Oberhofmarschallamt als Kammerjunker bezeichnet.[292] Seit 1722 war er Kammerherr am Dresdner Hof und mit Publikation der Hof- und Staatskalender ist er als adeliger Assessor am Oberhofgericht in Leipzig greifbar. Die Berufung auf den Posten eines landschaftlichen Ober-Steuereinnehmers erfolgte demnach erst nach langen Jahren am Oberhofgericht und im Landtag. Von 1749 bis 1752 konnte er in Leipzig schließlich seine Laufbahn krönen und für kurze Zeit noch als Oberhofrichter amtieren.

Die andere im Jahr 1728 besetzte landschaftliche Stelle bekleidete Friedrich August v. Watzdorf (1682–1749) auf Kauschwitz und Jößnitz im Vogtländer Kreis. Auch in seinem Fall erfolgte keine Ernennung zum Kammerherrn am Dresdner Hof. Andererseits hatte er eine Ratsstelle an einem landesherrlichen Obergericht, und zwar amtierte er in Dresden bis 1733 als Appellationsrat und seit 1734/35 als Appellationsrat ohne Session.[293] Friedrich August v. Watzdorf hatte 1699 im Alter von siebzehn Jahren die väterlichen Rittergüter geerbt und trat 1711 mit dem Rittergut Kauschwitz in die Allgemeine Ritterschaft ein.[294] Auf dem Ausschußtag des Jahres 1713 kam er bereits in den Weiteren Ausschuß, von 1731 bis 1749 gehörte er zum Engeren Ausschuß. Im Oberhofmarschallamt wird er von 1722 bis 1742 durchgehend nur als Appellationsrat angesprochen, 1746 dann als Kreishauptmann des Vogtländer Kreises. An dem am 22. Juni 1749 eröffneten Landtag hat er, obwohl ihn das Landtagsprotokoll noch aufführt, nicht mehr teilgenommen, da er am 5. Juli 1749 verstarb.[295]

Friedrich August v. Watzdorf war mindestens zwanzig Jahre lang als landschaftlicher Obersteuer-Einnehmer tätig. Er setzte damit eine familiäre Tradition fort, denn bereits sein Vater Johann Friedrich (1649–1699) und sein Großvater Hans Friedrich (1611–1649) waren Obersteuer-Einnehmer im Vogtland gewesen. Sein Vater Johann Friedrich war seit 1673 Mitglied des Landtages und saß von

291 Im Landtag von 1742 hatte er mit den Ober- bzw. Kreis-Steuer-Einnehmern Friedrich August v. Watzdorf und Otto Heinrich v. Berlepsch an der ersten Tafel des Engeren Ausschußes gesessen.

292 Da sich der Kammerjunker v. Fullen bei Johann Georg Zirschke, Hof-Staat, nicht nachweisen läßt, hatte er seine Stelle vermutlich nicht am Dresdner Hof, sondern an einem der kleineren umliegenden Höfe.

293 Im Zuge des Thronwechsels von 1733 wurde die Zahl der adeligen Appellationsräte am Appellationsgericht, möglicherweise in dem Versuch, Einsparungen in den Haushaltsausgaben zu erzielen, von siebzehn auf sechs reduziert und die neue Kategorie der Appellationsräte ohne Session geschaffen. Die bürgerlichen Appellationsräte erlitten nur eine Verminderung von elf auf neun Räte. Unter den neuen gelehrten Räten findet sich 1735 auch Dr. Christian Gottlob Wabst, der Verfasser der Historischen Nachricht von 1732.

294 Laut Oberhofmarschallamt kam er 1711 zugleich in Vollmacht von Herrn Johann Rudolph Flößa v. Seilbitz auf Raschau und von Obristleutnant Johann Siegmund Heinrich v. Feilitzsch (1684–1731), Kammerjunker des Markgrafen von Bayreuth, zu Kürbitz, beides Rittergutsbesitzer im Vogtländer Kreis.

295 Siehe HSTA Dresden, Bestand 10.080, Lehnhof Dresden, Rittergut Röttis, O Nr. 7747 und 7748; und Jahrbuch des deutschen Adels, Bd. 3 (1899), S. 738 f. Der Vater Johann Friedrich v. Watzdorf hatte das Gut Röttis im Jahr 1691 von Heinrich Volrath v. Watzdorf gekauft.

1681 bis 1696 im Engeren Ausschuß. Der ältere Sohn Adam Friedrich v. Watzdorf (1718–1781) wurde 1746 wiederum Supernumerar am Appellationsgericht und 1752 ordentlicher Appellationsrat.[296] Im Jahr 1765 war er außerdem Oberhof-richter und damit der Vorsitzende des Oberhofgerichts zu Leipzig.[297] Friedrich Augusts Enkel Adam Friedrich August v. Watzdorf (1753–1809) auf Wiesenburg im Churkreis kombinierte am Ende des 18. Jahrhunderts erneut den Besuch des Landtages mit der Stelle des Hofrichters zu Wittenberg und des adligen Kreis-steuer-Einnehmers für den Churkreis.

Die dritte und letzte reguläre Stelle nach dem Erbmarschall in der Ober-steuer-Einnahme „Gesamter Landschafft wegen" besetzte von 1729 bis 1735 für kurze Zeit Wolff Rudolph v. Schönberg auf Purschenstein im Erzgebirger Kreis.[298] Die landschaftliche Stelle im Obersteuer-Collegium war die Krönung langer Dienstjahre als Amtshauptmann zu Wolkenstein.[299] Kammerherr war er in Dresden seit 1718, nach dem Thronwechsel erhielt er 1734/35 noch das Prä-dikat eines titular geheimen Rates. Er war der jüngere Sohn des Kammerherrn Caspar Heinrich v. Schönberg auf Purschenstein. Seine Mutter Dorothea Agnes war eine Tochter des kursächsischen Oberstallmeisters Reinhard Freiherr v. Taube.[300] Den Landtag in Dresden hatte er zum ersten Mal im Jahr 1699 besucht. Der Ausschußtag von 1704 berief ihn dann in den Weiteren Ausschuß und von 1711 bis 1734 war er Mitglied des Engeren Ausschußes.

Nach dem Ausscheiden von Wolff Rudolphs v. Schönberg blieb laut Hof- und Staatskalender von 1736 bis 1738 eine landschaftliche Einnehmerstelle drei Jahrgänge lang unbesetzt, obwohl im Jahr 1737 ein allgemeiner Landtag statt-gefunden hatte. Seit 1739 war die landschaftliche Seite bis auf den fehlenden Erbmarschall durch Christian Gottlieb v. Holtzendorf (1696–1755) zu Bärenstein im Amt Pirna des Meißner Kreises jedoch wieder komplett. Im selben Jahr war er

---

296 Den Landtag besuchte er wie sein jüngerer Bruder, der Kreis-Commissar Gottlob August v. Watzdorf auf Jößnitz und Röttis erst 1763.

297 Und der aktuelle Ober-Steuer-Director Rudolph Graf v. Bünau war unter ihm der älteste der adligen Beisitzer am Oberhofgericht zu Leipzig.

298 Zur Purschensteiner Linie des weitverzweigten Geschlechts siehe Valentin König, Genealogi-sche Adels-Historie, Bd. 2, S. 1040–1043, Wolf Rudolph v. Schönberg trägt ebd., S. 1055, die Nr. 485; und Zedler, Universal-Lexicon, Bd. 35 (1743), Sp. 708–714. Obwohl er aus seiner zweiten Ehe mit Magdalene Sophie v. Schönberg zwei Töchter und drei Söhne hatte, starb er 1735 ohne Kinder zu hinterlassen. Das Gut Purschenstein ging daher an Gotthelff Friedrich v. Schönberg als nächster Mitbelehnter.

299 Im Oberhofmarschallamt wird er seit 1704 als Amtshauptmann bezeichnet. Auch im Zedler wird er nur als Amtshauptmann und Kammerherr vorgestellt. Die landschaftlichen Aktivitäten fallen dagegen unter den Tisch.

300 Laut Johann Georg Zirschke, Hof-Staat, S. 41, war der Vater von 1635 bis 1660 Ober-Stallmeister und starb 1662 im Alter von sechsundsechzig Jahren. Ihr Bruder Reinhard Dietrich v. Taube (1627–1681) wurde 1656 geheimer Rat, außerdem Obersteuer-Director und Kanzler. Im Jahr 1676 wurde er in den Reichsgrafenstand erhoben. Die v. Taube aus baltischem Adel gehörten im 17. Jahrhundert zum einflußreichen, auf ihre fürstliche Bedienungen angewiesenen Hofadel in Dresden, siehe Heinker, Bürde des Amtes, S. 157 f und S. 320. Sie wurden vom Kurfürsten mit Grundbesitz, u. a. Neukirchen im Erzgebirger Kreis, ausgestattet, siehe Gustav Adolf Poenicke (Hg.), Album der Rittergüter, IV. Section: Erzgebirger Kreis, S. 121.

ebenfalls zum Präsidenten des Ober-Consistoriums ernannt worden, das vor allem als das ordentliche landesherrliche Gericht in geistlichen Angelegenheiten fungierte. Beide Aufgaben nahm er bis 1756 gleichzeitig wahr. Im Jahr 1742 wurde er zusammen mit seinem Kollegen, dem kurfürstlichen Obersteuer-Einnehmer Adam Friedrich v. Schönberg an die Spitze der Liste der titular geheimen Räte gesetzt, 1744 wurden beide wirkliche geheime Räte ohne Session. Während des kursächsischen Reichsvikariats im Jahr 1745 folgte dann schließlich noch der Grafentitel für Christian Gottlieb v. Holtzendorf. Im Gegensatz zu anderen landschaftlichen Kollegen war er schon seit 1720 Kammerherr am Dresdner Hof.

Christian Gottlieb v. Holtzendorf war der ältere Sohn aus der ersten Ehe des Dresdner Kammerherrn und Ober-Stallmeisters in Sachsen-Weißenfels Christoph Siegmund v. Holtzendorf (1671–1715) auf Thallwitz im Leipziger Kreis.[301] Das Rittergut Bärenstein erlangte er als Erbe seiner verstorbenen Mutter.[302] Seine Landtagskarriere hatte der im Jahr 1696 geborene Christian Gottlieb im Jahr 1718 mit dem Eintritt in die Allgemeine Ritterschaft begonnen. Er mußte allerdings sechs Landtage warten, bevor er – und zwar erst nach nach seiner Berufung zum landschaftlichen Obersteuer-Einnehmer und Präsidenten des Ober-Consistoriums – 1742 in den Weiteren Ausschuß aufsteigen konnte. Im Jahr 1749 kam er dann doch noch in den Engeren Ausschuß. In erster Ehe war Christian Gottlieb v. Holtzendorf von 1723 bis 1742 mit Friederike Sophie Freiin v. Bobran und Modlau (1704–1742) aus Schlesien verheiratet. Im Jahr 1745 ehelichte er dann noch die Witwe des Obersteuer-Directors Centurius v. Milititz, Henriette Charlotte (1701–1749), geborene v. Schieck.[303] In diesem Fall einer deutlichen Orientierung auf den Dresdner Hof hin fällt es besonders schwer, den landschaftlichen Obersteuer-Einnehmer als Gegenspieler landesherrlicher Forderungen zu sehen.

In den fünfziger Jahren scheint sich die Ernennungspolitik für die landschaftlichen Stellen im Obersteuer-Collegium gewandelt zu haben. Jetzt wurden vor allem Amtsträger berufen, die zugleich in der landesherrlichen Kammerverwaltung aktiv waren. Auf v. Watzdorf folgte im Jahr 1750, allerdings – ver-

---

301 Den Kammerherrentitel erhielt er 1699, siehe Zedler, Universal-Lexicon, Bd. 13 (1735), Sp. 696; Zirschke, Hof-Staat, S. 26; und Valentin König, Genealogische Adels-Historie, Bd. 2, S. 919 f. Walter v. Boetticher, Oberlausitzischer Adel, Bd. 1, S. 753, gibt als Geburtsjahr allerdings 1673 an. In erster Ehe war er von 1694 bis 1696 mit Agnes Christiane v. Schönberg verheiratet. Das Gut Thallwitz ging an den Sohn zweiter Ehe, Kammerjunker Gotthelf Siegmund v. Holtzendorf, geboren 1698 und von 1722 bis 1737 Mitglied der Allgemeinen Ritterschaft.

302 Seine Mutter Agnes Chistiana, geboren 1674, vermählt 1694, war die Tochter des Kammerherrn, Appellationsrates und Meißner Kreissteuer-Einnehmers und Mitglied des Engeren Ausschusses von 1681 bis 1711 Hans Heinrich v. Schönberg (1638–1711) auf Maxen, Bärenstein und Ober-Lichtenau. Über diesen Großvater und die zeitgenössischen Praktiken heißt es bei Valentin König, Genealogische Adels-Historie, Bd. 2, S. 919: „Er dienete ... 4 Churfürsten, und ward von solchen in wichtigen Expeditionibus, als bey Land-Tagen in der Markgrafschafft Oberlausitz, Einnehmung der Erb-Huldigungen, schweren Commissionen und in deliberationibus publicis vielfältig gebrauchet. Anno 1695. legte er aus dringenden Ursachen die Raths-Dienste in Unterthänigkeit nieder, doch mußte er die Creys-Steuer Einnahme beständig behalten. Anno 1670. zohe ihn die Hochlöbl. Landschafft, wegen seiner grossen Meriten, in den weiten Ausschuß der Ritterschaft."

303 Siehe Walter v. Boetticher, Oberlausitzischer Adel, Bd. 1, S. 754.

mutlich altersbedingt – nur für ein einziges Jahr, noch Caspar v. Berlepsch auf Hennigsleben im Thüringer Kreis. Er hatte von 1733 bis 1749 als „Adjunctus" des Kreissteuer-Einnehmers für den Thüringer Kreis Otto Heinrich v. Berlepsch auf Gröbitz gearbeitet, der zugleich Appellationsrat in Dresden war und 1755 Vice-Präsident des Gerichts wurde.[304] Es handelt sich bei den beiden v. Berlepsch um Brüder und langjährige Mitglieder des Dresdner Landtages.[305] Otto Heinrich war Amtshauptmann zu Leipzig und dort auch adliger Assessor am Oberhofgericht. Den Landtag besuchte er seit 1711, zunächst für das väterliche Rittergut Teuchern im Thüringer Kreis, ab 1728 für das Rittergut Gröbitz. Auf dem Ausschußtag von 1712 kam er schon in den Weiteren Ausschuß und firmierte seit 1713 als Appellationsrat. Von 1731 bis 1749 saß er im Engeren Ausschuß, der Appellationsrat und Kreissteuer-Einnehmer wurde aber nicht zum Obersteuer-Einnehmer ernannt, sondern sein Bruder. Caspar v. Berlepsch trat 1716 in die Allgemeine Ritterschaft ein. Mit der Berufung seines Bruders Otto Heinrich in den Engeren Ausschuß stieg er selbst 1731 in den Weiteren Ausschuß auf, 1742 konnte er ihm dann in den Engeren Ausschuß folgen, wo er ebenfalls bis 1749 die Landtagssitzungen besuchte. Die Berufung des Adjunkten zum landschaftlichen Obersteuer-Einnehmer erfolgte aber zu spät, um noch eine längere Amtstätigkeit anschließen zu können.

Von 1751 bis 1753 amtierten daher wieder nur insgesamt drei landschaftliche Einnehmer. In diesem Jahr repräsentierten der Erbmarschall v. Löser, der Präsident des Ober-Consistoriums Graf v. Holtzendorf und anstelle des Leipziger Ober-Hofrichters v. Fullen als neues Mitglied Otto Friedrich v. Zanthier auf Wünschendorf im Erzgebirger Kreis die Landstände. Otto Friedrich v. Zanthier kam als der älteste der sechs geheimen Cammer-Räte des landesherrlichen Cammer-Collegiums nun auch auf der landschaftlichen Seite neu in das Obersteuer-Collegium. Er war seit 1736 Cammerrat unter dem Cammer-Präsidenten Heinrich v. Brühl.[306] Zuvor hatte er in den zwanziger Jahren als Landkammer-Rat und Ober-Landfischmeister gearbeitet.[307] Kammer und Steuer waren nun nicht nur an der Spitze über den gemeinsamen Vorsitz unter v. Brühl verklammert. Sie begannen auch auf der Ebene der Räte und Obersteuer-Einnehmer zu verschmelzen. Die Landtagskarriere v. Zanthiers hatte erst 1728 begonnen, beim Aufstieg in den Weiteren Ausschuß 1737, über den er bis zum Jahr 1749 nicht mehr hinauskam, wird er als Cammer- und Bergrat sowie Kreishauptmann bezeichnet.

Im Jahr 1754 rückten dann Ludwig August v. Röder zu Pöhl und Helmsgrün im Vogtländer Kreis und Gottlob Heinrich v. Birckholz auf Stechau im Churkreis

---

304 Die Kreissteuer-Einnahme versah Otto Heinrich v. Berlepsch weiter bis mindestens 1757.

305 Siehe Zedler, Universal-Lexicon, Bd. 3 (1733), Sp. 1326, und Supplement, Bd.3, Sp. 845 f. Ihr Vater war Heinich v. Berlepsch auf Teuchern, gestorben 1696. Ihr Großvater Caspar Adam v. Berlepsch auf Teuchern hatte von 1676 bis 1704 im Weiteren Ausschuß gesessen.

306 Seit 1740 firmierte er als Cammer- und Bergrat, 1743 wurden die Cammer-Räte zu geheimen Cammer-Räten aufgewertet, 1755 kam noch der titular geheime Rat hinzu.

307 Siehe Johann Georg Zirschke, Hof-Staat, S. 45, der ihn 1723 als Vice-Ober-Landfischmeister führt, eine bis 1733 ausgeübte Funktion, die dann Carl Ludwig v. Wolfersdorf übernahm.

auf der landschaftlichen Seite in das Collegium ein und brachten es kurzfristig auf eine Stärke von fünf landschaftlichen Obersteuer-Einnehmern. Im Jahr darauf war der ehemalige Sachsen-Weißenfelser geheime Rat und Vice-Canzler v. Röder aber bereits verstorben. Seine Landtagskarriere umfaßte die Jahre vom Eintritt in die Allgemeine Ritterschaft des Neustädter Kreises im Jahr 1728, über den Aufstieg in den Weiteren Ausschuß auf einer Stelle des Vogtländer Kreises 1731 bis zu den Jahren im Engeren Ausschuß von 1742 bis 1749. Gottlob Heinrich v. Birckholz war seit den dreißiger Jahren Assessor am Hofgericht zu Wittenberg, dann seit 1739 außerdem auch Landkammer-Rat. Von seinem Eintritt in den Landtag 1731 bis zum Landtag von 1742 mußte er sich allerdings mit einem Platz in der Allgemeinen Ritterschaft begnügen. Erst 1746 kam er in den Weiteren Ausschuß.[308] Im Jahr 1756 war damit die Hälfte der landschaftlichen Einnehmerstellen mit Cammer-Räten besetzt. Wie v. Thümen wurde Gottlob Heinrich v. Birckholz im Jahr 1756 vorsitzender Hofrichter am Hofgericht zu Wittenberg. In allen drei Funktionen amtierte er noch weitere dreißig Jahre bis 1787.

Schließlich traten 1757 unter dem „Premier-Ministre" Heinrich Graf v. Brühl für den ausgeschiedenen Grafen v. Holtzendorf der Kammerherr Christian Friedrich v. Hopfgarten (1705–1793) auf Mülverstedt und der Kammerherr und seit 1745 Landkammer-Rat Moritz Friedrich v. Schönberg als landschaftliche Obersteuer-Einnehmer in das Collegium ein.[309] Letzterer übte seine Funktion nur die relativ kurze Zeit bis 1768 aus, wohingegen Christian Friedrich v. Hopfgarten dem Collegium noch bis 1793 angehörte und von 1763 bis 1793 im Engeren Ausschuß des Landtages saß.[310] Er hatte zunächst eine ganz andere Karriere eingeschlagen. Christian Friedrich war der dritte Sohn des Generalmajors und Kommandanten der Pleißenburg bei Leipzig Georg Friedrich v. Hopfgarten (1657–1732) auf Mülverstedt.[311] Während seine beiden älteren Brüder Friedrich Abraham (1702–1774) und Carl Gottlob (1704–1765) Assessoren am Leipziger Oberhofgericht und zugleich Hofrat bei der Landesregierung bzw. Appellationsrat wurden sowie Domherrn zu Naumburg, schlug ihr Bruder die militärische Laufbahn ein. Im Jahr 1730 befand er sich als kaiserlicher Hauptmann in Sizilien, vor seinem Eintritt in das Obersteuer-Collegium hatte er in den Jahren 1747 bis 1756 als geheimer Kriegsrat im Dresdner Kriegsrats-Collegium gearbeitet. Der Vater hatte den Dresdner Landtag von 1694 bis 1728 besucht und seit 1711 im Engeren Ausschuß gesessen. Der älteste Sohn Friedrich Abraham folgte ihm 1731 direkt mit einem Sitz im Weiteren Ausschuß, kam aber erst 1749 in den Engeren Ausschuß. Christian Friedrichs erster Landtag war der von 1742, mit der

308 Von 1763 bis 1781 saß er aber dann noch im Engeren Ausschuß. Im Jahr 1765 vereinigte er die Stellen eines wirklichen Landkammer-Rates und die Obersteuer-Einnahme mit der Position des Hofrichters zu Wittenberg.

309 Im Hof- und Staatskalender wird v. Schönberg seit 1747 als Kammerherr geführt, v. Hopfgarten seit 1754.

310 Zusammen mit dem Hofrichter v. Birckholz reichte der Einfluß dieser unter Heinrich v. Brühl installierten Amtsträger demnach bis an die Zeit der Französischen Revolution heran.

311 Siehe Zedler, Universal-Lexicon, Bd. 13 (1735), Sp. 809; Heinrich August Verlohren, Stammregister und Chronik der sächsischen Armee, S. 288, Nr. 2 und Nr. 6; und Gotha, Genealogisches Taschenbuch, Adel A, Jg. 1 (1900).

Bestellung zum geheimen Kriegsrat stieg er 1749 in den Weiteren Ausschuß auf, den sein älterer Bruder gerade hinter sich gelassen hatte.[312]

Moritz Friedrich v. Schönberg war 1734 mit dem Rittergut Bieberstein im Amt Meißen belehnt worden und seit 1746 auch mit dem Rittergut Niederzwönitz im Erzgebirger Kreis. Er hatte seine Landtagskarriere 1737 mit dem Eintritt für Bieberstein in die Allgemeine Ritterschaft begonnen. Im Jahr 1742 kam er nicht zum Landtag und blieb auch 1746 und 1749 nur Mitglied der Allgemeinen Ritterschaft des Meißner Kreises. Im Jahrgang 1747 des Hof- und Staatskalenders wird er unter den Dresdner Kammerherren aufgeführt. Trotz seiner landschaftlichen Obersteuer-Einnehmerstelle bis 1768 ist er nach dem Siebenjährigen Krieg nicht mehr als Teilnehmer der Landtage von 1763 und 1766 nachweisbar. Moritz Friedrich war ein Sohn des 1733 verstorbenen Caspar v. Schönberg auf Bieberstein, der von 1711 bis 1722 Mitglied der Allgemeinen Ritterschaft gewesen war.[313]

Für die Obersteuer-Einnehmer ist allgemein charakteristisch, daß sie ihr Amt lange Jahre und auf Lebenszeit ausgeübt haben. Wie erwartet waren alle Obersteuer-Einnehmer, auch die der kurfürstlichen Seite, ausgiebige Landtagsbesucher, die in der Regel einen Platz im Engeren Ausschuß erreichten. Eine direkte Koppelung, z.B. in dem Sinne, daß die neuen Einnehmer aus dem Engeren Ausschuß genommen wurden, ist allerdings nicht erkennbar. Auf der landschaftlichen Seite saßen zwar v. Fullen und v. Schönberg bereits im Engeren Ausschuß, als sie ihre Stellen erhielten, v. Watzdorf und v. Holtzendorf dagegen erreichten erst nach ihrem Eintritt in das Obersteuer-Collegium auch den Engeren Ausschuß. Außerdem fällt für den hier beobachteten Zeitraum der ersten Hälfte des 18. Jahrhunderts die Kombination der Obersteuer-Einnahme mit einer Gerichtsstelle in Leipzig, Wittenberg oder Dresden auf. Schließlich scheint auch die Rücksicht auf die kursächsische Kreiseinteilung bei der Ernennung kurfürstlicher wie landschaftlicher Einnehmer eine gewiße Rolle gespielt zu haben. Im untersuchten Zeitraum sind zwar nicht immer alle Kreise dort vertreten, und der Neustädter Kreis scheint auch nach dem Rückfall der Sekundogenitur Sachsen-Zeitz im Jahr 1718 nie im Obersteuer-Collegium repräsentiert gewesen zu sein, aber eine gewiße gleichmäßige Verteilung der Kreise wurde dennoch eingehalten.

Ein weiteres, eher überraschendes Ergebnis der Karrieren der Obersteuer-Einnehmer in der ersten Hälfte des 18. Jahrhundert liegt in der strikten Trennung von Obersteuer-Einnahme und Kreissteuer-Einnahme. Keiner der adligen Kreissteuer-Einnehmer vollzog in dieser Zeit einen Aufstieg zum Obersteuer-

---

312 Laut Friedrich Gottlob Leonhardi, Erdbeschreibung, Bd. 1, S. 689, verfügte der Ort Mülverstedt im Amt Langensalza des Thüringer Kreises über insgesamt vier altschriftsässige Rittergüter, so daß für Mülverstedt problemlos mehrere Personen den Landtag besuchen konnten. Der mittlere Bruder Carl Gottlob besaß mit Laucha allerdings nur Grundbesitz im Fürstentum Gotha und war auf dem Dresdner Landtag nicht vertreten. Laut Hof- und Staatskalender war er seit 1747 Stifts-Rat und Consistorial-Präsident bei der Stifts-Regierung zu Zeitz.

313 Der Vater war von 1703 bis 1726 Kammerjunker in Dresden und von 1726 bis 1733 Kammerherr, siehe Johann Georg Zirschke, Hof-Staat, S. 29 und S. 32; und Zedler, Universal-Lexicon, Bd. 35 (1743), Sp. 704.

Einnehmer. Eine Verwaltungslaufbahn existierte in diesem Falle innerhalb der zeitgenössischen Steuerverwaltung also nicht. Auch die Kreissteuer-Einnehmer blieben viele Jahre, faktisch zumeist lebenslang, auf ihrer Stelle. Die im Untersuchungszeitraum in den sieben Kreisen tätigen adligen Steuer-Einnehmer zeigt die Tabelle 17. Sie belegt unter anderem, daß der Thronwechsel des Jahres 1733 ohne Auswirkung auf die Besetzung der Stellen für die Kreissteuer-Einnahme gewesen ist.

Die Kreissteuer-Einnehmer besuchten den Dresdener Landtag allerdings ebenso regelmäßig und ausdauernd wie die Obersteuer-Einnehmer. Von den elf adligen Einnehmern in den sieben Kreisen, die in der vorliegenden Untersuchung erfaßt sind, erreichten insgesamt fünf Einnehmer aus dem Churkreis, dem Thüringer, Meißner, Leipziger und Neustädter Kreis auch einen Sitzplatz im Engeren Ausschuß. Die übrigen kamen alle wenigstens bis zum Weiteren Ausschuß. Es fällt jedoch auf, daß trotz langer Zugehörigkeit zum Landtag kein Kreissteuer-Einnehmer des Leipziger Kreises und des Vogtländer Kreises in den Engeren Ausschuß gelangte. Vielmehr schmort Rudolph v. Bünau auf Kleingera die fünf Landtage von 1734 bis 1749 oder fünfzehn Jahre lang im Weiteren Ausschuß. Im Jahr 1742 wurde ihm der spätere Obersteuer-Einnehmer Ludwig August v. Röder und 1749 der Landkammer-Rat Carl Friedrich v. Beust auf Neuensalz vorgezogen.[314] Mag im Fall des Vogtländer Kreises die geringe Zahl der Kreisstellen im Engeren Ausschuß eine gewiße Rolle gespielt haben, so müssen im Fall der langsamen Karriere von Hans Christoph v. Poigk auf Ringethal im Erzgebirger Kreis noch andere Faktoren wirksam gewesen sein. Er trat schon 1722 in die Allgemeine Ritterschaft ein, wurde 1728 als Amtshauptmann bezeichnet und seit 1735 als Cammer- und Bergrat geführt. Er brachte nahezu zwanzig Jahre in der Allgemeinen Ritterschaft zu bis er 1742 doch noch in den Weiteren Ausschuß kam, wo er bis 1749 verblieb, obwohl in diesen Jahren mit Ausnahme des Landtags von 1731 mindestens eine, meistens aber sogar zwei Stellen für den Erzgebirger Kreis im Weiteren Ausschuß wieder zu besetzen waren. Möglicherweise hat die Nähe des Cammer-Rates zum Dresdner Hof bzw. zum Minister Heinrich Graf v. Brühl und zu Johann Christian v. Hennicke dazu beigetragen, ihn mehrfach zu übergehen.[315]

Von anders gelagerter Qualität ist der Fall des Leipziger Kreissteuer-Einnehmers Heinrich v. Bünau (1656–1729) auf Püchau. Er gehörte einer sehr hofnahen Familie an und stammte aus der böhmischen Linie des Geschlechts.[316] Dieser Heinrich v. Bünau war der Sohn des kursächsischen Ober-Schenken (1650–1655) Rudolph v. Bünau auf Ottendorf. Seine Mutter Dorothea Sibylle war

---

314 Auf den Landtagen von 1737 und 1746 wurde im Engeren Ausschuß keine Stelle des Vogtländer Kreises zur Wiederbesetzung frei.

315 Jedenfalls hat die Tätigkeit als Kreissteuer-Einnehmer ihm hinsichtlich seiner Landtagskarriere im Wettbewerb mit anderen Kandidaten oder anderen Qualitäten keinen erkennbaren Vorteil verschafft.

316 Siehe Zedler, Universal-Lexicon, Bd. 4 (1733), Sp. 1866 f und Suppl. Bd. 4 (1754), Sp. 945 f, Johann Georg Zirschke, Hof-Staat, S. 19, und Christian Heinker, Bürde des Amtes, S. 356, S. 364 und S. 378. Bei Heinker ist der ältere Bünau nicht mehr erfaßt.

Tabelle 17: Die Kreissteuer-Einnehmer im Hof- und Staatskalender von 1732

Nr.	Kreis	Einnehmer	Landtag	Amtszeit	Weitere Ämter
1	ChK	v. Witzleben, Raban Heinrich (1673–1757) auf Rackith	1711–31	1730/31– 1757	1694 Fähndrich, 1696 Abschied als Lieutenant
2	ThK	v. Berlepsch, Otto Heinrich auf Gröbitz	1711–49	1729–1757	1729 Appellationsrat, 1755 Vice-Präsident
3	MK	v. Carlowitz, Carl Adolph (1684–1748) auf Ottendorf	1711–46	1732–1748	1739 Landkammer-rat
		zu Racknitz, Gallus Maximilianus auf Lockowitz	1734–49	1750–1757	1736 Hofrat, 1742 Kammerherr, 1748 Hofmarschall
4	EK	v. Poigk, Hans Christoph auf Ringethal	1722–49	bis 1757	1735 Cammer- u. Bergrat
5	LpK	v. Bünau, Heinrich (1656–1729) auf Püchau	1681– 1728	bis 1729	1696 Kammerherr
		v. Bünau, Henrich (1698–1745) auf Püchau	1737–42	1729–1733	1723 Appellationsrat, 1727 Kammerherr
		v. Dieskau, Carl Heinrich auf Knauthain	1731–49	1734/35– 1753	1739 Kreishauptmann u. Kammerjunker, 1741 Kam-merherr
6	VK	v. Feilitzsch, Moritz Heinrich (geb. 1688) auf Kürbitz	1716–31	1726–1733	1712 Rat u. Kammer-junker in Brandenburg-Bayreuth
		v. Bünau, Rudolph auf Klein-Gera	1728–49	1734/35– 1757	
7	NK	v. Brandenstein, Carl August auf Rockendorf	1728–49	bis 1757	1739 Kreishauptmann

Quelle: Hof- und Staatskalender; Landtagsakten; Zedler, Universal-Lexicon. ChK = Churkreis, ThK = Thüringer Kreis, MK = Meißner Kreis, EK = Erzgebirger Kreis, LpK = Leipziger Kreis, VK = Vogtländer Kreis, NK = Neustädter Kreis

eine der beiden Töchter des vom Kammerpagen zum Oberkämmerer, Hofmar-schall und geheimen Rat aufgestiegenen Heinrich v. Taube (1592–1666), dem damaligen Besitzer des Rittergutes Püchau. Die Ämter des älteren Heinrich v. Bünau umfaßten die Aufgaben des Amtshauptmanns zu Eilenburg, des In-spectors der Landschule zu Grimma, des Kreishauptmanns im Leipziger Kreis und des Kreissteuer-Einnehmers. Den Kammerherrenschlüssel erhielt er im Jahr

1697. Im Hof- und Staatskalender von 1728 wird er zudem als titular geheimer Rat geführt. Von 1680 bis 1699 war Heinrich v. Bünau in erster Ehe mit Eleonora Elisabeth v. Selmnitz verheiratet, der zweitältesten Tochter von Ernst Friedemann v. Selmnitz (1620–1678), Kammerherr und Oberaufseher der Grafschaft Mansfeld. Seiner hofnahen Herkunft und starken Verankerung in lokalen Ämtern korrespondierte eine nicht minder eindrucksvolle Aktivität als Landstand über nahezu ein halbes Jahrhundert. Im Jahr nach seiner Heirat trat er 1681 für Püchau in die Allgemeine Ritterschaft ein und erlangte schon im darauf folgenden Landtag von 1687 die Beförderung in den Weiteren Ausschuß. Von 1692 bis 1728 war er schließlich Mitglied des Engeren Ausschusses und nahm seit 1718 in diesem Gremium hinter Carl Gottfried Bose (1654–1731) auf Netzschkau im Vogtländer Kreis den fünften Platz ein.[317]

Im Jahr 1729 erbte der jüngste Sohn erster Ehe Heinrich v. Bünau (1698–1745) nicht nur das Rittergut Püchau, sondern auch die Stelle des Leipziger Kreissteuer-Einnehmers. Sie blieb für ihn aber ein Zwischenspiel. Der jüngere Heinrich v. Bünau war seit 1723 bereits Appellationsrat in Dresden und wurde 1727 zum Kammerherrn ernannt. Im Jahr 1733 ging er als Gesandter an den Londoner Hof, von 1733 bis 1739 war er Präsident des Appellationsgericht. Seit 1740 folgten weitere diplomatische Missionen. Die Kreis-Einnehmerstelle ging an den 1732 zum Kammerherrn ernannten Carl Heinrich v. Dieskau, den Sohn des Kammerherrn Carl Hildebrand v. Dieskau auf Knauthain und Cospuden im Kreisamt Leipzig, der von 1699 bis 1731 den Landtag besuchte und seit 1718 Mitglied des Engeren Ausschusses war. Der Vater Carl Hildebrand war ein Cousin des Leipziger Kreissteuer-Einnehmers Geißler v. Dieskau auf Zschepplin im Amt Eilenburg des Leipziger Kreises.[318] Sein Sohn Carl Heinrich v. Dieskau kam im Jahr 1731 für Cospuden erstmals zum Landtag nach Dresden und nahm in der Allgemeinen Ritterschaft Platz, wo er auch 1734 und 1737 blieb. Dann wechselte er für die Landtage 1742 und 1746 auf das väterliche Gut Knauthain, erlangte aber erst 1749 eine Berufung in den Weiteren Ausschuß. Carl Heinrich v. Dieskau war hinsichtlich seiner Rittergüter, seiner Ämter und seiner Landtagsteilnahme in hohem Maße der Erbe einer starken lokalen Stellung des Geschlechts im Leipziger Kreis um 1700.[319]

---

317 Bose war ein ehemaliger Hofmarschall des Kurfürsten Johann Georg III., seit 1691 Kammerherr und Kreishauptmann des Meißner Kreises, seit 1715 Reichsgraf und seit 1718 wirklicher geheimer Rat ohne Votum. Von 1711 bis 1718 war er der kursächsische Vertreter am Reichstag zu Regensburg, siehe auch Gustav Adolf Poenicke (Hg.), Album der Rittergüter, V. Section: Vogtländer Kreis, S. 13. Bose war ebenfalls seit 1681 Landtagsmitglied, aber direkt in den Weiteren Aussschuß gekommen und schon seit 1687 im Engeren Ausschuß. In der Zeit von 1712 bis 1718 blieb sein Stuhl wegen seiner Verpflichtung in Regensburg leer. Er besaß nach 1718 ein eigenes Haus in ,Altdresden', zuvor eines in der Wilsdorfer Gasse.

318 Geißler v. Dieskau war seit 1676 Landtagsmitglied und von 1711 bis 1718 Mitglied des Engeren Ausschusses. Im Jahr 1718 hat er dann noch seinen Cousin Carl Hildebrand auf Knauthain im Engeren Ausschuß getroffen.

319 Ein anderer Cousin seines Vater und zudem der Bruder von Geißler v. Dieskau, Otto Friedrich v. Dieskau auf Lauer, war ebenfalls seit 1666 ein langjähriges Landtagsmitglied und von 1683 bis 1708 Mitglied des Engeren Ausschusses.

Bei dem Kreissteuer-Einnehmer des Churkreises, Raban Heinrich v. Witz-leben (1673–1757) auf Rackith im Kreisamt Wittenberg, ist ebenfalls ein be-trächtlicher lokaler und landständischer Hintergrund vorhanden. Er war der zweitälteste Sohn des Kriegs-Commissarius Hartmann Ludwig v. Witzleben (1628–1706) auf Wartenburg, der von 1657 bis 1694 Mitglied des Dresdner Landtages war und von 1679 an zum Engeren Ausschuß gehört hatte.[320] Raban Heinrich schlug zunächst eine höfisch-militärische Laufbahn ein, dankte jedoch im Jahr 1696 wohl auf Wusch des Vaters ab. In der brüderlichen Erbteilung nach dem Tod des Vaters ging Wartenburg an den jüngeren Bruder Wolff Dietrich.[321] Auf dem nächsten allgemeinen Landtag im Jahr 1711 finden sich alle drei Brüder zu ihrem ersten Landtag in Dresden ein: Raban Heinrich für Rackith und Wolff Dietrich für Wartenburg im Churkreis sowie Philipp Heinrich für Merzdorf im Meißner Kreis. Gleich bei seinem ersten Landtag war er Kondirektor der Rit-terschaft des Churkreises, ebenso im Jahr 1716 und 1718 dann Direktor. In den Weiteren Ausschuß stieg er im Jahr 1722 auf und auf dem Ausschußtag 1725 in den Engeren Ausschuß. Im Jahr 1730/31 wurde er mit fast sechzig Jahren noch der Nachfolger von Heinrich Dietrich v. Zanthier als Kreis-Steuereinnehmer des Churkreises. Seine Landtagskarriere endete mit dem Landtag von 1731, weil er 1734 seine Stelle im Engeren Ausschuß resignierte.[322] Die Verantwortung für die Kreis-Steuereinnahme blieb aber bei ihm. Erst im hohen Alter erhielt er 1752 mit dem Landkammerrat Gottlob Heinrich v. Birckholz auf Stechau einen Adjunk-ten.[323]

Im Neustädter Kreis bei Carl August v. Brandenstein auf Rockendorff laufen Landtagsteilnahme und Kreissteuer-Einnahme parallel. Im Jahr 1728 trat er in den Landtag ein und wird seit dem Jahrgang 1729 des Hof- und Staatskalenders als Kreissteuer-Einnehmer gelistet. Auf den folgenden drei Landtagen war der Kreissteuer-Einnehmer v. Brandenstein zugleich Direktor der Neustädter Rit-terschaft. Erst 1742 wurde er in den Weiteren Ausschuß berufen, wo er bis 1749 verblieb. Das Amt hatte demnach keine unmittelbar förderliche Auswirkung auf seine Landtagskarriere. Ähnlich wie bei dem jüngeren Heinrich v. Bünau auf Püchau bildete das Amt des Kreissteuer-Einnehmers in der Karriere von Otto Heinrich v. Berlepsch nur einen Nebenaspekt.[324] Er war zu dieser Zeit mit dem

320 Siehe Zedler, Universal-Lexicon, Bd. 57 (1748), Sp. 2028. Heinrich August Verlohren, Stamm-register und Chronik der sächsischen Armee, S. 555 Nr. 1, gibt sein Todesdatum dagegen mit 21. November 1702 an.

321 Da der Hauptmann Wolff Dietrich bereits 1712 ertrank, ging Wartenburg an den jüngsten Bruder Philipp Heinrich v. Witzleben über, der für das Rittergut in den Jahren 1716, 1722, 1728 und 1731 zum Landtag kam. Er verbrachte seine gesamte Zeit in der Allgemeinen Ritterschaft, die beiden letzten Landtage war er aber immerhin der Direktor der Ritterschaft des Churkreises.

322 Siehe HSTA Dresden, Bestand 10.015, Landtagsakten Nr. A 83a, Bl. 13: Resignationsschreiben, Rackith den 21. Juni 1734.

323 Stechau war ein amtsässiges Gut im Amt Schlieben des Churkreises. Er blieb aber nur zwei Jahre, 1754 übernahm der Landkammerrat Hans Christoph v. Leipziger auf Wildenau im Amt Schweinitz des Churkreises seine Adjunktenstelle.

324 Im Oberhofmarschallamt wird er immer als Appellationsrat, manchmal auch als Amtshaupt-mann, nie aber als Kreissteuer-Einnehmer angesprochen. Diese Funktion war offenbar relativ

Rittergut Teuchern im Amt Weißenfels des Thüringer Kreises belehnt und startete seine Amtstätigkeit als Amtshauptmann von Leipzig und Assessor am Leipziger Ober-Hofgericht.[325] Laut Hof- und Staatskalender von 1728 war er zudem titular Appellationsrat. Seit 1729 zählte er aber zu den Appellationsräten und wurde 1754 Vice-Präsident des Appellationsgerichts. Die Bestallung als Kreissteuer-Einnehmer des Thüringer Kreises lief während dieser Zeit unbeschadet weiter. Die zugehörige Landtagskarriere begann 1711 mit dem Besuch der Allgemeinen Ritterschaft, auf den schon beim Ausschußtag von 1712 der Aufstieg in den Weiteren Ausschuß folgte. Dort blieb er bis ihn im Jahr 1731 die Berufung in den Engeren Ausschuß erreichte, dem er auf allen weiteren Landtagen bis 1749 angehörte.

Im Meißner Kreis, in dem die Konkurrenz um die Ausschußstellen merklich größer war als in anderen erbländischen Kreisenzog sich der Aufstieg des Kreissteuer-Einehmers Carl Adolph v. Carlowitz in den Engeren Ausschuß deutlich länger hin als bei v. Berlepsch. Er war mit dem Rittergut Ottendorf im Amt Pirna belehnt und besuchte den Dresdner Landtag erstmals im Jahr 1711. Sieben Landtage lang bis 1734 blieb er Mitglied der Allgemeinen Ritterschaft. Inzwischen hatte er es seit 1714 zum Kammjunker gebracht und lief bei der Abrechnung der Auslösung nach 1722 unter den Titeln eines Landkammerrates und Amtshauptmanns. Im Jahr 1732 erlangte er nach kurzer Vakanz zusätzlich das Amt des Kreissteuer-Einnehmers für den Meißner Kreis, nachdem sein Vorgänger Haubold Ehrenreich v. Miltitz auf Eschdorf 1730 aus dem Amt ausgeschieden war. Bis 1748 behielt er die Stellung eines Landkammerrates und Kreissteuer-Einnehmers. Aber erst für die Landtage von 1737 und 1742 konnte er im Weiteren Ausschuß Platz nehmen und nur seinen letzten Landtag 1746 saß er im Engeren Ausschuß. Wie die angeführten Beispiele nahelegen, war die Kreis-Steuereinnahme nicht nur kein Sprungbrett für einen Aufstieg zum Ober-Steuereinnehmer. Sie scheint überhaupt nur begrenzt ein selbständig vergebenes Amt gewesen zu sein und vorwiegend in Kombination mit anderen Anstellungen, insbesondere als Amtshauptmann oder Kreishauptmann oder Landkammerrat ausgeübt worden zu sein. Nichtsdestotrotz war sie ein direkt mit Steuerfragen und mit den Landesfinanzen befaßtes Aufgabengebiet, das über seine Amtsträger breit und kontinuierlich in allen drei Abteilungen der Ritterkurie in den Beratungen präsent war.

---

nachrangig. In der Hof-Rang-Ordnung von 1755 kommen die adeligen Kreissteuer-Einnehmer nicht vor, die Assessoren am Oberhofgericht in Leipzig dagegen haben den Rang 112, die Amtshauptleute Rang 85 und die Appellationsräte Rang 73.

325 Dieser Zusammenhang von Gutsbesitz und Amt ist vielleicht dann nicht mehr so erstaunlich, wenn man bei Friedrich Gottlob Leonhardi, Erdbeschreibung, Bd. 1, S. 606 f, liest, daß das Gut Teuchern zwar im Amt Weißenfels lag, aber mit den Schocken, also mit seiner Steuerleistung, in den Leipziger Kreis gehörte. Seit 1728 kam er für das Rittergut Gröbitz zum Landtag, ebenfalls im Amt Weißenfels gelegen.

b) Hofadel: Ober-Chargen, Kammerherren, Kammerjunker und Kammerräte

In der älteren Literatur zu den Landständen ist der Hof nächst dem Fürsten der denkbar stärkste Gegenpol und Gegenspieler der landständischen Vertretungen, insofern vom Hof die Durchsetzung einer absolutistischen Politik und eine Einschränkung der landständischen Teilhabe erwartet werden.[326] Die Teilnahme der Höflinge an den Landtagen oder die Berufung von Landständen in höfische Ämter, also die Verflechtung der beiden Sphären, steht in der Forschung daher im Verdacht, die landständische Verfassung auszuhöhlen und zu korrumpieren. In welchem Umfang der Hofadel die Landtagssitzungen besucht hat, ist daher eine grundlegende Frage, um weitergehende Überlegungen zu den politischen Verhältnissen in der frühen Neuzeit anstellen zu können.

In einem allgemeinen Sinn versteht man unter dem Hof die unmittelbare Umgebung des Fürsten. Sie umfaßt nicht nur den adligen Haushalt, sondern auch die Personen und Einrichtungen, mit deren Hilfe der Fürst sein Amt ausübt, indem er Recht spricht, Ordnungen erläßt, für Sicherheit sorgt und seine Ressourcen verwaltet. Daher ist der Hof – d.h. die Höflinge und die Akten – immer auch mobil und reist mit dem Fürsten oder befindet sich in der mehr oder weniger dauerhaften fürstlichen Residenz. Der Hof bildete in seiner sich immer wieder ändernden Personalstärke zugleich das Zentrum und die Spitze der Adelsgesellschaft, so daß sich am Hof sowohl im Lande angesessene Geschlechter wie auch auswärtige Adlige einfanden. Im Verlauf des Spätmittelalters und der Frühen Neuzeit wurden einige Gerichts- und Verwaltungsfunktionen des Hofes in gesonderte Einrichtungen ausgelagert, so daß sich der Begriff des fürstlichen Hofes unterschiedlich weit fassen läßt.[327] Im weiteren Sinne gehören alle Räte der Behörden weiterhin zum fürstlichen Hof, im engeren Sinn bezieht der Begriff sich nur auf den Hofadel und die unmittelbare Umgebung des Fürsten. Diese begriffliche Differenzierung wird in den kursächsischen Hof- und Staatskalendern deutlich sichtbar nachvollzogen. Mit dem Jahrgang 1741 wurde der bis dahin gebräuchliche Obertitel ‚Königlich Polnische und Churfürstlich Sächsische Hofstadt/Hofstatt‘ über alle aufgeführten Einrichtungen aufgegeben. Seit 1752 wird stattdessen die stärker analytische Gliederung zwischen dem ‚Hof-Etat‘ im engeren Sinne, dem ‚Civil-Etat‘ aus ‚Ministerium, Collegia und Expeditiones‘ sowie dem ‚Militair-Etat‘ der hohen Generalität verwendet und deutlicher voneinander unterschieden. Diese Dreiteilung wird auch in dieser

---

326 Siehe für Kursachsen z.B. Paul Haake, August der Starke, Berlin und Leipzig 1926, S. 97–101; oder Karl Czok, August der Starke und seine Zeit, 4., neu gestaltete und erweiterte Auflage Leipzig 2004, S. 84f und S. 107f. Die Fixierung auf den Absolutismus steht unvermittelt neben der an sich erhellenden Einsicht, daß der Hof „weder politisch noch sozial, weder ideologisch noch religiös" – so Czok ebd., S. 116 – eine Einheit besaß.

327 Den Anfang machten in der Regel das Hofgericht als obere Gerichtsinstanz und die aus der Kanzlei hervorgehende Landesregierung, deren Räte in Kursachsen weiterhin Hofräte hießen.

Arbeit zugrunde gelegt, wenn vom Hof oder vom frühneuzeitlichen Fürstenstaat die Rede ist.[328]

Zum Hofstaat gehörten außer dem kurfürstlichen Hof auch die sogenannten, aber im Umfang sehr viel kleineren Nebenhöfe der regierenden Familie, also der Hof der Kurfürstin, der des Kurprinzen und weiterer vorhandener Prinzen und Prinzessinnen und möglicherweise auch der Hof der Witwe des verstorbenen kurfürstlichen Vorgängers.[329] Den Umfang und die Gliederung des kurfürstlichen Hofes am Ende der Regierungszeit Friedrich Augusts I. zeigt, soweit es die adligen Mitglieder des Hofes betrifft, die Tabelle 18.[330]

Der Schweizer- oder Trabanten-Hauptmann stand der Leibgarde vor, die vor allem zur Bewachung des Dresdner Schlosses aufgestellt war. Außerdem gehörten zum Hofstaat noch die militärischen Einheiten der Cavalier-Garde und der Garde du Corps.[331] In Johann Georg Zirschkes Auflistung des kursächsischen Hofstaates, im Hof- und Staatkalender aber nicht durchgehend dazugerechnet, zählten zu den Ober-Chargen noch der Haus-Marschall und der Directeur des Plaisirs, der für die Organisation der Hoffeste zuständig war. Den Abschluß des Hofstaates im engeren Sinne bildeten die geistlichen Mitglieder und Beichtväter der fürstlichen Hof-Kapelle.

Die Inhaber der bedeutendsten Ober-Chargen am Dresdner Hof, vor allem der Ober-Hofmarschall, der Ober-Kammerherr und der Kämmerer, bekleideten in der Regel auch hohe Verwaltungs- und Regierungsämter und vereinten auf diese Weise den Hof in der Dresdner Residenz mit der Regierung des Landes. Der Freiherr v. Löwendal und der Graf v. Friesen waren als Minister ebenso Teil des Geheimen Kabinetts – oder die Kabinettsminister Teil des Hofes. Zwischen diesen Positionen bestanden recht feste Koppelungen, von denen nur aus besonderen Gründen und Umständen immer mal wieder abgewichen werden konnte. In der Hofrangordnung stand der Ober-Hof-Marschall an der Spitze der gesamten Rangordnung und damit vor dem General-Feldmarschall und vor den Kabinettsministern.[332]

Die Verwaltung der unmittelbaren landesherrlichen Einkünfte war dagegen im 18. Jahrhundert nicht mehr Teil der Hoforganisation, sondern einem eigen-

---

328 Die Unterscheidung der drei Bereiche ist demnach nicht nur analytisch und rückblickend aus modernen Verhältnissen abgeleitet, sondern wird bereits von den Zeitgenossen des frühneuzeitlichen Fürstenstaates verwendet. Auch Johann Georg Zirschkes Buch z. B. geht schon von einer Dreiteilung des Fürstenstaates in ‚Hof-, Kriegs- und Civil-Staat‘ aus. Sein 1754 publizierter erster Teil behandelt einzig den ‚Hof-Staat‘ im hier gemeinten engeren Sinne.

329 Für diese Nebenhöfe wurden Adlige mit dem Titel eines Ober-Hofmeisters oder Hofmeisters bestallt, die Kurfürstinnen verfügten zudem noch über eine gesonderte Ober-Hofmeisterin, siehe Johann Georg Zirschke, Hof-Staat, S. 37–40.

330 Zum Hof gehören außerdem sowohl das zahlreiche, überwiegend bürgerliche Hofgesinde der Kammerdiener, Schreiber, Aufwärter und Hofjäger, als auch der Hofärzte, Hofmusiker, Bibliothekare, Gärtner, der weiblichen und männlichen Sänger, Schauspieler und so weiter.

331 Kommandant der Cavalier-Garde war der Kurfürst-König selbst, die Garde du Corps kommandierte 1732/33 Herzog Johann Adolph v. Sachsen-Weißenfels.

332 Nur in der 1755 gedruckten Neuen Hofrang-Ordnung wurde er von dem für Heinrich v. Brühl neu ad personam geschaffenen Amt des ‚Premier-Ministre‘ überflügelt.

Tabelle 18: Die Ämter und das Personal des Dresdner Hofes im Jahr 1732/33

Nr.	Ober-Chargen am Dresdner Hof	Hofämter
1.	Ober-Hof-Marschall *Woldemar Frh v. Löwendal*	Ober-Hof-Marschall-Amt 80 Kammerjunker 16 Hof-Pagen und 4 Jagd-Pagen
2.	Ober-Cammer-Herr *Heinrich Friedrich Graf v. Friesen*	Ober-Cämmerey 94 Kammerherren
3.	Ober-Stallmeister *Johann Adolph v. Loß*	Ober-Stallamt 1 Reise-Stallmeister, 1 Stallmeister
4.	Ober-Hof-Jägermeister *Carl Gottlob v. Leubnitz*	Hof-Jägerey und Floß-Inspection 3 Hof- und Land-Jägermeister 15 Ober-Forst- und Wild-Meister 7 Ober-Aufseher der Flöße
5.	Ober-Küchenmeister *Adolph Frh v. Seyfertitz*	Hof-Küche und Silber-Cammer
6.	Ober-Schenke *Johann Adolph v. Haugwitz*	Hof- Kellerei
7.	Ober- Falkenmeister *Anton Graf Moschinski*	1 Falknerei-Hauptmann
8.	Schweizer-Hauptmann *Pierre Prohinque*	fürstliche Leib-Garde 60 Offiziere in 4 Compagnien
9.	Ober-Cämmerer *Heinrich v. Brühl*	Ober-Cämmerey (Rang zwei nach dem Ober-Cammer-Herrn)
10.	General-Post-Meister *Moritz Carl Graf zu Lynar*	General-Postamt
11.	Hof-Marschall *Carl Heinrich v. Einsiedel*	im Ober-Hofmarschall-Amt

Quelle: Hof- und Staatskalender 1732 und 1733

ständigen Cammer-Collegium anvertraut, das zum Civil-Staat gerechnet wurde. Im Jahr 1732/33 stand das Cammer-Collegium unter der Leitung des Vice-Präsidenten und geheimen Rates Heinrich v. Bünau, der zugleich als Canzler den Vorsitz über die Hofräte in der Landesregierung führte.[333] Zum Cammer-Collegium gehörten die Cammer-Räte, die Land-Cammer-Räte, der Land-Rentmeister, die Rentschreiber, Cammer-Commissarii und die in Sachsen für den ökonomisch und fiskalisch wichtigen Bergbau zuständigen, durchweg adligen

---

333 Der Canzler, dessen Amt eines der ältesten und dauerhaftesten an einem fürstlichen Hof darstellte und seit dem Mittelalter geradezu zur Signatur der fürstlichen Stellung gehörte, stand dem engeren Hof inzwischen relativ fern.

Cammer- und Berg-Räte.[334] Zur Cammer gehörte eine eigene Schuldenverwaltung, die von der Steuer getrennt geführte Verzinsung und Tilgung der Cammerschulden. Mit dem Thronwechsel von 1733 mußte Heinrich v. Brühl seine Ober-Charge als Cämmerer zwar zugunsten von Alexander Joseph Graf Sulkowski räumen. Er behielt aber das Präsidium im Cammer-Collegium und wurde außerdem mit einer Stelle im Geheimen Kabinett mehr als entschädigt. Nach dem Sturz Sulkowskis im Jahr 1738 kehrte er auf Dauer auf die Stelle des Cämmerers zurück.

Da die frühneuzeitlichen Fürsten sehr häufig auswärtigen und damit zumindest anfangs nicht im Lande angesessenen Adel an ihren Hof und in ihre unmittelbare Umgebung zogen, gehören diese Adligen auch nicht zu den potentiellen regulären Landtagsbesuchern. Zu den Motiven, die zur Berufung auswärtiger Adliger geführt haben, zählen um 1700 zum einen besondere Kompetenzen und Kenntnisse, vor allem was das Militärwesen oder die diplomatischen Affairen angeht, zum anderen ihre Unabhängigkeit von den Interessen der rivalisierenden im Land angesessenen Familiennetzwerke.[335] Durch den für das lutherische Kursachsen konfessionell und politisch skandalösen Übertritt des Kurfürsten zur katholischen Kirche und seine Wahl zum polnischen König im Jahr 1697, die zahlreiche diplomatische und militärische Verwicklungen mit sich brachten, erhielt der Rückgriff auf Ratgeber, die sich in ihrer Stellung einzig auf das Vertrauen ihres Fürsten stützen konnten, einen kräftigen Schub. Diese Beobachtung gilt in noch stärkerem Maße für das weiter unten zu behandelnde Geheime Kabinett.

Unter den Ober-Chargen von 1732/33 traf die auswärtige Herkunft auf den Ober-Hofmarschall v. Löwendal, der aus Dänemark nach Dresden gekommen war, den Ober-Falkenmeister und den Schweizer-Hauptmann zu. Sie finden sich folglich auch nicht in den Landtagsverzeichnissen registriert. Daraus folgt aber keineswegs eine strikte Trennung der Hofchargen von der Welt der Landesversammlungen oder ein weitreichendes Desinteresse an einer Teilnahme an den Tagungen. Löwendals Vorgänger als Ober-Hofmarschall von 1703 bis 1712, Ober-Kammerherr seit 1691 und seit 1706 dirigierender Kabinettminister, August Ferdinand Graf Pflug, hatte am Landtag von 1694 teilgenommen.[336] Auch

---

334 Zusammen mit den bürgerlichen Berg-Räten formierten sie ein eigenes Berg-Collegium oder Berg-Gemach unter der Leitung des Ober-Berg-Directors, der mit dem Cammer Präsidenten identisch war. Der Sitz der Behörde war das Oberbergamt zu Freyberg. Der bekannteste Fachmann im 18. Jahrhundert war Friedrich Anton v. Heynitz (1725–1802) aus dem Hause Dröschkau, der seit 1777 als Minister in Berlin arbeitete. Aus dem Cammer-Collegium ging 1782 das Geheime Finanz-Collegium hervor, siehe Reiner Gross, Geschichte Sachsens, Leipzig 2001, S. 164.

335 Diese Feststellung betrifft sozusagen die Nachfrage fürstlicherseits. Das entsprechende Angebot an adligen Spezialisten war in beträchtlicher Zahl vorhanden und speiste sich zu großen Teilen aus den nachgeborenen Söhnen begüterter Geschlechter, die reichsweit eine höfische Anstellung und für sich ein Auskommen suchten, oder sie stammten – vor allem im Militärwesen – aus adligen Familien, welche diese Spezialisierung zu ihrem Geschäftsmodell gemacht hatten.

336 Zu den im folgenden genannten Dienstzeiten der Inhaber von Ober-Chargen am Dresdner Hof siehe Johann Georg Zirschke, Hof-Staat, S. 13–22 und S. 37–43.

die Ober-Hofmarschälle Friedrich Adolph v. Haugwitz, der von 1680 bis 1697 amtierte, und Philipp Ferdinand v. Reibold, Ober-Küchenmeister von 1694 bis 1711 und Ober-Hofmarschall von 1697 bis 1702 lassen sich in den Landtgsverzeichnissen wiederfinden: v. Haugwitz gehörte von 1694 bis 1701 dem Engeren Ausschuß an, v. Reibold saß von 1699 bis 1712 im Weiteren Ausschuß.[337]

Seit 1725 kamen die Trabanten-Hauptleute der Leibgarde nicht aus dem kursächsischen Adel. Aber der Trabanten-Hauptmann der Jahre 1711 bis 1725 Rudolph Gottlob v. Seyfertitz auf Jahna und Goldhausen im Stift Wurzen war auch ein Teilnehmer der drei Landtage von 1711, 1716 und 1718. Er besuchte sie allerdings nur als Mitglied der Allgemeinen Ritterschaft des Leipziger Kreises. Ebenso kam sein Vorgänger von 1687 bis 1710, Hans Siegmund Pflug auf Kreinitz im Amt Mühlberg des Meißner Kreises in den Jahren 1681 bis 1708 regelmäßig zum Landtag und saß seit 1696 im Weiteren Ausschuß.

Heinrich Friedrich Graf v. Friesen (1681–1739), der von 1719 bis 1729 Ober-Falkenmeister war, gehörte ebenfalls dem Landtag an. Er war bereits 1718 noch als Generalmajor in ihn eingetreten und nahm bis 1734 für das Rittergut Schönfeld bei Dresden regelmäßig an allen Landtagen teil.[338] Unbeschadet seines Hofamtes und, nachdem er 1729 von ihm zurückgetreten war, seiner Berufung zum Ober-Kämmerer (1726), zum Ober-Kammerherrn (1727–1734), und zum Kabinettminister im Jahr 1727 saß er immer nur in der Allgemeinen Ritterschaft. Erst sein letzter Landtag im Jahr 1737 brachte ihm eine Berufung in den Weiteren Ausschuß ein. Dieser Befund, daß Graf v. Friesen nahezu zwanzig Jahre in der Allgemeinen Ritterschaft verbrachte, ist beim gegenwärtigen Kenntnisstand schwer zu interpretieren. Inwieweit hier eine anhaltende Zurücksetzung des Höflings durch die Ritterschaft des Meißner Kreises vorliegt oder sich vielmehr ein genuines Interesse an einer Teilhabe an den Landtagsverhandlungen jenseits der höfischen Stellung zeigt, muß offenbleiben. Im erstgenannten Fall hätte v. Friesen den Landtagen auch fernbleiben können oder den Weg über einen der anderen Kreise in den Engeren Ausschuß versuchen können.

Der Ober-Stallmeister von 1732/33 Johann Adolph v. Loß (1680–1759) auf Hirschstein im Amt Meißen hat – wie seine Vorgänger Gustav Carl Frh v. Racknitz (1724–29 im Amt, 1719–24 Ober-Schenk) auf Nischwitz im Amt Grimma und Hans Gottlieb v. Thielau (1696–1723 im Amt) auf Lampertswalde im Amt Oschatz des Meißner Kreises – den Dresdner Landtag besucht. Allerdings sind weder v. Loß auf den Landtagen von 1722, 1728 und 1731 noch v. Racknitz 1711, 1718 und 1728 über die Allgemeine Ritterschaft hinausgekommen. Der Oberstallmeister v. Thielau hatte dagegen vor seinem Eintritt in den Landtag im Jahr 1694 bis 1722 noch eine vollständige Landtagskarriere absolviert und war 1699 in den Weiteren Ausschuß und 1711 in den Engeren Ausschuß gekommen. Damit deutet sich bereits an, daß die Teilnahme am Landtag nicht zu einer individuellen Vorliebe oder Abneigung des jeweiligen Amtsinhabers ge-

---

337 Friedrich Adolph v. Haugwitz gehörte mit Gersdorf zum Erzgebirger Kreis, Philipp Ferdinand v. Reibold besaß das Rittergut Neundorf im Vogtländer Kreis.

338 Jedenfalls soweit die Landtagsverzeichnisse Auskunft geben. Für die Landtage von 1731 und 1734 fehlt eine Bestätigung der Landtagsbesuche seitens des Oberhofmarschallamtes.

hört hat, sondern Rittergutsbesitz, Hofamt und Landtagsteilnahme sehr wohl regelmäßig zusammengingen und zusammengehören konnten.

Die an den bisher behandelten Ober-Chargen gemachten Beobachtungen treffen ebenso auf die übrigen Inhaber der hohen Hofämter zu. So waren die drei Ober-Hofjägermeister Wolf Dietrich v. Erdmannsdorf (1646–1723) auf Neukirchen im Meißner Kreis, der das Amt von 1685 bis 1720 versah, und seine Nachfolger Carl Gottlob v. Leubnitz auf Olbernhau im Erzgebirger Kreis, von 1720 bis 1741 im Amt, und Carl Ludwig Graf v. Wolfersdorff auf Silberstraße im Erzgebirger Kreis während ihrer Hofbedienung ebenfalls Landtagsteilnehmer: v. Erdmannsdorf von 1692 bis 1718, v. Leubnitz von 1711 bis 1728 und dann wieder 1737, v. Wolfersdorff von 1742 bis 1769. Allerdings hat es wiederum nur der erstgenannte Stelleninhaber bis in den Engeren Ausschuß geschafft, seine Nachfolger blieben bis 1749 ausnahmslos Mitglieder der Allgemeinen Ritterschaft.[339]

Wolf Dietrich war der Bruder des Kammerherrn und Hausmarschalls Ernst Dietrich v. Erdmannsdorf auf Böhlen bei Döbeln im Leipziger Kreis, der das Hofamt von 1686 bis zu seinem Tode im Jahr 1720 versah und parallel dazu bis 1718 den Landtag besuchte. Er kam 1694 zum ersten Mal in die Allgemeine Ritterschaft, wurde 1699 in den Weiteren Ausschuß berufen und 1712 dann in den Engeren Ausschuß. Ebenso findet sich der nachfolgende Hausmarschall Christoph Adolph v. Neitschütz auf Stösitz im Meißner Kreis, Kammerherr seit 1697 und von 1724 bis 1729 im Amt, nahezu selbstverständlich im Landtag wieder, wo er während der drei Landtage von 1711, 1716 und 1718 in der Allgemeinen Ritterschaft verbrachte.[340] Der im Jahr 1733 ernannte Hausmarschall Ernst Ferdinand v. Erdmannsdorf auf Kössern im Amt Colditz des Leipziger Kreises übte das Amt bis 1746 aus. Er war seit dem 14. Mai 1721 mit dem Rittergut belehnt, gehörte dem Landtag seit 1722 an und erhielt 1726 die Kammerherrenwürde. Die Berufung in den Weiteren Ausschuß erlangte er aber erst 1734 und gehörte ihm bis zu seinem Tod im Jahr 1746 an. Für einige Monate wurde er 1746 noch Ober-Schenk.

Schließlich bestätigt auch eine Untersuchung der Ämter des Ober-Küchenmeisters und Ober-Schenken nur noch das bereits bekannte Bild. Auf den schon erwähnten Philipp Ferdinand v. Reibold folgte von 1711 bis 1714 der Ober-Küchenmeister Hans Adolph v. Haugwitz auf Augustusberg im Erzgebirger Kreis, der zuvor bereits unter Friedrich August I. seit einigen Jahren eine Anstellung als Hof- und Reisemarschall erhalten hatte und 1714 im Amt verstarb. Er war seit 1697 Kammerherr, eine Landtagsteilnahme ist für ihn nur im Jahr 1711 in der Allgemeinen Ritterschaft dokumentiert. Auf ihn folgte der von 1715 bis 1740 amtierende Ober-Küchenmeister Adolph Freiherr v. Seyfertitz auf Weistropp im Meißner Kreis, der auf den sechs Landtagen von 1718 bis 1737 fast zwanzig Jahre

---

339 Wolff Dietrich v. Erdmannsdorf kam erstmals 1692 zum Landtag nach Dresden, 1694 kam er schon in den Weiteren Ausschuß und saß von 1711 bis 1718 im Engeren Ausschuß.

340 Die Belehnung mit dem Rittergut Stösitz im Amt Oschatz hatte er nur über seine Ehefrau Johanne Louise v. Miltitz erlangt. Im Jahr 1729 legte er das Amt als Hausmarschall nieder und war bis zu seinem Tod 1732 General-Postmeister.

lang in der Allgemeinen Ritterschaft verbrachte.[341] Sogar für den nur die kurze Zeit von drei Jahren bis 1743 tätigen Ober-Küchenmeister Friedrich August v. Brandenstein auf Hermsdorf im Leipziger Kreis, Amtshauptmann zu Leisnig und Kammerherr seit 1726 läßt sich eine längere Landtagsteilnahme nachweisen. Von 1728 bis 1737 war er Mitglied der Allgemeinen Ritterschaft und stieg erst nach seiner Ernennung zum Ober-Küchenmeister in den Weiteren Ausschuß aus. Sein Nachfolger wurde 1743 Heinrich Maximilian v. Schönberg, der 1747 außerdem zum Hofmarschall ernannt wurde. Für ihn ist ausnahmsweise bis 1749 kein Landtagsbesuch nachweisbar. Wahrscheinlich verfügte er über kein landtagsfähiges Rittergut in den kursächsischen Erblanden.[342]

Im Amt des Ober-Schenken folgte auf Philipp Ferdinand v. Reibold im Jahr 1712 Friedrich Graf Vitzthum v. Eckstädt (1675–1726) auf Reibitz im Amt Delitzsch, der das Amt 1719 niederlegte, aber die Stelle des Ober-Kammerherren, die er seit 1713 innehatte, bis zu seinem Tod im Jahr 1726 beibehielt. Schließlich wurde er 1721 noch geheimer Kabinettsminister. Friedrich Vitzthum v. Eckstädt war im Jahr 1684 als Page zum damaligen kursächsischen Prinzen Friedrich August an den Dresdner Hof gekommen.[343] Er hatte ihm als Reisebegleiter gedient und begann seinen Aufstieg als sein Kammerjunker. Im Jahr 1695 war er als Reise-Marschall mit Friedrich August I. in Ungarn und begleitete ihn 1697 nach Polen. Parallel zu seiner dezidierten Hofkarriere entwickelte sich dennoch eine veritable Landtagskarriere. Auf dem Ausschußtag des Jahres 1715 trat er direkt in den Weiteren Ausschuß ein, auf dem Landtag von 1718 wurde er in den Engeren Ausschuß berufen.[344] Seine Stelle als Oberschenk ging von 1719 bis 1724 an Gustav Carl Frh v. Racknitz, der 1724, wie erwähnt, Ober-Stallmeister wurde, und dann von 1725 bis 1733 an den bis dahin als Trabanten-Hauptmann bestellten Rudolph Gottlob v. Seyfertitz, der mit dem Thronwechsel jedoch zurücktrat.

---

341 Adolph Frh v. Seifertitz wurde 1711 Kammerherr und hat zudem von 1712 bis 1718 als Hofmarschall gedient.

342 Von 1727 bis 1738 war Heinrich Maximilian v. Schönberg in der Oberlausitz mit dem nach dem Tod der Mutter geerbten Kleinbautzen belehnt, 1740 kaufte er dort das winzige Rittergut Bocka bei Kamenz, 1747 veräußerte er es wieder, siehe Walter v. Boetticher, Oberlausitzischer Adel, Bd. 2, S. 795. Er scheint insgesamt nicht sehr begütert gewesen zu sein. Als Sohn zweiter Ehe entfiel auf ihn als Erbe jedenfalls nur ein kleiner Teil des väterlichen Grundbesitzes.

343 Siehe den biographischen Artikel über ihn in Zedler, Universal-Lexicon, Bd. 49 (1746), Sp. 419–421; und Walter v. Boetticher, Oberlausitzischer Adel, Bd. 3, S. 53. Die Erhebung in den Reichsgrafenstand erfolgte 1711 im Reichsvikariat durch Kurfürst Friedrich August I. Verheiratet war er seit 1699 mit Rahel Charlotte, einer Tochter des Kammerherrn, titular geheimen Rates und Kreishauptmann des Thüringer Kreises Ludwig Gebhardt Graf v. Hoym auf Droyßig. Auf dem Landtag von 1722 saß er im Engeren Ausschuß als Nr. 29 also nur wenige Stühle entfernt von seinem Schwiegervater auf Platz Nr. 36. Er starb 1726 in einem Duell.

344 Nach den Aufzeichnungen im Oberhofmarschallamt hat er an den Landtagen von 1718 und 1722 tatsächlich auch teilgenommen, nicht aber an den Ausschußtagen von 1716 und 1725. Landtagsfähig war er seit der Belehnung mit den väterlichen Gütern Reibitz im Amt Delitzsch (und Wölkau, neuschriftsässig im Amt Eilenburg) am 9. Juni 1713. Der Vater Christoph Vitzthum v. Eckstädt (1633–1712) war kursächsischer Rittmeister und Kammerherr gewesen.

Nach dem Thronwechsel wurde bis 1746 Johann Adolph v. Haugwitz auf Fichtenberg im Meißner Kreis der erste Inhaber des Amtes unter dem neuen Landesherrn, der seit 1711 Kammerherr und von 1729 bis 1733 Hofmarschall unter Friedrich August I. gewesen war. Seine Landtagsbesuche sind seit 1722 dokumentiert. Er mußte sich ebenfalls fünf Landtage lang bis 1737 mit der Allgemeinen Ritterschaft begnügen. Erst im Landtag von 1742 kam er in den Weiteren Ausschuß. Johann Adolph v. Haugwitz verstarb am 26. Februar 1746. Daher vertrat ihn der Hausmarschall Ernst Ferdinand v. Erdmannsdorf als neuer Oberschenk im Landtag von 1746. Da v. Erdmannsdorf bereits am 24. Juli 1746 ebenfalls verstarb, ging das Amt an Heinrich Rudolph v. Schönfeld zu Löbnitz im Leipziger Kreis, Kammerherr seit 1720 und Landtagsbesucher seit 1716.[345] Er gehörte schon seit 1728 dem Weiteren Ausschuß an und war 1742 in den Engeren Ausschuß aufgestiegen. Der neue Ober-Schenk war somit ein erfahrenes langjähriges Landtagsmitglied.

Soweit die Ober-Chargen am Dresdner Hof also mit kursächsischen Adligen besetzt waren, läßt sich für die erste Hälfte des 18. Jahrhunderts eine insgesamt erstaunlich hohe Frequenz an Landtagsbesuchen nachweisen, und zwar sowohl hinsichtlich der Zahl der Ober-Chargen, die am Landtag vertreten waren, als auch was die Anzahl der Besuche durch die einzelnen Inhaber der hohen Hofämter angeht.

Im Gegensatz zu den Ober-Chargen ist die Landtagsteilnahme der Kammerherren und Kammerjunker wesentlich schwerer zu beurteilen. Sie hat zwar ebenfalls in nennenswerter Weise stattgefunden und eine Reihe von Beispielen werden gleich angeführt werden, aber es muß trotzdem offen bleiben, wie die Landtagsbesuche zu gewichten sind. Der Grund für diese Schwierigkeit liegt in der bislang fehlenden prosopographischen Aufarbeitung des adligen kursächsischen Hofpersonals im 17. und 18. Jahrhundert.[346] Die Hof- und Staatskalender seit 1728 geben zwar die Namen der Kammerherren und Kammerjunker an, ihre Nennung im Kalender belegt aber nur die Verleihung des Titels. Bekanntlich fanden sich an den frühneuzeitlichen Höfen nicht alle Kammerherren und Kammerjunker dauerhaft bei Hofe ein oder nahmen aktiv am Hofdienst teil. Selbst die aktiven Kammerherren versahen ihre Aufwartung nur für ein paar Wochen im Jahr. Inwieweit der Titel darüber hinaus in erster Linie ehrenhalber erteilt worden war, ohne jemals einen tatsächlichen Hofdienst zu erwarten, ist daher aufgrund der bislang verfügbaren Angaben nicht zu ermitteln. Unter den Kammerherren des Dresdner Hofes befanden sich auch eine Anzahl auswärtiger Adliger, darunter aufgrund der Doppelrolle der beiden Friedrich Auguste als Kurfürsten des Reiches und gewählte polnische Könige nicht zuletzt einige

---

345 Mit dem Rittergut Löbnitz, oberer Teil oder Schloßteil, war er seit dem 2. März 1715 belehnt, siehe HSTA Dresden, Bestand 10.080, Ritterguts-Matrikel 1728.

346 Siehe z. B. das Kapitel ‚Hofstaat und Hofadel' bei Czok, August der Starke, S. 109–122, das allenfalls einführenden und allgemein orientierenden Charakter hat. Für den Dresdner Hof stehen neuere historische Forschungen, wie sie in den letzten Jahren zu den zeitgenössischen Höfen in Berlin, München und Wien oder Bonn durchgeführt worden sind, noch aus.

polnische Adelige. Es ist daher zu erwarten, daß nur ein kleinerer Teil der Kammerherren dem Landtag einen Besuch abstattete.[347]

Zudem besaßen zahlreiche hohe oder leitende kurfürstliche Amtsträger auch den Kammerherrentitel wie z. B. die Erbmarschälle aus dem Geschlecht der Löser oder wirkliche geheime Räte wie Johan Adolph v. Loß und Alexander v. Miltitz, die Ober-Steuereinnehmer Wolff Rudolph v. Schönberg und Haubold v. Einsiedel oder der Präsident des Appellationsgerichts Gottlob Hieronymus v. Leipziger. In allen diesen Fällen ist es kaum zu ermitteln, ob ihre Landtagsteilnahme dem Rittergutsbesitz, der Hofzugehörigkeit oder der Amtstätigkeit geschuldet ist. Wenn man aber von solchen Mehrfachfunktionen absieht, bleiben immer noch eine Reihe von Landtagsteilnehmern übrig, für die allein der Titel eines Kammerherren oder Kammerjunkers ermittelt werden konnte und die folglich sozusagen ein rein hofadeliges Element am Landtag darstellten. In der gedruckten Neuen Hofrangordnung von 1755 nahmen die Kammerherren den Rang 24 ein und hatten damit den Vorzug vor den geheimen Cammer-Räten auf Rang 26, den geheimen Kriegs-Räten (Rang 28) und den Hofräten der Landesregierung (Rang 51).[348] Die Kammerjunker folgten mit deutlichem Abstand auf Rang 65.[349] Da den zeitgenössischen Landtagsteilnehmern alle diese Elemente von der familären Herkunft und Vernetzung über die Hofzugehörigkeit bis zur Amtstätigkeit deutlich vor Augen standen, waren sie zugleich wichtige Faktoren, die in der Landtagskarriere der einzelnen Teilnehmer eine Rolle spielten. Ihre Beschreibung und Analyse bildet eine wichtige Voraussetzung, um die Frequenz der Landtagsbesuche und die Wahl in die Ausschüsse aufschlüsseln zu können.

Zu den regelmäßigen Landtagsteilnehmern aus dem Kreis der Kammerherren gehörte Kraft Burkhard v. Bodenhausen (1647–1716) auf Radis im Churkreis, und zwar im Kreisamt Wittenberg. Seine Landtagskarriere erstreckte sich über insgesamt dreiundvierzig Jahre und begleitete somit praktisch sein gesamtes Erwachsenenleben. Er war der Sohn des Obersteuer-Einnehmers Otto Wilcke (1601–1664), der von 1657 bis 1644 dem Engeren Ausschuß angehört hatte.[350] Nachdem er seine Volljährigkeit erreicht hatte, trat Kraft Burkhard für das väterliche Rittergut Radis im Jahr 1673 in den Landtag ein. Auf dem fol-

---

347 Diese Feststellung gilt um so mehr, wenn man berücksichtigt, daß manche kursächsische Kammerjunker und Kammerherren, die als nachgeborene Söhne oder aus anderen Gründen gar nicht mit einem landtagsfähigen Rittergut belehnt waren, nicht teilnehmen konnten.

348 Königlich Pohlnische im Chur-Fürstenthume Sachsen zu observirende Neue Hof-Rang-Ordnung, Dresden 1755. Ich gehe davon aus, daß die Ordnung abgesehen vom Premier-Ministre Rang an der ersten Stelle keine gravierenden Neuerungen eingeführt hat und hier als Anhaltspunkt für die Verhältnisse der ersten Hälfte des 18. Jahrhunderts dienen kann.

349 Die Kammerjunker rangierten damit aber immer noch vor den adeligen Appellationsräten auf Rang 73 und den Obersteuer-Einnehmern auf Rang 75.

350 Siehe Zedler, Universal-Lexicon, Bd. 4 (1733), Sp. 329. Laut Zedler war v. Bodenhausen auch Ober-Steuerdirektor in der Grafschaft Hohenstein oder Hohnstein. Die Grafschaft war im Westfälischen Frieden an die brandenburger Kurfürsten gekommen und von ihnen an die Grafen Sayn-Wittgenstein verlehnt worden. Im Jahr 1699 setzte sich Kurfürst Friedrich III. allerdings gewaltsam in den Besitz der Grafschaft.

genden Ausschußtag von 1676 wurde er bereits in den Weiteren Ausschuß berufen, dem er bis zum Ausschußtag von 1689 angehörte. In den Engeren Ausschuß kam er mit dem Ausschußtag des Jahres 1690. In dem folgenden Vierteljahrhundert rückte er in der Sitzordnung von Mal zu Mal weiter vor, bis er im Jahr 1713 den fünften Platz im Engeren Ausschuß erreichte. Jetzt war nur noch der geheime Rat und Kreis-Hauptmann Graf Carl Gottfried Bose (1654–1731) auf Netzschkau vor ihm auf Platz vier.[351] Für seine beiden letzten Landtagsteilnahmen von 1715 und 1716 behielt v. Bodenhausen zwar den fünften Platz, wechselte aber auf das im Amt Grimma des Leipziger Kreises gelegene Rittergut Brandis, das er im Jahr 1690 gekauft hatte.[352] Den Kammerherrentitel hatte das Mitglied des Engeren Ausschusses Kraft Burkhard v. Bodenhausen im Jahr 1697 erhalten.[353] Der Kammerherr v. Bodenhausen gehörte demnach zwanzig Jahre lang dem Engeren Ausschuß an und konnte an den entsprechenden Verhandlungen des Landtags in einer innen- wie außenpolitisch recht bewegten Epoche der kursächsischen Geschichte teilhaben.

Für den Churkreis besuchte zu dieser Zeit auch der Kammerherr Julius Haubold v. Hartitzsch auf Triestewitz im Amt Schweinitz den Landtag. Er war im Jahr 1694 erstmals zum Landtag nach Dresden gekommen und gehört ihm noch bis 1722 an, also beinahe dreißig Jahre lang.[354] Den Kammerherrenschlüssel erhielt er im Jahr 1705. Dennoch hat er im Unterschied zu v. Bodenhausen die gesamte Zeit seiner Landtagsbesuche immer nur an den Verhandlungen der Allgemeinen Ritterschaft teilgenommen. Über einen noch etwas längeren Zeitraum, nämlich von 1699 bis 1731 besuchte Carl Hildebrand v. Dieskau auf Knauthain im Kreisamt Leipzig den Landtag.[355] Nachdem er auf dem Allgemeinen Landtag von 1699 als Neuling in der Allgemeinen Ritterschaft gesessen

---

351 Den Grafentitel verlieh Kaiser Karl VI. an Bose allerdings erst im Jahr 1715. Im Oberhofmarschallamt wird Bose seit 1700 als geheimer Rat geführt. Carl Gottfried Bose gehörte dem Landtag seit 1681 an und war als junger Stallmeister direkt in den Weiteren Ausschuß eingetreten. Kammerherr am Dresdner Hof war er laut Johann Georg Zirschke, Hof-Staat, S. 25, seit 1694. Zirschke listet ihn sogar als den ersten der von Friedrich August I. ernannten Kammerherren.

352 Siehe Gustav Adolf Poenicke (Hg.), Albumblatt der Rittergüter, I. Section: Leipziger Kreis, S. 53. Durch den Wechsel machte er Platz für seinen Sohn Otto Wilhelm v. Bodenhausen (1680–1754), der schon seit dem allgemeinen Landtag von 1711 für Radis in der Allgemeinen Ritterschaft saß und später Kreis-Hauptmann und Hofrichter zu Wittenberg wurde. Im Jahr 1746, inzwischen Mitglied des Engeren Ausschusses, wechselte der Hofrichter Otto Wilhelm übrigens ebenfalls von Radis auf Brandis, um für seinen Sohn Carl Wilhelm v. Bodenhausen Platz zu schaffen, der 1746 für Radis in die Allgemeine Ritterschaft eintrat.

353 Siehe Johann Georg Zirschke, Hof-Staat, S. 26. Alle weiteren Angaben im Text über die Ernennung zum Kammerherrn sind dem Werk von Zirschke entnommen. Das Jahr der Wahl zum polnischen König weist mit einundzwanzig Ernennungen zu Kammerherren in Dresden eine für das Ereignis nicht untypische Fülle derartiger Erhebungen auf. Normal ist am Ende des 17. Jahrhunderts jedoch eine Zahl von zwei bis fünf neuen Kammerherren pro Jahr, aber auch eine einzige Ernennung kommt häufiger vor.

354 Damals noch für das Rittergut Neu-Kötitz im Amt Oschatz des Meißner Kreises, ab 1699 aber für Trietewitz.

355 Er war der Sohn des 1689 verstorbenen Heinrich v. Dieskau auf Knauthain, der von 1670 bis 1689 dem Weiteren Ausschuß angehört hatte.

hatte, wurde er auf dem Ausschußtag von 1704 in den Weiteren Ausschuß berufen und stieg 1718 in den Engeren Ausschuß auf. In der Zeit bis 1731 fanden insgesamt fünfzehn Landesversammlungen statt, an denen er seit seiner Berufung in den Weiteren Ausschuß – mit Ausnahme des Ausschußtages von 1712 – jedes Mal teilgenommen hat. Im Jahr 1718 erhielt der mehrmalige Landtagsteilnehmer v. Dieskau nach seinem Aufstieg in den Engeren Ausschuß dann auch die Kammerherrenwürde.[356] Die Ernennung erfolgte also, als seine Landtagskarriere mit dem Eintritt in den Engeren Ausschuß bereits erfolgreich absolviert war. Im Gegensatz zu ihm kann man im Fall von Julius Haubold v. Hartitzsch festhalten, daß die Ernennung zum Kammerherrn seine Karriere im Landtag nicht gefördert hat.

Es lassen sich noch weitere Beispiele für Kammerherren finden, die ihre Zeit als Landtagsbesucher ausschließlich oder doch überwiegend allein in der Allgemeinen Ritterschaft zugebracht haben. So saß der im Jahr 1728 zum Kammerherrn ernannte Carl Gottlob v. Lüttichau (1698–1749) auf Groß-Kmehlen im Amt Hayn des Meißner Kreises während der vier allgemeinen Landtage von 1728 bis 1737 immer in der Allgemeinen Ritterschaft. Ebenfalls in der Allgemeinen Ritterschaft des Meißner Kreises nahm fünf Landtage lang von 1728 bis 1742 Hans Georg v. Carlowitz auf Stösitz im Amt Oschatz an den Verhandlungen teil.[357] Seine Kammerherrenwürde besaß v. Carlowitz schon seit 1722, sein endlich doch noch erfolgender Aufstieg in den Weiteren Ausschuß kam erst auf dem Landtag von 1746 zustande. Eine vergleichsweise rasche und erfolgreiche Landtagskarriere absolvierte dagegen Gotthelff Friedrich v. Schönberg (1681–1746) auf Trebitz im Kreisamt Wittenberg des Churkreises. Er besuchte den Landtag von 1711, die erste allgemeine Landesversammlung aller drei Abteilungen der Ritterkurie seit 1699 und seit seiner Volljährigkeit. Die Kammerherrenwürde erhielt Gotthelff Friedrich v. Schönberg im Jahr 1713, verblieb aber auf den Landtagen von 1716 und 1718 noch in der Allgemeinen Ritterschaft.[358] Er war der jüngere Sohn dritter Ehe des Präsidenten des Apellationsgerichts

356 Laut Zedler, Universal-Lexicon, Bd. 7 (1734), Sp. 857 war Carl Hildebrand v. Dieskau auch Director der Merseburger Stifts-Stände. Leider gibt der Zedler kein Datum für die Übernahme des Amtes an. Ob diese Position einen Einfluß auf seine Ernennung zum Kammerherrn besessen hat, ist unbekannt.

357 Laut Gustav Adolf Poenicke (Hg.), Album der Rittergüter, II. Section: Meißner Kreis, Supplement S. 18, hat er das Rittergut Stösitz erheiratet, und zwar wahrscheinlich durch seine Ehe mit Henriette Margarethe v. Neitschütz, Tochter von Johann Adolph – nicht Christoph Adolph, wie im Poenicke steht – v. Neitschütz und Johanne Louise v. Miltitz. Sie wurde am 12. Dezember 1718 mit ihrem Anteil von Stösitz beliehen, siehe dazu Zedler, Universal-Lexicon, Bd. 23 (1740), Sp. 1668, und HSTA Dresden, Bestand 10.080, Ritterguts-Matrikel 1728. Im Jahr 1754 folgte auf ihn Hans Adolph v. Carlowitz als Besitzer von Stösitz, der wiederum 1763 seinen ersten Landtag besuchte und es 1781 sogar zum Mitglied des Engeren Ausschusses brachte. Die Hof- und Staatskalender von 1765 bis 1783 führen ihn als Kammerherren und darüber hinaus als titular Kreis-Hauptmann, der in dieser Qualität keine Dienste verrichtete.

358 Das Landtagsprotokoll von 1711 bezeichnet v. Schönberg als Kammerjunker. Da er aber bei Johann Georg Zirschke nicht aufgeführt ist, hatte er seine Stelle wahrscheinlich nicht am kurfürstlichen Dresdner Hof.

Gotthelff Friedrich v. Schönberg (1631–1708) auf Obergruna.[359] Im Jahr 1722 erfolgte dann die Berufung des Kammerherrn v. Schönberg in den Weiteren Ausschuß, an dem er vier Mal teilnahm, und von 1734 bis 1742 gehörte er schließlich noch für drei Landtage dem Engeren Ausschuß an.[360] Sein älterer Bruder Caspar v. Schönberg, der seit 1703 Kammerjunker war, aber schon 1733 verstarb, hatte das väterliche Gut Bieberstein im Amt Meißen übernommen und für Bieberstein von 1711 bis 1722 ebenfalls den Landtag besucht.[361] Trotz der familiären Herkunft kam Caspar v. Schönberg jedoch nicht über die Allgemeine Ritterschaft hinaus. Die Landtagskarriere blieb seinem jüngeren Bruder vorbehalten.

Aus diesen Beispielen für den Landtagsbesuch der Kammerherren kann zweierlei gefolgert werden. Die Teilnahme an den Landtagsverhandlungen fand einerseits in beachtenswertem Umfang das Interesse der zum Dresdner Hof gehörenden Kammerherren. Selbst der Besuch der Allgemeinen Ritterschaft scheint für sie bedeutsam genug gewesen zu sein, um ihn auch dann mehrfach zu wiederholen, wenn ihre Aussichten auf einen Aufstieg in die Ausschüsse schlecht waren. Mit ihrer Teilnahme bereicherten sie demnach das in der Allgemeinen Ritterschaft vertretene Spektrum der Mitglieder. Die Allgemeine Ritterschaft kann daher nicht auf ein reines Sprungbrett für die eigentlich relevante Landtagstätigkeit in den Ausschüssen reduziert werden. Andererseits geben die aufgeführten Beispiele keine eindeutigen Hinweise, daß die Kammerherrenwürde einen besonders positiven Einfluß auf die Landtagskarrieren gehabt hätte. Die Stellung am Hof scheint vielmehr keine große, zumindest keine führende Bedeutung für die Berufung in die Ausschüsse gehabt zu haben. In den

---

359 Die Landtags- um Amtskarriere des älteren Gotthelff Friedrich v. Schönberg (1631–1708) auf Bieberstein ist beeindruckend: Er war seit seinem Eintritt in die Allgemeine Ritterschaft im Jahr 1657 Mitglied des Landtages, davon von 1666 bis 1708 im Engeren Ausschuß. Seine Amtstätigkeit setzte 1663 mit einer Stelle als Hofrat ein, in diesem Jahr stieg er auch in den Weiteren Ausschuß auf. Im Jahr 1666 erhielt er die Kammerherrenwürde und kam in den Engeren Ausschuß. Seit 1675 war er Präsident des Appellationsgerichtes, von 1696 bis 1704 Ober-Steuerdirector und seit 1704 Präsident des Ober-Consistoriums, siehe Christian Heinker, Bürde des Amtes, S. 328 f. Er besaß im Meißner Kreis die Rittergüter Bieberstein im Amt Meißen, Nieder-Lockwitz im Amt Dresden, ferner das amtsässige Gut Triestewitz im Amt Schweinitz des Churkreises und das laut Friedrich Gottlob Leonhardi, Erdbeschreibung, Bd. 3, S. 142, neuschriftsässige Obergruna im Amt Nossen des Erzgebirger Kreises. Von 1666 bis 1680 saß der Appellationsrat v. Schönberg als Deputierter aus dem Churkreis im Engeren Ausschuß, von 1681 bis 1708 dann aber für Obergruna im Erzgebirger Kreis, das vermutlich ein Vorwerk des Gutes Bieberstein bildete.

360 Im Jahr 1735 erbte er zudem als nächster Mitbelehnter das bedeutende Gut Schloß Purschenstein mit Sayda, im Kreisamt Freyberg des Erzgebirger Kreises, vom Kammerherrn und Amtshauptmann von Wolkenstein Wolff Rudolph v. Schönberg, dessen Kinder alle früh verstorben waren, siehe Zedler, Universal-Lexicon, Bd. 35 (1735), Sp. 713 f. Wolff Rudolph v. Schönberg gehörte dem Engeren Ausschuß von 1711 bis 1734 an.

361 Zu Caspar v. Schönberg siehe Zedler, Universal-Lexicon, Bd. 35 (1735), Sp. 704. An den Landtagen von 1728 und 1731 hat er nicht mehr teilgenommen. Ob dafür auch die Berufung seines Bruders in den Weiteren Ausschuß eine Rolle gespielt hat, läßt sich z. Z. nicht ermitteln. Im Jahr 1726 erhielt er die Kammerherrenwürde.

meisten Fällen ist sie von anderen Faktoren wie der familiären Herkunft oder der parallel ausgeübten Amtstätigkeit nur schwer zu trennen.

Für die Gruppe der dem Ober-Hofmarschall unterstellten kursächsischen Kammerjunker lassen sich hinsichtlich des Landtagsbesuches wieder sehr ähnliche Beobachtungen machen, wie sie schon bei den Kammerherren angefallen sind. Unter den Kammerjunkern finden sich ebenfalls eine Reihe auswärtiger Adeliger, die für eine Landtagsteilnahme nicht in Frage kamen.[362] In welchem Umfang sich unter den achtzig Kammerjunkern, die um 1730 im Hof- und Staatskalender genannt werden, bloße Titelträger ohne aktive Diensttätigkeiten befinden, läßt sich z. Z. nicht klären. Schließlich scheint, was den kursächsischen Landadel angeht, der Dienst als Kammerjunker vor allem von unangesessenen und nachgeborenen Söhnen gesucht worden zu sein, allerdings weniger der Ehre wegen, wie bei den Kammerherren, sondern vielmehr aufgrund der Notwendigkeit, da sie für ihren Lebensunterhalt auf ein Dienstgehalt und für ihre soziale Stellung auf eine Hofbedienung angewiesen waren. Aus diesen Gründen ist zu erwarten, daß sich nur eine kleine Zahl der aufgeführten Kammerjunker in den Listen der Landtagsteilnehmer wiederfinden lassen.

Im Unterschied zu den Kammerherren kann man innerhalb der Kammerjunker spezifische Gruppen isolieren, die bestimmten beruflichen Aufgaben nachgingen. Die größte Gruppe stellten die in der Forstwirtschaft und in der Flößerei angestellten Kammerjunker.[363] In der Forstverwaltung und Floß-Inspection waren den einzelnen Amtsträgern bestimmte Bezirke zugeteilt, in denen sie die Aufsicht über das entsprechende Forstpersonal und die landesherrlichen Forste hatten und wo sie zumindest in gewissen Zeiten vor Ort anwesend sein mußten. Von den insgesamt neunzehn ‚Ober-Forst- und Wild-Meistern‘ der verschiedenen Forstbezirke um 1730 können fünfzehn als Kammerjunker des Dresdner Hofes nachgewiesen werden.[364] Der Forst- und Wildmeister zu Elbenau, Hiob Friedrich von Bomsdorf auf Gommern im Churkreis, war sogar Dresdner Kammerherr. Oberhalb der Forst- und Wildmeister standen der Land-Jägermeister für den Erzgebirger Kreis, Carl Heinrich v. Leubnitz auf München-Bernsdorff, zugleich Hof-Jägermeister, und der Land-Jägermeister für die drei Kreise des Churkreises, des Meißner und des Leipziger Kreises, George Heinrich v. Carlowitz auf Podelwitz bei Leipzig.[365] Die Spitze bildete der Ober-

362 So z. B. die Kammerjunker Adam Graf Teleki v. Szek, Adam v. Miesczinski, Friedrich August Herr v. Plotho, Albrecht Andreas Frh v. Tanner – die v. Tanner besaßen in den 1730er Jahre kurze Zeit das Landtagsfähige Gut Ilkendorf im Meißner Kreis – oder Christoph Wilibald Heinrich v. Houwald auf Straupitz in der Niederlausitz.

363 In der Floß-Inspection arbeiteten insgesamt sieben adlige Oberaufseher für die verschiedenen Flößereien. Eine weitere Gruppe waren die Jagd-Junker wie z. B. Carl Siegmund v. Bose und Heinrich v. Bünau. Allerdings waren sieben der Ober-Forst- und Wild-Meister zugleich auch Jagd-Junker.

364 Aus bislang unbekannten Gründen waren folgende drei Ober-Forstmeister keine Kammerjunker: der Ober-Forst- und Wild-Meister zu Weyda, Julius Ferdinand v. Boxberg, Joachim Ernst v. Lichtenhayn zu Ostra im Stift Naumburg und Johann Christoph v. Meusebach zu Auma.

365 In der Neuen Hof-Rangordnung von 1755 hatten die Land-Jägermeister Rang 35, die Ober-Forstmeister nahmen Rang 82 ein, die Ober-Aufseher der Flöße Rang 86 und – zum Vergleich –

Jägermeister, Director und Ober-Inspector der gesamten Flöße und Hof-Jäger-meister Carl Gottlob v. Leubnitz auf Olbernhau und Possendorf.[366]

Diejenigen Kammerjunker, die eine Stellung als Ober-Forst- und Wild-Meister in den landesherrlichen Forsten innehatten, zählten aber in der Regel gerade nicht zu den Landtagsbesuchern. Für sie wird zumeist auch kein Rittergut angegeben. Fünfzehn der neunzehn Forstmeister um 1730 tauchen nie in den Landtagsprotokollen der ersten Hälfte des 18. Jahrhunderts auf. Insofern ein Rittergut genannt wird, läßt sich oft auch eine Landtagsteilnahme belegen. Die Ausnahmen stellen in dieser Hinsicht Johann Christoph v. Meusebach auf Wenigenauma im Neustädter Kreis, der im Jahr 1711 einmal zum Landtag nach Dresden kam und im Jahr 1719 zum Kammerjunker ernannt wurde, und Hans v. Reibold, von 1695 bis 1722 auf Reinsdorf im Vogtländer Kreis, Kammerjunker seit 1705 und Forstmeister zu Auerbach, der die drei Landtage von 1711, 1716 und 1718 besucht hatte.[367] Der Forstmeister und Kammerherr v. Bomsdorf auf Gommern war sogar von 1722 bis 1749 auf sieben allgemeinen Landtagen in der Allgemeinen Ritterschaft der Deputierte des Amtes Gommern.[368] Obwohl Fragen, die das Aufkommen, die Verwendung und den Preis von Holz betrafen zu den wichtigen politischen Problemen der Zeit gehörten, ist keiner dieser Landtagsbesucher jemals in einen Ausschuß berufen worden. Nicht viel anders sieht zudem das Bild bei den höheren, den leitenden Stellen der Hof- und Land-Jägermeister aus. Alle drei gehörten zu dem im Land mit Rittergutsbesitz angesessenen Adel. Sie haben daher eine höhere Frequenz der Landtagsbesuche als die übrigen adeligen Forstmeister. Die Forstverwaltung war, so kann man an dieser Stelle festhalten, in der ersten Hälfte des 18. Jahrhunderts aus unterschiedlichen Gründen kein Milieu, das einer Landtagskarriere besonders förderlich war.

Der Ober-Hof-Jägermeister Carl Gottlob v. Leubnitz auf Olbernhau, der seit 1720 im Amt war, besuchte zwischen 1711 und 1737 sechs allgemeine Landtage und der Land-Jägermeister seit 1798 Georg Heinrich v. Carlowitz (1662–1739), der im Jahr 1710 mit dem Rittergut Podelwitz im Leipziger Kreis belehnt wurde,

---

die adligen Amtshauptleute Rang 85 und die Kammerjunker Rang 65. Der Hof- und Land-Jägermeister v. Leubnitz war zugleich Forstmeister zu Bärenfels, der Land-Jägermeister v. Carlowitz Forstmeister zu Torgau und Wildmeister zu Sellichau.

366 Außerdem war er auch noch Amtshauptmann zu Frauenstein und Lauterstein im Erzgebirger Kreis.

367 Wahrscheinlich kann man hierhin auch den Kammerjunker (seit 1715), Jagdjunker und „adjungirten" Ober-Forstmeister Hans (oder Johann) Siegmund v. Ende auf Barnitz rechnen, der von 1695 (oder von 1711) bis 1718 als Deputierter des Amtes Meißen am Landtag teilgenommen hat, aber immer nur in der Allgemeinen Ritterschaft.

368 Das war nicht sonderlich schwer, da das Amt Gommern im Churkreis nur aus einer Stadt, einem alten Schriftsassen und zwei Amtsassen sowie vier Vorwerken und Freigütern bestand. Daher vermerkte das Oberhofmarschallamt zum Landtag von 1746 lakonisch, v. Bomsdorf habe keine Vollmacht als Deputierter, weil der einzige andere Amtsasse verstorben und dessen Sohn unmündig sei. Die Teilnahme als Amtsasse ohne Vollmacht in diesem Fall lag durchaus im Rahmen der Landtagsordnung von 1728. Die Försterei Elbenau lag ebenfalls im Amt Gommern. Mit dem Ober-Forstmeister saß also faktisch der landesherrliche Verwalter des Amtes im Landtag.

kam von 1716 bis 1731 zu den Tagungen der fünf allgemeinen Landtage.[369] Beide leitenden adligen Hofbeamten saßen allerdings wie die adligen Ober-Forst-meister nur in der Allgemeinen Ritterschaft. Allein der Hof- und Land-Jäger-meister Carl Heinrich v. Leubnitz auf München-Bernsdorf im Neustädter Kreis, der im Jahr 1728 in den Landtag eingetreten war, schaffte 1731 einen Aufstieg in den Weiteren Ausschuß. Damit endete seine Landtagskarriere aber auch schon wieder. Im Hof- und Staatskalender wird er nur noch bis 1733 als Hof-Jäger-meister genannt. Der Vorgänger des Carl Gottlob v. Leubnitz im Amt des Ober-Hof-Jägermeisters von 1685 bis 1720, Wolff Dietrich v. Erdmannsdorf (1643–1720) auf Neukirchen im Meißner Kreis, hatte dagegen noch eine veritable Landtagskarriere erlebt. Er gehörte insgesamt fünfzehn Landesversammlungen an und war gleich auf seinem ersten Landtag im Jahr 1692 in den Weiteren Ausschuß gekommen. Von 1711 bis 1718 gehörte er sechs Mal zu den Mitgliedern des Engeren Ausschusses.[370] Sein Nachfolger im Jahr 1741, seine Excellenz, der Ober-Hof-Jägermeister Carl Ludwig Graf von Wolfersdorf auf Silberstraße im Erzgebirger Kreis, machte dagegen wieder eine rasante Karriere am Landtag. Nach seinem Eintritt in die Allgemeine Ritterschaft im Jahr 1742, kam er 1746 in den Weiteren und schon 1749 in den Engeren Ausschuß.

Unter den Kammerjunkern des Dresdner Hofes, für die bislang keine wei-teren Ämter nachweisbar sind, gab es jedoch einige langjährige und regelmäßige Landtagsbesucher, deren Karriere zum Abschluß noch vorgestellt werden soll. Die Karriereverläufe zeigen relativ breit gestreute Muster des Landtagsbesuchs. Einige Kammerjunker blieben wie die Ober-Forstmeister auf Dauer Mitglieder der Allgemeinen Ritterschaft, während andere in die Aufschüsse vorrücken konnten. Ausschließlich in der Allgemeinen Ritterschaft des Leipziger Kreises saßen die Kammerjunker Heinrich v. Einsiedel auf Wolftitz im Amt Borna, der im Jahr 1715 seine Ernennung erhalten hatte und fünfmal die Landtage zwischen 1716 bis 1737 besuchte, und Julius Moritz v. Hartitzsch, Kammerjunker seit 1726, der in den zwanziger Jahren das Rittergut Ziegra im Amt Leisnig von den Marschall v. Bieberstein neu erworben hatte und von 1728 bis 1749 ebenfalls fünfmal zum Landtag kam.[371] Dasselbe trifft für den im Jahr 1689 geborenen Kammerjunker Wolff Gottlob v. Kötteritz auf Flößberg, oberen Teils, zu, der von 1718 bis 1734 viermal zur Allgemeinen Ritterschaft gehörte.[372]

---

369 Zu den Dienstzeiten der Jägermeister siehe Johann Georg Zirschke, Hof-Staat, S. 43 f.

370 Ob sich in diesem Gegensatz zwischen den Landtagskarrieren der beiden Ober-Hof-Jäger-meister ein Wandel in der Wertschätzung des Forstbetriebes am Hof bzw. Landtag abzeichnet oder andere individuelle Faktoren eine Rolle spielten, läßt sich z. Z. noch nicht abschätzen. Auch der Kammerherr (seit 1720) und Landjägermeister von 1732 bis 1739 Johann Friedrich v. Erd-mannsdorf auf Elbersdorf im Meißner Kreis kam kurz nach seiner Ernennung auf dem Landtag von 1734 in den Weiteren Ausschuß und 1746 sogar, inzwischen – laut Hof- und Staatskalender Jahrgang 1740 – zum titular geheimen Rat ernannt, in den Engeren Ausschuß.

371 Während v. Einsiedel auf den Landtagen von 1728 und 1734 fehlte, kam v. Hartitzsch 1731 nicht. Sie haben sich also nur 1737 am Tisch der Leipziger Ritterschaft treffen können.

372 Bis 1728 kam er für Flößberg, 1731 fehlte er, 1734 kam er dann noch einmal wieder als Besitzer des amtsässigen Gutes Podelwitz und Deputierter des Amtes Grimma. Er war der älteste Sohn des Wurzener Stiftsrates August Friedrich v. Kötteritz auf Flößberg, mit Podelwitz war zuvor seine

In der Allgemeinen Ritterschaft des Erzgebirger Kreises besuchte Friedrich August v. Schönberg auf Wingendorf im Kreisamt Freyberg in den einundzwanzig Jahren von 1728 bis 1749 sechs Landtage.[373] Im Verlaufe dieser Jahre muß man ihn zu den erfahrenen Mitgliedern der Dresdner Ständevertretung rechnen. Nach dem Herrscherwechsel 1733/34 ernannte der neue Landesherr ihn zum Kammerjunker, er verblieb aber auch weiterhin in der Allgemeinen Ritterschaft – stattdessen wurde v. Schönberg zehn Jahr später noch Kammerherr. Unter den Mitgliedern der Meißner Ritterschaft saßen die Kammerjunker Hans Siegmund v.d. Pforte auf Weßnig im Amt Torgau, der zwischen 1694 und 1718 an fünf allgemeinen Landtagen teilnahm, und Caspar v. Schönberg auf Bieberstein für insgesamt vier Landtage in den Jahren von 1711 bis 1722. Schließlich kann in diesem Zusammenhang noch Ernst Haubold Frh v. Milititz (1684–1733) genannt werden. Er war der Sohn von Moritz Heinrich v. Milititz (1654–1705), der im Jahr 1677 Kammerherr und Hofrat wurde und 1697 zum wirklichen geheimen Rat aufstieg.[374] Im Jahr 1687 erfolgte die Erhebung des Vaters zum Freiherrn durch Kaiser Leopold. Von 1676, gleich nach Abschluß seiner Kavaliersreise, bis 1687 hatte der Vater drei Mal an den Tagungen der Allgemeinen Ritterschaft teilgenommen und war danach kursächsischer Gesandter am Reichstag zu Regensburg geworden. Sein Großvater war Rudolf v. Miltitz (1614–1661), Hofmarschall, Obersteuer-Einnehmer und geheimer Rat in Sachsen-Zeitz. Der Enkel wurde im Jahr 1706 in Dresden Kammerjunker. Seinen ersten Landtag besuchte er im Jahr 1711, wo er sich mit dem Rittergut Siebeneichen im Amt Meißen legitimierte, das seinem ohne männliche Erben verstorbenen Vetter Hans Dietrich v. Miltitz (1631–1697) gehört hatte. Erst auf den Landtagen von 1716 und 1718 erschien er für das väterliche Rittergut Batzdorf im Amt Meißen. Trotz seiner glänzenden familiären und höfischen Verbindungen kam er aber über die Allgemeine Ritterschaft nicht hinaus.[375]

Weitere interessante Einblicke in die zeitgenössische Praxis bietet der Fall der v. Maxen.[376] Johann (oder Hans) Georg von Maxen gehörte im Landtag von 1699 bis 1742 zur Allgemeinen Ritterschaft des Meißner Kreises. Er war der älteste Sohn des kursächsischen Stallmeisters der Jahre 1666 bis 1680 und seit 1672 auch

---

Mutter Magdalena Elizabeth, geb. v. Meußbach, beliehen, siehe HSTA Dresden, Bestand 10.080, Ritterguts-Matrikel 1728; Johann Georg Zirschke, Hof-Staat, nennt ihn nicht; siehe aber Zedler, Universal-Lexicon, Bd. 15 (1737), Sp. 1400, wo der Artikel ausdrücklich von ihm als „Chur-Sächsischen Cammer-Juncker" spricht. Verheiratet war er mit Charlotte Sophie v. Helldorf.

373   Für den Landtag von 1734 fehlt er im Landschaftsprotokoll der Teilnehmer.

374   Siehe Christian Heinker, Bürde des Amtes, S. 344 f, und den eigenständigen Artikel über Moritz Heinrich v. Miltitz in Zedler, Universal-Lexicon, Bd. 21 (1739), Sp. 254 f. Laut Zedler handelt es sich bei der häufig übernommenen Jahresangabe ‚1678' für den Freiherrentitel um einen Druckfehler, was auch durch das dann recht jugendliche Alter des Kandidaten wahrscheinlich gemacht wird. Ernst Haubolds Mutter Magdalena Sibylle (1660–1719) war die Tochter des kursächsischen Kanzlers und geheimen Rates Reinhard Dietrich v. Taube (1627–1681). Auch über Rudolf v. Miltitz erschien im Zedler ein eigener Artikel.

375   Er starb laut Zedler, Universal-Lexicon, Bd. 21 (1739), Sp. 245, am 17. Juni 1733 unvermählt.

376   Siehe zum Folgenden Walter v. Boetticher, Oberlausitzischer Adel, Bd. 2, S. 149–151; Zedler, Universal-Lexicon, Bd. 19 (1739), Sp. 2248; und Friedrich Gottlob Leonhardi, Erdbeschreibung, Bd. 2, S. 459.

Kammerherrn Nicolaus v. Maxen (1636–1712) auf Bischheim, Hennersdorf, Ohorn und Pulsnitz in der Oberlausitz. Nicolaus v. Maxen hatte Justina Eleonora (1652–1707), die Tochter des Erbkammertürhüters des heiligen Römischen Reiches Wolf v. Werthern auf Beichlingen, geheiratet, die sowohl Pulsnitz als auch Ohorn in die Familie brachte. Zu den Rittergüter Ohorn und Pulsnitz in der Oberlausitz gehörten jeweils die schriftsässigen Dörfer Ohorn und Pulsnitz, die jedoch nicht zur Oberlausitz, sondern vielmehr zum kursächsischen Amt Radeberg gehörten. Daher konnte sich der junge Johann Georg v. Maxen im Jahr 1699 für Ohorn der landständischen Ritterschaft in Dresden präsentieren.[377] Nach der landtagslosen Zeit kam für Ohorn im Jahr 1711 sein jüngerer Bruder Friedrich Gottlob von Maxen ein einziges Mal zum Dresdner Landtag.[378] Im Jahr 1716 wiederholte sich das Spiel mit seinem jüngsten Bruder Carl Maximilian, der das Gut Ohorn im Jahr 1712 geerbt hatte und beim Landtag von 1716 seinen Antrittsbesuch in Dresden machte.[379] Inzwischen war Johann Georgs Mutter verstorben, so daß er aus ihrem Erbe das Rittergut Pulsnitz erhielt. Im Jahr 1703 hatte er die Stellung eines kursächsischen Kammerjunkers erlangt. Daher konnte er auf dem Landtag von 1711 für Pulsnitz in die Allgemeine Ritterschaft zurückkehren und zusammen mit seinem Bruder Friedrich Gottlob den Landtag besuchen.[380] An dem im Jahr 1716 folgenden Landtag hat er dann zusammen mit seinem Bruder Carl Maximilian teilgenommen. Auch auf den sieben allgemeinen Landtagen in der Zeit von 1718 bis 1742 gehörte er zu den Mitgliedern der Allgemeinen Ritterschaft des Meißner Kreises.[381] Das Beispiel der v. Maxen illustriert die Kombination von höfischen Ämtern, landtagsfähigem Grundbesitz und persönlicher Landtagteilnahme in der ersten Hälfte des 18. Jahrhunderts. Es ist zwar in keiner Weise repräsentativ für den zeitgenössischen Adel, aber es zeigt, in welchem Maß es für alle drei Brüder attraktiv war, einmal den Dresdner

---

377 Sein Vater Nicolaus ist nur ein einziges Mal, nämlich 1692 für Ohorn in der Allgemeinen Ritterschaft, als Landtagteilnehmer registriert.

378 Friedrich Gottlob v. Maxen wurde im Jahr 1708 Kammerjunker und stieg 1720 zum Kammerherrn auf. Er erbte 1712 das väterliche Rittergut Bischheim und besaß spätestens seit 1720 außerdem das erbländische Rittergut Zottewitz im Amt Hayn des Meißner Kreises, das zwar seit 1692 neuschriftsässig war, aber über keine Landtagsberechtigung verfügte. Johann Georg erhielt von den väterlichen Gütern in der Oberlausitz schon im Jahr 1700 das Rittergut Hennersdorf zu seiner Ausstattung.

379 Der zweitälteste Bruder Wolff Heinrich v. Maxen hatte die militärische Laufbahn eingeschlagen und erhielt keinen eigenen Grundbesitz, möglicherweise, weil er als Major frühzeitig im Dienst verstarb. Heinrich August Verlohren führt ihn nicht unter den kursächsischen Offizieren.

380 Nach der Erbteilung von 1712, in der Friedrich Gottlob v. Maxen den Zugriff auf Ohorn und Pulsnitz verlor, hat der spätere Kammerherr, der erst 1752 kinderlos verstarb, an keinem Dresdner Landtag mehr teilgenommen. Als Grund wird man mehr noch als den fehlenden Grundbesitz ein mangelndes Interesse an den Landtagssitzungen vermuten dürfen.

381 Johann Georg v. Maxen starb am 23. Januar 1745. Auf dem Landtag von 1746 folgte ihm sein Sohn Johann Friedrich v. Maxen, der allerdings bereits im Jahr 1749 verstarb, so daß das Gut Pulsnitz an seine Schwester Johanna Sophia, verheiratete v. Gersdorff ging. Das Gut wurde auch danach öfter in der weiblichen Linie weiter gereicht und kam so im Jahr 1827 an Curt Ernst v. Posern.

Landtag besucht zu haben.[382] Darüber hinaus kann Johann Georg v. Maxen im Sinne von Petr Mat'a zu den Routiniers der Landtagsgeschäfte gezählt werden, obwohl er nie in einen der Ausschüsse berufen wurde. Möglicherweise war er seit 1718 in informeller Weise immer auch der Vertreter seiner Brüder auf den Landtagen.

Andere Kammerjunker durchliefen dagegen sehr wohl eine Landtagskarriere, die sie nicht nur zu regelmäßigen Besuchern machte, sondern darüber hinaus bis hinein in die Ausschüsse der Ritterkurie führte. Der Kammerjunker Georg Wolff v. Berbisdorf auf Niederforchheim im Erzgebirger Kreis nahm seit 1694 an zehn Landesversammlungen teil und wurde auf dem Ausschußtag des Jahres 1708 in den Weiteren Ausschuß berufen, dessen Mitglied er noch bis 1722 blieb.[383] Ernst Gotthard Adolph v. Warnsdorf, Kammerjunker seit 1705 und auf Zschochau im Amt Meißen angesessen, besuchte den Landtag von 1711 bis 1737. In den Jahren 1728 und 1731 war er Director des Meißner Kreis in der Allgemeinen Ritterschaft und in den Jahren 1734 und 1737 dann auch Mitglied des Weiteren Ausschusses. Dort traf er auf Johann Tham v. Schönberg, der seit 1711 Kammerjunker war und seit 1716 zum Dresdner Landtag kam. Er war mit dem amtsässigen Gut Naundorf im Amt Wolkenstein belehnt und besuchte den Landtag daher als Deputierter dieses Erzgebirger Amtes. Nach drei Landtagen in der Allgemeinen Ritterschaft wurde der Kammerjunker und Deputierte 1728 in den Weiteren Ausschuß berufen und gehörte dem Gremium bis 1737 an.[384] In den genannten Fällen liegt die Ernennung zum Kammerjunker jeweils vor dem ersten Auftritt im Landtag.

In der ersten Hälfte des 18. Jahrhunderts gehörten nicht nur Kammerjunker des Dresdner Hofes zu den langjährigen Landtagsteilnehmern. Georg Albrecht v. Brandenstein auf Kolba im Neustädter Kreis wurde im Oberhofmarschallamt seit 1711 als Weimarer Kammerjunker geführt. In diesem Jahr war er zugleich Director der Neustädter Teilnehmer in der Allgemeinen Ritterschaft. Er besuchte den Landtag seit 1694 und kam auf dem Ausschußtag von 1713 in den Weiteren Ausschuß, wo er noch bis 1728 blieb.[385] Nach dem Tod seines im Jahr 1710 verstorbenen Vaters Hans Titus a. d. Winckel auf Möst, der von 1687 bis 1696 als Deputierter des Amtes Bitterfeld im Churkreis am Landtag teilgenommen und

---

382 Die landständischen Aktivitäten der v. Maxen in der Oberlausitz müssen an dieser Stelle offenbleiben. Hier geht es nur um den Punkt, daß sie dennoch alle nach Dresden kamen, obwohl der Schwerpunkt ihres Besitzes in der Oberlausitz lag.

383 Die Ernennung zum Kammerjunker muß vor 1694 erfolgt sein, Johann Georg Zirschke, Hof-Staat, listet nur die Ernennungen seit 1694, siehe aber das Titularbuch von Heinrich Volck v. Wertheim, Anderer Theil des Vollkommenen Genealogischen Frantzösisch- und Teutschen Titular-Buchs, Begreift in sich den vorietzo florirenden resp. Königl. Poln. und Churfl. Sächsischen Hof-, Regierungs-, Militz-, Cammer-, Steuer-, General-Accis- und Kirchen-Staat, Chemnitz 1712, S. 26. Das Titularbuch nennt insgesamt zweiundzwanzig Kammerjunker.

384 Die v. Schönberg hatten ein Haus in der Moritzstraße, in dem er während der Landtage logierte. Laut Oberhofmarschallamt war er am Landtag von 1737 möglicherweise nicht anwesend.

385 Auch Georg Otto v. Brandenstein, Landtagsbesucher seit 1711, 1722 und 1725 dann im Weiteren Ausschuß, ebenfalls auf Kolba im Neustädter Kreis, wird im Oberhofmarschallamt 1711 als „fürstlich sächsischer Kammerjunker", 1716 und 1718 sogar als Hofrat bezeichnet.

seit 1690 im Weiteren Ausschuß gesessen hatte, wurde der Sohn Ernst Dietrich a. d. Winckel Deputierter des Amtes und stieg nach seinen vier Landtagen von 1711 bis 1722 in der Allgemeinen Ritterschaft mit dem Ausschußtag von 1725 in den Weiteren Ausschuß auf, wo er bis 1737 verblieb. Laut Zedler hatte er eine Ernennung zum fürstlich Merseburger Kammerjunker.[386]

Ein hochfürstlicher Kammerjunker zu Zerbst war dagegen Haubold Siegmund v. Zanthier auf Zschernitz, der als Deputierter des Amtes Delitzsch im Leipziger Kreis im Jahr 1722 in die Allgemeine Ritterschaft eintrat, 1725 in den Weiteren Ausschuß und 1731 sogar in den Engeren Ausschuß berufen wurde. Die fünf folgenden Landtage bis 1749 blieb er ein aktives Mitglied des Engeren Ausschusses. Mit seinen neun Landtagteilnahmen deckte er von den zwanziger bis in die vierziger Jahre des 18. Jahrhunderts nahezu drei Jahrzehnte ab. Haubold Siegmund war der mittlere Sohn von Georg Heinrich v. Zanthier (1639–1699) auf Salzfurth im Churkreis, der von 1683 bis 1694 bereits zum Weiteren Ausschuß gehört hatte.[387] Der Sohn mußte jedoch den Umweg über die Deputiertenstelle nehmen, weil sein älterer Bruder, der Kreissteuer-Einnehmer des Churkreises Heinrich Dietrich v. Zanthier, das väterliche Rittergut Salzfurth erbte und daraufhin seit 1708 im Weiteren Ausschuß und von 1722 bis 1728 im Engeren Ausschuß saß.[388]

Zu den Dresdner Kammerjunkern, die am Landtag bis in den Engeren Ausschuß aufstiegen, gehörte Wolff Christoph v. Arnim auf dem Rittergut Neusorge im Amt Augustusburg des Erzgebirger Kreises. Er war der Kammerjunker der verwitweten Kurfürstin Anna Sophie (1647–1717) und Mutter Friedrich Augusts I.[389] Sein Vater, ebenfalls Wolff Christoph v. Arnim (1607–1668) mit Namen und angesessen auf Pretzsch im Kreisamt Wittenberg des Thüringer Kreises war aus Pommern nach Sachsen gekommen und wurde General-Leutnant, Kommandant von Leipzig und Kammerherr.[390] Die Landtagskarriere sei-

---

386 Siehe Zedler, Universal-Lexicon, Bd. 57 (1748), Sp. 842.

387 Siehe ebd., Bd. 60 (1749), Sp. 1608 f. Laut Zedler war er außerdem „der Ritterschaft im Leipziger Kreis Directorn". Haubold Siegmund hatte seinen Antrittsbesuch übrigens schon im Jahr 1699 als Miterbe von Salzfurth gemacht.

388 Johann Georg Zirschke, Hof-Staat, kennt in seinem Zeitraum überhaupt keinen v. Zanthier am Dresdner Hof, weder als Kammerjunker noch als Kammerherr. Möglicherweise war die Familie, trotz der Landtagsbesuche, nicht auf den Dresdner Hof hin orientiert.

389 Siehe Volck v. Wertheim, Anderer Theil des … Titular-Buchs, S. 27.

390 Siehe zu den folgenden Angaben Valentin König, Genealogische Adels-Historie, Bd. 1, S. 6–10, Nr. 10 und Nr. 25. Heinrich August Verlohren, Stammregister und Chronik der sächsischen Armee, S. 111, Nr. 3, gibt als Todesdatum dagegen den 28. September 1688 statt wie bei König den 28. März 1668 an. Das Jahr 1668 scheint aber das wahrscheinlichere zu sein. Der Vater hatte – laut Friedrich Gottlob Leonhardi, Erdbeschreibung, Bd. 1, S. 491; und August Schumann, Zeitungs-Lexikon, Bd. 8 (1821), S. 570 – Pretzsch im Jahr 1647 von Hans v. Löser gekauft. Kurfürst Johann Georg III. tauschte Pretzsch 1689 gegen die Rittergüter Neusorge, Planitz und Walda ein und machte es zum Kammergut (Amt Pretzsch). Die Söhne teilten die Rittergüter unter sich auf. Zusammen mit dem Gut Döben verfügten jetzt alle vier Brüder über eigenen Grundbesitz in drei erbländischen Kreisen. Auf dem Landtag von 1692 waren erstmals alle vier zusammen anwesend: Hofrichter Johann Christian auf Walda im Engeren Ausschuß, Christoph Julius auf Döben, Johann Georg auf Planitz und Wolff Christoph auf Neusorge in der Allgemeinen Ritterschaft.

nes jüngsten Sohnes mit Hilfe des Rittergutes Neusorge begann im Jahr 1692 und dauerte bis 1725. Nachdem er die drei allgemeinen Landtage am Ende des 17. Jahrhunderts in der Allgemeinen Ritterschaft verbracht hatte, stieg Wolff Christoph v. Arnim beim Ausschußtag von 1704 in den Weiteren und beim Ausschußtag von 1713 in den Engeren Ausschuß auf. Nach dem Tod von Anna Sophie und der damit verbundenen Auflösung ihres Hofstaates ernannte ihn Friedrich August I. 1719 zum Dresdner Kammerherrn. Seine Brüder und Söhne waren genauso regelmäßige Landtagsbesucher. Der älteste, der Hofrat und dann Ober-Hofrichter und (seit 1670) Kammerherr Johann Christian (1640–1695) auf Pretzsch war von 1670 bis 1680 Mitglied des Weiteren Ausschusses und seit 1681 im Engeren Ausschuß.[391] Der im Jahr 1708 gestorbene Obrister Christoph Julius v. Arnim auf Döben im Amt Grimma des Leipziger Kreises kam ebenfalls von 1670 bis 1695 zu den Landtagen nach Dresden.[392] Ein dritter Bruder, Johann (oder Hans) Georg (1656–1721) auf Planitz im Amt Zwickau des Erzgebirger Kreises, trat 1692 in die Allgemeine Ritterschaft ein, stieg bereits auf dem Landtag von 1694 in den Weiteren Ausschuß und zehn Jahre später auf dem Ausschußtag in den Engeren Ausschuß auf.[393] Auch Wolff Christophs Söhne waren Landtags-besucher.[394] Nach dem Tod des Vaters machte Christian August v. Arnim als Miterbe von Neusorge 1728 einen Landtag lang den Anfang. Im Jahr 1731 übernahm dann der älteste Sohn Christoph Ehrenreich, der 1723 Kammerjunker geworden war und 1728 dann Kammerherr, die Landtagsbesuche im Weiteren Ausschuß bis 1742.[395] Für die Landtage 1746 und 1749 kam schließ der dritte Sohn, der Kammerherr (seit 1726), Obrister und 1746 zum General der Kavallerie ernannte Carl Siegmund v. Arnim (1700–1773) als Besitzer von Neusorge zum Landtag.[396] Er mußte seinen Platz allerdings wieder in der Allgemeinen Ritter-schaft nehmen.

---

391   Seit 1690 kam Johann (oder Hans) Christian v. Arnim allerdings nicht mehr für Pretzsch, sondern für Walda im Amt Hayn des Meißner Kreises zum Landtag. Das Gut Pretzsch ging in die Hände von Heinrich v. Bünau über.

392   Sein Sohn und Nachfolger auf Döben Siegmund August v. Arnim setzte die Tradition mit seinem Eintritt in die Allgemeine Ritterschaft im Jahr 1711 nahezu nahtlos fort. Er kam 1722 in den Weiteren Ausschuß und saß von 1731 bis 1749 im Engeren Ausschuß. Lange nach seinem Eintritt in den Engeren Ausschuß taucht er im Jahrgang 1743 des Hof- und Staatskalenders schließlich noch als Kammerherr auf.

393   Das Oberhofmarschallamt bezeichnet ihn 1704 als „Commissarius im Erzgebürgischen Creyß", vermutlich war er also ein Kriegs-Commissar. In den Landtagsprotokollen von 1711 und 1716 steht die Notiz „Leutnant", bei Heinrich August Verlohren, Stammregister und Chronik der sächsischen Armee, findet er sich allerdings nicht verzeichnet.

394   Außerdem heiratete seine Tochter Christiane Elisabeth im Jahr 1739 Heinrich v. Bünau (1697–1762) auf Seußlitz. Sie war seine dritte Ehefrau, gemeinsam hatten die Eheleute einen 1743 geborenen Sohn mit Namen Heinrich.

395   Die Hof- und Staatskalender nennen ihn bis 1745 unter den Kammerherren.

396   Siehe Heinrich August Verlohren, Stammregister und Chronik der sächsischen Armee, S. 111 f, Nr. 7. Der jüngste, 1704 geborene Sohn, Fähndrich Hans Friedrich, nahm ebenfalls die militä-rische Laufbahn, trat aber in kaiserlich-österreichische Dienste und verstarb bereits im Jahr 1731, siehe ebd., Nr. 8.

Dresdner Kammerjunker, die als langjährige Landtagsmitglieder in den Engeren Ausschuß aufstiegen, erhielten am Ende häufig noch den Kammerherrentitel. Wolff Friedrich Marschall z. B., auf Burgholzhausen im Amt Eckardtsberga des Thüringer Kreises, wurde im Jahr 1712 Kammerjunker, und zwar bei der Kurfürstin Christiane Eberhardine (1671–1727), und blieb es bis zu seiner Ernennung zum Kammerherrn im Jahr 1737. Seine Landtagskarriere begann im Jahr 1711 mit dem direkten Eintritt in den Weiteren Ausschuß. Im Jahr 1722 kam er in den Engeren Ausschuß, in dem er siebenundzwanzig Jahre bis 1749 blieb und am Ende dort den vierten Platz einnahm, den höchsten einem adeligen Rittergutsbesitzer erreichbaren Platz.[397] In den Engeren Ausschuß gelangte auch Josias v. Veltheim auf Ostrau im Amt Delitzsch des Leipziger Kreises. Er stammte aus einem alten im Herzogtum Magdeburg und Fürstentum Halberstadt begüterten Adelsgeschlecht und war seit 1717 kursächsischer Kammerjunker.[398] Kurz nach der Übernahme des Gutes Ostrau besucht er im Jahr 1722 erstmals den Landtag.[399] Auf dem Landtag von 1731 berief man ihn in den Weiteren Ausschuß und 1742 in den Engeren Ausschuß, dem er auch 1746 angehörte. Ein Jahr zuvor erschien er im Hof- und Staatskalender unter den Kammerherren. Er hat daher nur 1746 bei seinem letzten Landtagsbesuch als Kammerherr im Engeren Ausschuß gesessen. Die vielleicht spektakulärste Karriere absolvierte der Kammerjunker Johann Moritz v. Heßler auf Vitzenburg im Amt Freyburg des Thüringer Kreises. Auch er, Kammerjunker seit 1704, war im Jahr 1711 direkt in den Weiteren Ausschuß eingetreten und 1722 in den Engeren Ausschuß gekommen, wo er bis 1728 an der zweiten Tafel saß. Auf den folgenden drei Landtagen von 1731 bis 1737 vertrat er dann den Erbmarschall und leitete die gesamten Landtagsverhandlungen. Eine Ernennung zum Kammerherrn erhielt er allerdings nicht, stattdessen wurde er aufgrund seiner Tätigkeit als Vertreter des Erbmarschalls 1732/33 zum titular geheimen Rat gemacht.

An die bislang erhobenen Daten zum Hofadel im engeren Sinn lassen sich mit der gebotenen Vorsicht mehrere vorläufige Schlußfolgerungen knüpfen. Der

---

397 Den Aufstieg in den Engeren Ausschuß erlangte Wolff Friedrich Marschall im Jahr 1722 allerdings nur für kurze Zeit. Er hatte nach einer Notiz im Oberhofmarschallamt in dem am 8. Februar eröffneten Landtag den Kammerherrn Hans Wilhelm v. Seebach auf Schönewerda ersetzt. Nachdem die zu Anfang des Landtags erfolgende Ersetzung der freien Ausschußstellen abgeschlossen und genehmigt worden war, kam v. Seebach am 26. Februar doch noch in Dresden an. Daraufhin mußte Marschall den Platz im Engeren Ausschuß wieder räumen und „hat er in weiten Ausschuß wieder Seshion genommen." Das Maleur wurde dann auf dem folgenden Ausschußtag im Jahr 1725 mit der endgültigen Berufung Marschalls in den Engeren Ausschuß geheilt. Jetzt ersetzte er im Thüringer Kreis tatsächlich v. Seebach, und Georg Christoph v. Werthern auf Brücken den ausgeschiedenen Christian Arnold v. Witzleben auf Wolmirstedt. Der Landtag des Jahres 1722 dauerte noch bis zum 14 Juni, Marschall war aber schon am 20. März abgereist, vier Tage später verließ übrigens auch v. Seebach Dresden wieder.

398 Siehe Zedler, Universal-Lexicon, Bd. 46 (1745), Sp. 1078 und Sp. 1083, und Johann Georg Zirschke, Hof-Staat, der allerdings ‚Feldheim' schreibt. Laut Zedler wurde Josia v. Veltheim am 16. August 1731 zum Johanniterritter geschlagen und auf Schievelbein designiert. Auch der gelehrte Heinrich v. Bünau (1697–1762) wurde an diesem Tag Johanniterritter, aber auf Supplinburg und Myrow designiert, siehe ebd., Supplement Bd. 4, Sp. 947.

399 Am Landtag des Jahres 1728 nahm er aus bislang unbekannten Gründen nicht teil.

Hofadel der Kammerherren und Kammerjunker war unter den Landtagsbesuchern ein normaler Bestandteil. Er gehörte wie andere adelige Rittergutsbesitzer zu den regelmäßigen Teilnehmern und verteilte sich über alle drei Abteilungen der Ritterkurie. Eine Reihe von Kammerjunkern und Kammerherren blieb auf Dauer Mitglied der Allgemeinen Ritterschaft. Eine Konzentration des Hofadels im Engeren Ausschuß oder eine bevorzugte Beförderung der Inhaber von Hofämtern in die Ausschüsse ist dagegen nicht erkennbar. Hof und Landtag bildeten insofern auch keinen Gegensatz, sondern waren beide nur zwei Einrichtungen des frühneuzeitlichen Fürstenstaates.

c) Minister und Räte: Kabinett, Geheimer Rat und Cammer-Collegium

Im Gegensatz zu den seit langem etablierten Ober-Chargen des fürstlichen Hofes, deren Inhaber sich in Kursachsen in großer Zahl unter den Landtagsteilnehmern finden lassen, blieben die Mitglieder des neu gegründeten Geheimen Kabinetts dem Landtag überwiegend fern. Die neue oberste politische Entscheidungsinstanz erhielt im Jahr 1706 ihre dauerhafte Form und Einrichtung.[400] Für den Zweck dieser Untersuchung sollen die Umstände und Motive, die zum Geheimen Kabinett geführt haben, kurz umrissen werden.

Die Regierung der Untertanen im frühneuzeitlichen Fürstenstaat erfolgte, wie im Zusammenhang mit der Rolle des Hofes schon angedeutet, mit Hilfe einer vielgliedrigen Einrichtung von Instanzen und Behörden. Der Fürst blieb zwar die letzte Instanz aller Entscheidungen, aber zu seiner Unterstützung und Entlastung entstanden seit dem Spätmittelalter mehr und mehr zentrale Einrichtungen außerhalb des fürstlichen Hofes im engeren Sinne. Allgemeine rechtliche Fragen bearbeiteten die beiden Hofgerichte in Wittenberg und Leipzig und die Landesregierung in Dresden, der sowohl der Lehnhof, der die Vasallen und die ihnen verliehenen Rittergüter beaufsichtigte, als auch das letztinstanzliche Appellationsgericht angegliedert waren. Weitere Verwaltungseinrichtungen betreuten dauerhaft bestimme Aufgabenfelder – so an erster Stelle die ‚Cammer‘, welche die unmittelbaren landesherrlichen Einnahmen verwaltete. Zum kirchlichen und schulischen Bereich im Rahmen des landesherrlichen Kirchenregiments gehörte in Kursachsen seit der zweiten Hälfte des 16. Jahrhunderts das Oberkonsistorium in Dresden. Für die Verwaltung der vom Landtag bewilligten Steuern wurde 1570 das Ober-Steuer-Collegium eingerichtet. Die Oberaufsicht über die landesherrliche Verwaltung und die politische Beratung des Fürsten in inneren wie auswärtigen Fragen war schließlich seit 1574 dem Kollegium der Geheimen Räte übertragen.[401] Johann Georg III. eta-

---

400 Siehe zur Frühgeschichte des Geheimen Kabinetts Johannes Dürichen, Geheimes Kabinett und Geheimer Rat unter der Regierung Augusts des Starken in den Jahren 1704–1720. Ihre Verfassung und politische Bedeutung, in: Neues Archiv für Sächsische Geschichte und Altertumskunde 51 (1930), S. 68–134. Die entscheidende Instruktion trägt das Datum vom 1. Juni 1706.
401 Siehe Reiner Gross, Geschichte Sachsens, Leipzig 2001, S 82.

blierte schließlich 1684 das Geheime Kriegsrat-Collegium als ständige Oberbehörde in militärischen Angelegenheiten.[402]

Um 1700 kam es von zwei Seiten zu bedeutenderen Veränderungen in der Rolle des kursächsischen Geheimen Rates. Als Nebenfolge der Konversion Friedrich Augusts I. zum Katholizismus im Jahr 1697 erhielt der Geheime Rat einerseits eine sehr weitgehende alleinige Oberaufsicht über das lutherische Kirchenwesen und Bekenntnis in Kursachsen. Andererseits erlitt der Geheime Rat durch die Wahl des Kurfürsten zum polnischen König eine empfindliche Zurücksetzung durch die endgültige Errichtung des Geheimen Kabinetts im Jahr 1706. Dem Geheimen Rat wurde die Beratung des Landesherrn in diplomatischen, auswärtigen und militärischen Fragen entzogen und seine Tätigkeit weitgehend auf die inneren Verhältnisse Kursachsens beschränkt.[403] Die Vorbereitung der wichtigeren fürstlichen Entscheidungen ging seitdem immer durch die Hände der Kabinettsminister, die den drei Departements für innere Angelegenheiten (‚affaires domestiques'), für auswärtige Angelegenheiten (‚affaires étrangères') und für Militärsachen (‚Militair-Affairen') vorstanden. Sie wurden jeweils durch zunächst einen besonderen geheimen ‚Cabinets-Secretaire' bürgerlichen Standes unterstützt.

Die ersten drei Kabinettsminister nach der Instruktion von 1706 waren der Ober-Hofmarschall August Ferdinand Graf Pflug als leitender oder dirigierender Kabinettsminister (bis 1712), der General Jacob Heinrich Graf v. Flemming (1667–1728) für die auswärtigen Angelegenheiten und der Obersteuer- und Akzise-Director Adolph Magnus v. Hoym (1668–1723) für die inneren Sachen (bis 1715). Die Miltair-Affairen behielt sich der Kurfürst zunächst selbst vor, seit 1719 wurden die Militärsachen von Anton Graf v. Lützelburg bearbeitet. Der aus Pommern stammende v. Flemming wurde 1712 der Nachfolger des Grafen Pflug als leitender Minister und füllte bis 1728 unter Friedrich August I. faktisch die Rolle eines Premier-Ministers aus.[404] Er stammte aus Pommern und schlug, wie sein Bruder Joachim Friedrich, eine militärische Laufbahn ein. Seit 1691 stand er in kursächsischen Diensten und stieg bis 1705 zum General der Kavallerie auf. Seit 1708 war er Gouverneur von Dresden. Zudem hatte er seit 1698 das Amt eines geheimen Kriegsrates inne und erhielt 1710 das des Präsidenten im Ge-

---

402 Siehe Katrin Keller, Landesgeschichte Sachsen, Stuttgart 2002, S. 147.

403 Auch an dieser Stelle muß darauf hingewiesen werden, wie wenig die ‚prinzipielle' verfassungsgeschichtliche Neuerung, welche die Einrichtung eines Geheimen Kabinetts darstellte, über die tatsächlich geübte praktische Politik sagt. Selbst Heinrich v. Brühl hat im Januar 1746 dem Geheimen Rat das Projekt eines erneuten Allianzvertrages mit Österreich zur Begutachtung und Abstimmung vorgelegt. Die geheimen Räte v. Gersdorf, v. Hennicke, v. Zech und v. Rex lehnten den Vertragsentwurf mit vier zu eins Stimmen ab, denn nur v. Loß in Wien war dafür, siehe Walter Fellmann, Heinrich Graf Brühl, S. 265 f.

404 Zu v. Flemmings militärischer Karriere siehe Heinrich August Verlohren, Stammregister und Chronik der sächsischen Armee, S. 217, Nr. 5. Er stammte aus einer Familie von erfolgreichen Militär-Unternehmern oder Militär-Beratern, trat 1691 in kursächsische Dienste, war 1698 Generalmajor und geheimer Kriegsrat und seit 1705 General der Kavallerie. Sein älterer Bruder Joachim Friedrich Graf v. Flemming (1665–1740) trat 1699 als Oberst in kursächsische Dienste, wurde 1714 General der Kavallerie und war seit 1724 Gouverneur von Leipzig.

heimen Kriegsrats-Collegium. Im Jahr 1712 wurde er General-Feldmarschall und dirigierender Kabinettsminister, eine Position, die er bis zu seinem Tod im Jahr 1728 behielt. In der Literatur wird er einhellig als äußerst fähiger, zugleich jedoch ausgleichender Politiker beschrieben, der seinem Landesherrn zum Trotz in keiner Weise eine durchgehend anti-ständische oder absolutistische Politik favorisierte.[405]

Die Kabinettsminister gehörten als fürstliche Berater wie die Ober-Chargen des Hofes zur unmittelbaren Umgebung des Fürsten. Sie reisten mit ihm und waren, sofern nicht auf diplomatischer Mission oder in militärischen Kampagnen, ständig zur Hand. Sie standen daher schon von ihrer Aufgabe her dem Landtag fern. In der ersten Hälfte des 18. Jahrhunderts kam außerdem hinzu, daß es sich bei den zu Kabinettsministern bestellten Ratgebern häufig um auswärtige Adelige handelte, die z. T. in den kursächsischen Erbländern nicht begütert waren, oder sie waren aufgrund ihres katholischen Bekenntnisses nicht landtagsfähig.[406]

Im Jahr 1709 wurde das innenpolitische Departement um den aus Dänemark nach Dresden gekommenen Woldemar Frh v. Löwendal (1660–1740) erweitert, der seit 1707 schon Cammer-Präsident war und bis 1740 im Geheimen Kabinett verblieb.[407] Als er 1712 auch Nachfolger des Grafen Pflug im Amt des Ober-Hofmarschalls wurde, verbanden sich in ihm wiederum die höfische und die ministerielle Stellung. Im Jahr darauf erhielt v. Flemming zu seiner Entlastung für die Bearbeitung der auswärtigen Angelegenheiten zwei weitere Kabinettsminister zugeteilt. Der seit 1709 zum General der Infanterie ernannte August Christoph Graf v. Wackerbarth (1662–1734), der 1697 bereits kursächsischer Gesandter in Wien gewesen war, übernahm die habsburgischen und italienischen Sachen, und Georg Graf v. Werthern (1663–1721), der seit 1697 kursächsischer Gesandter am Reichstag in Regensburg war, wurden die Reichsangelegenheiten anvertraut. Das Geheime Kabinett wuchs somit bis zum Jahr 1710 auf sechs Minister an. Da v. Wackerbarth aus dem Herzogtum Lauenburg stammte, war mit Einschluß von v. Löwendal und v. Flemming die Hälfte der Posten mit auswärtigen Adeligen besetzt.[408]

---

405 Siehe Paul Haake, August der Starke, S. 158–165; Johannes Dürichen, Geheimes Kabinett, S. 119 f; Jacek Staszewski, August III. Kurfürst von Sachsen und König von Polen. Eine Biographie, Berlin 1996, S. 42; oder Karl Czok, August der Starke und seine Zeit, S. 52 f und S. 118 f.

406 Siehe auch Katrin Keller, Landesgeschichte Sachsen, S. 150.

407 Siehe Johannes Dürichen, Geheimes Kabinett, hier S. 95.

408 Wackerbarth hatte seine höfische und darauf aufbauend militärische Laufbahn als Page begonnen. Zu seiner Ausstattung erhielt er das Kammergut Großsedlitz im Amt Pirna. Seinen Reichsgrafentitel erhielt er 1708. Georg v. Werthern erhielt den Titel 1702 durch Kaiser Leopold I. Bei den v. Flemming hatte der Onkel des Jakob Heinrich, der brandenburgische Generalfeldmarschall Heino Heinrich v. Flemming (1632–1706), den Grafentitel im Jahr 1700 erhalten. Alle Grafentitel sind demnach neueren Datums und erst im fürstlichen Dienst erworben. Der Grafentitel, wenigstens aber der eines Freiherrn, gehörte in der ersten Hälfte des 18. Jahrhunderts zur Grundausstattung eines Kabinettsministers. Zu Wackerbarth siehe Bernhard v. Poten, Art. ,Wackerbarth, August Christoph Graf von', in: Allgemeine Deutsche Biographie 40 (1886), S. 449–451.

Es ist daher keine Überraschung, daß weder Woldemar v. Löwendal noch August Christoph v. Wackerbarth zu den Landtagsteilnehmern gehört haben.[409] Jakob Heinrich v. Flemming war dagegen auf den Landtagen von 1718, 1722 und 1728 Mitglied im Engeren Ausschuß und hat an den ersten beiden Tagungen auch tatsächlich teilgenommen.[410] Aber weder August Ferdinand Pflug noch Adolph Magnus v. Hoym haben nach 1695 einen Landtag besucht. Georg v. Werthern, der Sohn des geheimen Rates Friedrich v. Werthern (1630–1686) auf Beichlingen im Thüringer Kreis, folgte seinem Vater im Landtag nach und trat 1687 direkt in den Weiteren Ausschuß ein und saß als Hofrat schon seit 1692 im Engeren Ausschuß. Dort rückte er auch von Landtag zu Landtag in der Sitzordnung vor, hat aber, da er als Gesandter zumeist nicht in Dresden war, laut Oberhofmarschallamt mindestens von 1700 bis 1716 an keiner Sitzung teilgenommen.[411] Er kann daher, selbst wenn er es gewollt hätte, die Debatte nicht im Sinne seines Landesherrn beeinflußt haben.

Nach dem Ausscheiden des Grafen Pflug kam im Jahr 1713 mit Robert Taparel Graf Lagnasco (1659–1735) der erste Katholik als Minister in das Geheime Kabinett, der aber vor allem zu Gesandtschaften in Italien und am päpstlichen Hof in Rom verwendet wurde.[412] Auf den Grafen v. Hoym folgten 1715 Ernst Christoph Graf v. Manteuffel (1676–1749) – aus Pommern wie Jacob Heinrich v. Flemming – für das auswärtige Departement und Christoph Heinrich Graf v. Watzdorf für kursächsische Belange.[413] Mit dem Kavalleriegeneral Anton Graf v. Lützelburg (1679–1739) gehörte dem Geheimen Kabinett seit 1719 ein weiterer Katholik an.[414] Das Geheime Kabinett hatte jetzt acht Mitglieder und war damit

---

409 Jedenfalls was die Verhandlungen in den drei Abteilungen der Ritterkurie angeht. An der feierlichen Landtagseröffnung und der Überreichung der landesherrlichen Proposition an den Erbmarschall war v. Löwendahl als Ober-Hofmarschall im Gefolge des Kurfürsten sehr wohl anwesend, siehe die Beschreibung der Landtagseröffnung am 19. August 1731 von Josef Matzerath, August der Starke empfängt den sächsischen Landtag. Kursachsens Stände im Dresdner Residenzschloß, in: ders., Aspekte sächsischer Landtagsgeschichte, Dresden 1998, S. 20–24.

410 Im Jahr 1728 wird er im Landtagsprotokoll an Nr. 20 an der ersten Tafel geführt mit dem Zusatz „als supernumerarius", ob er aber tatsächlich im Engeren Ausschuß erschienen ist, scheint fraglich, da im Oberhofmarschallamt für ihn nichts verzeichnet ist.

411 Zu v. Werthern siehe W. Lippert, Art. ‚Werthern, Georg', in: Allgemeine Deutsche Biographie 42 (1897), S. 127–130.

412 Aus Savoyen, siehe Paul Haake, August der Starke, S. 127. Er wird wie Anton Graf v. Lützelburg als General der Kavallerie geführt.

413 Zu Manteuffel, der von 1706 bis 1711 der kursächsische Gesandte in Berlin war, siehe Heinrich Theodor Flathe, Art. ‚Manteuffel, Ernst Christoph', in: Allgemeine Deutsche Biographie 20 (1884), S. 256 f. Der Grafentitel stammte aus dem Jahr 1719, Reichsfreiherr war er seit 1709. Laut Flathe war er seit 1730 Pensionär und lebte seit 1733 in Berlin, steht also nur noch der Form bzw. des Titels halber im Hof- und Staatskalender. Seine zweite Ehefrau Gottliebe Agnese, geb. Freiin v. Blodowska, geschiedene v. Trach, besaß seit 1729 das Rittergut Lauer im Leipziger Kreis.

414 Siehe Paul Haake, August der Starke, S. 158. Anton v. Lützelburg, aus Lothringen, war seit 1703 mit dem Rittergut Preititz in der Oberlausitz begütert, wurde 1705 kursächsischer Oberst, 1714 General der Kavallerie und 1717 Ober-Hofmeister des Kurprinzen, siehe Walter v. Boetticher, Oberlausitzischer Adel, Bd.2, S. 101; Heinrich August Verlohren, Stammregister und Chronik der sächsischen Armee, S. 347; und Johann Georg Zirschke, Hof-Staat, S.40. Der Grafentitel stammt aus dem Jahr 1719.

doppelt so stark besetzt wie der Geheime Rat.[415] Bis 1728 wuchs die Zahl der geheimen Kabinettsminister noch auf dreizehn an. Darunter waren aber viele Mitglieder, die zu repräsentativen und zeremoniellen Zwecken als Diplomaten vor allem den Titel führten. Sie waren in der Regel nicht oder nur kurzzeitig vor Ort. Man kann daher für die Regierungszeit Friedrich Augusts I. die Kabinettsminister im engeren Sinn, die eines der drei Departements leiteten, von den übrigen Mitgliedern des Geheimen Kabinetts unterscheiden.

In den 1720er Jahren wuchs der Kabinettsminister August Christoph v. Wackerbarth immer mehr in die Leitung der militärischen Angelegenheiten hinein und bekam im Jahr 1730 als Nachfolger v. Flemmings den Posten und Titel eines General-Feldmarschalls. Außerdem wurden in diesem Jahrzehnt abgesehen von dem General v. Lützelburg vor allem weitere Militärs in das Geheime Kabinett berufen. In der Rangfolge nach v. Lützelburg kam als nächster der Oberst Erdmann Graf v. Promnitz (1683–1745), dessen Familie die Herrschaft Pleß in Schlesien besaß.[416] Dann folgte mit Carl Graf v. Wartensleben-Flodrop (1680–1751), ein Sohn des preußischen General-Feldmarschalls Alexander Hermann v. Wartensleben (1651–1734), der im Jahr 1706 den Reichsgrafentitel erlangt hatte. Er war zwar kein bestallter Offizier, gehörte aber ebenfalls zum militärischen und diplomatischen Milieu des reichsweit mobilen Adels.[417] Ferner gehörte ein Moritz Adolph Herzog zu Sachsen zum Geheimen Kabinett.[418] Bis auf den General Johann Friedrich Graf v. Flemming, den Bruder des leitenden Kabinettsministers Jacob Heinrich v. Flemming, waren in den zwanziger Jahren nahezu alle Generäle der kursächsischen Armee zu Kabinettsministern ernannt worden.[419] Mindestens seit 1725 findet sich der Diplomat François Joseph Wi-

---

415 Nach Johannes Dürichen, Geheimes Kabinett, S. 133 gehörten dem Geheimen Rat um 1720 als wirkliche geheime Räte Bernhard Zech, nobilitiert seit 1716, Ludwig Alexander v. Seebach, Alemann und Heinrich v. Bünau an. Bei ‚Alemann' handelt es sich wahrscheinlich um Johann Egidio v. Alemann auf Schmiedeberg, siehe Heinrich Volck v. Wertheim, Vollkommenes genealogisches Titularbuch, Bd. 2, Chemnitz 1712, S. 39f, und Ernst Heinrich Kneschke, Neues allgemeines Deutsches Adels-Lexicon, Bd. 1 (1859), S. 46.

416 Siehe Heinrich August Verlohren, Stammregister und Chronik der sächsischen Armee, S. 418. Er war in erster Ehe mit der Prinzessin Anna Maria von Sachsen-Weißenfels (1683–1731) verheiratet. Den böhmischen Grafentitel besaß die Familie seit 1652.

417 Siehe Zedler, Universal-Lexicon, Bd. 52 (1747), Sp. 2381f. Der Zusatz ‚Flodrop' rührt von seiner Gemahlin Jannette Margarethe v. Huyssen (1691–1722) her, der letzten Gräfin und Erbin von Flodrop in Geldern. Laut Zedler war er nur eine Zeit lang kursächsischer Kabinettsminister, machte „sich aber endlich davon los" und begab sich „auf die Güter zur Ruhe". Nach den Angaben der Hof- und Staatskalender kann der Abschied im Jahr 1732 erfolgt sein.

418 Es handelt sich vermutlich um den General (Johann) Adolph Herzog zu Sachsen-Weißenfels (1685–1746), kursächsischer General seit 1723 und ab 1735 General-Feldmarschall. Ein Moritz Adolph Herzog zu Sachsen in dieser Zeit war genealogisch nicht nachweisbar.

419 Zu seiner Biographie siehe auch Johann George Johann Georg Zirschke, Zuverlässige Beschreibung der Hohen Generalität oder ausführliche Nachrichten von den Hohen Kriegsbedienten, welche seit dem Jahre 1680 dem Hause Sachsen, Albertinischer Linie gedienet, Görlitz 1756, S. 131f.

cardel, Marquis de Fleury et de Baufort unter den Kabinettsministern.[420] Schließlich zählten noch zwei Adelige aus der Oberlausitz bzw. Kursachsen zum Geheimen Kabinett. Als Nachfolger des 1715 ausgeschiedenen Adolph Magnus v. Hoym wurde sein jüngerer Bruder Carl Siegfried Graf v. Hoym (1675–1738) auf Guteborn in der Oberlausitz Mitglied des Kabinetts.[421] Das jüngste Mitglied des Geheimen Kabinetts vor dem Thronwechsel war der 1727 ernannte Minister und Ober-Kammerherr Heinrich Friedrich Graf v. Friesen (1681–1739) auf Schönfeld bei Dresden, der schon im Zusammenhang der Ober-Chargen genannt worden ist und bereits eine längere militärische Karriere durchlaufen hatte.[422] Wie diese Übersicht zeigt, ließen persönliche wie dienstliche Umstände eine Landtagsteilnahme der meisten Minister in der Regel nicht zu. Die Ausnahme bildete Graf Friesen, der – wie erwähnt – von 1718 bis 1734 in der Allgemeinen Ritterschaft gesessen hat.

Bis 1733 war die Zahl der im Hof- und Staatskalender aufgeführten Kabinettsminister auf sieben abgeschmolzen. Mit dem Thronwechsel stieg die Zahl der geheimen Kabinettsminister wieder auf zehn.[423] Der neue Landesherr brachte seinen Vertrauten Alexander Joseph Graf v. Sulkowski (1695–1762) in das Geheime Kabinett. Außerdem besetzte Wackerbarths Adoptivsohn Joseph Anton Gabalion Graf v. Wackerbarth-Salmour eine Stelle in dem Gremium.[424] Für die militärischen Belange trat der General Heinrich Graf v. Baudissin (1671–1748) in das Gremium ein.[425] Für die dringlichen fiskalischen Fragen war dagegen Heinrich v. Brühl zuständig, der auch gemeinsam mit Graf Sulkowski zum

420 Siehe Paul Haake, August der Starke, S. 127. Nach Theodor Flathe, Art. ‚Fleury, Franz Joseph Wicardel', in Allgemeine Deutsche Biographie, Bd. 7 (1878), S. 118 f, stammte er aus Piemont und war mit dem Grafen Lagnaso verwandt. Am 30. November 1731 sei er entlassen worden und 1735 gestorben. Die kursächsischen Hof- und Staatskalender führen ihn bis 1736.

421 So jedenfalls nach den Angaben der Hof- und Staatskalender von 1728, 1729 und 1731. Der in der Literatur oft als Kabinettsminister genannte Carl Heinrich Graf v. Hoym (1694–1736), ein jüngerer Bruder Carl Siegfrieds (1675–1738), amtierte von 1720 bis 1729 als Gesandter in Paris, siehe z. B. Walter v. Boetticher, Oberlausitzischer Adel, Bd. 1, S. 765 f und S. 769 f. Er wurde 1731 wegen Untreue suspendiert, in den Hof- und Staatskalendern läßt er sich aber nicht nachweisen.

422 Siehe auch Johann Georg Zirschke, Generalität, S. 160–164. Im Jahr 1726 erbte er die Standesherrschaft Königsbrück in der Oberlausitz von seiner Tante Johanna Margaretha Freiin v. Schellenberg, geb. Freiin v. Friesen. Kursächsischer Oberst wurde er 1711, seine Ernennung zum General der Infanterie erfolgte 1731. Zu seinem Vater, dem Generalmajor und geheimen Kriegsrat Julius Heinrich Frh v. Friesen (1650–1706), der seit 1699 in kaiserlichem Dienst stand und 1703 den Grafentitel erhielt, siehe ebd. S. 273–275.

423 Der Thronwechsel wurde demnach nicht zu einem größeren Revirement genutzt, vielmehr starben die Kabinettsminister mit der Zeit aus.

424 Zu seiner Person siehe Martin Paul, Graf Wackerbarth-Salmour. Oberhofmeister des sächsischen Kronprinzen Friedrich Christian. Ein Beitrag zur Geschichte der Reorganisation des sächsischen Staates 1763, Rudolstadt 1912.

425 Siehe Johann Georg Zirschke, Generalität, S. 138–141; Heinrich August Verlohren, Stammregister und Chronik der sächsischen Armee, S. 117, Nr. 2; und Walter v. Boetticher, Oberlausitzischer Adel, Bd. 1, S. 119 f. Er war nur in der Oberlausitz, nicht in Kursachsen begütert, den Grafentitel erlangte er 1741 durch seinen Herrn im Reichsvikariat. Laut Verlohren erhielt er 1741 seinen Abschied als General mit 1.200 Reichstalern Pension. Im Hof- und Staatskalender steht er bis 1742.

„dirigirenden" Minister ernannt wurde und zudem das politisch so vorteilhafte Privileg besaß, zum persönlichen Vortrag der täglichen Geschäfte vor dem Kurfürsten erscheinen zu können. Diese Einrichtung dauerte bis zum Sturz des Grafen Sulkowski im Jahr 1738, mit dem die Ära Brühl ihren höchsten Punkt erreicht.[426] Im Hof- und Staatskalender des Jahrgangs 1748 erhielt v. Brühl nun öffentlich den Titel eines „Premier-Ministre" zuerkannt und wurde auch typographisch über die Kabinettminister erhoben. Für ihn trat jetzt Johann Adolph Graf v. Loß (1690–1759), der aus dem Hofdienst kam und auch über etwas Landtagerfahrung verfügte, in das Kabinett ein.[427]

Da nach 1735 neue Ernennungen zum Kabinettsminister ausblieben, sank ihre Zahl bis 1746 langsam auf vier.[428] Vor allem das unter Friedrich August I. so stark vertretene militärische Element verschwand aus dem Geheimen Kabinett. Im Jahr 1746 bestand es nur noch aus den Grafen Manteuffel und Sulkowski, die beide nicht mehr tätig waren, sowie Graf Wackerbarth-Salmour und Heinrich v. Brühl, seit 1737 auch Reichsgraf. Die Zahl der wirklichen geheimen Räte mit Sitz und Stimme im Geheimen Consilium war dagegen, Heinrich v. Brühl nicht gerechnet, auf sechs gestiegen. Mit dem Cämmerer und geheimen Kabinettsminister Heinrich v. Brühl stand an der Spitze des Dresdner Hofadels auch ein Landtagsbesucher, der von 1731 bis 1749 über einen Platz im Engeren Ausschuß verfügte.

Während man von den Kabinettsministern einen Landtagsbesuch nicht erwarten konnte, ist dies bei den übrigen zentralen Einrichtungen der Landesverwaltung und der Rechtsprechung durchaus möglich, sofern die Amtsträger die lehnrechtlichen und persönlichen Anforderungen an die Landtagsteilnahme erfüllen konnten. Eine Übersicht über den personellen Umfang der Landes-Collegien in Kursachsen gibt die Tabelle 19. Insgesamt gab es in den landesherrlichen Oberbehörden und an den Obergerichten siebenundachtzig Positionen, die für adelige Bewerber bestimmt waren. Von diesen Stellen setzten die neunundvierzig bei den Gerichten und der Landesregierung, also gut die Hälfte, ein juristisches Studium voraussetzten.[429] Wie im Falle des Hofadels ist es hier wieder nicht möglich, den Anteil der landesherrlichen Amtsträger an den Mit-

---

426 Trotz seiner Verbannung vom Hof seit 1738 steht Graf Sulkowski bis 1757 weiter als geheimer Kabinettsminister im Hof- und Staatskalender, siehe auch Jacek Staszewski, August III., S. 165.

427 Als Hofmarschall und als Ober-Stallmeister hatte er in der Allgemeinen Ritterschaft des Meißner Kreises an den Landtagen von 1722, 1728 und 1731 teilgenommen. Den Grafentitel erhielt er 1741 im Reichsvikariat von seinem Landesherrn. Einer der wirklichen geheime Räte im Geheimen Consilium war sein seit 1737 häufig in diplomatischen Missionen verwendeter Bruder Christian Graf v. Loß (1697–1770), Kabinettsminister wurde er im Jahr 1759, siehe auch Judith Judith Matzke, Art. ‚Loß, Christian Graf von', in: Sächsische Biographie, http://www.isgv.de/saebi (zuletzt besucht am 7.4.2016).

428 Erst nach dem Tode v. Manteuffels kam 1750/51 der Höfling, Diplomat und Prinzenerzieher Rupert Florian v. Wessenberg (1687–1777), Freiherr von Ampringen, neu in das Geheime Kabinett. Über ihn siehe Zedler, Universal-Lexicon, Bd. 55 (1748), Sp. 830 f, und auch Jacek Staszewski, August III., hier S. 173–175.

429 Für die Anstellung als Kabinettsminister und geheimer Rat oder für eine Verwendung im diplomatischen Dienst war zudem eine ausgedehnte Kavaliersreise durch das Reich und Europa eine unumgänglich zu absolvierende Bildungsstation.

Tabelle 19: Die Stellen für adlige und bürgerliche Räte in den Landes-Collegien im Jahr 1733

Landes-Kollegium	Adlige Amtsträger	Bürgerliche Amtsträger
Cammer-Collegium[1]	1 Präsident, 1 Vice-Präsident 5 Cammer-Räte/Cammer- u. Bergräte 16 Land-Cammer-Räte	1 Cammer-Rat
Geheimer Rat (Consilium)	8 wirkliche geheime Rät mit Session 5 wirkliche geheime Räte ohne Session	
Landesregierung	1 Canzler 15 Hofräte	1 Vice-Canzler 18 Hofräte
Appellationsgericht	1 Präsident 16 Appellationsräte	11 Appellationsräte
Ober-Hofgericht Leipzig	1 Ober-Hofrichter 11 Assessoren	15 Assessoren
Hofgericht Wittenberg (1738)[2]	1 Hofrichter 3 Assessoren	5 Assessoren
Ober-Consistorium	1 Präsident	7 Consistorial-Räte (inclusive Oberhofpre- diger u. Hofprediger)
General-Accis-Collegium (seit 1703)	1 Director	6 General Accis-Räte 3 Accis-Räte
Summe	**87 Stellen**	**67 Stellen**

Quelle: Hof- und Staatskalender Jg. 1733 und Jg. 1738. Anm. 1: Im Hof- und Staatskalender von 1728 waren vier der zehn Cammer-Räte Bürgerliche, 1742 waren alle fünf Cammer-Räte Adlige. Bei dem bürgerlichen Cammer-Rat 1733 handelt es sich um den 1728 vom Kaiser geadelten Johann Christian Hennicke, die Standeserhöhung war 1733 offensichtlich noch nicht rezipiert, im Kalender von 1735 taucht das Adelsprädikat dann auf. Das Cammer-Collegium rangiert im Hof- und Staatskalender zwar nach dem Geheimen Kabinett, Geheimen Rat und dem Geheimen Kriegs-Rat aber vor der Landesregierung, den Steuer-Collegien und den Obergerichten. Seit 1740 erhielten die älteren Cammer-Räte den ehrenvollen Zusatz ›geheim‹. Anm.2: Das Hofgericht Wittenberg ist erst seit 1738 im Hof- und Staatskalender enthalten.

gliedern der Landtage in Prozent genau zu kalkulieren. Aber eine Einschätzung, inwieweit sie einen normalen Teil des Landtages bildeten, kann anhand der vorliegenden Angaben abgegeben werden.

Unter den Landes-Collegien des kursächsischen Civil-Staates hatte das Cammer-Collegium seiner Herkunft und seinen Aufgaben nach die größte Affinität zum Hof. Diese Nähe zeigt auch die Besetzung des Direktoren- oder Präsidentenpostens durch den Oberhofmarschall v. Löwendahl im Jahr 1712 oder durch den vormaligen Cämmerer und Kabinettsminister Heinrich v. Brühl 1734/ 35. Daher soll zunächst ein kurzer Blick auf die Kammerverwaltung geworfen werden, bevor die übrigen Verwaltungseinrichtungen besprochen werden. Andererseits ist aber an dieser Stelle festzuhalten, daß die Ratsstellen nicht für adelige Kandidaten reserviert waren, sondern ebenso mit Bürgerlichen besetzt werden konnten. Die fachliche Kompetenz oder Brauchbarkeit im Dienst rangierte also im Cammer-Collegium vor der Standeszugehörigkeit. Im Cammer-Collegium wurden den adeligen und bürgerlichen Räten daher keine feste Stellenkontingente zugeteilt wie z. B. in der Landesregierung oder am Oberhofgericht. Die Anstellung bei der Cammer war insofern in größerem Ausmaß politisch motiviert und konnte konjunkturell stärker schwanken.

Die fürstliche Cammer als Teil des kursächsischen ‚Civil-Staates' verwaltete nicht nur die im landesherrlichen Bergregal gebündelten bedeutenden Bergbaurechte, zur Cammer flossen vielmehr insbesondere die Einkünfte aus den landesherrlichen Ämtern, die auf dem Land zusammen mit den Rittergutsbezirken die lokale Verwaltungsebene ausmachten.[430] Die kursächsischen Ämter wurden im 18. Jahrhundert in der Regel von einem Amtmann für die Justiz und von einem Rentbeamten für die landesherrlichen Gefälle und Einkünfte verwaltet. Die Aufgabe der Cammer lag demnach unmittelbar darin, daß finanzielle Interesse des Landesherrn zu wahren. Soweit es die Landwirtschaft, die ländlichen Gewerbe und die ländliche Bevölkerung betraf, verfügte die Cammer daher über detaillierte Einblicke in die wirtschaftliche und soziale Lage des Landes.

Innerhalb des Cammer-Collegiums bildeten die Cammer- und Bergräte an der Spitze sowie die darauf folgenden Landkammerräte unterschiedliche Abteilungen.[431] Dieser Unterschied verkörperte sowohl unterschiedliche Aufgabenbereiche als auch eine Rangabstufung. In der Neuen Hof-Rangordnung von 1755 hatten die adligen Cammer-Räte den Rang 38 noch vor den Kreis-Hauptleuten auf Rang 40. Der zur Cammer gehörende Ober-Berghauptmann kam auf Rang 41, die Landkammerräte folgten erst nach den Obristen und dem General-Auditeur auf Rang 48. Im Grundsatz übten alle Kammerräte, wie in vielen anderen landesherrlichen Anstellungen und Bedienungen üblich, ihr Amt auf Lebenszeit aus.

Im Jahr 1733 werden im Hof- und Staatskalender sechs Cammer- und Berg-Räte sowie sechzehn Landkammerräte genannt. Von den Cammer-Räten haben drei auch den Dresdner Landtag besucht, alle drei aber nur in der Allgemeinen Ritterschaft. Hermann Heinrich v. Schleinitz auf Schieritz, dann auf Saalhausen, beide im Meißner Kreis, kam von 1711 bis 1731 sechs Mal in die Ritterschaft. Christoph Dietrich Vitzthum v. Eckstädt auf Löthain im Meißner Kreis war 1722, als Ober-Berghauptmann zu Freyberg, einer der Landtagteilnehmer und dann wieder in den Jahren 1731 und 1734. Rudolph August v. Lüttichau auf Potsch-

---

430 Zur Entstehung und Bedeutung der Amtsverfassung für den alteuropäischen Fürstenstaat siehe Ernst Schubert, Fürstliche Herrschaft und Territorium im späten Mittelalter, München 1996, S. 15–17. Soweit es den Bergbau betraf, konstituierte sich das ‚Cammer-Collegium' als ‚Berg-Collegium'. Die Räte kommen daher im Hof-Staatskalender unter diesen beiden Titeln doppelt vor. Der Unterschied zwischen den beiden Collegien besteht im Unterbau der je verschiedenen Lokalbeamten. Die Cammer adressierte die Rent-Schreiber, Cammer-Commissarii und Cammer-Conducteurs in den Ämtern; das Berg-Collegium dagegen die Ober-Berghauptleute, Bergamts-Assessoren, Hütten-Verwalter, Münz-Meister und Zehend-Schreiber.

431 Die Kammerräte ohne Session und die titularen Räte der Cammer werden hier nicht in die Darstellung einbezogen.

appel im Meißner Kreis war dagegen lange Jahre ein Deputierter des Amtes Dresden und besuchte den Landtag von 1711 bis 1742 insgesamt neun Mal. Bei seinem Eintritt in den Landtag im Jahr 1711 wird er im Oberhofmarschallamt als Landkammerrat bezeichnet und 1722 dann als Kammerrat. Auch nach seinem Ausscheiden aus dem Cammer-Collegium 1733/34 besuchte er noch zwei Mal den Landtag.[432] Dieser Umstand hatte auf seine Landtagskarriere ebenso wenig einen Effekt wie sein vorher gehender Aufstieg innerhalb der Cammer.

Mit dem Antritt von Heinrich v. Brühl als Cammer-Präsident gab es unter den Cammer- und Berg-Räten, nicht aber unter den Landkammerräten, einen deutlichen Austausch: Vier der sechs Räte schieden im Vergleich der Hof- und Staatskalender von 1735 und 1733 aus und drei Räte – Adam Friedrich v. Studnitz, Hans Christoph v. Poigk und Carl v. Nimptsch – wurden neu ernannt.[433] An der Spitze standen nun die nobilitierten Räte und Vertrauten des Ministers: Johann Christian v. Hennicke (1681–1752) und Johann Georg v. Wichmannshausen.[434] Von den neu ernannten Cammer-und Bergräten gehörte nur noch Hans Christoph v. Poigk auf Ringethal im Erzgebirger Kreis zu den landtagsfähigen Räten. Im Jahr 1722 war er erstmals zum Landtag gekommen und zwar, weil sein Rittergut Ringethal der Qualität nach amtsässig war, als Deputierter des Amtes Freyberg.[435] Ende der zwanziger Jahre hatte er die Stellen des Amtshauptmanns zu Rochlitz und zu Chemnitz inne.[436] Erst nach fünf Landtagen in der Allge-

---

432 In den Hof- und Staatskalendern von 1736 bis 1746 taucht er dann als „Cammer-Rath ohne Session" wieder auf. Laut Zedler, Universal-Lexicon, Bd. 18 (1738), Sp. 1131 war Rudolph August v. Lüttichau im Jahr 1729 nicht nur Cammer- und Bergrat, sondern auch Amtshauptmann zu Moritzburg, Radeberg und Lausitz. Ob er in den dreißiger Jahren noch Amtshauptmann war, ist fraglich, denn bei Christian Gottlob Wabst, Historische Nachricht, S. 254, die 1732 erschienen ist, wird er unter den Amtshauptleuten nicht mehr genannt.

433 Zu den 1733/34 entlassenen vier Cammer-Räten gehörten alle drei Landtagsteilnehmer: v. Schleintz, Vitzthum v. Eckstädt und v. Lüttichau. Laut Zedler, Universal-Lexicon, Bd. 35 (1743), Sp. 44, habe Hermann Heinrich v. Schleinitz „noch 1742 als Cammer-Rath" gelebt. Der Titel kann dann aber nur noch ehrenhalber gebraucht worden sein.

434 Zu Hennicke siehe Carl Czok, August der Starke, S. 79. Er erhielt den Adel 1728, in den Reichsvicariaten von 1741 den Freiherren- und 1745 den Grafentitel. In den Landtag kam er – entsprechend der Vorschrift der Landtagsordnung – erst 1742, dann jedoch direkt in den Weiteren Ausschuß, nach dem Erwerb des Gutes Wiederau im Leipziger Kreis und aufgrund seiner Ernennung zum wirklichen geheimen Rat im Jahr 1737. Zu Wichmannshausen siehe Zedler, Universal-Lexicon, Bd. 55 (1748), Sp. 1675: Johann Georgs Vater, der kursächsische Cammer- und Bergrat sowie Ober-Land-Rentmeister George Gabriel Wichmannshausen hatte den Reichsadelsstand erlangt. Über Carl (Siegmund) v. Nimptsch, der zunächst Hofmeister in Sachsen-Meiningen gewesen war und am 22. März 1734 zum Cammer- und Bergrat ernannt wurde, siehe den ausführlichen biographischen Artikel in Zedler, Universal-Lexicon, Bd. 24 (1740), Sp. 957–959. Die Räte v. Nimptsch, ein in Schlesien begütertes Geschlecht, wie v. Studnitz, aus Böhmen und Schlesien, siehe ebd., Bd. 40 (1744), Sp. 1258, waren auswärtige Adlige. Adam Friedrich v. Studnitz verstarb allerdings schon 1736.

435 Nach einer Notiz im Oberhofmarschallamt zur Auslösung des Landtages von 1737 ist das Gut Ringethal für den frisch ernannten Cammer- und Bergrat 1734 per „Canzley Decret" altschriftsässig geworden. Bei Friedrich Gottlob Leonhardi, Erdbeschreibung, Bd. 3, S. 91, fehlt der Hinweis auf die Erhebung von Ringethal.

436 Siehe Christian Gottlob Wabst, Historische Nachricht, S. 254.

meinen Ritterschaft und nachdem er 1731 und 1734 Kondirektor, 1737 dann
Direktor des Erzgebirger Kreises gewesen war, kam er 1742 in den Weiteren
Ausschuß, dem er auch 1746 und 1749 angehörte.

Weitere Berufungen zu Cammer- und Bergräten erlangten laut Hof- und
Staatskalender von 1738 Otto Friedrich v. Zanthier und 1741 dann Carl Heinrich
v. Bibra.[437] Unter dem Vice-Präsidenten v. Hennicke arbeiteten somit 1742 insgesamt fünf weiter Cammer- und Bergräte. Das Übergewicht der nobilitierten
und der auswärtigen adligen Räte unter den Cammer- und Bergräten verweist
auf eine deutliche Politik seitens Heinrich v. Brühl, diesen Bereich innerhalb des
Cammer-Collegiums fest in der Hand zu behalten und gegen die Einflußnahme
aus anderen Gremien abzuschotten. Der neue Rat Otto Friedrich v. Zanthier kam
für das Rittergut Wünschendorf im Erzgebirger Kreis erstmals 1728 zum
Landtag nach Dresden und hatte von 1723 bis 1733 das Hofamt eines Ober-Land-
Fischmeisters inne.[438] Im Jahr 1728 übte er das Amt eines Landkammerrates aus,
1734 lauteten seine Titel auf Kammerrat und Kreishauptmann des Erzgebirger
Kreises.[439] Sein Aufstieg in den Weiteren Ausschuß erfolgte erst auf dem Landtag
von 1737 und stand offensichtlich im Zusammenhang mit seinem Aufstieg im
Cammer-Collegium. Bis 1749 blieb er Mitglied des Weiteren Ausschusses. Ende
der vierziger Jahre expandierte die Zahl der Cammer- und Bergräte. Im Jahr 1744
kam Johann Jacob Brawe als sechster Rat hinzu und mit Franz Adolph v. Rechenberg sowie Friedrich August Graf v. Hennicke stieg die Gesamtzahl auf acht.
Keiner der drei neuen Räte gehörte zu den Landtagsbesuchern. Die Cammer-
und Bergräte des Cammer-Collegiums waren somit kaum im Landtag vertreten.
Die wenigen Landtagsbesucher wie v. Lüttichau oder v. Zanthier stiegen nur
mühsam auf und kamen in der ersten Hälfte des 18. Jahrhunderts nie über den
weiteren Ausschuß hinaus.

Die im Hofrang hinter ihnen stehenden Landkammerräte haben dagegen
sehr wohl auch den Engeren Ausschuß erreicht. Im Zusammenhang mit den
Kammerjunkern ist der Landkammerrat Carl Adolph v. Carlowitz aus dem
Meißner Kreis, der 1746 für einen Landtag im Engeren Ausschuß saß, bereits

---

437   Carl Heinrich v. Bibra, aus fränkischem Adel – siehe auch Zedler, Universal-Lexicon, Supplement Bd. 3 (1752), Sp. 1142 – wird allerdings 1733 sowie von 1736 bis 1738 bereits unter den
Cammer-Räten ohne Session genannt.

438   Siehe Johann Georg Zirschke, Hof-Staat, S. 45; und Zedler, Universal-Lexicon, Bd. 60 (1749),
Sp. 1608. Sein erster Landtagsbesuch fand schon 1722 statt, als er für das väterliche Gut Salzfurth
im Churkreis an der Allgemeinen Ritterschaft teilnahm. Ab 1728 war Salzfurth im Besitz seines
jüngeren Bruders, des Hauptmanns Carl Ludolph v. Zanthier, der 1728, 1737 und 1742 am
Landtag teilnahm. Sein im Jahr 1719 gestorbener Vater, ebenfalls Otto Friedrich mit Namen, war
in Anhalt Hofrat und Regierungsdirektor gewesen sowie Landrat im Dessauer Anteil. Den
Dresdner Landtag hatte der Vater von 1694 bis 1718 besucht und seit 1711 im Engeren Ausschuß
gesessen. Am Rande kann hier noch die Beobachtung notiert werden, daß laut Zirschke und den
Hof- und Staatskalendern kein einziger v. Zanthier bis 1750 am Dresdner Hof Kammerjunker
oder Kammerherr gewesen ist.

439   Als Kreishauptmann des Erzgebirger Kreises war er der Nachfolger des preußischen Adligen
und titular geheimen Rates Hans Caspar Graf v. Lesgewang. Otto Friedrich v. Zanthier trat 1738
zunächst mit dem Titel Cammer-Rat in das Collegium, das Attribut ‚Cammer- und Bergrat‘
erhielt er im Hof- und Staatskalender erst im Jahr 1740.

erwähnt worden. Carl Friedrich v. Beust auf Thoßfell bzw. Neuensalz im Vogtländer Kreis kam seit 1728 nach Dresden und gehörte seit 1734 zum Weiteren
Ausschuß. Seit 1733/36 war er Landkammerrat und erhielt 1749 seine Berufung
in den Engeren Ausschuß. Christoph Friedrich v. Crux (oder Creutz) auf
Stockhausen im Amt Leisnig des Leipziger Kreises erreichte den Engeren Ausschuß im Jahr 1749, nach dem er seit 1734 für vier Landtage zum Weiteren
Ausschuß gehört hatte. Zuvor saß der Landkammerrat in den Jahren 1728 und
1731 in der Allgemeinen Ritterschaft. Nach dem Siebenjährigen Krieg und nach
der Wiederaufnahme der Landtagstätigkeit in Kursachsen hat v. Crux noch den
drei Landtagen von 1763, 1766 und 1769 im Engeren Ausschuß angehört.[440]

Ein anderer Landkammerrat durchlief eine nicht weniger eindrucksvolle
Landtagskarriere. Carl Metzsch (1686–1757) auf Reichenbach im Vogtländer
Kreis besuchte von 1711 bis 1749 insgesamt zwölf Landtage.[441] Gleich nach seiner
Volljährigkeit erlebte er im Jahr 1711 seinen ersten Landtag. Seit 1716 wird er als
Landkammerrat bezeichnet. Von 1718 bis 1731 gehörte er fünf Mal dem Weiteren
Ausschuß an. Da er im Jahr 1734 in den Engeren Ausschuß berufen wurde,
konnte Carl Metzsch bis 1749 auch an fünf Tagungen des Engeren Ausschusses
teilnehmen. Am Ende hatte er im Ausschuß den Platz gleich hinter Heinrich v.
Brühl auf Platz 12 erreicht und in Sichtweite von Heinrich v. Bünau auf Platz
sieben. Er gehörte damit Mitte des 18. Jahrhunderts ganz sicher zu den Routiniers der Landtagsverhandlungen. Hinsichtlich seiner öffentlichen Bedienung
blieb er aber die ganze Zeit unverändert ein Landkammerrat. Die Hof- und
Staatskalender führen ihn bis zu seinem Tod in dieser Stellung. Karriere machte
er dagegen im Dresdner Landtag. Am Ende, nämlich im Jahr 1750, erhielt er aber
noch den Titel eines Kammerherrn.[442]

Die Zahl der Landkammerräte, die in der ersten Hälfte des 18. Jahrhunderts
ihre gesamte Landtagsteilnahme über in der Allgemeinen Ritterschaft verblieben
und nicht in die Ausschüsse aufstiegen, ist allerdings nicht weniger groß. Dazu
gehört z. B. Adolph Ferdinand v. Schönberg auf Ober-Reinsberg im Amt Meißen,
der zweitjüngste Sohn des 1712 verstorbenen Sachsen-Weißenfelser Kammerjunkers und Hofrates Hans Wolff v. Schönberg.[443] Zehnmal reiste er in den Jahren
von 1716 bis 1749 zum Landtag nach Dresden, saß aber immer nur in der All-

---

440 Auch der Hof- und Staatskalender führt v. Crux bis 1775 weiterhin als Landkammerrat.

441 Zu Metzsch siehe Gustav Adolf Poenicke (Hg.), Album der Rittergüter, V. Section: Vogtländer
Kreis, S. 202; Jahrbuch des deutschen Adels, Bd. 3, S. 254 f; und HSTA Dresden, Bestand 10.080,
Ritterguts-Matrikel 1728, nach der Carl Metzsch am 24. Juli 1710 mit Reichenbach belehnt
wurde. Er war der Sohn von Adam Friedrich Metzsch (1654–1702), Landtagsbesucher der Allgemeinen Ritterschaft von 1687, 1692 und 1694.

442 Vor ihm hatten jedoch bereits andere, und zwar wesentlich früher in ihrer Laufbahn, den Titel
bekommen: Carl Gottlob v. Goldstein, Kammerherr 1749, Landkammerrat seit 1738, Moritz
Friedrich v. Schönberg, Kammerherr 1747, Rat erst seit 1745, oder Caspar v. Schönberg, Kammerherr 1744, Landkammerrat seit 1742.

443 Auch der Sohn war zunächst Kammerjunker in Sachsen-Weißenfels, siehe Zedler, Universal-
Lexicon, Bd. 35 (1743), Sp. 681 f.

gemeinen Ritterschaft.[444] Seit 1730/31 war der Landstand v. Schönberg zudem Landkammerrat, diese Stellung blieb jedoch ohne förderliche Auswirkung auf seine Landtagskarriere.[445] Ähnlich erging es im Meißner Kreis Friedrich Gottlob v. Dehn-Rothfelser auf Helfenberg im Amt Dresden, der – wie sein Vater Carl Heinrich von 1694 bis 1722 – von 1728 bis 1749 siebenmal an den Verhandlungen in der Allgemeinen Ritterschaft teilnahm. Im Jahr 1744 wurde er kurz Landkammerrat, rangiert ab 1745 aber nur noch unter den titular Landkammerräten. Ein weiteres Beispiel aus dem Meißner Kreis bietet die Landtagskarriere von Wolff Siegfried Curt v. Lüttichau auf Ober-Ulbersdorf, der von 1728 bis 1749 Deputierter des Amt Hohenstein und Besucher der Allgemeinen Ritterschaft war.[446] Seit 1736 nennen ihn die Hof- und Staatskalender unter den Landkammerräten. Aber erst nach der Wiederaufnahme der Landtagssitzungen im Jahr 1763 kam er in den Weiteren Ausschuss und auf seinem letzten Landtag 1775 erreichte er sogar den Engeren Ausschuß. Ein letztes Beispiel läßt sich aber auch dem Leipziger Kreis entnehmen, wo Johann Julius v. Helldorf auf dem amtsässigen Gut Kieritzsch von 1699 an Deputierter des Amtes Borna war. Seit dem Landtag von 1711 wird er als Landkammerrat bezeichnet verblieb aber bis 1718 in der Allgemeinen Ritterschaft.

Im Gegensatz zu den bislang behandelten Gruppen von Landtagsmitgliedern hatte die eventuelle Teilnahme an den Landtagsdebatten seitens der geheimen oder wirklichen geheimen Räte mit Sitz und Stimme im Rat eine ganz besondere Note. Denn der Geheime Rat war die politische Instanz, in der die landesherrliche Proposition vorbereitet wurde, die dem anschließend einberufenen Landtag als Tagesordnung vorgegeben war.[447] Die Proposition enthielt vor allem die finanziellen Forderungen des Landesherrn, welche die Stände durch die Bewilligung von Steuern oder die Übernahme von Schulden erfüllen sollten. Den Umfang und die Höhe der Bewilligungen verhandelten die Landtagskurien ebenfalls mit den geheimen Räten, und zwar notfalls in mehreren Durchgängen anhand einer Übergabe entsprechender Schriften und in mündlichen Konferenzen. Im Unterschied zu den einsamen landesherrlichen Entschließungen im

---

444 Dieser Sachverhalt ließe sich natürlich auch umgekehrt auffassen: Spätestens in den vierziger Jahren verfügte die Allgemeine Ritterschaft des Meißner Kreises mit dem Routinier v. Schönberg über eine hohe Kompetenz in den Landtagsgeschäften.

445 Zwar wird Adolph Ferdinand v. Schönberg im Oberhofmarschallamt durchgehend als Landkammerrat geführt, seine aktive Dienstzeit beschränkt sich nach Ausweis der Hof- und Staatskalender jedoch auf die wenigen Jahre bis 1733/34. Von 1735 bis 1757 steht er dagegen nur in der Rubrik der titular Landkammerräte. Der Titularrat war zwar nicht völlig unbedeutend, in der Hofrangordnung allerdings bedeutete es im Fall der Landkammerräte schon eine Rückstufung vom Rang 48 auf Rang 102.

446 Wie im zweiten Kapitel erläutert wurde, war die Konkurrenz im Meißner Kreis um die Ausschußstellen besonders groß. Allerdings scheint auch die Zahl der Landkammerräte im Meißner Kreis größer gewesen zu sein.

447 Siehe z. B. Carl Heinrich v. Römer, Staatsrecht und Statistik, Bd. 3 (1792), S. 39; oder Nina Krüger, Landesherr und Landstände in Kursachsen, S. 64 f und S. 73. Der zeitgenössische Titel des Geheimen Rates in den kursächsischen Hof- und Staatskalendern lautete seit der Einführung der Ministerkonferenz im Jahrgang 1744 auf ‚Geheimes Consilium‘. Zur besseren Verständigung wird im Text jedoch meist der Begriff ‚Geheimer Rat‘ verwendet.

Kabinett war der Geheime Rat ein kollegial organisiertes Gremium zur politischen und juristischen Beratung des Fürsten in allen inneren und äußeren Landesangelegenheiten. Nach dem Vortrag des Referenten über den jeweiligen Gegenstand der Beratung gaben die geheimen Räte reihum ihr Votum ab und verabschiedeten einen Vorschlag, der dem Fürsten zur endgültigen Entscheidung vorgelegt wurde.

Für den Landtag des Jahres 1731 hat Josef Matzerath die feierliche Landtagseröffnung am 19. August beschrieben, insbesondere die Aufstellung der Stände im Steinernen Saal des Dresdner Schloßes, das Spalier der Gardetruppen und den zeremoniellen Einzug des Kurfürsten mit seinem Hofstaat als Gefolge.[448] Nachdem sich der Kurfürst auf den leicht erhöhten Thron gesetzt hatte, begrüßte als erstes der Kanzler Heinrich v. Bünau die Landstände mit einer kurzen Rede.

> „Dann verlas der Hofrat und Geheime Referendar Peter Ernst v. Guden die (Steuer-)Wünsche des Landesherrn, die Proposition. Nach dem Vortrag übergab v. Bünau diese Schrift an den Erbmarschallamtsverweser. Der Prinzipal des Landtages nahm die Proposition des Landtages für alle Stände an, versprach eine zügige Beratung und erklärte, soweit es der Zustand des Landes zulasse, würden die Forderungen des Fürsten erfüllt.“[449]

Da der Kanzler v. Bünau zugleich dirigierender Rat, also Vorsitzender des geheimen Rates war, hatte er am Entwurf der Forderungen mitgewirkt, die in der Propositionsschrift bei der Eröffnung am 19. August übergeben wurden. Am darauf folgenden Tag nahm er die landesherrlichen Forderungen dann als Besitzer des Rittergutes Seußlitz sowie Landstand des Meißner Kreises und Mitglied des Engeren Ausschusses wieder zur Kenntnis, wo er unter den anderen nicht minder ehrenwerten Landständen der kursächsischen Kreise saß. Sofern man nicht von vornherein von einem prinzipiellen Gegensatz zwischen den landesherrlichen und den landständischen Interessenssphären ausgeht, kann man in diesem Vorgang zunächst einmal die Verlagerung der Diskussion aus dem engeren Zirkel der geheimen Räte in den weiteren Bereich der politischen Nation der kursächsischen Landstände sehen, um eine für den Fürsten wie für das Landeswohl förderliche Politik zu implementieren.

Der frühneuzeitliche Geheime Rat war nämlich keineswegs ein reines Instrument des jeweiligen fürstlichen Willens, vielmehr gehörte im Fürstenstaat auch die Bewahrung der Landesgesetze, also der Landesverfassung, zu seiner in den Bestallungsurkunden der Räte ausdrücklich formulierten Aufgabe.[450] Zu

---

448 Josef Matzerath, August der Starke empfängt den sächsischen Landtag. Kursachsens Stände im Dresdner Residenzschloß, in: ders., Aspekte sächsischer Landtagsgeschichte, Dresden 1998, S. 20–24.

449 Ebd., S. 24.

450 Siehe die klassische Studie zu Brandenburg von Gerhard Oestreich, Der brandenburgisch-preußische Geheime Rat vom Regierungsantritt des Großen Kurfürsten bis zur Neuordnung im Jahre 1651. Eine behördengeschichtliche Studie, Würzburg-Aumühle 1937, insbesondere S. 120

dem traditionell am bestehenden Recht orientierten fürstlichen Regiment gehörte die Übereinstimmung des fürstlichen Handelns mit den im Lande bestehenden Rechten und Privilegien, deren Sicherung jeder neuantretende Landesherr beschwor. Den Fürsten in dieser Zielsetzung zu beraten, notfalls auch mit ihren ‚Remonstrationen' gegen die aktuelle geäußerte Intention des Landesherrn vorzugehen, machte den Unterschied zwischen einem Rat und einem bloßen Höfling im negativen Sinne. Eine gute Kenntnis der Landesgebräuche war daher ein unverzichtbares Erfordernis an die Kompetenz der Räte.

Am Beispiel des Kabinettsministers Jacob Heinrich v. Flemming ist bereits darauf hingewiesen worden, daß in den politischen Überlegungen der 1720er Jahre die Rücksicht auf die in Kursachsen bestehenden Landesverhältnisse für die Ratschläge des Ministers tatsächlich eine Rolle in der politischen Beratung des Landesherrn gespielt haben. Ganz in diesem Sinne handelte auch der wirkliche geheime Rat Heinrich v. Bünau, d.J., als er zu Ende des Jahres 1730 in Warschau bei Friedrich August I. gerade wegen der finanziellen Engpässe auf die Ausschreibung eines neuen allgemeinen Landtages drängte, der dann am 19. August eröffnet worden ist.[451]

Dennoch herrscht in der Literatur, die an der Idee eines fürstlichen Absolutismus oder einer Epoche des Absolutismus festhält, eine bis zum Mißfallen gehende Verwunderung, der Geheime Rat sei ein Hort ständischer Interessen gewesen.[452] So kann man noch bei Karl Czok lesen:

> „Der Herkunft der Mitglieder nach wurzelte diese Behörde tief in den ständischen Traditionen und stellte demzufolge mehr ein Gegengewicht zur kurfürstlichen Politik dar."[453]

Wenn man sich jedoch aus dem Korsett der Vorstellung löst, nach dem Westfälischen Frieden wäre eine absolutistische Politik, und zwar nicht zuletzt gegen die Stände, das Gebot der – verpaßten oder erfolgreich ergriffenen – Stunde gewesen, dann gewinnt die Teilnahme von geheimen Räten an den Landtagssitzungen im Fürstenstaat ihren eigenen Reiz. In der dualistischen Auffassung der Landtagsgeschichte entsteht dagegen allzu leicht der Verdacht, die Teilnahme der Räte an den Landtagsverhandlungen oder die Berufung von Land-

---

den 13. Punkt der Instruktion vom 4. April 1613; ferner Maximilian Lanzinner, Fürst, Räte und Landstände. Die Entstehung der Zentralbehörden in Bayern 1511–1598, Göttingen 1980, insbesondere S. 117 und S. 125. In Kursachsen hatte der Geheime Rat durch das Religionsversicherungsdekret von 1697 noch einmal eine besondere Zuständigkeit für die ‚Konservation' der Landesverfassung in konfessioneller Hinsicht bekommen. Bei Christian Heinker, Bürde des Amtes, ist die Darstellung dagegen ganz auf die Domäne der Außenpolitik reduziert, siehe z. B. ebd., S. 294 f. Er sieht kaum eine eigenständige Rolle der Räte im 17. Jahrhundert. Eine wahrscheinlich problematische Einschätzung.

451 Siehe die sehr lebendige Darstellung bei Carl Sahrer v. Sahr, Heinrich v. Bünau, S. 191–198, wo er auf S. 197 auch Heinrich v. Bünaus feine Entgegnung referiert, das einstimmige Votum des Geheimen Rates, daß nämlich ein Ausschußtag nicht genügen würde, „sei keine Resolution, sondern Consilium und sei dadurch Ihro Majestät Decision nicht vorgegriffen."

452 Siehe Paul Haake, August der Starke, S. 148–159; oder Reiner Groß, Geschichte Sachsens, S. 132.

453 Karl Czok, August der Starke und seine Zeit, S. 46.

ständen zu fürstlichen Räten zeige eine Korrumpierung der Landtagsverfassung an, die den Landtag an der energischen Verfolgung seines landständischen Prinzips behindere und allein den fürstlichen Wünschen Bahn breche. Der zeitgenössischen Praxis der Landtagsteilnahme von Mitgliedern des Hofes oder des Geheimen Rates ist also zunächst einmal der ihr zugehörige Raum zu geben, bevor eine Bewertung des Landtages im Fürstenstaat vorgenommen werden kann, die nicht von vornherein durch die dualistische Sichtweise des Konstitutionalismus gefärbt ist.

Tabelle 20: Die Mitglieder des Geheimen Rates mit Sitz und Stimme 1731/32

Nr.	Wirkliche geheime Räte, so Session haben in der Ordnung	Kammerherr	Weitere Amtsfunktionen
1	Heinrich v. Bünau, d.Ä.	–	dirigirender geheimer Rat u. Kanzler, Cammer-Collegium Vice-Präsident
2	Gottlob Friedrich Frh v. Gersdorf	–	
3	Gottlob Hieronymus v. Leipziger	1720	Apellationsgerichts-Präsident
4	Bernhard Frh v. Zech	–	
5	Johann Adolph v. Loß	1725	Ober-Stallmeister
6	Heinrich v. Bünau, d.J.	–	
7	Johann Friedrich v. Schönberg (1732)	1725	
8	Heinrich v. Brühl (1732)	1730	Cämmerer

Quelle: Hof- und Staatskalender 1731 und 1732

Die Zahl der ‚wirklichen geheimen Räte' mit Sitz und Stimmrecht im kursächsischen Geheimen Rat in der ersten Jahrhunderthälfte war relativ klein und schwankte zumeist zwischen sechs und acht Räten.[454] Nur die Hälfte der 1731/32

---

454 Die Abstufung der Titel unterschied erstens zwischen den geheimen Räten mit Sitz und Stimme, zweitens denen ohne Sitz und Stimme, die also garnicht im Gremium erscheinen und „nicht votiren", und drittens den titular geheimen Räten. Wenn im Folgenden abkürzend allgemein von geheimen Räten die Rede ist, dann sind immer die wirklichen geheimen Räte mit Sitz und Stimme gemeint. Die Zahl der wirklichen geheimen Räte ohne Stimmrecht stieg von fünf im Jahrgang 1733 auf zehn 1740 und siebzehn 1750, während die Zahl der tatsächlich tagenden Räte 1750 immer noch nur sechs betrug. Die größte Zahl der geheimen Räte war jedoch diejenigen, die schlechthin nur den Titel führte, ohne jemals eine entsprechende amtliche Tätigkeit damit zu verbinden. In dieser Kategorie waren schon 1732 fünfzehn Personen, 1740 dann zweiundzwanzig und 1750 immer noch dreizehn. In den zeitgenössischen Dokumenten oder Berichten wird öfters nur „geheimer Rat" als Titel genannt, ohne daß immer ersichtlich wird, in welche der drei Kategorien die Benennung fällt. Die Neue Hofrangordnung von 1755 bildet die Unter-

ernannten wirklichen geheimen Räte verfügte zugleich über die Stellung eines Kammerherrn am Dresdner Hof. Der Geheime Rat war zwar ein kollegiales Gremium, in dem die Räte an den festgesetzten Dienstzeiten zusammensaßen und ihr Votum zu den vorgelegten Fragen und Anträgen abgaben. Da aber in der Regel nicht alle geheimen Räte anwesend waren, weil sie mit speziellen Aufträgen verreist oder als kursächsische Gesandte sogar ständig abwesend waren, saß normalerweise eine deutlich kleinere Zahl als es die nominelle Stärke des Gremiums suggeriert tatsächlich zusammen. Es kann schließlich auch nicht erwartet werden, daß alle geheimen Räte den Dresdner Landtag besuchen konnten, weil nicht alle in Kursachsen begütert oder weil sie sozusagen dienstlich verhindert waren. Andererseits waren die wirklichen geheimen Räte aufgrund des im Jahr 1700 erteilten und in der Landtagsordnung von 1728 bestätigten Privilegs wie die kommandierenden Obersten von der Ahnenprobe befreit.

Die eben genannten allgemeinen Faktoren finden sich in der Zusammensetzung des Geheimen Rates am Ende der Regierungszeit Friedrich Augusts I. alle wieder. Der geheime Rat Gottlob Friedrich Gersdorf (1680–1751) stammte aus einem sehr bedeutenden Geschlecht des oberlausitzer Adels und war vermutlich besonders für die Angelegenheiten der Oberlausitz im Geheimen Rat zuständig.[455] Da seine Güter Baruth, Rackel und Buchwalde, mit denen er nach der erfolgreichen Erbregelung seit 1703/05 belehnt war, in der Oberlausitz lagen, konnte er den kursächsischen Landtag nicht besuchen.[456] Seine Laufbahn hatte v. Gersdorf als Hofrat der Landesregierung zu Dresden begonnen.[457] Er war der nachgeborene Sohn dritter Ehe von Nicol v. Gersdorf (1629–1702), der vom Kammerpagen beim damaligen Kurprinzen Johann Georg I. zum Appellationsrat, geheimen Rat und Oberkämmerer aufgestiegen war und in kursächsischen Diensten zahlreiche diplomatische Missionen übertragen bekam.[458] Über seine Mutter Henriette Catharina (1648–1726), die älteste Tochter des geheimen Rates und Oberhofrichters zu Leipzig von Carl v. Friesen (1619–1686) auf Rötha,

---

scheidung mit den Rängen fünf, sieben für wirkliche geheime Räte bzw. acht und zehn für die Titularräte, die vor oder nach dem 16. August 1741 ernannt wurden, ab.

455 Bei Walter Fellmann, Heinrich Graf Brühl, S. 431, wird der geheime Rat v. Gersdorf, wohl irrtümlich, Karl Gottlieb Friedrich statt Gottlob Friedrich genannt.

456 Von den v. Gersdorf, die, wie Heinrich August Verlohren, Stammregister und Chronik der sächsischen Armee, S. 233–239 mit hundert Einträgen belegt, zahlreiche Offiziere stellten, hat in der ersten Hälfte des 18. Jahrhunderts nur ein einziges Mitglied des Geschlechts den Dresdner Landtag besucht. In den Jahren 1737 und 1742 nahm Friedrich Adolph v. Gersdorf auf Obergurig als Deputierter des Amtes Stolpen in der Allgemeinen Ritterschaft Platz. Er war überhaupt nur von 1731 bis 1748 mit dem neu erkauften Gut belehnt, das er mit dem aus seinem Erbe erhaltenen Bargeld hatte erwerben können, siehe Walter v. Boetticher, Oberlausitzischer Adel, Bd. 1, S. 573.

457 Siehe Walter v. Boetticher, Oberlausitzischer Adel, Bd. 1, S. 447 und zu seinem Vater und Bruder ebd., S. 440–445. Laut Boetticher soll Friedrich Gottlob eine zeitlang Assessor am Reichskammergericht in Wetzlar gewesen sein, er ist aber bei Sigrid Jahns, Das Reichskammergericht und seine Richter, nicht aufgeführt.

458 Siehe Christian Heinker, Bürde des Amtes, S. 321–323 und S. 319 f.

verfügte er aber auch über enge Verbindungen in die kursächsischen Erblande.[459] Nachdem der Vater 1672 im Jahr seiner Eheschließung mit Frau v. Friesen die Freiherrenwürde erhalten hatte, erhielt der Sohn aufgrund seiner Dienste 1745 im kursächsischen Reichsvikariat den Grafentitel. Im Gegensatz zu Gottlob Friedrich v. Gersdorf, der als Nachgeborener im landesherrlichen Dienst sein Auskommen und Glück suchte, konnte sich sein Stiefbruder Johann Georg Frh v. Gersdorf (1662–1723) auf Bretnig als ältester Sohn und Haupterbe auf die Rolle des begüterten Landadeligen beschränken. Dafür war sein Bruder Johann Georg aber auch seit 1697 Dresdner Kammerherr.

Ein Beispiel für dienstbedingte Abwesenheit bietet der geheime Rat Johann Friedrich v. Schönberg (1691–1762), auf Berthelsdorf im Amt Stolpen des Meißner Kreises, der zu der Pulsnitzer Linie des Geschlechts in der Oberlausitz gehört.[460] Er hatte seine Karriere in Dresden als Appellationsrat begonnen, wurde im Jahr 1725 zum Kammerherrn ernannt und im Jahr darauf zum geheimen Rat. Sein Eintritt in die Allgemeine Ritterschaft des Landtages erfolgte im Jahr 1716. Nach einer weiteren Teilnahme an der Allgemeinen Ritterschaft zwei Jahre später kam er auf dem Landtag von 1722 in den Weiteren Ausschuß. Von da an blieb er bis 1749 ein Ausschußmitglied, und zwar seit 1742 sogar als Mitglied des Engeren Ausschusses. Seine persönliche Anwesenheit beschränkte sich aber auf den Landtag von 1731 sowie die beiden Tagungen von 1742 und 1749.[461] Die fünf Landtage von 1725, 1728, 1734, 1737 und 1746 war er laut Oberhofmarschallamt jedoch abwesend, rückte aber dennoch in der Sitzordnung stetig weiter vor. Laut Zedler war v. Schönberg

> „einige Jahre über Gesandter am Churpfälzischen Hofe wegen der Religions-Beschwerden. Im Jahr 1726 ward er wircklicher geheimer Rath, Bevollmächtigter auf dem Reichs-Tage zu Regenspurg, wie auch Evangelischer Directorial-Gesandter daselbst."[462]

Nach den Hof- und Staatskalendern war v. Schönberg allerdings zunächst nur titular geheimer Rat wegen seiner Gesandtschaftsposten, unter den wirklichen geheimen Räten mit Sitz und Stimme findet man ihn erst seit dem Jahrgang 1732. Es bleibt daher fraglich, inwieweit er jemals an der alltäglichen Arbeit der geheimen Räte in Dresden beteiligt war, vielmehr stand wohl die Außenwirkung des kursächsischen Vertreters im Zentrum bei der Erhebung zum wirklichen geheimen Rat. Das Reichsvikariat bot 1741 noch einmal die Gelegenheit zur Steigerung seines Ranges, indem der Kurfürst ihn, seinen Repräsentanten, in den

---

459 Walter v. Boetticher, Oberlausitzischer Adel, Bd. 1, S. 443 hebt an der Mutter Henriette Catharina v. Gersdorf besonders die „vorzügliche gelehrte und künstlerische Ausbildung" und „hervorragende Gelehrsamkeit" „dieser bedeutenden Frau" hervor.

460 Siehe Walter v. Boetticher, Oberlausitzischer Adel, Bd. 2, S. 803; und Zedler, Universal-Lexicon, Bd. 35 (1743), Sp. 696. Sein Großvater Wolff Georg v. Schönberg (1621–89) hatte das altschriftsässige Gut Berthelsdorf 1652 im Tausch gegen seinen Erbanteil an Pulsnitz erworben.

461 Nach einer Notiz im Oberhofmarschallamt hatte er allerdings 1742 seine Missive in Frankfurt (am Main) vergessen.

462 Dieses und das folgende Zitat aus Zedler, Universal-Lexicon, Bd. 35 (1743), Sp. 696. Im Hof- und Staatskalender von 1731 wird er erstmals als Gesandter in Regensburg bezeichnet.

Reichsgrafenstand erhob.[463] Anschließend wurde v. Schönberg als „erster Chursächsischer Wahl-Bothschafter auf den Kayserlichen Wahl- und Crönungs-Tag nach Franckfurth am Mayn abgeschickt."[464] Weder die Berufung in den Geheimen Rat noch die Tätigkeit als kursächsischer Gesandter haben demnach einen Verzicht auf den Platz in den Ausschüssen bedingt, den der Landstand Johann Friedrich v. Schönberg zuvor erlangt hatte. Eine solche Resignation ist ihm, soweit sich das bisher beurteilen läßt, auch von keiner Seite abverlangt oder auch nur nahegelegt worden.

Die v. Loß stammten, ähnlich den v. Gersdorf, ursprünglich aus der Oberlausitz, hatten aber seit dem 17. Jahrhundert eine Tradition des Dienstes am kursächsischen Hof ausgebildet.[465] Hans (oder Johann) Caspar v. Loß (1647–1711) war am Ende des 17. Jahrhunderts kursächsischer Appellationsrat sowie am Weißenfelser Hof geheimer Rat und Ober-Hofmarschall. Für das neu erkaufte Rittergut Röhrsdorf im Amt Hayn des Meißner Kreises nahm er 1694 einmal an der Allgemeinen Ritterschaft teil.[466] Zwei seiner vier Söhne, Johann Adolph und Christian v. Loß, wurden in Dresden wirkliche geheime Räte.

Johann Adolph v. Loß (1690–1759) startete am Dresdner Hof 1712 als Kammerjunker und wurde 1725 zum Kammerherrn ernannt. Außerdem fungierte er unter Friedrich August I. von 1718 bis zu seiner Resignation im Jahr 1729 als Hofmarschall und von 1729 bis 1733 sogar als Ober-Stallmeister.[467] Im Jahr 1724 erhielt er die Bestallung zum wirklichen geheimen Rat, die er bis 1739 beibehielt. Zu eigenen Grundbesitz war er 1722 durch den Kauf des Schloßes Hirschstein im Amt Meißen gekommen.[468] Mit dem frisch erworbenen Besitz inserierte sich der Hofmann und geheime Rat sogleich in die Meißner Ritterschaft und besuchte die

463   Wie in vielen anderen Fällen ist der Freiherren- oder Grafentitel nicht mehr Ausdruck eines eigenständigen Ranges oder wenigstens eines gewissen, in ausgedehnten Ländereien bestehenden Reichtums, sondern in erster Linie Indikator für Leistungen im fürstlichen Dienst und für die Nähe zum herrschenden Haus. Das Rittergut Berthelsdorf ging bereits 1769 in andere Hände über. Bei der Veranlagung zur Grundsteuer 1842 wurde es nur mit 4.603 Steuereinheiten belegt und zählte damit zu den kleineren Rittergütern. Es verfügte aber laut Gustav Adolf Poenicke (Hg.), Album der Rittergüter, II. Section: Meißner Kreis, Supplement S. 2, über ein im „prächtigen Style" erbautes Herrenhaus.

464   Als ein solcher erster Wahlbotschafter ist er auch porträtiert worden. Sein Porträt ist z. B. im Bildarchiv der Österreichischen Nationalbibliothek überliefert, siehe http://www.portraitindex.de/documents/obj/oai:baa.onb.at:8294116 (zuletzt besucht am 10.05.2016). Zedler, Universal-Lexicon, Bd. 35 (1743), Sp. 696, schreibt über ihn: „Er verbindet mit einer sehr glücklichen Gesichts-Bildung alle Anmuthigkeit eines redlichen Herzens und eines aufgeklärten Verstandes."

465   Siehe Ernst Heinrich Kneschke, Neues allgemeines Deutsches Adels-Lexicon, Bd. 6 (1865), S. 15 f; oder Zedler, Universal-Lexicon, Bd. 18 (1738), Sp. 400 f. Die v. Loß stellten im 17. Jahrhundert bereits einen Hofmarschall und einen geheimen Rat.

466   Siehe Christian Heinker, Bürde des Amtes, S. 375. Das Rittergut Röhrsdorf verkaufte der älteste Sohn Johann Rudolf v. Loß, Hof- und Justizrat in Sachsen-Weißenfels schon 1714 an Christian Vitzthum v. Eckstädt (1679–1738), der im Jahr 1722 kursächsischer Oberst war, siehe Gustav Adolf Poenicke (Hg.), Album der Rittergüter, II. Section: Meißner Kreis, S. 194. Das andere Gut im väterlichen Besitz, Teichritz in der Oberlausitz, hatten die Erben schon 1713 veräußert.

467   Siehe Johann Georg Zirschke, Hof-Staat, S. 18 und S. 41.

468   Siehe Gustav Adolf Poenicke (Hg.), Album der Rittergüter, II. Section: Meißner Kreis, S. 30.

Landtage von 1722, 1728 und 1731. Eine Berufung in die Ausschüsse erlangte er allerdings in dieser Zeit nicht.[469] Dennoch wird man auch an diesem Beispiel ein gewisses, nicht nur individuelles Interesse an der Landtagsteilnahme ablesen können. Hinsichtlich der anschließenden Landtage entfiel seine Teilnahme aber wieder, weil er sich von 1733 bis 1738 als kursächsischer Gesandter in London, dann in München aufhielt.[470] Im Jahr 1741 bekamen er und sein Bruder für ihre langjährigen Dienste im Reichsvikariat den Grafentitel verliehen. Seit 1740 war Johan Adolph v. Loß in die Klasse der wirklichen geheimen Räte ohne Session versetzt, und zwar gleich hinter dem älteren Heinrich v. Bünau. Seine Landtagsbesuche nahm er aber nicht wieder auf. Ihn ersetzte seit 1737 im Geheimen Rat sozusagen sein Bruder Christian. Johann Adolph dagegen erlebte unter Premier-Minister Heinrich v. Brühl im Jahr 1744 noch seine Ernennung zum geheimen Kabinettsminister.

Der jüngere Bruder Christian v. Loß (1697–1770) hatte nach dem obligatorischen Studium und der Kavalierstour im Jahr 1721 in Dresden als Hofrat bei der Landesregierung begonnen, eine Stelle, die er bis 1737, also bis zum Eintritt in den Geheimen Rat, innehatte. Im Jahr 1728 wurde er zudem Kammerherr und arbeitete als geheimer Referendar den Räten im Geheimen Rat zu. Die Tätigkeit als Referendar gab er schon 1730 auf, weil er zum Präsidenten des Ober-Consistoriums berufen worden war. Im Jahr 1737 kam er zu seinem Bruder in den Geheimen Rat. Da er aber schon 1741 ebenfalls als kursächsischer Gesandter verwendet wurde und erst im Jahr 1749 nach Sachsen zurückkehrte, hat er an den Sitzungen des Rates jahrelang nicht teilnehmen können.[471] Eigenen Grundbesitz scheint Christian v. Loß in Kursachsen nicht besessen zu haben.[472] Einen Dresdner Landtag hat er jedenfalls weder bis 1749 noch nach 1763 besucht, so daß es für die erste Hälfte des 18. Jahrhunderts seitens der v. Loß bei den drei Landtagsteilnahmen seines Bruders blieb. Aber sein einziger Sohn, Johann Adolph Graf v. Loß (1731–1811), erlangt über seine erste Ehefrau Johanna Caroline Tugendreich v. Metzradt das Rittergut Olbernhau im Amt Lauterstein des Erzgebirger Kreises und wurde am 7. Mai 1766 mit ihm belehnt. Unmittelbar darauf, nämlich am 11. Mai 1766 trat er in die Allgemeine Ritterschaft des

---

469 Auf den Landversammlungen von 1725 bis 1731 waren tatsächlich nur wenige freie Stellen für den Meißner Kreis vorhanden und dann hatte er mit Heinrich v. Bünau und Jacob Heinrich v. Flemming auch noch sehr starke Konkurrenten.

470 Im Unterschied zu den Ausschüssen „hatte" man ja in der Allgemeinen Ritterschaft keinen Platz, der einem bei Abwesenheit – wie im Falle v. Schönberg – frei gehalten wurde. Zu den Gesandtschaften siehe jetzt Judith Judith Matzke, Gesandtschaftswesen und diplomatischer Dienst Sachsens 1694–1763, Leipzig 2011.

471 Siehe Judith Matzke, Art. ‚Loß, Christian Graf von', in: Sächsische Biographie, http://www.isgv.de/saebi/ (zuletzt besucht am 11.05.2016). Er hielt sich zunächst in Bayern, dann in Frankfurt am Main und von 1745 bis 1749 schließlich in Wien auf. Nach dem Tod seines Bruders folgte er ihm 1759 auch im Rang eines Kabinettsministers. Siehe auch Allgemeine Deutsche Biographie, Bd. 19 (1884), S. 215 f.

472 Er, bzw. sein Sohn, erbte erst Ende der sechziger Jahre das Schloß Hirschstein seines Bruders Johann Adolph v. Loß.

Landtages ein und blieb bis 1811 Mitglied des Dresdner Landtages.[473] Die Landtagsteilnahme hatte in der zweiten Hälfte des 18. Jahrhunderts offensichtlich nichts von ihrer Attraktivität verloren. Ganz auf der Linie der Familientradition höfischen Dienstes wurde er im Jahr 1777 ebenfalls Kabinettsminister.

Die enge Verbindung zwischen landesherrlichen Dienst und familiärer Ausrichtung zeigt auch der Fall des geheimen Rates Bernhard v. Zech (1681–1748). Er war der älteste Sohn des 1716 nobilitierten Bernhard Zech (1649–1720) aus Weimar, der 1691 aus seinem auswärtigen Dienst abgeworben in Dresden als Hofrat angestellt worden war, wo er insbesondere die Grenzsachen bearbeitete. Im Jahr 1697 wurde er dann als wirklicher geheimer Rat installiert und sogleich zum Mitglied der neu eingerichteten ‚General-Commission zum Revision-Wercke' bestellt.[474] Die bis 1700 arbeitende Kommission hatte vom frisch angetretenen Landesherrn Friedrich August I. den Auftrag, Fälle von Unterschlagung, Amtsmißbrauch und Korruption im Adel, in den Stadträten bzw. durch die Amtsträger zu untersuchen und verhängte eine Reihe empfindliche Geldstrafen. Sie war also vor allem ein scharfes politisches Disziplinierungsinstrument und dementsprechend unbeliebt bei den kursächsischen Landständen.[475] Der Sohn Bernhard absolvierte seine Lehrzeit nach dem Studium in Leipzig und einer Reise nach Holland und England seit 1703 als Commissions-Rat, Cammer-Secretär und dann als Hofrat und geheimer Referendar im Geheimen Rat. In den Jahren 1711 und 1715 arbeitete er als Protokollant im Kurfürsten-Kollegium anläßlich der Wahl Karls VI. zum Kaiser bzw. auf einem zu Braunschweig tagenden Friedenskongreß wegen des Nordischen Krieges.[476]

Zu einer Ernennung zum Kammerherrn am Dresdner Hof reichte seine Herkunft zwar nicht aus, den Aufstieg im fürstlichen Dienst setzte Bernhard v. Zech jedoch sehr erfolgreich fort. Zu seiner Absicherung verfügte er über die Stelle eines Dom-Probstes zu Wurzen und die eines Dom-Dechanten zu Zeitz. Die Ernennung zum wirklichen geheimen Rat erreichte ihn im April 1725. Im Vorfeld seiner Erhebung zum Freiherrn im Jahr 1729 erwarb er 1727 das Rittergut Schmorkau bei Königsbrück im Amt Stolpen des Meißner Kreises für den ver-

---

473 Auf dem Landtag von 1769 fehlte er, 1775 kam er in den Weiteren Ausschuß, 1781–1811 war der Kabinettsminister Mitglied des Engeren Ausschusses. Im Jahr 1774 amtierte er als Gesandter in Versailles, 1806 wurde er aus politischen Gründen und ohne Pension vom Kurfürsten entlassen.

474 Siehe Zedler, Universal-Lexicon, Bd. 61 (1749), Sp. 271–274 und Sp. 262–269, Christian Heinker, Bürde des Amtes, S. 346 f; und zur Revisionskommision auch, aber mehr kursorisch, Karl Czok, Zur Absolutismuspolitik Augusts des Starken – am Beispiel der Revisionskommission, in: Christine Klecker (Hg.), August der Starke und seine Zeit, Dresden 1995, S. 41–47. Der ältere Bernhard v. Zech war auch als juristisch-politischer Schriftsteller aktiv. Zu seinen im Zedler aufgeführten Werken zählt u. a. der unter dem Pseudonym Friedrich Leutholf v. Franckenberg veröffentlichte ‚Europäische Herold', erschienen 1705 in Leipzig.

475 Sie ist auch nicht ohne Vorbilder, wenn man an die ‚Compositions' im englischen Bürgerkrieg oder an die Prüfung der Adelstitel in Frankreich unter Ludwig XIV. denkt. Eine detaillierte Untersuchung der Kommission fehlt bislang.

476 Im Anschluß an die Kaiserwahl ließ er 1713 in Leipzig ein Werk über die ‚Gegenwärtige Verfassung der Kayserlichen Regierung in Deutschland, wie solche in Ihrer Römischen Kayserlichen Majestät Herrn Carls VI. Wahl-Capitulation enthalten' im Druck erscheinen.

mutlich überhöhten Betrag von 14.500 Gulden.[477] Der Kauf sollte darüber hinaus eine Basis schaffen, um Zugang zum Landtag erhalten zu können. Seine Teilnahme am Landtag war aber nur möglich aufgrund der in der Landtagsordnung 1728 vorgesehenen Aussetzung der Ahnenprobe für die wirklichen geheimen Räte. Der Landtagsbesuch erfolgte denn auch umgehend. Von 1728 bis 1746 hat er laut Oberhofmarschallamt an allen sechs abgehaltenen Landesversammlungen von Anfang bis Ende teilgenommen.[478] In den Jahren 1728 und 1731 saß der geheime Rat in der Allgemeinen Ritterschaft, 1734 berief ihn der Engere Ausschuß in den Weiteren Ausschuß, wo er auch im Jahr 1737 seinen Platz an der zweiten Tafel fand. In den Hof- und Staatskalendern seit dem Jahrgang 1735 verfügten der geheime Rat Bernhard Frh v. Zech sowie sein Kollege Gottlob Friedrich Frh v. Gersdorf außerdem über den Titel eines ‚Conferenz-Ministers'.[479] Zusammen mit v. Militz und v. Leipziger machten die vier wahrscheinlich den Kern der Räte aus, welche in dieser Zeit die täglich anfallende Arbeit im Rat bewältigten. Die Landtage von 1742 und 1746 verbrachte Bernhard v. Zech schließlich noch im Engeren Ausschuß. Aber auch da stand sein Stuhl nur an der zweiten Tafel in deutlichem Abstand zu Heinrich v. Bünau und Heinrich v. Brühl an der ersten Tafel. Über den Grafen und Konferenzminister Bernhard v. Zech bemerkt der Artikel im Zedler:

> „Wie Er nun, nach der, durch vieljährige Dienstleistung, erlangter Erfahrung, an denen vorgefallenen wichtigsten inn- und ausländischen Geschäfften den größten Theil, dabey auch die Wohlfahrt des Herrn und Landes zu Seinem eintzigen Augenmerck gehabt: Also ist Ihm dadurch die Glückseligkeit angediehen, daß Er Sich in der Königl. Confidenz und Gnade, und bey jedermann in guter Estimation, bis an sein Ende erhalten,…"[480]

---

477 Siehe Walter v. Boetticher, Oberlausitzischer Adel, Bd. 3, S. 145–148. Die Vorgänger, Amtssekretarius Wilhelm Siegmund Kruschau und seine Ehefrau, hatten das Gut 1709 für nur 9.000 Gulden gekauft. Es war und blieb ein kleines unbedeutendes Gut, kein Besitz, wie man ihn für einen Freiherrn oder Grafen, zu den ihm Kurfürst Friedrich August II. 1745 im Reichsvikariat machte, annehmen würde. Weitere Güter im Besitz der v. Zech waren das etwas größere, aber nicht bedeutende altschriftsässige Klingenberg im Amt Dresden sowie das Gut Salsitz im Hochstift Naumburg-Zeitz, siehe Friedrich Gottlob Leonhardi, Erdbeschreibung, Bd. 2, S. 299, und Bd. 3, S. 559. Klingenberg erwarb Bernhard v. Zech erst 1733 oder 1736, in den Landtagsprotokollen taucht Klingenberg jedoch nie auf. Im Gustav Adolf Poenicke (Hg.), Album der Rittergüter, II. Section: Meißner Kreis, S. 77 wird ein „Conferenzminister Ferdinand Bernhard Graf von Zech" als Besitzer genannt, ein „Ferdinand Bernhard" ist aber bislang sonst nicht nachweisbar. Klingenberg verkauft der Sohn August Ferdinand Graf v. Zech übrigens bereits 1765 wieder, siehe HSTA Dresden, Bestand 10.080, Loc. 14.682: Kanzleimatrikel 1750.

478 Er wohnte jeweils in seinem eigenen Haus auf der großen Brüdergasse.

479 Im Jahr 1735 hatten demnach nur zwei der sieben wirklichen geheimen Räte mit Sitz und Stimme im Rat den Titel. Als eigener Abschnitt im Hof- und Staatskalender, als sozusagen eigenes Gremium, gibt es die Konferenzminister, d.h. der Austausch zwischen den aktiven Kabinettsministern, den aktiven geheimen Räten und den Spitzen der Landesbehörden erst seit dem Jahrgang 1744.

480 Zedler, Universal-Lexicon, Bd. 61 (1749), Sp. 263.

Bei aller Panegyrik, die man hier abziehen muß, bleibt doch bemerkenswert, wie vollständig die Wohlfahrt des Landes mit der des Fürsten harmoniert und der Fürstendienst mit allgemeiner Wertschätzung der Person vereinbar sein konnte.

In seinem Testament machte Bernhard v. Zech in typisch hochkonservativer adeliger Weise aus Schmorkau ein Fideicommißgut und untersagte seinem Erben, dem einzigen überlebenden Sohn August Ferdinand Graf v. Zech (1719–1793) einen Verkauf oder die hypothekarische Belastung des Gutes. Da der Sohn nur Hof- und Justitienrat sowie Kammerdirektor des Stiftes Merseburg war, konnte er wegen der Adelsprobe den Dresdner Landtag nicht mehr besuchen. Es blieb daher im 18. Jahrhundert hinsichtlich des Landtages bei den Besuchen seines Vaters. Das Rittergut Schmorkau wurde ungeachtet des Testaments vom Enkel Bernhard August Ludwig Graf v. Zech (1750–1805) im Jahr 1795 schuldenhalber an Johann Gottfried Steglich veräußert.[481]

Bernhards jüngerer Bruder Ludwig Adolph v. Zech (1683–1760) folgte einem ähnlichen Kurs. Anstelle des Kollegiatstifts Wurzen fand er im Jahr 1705 seine Versorgung durch ein Kanonikat im Hochstift Merseburg, wo er mit der Zeit ebenfalls bis zum Domprobst aufstieg. Wegen einer Erneuerung der kursächsischen Belehnung mit Merseburg reiste er 1708 in diplomatischer Mission nach Wien.[482] Im Jahr 1712 wurde er als Hofrat für Grenzsachen in die Dresdner Landes-Regierung übernommen und weiterhin für mehrere diplomatische Aufträge verwendet und zuletzt wieder nach Wien entsandt. In dieser Zeit erhielt er 1720 den Titel eines geheimen Rates, der bis 1731 bloß titular war, ab 1731 aber zu einem wirklichen geheimen Rat ohne Session wurde und sich mit seinem Eintritt in den Rat 1736 zum wirklichen geheimen Rat mit Session erweiterte. Somit stellten die Gebrüder v. Loß und die Gebrüder v. Zech im Jahr 1738 vier der damals zehn Mitglieder des Geheimen Rates. Ludwig Adolphs diplomatischer Dienst und seine im Vergleich zum älteren Bruder größere räumliche Nähe zum Kaiserhof brachte ihm schon 1722 den Freiherrentitel ein. Die Gesandtschaft in Wien dauerte bis 1740. Mit dem Ende seiner diplomatischen Tätigkeit erlangte Ludwig Adolph v. Zech, dieser, laut Zedler, „wahrhafftig große Minister" auf seinen Antrag hin die Versetzung in die Klasse der geheimen Räte ohne Session, aber unter Beibehaltung aller bisher genossenen Besoldungen und Vorzüge. Da seine Güter Bündorf, Bischdorf und Geusa alle drei im Stift Merseburg lagen, gehörte er vielleicht zur Merseburger Ritterschaft, nicht aber zu den kursächsischen Landständen und hat daher auch in den 1740er Jahren keinen der Dresdner Landtage besucht.[483]

Zu den langjährigen in Dresden anwesenden geheimen Räten zählte dagegen Gottlob Hieronymus v. Leipziger (1676–1737) auf Heyda im Amt Torgau, der nicht über den diplomatisch-politischen Zweig, sondern im engeren Sinne als

---

481 Siehe Walter v. Boetticher, Oberlausitzischer Adel, Bd. 3, S. 148.
482 Siehe Zedler, Universal-Lexicon, Bd. 61 (1749), Sp. 264–266. Der dritte und jüngste Bruder Wilhelm Ernst v. Zech, geboren 1690, kam als „stiftisch-Merseburgischer Cammer- und Consistorial-Rath" unter, war aber zeitweise, und zwar von 1715 bis 1728, Hofrat in Sachsen-Weimar.
483 Siehe zu den Gütern Friedrich Gottlob Leonhardi, Erdbeschreibung, Bd. 3, S. 510 und S. 512.

juristisch tätiger Amtsträger seine Karriere machte.[484] Die v. Leipziger waren ein alteingesessenes adliges Geschlecht, das vor allem im Churkreis begütert war. Was die Herkunft des Gottlob Hieronymus angeht, sind die genealogischen Verhältnisse aber leider nicht ganz klar. Sicher ist, daß er zu der Zwethauer Linie des Geschlechts gehört. Er ist möglicherweise ein Sohn von Balthasar Hieronymus v. Leipziger (1644–1731) auf Heyda und ein Bruder des Kammerherrn (1733), Stallmeisters (1734–38) und Amtshauptmanns zu Torgau Christoph Heinrich v. Leipziger (1678–1749) auf Zwethau und Bruder des Assessors am Hofgericht Wittenberg Christoph Friedrich v. Leipziger auf Zwethau, der von 1728 bis 1746 für das im Amt Schweinitz des Churkreises gelegene amtsässige Gut Zwethau ein Deputierter der Amtsassen gewesen ist.[485]

Balthasar Hieronymus v. Leipziger hat jedenfalls für Heyda am Landtag des Jahres 1694 teilgenommen, den folgenden allgemeinen Landtag von 1699 findet sich für Heyda dann erstmals der gerade volljährig gewordene Gottlob Hieronymus v. Leipziger in den Protokollen. Nach der Landtagspause kam er 1711 und 1716 erneut in die Allgemeine Ritterschaft und wird im Oberhofmarschallamt als Hofrat geführt. Im Jahr 1720 erhielt er seine Ernennung zum Kammerherrn. Parallel zum Aufstieg in den Weiteren Ausschuß 1722 wechselte der Titel, denn v. Leipziger war inzwischen Präsident des Appellationsgerichts geworden. Beim Ausschußtag von 1725 kam noch das Amt eines Ober-Consistorial Präsidenten hinzu und außerdem wurde er erstmals als „geheimer Rat" bezeichnet.[486] Den Vorsitz im Ober-Consistorium behielt Gottlob Hieronymus v. Leipziger nur bis zu seiner Ernennung zum wirklichen geheimen Rat im Jahr 1727, den im Appellationsgericht nur bis 1731, aber Sitz und Stimme im Geheimen Rat hat er in den Hof- und Staatskalendern auch über den Thronwechsel hinaus bis 1737 weiterhin inne.[487] Nach den drei Landesversammlungen der zwanziger Jahre, die er Mitglied des Weiteren Ausschusses war bzw. blieb, ge-

---

484 Nach den Notizen im Oberhofmarschallamt zu den Landtagen von 1711 und 1722 nahm er für das Stift Wurzen am Landtag teil und gehörte daher zum Leipziger Kreis, obwohl das Gut im Amt Torgau lag. Dieses Heyda „bey Börlen" genannte Rittergut ist schwer nachzuweisen, möglicherweise stand es einmal in Verbindung zum Gut Knathewitz, das lehenrechtlich zum Kollegiatstift Wurzen gehörte. Siehe auch Ernst Heinrich Kneschke, Neues allgemeines Deutsches Adels-Lexicon, Bd. 5 (1864), S. 450 f.

485 Siehe Zedler, Universal-Lexicon, Bd. 16 (1737), Sp. 1810, der Gottlob Hieronymus der Zwethauer oder Zwetaer Linie zuordnet; ferner zu Balthasar Hieronymus das Jahrbuch des deutschen Adels, Bd. 2, S. 392 f; zu Christoph Heinrich auch Christian Gottlob Wabst, Historische Nachricht, S. 254; und Johann Georg Zirschke, Hof-Staat, S. 42; und zu Christoph Friedrich schließlich das Oberhofmarschallamt 1731 und die Hof- und Staatskalender 1738 bis 1748. In den Staatskalendern wir der Vorname in den ersten Jahren als Christian Friedrich angegeben. Auch von Gottlob Hieronymus v. Leipziger gibt es ein Porträt in der Sammlung der Österreichischen Nationalbibliothek, siehe http://www.portraitindex.de/documents/obj/oai:baa.onb.at:9018309 (zuletzt besucht am 12.05.2016).

486 Laut Zedler, Universal-Lexicon, Bd. 16 (1737), Sp. 1810, war v. Leipziger bis 1733 auch Ober-Aufseher in der Grafschaft Mansfeld und hatte im Jahr 1728 den dänischen Ritterorden des Dannebrog erhalten.

487 Beide Stellen gingen stattdessen an den jüngeren Heinrich v. Bünau, den Sohn des Kanzlers und Vorsitzenden im Geheimen Rat.

hörte der geheime Rat Gottlob Hieronymus v. Leipziger während der drei Landtage in den dreißiger Jahren zum Engeren Ausschuß. Mit Ausnahme des Landtages von 1718, auf dem er fehlte, umfaßte seine kontinuierliche Landtagstätigkeit seit 1711 insgesamt ein gutes Vierteljahrhundert. Sie umschloß alle drei Abteilungen der Ritterkurie und fand nur in ihrem letzten Drittel im Engeren Ausschuß statt. Gottlob Hieronymus von Leipziger war vermutlich ebenso sehr kursächsischer Landstand wie wirklicher geheimer Rat des Landesherrn. Wenn man nach einem ständischen Element im Geheimen Rat suchen möchte, dann könnte man im Fall v. Leipziger fündig werden.

Eine besondere Bevorzugung des wirklichen geheimen Rates v. Leipziger bei der Beförderung in den Engeren Ausschuß aufgrund seines Titels bzw. seines damit signalisierten hohen Ranges ist in diesem Fall nicht erkennbar. Während des Landtages von 1728 wurde vielmehr dem Ober-Steuereinnehmer Gottlob Innocentius v. Einsiedel auf Hopfgarten bzw. dem Kammerherrn und Assessor am Ober-Hofgericht Statz Hilmar v. Fullen auf Störmthal bei der Ersetzung der freien Leipziger Stellen im Engeren Ausschuß der Vorzug gegeben. Beide waren gleichfalls bedeutende Amtsträger, aber sicherlich nicht bedeutender als v. Leipziger. Möglicherweise folgte die Entscheidung strikt der Anciennitätsregel, denn beide kamen im Weiteren Ausschuß vor ihm: v. Einsiedel saß schon seit 1718 im Weiteren Ausschuß, v. Fullen zwar auch erst – wie v. Leipziger – seit 1722, aber jener hatte den Platz 53 erhalten, der wirkliche geheime Rat v. Leipziger jedoch nur Platz 57, den allerletzten Platz der neuen Mitglieder für den Leipziger Kreis im Ausschuß.[488]

Die Landtagsteilnahme der beiden geheimen Räte von Bünau ist weiter oben bereits in anderem Zusammenhang besprochen worden. Im Zuge des Thronwechsels von 1733 und der Befestigung des Einflußes von Heinrich v. Brühl im Geheimen Rat, wurden sowohl der ältere wie der jüngere Heinrich v. Bünau in die Klasse der geheimen Räte ohne Votum versetzt.[489] Dafür traten der schon seit 1712 amtierende Ober-Hofmarschall und Kabinettsminister Woldemar v. Löwendahl und Alexander v. Militiz in den Geheimen Rat ein. Das im Hof- und Staatskalender von 1735 erstmals nach dem Revirement öffentlich präsentierte neue Arrangement sah den Freiherrn v. Löwendahl an der Spitze der geheimen Räte, dann kamen auf Platz zwei der erst seit 1732 dem Rat angehörende, inzwischen aber zum Kabinettsminister aufgestiegene Heinrich v. Brühl und an dritter Stelle Alexander v. Miltitz. Erst dann folgten die beibehaltenen vier älteren geheimen Räte v. Gersdorf, v. Leipziger, v. Zech und v. Loß. Von besonderem Interesse ist in diesem Zusammenhang die Geschichte von Alexander v. Militz,

---

488 Im Kammerherrentitel lag dagegen v. Leipziger vorn, der laut Johann Georg Zirschke, Hof-Staat, S. 28, seinen Schlüssel schon im Jahr 1720, v. Fullen aber erst 1722 erhalten hatte. Mit dem Eintritt in das Kollegium als wirklicher geheimer Rat mit Sitz und Stimme scheint die Stellung als Kammerherr, sofern vorhanden, beendet worden zu sein, oder sie ruhte zumindest. Keiner der bekannten Kammerherren aus Tabelle 20 wird nach seinem Eintritt in den Geheimen Rat im Hof- und Staatskalender noch weiter unter den Kammerherren genannt.

489 Der jüngere v. Bünau wurde zudem – als Nachfolger des Gottlob Hieronymus v. Leipziger – auf den Posten eines Ober-Aufsehers der Grafschaft Mansfeld abgeschoben und kaltgestellt.

der zwar nur an die dritte Stelle gesetzt war, faktisch aber die Funktion eines dirigierenden geheimen Rates ausübte, und vom neuen Kurfürsten Friedrich August II. offensichtlich als ein Gegengewicht zum jungen Heinrich v. Brühl im Geheimen Rat dort platziert worden ist.

Alexander v. Miltitz (1657–1738) auf Scharfenberg im Amt Meißen war zwar ein neues Mitglied im Geheimen Rat, aber mit seinen sechsundziebzig Jahren zum Zeitpunkt seines Eintritts keineswegs jung.[490] Seine Ernennung war auch nicht die Krönung einer Laufbahn. Er ist vielmehr aus dem Ruhestand reaktiviert worden und fungierte im Rat als Vertrauensperson des Landesherrn. Sein verstorbener Vater Carl v. Miltitz (1616–1691), dem das Gut Beerendorf (oder Bärendorf) im Amt Delitzsch des Leipziger Kreis gehörte, hatte von 1679 bis 1690 einen Platz im Engeren Ausschuß besessen.[491] Die Erziehung seines Sohnes Alexander erfolgte im Haus der Eltern und ab 1669 auf der Fürstenschule zu Meißen, unter den Augen des Schul-Inspectors Haubold v. Miltitz, seines Onkels. Seine Studienjahre verbrachte er seit 1676 in Leipzig und Leiden. Im Jahr 1680 besuchte er schließlich den Reichs-Deputationstag zu Frankfurt am Main. Über eine anschließende Kavaliersreise durch Europa weiß der Biograph dagegen nur zu berichten, daß er sich „auch einige Zeit" zu Orleans in Frankreich aufhielt. Zu einer entsprechend den adeligen Konventionen der Zeit regelrechten längeren Europareise mangelte es vermutlich an den erforderlichen Finanzmitteln.[492]

Die berufliche Laufbahn Alexanders v. Militz begann 1681 als Hofrat und Kammerjunker, dann Hofmeister beim Fürsten Oettingen.[493] Seit 1683 war er vier Jahre lang vor allem als Prinzenerzieher und Reisebegleiter aktiv und besuchte Holland, Frankreich und Italien. Anschließend übernahm er 1687 solche Hofmeisterdienste für drei Prinzen aus dem Haus Hessen-Darmstadt. Im Jahr 1693 gab er seine Bedienungen jedoch auf, kehrte nach Kursachsen zurück und ließ sich auf Scharfenberg nieder. Dort privatisierte er zunächst als wohlsituierter Landadeliger „bey der neuen, ruhigen und eingezogenen Lebens-Art" (Zedler), die er damals führte.

Diese Ruhe wurde indessen unterbrochen. Da laut Zedler seine Tugenden und Geschicklichkeit nicht verborgen blieben, zog man ihn zur Kreis-Steuereinnahme und zur Inspektion der Fürstenschule zu Meißen heran. Im Jahr 1698 wurde er dann an den Hof der Kurfürstin Witwe Anna Sophie (1647–1717)

---

490 Siehe den ausführlichen biographischen Artikel über ihn in: Zedler, Universal-Lexicon, Bd. 21 (1739), Sp. 249–253.

491 Zu Beerendorf siehe August Schumann, Zeitungs-Lexikon, Bd. 1 (1814), S. 248.

492 Erst die Reise hätte eine Aussicht auf den höheren Dienst im kurfürstlichen Dienst oder bei einem anderen der größeren Reichsstände eröffnet.

493 Die Grafschaft Oettingen war ein reichsunmittelbares Territorium im schwäbischen Reichskreis, südlich von Ansbach. Der Biograph spricht übrigens ausdrücklich von „diesem seinem ersten Beruff". Alexander war wie sein Vater Carl v. Militz der nachgeborene Sohn einer kinderreichen Familie. Carl hatte zwölf Geschwister und war das sechste Kind, Alexander, der elf Geschwister hatte, das fünfte Kind hatte zwei ältere Brüder. Es ist daher wahrscheinlich weder Zufall noch eigene Wahl, daß er beim Fürsten Oettingen untergebracht wurde, sondern Versorgungsnotwendigkeit.

gerufen und bekam die kursächsische Kammerherrenwürde.[494] Am Hof der Kurfürstin-Witwe erhielt er im Jahr 1703 wiederum einen Erziehungsauftrag. Ihm wurde der Kurprinz Friedrich August II. (1696–1763) anvertraut, bei dem er bis 1711 blieb.[495] Für seine Dienste erhielt er von Friedrich August I. den Titel eines geheimen Rates verliehen. Nachdem der Kurprinz in die Hände katholischer Erzieher übergeben worden war, amtierte Alexander v. Miltitz von 1712 bis zum Tod der Kurfürstin-Witwe noch als ihr Ober-Hofmeister in ihrer Residenz Lichtenburg.[496] Von 1717 bis 1733 widmete sich der „geheime Rat" Alexander v. Miltitz dann wieder der „geruhigsten und unschuldigsten Lebens-Art", der des adligen „Land-Lebens".[497] Mit dem Regierungsantritt Friedrich Augusts II. im Jahr 1733 kam dann für den ehemaligen Prinzenerzieher noch einmal eine überraschende und nicht zu erwartenden Wende:

> „Denn da erinnerten sich unsers jetzo regierenden Allergnädigsten Königs Majestät gleich bey der Antretung Dero glücklichen Regierung dieses Ihres alten treuen Dieners. Und da höchst denenselben dessen Liebe zur Gerechtigkeit und dessen aufrichtige und redliche Meynung von vorigen Zeiten her am besten bekannt war: so hegeten Sie das gnädigste Vertrauen zu demselben, er würde Ihnen, ohngeachtet seines Alters, noch ersprießliche Dienste leisten können, und vertrauten demselben daher die Stelle eines würcklich vorsitzenden Geheimden Raths, welche er auch bis an sein Ende mit aller Treue verwaltet, und ohngeachtet seines mehr als 80 jährigen Alters niemahls von den ordentlichen Amts-Geschäfften abgelassen, sondern solche stets mit allem Fleisse und nach möglichen Kräfften in Acht genommen hat."[498]

Sowohl der Vorgang selbst als auch dieses in höchsten Tönen lobende Arbeitszeugnis und Angedenken für den geheimen Rat v. Miltitz bietet eine bemerkenswerte Sicht auf die politische Konstellation der dreißiger Jahre am Dresdner Hof.[499] Im hier im Vordergrund stehenden Zusammenhang ist jedoch entscheidend, daß der biographische Artikel im Zedler trotz einer ausführlichen Darstellung der Lebensstationen, wie auch in zahlreichen anderen Fällen üblich, zwar jede Station und jedes Amt minutiös aufführt, aber mit keinem Wort seine Landtagsteilnahme erwähnt.

---

494 Siehe auch Johann Georg Zirschke, Hof-Staat, S. 26.
495 Siehe Jacek Staszewski, August III., S. 21 f; und Thomas Nicklas, Friedrich August II (1733–1763) und Friedrich Christian (1763), in: Frank-Lothar Kroll, Die Herrscher Sachsens. Markgrafen, Kurfürsten, Könige 1089–1918, München 2004, S. 192–202, hier S. 193 f.
496 Siehe Johann Georg Zirschke, Hof-Staat, S. 37.
497 In den Hof- und Staatskalendern der Jahrgänge von 1728 bis 1733 gehört er zu den vier bis fünf wirklichen geheimen Räten, „so nicht votieren". Als solcher kam ihm aber bereit die Anrede ‚Excellenz' zu.
498 Zedler, Universal-Lexicon, Bd. 21 (1739), Sp. 252.
499 Der Premierminister in spe Heinrich v. Brühl mußte seinen Einfluß offensichtlich nicht nur mit dem fürstlichen Vertrauten Sulkowski und dem Hofmarschall v. Löwendahl teilen, sondern im Geheimen Rat auch mit v. Miltitz rechnen.

Das bedeutende und für Sachsen verhältnismäßig große Rittergut Scharfenberg im Amt Meißen hatte Alexander v. Miltitz von seinem Onkel Haubold v. Miltitz (1613–1690) geerbt, der keinen männlichen Erben, aber drei Töchter hinterließ.[500] Mit dem Gut seines Onkels übernahm er auch ein beträchtliches immaterielles Erbe (Giovanni Levi) an Vernetzungen in Kursachsen. Haubold v. Militz war von 1660 bis 1662 zwei Jahre lang Unter-Hofmarschall bei Johann Georg II. gewesen. Anschließend hatte er nach den Verzeichnissen der Landtagsteilnahme als Kammer- und Berg-Rat (1661), Ober-Steuereinnehmer (1667), Oberhauptmann des Meißner Kreises, Steuer-Direktor und geheimer Rat (1670) gedient. Seit 1670 wird er außerdem Kammerherr genannt. Dementsprechend spektakulär fällt auch Haubolds Landtagskarriere aus. Schon 1657 sitzt er auf Platz sechs im Engeren Ausschuß und bleibt dort die folgenden zweiundvierzig Jahre, ab 1660 sogar dauerhaft als die Nummer vier, bis 1689.

Seine Cousine, Haubolds v. Miltitz jüngste Tochter Rahel Helene (1676–1736) heiratete im Jahr 1689 den Diplomaten und geheimen Rat Georg Graf v. Werthern (1663–1721) auf Beichlingen im Thüringer Kreis.[501] Er vertrat Kursachsen von 1696 bis 1711 am Reichstag zu Regensburg und war von 1692 bis 1716 Mitglied des Engeren Ausschusses, nahm aber aufgrund seiner Gesandtenpflichten laut Oberhofmarschallamtes mindestens von 1700 bis 1716 an keiner Sitzung des Engeren Ausschusses teil. Die Erhebung in den Grafenstand erlangte der Diplomat im Jahr. Sein Sohn Georg Graf v. Werthern (1700–1768) trat 1728 direkt in den Weiteren Ausschuß ein und gehörte in den drei Landtagen der vierziger Jahre für das gut Neunheiligen im Thüringer Kreis zum Engeren Ausschuß. Die zweite Cousine Sophia Hedwig (1674–1743) war seit 1687 die zweite Ehefrau des Trabanten Hauptmanns der Schweizergarde Hans Siegmund Pflug (1649–1710) auf Kreinitz im Meißner Kreis, der von 1681 bis 1708 ebenfalls zu den regelmäßigen Landtagsbesuchern gehört hat, allerdings zuletzt von 1696 bis 1708 nur Mitglied im Weiteren Ausschuß gewesen ist.[502]

Die dritte Cousine, Anne Elisabeth (1669–1695), war von 1682 an die erste Ehefrau des Diplomaten und geheimen Rates Carl Gottfried Graf v. Bose (1654–1731) auf Netzschkau im Vogtländer Kreis. Dessen Karriere umfaßte die Stationen Kammerherr (seit 1691), Kreishauptmann des Meißner Kreises und geheimer Rat (1697). In den Jahren 1711 bis 1718 wurde er der Nachfolger v. Wertherns auf dem Posten des kursächsischen Gesandten in Regensburg, erhielt 1715 ebenfalls die Grafenwürde verliehen und 1718 bei der Entpflichtung von

---

500 Siehe Zedler, Universal-Lexicon, Bd. 21 (1739), Sp. 248 f; siehe auch Christian Heinker, S. 332 f; und Johann Georg Zirschke, Hof-Staat, S. 18; und über Scharfenberg Friedrich Gottlob Leonhardi, Erdbeschreibung, Bd. 2, S. 62–65. Haubold v. Miltitz, der – so noch Leonhardi – berühmte kurfürstlich sächsische geheime Rat, hatte aus seinen zwei Ehen mit Anna Margaretha Löser und Ilse Sophia v. Bodenhausen insgesamt fünf Söhne und sechs Töchter, von denen nur die drei genannten Töchter ihn überlebten – eines der unzähligen Beispiele für die hohe Mütter- und Kindersterblichkeit im alteuropäischen demographischen Regime. Haubold v. Miltitz war der drei Jahre ältere Bruder von Alexanders Vater Carl v. Miltitz.

501 Siehe auch Christian Heinker, Bürde des Amtes, S. 349 f.

502 Siehe auch Heinrich August Verlohren, Stammregister und Chronik der sächsischen Armee, S. 398, Nr. 16. Er hat u. a. 1683 die Kampagne zum Entsatz von Wien mitgemacht.

den Amtsgeschäften noch den Rang eines wirklichen geheimen Rates.[503] Parallel zu seinen Ämtern und Bedienungen agierte er nahezu natürlich auch als Landstand. Von 1687 bis 1728 gehörte er dem Engeren Ausschuß an. Die Söhne erster Ehe waren der im Jahr 1728 verstorbene Kammerherr und Legationsrat Johann Friedrich Carl Graf Bose auf Neuschönfels im Erzgebirger Kreis, der von 1716 bis 1722 drei Landtage hintereinander die Allgemeine Ritterschaft besuchte und 1728 in den Weiteren Ausschuß berufen wurde, sowie Carl Alexander (1688–1744) auf Netzschkau, von 1731 bis 1737 drei Landtage in der Allgemeinen Ritterschaft und ab 1742 im Weiteren Ausschuß, und schließlich Carl Maximilian, der keinen Dresdner Landtag besuchte.[504]

Bei seinem Eintritt in den Dresdner Landtag folgte Alexander v. Miltitz einer Bahn, die sein Vater und sein Onkel vorgezeichnet hatten. Beide waren Mitglieder des Engeren Ausschusses gewesen. Seine drei Cousinen waren mit kursächsischen Diplomaten, Amtsträgern und Landtagsteilnehmern verheiratet. Die Bilanz von Alexander v. Miltitz hinsichtlich seiner eigenen Besuche des Dresdner Landtages beginnt im Jahr 1692 gleich nach der Übernahme von Scharfenberg, wo der Fünfundreißigjährige zusammen mit Hans Adam v. Köckeritz sogleich Direktor des Meißner Kreises in der Allgemeinen Ritterschaft wird. Dies wiederholt sich zwei Jahre später auf dem allgemeinen Landtag von 1694. Im Landtagsprotokoll wird v. Köckeritz als pfälzer Hofmeister und v. Miltitz als hessischer Hofmeister bezeichnet.[505] Nach dem zweimaligen Dienst auf dem Direktorenposten erfolgte 1699 die Berufung in den Weiteren Ausschuß, dem Alexander v. Miltitz, jetzt Kammerherr der Kurfürstin Witwe in Lichtenburg, bis 1708 angehörte. Auf dem ersten allgemeinen Landtag seit 1699 im Jahr 1711 wurde er schließlich in den Engeren Ausschuß berufen und konnte damit an eine längere Familientradition anknüpfen.

Nach den Verzeichnissen des Oberhofmarschallamtes hat er die Landesversammlungen von 1700 bis 1711, insbesondere die mehrfach abgehaltenen Ausschußtage, regelmäßig und nahezu immer für die Gesamtdauer der Tagungen besucht. Diese Landtagsteilnahmen fallen demnach in seine Zeit als Kreissteuer-Einnehmer und Kammerherr der Kurfürstin-Witwe. Nach dem Abschied aus dem Kammerherrendienst privatisierte das inzwischen sechzigjährige Mitglied des Engeren Ausschusses wieder als wohlsituierter Landadeliger auf seinem Rittergut.[506] In den Jahren von 1711 bis 1731 rückt er von Landesversammlung zu Landesversammlung in den Protokollen weiter auf, so daß

503 Siehe Christian Heinker, Bürde des Amtes, S. 378f; und zu den kursächsischen Vertretern am Reichstag jetzt auch Judith Matzke, Gesandtschaftswesen, hier S. 397f.

504 Siehe Gustav Adolf Poenicke (Hg.), Album der Rittergüter, V. Section: Vogtländer Kreis, S. 13; Heinrich August Verlohren, Stammregister und Chronik der sächsischen Armee, S. 138, Nr. 14; und Christian Heinker, Bürde des Amtes, S. 378f. Carl Alexander hatte zwar den Titel eines Obersten, aber laut Verlohren eben nur im wörtlichen Sinne titular.

505 Gleich nach dem Direktor v. Miltitz folgt im Protokoll der Ehemann seiner Cousine Trabantenhauptmann Hans Siegmund v. Pflug, der ihn dann auf dem Ausschußtag von 1696 durch den Aufstieg in den Weiteren Ausschuß überholt.

506 Die seit 1728 erscheinenden kursächsischen Hof- und Staatskalender führen Alexander v. Miltitz nicht mehr als Dresdner Kammerherrn, auch nicht nach 1733.

er statt an Platz sechsundreißig, wie bei seinem Eintritt in den Ausschuß im Jahr 1731, schließlich auf Platz neun geführt wird. In den Aufzeichnungen des Oberhofmarschallamtes wird er in diesen Jahren dagegen nie unter den Anwesenden oder Landtagsdiäten beziehenden Teilnehmern geführt. Man wird daher davon ausgehen müssen, daß er seinen Platz im Engeren Ausschuß nicht eingenommen hat und die Rede des Biographen vom ‚ruhigen Landleben' sehr wörtlich zu nehmen ist. Mit der Berufung in den Geheimen Rat ändert sich das schlagartig. Alexander v. Miltitz ist nicht nur zurück in Dresden und wohnt im eigenen Haus auf der Wilsdorfer Gasse, er kommt auch wieder in den Landtag und nimmt Platz fünf im engeren Ausschuß ein. Für die Landtage von 1734 und 1737 verzeichnet ihn dann auch das Oberhofmarschallamt. Als Landstand des Meißner Kreises hatte er im Engeren Ausschuß wieder mit der Proposition zu tun, die zuvor unter seiner Leitung im Geheimen Rat entworfen worden war. Ungeachtet seiner höfischen Ämter und seiner familialen Einbettung wird man in Alexander v. Miltitz ein landständisches Element im Geheimen Rat sehen können. Wenn er denn ein solches ständisches Element im Geheimen Rat war, so war er dies jedoch eindeutig auf ausdrücklichen Wunsch des Kurfürsten, seines Landesherrn.

Der geheime Rat Alexander v. Miltitz stellt zwar einen ungewöhnlichen Fall dar, er bewegt sich aber dennoch ganz im Rahmen des frühneuzeitlichen Fürstenstaates. Die übrigen Neuberufungen in den Geheimen Rat bis 1749 zeigen ebenfalls Spielarten, in denen der Fürstenstaat sich bewegte, wenn sie auch vergleichsweise weniger spektakulär sind. Im letzten Jahr der Tätigkeit von Alexander v. Miltitz kam der kursächsische Vice-Cammerdirektor und Cammer-Direktor des Stifts Naumburg Johann Christian v. Hennicke in den Geheimen Rat, womit seine Stärke nominell auf zehn Mitglieder anstieg. Durch das Ausscheiden von Alexander v. Miltitz (1738), Johann Adolph v. Loß (1739) sowie Woldemar v. Löwendahl und Ludwig Adolph v. Zech (beide 1740) sank die Zahl der Räte deutlich. Zum Ausgleich kam 1741 Carl August v. Rex in den Geheimen Rat, so daß die Zahl der Mitglieder mit Sitz und Stimme insgesamt sieben betrug. Danach blieb der Geheime Rat die wieder turbulenteren vierziger Jahre über weitgehend unverändert. Da Bernhard v. Zech 1749 ausschied, werden im Hof- und Staatskalender von 1750 nur noch sechs wirkliche geheime Räte mit Sitz und Stimme im Kollegium genannt.

Der neue geheime Rat Johann Christian v. Hennicke (1681–1752) war ein Finanzfachmann und ein erst im fürstlichen Dienst aufgestiegener und nobilitierter Amtsträger. Er stammte aus der Salzstadt Halle a. d. Saale und stieg aus kleinen Anfängen als subalterner Bedienter adliger Herrschaften über eine Anstellung in der Akziseverwaltung, die er im Jahr 1706 antrat, bis zum wirklichen geheimen Rat 1737 auf.[507] Hennicke hat sowohl bei den Zeitgenossen als auch in der historischen Literatur nicht den besten Ruf, da er als „Günstling und

---

507 Siehe Heinrich Theodor Flathe, Art. ‚Hennicke, Johann Christian', in Allgemeine Deutsche Biographie, Bd. 11 (1880), S. 772. Flathe gibt 1681 als Geburtsjahr an; Schlechte, Staatsreform, und Fellmann, Heinrich Graf Brühl, nennen dagegen das Jahr 1692. Die Angabe bei Flathe scheint jedoch die plausiblere zu sein.

Werkzeug" (Flathe) oder „Vertrauter" (Fellmann) des Ministers Heinrich v. Brühl gilt und für unsauberes Finanzgebaren, hohe Steuerforderungen und eine verfehlte Politik verantwortlich gemacht wird.[508] Unabhängig von diesen Beurteilungen seiner Person kann die herausragende Rolle v. Hennickes in der Finanzverwaltung nicht geleugnet werden. Schon unter dem Vice-Präsidenten Johann Georg v. Zehmen gehörte er 1728 dem Cammer-Collegium an und war unter den insgesamt zehn Cammer-Räten einer der beiden bürgerlichen Räte.[509] In diesem Jahr erwarb er für sich auch den Reichsadelsstand. Mit dem Thronwechsel und der Übertragung der Kassenaufsicht an Heinrich v. Brühl am 25. März 1733 rückte Hennicke an die erste Stelle der Cammer- und Berg-Räte.[510] Damit war er höchst wahrscheinlich unter dem vielbeschäftigten Präsidenten Heinrich v. Brühl für die Leitung der laufenden Tagesgeschäfte zuständig. Im Hof- und Staatskalender des Jahres 1736 wurde seine Funktion öffentlich anerkannt, indem ihm der Titel Vice-Präsident zugelegt und im Druck sein Name oberhalb der Cammer- und Berg-Räte platziert wurde. Der Präsidententitel zog wiederum den Titel eines geheimen Rates nach sich, aber zunächst nur in der Qualität eines titular Rates.

Die Ernennung zum wirklichen geheimen Rat mit Sitz und Stimme im Collegium erfolgte dann 1737. Bis zu seinem Tod im Jahr 1752 blieb er Mitglied des Geheimen Rates. Der Dienst für den Landesherr bzw. die Protektion von hoher Stelle schlug sich am Ende noch in zwei weiteren Standeserhöhungen nieder. In den kursächsischen Reichsvikariaten von 1741 und 1745 erhielt er die Freiherrenwürde bzw. den Grafentitel. Trotz dieser imposanten Titel und der hohen Stellung in der Regierung des Landes ist eine Landtagsteilnahme des neugeadelten Rates nicht unbedingt zu erwarten. Einen weiteren Hinderungsgrund, den fehlenden Lehnsbesitz, räumte er allerdings schon parallel zu seinem Eintritt in den Geheimen Rat aus dem Weg. Im Jahr 1737 erwarb er das altschriftsässige Rittergut Wiederau im Amt Pegau des Leipziger Kreises.

Wie sein Kollege v. Zech beanspruchte der frisch diplomierte Freiherr v. Hennicke hinsichtlich der Ahnenprobe die Ausnahmeregel der Landtagsordnung und trat 1742 mit dem Titel eines wirklichen geheimen Rates versehen direkt in den Weiteren Ausschuß ein, während gleichzeitig v. Zech in den En-

---

508 Siehe Horst Schlechte (Hg.), Staatsreform, S. 47, für das Jahr 1741; oder Jacek Staszewski, August III., S. 210, über die Proteste in Dresden von 1749, in denen v. Hennicke als Brühls „böser Geist" figuriert. Walter Fellmann, Heinrich Graf Brühl, S. 266 und S. 271, weist aber auch darauf hin, daß v. Hennicke 1746 in Diplomatenkreisen politisch als einer der Opponenten im Geheimen Rat gegen Brühls Vorhaben galt.

509 Außerdem war er 1732 unter dem neuen Vice-Cammer-Präsidenten Heinrich v. Bünau auch noch Cammer-Director im Stift Naumburg-Zeitz. In der Ober-Rechnungs-Deputation vertraten den Director Heinrich v. Brühl der wirkliche geheime Rat Bernhard v. Zech bzw. in dessen Abwesenheit der Vice-Cammer-Präsident v. Hennicke. Zur Ober-Rechnungs-Deputation siehe Carl Heinrich v. Römer, Staatsrecht und Statistik, Bd. 2 (1788), S. 123, § 30: Sie „ist ... gleichsam als Kontrolleur über die gesammten Landesabgaben zu betrachten; daher denn bey derselben alle diesfallsige Rechnungen geprüft, moniret und in Richtigkeit gesetzet werden."

510 Siehe Walter Fellmann, Heinrich Graf Brühl, S. 63; sowie die Hof- und Staatskalender 1735 und 1736.

geren Ausschuß aufrückte. Im Weiteren Ausschuß reihte er sich an der Spitze der neuen Vertreter des Leipziger Kreises ein. Bereits auf dem folgenden Landtag des Jahres 1746 folgte er v. Zech, jetzt mit Grafentitel, in den Engeren Ausschuß nach. In dem für ihn neuen Gremium erhielt er den letzten Platz, den v. Zech gerade durch sein Vorrücken frei gemacht hatte.[511] Den Geheimen Rat im Engeren Ausschuß vertraten nach dem Tod des Bernhard v. Zech im Jahr 1749 v. Hennicke an der zweiten Tafel zusammen mit Johann Friedrich v. Schönberg an der ersten Tafel. Daraus läßt sich wieder folgern, daß es wohl ein ebenso persönliches wie politisches Interesses seitens v. Hennickes gegeben hat, an den Verhandlungen des Dresdner Landtages teilnehmen zu können. Die Tagung von 1749 dauerte vom 22. Juni bis zum 14. September und war nach den Darstellungen in der Literatur von heftigen Debatten um die Brühlsche Finanzpolitik gekennzeichnet.[512] Laut Oberhofmarschallamt war v. Hennicke die gesamte Zeit über ohne einen Urlaubstag in Dresden anwesend. Inwieweit er jedoch tatsächlich in Person an den einzelnen Sitzungen teilgenommen hat, um die Forderungen und Maßnahmen der kursächsischen Behörden zu erläutern, um den Geheimen Rat zu verteidigen oder um Kritik an der Politik v. Brühls zu üben, bleibt bislang im Dunkeln.[513] Jedenfalls hätte er im Engeren Ausschuß auf den kaltgestellten jüngeren Heinrich v. Bünau und den Premier-Ministre Heinrich v. Brühl treffen können.

In der Reihe der bis 1750 ernannten geheimen Räte ist Carl August v. Rex (1701–1768), der seit 1742 dazu gehörte, der letzte. Im Gegensatz zum bürgerlichen Aufsteiger Hennicke entstammte er einem alten sächsischen Adelsgeschlecht, wird aber wie dieser zu den Mitarbeitern des Ministers Heinrich v. Brühl gezählt.[514] Sein Vater Carl v. Rex (1660–1716) war herzoglich Weißenfelser Ober-Cämmerer (1689) sowie Ober-Hof-Marschall und geheimer Rat (1692), sodann seit 1689 Assessor am Ober-Hofgericht zu Leipzig und außerdem Direktor der Merseburger Stiftsstände.[515] Im Jahr 1712 wurde er Ober-Hofmeister der Kurfürstin und Vice-Ober-Hofrichter zu Leipzig. Da das väterliche Gut Pobles im Amt Lützen des Hochstifts Merseburg lag, gehörten die v. Rex ähnlich den v. Gersdorf aus der Oberlausitz fast schon zum auswärtigen Adel.[516] Einen

---

511 Rechtlich gesehen saß v. Zech zwar für den Meißner Kreis und nicht wie v. Hennicke für den Leipziger Kreis im Ausschuß. An dieser Stelle sollte aber das Augenmerk hinsichtlich der Sitzordnung auf den Umstand gelenkt werden, daß auf den Landtagen von 1742 und 1746 jeweils ein wirklicher geheimer Rat, der ja für die Proposition mit zuständig gewesen war, auf dem letzten Platz saß.

512 Siehe Jacek Staszewski, August III., S. 210; oder Gisela Schlüter, Heinrich Reichsgraf von Bünau, S. 29.

513 Es ist nämlich bei den hohen Amtsträgern immer damit zu rechnen, daß ein Sitz im Engeren Ausschuß sozusagen nur vorgehalten wurde, um ihn gegebenenfalls einzunehmen und Zutritt zum Ausschuß zu haben, falls es notwendig werden sollte, nicht aber um sich kontinuierlich an der Ausschußarbeit zu beteiligen.

514 Siehe Karl Czok, August der Starke, S. 79. Bei den Rex wurde wie bei den Metzsch oder Bose häufig das ‚von' weggelassen.

515 Siehe Zedler, Universal-Lexicon, Bd. 31 (1742), Sp. 1004 f.

516 Siehe Friedrich Gottlob Leonhardi, Erdbeschreibung, Bd. 3, S. 526. Sie sollen zudem die Güter Kayna und Kreyschau im Amt Weißenfels des Thüringer Kreises besessen haben, die an der

Zugang zum Dresdner Landtag erhielt Carl v. Rex über das Gut Blankenhain im Amt Zwickau im Erzgebirger Kreis.[517] Auf dem Ausschußtag des Jahres 1708 wurde Carl v. Rex in den Weiteren Ausschuß berufen, ist aber wahrscheinlich, da er im Vorfeld keine Ladung erhalten hatte, nicht mehr nach Dresden gereist.[518] Beim allgemeinen Landtag im Jahr 1711 war er Kondirektor des Weiteren Kreises und hat für die gesamte Dauer die Auslösung und Diäten bekommen. Von 1713 bis 1716 war er für Blankenhain schließlich Mitglied des Engeren Ausschußes.

Carl v. Rex war zwei Mal verheiratet und Carl August (1701–1768) ein Sohn aus zweiter Ehe. Sein ältester Sohn erster Ehe, Johan Caspar v. Rex (1689–1737) auf Uckro, etablierte sich in der Niederlausitz und wurde Präsident der dortigen Oberamts-Regierung.[519] Aus der zweiten Ehe seines Vaters hatte Carl August insgesamt fünf Brüder und sechs Schwestern. Der ältere Bruder, Georg Abraham v. Rex (1698–1750), erhielt das väterliche Gut Blankenhain. Carl August erbte Pobles im Stift Merseburg und hat den Dresdner Landtag nach dem Tod des Vaters nur ein einziges Mal besucht. Im Jahr 1722 machte der gerade volljährig gewordene Miterbe und junge Hofrat seinen Antrittsbesuch bei der kursächsischen Ritterschaft in Dresden. Danach ging die Landtagsteilnahme an seinen Bruder Georg Abraham v. Rex über, den Kreishauptmann des Vogtländer Kreises, der allerdings nur für zwei Landtage, nämlich 1728 und 1742, in der Allgemeinen Ritterschaft gesessen hat. Drei seiner Brüder konnten (oder mußten) die Militärlaufbahn einschlagen, darunter Christian Gottlob v. Rex (1702–1734), der seit 1732 Oberst-Leutnant war, und Friedrich Wilhelm (1705–1763), der bis 1732 schon den Rang eines Majors erreicht hatte.[520] Sie haben daher keinen Zutritt zur kursächsischen Ritterkurie gefunden.

Grenze zum Stift Merseburg lagen, aber erst 1749 bzw. 1744 (neu-)schriftsässig geworden sind und damit nicht unmittelbar landtagsfähig waren, siehe ebd. Bd. 1, S. 608 f.

517 Die Angabe bei Gustav Adolf Poenicke (Hg.), Album der Rittergüter, IV. Section: Erzgebirgischer Kreis, S. 17, Carl Gottlob v. Neitschütz habe Blankenhain 1720 an die Nachkommen von Carl Rex vererbt, kann so nicht stimmen, denn Carl Rex hat für Blankenhain schon 1711 den Dresdner Landtag besucht. Das Rittergut Blankenhain stammt wahrscheinlich aus dem Besitz seiner ihm 1697 angetrauten zweiten Ehefrau Christiane Elisabeth v. Neitschütz, Schwester des Generalmajors und Gouverneurs von Leipzig Carl Gottlob v. Neitschütz, der für Blankenhain nur im Jahr 1699 ein Landtagsbesucher gewesen ist und mit Maria Elisabeth v. Bünau aus Blankenhain verheiratet gewesen war, siehe Heinrich August Verlohren, Stammregister und Chronik der sächsischen Armee, S. 377, Nr. 6; Gotha, Genealogisches Taschenbuch, Uradel, 4. Jg. (1903), Art. ‚Rex'; und Zedler, Universal-Lexicon, Bd. 23 (1740), Sp. 1669, Art. ‚Neitschütz'. Carl v. Rex hat das Gut also entweder erheiratet, da es zum Erbe in der weiblichen Linie aus dem Nachlaß der Frau v. Bünau gehörte, oder sein Schwager hat es ihm schuldenhalber, zur Erbregulierung oder aus anderen familiären Gründen verkauft.

518 Im Oberhofmarschallamt wird er für 1708 nicht genannt, sondern nur im Landtagsverzeichnis. Der Ausschußtag dauerte vom 21. Januar bis zum 14. April.

519 Siehe Walter v. Boetticher, Oberlausitzischer Adel, Bd. 2, S. 590. Der ältere Stiefbruder erster Ehe Johann Caspar v. Rex trat das mütterliche Erbe in der Niederlausitz an.

520 Siehe Heinrich August Verlohren, Stammregister und Chronik der sächsischen Armee, S. 431, Nr. 2, Nr. 3 und Nr. 4. Der letztere Friedrich Wilhelm (1705–1763) konnte seine Offizierslaufbahn noch lange fortsetzen und wurde 1740 Oberst, 1745 Generalmajor und Generalinspekteur und 1753 schließlich Generalleutnant. Er war mit einer v. Friesen aus dem Haus Rötha verheiratet.

Carl August v. Rex konnte demnach zwar die Ahnenprobe meistern, mangels Lehnbesitz in den kursächsischen Erblanden fiel er aber seit 1722 als Landstand für den Dresdner Landtag aus, obwohl er in den vierziger Jahren zu den am Ort tätigen geheimen Räten gehörte.[521] Nach dem Abriß im Zedler begann er seine Laufbahn in der kursächsischen Verwaltung als Hofrat, wurde wie sein Vater dann Assessor am Oberhofgericht.[522] Zu den Kammerherren des Dresdner Hofes zählte er schon seit 1726. Im Jahr 1731 war er in Leipzig zum Ober-Hofrichter aufgestiegen und damit Vorsitzender des Gerichts, was ihm zugleich den titular geheimen Rat einbrachte.[523] Den Vorsitz im Gericht vertauschte er 1738 mit der Stelle des Canzlers in der Landes-Regierung in Dresden und rückte zugleich zum wirklichen geheimen Rat ohne Session auf. Im Reichsvikariat von 1741 amtierte er als Assessor an dem für diese Zeit eingerichteten Vikariatsgericht und war mit der anstehenden Kaiserwahl befaßt. Das wiederum trug ihm von seinem Kurfürsten den Grafentitel ein. Außerdem wurde er wirklicher geheimer Rat mit Sitz und Stimme im Collegium.[524] In seiner Karriere erreichte er nach 1757 noch den Rang eines Kabinettsministers. Während v. Hennicke im Geheimen Rat als Finanzfachmann angesprochen werden kann und andere sich vor allem auf dem diplomatischen Parkett bewegten, kann man v. Rex aufgrund seiner Laufbahn als ausgesprochenen Juristen im Geheimen Rat bezeichnen.

Die Fallzahl für die geheimen Räte in der ersten Hälfte des 18. Jahrhunderts ist zwar klein, aber dennoch scheint der Schluß möglich, daß, insofern die persönlichen und sachlichen Bedingungen der Adeligkeit bzw. des kursächsischen Lehnbesitzes gegeben waren, die geheimen Räte in dieser Zeit normalerweise zu den regelmäßigen Landtagteilnehmern gehört haben. Es ist daher nicht unwahrscheinlich, daß auch andere hohe Amtsträger, insbesondere die Präsidenten und Direktoren der übrigen zentralen Verwaltungs- und Gerichtsbehörden, soweit sie nicht zugleich geheime Räte waren, im Landtag anzutreffen sind.[525]

Seine Söhne Friedrich August (1745–1812) und Heinrich August Gottlob (1750–1804) wurden ebenfalls kursächsische Offiziere.

521 Man darf aber vermuten, daß er nicht nur vom Vater her, sondern auch als Erbe und Besitzer des Gutes Pobles Erfahrungen als Merseburger Stiftsstand besaß.

522 Zedler, Universal-Lexicon, Bd. 31 (1742), Sp. 1005. In dem 1742 publizierten Band 31 des Zedler wird der junge v. Rex bereits als ,Hof- und Justitien-Rath' bezeichnet, im Hof-und Staatskalender taucht diese Bezeichnung für die Hofräte mit Sitz und Stimme in der Landes-Regierung erst seit dem Jahrgang 1744 auf. Ich orientiere mich hier weitgehend an den Hof- und Staatskalendern. Mit ,Hofrat' sind also immer die später Hof- und Justitienrat genannten Räte in der Landes-Regierung gemeint.

523 Siehe Hof- und Staatskalender 1732, und nicht wie im Zedler, Universal-Lexicon, Bd. 31 (1742), Sp. 1005 zu lesen: „würcklich Geheimder Rat".

524 Gut fünfzehn Jahre später, im Hof- und Staatskalender von 1757, ist er nach Heinrich v. Brühl einer der vier weiteren Mitglieder des Geheimen Rates.

525 Die Präsidenten und Vice-Präsidenten der übrigen hohen Collegien bildeten in der Hofrangordnung von 1755 übrigens gemeinsam die elfte Klasse nach den Ober-Chargen des Dresdner Hofes unter Nummer neun.

d) Richter und Juristen: Landes-Regierung, Obergerichte und Ober-Consistorium

Die Landes-Regierung in Dresden, zu der auch der Lehnhof für die Vergabe und Beaufsichtigung der adligen Lehngüter in Kursachsen und das Appellations-gericht gehörten, sowie die beiden Hofgerichte zu Leipzig und zu Wittenberg waren in besonderer Weise für die juristische Seite der inneren Landesverwal-tung zuständig.[526] Während die Landes-Regierung vor allem mit der Verwaltung beschäftigt war, indem sie rechtlich verbindliche Anordnungen erließ, Privile-gien bestätigte oder Urkunden ausfertigte und aus den Ämtern Berichte anfor-derte, bearbeiteten die Gerichte einzelne strittige Klagefälle, nicht zuletzt Be-schwerden, welche die Landes-Regierung an die Gerichte zur Klärung über-wiesen hatte.[527] Noch in Carl Heinrich v. Römers Staatsrecht von 1788 erscheint die Landes-Regierung, „das wichtigste Kollegium für die sächsische Justizver-fassung", vor allem als eine obere Gerichtsinstanz oder ein hoher Gerichtshof.[528]

Im Zentrum der Tätigkeit stand die Rechtspflege, die zusammen mit der Erhaltung des Friedens und der Bewahrung des rechten Glaubens zu den vor-nehmsten fürstlichen Aufgaben gehörte, und nicht die Exekution einer be-stimmten Politik oder eines politischen Programms. Die Lebensumstände in Stadt und Land hatten in allen sozialen Ständen und Gruppen, im Verhältnis der Geschlechter oder zwischen Eltern und Kindern eine beachtliche Komplexität, die mit den Mitteln eines dementsprechend ausgearbeiteten Rechts abgearbeitet und geordnet wurden. Auch die in dieser Zeit noch sehr lebendigen und wich-tigen konfessionellen Verhältnisse waren im Alltag weitgehend Rechtsfragen. Alle Rechtssachen, in denen schriftsässige Personen als Kläger oder Beklagte verwickelt waren, gehörten in erster Instanz vor die Landes-Regierung.[529] Dar-über hinaus war die Landes-Regierung zuständig „für die Abfassung, Verän-derung und Erklärung aller in den chursächsischen vereinigten, und ihm sonst unterworfenen Landen geltenden Gesetze in Polizey-, bürgerlichen und geistli-chen Sachen."[530] Zu ihren Abteilungen, den Expeditionen, gehörte auch eine Vormundschaftsexpedition, die aufgrund der hohen Sterblichkeit im Ancien Régime auch für die adligen Lehensbesitzer im Alltag eine bedeutende soziale Rolle spielte.

---

526 Im Unterschied zur Cammer, zum Acccis- und zum Ober-Steuer-Collegium, die mit der Finanz befaßt waren, und dem Geheimen Kriegsrat-Collegium, das sich um die militärischen Fähig-keiten kümmerte.

527 Siehe Carl Heinrich v. Römer, Staatsrecht und Statistik, Bd. 2 (1788), S. 104–115, §§ 12–20.

528 Siehe ebd. S. 104, § 12, ferner S. 119, § 25: „Die Landesregierung und das Appellationsgericht kommen übrigens darin überein, daß sie beyde die Justiz in der höchsten Instanz verwalten, und daß daher wider ihre endlichen Urthel und Dekrete kein anderes Rechtsmittel, als die Nulli-tätsklage oder die Supplikation bey dem geheimen Konsilio übrig ist; obschon dieses letztere Kollegium in Absicht der vereinten Chur- und Erblande eigentlich nicht einmal als eine Ge-richtsinstanz betrachtet werden kann."

529 Siehe ebd., S. 112, § 18.

530 Ebd., S. 109, § 15.

Die Abgrenzung zwischen dem Oberhofgericht in Leipzig und dem Hofgericht in Wittenberg war in erster Linie eine der regionalen Zuständigkeit. Das Hofgericht war für alle Rechtsfälle zuständig, die im Churkreis anfielen, das Leipziger Oberhofgericht dagegen für alle anderen erbländischen Kreise und die inkorporierten Lande.[531] Die Aufteilung reflektiert also immer noch die historische Herkunft und die Bindung der Kurfürstenwürde an das alte sächsische Kurfürstentum. Das Ober-Konsistorium in Dresden und die Konsistorien zu Wittenberg und Leipzig waren in erster Linie ebenfalls Gerichtshöfe, und zwar im Unterschied zu den anderen Gerichten, die über zivile und kriminelle Fälle des weltlichen Rechts urteilten, solche, die in einer geistlichen Sache Recht sprachen, also in Rechtsverhältnissen, die den Besitz, insbesondere Grundbesitz, die Untertanen, das Personal, die Ansprüche und Beschwerden aus dem gesamten kirchlichen Bereich und dem Schulwesen betrafen.[532] Entsprechend der bedeutenden weltlichen Ausdehnung und Stellung des Kirchenwesens im Ancien Régime stellte dieser Zweig der Rechtspflege ebenfalls ein umfangreiches Gebiet dar.[533]

Im Unterschied zu den bislang behandelten Einrichtungen, die nahezu vollständig mit adeligem Personal besetzt waren, arbeiteten in der Landes-Regierung und in den Obergerichten Juristen adeligen Standes und solche bürgerlichen Standes nebeneinander. Die Landes-Regierung verfügte über adelige und bürgerliche Hofräte, das Appellationsgericht über entprechende Appellationsräte.[534] Die Richter am Oberhofgericht und am Hofgericht hießen Assessoren, und man unterschied an den Gerichten eine adelige Bank und eine gelehrte Bank. Am Ober-Consistorium, das die landesherrliche Kirchenhoheit wahrzunehmen hatte, waren die Räte durchweg bürgerlichen Standes und hatten überwiegend auch eine theologische Ausbildung, aber der Präsident kam aus dem kursächsischen Adel. Zu den Räten des Ober-Consistoriums gehörten 1732 zum einen bekannte Personen wie Bernhard Walther Marperger (1682–1746), der in Dresden nicht nur Ober-Hofprediger war, sondern auch Consistorial-Rat, ebenso aber auch der Ober-Rechnungsrat Jacob Friedrich Schilling. Aus dem Kreis der bürgerlichen Hofräte gingen eine ganze Reihe prominenter Neuadeliger wie Johann Ernst Kregel v. Sternbach, Thomas v. Fritsch (1700–1775), An-

---

531 Siehe ebd., S. 153, § 55.

532 Siehe ebd., S. 126, § 34 und S. 130 § 37. Dem seit 1570 bestehenden Ober-Consistorium unterstanden daher auch die beiden Landesuniversitäten zu Wittenberg und Leipzig und allgemein alle Schulsachen.

533 Die Fragen der Theologie, der Doktrin, der Liturgie oder Gesangsbücher, die selbstverständlich auch dazu gehörten, bleiben hier unberücksichtigt, da der Hinweis hier mehr der ausgedehnten weltlichen und politischen Teilhabe der Kirche an den alteuropäischen Lebens- und Rechtsverhältnissen gilt, also dem Bereich der ,iura circa sacra'. Viele zeitgenössische Juristen hatten daher den Grad oder Zusatz I.U.D. erworben. Sie waren ,iuris utriusque doctor', Doktor beider Rechte, nämlich des weltlich-bürgerlichen Rechts wie des kirchlich-kanonischen Rechts.

534 Siehe oben Tabelle 19. Im Hof- und Staatskalender werden zuerst immer die adligen Hofräte aufgelistet und im Anschluß die bürgerlichen Hofräte, die überwiegend einen Doktortitel tragen. In der Hof-Rang-Ordnung stehen die Adeligen immer eine Klasse höher als die Bürgerlichen, z. B. adelige Hofräte Klasse 51, ,gelehrte' Hofräte Klasse 52.

dreas Friedrich v. Bastineller oder Christian Gotthelf v. Gutschmid (1721–1798) hervor.[535]

In der gedruckten Hof-Rang-Ordnung von 1755 waren die Vorsitzenden der verschiedenen landesherrlichen Kollegien an elfter Stelle eingefügt, gleich nach den titular geheimen Räten auf den Plätzen acht und zehn sowie den Ober-Chargen des Dresdner Hofes auf zehn.[536] Dann kamen aber erst einmal die unmittelbarer zum Hof gehörenden Bedienten: die geheimen Cammer-Räte (Nr. 26), die geheimen Kriegs-Räte (Nr. 28), die adligen Cammer-Räte (Nr. 38) und die Land-Cammer-Räte (Nr. 48). Die Amtsträger der kursächsischen Landesverwaltung im engeren Sinne erscheinen mit den adligen Hofräten auf Platz 51. Die Gruppe der adeligen Assessoren folgen in deutlicher Abstufung auf den Rängen Nr. 73 für das Appellationsgericht, Nr. 112 für das Oberhofgericht Leipzig und Nr. 114 für das Hofgericht Wittenberg. Der Wittenberger Hofrichter stand auf Rang 80, der Leipziger Ober-Hofrichter dagegen war mit Rang Nr. 18 deutlich bevorzugt.

An der Spitze der Landes-Regierung stand der Canzler. Seit den Tagen, da der Canzler in der unmittelbaren Nähe des Fürsten am sehr oft noch mobilen Hof der Kanzlei vorstand und die Urkunden ausfertigte, hatte sich der Stellenwert des Amtes deutlich verändert. Aus dem hohen Amt am Hof hatte sich im Zuge der Verschriftlichung von Herrschaft eine separate ortsfeste Behörde entwickelt, die sich weitgehend auf die Ausführung von Entscheidungen beschränkt sah, die in anderen Gremien, vor allem im Geheimen Rat und dann im Geheimen Kabinett getroffen wurden. In der ersten Hälfte des 18. Jahrhunderts gingen die Veränderungen unablässig weiter. In der Tendenz fiel das Amt des Canzlers im Ansehen noch weiter zurück und die gedruckte Hofrangordnung von 1755 hatte noch nicht einmal eine eigene Rangstelle für den Vorsitzenden der Landes-Regierung. Der Canzler verbirgt sich in ihr an vierzehnter Stelle der wirklichen geheimen Räte ohne Session in der siebenten Klasse.

Die Canzler der ersten Hälfte des 18. Jahrhunderts waren Otto Heinrich Freiherr v. Friesen (1654–1717) auf Rötha, der das Amt von 1695 bis 1715 aus-

---

535 Sie erwarben zu ihrem persönlichen Status in der Regel auch die passenden Rittergüter hinzu und waren darüber hinaus z. T. als Schriftsteller tätig. Kursächsische Landstände konnten sie in der Ritterkurie aber nicht werden, da sie die Bedingungen der Ahnenprobe nicht erfüllten. Zu der Leipziger Kaufmannsfamilie Kregel siehe jetzt Jan Bergmann, Die Familie Kregel von Sternbach, in: Lars-Arne Dannenberg und Mathias Donath (Hg.), Lebensbilder des sächsischen Adels, Bd. 1, Bernstadt a. d. E. 2014, S. 31–82.

536 Es handelte sich in der elften Klasse – in dieser Reihenfolge – um die Präsidenten der Cammer, des geheimen Kriegsrats-Collegium, des Appellationsgerichts, den Ober-Steuer-Director, den General-Accis-Director, den Präsidenten des Ober-Consistoriums, und dann die entsprechenden Vice-Präsidenten sowie die beiden Cammer-Directoren der Stifte Merseburg und Naumburg. Die zehn Ober-Chargen waren: Ober-Cammerherr, Ober-Cämmerer, Ober-Stallmeister, Ober-Hof-Jägermeister, Ober-Küchenmeister, Ober-Schencke, Ober-Falckenmeister, Schweizer-Hauptmann, General Postmeister und zuletzt die Hof-Marschalle. Die Ober- und die Niederlausitz sind in den Klassen 14 bis 17 durch ihre Hauptleute und Ober-Amts Präsidenten vertreten, der Wurzener Stifts-Hauptmann folgt auf Nr. 19, die drei Stifts-Canzler zu Wurzen, Merseburg und Zeitz teilen sich die Klasse 20.

übte.[537] Eine Landtagsteilnahme ist von ihm nicht überliefert. Auf ihn folgte in den Jahren 1715 bis 1721 Georg Graf v. Werthern (1663–1721) auf Beichlingen, der schon seit 1687 im Weiteren Ausschuß saß und seit 1692 Mitglied des Engeren Ausschusses des Landtages war und es bis 1716 blieb.[538] Er begann seine Laufbahn 1686 als Kammerjunker des Kurprinzen. Hofrat wurde er 1688 und übernahm mehrere diplomatische Missionen, u. a. nach Wien. Zum Kammerherrn und Oberaufseher der Grafschaft Mansfeld ernannte ihn der Kurfürst im Jahr 1693. Seit 1697 war er der kursächsische Gesandte in Regensburg, wirklicher Geheimer Rat wurde er im Jahr 1700. Zwei Jahre später erhob ihn Kaiser Leopold I. in den Reichsgrafenstand und im Jahr 1710 wurde er als Nachfolger des Freiherrn v. Hoym Kabinettsminister. Im September 1715 war er wieder in Dresden. Mit Datum vom 15. November wurden ihm das Direktorium des Geheimen Rates und die Canzlerstelle in der Landesregierung übertragen. Ob er seinen Sitz im Engeren Ausschuß nach 1697 eingenommen hat, ist fraglich.[539] Das Oberhofmarschallamt hat ihn von 1700 bis 1716 nicht registriert.[540] Die Stellung als Canzler war jedenfalls für Georg v. Werthern kein Karrieresprung mehr, sie brachte vermutlich vor allem Einkünfte.[541]

In den Jahren 1721 bis 1734 stand der aus dem Dienst in Brandenburg-Ansbach nach Dresden berufene Heinrich v. Bünau der Landesregierung vor, der er seit 1715 schon als Vice-Canzler angehört hatte. Als Besitzer der Rittergüter Pretzsch und dann Seußlitz gehörte er von 1708 bis 1737 jedoch ebenso zu den regelmäßigen Landtagsbesuchern.[542] Auch v. Bünau kombinierte das Amt des Canzlers mit dem Vorsitz im Geheimen Rat. Unter dem neuen Kurfürsten Friedrich August II. und den von ihm installierten Kabinettsministers Sulkowski und v. Brühl blieb die Stelle des Canzlers von 1735 bis 1738 sowie in den Jahren 1741 und 1742 unbesetzt, für diese Zeitspanne wurde mit Erasmus Leopold v.

---

537 Siehe Carl Sahrer von Sahr, Heinrich v. Bünau, S. 46 f; und Johannes Dürichen, Geheimes Kabinett, S. 111 f. Von den auf Rötha im Leipziger Kreis und auf Schönfeld im Meißner Kreis angesessenen v. Friesen, die sich als Geheime Räte sehr eng an die Kurfürsten hielten – siehe Christian Heinker, Die Bürde des Amtes, S. 318 f und S. 338 – hat von 1657 bis 1711 keiner einen Landtag besucht. Von 1711 bis 1749 sind die v. Friesen aber nicht über den Weiteren Ausschuß hinausgekommen.

538 Siehe den Artikel über ihn in Zedler, Universal-Lexicon, Bd. 55 (1748), Sp. 715–723; ferner Christian Heinker, Bürde des Amtes, S. 349 f; und Judith Matzke, Gesandtschaftswesen, S. 377.

539 Nach den Angaben bei Zedler war Georg v. Werthern aber im Jahr 1711 zu politischen Beratungen am Hof Friedrich Augusts I.

540 In dieser Hinsicht – einer langen Zugehörigkeit zum Engeren Ausschuß ohne persönliche Anwesenheit – dürfte v. Werthern eine Ausnahme darstellen, die seiner Stellung als Günstling geschuldet war. Die Entziehung einer Ausschußstelle nach zweimaligem Nichterscheinen ist laut Carl Heinrich v. Römer, Staatsrecht und Statistik, Bd. 3 (1792), S. 24 f erst 1781 auf Verlangen des Engeren Ausschusses der Ritterschaft eingeführt worden.

541 Johannes Dürichen, Geheimes Kabinett, S. 113 f, verortet seine politische Stellung innerhalb der Auseinandersetzungen zwischen dem Statthalter v. Fürstenberg und den neu ernannten Kabinettsministern. Aufgabe v. Wertherns war danach die Reorganisation des Geheimen Rates.

542 Auf den Ausschußtagen von 1712 und 1713 scheint er aber trotz seines Sitzes im Weiteren Ausschuß gefehlt zu haben.

Gersdorf nur ein neuer Vice-Canzler berufen.[543] Seine Laufbahn umfaßte bis dahin die Stationen eines geheimen Referendars beim Geheimen Rat und des Hofrats bei der Landes-Regierung. Im Zuge des Thronwechsels war er seit 1734/ 35 Vice-Canzler der Landesregierung, 1743–1755 dann für zwölf Jahre der Canzler. Erasmus Leopold v. Gersdorf war in Kursachsen jedoch nicht begütert, sondern in der Oberlausitz, und hat daher an den Dresdner Landtagen nicht teilgenommen.[544]

Bevor er in Dresden die Stelle des Canzlers einnehmen konnte, mußte er aber noch seinem Kollegen, dem Hofrat Carl August v. Rex, den Vortritt lassen. In den Jahren 1738 und 1740 hat Carl August v. Rex, Kammerherr von 1726 bis 1732, für kurze Zeit das Amt des Canzlers inne. Anders als bei seinen Vorgängern v. Werthern und v. Bünau endete mit seinem baldigen Eintritt in den Geheimen Rat die Tätigkeit als Canzler aber sofort wieder.[545] Im Jahr 1743 erlangte der Vice-Canzler Erasmus Leopold v. Gersdorf dann endlich die Stelle des Vorsitzenden in der Landesregierung, die er danach bis zu seinem Tod am 7. Januar 1755 behielt. Dessen Ernennung zum geheimen Rat ließ jedoch noch eine Dekade auf sich warten. Erst mit dem Jahrgang 1753 des Hof- und Staatskalenders erscheint der Canzler v. Gersdorf unter den wirklichen geheimen Räten ohne Session. Die Ernennung brachte ihm die Anrede Exzellenz ein und verschaffte ihm damit auch eine Aufnahme in die Hofrang-Ordnung. Im Gegensatz zu v. Bünau, der von außen kam, als er an die Spitze der Landes-Regierung trat, hatten sich v. Gersdorf und v. Rex mit mehr oder weniger Mühe vom Hofrat an hochgedient. Gleiches gilt auch für die Nachfolger v. Stubenberg und v. Stammer.

Während v. Gersdorf in der Landes-Regierung zum Vorsitzenden aufgestiegen war, blieb die frei gewordene Stelle des Vice-Canzlers zunächst bis 1746 unbesetzt.[546] In diesem Jahr kam aber mit Wilhelm August Graf v. Stubenberg (1709–1771) ein neuer Vice-Canzler ins Amt, der seit 1732 Hofrat gewesen war und nach seiner Ernennung noch bis 1752 amtierte. Im folgenden Jahr wurde er

---

543 Siehe Walter v. Boetticher, Oberlausitzischer Adel, Bd. 1, S. 424–608, zu Erasmus Leopold ebd. S. 540.

544 Siehe ebd., S. 540. Die väterlichen Güter Ober- und Nieder-Waldau in der Oberlausitz besaß sein Bruder Wigand Gottlob v. Gersdorff, den er 1755 beerbte. Die 1734 erlangten Güter Lindenau und Tettau in der Oberlausitz stammten aus dem Erbe seiner Frau Johanna Charlotte v. Seidlitz. Diese verkaufte er 1744 wieder an Heinrich Graf v. Brühl. In seiner Amtszeit als Canzler der Landesregierung war er demnach nicht in Kursachsen noch in der Oberlausitz begütert. Erasmus Leopold v. Gersdorf erhielt nicht die Würde eines Kammerherrn.

545 Im Jahr darauf wird v. Rex im Hof- und Staatkalender auch in der nun – im Druckbild – fest etablierten Einrichtung der Conferenz-Minister aufgeführt. Solange v. Rex Conferenz-Minster war, konnte v. Gersdorf vermutlich nicht weiter aufrücken. Allerdings kennt Carl Heinrich v. Römer, Staatsrecht und Statistik, Bd. 2 (1788), S. 93 f, § 1, die Conferenz-Minister als Kollegium nicht. Die ‚Conferenz‘ bildete demnach im juristischen Sinn keine feste Einrichtung der Verwaltung, sondern eine Gelegenheit zur kommunikativen Abstimmung der Beteiligten im politischen Sinn.

546 Ob diese auffälligen Vakanzen an der Spitze der Landes-Regierung einer gewissen, wohlbedachten Sparsamkeit in den Ausgaben oder einer gewißen Schikane seitens Heinrichs v. Brühl geschuldet ist, müssen weitere Forschungen erweisen. In den Jahren 1756 und 1757 war die Stelle des Vice-Canzlers laut Hof- und Staatskalender jedenfalls erneut „vacat".

zum Conferenz-Minister ernannt und schied aus der Landes-Regierung aus.[547] Als ein im Vogtländer Kreis begüterter Adeliger konnte v. Stubenberg den Landtag in Dresden besuchen. Trotz des Grafentitels war sein Grundbesitz aber bescheiden. Im Jahr 1738 hatte er von seinem Vater, dem Kammerherrn Adolph Wilhelm v. Stubenberg ein Drittel des altschriftsässigen, aber sehr kleinen Rittergutes Straßberg geerbt und anschließend die anderen zwei Drittel von seinen Brüdern übernommen. Er nutzte diese Basis, um 1742 in den Landtag einzutreten und kam als frisch ernannter Vice-Canzler 1746 in den Weiteren Ausschuß, den er auch 1749 besuchte.[548]

Nachfolger von v. Stubenberg als Vice-Canzler wurde 1753 der Hofrat Hieronymus Friedrich v. Stammer (1712–1777), der seit 1740 zur Landes-Regierung gehörte. Zwei Jahre darauf folgte er v. Gersdorf im Amt des Canzlers nach. Er stammte zwar aus altem sächsischem Adel, war aber in Kursachsen nicht begütert. Sein Vater Hans Adam v. Stammer war in Wolfenbüttel Kammerjunker gewesen. Das Gut Prietitz in der Oberlausitz hatte er erst nach seiner Heirat mit Johanna Auguste v. Ponickau im Jahr 1751 von seiner Schwiegermutter, der verwitweten Appellationsrätin Sophie Auguste v. Ponickau, erworben.[549] Den kursächsischen Landtag zu Dresden hat er nicht besucht.[550] Das Amt des Canzlers behielt er bis 1766. Außerdem erlangte er die Ernennung zum wirklichen geheimen Rat mit Sitz und Stimme und zum Conferenz-Minister. Das Canzler-Amt bzw. die Landes-Regierung hatte damit in etwa wieder die Statur, die sie dreißig Jahre zuvor unter dem älteren Heinrich v. Bünau gehabt hatte. Insgesamt wird man aus dieser Geschichte der Canzler und Vice-Canzler im Dresdner Landtag folgern können, daß das Amt bzw. seine Inhaber als Canzler in der ersten Hälfte des 18. Jahrhunderts für die Landtagsgeschichte keine besonders große Rolle gespielt haben und andere Ämter wie die geheimen Räte wichtiger waren. Unter den Landtagsbesuchern finden sich zwar immer wieder

---

547 Die Herren v. Stubenberg waren ein altes Geschlecht im Herzogtum Steiermark, ein Zweig hatte Österreich aus konfessionellen Gründen verlassen müssen. Wilhelm August v. Stubenberg bekam 1742 von Karl VII. ein Grafendiplom und starb am 30. September 1771 ohne Nachkommen, siehe Ernst Heinrich Kneschke, Neues allgemeines Deutsches Adels-Lexicon, Bd. 9 (1870), S. 95–97. Von 1753 bis 1771 gehörte er laut Hof- und Staatskalender zu den Conferenz-Ministern. In dem Gremium traf er dann seinen ehemaligen Kollegen v. Rex, später sollte er dort noch seinen jüngeren Kollegen aus Hofratstagen v. Stammer begrüßen können. Johann Georg Zirschke, Hof-Staat, S. 30, führt Wilhelm August Graf v. Stubenberg unter den 1739 neu ernannten Kammerherrn, im Hof- und Staatskalender ist er jedoch bei den Kammerherren des Dresdner Hofes nicht nachweisbar.

548 Nach der zweiten Landtagspause von 1749 bis 1762 saß er auf den Landtagen von 1763, 1766 und 1769 dann für Straßberg im Engeren Ausschuß.

549 Siehe Walter v. Boetticher, Oberlausitzer Adel, Bd. 2, S. 910 f. Hinter dem formalen Kauf des Rittergutes Prietitz verbirgt sich wahrscheinlich eine Erbregelung. Die v. Stammer sind vor allem in Sachsen-Anhalt begütert gewesen. Im Dresdner Landtag treten sie im 18. Jahrhundert nur in den 1740er Jahren und ab 1793 auf, und zwar in erster Linie als Besitzer des amtsässigen Rittergutes ohne Untertanen mit Namen Camitz und daher als Deputierte des Amtes Torgau.

550 Er hat auch das dazu nötige Rittergut nicht erworben, ob mangels finanzieller Mittel, mangels Gelegenheit – welche aber sicher vorhanden gewesen ist – oder mangels Interesse, läßt sich z. Z. nicht sagen.

auch Hofräte, eine besondere Neigung der Hofräte zur Teilnahme an den Landtagsverhandlungen läßt sich jedoch nicht feststellen.[551]

In enger Verbindung mit der Landes-Regierung in Dresden stand das Appellationsgericht, dem immer ein adliger Präsident vorsaß.[552] Von 1709 bis 1715 war Wolff (oder Wolfgang) Siegfried v. Kötteritz (1658–1720) auf Beucha im Erbamt Grimma Präsident des Appellationsgerichts.[553] Es war seit 1680/81 mit seinem Anteil an Beucha belehnt und wurde 1682 Domherr zu Merseburg. Im Jahr 1692 trat er als Hofrat in den Dienst des Herzogs Moritz von Sachsen-Zeitz und stieg dort schnell zum Steuer-Einnehmer, geheimen Rat und Vice-Canzler auf. Ende des 17. Jahrhunderts erhielt er auch die Stelle des Vice-Canzlers in Dresden. Wolff Siegfried war der jüngste Sohn von Hans Haubold v. Kötteritz (1608–1680), der seit 1636 als Stiftshauptmann zu Wurzen, Assessor am Ober-hofgericht (1645) und Leipziger Kreissteuer-Einnehmer (1652) amtierte. Er hat im fünfzehnten Band des Zedler ebenfalls einen biographischen Artikel erhalten. In diesem Artikel, der im Jahr 1737 erschienen ist, wird ausnahms- und merkwürdigerweise auch einmal seine Landtagstätigkeit erwähnt. Im Anschluß an die Beendigung seines Studiums an der Universität Marburg 1630 heißt es:

> „Nach diesem ward er von Churfürst Johann Georgen dem ersten in den weitern, kurtz hernach aber in den engern Ausschuß der Ritterschaft gezogen, auch in verschiedenen öffentlichen Staats- und besondern Fürstlichen Angelegenheiten gebraucht."[554]

Nach den vorliegenden Landtagsverzeichnissen saß er in der Zeit von 1657 bis 1673 tatsächlich im Engeren Ausschuß. Nach dem Tod des Vaters besuchten die drei Brüder Hans Haubold, August Friedrich und Wolff Siegfried zusammen

---

551 Hinter dieser relativen Zurückhaltung mag sich auch die Tatsache verbergen, daß eine Anstellung als Hofrat schon ausgeprägte Züge eines Brotberufs angenommen hatte und bei vielen adeligen Hofräten der Zugang zum Grundbesitz fehlte, entweder weil sie keinen besaßen oder weil ein älterer Bruder die Landtagsbesuche absolvierte. Diese Hintergründe lassen sich erst durch weitere Detailstudien aufhellen. Ähnliches könnte auch für die adeligen Assessoren an den Ober-Gerichten gelten.

552 Zur Geschichte des Gerichts siehe Karlheinz Blaschke, Das kursächsische Appellationsgericht 1559–1835 und sein Archiv, in: Zeitschrift der Savigny Stiftung für Rechtsgeschichte, Germanistische Abteilung, Bd. 84 (1967), S. 329–354, hier bes. S. 341, wieder abgedruckt in: ders., Beiträge zur Verfassungs- und Verwaltungsgeschichte Sachsens, Leipzig 2002, S. 405–434. Im Jahr 1680 erhielt der Präsident einen Sold von 450 Gulden, die Räte bekamen 300 Gulden. Im Jahr 1734 waren die Beträge auf 2.400 Taler für den Präsidenten und 875 Taler für die Appellationsräte gestiegen. Außerdem bezogen sie noch Sporteln und andere Zuwendungen.

553 Siehe Heinrich Volck v. Wertheim, Anderer Theil des … Titular-Buchs, Chemnitz 1712, S. 106, und den biographischen Artikel über ihn in Zedler, Universal-Lexicon, Bd. 15 (1737), Sp. 1402 f. Die Datierung seines Amtsendes ist nicht ganz sicher. Im Jahr 1715 scheint er der Reorganisation der Dresdner Landesverwaltung durch v. Werthern zum Opfer gefallen zu sein. Im Zedler heißt es nur andeutungsweise, 1715 habe sich sein Glück zu neigen begonnen. Im Jahr 1718 wurde er aber noch ‚Premier-Minister' in Anhalt-Zerbst. Wolff Siegfried hatte drei ältere Brüder: Sebastian Friedrich, Hans Haubold und August Friedrich.

554 Zedler, Universal-Lexicon, Bd. 15 (1737), Sp. 1402.

den Landtag des Jahres 1681.[555] Wolff Siegfried kam dann bis zu seinem Dienstantritt in Sachsen Zeitz für Beucha noch zweimal in den Dresdner Landtag, und zwar saß er auf den anschließenden Versammlungen in den Jahren 1687 und 1692 weiterhin in der Allgemeinen Ritterschaft des Leipziger Kreises. Er stellte die Landtagsbesuche dann jedoch ein und nahm sie erst nach seinem vermutlichen Abschied als Präsident des Appellationsgerichts wieder auf. Für die Landtage von 1716 und 1718 findet er sich erneut in den Verzeichnissen der Teilnehmer, dieses Mal aber als Mitglied des Weiteren Ausschusses.[556] Mit seinem Tod endete die fast hundert Jahre dauernde Periode einer prominenten Teilhabe der v. Kötteritz an der Landesverwaltung und der Landesvertretung. Dazu haben nicht nur politische Konjunkturen und finanzielle Wechselfälle beigetragen. Auch die Demographie hatte ihren Anteil. Von den insgesamt achtzehn Kindern Wolff Siegfrieds überlebten zwar mindestens zwölf das Kindesalter. Aber darunter war möglicherweise kein Sohn und die Versorgung von zahlreichen heranwachsenden Töchtern dürfte für das Familienvermögen eine große Aufgabe gewesen sein.[557]

Der Nachfolger des v. Kötteritz als Präsident des Appellationsgerichts war laut der Nachweise im Oberhofmarschallamt zu den Landtagen von 1716 und 1718 der Präsident des Ober-Consistoriums Hans (oder Johann) Georg v. Ponickau (1669–1725), der im eigenen Haus am alten Markt wohnte.[558] Aufgrund des Besitzes von Kleinopitz im Amt Dresden konnte er auch die Landesversammlungen besuchen und kam auf dem Ausschußtag des Jahres 1715 direkt in den Weiteren Ausschuß, dem er dann bis 1722 angehörte. Nach dem Tod des Vaters ging das Rittergut im Meißner Kreis jedoch rasch verloren und der Sohn, ebenfalls Johann Georg v. Ponickau (1708–1775) mit Namen und ebenfalls Appellationsrat, begnügt sich mit den Gütern Pohla, Schönbrunn und Taschendorf in der Oberlausitz.[559]

555 Siehe HSTA Dresden, Bestand 10.015, Landstände, A Nr. 48. Im Landtagsverzeichnis ist bei den drei v. Kötteritz, wie in einigen anderen Fällen, z. B. bei manchen Deputierten, kein Rittergut angegeben. Wie in diesem Fall die Landtagsteilnahme und das Sitz- und Stimmrecht in der Allgemeinen Ritterschaft gehandhabt wurden, bleibt unklar. Alle drei waren wahrscheinlich zu ihrem Anteil an dem altschriftsässigen Rittergut belehnt und offensichtlich am Landtag akkreditiert. Vielleicht konnte immer nur einer von ihnen an den Verhandlungen teilnehmen, so daß sie abwechselnd in die Ritterkurie kamen. Aber das bleibt Spekulation.

556 Laut Oberhofmarschallamt besaßen die v. Kötteritz in der Kreuzgasse ein eigenes Haus.

557 Auch die Frohburger und Flößberger Zweige der v. Kötteritz im Leipziger Kreis konnten die Tradition nicht weiterführen. Mit Wolff Gottlob v. Kötteritz aus dem Haus Flößberg, auf Podelwitz, der als Deputierter des Amtes Colditz in der Allgemeine Ritterschaft saß, erschien 1734 der letzte v. Kötteritz als kursächsischer Landstand in Dresden. Das Geschlecht starb zwar nicht aus, nach 1734 hat im 18. Jahrhundert aber kein v. Kötteritz mehr den Landtag besucht.

558 Im Jahr 1715 war er nur Präsident des Ober-Consistoriums. Beim Landtag von 1722 wird er dann als „würcklicher Geheimer Rath und Vice Bergwercksdirector" bezeichnet. Weder er noch sein Sohn waren am Dresdener Hof Kammerherren.

559 Siehe Walter v. Boetticher, Oberlausitzischer Adel, Bd. 2, S. 485 f. Der jüngere Johann Georg v. Ponickau war von 1734 bis 1749 am Appellationsgericht und von 1749 bis 1775 Komitialgesandter am Reichstag zu Regensburg, siehe Judith Matzke, Gesandtschaftswesen, S. 357. Die finanzielle Lage der Familie scheint nicht sehr gut gewesen zu sein: Seine Brüder wurden Of-

Eine geradezu klassische Karriere absolvierter der neue Präsident des Appellationsgerichts in den zwanziger Jahren. Gottlob Hieronymus v. Leipziger
(1676–1737) begann seine Laufbahn als Hofrat, war spätestens 1722 Präsident
des Gerichts und führte Mitte der zwanziger Jahre auch den Titel eines geheimen
Rates. Im ersten gedruckten Hof- und Staatskalender von 1728 firmiert er unter
den sechs wirklichen geheimen Räten mit Sitz und Stimme an vierter Stelle.
Außerdem war er wiederum Präsident des Ober-Consistoriums. Im Jahr
1732 löste ihn Heinrich v. Bünau (1696/98–1745) auf Püchau im Vorsitz des Ge-
richtes ab.[560] Er kam aus einer ausgesprochen hofnahen Familie. Sein 1661 gestorbener Großvater Rudolph v. Bünau war von 1650 bis 1655 Ober-Schenck
gewesen, sein Vater Heinrich v. Bünau (1656–1729) wurde 1697 Kammerherr und
hatte die Ämter eines Amtshauptmanns, Leipziger Kreissteuer-Einnehmers und
Kreishauptmanns und Inspektors der Fürstenschule zu Grimma inne.[561] Die Hof-
und Staatskalender führen ihn außerdem als titular geheimen Rat. Wie in zahlreichen anderen Fällen standen die Nähe zum Hof und die Übernahme landesherrlicher Ämter in keinem Gegensatz zu einer ausgeprägten Landtagskarriere. Kurz nach dem Erreichen der Volljährigkeit nahm Heinrich v. Bünau für
Püchau die Landtagsbesuche auf und trat 1681 in die Allgemeine Ritterschaft ein.
Das altschriftsässige und große Rittergut Püchau, auch Pichau und Pichen geschrieben, gehörte zum Lehnsbesitz des Kollegiatstifts Wurzen.[562] Auf dem folgenden Landtag von 1687 kam er bereits in den Weiteren Ausschuß und hat von
1692 bis 1728 achtzehn Landesversammlungen im Engeren Ausschuß gesessen.
Er gehörte damit zu den unbestreitbaren Landtagsroutiniers der Regierungszeit
Friedrich Augusts I.
    Solange der Vater für Püchau Mitglied des Engeren Ausschusses war, konnte
der Sohn eine eigene Landtagskarriere nur mit Hilfe eines anderen Rittergutes
starten. Die Landtage von 1722, 1728, 1731 und 1734 kam der Hofrat bzw. Präsident des Appellationsgerichts daher für das ebenfalls zum Kollegiatstift
Wurzen gehörende Rittergut Loßa nach Dresden und gehörte seit 1728 zum
Weiteren Ausschuß. In den Jahren 1737 und 1742 wird er dann unter dem Rittergut Püchau geführt, blieb aber Mitglied des Weiteren Ausschusses. Wie der
Vater wurde er im Jahr 1727 zum Kammerherrn ernannt. Im Jahr 1740 folgte die
Ernennung zum wirklichen geheimen Rat ohne Sitz und Stimme und im Jahr
darauf während des kursächsischen Reichsvikariats die Erhebung in den Graf-
enstand. Zugleich legte Heinrich v. Bünau den Vorsitz im Gericht nieder und

---

fiziere, sie und die vier Schwestern, wie Johann Georg selbst, blieben unverheiratet. Er und seine
Schwestern wurden in der Dreifaltigkeitskirche in Regensburg bestattet.

560 Die v. Bünau auf Püchau sind ein anderer Zweig des Geschlechts und unterscheiden sich trotz
derselben Vornamen von dem Canzler Heinrich v. Bünau und dem gelehrten Heinrich v. Bünau.
Die Unterscheidung wird auch nicht dadurch erleichtert, daß drei Heinriche v. Bünau hintereinander Besitzer von Püchau waren.

561 Siehe Johann Georg Zirschke, Hof-Staat, S. 19, S. 26f und S. 29; ferner Gustav Adolf Poenicke
(Hg.), Album der Rittergüter, I. Section: Leipziger Kreis, S. 16; und Judith Matzke, Gesandtschaftswesen, S. 326.

562 Siehe den Eintrag ,Pichau' in August Schumann, Zeitungs-Lexikon, Bd. 8 (1821), S. 258–261.
Püchau war mit drei Ritterpferden belegt.

wechselte in den diplomatischen Dienst. Mit seiner Abreise als kursächsischer Gesandter nach Wien 1742 endete seine Landtagskarriere. Auch wenn Heinrich v. Bünau bereits 1745 in Venedig verstarb, zeichnet sich doch deutlich ab, daß er als Amtsträger wie als Landtagsbesucher die Tradition des Vaters fortsetzte.

Die durch den Rücktritt v. Bünaus frei gewordene Stelle des Präsidenten am Appellationsgericht ging in den Jahren 1740 bis 1753 an Eberhard Hartmann v. Erffa (1695–1753), der aus altem thüringer Adel stammte und zu den fränkischen Reichsrittern zählte. Erst 1737 war er aus kurhannoverschem Dienst, wo er bereits Präsident des Appellationsgerichts in Celle gewesen war, in kursächsische Dienste übergetreten.[563] Er gehörte zu den hochmobilen adeligen Söhnen, die sich im auswärtigen Fürstendienst ein Auskommen suchten und die Anstellung für ihren Lebensunterhalt brauchten. Die Hof- und Staatskalender führten ihn 1739 unter den titular geheimen Räten, dann nach seiner Ernennung zum Präsidenten von 1741 bis 1753 als wirklichen geheimen Rat ohne Session. Da er in Kursachsen von Haus aus nicht über Lehnsbesitz verfügte, mußte er sich erst ansässig machen. Dies geschah auf dem Rittergut Niederfrohna im Erzgebirger Kreis.[564] Folgerichtig kam er daraufhin 1746 und 1749 zum Landtag und nahm in der Allgemeinen Ritterschaft an den Landtagsverhandlungen teil. Inwieweit sich in der Teilnahme am Landtag das Motiv spiegelt, Teil der kursächsischen Ritterschaft zu werden, oder ob sie vielmehr vor allem dienstlich bedingt und motiviert war, läßt sich naturgemäß aus den nackten Daten nicht ersehen.

Der Nachfolger v. Erffas als Präsident des Appellationsgerichtes wurde Leopold Nicolaus Freiherr v. Ende (1713–1792), auf Alt-Jeßnitz, auch Deutschenbohra und Ober-Eula. Er hatte den Vorsitz von 1755 bis 1766 inne und stieg anschließend zum Kabinettsminister auf.[565] Bei den Rittergütern handelt es sich durchweg um amt- bzw. neuschriftsässige Rittergüter und ein Landtagsbesuch von Leopold Nicolaus Freiherr v. Ende ist daher nicht verzeichnet, auch nicht als Deputierter.[566] Vor der Übernahme des Vorsitzes im Appellationsgericht ist er in Dresden jedoch weder als Hofrat noch als Appellationsrat nachweisbar. Daher hat es den Anschein, daß er von außen auf diesen Posten gesetzt worden ist. Es ging wohl mehr um eine Sinekure und er hat diesen Posten wahrscheinlich kaum aktiv ausgefüllt. Denn zeitgleich mit dem Präsidenten v. Ende wurde der lang-

---

563 Siehe Zedler, Universal-Lexicon, Bd. 8 (1734), Sp. 1597–1599; Valentin König, Adels-Historie, Bd. 2, S. 384, Nr. 37; und Judith Matzke, Gesandtschaftswesen, S. 331.

564 Laut Friedrich Gottlob Leonhardi, Erdbeschreibung, Bd. 3, S. 132 f gehörte das Rittergut zu den neuen Schriftsassen im Amt Frankenberg des Erzgebirger Kreises. Es war „ein aus trockenen Zinsen und der Gerichtsbarkeit bestehendes Rittergut im Pfarrkirchdorfe gleichen Namens" und demnach denkbar unbedeutend.

565 Siehe Gotha, Freiherrliches Taschenbuch, 72. Jg. (1922); und Heinrich Theodor Flathe, Art. ‚Ende, Leopold Nicolaus von', in: Allgemeine Deutsche Biographie, Bd. 6 (1877), S. 104–105. Er soll 1777 seine Entlassung erhalten haben, steht aber bis 1792 weiter im Hof- und Staatskalender.

566 Deutschenbohra und Obereula waren amt- bzw. neuschriftsässige Güter im Amt Meißen, das väterliche Gut Alt-Jeßnitz gehörte amtsässig in das Amt Bitterfeld des Churkreises. Ein Hans Adam v. Ende, vermutlich sein Großvater, war 1699 für Alt-Jeßnitz einmal Deputierter des Amtes Bitterfeld, sein Sohn Dietrich Carl Leopold Freiherr v. Ende dann erneut Deputierter auf den Landtagen von 1799, 1805 und 1811.

jährige Appellationsrat Otto Heinrich v. Berlepsch auf den neu geschaffenen Posten des Vice-Präsidenten befördert.[567] In den Landtagsverzeichnissen firmierte er schon seit 1713 als Appellationsrat. Außerdem war er Amtshauptmann zu Leipzig gewesen sowie immer noch Kreissteuer-Einnehmer des Thüringer Kreises.[568] Sein Lehensbesitz umfaßte zunächst das Rittergut Teuchern, für das er im Jahr 1711 in die Allgemeine Ritterschaft eingetreten war, und dann das Gut Gröbitz, für das er seit 1728 am Landtag teilnahm. Beide altschriftsässigen Rittergüter waren im Amt Weißenfels gelegen. Auf seinem zweiten Landtag im Jahr 1712 wurde Otto Heinrich v. Berlepsch bereits in den Weiteren Ausschuß berufen und von 1731 bis 1749 saß er im Engeren Ausschuß.[569] Seit 1734/35 war er im Gericht der älteste Appellationsrat, der durch die Berufung v. Erffas und v. Endes auf den Präsidentenstuhl übergangen worden war. Bei seiner Ernennung zum Vice-Präsidenten konnte er auf fünfzehn Landtage und eine fast vierzigjährige Zugehörigkeit zu den Landständen zurück blicken. Er gehörte damit ebenfalls zu den unbestreitbaren Landtagsroutiniers der ersten Hälfte des 18. Jahrhunderts.[570]

Weitere Appellationsräte der 1730er Jahre, die sich auf den Landtagen wiederfinden lassen, sind Otto Moritz v. Thielau, Cajus Rudolph v. Spohr und Johann Friedrich v. Lindenau.[571] Otto Moritz v. Thielau (1709–1782), der Sohn des Oberstallmeister Hans Gottlieb v. Thielau (1662–1723), kaufte sich mit Erreichen der Volljährigkeit das amtsässige Rittergut Hirschfeld im Erbamt Meißen. Im Jahr 1733 trat er unter dem Kanzler und Präsidenten des Appellationsgerichts Heinrich v. Bünau in das Dresdner Gericht ein und zählte zwei Jahre später zu den sechs bestallten Appellationsräten auf der adligen Bank.[572] Auf diese Weise

---

567 Das Geburts- und Sterbejahr Otto Heinrichs v. Berlepsch konnte bislang nicht ermittelt werden. Präsident des Appellationsgerichts ist er jedenfalls nicht mehr geworden und er fehlt in den Hof- und Staatskalendern ab 1765.

568 Siehe Zedler, Universal-Lexicon, Bd. 3 (1733), Sp. 1326. Die Angabe im Zedler, er sei auch „Canonicus zu Naumburg" gewesen, läßt sich anhand der Hof- und Staatskalender ab 1728 nicht bestätigen. Sie wird in Zedler, Universal-Lexicon, Supplement, Bd. 3 (1733), Sp. 845 f auch nicht mehr wiederholt.

569 Laut Oberhofmarschallamt hatte er während der Landesversammlungen von 1711 bis 1716 seine Wohnung im Haus des Vice-Canzlers v. Kötteritz in der Kreuzgasse. Verheiratet war er mit einer Rahel Wilhelmine v. Kötteritz.

570 Andererseits ist es vielleicht genauso interessant, daß man seinen Namen nicht unter den Kammerherren findet.

571 Beim Thronwechsel von 1733 wurde eine Reihe von adligen und bürgerlichen Appellationsräten pensioniert. Ausgangspunkt ist hier die Liste der seit 1734/35 amtierenden Räte. Im Jahr 1735 gab es sechs adlige und neun bürgerliche Appellationsräte, zehn Räte waren dagegen in den Stand ,ohne Session' versetzt. Außerdem gab es erstmals drei offizielle ,Supernumerarii' bei den adligen Apellationsräten.

572 Siehe die Hof- und Staatskalender 1733 und 1735. Unter den adligen Appellationsräten kamen 1735 zu den sechs ,Ordinarii' noch drei ,Supernumerarii'. Im Jahr 1733 hatte es diese Unterscheidung noch nicht gegeben. Insgesamt wurden siebzehn adlige Räte am Appellationsgericht aufgeführt. Im Zuge des Thronwechsels wurden davon dreizehn adlige Räte verabschiedet, sechs davon findet man später noch als ,Appellationsräte ohne Session' aufgeführt. Nur vier Räte, darunter von Thielau, erlebten ihre Übernahme, und außerdem wurden zwei neue Räte berufen. Auch die bürgerlichen Appellationsräte waren von elf auf neun reduziert. Aufgrund

etabliert ließ sich der Appellationsrat v. Thielau bei der nächsten Gelegenheit zum Deputierten des Amtes Meißen wählen und trat auf dem Landtag von 1737 in die Allgemeine Ritterschaft ein. Sein Vater, der Oberstallmeister und Amtshauptmann zu Colditz, hatte für das altschriftsässige Gut Lampertswalde von 1695 bis 1722 am Landtag teilgenommen und saß zuletzt an Nummer zwölf im Engeren Ausschuß. Otto Moritz v. Thielau wurde auf seinem zweiten Landtag 1742 bereits in den Weiteren Ausschuß berufen, wo er bis 1749 regelmäßig den Sessionen folgte. Außerdem wurde ihm von 1746 an der Titel eines Kreishauptmanns beigefügt. Seit 1755 war er unter dem Präsidenten Leopold Nicolaus Frh v. Ende und dem Vice-Präsidenten Otto Heinrich v. Berlepsch der dienstälteste der Appellationsräte.[573] Nach der Unterbrechung durch den Siebenjährigen Krieg setzte er seine Landtagskarriere noch im Engeren Ausschuß fort, den er von 1763 bis 1781 weiterhin als Deputierter des Amtes Meißen besuchte. In seiner langen Landtagslaufbahn rückte er dort bis auf den Platz vier, also an die Spitze des Ausschusses vor.[574] In seiner Person laufen demnach die Tätigkeit am Appellationsgericht und die Landtagsteilnahme parallel.

Cajus Rudolph v. Spohr (oder Spor) taucht in den Hof- und Staatskalendern im Jahr 1733 zunächst als jüngster der fünf Stiftsräte des Kollegiatstifts zu Wurzen auf. Mit dem Thronwechsel von 1733 wechselte er an das Appellationsgericht nach Dresden und gab die Stiftstelle auf. In den Hof- und Staatskalendern wird er bis 1750 unter den Appellationsräten genannt, und zudem von 1747 an auch als wirklicher geheimer Kriegsrat im Geheimen Kriegsrats-Collegium. Den Dresdner Landtag besuchte er dagegen nur ein einziges Mal. Cajus Rudolph v. Spohr, gestorben 1750, gehörte zwar einem alten Geschlecht des Meißner Adels an, war aber keineswegs wohlhabend oder begütert.[575] Er war der Sohn von Georg Rudolph v. Spohr auf Röhrsdorf im Amt Hayn, der auf den Landtagen von 1694 und 1699 zur Allgemeinen Ritterschaft des Meißner Kreises gehört hatte. Das Gut ging der Familie jedoch verloren und Cajus Rudolph konnte erst sehr spät und nur durch eine vorteilhafte Heirat Zutritt zum Landtag erlangen. Im Jahr 1748 heiratete er die Witwe des kinderlos verstorbenen Besitzers von Schloß Rauenstein im Erzgebirger Kreis, Amt Wolkenstein, Carl Gottlob v. Römer.[576] Mit zwei Tagen Verspätung kam er am 24. Juni 1749 zum Landtag nach Dresden und nahm in der Allgemeinen Ritterschaft des Leipziger Kreises Platz. Mit seiner Landtagsteilnahme vereinte er nicht nur die Anstellung im landesherrlichen Dienst wieder mit der Stellung eines kursächsischen Landstandes. Er nahm zudem einerseits die Landtagsbesuche seines Vaters wieder

---

der Revision des Hof- und Civilstaates erschien für das Jahr 1734 keine Ausgabe des Hof- und Staatskalenders.

573 Das Amt des Vice-Präsidenten wurde mit dem Ausscheiden des v. Berlepsch abgeschafft, so daß v. Thielau nicht auf diesen Posten nachrücken konnte.

574 Die Familientradition wurde nicht weitergeführt. Von Otto Moritz Sohn Otto Florian ist nichts weiter bekannt, das Gut Hirschfeld war seit 1787 im Besitz von Dr. Immanuel Gottlieb Freyberg.

575 Siehe Ernst Heinrich Kneschke, Neues allgemeines Deutsches Adels-Lexicon, Bd. 8 (1868), S. 572, der ihn zu einem „der Letzten des Stammes" zählt.

576 Siehe Gustav Adolf Poenicke (Hg.), Album der Rittergüter, IV. Section: Erzgebirgischer Kreis, S. 47.

auf, andererseits setzte er die Vertretung des Rittergutes Rauenstein auf dem Landtag fort, denn sein Vorgänger Carl Gottlob v. Römer hatte 1731, 1734 und 1742 für Rauenstein in der Allgemeinen Ritterschaft gesessen und sein Vorvorgänger, der Kammerjunker (seit 1710) und Oberaufseher der Freiburger Mulden-Flöße Carl Christoph v. Römer, hatte von 1699 bis 1728 am Landtag teilgenommen und zuletzt sogar im Engeren Ausschuß gesessen. Welcher dieser Gesichtspunkte für ihn selbst die größere Bedeutung gehabt hat, um seinen Landtagsbesuch zu motivieren, muß aufgrund fehlender Selbstzeugnisse allerdings offen bleiben.

Johann Friedrich Lindenau begegnet in den Hof- und Staatskalendern von 1728 bis 1733 zuerst als titular Hofrat und von 1729 bis 1745 zudem als adliger Assessor am Oberhofgericht zu Leipzig. Ab 1735 wird er auch am Appellationsgericht geführt, jedoch erstmal nur bei den ‚Supernumerarii‘, 1741 dann aber als Ordinarius. Während die Tätigkeit am Oberhofgericht 1745 endete, wird er bis 1757 weiterhin unter den ordentlichen Apellationsräten geführt. Seine späte Landtagskarriere begann Johann Friedrich v. Lindenau, nachdem er bereits Appellationsrat geworden war. Auf den Landtagen von 1746 und 1749 findet man ihn unter den Mitgliedern der Allgemeinen Ritterschaft des Meißner Kreises. Nach der Unterbrechung durch den Siebenjährigen Krieg kam er im Jahr 1763 zu seinem dritten und letzten Landtag, den er als Mitglied des Weiteren Ausschusses verbrachte. Die Grundlage seiner Teilnahme war das Rittergut Cunnersdorf bei Kaitz im Amt Dresden. Ob er das Rittergut erworben oder geerbt hat und wann er mit ihm belehnt wurde, ist z. Z. nicht bekannt.

Bei anderen Appellationsräten, die nicht zum Landtag kamen, fehlte es vermutlich nicht an Motivation oder Interesse, sondern an den formalen Voraussetzungen. So z. B. bei Carl Gottlob v. Hopfgarten (1704–1765) aus dem Haus Mülverstedt im Amt Langensalza des Thüringer Kreises, der von 1733 bis 1746 zu den Apellationsräten zählte. Außerdem war er von 1733 bis 1745 auch Assessor am Leipziger Oberhofgericht. Carl Gottlob v. Hopfgarten war der Sohn des Generalmajors Georg Friedrich (1657–1732) auf Mülverstedt, dem Kommandanten der Pleißenburg in Leipzig, der von 1694 bis 1728 dem Dresdner Landtag angehört hatte und zuletzt, seit 1711, im Engeren Ausschuß saß.[577] Nach dem Tod des Vaters übernahm aber sein älterer Bruder Friedrich Abraham v. Hopfgarten (1702–1774) die Landtagsbesuche, indem er für Mülverstedt 1731 direkt in den Weiteren Ausschuß eintrat und 1749 in den Engeren Ausschuß aufstieg.[578] Als jüngerer Bruder mußte sich Carl Gottlob daher mehr oder we-

---

577 Siehe Heinrich August Verlohren, Stammregister und Chronik der sächsischen Armee, S. 288, Nr. 2; ferner Gotha, Taschenbuch der adeligen Häuser, Adel A, 1. Jg. (1900), Linie Mülverstedt. Laut Gotha kaufte sich Carl Gottlob v. Hopfgarten im Fürstentum Sachsen-Coburg-Gotha an.

578 Friedrich Abraham v. Hopfgarten war von 1728 bis 1733 ebenfalls Appellationsrat, verlor diese Funktion aber mit dem Thronwechsel und blieb von 1731 bis 1742 Hofrat bei der Landesregierung und von 1729 bis 1745 Assessor am Oberhofgericht zu Leipzig. Er machte dann noch Karriere als Dresdner Kammerherr (1743) und Oberaufseher zu Eisleben in der Grafschaft Mansfeld bis 1755. Sein jüngerer Bruder, der geheime Kriegsrat (seit 1746) Christian Friedrich v. Hopfgarten (1705–1793), kam 1742 und 1746 ebenfalls für Mülverstedt in die Allgemeine Rit-

niger gezwungen auf seine berufliche Tätigkeit in Kursachsen beschränken. Bei seinem Kollegen, dem Appellationsrat Carl Gottlob v. Burgsdorff (1708–1766) war es weniger die familiäre Konstellation, sondern der fehlende Lehnsbesitz in Kursachsen, der ihn am Landtagsbesuch hinderte. Er war der älteste Sohn des Landeshauptmanns der Niederlausitz Georg Christoph v. Burgsdorff (1673–1741) und erwarb für sich das Rittergut Großhennersdorf in der Oberlausitz, mit dem er 1742 belehnt wurde.[579] Die Stelle eines Apellationsrates in Dresden füllte er von 1734/35 bis 1740 aus. Außerdem wurde er von 1739 bis 1745 unter den Assessoren des Oberhofgerichts aufgeführt.[580] Im Jahr 1748 war er Canzler der Stifts-Regierung des Stiftes Zeitz. Fehlender kursächsischer Lehnsbesitz spielte auch bei dem Appellationsrat Johann Georg v. Ponickau senior (1691–1741) eine Rolle, der nach eigener Aussage seit 1713 beim Gericht gedient hatte und in der Oberlausitz begütert war.[581] Ebenfalls aus der Oberlausitz stammte der letzte der 1735 im Hof- und Staatskalender genannten Supernumerarii Hans (oder Johann) Rudolph v. Tempsky (1705–1745), der von 1741 bis 1745 unter die Appellationsräte ohne Session versetzt war.[582]

Zwei Supernumerarii, die bis 1757 noch in den Rang eines Appellationsrates aufrückten, waren Carl Friedrich August Trützschler von Falkenstein, über den weiter nichts bekannt ist,[583] und Adam Friedrich v. Watzdorf (1718–1781). Letzterer kam 1746 in das Collegium und stieg nach sechs Jahren zum ordentlichen Appellationsrat auf. Er war der Sohn des landschaftlichen Obersteuer-Einnehmers, Kreis-Hauptmanns und Kreis-Commissarius im Vogtland Friedrich August v. Watzdorf (1682–1749) auf Kauschwitz im Vogtländer Kreis, der bis 1733 gut zehn Jahre lang selbst Appellationsrat gewesen war und mit dem Thronwechsel in die Klasse der Appellationsräte ohne Session überging.[584] Die

---

terschaft und konnte durch die Berufung Friedrich Abrahams in den Engeren Ausschuß 1749 seinerseits in den Weiteren Ausschuß aufsteigen.

579 Siehe Walter v. Boetticher, Oberlausitzischer Adel, Bd. 1, S. 288 f. Die v. Burgsdorff stammten aus dem Haus Mellenthin in der Neumark in Brandenburg. Laut Boetticher war er zu dieser Zeit Assessor am Reichskammergericht. Im Jahr 1747 verkauft er seine Neuerwerbungen in der Oberlausitz bereits wieder.

580 Der Hof- und Staatskalender von 1745 bezeichnet ihn zudem als fürstlich sächsischen Ober-Hofmeister.

581 Siehe Walter v. Boetticher, Oberlausitzischer Adel, Bd. 2, S. 473, „darunter 21 Jahre ohne einige Besoldung und Emolument". Ob es sich bei dem 1735 im Hof- und Staatskalender unter den Supernumerarii genannten Johann Georg v. Ponickau junior um den späteren Konferenzminister und Regensburger Gesandten Johann Georg v. Ponickau (1708–1775) auf Pohla in der Oberlausitz handelt, siehe ebd., S. 485 f, ließ sich nicht erhärten. Letzterer ist jedenfalls nicht der Sohn des älteren v. Ponickau, da dieser nur zwei Töchter hatte.

582 Da das Appellationsgericht in Dresden auch für die Oberlausitz zuständig war, siehe Christian Gottlob Wabst, Historische Nachricht, S. 281, § 16, findet sich dementsprechend am Gericht auch eine Anzahl Räte aus der Oberlausitz.

583 Zu Trützschler siehe Zedler, Universal-Lexicon, Bd. 45 (1745), Sp. 1273. Er blieb in den Jahren von 1736 bis 1747 Supernumerarius, von 1748 bis 1757 gehörte er zu den ordentlich bestallten Räten. Im Hof- und Staatskalender von 1765 findet er sich nicht mehr.

584 Im Oberhofmarschallamt wird er bis 1742 als Appellationsrat geführt, 1746 dann als Kreis-Hauptmann, nie aber als landschaftlicher Ober-Steuereinnehmer.

Vielzahl der Ämter verband der Vater zudem mit dem Besuch der Dresdner Landtage. Friedrich August v. Watzdorf besuchte 1711 zum ersten Mal die Allgemeine Ritterschaft, kam beim Ausschußtag von 1713 in den Weiteren Ausschuß und 1731 in den Engeren Ausschuß. Da der Vater dem Landtag bis 1749 angehörte, kam Adam Friedrich v. Watzdorf erst 1763 zum Zuge, wo er für Kauschwitz direkt in den Weiteren Ausschuß eintrat.[585] Adam Friedrich v. Watzdorf war inzwischen Ober-Hofrichter am Leipziger Gericht geworden.

Wenn man die Appellationsräte aus der Oberlausitz nicht berücksichtigt, kann man für diese Gruppe der Amtsträger festhalten, daß sie in einem erstaunlich hohen Umfang in der ersten Hälfte des 18. Jahrhunderts zu den regelmäßigen Landtagsteilnehmern gehört hat. Die Appellationsräte bzw. die kursächsischen juristisch gebildeten Adeligen, welche diese Laufbahn einschlugen, waren unter den zeitgenössischen Verhältnissen in einem hohen Grade politisch aktive Räte, die z. T. auch in den diplomatischen Dienst wechselten. Dieses Muster zeigt auch das Beispiel des Johann Friedrich v. Heynitz (1693–1746), der nach seinem Studium in Leipzig und Wittenberg sowie nach absolvierter Kavaliersreise 1722 Appellationsrat wurde. Von 1723 bis 1726 war er kursächsischer Gesandter an den ernestinischen Höfen und von 1728 bis 1746 schließlich Assessor des obersächsischen Kreises am Kammergericht in Wetzlar.[586] Bis zu seiner Abreise nach Wetzlar hat Johann Friedrich v. Heynitz vier Mal hintereinander die Allgemeine Ritterschaft besucht. Von 1716 bis 1728 kam er für das Gut Oppitzsch drei Landtage in der Funktion eines Deputierten des Amtes Oschatz nach Dresden, 1731 dann noch einmal als Schriftsasse für das Gut Heynitz im Meißner Kreis.

In der ersten Hälfte des 18. Jahrhunderts war der Vorsitz im Appellationsgericht häufig mit dem im Ober-Consistorium verknüpft. Mitte der 1720er Jahre hatte Gottlob Hieronymus v. Leipziger beide Ämter inne. Im Jahr 1727 konnte sich jedoch der jüngere Heinrich von Bünau im Ober-Consistorium zu Dresden den Posten des Präsidenten und Kirchenrates sichern, der ihm nach seinem Biographen Carl Sahrer v. Sahr Bezüge in Höhe von 1.475 Talern einbrachte.[587] Mit der Berufung in den Geheimen Rat im Jahr 1730 beendete er seine Tätigkeit im Ober-Consistorium.[588] Dort folgte auf ihn Christian v. Loß (1697–1770), der in den Hof- und Staatskalendern von 1728 bis 1737 auch bei den Hofräten der Landes-Regierung zu finden ist.[589] Wie bei v. Bünau endete die Tätigkeit im Ober-

---

585 Friedrich August v. Watzdorf hat aber am Landtag von 1749 wohl nicht mehr teilgenommen. Abgesehen von 1763 kam Adam Friedrich noch 1775 und 1781 für das Rittergut Syrau im Vogtländer Kreis zum Landtag, verblieb aber im Weiteren Ausschuß.

586 Siehe Judith Matzke, Gesandtschaftswesen, S. 340 f. Die Hof- und Staatskalender führen ihn bis 1733 unter den Appellationsräten.

587 Siehe Sahrer v. Sahr, Heinrich Graf v. Bünau, S. 108 f.

588 Sein Gehalt stieg dadurch auf 3.000 Taler pro Jahr, siehe ebd., S. 161.

589 Außerdem bekleidete er vor seiner Ernennung zum Präsidenten des Ober-Consistoriums in den Jahren 1728/29 die Stelle eines geheimen Referendars im Geheimen Rat. Siehe auch Judith Matzke, Art. ‚Loß, Christian Graf von (vom)‘, in: Sächsische Biografie, http://www.isgv.de/saebi/ (zuletzt besucht am 02.06.2016); ferner Heinrich Theodor Flathe, Art. ‚Loß, von‘, in: Allgemeine

Consistorium 1737 mit seiner Berufung zum wirklichen geheimen Rat mit Sitz und Stimme. Im Jahr 1744 wurde ihm Titel und Würde eines Conferenz-Ministers beigelegt.[590] Die Erhebung in den Grafenstand hatten er und sein Bruder im Reichsvikariat von 1741 erlangt. Er war laut Heinrich Theodor Flathe der Sohn des Sachsen-Weißenfelser Obermarschalls und geheimen Rates Hans (oder Johann) Caspar v. Loß, der einmal, und zwar 1694, für das Gut Röhrsdorf im Amt Hayn des Meißner Kreises zum Landtag nach Dresden gekommen war.

Sein älterer Bruder Johann Adolf v. Loß (1690–1759) schlug die höfische und diplomatische Laufbahn ein. Seine Karriere am Dresdner Hof ging vom Hofmeister (1718–29) über die Position des Ober-Stallmeisters (1729–33) zum wirklichen geheimen Rat mit Sitz und Stimme (1728–39) bis zum Kabinettsminister (seit 1746).[591] Seit 1733 befand er sich aber überwiegend nicht mehr in Dresden, da er auf Gesandtschaftsposten in London, München und Versailles verwendet wurde. Das Gut Röhrsdorf hatte Johann Adolph v. Loß 1722 durch Kauf mit dem Prestige trächtigerem Schloß Hirschstein im Amt Meißen vertauscht.[592] Gleich nach dem Neuerwerb trat der Hofmarschall Johann Adolph v. Loß 1722 an den Tisch der Allgemeinen Ritterschaft des Meißner Kreises, wo er auch 1728 und 1731 verblieb ohne in den Weiteren Ausschuß berufen zu werden.[593] Mit der Abwesenheit aus Kursachsen auf den Gesandtschaftsposten endete seine Landtagteilnahme. Die Landtagsbesuche blieben dennoch allein eine Sache des älteren Bruders. Der Präsident des Ober-Consistoriums, Christian v. Loß, ist auf keinem Dresdner Landtag nachweisbar.[594] Die Landtagsvertretung der Familie war die Angelegenheit von Johann Adolph v. Loß. Nach dem Tod des älteren Bruders übernahm allerdings Christians Sohn, ebenfalls Johann Adolph Graf v. Loß (1731–1811) genannt und ebenfalls Kabinettsminister, von 1766 bis

Deutsche Biographie, Bd. 19 (1884), S. 215 f; und Walter v. Boetticher, Oberlausitzischer Adel, Bd. 2, S. 82 f.

590 Diese Würde behielt er bis 1757, in den Hof- und Staatskalendern von 1765 bis 1770 rangiert er unter den Kabinettsministern.

591 Siehe Johann Georg Zirschke, Hof-Staat, S. 18 und S. 41, die entsprechenden Hof- und Staatskalender sowie Judith Matzke, Gesandtschaftswesen, S. 348 f. In seiner Landtagszeit besaß er ein eigenes Haus in der Kreuzgasse.

592 Laut Gustav Adolf Poenicke (Hg.), Album der Rittergüter, II. Section: Meißner Kreis, S. 30, hatte er das Rittergut 1722 aus der Hand der Erben von Christoph v. Felgenhauer erkauft. Zu Felgenhauer siehe auch Ernst Heinrich Kneschke, Neues allgemeines Deutsches Adels-Lexicon, Bd. 3 (1861), S. 222. Die 1606 nobilitierte Familie hatte in der zweiten Hälfte der 17. Jahrhunderts mehrere Landtagsteilnehmer gestellt. Noch am Ende des 18. Jahrhunderts stellte sie mit Wolff Christoph Friedrich v. Felgenhauer nicht nur einen Präsidenten des Kriegsrats-Collegiums, sondern auch einen Landstand, der im Besitz des Gutes Böhla von 1775 bis 1793 das Amt Hayn als Deputierter vertrat.

593 Auf dem Landtag von 1728 gab es allerdings gar keine freie Stelle für den Meißner Kreis im Weiteren Ausschuß, 1731 aber deren zwei. Statt seiner wurden jedoch der Präsident des geheimen Kriegsrats-Collegiums Hans Christian v. Kiesenwetter auf Dittersbach und der Kammerjunker Josias v. Veltheim auf Ostrau in den Weiteren Ausschuß berufen.

594 Es ist darüber hinaus trotz seines Grafentitels unklar, ob Christian v. Loß in Kursachsen überhaupt mit adeligem Lehnsbesitz angesessen war.

1811 die Landtagsbesuche aufgrund des Besitzes von Olbernhau im Erzgebirger Kreis.[595]

Nach dem Eintritt des v. Loß in den Geheimen Rat blieb die Stelle des Präsidenten des Ober-Consistorium 1738 unbesetzt. Im Hof- und Staatskalender von 1739 hatte sie dann Christian Gottlieb v. Holtzendorf (1696–1755) inne. Er war schon seit 1720 Kammerherr am Dresdner Hof. Die höfische Stellung kombinierte er mit der des regelmäßigen Landtagsbesuchers. Im Jahr 1711 hatte er das Rittergut Bärenstein im Amt Pirna des Meißner Kreises testamentarisch von Hans Heinrich v. Schönberg vererbt bekommen und nach Erreichen der Volljährigkeit 1718 seinen ersten Landtag besucht.[596] Bis 1737 nahm er sechs Mal an den Verhandlungen der Allgemeinen Ritterschaft teil, ohne im Landtag weiter vorzurücken. Danach kam sein Karrieresprung, der ihm 1739 das Amt eines landschaftlichen Obersteuer-Einnehmers und das des Präsidenten im Ober-Consistorium eintrug. Im Landtag von 1742 rückte er dann auch in den Weiteren Ausschuß auf. Außerdem erhielt er 1742 die Würde eines titular geheimen Rates, 1744 gefolgt von der eines wirklichen geheimen Rates ohne Sitz und Stimme und 1745 schließlich noch die eines Reichsgrafen. Die Präsidentschaft behielt er bis zu seinem Tode. Auch seine Landtagsbesuche setzte er 1749 fort, in diesem Jahr sogar als Mitglied des Engeren Ausschusses.

Im Jahrgang 1756 wartete der Hof- und Staatskalender noch mit einer Neuerung auf. Dem Präsidenten v. Holtzendorf wurde der Vice-Präsident Hans Gotthelf v. Globig (1719–1779) zur Seite gestellt, der im Jahr darauf dann auch den Vorsitz im Ober-Consistorium erhielt.[597] Aufgrund seiner Stellung als Präsident eines Landes-Collegium erhielt er bald darauf auch den Titel eines wirklichen geheimen Rates ohne Sitz und Stimme.[598] Das neue Amt des Vice-Präsidenten, das für ihn geschaffen worden war, blieb aber weiterhin bestehen. Im Jahr 1765 hatte v. Globig den aus einer nobilitierten Familie stammenden Peter Freiherr v. Hohenthal zum Stellvertreter. Hans Gotthelf v. Globig hat sein Amt ohne weitere Karriereschritte bis 1779 ausgeübt. In den Landtagsverzeichnissen ist er nicht verzeichnet.[599] Wahrscheinlich hat er nicht über eigenen

595 Das Gut Olbernhau im Amt Lauterstein des Erzgebirger Kreises – siehe Friedrich Gottlob Leonhardi, Erdbeschreibung, Bd. 3, S. 188 f – hatte Johann Adolph Graf v. Loß erheiratet. Es stammte aus dem Besitz seiner 1766 verstorbenen ersten Ehefrau Johanna Carolina Tugendreich v. Metzradt, siehe HSTA Dresden, Bestand 10.080, Loc. 14.682, Kanzleimatrikel 1750.

596 Siehe Gustav Adolf Poenicke (Hg.), Album der Rittergüter, II. Section: Meißner Kreis, S. 161; und Walter v. Boetticher, Oberlausitzischer Adel, Bd. 1, S. 754.

597 Dem Hof- und Staatskalender von 1757 unterlief der – unbeabsichtigte oder beabsichtigte – Fehler, den Vorsitzenden als ‚Director‘ statt als ‚Präsident‘ zu bezeichnen. Collegien wie das Appellationsgericht oder die Ober-Rechnungsdeputation hatten zu dieser Zeit einen Präsidenten zum Vorsitzenden. Durch den Titel ‚Director‘ näherte sich der Vorsitzende des Ober-Consistoriums sprachlich mehr den Direktoren des Ober-Steuer-Collegiums und des General-Accise-Collegiums an. Im Hof- und Staatskalender ist diese Veränderung dann wieder zugunsten des Präsidententitels zurückgenommen worden.

598 Siehe Hof- und Staatskalender 1765. Aufgrund der Lücke von 1758 bis 1764, in der keine Kalender erschienen sind, läßt sich das Jahr der Ernennung z. Z. nicht genauer bestimmen.

599 Erst im Jahr 1777 wurde Hans Gotthelf v. Globig mit dem altschriftsässigen Rittergut Zehista im Amt Pirna des Meißner Kreises beliehen. Das Gut stammt eindeutig aus dem Besitz von Globigs

Lehensbesitz verfügt. Aus seiner Vorgeschichte ist bislang nur wenig bekannt.[600] Von 1752 bis 1755 wurde er bei der Landes-Regierung unter den Hofräten ohne Session aufgeführt. Er stammte aus einer alten adeligen Familie, die vor allem im Churkreis begütert war. Die Güter der Familie, namentlich Grauwinkel, Großwig oder Wüstermark, waren allesamt amtsässige Rittergüter. Sein jüngerer Bruder Christoph Ernst v. Globig (1723–90) auf Grauwinkel war (vor 1757) Assessor des Hofgerichts zu Wittenberg und auch (nach 1765) Kreissteuer-Einnehmer des Churkreises.[601] Deputierter des Amtes Schweinitz war jedoch der Mitinhaber von Grauwinkel, Christoph Heinrich v. Globig, der von 1711 bis 1742 in der Allgemeinen Ritterschaft des Churkreises an den Landtagen teilnahm.

Im Gegensatz zu Hans Gotthelf v. Globig waren seine drei Vorgänger in der ersten Hälfte des 18. Jahrhunderts auch Dresdner Kammerherren. Gottlob Hieronymus v. Leipziger und der damalige Landstand Christian Gottlieb v. Holtzendorf erhielten beide ihren Schlüssel im Jahr 1720, Christian v. Loß wurde die Würde im Jahr 1728 übertragen. Während Christian v. Loß bereits 1733 im Zuge des Thronwechsels aus der Gruppe der Kammerherren wieder ausschied, endete v. Holtzendorfs Kammerherrenstelle mit der Übernahme des Vorsitzes im Ober-Consistorium. Möglicherweise unterstreicht der fehlende Kammerherrentitel, daß es sich bei der Karriere des Hans Gotthelf v. Globig bereits weitgehend um die eines Berufsjuristen im landesherrlichen Dienst gehandelt hat.[602]

Am Ende dieser Übersicht über die Landtagsbesuche der stärker juristisch tätigen landesherrlichen Amtsträger, die in der Landes-Regierung und an den Obergerichten arbeiteten, kann die Einschätzung wiederholt werden, die sich schon im Hinblick auf die stärker politischen Räte und den Hofadel ergeben hat. Soweit es die persönlichen Umstände hinsichtlich des Lehnsbesitzes und der Ahnenprobe erlaubten, haben die Assessoren und Hofräte regelmäßig und

---

erster Ehefrau, Maria Augusta Amalia Gräfin v. Brühl, die er 1756 heiratete. Vermutlich ist seine Karriere in Zusammenhang mit dieser Eheschließung zu sehen. Das Gut Gießenstein im Amt Pirna, mit dem er seit 1772 belehnt war, erhielt am 11. Juli 1777 die Altschriftsässigkeit verliehen, siehe Friedrich Gottlob Leonhardi, Erdbeschreibung, Bd. 2, S. 376 f.

600 Siehe auch die recht kurze Notiz unter dem Stichwort ‚Globick' in: Zedler, Universal-Lexicon, Bd. 10 (1735), Sp. 1679. Sein Porträt aus dem Jahr 1769 ist aber in der Fotothek der Sächsischen Landesbibliothek – Staats- und Universitätsbibliothek Dresden überliefert. Im Jahr 1767 erschien im Druck eine von Johann Friedrich Langenheim verfaßte ‚Ode auf die Hohe Vermählung Sr Excellenz des Geheimbde Raths und Ober-Consistorial Präsidenten [Hans Gotthelf] von Globig, mit der Hochwohlgebohrnen Fräulein [Henriette Erdmuthe] von Dießkau'. Sie ist nur eine der Gelegenheitsdichtungen, die 1767 und 1756 auf die Vermählungen v. Globigs verfaßt wurden.

601 Siehe die Biographie seines Neffen: Rolf Lieberwirth, Art. ‚Globig, Hans Ernst von' (1755–1826), in: Neue Deutsche Biographie, Bd. 6 (1964), S. 456 f, der als Assessor am Appellationsgericht und Schriftstelle zum Strafrecht tätig war.

602 Siehe auch Jacek Staszewski, August III., S. 218, der Hieronymus v. Stammer, Christian v. Loß und v. Globig zwar zu „Vizekönigen" erklärt, aber dann doch nur zu den bloßen Mit- und Zuarbeitern Heinrichs v. Brühl zählt, wobei v. Globig „vormals einer der Sekretäre" v. Brühls gewesen sei. Staszewski gibt aber die Vornamen des Präsidenten des Ober-Consistoriums im Unterschied zum Hof- und Staatskalender und wohl aus Versehen mit „Hans Georg" statt „Hans Gotthelf" an. Walter Fellmann, Heinrich Graf Brühl, ist v. Globig nicht einmal eine Erwähnung wert.

ausdauernd an den Verhandlungen der kursächsischen Landstände in Dresden teilgenommen. Es bleibt nun noch zu untersuchen, ob sich dieses Verhalten auch für den zeitgenössischen Militäradel beobachten läßt.

e) Militäradel: Offiziere im Landtag

In gewisser Hinsicht war der gesamte mit Rittergütern angesessene kursächsische Adel noch in der frühen Neuzeit ein Militäradel. Zum ritterschaftlichen, mit Lehen angesessenen Adel gehört definitionsgemäß die Fähigkeit zur bewaffneten Aktion. Sei es als Mannschaft einer Burg, als landesherrlicher Begleitschutz oder als Miliz des Landes, der Adel erfüllte militärische Aufgaben und nahm im Dienst des Landesherrn und des Reiches an militärischen Kampagnen teil. Mit dem Ritterdienst begründeten die kursächsischen Adeligen noch im 18. Jahrhundert ihre Freiheit von den landesherrlichen Steuern und die Privilegierung ihrer Rittergüter.[603] Zu diesen Privilegien gehörte auch die Versammlung der adligen Lehnsinhaber in der Ritterkurie des Dresdner Landtages. Die Jagdleidenschaft des Adels war Teil dieser Kultur adligen Waffengebrauchs. Außerdem verdingte der Adel sich zeitweise bei den Militärunternehmern der Epoche, welche die Regimenter der größeren Armeeinheiten organisierten, oder wurde regelrecht an zahlungskräftige Kunden verliehen.[604] Das vor allem zu Pferd ausgeübte Waffenhandwerk war ein normaler Bestandteil der adeligen Lebenswelt. Die das Kriegshandwerk ausübenden Adeligen gehörten nicht nur aufgrund der Kriegszüge, sondern bereits aufgrund ihrer Anstellungen zu einer in ganz Europa hochmobilen sozialen Gruppe. Im Spanischen Erbfolgekrieg, in den Kampagnen auf dem Balkan und am Rhein sind auch kursächsische Adelige in großer Zahl beteiligt gewesen und sehr häufig umgekommen.

Dennoch erscheint es sinnvoll, mit der Einrichtung der stehenden Heere seit 1648 innerhalb des Adels einen Militäradel im engeren Sinne abzugrenzen. Zunächst gehörten große Teile des Offizierskorps, soweit sie aus dem Lande stammten und nicht auf der Suche nach Anstellung von außerhalb nach Kursachsen kamen, zwar noch zu den im Lande angesessenen ritterschaftlichen Vasallen. Aber es ist nicht zu übersehen, wie sich innerhalb des kursächsischen Adels ein neuer Militäradel herausbildet, der den Dienst in der Armee jetzt zu seinem Beruf macht, der permanent und nicht nur auf Zeit oder im Lebenslauf zeitweise ausgeübt wird.[605] Das Offizierskorps, dem natürlich weiterhin zahlreiche begüterte Adelige angehörten, wurde somit heterogener.

---

603 Siehe Maximilian Carl v. Carlowitz, Die Natur der Ritterpferds-Gelder, deren Ursprung und Schicksale, Leipzig 1805.

604 Ausgeliehene kursächsische Einheiten kämpften beispielsweise im Sold der Niederlande im Spanischen Erbfolgekrieg oder im Sold der Republik Venedig.

605 Diese Entwicklung ist doch leicht zu übersehen, weil die meisten genealogischen Werke sich für die ältere Zeit vor 1800 zumeist auf die sogenannte Stammlinie beschränken und die nachgeborenen Söhne und unverheiratet bleibenden Brüder nicht aufführen.

An die Stelle einer Aussicht auf Beute treten im stehenden Heer die Orientierung am Gehalt, die Hoffnung auf eine längere militärische Laufbahn und am Ende die Aussicht auf eine Pension.[606] Während im älteren Modell gerade das Lehen die materielle Grundlage der Fähigkeit zu ritterlichen Diensten abgeben soll, versucht der adlige Berufsmilitär von seinem Gehalt zu leben. Die nachgeborenen Söhne der Rittergutsbesitzer erhielten so eine Möglichkeit, sich im Dienst für den Landesherrn oder für den Kaiser eine ihnen adäquate Lebensstellung suchen zu können.[607] Je länger diese Verhältnisse dauern, desto mehr kann im Verlauf des 18. Jahrhunderts innerhalb des Offizierskorps eine spezifische Form von Militäradel entstehen, der über keinen eigenen Grundbesitz mehr verfügt. Diese soziale Lage hat sich dann im Generationenwechsel zu regelrechten familiären Traditionen des Dienstes als Berufsoffizier verfestigt. In der ersten Hälfte des 18. Jahrhunderts deuten sich diese Entwicklungen aber erst an. Sie waren auch nicht ohne Kosten. Gerade wenn man nicht aus einem vermögenden Haus kam, war die militärische Karriere auch jenseits des Schlachtengetümmels mit Risiken verbunden. Bis zur lukrativen Stelle eines Obersten, der ein Regiment leitete, vergingen mehr oder weniger viele Jahre, in denen die Familie oder der ältere Bruder, der das väterliche Rittergut übernahm, die militärische Laufbahn finanzieren mußte. Daraus entstand leicht die Gefahr, das aufgrund dieser Investitionen und Aufwendungen belastete Rittergut zu überschulden. Eine weitere Gefahr des Militärberufes lag in den geringen Heiratsmöglichkeiten. Für den auf den niedrigeren Rangstufen eines Fähndrich oder Sous-Leutnants bleibenden Adeligen standen die Chancen, auch wenn er vom Regimentschef eine Heiratserlaubnis erlangte, sehr schlecht, sich aufgrund seines Einkommens verheiraten zu können oder über die Heirat mit einer Erbtochter wieder in Besitz eines Rittergutes zu gelangen. Wie im diplomatischen Dienst und im Hofdienst blieben adlige Offiziere häufig lange Zeit oder sogar lebenslang unverheiratet.[608]

---

606 Siehe Heinrich August Verlohren, Stammregister und Chronik der sächsischen Armee, S. 13, die Aufstellung der monatlichen Besoldung im 18. Jahrhundert, und die zahlreichen Angaben zu Abschied und Pensionen in den Einzelartikeln. Im Jahr 1734 wurde nach Verlohren, ebd., S. 187, der Premier-Leutnant Carl Heinrich v. Döring mit der Kapitäns-Charge und einer jährlichen Pension von 180 Reichstalern verabschiedet. Er blieb wahrscheinlich unverheiratet und besaß kein Rittergut. Heinrich Gottfried v. Ende aus dem Haus Taubenheim war 1731 Sous-Leutnant und 1738 Premier-Leutnant. Er nahm 1746 seinen Abschied und erhielt 1747 die Kapitäns-Charge und eine Pension von 120 Talern, siehe ebd., S. 207, Nr. 14. Die Anzahl an Pensionen nahm in der zweiten Hälfte des 18. Jahrhunderts deutlich zu.

607 Dasselbe galt in herausragender Weise für kleine Reichsfürsten, nachgeborene Fürstensöhne und fürstliche Bastarde siehe beispielsweise die illegitimen Söhne Friedrich Augusts I. wie Moritz von Sachsen (1696–1750), der als Maréchal de Saxe seit 1720 in französischen Diensten stand, oder Friedrich August Graf Rutowski (1702–1764), seit 1740 Gouverneur von Dresden und von 1749 an kursächsischer Generalfeldmarschall.

608 Oder sie heirateten unstandesgemäß eine nobilitierte oder gar bürgerliche Frau, was im 18. Jahrhundert bei adeligen Offizieren nicht so selten vorkam, und fielen so aus dem stiftsmäßigen Adel heraus – selbst wenn sie auf diesem Wege wieder zu Grundbesitz gekommen sein sollten. Inwieweit die Ehelosigkeit der unverheirateten Offiziere ungewollt war oder nicht doch in manchen Fällen auch gewählt, läßt sich nicht mehr feststellen.

Tabelle 21: Der monatliche Sold kursächsischer Offiziere im 18. Jahrhundert

Hofrang Klasse	Militärischer Rang	Sold Kavallerie		Sold Infanterie		Sold Artillerie	
		Rt	gr	Rt	gr	Rt	gr
7	General	300	–	216	–	216	–
12	Generalleutnant	216	–	216	–	216	–
24	Generalmajor	166	18	166	18	166	18
44	Oberst	73	8	58	16	100	–
72	Oberstleutnant	49	12	40	8	60	–
116	Major	64	4	60	–	50	–
127	Rittmeister / Hauptmann	27	12	22	–	32	–
–	Premierleutnant	18	8	14	16	22	22
–	Sousleutnant	16	–	11	–	16	22

Quelle: Neue Hofrangordnung 1755, Heinrich August Verlohren, Stammregister und Chronik der sächsischen Armee, S. 13. Anm.: Die Offiziere waren damit gleichrangig mit den wirklichen geheimen Räten ohne Session (Nr. 7), den Kammerherren vor (Nr. 24) bzw. nach 1742 ernannt (Nr. 27), oder sie kamen gleich nach den Präsidenten der Dresdner Oberbehörden (Nr. 11), den Stallmeistern (Nr. 43), den Kreisdirektoren (Nr. 71), nach den bürgerlichen Assessoren des Hofgerichts Wittenberg (Nr. 116) und nach den einfachen Räten, die keinem Collegium zugeordnet waren (Nr. 126).

Die vorstehende Tabelle reproduziert die bei Heinrich August Verlohren abgedruckten Angaben über die Besoldung kursächsischer Armeeoffiziere und gibt ihre Positionierung in der Hofrangordnung von 1755 wieder. Die höchste Stufe, die Position des General-Feldmarschalls, wurde mit monatlich 1.000 Reichstalern vergütet. Wie immer sich die individuelle finanzielle Situation der Offiziere nach familiärer Herkunft oder militärischem Avancement auch gestaltet haben mag, das landesherrliche Heer bot den kursächsischen Adeligen neben den Behörden und Obergerichten ein weiteres Feld, sich eine öffentlich respektable Stellung zu verschaffen. Allerdings war hier die Konkurrenz auswärtiger Interessenten, nobilitierter Adeliger und Bürgerlicher besonders groß. Eine Übersicht über die in die Hof- und Staatskalender unter dem Titel ‚Generalität' aufgenommenen höheren Offiziere gibt die nachfolgende Tabelle.

Tabelle 22: Die Zahl der höheren Offizieren der Kavallerie, Infanterie und des Ingenieurkorps in der kursächsischen Armee 1732, 1742 und 1752

Nr.	Rang	1732 Anzahl	1742 Anzahl	1752 Anzahl
1.	Generäle	8	12	12
2.	General-Leutnants	12	14	9
3.	General-Majore	22	23	37
4.	Obristen	56	39	68
	Summe	**98**	**88**	**126**

Quelle: Hof- und Staatskalender 1732, 1742 und 1752. Anm.: Aus den Angaben läßt sich nicht entnehmen, ob alle aufgeführten Offiziere noch im Dienst sind bzw. ob sich darunter auch titular Offiziere befinden. Die Angaben schließen die Garde vermutlich nicht mit ein.

Der Hof- und Staatskalender von 1742 nennt noch 36 General-Adjutanten.[609] Weitere feste Positionen hatten der General-Quartiermeister, der General-Kriegs-Commissar und die beiden ‚Inspectoren' für die Kavallerie bzw. die Infanterie. Mit den Auditeuren verfügte die Armee darüber hinaus noch über einen eigenen Justizzweig, um die in ihrem Bereich anfallenden Delikte zu bearbeiten.[610]

Die Rittergüter waren lange Zeit das materielle Unterpfand des berittenen Aufgebots, daß der Landesherr als Lehnsherr zur Verteidigung des Landes, zu seiner Kriegsführung oder zur zeremoniellen Herrscherrepräsentation mobilisieren konnte. Die Ritterschaft bildete schlechthin die ‚Mannschaft' des Fürsten. Im Rahmen des Heiligen Römischen Reiches deutscher Nation waren die Ritter zugleich Teil des Reichsheeres.[611] Wie Rat und Steuer gehörte die militärische Lehnsfolge, zu der auch die Beschützung oder Wiederherstellung des Friedens zählte, zu den Grundpflichten des Vasallen und sie war bei weitem seine wichtigste Leistung gewesen. Außerdem übernahmen die Ritter zeremonielle Aufgaben.[612] Wie im Verlauf des Mittelalters und der Frühen Neuzeit in Europa allgemein üblich, war die Höhe der Leistung fixiert und schriftlich niedergelegt worden. Die kursächsischen Rittergüter waren – wenigstens anfänglich – nach ihrer Leistungsfähigkeit mit einem halben oder einem Ritterpferd belegt. Die Belastung konnte bis zu drei Ritterpferde betragen, mehr als anderthalb kamen aber selten vor.

Das Lehnsaufgebot war letztmals von Kurfürst Johann Georg I. im Jahr 1612 gefordert worden. Bereits sehr früh wurde anstelle des persönlichen Dienstes die Ablösung der Verpflichtung durch eine Geldzahlung möglich und üblich.[613] Die ‚ursprüngliche' oder ‚prinzipielle' Pflicht zur persönlichen militärischen Dienstleistung und der Charakter der von den Lehngütern gezahlten Ritterpferdsgelder spielten jedoch bis in die Epoche der Französischen Revolution

---

609 In der Hofrangordnung von 1755 sind die General-Adjutanten zusammen mit den Obristen in die Klasse 44 eingeordnet.

610 In der Hof-Rangordnung von 1755 hatte der General-Auditeur die Klasse 47, die Ober-Auditeure standen ziemlich am Ende in der 128. von 130 Klassen, aber sie waren damit doch Teil der höfischen Rangfolge.

611 Die jeweiligen Anteile und Verpflichtungen waren Anfang des 16. Jahrhunderts in den Reichsmatrikeln fixiert. Die wichtige Matrikel des Reichstags zu Worms aus dem Jahr 1521 hatte für Kursachsen wie für alle anderen Kurfürsten festgesetzt, daß zum Romzug 60 Reiter und 277 Mann Fußtruppen zu stellen sind. Siehe z. B. Johann Jacob Schmauß und Heinrich Christian v. Senckenberg (Hg.), Neue und vollständigere Sammlung der Reichs-Abschiede. Welche von den Zeiten Kayser Conrads des II. bis anjetzo, auf den Teutschen Reichs-Tägen abgefasset worden, 2. Theil: Reichs-Abschiede von dem Jahr 1495 bis auf das Jahr 1551 inclusive, Frankfurt am Main 1747, S. 216.

612 Christian Gottlob Wabst, Historische Nachricht, S. 77 nennt noch ausdrücklich die inländischen Ritterdienste, die für „Beylager, Begräbnisse, Landes-Huldigungen und andern Festivitäten" vom Geheimen Rat angefordert wurden.

613 Die Monetarisierung war schon aus dem Grund rechtlich wie politisch unumgänglich, weil nicht alle Rittergüter mit Adeligen besetzt waren. Die korporativen Besitzer wie Klöster, Universitäten, Städte oder sonstigen Stiftungen bzw. die bürgerlichen oder weiblichen Besitzer hätten entweder einen adeligen Ersatzmann schicken müssen oder zahlten eben für den nicht geleisteten Dienst einen Geldbetrag an den Lehnsherrn.

hinein eine bedeutenden politische Rolle, die das Selbstverständnis der adeligen Gutsbesitzer bestimmte und zudem unmittelbar die Organisation der Ritter-kurie sowie die Rechtfertigung der Ahnenprobe betraf.[614] Die persönliche Dienstpflicht ist bis zum Untergang des Ancien Régime auch nicht aufgehoben worden und bestand formell trotz Zahlung der Ritterpferdsgelder weiter fort. Christian Gottlob Wabst bezifferte 1732 in seiner Historischen Nachricht die Zahl der Ritterpferde auf insgesamt 1.360, bezogen auf die Rittergüter der sieben erbländischen Kreise.[615]

Auch nach dem Aufkommen der Söldnerheere im 15. Jahrhundert und dann der stehenden landesherrlichen Armeen nach 1648 spielte das Aufgebot daher in den immer wieder neu geführten Debatten um die Einrichtung einer Landes-defension oder Landmiliz weiterhin eine gewiße Rolle.[616] Für Kursachsen wird die Einrichtung eines stehenden, also ein auf Dauer und direkt vom Landesherrn unterhaltenen Heeres mit der Regierungszeit Johann Georgs III. (1680–1691) verbunden.[617] Die schon im 17. Jahrhundert für die militärischen Belange er-nannten Kriegsräte wurden 1684 in einem neuen zentralen Verwaltungszweig, dem Geheimen Kriegsrat-Collegium zusammengefaßt. In den gedruckten Hof- und Staatskalendern rangierte es nach Kabinett und Geheimem Rat an dritter Stelle noch vor dem Cammer-Collegium und der Landes-Regierung.

Die Geschichte der kursächsischen Armee in der ersten Hälfte des 18. Jahr-hunderts ist allerdings keine des langsamen aber wachsenden Ausbaus der Heeresstärke, sondern von Phasen größerer Reduktionen gekennzeichnet, wie sie andere Zweige des kursächsischen Fürstenstaates in diesem Ausmaß am Hof oder in der inneren Verwaltung nicht erlitten haben.[618] Insbesondere im Jahr 1717

---

614 Siehe Carl Heinrich v. Römer, Staatsrecht und Statistik, Bd. 2 (1788), S. 233 und S. 564–566; Maximilian Carl v. Carlowitz, Die Natur der Ritterpferds-Gelder (1805); ferner Axel Flügel, Sozialer Wandel und politische Reform in Sachsen. Rittergüter und Gutsbesitzer im Übergang von der Landeshoheit zum Konstitutionalismus 1763–1843, in: Klaus Tenfelde und Hans-Ulrich Wehler (Hg.), Wege zur Geschichte des Bürgertums, Göttingen 1994, S. 36–56; und ders., Bür-gerliche Rittergüter, S. 67–70.

615 Christian Gottlob Wabst, Historische Nachricht, S. 78. Dazu kamen noch 28,5 Ritterpferde auf Lehngütern, die inzwischen in der Hand des Kurfürsten und damit Kammergüter waren, sowie aus dem Stift Merseburg 92 und dem Stift Naumburg-Zeitz 37,5, alles in allem demnach 1.518 Ritterpferde. Die Erhebung der Ritterpferdgelder war Aufgabe der adligen Kreissteuer-Ein-nehmer. Die je Ritterpferd zu erlegende Summe wurde auf den allgemeinen Landtagen be-schlossen und ging in das ‚Donativ‘ ein, die dem Landesherrn vom Ritterstand separat und getrennt von den ‚Landes-Steuern‘ bewilligte und überreichte Geldsumme.

616 Siehe allgemein Bernhard R. Kroener, Kriegswesen, Herrschaft und Gesellschaft 1300–1800, München 2013; und spezieller zu Kursachsen Reinhold Müller, Die Armee Augusts des Starken. Das sächsische Heer von 1730 bis 1733, 2. Aufl., Berlin 1987; sowie Thomas Wollschläger, Die „Military Revolution" und der deutsche Territorialstaat unter besonderer Berücksichtigung Brandenburg-Preußens und Sachsens. Determinanten der Staatskonsolidierung im europäi-schen Kontext 1670–1740, Norderstedt 2004. Weiterhin nützlich ist die ältere Darstellung von O. Schuster und F.A. Francke, Geschichte der sächsischen Armee von deren Errichtung bis auf die neueste Zeit, Leipzig 1885.

617 Siehe Reiner Groß, Geschichte Sachsens, S. 114–116.

618 Zur Abdankung bzw. Auflösung von Regimentern im Jahr 1717 unter General-Feldmarschall Jacob Heinrich v. Flemming siehe z.B Heinrich August Verlohren, Stammregister und Chronik

und nach 1746 trat aus politischen wie aus finanziellen Gründen eine bedeutende Verminderung der Armee und damit einhergehend ein drastischer Rückgang der Offiziersstellen ein, mit der Folge, daß zahlreiche Offiziere abdankten oder pensioniert wurden und daß für die nächsten Jahre entsprechend ungünstige Aufstiegschancen für den adligen Offiziersnachwuchs bestanden.

Mit der Etablierung der stehenden Heere wurde der militärische Einfluß nicht nur in den heißen Zeiten der Kampagnen und Kriegszüge virulent, sondern die Fragen der Einquartierung in die Häuser der ländlichen oder städtischen Untertanen und der Kasernierung, die Probleme einer Versorgung durch Magazine, des Unterhalts der zahlreichen Pferde, der Herstellung und Lieferung der Monturen und Waffen, der Durchführung von Manövern und Märschen wurden zu Daueraufgaben. Die Permanenz des Heeres bedingte eine entsprechend permanente und ausgedehnte Verwaltung, und zwar ebenso in der Zentrale durch Kriegsräte als auch lokal durch Marschkommissare und Kriegskommissare.[619] Zu dieser Verwaltung zählen nicht zuletzt eine umfangreiche Steuerverwaltung und Finanztransaktionen mit Anleihen, Schuldscheinen und hohen Deckungslücken in den verschiedenen Kassen.[620] Die mit den Aufgaben der lokalen Versorgung und Einquartierung befaßten Kriegskommissare sind zur Zeit jedoch nur schwer zu fassen und unvollständig nachweisbar, da sie nicht unmittelbar zur Armee, sondern mehr zum Verwaltungszweig des zeitgenössischen Militärstaates gehörten, aber im Hof- und Staatskalender nicht ausgewiesen werden. Erst mit dem Jahrgang 1756 tauchen im Abschnitt „General-Kriegs-Commissariat" die nach Kreisen geordneten „Creyß- und Marsch-Commissarien" auf.[621]

Im frühneuzeitlichen Fürstenstaat, soweit er seit der zweiten Hälfte des 17. Jahrhunderts seinen „Militair-Staat" entfaltet, können daher mehrere Berei-

---

der sächsischen Armee, S. 27–29; ferner Paul Haake, August der Starke, S. 128 f; und Thomas Wollschläger, Die „Military Revolution", S. 86.

619 Dem Kriegsrats-Collegium mit seinen Räten unterstand ein General-Kriegs-Commissariat, das in die vier Abteilungen gegliedert war: Commissariats-Expediton, Proviant-Amts-Expedition, General-Kriegs-Zahl-Amt und Rechnungs-Expedition.

620 Andererseits konnte das Kriegsrats-Collegium aber auch zur Finanzierung für die Gesandtschaftskosten herangezogen werden, siehe Judith Matzke, Gesandtschaftswesen, S. 224: Zum Etat der Gesandtschaftskasse von 1723 über 120.000 Taler zur Unterhaltung des Apparates an kursächsischen Gesandten, Geschäftsträgern und Residenten hatte die Generalkriegskasse 30.0000 Taler bereitzustellen.

621 Möglicherweise werden in dieser Zeit die Bezeichnungen ‚Kriegskommissar' und ‚Kreiskommissar' gleichbedeutend verwendet. Die Kreis- oder Kriegskommissare, die nicht immer bei Heinrich August Verlohren, Stammregister und Chronik der sächsischen Armee, als Offiziere nachweisbar sind, gehören wahrscheinlich mehr zur Verwaltung und zum Aufgabenkreis der verschiedenen landschaftlichen Kreisritterschaften als zur Armee. Möglicherweise gibt es um 1700 auch noch Überschneidungen zwischen den Ämtern der Amtshauptleute und Kriegskommissare. In der Hof-Rangordnung von 1755 erhielten die Kreis-Kommissare (der Erblande) die Klasse 70 noch vor den Kreis-Direktoren (des Fürstentums Querfurt?). Der Hof- und Staatskalender 1756 nennt für die Erblande insgesamt dreizehn Kommissare, bis auf den Neustädter Kreis mit einem Kommissar hatten die übrigen sechs Kreise deren zwei. Dazu kamen noch Kommissare für die Ober- und Niederlausitz und das Fürstentum Querfurt.

che und Dimensionen unterschieden werden. Zum Heer aus Garde, Kavallerie, Infanterie und Ingenieurkorps mit seinen Offizieren, Mannschaften und Troß gehört eine ausgedehnte Verwaltung auf zentraler wie auf lokaler Ebene, deren Mitglieder ein unmittelbares Interesse an den Landtagsverhandlungen entwickeln konnten. Bei den adligen Offizieren kommen zwar nur die in Kursachsen mit Rittergütern belehnten Offiziere als Landtagsbesucher in Frage. Aber auch bei ihnen ist eine Teilnahme an den Landtagsverhandlungen von beträchtlichem Interesse, die sich z. B. über die Art und das Aufbringen der Landessteuern oder die Organisation der Magazinfuhren, den Bau und Unterhalt von Straßen und Brücken erstreckte. In diesem Militäradel sind noch mal zwei Gruppen zu unterscheiden, nämlich diejenigen Offiziere, die während ihrer aktiven Dienstzeit am Landtag teilnahmen, und diejenigen, die erst nach ihrem Abschied oder nach ihrer Pensionierung nach Dresden kamen. Der Abschied ist in vielen Fällen durch die Übernahme des väterlichen Rittergutes im Erbgang bedingt gewesen. Nach ihrem Ausscheiden aus der kaiserlichen oder landesherrlichen Armee konnten diese Landtagsbesucher ihre militärischen Erfahrungen in die Landtagsverhandlungen einbringen.

Zu den besonderen Eigenschaften des zeitgenössischen Militärwesens gehört der Umstand, daß die Armee wie der fürstliche Hof, trotz aller bereits vorgenommenen rechtlichen Einhegungen und Selbstbindungen, in Umfang und Ausrichtung eng an die Person des Landesherrn gebunden ist. Das Heer ist weitgehend sein Heer.[622] Wie der Hof ist die Armee dieser Zeit ein Tummelplatz auswärtiger adliger Offiziere und Militärfachleute. Es ist daher weder unbedingt zu erwarten, daß kursächsische Adlige die Offizierslaufbahn in der kursächsischen Armee angestrebt haben, noch daß die adligen Offiziere dieser Armee sich in Dresden als Landstände wiederfinden. Um so erhellender sind dann die Beispiele von Vertretern des „Militair-Staates" im Landtag.

Der Aufbau der kursächsischen Armee in dem halben Jahrhundert seit 1680 griff vor allem an der Spitze von Heer und Verwaltung in großer Zahl auf auswärtige Fachleute zurück. Ende des 17. Jahrhunderts hatten der aus Pommern stammende Heino Heinrich v. Flemming (1632–1706) und der aus brandenburger Diensten übernommene Hans Adam v. Schöning (1641–1696) von 1687 bis 1690 bzw. 1691 bis 1696 den Posten eines Feldmarschalls und geheimen Kriegsrates.[623] Von 1699 bis 1706 war Adam Friedrich v. Steinau kursächsischer Feldmarschall. Er hatte zuvor im Dienst der Republik Venedig gestanden und

---

622 Das zeigte sich auch wieder in der Einrichtung des Geheimen Kabinetts, in der im Jahr 1706 dem vorgesehenen Militär Departement keine Kabinettsminister zugewiesen wird. Stattdessen behielt sich der Kurfürst die Militärsachen vor und bestellte zur Vorbereitung und Bearbeitung der Entscheidungen den geheimen Kriegsrat Hans Christian v. Kiesenwetter, siehe Johannes Dürichen, Geheimes Kabinett und Geheimer Rat, hier bes. S. 130.

623 Siehe Heinrich August Verlohren, Stammregister und Chronik der sächsischen Armee, S. 216, Nr. 1, und S. 471, Nr. 1; ferner Heinrich Kaak, Art. ‚Schöning, Hans Adam von', in: Sächsische Biografie, http://www.isgv.de/saebi/ (zuletzt besucht am 7. 6. 2016). Unter v. Schöning betrug die angestrebte Heeresstärke insgesamt 12.000 Mann. Auch die weiteren Angaben zu den militärischen Laufbahnen stützen sich, soweit nicht anders angegeben, auf das Werk von Heinrich August Verlohren bzw. die Hof- und Staatskalender.

kehrte 1706 wieder nach Venedig zurück. Die Flemmingsche Familie hat dann unter Friedrich August I. im kursächsischen Militärwesen und am Hof eine herausragend einflußreiche Stellung eingenommen. Der seit 1691 in kursächsischen Diensten stehende Oberst Jacob Heinrich v. Flemming (1667–1728) stieg bis 1705 zum Rang eines Generals der Kavallerie auf. Er wurde 1710 Präsident des Geheimen Kriegsrats-Collegiums und 1712 mit der Ernennung zum General-Feldmarschall zugleich Kabinettsminister.

Im Amt des General-Feldmarschalls folgte auf ihn im Jahr 1730 der General (seit 1709) und Kabinettsminister (seit 1710) August Christoph v. Wackerbarth (1662–1734). In seiner Amtszeit erhielt das Kriegsrats-Collegium mit Hans Christian v. Kiesenwetter (1668–1744) einen eigenen Präsidenten, der schon 1728 als General-Kriegs-Commissarius tätig gewesen war. Neuer General-Feldmarschall war im Jahr 1736 Johann Adolph Herzog zu Sachsen-Weißenfels (1685–1746), der regierende Landesherr der albertiner Sekundogenitur. Am 12. Dezember 1745 wurde er durch Friedrich August Graf Rutowski (1702–1764) ersetzt. Die Leitung des geheimen Kriegsrates besorgte v. Kiesenwetter noch bis 1740. In diesem Jahr erlangte er aus Altersgründen seine Pensionierung.[624] Die tatsächliche Leitung des Collegiums hatte dann der schon seit 1738 tätige Vice-Präsident, der Generalmajor Christoph v. Unruh, der jedoch erst mit großer Verzögerung, nämlich im Jahr 1757, die Beförderung auf die Präsidentenstelle erhielt, die seit der Pensionierung bzw. dem Tod v. Kiesenwetters „vakat" geblieben war.[625]

Abgesehen von zwei Ausnahmen haben die General-Feldmarschälle und Präsidenten des Geheimen Kriegsrats-Collegiums nicht zu den Dresdner Landständen gehört. Die eine Ausnahme ist Jacob Heinrich v. Flemming, der auf den drei Landtagen von 1718, 1722 und 1728 ein Mitglied des Engeren Ausschusses gewesen ist. Die andere Ausnahme bildet der geheime Kriegsrat v. Kiesenwetter, der parallel zu v. Flemming 1718, 1722 und 1728 die Allgemeine Ritterschaft des Meißner Kreises besucht hat. Außerdem war er 1731, 1734 und 1737 Mitglied des Weiteren Ausschusses. Dieser insgesamt sehr eindeutige Befund setzt sich aus verschiedenen Elementen zusammen. Erstens waren die meisten Leiter des kursächsischen Militärstaates keine kursächsischen Landadligen und daher nicht in den Erblanden begütert. Das trifft besonders auf v. Wackerbarth zu, der aus Niedersachsen stammte, und auf v. Unruh, der aus der Niederlausitz kam.[626] Zweitens konnten persönliche Gründe vorliegen. Die

---

624 Im Hof- und Staatskalender 1741 ist seinem Namen die Bemerkung beigefügt: „so wegen seines ansteigenden Alters resigniret, jedoch mit Beybehaltung seines Rangs und aller Praerogativen". Dazu gehört auch der weitere Abdruck seines Namens in der Rubrik Präsident des Kriegsrats-Collegiums im Staatskalender bis 1744.

625 Nach dem Tod v. Kiesenwetters übernahm v. Unruh auch das Amt des General-Kriegs-Commissarius von ihm. Laut Heinrich August Verlohren, Stammregister und Chronik der sächsischen Armee, S. 524, Nr. 1, erhielt er 1745 im Reichsvikariat die Erhebung in den Grafenstand. Er starb 1763.

626 Groß-Sedlitz im Amt Pirna, auf dem v. Wackerbarth residierte, und Zabeltitz im Amt Hayn waren zwar altschriftsässige Rittergüter, aber als Kammergüter in der Hand des Landesherrn. Kein Angehöriger des Geschlechts der v. Unruh hat im 18. Jahrhundert den Dresdner Landtag

Mitglieder des albertiner Herrscherhauses besuchten wohl grundsätzlich keine Stände-Versammlung kursächsischer Untertanen. Drittens hat das militärische Engagement sehr häufig eine Abwesenheit von Dresden bedingt. Auch ein, durch den Beruf vielleicht noch verstärktes Desinteresse an den ständischen Verhandlungen mag in diesen Fällen eine gewisse Rolle gespielt haben. Daher bildet der im Amt Lohmen des Meißner Kreises mit dem altschriftsässigen Rittergut Dittersbach belehnte Hans Christian v. Kiesenwetter tatsächlich eine Abweichung von den in der ersten Hälfte des 18. Jahrhunderts in diesem Bereich üblichen Verhältnissen.[627] Mit nur geringen Modifikationen gilt dieser Befund auch für die im Collegium tätigen geheimen Kriegsräte. Sie waren in Kursachsen überwiegend nicht mit adligen Gütern belehnt und gehörten nicht zum einheimischen Landadel.[628] Die zentrale Militärverwaltung fehlte daher weitgehend auf den allgemeinen Landesversammlungen. Offiziere der kursächsischen Armee lassen sich dagegen sehr wohl als Landstände nachweisen.

Von den mit militärischen Angelegenheiten befaßten Kommissaren läßt sich in den Verzeichnissen der Landtagsbesucher bzw. im Oberhofmarschallamt nur ein General-Kriegskommissar, Curt Christoph v. Pfuhl auf Mildenstein im Amt Bitterfeld des Churkreises, der 1694 die Allgemeine Ritterschaft besucht hat, ermitteln. Sowohl das Bild dieser Gruppe von Amtsträgern wie ihre Beteiligung an den Landtagsverhandlungen ist nicht ganz klar, aber einige Indizien sind vorhanden. In der ersten Hälfte des 18. Jahrhunderts findet sich insgesamt neun Mal die Bezeichnung Kriegskommissar bei einem Landtagsteilnehmer. An den Ausschußtagen der Jahre 1700 und 1701 nahm im Weiteren Ausschuß Andreas Dietrich v. Schleinitz auf Mautitz im Meißner Kreis teil, der auch als Kammerherr bezeichnet wird. Zu gleicher Zeit saß im Engeren Ausschuß der Kriegskommissar Christoph Albrecht v. Schlieben auf Heinsdorf im Churkreis. Er gehörte dem Landtag seit 1670 an und blieb bis 1726 Mitglied des Engeren Ausschusses. Im Jahr 1704 ebenfalls Mitglied im Engeren Ausschuß war Hans Ernst v. Schwan

besucht, wahrscheinlich waren sie in den Erblanden nicht begütert, s.a. Ernst Heinrich Kneschke, Neues allgemeines Deutsches Adels-Lexicon, Bd. 9 (1870), S. 341–343.

627 Die Linie v. Kiesenwetter auf Dittersbach endete 1751 und das Geschlecht ging in der Folge ganz im Adel der Oberlausitz auf, siehe Walter v. Boetticher, Oberlausitzischer Adel, Bd. 1, S. 833–849. Der Hofrat Johann Rudolp v. Kiesenwetter, genannt Wolfersdorf, war 1749 der letzte Angehörige des Geschlechts auf dem Dresdner Landtag. Wie Heinrich August Verlohren, Stammregister und Chronik der sächsischen Armee, S. 298f, belegt, hat jedoch noch eine Reihe v. Kiesenwetter aus den oberlausitzer Linien im 18. und 19. Jahrhundert als Offiziere in der sächsischen Armee gedient.

628 Der Hof- und Staatskalender 1732 nennt die vier geheimen Kriegsräte: Johann v. Bretschneider, Adam Friedrich v. Braun, Carl Pauli und Carl Friedrich Teuber. Im Jahrgang 1742 erscheinen die sieben wirklichen geheimen Kriegsräte: Carl Friedrich v. (!) Teubern, Johann Albrecht v. Arnett, Peter v. Suhm, August Friedrich v. Leipziger, Wolff Caspar Abraham v. Gersdorf, Johann August Döbner und Barnabas ô Dempsie. Die aus Dänemark stammende Familie v. Suhm war auch im kursächsischen diplomatischen Dienst aktiv, siehe Judith Matzke, Gesandtschaftswesen, S. 369: Burchard v. Suhm (1666–1720), Nicolaus v. Suhm (1697–1760), der während seiner Gesandtschaft in Schweden von 1745 bis 1750 im Jahr 1747 den titular geheimen Kriegsrat verliehen bekam, und Ulrich Friedrich v. Suhm (1691–1740), von 1720 bis 1730 Gesandter in Berlin und 1722 titular geheimer Kriegsrat.

auf dem Gut Venusberg im Erzgebirger Kreis, der seit 1676 in den Landtagsverzeichnissen steht und bei seiner letzten Teilnahme 1704 das Attribut Kriegskommissar trägt. Für den Vogtländer Kreis wird auf diesem Ausschußtag von
1704 Carl Bose auf dem Gut Mylau als Kriegskommissar bezeichnet, der auf den
beiden vorhergehenden Ausschußtagen noch als Amtshauptmann bezeichnet
wurde.

Auf dem Ausschußtag von 1712 war Carl Christoph Römer auf Rauenstein
im Erzgebirger Kreis Mitglied des Weiteren Ausschusses und Kriegskommissar.
Er gehörte seit 1710 zu den Dresdner Kammerjunkern und seit 1699 zum
Landtag. Im Jahr 1716 war er Oberaufseher der Freiburger Muldenflöße. Den
Landtag besuchte er noch bis 1728, auf den beiden letzten Versammlungen saß er
sogar im Engeren Ausschuß der Ritterschaft.[629] Beim Ausschußtag des Jahres
1715 war Hans Rudolph Marschall aus dem Haus Altengottern im Weiteren
Ausschuß sein Amtskollege unter den Kriegskommissaren. Seit dem Landtag
von 1711 kam er, belehnt mit dem Gut Schönstedt im Amt Langensalza des
Thüringer Kreises, als Deputierter der Amtsassen zum Landtag. Deputierte
waren auch die Kriegskommissare Johann Otto v. Schlegel auf Imnitz im Amt
Pegau des Leipziger Kreises, der nur im Jahr 1716 zum Landtag kam, und Hans
Carl v. Tettenborn auf Gangloffsömmern im Amt Weißensee des Thüringer
Kreises, der 1731 genannt wird.[630] Letzterer gehörte dem Landtag seit 1716 an,
kam aber erst 1728 in den Weiteren Ausschuß, dem er bis 1746 weiter angehörte.
Bereits im Jahr 1722 wurde v. Tettenborn im Oberhofmarschallamt als „Haubt-
mann und Creyß Commisharius" bezeichnet, seit 1737 aber nur noch Hauptmann genannt.[631] Über dreißig Jahre lang hat er für das Amt Weißensee an den
Verhandlungen teilgenommen und kann daher zu den Landtagsroutiniers gezählt werden. Inwieweit seine Tätigkeit als Kriegskommissar dagegen nur eine
vorübergehende war, oder ob sie in den Akten nur nicht ständig, vielmehr bloß
sporadisch aufgeführt worden ist, läßt sich z. Z. nicht beurteilen.

Der letzte hier zu nennende Kriegskommissar war wie Carl Christoph Römer
Oberaufseher bei den Flößen. Carl Adolph v. Carlowitz wurde 1729 sogar Römers Nachfolger und blieb laut Hof- und Staatskalender bis 1757 im Bereich der

---

629 Sein Nachfolger auf Rauenstein und im Landtag war der 1743 verstorbene Carl Gottlob Römer,
der 1731, 1734 und 1742 an den Verhandlungen in der Allgemeinen Ritterschaft teilnahm. Seine
Witwe heiratete laut Gustav Adolf Poenicke (Hg.), Album der Rittergüter, IV. Section: Erzgebirgischer Kreis, S. 47, im Jahr 1748 den wirklichen geheimen Kriegsrat (seit 1747, aber ohne
Session) und Appellationsrat (seit 1734/35) Cajus Rudolph v. Spohr, der daraufhin 1749 prompt
in der Allgemeinen Ritterschaft des Erzgebirger Kreises erschien. Dieses Beispiel deutet an, daß
die Güter und Ämter in relativ kleinen Milieus zirkulieren konnten. Eine bestimmte Amtstätigkeit und Anstellung am Hof ließ sich für Carl Gottlob Römer allerdings bislang nicht ermitteln.

630 Unter den Kriegskommissaren sind mit vier Vertretern von neun auffällig viele Deputierte.
Obwohl die Stichprobe klein und unvollständig ist, kann doch ein Zusammenhang zwischen
amtsässigen Kommissaren und einer Wahl zum Deputierten vermutet werden.

631 Es kann sich daher nicht um den bei Heinrich August Verlohren, Stammregister und Chronik der
sächsischen Armee, S. 507, Nr. 2 genannten Hans Karl v. Tettenborn handeln, der im Jahr 1730
erst Fähndrich und 1737 Premierleutnant war.

Floß-Inspektion tätig.[632] Außerdem wird ihm bei seinem ersten Landtagsbesuch im Jahr 1731 auch der Titel Kreiskommissar beigelegt.[633] Am Landtag konnte er als Besitzer des neuschriftsässigen Rittergutes Großhartmannsdorf nur als Deputierter des Amtes Wolkenstein teilnehmen.[634] Bis 1749 hat v. Carlowitz auf diese Weise alle sechs allgemeinen Landtage besucht. Er blieb aber immer Mitglied der Allgemeinen Ritterschaft des Erzgebirger Kreises, obwohl die Berufung auf eine freie Stelle im Weiteren Ausschuß möglich gewesen wäre und tatsächlich auch Deputierte aus den Ämtern des Erzgebirger Kreises statt seiner in den Ausschuß berufen worden sind. Für die Zeit nach seinem Tod machte er aus dem Gut Großhartmannsdorf ein zu dieser Zeit noch seltenes Majorat.[635] Mit Ausnahme v. Tettenborns handelte es sich bei den Kriegs- oder Kreis- und Marsch-Kommissaren der ersten Hälfte des 18. Jahrhunderts nicht um Offiziere der kursächsischen Armee. Diese auf lokaler und Kreisebene mit militärischen Angelegenheiten befaßten Amtsträger aus dem in Kursachsen begüterten Landadel haben, sofern es die Umstände erlaubten, an den Verhandlungen der Land- und Ausschußtage in Dresden teilgenommen.

Die im Rahmen der Landtagsgeschichte spektakulärste Karriere eines kursächsischen Offiziers absolvierte Caspar Heinrich v. Beneckendorf (1650–1729). Er stammte aus der Neumark des Kurfürstentums Brandenburg und war der dritte Sohn des brandenburger Landrates Hans Caspar v. Beneckendorf.[636] Wie seine vier Brüder widmete er sich der militärischen Laufbahn. Seit 1695 stand er als Oberst der Infanterie in kursächsischen Diensten, stieg 1697 zum Generalmajor auf und wurde im Jahr 1702 Generalleutnant. Als solcher begann er auf dem Ausschußtag des Jahres 1704 seine Landtagsbesuche durch den direkten Eintritt in den Weiteren Ausschuß. Die materielle Grundlage hatte er durch die Belehnung mit dem Rittergut Kötitz im Meißner Kreis erlangt.[637] Weiteren rit-

---

632 Die Verbindung des Oberaufseheramtes mit dem lokalen Kommissariat ist vermutlich nicht zufällig.

633 Die Tätigkeit als Kreis- oder Kriegs-Kommissar hat er mindesten bis 1746 beibehalten.

634 Siehe Friedrich Gottlob Leonhardi, Erdbeschreibung, Bd. 3, S. 222.

635 Siehe Gustav Adolf Poenicke (Hg.), Album der Rittergüter, IV. Section: Erzgebirgischer Kreis, S. 43 f. Der erste Majoratsherr Hans Karl August v. Carlowitz (1727–1793), Sohn von Oberstleutnant Johann Georg v. Carlowitz (1692–1773) auf Steina bei Hartha, setzte die Tradition im Landtag und im Amt fort. In der Armee brachte er es bis zum Sous-Leutnant und begann dann 1754 als Adjutant beim Kreiskommissar v. Carlowitz. In den Jahren 1766, 1769 und 1781 als Mitglied des Weiteren Ausschusses war er Deputierter im Landtag, 1787 und 1793 zog er es jedoch vor, für das Rittergut Obeschöna im Erzgebirger Kreis als Schriftsasse zu erscheinen, siehe auch Heinrich August Verlohren, Stammregister und Chronik der sächsischen Armee, S. 170 f, Nr. 34 und Nr. 54.

636 Siehe Valentin König, Genealogische Adels-Historie, Bd. 1, S. 51, Nr. 13 und Nr. 15; ferner Heinrich August Verlohren, Stammregister und Chronik der sächsischen Armee, S. 120 f. Über seine Beteiligung an den militärischen Kampagnen gibt Verlohren nur allgemein „Nordische Kriege" an.

637 Das altschriftsässige Rittergut im Amt Oschatz war zeitweise in die Güter Alt-Kötitz und Neu-Kötitz geteilt, siehe Friedrich Gottlob Leonhardi, Erdbeschreibung, Bd. 2, S. 595. Beide Güter wurden zwischen 1694 und 1704 durch v. Beneckendorf erworben. Auf dem Landtag von 1694 war Alt-Kötitz noch im Besitz des Stiftsrates zu Wurzen Heinrich Anselm v. Ziegler und

terschaftlichen Grundbesitz erwarb er durch seine Heirat mit Eva v. Schleinitz aus dem Hause Grödel. Auf dem allgemeinen Landtag von 1711 leitete Caspar Heinrich v. Beneckendorf die Sitzungen des Weiteren Ausschusses und auf dem Ausschußtag des folgenden Jahres wurde er in den Engeren Ausschuß berufen. Bei dieser Gelegenheit wird ihm im Oberhofmarschallamt auch der Titel eines geheimen Kriegsrates beigelegt. Die hofnahe Stellung eines Armeeoffiziers kombinierte er zudem mit der eines von der Landschaft benannten Obersteuer-Einnehmers. Die Genealogische Adels-Historie Valentin Königs sagt daher von ihm, der „General-Lieutenant" habe durch „arte & marte sich berühmt gemacht, und ist am Land-Tage Anno 1722 der Chur-Sachsen Erb-Marschall-Amts-Verweser ernennet worden,…"[638] Bis zu seinem Tod hat der aus der Neumark stammende Berufsoffizier drei Mal das Amt des Erbmarschall der kursächsischen Landstände versehen und zwischen Geheimem Rat und den in Dresden versammelten erbländischen Ständen vermittelt. Eine Friktion zwischen den verschiedenen Elementen dieses außergewöhnlich erfolgreichen Lebenslaufes eines nachgeborenen Sohnes ist bislang nicht erkennbar. Er scheint zeitgenössisch vielmehr als ein hervorragendes Exempel adliger Existenz durchgegangen zu sein.

Abgesehen von den Generälen und dem Feldmarschall stellten die Gouverneure der festen Plätze und Festungen Wittenberg, Leipzig (Pleißenburg), Dresden und Königstein die herausgehobenen militärischen Positionen in Kursachsen dar, die neben ihren militärischen Aufgaben auch administrative Funktionen mit sich brachten.[639] Die Generäle der Kavallerie und der Infanterie finden sich mit wenigen Ausnahmen nicht unter den Landtagsteilnehmern. Generäle, die den Landtag in Dresden besuchten, waren fast immer auch Gouverneure und Kommandanten einer Festung.[640] Gouverneur in Wittenberg war seit 1706 Christian Dietrich v. Röbel auf Hembsendorf im Amt Schweinitz des Churkreises. Er stammte aus der Mark Brandenburg und trat 1680 im Rang eines Majors in kursächsische Dienste.[641] Im Jahr 1683 nahm er an dem Feldzug nach Wien teil und darüber hinaus an den Kampagnen in Ungarn (1686) und am Rhein (1689). Man wird ihn daher als Berufssoldaten bezeichnen können. Im Jahr

---

Klipphausen (1663–1696), Neu-Kötitz dagegen im Besitz von Julius Haubold v. Hartitzsch. Zu v. Ziegler und Klipphausen, der auch als Verfasser von Romanen hervorgetreten sein soll, siehe auch Walter v. Boetticher, Oberlausitzischer Adel, Bd. 3, S. 187f, zu v. Hartitzsch, der 1705 Kammerherr wurde, Amtshauptmann zu Schweinitz war und ab 1699 für Triestewitz zum Landtag kam, siehe Valentin König, Genealogische Adels-Historie, Bd. 2, S. 460, Nr. 78.

638 Valentin König, Genealogische Adels-Historie, Bd. 1, S. 51.

639 In der Einleitung von Heinrich August Verlohren, Stammregister und Chronik der sächsischen Armee, S. 67–69, fehlt Wittenberg, im anschließenden alphabetischen Verzeichnis der Offiziere werden die Wittenberger Gouverneure aber berücksichtigt.

640 Die Festung Königstein, die auch als Staatsgefängnis diente, besaß in der ersten Hälfte des 18. Jahrhunderts bis auf Carl Gottlob v. Ziegler und Klipphausen jedoch nur Kommandanten aus auswärtigem und in den Erblanden nicht belehntem Adel. Daher hat kein Kommandant der Festung Königstein den Dresdner Landtag besucht.

641 Siehe Heinrich August Verlohren, Stammregister und Chronik der sächsischen Armee, S. 435, Nr. 1.

1701 erhielt er die Beförderung zum General der Infanterie und auf dem Ausschußtag von 1708 wurde er direkt in den Weiteren Ausschuß berufen.[642] Mit der
Übernahme des Gouverneurspostens in Wittenberg setzten seine regelmäßigen
Besuche des Dresdner Landtages ein. Bis 1716 war er immer Mitglied des Weiteren Ausschusses, 1718 saß er dann im Engeren Ausschuß. Er starb am 23. Januar 1723. Am Landtag des Jahres 1722 hat er nicht mehr teilgenommen.

Sein Nachfolger im Amt des Gouverneurs zu Wittenberg in den Jahren von
1724 bis 1749 wurde Adam Heinrich Bose (1666–1749), der einem alteingesessenen kursächsischen Geschlecht angehörte und auf dem Rittergut Mölbis im
Amt Borna des Leipziger Kreises mitbelehnt war. Als nachgeborener Sohn absolvierte er eine lupenreine militärische Berufslaufbahn, die über die Stationen
Fähndrich (1689) und Leutnant (1690) zum Oberst (1699), 1710 Generalmajor
(1710) und Generalleutnant (1714) führte und endlich zum General der Infanterie
(1731). Adam Heinrich hat sowohl an Feldzügen am Rhein als auch am Spanischen Erbfolgekrieg und am Nordischen Krieg teilgenommen. Er war der jüngere Bruder des Leutnants Carl Ernst (1663–1685), der an den bei Kalamata in
Griechenland erhaltenen Verwundungen starb, und Christoph Dietrich d.J.
(1664–1741).[643] Ihr Vater Christoph Dietrich Bose (1628–1708), der Ältere, auf
Frankleben im Hochstift Merseburg und Mölbis im Amt Borna war aktiver Offizier und wurde 1682 der erste Direktor der Kriegskanzlei und 1683 geheimer
Kriegsrat.[644] Sein Sohn gleichen Namens assistierte dem Vater im Kollegium. Er
wurde 1692 ebenfalls Kriegsrat und 1698 schließlich wirklicher geheimer Rat.
Christoph Dietrich d.J. fiel jedoch in Ungnade und floh 1706 aus Kursachsen.
Kurz nach seiner Rückkehr in kursächsische Dienste geriet er erneut in Verdacht
und kam 1728 als Staatsgefangener in die Pleißenburg.[645] Später erhielt er auf
seinem Gut Frankleben Hausarrest, wurde aber 1738 erneut verhaftet.

Der ältere Christoph Dietrich Bose hatte das Rittergut Mölbis von 1683 bis
1696 zehnmal im Weiteren und Engeren Ausschuß repräsentiert. Der Generalleutnant Adam Heinrich Bose begann dagegen 1722 seine Laufbahn als Landtagsbesucher und Besitzer von Mölbis, wie in der Landtagsordnung vorgesehen,
durch den Eintritt in die Allgemeine Ritterschaft.[646] Es gelang ihm am 29. Januar

---

642 Nach den Unterlagen im Oberhofmarschallamt hat er aber wohl im Jahr 1708 die Sitzungen noch
nicht besucht. Im Jahr 1711 wird er dort immer noch als General-Lieutenant der Infanterie
geführt. Möglicherweise muß die bei Verlohren genannte Jahreszahl der Ernennung zum General von 1701 auf 1711 korrigiert werden.

643 Siehe Heinrich August Verlohren, Stammregister und Chronik der sächsischen Armee, S. 138,
Nr. 3 und Nr. 8–10. Carl Ernst Bose gehörte demnach zu den vom Kurfürsten Johann Georg III. an
die Republik Venedig vermieteten kursächsischen Truppen, die ihr bei der Eroberung der
Peloponnes halfen. Das Gut Seerhausen im Amt Oschatz des Meißner Kreises gehörte wahrscheinlich nicht dem jüngeren Christoph Dietrich Bose, sondern seiner Ehefrau Charlotte Johanne v. Schleinitz (1675–1727), siehe HSTA Dresden, Bestand 10.080, Ritterguts-Matrikel 1728.

644 Siehe Christian Heinker, Bürde des Amtes, S. 340 f, und zum Sohn gleichen Namens ebd., S. 347 f.
In den Landtagsverzeichnissen erscheint der ältere Bose von 1683 bis 1685 als Kammer-Direktor
und seit 1687 als kurfürstlich sächsischer geheimer Kriegsrat.

645 Siehe zu den politischen Umständen Paul Haake, August der Starke, S. 115 f und S. 148–161.

646 Mit dem Rittergut Mölbis war er mindestens seit dem 7. Mai 1709 belehnt, siehe HSTA Dresden,
Bestand 10.080, Ritterguts-Matrikel 1728.

1722, eine gute Woche vor Eröffnung des Landtages, „wegen langer Zeit treu und tapfer geleisteter Dienste" die Erhebung seines ehemals amtsässigen und bereits 1670 für neuschriftsässig erklärten Rittergutes Mölbis, gelegen im Amt Borna des Leipziger Kreises, in die Klasse der altschriftsässigen Rittergüter mit Landtagsberechtigung und Auslösung zu erhalten. Ausgestattet mit der frisch erteilten Altschriftsässigkeit trat Adam Heinrich v. Bose am 8. Februar in die Allgemeine Ritterschaft ein. Er machte im Landtag schnell Karriere.[647] In den Jahren 1728 und 1731, inzwischen war er Gouverneur geworden, gehörte Adam Heinrich – allen politischen Querelen um seinen Bruder zum Trotz – dem Weiteren Ausschuß an. Drei weitere Landtage, nämlich 1734, 1737 und 1742, saß der General und Gouverneur im Engeren Ausschuß.

Die Gouverneure von Dresden und Leipzig kamen ebenfalls zum Dresdner Landtag, sofern sie in den Erblanden mit Rittergütern belehnt waren.[648] Oberst Carl Gottlob v. Neitschütz auf Blankenhain im Erzgebirger Kreis, Gouverneur von Leipzig von 1702 bis 1720, hat den Landtag nur einmal, und zwar im Jahr 1699 besucht. Der Kammerherr (seit 1697) und General (seit 1714) Joachim Friedrich Graf v. Flemming (1665–1740), der das Gouverneursamt von 1724 bis 1740 innehatte, brachte es dagegen auf neun Landtagsbesuche zwischen 1711 und 1728.[649] Er war vor allem über seine Ehefrau, die verwitwete Christiane Charlotte v. Watzdorff, zu ritterschaftlichem Grundbesitz gekommen.[650] Sie hatte ihm im Jahr 1699 das Gut Nedaschütz im Meißner Kreis verkauft, so daß er 1711, noch im Rang eines Generalleutnants, direkt in den Weiteren Ausschuß berufen werden konnte, dessen Mitglied er bis 1716 blieb. Weil seine Frau das Gut wieder zurückgekauft hatte und 1717 damit belehnt wurde, konnte v. Flemming am Landtag von 1718 nur als Besitzer von Kleinwölkau im Leipziger Kreis teilnehmen.[651] Für Kleinwölkau war v. Flemming von 1718 bis 1728 Mitglied des Engeren Ausschusses. Mit dem Verlust des Gutes endeten auch seine Landtagsbesuche. Erst gut zwanzig Jahre später saß mit Generalleutnant Johann August v. Haxthausen auf Peres im Leipziger Kreis wieder ein kommandierender Gou-

647 Auf dem Ausschußtag von 1725 kam er allerdings deshalb noch nicht zum Zuge, weil im Weiteren Ausschuß nur eine Stelle für den Meißner Kreis frei wurde, die aber an den Kreissteuer-Einnehmer Haubold Ehrenreich v. Miltitz auf Rossendorf im Amt Hohenstein und Lohmen ging.

648 Für die folgenden Angaben zu den Gouverneueren von Leipzig und Dresden siehe die entsprechenden Einträge in Heinrich August Verlohren, Stammregister und Chronik der sächsischen Armee.

649 Er war der ältere Bruder des Generalfeldmarschalls und Kabinettsministers Jacob Heinrich Graf v. Flemming.

650 Siehe Walter v. Boetticher, Oberlausitzischer Adel, Bd. 1, S. 375.

651 Der Verkauf erfolgte laut Boetticher bereits im Jahr 1712, mit Kleinwölkau war v. Flemming seit 1711 belehnt, siehe HSTA Dresden, Bestand 10.080, Ritterguts-Matrikel 1728. Die finanzielle Lage v. Flemmings scheint weder gut noch stabil gewesen zu sein. Nedaschütz wurde 1729 an den Generalmajor Georg Wilhelm v. Birkholz verkauft, der 1731 den Landtag besuchte. Kleinwölkau im Amt Delitzsch war vor 1711 im Besitz der Freiherren v. Scheiding und ging im Jahr 1730 in den Besitz von Woldemar Freiherr v. Scheiding über. Damit hatte sich v. Flemming ganz auf die Besitzungen seiner Frau in der Oberlausitz, Großharthau und Goldbach, zurückgezogen.

verneur im Landtag.[652] Seine beiden Vorgänger waren auswärtige Adlige und nicht landtagsfähig gewesen.

Der Posten des Gouverneurs von Dresden war noch deutlicher politisch als der Leipziger und in der Regel mit anderen sehr hochrangigen Positionen verbunden. Bis 1708 hatte der Generalfeldzeugmeister Otto Christian Graf v. Zinzendorf und Pottendorf (1661–1718) die Stelle inne. Auf ihn folgte der General, Präsident des Geheimen Kriegsrates und (seit 1712) Kabinettsminister Jacob Heinrich v. Flemming (1667–1728). Die zeitliche Beanspruchung seitens der verschiedenen Aufgaben war aber vermutlich zu hoch, so daß v. Flemming von 1714 bis 1718 das Kommando dem geheimen Kriegsrat Gottfried Leberecht Janus v. Eberstädt überließ. Dennoch hat sich der Minister v. Flemming 1722 bis 1728 auch zum Landtag bemüht. Seit 1718 war der General und Kabinettsminister August Christoph v. Wackerbarth (1662–1734) Gouverneur von Dresden. Er gehörte nicht zu den Landtagsteilnehmern. Erst mit dem General und Kabinettsminister Heinrich Friedrich Graf v. Friesen (1681–1739) saß zugleich wieder ein Gouverneur von Dresden im Landtag. Nach seinem Tod löste ihn 1740 Graf Rutowski (1702–1764) ab, zu diesem Zeitpunkt General der Kavallerie und ab 1749 Generalfeldmarschall.

Abgesehen von den Gouverneuren finden sich Offiziere im Generalsrang nur selten unter den Landtagsteilnehmern. Da sich unter den höheren Offizieren sehr viele Adelige befanden, die nicht zu den in Kursachsen begüterten ritterschaftlichen Vasallen gehörten, kann auch nicht erwartet werden, daß sie in größerer Zahl in Dresden erscheinen. Dennoch zeigen die Landtagsverzeichnisse eine Anzahl von Offizieren unter den Landtagsbesuchern. Die häufigsten in der Ritterkurie vertretenen Ränge sind die vom Hauptmann oder Rittmeister aufwärts bis zum Generalleutnant.[653] Aus biographischen wie dienstlichen Gründen sind die niedrigeren Chargen der Leutnants oder gar Fähndriche, soweit die vorliegenden Angaben erkennen lassen, praktisch nicht vertreten. Ein Leutnant wie David v. Landwüst auf Gladitz im Amt Weißenfels, der 1746 und 1749 in der Allgemeinen Ritterschaft des Thüringer Kreises erschien, ist äußerst selten.[654]

Teilnehmer im Generalsrang, die kein anderes hohes landesherrliches Amt bekleideten, gab es in der ersten Hälfte des 18. Jahrhunderts zwei. In den Jahren 1718 und 1722 war der General der Infanterie Ernst Ludwig v. Wilcke (1653–1725), auf Dreitzsch im Amt Arnshaugk des Neustädter Kreises, Mitglied des Weiteren Ausschusses.[655] Er hatte den Spanischen Erbfolgekrieg von 1711 bis

---

652 Die meisten Kommandanten der Festung Königstein standen vor ihrer Ernennung im Rang eines Generalmajors, die Gouverneure von Leipzig waren zumeist Generalleutnants, die Dresdner Gouverneure dagegen standen meist bereits im Generalsrang.

653 Erst mit dem Rang eines Generals war dann auch wie bei den Kabinettsministern und den wirklichen geheimen Räten die Anrede ‚Excellenz‘ verbunden.

654 Bei Heinrich August Verlohren, Stammregister und Chronik der sächsischen Armee, ist David v. Landwüst nicht verzeichnet. Vielleicht hatte er seinen Titel von der Sekundogenitur Sachsen-Weißenfels, die 1746 an das Kurhaus zurückfiel.

655 Laut Oberhofmarschallamt ist er 1718 und 1722 nach zwei Monaten jeweils vorzeitig vom Landtag abgereist. Außerdem wird er für den Landtag von 1716, der vom 2. Februar bis zum 18. April dauerte, verzeichnet. Er traf allerding erst mit einem Monat Verspätung am 8. März ein.

1713 als Generalleutnant in den Niederlanden mitgemacht und wurde im Jahr 1714 zum General befördert.[656] Für die Anreise von seinem Rittergut nach Dresden wurden ihm Aufwendungen für zwanzig Meilen und acht Nachtlager erstattet. Der andere General war Moritz Friedrich v. Milckau (1671–1740) auf Lebusa im Amt Schlieben des Churkreises und auf Kriebenstein im Amt Rochlitz des Leipziger Kreises.[657] Seine militärische Karriere umfaßte die Stationen Oberst (1698), Generalmajor (1704), Generalleutnant (1714) und General der Kavallerie (1731).[658] Parallel zu seinem Aufstieg in der Armee besuchte er sieben Mal den Dresdner Landtag. Sein Debüt macht er im Jahr 1711 im Rang eines General-majors in der Allgemeinen Ritterschaft des Churkreises. Den Landtag von 1716 verpaßte er, aber 1718 und 1722 war er wieder anwesend, 1722 allerdings in der Ritterschaft des Leipziger Kreises. Im Jahr 1725 erfolgte seine Berufung in den Weiteren Ausschuß aber wieder im Kontingent des Churkreises, obwohl auch der Leipziger Kreis freie Plätze zu vergeben hatte.[659] Auch 1728 und 1731 gehörte er noch diesem Ausschuß an, 1734 aber kam der General v. Milckau schließlich in den Engeren Ausschuß. Seine Landtagskarriere umfaßte damit dreiundzwanzig Jahre.

Zusammen mit den gerade frisch zu Generälen ernannten Generalleutnants Moritz Friedrich v. Milckau und Adam Heinrich Bose saß auf dem Landtag des Jahres 1731 als dritter Generalleutnant noch Hans (oder Johann) Adam Freiherr v. Seyfertitz im Weiteren Ausschuß.[660] Hans Adam war mit dem Rittergut Strauch im Amt Hayn des Meißner Kreises belehnt und kam seit 1711 zum Landtag, wo er im Rang eines „Obrister" an der Allgemeinen Ritterschaft teil-nahm und auf seinem ersten Landtag sogleich als Kondirektor des Meißner Kreises fungierte. Auf dem Ausschußtag des folgenden Jahres kam er, inzwi-schen im Rang eines Generalmajors, in den Weiteren Ausschuß, dem er bis 1734 weiter angehörte. Von 1712 bis 1734 nahm er im Ausschuß an zehn Verhand-lungen teil und zählte damit nicht nur zu den erfahrenen Mitgliedern des Wei-teren Ausschußes in dieser Zeit. Er steht damit vielmehr auch für ein eminentes

---

Möglicherweise hat er dann doch noch die Allgemeine Ritterschaft besucht, wird aber in den inzwischen geschlossenen Protokollen nicht mehr genannt.

656 Siehe Heinrich August Verlohren, Stammregister und Chronik der sächsischen Armee, S. 549, Nr. 2.

657 Die Schreibweisen schwanken: man findet in neueren Veröffentlichungen auch Milkau bzw. Kriebstein. Mit dem Rittergut Kriebenstein war v. Milckau mindestens seit 1719 belehnt, siehe HSTA Dresden, Bestand 10.080, Ritterguts-Matrikel 1728.

658 Siehe Heinrich August Verlohren, Stammregister und Chronik der sächsischen Armee, S. 363, Nr. 11. Über Moritz Friedrich v. Milckau ist zu seinen Lebzeiten auch ein kurzer eigener Artikel in Zedler, Universal-Lexicon, Bd. 21 (1739), Sp. 171, erschienen, in dem er als „dieser berühmte Held" bezeichnet wird.

659 Die Gründe für diesen Wechsel zwischen Churkreis und Leipziger Kreis sind z.Z. noch nicht nachvollziehbar.

660 Die Seyfertiz oder Seifertitz waren laut Zedler, Universal-Lexicon, Bd. 37 (1743), Sp. 761 f: „eine der ansehnlichsten Freyherrlichen Familien in Meissen", und „Johann Adam, auf Stauche, Goldhausen und Glauditz, Königlich-Pohlnisch- und Chur-Sächsische(r) General-Lieutenant, welcher ohngefehr ums Jahr 1735 verstorben". Er erscheint als Hans Adam im Hof- und Staatskalender und in den Landtagsverzeichnissen, fehlt aber bei Heinrich August Verlohren.

Interesse an den Landtagssitzungen, obwohl er nicht in den Engeren Ausschuß berufen wurde. Die Motive für sein Interesse mögen sowohl beruflicher als auch persönlicher Natur gewesen sein. Hans Adam v. Seyfertitz stammte aus einer deutlich hofnah vernetzten Familie.[661] In dem Jahr, in dem er seinen ersten Landtag besuchte, erhielt sein Bruder Adolph Freiherr v. Seyfertitz den Kammerherrenschlüssel und bekleidete von 1715 bis 1740 am Dresdner Hof das Amt des Ober-Küchenmeisters.[662] Ein weiterer Bruder, Rudolph Gottlob Freiherr v. Seyfertitz, erhielt – ebenfalls im Jahr 1711 – die Stelle des Trabanten-Hauptmanns, d. h. des Leiters der Schloßwache in Dresden. Von 1725 bis 1733 wechselte er auf das Hofamt des Oberschenken, 1732 erscheint er im Hof- und Staatskalender außerdem in der Liste der titular geheimen Räte.[663] In seiner Zeit als Trabantenhauptmann hat er 1711, 1716 und 1718 aufgrund der Güter Jahna und Goldhausen im Kollegiatstift Wurzen an der Allgemeinen Ritterschaft des Leipziger Kreises teilgenommen. Der Aufstieg in die Ausschüsse blieb ihm möglicherweise verwehrt, weil bereits sein Bruder Hans Adam im Weiteren Ausschuß saß.

Während der Landtage von 1728, 1731 und 1734 wohnte Hans Adam dann bei seinem Bruder, dem Oberschenken bzw. geheimen Rat v. Seyfertitz, in der Moritzstraße. Nach dem Tod von Hans Adam hat Rudolph Gottlob im Jahr 1737 als Lehnsinhaber von Strauch aber noch einmal den Landtag besucht, jedoch wiederum nur in der Allgemeinen Ritterschaft des Meißner Kreises. Hans Adams dritter Bruder Georg Haubold war laut Zedler fürstlich Hessen-Kassler Obrist-Leutnant und hatte demnach auch eine militärische Laufbahn eingeschlagen. Georg Haubold, wahrscheinlich 1699 in Dresden zum Kammerherrn gemacht, hat ebenfalls in den Jahren 1711 und 1716 den Landtag besucht hat, und zwar als Besitzer des Gutes Cunnersdorf bei Kaitz im Meißner Kreis. Beide Male saß er allerdings nur in der Allgemeinen Ritterschaft. Dennoch ist es bemerkenswert, daß drei Brüder v. Seyfertitz unbeschadet ihrer militärischen Engagements nach der langen Landtagspause nach 1699 im Jahr 1711 sofort die Gelegenheit ergreifen, sich auf dem ersten allgemeinen Landtag zu präsentieren. Für den Generalleutnant Hans Adam Freiherr v. Seyfertitz entstand daraus, trotz fehlenden Aufstieges in den Engeren Ausschuß, eine lange Landtagstätigkeit mit regelmäßiger Teilnahme an den Sitzungen des Weiteren Ausschusses.

Ihre ersten Besuche eines Landtages absolvierten 1731 zwei weitere Offiziere, der Major Carl Gottlieb v. Thielau (1699–1755) und der bei der Garde du Corps aktive Rittmeister Hans Rudolf v. Thielau (1705–1756), der dann im Jahr

---

661 Sein Vater war möglicherweise der George Rudolph v. Seyfertitz, der 1692 und 1694 für Goldhausen die Allgemeine Ritterschaft des Leipziger Kreises besucht hat.

662 Zu den Hofämtern der v. Seyfertitz siehe wieder Johann Georg Zirschke, Hof-Staat, hier S. 19–21. Adolph v. Seyfertitz verstarb 1741, Rudolph Gottlob 1740. Laut Zedler gehörte Adolph v. Syfertitz zu der kursächsischen Gesandtschaft, die 1711 bei der Krönung Karls VI. zum Kaiser in Frankfurt am Main war. Er war mit einer v. Haxthausen verheiratet, die in erster Ehe mit Gottlob Adolph Graf v. Beichlingen – Ober-Falkenmeister bis 1703, gestorben 1713 – verheiratet gewesen war.

663 Laut Zedler, Universal-Lexicon, Bd. 37 (1743), Sp. 761, war er zudem Ritter des preußischen schwarzen Adler-Ordens und polnischer geheimer Rat.

1734 zum Major befördert wurde. Beide waren Söhne von Hans Gottlieb v. Thielau (1662–1723), der von 1696 bis 1723 Ober-Stallmeister am Dresdner Hof und in dieser Zeit auch Mitglied des Landtages gewesen war.[664] Von den väterlichen Gütern ging das Hauptgut Lampertswalde im Amt Oschatz des Meißner Kreises an Carl Gottlieb und das Nebengut, das amtsässige Leuben im gleichen Amt, an Hans Rudolph. Carl Gottlieb v. Thielau kam erst nach einer zehnjährigen Pause im Jahr 1742 erneut zum Landtag. Sein dritter und letzter Besuch erfolgte nach seiner Pensionierung im Jahr 1745, die ihm noch die Beförderung zum Oberst einbrachte, beim Landtag von 1749. In allen drei Fällen war er Mitglied der Allgemeinen Ritterschaft.[665] Sein Bruder Hans Rudolph auf Leuben, Deputierter des Amtes Oschatz, nahm in den Jahren 1731, 1734 und 1737 und dann noch einmal 1746 an den Landtagsverhandlungen, und zwar ebenfalls immer in der Allgemeine Ritterschaft, teil.[666] Im Jahr 1742 fehlte er in Dresden aufgrund seiner Teilnahme an den militärischen Kampagnen von 1741 bis 1745. Im Jahr 1746 nahm oder erhielt er seinen Abschied im Rang eines Oberst. Nach seinem Abschied wurde er noch zum geheimen Kriegsrat gemacht und trug bei seinem Landtagsbesuch von 1749 diesen Titel. Abgesehen von ihrem ersten Besuch 1731 haben sich die beiden Brüder also nicht mehr auf einem Landtag getroffen. An ihrem Interesse an den Verhandlungen kann aber trotz der Unterbrechungen und der militärischen Verpflichtungen kein Zweifel bestehen. Der fehlende Aufstieg in die Ausschüsse sollte in der historischen Bewertung nicht nur als Zurücksetzung der Brüder gesehen werden. Er ist vielmehr ein weiterer Beleg dafür, in welchem Umfang auch in der Allgemeinen Ritterschaft Erfahrung und Kompetenz versammelt war. In dieser Hinsicht haben sich die drei Abteilungen der Ritterkurie nur graduell unterschieden.

Beider v. Thielau jüngster Bruder, Otto Moritz v. Thielau (1709–1782) besuchte ebenfalls den Dresdner Landtag. Er erscheint seit 1733 unter den Appellationsräten und hatte in den 1740er Jahren auch das Amt eines Kreishauptmanns. Im Jahr 1730 war es ihm gelungen, sich durch den Kauf von Hirschfeld im Amt Meißen eigenen ritterschaftlichen Grundbesitz zu erwerben.[667] Weil das Gut seiner Qualität nach amtsässig war, konnte er jedoch nur als Deputierter der Meißner Amtsassen zum Landtag kommen. Im Jahr 1737 gesellte er sich schließlich zu seinem Bruder, dem Deputierten Hans Rudolph, in die Allgemeine Ritterschaft des Meißner Kreises. Im Gegensatz zu seinen beiden älteren Brü-

---

664 Im Jahr 1694 war er zudem Amtshauptmann zu Colditz. Von 1699 bis 1708 gehörte er dem Weiteren Ausschuß an und von 1711 bis 1722 dem Engeren Ausschuß. Siehe auch Zedler, Universal-Lexicon, Bd. 43 (1745), Sp. 1415, wo er „ein Herr von rühmlichen Qualitäten" genannt wird; ferner Heinrich August Verlohren, Stammregister und Chronik der sächsischen Armee, S. 509, Nr. 2 und Nr. 3.

665 Heinrich August Verlohren verzeichnet für Carl Gottlieb kurz vor seinem Tod noch eine Ernennung zum titular Generalmajor im Jahr 1754.

666 Das Gut Leuben hatte der Vater im Jahr 1710 erworben, siehe Gustav Adolf Poenicke (Hg.), Album der Rittergüter, II. Section: Meißner Kreis, S. 109.

667 Siehe Gusav Adolf Poenicke (Hg.), Album der Rittergüter, II. Section: Meißner Kreis, S. 112; HSTA Dresden, Bestand 10.080, Ritterguts-Matrikel 1728; und Zedler, Universal-Lexicon, Bd. 55 (1748), Sp. 1869. Verkäuferin war Magdalene Sybille v. Wiedemann, geb. Bose.

dern, die einer militärischen Laufbahn folgten, wurde Otto Moritz schon bei seinem zweiten Landtagsbesuch im Jahr 1742 in den Weiteren Ausschuß berufen, dem er auch 1746 und 1749 angehörte. Nach dem Siebenjährigen Krieg setzte der Appellationsrat Otto Moritz v. Thielau seine Besuche von 1763 bis 1781 im Engeren Ausschuß fort.[668]

Weitere aktive Offiziere in den Landesversammlungen der ersten Hälfte des 18. Jahrhunderts waren v. Kanitz und Vitzthum v. Eckstädt. Der 1718 verstorbene Christoph Heinrich v. Kanitz (oder Canitz) auf Mutzschen im Leipziger Kreis hatte zuerst 1694 die Allgemeine Ritterschaft besucht und gehörte dann von 1715 bis 1718 zum Weiteren Ausschuß. Er war seit 1707 Generalleutnant.[669] Christian Vitzthum v. Eckstädt (1679–1738) auf Röhrsdorf im Amt Hayn des Meißner Kreises hat zwischen 1716 und 1734 an allen sechs allgemeinen Landtagen in der Allgemeinen Ritterschaft teilgenommen. Er hatte das Gut erst 1714 von dem Weißenfelser Hofrat Johann Rudolph v. Loß erworben.[670] Im Oberhofmarschallamt wird er für die Landtage von 1716, 1718 und 1722 als Obrist Wachtmeister geführt und seitdem als Oberst.[671] Über fast zwanzig Jahre laufen in seinem Fall das Engagement als Militär und die Teilnahme an den Verhandlungen in der Allgemeinen Ritterschaft des Meißner Kreises parallel.

Offiziere der kursächsischen Armee, die erst nach ihrem Abschied zum Landtag kamen, sind naturgemäß schwerer zu identifizieren, da sie in den Verzeichnissen nicht mehr mit Titel oder Dienstgrad auftauchen. Ein erhellendes Beispiel für eine zweite oder sogar dritte Karriere bietet der Fall des Caspar Joachim v. Schönberg (1690–1758) auf Böhlen bei Döbeln im Amt Colditz des Leipziger Kreises, der von 1710 bis 1718 die militärische Laufbahn vom Fähndrich bis zum Hauptmann absolvierte und um 1722 seinen Abschied erhielt oder nahm.[672] Er hatte von den Erben Ernst Dietrichs v. Erdmannsdorf, Dresdner

668 Und zwar weiterhin als Besitzer von Hirschfeld und Deputierter des Amtes Meißen. Die Familientradition setzten für Lampertswalde – möglicherweise sein Neffe – Gottlieb Heinrich v. Thielau (1766 und 1769) und Carl Gottlob v. Thielau (1775–1793) fort, sie blieben allerdings in der Allgemeinen Ritterschaft. Für Leuben und das Amt Meißen kam 1781 und 1787 Gotthelff Friedrich v. Thielau in die Allgemeine Ritterschaft, 1799 war er dann sogar einmal Mitglied des Weiteren Ausschusses.

669 Siehe Heinrich August Verlohren, Stammregister und Chronik der sächsischen Armee, S. 167, Nr. 2. Zu seinen militärischen Verdiensten siehe Zedler, Universal-Lexicon, Bd. 5 (1733), Sp. 551. Laut Zedler starb er 1718 als Kommandant von Dresden.

670 Siehe Gustav Adolf Poenicke (Hg.), Album der Rittergüter, II. Section: Meißner Kreis, S. 194. Loß war der Sohn des Weißenfelser geheimen Rates Hans Caspar v. Loß (1647–1711), sein Bruder Johann Adolph v. Loß (1690–1759) 1728 wirklicher geheimer Rat mit Sitz und Stimme in Dresden, siehe Christian Heinker, Bürde des Amtes, S. 375.

671 Auch Heinrich August Verlohren, Stammregister und Chronik der sächsischen Armee, S. 529, Nr. 10, gibt an, daß er 1722 im Rang eines Obersten gestanden hat. Die Hof- und Staatskalender führen ihn bis 1739 – er starb am 20. Dezember 1738 – als Oberst der Infanterie.

672 Zu v. Schönberg siehe Heinrich August Verlohren, Stammregister und Chronik der sächsischen Armee, S. 463, Nr. 28; ferner Zedler, Universal-Lexicon, Bd. 35 (1743), Sp. 719; und HSTA Dresden, Bestand 10.080, Ritterguts-Matrikel 1728. Er war der Sohn des Ober-Landfischmeisters Caspar Joachim v. Schönberg (1641–1705) auf Schweta. Das Rittergut Schweta ging an Hans

Kammerherr und von 1686 bis 1720 Hausmarschall, das Rittergut Böhlen erworben.[673] Die Belehnung v. Schönbergs mit dem Rittergut Böhlen am 31. Januar 1722 erfolgte gerade noch rechtzeitig zur Eröffnung des Landtags am 8. Februar, an dem er dann auch mit einer kurzen Unterbrechung bis zum 14. Juni in der Allgemeinen Ritterschaft teilnahm. In den Jahren 1728, 1731 und 1734 wiederholte er die Besuche der Allgemeinen Ritterschaft des Leipziger Kreises. Der Übergang vom Berufsoffizier zum kursächsischen Landstand war vollzogen. Die Nähe zum Hof und die militärische Erfahrung werden für ihn im Landtag sicherlich weiterhin eine Rolle gespielt haben. Laut Heinrich August Verlohren erhielt er 1734 mit dem Posten des Kreiskommissars im Leipziger Kreis ein erstes Amt. Mit dem Hof- und Staatskalender von 1736 beginnt eine weitere zwanzigjährige Etappe v. Schönbergs als Land-Kammerrat. Auf seinem fünften Landtag im Jahr 1737 wird er dann, immer noch Angehöriger der Allgemeinen Ritterschaft, im Oberhofmarschallamt auch dementsprechend tituliert.[674] Im darauf folgenden Landtag von 1742 erhält der Land-Kammerrat v. Schönberg die Berufung in den Weiteren Ausschuß, dem er auch 1746 und 1749 angehörte.

Ein ehemaliger Offizier war auch Christoph Carl v. Raab (oder Rabe) auf dem amtsässigen Rittergut Tirpersdorf im Vogtländer Kreis. Er wurde 1703 Fähndrich und nahm, seit 1708 Leutnant, von 1710 bis 1713 in den Niederlanden am Spanischen Erbfolgekrieg teil.[675] Nach seinem Abgang im Jahr 1713 wurde er zum Deputierten des Amtes Voigtsberg gewählt und hat in dieser Funktion 1718, 1722 und 1728 an den Verhandlungen der Allgemeinen Ritterschaft teilgenommen. Er verstarb am 19. Oktober 1730. Hans Georg aus dem Winckel (1671–1729) war seit 1699 Rittmeister im Kürassier-Regiment Graf Trautmannsdorf.[676] Er nahm an Kampagnen des nordischen Krieges und des Spanischen Erbfolgekrieges in den Niederlanden teil. Seine militärische Laufbahn führte über den Major (1700), Obersten (1705) und Chef des Kürassier-Regiments v. Gersdorff bis zum Generalmajor (1714). Im Jahr 1704 erwarb er vom weißenfelser Oberhofmarschall Hans Moritz v. Brühl das schriftsässige Rittergut Baumersroda im Amt Freyburg im Thüringer Kreis und startete mit dem ersten allgemeinen Landtag im Jahr 1711 seine Landtagskarriere, indem er beim Thüringer Kreis in die Allgemeine Ritterschaft eintrat.[677] Im Jahr 1714 nahm er im Alter von 43 Jahren

---

Caspar v. Schönberg, der von 1716 bis 1728 an der Allgemeinen Ritterschaft des Leipziger Kreises teilnahm.

673 Zu Erdmannsdorf siehe Johann Georg Zirschke, Hof-Staat, S. 20. Er war am 21. August 1720 verstorben. Dem Landtag gehörte er seit 1694 an. Mitglied des Weiteren Ausschusses wurde er 1699, des Engeren dann von 1712 bis 1718.

674 Der Landtag dauerte vom 10. März bis zum 5. Mai 1737. Das Oberhofmarschallamt verzeichnete für die Zeiten vom 14. bis 19. März und 29. April bis 3. Mai, daß v. Schönberg „in königlichen Angelegenheiten" verreist war.

675 Siehe Heinrich August Verlohren, Stammregister und Chronik der sächsischen Armee, S. 419, Nr. 5.

676 Siehe ebd., S. 551, Nr. 4. Das Regiment hatte seit 1700 den Kurprinzen Friedrich August II. (1697–1763) zum Chef und war seit 1733 das Leib-Kürassier Regiment.

677 Der Generalmajor erwarb das Gut Baumersroda vom Ober-Hofmarschall v. Brühl am 20. April 1704, siehe Wikipedia, Art. ‚Baumersroda' (zuletzt besucht am 17. November 2015), mögli-

seinen Abschied vom Militär und setzte seine Landtagsbesuche fort. Auf den Landtagen von 1716 und 1718 fand sich der nunmehrige Generalmajor a.D. wieder in der Allgemeinen Ritterschaft ein. Im Jahr 1722 stieg er in den Weiteren Ausschuß auf, dem er noch bis 1728, also bis zur Verabschiedung der Landtagsordnung angehörte.

Die Voraussetzung derartiger Karrieren war der Zugang zum ritterschaftlichen Lehensbesitz durch Erbe oder Kauf. Ein Beispiel für die Abschichtung des Militäradels aus dem begüterten Adel und damit aus der Zahl der Landtagsbesucher zeigt das Beispiel der v. Zanthier auf Salzfurth im Churkreis. Mitte des 17. Jahrhunderts teilten sich die Brüder Christoph Jobst und Heinrich v. Zanthier den Besitz des Rittergutes im Amt Bitterfeld.[678] Ihre männlichen Nachkommen waren Landtagsmitglieder und kursächsische Offiziere.[679] Aufgrund dieser Möglichkeiten wurde der kursächsische Adel im Verlauf des 18. Jahrhunderts in seiner Lebenshaltung deutlich heterogener.

Christoph Jobst v. Zanthier hatte drei Enkel. Der erste und designierte Nachfolger Erhard Titus starb 1689 als brandenburger „Capitain" vor Bonn, der zweite Jobst Heinrich wanderte ins Herzogtum Pommern aus und wurde dort preußischer Ober-Forstmeister. Der dritte Otto Friedrich, gestorben 1719, dagegen wurde Hofrat im Fürstentum Anhalt und setzte die Linie zu Salzfurth fort. Er gehörte seit 1687 zu den regelmäßigen Landtagsbesuchern.[680] Im Jahr 1699 kam er in den Weiteren Ausschuß und war von 1711 bis 1718 sogar Mitglied des Engeren Ausschusses. Vor allem sein im Jahr 1696 erstgeborener Sohn, der Landkammerrat Otto Friedrich d.J. auf Wünschendorf, setzte die Dienst- und Landtagstätigkeit des Vaters fort. Seine jüngeren Brüder waren aber, soweit über sie Nachrichten vorliegen, auf die militärische Laufbahn verwiesen. Erhard Titus v. Zanthier, geboren 1697, nahm in Württemberg Kriegsdienste an, zwei weitere Brüder wurden Offiziere in der kursächsischen Armee.[681]

Carl Ludolph v. Zanthier (1699–1758) wurde 1718 Fähndrich und stieg 1721 zum Hauptmann auf. Im Jahr 1728 übernahm er das väterliche Lehen Salzfurth und besuchte bis 1742 insgesamt drei Mal den Landtag in der Allgemeinen Ritterschaft. Im Jahr 1742 stieg er nach über zwanzig Jahren noch zum Major auf.

---

cherweise im Zusammenhang mit dem Ausschußtag von 1704, der am 20. Januar begann und bis zum 19. Juli dauerte. Die Anbahnung des Geschäftes kann sowohl in Dresden erfolgt sein als auch im Zuge der Wahl v. Brühls zum Deputierten des Amtes Weißensee.

678 Siehe Zedler, Universal-Lexicon, Bd. 60 (1749), Sp. 1607–1609.

679 Warum für das Rittergut Salzfurth im Amt Bitterfeld seit 1687 regelmäßig zwei Besitzer den Dresdner Landtag besuchen konnten, ist nicht ganz klar. Weder gibt Friedrich Gottlob Leonhardi, Erdbeschreibung, Bd. 1, S. 541, einen Hinweis, daß es in Salzfurth zwei Rittergüter gegeben habe, noch ist – wie in anderen Fällen – eine Teilung des Rittergutes zwischen den beiden Linien in einen oberen und einen unteren Teil belegt. Möglicherweise wurde das zu Salzfurth gehörende schriftsässige Gut Thalheim, siehe Christian Gottlob Wabst, Historische Nachricht, Beilage A, S. 23, bei der Landtagsberechtigung entsprechend angerechnet.

680 Im Jahr 1692 war allerdings sein älterer Bruder Jobst Heinrich für ein einziges Mal statt seiner ein Mitglied der Allgemeinen Ritterschaft.

681 Siehe Heinrich August Verlohren, Stammregister und Chronik der sächsischen Armee, S. 568 f, Nr. 1 und 4 sowie Nr. 12 und 13.

Fünf Jahre später ging er mit dem Rang eines Oberstleutnants in Pension, und noch zwei Jahre später erwarb er das Gut Königsfeld im Leipziger Kreis, für das er aber 1749 nicht mehr den Landtag besucht hat.[682] Das geographisch im Fürstentum Anhalt-Dessau gelegene Gut Salzfurth verkauften die v. Zanthier 1746 an den Landesherrn.[683] Carl Ludolph v. Zanthier war drei Mal verheiratet, ein Sohn zweiter Ehe, ebenfalls Carl Ludolph mit Namen, war 1777 Premier-leutnant und wurde 1793 wirklicher geheimer Kriegsrat.[684] Der jüngste Bruder Otto Friedrichs, Christoph Heinrich v. Zanthier (1710–1797) hatte nur noch eine lose Verbindung zum Grundbesitz und war daher auch nur einmal ein Land-tagsteilnehmer, und zwar kam er 1734 an Stelle seines Bruder Carl Ludolph nach Dresden. Stattdessen machte er in der Arme Karriere. Vom Fähndrich im Jahr 1729 über den Sousleutnant 1732 führte ihn sein Weg bis 1745 zum Majorsrang. Im Jahr 1759 war er Oberst, 1778 Generalmajor und 1788 Generalleutnant. Christoph Heinrich v. Zanthier war zwei Mal verheiratet und hatte mit Anton Georg Heinrich (1769–1823) einen Sohn, der wieder Berufsoffizier wurde und so die Familientradition fortsetzte.

Der andere von Heinrich v. Zanthier ausgehende Zweig des Geschlechts auf Salzfurth zeigt ein sehr ähnliches Muster. Sein einziger Sohn Georg Heinrich v. Zanthier (1639–1699) gehörte noch zu den kursächsischen Landständen und nahm zwischen 1670 und 1696 insgesamt an zwölf Landesversammlungen teil, blieb aber seit 1681 auf Dauer ein Mitglied des Weiteren Ausschusses.[685] Der älteste Sohn, der 1676 geborene Heinrich Dietrich, setzte die väterliche Tradition zunächst fort und nahm von 1708 bis 1718 als Mitbesitzer von Salzfurth sie-benmal an den Verhandlungen des Weiteren Ausschusses teil.[686] Von 1722 bis 1728 gehörte er für drei Landtage sogar zum Engeren Ausschuß. Seine Anstel-lung hatte er als Kreissteuer-Einnehmer des Churkreises gefunden. Sein jüngerer Bruder Haubold Siegmund v. Zanthier ging dagegen in auswärtige Dienste und wurde Kammerjunker in Anhalt-Zerbst. In den Landtag kam Haubold Sieg-mund, der laut Zedler auch Direktor der Ritterschaft im Leipziger Kreis war, im Jahr 1722 nur als Besitzer des amtsässigen Gutes Zschernitz und daher als De-

---

682 Königsfeld ging aber nach dem Tod des Vaters schnell wieder verloren, da die Söhne es 1765 an Carl August Sahrer v. Sahr veräußerten.

683 Siehe August Schumann, Zeitungs-Lexikon, Bd. 10 (1823), S. 126 f.

684 Heinrich August Verlohren gibt als Datum 1788 an, in den Hof- und Staatskalendern taucht der Kriegsrat v. Zanthier aber erst 1793 als jüngster der sechs Kriegsräte auf. Laut Verlohren starb er 1815 und war in zweiter Ehe mit einer Freiin v. Gutschmid verheiratet. Sie war möglicherweise eine Schwester von Gottlieb August Freiherr v. Gutschmid (1757–1815), der bis 1792 der jüngste Kriegsrat im Collegium gewesen war und ein Sohn des nobilitierten Konferenzministers und Reformers Christian Gotthelf Gutschmid (1721–1798), der 1769 den Freiherrntitel erhalten hatte.

685 Eine unmittelbare Anstellung im landesherrlichen Dienst ist von ihm bislang nicht bekannt geworden. Insofern kann man ihn hinsichtlich der Zusammensetzung des Landtages zum rei-nen ständischen Landadel rechnen.

686 Im Jahr 1699 hatte sein jüngerer Bruder Haubold Siegmund sowohl die Familie wie das Rittergut bereits in der Allgemeinen Ritterschaft des Churkreises vertreten, so daß Heinrich Dietrich auf seinem ersten Landtag im Jahr 1708 zwar sofort in den Ausschuß kam, diese Beförderung aber dennoch mit der Landtagsordnung konform ging.

putierter des Amtes Delitzsch. Bereits auf dem Ausschußtag von 1725 wurde Haubold Siegmund in den Weiteren Ausschuß berufen und war dann von 1731 bis 1749 Mitglied des Engeren Ausschusses.

Die Söhne seines älteren Bruders Heinrich Dietrich, des Erben von Salzfurth, mußten dann allerdings die militärische Laufbahn einschlagen.[687] Georg Heinrich (1704–1773) war 1722 Kornet und brachte es bis 1743 zum Major. Er ging 1747 als Oberstleutnant in Pension und starb 1773 in Merseburg. Bodo Heinrich (1705–1759) war 1727 Kornet, 1747 Major und 1757 Oberst. Er blieb wie sein jüngerer Bruder Siegmund Alexander (1715–1774) unverheiratet. Siegmund Alexander begann seine Laufbahn 1735 als Fähndrich, er war 1742 Kapitän und 1763 schließlich Major. Alle drei Söhne des Kreis-Steuereinnehmers waren Mitte des 18. Jahrhunderts reine Berufsoffiziere ohne landtagsfähigen Grundbesitz. Sie waren keine Landtagsteilnehmer und konnten es, wenn sie es denn – was man angesichts der bisher gemachten Beobachtungen durchaus unterstellen kann – gewollt hätten, gemäß der Landtagsordnung auch aufgrund ihres zu niedrigen Dienstgrades nicht werden. Mit Carl Ludolph v. Zanthier auf Königsfeld in der Allgemeinen Ritterschaft des Jahre 1763 kam der letzte v. Zanthier zum Landtag. Danach verschwinden sie aus der Dresdner Ständeversammlung.

Wenn man im Sinne der am Anfang dieses Abschnitts gemachten Einschränkungen von einem auf den landesherrlichen Dienst ausgerichteten und abgrenzbaren Militäradel sprechen kann, dann läßt sich nicht nur feststellen, daß er vielfältig und regelmäßig in den kursächsischen Landtagen präsent war. Es kann darüber hinaus mit gutem Grund vermutet werden, daß auch in dieser adeligen Gruppe in der ersten Hälfte des 18. Jahrhunderts ein genuines Interesse an einer Teilnahme an den Verhandlungen des Landtages bestanden hat. Aber dieses Interesse wäre insofern nichts besonderes, da es sich wahrscheinlich nicht aus spezifischen Motiven speiste, sondern eher der Ausfluß einer allgemein vorhandenen Kultur des Adels war. Daß ein begüterter kursächsischer Vasall zum Landtag ging, wenn der Landesherr die Einladung verschickte und seine Stände nach Dresden rief, um dort durch seine Anwesenheit und seine Beteiligung in Landesangelegenheiten nicht so sehr zu beraten, sondern zu Rat zu geben, verstand sich von selbst.

---

687 Siehe Heinrich August Verlohren, Stammregister und Chronik der sächsischen Armee, S. 568, Nr. 2, Nr. 3 und Nr. 5.

IV. Anatomie der Ritterkurie im allgemeinen Landtag von 1742

In diesem Kapitel liegt der Schwerpunkt auf den Praktiken des Landtagsbesuches am Beispiel eines einzelnen Landtages. Während im vorigen Kapitel in stärker analytischer Weise nach der Zusammensetzung der Landtage und nach der Beteiligung der verschiedenen Gruppen von Höflingen und Amtsträgern gefragt wurde, soll an einem konkreten Beispiel eine Anschauung gegeben werden, wie die im vorigen Kapitel behandelten Aspekte in einem Landtag zusammenfanden. Für den Landtag von 1742 wird daher die Zusammensetzung der Landtagsbesucher unter den verschiedenen Gesichtspunkten analysiert, die schon im vorigen Kapitel eine Rolle gespielt haben. Dazu gehören unter anderem die Teilnahme der in der Landtagsordnung erwähnten amtsässigen Deputierten oder die Landtagserfahrung, Titel und weiteren Amtsstellungen der einzelnen Mitglieder der Ritterkurie. Für die Wahl dieses Landtages sprechen mehrere Gründe. In pragmatischer Hinsicht erlauben der Vorlauf der Hof- und Staatskalender sowie die seit 1711 regelmäßig abgehaltenen Landtage eine detaillierte Untersuchung der einzelnen Teilnehmer. Sowohl ihre Landtagskarriere als auch ihr jeweiliger familiärer und beruflicher Hintergrund können berücksichtigt werden. In politischer Hinsicht steht der Landtag einerseits am Beginn der ‚Ära Brühl' im engeren Sinne, andererseits hatten die mit der preußischen Expansionspolitik verbundenen kriegerischen und finanziellen Verwerfungen im Gefolge des Österreichischen Erbfolgekrieges noch nicht eingesetzt.[1] Im Februar 1742 war mit dem Wittelsbacher Karl VII. in Frankfurt am Main gerade ein neuer Kaiser gekrönt worden. Damit war das zweijährige kursächsische Reichsvikariat beendet. Der Landtag des Jahres 1742 ist daher weitgehend ein, soweit man das überhaupt sagen kann, normaler Landtag gewesen. Er kann daher die Verhältnisse auf einem Landtag der ersten Hälfte des 18. Jahrhunderts gut illustrieren.[2] An erster Stelle sind die Zahl der Landtagsbesucher und die Dauer ihrer Teilnahme zu betrachten.

Der Landtag des Jahres 1742 wurde am 3. Juni, einem Sonntag, eröffnet und dauerte etwa zwei Monate bis zum 5. August, wiederum ein Sonntag. Die Sitzungen schlossen sich direkt an das Ende des ersten schlesischen Krieges (1740–1742) an, der ersten Etappe im Österreichischen Erbfolgekrieg, in dem Kur-

---

1   Walter Fellmann, Heinrich Graf Brühl, S. 71, datiert den Beginn der eigentlichen „Ära Brühl" auf das Jahr 1738.

2   Der Landtag von 1742 soll also nicht als repräsentativ in einem soziologischen Sinn verstanden werden, denn es geht hier nicht um durchschnittlich erwartbare Verteilungen. Die Illustration oder das Exempel dient stattdessen dazu, zu erproben, welche Fragen sich an den Landtag stellen lassen und welche Phänomene für weitere Landtage in ihrer jeweiligen Bedeutung untersucht werden könnten oder sollten.

sachsen noch mit Brandenburg-Preußen verbündet war.[3] Dem Landtag gehörten
abgesehen von den 97 nominellen Mitgliedern in den beiden Ausschüssen
weitere 157 adlige Rittergutsbesitzer an, die für die sieben kursächsischen Kreise
in der Allgemeinen Ritterschaft Platz nahmen.[4] Er gehört damit nicht zu den
besonders gut besuchten Landtagen dieser Zeit, vielmehr ging die Zahl der
Teilnehmer an der Allgemeinen Ritterschaft gegenüber den Versammlungen der
zwanziger und dreißiger Jahre deutlich zurück.[5] Das Verzeichnis der Teilnehmer
in den Landtagsakten listet dennoch die nicht unbeträchtliche Gesamtzahl von
254 Personen auf.[6] Außerdem vermerkt die Landtagsakte noch die Teilnahme
des Erdmann Heinrich Graf Henckel (von Donnersmarck) in der Allgemeinen
Ritterschaft des Leipziger Kreises.[7] Als Grundbesitz ist für ihn das Dorf Penkwitz
angegeben.[8] Vielleicht hat er tatsächlich den Dresdner Landtag besucht, da er
aber dem schlesischen Adel angehörte bzw. im Fürstentum Altenburg angesessen war, keine Auslösung und Reisekosten empfing und kein erbländisches
Rittergut besaß, wird er in der folgenden Analyse in der Gesamtzahl der ordentlichen Teilnehmer nicht mitgezählt.[9] Daß er aber überhaupt in einem Verzeichnis der Leipziger Ritterschaft auftauchen konnte, bleibt immerhin bemerkenswert. Die beim Oberhofmarschallamt wegen der Abrechnung über die
Landtagsauslösung eingereichten Torzettel erlauben es, die tatsächliche Anwesenheit und Teilnahme an den Verhandlungen näher zu bestimmen, insbesondere was die Ausschußmitglieder angeht, die im Unterschied zu den Teilnehmern an der Allgemeinen Ritterschaft über einen ihnen auf Dauer zukommen-

---

3   Der Präliminarfrieden von Breslau zur Beendigung des ersten schlesischen Krieges wurde am
     11. Juni 1742 geschlossen.

4   HSTAD, Bestand 10.015 Landtag, Landtagsakten, A Nr. 85. Im Weiteren Ausschuß blieben die
     zwei Stellen für den Abgeordneten der Herren v. Schönburg und die des Inhabers der Herr-
     schaften Tautenburg und Frauenprießnitz leer. Im Engeren Ausschuß vertrat Hans Moritz v.
     Brühl sowohl die Balley Thüringen als auch den Komtur zu Griefstädt, so daß von den hundert
     Stellen in den Ausschüssen nur siebenundneunzig besetzt waren.

5   Siehe oben die Tabelle 9.

6   Siehe den Abdruck der Teilnehmerliste des Landtags von 1742 im Anhang Nr. 2.

7   Laut Zedler, Universal-Lexicon, Bd. 12 (1735), Sp. 1356f, residierte der am 21. September 1687
     geborene und zum lutherischen Zweig des Geschlechts zählende Graf Erdmann Friedrich auf
     dem Schloß Pölzig im Fürstentum Altenburg. Er hatte im Jahr 1714 Louise Sophia, eine Tochter
     von Heinrich Wilhelm Graf von Solms-Sonnenwalde geheiratet und 1727 in zweiter Ehe Char-
     lotte Maria Albertina Gräfin zu Leiningen. Siehe auch die leicht abweichenden Angaben zu ihm
     im Artikel der Allgemeinen Deutschen Biographie, Bd. 11, S. 731f, von Julius August Wagen-
     mann, der 1681 als Geburts- und 1752 als Todesjahr angibt. Graf Erdmann Heinrich war vor
     allem Pietist und Erbauungsschriftsteller. Welchen Zusammenhang sein Besuch in Dresden mit
     dem ersten schlesischen Krieg hatte, muß hier offen bleiben.

8   Bei Penkwitz handelt es sich um ein im Hochstift Naumburg-Zeitz gelegenes Dorf, ein Zubehör
     zum Rittergut Klein-Braunshayn. Um 1800 bestand es aus sechs Häusern mit dreißig Einwoh-
     nern. Das Dorf gehörte bis 1815 zum Amt Borna, siehe Friedrich Gottlob Leonhardi, Erdbe-
     schreibung, Bd. 2, S. 910; und August Schumann, Zeitungs-Lexikon, Bd. 8 (1821), S. 190.

9   Aufgrund seiner Aufnahme in den Landtagakten ist klar, daß Graf von Henckel zu Beginn des
     Landtages in Dresden anwesend war. Ob er aber an der Landtagseröffnung oder einer Sitzung
     der Allgemeinen Ritterschaft wirklich teilgenommen hat – und sei es nur ehrenhalber –, oder wie
     lange er in Dresden geblieben ist, läßt sich nicht rekonstruieren.

den Sitz verfügten. Die Verteilung der nominellen Teilnehmer am Landtag von 1742 auf die drei Gremien und die sieben Kreise, wie sie das Landtagsverzeichnis angibt, zeigt die Tabelle 23.

Tabelle 23: Die Zusammensetzung der Ritterschaft des allgemeinen Landtags von 1742

Gremien	Kreise	Landtag 1742		davon Deputierte	
I. Engerer Ausschuss		39	–	2	–
II. Weiterer Ausschuss		58	–	12	–
III. Allgemeine Ritterschaft	1. Churkreis	–	10	–	8
	2. Thüringer	–	24	–	10
	3. Meißner	–	46	–	9
	4. Erzgebirger	–	21	–	8
	5. Leipziger	–	30	–	14
	6. Vogtländer	–	8	–	3
	7. Neustädter	–	18	–	5
Summe		97	157	14	57

Quelle: HSTAD, Bestand 10.015 Landtag, Landtagsakten, A Nr. 85; Anm.: Im Engeren Ausschuß nahm Hans Moritz v. Brühl sowohl als Statthalter der Ballei Thüringen als auch als Komtur zu Griefstädt teil; im Weiteren Ausschuß blieben die beiden festen Stellen für den Vertreten der Herren von Schönburg bzw. den Inhaber der Herrschaften Tautenburg und Frauenprießnitz unbesetzt.

Von den Mitgliedern des Engeren Ausschusses haben im Verlauf der Landtagssitzung insgesamt 34 ihren Sitzplatz im Ausschuß tatsächlich eingenommen. Für fünf Mitglieder des Ausschusses, die alle zur ersten Tafel gehörten, läßt sich die Anwesenheit in Dresden nicht bestätigen. Die siebzehn Mitglieder der zweiten Tafel mit Adam Heinrich Bose auf Mölbis an der Spitze waren dagegen vollzählig zum Landtag erschienen. Zu den abwesenden Mitgliedern gehört Christian Ludwig Edler v.d. Planitz auf Auerbach auf Platz fünf, der dem Dresdner Landtag schon seit 1695 angehörte und seit 1718 im Engeren Ausschuß saß, aber auch an der Sitzungsperiode von 1737 schon nicht mehr teilgenommen hatte. Bedeutsamer aber war wohl das Fehlen des Schriftstellers und geheimen Rates Heinrich v. Bünau auf Domsen, der auf den Posten eines Oberaufsehers der Grafschaft Mansfeld abgeschoben worden war.[10] Friedemann Graf v. Werthern, der Erbkammertürhüter des Heiligen Römischen Reiches, war möglicherweise noch nicht wieder von der letzten Kaiserkrönung in Frankfurt zurück. Insgesamt wird man festhalten können, daß der Ausschuß sehr gut besucht war.

Im Weiteren Ausschuß haben im Jahr 1742 insgesamt 49 seiner 58 kursächsischen Landstände tatsächlich den Verhandlungen beigewohnt. Die neun abwesenden Mitglieder aus fünf verschiedenen kursächsischen Kreisen verteilen sich auf beide Tafeln. Unter den Abwesenden ist vor allem der Kreishauptmann und kurzzeitige Präsident des Dresdner Appellationsgerichts und wirkliche

---

10   Auch nachdem er seine politische Stellung am Dresdner Hof unter Heinrich v. Brühl eingebüßt hatte und Oberaufseher wurde, blieb er, wie die Hof- und Staatskalender belegen, im Rang eines wirklichen geheimen Rates, jetzt aber eben „ohne Session".

geheime Rat Heinrich Graf v. Bünau auf Püchau im Leipziger Kreis zu erwähnen. Er war gerade zum kursächsischen Gesandten in Wien ernannt worden und vermutlich bereits auf den Weg zu seinem neuen Wirkungsort.[11] Mit gut vier Fünfteln anwesender Mitglieder war der Weitere Ausschuß demnach 1742 ebenfalls sehr gut besucht.

Laut Oberhofmarschallamt hatten sich von den 254 ordentlichen Mitgliedern des Landtags, die in der Landtagsakte verzeichnet sind, am Samstag, den 2. Juni, bereits 179 oder etwa siebzig Prozent in der Stadt eingefunden und angemeldet, wie es die Landtagsordnung vorgesehen hatte.[12] Der aktuelle Erbmarschall der kursächsischen Landstände, Hans Löser (1704–1763) auf Reinharz und Clöden im Kreisamt Wittenberg des Churkreises, war dagegen bereits seit dem 19. Mai in der Stadt.[13] Er bezog als einziger Landtagsteilnehmer über das formelle Ende des Landtages hinaus noch bis zum 19. August seine Auslösung.[14] Mit Vor- und Nachbereitung der Landtagsverhandlungen dauerte der Landtag für den Erbmarschall also insgesamt drei Monate.[15] Außer dem Erbmarschall waren am 2. Juni einundzwanzig Mitglieder des Engeren Ausschusses rechtzeitig zur Landtagseröffnung in Dresden eingetroffen. Da der Ausschuß offiziell über

---

11   Siehe jetzt zum diplomatischen Personal ausführlich Judith Matzke, Gesandtschaftswesen und diplomatischer Dienst Sachsens 1694–1763, Leipzig 2011, hier bes. S. 326. Bei ihr fehlt in den ausführlichen und sorgfältigen biographischen Angaben zu Heinrich v. Bünau und seinem Vater aufgrund der unzureichenden Forschungslage ebenfalls jeder Hinweis auf die Landtagstätigkeit von Vater und Sohn. Damit muß das gezeichnete Bild der öffentlichen und politischen Tätigkeit dieser Adeligen aber einseitig bleiben.

12   HSTA Dresden, Bestand 10.006, Oberhofmarschallamt, Landtage, M Nr. 29.

13   Laut Friedrich Gottlob Leonhardi, Erdbeschreibung, Bd. 1, S. 389 befand sich auf dem Rittergut Reinharz „in einem feuerfesten Gewölbe das Privatarchiv des Erbmarschalls von den Akten der Landesversammlungen". Hans Löser erhielt 1745 im kursächsischen Reichsvikariat den Grafentitel. Er ist dafür berühmt, daß er sich mehr für Mechanik als für Landtagspolitik interessiert haben soll, siehe Walther Fischer, Art. ‚Löser, Hans Graf von', in: Neue Deutsche Biographie, Bd. 15 (1987), S. 66. Seine politische Rolle als Erbmarschall hatte er allerdings auch geerbt und nicht selbst gewählt.

14   Bei der Angabe 14. August für Gebhard Gottlieb v.d. Lochau handelt es sich wahrscheinlich um einen Lese- oder Schreibfehler.

15   Auf den Dresdner Landtagen hatte Hans Löser sich erstmals als junger Mann im Jahr 1722 vorgestellt und für knapp drei Monate in der Allgemeinen Ritterschaft gesessen. Erst fünfzehn Jahre später nahm er 1737 zum zweiten Mal an den Verhandlungen teil, und zwar wiederum in der Allgemeinen Ritterschaft. Der Vorsitz von 1742 im Engeren Ausschuß der Ritterschaft war sein erster Landtag als Erbmarschall. Nach einer Notiz im Oberhofmarschallamt sollte er auf dem Landtag des Jahres 1731, der vom 19. August bis zum 7. Oktober abgehalten wurde, laut eines erst am 29. August erlassenen Dekrets in den Engeren Ausschuß versetzt werden. Allerdings hatte die freie Stelle des Churkreises im Engeren Ausschuß bereits Heinrich v. Brühl direkt für sich eingenommen. Obwohl Hans Löser noch bis zu seiner vorzeitigen Abreise am 22. September Auslösung bezogen hat, scheint es 1731 nicht zu einer Aufnahme in den Engeren Ausschuß gekommen zu sein, da er 1737 wieder in der Allgemeinen Ritterschaft saß und 1731 nur für zwei Pferde Auslösung erhielt wie ein einfacher Landstand und nicht für vier Pferde wie die Mitglieder des Engeren Ausschußes. Als Erbmarschall hatte er laut Landtagsordnung von 1728 Anspruch auf sechs Pferde. Sein Vorgänger im Amt, Hans Löser auf Nenkersdorf im Leipziger Kreis, konnte 1708 und 1711 für seine Reise nach Dresden noch den Aufwand für acht Pferde beanspruchen.

vierzig Stellen verfügte, war also etwas mehr als die Hälfte seiner Mitglieder bei der feierlichen Verlesung der Landtagspropositionen anwesend. Noch etwas besser sah dieses Verhältnis für den Weiteren Ausschuß aus, für den achtunddreißig Mitglieder der überhaupt möglichen sechzig rechtzeitig nach Dresden gekommen waren. Schließlich war die Allgemeine Ritterschaft der sieben erbländischen Kreise mit 120 Teilnehmern in Person anwesend.[16] Drei weitere Landstände der Allgemeinen Ritterschaft aus dem Thüringer, Meißner und Neustädter Kreis trafen noch am Eröffnungstag, den 3. Juli, in Dresden ein. Die feierliche Eröffnung des Landtages von 1742 am Sonntag mit Gottesdienst, Landtagspredigt und Überreichung der Proposition im Dresdner Schloß begleiteten demnach allein von Seiten der Ritterkurie mindestens 180 Ständemitglieder.[17] Sie bildeten ein immer noch ebenso stattliches wie zahlreiches Korpus, das sich gerade auch im Vergleich zu anderen zeitgenössischen Landesversammlungen im Alten Reich sehen lassen konnte. Der Landtag war demnach, was die Ritterkurie anging, die hier allein und ohne ihr Pendant, die Abgeordneten der kursächsischen Städte, betrachtet wird, bereits am Tag seiner Eröffnung in personeller Hinsicht voll arbeitsfähig.[18]

Im Laufe der ersten Woche, in der die Landtagsberatungen mit der Nachbesetzung der Ausschüsse und der Sichtung von Anträgen und Petitionen beschäftigt waren, trafen von Montag, dem 4. Juni, bis Sonntag, dem 10. Juni, weitere zweiunddreißig Teilnehmer in Dresden ein, und zwar täglich zumeist zwischen vier und sechs Rittergutsbesitzer. Darunter befanden sich fünf Mitglieder des Engeren Ausschusses und acht, die zum Weiteren Ausschuss gehörten, sowie neunzehn Besucher der Allgemeinen Ritterschaft. Die Gesamtzahl der Teilnehmer stieg damit am Ende der ersten Woche auf 215 Landstände an. In den drei Wochen vom 11. bis 30. Juni kamen noch einmal dreiundzwanzig Landstände an, von denen allerdings nur vier nach dem 18. Juni in Dresden eintrafen. Auch unter diesen dreiundzwanzig waren noch einmal sieben Mitglieder des Engeren Ausschusses, nur zwei des Weiteren Ausschusses und vierzehn für die Allgemeine Ritterschaft.

---

16 Vermutlich muß man zu der Gesamtzahl von 120 Angehörigen der Allgemeinen Ritterschaft bei der Landtageröffnung noch Christoph Heinrich v. Globig auf Grauwinkel hinzuzählen, denn bei der Angabe im Oberhofmarschallamt, er sei am 9. Juli eingetroffen, kann ein Schreib- oder Lesefehler vorliegen, da sie der Reihenfolge der Namensaufstellung in der Landtagsakte widerspricht. Alle nach v. Globig aufgelistetem Vertreter des Churkreises sind vor dem 11. Juni in Dresden eingetroffen.

17 Zur Landtageröffnung siehe Josef Matzerath, August der Starke empfängt den sächsischen Landtag. Kursachsens Stände im Dresdner Residenzschloß, in: ders., Aspekte sächsischer Landtagsgeschichte, Dresden 1998, S. 20–24. Außerdem nahmen an der Feier die Vertreter der Städte und die Vertreter der ersten Kurie der Prälaten, Grafen und Herren teil sowie die landesherrlichen Garden und Truppen, die das Spalier bildeten.

18 Die Städtekurie versammelte Abgeordnete von 127 kursächsischen Städten. Im Jahr 1742 kamen aus den Städten 274 Abgeordnete nach Dresden, siehe die von Silke Marburg erarbeitete Übersicht in: Josef Matzerath (Hg.), Aspekte sächsischer Landtagsgeschichte. Die Mitglieder der (kur-)sächsischen Landstände (1694–1749), Dresden 2015, S. 233–309.

Die letzten beiden Ankömmlinge zum Landtag des Jahres 1742 waren Heinrich v. Bünau und Thomas Christian v. Berlepsch. Das Mitglied des Engeren Ausschusses Heinrich v. Bünau auf Nimritz im Neustädter Kreis traf erst am 30. Juni in Dresden ein.[19] Am 1. Juli meldete sich schließlich noch der General in hessischen Diensten Thomas Christian v. Berlepsch auf Großwelsbach im Amt Langensalza des Thüringer Kreises, ein Mitglied des Weiteren Ausschusses, an.[20] Vermutlich kam der General jedoch nicht direkt von seinem Rittergut nach Dresden, jedenfalls heißt es im Oberhofmarschallamt, er habe seine Missive auf dem Gut vergessen. Nach dem ersten Juli wurde kein neuer Landtagsbesucher in den Akten registriert.[21] Die Allgemeine Ritterschaft war somit am Ende der ersten Woche zu neunzig Prozent komplett.[22] Es scheint sich also eine Tendenz abzuzeichnen, daß, wer von den kursächsischen Rittergutsbesitzern nicht zu Beginn des Landtages in Dresden eintraf, auch später nicht mehr zum Landtag fuhr. Von den 24 Landständen des Thüringer Kreises z. B., die einen weiten Weg nach Dresden hatten, kamen nur vier verspätet in der Hauptstadt an und haben die Landtagseröffnung nicht mitmachen können.

Über weitere vierzehn Personen, die in den Akten des Landtages von 1742 als Teilnehmer genannt sind, findet sich im Oberhofmarschallamt keine Angabe über ihre An- und Abreise und ebensowenig, daß sie Reise- und Tagegelder erhalten hätten. Es handelt sich bei dieser Gruppe einzig und allein um Ausschußmitglieder. Fünf von ihnen waren Mitglieder des Engeren Ausschusses und neun hatten ihren Sitz im Weiteren Ausschuß. Obwohl sie eine Ausschußstelle hatten und zur Reise nach Dresden verpflichtet waren, haben sie vermutlich alle überhaupt nicht am Landtag von 1742 teilgenommen. Sie müssen daher für die gesamte Zeit der Landtagsverhandlungen als abwesend klassifiziert werden. Die Gründe für ihr Fehlen können entweder in einer dienstlichen Verhinderung liegen, oder ihrem hohen Alter oder einer Erkrankung geschuldet sein.[23]

---

19   Sein Vorgänger unter den Nachzüglern, das Mitglied des Weiteren Ausschusses Heinrich v. Bünau auf Kleingera im Votgländer Kreis, hatte sechs Tage zuvor, am 24. Juni, die Dresdner Stadttore passiert.

20   Thomas Christian von Berlepsch (1668–1752) hatte zuvor nur am Landtag des Jahres 1731 teilgenommen. 1742 wurde er in den Weiteren Ausschuß berufen. Er hat in Hessen-Kasseler Militärdiensten gestanden. Das Oberhofmarschallamt bezeichnet ihn 1731 als Generalleutnant, 1742 war er Hessischer General, siehe auch Valentin König, Genealogische Adels-Historie, Bd.. 2, S. 1124, Nr. 98, wo er zudem als Ober-Steuereinnehmer in Halberstadt bezeichnet wird. Er hatte für seine Anreise einen Anspruch auf Kostenerstattung für einen Weg über 29 Meilen mit 14 Nachtlagern.

21   Es ist dennoch nicht ausgeschlossen, daß auch nach dem 1. Juli noch einzelne Landtagsbesucher in Dresden ankamen, die Sitzungen besuchten und sich vielleicht sogar in den Unterlagen des Oberhofmarschallamtes auffinden lassen. Die Landtagsverzeichnisse waren jedenfalls nach dem 1. Juli endgültig geschlossen.

22   Nach dem 15. Juni erschienen bis zum Ende des Monats nur noch sechs ritterschaftliche Ständemitglieder zusätzlich in Dresden.

23   So war z. B. Heinrich von Bünau auf Püchau, die Nummer neun im Weitern Ausschuss, wahrscheinlich als Gesandter in Wien daran gehindert, in Person im Landtag zu erscheinen. Als weitere Gründe kommen noch ein Aufenthalt im Ausland oder die wegen eines Konkurses

Der Vergleich der nominellen Angaben in der Landtagsakte mit den Zahlungen des Oberhofmarschallamtes ergibt am Ende die Gesamtzahl von 240 ritterschaftlichen Landständen, statt der 254 im Landtagsverzeichnis. Dies ist die Zahl derjenigen, von denen sich mit Sicherheit feststellen läßt, daß sie in Dresden anwesend waren und an den Landtagsverhandlungen des Jahres 1742 mitgewirkt haben.[24] Andererseits weichen die beiden Werte nicht sehr erheblich voneinander ab. Ihre Differenz ergibt sich vor allem durch nicht eingenommene Sitze in den beiden Ausschüssen. Die Angaben der Landtagsakten zu den Teilnehmern an der Allgemeinen Ritterschaft dürfen dagegen die zahlenmäßige Stärke des Gremiums relativ verläßlich wiedergegeben. Gegenüber den 83 Mitgliedern der beiden Ausschüsse verfügte die Allgemeine Ritterschaft über eine Personalstärke von 157 Rittergutsbesitzern.

Die Unterlagen zur Auszahlung der Landtagsdiäten legen darüber hinaus eine recht hohe Ausdauer der zur Eröffnung angereisten ritterschaftlichen Ständemitglieder nahe.[25] Abgesehen vom Erbmarschall, der als Leiter der Versammlung die ganze Zeit über anwesend sein mußte, blieben noch weitere 224 der 240 überhaupt anwesenden Ritter bis zum Ende des Landtages, der am 5. August erfolgte, in Dresden. Aus dem Engeren Ausschuß verabschiedete sich nur der Diplomat Graf Johann Friedrich von Schönberg am 21. Juli vorzeitig vom Landtag. Von den Mitgliedern des Weiteren Ausschusses reisten auch nur zwei Ende Juli vorzeitig ab. Es handelte sich um den Deputierten des Amtes Rochlitz, Hans Joachim v. Wallwitz auf Gepülzig, und Friedrich August v. Möllendorf auf Döllsdorf im Churkreis, der möglicherweise in preußischen Kriegsdiensten stand.

Selbst die Allgemeine Ritterschaft, die in der Literatur bislang als verfahrenstechnisch und politisch nicht sehr bedeutende Abteilung der Ritterkurie

---

eingesetzte Zwangsverwaltung des Rittergutes in Frage. Im vorliegenden Fall waren allerdings sieben der vierzehn Ausschußmitglieder, also die Hälfte der 1742 abwesenden Ausschußpersonen, beim Landtag von 1746 weiterhin Teil der Ausschüsse.

24 Zwar bedeutet Anwesenheit in Dresden nicht automatisch auch schon Teilnahme an den Sitzungen oder sogar Beteiligung an den Debatten. Es gibt aber andererseits auch keine Indizien, die dafür sprechen, sich in dieser Hinsicht einer umfassenden Skepsis hinzugeben und Desinteresse zu unterstellen.

25 Nur von zwei der 240 Landtagsteilnehmer, dem Domherrn Christian v. Uffel auf Trünzig und Heinrich v. Bünau auf Zuschendorf, ist kein Abreisedatum bekannt. Bei v. Uffel liegt es daran, daß er seine Auslösung unter dem Titel des Stifts Naumburg in der ersten Kurie der Prälaten, Grafen und Herrren bekam, bei v. Bünau scheint der Grund gewesen zu sein, daß das Rittergut Zuschendorf nicht das Recht besaß, Auslösung zu erhalten. Ob v. Bünau dennoch am Landtag bzw. über welchen Zeitraum hinweg teilnahm, muß offen bleiben. Mit Zuschendorf gehörte er jedenfalls zum Meißner Kreis in der Allgemeinen Ritterschaft. Zu v. Uffel siehe Josef Matzerath, Aspekte sächsischer Landtagsgeschichte. Die Mitglieder der (kur-)sächsischen Landstände 1694 bis 1749, Dresden 2015, S. 21. Wie v. Uffel, Mitglied des Engeren Ausschusses seit 1731, seine Zeit zwischen der ersten Kurie und der Ritterkurie aufteilte und wie oft er überhaupt in den Ausschuß kam, läßt sich nicht sagen. Er könnte die Vertretung des Hochstifts Naumburg in der ersten Kurie weitgehend seinem Mit-Capitular, dem Appellationsrat Friedrich Abraham v. Hopfgarten, überlassen haben. Als Stiftsdeputierter erhielt er jedenfalls die höhere Auslösung für sechs statt für vier Pferde, die beim Engeren Ausschuß gezahlt wurde.

bewertet wird, erlitt bis zum förmlichen Schluß des Landtages nur einen Abgang von höchstens elf Teilnehmern, die weit überwiegend erst nach dem 15. Juli abreisten, also nachdem der Landtag bereits sechs Wochen gedauert hatte.[26] Im Laufe des Junis reisten nur zwei Landstände der Allgemeinen Ritterschaft wieder ab. Adam Friedrich Graf v. Flemming auf Hermsdorf im Meißner Kreis verließ Dresden schon am 13. Juni. Er hatte einen Urlaub auf einundzwanzig Tage erhalten, war aber nach einer Notiz im Oberhofmarschallamt bis zum 31. Juli nicht wieder zurückgekommen. Christian Friedrich v. Watzdorf auf Syrau im Vogtländer Kreis nahm an den Landtagssitzungen nur bis zum 28. Juni teil. Die Gründe seiner vorzeitigen Abreise sind z. Z. unbekannt. Für den Landtag von 1742 kann anhand der vorhandenen Angaben des Oberhofmarschallamtes also kein erheblicher Schwund an Landtagsbesuchern aufgrund der sich vielleicht lang hinziehenden Dauer der Verhandlungen festgestellt werden.

Während die Landtagsverhandlungen andauerten, verzeichnete das Oberhofmarschallamt sorgfältig die Beurlaubungen, welche die Landtagsteilnehmer erhalten hatten, um dienstlichen Anforderung zu folgen oder dringende persönliche Angelegenheiten zu erledigen.[27] Für die Zeit des Urlaubs sollten laut Landtagsordnung in der Regel keine Diäten gezahlt werden. Die im Oberhofmarschallamt festgehaltene Erteilung von Urlauben nimmt jedoch keinen sehr bedeutenden Umfang ein und spielt für das Landtagsgeschehen in der ersten Hälfte des 18. Jahrhunderts insgesamt keine große Rolle.[28] Sie kann aber als ein indirekter Beleg für die Zuverlässigkeit der sonstigen Angaben zur Landtagsteilnahme gewertet werden. Die folgenden Beispiele geben einen Eindruck von der Praxis der Beurlaubungen im Landtag von 1742.[29] Einen Urlaub erhielten im Engeren Ausschuß beispielsweise der Landkammer-Rat Carl Metzsch auf Reichenbach im Vogtländer Kreis vom 1. bis zum 8. Juli oder der Assessor Christoph Friedrich v. Leipziger vom 1. bis zum 5. Juli, dessen Anwesenheit am Hofgericht in Wittenberg erforderlich war. In der Allgemeinen Ritterschaft erhielten Johann Dietrich v. Ponickau auf Baalsdorf im Leipziger Kreis Urlaub vom 17. bis 28. Juni und der Kreis-Kommissar Johann Georg Pflug für die Zeit vom 7. bis 18. Juni und noch einmal vom 21. bis 30. Juli, der aber, weil er „in herrschaftlichen Verrichtungen" verreisen mußte, keine Abzüge an seinen Zahlungen erleiden sollte.

Wenn alle im Jahr 1742 in Dresden anwesenden Landtagsteilnehmer zu einer Sitzung des Landtages erschienen, dann saßen an der ersten Tafel des Engeren Ausschusses siebzehn Personen. Die zweite Tafel, die mit Adam Heinrich Bose

---

26   Oder sie kamen aus dem Urlaub, den ihnen der Erbmarschall erteilt hatte, nicht wieder zum Landtag zurück.

27   Die Zeitangaben des Oberhofmarschallamtes über die Zahlung der Landtagsdiäten und Reisekosten können vorläufig als zuverlässige Hinweise auf die Dauer der Landtagstätigkeit der einzelnen adeligen Landtagsbesucher gelten, bis detaillierte Untersuchungen einzelner Landtage genauere Aufschlüsse über das Landtagsgeschehen erbringen.

28   Inwieweit eine deutlich höhere Anzahl von abgelehnten Anträgen vorgelegen hat oder sich Landtagsbesucher auch ohne offiziellen Urlaub aus Dresden entfernt haben, läßt sich naturgemäß aus den Akten nicht ablesen.

29   Die Ursache der Beurlaubung ist nur ausnahmsweise angegeben, der Nachdruck lag auf der Dauer der Abwesenheit.

auf Mölbis begann, versammelte die übrigen siebzehn Mitglieder, darunter waren alle Neulinge, die zum ersten Mal an den Verhandlungen des Engeren Ausschusses teilnahmen.[30] Tatsächlich bestand die zweite Tafel weit überwiegend aus neuen Mitgliedern, da 1742 fünfzehn Landstände aus dem Weiteren Ausschuß in den Engeren „translociert" worden waren.

Im Weiteren Ausschuß saßen an der ersten Tafel bis zu einundzwanzig Personen, an der zweiten Tafel dagegen einschließlich aller neuen Mitglieder achtundzwanzig.[31] An der Spitze der zweiten Tafel des Weiteren Ausschusses hatte Friedrich Carl v. Wolfersdorf auf Culmitzsch seinen Platz, der dem Gremium schon seit 1734 angehörte und im Anschluß an den Landtag 1743 zum Landkammerrat ernannt wurde. Auch in diesem Fall saßen an der zweiten Tafel fast nur neue Mitglieder, die sich zum ersten Mal an den Debatten in den Ausschüssen beteiligen konnten. In der traditionellen Reihenfolge der sieben erbländischen Kreise waren 1742 sechsundzwanzig Namen am Ende der Mitgliederliste angefügt worden. Die meisten wurden aus der Allgemeinen Ritterschaft in den Ausschuß berufen, drei Mitglieder traten aber direkt in den Weiteren Ausschuß ein, ohne daß sich für sie der Besuch des Landtages von 1737 oder eines der davor liegenden Landtage nachweisen läßt.[32] Es handelte sich hierbei um den Kreishauptmann Rudolph Heinrich v. Nostitz auf Lüttewitz im Meißner Kreis, Johann Christian Freiherr v. Hennicke auf Wiederau im Leipziger Kreis und den Deputierten des Amtes Plauen im Vogtländer Kreis Christian August v. Beulwitz auf Kloschwitz.

In der Allgemeinen Ritterschaft dominierte in den Sitzungen die Organisation nach den erbländischen Kreisen. Die Stärke der Kreise weist 1742 – wie üblich – große Unterschiede auf. Während am Tisch der Vogtländer Landstände nur acht Rittergutsbesitzer Platz nahmen, konnte der Meißner Kreis allein sechsundvierzig Mitglieder aufbieten. Der Meißner und der Leipziger Kreis stellten zusammen die Hälfte der Teilnehmer an der Allgemeinen Ritterschaft. Die interessanteste Beobachtung hinsichtlich des Besuchs, den der Dresdner Landtages im Jahr 1742 zeigt, ist aber vielleicht, daß von den 157 für die Allgemeine Ritterschaft registrierten Landständen mindestens 145 auch bis zum Schluß der Verhandlungen am 5. August in Dresden geblieben sind.[33] Das heißt dann aber, daß selbst in diesem Gremium hinsichtlich der Anwesenheit kein

---

30   Daß 1742 an beiden Tafeln des Engeren Ausschusses die gleiche Personenzahl saß, ist vor allem den abwesenden Stelleninhabern geschuldet, die alle zur ersten Tafel gehörten, denn die Teilung erfolgte nicht genau in der Mitte, vielmehr umfaßte die erste Tafel die Ränge eins bis dreiundzwanzig, die zweite Tafel jedoch nur die Ränge vierundzwanzig bis vierzig.

31   Im Unterschied zum Engeren Ausschuß teilten die beiden Tafeln des Weiteren Ausschusses die Mitglieder genau in der Mitte in jeweils dreißig Plätze.

32   So war z. B. der 1742 berufene Besitzer von Döllsdorf und Deputierte des Amtes Bitterfeld Friedrich August v. Möllendorf im Landtag von 1734 Kondirektor des Churkreises in der Allgemeinen Ritterschaft gewesen.

33   Jedenfalls haben sie bis zum Ende des Landtages ihre Diäten vom Oberhofmarschallamt erhalten. Es gibt z. Z. keinen Grund, darin ein Artefakt zu sehen und frühere Abreisetermine zu unterstellen. Außerdem wird hier bis auf weiteres ‚Anwesenheit in Dresden' mit ‚Teilnahme an den Landtagsverhandlungen' gleichgesetzt.

nennenswertes Abbröckeln im Laufe der Sitzungsperiode festzustellen ist. Damit kann eine Schwächung des Gremiums bis hin zur Lähmung ausgeschlossen werden. Die Funktionsfähigkeit des Landtages war bis zum Schluß der Sitzungsperiode gegeben.

Die hier vorgestellten allgemeinen Angaben, welche die Anreise zum Landtag, die Beurlaubungen und die Dauer des tatsächlichen Landtagsbesuchs analysieren, belegen auf ihre Weise, daß unter den adligen Rittergutsbesitzern ein reges Interesse an der Landtagsarbeit vorhanden war. Hinsichtlich seiner zahlenmäßigen Besetzung verfügte der Landtag über einen hohen Grad an Arbeitsfähigkeit und eine anhaltend stabile Beteiligung. Nachdem für das Jahr 1742 die Anwesenheit der Landtags festgestellt worden ist, kann nun die Zusammensetzung der in Dresden versammelten adligen Landstände noch detaillierter beschreiben werden.

1. Die Wiederbesetzung der freien Stellen in den beiden Ausschüssen der Ritterkurie

Für die Arbeit einer ständischen Versammlung ist nicht nur die Zahl ihrer Teilnehmer von Bedeutung. Ein ebenso wichtiges Element liegt in der Erfahrung, welche die Landtagsbesucher über die Verfahren des Landtages, die vorhergehenden Beschlüsse und die bestehende Politik in die aktuellen Verhandlungen einbringen können. Die langjährige und wiederholte Teilnahme an den Sitzungen bildet eine Voraussetzung für die aktive Wahrnehmung der finanziellen, militärischen oder sonstigen politischen Aufgaben oder Fragen, die der ständischen Versammlung jeweils gestellt waren. Eine hohe Fluktuation der Mitglieder, der nur sporadische oder gar nur einmalige Besuch eines Landtages dagegen kann die Leistungsfähigkeit der Institution beeinträchtigen. Daher ist nicht nur die Analyse von Protokollen, Debatten, Anträgen und Beschlüssen, die von den Sitzungen der Ritterkurie überliefert sind, von Interesse, sondern auch die mehr formale und stärker statistische Untersuchung einer Versammlung nach dem sozusagen politischen Alter ihrer Teilnehmer. Die Organisation des Landtages sorgte bereits durch die Einrichtung des Weiteren und des Engeren Ausschusses für einen gewißen Bestand an erfahreneren Mitgliedern, da sie erst langsam in die Ausschüsse aufrückten, und andererseits in den Ausschüssen ihre Stelle auf Lebenszeit besetzten. Demgegenüber ist in der Allgemeinen Ritterschaft eine größere Fluktuation im Mitgliederbestand zu vermuten.

Was zunächst die Ausschüsse angeht, so wurden zu Anfang des Landtages von 1742 im Engeren Ausschuß sechzehn Stellen neu besetzt.[34] An die Spitze des Landtags trat als neuer Erbmarschall Hans Löser, der im Landtag von 1737 noch in der Allgemeinen Ritterschaft gesessen hatte. Da das Amt des Erbmarschalls im Geschlecht der Löser erblich war, mußte er nicht den Weg durch den Weiteren

---

34   Zur Verteilung der freien Stellen von 1742 auf die erbländischen Kreise siehe die Tabellen 12 und 24.

Ausschuß nehmen und kam unmittelbar auf den ersten Platz. Die Stelle des Erbmarschalls gehörte fest zum Churkreis. Abgesehen von dem Sonderfall der Löser als Erbmarschälle sollten aber für das Vorrücken in den Ausschüssen das Prinzip der Anciennität und die Rücksicht auf die Kreiseinteilung gelten. Die übrigen fünfzehn neuen Mitglieder kamen 1742 ganz der Landtagsordnung gemäß alle aus dem Weiteren Ausschuß in den Engeren. Sie wurden, wie bei neuen Mitgliedern üblich, am Ende des Engeren Ausschusses angefügt und besetzten in der Sitzordnung die unteren Plätze. Die anfängliche Reihenfolge der Platzierung beeinflußte das weitere Vorrücken jedes einzelnen Ausschußmitglieds auf freigewordene Plätze, da ein Überholen nicht vorgesehen war. Die Reihenfolge spielte wahrscheinlich auch für die Wortmeldungen und in den Abstimmungen eine Rolle.

Die beiden ersten Neuen waren der Direktor und der Kondirektor des Weiteren Ausschusses von 1737 aus dem Leipziger bzw. Vogtländer Kreis: August Philipp v. Mergenthal auf Obereula und Ludwig August v. Röder auf Helmsgrün. Sie erhielten jetzt im Engeren Ausschuß den sechsundzwanzigsten und siebenundzwanzigsten Platz.[35] Darauf folgten die zwei ältesten Vertreter des Meißner Kreises im Weiteren Ausschuß, die dort 1737 den fünften und neunten Platz eingenommen hatten.[36] Erst danach kamen die Vertreter des Thüringer Kreises. Unter Übergehung von Philipp Adolph v. Münchhausen auf Steinberg wurden die beiden nächst ältesten Vertreter im Weiteren Ausschuß, nämlich Georg Graf v. Werthern auf Neunheiligen und Georg Friedrich v. Rockhausen auf Kirchscheidungen, in den Engeren Ausschuß befördert.[37] Vor den neuen dritten Vertreter des Thüringer Kreises, Caspar v. Berlepsch auf Henningsleben, platzierte man noch die ältesten Vertreter des Erzgebirger Kreises, August v. Berbisdorf auf Schweinsburg, und des Leipziger Kreises, Heinrich Rudolph v. Schönfeld auf Löbnitz, auf den Rängen zweiunddreißig und dreiunddreißig. Die nächsten Plätze von Nummer fünfunddreißig bis siebenunddreißig nahmen für den Leipziger Kreis Johann Adolph v. Dieskau auf Trebsen und Josias v. Veltheim auf Ostra ein und für den Neustädter Kreis Heinrich v. Bünau auf Nimritz.[38] Erst jetzt kam der zweite neue Vertreter des

---

35 Obwohl 1742 fünf Mitglieder des Engeren Ausschusses, welche die Plätze 5, 9, 11, 19 und 20 bekleideten, abwesend waren, rückten die neuen Mitglieder in der Rangfolge oder Sitzordnung nicht entsprechend auf.

36 Anders als beim Weiteren Ausschuß folgte die Wiederbesetzung der freien Stellen im Engeren Ausschuß im Jahr 1742 nicht der üblichen Reihenfolge der Kreise. Im Weiteren Ausschuß dagegen saßen die neuen Mitglieder am Ende des Gremiums in der Abfolge Churkreis, Thüringer, Meißner, Erzgebirger, Leipziger, Vogtländer und Neustädter Kreis.

37 Aufgrund dieses Manövers rückte v. Münchhausen 1742 im Weiteren Ausschuß von Rang acht auf Rang sechs vor. Der Landtag von 1742 war sein letzter.

38 Diesmal hatte die Auswahlkommission im Weiteren Ausschuß für den Leipziger Kreis zum einen Heinrich v. Bünau (1697–1745) auf Püchau übergangen, der dadurch 1742 im Weiteren Ausschuß von Platz achtzehn auf neun vorrückte. Heinrich v. Bünau war bis 1740 Präsident des Appellationsgerichts gewesen. Danach wurde er Diplomat. Zum anderen überging sie den Deputierten des Amtes Rochlitz Hans Joachim v. Wallwitz auf Gepülzig auf Platz achtundzwanzig. Davon abgesehen hielt die Kommission sich wieder an die Anciennität.

Churkreises, Christoph Friedrich v. Leipziger auf Zwetkau, zum Zuge.[39] Den Abschluß auf den Plätzen neundreißig und vierzig des Engeren Ausschusses machten die noch ausstehenden beiden Vertreter des Meißner Kreises Graf Johann Adolph v. Brühl auf Zehista und der neuadelige Freiherr Bernhard v. Zech auf Schmorkau. Sie waren ebenfalls die rangmäßig nächsten Kandidaten des Meißner Kreises im Weiteren Ausschuß gewesen.

Die Wiederbesetzung der freien Stellen im Engeren Ausschuß belegt zum einen die praktische Bedeutung von Anciennität und Kreiszugehörigkeit für die Besetzung der Stellen. Sie zeigt aber auch, daß sie nicht völlig mechanisch besetzt wurden, vielmehr konnte aus weiteren speziellen oder individuellen Gründen davon abgewichen werden und Kandidaten konnten auch mal übersprungen werden. Insbesondere deputierte Mitglieder des Weiteren Ausschusses scheinen einen Nachteil gehabt zu haben. Keines der neuen Mitglieder im Engeren Ausschuß erlangte im Zuge seiner Berufung eine bessere relative Position hinsichtlich der Anciennität gegenüber seinen Mitständen. Abgesehen vom Erbmarschall konnte keiner im Zuge des Wechsels einen Mitstand überholen, sondern sie bewegten sich unverändert in den einmal eingenommenen Positionen zueinander geradezu als Kohorte vorwärts.

Tabelle 24: Die im Landtag von 1742 wieder zu besetzenden Stellen in den Ausschüssen

Kreis	Engerer Ausschuß	Weiterer Ausschuß
1. Churkreis	2	3
2. Thüringer	3	4
3. Meißner	4	7
4. Erzgebirger	1	2
5. Leipziger	4	5
6. Vogtländer	1	3
7. Neustädter	1	2
Summe	**16**	**26**

Quelle: STA Dresden, Bestand 10.015, Landtagsakten A Nr. 85

Im Weiteren Ausschuß waren 1742 zunächst die Direktorenposten wieder zu besetzen. Direktor des Gremiums wurde Hans Heinrich v. Heringen (1697–1773) auf Ottenhausen im Thüringer Kreis, ein Deputierter des Amtes Weißensee.[40] Er

---

39   Christoph Friedrich v. Leipziger auf Rang 34 war der rangmäßig nächstälteste Schriftsasse des Churkreises im Weiteren Ausschuß. Er erhielt den Vorzug vor dem Deputierten des Amtes Bitterfeld Ernst Dietrich aus dem Winckel auf Möst auf Rang sechs, der stattdessen 1742 im Weiteren Ausschuß einen Platz vorrückte. Auf Platz fünf blieb er auch auf den Landtagen von 1746 und 1749.

40   Siehe über ihn Lutz Bannert, Art. ‚Heringen, Hans Heinrich von', Sächsische Biographie, htttp:/ www.isgv.de/saebi (zuletzt besucht am 19.11.2015). Das Direktorat des Weiteren Ausschusses war für ihn nur eine Zwischenstation. Auf dem 1746 folgenden Landtag trat er in den Engeren Ausschuß ein, 1749 erscheint er im Hof- und Staatskalender unter den titular geheimen Räten. Im Jahr 1749 saß er auf Platz dreiundzwanzig, sein Chef Heinrich v. Brühl an Platz zwölf und

gehörte dem Dresdner Landtag schon seit 1722 an und hatte auch die Landtage von 1728 und 1731 in der Allgemeinen Ritterschaft absolviert. Mit seinem Übertritt aus dem Dienst des Herzogs von Sachsen-Eisenach in den kursächsischen Dienst im Jahr 1734 und parallel zu seiner Bestallung als Akziserat in Dresden war er auch in den Weiteren Ausschuß aufgerückt. Im Jahr 1739 erhielt er seinen Kammerherrenschlüssel und gehörte schließlich seit 1740 zu den von der landesherrlichen Seite ernannten Ober-Steuereinnehmern. Auf dem vorhergehenden Landtag von 1737 hatte er im Weiteren Ausschuß noch an der zweiten Tafel auf Platz achtunddreißig gesessen. Sein Kondirektor wurde der Schriftsasse Carl Adolph v. Carlowitz (1684–1748) auf Ottendorf im Meißner Kreis. Er besuchte den Dresdner Landtag zwar schon seit 1711 regelmäßig, war aber erst nach siebenmaliger Teilnahme auf dem vorherigen Landtag im Jahr 1737 in den Weiteren Ausschuß gekommen und hatte ganz weit hinten auf Platz achtundfünfzig gesessen. Jetzt nahm er in dem Gremium die zweite Stelle ein.[41] Wie v. Heringen gehört er zu den erfahrenen Finanzfachleuten. Seine öffentliche Laufbahn umfaßte laut Oberhofmarschallamt die Stationen Kammerjunker (seit 1714), Landkammerrat und Amtshauptmann zu Hohenstein (seit 1728). Laut Hof- und Staatskalender fungierte er seit 1732 auch als adeliger Kreis-Steuereinnehmer des Meißner Kreises. Als die beiden Landstände das Direktorat des Weiteren Ausschusses übernahmen, gehörten sie demnach beide dem Ober-Steuer-Collegium an, und zwar eher der landesherrlichen als der landständischen Seite.[42] Außerdem waren sie langjährig erfahrene Landtagsmitglieder.

Im Weiteren Ausschuß mußten 1742 insgesamt sechsundzwanzig Stellen wieder besetzt werden. Von diesen freien Stellen rührten fünfzehn aus der Beförderung von Ausschußmitgliedern in den Engeren Ausschuß her. Elf weitere Stellen waren durch das unmittelbare Ausscheiden ihrer Inhaber aus dem Landtag frei geworden, darunter fünf Deputierte der Amtsassen aus fünf verschiedenen Kreisen. Die verbleibenden Mitglieder des Weiteren Ausschusses rückten dann in der Sitzordnung entsprechend der aufgetretenen Lücken weiter vor, so daß die neu zu besetzenden Stellen alle am Ende der zweiten Tafel platziert waren. Nach der Landtagsordnung sollten nun Ständemitglieder aus den

---

dessen rechte Hand v. Hennicke an der zweiten Tafel auf Platz neunundzwanzig – ein geradezu großartiges Forum für einen offenen Meinungsaustausch. Seine Laufbahn bietet ein nahezu perfektes Beispiel für die Parallelität von ständischem Engagement und landesherrlichem Dienst. Dem Engeren Ausschuß gehörte er noch bis 1769 an.

41   Auf dem folgenden Landtag von 1746 rückte v. Carlowitz zusammen mit v. Heringen in den Engeren Ausschuß ein. Der Weitere Ausschuß brauchte daher schon wieder ein neues Direktorengespann.

42   Die landschaftlichen Ober-Steuereinnehmer wie der Erbmarschall Löser, Friedrich August v. Watzdorf und Statz Hilmar v. Fullen saßen alle im Engeren Ausschuß. Die Alternative zu v. Carlowitz, Christian Gottlieb v. Holtzendorf auf Bärnstein im Meißner Kreis und landschaftliche Ober-Steuereinnehmer seit 1739, kam 1742 erst neu in den Weiteren Ausschuß, dem v. Carlowitz ja schon seit 1737 angehörte hatte. Ob also hier die Anciennitätsregel zugunsten des v. Carlowitz griff oder andere Gründe die Wahl bestimmten, bliebe noch näher zu untersuchen. Im übrigen stand v. Holtzendorf der landesherrlichen Seite keineswegs fern, denn er war seit 1720 Dresdner Kammerherr und übernahm 1739 zugleich auch das Präsidium des Ober-Consistoriums in Dresden.

sieben erbländischen Kreisen in der Allgemeinen Ritterschaft in den Weiteren Ausschuß aufsteigen. Das war auch tatsächlich überwiegend der Fall, da zwanzig der sechsundzwanzig freien Stellen aus der Allgemeinen Ritterschaft, wie sie sich im Jahr 1737 versammelt hatte, ergänzt wurden. In drei Fällen liegt aber interessanterweise der direkte Eintritt in den Weiteren Ausschuß ohne eine vorherige Teilnahme an der Allgemeinen Ritterschaft vor.

Obwohl es Alternativen zu ihm gegeben hätte, konnte Rudolph Heinrich v. Nostitz auf Lüttewitz im Meißner Kreis sofort an den Verhandlungen des Weiteren Ausschusses teilnehmen.[43] Das Oberhofmarschallamt bezeichnet ihn als Kreishauptmann, so daß er wahrscheinlich aufgrund dieser Funktion den Vorzug einer direkten Berufung in den Ausschuß erhielt. Diese Art der politischen Berufung ist jedenfalls im zweiten Fall ganz offensichtlich, denn der nobilitierte und 1741 gerade zum Freiherrn gemachte Johann Christian v. Hennicke erfüllte noch nicht einmal die Ahnenprobe. Aber er war als Vice-Präsident des Cammer-Collegiums die rechte Hand des Kabinettsministers Heinrich v. Brühl und aufgrund seiner Stellung als wirklicher geheimer Rat mit Sitz und Stimme im Collegium am Ende doch noch landtagsfähig.[44] Ferner spielt wahrscheinlich auch die Frage der Ehre eine Rolle, daß man keinem wirklichen geheimen Rat zugemutet hätte, seine Landtagskarriere in der Allgemeinen Ritterschaft zu beginnen. Seine Teilnahme am Weiteren Ausschuß kann mithin ziemlich sicher als ein politischer Schachzug gewertet werden. Es ist für die Rolle und Bedeutung des Landtages in dieser Zeit immerhin äußerst aufschlußreich, daß die von Heinrich v. Brühl geführte Politik es für nützlich ansah, Hennicke im Weiteren Ausschuß platziert zu haben.[45] Auf den folgenden beiden Landtagen von 1746 und 1749 konnte er die offizielle Finanzpolitik dann im Engeren Ausschuß persönlich verteidigen.[46]

Der dritte Fall eines direkten Eintritts in den Weiteren Ausschuß zeigt dagegen keine offensichtlich politische Dimension. Christian August v. Beulwitz auf Kloschwitz war ein Deputierter des Amtes Plauen und besetzte eine Stelle des Vogtländer Kreises im Weiteren Ausschuß. Der Grund für seinen direkten Eintritt in den Weiteren Ausschuß ist nicht ganz klar, aber er trat an die Stelle des wieder ausgeschiedenen Deputierten des Amtes Voigtsberg Christoph Friedrich v. Winckelmann auf Untermarxgrün. Ohne die Beförderung von v. Beulwitz hätten die Amtsassen des Vogtländer Kreises im Jahr 1742 im Unterschied zu den anderen sechs erbländischen Kreisen keinen eigenen Deputierten in den beiden

---

43   Mit dem altschriftsässigen Rittergut Lüttewitz im Amt Meißen war v. Nostitz seit dem 25. August 1733 belehnt, siehe HSTA Dresden, Bestand 10.080, Lehnhof Dresden, Ritterguts-Matrikel 1728. Er hätte demnach an den Landtagen von 1734 und 1737 teilnehmen können.

44   Außerdem hatte er als Kammerdirektor der Stifte Naumburg und Merseburg auch seine Hand auf den finanziellen Ressourcen dieser Nebenländer.

45   Selbst wenn dieser Versuch nicht politisch motiviert gewesen sein sollte, sondern nur den Versuch des Emporkömmlings und Günstlings darstellte, sich in die kursächsische Ritterschaft zu integrieren, bliebe er noch bemerkenswert.

46   Allerdings nur an der zweiten Tafel, denn 1746 hatte er mit der Nummer vierzig den allerletzten Platz, 1729 saß er aufgrund der Fluktuation auf Platz neunundzwanzig.

Ausschüssen gehabt. In diesem Umstand liegt möglicherweise der Grund dafür, daß die Wahl auf v. Beulwitz fiel.[47]

In den übrigen drei Fällen scheint zunächst ebenfalls ein direkter Eintritt in den Weiteren Ausschuß vorzuliegen. Dieser Eindruck ergibt sich aber nur aus einem Vergleich mit dem Landtag von 1737. Wenn man alle vorhergehenden Landtage einbezieht, dann zeigt sich stattdessen, daß die beiden Vertreter des Churkreises, Friedrich August v. Möllendorf auf Döllsdorf, der ein Deputierter des Amtes Bitterfeld war, und Johann Georg v. Wehlen auf Wiederau schon die Allgemeine Ritterschaft des Landtages von 1734 besucht hatten.[48] Thomas Christian v. Berlepsch auf Großwelsbach im Thüringer Kreis hatte seinen Antrittsbesuch in der Allgemeinen Ritterschaft sogar schon im Jahr 1731 gemacht.[49] Diese drei neuen Mitglieder des Weiteren Ausschusses erfüllten damit doch noch die formale Forderung an die Landtagskarrieren, zuerst die Allgemeine Ritterschaft zu besuchen.

Auf der anderen Seite haben zwei Landstände, die 1742 in den Weiteren Ausschuß berufen wurden, laut Oberhofmarschallamt gar nicht an den Landtagssitzungen teilgenommen, so daß zwar sechsundzwanzig Stellen neu besetzt wurden, aber nur vierundzwanzig neue Mitglieder tatsächlich an den Verhandlungen des Landtages teilgenommen haben. Der eine war der Appellationsrat Erich Volckmar v. Berlepsch auf Uhrleben, der im Rahmen des Thüringer Kreises den Platz vierzig zugeteilt bekommen hatte. Der andere war Freiherr Otto George v. Bodenhausen auf Mühltroff im Vogtländer Kreis auf Platz sechsundfünfzig, der im Landtag von 1737 Direktor des Kreises in der Allgemeinen Ritterschaft gewesen war.[50]

Die in den Weiteren Ausschuß berufenen neuen Mitglieder wurden genau in der Reihenfolge, in der die sieben Kreise überlicherweise gezählt wurden, am Ende der Sitzordnung angefügt. Den Anfang machte der Churkreis auf Platz fünfunddreißig, dann folgten die anderen sechs Kreise bis zum Neustädter Kreis auf den Plätzen neunundfünfzig und sechzig. Zusammen mit vier schon zum

---

47 Die Begründung ist aber noch nicht völlig befriedigend bzw. nicht vollständig, denn es hätte 1742 zu v. Beulwitz auch Altenativen gegeben wie z. B. Georg Wolf v. Gößnitz auf Jugelsburg, Deputierter des Amtes Voigtsberg und Kondirektor des Vogtländer Kreises, oder die Deputierten des Amtes Plauen Heinrich Erdmann Röder auf Gansgrün und Philipp Ferdinand von der Heyde auf Gutenfürst. Während der v. Beulwitz schon am 2. Juni in Dresden war, kam v. Gößnitz erst am 4. Juni an, Röder am 9. Juni und v.d. Heyde gar erst am 12. Juni und damit vielleicht zu spät, um berücksichtigt zu werden.

48 Warum aber gerade sie statt anderer, die 1737 oder 1742 den Landtag besuchten, gewählt wurden, läßt sich z. Z. nicht ermitteln.

49 Er wird 1731 als Obristleutnant bezeichnet, findet sich aber nicht bei Heinrich August Verlohren, Stammregister und Chronik der sächsischen Armee. Er war also die dreißiger Jahre über möglicherweise in auswärtigen, vielleicht hessischen oder kaiserlichen, Kriegsdiensten engagiert. Er gehört vermutlich zur Linie der hessischen Erb-Cämmerer aus dem Haus v. Berlepsch, siehe Zedler, Universal-Lexicon, Bd. 3 (1733), Sp. 1326.

50 Auf dem folgenden Landtag des Jahres 1746 nahmen sie dann an 25. bzw. 36. Stelle ihre Sitze im Weiteren Ausschuß ein. Im Jahr 1746 war v. Berlepsch Kreishauptmann, v. Bodenhausen kam zwar rechtzeitig in Dresden an, reiste aber schon fünf Wochen vor Schluß des Landtages wieder ab. Sein „Urlaub Zeddel" hatte am 8. Juli aber nur auf zwei Wochen gelautet.

Weiteren Ausschuß gehörenden Mitgliedern bildeten sie 1742 die zweite Tafel. Aufgrund der Wiederbesetzung freier Stellen erhielten die beiden Ausschüsse der Ritterkurie zwar neue Mitglieder, diese waren aber keineswegs Neulinge im Landtagsgeschäft. Vielmehr verfügten die meisten in mehr oder weniger großem Umfang über Landtagserfahrung, die im folgenden Abschnitt näher untersucht wird.

2. Die Landtagserfahrung der ritterschaftlichen Mitglieder des Landtags

Die Auseinandersetzungen über die aktuelle landesherrliche Politik, sei es hinsichtlich der finanziellen Fragen, der Gesetzgebung oder der Gravamina, die auf den Landesversammlungen geführt wurden, lassen sich nicht nur mit dem Blick auf die jeweils verfolgten politischen Ziele oder die hinter ihnen stehenden Interessen betrachten, sie sind zudem geformt und beeinflußt durch die Erfahrung aus den vorhergehenden Sitzungsperioden, über welche die anwesenden Landtagteilnehmer verfügen können. Die Einschätzung der Handlungsspielräume und der Optionen, aber auch das vorhandene Wissen über die Umstände und Motive der getroffenen oder beantragten Beschlüsse hängt nicht nur von den überlieferten Protokollen und Akten der Gremien ab, sondern wird zum Teil im Gedächtnis und in der Erfahrung der Beteiligten aufbewahrt. Daher spielen die Tagungsfrequenz, die Abstände zwischen den Landtagen und die personelle Kontinuität zwischen den einzelnen Sitzungen gerade für das Gedächtnis, das Wissen und Handeln der versammelten Landstände als Institution – und damit schließlich auch für die historische Beschreibung ihrer Geschichte – eine noch näher zu bestimmende Rolle.

Die Untersuchung der Landtagsbesuche bietet zwar nur eine erste Annäherung für dieses Problem. Anhand der Landtagsverzeichnisse läßt sich aber zumindest der Rahmen bestimmen, in dem die Frage nach der Landtagserfahrung und nach ihrem Einfluß auf das Konfliktverhalten der Beteiligten plaziert werden kann. Einen ersten allgemeinen Überblick über die Zusammensetzung der Ritterschaft von 1742 gibt die Tabelle 25. Vor dem Landtag von 1742 kamen in den Jahren von 1711 bis 1737, die in diesem Abschnitt im Zentrum der Betrachtung stehen, acht allgemeine Landtage und drei Ausschußtage in Dresden zusammen, an denen die zum Landtagsbesuch qualifizierten Rittergutsbesitzer hätten teilnehmen können.[51]

---

51 Die drei Ausschußtage nach 1711 fielen in die Jahre 1712, 1713 und 1725. Sie haben jedoch keinen Effekt auf die personelle Zusammensetzung der hier untersuchten Landesversammlungen ausgeübt.

Tabelle 25: Die Verteilung der Mitglieder in der Ritterkurie im Jahr 1742 nach dem Jahr ihres ersten Landtagsbesuches

| Landtag | erster Landtagsbesuch | |
	Anzahl	Prozent
1694	1	0,4%
1699	4	1,7%
1708 (AT)	1	0,4%
1711	25	10,4%
1716	15	6,3%
1718	11	4,6%
1722	21	8,7%
1728	33	13,7%
1731	33	13,7%
1734	23	9,6%
1737	16	6,7%
1742	57	23,8%
Summe	**240**	**100,0%**

Quelle: STA Dresden, Bestand 10.015, Landtagsakten A Nr. 73–85

Wenn man die im Jahr 1742 in Dresden anwesenden Mitglieder der Ritterschaft danach betrachtet, wann sie das erste Mal eine kursächsische Landesversammlung besucht haben, dann zeigt sich, daß es sich für nahezu ein Viertel um die erste Landtagsteilnahme handelte.[52] Von diesen neuen Landtagsbesuchern gehörten zweiundfünfzig, wie nach den Regeln der Landtagsordnung nicht anders zu erwarten, der Allgemeinen Ritterschaft an. Die Allgemeine Ritterschaft bestand demnach im Jahr 1742 zu einem Drittel aus neuen Teilnehmern. Bezogen auf die einzelnen erbländischen Kreise schwankte der Anteil an Neulingen zwischen einem Viertel und der Hälfte der Kreisangehörigen.[53] In den stark besetzten Meißner und Leipziger Kreisen war ihr Einfluß am geringsten. In den kleineren Kreisen dagegen stellte der Austausch an Teilnehmern gegenüber dem letzten Landtag quantitativ einen erheblichen Faktor dar. Auch wenn sie das erste Mal zu den ordentlichen Mitgliedern des Landtages gehörten und erstmals ihre Missive und ihren Stammbaum zu ihrer Legitimation überreicht hatten, müssen die Neulinge nicht unbedarft gewesen sein. Wie weiter oben dargestellt worden ist, gab es in zahlreichen adeligen Familien eine regelrechte Tradition des Landtagsbesuches. Viele neue Landtagsbesucher dürften daher bei ihrem Eintritt in den Landtag über gewisse Kenntnisse und Vorstellungen verfügt

---

52 Für einen Vergleich mit den Verhältnissen am Ende des 18. Jahrhunderts siehe Axel Flügel, Bürgerliche Kritik und Landtagsrepräsentation. Die Ritterkurie des sächsischen Landtages im Jahr 1793, in: Geschichte und Gesellschaft 23 (1997), S. 384–404. Im Jahr 1793 war es für sechzig Prozent der Teilnehmer in der Allgemeinen Ritterschaft der erste Landtagsbesuch.
53 Siehe Tabelle 26.

haben. Möglicherweise haben sie bereits ihre Väter oder Brüder zum Landtag nach Dresden begleitet oder dort während der Landtagsessionen getroffen.[54]

Weitere dreißig Prozent der Mitglieder hatten die drei vorhergehenden Landtage besucht. Aus der Zeit der zwanziger Jahre, in der die 1728 verabschiedete Landtagsordnung debattiert wurde, gehörten 54 Teilnehmer oder zweiundzwanzig Prozent dem Landtag an. Nicht viel kleiner war mit insgesamt 51 Teilnehmern die Gruppe, deren Erfahrung noch in die turbulente Kriegszeit zurückreichte. Aus der landtagslosen Zeit von 1699 bis 1711, in der nur Ausschußtage einberufen wurden, waren naturgemäß kaum Landstände vertreten. Immerhin vier Teilnehmer hatten aber schon an dem Landtag von 1699 teilgenommen.

Tabelle 26: Die neuen Mitglieder in der Allgemeinen Ritterschaft 1742

Kreise	Überhaupt	Allgemeine Ritterschaft	
		neue Mitglieder	
1. Churkreis	10	4	40,0%
2. Thüringer	24	12	50,0%
3. Meißner	46	12	26,1%
4. Erzgebirger	21	7	33,3%
5. Leipziger	30	8	26,7%
6. Vogtländer	8	4	50,0%
7. Neustädter	18	5	27,8%
Summe	**157**	**52**	
Durchschnitt			**33,1%**

Quelle: STA Dresden, Bestand 10.015, Landtagsakten A Nr. 85

An dieser Stelle ist jedoch einschränkend darauf hinzuweisen, daß die Tabelle 25 nur den ersten Landtagsbesuch anzeigt. Damit ist nicht automatisch gesagt, daß ein Landstand, der z. B. im Jahr 1728 zum ersten Mal nach Dresden kam, seitdem auch alle folgenden Landtage bis 1742 ohne Unterbrechung besucht hat. Die Kontinuität der Teilnahme ist also eine von der Erstteilnahme getrennt zu behandelnde Frage, die eine Untersuchung jedes einzelnen Namens erfordern würde. Allgemein kann man in dieser Hinsicht sagen, daß entsprechend der Einrichtung des kursächsischen Landtages die Kontinuität in der Teilnahme vor allem in den beiden Ausschüssen hoch war. In der Allgemeinen Ritterschaft, deren Besuch seitens des Vasallen zwar erwartet wurde, dennoch aber keine Pflicht war, sind die Lücken oder Unterbrechungen des Landtagsbesuchs häufig anzutreffen. Inwieweit in diesen Fällen eine Krankheit, dienstliche Verhinderung, die Unabkömmlichkeit vom Rittergut oder tatsächlich Desinteresse an der

---

54 Das Umfeld der Landtage in Dresden, also die Begleitung der Landtagsteilnehmer durch ihre Frauen und Kinder, die Begegnung mit Verwandten, Freunden und Nachbarn, die Veranstaltungen außerhalb der Landtagssitzungen, die Verabredungen von Heiraten, Rittergutsverkäufen und anderen Geschäften oder die Bewerbung um Anstellung im landesherrlichen Dienst, gehört zu den noch weitgehend unerforschten Aspekten des Landtagsgeschehens.

Landtagsarbeit den Grund bildete, ließe sich nur beantworten, wenn man die adeligen Rittergutsbesitzer und ihre Überlieferung in die Untersuchung einbezieht.

Eine Aufgliederung der Teilnahme nach den Gremien der Ritterkurie liefert weitere interessante Aufschlüsse für die Frage nach der Landtagserfahrung der Mitglieder. Der formale Aufbau der Ritterkurie sorgte von sich aus dafür, daß in den Ausschüssen, insbesondere im Engeren Ausschuß, erfahrenere, dafür aber auch ältere Landstände die Verhandlungen führten. Aufgrund der größeren Abstände zwischen den Landtagen konnte es daher für einen gewöhnlichen Landstand eine beträchtliche Zeit dauern, bis der Eintritt in den Engeren Ausschuß nach den Regeln der Landtagsordnung erfolgt war.[55] Wer z. B. 1722 erstmals den allgemeinen Landtag besuchte und von Landtag zu Landtag aufstieg, der kam erst 1731 in den Engeren Ausschuß.[56] In den dreißiger Jahren konnte es wegen der höheren Landtagsfrequenz dagegen bedeutend schneller gehen. Ein Mitglied des Engeren Ausschusses von 1742 sollte der Regel nach und wenn nicht eine Bevorzugung aus politischen Motiven vorlag, eigentlich wenigstens seit 1734 dem Landtag angehören. Die Zusammensetzung der drei Gremien der Ritterkurie auf dem Landtag des Jahres 1742 hinsichtlich der in ihr versammelten Erfahrung mit den Landtagsgeschäften zeigt die Tabelle 27.

Wie schon erwähnt, nahm knapp die Hälfte der Mitglieder des Engeren Ausschusses dort 1742 erstmals ihren Platz ein. Die zweitgrößte Gruppe, nämlich sieben Mitglieder oder zwanzig Prozent, gehörten seit 1734 dem Gremium an. Das älteste Mitglied war Hans Ludwig v. Heringen (1664–1743), der schon seit 1711 im Ausschuß saß. In diesem Jahr hatte er unter den neuen Mitgliedern den letzten Platz erhalten, inzwischen war er aber bis auf Platz vier vorgerückt und saß gleich neben dem Erbmarschall und dem Vertreter des Deutschen Ordens Hans Moritz v. Brühl.[57] Die Sitzungsperiode von 1742 war seine dreizehnte. Laut Oberhofmarschallamt hat er alle Versammlungen tatsächlich besucht. Soweit bislang bekannt, hat Hans Ludwig v. Heringen im Unterschied zu seinem bekannteren Sohn keine umfangreichere Ämterkarriere absolviert. Einzig und allein im Jahr 1716 wird er in den Abrechnungen über die Landtagsdiäten einmal als Oberhofmeister bezeichnet.[58] An den Landesversammlungen nahm er als Besitzer des altschriftsässigen Rittergutes Ottenhausen im Amt Weißensee des Thüringer Kreises teil.[59] Sein Sohn, der zu diesem Zeitpunkt oberste oder älteste

---

55 Andererseits galt auch die Regel: je mehr Zeit zwischen den Landtagen verging, desto mehr freie Stellen gab es und desto größer war folglich die Chance eines Aufstieges.

56 Vorausgesetzt es gab für den Kreis, dem der Landstand angehörte, eine freie Stelle im Ausschuß.

57 Höher als auf Platz vier des Engeren Ausschusses konnte kein einfacher kursächsischer adeliger Landstand vorrücken. Heringen hatte ihn 1742 erreicht, 1737 saß er noch auf Platz sieben. Der Landtag von 1742 war sein letzter. Dem Weiteren Ausschuß hatte er einmal beim Ausschußtag von 1708 angehört. In der Allgemeinen Ritterschaft des Landtags von 1699 war er Direktor des Thüringer Kreises gewesen.

58 Es ist unklar, wo und wie lange er als Oberhofmeister tätig war. Johann Georg Zirschke, Hof-Staat, kennt Hans Ludwig v. Heringen weder als Oberhofmeister noch als Kammerherrn. Er hat seine Stelle sehr wahrscheinlich nicht am Dresdner Hof gehabt.

59 Siehe auch Friedrich Gottlob Leonhardi, Erdbeschreibung, Bd. 1, S. 672.

Tabelle 27: Die Zusammensetzung der Ausschüsse und der Allgemeinen Ritterschaft im Jahr 1742 nach dem Eintritt ihrer Mitglieder in die Gremien der Ritterkurie

	Engerer Ausschuß (EA)			Weiterer Ausschuß (WA)		Allgemeine Ritterschaft (AR)
		Eintritt in			Eintritt in	Eintritt in
Landtage	EA	WA	AR	WA	AR	AR
1694	0	0	0	0	0	1
1699	0	0	2	0	0	1
1708 (AT)	0	2	–	0	–	–
1711	1	1	11	0	6	7
1712 (AT)	0	1	–	0	–	–
1713 (AT)	0	1	–	0	–	–
1716	0	0	6	0	2	7
1718	0	1	1	0	3	7
1722	2	5	4	0	13	5
1725 (AT)	0	5	–	1	–	–
1728	2	6	3	2	10	19
1731	7	6	1	7	4	24
1734	5	3	0	11	4	20
1737	1	0	1	4	1	14
1742	16	–	–	24	–	52
Summe	**34**	**(31)**	**(29)**	**49**	**(43)**	**157**

Quelle: HSTA Dresden, Bestand 10.015, Landtag, Landtagsakten, A 30 bis A 107

General-Akziserat Hans Heinrich v. Heringen, war 1742 gerade Direktor des Weiteren Ausschusses geworden. Weil aber der Vater schon für das Rittergut Ottenhausen im Landtag war, konnte der Sohn nur als Deputierter des Amtes Weißensee in Dresden erscheinen.[60]

Wie die Tabelle 27 sichtbar macht, hatten sich zweiundzwanzig Mitglieder des Engeren Ausschuß von 1742 in den Jahren zwischen 1722 und 1731 an den Verhandlungen im Weiteren Ausschuß beteiligt. Elf der vierunddreißig Mitglieder, also nahezu ein Drittel, hatten ihren ersten Landtag in der Allgemeinen Ritterschaft des Jahres 1711 erlebt und konnten daher die Landtagsgeschichte dieses Zeitraums aus eigener Erfahrung überblicken. Dazu gehörte beispielsweise Siegmund August von Arnim auf Döben, der in schöner Regelmäßigkeit

---

60   Mit dem Tod des Vaters übernahm er nicht nur das Rittergut, sondern kam auch an seiner Stelle als Schriftsasse in den Engeren Ausschuß. Einen weiteren ähnlich gelagerten Fall gab es dreißig Jahre zuvor im Thüringer Kreis. Weil Hans Rudolph Marschall, der Kriegs-Kommissarius, 1711 für Schönstädt im Weiteren Ausschuß saß, konnte Johann Julius Marschall, ebenfalls auf Schönstädt, sein Landtagsdebüt 1711 nur als Deputierter des Amtes Langensalza machen. Nach dem Ausscheiden Hans Rudolphs, der zuletzt den Ausschußtag von 1715 besucht hatte, konnte Johann Julius Marschall am Landtag von 1716 in der Allgemeinen Ritterschaft nun als Schriftsasse teilnehmen. Für das Amt Langensalza kam 1716 statt seiner Heinrich Ernst v. Töpffern auf Sundhausen nach Dresden.

etwa alle zehn Jahre einen Aufstieg erlebte. Im Jahr 1711 kam er erstmals in die Allgemeine Ritterschaft des Leipziger Kreises, die er noch weitere zwei Mal besuchte.[61] Im Jahr 1722 trat er in den Weiteren Ausschuß ein und 1731 dann in den Engeren Ausschuß. Der Landtag des Jahres 1742 war sein viertes Mal, daß er dem Ausschuß beiwohnte. Aber diesmal saß er an der ersten Tafel. Der Landtag von 1742 war insgesamt sein zehnter. Da abgesehen von der Landtagsteilnahme bisher nicht bekannt ist, daß er noch andere Hof- und Verwaltungsämter bekleidet hat, kann er vorläufig als ein Vertreter des kursächsischen Landadels klassifiziert werden. Seine erfolgreiche Landtagskarriere führte ihn am Ende aber 1742 noch zu der Ehre, am Dresdner Hof zum Kammerherrn ernannt zu werden.[62]

Abgesehen von Hans Ludwig v. Heringen stammte noch ein weiteres Mitglied des Engeren Ausschusses aus der Landtagskohorte von 1699. Haubold Siegmund v. Zanthier, der jüngere Sohn des am 25. März 1699 gestorbenen Georg Heinrich v. Zanthier (1639–1699), hatte auf diesem Landtag sein Debüt unter den kursächsischen Landständen.[63] Er erschien für das Rittergut Salzfurth im Amt Bitterfeld des Churkreises. Nach 1699 ging die Landtagsteilnahme für Salzfurth aber von ihm an seinen älteren Bruder Heinrich Dietrich v. Zanthier über, der auf dem Ausschußtag von 1708 in den Weiteren Ausschuß aufrückte und schließlich von 1722 bis 1728 im Engeren Ausschuß saß.[64] Es dauerte dreiundzwanzig Jahre, bis Haubold Siegmund v. Zanthier wieder den Landtag in Dresden besuchte. Im Jahr 1722 kam er, inzwischen mit dem Titel eines hochfürstlichen Kammerjunkers zu Zerbst in Anhalt, zum zweiten Mal in die Allgemeine Ritterschaft. Bei seinem Wiedereintritt wurde er sogleich Kondirektor des Leipziger Kreises in der Allgemeinen Ritterschaft. Von 1722 bis 1749 war er immer einer der Deputierten des Amtes Delitzsch und außerdem Besitzer des amtsässigen Gutes Zschernitz im Leipziger Kreis. Bemerkenswerterweise wurde er 1749 in Zedlers Universal-Lexicon als „der Ritterschafft im Leipziger Kreise Directorn" vorgestellt.[65]

Im rechnerischen Durchschnitt kamen die im Jahr 1742 anwesenden Mitglieder des Engeren Ausschusses auf sieben von ihnen besuchte Landesversammlungen, wenn man voraussetzt, daß sie jeder Aufforderung, nach Dresden zu kommen, auch gefolgt sind. Nur vier der 1742 Anwesenden haben nachweislich Lücken in der Zahl ihrer Landtagsbesuche. Keines der Mitglieder war

61   Beliehen war v. Arnim mit dem Rittergut Döben im Amt Grimma seit dem 10. Februar 1710, siehe HSTA Dresden, Bestand 10.080, Lehnhof Dresden, Ritterguts-Matrikel 1728. Auf dem Landtag von 1718, damals noch als Mitglied der Allgemeinen Ritterschaft, traf er allerdings mit vier Wochen Verspätung erst am 22. Februar ein und reiste schon vorzeitig am 16. März wieder ab. Im Jahr 1728 nahm bzw. erhielt er während des Landtages einen Urlaub vom 24. April bis 10. Mai.

62   Siehe Johann Georg Zirschke, Hof-Staat, S. 30. Außer ihm wurden 1742 noch elf weitere Kammerherren ernannt. Inwieweit die Ernennungen zum Füllhorn der Gnaden und Promotionen gehörten, die im Zuge des Reichsvikariats sprudelten, muß hier offen bleiben.

63   Der Vater war 1694 und 1696 Mitglied des Weiteren Ausschusses gewesen.

64   Heinrich Dietrich v. Zanthier (1676 bis ca. 1730) war bis 1730 adeliger Kreis-Steuereinnehmer des Churkreises.

65   Siehe Zedler, Universal-Lexicon, Bd. 60 (1749), Sp. 1609.

aus politischen Gründen direkt und ohne vorherige Landtagserfahrung in den Engeren Ausschuss gekommen. Bei einer Besuchsfrequenz von durchschnittlich sieben Sitzungsperioden, die in der Regel alle drei Gremien der Ritterkurie umfaßten, kann man davon ausgehen, daß sich die meisten Teilnehmer von mehreren Landtagen her kannten und sich schon im Rahmen der Dresdner Landtagsverhandlungen und unabhängig von ihren anderweitigen Ämtern und Anstellungen mehrmals begegnet waren. Nicht nur innerhalb der sieben erbländischen Kreise, sondern darüber hinaus und zwischen ihnen hat der Dresdner Landtag eine Gelegenheit zur Kommunikation und zum Austausch geboten.

Das gilt in ähnlicher, aber etwas abgeschwächter Weise auch für den Weiteren Ausschuß. Im Weiteren Ausschuß von 1742 hatten die Teilnehmer im Durchschnitt zuvor schon vier Landtage besucht. Sechs der Mitglieder hatten allerdings niemals in der Allgemeinen Ritterschaft gesessen, sondern waren direkt in den Weiteren Ausschuß eingetreten. Insgesamt elf der neunundvierzig Mitglieder saßen seit 1734 in dem Gremium. Bei acht Landständen des Weiteren Ausschusses gibt es Lücken in der Folge ihrer Landtagsbesuche. Dennoch kann man in den Ausschußmitgliedern eine Gruppe insgesamt recht regelmäßiger und erfahrener Landtagsteilnehmer sehen. Zwanzig der 1742 im Weiteren Ausschuß Anwesenden hatten fünf und mehr Landtage besucht. Manche von ihnen mußten zunächst lange Zeit in der Allgemeinen Ritterschaft zubringen und haben erst spät ihre Berufung in den Ausschuß erfahren. So beispielsweise Christian Gottlieb v. Holtzendorf auf Bärenstein im Meißner Kreis, der von 1718 bis 1737 sechs Mal die Allgemeine Ritterschaft frequentiert hatte, bevor er 1742 doch noch in den Ausschuß kam.

Der Weitere Ausschuß stellte zwar eine Zwischenstation auf dem Weg in den Engeren Ausschuß dar. Aber für einige Landtagsbesucher war er das Ende der Karriere. Im Durchschnitt schieden zwischen 1711 und 1737 etwa sechs bis sieben Ausschußmitglieder ohne weiteren Aufstieg aus dem Landtag aus. Wenn man die seit 1711 in der Allgemeinen Ritterschaft und im Weiteren Ausschuß verbrachte Zeit zusammen nimmt, dann kann man fünf Mitglieder des Weiteren Ausschusses ermitteln, die 1742 dennoch insgesamt acht und in einem Fall sogar neun Landtagsbesuche vorweisen können. Letzteres trifft auf Ernst Dietrich aus dem Winckel auf Möst im Churkreis zu, der von 1711 bis 1722 vier Mal die Allgemeine Ritterschaft besuchte und auf dem Ausschußtag von 1725 in den Weiteren Ausschuß berufen wurde.[66] Bis 1742 hatte er dann schon an fünf Verhandlungen des Weiteren Ausschusses teilgenommen, in allen Fällen aber immer als Deputierter des Amtes Bitterfeld.[67] Von 1728 bis 1737 wird er zudem als Kammerjunker bezeichnet. Er hatte seine Stelle allerdings nicht am Dresdner

---

66 Der Ausschußtag dauerte vom 30. Oktober 1725 bis zum 12. April 1726. Laut Oberhofmarschallamt traf a. d. Winckel nach einer Anreise von neunzehn Meilen und acht Nachtlagern am 14. Dezember in Dresden ein und blieb bis zum 7. März 1726.

67 Insgesamt kann man aus den Verzeichnissen den Eindruck gewinnen, daß die Landtagsfrequenz und Ausdauer der einmal zu Deputierten der Amtsassen gewählten adligen Rittergutsbesitzer recht hoch war. Das Amt wurde anscheinend in der ersten Hälfte des 18. Jahrhunderts sehr ernst genommen.

Hof, sondern in Merseburg.[68] Auf acht Besuche kamen der Kreishauptmann Johann Julius Marschall auf Zembschen im Amt Weißenfels des Thüringer Kreises und Carl Ludwig Edler v.d. der Planitz auf Untergöltzsch im Vogtländer Kreis. Beide haben fünf Mal an der Allgemeinen Ritterschaft teilgenommen und beide kamen im Jahr 1731 in den Weiteren Ausschuß.

Die beiden übrigen langjährigen Landtagsbesucher betreffen den Meißner Kreis. Der eine, Carl Adolph v. Carlowitz, wurde 1742 zum Kondirektor des Weiteren Kreises gemacht. Der andere war Johann Adolph v. Haugwitz auf Fichtenberg im Amt Oschatz, der parallel dazu eine Hofkarriere verfolgte. Im Jahr 1705 wurde er in Dresden Kammerjunker und besuchte im Jahr 1711 den ersten allgemeinen Landtag seit dem Jahr 1699. Von 1711 bis 1737 blieb er alle acht Landtage lang Mitglied der Allgemeinen Ritterschaft des Meißner Kreises. Inzwischen war er am Dresdner Hof noch im Laufe des Jahres 1711 Kammerherr geworden, 1729 stieg er dort zum Hofmarschall auf und versah von 1733 bis zu seinem Tod 1746 die Hofcharge des Oberschenken.[69] Erst nach acht Landtagsbesuchen erhielt er 1742 die Berufung in den Weiteren Ausschuß. Er muß damit zwar zu den routinierten Landtagsbesuchern gezählt werde, aber im Grunde gehört seine Landtagskarriere mehr der Allgemeinen Ritterschaft als dem Weiteren Ausschuß an.

Im Weiteren Ausschuß reichte das in den Personen aufbewahrte und dem Gremium abrufbare institutionelle Gedächtnis vor allem bis zu den Landtagen von 1728 und 1722 zurück. Keiner der Teilnehmer verfügte über persönliche Erfahrungen aus der Zeit vor der Landtagspause von 1711. Dennoch sollte aus der vorliegenden Analyse klar geworden sein, daß auch der Weitere Ausschuß über kompetente und langjährig erfahrene Mitglieder verfügte. Ebenso versammelten sich in ihm wie im Engeren Ausschuß hinsichtlich der adligen Geschlechter bedeutende Vertreter des kursächsischen Adels.[70] Wenn sie im Vergleich mit dem Engeren Ausschuß auch sozusagen jünger waren, so waren sie als Gremium doch nicht grundsätzlich schwächer oder minderwertiger. Vielmehr sollte man sie in der Analyse der Landtagschriften genauso ernst nehmen wie den Engeren Ausschuß.

Schließlich kann man selbst für die Allgemeine Ritterschaft ähnliche Verhältnisse wie für die Ausschüsse feststellen, obwohl hier die Fluktuation noch größer ist, da kein Teilnehmer an der Allgemeinen Ritterschaft über eine „Stelle" im Landtag verfügte, wie es bei den Ausschußmitgliedern der Fall war. In der Landtagsfrequenz lassen sich für die Allgemeine Ritterschaft die Lücken ziemlich genau bestimmen. Insgesamt vierunddreißig der Mitglieder der Allgemeinen Ritterschaft, die schon vor 1742 einmal den Landtag besucht hatten, haben zwischendurch wieder auf einem oder mehreren Landtagen gefehlt.

---

68 Siehe Zedler, Universal-Lexicon, Bd. 57 (1748), Sp. 842.
69 Siehe zu den einzelnen Stationen Johann Georg Zirschke, Hof-Staat, S. 18, 20, 27 und S. 32.
70 Vergleiche dazu die Einschätzung von Nina Krüger, Landesherr und Landstände in Kursachsen, S. 82, die dem Engeren Ausschuß eine dominante Stellung zuspricht und in ihm eine Ansammlung der bedeutendsten sächsischen Adelsfamilien sieht.

Zum Landtag von 1742 hatten sich 157 Landstände in Dresden eingefunden, die an den aktuellen Verhandlungen allein im Rahmen der Allgemeinen Ritterschaft teilnehmen konnten. Darunter findet sich, wie bereits festgestellt, ein Drittel neuer Landtagsbesucher, bei denen es sich im Unterschied zu den neuen Teilnehmern der Ausschüsse tatsächlich um Neulinge handelte, die zum ersten Mal in der Rolle des Landstandes persönlich der Landtagseröffnung und den Landtagssitzungen beiwohnten.[71] Weitere fünfundzwanzig Landstände hatten vor 1742 nur einen allgemeinen Landtag besucht. Die meisten von ihnen entweder den Landtag von 1737 oder den des Jahres 1734. Die Neulinge von 1742 und die Teilnehmer aus den 1730er Jahren stellten zusammen siebzig Prozent des Personals der Allgemeinen Ritterschaft. Dieser hohe Wert ist angesichts der Fluktuation, der demographischen Wechselfälle und des Aufstiegs in die Ausschüsse eigentlich nicht besonders erstaunlich. Viel bemerkenswerter ist dagegen die auch in der Allgemeinen Ritterschaft immer noch vorhandene längere Landtagserfahrung. Im Durchschnitt hatten die 105 Landtagsbesucher, die 1742 nicht neu in die Versammlung eintraten, bereits drei allgemeine Landtage absolviert. Sie kamen damit auf nur eine Teilnahme weniger als die Mitglieder des Weiteren Ausschusses.

Die Übersicht für die Allgemeine Ritterschaft nach der vorhandenen Landtagserfahrung zeigt eine beträchtliche Gruppe von langgedienten Ständen in diesem Gremium. Insgesamt achtzehn der Teilnehmer haben fünf und mehr Landtage in der Allgemeinen Ritterschaft zugebracht. Bis auf den Vogtländer Kreis waren in dieser Teilgruppe alle erbländischen Kreise vertreten. Das älteste Landtagsmitglied des Jahres 1742 saß nicht im Engeren Ausschuß, sondern gehörte in der Allgemeinen Ritterschaft zum Leipziger Kreis. Für Hans Adam v. Drandorf auf Niederwutzschwitz im Amt Leisnig war es 1742 der elfte allgemeine Landtag, an dem er seit 1694 teilnahm.[72] Eine Amtstätigkeit des v. Drandorf ist bislang nicht bekannt geworden. In nahezu fünfzig Jahren hat er keine Berufung in die Ausschüsse erhalten. Trotz dieser fehlenden Aussicht ist er immer wieder nach Dresden gekommen. Wenn man nicht annehmen will, daß er sich jedesmal die – am Ende enttäuschte und vergebliche – Hoffnung machte, in den Weiteren Ausschuß zu kommen, kann man stattdessen versuchsweise unterstellen, die Arbeit in der Allgemeinen Ritterschaft habe für die Zeitgenossen an sich schon einen Reiz besessen, der die Mühen einer Anreise nach Dresden lohnte.

---

71 Siehe oben Tabelle 26.
72 Hans Adam v. Drandorf nahm am Dresdner Landtag bis 1746 teil. In den Jahren 1731 und 1734 besuchte auch sein Sohn während der Landtagssession die Stadt Dresden. Da Vater und Sohn dieselben Vornamen haben, kam es im Oberhofmarschallamt zu Irritationen über die Aufenthaltsdauer des Landstandes Hans Adam v. Drandorf, die zu Bemerkungen in den Akten geführt haben, aus denen uns dieser Besuch des Sohnes greifbar wird. Da die Lebensdaten des älteren Hans Adam zur Zeit nicht bekannt sind, wäre es möglich, daß der Landtagsbesucher der Jahre 1737 oder 1742 nicht der Vater, sondern der Sohn gewesen ist. Ich gehe jedoch noch davon aus, daß der ältere v. Drandorf den Landtag bis 1746 besucht hat.

Am Landtag von 1699 nahm immer noch Christian Leonhard Marschall v. Bieberstein auf Choren im Amt Meißen in der Allgemeinen Ritterschaft teil.[73] Er wird bei den Landtagen von 1722 bis 1737 im Oberhofmarschallamt als Amtshauptmann zu Noßen geführt. Trotz seines lückenlosen Besuchs aller allgemeinen Landtage verblieb er ebenfalls in diesem Gremium. Sieben weitere Teilnehmer in der Allgemeinen Ritterschaft hatten ihr Debüt nach der Landtagspause im Jahr 1711. Bis auf einen zeigt ihre Besuchsfrequenz von 1711 bis 1742 keine Lücke. Vier der sieben Landstände gehörten zum Meißner Kreis, drei kamen als Deputierte der Amtsassen nach Dresden. Diese relativ hohe Zahl von Vertretern des Meißner Kreises unter den langjährigen Mitgliedern der Allgemeinen Ritterschaft geht wahrscheinlich auf den Umstand zurück, daß der Meißner Kreis der am stärksten besetzte Kreis der Ritterschaft gewesen ist. Aufgrund der hohen Zahl an Mitgliedern hatten sowohl einzelne Mitglieder eine geringere Chancen, eine der frei werdenden Stellen im Weiteren Ausschuß zu erlangen, wie auch die Gruppe als Ganzes nicht darauf hoffen konnte, daß alle ihre Angehörigen mit der Zeit einmal in den Ausschuß kommen würden. Vor diesem Hintergrund, der den zeitgenössischen Akteuren bewußt oder implizit vertraut gewesen sein dürfte, hebt sich das Profil des ausdauernden und wiederholten Besuches der Allgemeinen Ritterschaft noch schärfer positiv hervor. So zeigt sich, daß auch die Allgemeine Ritterschaft von 1742 über eine zwar kleine, doch nicht zu vernachlässigende Zahl von Landtagsroutiniers verfügte. Eine grundsätzliche Subordination oder mindere Stellung des Gremiums der Allgemeinen Ritterschaft gegenüber den beiden Ausschüssen ist somit nicht erkennbar.

Die Frage nach der Anwesenheit auf den Dresdner Landesversammlungen wird in der Literatur noch nahezu vollständig von dem Blick auf die Schriftsassen beherrscht. Die Teilnehmer werden weitgehend mit ihnen gleichgesetzt und die Einrichtung der amtsässigen Deputierten taucht, wenn überhaupt, dann nur am Rande auf.[74] Über ihre zahlenmäßige, soziale oder politische Bedeutung wird in der Regel weiter nichts gesagt. Die Deputierten sind aber faktisch und als Element der Landtagsorganisation ein derart interessantes Moment der zeitgenössischen Landtagspraxis und der zeitgenössischen Erfahrung mit einer landständischen Vertretung, daß sie einen eigenen Abschnitt verdienen. Wie sich zeigen wird, war das Interesse in der amtsässigen Ritterschaft und ihrer Vertreter am Landtag von 1742 nicht minder rege.

3. Die amtsässigen Deputierten in der Ritterkurie von 1742

Die eingangs des Kapitels angeführte Tabelle 23 hat den Anteil der Deputierten am allgemeinen Landtag des Jahres 1742 bereits ausgewiesen. Unter der Ge-

---

73   Der Landtag von 1742 war sein letzter.
74   Siehe z.B. Wieland Held, Der Adel und August der Starke, S. 17; Nina Krüger, Landesherr und Landstände in Kursachsen, S. 63 f.

samtzahl der 254 ordentlichen Landtagsmitglieder, die in den Landtagsakten verzeichnet sind, können in allen drei Gremien der Ritterkurie zusammen 71 Deputierte nachgewiesen werden. Sie kamen aus insgesamt achtunddreißig verschiedenen Ämtern in den sieben erbländischen Kreisen. Die Ämter entsandten überwiegend zwei Deputierte, einige dagegen nur einen. Mit insgesamt jeweils vier Deputierten in der Allgemeinen Ritterschaft bildeten die Ämter Weißensee im Thüringer Kreis und Zwickau im Erzgebirger Kreis zwei Ausnahmen von der Regel. Alle in den Landtagsakten benannten Deputierten sind auch nach Dresden gereist und haben an den Landtagsverhandlungen teilgenommen.[75] Bezogen auf die Zahl der in Dresden anwesenden adligen Landstände kommen sie auf einen Anteil von rund dreißig Prozent. In einer Stärke, die 1742 nahezu ein Drittel aller adligen Landtagsbesucher ausmachte, bilden die Deputierten der amtsässigen Gutsbesitzer keine kleine und wenig bedeutende Minderheit in der landständischen Versammlung. Auch wenn sie sich im Habitus und im Selbstverständnis in Dresden von den Schriftsassen in keiner Weise unterschieden haben oder gar unterscheiden wollten, waren sie dennoch ein bemerkenswertes Element der Landtagsorganisation und belegen, welche Praktiken jenseits von altschriftsässigem Rittergutsbesitz und Ahnenprobe in der ersten Hälfte des 18. Jahrhunderts möglich waren und genutzt wurden.

Die Landtagsordnung von 1728 hatte den Amtsassen nicht nur eine Vertretung in der Form von amtsweise gewählten Deputierten zugesichert. Sie hatte den Deputierten darüber hinaus eine gewisse Vertretung innerhalb der Ausschüsse zugesichert. Die Tabelle 28 zeigt, in welcher Weise im Jahr 1742 den Vorschriften der Landtagsordnung gefolgt wurde.

Tabelle 28: Die Vertretung der amtsässigen Deputierten in den Ausschüssen der Ritterkurie von 1742

Nr.	Kreise	Landtagsordnung	Engerer Ausschuss	Weiterer Ausschuss	Summe
1.	Churkreis	2	1	2	3
2.	Thüringer	3	–	2	2
3.	Meißner	3	–	2	2
4.	Erzgebirger	1	–	2	2
5.	Leipziger	3	1	2	3
6.	Vogtländer	1	–	1	1
7.	Neustädter	1	–	1	1
	Summe	**14**	**2**	**12**	**14**

Quelle: Landtagsordnung von 1728, § 15. Churkreis inklusive Amt Bitterfeld; HSTA Dresden, Bestand 10.015, Landtag, Landtagsakten, A Nr. 85

Im Jahr 1742 hatten es demnach zwei Deputierte bis in den Engeren Ausschuß geschafft, zwölf weitere gehörten dem Weiteren Ausschuß an. Diese Gesamtzahl in den Ausschüssen entsprach genau der Vorschrift der Landtagsordnung, die

---

75   Es ist also nicht auszuschließen, daß der eine oder andere gewählte Deputierte die Reise nach Dresden nicht angetreten hat und folglich in den Unterlagen des Landtages nicht erscheint.

nur allgemein die Zahl der Deputiertenstellen und den Anteil der einzelnen Kreise bestimmt hatte. Es liegt jedoch die Vermutung nahe, daß es für die Deputierten schwer wurde, in den Engeren Ausschuß vorzurücken. Vielmehr scheinen sie mehr oder weniger dem Weiteren Ausschuß zugewiesen worden zu sein, denn in der Mehrzahl der Landtage gehörten die meisten Deputierten zum Weiteren Ausschuß. Abgesehen von dem Landtag 1711, der auf eine lange Sitzungspause von zwölf Jahren folgte, waren bis 1742 nie mehr als zwei Deputierte im Engeren Ausschuß der Ritterkurie.

Der eine der beiden Deputierten im Engeren Ausschuß, Haubold Siegmund v. Zanthier auf Zschernitz im Leipziger Kreis, saß an der ersten Tafel auf dem sechzehnten Platz. Er nahm schon seit 1722 für die Amtsassen des Amtes Delitzsch am Landtag teil.[76] Im Jahr 1725 war er in den Weiteren Ausschuß aufgestiegen und 1731 schließlich in den Engeren Ausschuß gekommen, den er noch bis 1749 besuchte. Der Landtag von 1742 war bereits sein siebter Landtag. Der andere Deputierte war Christoph Friedrich v. Leipziger auf Zwethau im Churkreis, der vom Amt Schweinitz im Churkreis autorisiert worden war. In den Jahren 1728 und 1731 fungierte v. Leipziger in der Allgemeinen Ritterschaft als Kondirektor des Churkreises. Im Jahr 1734 stieg er in den Weiteren Ausschuß auf und nahm 1742 zum ersten Mal im Engeren Ausschuß seinen Platz ein. Das Oberhofmarschallamt führte ihn 1731 als Assessor auf der adligen Bank des Hofgerichts zu Wittenberg.[77] Bei seinem Aufstieg in den Engeren Ausschuß trat er für den Churkreis die Nachfolge von Christian Wilhelm v. Thümen auf Blankensee an, dem 1741 verstorbenen Kreishauptmann, Ober-Steuereinnehmer und Hofrichter am Wittenberger Hofgericht.[78] Der Hofrichter v. Thümen und der Assessor v. Leipziger waren also langjährige Kollegen am Wittenberger Hofgericht. Mit seinem Aufstieg in den Engeren Ausschuß sicherte er sozusagen auch die Vertretung des Gerichts in diesem Gremium. Dort traf er wieder auf seinen Kollegen Otto Wilhelm v. Bodenhausen, der wie er Assessor am Hofgericht Wittenberg war.[79] Der Landtag von 1742 war v. Leipzigers fünfter Landtag.[80] Er

---

76 Nach Friedrich Gottlob Leonhardi, Erdbeschreibung, Bd. 2, S. 713 saßen im Amt Delitzsch achtzehn alte Schriftsassen, zwei neue Schriftsassen und neunzehn Amtsassen.

77 In den Hof- und Staatskalendern wird das Wittenberger Hofgericht erst seit 1738, seit dem Anfall der Sekundogenitur Sachsen-Merseburg, aufgeführt. In den Jahrgängen von 1738 bis 1748 wird v. Leipziger dann als Assessor genannt.

78 Siehe Zedler, Universal-Lexicon, Bd. 43 (1745), Sp. 1806. Das Geschlecht soll aus dem Fürstentum Anhalt stammen und war v. a. in Brandenburg-Preußen begütert und im landesherrlichen Dienst aktiv. Christian Wilhelm v. Thümen besuchte den kursächsischen Landtag seit 1687, kam 1704 in den Weiteren Ausschuß und gehörte von 1716 bis 1737 zum Engeren Ausschuß. Seine Landtagskarriere entfaltete sich unter vier Regenten und dauerte nahezu fünfzig Jahre. Ob er allerdings am Landtag des Jahres 1737 noch teilgenommen hat, ist unklar, da im Oberhofmarschallamt für ihn keine Auslösung mehr verzeichnet ist. Die Hof- und Staatskalender führen ihn noch bis 1741 als Hofrichter. Die v. Thümen bzw. das altschriftsässige Gut Blanckensee – zum Kreisamt Wittenberg gehörig, geographisch aber in Brandenburg gelegen – gehörten dem Landtag bis 1793 an.

79 Otto Wilhelm v. Bodenhausen auf Radis im Kreisamt Wittenberg, seit 1711 Mitglied des Landtages und schon seit 1734 im Engeren Ausschuß und ebenfalls Kreishauptmann, der in der

setzte mit seiner Teilnahme als Deputierter des Amtes Schweinitz auch eine Familientradition fort, die mindestens bis in das Jahr 1657 zurückreichte.[81]

Im Weiteren Ausschuß von 1742 kamen acht der zwölf Mitglieder erstmals in das Gremium. Sie alle verfügten in der Regel über längere Landtagserfahrung. Die Hälfte der neuen Mitglieder hatte vor dem Aufstieg den Landtagsverhandlungen fünf bis sechs Mal in der Allgemeinen Ritterschaft beigewohnt. Sie hatten also eine längere Wartezeit, die von 1722 bis 1716 zurückreichte, verbringen müssen. Bei Otto Moritz v. Thielau auf Hirschfeld im Meißner Kreis ging es dagegen deutlich schneller. Er war erst 1737 in den Landtag eingetreten und kam 1742 schon nach einem Landtag in den Weiteren Ausschuß. Zu seiner Wahl in den Ausschuß hatte es mehrere Alternativen gegeben, da außer ihm 1737 noch acht weitere Deputierte der Allgemeinen Ritterschaft dem Meißner Kreises angehört hatten. Möglicherweise hat v. Thielaus Stellung als Appellationsrat den Ausschlag für seine Wahl und für die rasche Beförderung in den Ausschuß gegeben.[82]

Noch schneller ging es für Christian August v. Beulwitz (1715–1785) auf Kloschwitz, den Deputierten des Amtes Plauen im Vogtländer Kreis, für den es sich sogar um seinen ersten Landtag handelte. Er ersetzte Christoph Friedrich v. Winckelmann auf Untermarxgrün, Deputierter für das Amt Voigtsberg, der 1737 den letzten Platz im Weiteren Ausschuß erhalten hatten. Der im Jahr 1715 geborene v. Beulwitz war der älteste Sohn des Amtshauptmanns und Ober-Forst- und Wildmeister Alexander Christian v. Beulwitz auf Erlbach.[83] Im Jahr 1727 erbte Christian August einen Anteil von einem Drittel am Rittergut Kloschwitz, die beiden übrigen Anteile gingen an seine jüngeren Brüder. Nach dem Tod des mittleren Bruders im Jahr 1732 und der Volljährigkeit des jüngeren Bruders im Jahr 1742 schritten die beiden überlebenden Brüder zur Erbteilung. Der jüngere Bruder Christian Alexander v. Beulwitz (1721–1776) erhielt das väterliche Gut Erlbach und hatte 1742 sein Landtagsdebüt in der Allgemeinen Ritterschaft.[84]

---

80 Rangfolge der Assessoren vor v. Leipziger stand, wurde der Nachfolger v. Thümens als Hofrichter zu Wittenberg.

80 Der folgende Landtag von 1746 war dann sein letzter.

81 Sein Vater oder Onkel Wolf Christoph v. Leipziger auf Zwethau war von 1687 bis 1704 Deputierter des Amtes Schweinitz und kam bis in den Weiteren Ausschuß. Die genealogischen Zusammenhänge sind aufgrund der Fixierung auf die Stammreihe leider nicht vollständig verfügbar.

82 Wenn das Amt eine Rolle gespielt hat, so sind offensichtlich nicht alle Ämter gleich, denn Hans Christoph v. Poigk auf Ringethal, Deputierter des Amtes Freiberg im Erzgebirger Kreis, der mit ihm zusammen in den Weiteren Ausschuß eintrat, hatte fünf Teilnahmen in der Allgemeinen Ritterschaft statt einer gebraucht, obwohl er – oder weil er – zu diesem Zeitpunkt Kammer- und Bergrat gewesen ist.

83 Der Forstmeister v. Beulwitz hatte als Besitzer des schriftsässigen Rittergutes Erlbach im Vogtländer Kreis den Landtag von 1699 bis 1725 besucht. Von 1708 bis 1718 gehörte er zum Weiteren Ausschuß, 1722 und 1725 schließlich zum Engeren Ausschuß.

84 Die alleinige Belehnung mit Erlbach von Christian Alexander erfolgte am 6. Juli 1742, also während des seit dem 3. Juni laufenden Landtages. Mit seiner ererbten Hälfte des Rittergutes Erlbach war er seit dem 18. März 1739 belehnt. Der Landtag von 1742 war für ihn also der erste, an dem er teilnehmen konnte. Obwohl er das schriftsässige väterliche Gut erhalten hat, scheint

Christian August, der Ältere, übernahm das amtsässige Kloschwitz allein und wurde mit dem Gut während des laufenden Landtages am 6. Juli belehnt.[85] Die Wahl in den Weiteren Ausschuß verdankte er aber nicht nur seiner rechtzeitigen Wahl zum Deputierten des Amtes Plauen. Es kamen vielmehr noch weitere begünstigende Umstände hinzu. Zunächst natürlich der Umstand, daß v. Winckelmann seine Landtagstätigkeit nicht fortsetzte und damit eine Deputiertenstelle im Ausschuß für den Vogtländer Kreis frei wurde. Außerdem hatten zwei Mitdeputierte des Vogtländer Kreises von 1737 inzwischen ihre Rittergüter verkauft. Der dritte Deputierte, Leutnant Philipp Ferdinand v.d. Heyde auf Gutenfürst, der das Amt Plauen in den Landtagen von 1734 und 1737 vertreten hatte, lag zwar in Dresden in Garnison, aber er meldete sich 1742 um zehn Tage verspätet erst am 12. Juni beim Oberhofmarschallamt an. Daher war zu Beginn des Landtages kein Deputierter des Vogtländer Kreises aus dem Jahr 1737 verfügbar. Für Georg Wolff v. Gößnitz auf Jugelsburg und Heinrich Edmann Röder auf Gansgrün war es ebenso der erste Landtag als amtsässige Deputierte wie für Christian August v. Beulwitz.[86] Aber auf ihn fiel am Ende die Wahl.

Das letzte neue Mitglied im Weiteren Ausschuß war Hans Christoph v. Wilde auf Leubsdorf, ein Deputierter des Neustädter Kreises für das Amt Arnshaugk. Er hatte den Dresdner Landtag seit 1718 bereits sechs Mal besucht. Im Jahr 1728 war er Kondirektor des Neustädter Kreises gewesen und die letzten drei Landtage in den dreißiger Jahren sogar der Direktor des Kreises in der Allgemeinen Ritterschaft. Der Weitere Ausschuß gewann demnach mit v. Wilde nicht nur ein langjähriges, sondern in den Landtagsgeschäften sehr erfahrenes neues Mitglied. Daß die Wahl auf ihn fiel, ist angesichts seiner mehrmaligen Tätigkeit als Direktor seines Kreises auch nicht überraschend. Da der Neustädter Kreis aber in

---

seine finanzielle Situation vorübergehend nicht sehr gut gewesen zu sein, denn er besuchte nur diesen einen Landtag und veräußerte das Gut 1751 an seine Ehefrau Christiane Sophie, geborene v. Schirnding. Sein Sohn Alexander August v. Beulwitz nahm die Landtagsbesuche für Erlbach von 1781 bis 1811 wieder auf und saß zuletzt seit 1805 im Engeren Ausschuß.

85 Die brüderliche Erbteilung erfolgte im unmittelbaren Vorfeld des Landtages unter dem Datum vom 23. Mai 1742. Christian August hätte frühestens 1734, im zarten Alter von 18 Jahren, einen Landtag besuchen können, denn seit dem 15. Januar 1734 war er mit seiner Hälfte von Erlbach belehnt. Es scheint allerdings, daß die Brüder erst nach der Erbteilung und als Alleinbesitzer eines Lehngutes den Landtag besuchen wollten oder konnten. Das Oberhofmarschallamt vermerkte 1742 noch, daß die Missive für Erlbach auf beide Brüder lautete. Christian August, der älteste Sohn, trat 1742 mit seinem Eintritt in den Weiteren Ausschuß auch ein immaterielles Erbe seines Vaters als Dresdner Landstand an. Von 1763 bis 1781 gehörte er dann dem Engeren Ausschuß des Landtages an. Das Rittergut Kloschwitz hatte der Vater im Jahr 1727 gekauft. Da Christian August ohne männlichen Erben verstarb, fiel Kloschwitz zunächst an seinen Neffen und Mitbelehnten Alexander August v. Beulwitz, der es im Jahr darauf per Traditionsrezess an Christian Augusts Tochter Louise Eleonore Caroline Dorothee weiterreichte, die mit dem Kammerherrn Adolph Friedrich Wilhelm v. Nauendorff auf Geilsdorf im Vogtländer Kreis verheiratet war.

86 Georg Wolff v. Gößnitz war noch rechtzeitig am 4. Juni in Dresden eingetroffen, Röder dagegen kam erst am 9. Juni und hatte seine Vollmacht nicht mitgebracht. Wie v.d. Heyde scheint es sich bei v. Gößnitz und bei Röder übrigens um Militärs gehandelt zu haben, siehe Heinrich August Verlohren, Stammregister und Chronik der sächsischen Armee, S. 243, Nr. 7, und S. 435, Nr. 1.

den Ausschüssen nur über eine Stelle verfügte, war sein Aufstieg in den Weiteren Ausschuß nur möglich geworden, weil Heinrich Sebastian v. Stein auf Neuenhofen aus dem Engeren Ausschuß ausgeschieden war.[87]

Über die Verteilung der Deputiertenstellen auf die beiden Ausschüsse hatte die Ordnung 1728 keine Aussagen getroffen.[88] Die konkrete Verteilung im Landtag von 1742 kann Zufall sein. Sie zeigt aber ein Muster, das vielleicht doch intendiert gewesen ist. Die Gesamtzahl entspricht zwar genau der Vorgabe, aber die Verteilung weicht von den Angaben der Landtagsordnung leicht ab. Im Weiteren Ausschuß hatten die älteren und größeren Kreise 1742 alle gleichermaßen zwei Vertreter, die beiden kleineren und jüngeren Kreise aber jeweils nur einen Vertreter.[89] Im Engeren Ausschuß waren nur zwei Angehörige der großen Kreise, dieses Mal aus dem Churkreis und dem Leipziger Kreis. Dadurch hatte der Churkreis einen Vertreter mehr als ihm zustand, der Thüringer und der Meißner Kreis waren dagegen schwächer vertreten. Das könnte der mangelnden Verfügbarkeit akzeptierter Kandidaten geschuldet sein. Ebenso hatte der Erzgebirger Kreis einen Vertreter mehr als 1728 vorgesehen. Damit war eine relativ gleichmäßige Vertretung der Deputierten im weiteren Ausschuß erreicht, die möglicherweise auch einem zeitgenössischen Ideal oder einer intendierten Praktik entsprochen hat. Außerdem kann aber auch ein gewisser Unwille im Meißner Kreis, deputierte Mitglieder in die Ausschüsse aufzunehmen, eine Rolle gespielt haben. Von 1728 bis 1737 hat der Meißner Kreis nie mehr als einen Deputierten in beiden Ausschüssen zusammen besessen. Die ihm akkordierten drei Stellen hat er erst 1746 erreicht, wohingegen der Thüringer Kreis schon 1734 drei Vertreter im Weiteren Ausschuß hatte. Für den Leipziger Kreis gehörten 1734 zwei Deputierte zum Weiteren und einer zum Engeren Ausschuß.

Schließlich lassen sich an den deputierten Mitgliedern, die für die einzelnen Kreise in die Allgemeine Ritterschaft des kursächsischen Landtages kamen, einige interessante Beobachtungen anknüpfen, denn sie treten dort in sehr unterschiedlicher Stärke auf. Da die Zahl der Deputierten an die Zahl und die Größe der Ämter gebunden war, diese sich aber kaum veränderten, konnte ihre Zahl nicht so deutlich schwanken wie die der adeligen Schriftsassen, die – sofern vorhanden, männlich, volljährig und mit Gut belehnt – dem Landtag auch fernbleiben konnten. Andererseits fiel der Anteil der Deputierten umso geringer aus, je mehr Schriftsassen sich tatsächlich zum Landtagsbesuch in Dresden entschlossen hatten. Letzteres war insbesondere beim Meißner Kreis der Fall, der in der Allgemeinen Ritterschaft mit sechsundvierzig Mitgliedern die stärkste

87   Heinrich Sebastian v. Stein war 1716 erstmals nach Dresden gegangen, v. Wilde erst 1718. Im Jahr 1722 hatten sie beide zusammen in der Allgemeinen Ritterschaft am Tisch des Neustädter Kreises gesessen. Dann hatte v. Stein den Vorzug erhalten, kam 1728 in den Weiteren und schon 1731 in den Engeren Ausschuß, und v. Wilde mußte auf seinen eigenen Aufstieg bis 1742 warten. Mit einer weiteren Teilnahme 1746 kam er auf eine Zeitspanne von achtundzwanzig Jahren, in denen er in Dresden Landtage besuchte.

88   Siehe Landtagsordnung 1728, § 15, S. 19 f.

89   Dadurch ist der Erzgebirger Kreis, dem die Landtagsordnung nur einen Vertreter zubilligte, zugunsten einer größeren Gleichheit in den Ausschüssen überrepräsentiert.

Gruppe aller sieben Kreise stellte. Daher machen seine neun Deputierten aus diesem Kreis nur knapp ein Fünftel der anwesenden Rittergutsbesitzer aus.

Im Leipziger Kreis und im Thüringer Kreis, die ebenfalls über größere Zahlen an Schriftsassen verfügten, kommen die Vertreter der Amtsassen dagegen sogar auf Werte zwischen vierzig und fünfzig Prozent. Auch im Erzgebirger und Vogtländer Kreise hatten die Deputierten Anteile über dreißig Prozent, im Neustädter Kreis lag er über einem Viertel. Ungewöhnlich hoch ist dagegen die Zahl der Deputierten im Churkreis. Acht der zehn Teilnehmer in der Allgemeinen Ritterschaft des Jahres 1742 waren Deputierte und dominierten damit die Versammlung. Sie vertraten die Amtsassen der fünf Ämter Belzig, Bitterfeld, Liebenwerda, Schlieben und Schweinitz. Nur der Kondirektor Friedrich Ludwig August Marschall v. Bieberstein auf Polzen und Carl Ludolph v. Zanthier auf Salzfurth waren Schriftsassen. Diese Konstellation war für den Churkreis nicht ungewöhnlich. In den 1730er Jahren hatten seine deputierten Mitglieder in der Allgemeinen Ritterschaft an ihrem Tisch immer die Mehrheit.[90]

Die Beteiligung der amtsässigen Ritterschaft ist somit, wie sich zeigt, aus mehreren Gründen von besonderem Interesse. Zum einen belegt sie wieder das zeitgenössische Rechtsverständnis dieser Gruppe von Vasallen, die mit ihren amtsässigen Lehngütern zwar nur über einen minderen Rang verfügten, der aber auf dem Forum des Landtages im Rahmen der Ritterkurie doch als Gruppe oder Kategorie von Untertanen ein öffentliches ‚Gehör‘ verschafft werden sollte. Zum anderen belegen die Landtagsverzeichnisse, daß diese Möglichkeit von den Amtsassen sehr wohl wahrgenommen wurde und für sie von einer deutlich sichtbaren praktischen und symbolischen Relevanz gewesen ist. Im historischen Rückblick ist drittens bemerkenswert, daß mit der Gruppe der deputierten Amtsassen ein Element der Wahl und der Vertretung vorhanden war. Die Deputierten wurden auf Amtsversammlungen von den Besitzern aller amtsässigen Rittergüter bestellt und mit einer Vollmacht ausgestattet, die sie in Dresden gegenüber den Behörden präsentieren konnten.

Das Wahlelement ergänzte die beiden anderen erforderlichen Kriterien, die aus dem ritterschaftlich qualifizierten Grundbesitz und der persönlichen Adelsqualifikation durch die Ahnenprobe bestanden. Es war den Zeitgenossen demnach vertraut und seine Anwendung machte ihnen keine Probleme. Mit der Wahl von Deputierten lag ein Verfahren vor, das auf die Abgeordneten der konstitutionellen Landtage des 19. Jahrhunderts vorauswies. Es wurde aber im 18. Jahrhundert, obwohl bekannt und vertraut, nicht generalisiert und auch nicht allgemeiner diskutiert, um die Effizienz der Landtagsarbeit oder die Repräsentativität in der Zusammensetzung der Landtagsteilnehmer zu verbessern. Dieses ‚liegen lassen‘ und ‚nicht benutzen‘ eines bekannten Verfahrens muß selbst wieder als eine Aussage über den Zweck und die Funktionsweise der alten Landtage gewertet werden. Offensichtlich wurden Fragen der Wahl und der

---

90 Im Landtag von 1737 waren elf der fünfzehn Teilnehmer für den Churkreis Deputierte der Amtsassen, 1734 stand das Verhältnis bei sechs von zehn, 1731 bei neun von sechzehn. Das Phänomen verdiente eine eingehendere Untersuchung, die sich auf eine Prosopographie aller Rittergutsbesitzer im Churkreis stützen kann.

Abbildung der Lehnsinhaber als Gruppe nicht als relevante Aufgaben oder Probleme der Landtagsteilnahme angesehen. Derartige Gesichtspunkte spielten im Verständnis der zeitgenössischen Akteure über die Organisation einer Landesversammlung wahrscheinlich keine Rolle.

Über die Wahl zum Deputierten sind im Dresdner Staatsarchiv mehrfach Unterlagen vorhanden, die einen Blick in die Beteiligung der Gutsbesitzer in den jeweiligen Amtsbezirken gestatten. Die Vollmachten sind zum Teil in den Landtagsakten im Original überliefert. Zwar wurden für jeden einzelnen Landtag derartige Vollmachten ausgestellt. Es scheint aber, daß einmal ernannte Bevollmächtigte üblicherweise auch für die folgenden Landtage berücksichtigt wurden und die Deputierten sozusagen auf Lebenszeit bestellt waren, wenn sie nicht zurücktraten oder das Gut verkauften.

4. Zur Wahl der ritterschaftlichen Deputierten durch die Amtsassen

Die Landtagsordnung von 1728 enthält über die Auswahl der amtsässigen Deputierten nur wenige Bestimmungen. Vieles war dagegen der lokalen Praxis überlassen. In ihrem dritten Paragraphen wurde nur geregelt, daß die Amtsassen „sich zusammen betagen" und ein bis drei Personen zum Landtag „bevollmächtigen".[91] Der Vorgang zeigte daher viele Züge einer rechtlichen Stellvertretung, wie sie in dieser Zeit vielfältig gebräuchlich war, um z. B. die Interessen von Frauen oder unmündigen Kindern und Waisen zu wahren. Der zum Besten der Amtsassen handelnde Vertreter war in mancherlei Hinsicht mehr ein Kurator als ein Abgeordneter. Daher kann im hier vorliegenden Fall nur in einem eingeschränkten Sinn von Wahlen gesprochen werden. Bei der Auswahl der Deputierten gab es weder unterschiedliche Wahlprogramme noch Wahlkämpfe oder Kandidaten im Sinne parlamentarischer Verfahren. Da es sich aber doch um eine Auswahl von Vertretern der Amtsassen im Landtag handelt, wird im Folgenden abkürzend häufiger von der Wahl der Deputierten gesprochen, aber nur in dem angedeuteten frühneuzeitlichen Sinn. Für das Geschäft der Wahl ihrer Deputierten erhielten die Amtsassen in der Landtagsordnung sogar eine Auslösung zugesprochen. Ihnen wurde im § 3 zur Ausstellung der Vollmacht ein ganzer Tag zugestanden und jeder Teilnehmer erhielt außerdem eine Zahlung von zwei Gulden. Die Ordnung erwähnt ausdrücklich, daß diese Auslösung

---

91   Landtagsordnung von 1728, § 3: „Regulativ wegen der amtsässigen Ritterschaft. Damit auch die Besitzere derer Amtsäßigen Rittergüther, ingleichen die Städte, welche bis anhero zu Ausstellung der Vollmachten, herkommlicher Maßen, beschrieben worden, in ihren Anliegen gehöret werden können, so mögen iene noch vor angehenden Landtage, auf Veranlaßung eines ihres Mittels, oder, wie es sonsten gebräuchlich, sich zusammen betagen, und in denen Aemtern, nachdem eines oder das andere von weiten oder engen Bezirk, Ein, Zwey, oder Drey Personen, nachdem die Aemter schwach oder stark sind, bevollmächtigen, welche sodann solcher Amtsäßigen Ritterschaft und Amtseingesessenen Bestes sich angelegen seyn lassen,…"

ohne Unterschied den Amtsassen „Ritterlichen oder Bürgerlichen Standes" zustand. Für die gewählten adligen Deputierten galt aber, ohne daß dies ausdrücklich erwähnt wurde, die Vorschrift der Ahnenprobe.

Die Unterscheidung von schriftsässigen und deputierten Teilnehmern am Dresdner Landtag erzeugte mittelbar noch eine weitere kleine Differenz. Durch die Verleihung der Schriftsässigkeit an ein Rittergut verlor der Besitzer das Recht, zusammen mit den anderen Amtsassen einen Deputierten zu bevollmächtigen. Da mit der Schriftsässigkeit nicht automatisch auch die Landtagsfähigkeit und die Auslöseberechtigung verknüpft war, verminderten die neuen Schriftsassen nicht nur die Zahl der in die Landesversammlung indirekt einbezogenen amtsässigen Güter, sondern schuf eine vom Landtag abgelöste neue Zwischenkategorie zwischen den alten Schriftsassen und den Amtsassen.[92] Derartige neue Schriftsassen erschienen weder in Person im Landtag noch beauftragten sie einen amtsässigen Deputierten.

Welche Verfahren bei den Wahlen der Deputierten praktiziert wurden und wie die Beteiligung an ihnen ausfiel, kann für den Landtag von 1742 genauer vorgestellt werden, weil für ihn eine Akte mit Vollmachten überliefert ist.[93] Der kurze Text einer solchen Vollmacht nennt in der Regel nur den Anlaß und Zweck der Vollmacht, nämlich die Einberufung des Landtages und die Benennung der Deputierten des Amtes. Dann werden die Namen der Deputierten genannt. Schließlich folgen in der Regel die eigenhändigen Unterschriften und die Siegel der Amtsassen. Die Atteste geben aber hier und da auch aufschlußreiche Hinweise auf die zeitgenössische Sichtweise und das zeitgenössische Verständnis der Landtagsverhandlungen. So erwähnt die Vollmacht für das Amt Stolpen vom 9. Mai 1742 ausdrücklich den Zweck, „dem Landtag und anderen Conferenzen vom Anfang bis zum Ende beiwohnen und abwarten, unser aller bestes suchen, befördern und das proponierte in Deliberation nehmen helfen". Über

---

92 Die Landtagsfähigkeit und Landtagsauslösung erforderte die Verleihung des Status ‚alter Schriftsasse'. Neue Schriftsassen waren alle seit 1660 erhobenen Güter. Einige neue Schriftsassen mit Landtagsberechtigung konnten allerdings auf eigene Kosten zum Landtag kommen, siehe Landtagsordnung von 1728, § 39. Wie groß diese Gruppe war und wie weit diese Befugnis praktisch genutzt wurde, bliebe zu untersuchen. Ein Beispiel ist das Rittergut Döhlen im Amt Dresden, das laut HSTA Dresden, Bestand 10.080, Rittergut-Matrikel 1728, im Jahr schriftsässig wurde, aber keine Landtagsberechtigung besaß. Zur Schriftsässigkeit siehe auch, Carl Heinrich v. Römer, Staatsrecht und Statistik, Bd. 2, S. 293 f, § 34. Der Begriff der ‚amtsässigen Güter' oder ‚Amtsassen' hat allerdings einen größeren Umfang als der des Rittergutes, der sonst den Rechtskriterien der Landtagsteilnahme zugrunde gelegt wird. In den Vollmachten werden häufiger Freigüter – z. B. das Freigut in Sundhausen im Amt Langensalza – genannt. Es gehörten damals auch Mühlen und andere Grundstücke und Gebäude in diese rechtliche Kategorie der amtsässigen Güter.

93 HSTA Dresden, Bestand 10.024, Geheimer Rat, Loc. 9411/2: ‚Vollmachten, so von denen Amtsassen ihren Deputierten anno 1742 erteilet worden'. Es handelt sich um eine lose Sammlung von Vollmachten im Original. Auf dem Umschlag steht eine Notiz, die von 31 Stück spricht. In der Akte sind aber nur noch 22 Vollmachten erhalten, ausgestellt auf Stempelbögen. Die Bevollmächtigung der Deputierten in der ersten Hälfte des 18. Jahrhunderts wäre eine eigene ausführliche Studie wert.

den Wahlvorgang selbst, über das technische Verfahren der Auswahl und Abstimmung geben die Vollmachten jedoch keine Auskunft.

Üblicherweise versammelten sich die Amtsassen in der jeweiligen Amtsstadt, also etwa in Bitterfeld, Langensalza, Torgau, Meißen, Colditz, Freiberg, Plauen oder Neustadt. Der Landtag in Dresden wurde am 3. Juni 1742 eröffnet. Die Vorversammlungen der, wie die Vollmacht für das Amt Bitterfeld festhält, „zu Ritterschaft gehörige Adel und andere Amts- und Freysassen" fanden zwischen dem 30. April und dem 29. Mai statt, die meisten in der Zeit vom 10. bis 25. Mai. Manchmal scheint aushilfsweise in kleinen Ämtern auch ein Umlauf genutzt worden zu sein, bei dem die Vollmacht von Rittergut zu Rittergut getragen wurde, so daß die Besitzer ihre Unterschrift leisten konnten.[94] Je nach Größe und Geschichte des Amtes konnte die Zahl der Amtsassen stark variieren.[95]

Im dritten Abschnitt sind bereits die langjährigen Deputierten des Amtes Sachsenburg im Thüringer Kreis, v. Bendeleben und v. Germar, erwähnt worden und die geringe Zahl von Amtsassen, die laut Christian Gottlob Wabst im Amt vorhanden war. Zur Landtagseröffnung in Dresden trafen die beiden Deputierten termingerecht am 2. Juni ein und blieben bis zum Schluß des Landtages am 5. August. Sein Quartier nahm v. Bendeleben bei Winckler in der Webergasse, v. Germar dagegen in der Neustadt auf der kleinen Meißner Gasse in Franckes Haus. Die Wahl der Deputierten hatte vier Wochen zuvor am 2. Mai auf einem „Convent Tag" in Sachsenburg, ein Dorf mit einem größeren kurfürstlichen Amtsvorwerk, stattgefunden, wo auch der Amtmann im Schloß residierte.[96] Die Vollmacht trägt zehn Unterschriften von „Mitständen". An der Spitze stehen die Brüder Christian Ludwig v. Helmoldt auf Bilzingsleben und Carl Gustav v. Helmoldt auf Kannawurf. Laut Zedlers Universal-Lexicon war der erstere ein sachsen-weißenfelser Kammer- und Jagd-Junker, letzterer bis 1727 kurmainzer Hauptmann, beide waren die Söhne von Christian Otto v. Helmoldt (1658–1727) auf Kannawurf und Bilzingsleben, der zunächst als sachsen-gothaer Obrist-Leutnant und dann als sachsen-weißenfelser Kammerrat gedient hatte.[97]

---

94   Im Amt Schweinitz z.B., in dem sieben Amtsassen lagen, waren am 1. Mai außer den beiden Deputierten nur zwei weitere Amtsassen in Herzberg anwesend. Die Vollmacht trägt noch zwei weitere eigenhändige Unterschriften, die aber mit dem Zusatz versehen sind: „ist bey dem Convent nicht gegenwärtig gewesen".

95   Die Landtagsordnung hatte vorgesehen, wo in einem Amt nur ein Amtsasse vorhanden wäre, solle er auch ohne Vollmacht zum Landtagsbesuch berechtigt sein. Außerdem gab es auch kurfürstliche Ämter ganz ohne Amtsassen. Im Amt Düben des Leipziger Kreises z.B. nennt Christian Gottlob Wabst, Historische Nachricht, Beilage D, S. 72, zwar vier amtsässige Güter, keines davon war aber ein Rittergut.

96   Siehe Friedrich Gottlob Leonhardi, Erdbeschreibung, Bd. 1, S. 661.

97   Siehe Zedler, Univeral-Lexicon, Bd. 12 (1735), Sp. 1304f. Der Zedler nennt die ‚Helmold' „eine uralte adliche Familie in Meissen". Ein Landtagsbesuch ist aber von 1657 bis 1749 nicht nachweisbar. Erst 1763 kommt ein Christian Friedrich v. Helmoldt auf Kannawurf nach Dresden. Es handelt sich möglicherweise um den 1721 geborenen Sohn des älteren Bruders der beiden Wähler von 1742, den sachsen-weißenfelser Amtshauptmanns zu Sachsenburg Friedrich August v. Helmoldt.

An vierter und fünfter Stelle folgen Georg Adam v. Germar auf Gorsleben, der im Jahr 1737 einmal für einen Landtag als Deputierter eingesprungen war, und Johann Gottfried Hoffmann auf Gorsleben.[98] Bei den übrigen sechs Unterschriften ist kein amtsässiger Grundbesitz angegeben. Darunter befinden sich drei Bürgerliche, und zwar Magister Benjamin Laun, Rudolph Günther Wolff und Johann Andreas Cermin. Die Adeligen sind Lebrecht Gotthold v. Berck, Friedrich Wilhelm v. Amelin [?] und George Adam Christian v. Bendeleben. Über diese können zur Zeit keine weiteren Angaben gemacht werden. Die Vollmacht trägt schließlich die Unterschrift der beiden Deputierten mit dem Datum vom 18. Juni, mit der sie die Anwesenheit der Wähler auf dem ‚Conventtag' bestätigen. Auch langjährige Deputierte brauchten, wenn man das Beispiel des Amtes Sachsenburg verallgemeinern darf, zu jedem neu ausgeschriebenen allgemeinen Landtag wieder eine Bevollmächtigung, wenn sie nicht in einem der Ausschüsse saßen.

In mehr als einem Fall fand die Versammlung allerdings auf einem der beteiligten Rittergüter statt. Am 17. Mai 1742 trafen sich die Amtsassen des Amtes Grimma im Leipziger Kreis auf dem Rittergut Niedergrauschwitz. Dessen Besitzer Christian Gebhardt v. Osterhausen war seit 1731 Deputierter des Amtes Grimma und hatte bereits die drei Landtage der dreißiger Jahre in der Allgemeinen Ritterschaft verbracht. Im Mai 1742 wurde die Bevollmächtigung des v. Osterhausen daher nur recht formlos erneuert. Im Amt Grimma sind insgesamt neun amtsässige Rittergüter nachweisbar, die sich also an diesem Vorgang hätten beteiligen können.[99] Abgesehen vom Namen des Deputierten nennt die Bescheinigung vom 17. Mai sechs weitere Namen, von denen vier zu Niedergrauschwitz „gegenwärtig" waren.[100] Die aufgeführten, aber nicht anwesenden Personen waren Augusta Friederica v. Schleinitz, die Besitzerin des Rittergutes Ober-Nitzschka, und, „als mariti", Christian v. Schleinitz. Die Besitzer der Güter Haubitz, Oellschütz und Zeititz fehlten dagegen.[101] Derart ausgestattet nahm v. Osterhausen problemlos auf dem Landtag des Jahres 1742 wieder in der Allge-

---

98 Die Dörfer Bilzingsleben wie Kannawurf (oder Cannewurf) und Gorsleben (oder Gorschleben) verfügten nach Friedrich Gottlob Leonhardi, Erdbeschreibung, Bd. 1, S. 662 über zwei bis drei amtsässige Güter.

99 Siehe Christian Gottlob Wabst, Historische Nachricht, Beilage D, S. 74; und Friedrich Gottlob Leonhardi, Erdbeschreibung, Bd. 2, S. 781 f. Die Zahl der Amtsassen liegt höher, da nicht nur Rittergüter, sondern auch Dörfer und andere Güter den Status von Amtsassen haben konnten. Wabst führt unter den amtsässigen Rittergütern auch Burckhardtshayn, das bei Leonhardi zu den neuschriftsässigen Gütern gehört. Wann die Schriftsässigkeit verliehen wurde, ist z. Z. nicht bekannt. Im Jahr 1742 fehlt es jedenfalls unter den Amtsassen. Das im Besitz der v. Holleufer befindliche Gut wird hier nicht mehr zu den Amtsassen des Amtes Grimma gerechnet.

100 Es handelt sich um Hans Christoph v. Döring auf Wäldgen, Johann Jacob v. Zobes auf Gröppendorf, Friedrich Gottfried v. Schindler auf Pommlitz und Hans Wilhelm v. Minckwitz auf Unter-Nitzschka.

101 Von 1699 bis 1731 war der Besitzer von Haubitz, Hans Adolph v. Brück, ein Deputierter des Amtes Grimma gewesen und hat im Jahr 1731 zusammen mit v. Osterhausen in der Allgemeinen Ritterschaft am Landtag teilgenommen. Über Oellschütz liegen zur Zeit keine Angaben vor. Das Gut oder Dorf Zeititz gehörte in der ersten Hälfte des 18. Jahrhunderts zum altschriftsässigen Rittergut Machern.

meinen Ritterschaft teil. Im Jahr 1746 erlebte der langjährige Deputierte des Amtes Grimma noch seine Berufung in den Weiteren Ausschuß.

Im benachbarten Amt Colditz wurde die Versammlung dagegen am 11. Mai in der gleichnamigen Amtsstadt durchgeführt, um die Deputierten „wie hergebracht mit genugsamer Vollmacht hierzu zu versehen und behörig abzufertigen". Das Amt entsandte Friedrich Heinrich v. Ende auf Hausdorf, Deputierter seit 1722, und Carl August Sahrer v. Sahr (1711–1779) auf Kötteritzsch, für den der Landtag von 1742 der erste Besuch einer Landesversammlung werden sollte.[102] Das Amt verfügte über zwölf amtsässige Rittergüter. Die Vollmacht nennt sechs weitere Amtsassen, von denen drei ausdrücklich als gegenwärtig deklariert werden.[103] Dazu gehörten auch zwei Besitzer bürgerlichen Standes, nämlich Johann Paul Dietmann auf Korpitzsch, der auch in Colditz anwesend war, und Christoph Arnold auf Zollwitz. Von den fehlenden vier Gütern, die an der Versammlung nicht teilgenommen haben, hatten mindestens zwei weibliche Besitzer. Die Versammlung in Colditz gehörte damit zu den gut besuchten Tagungen oder ‚Conventen' der amtsässigen Ritterschaft. In ihnen scheinen sich zumeist nie mehr als die Hälfte der Gutsbesitzer versammelt zu haben.[104] Dennoch kann man für den Landtag von 1742 von einer regen Beteiligung der amtsässigen Rittergutsbesitzer an der Entsendung von Bevollmächtigten nach Dresden sprechen.

Ähnlich wie im Amt Colditz gestaltet sich die Versammlung der ‚Mitstände' für das Amt Borna am 10. Mai 1742. Sie wurde ebenfalls nicht in der Amtsstadt durchgeführt, sondern auf dem Gut Lobstädt, das einem Angehörigen des bedeutenden Geschlechts der v. Einsiedel gehörte. Die beiden Bevollmächtigten, denen „volle Macht und Gewalt" erteilt wurde, waren der Amtshauptmann

---

102 In der Landtagsakte werden beide Deputierte als „churfürstlich sächsische wohlmeritirte Hauptleute" bezeichnet. Im Oberhofmarschallamt wird v. Ende ebenfalls Hauptmann genannt, in Heinrich August Verlohren, Stammregister und Chronik der sächsischen Armee, findet er sich aber nicht. Er hatte von 1722 bis 1733 an allen Landtagen in der Allgemeinen Ritterschaft gesessen, 1742 kam er in den Weiteren Ausschuß. Über Sahrer v. Sahr dagegen berichtet Verlohren, ebd., S. 446, Nr. 2, daß er 1735 den Grad eines Premier-Leutnants erreicht hatte, 1739 aber mit der Charge eines Kapitäns seinen Abschied erhielt und später Kreiskommissar und Amtshauptmann und schließlich Kreishauptmann wurde. Er starb am 30. April 1779 zu Königsfeld. Seine Landtagskarriere als Deputierter umfaßte einen weiteren Besuch der Allgemeinen Ritterschaft im Jahr 1746 und nach dem Siebenjährigen Krieg noch die vier Landtage von 1763 bis 1775 im Weiteren Ausschuß.

103 Die drei nur benannten Amtsassen haben möglicherweise zuvor brieflich ihr Einverständnis erklärt oder einen der anwesenden Mitstände mit ihrem Votum beauftragt. Siehe zu dieser Frage auch den Zusatz beim Namen Georg Christoph v. Oppen in der Vollmacht des Amtes Belzig vom 30. April 2742: weil dieser Herr sich in auswärtigen herrschaftlichen Diensten befinde, habe sein Gevollmächtigter wegen der kürze der Zeit des Umlaufs anhero schreiben müssen, gez. Sebastian Nicomed. Hauer.

104 Da es zahlreiche Umstände gab, wie Abwesenheit vom Gut, Krankheit oder Minderjährigkeit, die einen Besuch der Veranstaltungen behinderten, kann daraus bei den Abwesenden nicht auf Desinteresse an einer Teilnahme geschlossen werden. Möglicherweise waren auch weibliche Rittergutsbesitzer weniger geneigt, der Tagung beizuwohnen oder es fehlte ihnen aktuell ein ‚Curator' als Rechtsbeistand.

Heinrich v. Einsiedel (1709–1783) auf Kesselshain und Georg Carl v. Trützschler auf Kleinhermsdorf.[105] Die Bescheinigung enthielt weitere zehn Namen, welche die Vollmacht erteilten. Das entsprach etwa der Hälfte der Amtsassen des Amtes Borna. Noch weit interessanter als die Zahl der Unterschriften oder Namen, welche die jeweiligen Dokumente füllen, ist aber die soziale Spannbreite der Bevollmächtigen. Es wurde bereits erwähnt, daß unter den Ausstellern auch bürgerliche Rittergutsbesitzer waren, wie es schon die Landtagsordnung von 1728 eingeräumt und anerkannt hatte.

Im Amt Borna findet sich als weiterer bürgerlicher Rittergutsbesitzer Tobias Schreiner, Besitzer von Bösengröba, einem laut Friedrich Gottlob Leonhardi amtsässigen Mannlehn-Mühlengut.[106] Erstaunlicherweise wird aber auch der Rat zu Borna, vertreten durch den Bürgermeister Heinrich Füllmich, aufgeführt.[107] Im Amt Torgau war am 28. Mai der Rat zu Torgau an der Vollmacht für die Deputierten beteiligt, die auch in der Amtsstadt ausgestellt wurde.[108] Außerdem kamen weitere Rechtsvertreter zu Tagungen der amtsässigen Ritterschaft wie Dr. Daniel Ehrenreich Rodig, der in Vollmacht der Erben eines Besitzers namens Herrman ebenfalls nach Torgau gekommen war, oder Gottlieb Ernst Ziegler, der beim Amt Freyberg im Erzgebirger Kreis die Rechte des Rittmeisters Hartmann Vitzthum v. Eckstädt auf (Ober- und Nieder-)Pretzschendorf wahrnahm, oder Christian Friedrich Treicher, der als Lehnträger seiner Schwiegermutter, der Witwe Anna Dorothea Grieb, die im Amt Freyberg das Gut Gränitz besaß, erschienen war, oder Wolff Heinrich v. Helldorf, der sich im Amt Pegau um die Rechte der noch unmündigen Erben v. Oebschelwitz kümmerte, denen das Gut Elstertrebnitz, obern Teil, zustand.

Weibliche Rittergutsbesitzer ließen sich aber nicht nur durch ihre Lehnträger auf den Konventen der amtsässigen Ritterschaft vertreten, sie kamen mit ihren Kuratoren auch in beträchtlicher Zahl selber zu den Versammlungen. Frau v. Schleinitz ist im Zusammenhang mit dem Amt Grimma bereits erwähnt worden. Zu den aktiven Besitzerinnen gehörten im Jahr 1742 im Amt Belzig auch die

---

105 Heinrich v. Einsiedel war seit 1734 Deputierter des Amtes und hat von 1734 bis 1749 alle fünf Landtage in der Allgemeinen Ritterschaft verbracht, von 1763 bis 1769 nahm er dreimal an den Sitzungen des Weiteren Ausschusses teil. Im Jahr 1775 resignierte er seine Ausschußstelle. Ebenso war v. Trützschler v. Falkenstein genannt, Deputierter seit 1734 und hat, wie sein Mitstand, alle Landtage bis 1746 in der Allgemeinen Ritterschaft gesessen.
106 Siehe Friedrich Gottlob Leonhardi, Erdbeschreibung, Bd. 2, S. 905.
107 Siehe Silke Marburg, Das Dritte Corpus. Städte, in: Josef Matzerath (Hg.), Aspekte sächsischer Landtagsgeschichte. Die Mitglieder der (kur-)sächsischen Landstände (1694–1749), Dresden 2015, S. 221–310, hier S. 248. Füllmich war selbst Landtagsbesucher und hat von 1718 bis 1746 als Vertreter der Stadt Borna innerhalb der Städtekurie in der Abteilung ‚Allgemeine Städte' am Tisch des Leipziger Kreises teilgenommen.
108 Die Stadt Torgau war eine der acht Städte im engeren Ausschuß der Städtekurie. Die Grundlage der Beteiligung an der Deputiertenwahl ist nicht angegeben. Es handelt sich aber sehr wahrscheinlich um das amtsässige Rittergut Mahitzschen, das dem Rat zu Torgau gehörte, siehe Friedrich Gottlob Leonhardi, Erdbeschreibung, Bd. 2, S. 564. Im Fall der Stadt Borna ist dagegen noch unklar, welcher amtsässige Grundbesitz herangezogen wurde. In der Vollmacht für das Amt Stolpen, die in Bautzen ausgestellt wurde, taucht auch der Rat zu Bautzen oder ‚Budissin' unter den Bevollmächtigen auf.

Witwe Rosina Elisabeth Conrad, die von ihrem Kurator Johann Andreas Beutes begleitet wurde.[109] Im Amt Weißenfels kam die Witwe Anna Eleonora Grohe, vertreten oder in Begleitung ihres Kurators Johann Theodor Sewing, im Amt Dresden Magdalena Isabella v. Polenz, geborene v. Schönberg, auf Döhlen und Zauckerode mit ihrem Kurator August Philipp v. Mergenthal. Im Amt Borna nennt die Vollmacht sowohl Margaretha Elisabeth Tincker und ihren Kurator Dr. Rudolph August Schubart als auch Johanna Christina Kob und ihren Kurator Christian Gottfried Bose. Beide Frauen werden auch als wirklich anwesend deklariert.

Die Amtsversammlungen der Ritterschaft wurden demnach von adeligen und bürgerlichen Rittergutsbesitzerinnen besucht. Die Zahl der Teilnehmerinnen läßt zudem den Schluß zu, daß ihr aktiver Anteil an der Abordnung eines Deputierten mehr als nur sporadisch oder ausnahmsweise erfolgte. Vielmehr wahrten sie wie die anderen bürgerlichen, nobilitierten oder altadeligen Besitzer die Rechte und Befugnisse ihres Grundbesitzes. Das Spektrum der Teilnehmer in der Gruppe der amtsässigen Ritterschaft steht damit in starkem Kontrast zu den rein altadeligen Schriftsassen, die allein den Landtagsverhandlungen in Dresden in Person beiwohnen konnten. Über ihre altadeligen Deputierten waren nicht nur altadelige Besitzer, sondern auch die nicht-landtagsfähigen nobilitierten, bürgerlichen, weiblichen und korporativen Besitzer amtsässiger Rittergüter auf indirekte Weise mit ihren Interessen auf den kursächsischen Landtagen vertreten. Während bei den Schriftsassen die Landtagsteilnahme exklusiv an den alten Adel gebunden blieb und alle übrigen Inhaber schriftsässiger Rittergüter ausschloß, wurden die Deputierten tatsächlich von der gesamten Gruppe der Amtsassen bevollmächtigt. In dieser Hinsicht kommen die Deputierten schon den späteren Abgeordneten nahe. Insbesondere in der Allgemeinen Ritterschaft waren die amtsässigen Deputierten ein zahlenmäßig bedeutender Bestandteil. In der Bevollmächtigung von amtsässigen Deputierten zählte bereits allein der Besitz und nicht der Stand. Die Deputierten und ihre Bevollmächtigung auf den Amtsversammlungen sind in ihrem Umfang und in ihrer Bedeutung bislang in der Darstellung der kursächsischen Landtage des 17. und 18. Jahrhunderts viel zu wenig berücksichtigte Elemente. Insbesondere in der historischen Interpretation des frühneuzeitlichen Dresdner Landtages sind sie vernachlässigt worden.

5. Höflinge, Räte und Militärs in der Ritterkurie von 1742

Das dritte Kapitel war bereits in allgemeiner Weise der Frage gewidmet, welche Anstellungen außerhalb der Standschaft im Landtag sich für die Landtagsbesucher nachweisen lassen. Im folgenden Abschnitt soll es darum gehen, wie sich ein konkreter Landtag hinsichtlich der Höflinge, landesherrlichen Räte und der

---

109 Beutes taucht in der Vollmacht des Amtes Belzig ein zweites Mal auf, und zwar als Gerichtsverwalter im Namen des abwesenden Rittergutsbesitzers Bernhard S... [?] Müller.

Militäroffiziere zusammengesetzt hat und wie sich die einzelnen Gruppen auf die drei Abteilungen der Ritterkurie verteilt haben. Die Darstellung muß aber aus systematischen Gründen tentativ und unvollständig bleiben, denn aufgrund der auschließlich kursächsischen Quellen, die für diese Frage herangezogen werden können, fehlen in der Übersicht die Anstellungen an auswärtigen Höfen und Regierungen oder im kaiserlichen Heer nahezu vollständig. Sie sind in der ersten Hälfte des 18. Jahrhunderts für den sächsischen Adel bzw. die erbländischen Rittergutsbesitzer von durchaus größerer Bedeutung, können aber nur sporadisch durch mehr oder weniger zufällige Erwähnungen in der kursächsischen Überlieferung erfaßt werden.[110] Aufgrund der unvollständigen Angaben zu den Beschäftigungen außerhalb des Landtages ist es nicht sinnvoll, Prozentanteile für einzelne Teilgruppen zu berechnen. Trotz aller Unvollständigkeit ist das Bild, das sich von der Zusammensetzung der Landtagsbesucher zeichnen läßt, dennoch detailliert genug, um den Charakter eines allgemeinen Landtages in dieser Zeit abschätzen zu können.

Aus dem unmittelbar höfischen Milieu saßen der Ober-Hofmarschall Johann (oder Hans) Georg v. Einsiedel und der Ober-Stallmeister Johann Adolph Graf v. Brühl im Engeren Ausschuß, die beide ihren Platz an der zweiten Tafel hatten.[111] Außerdem war der Hof sozusagen mit vier Kammerherren und zwei Kammerjunkern vertreten. Die Kammerherren waren Wolf Friedrich v. Marschall auf Burgholzhausen im Thüringer Kreis auf Platz sieben der ersten Tafel sowie Gotthelf Friedrich v. Schönberg auf Trebitz im Churkreis, der den vorletzten Platz besetzte. Ferner nahmen Johann August v. Ponickau auf Klipphausen und Heinrich Rudolph v. Schönfeld (1695–1751) auf Löbnitz, Schloßteil, im Leipziger Kreis an der zweiten Tafel ihren Platz ein. Die Landtagsbesucher v. Marschall, v. Schönberg und v. Ponickau gehörten dem Landtag seit 1711 an und v. Schönfeld seit 1716. Bis auf v. Marschall, der 1711 direkt in den Weiteren Ausschuß kam, hatten sie alle drei Abteilungen der Ritterkurie durchlaufen und gehörten damit zu den Routiniers der Landtagsverhandlungen. Alle vier waren zunächst eine mehr oder minder lange Zeit Kammerjunker gewesen.[112] Heinrich Rudolph v.

---

110 So z. B. bei Johann Adolph v. Dieskau, der 1742 neu in den Engeren Ausschuß kam, seit 1708 mit Trebsen im Leipziger Kreis belehnt war, 1718 erstmals die Allgemeine Ritterschaft besucht hatte und dann erst wieder 1731 in den Landtagsakten erwähnt wird. In diesem Jahr wurde er in den Weiteren Ausschuß berufen. Laut Oberhofmarschallamt hat er aber weder für 1731 noch für 1734 und 1737 Landtagsdiäten erhalten, 1742 dann aber für die gesamte Landtagsdauer vom 2. Juni bis 5. August. Laut Valentin König, Genealogische Adels-Historie, Bd. 1, S. 240, Nr. 106, war er der Sohn des Kammerjunkers und Inspektors der Landschule zu Grimma Hans v. Dieskau. Gustav Adolf Poenicke (Hg.), Album der Rittergüter, I. Section: Leipziger Kreis, S. 101, gibt an, daß der 1742 verstorbene Johann Adolf v. Dieskau geheimer Rat in Hannover gewesen ist.

111 Der vage und unspezifische Ausdruck ‚Milieu' wird hier bewußt verwendet, da es sehr fraglich ist, ob man im Zusammenhang der frühneuzeitlichen Landtage von einer Partei sprechen kann. Das setzte eine konsistente, gegen andere abgrenzbare und möglicherweise einheitliche Position voraus, die wohl nicht gegeben war.

112 In den Landtagsakten firmiert v. Schönberg 1711 als Kammerjunker, Johann Georg Zirschke, Hof-Staat, kennt ihn als solchen nicht, nennt ihn aber 1713 als einen der beiden neuen Kammerherren. Er trat 1722 in den Weiteren Ausschuß ein und 1734 in den Engeren. Marschall wird 1712 im Oberhofmarschallamt als Kammerjunker der Königin geführt, die Kammerherren-

Schönfeld erlangte 1746 noch das Hofamt des Oberschenken und blieb auch in den Jahren 1746 und 1749 Mitglied des Engeren Ausschusses.[113]

An der Landtagskarriere von Johann August v. Ponickau ist außerdem noch interessant, daß er sie zunächst aufgrund des Besitzes der relativ unbedeutenden Dörfer Baalsdorf und Hirschfeld im Leipziger Kreis gestartet hatte und erst mit dem Erwerb des Rittergutes Klipphausen um 1730 in den Meißner Kreis gewechselt war. Er war der jüngere Sohn des 1699 verstorbenen Kreishauptmanns und Kammerherrn Hans (oder Johann) v. Ponickau auf Belgershain im Leipziger Kreis. Das väterliche Rittergut hatte sein älterer Bruder, der Kammerherr und Stiftshauptmann zu Wurzen Johann Christoph v. Ponickau (1672–1734), erhalten, der von 1699 bis 1731 ebenfalls den Landtag besuchte und seit 1722 zum Engeren Ausschuß gehört hatte.[114] Durch die Aussonderung der Dörfer Baalsdorf und Hirschfeld, die laut Friedrich Gottlob Leonhardi zum Rittergut Belgershain gehörten, war auch Johann August v. Ponickau parallel zu seiner Hofkarriere die Verfolgung einer Landtagskarriere möglich gemacht worden. Allerdings mußte er auch hier seinem älteren Bruder mehrfach den Vortritt lassen und längere Zeit in der Allgemeinen Ritterschaft und im Weiteren Ausschuß zubringen, bevor er auf dem Landtag von 1742 schließlich seine Berufung in den Engeren Ausschuß erlebte.[115]

Die beiden Kammerjunker im Engeren Ausschuß des Jahres 1742 waren Moritz Christoph v. Zehmen (1693–1765) auf Markersdorf im Neustädter Kreis an der ersten Tafel und Josias v. Veltheim auf Ostrau im Leipziger Kreis an der zweiten Tafel. Wie die Kammerherren verfügten sie über eine längere Landtagserfahrung. Moritz Christoph v. Zehmen kam im Jahr 1716 zu seinem ersten Landtag nach Dresden und gehörte seit 1731 zum Engeren Ausschuß. Er war seit 1718 zunächst einer der Kammerjunker der Kurfürstin und wurde im Verlaufe des Jahres 1742 noch zum Kammerherrn am Dresdner Hof ernannt. Für v. Zehmen handelte es sich 1742 um seinen neunten Landtag. Josias v. Veltheim hatte 1722 erstmals an der Allgemeinen Ritterschaft teilgenommen, in den dreißiger Jahren saß er im Weiteren Ausschuß und kam 1742 erstmals in den

---

würde erlangte er erst 1737, Mitglied des Engeren Ausschusses war er aber schon seit 1722. Ponickau war im Jahr 1722 Kammerherr der Kurfürstin Christian Eberhardine (1671–1727) und wurde nach ihrem Tod an den Dresdner Hof übernommen, dem Engeren Ausschuß gehörte er seit 1725 an. Schönfeld war zunächst Kammerjunker in Sachsen-Zeitz und wechselte 1720 als Kammerherr an den Dresdner Hof, sein Eintritt in den Engeren Ausschuß erfolgte im Jahr 1728.

113 Siehe Johann Georg Zirschke, Hof-Staat, S. 20.

114 Siehe auch Zedler, Universal-Lexicon, Bd. 28 (1741), Sp. 1440. Die Landtagsteilnahme übernahm seit 1734 Johann Christophs ältester Sohn Johann Alexander (1709–1754), seit 1731 Domherr im Stift Meißen und in den Jahren 1734, 1742 und 1746 Mitglied der Allgemeinen Ritterschaft.

115 Zu Baalsdorf und Hirschfeld siehe Friedrich Gottlob Leonhardi, Erdbeschreibung, Bd. 2, S. 711, wo die beiden Dörfer als neuschriftsässig klassifiziert werden. Erst nach der Berufung seines Bruders in den Engeren Ausschuß konnte Johann August auf dem Ausschußtag von 1725 in den Weiteren Ausschuß aufsteigen. Der Wechsel aus dem Leipziger in den Meißner Kreis erfolgte auf dem Landtag von 1731 und dürfte seine Chancen, nach dem Tod seines Bruders in den Engeren Ausschuß zu kommen, etwas vermindert haben.

Engeren Ausschuß. Für ihn war es der fünfte Landtagsbesuch. Auch er wurde 1744/45 zum Kammerherrn ernannt.

Die Kammerjunker unterstanden am Dresdner Hof dem Oberhofmarschall. Das Amt, in dem die Registrierung der Landtagsbesucher und die Auszahlung der Landtagsdiäten vorgenommen wurden, versah seit 1740 Johann Georg v. Einsiedel (1692–1760) auf Wolkenburg.[116] Auch der Ober-Hofmarschall war ein erfahrener Landtagsbesucher, der im Jahr 1722 seinen Einstand in der Allgemeinen Ritterschaft vollzogen hatte, auf dem nächsten allgemeinen Landtag im Jahr 1728 in den Weiteren Ausschuß berufen worden war und unter dem neuen Landesherrn seit 1734 im Engeren Ausschuß saß. Johann Georg v. Einsiedel hatte im Jahr 1719 die Kammerherrenwürde erhalten und war zugleich zum Hofmarschall des damaligen Kurprinzen und jetzigen Kurfürsten Friedrich August II. ernannt worden. Im Jahr 1740 folgte er im Amt auf den langjährigen Ober-Hofmarschall Woldemar Freiherr v. Löwendahl. Auch in diesem Beispiel scheinen Hofkarriere und Landtagskarriere Hand in Hand zu gehen.

Die andere im Engeren Ausschuß vertretene Obercharge des Dresdner Hofes hatte der Ober-Stallmeister Johann Adolph Graf v. Brühl seit 1738 inne. Bald nach Beendigung des Landtages verstarb er aber am 26. Dezember 1742 im Alter von nur 47 Jahren.[117] Johann Adolph (1695–1742) kam 1742 zum ersten Mal in den Engeren Ausschuß, und zwar als Besitzer des Rittergutes Zehista im Amt Pirna des Meißner Kreises, das er erst nach 1737 erworben hatte. Zuvor war er die drei Landtage von 1731, 1734 und 1737 als Besitzer des Gutes Gangloffsömmern und Deputierter der Amtsassen des Amtes Weißenfels im Thüringer Kreis auf dem Dresdener Landtag erschienen. Diese Position hatte sein Vater, der Ober-Hofmarschall der Sekundogenitur Sachsen-Weißenfels Hans Moritz v. Brühl (1665–1727), bis zum Ausschußtag 1725 eingenommen und dann seinem Sohn vererbt.[118] Auf seinem ersten Landtag im Jahr 1731 trat Johann Adolph v. Brühl in die

---

116   Außerdem hatte er von seinem Vater Hans Haubold v. Einsiedel (1654–1700) die 1694 erworbene Standesherrschaft Seidenberg in der Oberlausitz geerbt. Er war seit 1720 mit Eva Charlotte Friederike v. Flemming (1705–1758), einer Tochter des Generals und Gouverneurs von Leipzig Joachim Friedrich v. Flemming (1665–1740), verheiratet. Am 9. September 1745 erhielt er während des kursächsischen Reichsvikariats von seinem Landesherrn den Reichsgrafenstand verliehen. Siehe Walter v. Boetticher, Oberlausitzischer Adel, Bd. 1, S. 339 f. Zedler, Universal-Lexicon, Bd. 9 (1735), Sp. 1229, gibt die Vornamen der Frau v. Flemming allerdings mit „Charlotte Henriette" an und nennt den 15. November 1701 als Geburtsdatum.

117   Siehe Johann Georg Zirschke, Hof-Staat, S. 41 f. Vor seiner Ernennung war Johann Adolph v. Brühl von 1732 bis 1738 bereits am Hof als nachgeordneter Stallmeister tätig gewesen. Im Jahr 1736 war unter dem Ober-Stallmeister Graf Sulkowski der Kammerherr Christoph Heinrich v. Leipziger sein Kollege. Im Hof- und Staats-Kalender von 1733 wird v. Brühl als polnischer Stallmeister bezeichnet. Er war demnach insbesondere für die Verbindung zwischen Dresden und Warschau zuständig.

118   Nach den Unterlagen des Oberhofmarschallamtes scheint Hans Moritz v. Brühl seinen Platz im Weiteren Ausschuß der Ritterkurie jedoch nach dem Landtag von 1711 nicht mehr besetzt zu haben. Im Jahr 1713 nahm er für die Sekundogenitur Sachsen-Weißenfels an der Ersten Kurie des Landtages teil, siehe Josef Matzerath, Erstes Corpus: Prälaten, Grafen und Herren, in: ders. (Hg.), Aspekte sächsischer Landtagsgeschichte. Die Mitglieder der (kur-)sächsischen Landstände 1694 bis 1749, Dresden 2015, S. 18.

Allgemeine Ritterschaft ein und kam drei Jahre später schon in den Weiteren Ausschuß und 1742 schließlich in den Engeren Ausschuß. Diese rasche Landtagskarriere und schnelle Beförderung bis in den Engeren Ausschuß hatte Johann Adolph sicherlich seinem berühmten Bruder, dem faktischen Premier-Minister Heinrich Graf v. Brühl (1700–1763) zu verdanken, den er 1742 im Engeren Ausschuß wiedertraf, wo er am Ende der ersten Tafel an achtzehnter Stelle seinen Platz hatte.[119] An der ersten Tafel saß gleich neben dem Landtagsmarschall auch sein älterer Bruder, der Komtur und Statthalter der Ballei Thüringen Hans Moritz Graf v. Brühl (1693–1755).[120] Schließlich fand sich auch der vierte Bruder 1742 am Dresdner Landtag ein, denn der geheime Rat Friedrich Wilhelm Graf v. Brühl (1699–1760) auf Martinskirchen im Stift Wurzen saß an der ersten Tafel des Weiteren Ausschusses. Friedrich Wilhelm gehörte laut Hof- und Staatskalender seit 1741 zu den titular geheimen Räten, 1733 war er laut Zedlers Universal-Lexicon „Kriegs-Commissarius des Chur-Creisses" gewesen.[121] Seine Landtagspremiere hatte er 1731 in der Allgemeinen Ritterschaft für Gangloffsömmern und als Deputierter des Amtes Weißenfels. Die Landtage von 1734 und 1737 gehörte er als Besitzer des Rittergutes Wiederau im Amt Liebenwerda zum Churkreis. Alle vier Brüder v. Brühl werden 1742 für die gesamte Landtagsdauer im Oberhofmarschallamt als anwesend geführt.

Von der Seite des Hofes bzw. der kursächsischen Regierung nahm 1742 den letzten Platz im Engeren Ausschuß der Konferenzminister und wirkliche geheime Rat Bernhard Freiherr v. Zech (1681–1748) ein, dem das Rittergut Schmorkau im Meißner Kreis gehörte. Er hatte die Landtage von 1728 und 1731 in der Allgemeinen Ritterschaft besucht und war 1734 und 1737 Mitglied des Weiteren Ausschusses gewesen. Nun saß er im Engeren Ausschuß zusammen mit Johann Adolph v. Brühl am Ende der zweiten Tafel.[122] Komplettiert wurde diese Seite schließlich durch den geheimen Kabinettsminister, wirklichen geheimen Rat, General, Kämmerer, Kammerpräsidenten sowie Ober-Steuer- und General-Accise-Direktor Heinrich Graf v. Brühl an der ersten Tafel des Engeren Ausschusses. Der Hof verfügte also im Engeren Ausschuß über insgesamt neun

---

119 Ob diese Bevorzugung explizit erfolgte oder sich eher stillschweigend aber geradezu selbstverständlich vollzog, müssen weitere Studien zu erhellen suchen. Den Reichsgrafentitel hatte Heinrich v. Brühl am 27. November 1737 für seine Familie erworben.

120 Zum Komtur siehe J.G.L. Anderson, Geschichte der Deutschen Ordens-Commende Griefstedt, S. 270–287. Außerdem bekleidet Hans Moritz v. Brühl seit 1741 den Rang eines Generalmajors der kursächsischen Armee, siehe Heinrich August Verlohren, Stammregister und Chronik der sächsischen Armee, S. 154, Nr. 1.

121 Zedler, Universal-Lexicon, Bd. 4 (1733), Sp. 1563. Zuvor soll er Leutnant im sachsen-weißenfelser Regiment Prinz Johann Adolph gewesen sein. Das Oberhofmarschallamt bezeichnet ihn 1737 als „Hauptmann des Thüringer Creyßes".

122 Ob oder in welchem Umfang v. Zech in seiner Funktion als wirklicher geheimer Rat mit dem Entwurf und der Ausarbeitung der landesherrlichen Propositionen, über die er als Landstand im Engeren Ausschuß zu beraten hatte, im Vorfeld des Landtages befaßt gewesen ist, muß an dieser Stelle offen gelassen werden. Abgesehen von diesem Titel, mit dem offensichtlich keine Dienstgeschäfte verknüpft waren, kann man v. Grünrodt auch als reinen Landadeligen klassifizieren. Eine allgemeine Praxis, langjährige verdiente Landtagsmitglieder mit Ehrentiteln auszustatten, hat es in Kursachsen nicht gegeben.

der vierunddreißig tatsächlich anwesenden Mitglieder. Er hatte damit ein erhebliches Gewicht in den Debatten im Ausschuß.

Weitere wirkliche geheime Räte waren 1742 nicht Mitglieder des Engeren Ausschusses, aber mit Hans Georg v. Grünrodt auf Seifersdorf im Amt Dresden des Meißner Kreises findet sich dort noch ein titular geheimer Rat. Diesen Titel trug er in den kursächsischen Hof- und Staatskalendern seit dem Herrscherwechsel im Jahr 1734. Zu diesem Zeitpunkt war er schon ein langjähriges und erfahrenes Mitglied des Dresdner Landtages, das acht Landesversammlungen hinter sich hatte. Sein erster Landtag fand schon im Jahr 1699 statt.[123] Im Jahr 1718 stieg er in den Weiteren Ausschuß auf, war 1731 Direktor dieses Ausschusses und kam 1734 mit seinem neuen Titel (oder wegen seiner Ernennung) in den Engeren Ausschuß. Am Landtag von 1742 hat er nicht mehr in Person teilgenommen, besaß aber noch seinen Stuhl am Ende der ersten Tafel. Josef Matzerath hat über ihn ermittelt, daß er zunächst von der Allgemeinen Ritterschaft abgelehnt worden war, weil er hinsichtlich der Ahnenprobe einen Defekt in der mütterlichen Linie aufweise.[124] Auf Bitten des Kurfürsten Friedrich August I. ist für ihn eine Ausnahme von der Ahnenprobe gemacht worden, wie sie gerade mit dem Dekret vom 15. März 1700 eingefordert worden war.[125] Gegen seine Berufung und Mitarbeit im Weiteren Ausschuß von 1718 bis 1731 scheinen in der Ritterschaft des Meißner Kreises keine weiteren Einwände bestanden zu haben.[126] Laut Poenicke war Hans Georg v. Grünrodt der letzte seines Stammes.[127] Mit ihm starb das adelige Geschlecht in Kursachsen aus.

Die kursächsischen Gerichte waren im Engeren Ausschuß an der ersten Tafel durch Statz Hilmar v. Fullen (1691–1751) auf Störmthal im Leipziger Kreis vertreten, der seit 1712 eine Stelle unter den adeligen Assessoren am Oberhofgericht zu Leipzig bekleidete. Er war zudem seit 1722 Kammerherr in Dresden und

---

123 Über ihn notierte das Oberhofmarschallamt im Jahr 1711, er komme für sich und in Lehnsvormundschaft der drei unmündigen Brüder v. Wolfersdorf auf Großsedlitz sowie als „ex officio constituirter Tutor" Carl Gottlobs v. Lüttichau auf Großkmehlen. Im Jahr 1716 besaß er ein eigenes Haus in der Kreuzstraße. Diese Funktionen gehörten zur sozialen und lokalen Rolle eines Rittergutsbesitzers im Rahmen der Verwandschaft, Freundschaft und Nachbarschaft der adeligen Familien. Öffentlich-landesherrliche oder höfische Ämter nennt das Oberhofmarschallamt für Hans Georg v. Grünrodt dagegen keine.

124 Siehe Josef Matzerath, Die Einführung der Ahnenprobe in der kursächsischen Ritterschaft in der zweiten Hälfte des 17. Jahrhunderts, in: Elizabeth Harding und Michael Hecht (Hg.), Die Ahnenprobe in der Vormoderne. Selektion – Initiation – Repräsentation, Münster, S. 233–245, hier S. 241.

125 Derartige Ausnahmen qua Einzelprivileg für eine Person waren vermutlich nach dem Erlaß der Landtagsordnung von 1728 nicht mehr möglich, oder sie wurden, falls möglich, als besser untunlich nicht mehr ergriffen.

126 Ob er vor seiner Ernennung zum titular geheimen Rat andere landesherrlichen Ämter ausgeübt hat, läßt sich bislang nicht nachweisen. Ebenso muß der Grund seiner Ernennung hier offen bleiben.

127 Siehe Gustav Adolf Poenicke (Hg.), Album der Rittergüter, II. Section: Meißner Kreis, S. 130. Das mit seinem Tod im Jahr 1747 an den Lehnsherrn zurückgefallene Rittergut sicherte sich Heinrich Graf v. Brühl.

gehörte dem Ausschuß seit 1728 an.[128] An der zweiten Tafel hatten der Hofrichter
des Hofgerichts zu Wittenberg und Kreishauptmann Otto Wilhelm v. Bodenhausen auf Radis und der Assessor Christoph Friedrich v. Leipziger auf Zwethau
als Deputierter des Amtes Schweinitz im Churkreis ihre Plätze. Beide verfügten
über langjährige Landtagserfahrung, v. Bodenhausen seit 1711 und v. Leipziger
seit 1728. Für v. Leipziger war es allerdings die erste Teilnahme im Engeren
Ausschuß, wohingegen der Kreishauptmann des Leipziger Kreises v. Bodenhausen dem Gremium seit 1734 angehörte und 1742 vom Assessor zum Hofrichter aufgerückt war.

Die beiden Dresdner Appellationsräte, die an der ersten Tafel Platz nahmen,
Otto Heinrich v. Berlepsch auf Gröbitz im Thüringer Kreis und Friedrich August
v. Watzdorf auf Kauschwitz im Vogtländer Kreis, hatten zugleich Posten in der
kursächsischen Steuerverwaltung. Otto Heinrich v. Berlepsch gehörte dem
Landtag seit 1711 an, bis 1725 als Besitzer des Rittergutes Teuchern dem Thüringer Kreis. Abgesehen von seiner Stelle am Appellationsgericht amtierte er seit
1714 als Amtshauptmann zu Leipzig und Assessor am Oberhofgericht sowie als
Kreis-Steuereinnehmer des Thüringer Kreises.[129] Zum Engeren Ausschuß gehörte er seit 1731. Friedrich August v. Watzdorf kam ebenfalls seit 1711 zum
Landtag nach Dresden und trat 1731 in den Engeren Ausschuß ein. Sowohl die
Stelle des Appellationsrates als auch die eines landschaftlichen Ober-Steuereinnehmers hatte er schon 1728 inne. Seit 1734/35 rangiert er in den Hof- und
Staatskalendern allerdings nur noch als Appellationsrat ohne Session.[130] Im Hof-
und Staatskalender von 1739 fungierte er auch als Kreis-Kommissar des Vogtländer Kreises.

Das militärische Milieu war im Engeren Ausschuß ebenfalls vorhanden, aber
nicht sehr zahlreich. An der zweiten Tafel präsidierte mit dem General Adam
Heinrich Bose (1666–1749) auf Mölbis im Leipziger Kreis der Gouverneur von
Wittenberg.[131] Die Allgemeine Ritterschaft des Landtages besuchte er erstmals
1722, im Engeren Ausschuß saß er seit 1734. Der Obristleutnant Hans August v.
Berbisdorf auf Schweinsburg im Erzgebirger Kreis war im Jahr 1742 neu im

---

128 Sein erster Landtagsbesuch in der Allgemeinen Ritterschaft erfolgte gleich nach seiner Volljäh-
     rigkeit im Jahr 1711. Der Landtag von 1742 war sein neunter. Statz Hilmar v. Fullen wurde 1742/
     43 noch landschaftlicher Ober-Steuereinnehmer und 1749/50 Ober-Hofrichter am Leipziger
     Gericht.

129 Die Stelle des Kreis-Steuereinnehmers hatte v. Berlepsch bereits vor 1729, wo er im Hof- und
     Staatskalender faßbar wird, angetreten.

130 Im Oberhofmarschallamt läuft bei v. Watzdorf die Bezeichnung als Appellationsrat seit 1722
     unverändert durch, seine Funktion als Ober-Steuereinnehmer wird dagegen überhaupt nicht
     erwähnt.

131 Sein Vater Christoph Dietrich Bose (1628–1708) war im Jahr 1682 Direktor der Kriegskanzlei. Sein
     Bruder Christoph Dietrich Bose (1664–1741), der Ende des 17. Jahrhunderts Kriegsrat und
     wirklicher geheimer Rat war, fiel 1705 in Ungnade. Er verstarb am 23. November 1741 als
     Gefangener auf der Pleißenburg bei Leipzig, siehe Heinrich August Verlohren, Stammregister
     und Chronik der sächsischen Armee, S. 138, Nr. 3, 9 und 10; und Christian Heinker, Bürde des
     Amtes, S. 340 f und S. 347 f. Adam Heinrich Boses militärische Karriere begann 1689, seit 1699
     hatte er den Rang eines Oberst, 1710 den eines Generalmajors, 1731 war er General der Infanterie.

Engeren Ausschuß. Bei seinem Eintritt in den Landtag im Jahr 1722 hatte er den Titel eines Obristwachtmeisters.[132]

Von den kursächsischen Landesbehörden verdient das Ober-Steuer-Collegium besondere Aufmerksamkeit, wenn es um Fragen der Erhebung und Verwaltung der auf das Land gelegten direkten allgemeinen Steuern ging. Das Kollegium setzte sich aus sechs je zur Hälfte vom Kurfürsten bzw. von den Landständen ernannten adeligen Ober-Steuereinnehmern zusammen. Auf seiten der Landschaft zählte neben dem schon erwähnten v. Watzdorf auch der Erbmarschall des Landtages Hans Löser zu den landschaftlichen Ober-Steuereinnehmern im Engeren Ausschuß. Der Erbmarschall gehörte bereits qua Amt immer auch dem Kollegium an. Der dritte erfahrene Steuerfachmann an der ersten Tafel des Engeren Ausschusses kam von der kurfürstlichen Seite. Es handelte sich um Adam Friedrich v. Schönberg (1688–1751) auf Börnichen im Erzgebirger Kreis. In den Jahren 1716 und 1718 war er Direktor des Erzgebirger Kreises in der Allgemeinen Ritterschaft gewesen. Im Jahr 1722 kam er in den Weiteren Ausschuß und 1728 in den Engeren Ausschuß. Seine Verwaltungskarriere durchlief die Stationen Hofrat (1718), Hofrat und Appellationsrat sowie Ober-Steuereinnehmer (1728), titular geheimer Rat und Vice-Präsident des Ober-Rechnungs-Collegiums (1730/31). Die Leitung der Ober-Rechnungs-Deputation verlor er allerdings gleich zu Beginn der Regierung Friedrich Augusts II. im Jahr 1734 an Heinrich v. Brühl und Bernhard v. Zech.

Die übrigen drei Ober-Steuereinnehmer tagten dagegen zusammen mit den Landständen des Weiteren Ausschusses. Der kurfürstliche Ober-Steuereinehmer Hans Heinrich v. Heringen (1697–1773) fungierte 1742 als Direktor des Weiteren Ausschusses.[133] Er kam als Deputierter des Amtes Weißensee und als Besitzer des Rittergutes Ottenhausen im Thüringer Kreis zum Landtag. Seine erste Landtagssitzung hatte er im Jahr 1722 besucht. Nach drei Landtagen in der Allgemeinen Ritterschaft war er 1734 in den Weiteren Ausschuß aufgestiegen. Im Jahr 1734 hatte er aus dem Dienst beim Herzog von Sachsen-Eisenach auf die Stelle eines Akziserates in Dresden gewechselt. Im General-Accis-Collegium stand er seitdem unter dem Direktor Heinrich v. Brühl an der Spitze der ‚General-Accis-Räte‘. Im Jahr 1739 wurde er zum Kammerherrn ernannt und erhielt zusätzlich zum Akzise-Kollegium eine Stelle in der Ober-Steuereinnahme.

Der andere Vertreter des Ober-Steuer-Collegiums im Weiteren Ausschuß, der von der fürstlichen Seite kam, war der oben bereits erwähnte Friedrich Wilhelm v. Brühl auf Martinskirchen, der im Gremium die Sekundogenitur Sachsen-Weißenfels vertrat. Der sechste Ober-Steuereinnehmer war Christian Gottlieb v. Holtzendorf (1696–1755) auf Bärenstein im Meißner Kreis, der im Jahr

---

132 Die Angaben zu v. Berbisdorf bei Heinrich August Verlohren, Stammregister und Chronik der sächsischen Armee, S. 121, Nr. 1, sind sehr spärlich. Verlohren gibt als Vornamen ‚Hans Karl August‘ an und als militärischen Grad für das Jahr 1734 nur titular Oberstleutnant der Kavallerie.

133 Zu v. Heringens Biographie siehe Lutz Bannert, Art. Heringen, Hans Heinrich von‘, Sächsische Biographie, htttp:/www.isgv.de/saebi (zuletzt besucht am 19. 11. 2015). Sein Vater Hans Ludwig v. Heringen saß unterdessen im Engeren Ausschuß.

1739 von der Landschaft nominiert worden war und im Unterschied zu den beiden kurfürstlichen Vertretern an der zweiten Tafel des Weiteren Ausschusses saß.[134] Im Hof- und Staatskalender von 1739 steht er zudem als Präsident an der Spitze des Ober-Consistoriums in Dresden. Im Hof- und Staatskalender wurde v. Holtzendorf seit 1739 in der Liste der Kammerherren nicht mehr aufgeführt. Wie Adam Friedrich v. Schönberg erhielt er 1742 die Würde eines titular geheimen Rates verliehen. Den Dresdner Landtag besuchte er seit 1718 und wurde im Jahr 1720 Kammerherr in Dresden. Mit der Übernahme der landesherrlichen Ämter erfolgte 1742 nach sechs Landtagen in der Allgemeinen Ritterschaft dann auch sein Eintritt in den Weiteren Ausschuß. Damit saßen die adeligen Ober-Steuereinnehmer auf dem allgemeinen Landtag des Jahres 1742 bei der Beratung der finanziellen Forderungen des Landesherrn an den Landtag je zur Hälfte im Engeren und im Weiteren Ausschuß.

Die Gruppe der Amtsträger im Engeren Ausschuß wird schließlich vervollständigt durch einen Landkammer-Rat an der ersten Tafel, der also von der kurfürstlichen Verwaltung der Kammergüter zu den Landtagsverhandlungen ging. Carl Metzsch (1686–1757) auf Reichenbach im Vogtländer Kreis hatte seinen ersten Landtag im Jahr 1711 besucht. Seit 1716 wird er als Landkammer-Rat bezeichnet. Im Jahr 1718 kam er in den Weiteren Ausschuß und seit 1734 saß er im Engeren Ausschuß. Der Landtag von 1742 war sein zehnter. Schließlich fand sich im Engeren Ausschuß noch der Naumburger Domherr und ‚Scholasticus' Christian v. Uffel (1687–1748) ein, der zugleich im Herzogtum Sachsen-Gotha-Altenburg die Stelle eines wirklichen geheimen Rates bekleidete.[135]

Hofräte, also Mitglieder der Landesregierung in Dresden, befanden sich 1742 dagegen nicht unter den Mitgliedern des Engeren Ausschusses. Damit läßt sich aufgrund dieser Übersicht über die Amtsträger im Landtag von 1742 bei gut der Hälfte der Mitglieder des Ausschusses ein unmittelbares Engagement am Dresdner Hof, im Militär oder in der erbländischen Landesverwaltung nachweisen. Als Rittergutsbesitzer waren im frühneuzeitlichen Fürstenstaat alle adligen Mitglieder in der Regel zudem Ortsobrigkeiten über die zu ihnen gehörenden Dörfer oder Untertanen. Die Mitglieder des Ausschusses, die sich sozusagen nur als Ortsobrigkeiten und Landadelige an den Beratungen beteiligten, waren die kleinere, aber sehr wohl bedeutendere Gruppe.

---

134 Zu v. Holtzendorf (auch Holtzendorff) siehe Walter v. Boetticher, Oberlausitzischer Adel, Bd. 1, S. 754. Im Zuge von Rittergutsverkäufen an Heinrich Graf v. Brühl erhielt er 1744 den Titel eines wirklichen geheimen Rates ohne Session und 1745 im Reichsvikariat den Grafentitel. Beim Landtag von 1749 rückte er dann auch in den Engeren Ausschuß auf.

135 Seinem Sohn Carl August v. Uffel wurde 1795 folgende Schrift gewidmet: Christian Heinrich Braun, Kurze Nachrichten von den Naumburgischen Dompröbsten vom 15ten Jahrhunderte an bis gegen Ende des 18ten. Dem Hochwürdigen und Hochwohlgebornen Herrn Herrn Carl August von Uffel Herrn auf Hainichen und Trünzig, Sr. Churfürstl. Durchlaucht. zu Sachsen hochbestalten Cammerherrn und der hohen Stiftskirche zu Naumburg hochansehnlichen Domprobst, als Derselbe den 4. May 1795 Fünfzig Jahre im Capitularstande vollendet hatte, in unterthänigster Ehrfurcht gewidmet, Naumburg 1795. Christian v. Uffel ist ebd., S. 22–24, als der dreiundzwanzigsten Domprobst erwähnt, der aber nur die zwei Jahre 1747–1748 amtierte.

Zu diesem Landadel, für den bislang kein landesherrliches Amt nachgewiesen werden kann, zählte beispielsweise Christian Ludwig Edler v.d. Planitz (1670–1747) auf Auerbach, untern Teil, im Vogtländer Kreis, der im Landtagsverzeichnis an fünfter Stelle rangierte und praktisch zu den alten Herren im Landtag gehörte. Seine ersten beiden Landtage in der Allgemeinen Ritterschaft hatte er als frisch belehnter Erbe in den Jahren 1692 und 1694 besucht.[136] Sein nächster Landtagsbesuch fiel erst in das Jahr 1708, als er auf dem Ausschußtag von 1708 in den Weiteren Ausschuß berufen wurde. Seitdem kam er regelmäßig zum Landtag nach Dresden und stieg im Jahr 1718 in den Engeren Ausschuß auf.[137] An den Verhandlungen des Landtages 1742 hat er allerdings wie schon 1737 nicht mehr in Person teilgenommen.[138] Über ein halbes Jahrhundert hinweg finden sich für ihn bislang keine weiteren Anstellungen und öffentlichen Funktionen. In gewisse Weise kann aber sein Engagement als Landstand in Dresden als eine derartige dauerhafte Tätigkeit angesehen werden.

Im Unterschied zu v.d. Planitz hat Siegmund August v. Arnim (1691–1752) auf Döben im Leipziger Kreis im Jahr 1742 seinen Platz an der ersten Tafel des Engeren Ausschusses zwischen dem Ober-Steuereinnehmer v. Watzdorf und dem Domherrn v. Uffel tatsächlich eingenommen und dem Landtag von Anfang bis Ende beigewohnt.[139] Seine Landtagskarriere begann im Jahr 1711. Nach drei Landtagen in der Allgemeinen Ritterschaft trat er 1722 in den Weiteren Ausschuß ein und 1731 schließlich nach drei weiteren Landtagsbesuchen in den Engeren Ausschuß. Der Landtag von 1742 war somit seine zehnte, ohne eine Lücke besuchte Landesversammlung. Seiner Landtagserfahrung nach konnte er mit Amtsträgern wie dem Appellationsrat v. Fullen oder dem Kammerjunker v.

---

136 Er war der Sohn des 1686 verstorbenen Rittmeisters Hans (oder Johann) Heinrich v.d. Planitz, siehe auch Zedler, Universal-Lexicon, Bd. 28 (1741), Sp. 649. Im Jahr 1694 schritten die drei überlebenden Brüder zur Erbteilung. Christian Ludwig erhielt Auerbach, Unterteil, sein Bruder Heinrich Rudolph bekam Plohn, obern Teil, und Carl August das Rittergut Sorga. Carl August v.d. Planitz war von 1699 bis 1749 ebenfalls ein regelmäßiger Landtagsbesucher, der seit 1731 zum Weiteren Ausschuß zählte. Christian Ludwig war in erster Ehe mit Sophie Polixene Bose verheiratet, eine Tochter des 1711 verstorbenen Amtshauptmanns Carl Bose auf Mylau im Vogtländer Kreis. Sein Schwager Carl Zdislau Bose, fürstlicher Stallmeister zu Eisenberg, gehörte von 1699 bis 1713 zum Weiteren und 1715/16 zum Engeren Ausschuß. Nach seinem Konkurs 1720 und der Versteigerung des Gutes ging das altschriftsässige Rittergut Mylau 1726 in den Besitz von Christian Ludwig v.d. Planitz über.

137 Laut Oberhofmarschallamt versäumte er bis 1742 nur die Ausschußtage von 1715 und 1725 sowie den Landtag von 1737. Für die Anreise wurden ihm sechzehn Meilen und sechs Nachtlager angerechnet.

138 Ebenso fehlte an der ersten Tafel im Jahr 1742 der Landadelige Antonius v. Schönberg auf Limbach im Erzgebirger Kreis. Seine Landtagskarriere hatte im Jahr 1711 mit dem Eintritt in die Allgemeine Ritterschaft begonnen. Auf dem Ausschußtag von 1713 wurde er bereits in den Weiteren Ausschuß berufen. Nach dem Ausschußtag von 1715 nahm er sich allerdings eine zehnjährige Pause und fehlte auf den Landtagen von 1716, 1718 und 1722. Erst beim Ausschußtag von 1725, inzwischen war er in der Sitzordnung dennoch deutlich vorgerückt, wird er wieder im Oberhofmarschallamt registriert. Im Jahr 1728 trat er dann in den Engeren Ausschuß ein. Bis 1737 kam er zu allen Landtagen nach Dresden.

139 Sowohl v. Uffel als auch v. Watzdorf kamen 1742 allerdings erst verpätet am 13. Juni bzw. 20. Juni zum Landtag.

Zehmen sehr gut mithalten. Sigmund August war der Sohn des 1708 verstorbenen Oberst Christoph Julius v. Arnim und Enkel des Generalleutnants und Kommandanten von Leipzig Wolf Christoph v. Arnim.[140] Siegmund August v. Arnim hat die militärische Tradition nicht fortgesetzt, sondern sich ganz der Landtagsarbeit gewidmet. Für das Jahr 1742, im Zenit seiner Laufbahn im Dresdner Landtag, verzeichnet Johann Georg Zirschke dann allerdings noch seine Ernennung zum Kammerherrn.[141]

Ein drittes Beispiel für landadelige Teilnahme an den Verhandlungen in Dresden bietet Caspar v. Berlepsch auf Henningsleben im Thüringer Kreis, der seit 1716 nach Dresden kam, 1731 in den Weiteren Ausschuss berufen wurde und 1742 erstmals im Engeren Ausschuß an der zweiten Tafel Platz nahm. Der Landtag von 1742 war insgesamt sein siebter.[142] Sein Bruder, der Appellationsrat und landschaftliche Ober-Steuereinnehmer Otto Heinrich v. Berlepsch, den er in dem Gremium wiedertraf, hatte das väterliche Gut Teuchern im Thüringer Kreis übernommen und saß weiter vorne an der ersten Tafel. Auch wenn also für Landadelige wie Caspar v. Berlepsch keine direkte Amtstätigkeit nachweisbar ist, so stand er doch aufgrund seiner Vorfahren, Verwandten oder Freunde in enger Verbindung zur Welt der landesherrlichen Ämter. Eine scharfe Trennung zwischen Landständen und Amtsträgern in und außerhalb des Landtages muß daher für die erste Hälfte des 18. Jahrhunderts weitgehend illusorisch bleiben.

Die Gruppe der ritterschaftlichen Landstände, die im Engeren Ausschuß zusammen kamen, umfaßte demnach Höflinge, geheime und andere landesherrliche Räte, Assessoren der Obergerichte, einige wenige Militärs und die Finanzfachleute der Ober-Steuereinnahme. Bei vierundzwanzig der vierzig Mitglieder läßt sich eine derartige Verpflichtung gegenüber dem Landesherrn nachweisen. Hinzu traten in nicht ganz der gleichen Stärke die Landadeligen ohne aktuelle Amtsverpflichtungen, die aus den sieben erbländischen Kreisen, also aus allen Ecken des Kurfürstentums, nach Dresden kamen. Das war die Gruppe adeliger Landstände, die mit den Abgeordneten der vorsitzenden Städte aus der Städtekurie die landesherrlichen Propositionen debattierte und die Antwort der gesamten Landschaft auf die kurfürstlichen Forderungen entwarf, die dann dem Weiteren Ausschuß und schließlich der Allgemeinen Ritterschaft zur ferneren Beratung und Erstellung ihrer Monita zuging.[143] Indem sie sich ihren Aufgaben widmeten, traten die im Engeren Ausschuß versammelten Höflinge, Amtsträger, Militärs und Landadeligen aber auch miteinander in

---

140 Siehe Heinrich August Verlohren, Stammregister und Chronik der sächsischen Armee, S. 11, Nr. 3 und Nr. 5.

141 Siehe Johann Georg Zirschke, Hof-Staat, S. 30.

142 Eine Unterbrechung seiner Landtagsbesuche weist v. Berlepsch nur für das Jahr 1722 auf.

143 Zum Geschäftsgang des Landtages, der zwischen den Gremien und zwischen Landtag und geheimem Rat überwiegend in schriftlicher Form erfolgte, siehe jetzt auch Nina Krüger, Landesherr und Landstände in Kursachsen, S. 68–73. Eine ebenso detaillierte wie vollständige Darstellung des Gangs der Verhandlungen eines bestimmten Landtages von der Proposition über die Präliminarschrift des Engeren Ausschußes und die Monita von Weiterem Ausschuß und Allgemeiner Ritterschaft bis zur Bewilligungsschrift steht noch aus. Siehe bis dahin Wieland Held, Der Adel und August der Starke.

Kontakt, der ihnen einen intensiven Überblick über den Zustand des Landes ermöglichte, wie er sonst im Lande an keiner Stelle zu gewinnen war.

Welche Kompetenz der Weitere Ausschuß aufgrund seines Personals in den Debatten beisteuern konnte, soll nun untersucht werden. Für ihn lassen sich bei siebenundzwanzig der sechzig Stellen Angaben zur dienstlichen Stellung seiner Mitglieder außerhalb des Landtages ermitteln. Diese sicherlich nicht vollständigen Daten sind aber in ihrer Zusammensetzung gehaltvoll genug, um eine Einschätzung über den Charakter des Ausschusses zu ermöglichen. Auf die vorhandene Kompetenz in Steuerfragen im Weiteren Ausschuß wurde bereits im Zusammenhang mit den Beamten der Ober-Steuereinnahme hingewiesen.[144] Auch das höfische Element war im Weiteren Ausschuß gut vertreten. Zunächst kann jedoch noch festgehalten werden, daß die drei Ober-Steuereinnehmer im Weiteren Ausschuß durch zwei Kreis-Steuereinnehmer aus dem Vogtländer und dem Neustädter Kreises verstärkt wurden. Rudolph v. Bünau auf Kleingera im Vogtländer Kreis, der den Landtag seit 1728 besuchte und sein Amt seit 1734/35 bekleidete, saß mit an der ersten Tafel. Carl August v. Brandenstein auf Krölpa im Neustädter Kreis hatte dagegen den letzten Platz im Weiteren Ausschuß inne und war neu im Gremium.[145] Er gehörte ebenfalls seit 1728 zu den regelmäßigen Landtagsbesuchern und übte sein Amt schon seit mindestens 1728 aus.[146]

Einen besonderen Karriereweg hatte das neue Mitglied Rudolph Heinrich v. Nostitz auf Lüttewitz im Meißner Kreis hinter sich gebracht, als er 1742 direkt und ohne vorherigen Besuch der Allgemeinen Ritterschaft in den Weiteren Ausschuß kam. Er hatte eine Anstellung als fürstlicher Hofrat in der Sekundogenitur Sachsen-Merseburg (1657–1738) gefunden. Als Vertreter dieses Nebenlandes gehörte er bis 1738 in der Funktion eines Ober-Steuereinnehmers dem Dresdner Ober-Steuer-Collegium an.[147] Nach dem Anfall der Sekundogenitur an das Kurhaus im Jahr 1738 erhielt er den Titel eines Kreis-Hauptmanns, und nun besuchte er auch die Landtage der 1740er Jahre in Dresden. Aufgrund seiner Verwaltungserfahrung konnte er, je nachdem wie seine politische Haltung ausfiel, im Weiteren Ausschuß die Ausführungen der amtierenden kurfürstli-

---

144 Inwieweit die drei Ober-Steuereinnehmer im Weiteren Ausschuß im Sinne eines Parlamentsmanagements für die leichtere Bewilligung der landesherrlichen Forderungen sorgten oder sorgen sollten, läßt sich nur im Einzelfall anhand der Landtagsschriften beurteilen. Eine allgemeine Regel, sie als verlängerten Arm des Hofes zu betrachten, ist allerdings wenig wahrscheinlich.

145 Auf den Landtagen von 1731, 1734 und 1737 war er Kondirektor des Neustädter Kreises in der Allgemeinen Ritterschaft gewesen. Im Jahr 1742 stieg er zusammen mit seinem Direktor Hans Christoph v. Wilde auf Leubsdorf, Deputierter des Amtes Arnshaug und Landtagsbesucher seit 1718, der ebenfalls die drei Landtage gedient hatte, in den Weiteren Ausschuß auf. Im Jahr 1734 waren die beiden zugunsten der Kammerherrn Detlev Heinrich v. Einsiedel auf Oppurg und Friedrich Carl v. Wolfersdorf auf Culmitzsch übergangen worden. Im Jahr 1737 wiederum hatte es keine freien Stellen für den Neustädter Kreis im Weiteren Ausschuß gegeben.

146 Für seine Anreise aus dem Neustädter Kreis nach Dresden wurden ihm im Oberhofmarschallamt die Kosten für 21 Meilen Weg und 10 Nachtlager angerechnet.

147 Wie die Dresdner Hof- und Staatskalender belegen, hat er dieses Amt über zehn Jahre lang ausgeübt.

chen und landschaftlichen Ober-Steuereinnehmer stützen oder Einwände gegen sie erheben.

Im Weiteren Ausschuß nahmen von den oberen Hofchargen ein Oberküchenmeister, ein Oberschenk und ein Hausmarschall an den Beratungen teil.[148] Letzerer saß an der ersten Tafel, die beiden anderen an der zweiten Tafel. Der Oberküchenmeister Friedrich August v. Brandenstein (1694–1743) auf Hermsdorf im Amt Leißnig des Leipziger Kreises, der dieses Amt seit 1740 bekleidete, konnte auf eine lange Hofkarriere zurückblicken. Im Jahr 1717 begann er seine Laufbahn am Dresdner Hof zunächst als Kammerjunker und wurde dann 1726 zum Kammerherrn ernannt. Außerdem fungierte er als Amtshauptmann zu Leißnig. Vor dem Wechsel auf den Posten des Ober-Küchenmeisters bekleidete er 1738/39 für kurze Zeit eine der drei kurfürstlichen Stellen im Ober-Steuer-Collegium, die dann an seinen Nachfolger Hans Heinrich v. Heringen ging, der 1742 Direktor des Weiteren Ausschusses war. Friedrich August war der Sohn des kursächsischen General-Leutnants Adam Friedrich v. Brandenstein (1658 oder 1660–1728), der das Gut Hermsdorf im Jahr 1704 erworben hatte und als aktiver Militärangehöriger seit 1711 den Dresdner Landtag besuchte, zuletzt 1725 und 1728 als Teilnehmer im Engeren Ausschuß.[149] Während sein Vater weiterhin im Engeren Ausschuß seinen Platz einnahm, trat sein Sohn, der Kammerherr und Amtshauptmann Friedrich August v. Brandenstein, im Jahr 1728 in die Allgemeine Ritterschaft des Leipziger Kreises ein.[150] Die drei Landtage der dreißiger Jahre verbrachte er ebenfalls in der Allgemeinen Ritterschaft. Nach seinem Aufstieg am Hof wurde er dann 1742 auch in den Weiteren Ausschuß berufen.[151]

Der Oberschenk Johann Adolph v. Haugwitz auf Fichtenberg im Amt Stolpen, das geographisch in der Oberlausitz lag, aber dennoch zum Meißner Kreis gerechnet wurde, war 1742 ebenfalls neu in den Weiteren Ausschuß eingetreten. Seinen ersten Besuch hatte er noch als Kammerjunker (seit 1705) im Jahr 1711 absolviert. Im Jahr 1719 erhielt er die Würde eines Kammerherrn, 1729 wurde er Hofmarschall und übernahm 1733 das Hofamt des Oberschenken. Im Vergleich zu seiner Karriere am Dresdner Hof verlief seine Landtagskarriere deutlich verzögert. Trotz seines fleißigen Besuchs der Landtage schmorte er bis ein-

---

148 Siehe Johann Georg Zirschke, Hofstaat, S. 19 f.

149 Siehe Heinrich August Verlohren, Stammregister und Chronik der sächsischen Armee, S. 146, Nr. 3; und Gotha, Genealogisches Taschenbuch des Adels. Freiherrliche Häuser A, Bd. 4 (1962). Adam Friedrich v. Brandenstein hatte 1683 die Kampagne nach Wien mitgemacht. Er war 1689/ 90 am Rhein, 1695 in Ungarn und auch noch am Nordischen Krieg beteiligt.

150 Beide nahmen laut Oberhofmarschallamt den gesamten Landtag über teil und wohnten zusammen in Dr. Albhards Haus in der Schloßgasse, wo der Sohn auch während der Landtage von 1731, 1734 und 1737 sein Quartier nahm. Im Jahr 1742 hatte er dann ein eigenes Haus in der Moritzstraße. Daher wurden ihm zwar weiterhin die sechs Meilen und drei Pferde angerechnet, aber nicht mehr die zwei Nachtlager zugestanden, die er 1737 noch erhalten hatte.

151 Siehe auch die biographische Notiz über Friedrich August v. Brandenstein in: Zedler, Universal-Lexicon, Supplement Bd. 4 (1754), Sp. 501. Danach hatte er in Wittenberg studiert und anschließend seine Kavalierstour „in fremde Lande" absolviert, bevor er in Dresden Kammerjunker wurde.

schließlich 1737 in der Allgemeinen Ritterschaft.[152] Auch das Hofamt brachte ihn weder 1734 noch 1737 in den Ausschuß. Erst im Jahr 1742 erfolgte seine Berufung. Bis dahin konnte er in der so stark besetzten Gruppe der Meißner Ritterschaft in der Konkurrenz um die wenigen Meißner Kreisstellen für sich keine Nominierung erlangen. Johann Adolph v. Haugwitz verstarb am 26. Februar 1746.

Die Karriere von Ernst Ferdinand v. Erdmannsdorf (1691–1746) läuft der des v. Haugwitz weitgehend, aber mit interessanten Abweichungen, parallel. Die höfische Laufbahn begann er im Jahr 1716 ebenfalls als Kammerjunker und wurde 1726 Kammerherr. Seine Stelle als Hausmarschall erhielt er 1733, im gleichen Jahr, in dem v. Haugwitz seine Ober-Charge antrat. Im Jahr 1722 trat der Kammerjunker v. Erdmannsdorf als Besitzer des Rittergutes Kössern im Amt Colditz, mit dem er seit dem 14. Mai 1721 belehnt war, für den Leipziger Kreis in die Allgemeine Ritterschaft ein.[153] Nach drei Landtagen in der Allgemeinen Ritterschaft erhielt der Kammerherr v. Erdmannsdorf zusammen mit seinem Aufstieg zum Hausmarschall 1734 auch die Berufung in den Weiteren Ausschuß. Bis zum Landtag von 1742 war er an die erste Tafel des Ausschusses vorgerückt. Mit seiner Teilnahme in diesem Jahr absolvierte er seinen sechsten Landtagsbesuch.[154] Nach dem Tod von Johann Adolph v. Haugwitz wurde er 1746 noch für fünf Monate sein Nachfolger im Amt des Oberschenken. Er verstarb aber bereits am 24. Juli 1746 während des laufenden Landtages als Mitglied des Weiteren Ausschusses.

Aus dem weiteren Umkreis des Dresdner Hofes, dem bei Johann Georg Zirschke als Ober-Jagd-Staat bezeichneten Umfeld, gehörte Johann Friedrich v. Erdmannsdorf (1688–1763) auf Elbersdorf im Meißner Kreis ebenfalls dem Weiteren Ausschuß an.[155] Bei ihm handelte es sich um den älteren Bruder des

---

152 Der Landtag von 1737 war sein achter. Er kann daher, obwohl er sich nur in der Allgemeinen Ritterschaft an den Beratungen beteiligen konnte, zu den Routiniers im Landtag gerechnet werden. Mit Fichtenberg war er seit dem 10. April 1706 belehnt.

153 Er war der Sohn von Ernst Dietrich v. Erdmannsdorf, der von 1686 bis zu seinem Tod am 21. August 1720 das Amt des Hausmarschalls am Dresdner Hof bekleidete. Ernst Ferdinand folgte also nach dem Zwischenspiel durch Christoph Adolph v. Neitschütz 1724–29, seinem Vater im Amt des Hausmarschalls nach. Sein 1723 verstorbener Onkel Wolff Dietrich v. Erdmannsdorf war seit 1685 Ober-Hof-Jägermeister und Ober-Hauptmann zu Nossen gewesen, siehe Zedler, Universal-Lexicon, Bd. 8 (1734), Sp. 1569 f. Der Vater und der Onkel waren – inzwischen wenig überraschend – bis 1718 ebenfalls langjährige Mitglieder des Landtages gewesen und haben zuletzt im Engeren Ausschuß der Ritterkurie gesessen.

154 Beim Landtag von 1742 logierte er erstmals in seinem eigenen Haus. Für ihn wurden daher zwar drei Pferde und neun Meilen verzeichnet, aber kein Nachtlager.

155 Johann Georg Zirschke, Hof-Staat, S. 43–48, rechnet in seinem fünften Kapitel folgende adeligen Bedienungen zum Jagd-Staat: den Ober-Hof-Jägermeister, Ober-Falkenmeister, die Land-Jägermeister, den Land-Ober-Fischmeister, die Directeurs der Parforce-Jagd (seit 1716), die Ober-Forstmeister und die Ober-Aufseher der Flöße. Die beiden erstgenannten Bedienungen gehörten zu den Ober-Chargen des Dresdner Hofes mit eigenen Abteilungen, die auch im Hof- und Staatskalender genannt werden. Ober-Hof-Jägermeister von 1720 bis 1741 war Carl Gottlob v. Leubnitz, sporadisches Mitglied des Landtages von 1711 bis 1737 für Olbernhau im Erzgebirger Kreis. Auf ihn folgte Carl Ludwig Graf v. Wolfersdorf, Besitzer des frisch erworbenen Gutes

gerade erwähnten Hausmarschalls v. Erdmannsdorf auf Kössern. Johann Friedrich startete seine Laufbahn nicht als Kammerjunker wie sein jüngerer Bruder, sondern wurde im Jahr 1720 direkt Kammerherr am Dresdner Hof.[156] In den 1720er Jahren amtierte er außerdem als Ober-Forst- und Wildmeister zu Dresden, Meißen und Moritzburg und stieg 1732 zum Land-Jägermeister des Erzgebirger Kreises auf. Diese Stelle hatte er bis 1739 inne. Seit 1740 wurde er dann im Hof- und Staatskalender unter den titular geheimen Räten geführt. Unter den Landtagsbesuchern fand sich Johann Friedrich v. Erdmannsdorf erstmals 1722 ein, gleich nachdem er Kammerherr und Oberforstmeister geworden war. Die ersten drei Landtage kam er als Besitzer des Rittergutes Neukirchen im Amt Meißen in die Allgemeine Ritterschaft. Beim Eintritt in den Weiteren Ausschuß im Jahr 1734 besaß er Elbersdorf im Amt Hohenstein und Lohmen des Meißner Kreises.

Von Seiten des Hofes nahmen 1742 noch drei reine Kammerherren ohne weitere bekannt gewordene Anstellung und öffentliche Funktion einen Sitz im Weiteren Ausschuß ein. An der ersten Tafel saß Christoph Ehrenreich v. Arnim auf Neusorge im Erzgebirger Kreis, der seinen Titel im Jahr 1728 erhalten hatte und zuvor fünf Jahre lang Kammerjunker gewesen war. Er war der Sohn des Kammerherrn und langjährigen Landtagsbesuchers Wolff Christoph v. Arnim, der zuletzt von 1713 bis 1725 dem Engeren Ausschuß angehört hatte. Nachdem im Jahr 1728 zunächst sein jüngerer Bruder Christian August v. Arnim sowohl das Rittergut Neusorge als auch die Familie in der Allgemeinen Ritterschaft vertreten hatte, konnte Christoph Ehrenreich bei seinem ersten Landtagsbesuch im Jahr 1731 ohne Verletzung der Landtagsordnung sogleich auf eine Kreisstelle des Erzgebirger Kreises im Weiteren Ausschuss vorrücken. Der Landtag von 1742 war erst sein vierter, aber es blieb auch sein letzter. Den letzten Platz an der ersten Tafel besetzte der Kammerherr Detlev Heinrich v. Einsiedel auf Oppurg im Neustädter Kreis, der diese Würde seit 1728 besaß und 1721 Kammerjunker am Dresdner Hof gewesen war. Nach einem Antrittsbesuch in der Allgemeinen Ritterschaft 1731 kam der Kammerherr bereits 1734 in den Weiteren Ausschuß.[157] Der dritte Kammerherr, der an der zweiten Tafel saß, war Rudolph v. Bünau auf Lauenstein im Meißner Kreis, der im Jahr 1742 seine erste Teilnahme im Weiteren Ausschuß absolvierte.[158]

Silberstraße im Erzgebirger Kreis, der 1728 am Dresdner Hof als Jagdpage begonnen hatte und nach Übernahme der Ober-Charge auch eine Landtagskarriere startete und 1742 erstmals in die Allgemeine Ritterschaft kam. Auf dem folgenden Landtag im Jahr 1746 saß er bereits im Weiteren Ausschuß, 1749 dann im Engeren Ausschuß.

156 Johann Friedrich heiratete am 21. Dezember 1727 Anna Sophie Gräfin v. Hoym (1708–1769), siehe Jahrbuch des deutschen Adels, Bd. 1 (1896), S. 591.

157 Am Landtag von 1742 scheint er nicht teilgenommen zu haben, der von 1737 wäre dann sein letzter gewesen. In den Jahren 1734 und 1737 wohnte er im Einsiedelschen Haus in der Seegaße.

158 Seine Vorgeschichte als Landstand bleibt leider unklar. Auf den Landtagen von 1737 und 1734 ist kein Rudolph v. Bünau als Besitzer des Rittergutes Lauenstein aufgelistet. Im Landtag von 1731 ist jedoch ein Kammerherr Rudolph v. Bünau auf Lauenstein in der Allgemeinen Ritterschaft anwesend. Von 1716 bis 1718 nimmt jeweils ein Rudolph v. Bünau auf Lauenstein ohne sonstigen Titel an der Allgemeinen Ritterschaft teil, 1711 dagegen ein Amtshauptmann Rudolph v. Bünau

Zur höfischen Seite gehören ebenfalls die in der landesherrlichen Kammerverwaltung beschäftigten Adeligen im Weiteren Ausschuß. An erster Stelle sind
in dieser Hinsicht die beiden geheimen Kammer- und Bergräte Otto Friedrich v.
Zanthier auf Wünschendorf, der auch Kreishauptmann war, und Hans Christoph v. Poigk auf Ringethal, amtsässiger Deputierter des Amtes Freiberg, zu
nennen. Beide reisten aus dem Erzgebirger Kreis an und beide saßen an der
zweiten Tafel. Zum Landtag gehörte v. Zanthier schon seit 1728, zum Weiteren
Ausschuß seit 1737.[159] Er hatte den Vorzug vor Hans Christoph v. Poigk erhalten,
der zwar schon im Jahr 1722 in die Allgemeine Ritterschaft eingetreten war, aber
erst 1742 in den Weiteren Ausschuß aufgenommen wurde, nachdem er fünfmal
in der Allgemeinen Ritterschaft an den Verhandlungen teilgenommen hatte.[160]
Da das Rittergut Ringethal amtsässig war, kam v. Poigk als Deputierter des
Amtes Freiberg zum Landtag nach Dresden.

Aus dem Bereich des Cammer-Collegiums waren abgesehen von den geheimen Kammerräten noch drei Land-Kammerräte im Weiteren Ausschuß
platziert. Carl Adolph v. Carlowitz auf Ottendorf im Meißner Kreis fungierte
1742 als Kondirektor des Weiteren Ausschusses und folgte im Rang an zweiter
Stelle gleich auf den Direktor und kurfürstlichen Ober-Steuereinnehmer v. Heringen. Er hatte dem Landtag seit 1711 angehört, aber erst 1737 nach siebenmaliger Teilnahme die Aufnahme in den Weiteren Ausschuß erlangt. Außerdem
führen ihn die Hof- und Staatskalender seit 1733 als adeligen Kreis-Steuereinnehmer. Carl Adolph v. Carlowitz verfügte somit auch über praktische Erfahrung mit der Erhebung und Verwaltung der vom Landtag bewilligten allgemeinen Landessteuern. Ein weiterer Land-Kammerrat saß ebenfalls noch an der
ersten Tafel: Christoph Friedrich v. Crux auf Stockhausen im Leipziger Kreis.
Seinen ersten Landtagsbesuch absolvierte er im Jahr 1728, bei seiner dritten
Teilnahme im Jahr 1734 erhielt er die Berufung in den Weiteren Ausschuß. Der
Landtag von 1742 war somit sein fünfter. Im Jahr 1746 wurde er Direktor des
Weiteren Ausschusses und trat 1749 in den Engeren Ausschuß über.[161]

Der dritte Land-Kammerrat kam ebenfalls aus dem Leipziger Kreis. Es
handelte sich um Caspar Joachim v. Schönberg (1690–1758) auf dem Rittergut
Böhlen im Amt Colditz, mit dem er seit dem 31. Januar 1722 belehnt war.[162] Seine
Laufbahn hatte er allerdings im kursächsischen Militär begonnen. Im Jahr 1710

auf Lauenstein. Ob es sich in diesen Fällen immer um dieselbe Person handelt, läßt sich z. Z. nicht
klären.

159 Laut Johann Georg Zirschke, Hof-Staat, S. 45, bekleidete Otto Friedrich v. Zanthier von 1723 bis
1733 das Amt des Ober-Land-Fischmeisters.

160 In den Jahren 1728, 1731 und 1734 war er dreimal Kondirektor des Erzgebirger Kreises in der
Allgemeinen Ritterschaft gewesen, 1737 dann Direktor.

161 Der Hof- und Staatskalender von 1753 listet den Land-Kammerrat v. Crux zudem als adeligen
Inspektor der Landschule Grimma. Seit wann er diese Funktion ausübte, läßt sich anhand des
Kalenders nicht ermitteln.

162 Über seinen Vater Caspar Joachim v. Schönberg (1641–1705) auf Schweta gibt es einen eigenen
Artikel in Zedler, Universal-Lexicon, Bd. 35 (1743), Sp. 735 f. Er hat es vom armen Silberpagen
unter Johann Georg II. bis zum Ober-Land-Fischmeister gebracht und vor Sizilien auf einer
Galeere gegen die Seeräuber gekämpft.

trat er als Fähndrich in den landesherrlichen Dienst ein und avancierte bis 1718 zum Rang eines Hauptmanns.[163] Nach der Übernahme des Rittergutes erhielt oder nahm er um 1722 seinen Abschied aus der Armee und besuchte seinen ersten, am 8. Februar 1722 eröffneten allgemeinen Landtag. Auch auf den Landtagen von 1728, 1731 und 1734 gehörte er zu den Teilnehmern in der Allgemeinen Ritterschaft. Laut Heinrich August Verlohren übernahm er im Jahr 1734 wieder militärische Funktionen und wurde sowohl Kreis-Kommissar im Leipziger Kreis als auch Kornet im zweiten Regiment der Ritterpferde.[164] Im Hof- und Staatskalender für das Jahr 1736 erscheint er dann schließlich unter den Land-Kammerräten. Mit diesem Amt und Titel gehörte er ein Jahr später noch einmal zur Allgemeinen Ritterschaft. Seinen sechsten Landtagsbesuch ver- brachte er dann 1742 erstmals im Weiteren Ausschuß und erhielt den Platz 54. Aufgrund seiner Vorgeschichte konnte Caspar Joachim v. Schönberg auch mi- litärische Erfahrungen in die Landtagsdebatte einbringen.

Vier weitere aktive oder verabschiedete Offiziere der kursächsischen Armee lassen sich im Weiteren Ausschuß nachweisen. Auf Rang sechzehn findet sich in dem Gremium der im Jahr 1730 pensionierte Oberst-Leutnant und Kreis-Kom- missar im Leipziger Kreis Hans Joachim v. Wallwitz (1675–1751).[165] Er kam als Besitzer des Rittergutes Gepülzig und Deputierter des Amtes Rochlitz im Leipziger Kreis zum Landtag nach Dresden. Drei Plätze weiter saß der nahezu gleichaltrige Adam Friedrich Brand v. Lindau (1681–1751) auf Wiesenburg im Churkreis, der im Jahr 1717 schon einmal seinen Abschied erhalten oder ge- nommen hatte und seit 1730 wieder als Oberst diente. Im Jahr 1734 wurde er zum Generalmajor der Kavallerie befördert und erhielt 1741 zum zweiten Mal seinen Abschied.[166] Der dritte im Bunde war ein Hauptmann und Kreis-Kommissar Hans Carl v. Tettenborn, Deputierter des Amtes Weißensee im Thüringer Kreis, auf Gangloffsömmern, der von 1737 bis 1746 im Oberhofmarschallamt als Hauptmann geführt wird.[167] Wie v. Tettenborn nahm auch Rudolph Gottlob Römer auf Neumark im Erzgebirger Kreis an der ersten Tafel Platz. Er hatte 1712 den Rang eines Hauptmanns inne und erhielt 1731 den Abschied aus der kur- sächsischen Armee.[168] Sein erster Landtagsbesuch im Jahr 1728 fällt noch in seine

---

163 Siehe Heinrich August Verlohren, Stammregister und Chronik der sächsischen Armee, S. 463, Nr. 28. Das Gut Schweta erbte sein älterer Bruder Hans Caspar, der es 1728 verkaufte und 1734/ 35 Stiftsrat zu Wurzen wurde.

164 Die Ritterpferde waren der Versuch, neben der regulären landesherrlichen Armee eine Miliz mit dem Zweck der Landesdefension aufzubauen.

165 Heinrich August Verlohren, Stammregister und Chronik der sächsischen Armee, S. 536, Nr. 4.

166 Ebd., S. 146, Nr. 6.

167 Ob er mit dem ebd., S. 507, Nr. 2 aufgeführten Hans Carl v. Tettenborn identisch ist, der im Jahr 1737 Premier-Leutnant war, ist nicht ganz klar. Das Oberhofmarschallamt vermerkt 1742 in einer Notiz bei v. Tettenborn, daß er auch Vollmacht wegen der Grafen v. Schönburg habe.

168 Ebd., S. 436, Nr. 6.

aktive Zeit. Auf dem Landtag von 1731 wurde er dann bereits in den Weiteren Ausschuß berufen.[169]

Der Weitere Ausschuß verfügte nicht nur in finanziellen Fragen, sondern auch hinsichtlich militärischer Angelegenheiten über kompetente Mitglieder. Außer den genannten Offizieren nahmen noch der Kreis-Kommissar im Churkreis Johann George v. Wehlen auf Wiederau und der Kreis-Hauptmann des Thüringer Kreises Ernst Friedemann v. Münchhausen auf Herrengosserstedt an den Beratungen teil.[170] Weniger eindeutig einzuordnen ist dagegen Carl Alexander Graf Bose (1688–1744) auf Netzschkau im Vogtländer Kreis, der zwar 1734 im Oberhofmarschallamt den Titel Oberst zugelegt erhalten hat, laut Heinrich August Verlohren aber nur ein titular Oberst gewesen ist.[171] Er war der Sohn des geheimen Rates und Kreis-Hauptmanns Carl Gottfried Bose (1654–1731), der im Jahr 1715 von Karl VI. in den Reichsgrafenstand erhoben worden war. Der Vater war in den 1680er Jahren unter Johann Georg III. Hofmarschall gewesen und gehörte beeindruckende vierzig Jahre von 1687 bis 1728 dem Engeren Ausschuß der Ritterkurie an. Daher kam sein Sohn erst in recht fortgeschrittenem Alter zum Zuge und konnte erstmals 1731 in offizieller Eigenschaft als Besitzer des Rittergutes Netzschkau die Allgemeine Ritterschaft besuchen. Es dauerte dann noch zwei weitere Landtage, bis er im Jahr 1742 in den Weiteren Ausschuß vorrückte.

Aus der Landes-Regierung hat im Weiteren Ausschuß nur ein einziger Hofrat eine Stelle gehabt, Friedrich Abraham v. Hopfgarten auf Mülverstedt im Thüringer Kreis, der zwar 1742 in Dresden anwesend war, aber wie 1737 seine Auslösung in der ersten Kurie als Vertreter des Hochstifts Naumburg bezog.[172] Er war der älteste Sohn des Generalmajors und Kommandanten der Pleißenburg bei Leipzig Georg Friedrich v. Hopfgarten (1657–1732).[173] Friedrich Abraham begann seine Berufslaufbahn nach dem Studium in Leipzig 1723 als Hofrat und Assessor am Oberhofgericht zu Leipzig und wurde bald darauf auch Appellationsrat. Im Jahr 1730/31 erhielt er zudem eine Anstellung als einer der fünf

---

169 Wenn die Unterlagen des Oberhofmarschallamtes vollständig sind, wurde er 1731 in Abwesenheit in den Weiteren Ausschuß befördert. Auch beim Landtag von 1737 scheint er nicht in Person erschienen zu sein, den Landtag 1742 hat er aber besucht.

170 Für v. Wehlen war es 1742 die erste Teilnahme am Weiteren Ausschuß. Mit seinem Eintritt in den Landtag im Jahr 1734 gehörte er zu den jüngeren Landständen. Der Landtag von 1742 war erst sein dritter. Auch für v. Münchhausen war es erst der vierte Landtag. Er hatte sein Debüt 1731 gegeben, saß aber schon seit 1734 im Weiteren Ausschuß.

171 Heinrich August Verlohren, Stammregister und Chronik der sächsischen Armee, S. 138, Nr. 14; siehe auch Gustav Adolf Poenicke (Hg.), Album der Rittergüter, V. Section: Vogtländer Kreis, S. 13.

172 Siehe auch Josef Matzerath, Erstes Corpus: Prälaten, Grafen und Herren, in: ders. (Hg.), Aspekte sächsischer Landtagsgeschichte. Die Mitglieder der (kur-)sächsischen Landstände 1694 bis 1749, Dresden 2015, S. 19. Im Hof- und Staatskalender wird er seit 1731 als Hofrat und Appellationsrat geführt.

173 Siehe Zedler, Universal-Lexicon, Bd. 13 (1735), Sp. 809; und Heinrich August Verlohren, Stammregister und Chronik der sächsischen Armee, S. 288, Nr. 2. Georg Friedrich v. Hopfgarten, Oberst seit 1698, war als aktiver Offizier von 1694 bis 1728 zugleich Landtagsbesucher und gehörte seit 1711 zum Engeren Ausschuß.

geheimen Referendare im Geheimen Rat.[174] Erst nach dem Rückzug des Vaters konnte Friedrich Abraham v. Hopfgarten selbst in Person auf dem Landtag erscheinen, was er bei der nächsten Gelegenheit sogleich tat und 1731 in den Landtag eintrat, wo er direkt in den Weiteren Ausschuß berufen wurde. Im Jahr 1742 erhielt er die Stelle des Oberaufseher der Grafschaft Mansfeld übertragen und zugleich die Würde eines Kammerherrn verliehen.

Aus dem Bereich der kursächsischen Obergerichte war 1742 allein der Appellationsrat Otto Moritz v. Thielau (1709–1782) auf Hirschfeld im Meißner Kreis im Weiteren Ausschuß vertreten. Weil er nur über ein amtsässiges Rittergut verfügte, kam er als Deputierter des Amtes Meißen zum Landtag. Er war im Jahr 1733, noch unter dem Kanzler Heinrich v. Bünau, der jüngste der siebzehn Appellationsräte und überlebte die Dezimierung der Räte im Zuge des Thronwechsels von 1734 auf dann noch sechs ordentliche Appellationsräte an vierter Stelle der neuen Rangordnung. Er war der Sohn des Anfang des Jahres 1723 verstorbenen Oberstallmeisters Hans Gottlieb v. Thielau auf Lampertswalde im Meißner Kreis, der von 1711 bis 1722 Mitglied des Engeren Ausschusses gewesen war. Da das väterliche Gut im Erbgang an Carl Gottlieb v. Thielau (1699–1755) gelangte, erwarb Otto Moritz im Jahr 1730 gezielt das Gut Hirschfeld, um Zugang zum Dresdner Landtag zu erlangen.[175] Nachdem Hans Siegmund Metzsch auf Schweta, Deputierter des Jahres 1734, den zweiten Platz der Meißener Amtsassen geräumt hatte, war im Jahr 1737 der Weg frei für den Eintritt des Appellationsrates v. Thielau in den Dresdner Landtag. Auf dem folgenden Landtag von 1742 schaffte er bereits den Eintritt in den Weiteren Ausschuß. Im Jahr 1746 hatte er den ersten Platz an der zweiten Tafel und wechselte 1749 an die erste Tafel. Seit 1746 führte er außerdem den Titel eines Kreis-Hauptmanns. Nach dem siebenjährigen Krieg setzte er seine Landtagskarriere im Engeren Ausschuß noch fast zwanzig Jahre lang fort.[176]

Schließlich ist für den Weiteren Ausschuß des Jahres 1742 hervorzuheben, daß ihm zwei wirkliche geheime Räte angehörten. Der eine, Heinrich v. Bünau auf Püchau, war allerdings ein geheimer Rat ohne Session. Er spielte jedoch aufgrund seiner Abordnung nach Wien keine große Rolle in den aktuellen Beratungen. Der andere wirkliche geheime Rat aber hatte in jeder Hinsicht eine politische Schlüsselrolle inne. Johann Christian v. Hennicke (1681/1692–1752) war ein Verwaltungsfachmann bürgerlicher Herkunft, der im landesherrlichen Dienst eine spektakuläre Karriere machte. Im Jahr 1728 gehörte er zu den fünf Cammer- und Bergräten des Berg-Collegiums, 1732 war er dann auch Direktor der Cammer des Stifts Naumburg-Zeitz. Unter Heinrich v. Brühl rückte er 1734/

---

174 Das Oberhofmarschallamt führt ihn noch 1731 und 1734 als Hofrat und geheimen Referendar. In wieweit er als Referendar mit der Vorbereitung der kursächsischen Landtage befaßt war, müßte anhand der Akten des Geheimen Rates geklärt werden.

175 Carl Gottlieb v. Thielau auf Lampertswalda nahm 1731 und dann wieder 1742, inzwischen im Rang eines Oberst-Leutnants, in der Allgemeinen Ritterschaft an den Landtagsverhandlungen teil.

176 Nach 1763 wurde dem Appellationsrat v. Thielau die Würde eines titular geheimen Rates beigelegt.

35 an die Spitze der Cammer-Räte und führte seit Veröffentlichung des Hof- und Staatskalenders von 1736 auch offiziell den Titel eines ‚Vice-Präsidenten' des Cammer-Collegiums. Weiteren Einblick in die finanzielle Lage Kursachsens und den Zustand der landesherrlichen Kassen erhielt v. Hennicke 1734/35 als Stellvertreter Heinrich v. Brühls in der Ober-Rechnungs-Deputation.[177] Entsprechend seinen wachsenden Aufgaben fielen ihm 1736 die Würde eines titular geheimen Rates zu und 1738 dann die des wirklichen geheimen Rates mit Sitz und Stimme im Geheimen Rat.

Seine öffentliche Stellung im landesherrlichen Dienst und das allerhöchste landesherrliche Vertrauen zogen nahezu unvermeidlich die dann 1734 in Kursachsen publizierte Nobilitierung nach sich. Im Jahr 1744 folgten der Freiherrentitel und kurz darauf die Grafenwürde. Auf dem Höhepunkt seiner Karriere hatte v. Hennicke die Stellung eines Konferenzministers und Anspruch auf die Anrede ‚Excellenz'. Seine Landtagsfähigkeit in persönlicher Hinsicht hatte er durch die Anstellung als wirklicher geheimer Rat erlangt. In sachlicher Hinsicht erfüllte er sie durch den Ankauf des Gutes Wiederau im Leipziger Kreis. Am 13. August 1737 wurde er mit dem im Amt Pegau gelegenen altschriftsässigen Rittergut belehnt. Im Jahr 1742 trat er daraufhin ohne weitere Umstände direkt in den Weiteren Ausschuß ein.[178] Mit Heinrich v. Brühl und Bernhard v. Zech im Engeren Ausschuß sowie v. Hennicke im Weiteren Ausschuß war die Regierungsspitze denkbar gut im Dresdner Landtag vertreten. Für einen politisch bedeutenden Mann wie v. Hennicke war der Weitere Ausschuß aber nur eine Durchgangsstation. Auf den Landtagen von 1746 und 1749 konnte er seine Sichtweise der aktuellen politischen und finanziellen Forderungen im Engeren Ausschuß verkünden.

Bei nicht ganz der Hälfte der Landstände im Weiteren Ausschuß sind unmittelbare Anstellungen im landesherrlichen Dienst oder am Hof sicher nachweisbar. Am Ende der Untersuchung des Ausschusses zeigt sich demnach, daß die Mischung aus Höflingen, hohen Amtsträgern und Militärs in ihm grundsätzlich der im Engeren Ausschuß korrespondiert. Wenn sie auch nicht einen ganz so großen Anteil wie im Engeren Ausschuß erreicht, so stellt sie doch einen nicht zu übersehenden und auch qualitativ relevanten Anteil dar. Zwar überwiegt im Weiteren Ausschuß im Jahr 1742 der Landadel, dem im Stichjahr keine öffentlichen Ämter zugeordnet werden können. Dennoch erscheinen die Unterschiede zwischen den beiden Ausschüssen nach der Zusammensetzung und nach der in ihnen vorhandenen politischen und verwaltungstechnischen Kompetenz als weitgehend nur graduelle Unterschiede.

Die mehr graduelle als qualitative Abstufung nimmt noch einmal zu, wenn man die Allgemeine Ritterschaft betrachtet, die ja aufgrund der damaligen Landtagsorganisation die biographisch und laufbahnmäßig jüngsten Mitglieder des Landtages und der Landesverwaltung versammelt. Dennoch findet sich

---

177 Er teilte sich die Stellvertretung zunächst mit dem Konferenz-Minister und wirklichen geheimen Rat Bernhard Frh v. Zech. Seit 1738 war er jedoch auch dort unter v. Brühl alleiniger Vice-Director.

178 Er erhielt den 51. Rang, der zur zweiten Tafel des Weiteren Ausschusses gehörte.

auch unter ihren Teilnehmern ein gewißes Maß an Kompetenz. Betrachtet man das Gremium insgesamt, dann lassen sich bei nicht ganz einem Drittel der Teilnehmer weitere öffentliche Anstellungen im landesherrlichen Dienst nachweisen. Auch in diesem Fall wird man dies als Untergrenze der vorhandenen öffentlichen Anstellungen überhaupt nehmen müssen, da die Dienste in wie außerhalb Kursachsens nicht vollständig angegeben sind.

Aus dem direkten Umkreis des Hofes nahmen der Hofmarschall (seit 1733) Curt Heinrich v. Einsiedel auf Weißbach im Erzgebirger Kreis sowie der Oberhofjägermeister Carl Ludwig v. Wolfersdorf und der Oberlandfischmeister Heinrich Erdmann v. Wolfersdorf, beide ebenfalls im Erzgebirger Kreis angesessen, und der Oberforstmeister Dietrich Pflug auf Gütterlitz im Neustädter Kreis in der Allgemeinen Ritterschaft an den Verhandlungen teil. Außerdem finden sich dort sieben Kammerherren, von denen allein fünf zum Meißner Kreis gehörten, und der Kammerjunker Friedrich August v. Schönberg auf Wingendorf im Erzgebirger Kreis. Aus dem weiteren Umfeld lassen sich sechs Landkammerräte nachweisen, die sich auf fünf erbländische Kreise verteilten. Vier dieser Räte waren als Deputierte der Amtsassen zum Landtag gekommen. Schließlich kann noch der bekannte Bergrat Gottlob Lebrecht v. Heynitz (1697–1779) auf Miltitz im Meißner Kreis hierhin gerechnet werden.

Von den Stiftern besuchten der Meißner Domherr Johann Alexander v. Ponickau auf Belgershain und der Vize-Stiftshauptmann Joachim Siegmund Plötz auf Kühnitzsch die Sitzungen am Tisch des Leipziger Kreises. Die Gerichte waren ebenfalls mit zwei Mitgliedern vertreten, dem Assessor am Leipziger Oberhofgericht Ernst Adolph Schicke, der von dem Amtsassen des Amtes Delitzsch zum Deputierten gewählt worden war, und der ehemalige Dresdner Appellationsrat Heinrich Gottlob v. Miltitz (1687–1757) auf Oberau im Meißner Kreis.[179]

Eine Position in den Landeskollegien bekleideten Graf Friedrich Christian v. Zinzendorf und Pottendorf, der gerade zum titular geheimen Rat ernannt worden war, und die vier Hofräte Heinrich v. Lüttichau und Hans Bastian v. Zehmen, die beide zum Meißner Kreis gehörten, und Hans Georg v. Heynitz im Leipziger Kreis sowie Wilhelm August Herr v. Stubenberg im Vogtländer Kreis. Die regionale und lokale Verwaltungsebene war mit dem Kreishauptmann Georg Abraham v. Rex auf Blankenhain im Erzgebirger Kreis und den drei Amtshauptleuten Heinrich v. Einsiedel, Johann Julius v. Schauroth und Friedrich Gottlob v. Leubnitz vertreten. Die Kreis- und Ober-Steuereinnehmer der Finanzverwaltung waren im Jahr 1742 in der Allgemeinen Ritterschaft nicht vertreten, da sie, sofern sie Landtagsteilnehmer waren, bereits alle in die Ausschüsse gezogen worden waren.

Mindestens acht, wahrscheinlich aber zehn, Besucher der Allgemeinen Ritterschaft lassen sich dem kursächsischen Militär zurechnen. Die Spannbreite der

---

179 Seine Stelle am Appellationsgericht hatte v. Miltitz im Zuge des Thronwechsels von 1733 verloren. Die Zahl der adeligen Appellationsräte war 1734/35 von siebzehn auf sechs ‚Ordinarii‛ herabgesetzt worden und v. Militz war seitdem Appellationsrat ‚ohne Session‛, siehe Hof- und Staatskalender auf das Jahr 1735.

Ränge ging vom Leutnant Julius Albrecht v. Weltewitz auf Ottersitz im Churkreis und Obristwachtmeister Carl Rudolph v. Carlowitz auf Irfersgrün im
Vogtländer Kreis bis zum Major und „Obrister". Darunter waren der Oberst
Johann Friedrich Vitzthum v. Eckstädt (1712–1786) auf Kleinwölkau im Leipziger Kreis und der Major der Garde du Corps Heinrich August Preuß (1696–1760)
auf Wendischbora im Meißner Kreis.[180]

Prominente Dienste außerhalb Kursachsens leistete schließlich der mark-
gräflich brandenburger Stallmeister Arendt Vollrath v. Stammer, dem das Gut
Camitz gehörte und der als Deputierter des Amtes Torgau an den Dresdner
Verhandlungen teilnahm. Eine Klasse für sich bildeten August Heinrich Detlef v.
Werthern auf Brücken und Christian Erdmann Ludwig v. Werthern auf Aller-
stedt, die beide zum Thüringer Kreis gehörten. Im Geschlecht der Herren v.
Werthern war das Amt des Erbkammertürhüters des heiligen Römischen Rei-
ches erblich.

Da die Landtagsteilnehmer in der Allgemeinen Ritterschaft nach Kreisen
getrennt an je eigenen Tischen saßen, läßt sich die Zusammensetzung der Ritterschaft nicht nur für das Gesamtgremium analysieren. Alle erbländischen
Kreise in der Allgemeinen Ritterschaft verfügten in ihrer Gruppe auch über
landesherrliche Amtsträger. Aber die Spannbreite variierte von Kreis zu Kreis
erheblich. Während im Churkreis und im Neustädter Kreis nur jeweils zwei
Amtsträger mit am Tisch saßen, finden sich im Meißner Kreis, in dem sich mit der
Stadt Dresden der Sitz des Hofes, der Regierung und Oberkollegien des Landes
befanden, mindestens fünfzehn. Ihre starke Präsenz wird aber mehr als ausge-
glichen durch die insgesamt hohe Teilnahme der Meißner Stände am Landtag.
Die fünfzehn Amtsträger kommen daher in der Ritterschaft des Meißner Kreises
insgesamt nur auf einen Anteil von etwa einem Drittel. An den Tischen des
Leipziger und des Erzgebirger Kreises machten die verschiedenen Arten von
Amtsträgern ebenfalls etwa ein Drittel aller Teilnehmer aus. Im Churkreis, im
Thüringer und im Neustädter Kreis überwog dagegen deutlich der Anteil von
angesessenen Landadeligen ohne landesherrliches Amt.

Abgesehen von den Finanzfachleuten für das Steuerwesen verfügten auch
die Landstände in der Allgemeinen Ritterschaft für die verschiedensten Bereiche
und Probleme der Landesverwaltung über kompetente und erfahrene Mitglieder. Es besteht daher kein Anlaß, das Gremium gegenüber den Ausschüssen
abzuwerten oder zu vernachlässigen. Insgesamt gesehen war die Allgemeine
Ritterschaft das Gremium, in dem der reine kursächsische Landadel das größte
Gewicht besaß. Ob sich aus dem Mangel an einer weiteren Anstellung außerhalb
des Landtages auch ein Unterschied oder gar ein Gegensatz zu den Kammerherren, Räten und Offizieren ergeben hat, muß bezweifelt werden, bis sich für
derartige Gegensätze in den Quellen tatsächlich Belege finden. Gerade für den
Engeren Ausschuß, dem in der Literatur in besonderem Maße die Aufgabe zugesprochen wird, gegenüber der landesherrlichen Regierung das ‚Land' zu

---

180 Siehe Heinrich August Verlohren, Stammregister und Chronik der sächsischen Armee, S. 530,
     Nr. 13, und S. 418, Nr. 5. Der Oberst Vitzthum v. Eckstädt war laut Verlohren der Sohn des 1726
     verstorbenen Kabinettsministers Friedrich Vitzthum v. Eckstädt.

vertreten, ergibt sich aus der prosopographischen Untersuchung die größte Nähe seiner Mitglieder zu genau dieser Regierung.[181] Weder die Formel vom Dualismus noch der Versuch, die Phänomene als Verflechtung zu beschreiben, trifft demnach die spezifischen Verhältnisse der frühneuzeitlichen Ritterkurie. Sofern ein Dienst am Hof, in der Verwaltung oder in der Armee überhaupt angestrebt wurde, kann dieses Bemühen zudem kaum ohne eine Rücksicht auf die jeweilige familiäre Herkunft und die jeweilige Position in der Geschwister-hierarchie verstanden werden. Sowohl im familiären Kontext wie in der jeweiligen individuellen Laufbahn dürfte sich dann bei vielen Landständen ohne weiteres landesherrliches Amt erweisen, daß sie Adelige waren, die nicht mehr oder noch nicht im landesherrlichen Dienst standen.

6. Landtagsbesucher und Rittergutsbesitzer 1742. Das Beispiel des Vogtländer Kreises

Für die Frage nach dem Besuch des Dresdner Landtages läßt sich schließlich auch die Perspektive vom Rittergutsbesitz aus einnehmen, also nicht von den tat-sächlich in Dresden erscheinenden Landständen, sondern ausgehend von dem viel weiteren Kreis der im Lande mit Lehngütern angesessenen Rittergutsbesit-zer. Die rechtliche und politische Diskussion geht zumeist mehr oder weniger bewußt von der Unterstellung oder Fiktion aus, daß sich alle landtagsfähigen Lehngüter in der Hand erwachsener männlicher Angehöriger des landsässigen Adels befanden. Demnach wären die Zahl der möglichen Landtagsteilnehmer und die Zahl der Rittergutsbesitzer gleichgroß.[182] Diese ideale Vorstellung war immer unrealistisch. In der Praxis konnten nicht einmal alle belehnten männli-chen Rittergutsbesitzer zum Landtag kommen, da sie z. B. in auswärtigen Diensten standen oder wegen ihrer Dienstpflichten nicht abkömmlich waren. Minderjährigkeit der Guterben, Krankheit oder hohes Alter der Besitzer ver-minderten ebenfalls die Zahl der Landtagsbesucher. Eine realistische Bewertung des Landtagsbesuches kann daher nicht von den nominell vorhandenen Lehn-gütern als Maßstab ausgehen. Auch die rechtlichen Verhältnisse sorgten für eine Unterschreitung der idealen Norm, denn zahlreiche Rittergüter befanden sich in der Hand weiblicher oder bürgerlicher Besitzer. Frauen und Bürger waren aber in der Ritterkurie nicht zugelassen. Die rechtlichen Regelungen und die prakti-

---

181 Wenn es demnach einen prinzipiellen Gegensatz zwischen Fürst und Landständen gegeben haben sollte, dann hätte er eher innerhalb des Landtages zwischen dem Engeren Ausschuß und der Allgemeinen Ritterschaft aufscheinen müssen. Aber auch das war in der Praxis nicht der Fall.

182 Und wenn dies in der Gegenwart nicht der Fall ist, so ist es sicher ,früher' oder ,ursprünglich' einmal so gewesen und die vorliegende tatsächliche Abweichung vom Ideal nichts anderes als ein Beleg für den Verfall der Landtagsverfassung in den neueren Zeiten. Die Meßlatte wird also extrem hoch angesetzt. Ein derartiges (rhetorisches) Vorgehen hat seine Konsequenzen, denn gegenüber der hohen Zahl der Rittergüter suggeriert die kleinere Zahl der Landtagsbesucher ganz unabhängig von den jeweiligen Umständen und der praktischen Lage immer schon ein gewisses Defizit der Teilnahme oder eine verfassungsmäßige Krise.

schen Verhältnisse sind demnach nicht deckungsgleich und lassen sich nie vollständig ineinander übersetzen. Vielmehr zeigt sich erneut die Heterogenität der gesellschaftlichen Zustände in der Frühen Neuzeit. Einige Lehngüter gehörten auch korporativen Besitzern, z. B. Städten, Universitäten oder Stiftungen. Ebenso verminderte sich die Zahl der möglichen Landtagsbesucher, wenn mehrere Lehngüter sich in der Hand eines einzigen Besitzers befanden. Schließlich konnten ebenfalls Einzelregelungen wie die vorgeschriebenen Ahnenproben der adligen Besitzer den Kreis der potentiellen Landtagsbesucher verknappen.

Alle genannten rechtlichen, sozialen und demographischen Umstände oder Faktoren waren im frühneuzeitlichen Kursachsen wirksam. Während die Landtagsteilnahme auf den Kreis der altadeligen Besitzer schriftsässiger Rittergüter und der altadeligen Deputierten eingeschränkt war, zeigt der Kreis der Inhaber landtagsfähiger Lehngüter eine viel größere Streuung. Daher ist ein Blick auf die jeweilige Zusammensetzung der Rittergutsbesitzer von hohem Interesse für die Beurteilung sowohl der konkreten Landtagsteilnahme als auch für die Einordnung der Geschichte des Dresdner Landtages als Institution des Fürstenstaates. Erst durch den Blick auf die Gesamtheit der Lehnsinhaber gewinnt die Zahl der jeweiligen tatsächlichen Landtagsbesucher ihre prägnante Kontur. Zudem erlaubt es die Quellenlage gerade in Kursachsen für die Zeit nach dem Westfälischen Frieden den Zusammenhang von Rittergutsbesitz und Landtagsteilnahme detailliert zu untersuchen.[183] Insbesondere eine Verlaufsgeschichte der Landtagsbesuche, die eine Blüte oder einen Verfall der Landtagsverfassung nachweisen möchte, wie es dann am Ende des 18. Jahrhunderts schon zeitgenössisch der Fall war, kommt um eine detaillierte Untersuchung des Rittergutsbesitzes nicht herum, wenn sie sich mehr auf Evidenz als auf eine politische Interessenlage stützen will.[184] Allerdings erfordert die Erhebung der vollständigen Besitzerfolgen für alle Güter der sieben erbländischen Kreise einen gewissen Aufwand und zeitlichen Vorlauf, der bislang nicht abgeschlossen werden konnte. Für den Landtag des Jahres 1742 kann jedoch eine solche Untersuchung exemplarisch für die Schriftsassen des Vogtländer Kreises durchgeführt werden, um die Möglichkeiten aufzuzeigen, die sich hinsichtlich einer Untersuchung der Rittergutsbesitzer und der Landtagsteilnehmer in Kursachsen bieten. Im Zentrum dieses Abschnittes stehen daher nicht allein die materiellen Ergebnisse einer Untersuchung der Rittergutsbesitzer des Vogtländer Kreises. Es soll zugleich demonstriert werden, wie weit derartige Untersuchungen aufgrund der guten Quellenlage in Kursachsen vorangetrieben werden können und geeignet sind, diese Materie zu erhellen.

---

183 Die Akten über die Belehnungen mit den Rittergütern und die Erteilung von Lehnskonsensen, die einen reichen und sehr umfangreichen Bestand bilden, befinden sich im Staatsarchiv Dresden nach der Neuordnung der Signaturen im Bestand 10.080. Die im Text folgenden Angaben zu den Rittergutsbesitzern im Jahr 1742 beruhen auf den entsprechenden Lehnakten der einzelnen Rittergüter bzw. Orte. Auf Einzelnachweise wird nur in ausführlicher zitierten Beispielen verwiesen.

184 Siehe dazu Axel Flügel, Bürgerliche Rittergüter, Göttingen 2000, S. 171–209.

Der Vogtländer Kreis gliederte sich in die beiden Ämter Plauen und das südlich anschließende Amt Voigtsberg.[185] Laut Christian Gottlob Wabst gab es im Jahr 1732 im Amt Voigtsberg zehn schriftsässige Rittergüter und einundzwanzig amtsässige Lehngüter.[186] Im Amt Plauen war die Zahl der Schriftsassen wesentlich größer und belief sich auf achtundvierzig, wohingegen die Größenordnung der Amtsassen, von denen Wabst sechsundzwanzig auflistet, mit der im Amt Voigtsberg vergleichbar ist. Trotz dieser nahezu offiziösen Angaben bei Wabst ist die Zahl der zu einem bestimmten Zeitpunkt berechtigten Güter nicht genau zu ermitteln. Eine fixierte und in der Praxis verwendete Landtagsmatrikel hat es in Kursachsen nicht gegeben.[187]

Die genaue Zahl der schriftsässigen und amtsässigen Rittergüter eindeutig festzusetzen, ist auch deshalb nahezu unmöglich, weil zum einen immer wieder Güter geteilt wurden oder sich fest in einer Hand befanden. So waren z.B. die rechtlich unterschiedenen Güter Brunn und Friesen in der hier betrachteten Zeit fest mit dem Rittergut Reichenbach verbunden und bildeten praktisch eine Einheit. Zum anderen wurde einzelnen Gütern die Schriftsässigkeit neu verliehen.[188] Bei Christian Gottlob Wabst sind Oberlauterbach Schloßteil und Unterteil als jeweils zwei eigenständige schriftsässige Rittergüter gezählt, die unterschiedliche Besitzer haben konnten. Die Rittergüter Plohn, Göltzsch, Syra und Mechelgrün dagegen waren zwar auch in einen oberen und einen unteren Teil geteilt, werden aber bei Wabst doch als ein einziges Gut gezählt. Auch die Güter Erlbach und Eubabrunn werden als ein einziges gezählt. Die (zeitgenössische) Einordnung als ein einziges Gut oder als zwei Güter hing von jeweils spezifischen und zeitgebunden variablen Umständen ab. Sie enthält aber auch ein gewißes Maß an Willkür. Außerdem hatten auch bestimmte Erbgüter, Mühlen oder Dörfer den Status der Schriftsässigkeit und erhöhten so die Anzahl der Schriftsassen, werden aber im Hinblick auf die Landtagsberechtigung hier nicht mitgezählt. Je nach Informationsstand, Sichtweise und Temperament oder Absicht des Autors wird daher die angegebene Zahl der Schriftsassen bzw. der landtagsfähigen Rittergüter anders ausfallen. Aber trotz derartiger Schwankungen im Einzelnen sind die Größenordnungen und Verhältnisse verläßlich. Aus einem Vergleich der Angaben bei Wabst mit der tatsächlichen Besitzgeschichte ergibt sich daher für den Kreis Plauen die leicht abweichende Zählung von insgesamt vierundfünfzig Ritterguts-Einheiten. Für den Kreis Voigtsberg bleibt es bei den genannten zehn schriftsässigen Lehngütern.

Abgesehen von den Deputierten der beiden Ämter hätten nach dieser Zählung der schriftsässigen Rittergüter aus dem Vogtländer Kreis im Extremfall

---

185   Im formal dritten Amt des Kreises, dem Amt Pausa, gab es keine schriftsässigen Güter. Das Amt war praktisch landesherrliches Kammergut. Es hatte auch keine eigene Verwaltung, sondern unterstand den Beamten des Amtes Plauen, siehe Friedrich Gottlob Leonhardi, Erdbeschreibung, Bd. 3, S. 455.

186   Siehe Christian Gottlob Wabst, Historische Nachricht, Beilage F, S. 100–102.

187   Die Fixierung der berechtigten Güter erfolgte erst 1832 in einer Beilage zum Wahlrecht der Rittergutsbesitzer für den neuen konstitutionellen Landtag des Königreichs Sachsen.

188   Siehe im Anhang die – unvollständige – Liste von neu erteilter Schriftsässigkeit, soweit sie in Friedrich Gottlob Leonhardis Erdbeschreibung Kursachsens greifbar wird.

maximal vierundsechzig Adelige zum Landtag nach Dresden gehen können. Im Jahr 1742 nahmen demgegenüber tatsächlich zwanzig Adelige für diesen Kreis an den Landtagsverhandlungen teil, darunter die vier Deputierten der beiden Ämter. Das Amt Plauen hatte mit Christian August v. Beulwitz auf Kloschwitz einen Deputierten im Weiteren Ausschuß und zwei in der Allgemeinen Ritterschaft.[189] Der vierte Deputierte, der das Amt Voigtsberg vertrat, war Georg Wolf v. Gößnitz auf Jugelsburg. Damit bleiben sechzehn Schriftsassen übrig, von denen vier im Engeren Ausschuß saßen, sieben dem Weiteren Ausschuß angehörten und nur fünf zur Allgemeinen Ritterschaft gehörten.[190] Die Allgemeine Ritterschaft des Vogtländer Kreises war also relativ dünn mit Schriftsassen besetzt. Um zu beurteilen, welche Hintergründe diese Verteilung und Besuchsfrequenz der Landstände des Vogtländer Kreises hatte, muß und kann die Zusammensetzung der Rittergutsbesitzer überhaupt untersucht werden. Dann läßt sich auch besser abschätzen, wie stark innerhalb der altadeligen Schriftsassen in der ersten Hälfte des 18. Jahrhunderts das Interesse an der Reise zum Landtag nach Dresden gewesen ist.

Die erste Aufgabe besteht demnach darin, trotz der unvermeidlichen Schwierigkeiten möglichst genau die Gruppe der aktuell vorhandenen Landtagsberechtigten zu bestimmen. Ein erster Faktor ist in diesem Zusammenhang die Besitzkonzentration mehrere Güter in einer Hand. Dieser Faktor spielt für den Landtag von 1742 tatsächlich eine gewiße Rolle. Von den zehn schriftsässigen Rittergütern des Amtes Voigtsberg bleibt dadurch nur die Zahl von sieben eigenständigen Einheiten übrig. Für einen Landtagsbesuch fielen vor allem die beiden Rittergüter Planschwitz und Bösenbrunn aus, die von Franciscus Oswald v. Trützschler auf Falkenstein im Amt Plauen in den Jahren 1729 bzw. 1738 erworben worden waren. Die Güter hatten bis dahin den v. Neidberg gehört, die von 1694 bis 1737 regelmäßig den Dresdner Landtag besucht hatten. Der Kauf der beiden Güter resultierte aus einem Auskaufen des Geschlechts v. Neidberg, die seit 1737 nicht mehr im Dresdner Landtag vertreten waren.

Durch die Besitzkonzentration waren im Amt Plauen insgesamt fünfzehn Lehngüter sozusagen dem Landtag entzogen, da von ihnen keine Inhaber nach Dresden reisen konnten. Die Zahl der schriftsässigen Rittergüter, die in diesem Amt Landtagteilnehmer entsenden konnten, vermindert sich dadurch von vierundfünfzig auf neununddreißig.

Den zweiten großen Einfluß stellte die soziale Zusammensetzung der Lehnsinhaber dar. An dieser Stelle kommen zunächst vor allem Lehnsinhaber bürgerlichen Standes oder weibliche Rittergutsbesitzer in Frage.[191] Aufgrund des Adelsprivilegs der Ahnenprobe zählen dann aber auch alle nobilitierten Adeli-

---

189 Es handelte sich um Heinrich Erdmann Röder auf Gansgrün und Philipp Ferdinand v.d. Heyde auf Gutenfürst.

190 Einschließlich der Deputierten saßen sowohl im Weiteren Ausschuß wie in der Allgemeinen Ritterschaft jeweils acht Landsassen des Vogtländer Kreises.

191 Die Überschneidung mit dem ersten Faktor ist 1742 gering, da die bürgerlichen oder weiblichen Lehnsinhaber überwiegend nur ein einziges Gut besitzen. Die Ausnahmen bilden hier die Albert im Amt Voigtsberg, die 1742 Troschenreuth und Wiedersberg besaßen.

gen und Angehörige des alten Adels, die sich außerhalb ihres Standes verheiratet hatten, in diese Gruppe der nicht zum Landtagsbesuch berechtigten schriftsässigen Rittergutsbesitzer. Im Amt Voigtsberg hatte der Bürgermeister von Freiberg Martin Albert Ende des 17. Jahrhunderts die Güter Troschenreuth und Wiedersberg erworben. Damit reduzierte sich die verfügbare Zahl von Rittergütern, die Landtagsteilnehmer nach Dresden entsenden konnten langfristig um die entsprechende Zahl. Im Jahr 1742 waren die beiden Rittergüter im Besitz seines Sohnes Gotthelff Siegmund Albert, der zudem noch Besitzer von Krummenhennersdorf, einem altschriftsässigen Rittergut im Amt Meißen, war.[192] Da er bürgerlichen Standes war, konnte er die Ritterkurie weder für den Meißner noch für den Vogtländer Kreis besuchen.[193]

Das Gut Brambach im Amt Voigtsberg befand sich dagegen im Besitz der Christiana Eleonora v. Schirnding, geborene v. Röder. Sie hatte das schriftsässige Rittergut im Jahr 1736 von ihrem Ehemann, dem Rittmeister Philipp Carl v. Schirnding, gekauft und bis zu ihrem Tod im Jahr 1748 behalten. Seit dem Verkauf war ihr Ehemann nur noch Mitbelehnter an den beiden Rittergütern.[194] Als Besitzerin des Rittergutes aus altem Adel war Christiana Eleonora v. Schirnding wie der bürgerliche Gotthelff Siegmund Albert nicht landtagsfähig.

Ihr Ehemann Philipp Carl v. Schirnding war am 22. Januar 1718 mit seinen Anteilen an Brambach und dem amtsässigen Gut Wohlhausen belehnt worden.[195] Amt Tag darauf wurde in Dresden der allgemeine Landtag eröffnet, an dem der frisch Belehnte dann für einen Monat vom 5. Februar bis 4. März in der Allgemeinen Ritterschaft teilgenommen hat.[196] Auf den allgemeinen Landtagen von 1722, 1728 und 1731 fand er sich ebenfalls ein, blieb aber Mitglied der Allgemeinen Ritterschaft. Nach dem Verkauf des Rittergutes an seine Ehefrau

---

192 In der brüderlichen Erbteilung von 1719 hatte zunächst sein Bruder Gotffried Siegmund Albert, der im Fürstentum Kulmbach-Bayreuth als geheimer Rat tätig war, die beiden Güter erhalten. Nach seinem Tod fielen sie 1735 an Gotthelf Siegmund Albert. Das Beispiel belegt die Offenheit des Vogtländer und des Neustädter Kreises Richtung Franken und der Dienste bei den Hohenzollern in den fränkischen Fürstentümern.

193 Die beiden Rittergüter blieben zwar in der zweiten Hälfte des 18. Jahrhunderts nicht im Besitz der Familie Albert, aber sie behielten weiterhin bürgerliche Inhaber, so daß sich faktisch eine Tradition des Rittergutsbesitzes in bürgerlicher Hand bildete.

194 Anders als im Erbfall, bei dem die bestehenden Mitbelehnungen nur erneuert werden mußten, erloschen die Mitbelehnschaften durch den Verkauf. Der Neuerwerber eines Lehngutes konnte dann innerhalb von sechs Jahren gegenüber der Lehnskurie neue Mitbelehnte präsentieren. Die Mitbelehnung war ein Rechtsinstitut, das im Falle fehlender – in der Regel männlicher – Lehnserben den Erbgang regelte. Anstelle des Lehnserben erhielten die Mitbelehnten ihren Anteil am Rittergut. Über den Umweg der Mitbelehnschaft konnten Mannlehen auch an Töchter oder Ehefrauen vererbt werden. In diesen, zumeist im Testament des Erblassers vorgesehenen Regelungen traten die Mitbelehnten das Gut wieder per Traditionsrezess an die begünstigte Person ab.

195 Siehe HSTA Dresden, Bestand 10.080, Brambach O Nr. 780 und Nr. 781.

196 Da der Landtag insgesamt vom 23. Januar bis zum 28. Mai 1718 dauerte, hat v. Schirnding bei seinem ersten Landtagsbesuch nur einen kurzen Auftritt gehabt. Auch bei seinen übrigen Teilnahmen war er nicht die volle Zeit anwesend, sondern reiste entweder verspätet an oder früher wieder ab.

mußte er seine Landtagsbesuche einstellen. Der Hintergrund dieser Aktionen liegt wahrscheinlich in bedrängten finanziellen Verhältnissen. Die Familie und der Besitz hatten turbulente Zeiten hinter sich.[197] Im Zuge der langwierigen Regelung der Erbfolge seit 1704 hatte Philipp Carl v. Schirnding seinen Bruder Philipp Siegmund v. Schirnding auf Breitenfeld und mehrere Vettern abfinden müssen. Erst im Jahr 1729 wurde der damalige Leutnant alleiniger Besitzer der Güter Brambach und Wohlhausen. Er konnte sich aber nur kurz im Besitz der Lehngüter halten.

Die Lehnakten geben auch Auskunft über die lokalen Verbindungen innerhalb der adeligen Gutsbesitzer. Nach dem Verkauf an seine Ehefrau präsentierte diese nämlich am 12. Januar 1741 die Brüder Christian Alexander und Christian August v. Beulwitz auf Kloschwitz bzw. Erlbach und Georg Christoph v. Reitzenstein auf Schönberg als Mitbelehnte an den beiden Gütern.[198] Das Gut Wohlhausen mußte jedoch im Jahr 1744 an den Hauptmann Carl Rudolph v. Thoß verkauft werden. Nach dem Tod der Frau v. Schirnding fiel das verbliebene Gut Brambach aber nicht wieder an ihren Ehemann, sondern ging an ihren Sohn, den Kammerjunker und Ober-Forstmeister zu Schleusingen Carl Siegmund v. Schirnding, der damit am 18. Mai 1748 belehnt wurde.[199] Dem Vater Philipp Carl v. Schirnding blieb weiterhin nur seine am 28. April 1749 erneuerte Mitbelehnschaft. Nach dem Siebenjährigen Krieg nahm aber der Sohn Carl Siegmund v. Schirnding die Landtagsbesuche als Inhaber von Brambach wieder auf, die ab 1787 dann sein Sohn August Carl Friedrich v. Schirnding fortführte.

Im Amt Plauen dagegen ergibt die Bilanz der bürgerlichen und weiblichen Rittergutsbesitzer insgesamt fünf Fälle, die jedoch aufgrund der größeren Zahl von Schriftsassen nicht ganz so stark ins Gewicht fielen wie im Amt Voigtsberg.

Das Lehngut Nieder-Auerbach im Amt Plauen war ebenfalls schon längere Zeit in bürgerlicher Hand. Im Jahr 1696 hatte es der bereits genannte Freiberger Bürgermeister Martin Albert ersteigert. Jetzt, im Jahr 1742 war es im Besitz des ehemaligen Rates am Appellationsgericht und nunmehrigen Stiftskanzler zu Zeitz Dr. Johann Christoph Zeumer.[200] Das schriftsässige Rittergut Pfaffengrün hatte Johann David Otto 1732 von seinem Vater Paul Otto, der als Handelsmann zu Reichenbach bezeichnet wurde, geerbt. Der ehemalige Hofrat Franciscus Philippus Romanus hatte seit 1710 eine Belehnung mit dem Rittergut Coschütz. Er stammte aus einer Familie von Amtmännern zu Zwickau und beanspruchte

---

197 Im Jahr 1687 beklagte sich seine Urgroßmutter Elisabeth Susanne v. Schirnding, der Brambach und Wohlhausen gehörten, bei der Landes-Regierung in Dresden über ihren „untreuen bösen Ehemann" Georg Wolff v. Schirnding, der nach Eger geflohen war.

198 Die Brüder v. Beulwitz auf Erlbach bzw. Kloschwitz gehörten im Jahr 1742 zu den Landtagsteilnehmern.

199 Carl Siegmund v. Schirnding hatte laut Hof- und Staatskalender seine Berufslaufbahn 1740 als Jagd-Page beginnen müssen, schaffte 1744 den Aufstieg zum Cammer- und Jagd-Junker und wurde 1748 Nachfolger des Carl Ludwig v. Osterhausen im Amt des Ober-Forst- und Wildmeister zu Schleusingen. Von 1765 bis 1775 wird er dann als Ober-Forst- und Wildmeister zu Bärenfels geführt und gehörte von 1771 bis 1779 zu den Dresdner Kammerherren.

200 Nach seinem Ausscheiden aus dem Appellationsgericht wurde er als Stiftskanzler zu Zeitz bei der Landes-Regierung auch wieder als „Hof-Rath ohne Session" geführt.

für sich den adligen Stand mit dem Attribut ‚v. Muckershausen‘, das er im Hof-
und Staatskalender von 1747 schließlich auch öffentlich anerkannt erhielt.[201]
Auch als derart nobilitierter Rittergutsbesitzer und Schriftsasse konnte er aber
aufgrund der vorgeschriebenen Ahnenprobe den Landtag nicht besuchen. Seine
Tochter Dorothea Carolina, an die er das Rittergut Coschütz 1746 verkaufte,
heiratete einen v. Bülow. Seine Enkelin Amalie Henriette Caroline Friederike v.
Bülow, die das Gut 1767 wiederum von der Mutter kaufte, ging als verheiratete
Freifrau v. Zedtwitz im Jahr 1782 in Konkurs.[202] Auf diese Weise fiel das Rittergut
Coschütz aus den am Landtag repräsentierten Lehngütern heraus.

Die immer wieder auftretende bedeutende Rolle weiblicher Besitzer belegen
im Jahr 1742 auch die Beispiele der schriftsässigen Rittergüter Kröstau und
Liebau im Amt Plauen. Ersteres war im Besitz einer Bürgerlichen, und zwar der
Helena Dorothea Renner, die es im Jahr 1736 ebenfalls von ihrem Ehemann
gekauft hatte. Das Gut hatte Ende des 18. Jahrhunderts mehrfach eine kon-
kursbedingte öffentliche Versteigerung erlebt. Schließlich erlangte ihr Ehemann
Georg Christoph Renner den Besitz, indem er dem Hauptmann Gottlob Ferdinand v. Reibold sein frisch erworbenes Licitationsrecht abkaufte. Frau Renner
blieb für gut zwanzig Jahre bis 1758 Besitzerin des Rittergutes.[203] Das Rittergut
Liebau gehörte Johanna Charlotta v. Beust, geborene Edle v.d. Planitz, die das
Gut im Jahr 1725 von ihrer Schwester Sophia Christiane, verheiratete v. Dölau,
geerbt hatte.[204] Im Jahr 1757 vererbte sie ihren Besitz an drei Töchter, zwei Söhne
und zwei Enkelinnen. Auch in diesem Fall spielte nicht nur weiblicher Gutsbesitz, sondern auch die Weitergabe des Erbes in der weiblichen Linie eine Rolle.

Eine noch größere Rolle als die bürgerlichen und weiblichen Inhaber von
landtagsfähigen Ritterlehen spielte im Amt Plauen die Besitzkonzentration.
Bestimmte Rittergüter bildeten, wie bereits erwähnt, feste Komplexe, die längere
Zeit nur geschlossen vererbt wurden, obwohl sie in den Unterlagen des Lehnhofes rechtlich weiterhin als eigenständige Rittergüter gezählt wurden. Dies gilt
für die Landtagsteilnehmer Carl Metzsch auf Reichenbach, zu dem die Rittergüter Brunn und Friesen gehörten, und Friedrich August v. Watzdorf (1682–

---

201 Die Familie besaß zu dieser Zeit auch das Rittergut Weißenbrunn im Amt Zwickau des Erzge-
     birger Kreises.
202 Das Rittergut Coschütz ging dann in den Besitz der Familie Adler über, eine erfahrene Familie
     von Rittergutspächtern, die seit 1744 bereits das Rittergut Unterlauterbach besaßen. Zum stei-
     genden Anteil bürgerlicher Rittergutsbesitzer im Vogtland siehe auch Tim S. Müller, Der Rit-
     tergutsbesitz im sächsischen Vogtland (1763–1945), Magisterarbeit TU Dresden 2005.
203 Das Rittergut Kröstau vererbte sie 1758 an ihre Tochter Johanna Friederika, verheiratete Kasten.
     Erst im Jahr 1799 hatte das Rittergut wieder männliche Besitzer, als ihre beiden Söhne ihr in das
     Lehn folgten. Daher war das Rittergut das ganze 18. Jahrhundert hindurch nicht im Landtag
     vertreten. Der letzte Landtagsbesucher, der von Kröstau nach Dresden kam, war 1699 Christoph
     Siegmund v. Haberland gewesen.
204 Auch Sophia Christiane v. Dölau hatte das Gut Liebau im Jahr 1713 von ihrem Ehemann, dem
     Vize-Kreishauptmann Gottlob Christian v. Dölau, gekauft. Dieser war im Jahr 1699 für das
     Rittergut Ruppertsgrün einmal Landtagsteilnehmer gewesen. Die Verkäufe von Rittergütern an
     die Ehefrau verweisen auf die insgesamt erheblichen finanziellen Schwierigkeiten, in denen
     zahlreiche Rittergutsbesitzer auch lange nach dem Ende des Dreißigjährigen Krieges noch
     steckten.

1749), der im Jahr 1699 die Rittergüter Kauschwitz, Jößnitz und Röttis geerbt hatte.[205] Solange sie mit den Rittergütern belehnt waren, konnte kein anderer Adeliger für diese Güter im Landtag erscheinen.

Das Gegenbeispiel zum soeben geschilderten Fall liefert der Obristleutnant Hans Christoph v. Röder auf Helmsgrün und Pöhl im Amt Plauen, der von 1711 bis 1731 zu den regelmäßigen Landtagsbesuchern zählte und für das Rittergut Pöhl zuletzt im Engeren Ausschuß saß.[206] Am 14. Juli 1722 stattete er per Kaufvertrag seinen jüngeren Sohn, den Anhalter Hofrat zu Zerbst Ludwig August v. Röder mit den Gütern Helmsgrün und Unter-Pöhl aus.[207] Den anderen, Ober-Pöhl genannten Teil behielt der Obristleutnant v. Röder für sich zurück.[208] Hintergrund der Aktion war die Heirat seines Sohnes mit Christiane Henriette v. Beneckendorf, der Tochter des General-Leutnants, geheimen Rates und Erbmarschallamtsverwesers Caspar Heinrich v. Beneckendorf.[209] Die Übertragung des Grundbesitzes erlaubte dem neuen Paar nicht nur einen eigenen Haushalt zu gründen. Auf die Güter konnte auch die in der Ehestiftung vom 17. Juli 1722 vereinbarte Witwenversorgung der Ehefrau hypothekarisch gesichert werden. Auf das Rittergut wurde ein Leibgdinge über 4.000 Taler eingetragen, aus dem

---

205 Zu v. Watzdorf siehe jetzt auch Matthias Donath, Schwarz und Gold. Die Familie von Watzdorf in Thüringen, Sachsen und Schlesien, Meißen 2015, hier besonders S. 117, 220, 393 f und S. 401 f.

206 Leider bringt Heinrich August Verlohren, Stammregister und Chronik der sächsischen Armee, keine Angaben zu Hans Christoph v. Röder. Möglicherweise stand er – wenigstens zeitweise – in preußischen Diensten. Denn im Jahr 1683 bei der Übertragung der Güter durch seinen Vater Wolff Christoph v. Röder auf ihn wird er als kurfürstlich brandenburger Kammerjunker bezeichnet. Der Generalleutnant v. Beneckendorf stammte übrigens aus der Neumark in Brandenburg, siehe ebd., S. 120 f, Nr. 1.

207 Siehe HSTA Dresden, Bestand 10.080, Helmsgrün O Nr. 2.917. Der Kaufpreis des Gutes war im Vertrag vom 14. Juli 1722 auf 20.910 Reichstaler und 12 Groschen festgesetzt worden. Die Summe wurde vor allem dazu verwendet, die übrigen Geschwister auszuzahlen: als „Vater-und Mutter-Teil", aber zum kleineren Teil aufgrund von Obligationen gingen insgesamt 5.500 Taler an die ältere Schwester Johanne Sophie und 4.785 Taler an die jüngere Schwester Sibylle Charlotte. Der ältere Bruder Friedrich Wilhelm v. Röder, geheimer Rat in Sachsen-Zeitz, sollte nach dem Tod des Vaters aus den Rittergütern 12.000 Taler empfangen. Die Abfindung aus dem Lehen, also das reine Erbteil für jede der beiden Schwestern, betrug 4.000 Taler, die sie wiederum zu ihrer Alterssicherung verwenden konnten.

208 In den Landtagsakten ist allerdings von 1711 bis 1731 durchgehend einfach nur ‚Pöhl' als Rittergut vermerkt.

209 Möglicherweise kannten sich die Väter der beiden Brautleute aus dem gemeinsamen Armeedienst. Die Einzelheiten des Ehevertrages und der Eheschließung können auch auf dem unmittelbar zuvor vom 8. Februar bis 14. Juni in Dresden abgehaltenen Landtag vereinbart oder bekräftigt worden sein. Bei v. Röders Eintritt in den Weiteren Ausschuß im Jahr 1711 war v. Beneckendorf der frisch berufene Direktor des Ausschusses. Der Kaufvertrag über Helmsgrün und Unter-Pöhl vom 14. Juli 1722 ist auf Ober-Pöhl ausgestellt. Er ist unter anderem vom Bruder und nächsten Mitbelehnten des Verkäufers, Wolff Caspar v. Röder, unterschrieben, die Zeugen sind Caspar Heinrich v. Beneckendorf sowie Hannibal August Frh v. Schmerzing auf dem amtsässigen Gut Reussa im Amt Plauen. Nach dem Tod v. Beneckendorfs wurde v. Schmerzing 1729 übrigens dessen Nachfolger im Besitz des schriftsässigen Rittergutes Kötitz im Amt Oschatz des Meißner Kreises und hat im Jahr 1734 auch für Kötitz statt für Skassa an den Landtagsverhandlungen teilgenommen, siehe auch Gustav Adolf Poenicke (Hg.), Album der Rittergüter, II. Section: Meißner Kreis, Supplement, S. 9.

die Witwe später eine lebenslange Rente von 400 Talern pro Jahr erhalten sollte. Den Lehnschein über Helmsgrün erhielt Ludwig August v. Röder am 13. September 1723. Die Bestätigung der Ehestiftung seitens der Landes-Regierung bzw. des Lehnhofes trägt das Datum vom 4. September 1724.

Auf dem nächstmöglichen allgemeinen Landtag des Jahres 1728 trat Ludwig August v. Röder in die Allgemeine Ritterschaft ein. Auf diesem Landtag wurde sein Vater aus dem Weiteren Ausschuß in den Engeren Ausschuß berufen und sein Schwiegervater v. Beneckendorf fungierte als Vertreter des Erbmarschalls an der Spitze der gesamten Ritterkurie. Im Jahr 1731, dem letzten Jahr der Landtagsteilnahme seines Vaters, trat Ludwig August in den Weiteren Ausschuss ein.[210] Auf den folgenden Versammlungen der Jahre 1734 und 1737 war er Kondirektor des Weiteren Ausschusses und die Landtage von 1742, 1746 und 1749 wie zuletzt sein Vater Mitglied des Engeren Ausschusses. Mit dem Rückzug bzw. dem Tod des Vaters endete die Vertretung von Helmsgrün und Pöhl durch zwei unterschiedliche Lehnsinhaber wieder. Nach dem Tod des Ober-Steuereinnehmers Ludwig August v. Röder am 25. November 1754 wurden die beiden Rittergüter von 1763 bis 1805 von seinem jüngeren Sohn Christoph Wilhelm Ludwig v. Röder repräsentiert.[211] Im Fall von Helmsgrün und Pöhl ist demnach der Wegfall von Pöhl im Landtag seit 1731 kein wirklicher Rückgang in der Zahl der Landtagsbesucher. Es handelte sich in der Trennung von Pöhl und Helmsgrün vielmehr um ein temporäres familiäres Manöver, um die vorgezogene Ausstattung eines Erben.

Eine ähnlich feste Kombination bestand im Amt Plauen auch im Fall der Güter Falkenstein und Mühlberg, die der 1750 verstorbene Franciscus Oswald v. Trützschler im Jahr 1711 aus der brüderlichen Erbteilung übernommen hatte. Zu diesen Gütern erwarb er wie erwähnt die im Amt Voigtsberg gelegenen Rittergüter Planschwitz und Bösenbrunn. Sein Bruder August Willibald v. Trützschler, verstorben 1759, hatte 1711 das Rittergut Dorfstadt erhalten. Außerdem erwarb er im Jahr 1728 vom Hauptmann Gottlob Ferdinand v. Reibold das schriftsässige Mechelgrün, oberen Teils. Schließlich erbten die Brüder v. Trützschler im Jahr 1735 den Besitz der beiden Güter Ober-Lauterbach, Schloßteil, und Ober-Laut-

---

210 Hans Christoph v. Röder starb am 2. Februar 1738. Die Landtage von 1734 und 1737 hat er nicht mehr besucht – möglicherweise nicht nur wegen seines fortgeschrittenen Alters, sondern auch, weil inzwischen sein Sohn die Landtagsbesuche übernommen hatte. Seit 1731 konnte er auf den Landtagen in Dresden seinen Vetter, den Hauptmann Heinrich Erdmann v. Röder, auf Läwitz im Neustädter Kreis bzw. auf dem amtsässigen Rittergut Gansgrün im Amt Plauen wiedersehen. Heinrich Erdmann v. Röder besaß seit 1738 die von seinem Vater Gottfried Erdmann v. Röder ererbte Mitbelehnschaft zur gesamten Hand an den Rittergütern Helmsgrün und Pöhl.

211 Der 1741 geborene Christoph Wilhelm Ludwig v. Röder erhielt seinen Lehnschein am 6. August 1763, genau einen Tag vor Eröffnung des neuen Landtags, der ersten Landesversammlung seit 1749. Mit seinem älteren Bruder, dem Appellationsrat Johann August Heinrich v. Röder hätte es auch die Alternative einer Güterteilung gegeben. Sie wurde dadurch ausgeschlossen, daß Christoph Wilhelm Ludwig seinen Bruder im Jahr 1763 auskaufte und alleiniger Besitzer der väterlichen Rittergüter wurde.

erbach, Unterteil, die sie seitdem gemeinsam verwalteten.[212] Die Güter hatten Julius Heinrich v. Trützschler, einem Cousin ihres Vaters, gehört, der von 1711 bis 1731 zu den regelmäßigen Landtagsbesuchern gezählt hatte und seit 1718 Mitglied des Weiteren Ausschußes war. Damit verwalteten die beiden Brüder v. Trützschler um 1740 die stattliche Zahl von acht schriftsässigen Rittergütern.

Neben der mehr oder minder langen festen Kombination von zwei oder in seltenen Fällen auch drei Rittergütern gab es in der ersten Hälfte des 18. Jahrhunderts auch die Tendenz, zum bestehenden Rittergutsbesitz weitere Lehngüter hinzu zu kaufen, um den Familienbesitz zu vergrößern oder um im Erbgang jeden Sohn mit einem Rittergut versorgen zu können. Allerdings waren die Möglichkeiten, derartige Käufe zu tätigen, begrenzt, da es häufig an den finanziellen Mitteln mangelte oder dem Zugang zum Kaufobjekt weitere Hindernisse entgegenstanden.[213] Einen regelrechten Gütersammler hat es in der ersten Hälfte des 18. Jahrhunderts aber vereinzelt doch gegeben. Christian Ludwig Edler v.d. Planitz hatte in der brüderlichen Erbteilung von 1694 das Rittergut Auerbach, Untertheil, übernommen.[214] Nach dem Tod seines Bruders Heinrich Rudolph erbte er die Hälfte von Plohn, Oberteil, und kaufte die andere Hälfte seinem Bruder Carl August ab, so daß er seit 1700 alleiniger Besitzer dieses Gutes war.

Christian Ludwig Edler v.d. Planitz verheiratete sich mit Sophia Polixene Bose. Diese Ehe wurde in der Folge zum Ausgangspunkt einer Übernahme weiterer Rittergüter, denn die Bose gerieten nach 1700 in Schwierigkeiten. Im Jahr 1712 mußte sein Schwager Carl Zdislau Bose ihm das Gut Lengefeld verkaufen.[215] In den Jahren von 1694 bis 1712 gehörte er aber für Christgrün und

---

212 Ihr Vater war Hans Julius v. Trützschler. Der dritte Bruder, Heinrich Joseph v. Trützschler, war nicht geschäftsfähig. Sein Anteil und Erbe wurde von August Willibald und Franciscus Oswald mitverwaltet.

213 Es gab zwar eine beträchtliche Fluktuation im Besitz der Lehngüter und ihre öffentliche Versteigerung war keine Seltenheit. Ob es aber für die angesessenen Landadeligen in der ersten Hälfte des 18. Jahrhunderts einen regelrechten Markt für Rittergüter gegeben hat, auf dem man allein mit der entsprechenden Geldsumme derartige Güter erwerben konnte, müßte noch untersucht werden. Am ehesten dürfte dies für die bürgerlichen Erwerber der Rittergüter gegolten haben. Für die Güterzirkulation innerhalb des Adels scheinen die Rücksicht auf die engere und weitere Verwandtschaft und vielleicht auch die Nachbarschaft einen gewißen Einfluß gehabt zu haben.

214 Er war der Sohn des 1686 verstorbenen Rittmeisters Hans Heinrich Edler v.d. Planitz, sein Bruder Carl August erhielt 1694 das Rittergut Sorga, der schon 1696 als ‚Cornet‘ gestorbene Heinrich Rudolph das Gut Plohn, Oberteil.

215 Im Jahr 1720 war der Konkurs von Carl Zdislau Bose endgültig unabwendbar. Er wird Anfang des 18. Jahrhunderts im Oberhofmarschallamt als „hochfürstlicher Stallmeister zu Eisenbergk" bezeichnet. Im Jahr 1711 hatte er sein schriftsässiges Rittergut Christgrün schon an seinen Bruder Carl Erdmann Bose abtreten müssen. Zehn Jahre später verkaufte dieser es an den kursächsischen Oberaufseher zu Gotha Friedrich Ludwig v. Hünefeld. Seitdem blieb Christgrün im Besitz der v. Hünefeld. Aber erst über neunzig Jahre später kam mit Ehrenfried Wilhelm Heinrich v. Hünefeld der erste Vertreter des Geschlechts zum Dresdner Landtag. Anfangs dürfte den erst 1664 im kaiserlichen Dienst nobilitierten v. Hünefeld die nötige Zahl adeliger Ahnen zum Landtagsbesuch gefehlt haben, dann vermutlich auch das Interesse. Erst die Französische Revolution und Napoleon scheinen hier einen Umschwung herbeigeführt zu haben. Siehe zum

dann bis 1716 für Mylau noch zu den regelmäßigen Landtagsteilnehmern und nahm zuletzt einen Sitz im Engeren Ausschuß ein. Carl Zdislaus Bruder, der Oberst Carl Erdmann, konnte sich zwar zunächst im Besitz der ererbten bzw. vom Bruder übernommenen Güter Christgrün und Mylau behaupten, im Jahr 1726 ereilte aber auch ihn der Konkurs. Aus der Versteigerungsmasse seines Schwagers konnte sich Christian Ludwig Edler v.d. Planitz das zu diesem Zeitpunkt allein noch vorhandene Rittergut Mylau sichern. Zuvor hatte er bereits im Jahr 1714 das Rittergut Sorga seinem Bruder Carl August abgekauft. Damit befanden sich seit 1714 alle drei väterlichen Rittergüter des Erbes von 1686 wieder in einer Hand. Zusammen mit den Gütern aus dem Konkurs der Bose verfügte Christian Ludwig Edler v.d. Planitz seit Mitte der zwanziger Jahre bis zu seinem Tod am 26. Mai 1747 über fünf landtagsfähige Rittergüter. Damit waren die Möglichkeiten, adlige Landstände aus dem Amt Plauen nach Dresden zu entsenden, entsprechend vermindert. Christian Ludwig selbst zählte allerdings zu den eifrigen Landtagsbesuchern. Von 1692 bis 1746 wird er in den Landtagsakten als Besitzer von Auerbach, Unterteil, geführt.[216]

Aufgrund der Besitzkonzentration im Lehnsbesitz und wegen der nicht landtagsfähigen Rittergutsbesitzer blieben demnach am Ende im Amt Voigtsberg von zehn Schriftsassen nur fünf übrig, die im Jahr 1742 überhaupt Teilnehmer nach Dresden schicken konnten. Von drei der fünf Güter war dies dann auch tatsächlich der Fall. Hans Christoph v. Hayn auf Raschau war im Jahr 1742 der Direktor des Vogtländer Kreises in der Allgemeinen Ritterschaft. August Heinrich v. Brandenstein auf Sachsgrün, der im Jahr 1728 seinen ersten Landtagsbesuch gemacht hatte, saß im Weiteren Ausschuß. Der dritte Schriftsasse, Christian Alexander v. Beulwitz auf Erlbach, machte 1742 gerade seinen Antrittsbesuch in der Allgemeinen Ritterschaft.

Das Beispiel der v. Beulwitz verweist, wie eine ausführlichere Bertachtung verdeutlichen kann, wieder auf die hohe Bedeutung der Erbfälle und der Erbregelungen sowohl für den Besitz der Lehngüter als auch für die darauf fußende Beteiligung an den Landtagsverhandlungen. Der Amtshauptman und Oberforstmeister Alexander Christian v. Beulwitz, Besitzer von Erlbach und dem amtsässigen Gut Kloschwitz, war im Jahr 1727 verstorben. Er hatte den Landtag von 1699 bis 1725 besucht und gehörte seit 1722 dem Engeren Ausschuß an. Er hinterließ zu diesem Zeitpunkt drei noch minderjährige Söhne. Während der Minderjährigkeit der Erben ruhte die Landtagsteilnahme der v. Beulwitz. Nach dem frühen Tod ihres Bruders Adam Friedrich im Jahr 1731, wurde der ältere Sohn Christian August im Jahr 1734 mit seinem Anteil an den beiden Lehngütern belehnt, der jüngere Christian Alexander dann 1739.

Im Mai 1742 vereinbarten die Brüder eine Erbteilung. Christian August übernahm das amtsässige Kloschwitz allein, der jüngere Bruder Christian Alexander das schriftsässige Gut Erlbach. Erst nach der abschließenden Rege-

---

1663 nobilitierten Nikolaus Christoph Hünefeld (1617–1685) jetzt auch Christian Heinker, Bürde des Amtes, S. 359.

216 Von 1708 bis 1716 gehörte er dem Weiteren Ausschuß an, in dem bis 1713 auch sein Schwager Carl Zdislau Bose saß, und von 1718 bis 1746 dem Engeren Ausschuß.

lung des Erbfalls unter den Brüdern wurde die Landtagstätigkeit wieder aufgenommen.[217] Mit der Erbteilung im Gepäck trafen beide Brüder am 2. Juni 1742
zum Landtag in Dresden ein und bezogen dasselbe Quartier an der Hauptwache
beim Barbier Hammer. Sie besuchten beide erstmals die Sitzungen eines Landtages und blieben bis zu seinem Ende am 5. August in Dresden. Während der
Schriftsasse Christian Alexander in der Allgemeinen Ritterschaft Platz nahm, trat
sein älterer Bruder Christian August, der sich als Besitzer von Kloschwitz zum
Deputierten des Amtes Plauen hatte wählen lassen, direkt in den Weiteren
Ausschuß ein. Parallel zu den Landtagsverhandlungen betrieben die Brüder ihre
Eigentumssachen an der Lehnskurie und erhielten am 6. Juli die Lehnscheine
über ihre Güter und die wechselseitige Mitbelehnung zur gesamten Hand.

Christian August v. Beulwitz nahm als Deputierter an den Landtagen von
1746 und 1749 wieder teil und setzte seine Landtagskarriere auch nach dem
Siebenjährigen Krieg weiter fort. Von 1763 bis 1775 gehörte er dem Engeren
Ausschuß der Ritterkurie an. Obwohl er kein Schriftsasse war, folgte Christian
August als ältester Sohn am direktesten in der väterlichen Tradition des Landtagsbesucher nach. Für seinen jüngeren Bruder, den Schriftsassen Christian
Alexander, blieb es dagegen bei der Teilnahme am Landtag von 1742. Vermutlich
ließen seine finanziellen Verhältnisse weitere Besuche nicht zu. Jedenfalls mußte
er im Jahr 1751 das Rittergut Erlbach schließlich an seine Ehefrau Christiane
Sophie, geborene v. Schirnding, verkaufen.[218] Im Kaufvertrag hatte er sich, wie
üblich, die Mitbelehnung zur gesamten Hand vorbehalten. Außerdem verpflichtete er seine Ehefrau, daß sie seine Mitbelehnten wieder zur erneuten
Mitbelehnung in Dresden präsentiere.[219] Es handelte sich an erster Stelle um
ihren Schwager Christian August v. Beulwitz auf Kloschwitz und dann um die
Amtsassen Hauptmann Otto Wilhelm v. Tettau auf Tobertitz, Georg Christoph v.
Mangoldt auf Schillbach und den Landkammerrat Georg Christoph v. Schwarzenfels auf Freyberg im Vogtländer Kreis sowie den Schriftsassen Christian
Gottlob v. Tümpling auf Sorna im Amt Arnshaugk des Neustädter Kreises. Von
den Mitbelehnten gehörte nur der Schriftsasse v. Tümpling zu den Landtagsteilnehmern und kam von 1734 bis 1749 regelmäßig in die Allgemeine Ritterschaft.[220]

Im Jahr 1760 verkaufte Christiane Sophie v. Beulwitz das Gut Erlbach wieder
an ihren Ehemann Christian Alexander, der am 30. Oktober 1760 wieder einen
Lehnschein über das Gut erhielt. Beim Verkauf des Gutes fungierte Wilhelm

---

217 Nachdem Christian August v. Beulwitz seinen Lehnschein über Erlbach und Eubabrunn am
     15. Januar 1734 erhalten hatte, war er formal in der Lage, die Landtage von 1734 oder 1737 zu
     besuchen. Diese Berechtigung wurde aber von ihm nicht wahrgenommen. Interessanterweise
     übernahm in diesem Fall der ältere Bruder das amtsässige, also das nicht unmittelbar land-
     tagsfähige, und nicht das schriftsässige Rittergut.

218 Sie war wahrscheinlich eine Tochter von Johann Georg v. Schirnding und hatte von ihrem Vater
     eine Mitbelehnung am Rittergut Brambach geerbt.

219 Zum Rechtsinstitut der Mitbelehnung an einem Rittergut siehe oben Fußnote 194.

220 Die Mitlehnscheine wurden am 2. Juni 1752 erteilt. Im Jahr 1752 wird Christian August v.
     Beulwitz als Amtshauptmann bezeichnet. Zum Hauptmann v. Tettau siehe auch Heinrich Au-
     gust Verlohren, Stammregister und Chronik der sächsischen Armee, S. 505, Nr. 9.

Ludwig v. Schwarzenfels als Kurator der Frau v. Beulwitz. Aber auch nach 1760 gehörte Christian Alexander v. Beulwitz bis zu seinem Tod im Jahr 1776 nicht mehr zu den Landtagsbesuchern. Die Landtagsvertretung der Familie blieb weiterhin eine Angelegenheit seines Bruders. Erst danach kam mit seinem Sohn Alexander August im Jahr 1781 erstmals seit 1742 wieder ein v. Beulwitz für Erlbach zum Landtag nach Dresden.[221]

Die hohe Quote der Schriftsassen, die aus dem Amt Voigtsberg den Dresdner Landtag besuchten, wurde im Amt Plauen nicht erreicht. Dort standen im Jahr 1742 den insgesamt vorhandenen vierundfünfzig schriftsässigen Rittergütern dreizehn Schriftsassen gegenüber, die tatsächlich zum Landtag nach Dresden reisten. Diese dreizehn Landtagsbesucher verfügten über sechsundzwanzig schriftsässige Lehngüter. Ob diese Verhältnisse normal oder ungewöhnlich waren, können erst Vergleichswerte aus anderen Kreisen bzw. zu anderen Zeitpunkten verdeutlichen. Da aber weitere Faktoren, wie z. B. eine Minderjährigkeit der Besitzer, noch gar nicht berücksichtigt worden sind, kann an dieser Stelle zunächst einmal von einem regen Interesse der adligen Landstände an einer Beteiligung am Landtag ausgegangen werden.

Am Beispiel des Amtes Plauen läßt sich die Frage nach den Gründen oder Umständen genauer stellen, warum manche adelige Schriftsassen den Landtag nicht besuchten. Im Amt Plauen handelte es sich im Jahr 1742 um insgesamt neunzehn adelige Schriftsassen im Besitz von insgesamt vierundzwanzig Rittergütern, die nicht an den Landtagsverhandlungen teilnahmen. Im Fall der nobilitierten v. Hünefeld auf Christgrün wurde bereits festgestellt, daß sie die Ahnenprobe zum Landtag noch nicht ablegen konnten. Die Frage, ob dieses Hindernis noch weitere der abwesenden adligen Besitzer betraf, kann zur Zeit nicht beantwortet werden, ist aber möglich. Die Ahnenprobe führte zu einer Spaltung innerhalb des Adels zwischen etablierten und neuen Familien, die den Stand als Ganzes schwächte und schließlich für Kritik anfällig machte.

Bei einer Reihe von Besitzern war es wahrscheinlich die dienstliche Stellung oder Orientierung, die für ihr Fehlen in Dresden verantwortlich gemacht werden kann. Johann Ehrenfried v. Nauendorff war von 1736 bis 1750 zwar alleiniger Besitzer des Rittergutes Geilsdorf, seine berufliche Stellung hatte er aber als kaiserlicher Hauptmann gefunden. Schon sein Vater Georg Ehrenfried, der das Gut im Jahr 1726 aus dem Konkurs des Grafen Johann Ernst von und zu Tettenbach ersteigert hatte, arbeitete als brandenburg-kulmbacher geheimer Rat und ernestinischer Hofrichter außerhalb Kursachsens.[222] Die v. Nauendorff waren vermutlich nicht auf den Dresdner Hof ausgerichtet.[223] Das schriftsässige

221 Alexander August v. Beulwitz gehörte dann von 1781 bis 1811 zu den regelmäßigen Landtagsteilnehmern.

222 Der Kammerherr Graf Tettenbach hatte von 1694 bis 1725 zu den Landtagsteilnehmern gehört und von 1715 bis 1725 im Weiteren Ausschuß gesessen. Durch Konkurs und Verkauf des Gutes ging dem Landtag demnach ein Landstand verloren, obwohl das Gut in adeliger Hand blieb.

223 Zu den v. Nauendorf siehe Ernst Heinrich Kneschke (Hg.), Neues allgemeines Deutsches Adels-Lexicon, Bd. 6 (1865), S. 451. Bei den adeligen Geschlechtern, die sich in ihren beruflichen Karrieren auf die auswärtigen Höfe hin ausrichteten, kann auch die unvollständige Ahnen-

Lehngut blieb zwar das ganze 18. Jahrhundert im Besitz der v. Nauendorff, sie haben aber in dieser Zeit nie einen ihrer Angehörigen zum Landtag nach Dresden geschickt.[224]

Ähnlich liegt der Fall des Hauptmanns Johann Ernst v. Bomsdorff, der aus einem alten, vor allem in der Lausitz angesessenen Geschlecht stammte und sein Rittergut Ruppertsgrün im Jahr 1739 neu erkauft hatte.[225] Das Rittergut war zuletzt, und zwar seit 1722, im Besitz der Charlotta Johanna v. Dölau. Der letzte Landtagsbesucher für Ruppertsgrün war Gottlob Christian v. Dölau gewesen, der im Jahr 1699 einmal an den Verhandlungen in der Allgemeinen Ritterschaft teilgenommen hatte. Der Hauptmann v. Bomsdorf blieb dreißig Jahre lang bis zum Verkauf des Gutes im Jahr 1769 sein Besitzer, ohne je einen der Dresdner Landtage zu besuchen.[226]

Ein drittes Beispiel geben die Besitzer von Ober-Göltzsch ab. Joachim Friedrich und Carl Leopold v. Beust hatten das schriftsässige Lehngut im Jahr 1741 von ihrem Vater Joachim Friedrich v. Beust (1661–1741) geerbt. Ihr Vater hatte dem Landtag von 1694 bis 1731 angehört und war auf seinem letzten Landtag im Jahr 1731 noch in den Engeren Ausschuß berufen worden.[227] Die Söhne wurden am 11. August 1741 mit ihren Anteilen beliehen und teilten sich den Besitz des Gutes bis 1761. Keiner von beiden hat aber die väterliche Tradition der Landtagsbesuche fortgesetzt. Sie machten nach ihrer Belehnung beim

---

probe, die ihnen am Dresdner Hof Hindernisse bereitete, der Grund für ihr Interesse an auswärtigen Diensten und Anstellungen gewesen sein. Wie auch umgekehrt die zunächst erlangte Stellung in auswärtigen Diensten, wo die Erfordernisse der kursächsischen Ahnenprobe nicht galten, dann zu nicht Ahnenprobe adäquaten Eheschließungen geführt haben kann. Das militärische Milieu war besonders offen für derartige ‚Heiraten außerhalb des Standes'.

224 Der erste Angehörige des Geschlechts war Wilhelm Friedrich Adolph v. Nauendorf auf Geilsdorf, der im Jahr 1811 seine erste Aufwartung im Landtag zu Dresden machte. Er war seit dem 9. Oktober 1810 mit einem Zweiundvierzigstel an dem Rittergut belehnt. Die Besitzanteile an diesem Gut waren unter den zahlreichen Brüdern und Schwestern und deren Nachkommen extrem zersplittert.

225 Es ist daher wahrscheinlich kein Zufall oder Mangel an Überlieferung, daß der Hauptmann v. Bomsdorf nicht bei Heinrich August Verlohren, Stammregister und Chronik der sächsischen Armee, aufgeführt wird.

226 Es gab allerdings den Landtagsbesucher Hiob Friedrich v. Bomsdorf, Kammerherr seit 1704 und in den Hof- und Staatskalendern von 1728 bis 1749 als Oberforstmeister zu Elbenau geführt. Dieser kam seit 1722 als Deputierter des Amtes Gommern regelmäßig zum Landtag nach Dresden. Allerding nahm er aus bislang unbekannten Gründen 1742 nicht am Landtag teil. Bis 1749 blieb er immer Mitglied der Allgemeinen Ritterschaft des Churkreises. Die Frage, ob er in einem näheren verwandtschaftlichen Zusammenhang mit dem Hauptmann v. Bomsdorf steht, läßt sich z. Z. nicht beantworten.

227 Allerdings hat er an den Landtagen von 1699 und 1711 wohl nicht teilgenommen, sondern erst wieder 1716. Laut Oberhofmarschallamt ist er bereits zum Landtag von 1731 nicht mehr in Dresden erschienen. Das mag an seinem hohen Alter gelegen haben, aber auch der Thronwechsel von 1734 kann ein Motiv gewesen sein. Wichtig für die Einschätzung der Landtagsakten als Quellen ist auch die Notiz im Oberhofmarschallamt zum Landtag von 1722: im Verzeichnis, so aus dem Engern Ausschuß komme, heißt er Jochen Friedrich, ist aber unrecht und heißt Joachim Friedrich – wie man sieht, enthalten auch die an sich so sakrosanten Quellen mitunter Fehler.

Landtag von 1742 auch keinen Antrittsbesuch bei der Ritterkurie. Der Grund dürfte in ihrer beruflichen Stellung liegen. Johann Friedrich v. Beust als kurpfälzer geheimer Rat und sein Bruder Carl Leopold als kurpfälzer Hofkammerrat waren vermutlich nicht abkömmlich gewesen, aber es dürfte auch das Interesse gefehlt haben, nach Dresden zu reisen.

Abgesehen von dienstlichen Verpflichtungen, die eine Teilnahme an den Verhandlungen des Landtages verhinderten, kann es an mangelnden finanziellen Mitteln gelegen haben, daß ein Landtagsbesuch unterblieb. Das war um so mehr der Fall, wenn das Rittergut in ein laufendes Konkursverfahren verwickelt war, denn in dieser Zeit ruhte die Landtagsberechtigung bereits aus rechtlichen Gründen. Konkurse brachen häufig beim Tod des Besitzers aus, da der Erbgang nicht nur für die Erben, sondern ebenso für die Gläubiger ein Moment der Bereinigung von Finanzpositionen darstellte. Im Jahr 1742 gehörte das schriftsässige Rittergut Kürbitz in diese Kategorie. Im Jahr 1733 hatte der am 13. März 1721 geborene und also noch minderjährige Heinrich Ernst Ehrenreich v. Feilitzsch das Gut der Familie von seinem Vater Moritz Heinrich (1688–1740) geerbt. Der Vater war adeliger Kreis-Steuereinnehmer des Vogtländer Kreises gewesen und gehörte von 1716 bis 1731 dem Landtag an.[228] Bei seiner Volljährigkeit im Jahr 1742 befand sich das Rittergut noch im Konkurs. Erst für das Jahr 1754 läßt sich seine Belehnung mit dem väterlichen Gut nachweisen. Heinrich Ernst Ehrenreich v. Feilitzsch hatte wie seine Vater zunächst die militärische Laufbahn eingeschlagen.[229] Im Jahr 1752 erreichte er den Rang eines Majors und ging 1756 als Oberstleutnant in Pension. Nach dem Ende des Konkursverfahrens und nach seiner Pensionierung begann v. Feilitzsch aber noch eine neue Karriere als Landstand. Von 1763 bis 1775 kam er zu den nach dem Siebenjährigen Krieg wieder aufgenommen Tagungen des Dresdner Landtages.

Nicht ganz so schwerwiegend lagen die Verhältnisse im Amt Plauen wahrscheinlich für das schriftsässige Gut Ellefeld, das der Obristleutnant Johann Georg v. Trützschler von 1710 bis zu seinem Tode 1732 allein innehatte und für das er von 1711 bis 1731 auch regelmäßig nach Dresden zum Landtag gekommen war.[230] Das Rittergut erbten die 1716 bzw. 1717 geborenen Söhne Johann Friedrich und Georg Christoph, die ebenfalls eine militärischen Laufbahn einschlugen oder wählen mußten.[231] Der Erbfall und vermutlich die mit ihm verknüpften

228 Seine Landtagskarriere war keineswegs glänzend verlaufen. Von 1716 bis 1722 saß Moritz Heinrich v. Feilitzsch in der Allgemeinen Ritterschaft. Nur in den beiden Versammlungen von 1728 und 1731 gehörte er zum Weiteren Ausschuß.

229 Siehe Heinrich August Verlohren, Stammregister und Chronik der sächsischen Armee, S. 212 f, Nr. 4 und Nr. 14.

230 Er war einer der vier Söhne des Kammerjunkers und Reise-Stallmeisters Jobst Christoph v. Trützschler, der in den Jahren 1694 bis 1704 Mitglied des Weiteren Ausschusses gewesen ist.

231 Siehe Heinrich August Verlohren, Stammregister und Chronik der sächsischen Armee, S. 517, Nr. 13 und Nr. 14. Johann Friedrich war im Jahr 1737 Leutnant bei den Dragonern im Regiment Chevalier de Saxe, sein Bruder Georg Christoph wurde dort 1738 Fähndrich. Im Jahr 1742 hatte Johann Friedrich den Rang eines Kapitäns und Georg Christoph 1745 den Rang eines Leutnants erreicht. Beide nahmen an den militärischen Kampagnen der Jahre 1737–1739, 1741–1742 und 1744–1745 teil.

finanziellen Schwierigkeiten unterbrachen zunächst die Landtagsteilnahme für das Jahr 1734.[232] Im Jahr 1737 machte der ältere der Brüder Johann Friedrich aber einen Antrittsbesuch in der Allgemeinen Ritterschaft, fehlte dann jedoch wahrscheinlich aufgrund seines militärischen Dienstes im Landtag von 1742. Die beiden folgenden Landesversammlungen der Jahre 1746 und 1749 war er aber wieder in der Allgemeinen Ritterschaft anwesend.[233] Im Jahr 1754 verkaufte Johann Friedrich seinen Anteil an Ellefeld an seinen Bruder, den Rittmeister und Kompagnie Kommandanten Georg Christoph v. Trützschler, der in den Jahren 1775 bis 1793 die familiäre Tradition des Landtagsbesuchs fortsetzte und noch eine veritable Landtagskarriere erlebte, die ihn bis in den Engeren Ausschuß führte. Im Fall der v. Trützschler auf Ellefeld zeigt sich somit das gesamte 18. Jahrhundert über eine Kombination aus militärischer Laufbahn und einer regelmäßigen Landtagsteilnahme, die nur geringe Unterbrechungen kannte.

Eine Mischung aus auswärtiger Verpflichtung und finanziellen Problemen steht wahrscheinlich hinter der Nichtteilnahme von Daniel Siegmund v. Koseritz auf Elsterberg. Er war der Sohn des Stiftsrates zu Wurzen Johann Daniel v. Koseritz, dem im Meißner Kreis das Rittergut Naundorf gehörte. Der Vater hatte für Naundorf von 1699 bis 1731 an den Landtagsverhandlungen teilgenommen und seit 1722 im Engeren Ausschuß gesessen. Das Rittergut Naundorf mußte Anfang der 1730er Jahre aber an den nobilitierten Freiherrn Peter v. Hohenthal (1694–1763) veräußert werden.[234] Nur einmal, im Jahr 1734 wird Daniel Siegmund v. Koseritz als Besitzer von Naundorf in den Landtagsakten bei der Allgemeinen Ritterschaft des Meißner Kreises aufgeführt. Zu dieser Zeit soll er Kammerjunker in Anhalt-Zerbst gewesen sein. Er konnte sich zwar 1736 durch den Kauf von Elsterberg im Amt Plauen wieder ansässig machen, ging aber spätestens 1744 in Konkurs.[235] Den Landtag von 1742 hat er nicht mehr besucht.

In der Zwangsversteigerung ging das Gut Elsterberg am 8. Mai 1744 an den Kreis-Steuereinnehmer und Landtagsteilnehmer Rudolph v. Bünau auf Klein-

232 Der Erbfall ereignete sich bereits im Jahr 1732. Zunächst beantragten die Brüder beim Lehnhof aber einen Indult, einen Aufschub, den sie am 16. Mai 1733 auch erhielten. Die Belehnung zu ihren Anteilen an Ellefeld erfolgte dann erst am 5. August 1734 für Johann Friedrich und am 9. Januar 1737 für Georg Christoph v. Trützschler.

233 Aufschlußreich ist noch eine Bemerkung zu Johann Friedrich v. Trützschler im Oberhofmarschallamt anläßlich des Landtags von 1746, wo festgehalten wird, die Missive, also das Ladungsschreiben zum Landtag, werde sein Bruder mitbringen. Somit befand sich sein jüngerer Bruder Georg Christoph während des Landtages – zumindest zeitweise – ebenfalls in Dresden, obwohl er nicht zu den Landtagsteilnehmern gehörte.

234 Siehe Gustav Adolf Poenicke (Hg.), Album der Rittergüter, II. Section: Meißner Kreis, S. 227. Naundorf blieb nur für kurze Zeit in seinem Besitz, denn er reichte das Gut weiter an seinen Bruder, den Hofrat und Assessor am Oberlandesgericht zu Leipzig Johann Friedrich v. Hohenthal (1697–1749), siehe Georg Schmidt, Die Familie der Grafen v. Hohenthal, S. 23.

235 Siehe HSTA Dresden, Bestand 10.080, Elsterberg O Nr. 1474. Das Rittergut Elsterberg im Amt Plauen übernahm er von dem Kammerjunker (seit 1711) Carl Siegmund Bose, der das Gut seit 1726 allein besaß und im Jahr 1728 einmal beim Landtag erschien. Carl Siegmund Bose war der Sohn des 1721 gestorbenen Kammerjunkers Carl Haubold Bose. Er hatte insgesamt drei Stiefbrüder und einen Bruder. Im Hof- und Staatskalender wird Carl Siegmund Bose bis 1757 unter den Cammer- und Jagd-Junkern geführt.

gera im Amt Plauen. Am 4. Mai 1745 wurde er mit dem Gut belehnt. Im Jahr darauf präsentierte er drei Mitbelehnte an seinem neu erworbenen Gut Elsterberg. Es waren dies an erster Stelle sein Bruder, der Kreis-Kommissar Heinrich v. Bünau auf Nimritz im Neustädter Kreis, im Jahr 1742 Mitglied des Engeren Ausschusses, dann folgten der Landkammer-Rat Carl Friedrich v. Beust auf Neuensalz, 1742 Mitglied des Weiteren Ausschusses, und schließlich die jungen Gebrüder Heinrich Christian und Günther Gottlob v. Feilitzsch auf Treuen, Untertheil. Die im Jahr 1716 bzw. 1718 geborenen Gebrüder v. Feilitzsch waren die ältesten von vier Söhnen des am 12. Oktober 1743 verstorbenen Leutnants Wolff Heinrich v. Feilitzsch, Landtagsteilnehmer der Jahre 1711 und 1716.[236] Den Landtagssitzungen von 1718 bis 1742 blieb Wolff Heinrich v. Feilitzsch fern. Sein Fehlen auf dem Landtag von 1742 dürfte nicht zuletzt dem hohen Alter geschuldet gewesen sein. Seine drei älteren Söhne schlugen ebenfalls eine militärische Laufbahn ein, der jüngste, der im Jahr 1731 geborene Moritz August, wurde Page und übernahm schließlich im Jahr 1749 das Rittergut Treuen, Unterteil, allein.[237]

Altersgründe, sei es hohes Alter oder Minderjährigkeit, spielten in der ersten Hälfte des 18. Jahrhunderts für die Zahl der Landtagsteilnehmer in Dresden eine nicht zu unterschätzende Rolle. Sie verhinderten im Jahr 1742 sehr wahrscheinlich die Teilnahme von Günther v. Bünau (1671–1748) auf Thürnhof. Er hatte das Familiengut im Jahr 1708 in brüderlicher Teilung für die Summe von 22.500 Gulden allein übernommen und war daran anschließend zum nächsten allgemeinen Landtag gereist, der im Jahr 1711 stattfand.[238] Bis 1728 nahm Günther v. Bünau fünfmal hintereinander an den Verhandlungen des Landtags teil, blieb aber immer Mitglied der Allgemeinen Ritterschaft des Vogtländer Kreises. Möglicherweise erleichterte es seinen Rückzug aufgrund seines fortgeschrittenen Alters, daß er nicht in den Weiteren Ausschuß berufen worden war. Im Jahr 1744 verkaufte er das Gut seinem Sohn Günther. Erst mit dieser Übergabe des landtagsfähigen Gutes zu Lebzeiten des Besitzers bestand wieder die Chance, daß aus dem Besitz des Lehngutes der Besuch eines Landtages folgte. Der jüngere v. Bünau wird 1749 als kaiserlicher Hauptmann und 1753 als Amtshauptmann bezeichnet. Als Landtagsbesucher ist er jedoch nicht aufgetreten. Das Rittergut fiel im Jahr 1762 an seine 1751 geborene minderjährige Tochter Christiana Amalia Henriette v. Bünau, die es bis 1810 besessen hat.[239]

---

236 Die Mitbelehnschaft galt vermutlich mehr dem Vater als den beiden Brüdern v. Feilitzsch. Möglicherweise hat es zwischen den beiden Familien eine Heiratsverbindung gegeben. Der Leutnant Heinrich Christian v. Feilitzsch wurde am 23. November 1744 mit seinem Anteil an Treuen, Unterteil, belehnt, sein Bruder, der Sous-Leutnant Günther Gottlob am 25. Mai 1746.

237 Sein Sohn Carl Moritz August v. Feilitzsch, Besitzer der Hälfte von Treuen, Unterteil, seit 1766, besuchte einmal den Landtag im Jahr 1781. Das war die einzige Vertretung des schriftsässigen Lehngutes in der zweiten Hälfte des 18. Jahrhunderts.

238 Sein Vater, der Leutnant Rudolph v. Bünau auf Thürnhof, war von 1670 bis 1704 Mitglied des Landtages gewesen. Er hatte es in dieser langen Zeit immerhin bis in den Weiteren Ausschuß geschafft.

239 Durch ihre Ehe mit einem v. Schlieben kam das Rittergut in den Besitz dieses Geschlechts. Im Jahr 1810 verkaufte sie Thürnhof an ihren Sohn, den Premierleutnant Georg Ehrenreich Günther v.

Am anderen Ende der Altersgründe, dem Pol der Minderjährigkeit, befanden sich im Jahr 1742 die Brüder Christan Ludwig und August Friedrich Edle v.d. Planitz auf Rützengrün im Amt Plauen. Sie waren die in den Jahren 1724 und 1726 geborenen Söhne von Hans Ludwig v.d. Planitz. Der Vater hatte seinen Anteil an dem Lehngut erst im Jahr 1724 geerbt und es im Jahr darauf aufgrund einer Einigung mit seinen drei Brüdern allein übernommen. Im Jahr 1728 fand er sich dann auch im Landtag zu Dresden ein. Nach seinem frühen Tod am 6. April 1730 erhielten die Brüder einen Indult, also einen Aufschub der Belehnung bis zum Ende ihrer Minderjährigkeit.[240] Sie beantragten ihre Belehnung schließlich gemeinsam im Jahr 1745 und erhielten unter dem Datum vom 21. Juli 1745 zusammen ihre Lehnscheine ausgestellt.[241] Auf dem Landtag des folgenden Jahres fand sich dann auch der ältere Bruder Christian Ludwig Edler v.d. Planitz einmal in der Allgemeinen Ritterschaft des Vogtländer Kreises ein. Obwohl das Rittergut bis ins 19. Jahrhundert hinein im Besitz der Brüder und ihrer männlichen Nachkommen blieb, endeten die Landtagsbesuche aus Rützengrün im Jahr 1746.[242]

Während Christian Ludwig Edler v.d. Planitz nach seiner Belehnung wenigstens eine Art Antrittsbesuch in Dresden absolvierte, war das bei Wilhelm Dietrich Metzsch auf Plohn, Unterteil, nicht der Fall. Er hatte das Rittergut im Jahr 1737 von seinem Vater Rudolph Wilhelm Metzsch gekauft. Mit dem Datum vom 29. März 1642 erhielt er auch einen neuen Lehnbrief über sein Rittergut ausgestellt. Er hätte demnach problemlos an dem am 3. Juni eröffneten Landtag teilnehmen können. Dennoch ist er aus bislang unbekannten Gründen 1742 nicht am Landtag erschienen. Sein Vater Rudolph Wilhelm Metzsch hat dagegen in den Jahren 1716, 1734 und 1737 in der Allgemeinen Ritterschaft an den Landtagsverhandlungen teilgenommen. Sein Enkel Rudolph Wilhelm übernahm später nicht nur die Vornamen vom Großvater, er nahm gleich nach seiner Belehnung im Jahr 1763 auch den Landtagsbesuch wieder auf.[243]

Schlieben. Das Rittergut zirkulierte also über hundert Jahre lang innerhalb des militärischen Milieus.

240 Die Belehnung mit einem Rittergut mußte bei einem Wechsel in der Person des Lehnsherrn, also bei Tod des Kurfürsten, oder in der Person des Vasallen durch Tod, Tausch, Verkauf oder sonstig Übergabe innerhalb von Jahr und Tag erfolgen, damit das Lehen nicht an den Lehnsherrn zurückfiel. Wenn der Antrag nicht erfolgte oder vom Vasallen kein Aufschub beantragt worden war, lag ein Lehnsversäumnis oder Lehnfehler vor, der vom Lehnhof bei der Landes-Regierung in Dresden mit empfindlichen Geldstrafen geahndet werden konnte. Ein Entzug des Lehens aufgrund von Lehnsversäumnis kam in dieser Zeit allerdings praktisch nicht vor. Häufig wurden sogar die bereits ausgesprochenen Geldstrafen vermindert oder vollständig erlassen.

241 Die gemeinsame Antragstellung zeugt nicht nur von brüderlicher Verbundenheit. Sie sparte auch Kosten, die für die Belehnung anfielen.

242 Die v.d. Planitz auf Rützengrün in der zweiten Hälfte des 18. Jahrhunderts lassen sich mehrheitlich dem militärischen Milieu bzw. den Forstbeamten zuordnen. Ob sich hier eine Entfremdung vom Landtag aufgrund gewandelter Einstellungen oder Mentalitäten abzeichnet, müssen weitere Untersuchungen zu klären versuchen.

243 Er ist vor seinem Tod im Jahr 1781 allerdings nur ein weiteres Mal aus Anlaß seiner Berufung in den Weiteren Ausschuß 1781 in den Landtagsakten verzeichnet. Möglicherweise waren die

Mehr oder weniger zufällige Einzelumstände hatten offensichtlich hin und wieder einen Einfluß auf das Fernbleiben von einem Landtag. Diese Vermutung liegt im Fall des Heinrich Rudolph Erdmann v. Feilitzsch (1684–1750) auf Treuen, Oberteil, nahe. Er war im Jahr 1709 mit seinem Anteil beliehen worden und seit 1712 Alleinbesitzer des Rittergutes.[244] Gleich nach der Belehnung erlebte er im Jahr 1711 seinen ersten Landtag und wiederholte die Besuche in den Jahren 1716 und 1718. Auf den Landtagen von 1722 und 1728 fehlte er allerdings unter den Landtagsteilnehmern. Mit dem Jahr 1731 setzten seine Besuche in Dresden dann wieder ein und fanden regelmäßig statt. Die ganze Zeit über blieb er aber ein Mitglied der Allgemeinen Ritterschaft. In der hier im Mittelpunkt stehenden Landesversammlung von 1742 erschien er jedoch ebenfalls nicht in Dresden. Im darauf folgenden Landtag von 1746 findet man ihn aber wieder in der Allgemeinen Ritterschaft, die er von der Landtagseröffnung am 19. Juni bis zum Landtagsschluß am 14. August besuchte. Die derart für das Jahr 1742 entstandene Lücke in seiner Landtagsteilnahme hat vermutlich keine größere interpretierbare Bedeutung gehabt.

Ähnlich liegen die Verhältnisse bei Gottlob Ferdinand v. Reibold, dem Besitzer von Mechelgrün, Unterteil, seit 1711.[245] Seine Schwester Agnisa Dorothea war im Jahr 1711 mit dem oben schon genannten Alexander Christian v. Beulwitz auf Erlbach verheiratet.[246] Gottlob Ferdinand v. Reibold kam im Jahr 1716 zum ersten Mal in die Allgemeine Ritterschaft des Vogtländer Kreises und hatte seitdem fleißig die Versammlungen von 1718 bis 1734 besucht.[247] Eine Berufung

---

knappen finanziellen Mittel der Metzsch auf Plohn die Ursache für die recht sporadische Teilnahme an den Landtagen.

244 Sein Vater war der am 12. Juli 1681 gestorbene Adam Erdmann v. Feilitzsch, der kaiserliche Capitain-Lieutenant Carl Otto sein im Jahr 1712 in Italien gefallener Bruder, siehe Zedler, Universal-Lexicon, Bd. 9 (1735), Sp. 441. Um das Rittergut hatte es von 1673 bis 1706 immer wieder Gerichtsprozesse mit Urban Caspar v. Feilitzsch gegeben.

245 Bei Heinrich August Verlohren, Stammregister und Chronik der sächsischen Armee, S. 425, Nr. 3, wird Gottlob Ferdinand v. Reibold ohne weitere Angaben ganz allgemein als Hauptmann bezeichnet. Im Jahr 1727 erwarb er noch das kleine amtsässige Lehngut Ober-Marxgrün im Amt Voigtsberg für 4.300 Gulden, siehe HSTA Dresden, Bestand 10.080, Obermarxgrün, O Nr. 6.380. Zehn Jahre später verkaufte er es für 5.500 Gulden an den Kammer-Revisor und Advokaten in Plauen Gottlob Erdmann Hübschmann. Der Hauptmann v. Reibold war drei Mal verheiratet und hatte im Jahr 1738 sieben Söhne im Alter von zehn bis siebenundzwanzig Jahren.

246 In der brüderlichen Erbteilung von 1711 hatte Gottlob Ferdinands Bruder Hans Erdmann v. Reibold das amtsässige Rittergut Kloschwitz erhalten. Dieses Lehngut vertauschte er im Jahr 1722 mit dem schriftsässigen Rittergut Reinsdorf des 1734 verstorbenen Kammerjunkers und Ober-Forstmeisters Hans v. Reibold auf Rößnitz. Von Hans v. Reibold kaufte Alexander Christian v. Beulwitz schließlich 1727 das Rittergut Kloschwitz. Aufgrund des ertauschten Rittergutes Reinsdorf konnte dann Hans Erdmann v. Reibold im Jahr 1728 seine eigene Landtagskarriere starten, die ihn von 1734 bis 1746 in den Weiteren Ausschuß des Landtages führte.

247 Für einen Monat, nämlich vom 13. September bis 11. Oktober 1728, war Gottlob Ferdinand v. Reibold auch Besitzer des schriftsässigen Mechelgrün, Oberteil. Er hatte das Gut von seinem Nachbarn Ferdinand Engelhard v. Tettau – Landtagsbesucher in den Jahren 1718 und 1728 – gekauft und gleich wieder an August Willibald v. Trützschler auf Dorfstadt weiterverkauft, siehe HSTA Dresden, Bestand 10.080, Mechelgrün, obern Theil, O Nr. 5363. Die Motive hinter diesem Manöver sind z. Z. noch unklar.

in den Weiteren Ausschuß erlangte er in der ganzen Zeit jedoch nicht. Auf den Landtagen von 1737 und 1742 fehlte er dann. Aber im Jahr 1746 besuchte er wieder die Allgemeine Ritterschaft. Da er am 10. Februar 1748 verstarb, wurde dies sein letzter Landtagsbesuch. Ungeachtet aller intervenierenden Umstände muß man Gottlob Ferdinand v. Reibold zu den engagierten und an den Landtagsverhandlungen interessierten adligen Rittergutsbesitzern der ersten Hälfte des 18. Jahrhunderts rechnen. Obwohl er und Heinrich Rudolph Erdmann v. Feilitzsch nur der angeblich politisch einflußlosen und unbedeutenden Allgemeinen Ritterschaft angehört haben, kamen beide über eine Zeitspanne von dreißig und mehr Jahren jeweils sieben Mal zum Landtag nach Dresden.

Während bislang überwiegend das Interesse der adligen Lehngutsinhaber an einer Teilnahme an den Dresdner Landtagsverhandlungen betont wurde, ist andererseits nicht zu übersehen, daß es in den Landtagsverzeichnissen auch ein anderes Muster gibt, daß auf nur einen oder zwei Landtagsbesuche nach der Übernahme des Rittergutes hindeutet. Dies ist der Fall bei dem am 16. Januar 1700 geborenen Carl Friedrich Edler v.d. Planitz auf Auerbach, Oberteil, der das Gut zusammen mit seinem jüngeren Bruder Carl Christoph im Jahr 1705 von seinem Vater Hans Christoph v.d. Planitz geerbt hat. Im Jahr 1721 erreichte Carl Friedrich die Lehnsmündigkeit und erhielt seinen Lehnschein am 18. Februar 1721. Im Jahr darauf besuchte er den am 8. Februar eröffneten Landtag und blieb bis zu dessen Ende am 14. Juni in Dresden. Im Jahr 1722 war sein Vetter Carl Ludwig Edler v.d. Planitz auf Untergöltzsch Direktor des Vogtländer Kreises in der Allgemeinen Ritterschaft. Laut Oberhofmarschallamt teilte sich Carl Friedrich das Quartier in Kümmels Haus auf der Scheffelgasse mit seinen Vettern Carl Ludwig und Christian Ludwig auf Auerbach, Unterteil.[248] Am 8. April 1723 übernahm Carl Friedrich auch die seinem jetzt lehnsmündig gewordenen Bruder Carl Christoph zustehende andere Hälfte von Auerbach, Oberteil. Bis zu seinem Tod am 14. April 1762 blieb er Besitzer des Rittergutes.[249] Im Gegensatz zu seinen beiden Vettern, die in der ersten Hälfte des 18. Jahrhunderts regelmäßige Landtagsteilnehmer waren, kam Carl Friedrich nur im Jahr 1722 zum Landtag nach Dresden.[250] Die zeitliche Nähe von Übernahme des Lehngutes und Teilnahme an einem Landtag geben der Teilnahme den Charakter eines Antrittsbesuchs bei der in Dresden versammelten kursächsischen Ritterschaft. Warum es

---

248 Bei den Besitzern der drei Rittergüter Auerbach und Untergöltzsch handelte sich auch im Amt Plauen um Nachbarn, siehe dazu auch die beiden Karten zu den Landtagsteilnehmern von 1711 und ihren Wohnorten in der Stadt Dresden in: Josef Matzerath (Hg.), Aspekte sächsischer Landtagsgeschichte. Die ‚Mitglieder der (kur-)sächsischen Landstände (1694–1749), Dresden 2015. Vermutlich haben die drei Vettern auch die Reise nach Dresden, für die ihnen sechzehn Meilen und sechs Nachtlager zugestanden wurden, gemeinsam absolviert.
249 Es beerbten ihn seine beiden Söhne Christian Friedrich August und Gottlob Heinrich Edle v.d. Planitz, die beide am 29. August 1763 mit ihren Anteilen belehnt wurden. Gottlob Heinrich übernahm 1764 das Gut allein und besuchte daraufhin im Jahr 1766 den Landtag. Dabei blieb es dann aber, obwohl er das Gut noch bis 1797 besaß.
250 Zur Landtagskarriere von Christian Ludwig auf Auerbach, Unterteil, siehe oben, Carl Ludwig auf Untergöltzsch nahm von 1711 bis 1728 fünf Mal an den Verhandlungen in der Allgemeinen Ritterschaft teil und von 1731 bis 1749 nahm er sechs Mal im Weiteren Ausschuß Platz.

dann aber bei nur einem Landtagsbesuch blieb, können erst weitere Detailstudien klären.

Mit einer einzigen Landtagsteilnahme begnügte sich auch Heinrich Friedrich v. Reitzenstein auf Sparnberg, der beim Landtag von 1728 der Allgemeinen Ritterschaft des Vogtländer Kreises beiwohnte, aber weder den Landtag von 1742 noch einen der anderen Landtage besuchte. Nicht viel anders verhielt sich August Willibald v. Trützschler, Besitzer von Dorfstadt und (seit 1728) Mechelgrün, Oberteil. Das schriftsässige Rittergut Dorfstadt hatten er und seine Brüder im Jahr 1706 geerbt, und seit der brüderlichen Teilung von 1711 war August Willibald der alleinige Besitzer des schriftsässigen Lehens. Daraufhin reiste er auch zum Landtag dieses Jahres und meldete sich, wie in der Landtagspraxis üblich, am Vorabend der für den 6. Februar angekündigten Eröffnung beim Oberhofmarschallamt an. Seinen Lehnschein erhielt er am 12. Februar 1711. Während die Verhandlungen noch bis zum 24. April andauerten, reiste August Willibald v. Trützschler bereits am 17. März aus Dresden ab. Im Jahr 1716 kam er zwar noch einmal zu einem allgemeinen Landtag, wo er wieder zur Allgemeinen Ritterschaft gehörte, danach taucht er aber bis zu seinem Tod am 27. März 1759 in keiner Landesversammlung mehr auf. Es blieb bei den beiden Besuchen im Umfeld der Übernahme des Rittergutes. Sowohl finanzielle Probleme wie berufliche Verhinderungen können im Fall von August Willibald v. Trützschler als Motive ziemlich sicher ausgeschlossen werden. Ob es vielleicht die innerfamiliäre Arbeitsteilung mit seinem Bruder Franciscus Oswald v. Trützschler auf Falkenstein war, die dieses Ergebnis bewirkte, oder die mangelnde Aussicht auf eine persönlich erfolgreiche Landtagskarriere, läßt sich zur Zeit nicht beurteilen.[251]

Die Kombination von langjährigem Rittergutsbesitz und geringer Landtagsteilnahme trifft auch auf Hans Carl Friedrich v. Schönfels auf Reuth im Amt Plauen zu. Hans Carl Friedrich und sein Bruder Georg Heinrich v. Schönfels hatten das schriftsässige Lehngut im Jahr 1702 geerbt und aufgrund ihrer Minderjährigkeit zunächst Indult erhalten. Die Belehnung mit Reuth erfolgte dann für beide unter dem Datum des 25. Februar 1719. Drei Jahre später nahm Hans Carl Friedrich in einer brüderlichen Teilung das Gut Reuth allein an, das bis 1772 in seiner Hand blieb. Sein erster Landtagsbesuch erfolgte dann auf dem nächsten allgemeinen Landtag im Jahr 1728. Er kam im Jahr 1734 noch ein weiteres Mal zu den Landtagsverhandlungen nach Dresden und danach nicht mehr, also auch nicht zum Landtag von 1742. Daher blieb es für das Rittergut Reuth in der ersten

---

251 Nachdem beide Brüder den Landtag von 1718 versäumt hatten, wurde sein Bruder 1722 immerhin in den Weiteren Ausschuß berufen und machte also am Landtag Karriere. Inwieweit Brüder bzw. Väter und Söhne aus dem gleichen erbländischen Kreis zu gleicher Zeit in einen Ausschuß berufen wurden und dort sitzen konnten, oder ob in diesen Fällen nicht einem anderen Kandidaten der Vorzug einer Promotion auf die knappen Posten gegeben wurde, wenn nicht andere gewichtige Faktoren wie hohe Amtsstellung oder Protektion den Ausschlag gaben, könnten ausführlichere Studien zum Verhalten der Landtagsteilnehmer klären.

Hälfte des 18. Jahrhunderts bei den beiden Teilnahmen am Landtag von 1728 und 1734.[252]

Überhaupt keinen Landtagsbesuch unternahm dagegen Johann August v. Kospoth auf Blankenberg. Das schriftsässige Rittergut war ihm im Jahr 1738 von seinem Schwager Hans Christoph v. Feilitzsch verkauft worden, der selbst nur einmal den Landtag von 1728 besucht hatte.[253] Die v. Kospoth waren ein bedeutendes Adelsgeschlecht aus Thüringen. Ende des 17. Jahrhunderts verzeichneten die Landtagsakten für das Jahr 1699 einen geheimen Rat Friedrich v. Kospoth auf Güldengossa im Weiteren Ausschuß des Dresdner Landtages. Nach 1701 hat aber kein v. Kospoth mehr den Landtag besucht, auch im Besitz von Rittergütern haben sie sich in Kursachsen nicht gehalten.

Schließlich ist noch auf Franciscus Oswald v. Trützschler auf Falkenstein einzugehen, der in der ersten Hälfte des 18. Jahrhunderts nicht nur zu den Gütersammlern gehörte, sondern zunächst auch ein aktiver Landtagsbesucher war. Von 1710 bis 1750 war er Alleinbesitzer des schriftsässigen Lehns Falkenstein und trat für dieses Rittergut im Jahr 1711 in die Allgemeine Ritterschaft ein. Nach einer Pause in seiner Landtagsteilnahme im Jahr 1718 kam er 1722 in den Weiteren Ausschuß und zwölf Jahre darauf in den Engeren Ausschuß. Der Landtag von 1737 war sein achter und zugleich letzter Landtag. Zu diesem Zeitpunkt kann man ihn zu den erfahrenen Landständen rechnen und ihn einen prominenten Vertreter des Vogtländer Kreises nennen. Da er, soweit bislang bekannt, keine weiteren Ämter am Hof oder in der Verwaltung bekleidete, kann man in ihm auch einen Repräsentanten des begüterten und nicht direkt vom Hof abhängigen kursächsischen Landadels sehen. Die drei Landtage der vierziger Jahre bis zu seinem Tod am 1. Juli 1750 hat er dann jedoch nicht mehr besucht. Dies kann seinem fortgeschrittenen Alter geschuldet gewesen sein. Aber hohes Alter alleine war nicht zwangsläufig ein Grund, seinen Sitz im Engeren Ausschuß nicht mehr einzunehmen. Es bliebe an anderen Quellen zu prüfen, ob nicht eine gewiße Unzufriedenheit mit der unter Heinrich v. Brühl verfolgten Finanzpolitik zum Rückzug von Franciscus Oswald v. Trützschler vom Landtag beigetragen hat.[254]

Der Blick auf die Rittergutsbesitzer des Vogtländer Kreises belegt, daß ihre Einbeziehung möglich und sinnvoll ist, wenn man das Geschehen auf den kur-

---

252 In dem hier besonders interessierenden und im Mittelpunkt stehenden Jahr 1742 erwarb Hans Carl Friedrich v. Schönfels noch das amtsässige Rittergut Rodau im Amt Plauen. Bei dieser Gelegenheit wird er als Kammerjunker im Fürstentum Anhalt-Köthen bezeichnet. Ob damit bereits die Abwesenheit vom Dresdner Landtag erklärt werden kann, ist unklar. Möglicherweise spielen noch weitere individuelle Motive eine Rolle.

253 Siehe Wilhelm Frh v. Feilitzsch, Geschichte und Genealogie der Freiherrlichen Familie von Feilitzsch, Neustadt a. d. Aisch 1875, S. 273. Hans Christoph v. Feilitzsch (1687–1750) hatte Blankenberg erst 1725 von Ernst Dietrich Frh v. Taube erworben. Er war in zweiter Ehe mit Johanna Emilie v. Kospoth verheiratet.

254 Für Heinrich v. Bünau auf Domsen geht die Literatur von einer finanzpolitischen Oppositionshaltung zur Politik Heinrich v. Brühls in den vierziger Jahren aus. Es bleibt aber quellenmäßig schwer zu belegen, inwieweit der Rückgang der Landtagsbesuche in den vierziger Jahren von politischen Motiven mitverursacht worden ist.

sächsischen Landtagen verstehen und interpretieren will. Erst durch die Rücksicht auf den weiteren Kreis der Lehngutinhaber insgesamt läßt sich die Gruppe der adeligen Landtagsbesucher in ihrer zeitgenössischen und in ihrer historischen Bedeutung gewichten. Die jeweiligen Landtagsteilnehmer sind also mit dem größeren Kreis der überhaupt Landtagsfähigen erwachsenen männlichen Adeligen ins Verhältnis zu setzen, um das Interesse der kursächsischen Adeligen und die tatsächliche Bedeutung der adeligen Landtagsbesuche abschätzen zu können. Die Zahl der Landtagsfähigen darf jedoch nicht mit derjenigen der schriftsässigen Rittergüter gleichgesetzt werden, da zwischen beiden immer eine mehr oder weniger große Diskrepanz bestanden hat.

Die prosopographische Erfassung aller Lehngutinhaber ist gerade dann um so unverzichtbarer, wenn die historische Darstellung nicht einfach zeitgenössische Urteile über einen eingetretenen oder zu befürchtenden Verfall der Landtagsverfassung ungeprüft übernehmen will, wie es dann um und nach 1800 tatsächlich üblich wurde.[255] Selbst wenn sich ein solcher Verfall faktisch nicht nachweisen ließe, handelte es sich um ein historisch hoch interessantes Ergebnis. Ein Wandel der Wahrnehmungsweise ist nicht minder ein historisches Datum wie die Zahlen und Quoten der Landtagsteilnahme. Daß die gewandelte Sichtweise sich wiederum auf die Behauptung sozialer Veränderungen stützen zu müssen glaubt, erlaubt der historischen Rückschau weitere unverzichtbare Einblicke in die Genese und die Dynamik gesellschaftlichen Wandels im 18. Jahrhundert. Die Thematik eines eingetretenen, eines notwendigen oder eines zu befürchtenden Wandels wird jedoch erst in der zweiten Hälfte des 18. Jahrhunderts virulent. In der vorliegenden Studie sollte die Ausgangslage in der ersten Hälfte des Jahrhunderts skizziert werden, in der sich die barocke Gesellschaft Kursachsens dem Anschein einer neu geschaffenen sichtbaren Stabilität und Ordnung hingeben konnte.

---

255 Siehe den Abschnitt ‚Die Karriere eines Arguments' in: Axel Flügel, Bürgerliche Rittergüter, Göttingen 2000, S. 13–20.

V. Zusammenfassung. Landtag im frühneuzeitlichen Fürstenstaat

„So hoffet man ferner die Approbation dieser so mühsam fortgesetzten Arbeit
von der gelehrten und curieusen Welt, als welche zu nichts anders abzielet,
als bey dem itzigen Wachsthum und Verbesserung aller Künste und
Wissenschaften, auch die so nutzbahre Genealogie auf solche Weise
zu excolieren und vollkommener zu machen, und als
das eine Auge der Historie in gehöriger Krafft,
Schärffe, und Klarheit zu erhalten."
Gottlieb Schumann, Jährliches genealogisches Handbuch, Leipzig 1730, Vorrede

In den vorangegangenen Kapiteln richtete sich der historische Rückblick auf die
Frage, was sich über den Landtagsbesuch und die Landtagskarrieren der altadeligen Rittergutsbesitzer aus den sieben Kreisen der kursächsischen Erblande
ermitteln läßt, soweit die derzeit verfügbaren Quellen zur ersten Hälfte des
18. Jahrhunderts darüber Auskunft geben. Die Landtagsteilnahme wurde in
verschiedene Aspekte aufgegliedert und für die Zeit von 1694 bis 1749 detailliert
bis minutiös untersucht und dargestellt, um vor allem anderen eine möglichst
genaue Vorstellung von den zeitgenössischen Verhältnissen vor Augen zu führen. Zum Abschluß der Untersuchung sollen die ermittelten Ergebnisse in den
größeren Kontext der Landtagsgeschichte und der frühneuzeitlichen Epoche
eingeordnet werden. Die Befunde sind demnach nicht nur in ihren zeittypischen
Kontext einzubetten, sie sollen auch im Rahmen eines allgemeinen historischen
Verständnisses der frühneuzeitlichen Epoche beurteilt und bewertet werden.
Am Anfang muß aber der Hinweis stehen, daß mit dem Personal der Ritterkurie
nur ein Ausschnitt des Landtags behandelt worden ist. Weder die in der landesherrlichen Proposition und in anderen Schriften niedergelegten politischen
Verhandlungen um Finanz- und Rechtsfragen noch die von den Ständen vor-
gebrachten Gravamina konnten in die Untersuchung eingezogen werden.[1] Sowohl die verhandelten Gegenstände und Forderungen wie auch ihre sprachliche
Formulierung und die damit implizit aufgerufenen Werte und Sichtweisen

---

1   Hinsichtlich der Propositionen und der Landtagsverhandlungen hat Wieland Held, Der Adel
    und August der Starke, einen Anfang gemacht, der aber nur die Anfangsjahre von 1694 bis 1707
    abdeckt und nicht auf die historische Semantik eingeht. Hinsichtlich der Gravamina siehe
    demnächst die Untersuchung von Silke Marburg zu den Gravamina im Dresdner Landtag.

müssen die personelle Seite des Landtagsgeschehens ergänzen. Erst zusammen ergeben sie ein vollständiges Bild der Landtagspraxis.

Die Prosopographie der Landtagsbesucher und der Landtagsberechtigten bietet also nur das eine Auge der Historie, das aber doch einen spezifischen Einblick in das Landtagsgeschehen, in die zeitgenössischen Abläufe und Konflikte erlaubt. Von der Untersuchung der Landtagskarrieren her lassen sich aber sehr wohl Fragen und Modelle entwickeln, welche in der Analyse der Landtagsschriften und der politischen Konflikte aufgegriffenen und weiter erprobt werden können. Schließlich ist noch daran zu erinnern, daß hier weder die Städtekurie noch diejenige der Prälaten, Grafen und Herren einbezogen wurden, die zusammen mit der Ritterkurie erst den ganzen frühneuzeitlichen Landtag ausmachten und für die weitgehend das gleiche gilt, was gerade hinsichtlich der Ritterkurie festgestellt wurde.

Der kursächsische Landtag ist außerhalb der Länder der Habsburger Monarchie die bedeutendste allgemeine Landesversammlung im Alten Reich in der Zeitspanne zwischen dem Westfälischen Frieden und der Französischen Revolution gewesen. Dieses historische Urteil ist zum einen durch die große Personalstärke der in Dresden versammelten Landstände begründet, zum anderen durch den herausragenden Umstand, daß der allgemeine Landtag auch im 18. Jahrhundert auf Dauer nicht durch einen kleinen Ausschuß ersetzt worden ist.[2] Vielmehr haben über das gesamte Jahrhundert hinweg immer wieder allgemeine Landtage stattgefunden, die eine stattliche Reihe von Versammlungen ergeben, an denen dementsprechend viele Rittergutsbesitzer und Städtevertreter beteiligt gewesen sind. Der bekanntere württembergische Landtag umfaßte dagegen keinen Adel und tagte im 18. Jahrhundert insgesamt nur drei Mal.[3] In Bayern trat seit 1669 ein Ausschuß von nur sechzehn Mitgliedern, die landschaftliche Verordnung, an die Stelle des Landtages.[4] Schließlich gehörte das Kurfürstentum Sachsen in der Frühen Neuzeit zu den größeren und bedeutenderen Territorien im Heiligen Römischen Reich. Seine Regierungsweise und seine öffentlichen Einrichtungen sowie die mit ihnen verbundenen sozialen, politischen und kulturellen Zustände sind daher sowohl von erheblicher zeitgenössischer Relevanz gewesen als auch wichtig für ein modernes historisches Verständnis der alteuropäischen Gesellschaft. Dennoch hat der kursächsische

---

2   Dieser Umstand ist zwar im Vergleich mit anderen Territorien des Alten Reiches herausragend. Damit ist aber nicht behauptet, daß in der landständischen Tradition eine Absicht gelegen habe oder ein spezifisches sächsisches Genie. Die Kontinuität des allgemeinen Landtages verdankt sich wahrscheinlich einerseits mehr den jeweiligen kontingenten Ereignissen und Entwicklungen, insbesondere den militärischen Niederlagen Sachsens, andererseits einer gut entwickelten frühneuzeitlichen Rechtskultur, der es gelang, die herrscherliche Willkür und Baulust einzuhegen.

3   Siehe James Allen Vann, Württemberg auf dem Weg zum modernen Staat 1593–1793, Stuttgart 1986. Die drei Landtage fanden in großen Abständen 1698/99, beim Thronwechsel 1737 und dann wieder 1763–1770 statt.

4   Siehe Jutta Seitz, Die landständische Verordnung in Bayern im Übergang von der altständischen Repräsentation zum modernen Staat, Göttingen 1999, S. 42.

Landtag bislang in der deutschen Historiographie noch nicht die Aufmerksamkeit gefunden, die ihm zukommt.

Der kursächsische Adel um 1700 war kein in provinzieller Beschränktheit lebender Landadel. Er hatte, soweit es die finanziellen Mittel nur zuließen, in Leipzig, Wittenberg und manchmal auch an auswärtigen Universitäten studiert und verfügte über zeittypische juristische Kenntnisse. Er war zudem weitgereist. Die Geschlechterartikel in Zedlers Universal-Lexicon fließen über vor Belegen zur Kavaliersreise sächsischer Adliger durch das Reich, nach Italien, Frankreich, Holland und häufig auch in das parlamentarische England, das gerade einen Bürgerkrieg, eine Republik und die Glorious Revolution erlebt hatte. Selbst wer sich das Studium und die teure ein- bis zweijährige Kavaliersreise nicht leisten konnte, kam als Page, Hofmeister oder als kaiserlicher Offizier weit herum.[5] Die Kursachsen mögen ja leidenschaftliche sächsische Patrioten gewesen sein, sie waren aber zugleich auch Europäer. Dieser Adel verfügte über juristisch-politische Bildung, er sprach Latein und Französisch und gehörte zu einer gemeineuropäischen Adelskultur. Wenn dieser landständische Adel im Verlauf des 17. und 18. Jahrhunderts also nicht die frühliberalen Erwartungen an eine strikte Budgetkontrolle des Fürsten oder an eine umfassende Ministerverantwortlichkeit erfüllte, dann lag es nicht an mangelnder Bildung und provinzieller Unbedarftheit oder fehlender Anschauung auf Seiten der adeligen Landtagsmitglieder.

In den kursächsischen Erblanden gab es eine große Zahl an schriftsässigen und amtsässigen Rittergütern, die vom Landesherrn als Lehn ausgetan wurden. Entsprechend zahlreich war auch um 1700 die kursächsische Mannschaft bzw. der landsässige Adel, der dann an den allgemeinen Landesversammlungen teilnehmen konnte. Um die historischen Proportionen abschätzen zu können, wird man aber andererseits festhalten müssen, daß dieser Adel, obwohl es ihm nicht schlecht ging und obwohl er nach den Verwüstungen des Dreißigjährigen Krieges seit dem Ende des 17. Jahrhunderts aufgrund seines Grundbesitzes und seiner Diensteinkommen ökonomisch bestehen konnte – wie es für den Adel im Mittelalter und in der Frühen Neuzeit insgesamt gegolten hat –, so hat es sich beim landsässigen Adel der kursächsischen Erblande doch um relativ arme Adelige gehandelt, die keinen Vergleich mit dem in Wien und den österreichischen Ländern begüterten Herrenstand standhielten. Der von den Baronen, Magnaten oder Herren neben dem Fürsten ausgeübte soziale, politische und kulturelle Einfluß am Hof, in der Regierung und in der Adelskultur fällt in Dresden weg. Wien und Dresden sind daher nicht unmittelbar vergleichbar. Sie befanden sich nicht auf derselben Ebene. Dennoch tut diese Einordnung der Dignität des Dresdner Landtages und seiner historischen Bedeutung im Rahmen des frühneuzeitlichen Alten Reiches keinen Abbruch.

Die historische Bedeutung des Dresdner Landtages liegt auch nicht darin, daß er als repräsentativ für eine größere Gruppe mehr oder weniger ähnlicher

---

5   Aufgrund der zahlreichen kriegerischen Verwicklungen reichten die Möglichkeiten im kaiserlichen, holländischen oder venezianischen Dienst, die von vielen sächsischen Adelssöhnen ergriffen wurden, von den Niederlanden bis Sizilien und Ungarn.

frühneuzeitlicher Landtage in anderen Territorien des Reiches stehen könnte. Zwar kann man ihn als Drei-Kurien Landtag von Prälaten und Herren, Ritterschaft, Städten einem rechtlichen Prinzip, Typus oder Muster zuordnen, für eine historische Darstellung im Unterschied zur rechtsgeschichtlichen oder soziologischen Systematisierung ist damit jedoch wenig gewonnen. Aus dem kursächsischen Landtag ist keine Wurzel späterer parlamentarischer Teilhabe herzuleiten, die in der deutschen Geschichte angelegt gewesen sei. Er kann auch nicht als Gegenbild zu einem vermeintlich preußischen Irrweg verwendet werden. In seiner konkreten historischen Gestalt und Entwicklung war der Dresdner Landtag einzigartig. Er sollte daher nicht als Typus, sondern vielmehr als Exempel das historische Interesse auf sich ziehen. In historischer Perspektive ist er ein hervorragendes Beispiel für die politischen Fähigkeiten des begüterten Landadels, für die Funktionsweise und Möglichkeiten der frühneuzeitlichen Politik, für die zeitgenössischen Sichtweisen, Werthaltungen und Einstellungen zur legitimen Obrigkeit und nicht zuletzt für das Verhalten und die Intentionen der zeitgenössischen Amtsträger von den einfachen Räten bis zum Fürsten in seinem Amt als Landesherr. Die Einsicht in dieses für die Frühe Neuzeit charakteristische, komplexe und heterogene Gewebe der Akteure, Werte, Ereignisse und Umstände macht den Wert einer historischen Darstellung des Landtages aus.

Die Untersuchung der Landtagsteilnehmer in den drei Abteilungen der Ritterkurie konnte eine rege und ausdauernde Teilnahme der adligen Rittergutsbesitzer an den Landtagsverhandlungen in der ersten Hälfte des 18. Jahrhunderts nachweisen.[6] Die Reise zum Landtag nach Dresden war nicht nur eine persönliche Entscheidung, sondern eingebunden in familiäre Traditionen des Landtagsbesuchs und der Anstellung im landesherrlichen Dienst. Für viele Landtagsbesucher kann darüber hinaus eine Jahrzehnte dauernde Landtagskarriere belegt werden, die übrigens nicht immer mit einem Aufstieg in den Weiteren oder Engeren Ausschuß verbunden gewesen sein muß. Der Besuch des Dresdner Landtages gehörte in dieser Zeit demnach zu einer sehr weitgehend geteilten politischen Kultur der Lehngutsinhaber.[7] Die konkrete personelle Zusammensetzung eines bestimmten Landtages zeigt sehr komplexe Verhältnisse. In sie gehen die demographischen Verhältnisse ein, insbesondere die Minderjährigkeit von Besitzern, dann mehrere soziale Faktoren, insbesondere die nichtlandtagsfähigen nobilitierten, bürgerlichen oder weiblichen Besitzer, aber auch fehlende finanzielle Mittel oder Konkursverfahren der adligen Gutsinhaber. Bei den Landtagsberechtigten kann die Abkömmlichkeit vom Rittergut oder vom

---

6   Allerdings ist auch nicht zu übersehen, daß die Landtagsfrequenz in den 1740er Jahren deutlich schwächer wurde. Inwieweit sich hier ein konjunktureller Einfluß bemerkbar machte oder bereits eine strukturelle Verschiebungen sozialer oder kultureller Natur, können nur weitere Untersuchungen klären.

7   Der Ausdruck ‚weitgehend' steht hier als Hinweis darauf, daß diese politische Kultur nicht nur von den altadeligen Rittergutsbesitzern getragen und geteilt wurde, sondern auch die Rittergutsbesitzer umfaßte, die nicht zum Landtag gehen konnten, weil sie die Ahnenprobe nicht erfüllten, weil sie bürgerlichen Standes waren oder weil sie weiblich waren.

landesherrlichen, diplomatischen oder militärischen Dienst eine Rolle spielen. Einen großen Einfluß hatte die Rücksicht auf die geographische Einteilung der Erblande in die sieben Kreise, die vor allem auch bei der Promotion in die Ausschüsse wichtig war. Schließlich spielten die zeitliche Dimension der Häufigkeit, in der die Landesversammlungen durch den Fürsten einberufen wurden, und die Zahl der Landtagsbesuche eine entscheidende Rolle für die Möglichkeit und den Verlauf der individuellen Landtagskarrieren.

Die Zusammensetzung der Mitglieder des Landtages hat außerdem eine große Streuung ihrer beruflichen Stellung ergeben. Von den lokalen Forstbeamten und Kammerjunkern bis zu den wirklichen geheimen Räten, Kammerherren und Ober-Chargen des Dresdner Hofes finden sich zahlreiche landesherrliche Amtsträger und Hofleute unter den regelmäßigen Landtagsbesuchern. In der ersten Hälfte des 18. Jahrhunderts sammelten sich in Kursachsen die hohen Amtsträger nicht nur an der Spitze im Engeren Ausschuß. Sie waren vielmehr in allen drei Abteilungen der Ritterkurie vertreten. Die landesherrlichen Amtsträger und Offiziere mischten sich auf den allgemeinen Landtagen mit landsässigen Adeligen aus den verschieden erbländischen Kreisen, die – soweit wir wissen – aktuell kein landesherrliches Amt bekleideten. Aber selbst diese Landstände ohne Amt kamen, wie eine über längere Zeiträume durchgeführte Untersuchung belegen kann, überwiegend aus Geschlechtern oder Familien, die in den vorhergehenden Generationen derartige Ämter und Stellungen am Hof, als Offiziere, als Räte, Steuereinnehmer oder Kreishauptleute innegehabt hatten. Der Landstand ohne Amt kann in vielen Fällen sogar – aufgrund seiner Jugend oder aufgrund eines Mangels an neu zu vergebenden Stellen – als ein nur temporär wieder oder noch ohne Amt anwesender Landstand betrachtet werden.[8]

In einer adeligen Gesellschaft, in der die ‚Memoria' an die Taten und Leistungen der Vorfahren und die Vorsorge für die Nachfahren, die ‚Posterität', eine große Rolle spielten, wird man den Unterschied zwischen Landständen, die ein Amt bekleideten, und denen, die ohne Anstellung waren, nicht allzu hoch ansetzen können. Es erscheint auch fraglich, ob man überhaupt die Amtsträger im Landtag und die Landstände ohne Amt als zwei Gruppen, und zwar als landesherrliche Diener einerseits und unabhängige Landadelige andererseits, sinnvoll einander entgegensetzen kann, wenn man jedenfalls nicht die in ihnen verkörperten Prinzipien betrachtet, sondern die frühneuzeitliche Praxis und das sich in ihrem konkreten Verhalten äußernde Selbstverständnis. Das schließt selbstverständlich Eifersüchteleien, Postenneid und Postenjägerei oder Faktionen, die sich um einflußreiche Personen und Cliquen bilden und die verfügbaren

---

8   Das soll nicht unterstellen, alle Landstände wären immerzu auf Posten in der landesherrlichen Verwaltung aus gewesen. Der Topos, sich vom Hofleben fernzuhalten und sich stattdessen dem stillen und gesunden Vergnügen des Landlebens zu widmen sowie der Sorge um die eigene (Haus-)Wirtschaft und den Nachbarn Rat und Hilfe zu spenden, ist in dieser Zeit in den Nachrufen weit verbreitet. Wieweit er das Verhalten einzelner Landstände bestimmt hat, ob er eine Reaktion auf enttäuschte Karrierehoffnungen am Hof darstellte oder vor allem eine biographische Etappe im höheren Lebensalter bezeichnete, wird zu untersuchen sein. Es handelt sich aber keinesfalls um bloße Vorspiegelungen ohne Realitätsgehalt.

Ressourcen zu monopolisieren trachten, nicht aus, wie es ja schon zeitgenössisch, z. B. in den Fürstenspiegeln, entsprechend häufig und deutlich als politische Gefahr formuliert worden ist.

Man kann daher kaum davon sprechen, daß ein durch die Stände im Landtag vertretenes Land dem im Geheimen Rat repräsentierten fürstlichen Willen gegenüber oder gar entgegen trat. Die Räte und Höflinge waren Teil des Landtages, sie agierten auf beiden Seiten der in der Landtagsforschung unterstellten Trennlinie. Daher erscheint nicht nur die These eines Dualismus zwischen der fürstlichen Sphäre der Herrschaft und der landständischen Sphäre der Freiheit, die grundsätzlich konfligierend zueinander stehen, wenig plausibel. Auch die schwächere Verflechtungsthese, die davon ausgeht, daß in der Frühen Neuzeit in den Personen, also in der doppelten Stellung als Rat und Landstand oder in ihrem nebeneinander innerhalb des Gremiums ein gewisser Ausgleich der beiden Sphären erfolgte, trifft die alteuropäischen Verhältnisse und Entwicklungen nur ungenau.[9] Die Verflechtungsthese versucht zwar, die empirisch nachweisbaren Gegebenheiten besser zu berücksichtigen als die mehr auf zugrundeliegende Prinzipien als auf die konkreten Verhältnisse fokussierte Dualismusthese, aber noch in der Vorstellung einer Verflechtung setzt sie die getrennten Sphären als solche voraus und bestätigt damit immer wieder, was sie andererseits gerade abzuschwächen versucht. Stattdessen sollte die Lösung der Frage, wie die frühneuzeitlichen Landtage zu verstehen sind, in einer anderen Richtung gesucht werden. Statt einen Gegensatz oder eine Verflechtung anzunehmen, kann man die versammelten Landstände wie die übrigen Räte und Kommissionen als integralen und normalen Bestandteil der zeittypischen landesherrlichen Verwaltung betrachten.

Mit Blick auf den Vormärz im Königreich Preußen hat Reinhart Koselleck bereits 1962 die damals provokante These aufgestellt, aufgrund der fehlenden konstitutionellen Verfassung und einer die Provinzen übergreifenden parlamentarischen Vertretung hätte die preußische Verwaltung die Funktion übernehmen müssen, innerhalb ihrer bürokratischen Abläufe selbst die Gesellschaft zu repräsentieren und der politisch richtungweisende Staatsträger zu sein.[10] Diese scheinbar illiberale Lösung der Verfassungsfrage in Preußen erwies sich jedoch als nicht tragfähig. Der fortwirkende soziale und politische Zwang zur Verfassungsgebung in der modernen Gesellschaft und das Allgemeine Preußi-

---

9   Der Gegensatz von Herrschaft und Freiheit als treibende Gegensätze des historischen Prozesses wurde 1868 von dem Juristen Otto Gierke (1841–1921) im ersten Band seiner Rechtsgeschichte des deutschen Genossenschaftsrechts eingeführt. Gierke gliederte die deutsche Geschichte vom frühen Mittelalter bis in die Gegenwart in juristischer Perspektive anhand der Vorherrschaft des einen oder anderen Prinzips in fünf Perioden. Die Verflechtungsthese geht auf Bemerkungen des Historikers Volker Press (1939–1993) in seinem Beitrag ‚Vom „Ständestaat" zum Absolutismus. 50 Thesen zur Entwicklung des Ständewesens in Deutschland' zurück, abgedruckt in: Peter Baumgart (Hg.), Ständetum und Staatsbildung in Brandenburg-Preußen, Berlin 1983, S. 280–318.

10   Siehe Reinhart Koselleck, Staat und Gesellschaft in Preußen 1815–1848, in: Werner Conze (Hg.), Staat und Gesellschaft im deutschen Vormärz 1815–1848, Stuttgart 1962, S. 79–112, hier bes. S. 111.

sche Landrecht von 1794 bildeten zentrale Themen von Kosellecks Untersuchung. Weil damit das Ergebnis der historischen Auseinandersetzungen im
Vordergrund stand, wurde allerdings der Frage, wieso die Verwaltung des
Ancien Régime zu dieser Leistung überhaupt in der Lage war, weniger Beach-
tung geschenkt. Die Antwort könnte, zunächst hypothetisch, darin gesucht
werden, anzunehmen, daß die landesherrliche Verwaltung des frühneuzeitlichen Fürstenstaates immer schon die angesprochenen repräsentativen Elemente
enthalten hat. Dazu gehörten auch die auf den verschiedenen Formen von
Landesversammlungen versammelten Stände. Erst in der Moderne werden die
Landstände in der Form der konstitutionellen Landtage aus der Landesverwaltung herausgelöst und ihr gegenübergestellt. Die dualistische Konzeption
der konstitutionellen Verfassung bringt dann den Gegensatz von fürstlicher
Regierung und der ihr untergeordneten Verwaltung einerseits und den politischen, die Gesellschaft über Wahlen und programmatische Parteibildungen re-
präsentierenden Landtagskammern andererseits hervor. Die Interpretation und
Einordnung der frühneuzeitlichen Landtage verweist also auf die Notwendigkeit, ein Konzept des frühneuzeitlichen Fürstenstaates zu entwickeln, das sich
von dem älteren entwicklungsgeschichtlichen Herrschaftsverständnis löst, das
der absolutistischen und stark auf den Willen des Fürsten bezogenen Forschungstradition zugrunde liegt, die in der konstitutionellen Verfassung des
19. Jahrhunderts den endlich erreichten Ausgleich der jahrhundertealten Spannungen und Konflikte gefunden glaubte. Zu diesem Zweck ist aber auch eine
Einsicht erfordert, in welch großem Ausmaß die Begrifflichkeiten, Sichtweisen
und Interpretationen der aktuellen Geschichtswissenschaft selbst noch im Sinne
eines konventionellen Überhangs von den konstitutionellen Errungenschaften
imprägniert ist, die von Gierke über Below, Rachfahl, Hintze, Hartung bis zu
Press weiter vermittelt worden sind.

Die Lösung der historiographischen Aufgabe, die Landtage im Kontext ihrer
alteuropäisch-frühneuzeitlichen Epoche zu interpretieren, wird allerdings erschwert, weil es über die Motive und Sichtweisen, in der die zeitgenössischen
Praktiken sich entfalteten, und über die politische Kultur, in die jene Praktiken
eingebettet waren, im hier interessierenden Zusammenhang jenseits relativ
dürrer juristischer Texte wenig explizite Aussagen gibt. Für den Juristen und
württembergischen Landschaftskonsulenten Johann Jacob Moser (1701–1785)
z. B. gab es zwar im Alltag in der Regierung eines Landes mehrere praktische
Vorteile für den Regenten und sein Haus und ebenso für das Land selbst, wenn
organisierte Landstände vorhanden waren.[11] Die Untersuchung der Regierungsformen und politischen Verhältnisse reduziert sich bei Moser aber auf den
traditionellen und immerwährenden Gegensatz von guter und schlechter Regierung, um den die ganze Darstellung und alle Überlegungen kreisen. Mit Blick

---

11   Johann Jacob Moser, Neues teutsches Staatsrecht, Bd. 13: Von der Teutschen Reichs-Stände
      Landen, deren Landständen und Unterthanen, Landes-Freyheiten, Beschwerden, Schulden und
      Zusammenkünfften, Frankfurt und Leipzig 1769, hier S. 490–496. Im Untertitel verweist Moser
      ausdrücklich auf die drei Quellen seiner Darstellung: die Reichsgesetze und das Reichsher-
      kommen, die deutschen Staatsrechtslehrer und die eigene Erfahrung.

auf die zahllosen empirischen Fälle kann Moser nur positivistisch feststellen, daß alle Kombinationen vorkommen, es also sowohl mit wie ohne Landstände sowohl glückselige wie schädliche Zeiten gegeben hat und gibt.[12] Die ausdrücklich als seine Meinung gekennzeichnete Zusammenfassung fällt am Ende nur dahin aus, daß „sich nicht wohl überhaupt etwas sicheres von dem Nutzen und Schaden derer Land-Stände bestimmen" lasse.[13] Ganz so fatalistisch wie der Jurist Moser sich hier gibt, müssen die Historiker aber nicht bleiben. Über die Bedeutung der Landstände bzw. der Landtage läßt sich durchaus mehr sagen.

Dennoch ist zunächst einmal ausdrücklich festzuhalten, in wie erstaunlich geringem Grad die Landtage und noch mehr die individuelle regelmäßige Teilnahme an den Landtagsverhandlungen in Dresden in zeitgenössischen privaten oder öffentlichen Schriftstücken Berücksichtigung gefunden hat.[14] In Kursachsen sind die Landtagsmitglieder selbst in den ansonsten sehr ausführlichen Hof- und Staatskalendern niemals verzeichnet worden.[15] Erst am Ende des 18. Jahrhunderts werden die zeitgenössischen Stellungnahmen zur Rolle und Organisation des kursächsischen Landtages im Umkreis der Französischen Revolution zahlreicher und verlassen die engen Schranken der überlieferten juristischen Nomenklatur. Die im Zuge der Untersuchung konsultierten biographischen Artikel über einzelne Adelige in Zedlers Universal-Lexicon erwähnen dagegen zwar die Erziehung der behandelten Adelspersonen, ihr Studium, die Kavalierstour, die Übernahme des Grundbesitzes, die Heirat und Übernahme öffentlichen Ämter oder auch temporäre Kommissionen, nicht aber ihre Landtagsteilnahme und Landtagskarriere. Diese erschließt sich erst aus den Landtagsakten. Bei der Lektüre des Zedlers allein entsteht deshalb der grundfalsche Eindruck, sie habe gar nicht stattgefunden. Offensichtlich kann man sich nicht allein auf die zeitgenössischen Angaben verlassen, manches, was heute von historischem Interesse ist, wurde in der Frühen Neuzeit nicht thematisiert oder schlicht vorausgesetzt und muß daher erst rekonstruiert werden. Dennoch bleibt die geringe zeitgenössische Berücksichtigung der Landtagstätigkeit in der Selbstdarstellung oder in den biographischen Artikeln im Zedler merkwürdig und erklärungsbedürftig. Diese erst zu entdeckende auffällige Lücke ist umso mißlicher, da sie von der zeitgenössischen Praxis in die historische Literatur übernommen worden ist und bis heute weitgehend beibehalten wurde.

---

12 Ähnlich positivistisch bindet noch Carl Heinrich v. Römer, Staatsrecht und Statistik des Churfürstenthums Sachsen, Bd. 2 (1788), S. 561–563, die Rechte der Landstände ganz eng an die Pflicht zur Steuerbewilligung für öffentliche Angelegenheiten, also an den traditionellen Unterschied von Steuer und Cammer. Im dritten Band, der 1792 herauskam, erscheint dann ein ganz neues revolutionäres Sprachregister, wenn er gleich eingangs auf den Seiten drei und vier behauptet, die Landstände repräsentierten den „vereinten Körper des Volkes", und die Landtage als „Volksversammlungen" bezeichnet.

13 Johann Jacob Moser, Neues Teutsches Staatsrecht, Bd. 13, S, 490.

14 Umso wichtiger wäre es, anstelle der reichen Überlieferung der kursächsischen Verwaltung auch zeitgenössische Briefwechsel oder private Tagebücher heranziehen zu können.

15 Sie galten demnach wohl in einem technischen Sinne nicht als dauerhafte Bestandteile des kursächsischen Staates. Sie hätten dann den Status von temporären Kommissionen statt Ämtern gehabt, denn Kommissionen wurden dort auch nicht verzeichnet.

Ein weiteres zeitgenössisches Beispiel für ein derartiges Übergehen der Landtagstätigkeit bietet die ansonsten recht ausführliche „Väterliche Verordnung" des Berghauptmanns Caspar v. Schönberg (1621–1676) auf Pfaffroda vom 5. Oktober 1674. An seine Söhne gerichtet forderte er von ihnen, sich gegen den Landesfürsten pflichtmäßig und jederzeit treu zu bezeigen, hold und gewärtig zu sein, sich wider ihn nicht aufwiegeln zu lassen, sondern sich nach Art der tapfern und tugendhaften alten schönbergische Leute treu und löblich zu verhalten.[16] Zu dieser Pflicht darf auch die vom Fürsten veranstalteten und einberufenen Landtage gezählt werden. Der Vater ist wenig überraschend von 1660 bis 1673 als Landtagsteilnehmer und Mitglied des Engeren Ausschusses nachweisbar. Einer ausdrücklichen Erwähnung wird der Dresdner Landtag aber auch hier nicht für Wert gehalten.

Die Lösung für den aus heutiger Sicht sehr irritierenden Umstand dieser Lücke in der zeitgenössischen Erwähnung und Wahrnehmung der Landtagsbesuche kann eben in der Richtung liegen, daß die Landtagteilnahme vor allem als Vasallenpflicht, als Dienst, gesehen wurde, also für die Zeitgenossen kein Ehre bringendes öffentliches Amt darstellte, sondern im Umkreis der landesherrlichen Kompetenz und Verwaltung angesiedelt wurde. Die Auslassung kann als Hinweis gelesen werden, daß die frühneuzeitliche Landtagstätigkeit tatsächlich nicht als genuiner und unmittelbarer Teil der eigenen adligen Lebenswelt angesehen und begriffen wurde, sondern lediglich als Verpflichtung des Vasallen, die im weiteren Sinne zwar zur landadeligen Stellung gehörte, damit aber auch zum Fürsten und seiner Verwaltung. Jedenfalls verschaffte die Stellung als Landstand und Landtagsbesucher als solche offensichtlich kein Ansehen und keine Ehre wie im Fall eines Kammerherrn- oder Ratstitels.

Anhand der zeitgenössischen Texte können vor allem zwei Aussagen aus der Landtagsordnung von 1728 positiv angeführt werden, um die Bedeutung des kursächsischen Landtages aufzuspüren. Erstens fällt die sorgfältige Berücksichtigung und Austarierung der sieben erbländischen Kreise in der Zusammensetzung des Engeren und Weitern Ausschusses der Ritterkurie auf.[17] Sie sicherte den Landesteilen eine anhaltende Teilhabe an den Beratungen, die nicht verändert oder majorisiert werden konnte. Die Sicherstellung der verschiedenen Landesteile der Erblande erfüllte damit einen doppelten Zweck.[18] Zum einen

---

16   Die Väterliche Verordnung Caspar v. Schönbergs ist abgedruckt in: Brigit Richter (Red.), Die Adelsfamilie von Schönberg in Sachsen, Dresden 2011, S. 67–75, hier S. 71, fol. 18a. Siehe auch die Geschlechtsordnung der v. Watzdorf von 1626, die von den Angehörigen des Geschlechts gleich nach der augsburgischen Konfession im ersten Paragraphen im darauf folgenden § 2 Treue und Gehorsam gegenüber dem Landesherrn fordert, siehe Matthias Donath, Schwarz und Gold, S. 43. Der Landtag wird in der Geschlechtsordnung mit keinem Wort erwähnt.

17   Die Zahlenrelationen folgten natürlich noch nicht rein quantitativen Kriterien wie dem der Bevölkerungszahl, sie erstrebten aber nichtsdestoweniger eine gleichmäßige und gerechte Verteilung.

18   Es handelt sich hierbei, das sei an dieser Stelle gegen das Konzept eines ‚spatial turn' ausdrücklich vermerkt, nicht um ein geographisches oder räumliches Prinzip, sondern um eine Rechtsbeziehung. Die Kreise stehen in der gleichen Rechtsstellung zum albertiner Fürsten als ihrem Landesherrn. Das bringt Rechte und Pflichten beider als Obrigkeit und Untertanen hervor.

zeigte sie, inwieweit der Fürst bzw. die landesherrliche Regierung den Rittergutsbesitzern des Kreises in der Landesversammlung ‚Gehör' gewährte. Zum
anderen erhielt die Dresdner Verwaltungszentrale auf diese Weise Berichte und
Informationen aus dem betroffenen Kreis, die über den aktuellen Zustand des
Landes informieren konnten, die Anwendbarkeit von Gesetzen und Steueran-
schlägen auf die lokal vorhandenen Rechtsgebräuche besser abschätzen ließen
und eine Kontrolle der lokalen fürstlichen Amtsträger und ihres Amtsgebarens
erlaubten. Zweitens wird die Bestätigung, daß auch die Besitzer amtsässiger
Rittergüter ihre Deputierten zum Landtag entsenden können, lapidar begründet
durch die Feststellung, damit sie „in ihren Anliegen gehöret werden können".
Dieser für die Amtsassen formulierte Grundsatz, beim Fürsten Gehör zu finden,
dürfte auch für die zahlenmäßig größere Gruppe der Schriftsassen gültig gewesen sein, wenn es auch keinen Anlaß gegeben hat, diesen Umstand ausdrücklich zu formulieren und festzusetzen.

In der mehrfach aufgelegter Schrift ‚Ausführliche Nachricht von Land- und
Auschußtägen' von Daniel Gottfried Schreber (1708–1777) findet sich eine aufschlußreiche Übersicht der zwölf „Sachen", die bei den Landesversammlungen
„in Deliberation gezogen werden".[19] Sie betreffen, in dieser Reihenfolge:

1.   den wahren Gottesdienst,
2.   Erhaltung des Ministerii, der Kirchen, Academien und Schulen,
3.   Gute Gesetze und Ordnungen,
4.   Christliche Policey,
5.   Handlungen des Rechts und der Gerechtigkeit,
6.   Mildthätigkeit gegen die Armen,
7.   Erhaltung des allgemeinen Friedens und Abwendung aller von außen an-
     drohenden Kriegsgefahr.
8.   Contributiones, Steuern und andere Anlagen,
9.   Das Münzwesen, Manufacturen, Commercien und dergleichen,
10. Die hohe Person des Landesherrn, dessen Familie, gesammte Hofhaltung
     und Bediente, auch ganze Regierung, sodann
11. der Ritterschaft, und
12. der Städte Angelegenheiten.

An der Spitze stehen weiterhin unangefochten die Sorge um die Kirche, den
rechten Glauben und die Versorgung mit Seelsorgern, wie sie im Zuge der
frühneuzeitlichen Konfessionsbildung und Konfessionalisierung in Kursachsen
mit der Bindung an das Augsburgische Bekenntnis eingerichtet worden war.
Wenn sie auch nicht mehr so stark im Mittelpunkt stand wie im 16. Jahrhundert,
so war die konfessionelle Bindung und Orientierung der Zeitgenossen im Untersuchungszeitraum noch ungebrochen wirksam und blieb weiterhin ganz
oben auf der Agenda. Darauf folgt an zweiter Stelle die Sorge für eine gute
weltliche Ordnung im Gemeinwesen, die mithilfe der guten Gesetze, Ordnungen

---

19   Daniel Gottfried Schreber, Ausführliche Nachricht von den churfürstlich-sächsischen Land- und
     Ausschußtägen von 1185 bis 1787, dritte Auflage, Dresden 1793, S.43 f.

und der Policey gesichert werden soll. Die Fürsorge für die Armen und die Erhaltung des Friedens runden die öffentlichen Aufgaben ab. Erst danach, an achter Stelle, kommt das für die Institution der Landtage und ihre Existenzberechtigung so zentrale Steuerwesen. Weitere Bedingungen für die gemeine Wohlfahrt liegen in einem geordneten Münz- und Commercien-Wesen sowie in der zureichenden finanziellen Ausstattung des Fürsten, seines Hofes und der Verwaltungsbehörden. Den Schluß bilden die partikularen Angelegenheiten der Ritter und der Städte. Die ersten sieben Punkte und der neunte Punkt gehörten unmittelbar und ohne Abstriche zum Regierungsamt eines frühneuzeitlichen Fürsten. Sie beschreiben seine traditionellen Amtspflichten als Landesherr und die Einrichtung seines guten Regiments. Das Amt steht in seiner alleinigen Verantwortung, aber er übt es nicht alleine aus.[20] In der europäischen politischen Tradition und der ihr entsprechenden zeitgenössischen politischen Kultur regiert der gute und legitime Fürst zusammen mit seinen Räten. Die Landstände können in diesem Zusammenhang über die geheimen Räte, die Hofräte und die Landkammer-Räte hinaus als der weiteste Kreis an Räten aufgefaßt werden, die den Landesherrn in seinem Amt beraten.[21]

Das oben schon erwähnte ‚Gehör' ist ebenfalls Teil der alteuropäischen Vorstellung von guter Regierung und Amtsführung. Der Aspekt des ‚Gehör gewähren' seitens des Fürsten oder des rechtlichen ‚Gehör finden' seitens der Untertanen verweist auf das zeitgenössische Verständnis des fürstlichen Amtes und den damit verknüpften Anforderung und Aufgaben.[22] Er impliziert die vom Fürsten erwartete Aufrechterhaltung des bestehenden Rechts und der jeweiligen Privilegien und Vorrechte. Dem liegt die grundlegende allgemeine Erwartung zugrunde, daß die legitime Herrschaft zwar den Gehorsam der Untertanen zu fordern berechtigte ist, aber auch als eine solche sogar gottgewollte Obrigkeit eine Herrschaft über Freie bleibt. Als Freie verfügen die Untertanen über Eigentum, das ihnen ohne ihre Zustimmung nicht entzogen werden kann.[23] Die Unterscheidung von Zwangsgewalt und rechtlicher Herrschaft, die Definition

---

20 Darin sind sich die zeitgenössischen Theoretiker weitgehend einig. Selbst in Jean Bodins Sechs Büchern über die Republik von 1576 gibt es nicht nur die berühmte Stelle über die Souveränität des Fürsten, sondern im dritten Buch ebenso die Kapitel über die Räte und Magistrate.

21 Im übrigen haben auch die Hofräte und wirklichen geheimen Räte dem Fürsten der Form nach immer nur unmaßgebliche Ratschläge und Empfehlungen vorgelegt. Erst der Fürst bestimmt und entscheidet.

22 Diese Vorstellung umfaßt ein weites Spektrum von Handlungsmöglichkeiten, das von der Petition des niedrigsten Untertanen, der Audienz am Hof, über die ordentlichen Gerichtsverfahren bis zur Beratung der Gesetze, Ordnungen und Steuerforderungen im Landtag reichte. Im Alltag war der Umgang mit ihr natürlich nicht immer reibungslos. Sie mußte vielmehr immer wieder durch Konflikte hindurch erneuert werden. Sie stand daher häufig im Geruch der Unbotmäßigkeit und des Aufruhrs: ‚on réplique toujours', wie der Kurfürst-König Friedrich August I. konsterniert über seinen Minister v. Hoym bemerkte, siehe Carl Sahrer v. Sahr, Heinrich v. Bünau, S. 177.

23 Es ist v.a. Wolfgang Reinhard, der die Bedeutung der Eigentumsvorstellung in und für die politische Kultur hervorgehoben hat, siehe seinen Aufsatz ‚Was ist europäische politische Kultur? Versuch zur Begründung einer politischen Historischen Anthropologie', in: Geschichte und Gesellschaft 27 (2001), S. 593–616.

der Obrigkeit als ein auf die Wohlfahrt des Gemeinwesens verpflichtetes öffentliches Amt und der Zusammenhang von Freiheit und Eigentum bilden den
allgemeinsten kulturellen Hintergrund einer Landtagsgeschichte, die nicht nur
für das Westminster Parliament gilt, sondern auch für den Dresdner Landtag.
Diese Sichtweise wird z. B. von Veit Ludwig v. Seckendorff (1626–1692) in seinem
Buch über den Fürstenstaat klar artikuliert und in seiner Darstellung der
Landtagsverfahren, die mit einer Bemerkung zur „gemeinen Freyheit der Unterthanen" beginnt, im ersten Abschnitt an die Spitze gestellt:

> „Aus dem / was wir oben von der Macht des Landes Herrn in gemein
> erinnert / daß sie nicht geartet sey / wie eine eigenwillige Herrschaft
> eines Haußwirths über sein Gesinde / ist leicht zu ermessen / daß die
> Unterthanen im Lande nicht Sclaven / und mit Leib und Gut so bloß hin
> ihrem Herrn eigenthumlich ergeben seyen / sondern daß sie regieret,
> und in Gehorsam gehalten werden / wie Freygeborne / und unter
> seinem rechtmäßigen Regiment zu ihrer Leibes- und Seelen Wolfahrt
> versamlete Leute / von einer Christlichen / und an Göttliche / natürli-
> che/ und des Reichs Rechte angewiesenen Obrigkeit von Rechtswegen
> geschützet / und in acht genommen werden sollen,…"[24]

Nach den Abschnitten zur rechtlichen Bindung des Fürsten an bestehende Ver-
träge und Abmachungen sowie das alte Herkommen, zur Erhaltung der Religion
und zur Administration der Justiz, kommt er im fünften Abschnitt des Kapitels
auch auf das Eigentum zu sprechen:

> „Fürs dritte, sind die Unterthanen der teutschen Landes-Herrschafften
> bey ihren Haab und Gütern dergestalt berechtigt / daß der Landes-
> Herr nicht Macht hat / dieselben ihnen / wie etwan in etlichen tyran-
> nischen / oder sonst eigenmächtigen harten Herrschafften geschehen
> mag / gantz oder zum theil / seines Gefallens zu nehmen / oder mit
> andern Renten / Zinsen / und Reichungen / als die von alters her / oder
> aus neuen rechtmäßigen Ursachen darauff gebracht sind / zu be-
> schweren / und also dieselben nach seinem Gutdüncken zu schätzen
> und zu belegen."[25]

Abhilfe kann der Landesherr an Stelle eines eigenmächtigen Vorgehens in der
Ladung zu einem Landtag suchen und finden:

> „Fielen auch bey solchen Befugnissen / und Vorbehaltnissen der Un-
> terthanen solche Umstände vor / daß nach Gelegenheit der Zeiten und
> Läufften / ein anders / als von Alters herkommen / zu ergreiffen seyn

---

24 Veit Ludwig v. Seckendorff, Teutscher Fürsten-Stat. Nun zum fünfftenmal übersehn und
aufgelegt. Mit Churfl. Sächs. Special-Begnadigung, Franckfurt und Leipzig 1687, S. 72. Die erste
Auflage erschien 1656 zu Frankfurt am Main und ist Kurfürst Johann Georg I. gewidmet, das
Zitat findet sich dort auf S. 26; oder in der Ausgabe von Andreas Simson v. Biechling, Jena 1737,
auf S. 58. Man darf sich an dieser Stelle durchaus an die englische Parlamentsgeschichte des
17. Jahrhunderts erinnert fühlen.

25 Ebd., S. 74.

wolte / alsdenn öffters mit Steuren und Anlagen zu geschehen pflegt /
da gebühret sich / daß der Landes-Herr seine Land-Stände / ... / darüber vernehmen und mit ihrer Einwilligung handele / damit sie wie-
derigen Falls sein Vornehmen nicht widersprechen / und etwan in
schwere Mißhelligkeiten und Rechtfertigungen mit ihme gerathen."[26]

Das Verfahren bey der Landtagseröffnung und Übergabe der Proposition läuft in
den Worten v. Seckendorffs wie folgt ab:

> „Wenn sie [die Landstände] erscheinen / wird gemeiniglich vor dem
> Anfang der Handlung der Gottesdienst verrichtet / und Gott der All-
> mächtige um gutes Gedeyen angeruffen. Nach denselben lässet der
> Landes-Herr in einen Saal / oder verschlossenen Gemach / durch sei-
> nen Cantzler / oder vornemsten Rath (...) / denen sämtlichen Ständen
> die Ursachen / warum sie zusammen erfordert sind / auch die Puncten /
> worinnen ihr Bedencken und Rath begehret wird / mündlich anzeigen /
> auch darauff schrifftlich dem Obersten aus den Land-Ständen / so bald
> überantworten / und ferner begehren / daß sich die Stände zusammen
> verfügen / die proponirte Puncten wol erwegen / und darauf mit un-
> terthäniger treuer Eröffnung ihres gutdünckens sich vernehmen lassen
> sollen. Dieselben erklären sich durch ihren Landschaffts-Syndicum
> oder Redner (...) / oder eines ihres Mittels / oder auch den Land-
> Marschalck / welches in etlichen Orten eine erbliche Dignität / eines
> Adelichen und höhern Geschlechts ist / nechst vorhergehender Dan-
> cksagung für die Zusammen-Beschreibung und Erforderung ihres
> Raths / dahin / daß sie denen proponirten Puncten nachdencken / und
> ihre unterthänige Erklärung darüber entdecken wollten / bitten um
> Abtritt / und einen Ort der Zusammenkunfft."[27]

Laut v. Seckendorff geht es also im Landtag um die ‚Bedenken', das ‚Gutdün-
cken' und um den ‚Rat' der versammelten Landstände zu den ihnen vom Fürsten
vorgelegten Fragen und Vorschlägen. Und, jedenfalls was den Fürsten angeht,
nur um sie. In der Sache unterscheidet sich das nicht sehr von den Entschließungen der kollegialen Behörden, sei es in der Landes-Regierung oder im Geheimen Rat. Was den Landtag angeht, bleibt aber unklar, inwieweit die in der
Proposition vorgelegten Punkte von den Ständen überhaupt in Bausch und
Bogen abgelehnt und zurückgewiesen werden konnten. Oder ob, insbesondere
hinsichtlich der Steuerforderungen, eine Ablehnung durch die Stände undenkbar war und offenem Ungehorsam gleichgekommen wäre. Wahrscheinlich
konnten allenfalls eine Moderation der Summe, eine veränderte Erhebungsart,
ein gestreckter Erhebungszeitraum oder eine Erleichterung für bestimmte Provinzen, Städte und soziale Gruppen vorgetragen und im Verlauf der Beratungen
erreicht werden. Der Zusammenhang von Rat, Gehör, Amt und Eigentum ist bei

---

26 Ebd., S. 75 f.
27 Ebd., S. 77 f

Veit Ludwig v. Seckendorff jedenfalls deutlich und unmißverständlich angesprochen und hergestellt.

Die zeitgenössische politische Vorstellungswelt, die den allgemeinen, nicht
immer explizierten Hintergrund der konkreten Landtagsverhandlungen abgab,
dreht sich demnach vor allem um zwei Pole. Der erste handelt von der ambi-
valenten Stellung des Fürsten. Der jeweils regierende Landesherr kann einerseits
ein guter Fürst sein, der seinem ihm von Gott und den Vorfahren übertragenen
Amt nachkommt, oder ein Despot, der die öffentlich-politische Herrschaft in die
autoritäre Hausherrschaft herabzieht und die freien Untertanen kommandiert
wie der Hausherr sein Gesinde. Letzteres ist eine nicht unwahrscheinliche Gefahr, denn der regierende Fürst bekleidet nicht nur das ehrenvolle Amt des
Landesherrn. Er ist zugleich auch der Chef seines Hauses, seiner Dynastie, um
deren Rang und mehr noch deren Rangerhöhung er im Konzert der europäischen Herrscher kämpft.[28] Kriegerische Verwicklungen, wie z.B. schlesische
oder österreichische Erbfolgekriege, oder ein die Landesmittel strapazierendes
Bauprogramm an Schlössern und Festungen waren hier das Mittel der Wahl, zu
dem die getreuen Untertanen mit ihren Steuerzahlungen beizutragen hatten.

Parallel oder spiegelbildlich zur Fürstenrolle liegt das Problem der gehor-
samen Untertanen in der Sorge um ihre Freiheit und in der Befürchtung, auf die
Stellung eines Sklaven herabgedrückt zu werden. Die Gegenüberstellung von
Freigeborenen und Sklaven bei v. Seckendorff stellt keinen rhetorischen Über-
schwang dar. Die Sklaverei war in der Frühen Neuzeit keineswegs eine weit
entfernte Einrichtung, die nur in der Antike, im Orient oder überseeisch in der
‚peculiar institution‘ Nordamerikas vorhanden war. Sie gehörte vielmehr
durchgehend zum europäischen Argumentationshaushalt. Zwar nicht die
Sklaverei, aber die persönliche Unfreiheit war zudem in der Form der Schol-
lenpflichtigkeit, Eigenbehörigkeit oder Leibeigenschaft ein in der Landwirtschaft weitverbreiteter und alltäglicher Rechtszustand.[29] Diese Unfreiheit war
nicht nur im Rechtszustand einer Person faßbar, sie machte sich darüber hinaus
auch im Handeln und Verhalten, in der Berechtigung, seine Stimme erheben zu
können oder Schweigen zu müssen, kenntlich. Die Rede selbst war schon unabhängig von ihrem Inhalt ein Zeichen der freien Stellung.

Außerdem waren die Statuskonkurrenz und das Streben nach Statusver-
besserung nicht auf die oberste Ebene der europäischen Fürstengesellschaft beschränkt. Die einzelnen landsässigen Adeligen strebten nicht minder nach einer
Standeserhöhung für sich, wie sie sich in der auffälligen Zunahme der Freiher-
ren- und Grafentitel seit dem Ende des 17. Jahrhunderts sichtbar niederschlug.
Dieses Streben wurde nicht zuletzt angetrieben durch die nachdrängenden nobilitierten Konkurrenten, die wie die Zech oder Hohenthal im Fürstendienst
aufstiegen und den älteren Adel z.T. überflügelten. Die frühneuzeitliche Gesellschaft war nur dem zeitgenössischen Ordnungsbild nach eine statische Ge-

---

28   Genau diese Erfahrung machte die sächsische Nation bekanntlich 1697, als ihr junger Kurfürst
     Friedrich August I. sich mit viel Geld die Wahl zum polnischen König verschaffte.
29   Siehe z.B. Jan Klußmann (Hg.), Leibeigenschaft. Bäuerliche Unfreiheit in der frühen Neuzeit,
     Köln 2003.

sellschaft. Zwar sollten die ständische Gliederung und die gesellschaftlichen Hierarchien nach Meinung aller beteiligten Akteure erhalten bleiben, aber die einzelnen männlichen Haushaltsvorstände vom Adel über die Stadtbürger bis zu den Hofbauern nahmen für sich und ihre Familie sehr wohl in Anspruch, ihren Status zu verbessern. Den rechtlichen Bedingungen und dem sozialen Handeln nach war das frühneuzeitliche Kursachsen praktisch eine dynamische Gesellschaft voller innerer Spannungen und unlösbarer Konflikte, die nicht nur die Konfessionen, sondern auch die sozialen, rechtlichen und politischen Verhältnisse durchtränkten.

Aus dem oben herangezogen Text zum Fürstenstaat kann jedoch noch nicht unmittelbar auf die zeitgenössische politische Kultur und die praktische Landtagstätigkeit geschlossen werden. Er bleibt vielmehr unvollständig, denn eine ganze Reihe von Aspekten wird darin nicht erwähnt, die für die Interpretation des Landtags wichtig sind und ohne die das Verständnis des Landtagsgeschehens erschwert wird. So wird man berücksichtigen müssen, daß unter den im Text angesprochenen Freigeborenen der Adel prominent vertreten ist. Die männlichen Adeligen sahen sich als die freigeborenen Untertanen schlechthin an. Daher nahm der Adel die politische Teilhabe am Hof, im Geheimen Rat und im Landtag in besonderer Weise als sein Vorrecht in Anspruch. Das typisch frühneuzeitliche Zusammenspiel von faktischem Handeln und seiner symbolischer Einordnung läßt sich deshalb gerade am Beispiel der Steuerzahlung genau beobachten. Die adeligen Rittergutsbesitzer Kursachsens waren traditionell von der Zahlung der Landessteuern ausgenommen, da sie ihren Beitrag im Ernstfall durch den persönlichen Dienst zu Pferde leisten würden. Umständehalber wurden diese Ritterpferde, die auf den Lehngütern lagen, in der Frühen Neuzeit in eine Abgabe, die Ritterpferdgelder, umgewandelt. Diese Zahlungen gingen ein in das von der Ritterkurie dem Landesherrn freiwillig, aber regelmäßig bewilligte Donativgeld.[30] Die adligen Kreis-Steuereinnehmer erhoben die Donativgelder und zahlten sie in die Ober-Steuereinnahme ein. Die Donative gehörten nach einem bei Carl Heinrich v. Römer zitierten treffenden Wort des Wittenberger Juristen Augustin Leyser (1683–1752) zu den „nothwendigen Schenkungen". Sie wurden dem Landesherrn daher in einer von der Bewilligungsschrift aller drei Stände des Landtages abgesonderten eigenen Donativschrift der Ritterschaft überreicht. Damit unterstrich die Ritterschaft ihre besondere freie Stellung im Lande gegenüber den übrigen Untertanen und speziell ihre Freiheit von den Landesteuern. Auf diese Weise vereinigte sie das Privileg der Steuerfreiheit (von den Landesteuern) mit einer aus ihrem Eigentum gezahlten Abgabe (den Donativgeldern), die im technischen Sinn nichts anderes als eine Steuer war.[31]

---

30 Siehe Carl Heinrich v. Römer, Staatsrecht und Statistik, Bd. 2, S. 564–566.
31 Die liberale Kritik am Feudalismus und am Absolutismus hat diese adlige Steuerfreiheit skandalisiert und, wie man sieht, damit zugleich recht gehabt und unrecht. Sie lag richtig mit ihrem Hinweis, daß die adligen Besitzer im technischen Sinn keine Landessteuern zahlten. Sie lag aber falsch mit ihrer politisch-moralischen Unterstellung, die Rittergutsbesitzer würden aus ihrem Eigentum nichts zu den Staatslasten beitragen. Wie hoch die fiskalische Belastung der

Ein weiterer Aspekt liegt in der auch im 18. Jahrhundert unvollständigen Verschriftlichung der Rechte, Ansprüche, Verfahren und Praktiken, die für die einzelnen Regelungsfälle relevant sind. Erst die Kodifikationsbewegung in der zweiten Hälfte des Jahrhunderts hat hier eine grundlegende Abhilfe erstrebt, in dem sie die individuellen oder ständischen Rechte und Ansprüche in Verfassungen, Katastern, Registern, Statistiken vollständig und erschöpfend zu erfassen suchte. Bis zur ausgebauten Bürokratisierung und Verschriftlichung nutzten das Recht und die Politik in weiten Bereichen aber auch andere Verfahren. Dazu gehörte, daß noch in der frühneuzeitlichen Gesellschaft Eigentum sowie andere Rechte oder Ansprüche buchstäblich ersessen und durch langen unbestrittenen Gebrauch verbindlich erworben werden konnten. Auf der anderen Seite konnten sie durch fehlenden Widerspruch oder durch unterlassene – schriftliche wie mündliche – Einforderung auch wieder verloren gehen. Daher erklärt sich die große funktionale Rolle der Ehre und des Ansehens, bzw. ihrer rigorosen Verteidigung und immer wachsamen Beobachtung in der Frühen Neuzeit, die in der Moderne als übersteigerte Rangstreitigkeiten und Ehrpusseligkeit erscheinen kann, aber unter den damaligen Bedingungen der Schriftlichkeit und Kodifikation in einer für die Akteure unverzichtbaren aggressiven Rechtswahrung gegenüber Konkurrenten und Mitbewerbern ihren guten Grund hatte.[32] Das Reden und Auftreten, der Widerspruch und die Landtags-Reversalien als symbolische Handlungen hatten eine dementsprechende praktische, rechtswahrende Bedeutung und formten eine ubiquitäre Praxis des Sprechens und Handelns.

Die erst in Ansätzen entwickelte Bürokratisierung, der Zwang zur eigenen, aktiven Bewahrung und Erneuerung der bestehenden Rechte und Ansprüche nicht zuletzt durch symbolisches Handeln und die hohe eifersüchtige Aufmerksamkeit auf die Ehre der Person, der Familie und des Standes bedingten und stützten sich wechselseitig. Das Recht und die Ehre gehörten eng zusammen und sorgten in der alteuropäischen Gesellschaft auf ihre Weise für Spannungen und Konflikte, die in eine entsprechende gesellschaftliche Dynamik mündete. Die obsessive Aufmerksamkeit für die Bewahrung des erreichten guten Zustandes, für eine auch vom Landesherrn beim Antritt seiner Regierung den

---

Gutsinhaber wirklich war, blieb zeitgenössisch umstritten. Deutlich ist, daß sie, wie in der Frühneuzeit wiederum nicht unüblich, ungleich und hinsichtlich der Leistungsfähigkeit der einzelnen Güter ungerecht verteilt war. Offensichtlich, so kann man heute feststellen, ging es den liberalen Kritikern nur bedingt um das Faktum eines finanziellen Beitrages zu den Staatslasten, vielmehr erstrebten sie gerade die technische Ausdehnung der Steuerpflicht und die symbolische Eingliederung der Adligen in die Gruppe der bürgerlichen Steuerzahler an. In der Rekonstruktion dieser komplexen Bewegungen und Volten sachlicher und symbolischer Art liegt das historisch so spannende an der Geschichte und nicht in der Heroisierung oder Verurteilung einer der beteiligten Seiten in der Nachfolge der zeitgenössischen liberalen Kritik. Sie liefert im Sinne einer genealogischen Untersuchung schließlich die interessantere Erzählung.

32   Diese Formen der Rechtsbehauptung waren zudem keine individuelle Angelegenheit. Sie erfolgten vielmehr häufig gerade auch im Interesse und im Namen der Nachkommen, der ‚Posterität', die einen Anspruch auf ungeschmälerte Übergabe der von einer Person selbst empfangenen Rechte und Ansprüche besaß. Sie sind daher genuin und schon aus sich heraus konfliktträchtig. Die Gesellschaft der Stände und Ränge ist nur auf dem Papier harmonisch geordnet, im Alltag jedoch zwingend eine der Konkurrenz und Aemulation.

Untertanen immer wieder in Aussicht gestellten ‚Konservation', war zudem in der immer noch dominanten frühneuzeitlichen Agrargesellschaft keine bloße Idee, sondern praktische Notwendigkeit. Nicht nur der Dreißigjährige Krieg, sondern auch der schwierige, langwierige und mühselige Aufschwung in der zweiten Hälfte des 17. Jahrhunderts hatten für jeden Einzelnen das Problem der Konservation angesichts der ständigen Gefährdungen durch Kriege, Seuchen, wetterbedingte Ernteausfällen, Kapitelmangel und Kreditklemme handgreiflich werden lassen. Sowohl die – allgemein gesprochen – zeitgenössische politische Kultur als auch die Situationsdeutungen und die Einschätzungen der konkreten Handlungsmöglichkeiten der Landtagsteilnehmer während der Beratungen erfolgten nicht losgelöst von diesen Rahmenbedingungen. Sie bildeten vielmehr den Horizont, an dem sie sich zu orientieren versuchten.

Im Rahmen der kursächsischen Landtage werden diese Verhältnisse durch eine Versicherungs- und Entlastungsurkunde, die Reversalien, dokumentiert, welche der Landesherr nach dem Landtagsabschied als einseitige Erklärung gegenüber den Ständen abgab. Bei diesem sowohl rechtsrelevanten wie symbolischen Akt handelte es sich um einen traditionell fixierten Kanon schriftlich formulierter Versprechen.[33] Die unveränderte oder vom Fürsten einseitig abgeänderte Wiederholung der Formeln bildete daher ein scharf beobachtetes Politikum, das wie eine Regierungserklärung als Hinweis auf die übergeordnete Haltung und allgemeinen Intentionen des Landesherrn. Im Hinblick auf die Landessteuern erklärte der Kurfürst in den Worten Daniel Gotffried Schrebers,

„1) daß er sich solcher Verwilligung nicht von Recht oder Pflicht, oder als erblich anmaßen wolle, dieselbe auch ihren Nachkommen an allen Privilegien keinen Abbruch oder Schaden bringen solle: auch instehender Verwilligung über keine andere Steuer und Auflage auszuschreiben, noch auch durch militärische Execution dasjenige, was nicht bewilliget, einzutreiben, sich von einigen Menschen bewegen zu lassen, und ob solches von ihnen abgeschlagen würde, oder sie sich darzu gleich nicht verstehen wollten, so sollen sie damit wider ihren Eyd und Pflicht nicht gehandelt haben, noch ihnen oder den Ihrigen zu einigern Ungnaden gereichen.
3) keine Schulden zu mache, und ohne der Landschaft Rath kein Geld aufzunehmen, noch den Einwohnern einige Schulden zuweisen und aufdringen zu lassen.
4) Die Steuer als ein von der Kammer separirtes Collegium bleiben zu lassen,…„[34]

---

33   Daniel Gottfried Schreber, Ausführliche Nachricht, S. 80 f.
34   Ebd. S. 81. Der dritte Punkt zur Schuldenaufnahme blieb in der Praxis ebenfalls weitgehend ein frommer Wunsch. Die Fürsten (bzw. ihre vor Ort tätigen Kommissare) haben sich durch die Reversalien nicht von der Schuldenaufnahme abhalten lassen und eine Rechtfertigung wegen Dringlichkeit oder ‚necessitas' war immer rasch zur Hand. Nicht zuletzt übrigens, um vorhandene Gläubiger oder Lieferanten des Landesherrn befriedigen zu können. Eine Tatsache, die auch den Landständen nur zu bewußt und vertraut war und sie wahrscheinlich im Einzelfall im eigenen Interesse wie dem anderer Untertanen immer wieder zur Nachsicht und nachträglichen

Bei dem vorhandenen Niveau der Bürokratisierung, Verschriftlichung und Kodifikation der Verwaltungsaufgaben und der Verwaltungskontrolle konnte die allgemeine Landesversammlung in verschiedener Weise einen „point of contact" (Geoffrey Elton), einen Treffpunkt bilden, der einen Informations- und Erfahrungsaustausch der einzelnen Stände untereinander ermöglichte, aber in den Akten als solcher nicht explizit thematisiert wurde. Wenn man die Zusammensetzung der Ritterkurie betrachtet, dann stellt sie sich in dieser Perspektive als innerbürokratischer Diskurs innerhalb des erweiterten Kreises der landesherrlichen Amtsträger dar, in dem sich Kammerherren, Geheime Räte, Hofräte, Appellationsräte, Kammer- und Bergräte, Forstmeister und Kriegskommissare mit den lokalen Obrigkeiten der schriftsässigen Rittergutsbesitzer über den Zustand des Landes, die Landesbelange und die beste Art der Steuer- und Abgabenerhebung austauschen konnten. Die Landtage trugen damit ihren Teil zu einem guten, am Recht und Herkommen orientierten politischen Regiment des Fürsten bei.

Drittens galt die insgesamt für die Gesellschaft der Frühen Neuzeit inzwischen angenommene hohe Bedeutung symbolischer Handlungen auch für die Durchführung eines allgemeinen Landtages.[35] Der Rede und der Berechtigung zur Rede kommt in dieser Hinsicht eine große Bedeutung zu. Sie ist nicht nur im engeren Rahmen der bestehenden Landtagsorganisation lesbar, sondern darüber hinaus in allgemein politischer Weise. Wer sprechen darf, welche Worte benutzt werden, wer zu schweigen hat, das alles hat eine rechtliche und politische Bedeutung.[36] Wenn der Landtagsmarschall im Rahmen der zeremoniellen Landtagseröffnung nach der Übergabe der Landtagsproposition im Angesicht des Fürsten auf dem Thron und den um ihn stehenden Hofleuten und geheimen Räten ebenfalls stehend – und nicht kniend und stumm – noch eine „kurze Gegenrede" halten kann, in der er nichts anderes als die treue und rasche Erledigung der Propositionspunkte verspricht, dann proklamiert die kleine Rede

---

Schuldenübernahme hat neigen lassen. Entscheidend ist in diesem Zusammenhang nicht die von Historikern rückblickend ausgesprochene haushälterische oder moralische Bedenklichkeit derartiger Praktiken, sei es seitens des Fürsten, sei es seitens der nachgiebigen Landstände auf Kosten der Untertanen, sondern die mögliche Einsicht in einen zeittypischen frühneuzeitlichen Mechanismus, in dem die Akteure handelten und sich gegenseitig wahrnahmen.

35 Siehe zur kulturgeschichtlichen Perspektive Barbara Stollberg-Rilinger, Herstellung und Darstellung politischer Einheit. Instrumentelle und symbolische Dimensionen politischer Repräsentation im 18. Jahrhundert, in: Jan Andres, Alexa Geisthövel und Matthias Schwengelbeck (Hg.), Die Sinnlichkeit der Macht. Herrschaft und Repräsentation seit der Frühen Neuzeit, Frankfurt am Main 2005, S. 73–92; ferner dies. (Hg.), Was heißt Kulturgeschichte des Politischen?, Berlin 2005; dies., Des Kaisers alte Kleider. Verfassungsgeschichte und Symbolsprache des Alten Reiches, München 2008; Barbara Stollberg-Rilinger, Tim Neu und Christina Brauner (Hg.), Alles nur symbolisch? Bilanz und Perspektiven der Erforschung symbolischer Kommunikation, Köln 2013.

36 Dazu gehört bekanntlich auch das berühmt-berüchtigte ‚mulier taceat in ecclesia', mit dem bis ins 19. Jahrhundert hinein den Frauen das Wort und damit die öffentliche Teilnahme abgeschnitten wurde.

dennoch und unmittelbar die Freiheit und das Recht der versammelten Stände, als freie Leute über das Landeswohl zu beraten.[37]

Diesseits der Grenzen der Zahlungsfähigkeit und Verfügbarkeit von Ressourcen und Geldmittel liegt die Aufmerksamkeit in dieser symbolisch geprägten Welt und politischen Kultur aber nicht so sehr auf den nackten Sachverhalten, sondern auf den Formen. Es ist nicht die Tatsache der Steuerzahlung selbst, die als entscheidend empfunden wird, sondern die Form, in der die – sei es aufgrund offensichtlicher öffentlicher Notlage, sei es aufgrund unbestreitbarer Gehorsamspflicht des Untertanen – nicht zu verweigernde und unausweichliche Zahlung eingefordert wurde. Ob sie auf Befehl und Anweisung des Herrn erfolgte oder auf seine Bitte hin und mit dem Rat der Stände, das machte in der politischen Kultur für die zeitgenössischen Akteure und Betrachter den entscheidenden Unterschied aus und nicht, wie es mit der Moderne üblich wurde, die Reduktion auf die Tatsache der faktischen Zahlung an sich oder ihrer Vermeidung. Die Schriftsassen waren zudem in ihren lokalen Bezirken selbst Obrigkeiten. Die schriftsässigen Rittergutsbesitzer übten über ihre Dörfer die Patrimonialgerichtsbarkeit aus, sie hatten das Subkollektionsrecht hinsichtlich der Landessteuern, und im Rahmen der frühneuzeitlichen Policey konnten sie auf den Rittergütern unabhängig von den städtischen und dörflichen Gemeinden Gewerbe ansiedeln und Häuser für die stark wachsende Schicht der Häusler und proto-industriellen Produzenten errichten.

Zur zeitgenössischen Rechtspraxis und zur Rolle der symbolischen Handlungen tritt schließlich auch das enge frühneuzeitliche Verständnis vom Staat als weiterer wichtiger Aspekt hinzu. Der Staat ist nicht abstrakter Staat, der in sich zwischen der Staatsgewalt einerseits und der Zivilgesellschaft andererseits unterscheidet, und er beinhaltet nicht die gesamte Gesellschaft. Der Staat dieser Zeit ist noch sehr konkret der sichtbar bestehende Hof-, Civil- und Militärstaat, wie ihn der Staatskalender in allen Abteilungen mit seinen Namenslisten abbildet. Er ist vor allem der Staat des Fürsten, Fürstenstaat im buchstäblichen Sinne. Der Landesherr ist im frühneuzeitlichen Fürstenstaat unbestrittener Dirigent und Disponent der ihm anvertrauten öffentlichen Angelegenheiten zur Sicherung des gemeinen Wohls. Andererseits kann er, wie es in der Vorstellung des Amtes festgehalten ist, mit dem Land nicht willkürlich wie ein Hausherr verfahren. Die mit Blick auf die Frage nach den frühneuzeitlichen Landtagen wichtigste Konsequenz dieser Sichtweise des frühneuzeitlichen Fürstenstaates lag in der Trennung von Cammer und Steuer. Cammer bezeichnet hier den weiten Bereich der landesherrlichen Einkünfte aller Art aus Grundbesitz, Forsten, Teichen, Regalien, Gerichtsgebühren, Zöllen und Abgaben, die konventionell und dem Herkommen nach dem Fürsten als adeligen Grundbesitzer bzw. im Amt des Landesherrn zuflossen.[38] Mit dem Kammergut konnte der Landesherr weitgehend

---

37 Siehe die Landtagsordnung von 1728, § 7, mit dem die Stände das Rederecht sogar verbrieft erhalten. Diese kleine, aber signifikante Episode in der feierlichen Landtagseröffnung fehlt leider in der Darstellung von Nina Krüger, Landesherr und Landstände in Kursachsen, S. 67 f.

38 Siehe zur zeitgenössischen Diskussion um Steuerpflicht und Steuerzahlung der Untertanen ausführlicher Andreas Schwennicke, „Ohne Steuer kein Staat." Zur Entwicklung und politi-

nach Gutdünken umgehen, nicht zuletzt seine Diener mit Privilegien, Grundbesitz oder Geld ausstatten, Schlösser bauen oder Truppen anwerben.

Aus den Cammer-Einkünften war, worauf auch Veit Ludwig v. Seckendorff hinweist, in normalen Zeiten der „Staat" zu finanzieren und zu unterhalten. Dazu gehörten der Unterhalt der verschieden Schlösser und des engeren Hofstaates als Umgebung des Fürsten, aber auch die landesherrlichen Verwaltungsbehörden bis hinunter zu den Justizbeamten und Rentbeamten der kursächsischen Ämter. Lange Zeit hatten auch die Zahlungen an das Reich und die Kriegsführung im dynastischen Interesse zu den Aufgaben gehört, die allein in den Bereich der Cammer fielen. An diese Unterscheidung zwischen der Cammer, den konventionellen und herkömmlichen landesherrlichen Einnahmen, und der Steuer, den nur ausnahmsweise und zeitlich begrenzt zu erhebenden Abgaben vom Eigentum der Untertanen, schloß sich eine eigene Kasuistik der Fälle öffentlicher Notlagen an, zu der die Prinzessinnensteuer zur Verheiratung einer fürstlichen Tochter, die Übernahme der vom Reich geforderten Türkensteuern, der Unterhalt der Landesfestungen, die dauerhafte Finanzierung der landesherrlichen Beamten und Richter, und schließlich der so immens teure Unterhalt des stehenden Heeres als wichtigste Fälle zählten. Denn seit dem 16. Jahrhundert reichten die bestehenden Einnahmen grundsätzlich nicht aus, um die dauerhaften wie die akuten öffentlichen Aufgaben zu erfüllen. Die Steuerzahlung war seit dem 16. Jahrhundert faktisch eine feststehende Einrichtung geworden.[39] Mitte des 18. Jahrhunderts bilanzierte der Jurist und Kameralist Daniel Gottfried Schreber nüchtern hinsichtlich der „Contributionen, Steuern und andere Abgaben" die Lage:

> „daß wegen dieses Punkts anitzo fast meistens Landesversammlungen angestellet werden. Zwar in alten Zeiten, da die Fürsten ihren Staat aus ihren Landesrevenüen führten, auch damals,…, keine geworbene Miliz gehabt, sind die Landesversammlungen, der Anlagen wegen, gar sparsam gewesen:…"[40]

Unbeschadet der tatsächlichen Einrichtung von faktisch permanenten Landessteuern hielten die frühneuzeitlichen Akteure aber an der Fiktion fest, es ließe sich bei gutem Willen und richtiger Politik wieder ein guter alter Zustand her-

---

schen Funktion des Steuerrechts in den Territorien des Heiligen Römischen Reichs (1500–1800), Frankfurt am Main 1996.

39 Der Hebel, mit dem die permanente Steuerzahlung seit dem späten Mittelalter ins Werk gesetzt wurde, setzte allerdings häufig nicht in der blanken Festsetzung kontinuierlich geforderter allgemeiner Landessteuern seitens des Fürsten an, sondern begann mit der Übernahme der massiven Schulden, welche die Landesherrn mehr oder weniger verantwortungsvoll über Jahre hinweg angehäuft hatten, durch die Landstände, um den drohenden öffentlichen Bankrott abzuwenden. Die Landstände erbaten dann vom Landesherrn die Erlaubnis, zur Zinszahlung und zur Abtragung der Schulden von den Untertanen eine Steuer zu erheben, die sie selbst in eigenen Behörden verwalteten. Über diesen frühneuzeitlichen Mechanismus sorgten die Stände in der Praxis für das, was sie in der Theorie grundsätzlich und allgemein ablehnten.

40 Daniel Gottfried Schreber, Ausführliche Nachricht, S. 52 f.

beiführen, in dem die Steuererhebung wieder aufhören könnte.[41] Deshalb wollten sie den Landessteuern immer nur befristet zustimmen. Die Freiheit, die hier in der Bewilligung der Steuern auf dem Spiel stand, war also zum einen die der Verfügung über das eigene, vom Landesherrn zu schützende und geschützte Eigentum, zum anderen ist hier nach einem auf den deutschen Adel gemünztes Wort von Fritz Hartung in erster Linie eine „Freiheit vom Staat", vom Fürstenstaat, erstrebt, die aufgrund der zeitgenössischen Differenz von Cammer und Steuer nicht als reine Ideologie abgetan werden kann.[42] Die Unterscheidung von Cammer und Steuer war keine, die sich vornehmlich auf die Rechtsgrundsätze bezog, sondern eine ganz praktische im Verwaltungsaufbau des Landes und der Einzahlung von Münzgeld durch die Leistungspflichtigen in die jeweiligen Truhen und Schatullen. Die Spannungen zwischen der Forderung, der Fürst soll von seinen ihm zustehenden Einkünften leben und regieren, der damit gegebenen großen Handlungsfreiheit, die er im Amt und im Bereich der Cammer zu einer aktuellen Politik im nur von ihm festgelegten dynastischen oder auch im öffentlichen Interesse hatte, und der anhaltenden Steuerzahlung aus dem Eigentum der Untertanen bilden genau den Rahmen, in dem sich die frühneuzeitliche politische Kultur bewegt und ihre um 1800 kulminierende gesellschaftliche Dynamik bezieht.

Andererseits konnten neu eingeführte Steuern, die fortlaufend erhoben wurden, rasch in das so hochgeschätzte Herkommen eingehen, wenn ihre Einführung im Konsens mit den Landständen erfolgte. Dieses Schicksal teilte z. B. der erst 1678 eingeführte und 1686 schon verdoppelte Fleischpfennig, der zur Besoldung der kursächsischen Rats-Collegien verwendet wurde.[43] Bei Daniel Gottfried Schreber zählt die neue Abgabe dann bereits zu den vom Landtag regelmäßig bewilligten, unbestritten ‚ordinären Steuern'. Das Herkommen, auch das alte Herkommen, bezeichnet nicht unbedingt eine sehr langdauernde und weit zurückreichende Übung, für die daher vielleicht keine Urkunden mehr beigebracht werden können, sondern vor allem eine aus rechtlichen, politischen

---

41 Nicht zuletzt durch eine Reduktion der Hofhaltung und Sparsamkeit des Fürsten in seinem Ausgabengebaren. Auf diesen frühneuzeitlichen Topos gehen alle Bestrebungen der liberalen politischen Parteien und ihrer akademischen Unterstützer von der konstitutionellen Epoche bis heute zurück, den Wählern eine Steuersenkung zu versprechen, wenn sie die Regierung übernehmen. Auch die Vorstellungen von ‚lean government' und ähnliche Träume stellen eine Transformation dieser frühneuzeitlichen Konzeptionen dar, deren immer erneute Wiederbelebung und Genealogie eine eigene historische Untersuchung verdiente.

42 Siehe Fritz Hartung, Herrschaftsverträge und ständischer Dualismus in den deutschen Territorien (1952), in: ders., Staatsbildende Kräfte der Neuzeit, Berlin 1961, S. 62–77, hier S. 75: „Der ursprüngliche Gedanke des Ständetums – dafür kann auch die parlamentarische Geschichte Englands Belege liefern – ist ja nicht etwa gewesen, Anteil am Staat zu erlangen, sondern war auf möglichste Freiheit vom Staat innerhalb des eigenen Bezirks gerichtet. Zu dieser Freiheit gehört die Gerichts- und Grund- oder Gutsherrschaft über die Hintersassen, aber keine Vertretung im Rat des Monarchen. Für diese Freiheit waren die Stände sogar bereit, gewisse Opfer zu bringen, etwa Steuern zu bewilligen,…"

43 Siehe Daniel Gottfried Schreber, Ausführliche Nachricht, S. 65.

oder pragmatischen Gründen erzielte Akzeptanz der bestehenden Praktiken.[44] Die lange Dauer ist demgegenüber für die zeitgenössische Auffassung ein wohlfeiler, aber zweitrangiger Effekt. Deshalb kann politisch jedes noch so gut begründete oder heftig beanspruchte Herkommen auch wieder abgeändert werden, wenn es opportun erscheint oder darüber Einigkeit herrscht.

In der vorliegenden Darstellung des Besuchs der kursächsischen Ritterkurie im frühneuzeitlichen Fürstenstaat wurde der Nachdruck zumeist auf die Alterität des Geschehens gelegt, also auf den Unterschied oder die Fremdheit eines alteuropäischen Landtags im Vergleich zur Regierungsweise einer repräsentativen parlamentarischen Demokratie.[45] Die schriftsässigen Ritter waren keine Abgeordneten des Landes, sie vertraten keine politischen Programme und gehörten nicht politischen Parteien an, sie bildeten auch keine Opposition gegenüber der fürstlichen Regierung. Es gab keine Wahlperioden oder Budgetkontrolle des Landtages und keine Gesetzesinitiative. Vielmehr stand die Berufung einer Landesversammlung im Belieben des Fürsten. Abgesehen von den Deputierten der Ämter kamen die Landtagsteilnehmer wiederum aufgrund des Besitzes der Lehngüter und ihres altadeligen Standes zum Landtag und konnten dort, insbesondere in den Ausschüssen lebenslang an den Verhandlungen teilnehmen. Privilegierter Grundbesitz, adeliger Stand, regionale Vollständigkeit und Konservation der bestehenden Rechte waren die wichtigsten Gesichtspunkte der landständischen Vertretung in der Ritterkurie. Zu dieser komplexen und inhomogenen Mischung kam jedoch als weiteres, durchaus modernes Element dann noch die Vertretung der Amtsassen aller Klassen durch von ihnen nominierte Deputierte hinzu.

Sowohl die Einrichtung und Berufung von Landtagen wie das Landtagsgeschehen hinsichtlich der Landtagsteilnahme und der Landtagsverhandlungen werden hier als integraler Teil des frühneuzeitlichen Fürstenstaates im weiteren Sinne aufgefaßt und nicht als eine der Landesherrschaft entgegengesetzte Vertretung des Landes.[46] Die der gesamten Untersuchung voraus liegende Annah-

---

44   Ich würde in diesen Fällen eines mehr oder weniger erfundenen Herkommens nicht von Heuchelei sprechen, sondern an ihnen die Flexibilität der frühneuzeitlichen Rechtskultur erläutern.

45   Siehe in diesem Sinne auch Barbara Stollberg-Rilinger, Ständische Repräsentation – Kontinuität oder Kontinuitätsfiktion?, in: Zeitschrift für Neuere Rechtsgeschichte 28 (2006), S. 279–298, S. 281: „Schaut man sich die seit dem frühen 17. Jahrhundert herausgebildete reichs- und territorialstaatsrechtliche Literatur, die die landständischen Vertretungen behandeln, an, so fällt auf, dass die Landstände überhaupt nicht von ihrer Beziehung zu den Untertanen her definiert wurden – wie die modernen Parlamente von ihrer Beziehung zu den Staatsbürgern –, sondern von ihrer Beziehung zum Landesherrn her: Landstände waren danach stets das Gesamtkorpus derjenigen im Land angesessenen Personen und Korporationen, die kraft Landesfreiheiten und Herkommens vom Landesherrn in gewissen Angelegenheiten (im wesentlichen Steuererhebung und andere Eingriffe in bestehendes Recht, insbesondere in Religionssachen) um ihre Bewilligung angesprochen werden mussten."

46   Der Ausdruck ‚frühneuzeitlicher Fürstenstaat' wird also nicht mit dem oben skizzierten zeitgenössischen Verständnis des Fürstenstaates als Hof-, Civil- und Militärstaat des Landesherrn gleichgesetzt. Frühneuzeitlicher Fürstenstaat meint einen geschichtswissenschaftlichen, theoriegeleiteten Fach- und Kunstbegriff, der das Phänomen einer auf den Fürsten zentrierten Regierungsweise umschreibt im Unterschied zu Republiken, konstitutionellen oder parlamenta-

me geht von einem grundlegenden und umfassenden Umbruch um 1800 aus, die zwischen der Epoche Alteuropas, zu der die Frühe Neuzeit gehört, und der Moderne unterscheidet. Diese Sichtweise ist nicht die einzig mögliche.[47] Aber sie beansprucht, zwischen der auf die Quellen gestützten geschichtswissenschaftlichen Rekonstruktion und Einbettung der frühneuzeitlichen Verhältnisse und Prozesse einerseits und der heutigen Lebenswelt und Politik nach dem Untergang der konstitutionellen Monarchie andererseits, besser als andere vermitteln zu können. Sie hängt nicht allein von der umfassenden kritischen Erschließung der Quellenüberlieferung ab, sondern ebenso vom eigenen Standpunkt, also von der Sichtweise auf die heutige Gesellschaft.

Der Kontinuitätswunsch, den die konstitutionellen Bestrebungen des 19. Jahrhunderts propagierten, der auch die Konzepte und das Interesse der Geschichtswissenschaft imprägniert hat, ist inzwischen nicht mehr plausibel. Denn die heutige Lebenswelt ist über die bürgerliche Gesellschaft des 19. Jahrhunderts inzwischen nicht nur ökonomisch, sondern auch sozial und kulturell weit hinausgegangen. Die frühneuzeitlichen Landtage gehören zwar weiterhin zur Vorgeschichte der modernen Politik, ohne aber in dem bislang vorherrschenden konventionellen Sinn ihre Vorläufer zu sein.[48] Die Aufhebung der ständischen Ungleichheit durch die Bürgerrechte hat vor der Auflösung des patriarchalischen bürgerlichen Haushalts nicht halt gemacht und sowohl den Arbeitern wie den Frauen nach langen Kämpfen eigene öffentliche Rechte gebracht. Die alteuropäische Welt ist nach dem berühmten Buchtitel von Peter Laslett (1915–2001) „The World We Have Lost".[49] Ihr Verständnis muß seitdem erst übersetzt werden, da für sie nicht mehr wie noch bei dem ostpreußischen Adligen und Landtagshistoriker Georg v. Below (1858–1927) eine historische Kontinuität angenommen werden kann. Belows Konzepte und Sichtweisen von

rischen Regierungsweisen und die gesamte Gesellschaft, also auch ihre wirtschaftlichen, sozialen, kulturellen oder mediengeschichtlichen Aspekte einbezieht.

47 Für eine andere Sicht- und Vorgehensweise siehe die sehr reflektierte und ausführliche Studie von Tim Neu, Die Erschaffung der landständischen Verfassung. Kreativität, Heuchelei und Repräsentation in Hessen (1509–1655), Köln 2013, hier besonders S. 92 f, die eine praxeologische Beschreibung der Verfassungsentstehung im Sinne einer politischen Institution sowie Verfassungsgeschichte als Kulturgeschichte bietet. Er versucht demnach das von Georg v. Below bis Gerhard Oestreich betriebene, inzwischen aber eingeschlafene Fach der Verfassungsgeschichte wiederzubeleben. Inwieweit dies gelingen kann, wird sich zeigen. An dieser Stelle soll der Hinweis genügen, daß seine Verfassungsgeschichte am Dualismus-Modell festhält und ebd., S. 93, nur „genau zwei politische Akteure": „den Landesherrn und die Ständegesamtheit", kennt. Die Rats-Collegien kommen in dieser Ordnung nicht mehr vor, ebensowenig die Petitionen der Untertanen, vielleicht weil sie in den Akten nicht als solche erwähnt werden. Politische Akteure waren sie möglicherweise nichtsdestotrotz.

48 Das Wechselspiel von Kontinuität und sozialem und begrifflichem Wandel in der Geschichte ist deutlich komplexer und brüchiger als es die Suche nach den historischen Wurzeln oder Traditionen angenommen hat.

49 Peter Laslett, The World We Have Lost. English Society before the Coming of Industry, New York 1965. Ob dieser Verlust zu bedauern oder zu begrüßen ist, kann dann Gegenstand einer kontroversen Debatte werden. Ebenso können natürlich gegenüber den Unterschieden die Kontinuitäten in den Vordergrund gerückt werden.

1900 können nicht nur aufgrund einer veränderten Quelleninterpretation nicht mehr unsere sein, sondern auch aufgrund des Untergangs der konstitutionellen Monarchie und der bürgerlichen Lebenswelt des 19. Jahrhunderts.[50]

Die juristisch-verfassungsgeschichtliche Untersuchung der spätmittelalterlichen und frühneuzeitlichen Landesversammlungen seit Georg v. Below hat sich vor allem für eine Entwicklungsgeschichte der Rechtsprinzipien interessiert: die Zahl und Zusammensetzung der zum Landtag berufenen sozialen Gruppen, die auf den Landtagen behandelten Materien, das Landtagsverfahren, die Rechte und Ansprüche der Landstände auf Anhörung, politische Teilhabe oder Mitentscheidung von den Ursprüngen bis zu den Grundsätzen der vollentwickelten konstitutionellen Verfassung. Sie bevorzugt also die am Ende eingetretenen historischen Ergebnisse gegenüber der ausführlichen Rekonstruktion der Wege und Umwege, welche die nur im Rückblick erkennbare Entwicklung genommen hat. Die entsprechenden Forschungen haben dennoch zahlreiche Ereignisse, Konflikte und Entwicklungen im Umkreis der verschiedenen alteuropäischen Formen von Landesversammlungen erhellt und zugänglich gemacht. Sie geht vor allem analytisch vor und stellt die historischen Phänomene der Repräsentation in eine Entwicklungsreihe zusammen. Im Rahmen dieser rechtsgeschichtlichen Forschungen ist das Dualismus-Konzept angesiedelt.[51]

Die Landtage wie den kursächsischen Landtag in Dresden der alteuropäischen Welt des frühneuzeitlichen Fürstenstaates zuzuweisen und nicht in eine Traditionslinie der Vorläufer der neuzeitlichen parlamentarischer Partizipation zu stellen, bringt jedoch eine Reihe von konzeptionellen Konsequenzen mit sich.[52] Die ältere Position zentrierte die Geschichte der alteuropäischen Landtage

---

50   Siehe Georg v. Belows Aufsatz ,System und Bedeutung der landständischen Verfassung', in: ders., Territorium und Stadt. Aufsätze zur deutschen Verfassungs-, Verwaltungs- und Wirtschaftsgeschichte, München 1900, zweite wesentlich veränderte Auflage München 1923. Es zeigt den tiefsitzenden konservativen Grundzug der Geschichtswissenschaft und den für sie charakteristischen begrifflichen Traditionsüberhang, daß Autoren wie v. Below oder Brunner immer noch ohne Reflexion auf die Forschungsgeschichte als maßgebende Autoritäten angeführt werden können.

51   Siehe beispielsweise Gerhard Oestreich, Verfassungsgeschichte vom Ende des Mittelalters bis zum Ende des alten Reiches, München 1974, der im Abschnitt zu den Grundfragen der Verfassungsgeschichte auf S. 14 schreibt: „Zwei charakteristische Typen der europäischen Staatsbildung und -verwaltung finden sich auch in Deutschland: die herrschaftliche und die genossenschaftliche Form, nicht so sehr nach dem Inhalt der Herrschaft selbst als nach der Form der Herrschaftsausübung verschieden, die eine mehr auf monarchischer Grundlage mit ständischer Beschränkung durch das Fürstentum, die andere mehr als Verbindung gleichmäßig Berechtigter durch Reichsstädte und Reichsritterschaft verkörpert."

52   Die einfache Lösung, für eine Geschichte der Landtage ein allgemeines Interesse jenseits der Spezialisten zu sichern, indem man sich wieder auf eine Traditionsstiftung stützt, welche die heutigen Landtage in die Vergangenheit zurück verlängert und ihnen (und den Bearbeitern ihrer Geschichte) so aufgrund ihres hohen Alters oder ihrer langen, wenn auch zeitweise unterbrochenen Tradition Dignität zuschreibt, wird nicht verfangen. Dazu sind die Unterschiede zu zahlreich und schwerwiegend. Der Bildungswert der Geschichte sollte nicht in derart bloß formalen Übereinstimmungen in der Einrichtung von Landtagen heute und in der Frühen Neuzeit gesucht werden. Stattdessen sollten stärker Inhalte und Bedeutungen ins Zentrum rücken und in einer historischen Darstellung verständlich gemacht werden, so z. B. der Unter-

um die Vorstellung, es handele sich um eine Verfassung oder ihre Vorform, in der, was die Ritterkurie angeht, von Anfang an ‚im Prinzip' der große Grundbesitz als eines der legitimen Interessen der bürgerlichen Gesellschaft repräsentiert gewesen sein soll. Diese Repräsentation sei allerdings zeitweise vom alten Adel monopolisiert gewesen, öffne sich aber im Zuge des kulturellen Fortschritts allen männlichen Rittergutsbesitzern unabhängig ihres Standes oder ihrer Konfession, wenn sie nicht – so viel Bürgerlichkeit sollte schon sein – weiblich oder jüdischen Glaubens sind. Daher betonte die ältere Sicht ganz zu Recht die Suche nach dem ‚Ursprung' und dem ‚Wesen' der landständischen Verfassung, um diese anfänglich intendierten Prinzipien in der eigenen Gegenwart reiner und verbessert durchzuführen. Die Annahme eines Ancien Régime oder einer alteuropäischen Epoche, in deren Kontext die Landtage eingeordnet werden sollen, verlangt dagegen nach einer ausgearbeiteten positiven Vorstellung von der Moderne auf Seiten der Historiker, die wiederum vom eigenen Standpunkt und Verständnis der Moderne abhängt.[53]

Eine allgemeinhistorische Darstellung wird sich aber mit der juristischen und politischen Seite nicht zufrieden geben wollen, sondern die sozialen Verhältnisse und die zeitgenössische politische Kultur einbeziehen und stärker nach den konkreten Aktionen und Wahrnehmungen der an den Landtagen Beteiligten fragen.[54] Die Landtage als Teil des Fürstenstaates zu behandeln, bedeutet demnach, anstelle der vermuteten juristischen Grundprinzipien den Nachdruck auf

---

schied zwischen einer alteuropäischen Gesellschaft ständischer Ungleichheit und patriarchalischer Hausherrschaft einerseits und unserer Moderne mit ihren allgemeinen sozialen und politischen Bürgerrechten für Männer und Frauen andererseits: Wie funktionierte die alteuropäische Gesellschaft und aus welchen Motiven und durch welche Umstände wurde sie am Ende dennoch abgeschafft.

53 Eine ausführliche und übergreifende Darstellung der Konzepte von Alteuropa und Moderne kann hier nicht gegeben werden. Es kann nur diese Differenz eingeführt werden, aus deren Horizont heraus, die Interpretation der vergangenen Sachverhalte erfolgt. Mit dem Übergang von der Gesellschaft ständischer Ungleichheit zur Bürgergesellschaft ist eines der in sozialer und politischer Hinsicht wichtigen Merkmale angedeutet.

54 Es geht also um einen fachwissenschaftlichen historischen Begriff von den frühneuzeitlichen Landtagen, der sich dadurch auszeichnet, daß er inhaltlich gefüllt ist und sich auf einen bestimmten zeitlichen und örtlichen Kontext bezieht, wie z.B. den kursächsischen Landtag im 18. Jahrhundert, und nicht um eine vor allem formale Definition der ‚landständischen Verfassung' an sich, die sich in allen Fällen wiederfinden und als Maßstab an die Einzelfälle anlegen läßt. Eine Schwierigkeit der Debatte mag darin liegen, daß die Verfassungsgeschichte, die Soziologie und die Allgemeingeschichte dieselben Ausdrücke wie Landtag, bürgerliche Gesellschaft oder Staat benutzen, die aber als fachwissenschaftliche Begriffe jeweils andere Konnotationen und Einbettungen haben. Die jeweilige fachwissenschaftliche Einbettung müßte aber in der Verwendung dieser Ausdrücke immer berücksichtigt werden. Vielleicht können sich die Historiker noch nicht daran gewöhnen, daß ihre Begriffe ebenfalls einen fachwissenschaftlichen Gehalt haben und nicht einfach nur aus der Jurisprudenz oder Soziologie geborgt sind. Zum Verhältnis von Rechtswissenschaft und Geschichtswissenschaft siehe auch die Aufsätze von Pio Caroni, Blicke über den Gartenzaun. Von der Beziehung der Rechtsgeschichte zu ihren historischen Nachbarwissenschaften, und Christof Dipper, Geschichtswissenschaft und Rechtsgeschichte, in: Louis Pahlow (Hg.), Die zeitliche Dimension des Rechts. Historische Rechtsforschung und geschichtliche Rechtswissenschaft, Paderborn 2005, S. 27–55 bzw. S. 56–73.

die beobachtbare Landtagspraxis zu legen und diese nicht immer wieder an den Prinzipien zu messen und die Landtagakteure nicht danach zu beurteilen, ob sie diesen im Rückblick zugrundegelegten Prinzipien in ihrem zeitgenössischen Handeln entsprochen oder ob sie ihnen gegenüber versagt haben.[55] Daher sollte die späte Geschichte der Landesversammlungen, wo sie nach 1648 noch oder wieder bestanden, eine größere Aufmerksamkeit finden gegenüber den gewöhnlich vorherrschenden Studien zu ihren Anfängen im 15. Jahrhundert und ihrer Blüte im 16. Jahrhundert. Je mehr die Landtage in die Gesellschaft und Politik Alteuropas integriert werden, desto höher wird allerdings der Erklärungsbedarf für den Übergang vom 18. in das 19. Jahrhundert. Es handelt sich historisch um das faszinierende Schauspiel eines Übergangs von der alteuropäischen Gesellschaft ständischer Ungleichheit zur modernen Gesellschaft der Bürger, und dann auch der Bürgerinnen, der ihr nicht von außen zugestoßen ist, sondern den sie in einem längeren zeitlichen Vorlauf aus sich selbst hervorgebracht hat. Ein grundlegender Bedeutungswandel einerseits und – im kursächsischen Fall – bereits vorhandene, aber wenig reflektierte Anknüpfungspunkte andererseits, wie der der deputierten Amtsassen, lagen dicht nebeneinander. Der von der Französischen Revolution und der napoleonischen Ära entfesselte Umbruch um 1800 erfolgte in vielen Bereichen im Rahmen eines ausdrücklichen Rückgriffs, eines imaginären Anknüpfens an die gute Vergangenheit des Ancien Régime oder an die ursprünglich intendierten, dann aber von eigensüchtigen Adeligen oder absolutistischen Fürsten angeblich pervertierten Grundsätze. Zu dieser Geschichte gehören also auch die historischen Konstruktionen wie die eingangs dieser Untersuchung zitierte Sicht des Ministers v. Nostitz und Jänkendorf auf die alten Landtage anläßlich des Übergangs zur konstitutionellen Monarchie im Jahr 1831.

Für die Zeit des Ancien Régime ist in dieser Studie nicht der fürstliche Absolutismus und die egoistische Privilegienwahrung der Ritterschaft als vorrangige Handlungsoption betont worden, sondern die Fürst und Stände, Obrigkeit und Untertanen im Sinne einer Mentalität kennzeichnenden ubiquitären Leitorientierung am Recht, an der Rechtswahrung, an der Konservation ihrer wirtschaftlichen und sozialen Stellung wie ihres gesellschaftlichen Ansehens. Mit einem gewissen Nachdruck und auch mit Zuspitzungen wurde versucht, die charakteristisch frühneuzeitliche Rechtskultur deutlicher hervorzuheben, und sie neben der durchlaufenden und unverändert prägenden Konfessionsbildung als Horizont und Handlungsmotiv der Akteure und in der Folge daher auch als zentrales zeitgenössisches Thema in der historischen Darstellung des Landtagsgeschehens zu etablieren. Die hier anvisierte frühneuzeitliche Rechtskultur meint also nicht so sehr die Etablierung von öffentlichen Gerichten und die Verlagerung des Konfliktaustrags von der Fehde an die Gerichtsschranken,

---

55 Die Landtagsgeschichte soll also im Sinne einer Denomination „Allgemeine Geschichte unter besonderer Berücksichtigung der frühneuzeitlichen Politik" betrachtet und dargestellt werden. Dabei handelt es sich also nicht um ein neues Fach, sondern nur um einen Versuch, die Argumente des englischen Revisionismus und der Neuen Kulturgeschichte aufzugreifen.

sondern die den Zeitgenossen fraglose Orientierung an den konkreten Rechten.[56] Die Rechte in der Gesellschaft ständischer Ungleichheit standen nicht nur dem Adel und den Stadtbürgern zu, sie lagen auch vor für leibeigene Bauern, für das Gesinde, für Ehefrauen und Witwen, für Töchter und Söhne und Geschwister untereinander.[57] Hinsichtlich der Anerkennung dieses Merkmals des Ancien Régime gibt es inzwischen auch eine Konvergenz in juristischen Lehrbüchern, wenn Dietmar Willoweit für den Absolutismus „die Macht der traditionalen Verfassungsstrukturen auch im späten 17. und 18 Jahrhundert" hervorhebt und unterstreicht.[58]

Die von den Juristen und Historikern seit dem 18. Jahrhundert betriebene Verfassungsgeschichte der Landtage mit ihrer Suche nach dem Ursprung und dem Wesen der landständischen Verfassung erweist sich in wissenschaftsgeschichtlicher Perspektive dann selbst noch als ein später Reflex dieser so stark am Recht orientierten frühneuzeitlichen Denkweise. In der Rechtstradition vom Mittelalter bis zum konstitutionellen ‚Rechtsstaat' Robert v. Mohls (1799–1875) von 1833 liegt offensichtlich ein Element der Kontinuität, das sich aufgrund immer neuer Rückgriffe und Aktualisierungen durch die europäische Geschichte zieht.[59] In diesem Zusammenhang einer allgemeinen Geschichte der frühneuzeitlichen Landtage geht es also um eine komplexe Genealogie der miteinander verschränkten Vorstellungen von Freiheit, Eigentum, Recht, politischer Teilhabe, ständischer Ungleichheit, Geschlechterverhältnissen, privaten und öffentlichen Angelegenheiten in der europäischen Geschichte.[60]

Der Versuch, die alteuropäischen Landesversammlungen im Rahmen der allgemeinen Geschichte darzustellen, erfordert einen entsprechenden Blick auf die bestehenden Fürstenstaaten. Nicht nur die Landtage, auch der Fürstenstaat und die Ritterschaft bzw. der Adel hatten im Verlauf der alteuropäischen Epoche

---

56   Sie ist also breiter konzipiert als der für die Frühe Neuzeit schon mehrfach konstatierte Prozeß der Verrechtlichung, der seine Durchsetzungsfähigkeit und Akzeptanz nicht zuletzt gerade dieser Rechtskultur verdanken dürfte.

57   Das Allgemeine Preußische Landrecht von 1794 ist aus heutiger Sicht geradezu eine Enzyklopädie und ein Denkmal dieser nun weitgehend fixierten und aufgeschriebenen wechselseitigen Rechte und Ansprüche. Diese Rechte, z. B. die des Witwenstandes, überbrückten interessanterweise die ansonsten so strikte Unterscheidung zwischen dem (privaten) Haus und der öffentlich-politischen Sphäre.

58   Dietmar Willoweit, Deutsche Verfassungsgeschichte. Vom Frankenreich bis zur Wiedervereinigung Deutschlands, 5. erweiterte Auflage, München 2005, § 23, hier S. 176, oder wenn er ebd., S. 186, im Abschnitt über die landständischen Strukturen allgemein hervorhebt, „daß die Kraft der traditionalen Rechtsstrukturen dem Neuerungsdrang vieler Monarchen überlegen war." Auch verweist er, S. 180, auf das schon in der Zeit der Landeshoheit vorhandene Rechtsbewußtsein der einfachen Untertanen wie der höheren Ränge der Gesellschaft.

59   Siehe Robert v. Mohl, Die Polizei-Wissenschaft nach den Grundsätzen des Rechtsstaates, 2 Bde., Tübingen 1832/33.

60   Deshalb unterscheidet sich eine historische Behandlung der Rechtskultur deutlich von einer juristischen Sicht, die viel stärker durch die technische Systematik der Jurisprudenz angeleitet wird.

eine Geschichte.[61] In der auf die Staatsbildung zentrierten Verfassungsgeschichte wird zwischen der spätmittelalterlichen Landesherrschaft, dem Obrigkeitsstaat und der frühneuzeitlichen Landeshoheit unterschieden. Die Konfessionsbildung und das Ergebnis des Dreißigjährigen Krieges gelten allgemein als wichtige Einschnitte in der Geschichte der Staatsgewalt. Der frühneuzeitliche Fürstenstaat wird in der vorliegenden Untersuchung breiter aufgefaßt als in der juristisch orientierten Verfassungsgeschichte. Vor allem wird er nicht verstanden als Etappe der Herausbildung des modernen bürokratischen Anstaltsstaates im Sinne des 19. Jahrhunderts, sondern als historischer Oberbegriff für das spezifische Zusammenspiel des dynastischen Faktors, der sozialen Ständehierarchie, der gegebenen Verwaltungsorganisation des Landes einschließlich der Kirchenverfassung und der politischen Kultur einschließlich der vorwaltenden Orientierung am Recht.[62]

Dem in der vorliegenden Studie verwendeten Ansatz zur Landtagsgeschichte entspricht für den untersuchten Zeitbereich von 1694 bis 1749 auf der Seite des Fürstenstaates das Konzept des ‚fiscal-military state'.[63] Die Kombination von dynastischer Konkurrenz und Herausbildung des stehenden Heeres als unumgänglichem fürstlichen Machtmittel entfaltete sich nicht nur in den unablässigen europäischen Kriegszügen. Es hatte über die für die königliche Bauwut und militärische ‚Gloire' nötigen Finanzmittel weitreichende Folgen für das Steueraufkommen, die Landesverwaltung und die Dynamik der sozialen Schichtung im Ancien Régime. Wie das kursächsische Beispiel unter den drei Kurfürsten des 18. Jahrhunderts belegt, war die manchmal gesuchte, manchmal erzwungene Zusammenarbeit mit den im Landtag versammelten Ständen des Landes eine Möglichkeit, Macht und Glanz der Dynastie zu steigern oder selbst nach schweren militärischen Niederlagen wieder herzustellen. Wie in anderen Gesellschaften Alteuropas auch entfalteten sich zugleich in der sozialen Zusammensetzung der fürstlichen Räte wie der Besitzer der adeligen Lehngüter

---

61   Hinsichtlich des Fürstenstaates siehe außer Dieter Willoweit, Deutsche Verfassungsgeschichte, oder Johannes Burkhardt, Vollendung und Neuorientierung des frühmodernen Reiches 1648–1763, Stuttgart 2006, auch Ernst Schubert, Fürstliche Herrschaft und Territorium im späten Mittelalter, München 1996, und für den Adel Roger Sablonier, Adel im Wandel (1979), Zürich 2000, und Werner Hechberger, Adel Ministerialität und Rittertum im Mittelalter, Oldenburg 2010.

62   Insofern ist er nicht deckungsgleich mit der Geschichte der Staatsgewalt, der Wolfgang Reinhard eine große Studie gewidmet hat.

63   Siehe Bernhard R., Kroener, Kriegswesen, Herrschaft und Gesellschaft 1300–1800, München 2013, hier besonders S. 72 und S. 112. Das Konzept ähnelt dem von Gerhard Oestreich vorgeschlagenen Begriff des „Militär-, Wirtschafts- und Verwaltungsstaates", siehe seinen Aufsatz ‚Ständetum und Staatsbildung in Deutschland' (1966), in: ders., Geist und Gestalt des frühmodernen Staates. Ausgewählte Aufsätze, Berlin 1969, S. 277–289, allerdings mit dem Unterschied, daß Oestreich ihn als Typus und zweite Stufe des frühneuzeitlichen Staates in der Entwicklungsgeschichte des modernen Staates konzipiert hat. Der Ausdruck militärisch-fiskalischer Staat soll demgegenüber die parallel laufenden sozialen, politischen, militärischen und kulturellen Veränderungen bezogen auf die frühneuzeitliche Gesellschaft in einem plastischen Begriff bündeln.

und den Ansichten über das Gemeinwohl und die zivile Gesellschaft Tendenzen, die im bestehenden Rechtsrahmen nicht mehr zu bändigen waren.

Ziel der vorliegenden Untersuchung war nicht eine abgewogene und balancierte Darstellung des Fürstenstaates und Landtags in der ersten Hälfte des 18. Jahrhunderts vorzulegen, sondern ein Argument zu entfalten zur geschichtswissenschaftlichen Debatte um die frühneuzeitlichen Landtage. Diesem Zweck diente die Akzentuierung der historischen Befunde und Belege ebenso wie der erneute Blick in die bisherige Forschungsgeschichte. Es ging nicht zuletzt um den Versuch, an einem konkreten Fall die Möglichkeiten eines prosopographischen Vorgehens und einer kritischen historischen Darstellung vorzustellen.

VI. Anhang

1. Landständische Verfassung. Anmerkungen zur Forschungsgeschichte

1)   Vorbemerkung
2)   Der Dualismus der landständischen Verfassung
      a)   Die innerfachlichen Themen der Dualismus-These im Rahmen der Staatsbildung
      b)   Die Verfassungsgeschichte und die konstitutionelle Monarchie des 19. Jahrhunderts
      c)   Begriffe und Sachverhalte. Methodenfragen in der Ständegeschichte
3)   Ergebnisse. Revisionismus, Alteuropa und politische Kultur

> Ideas outlive the conditions
> which gave them birth, and
> words outlast ideas.[1]
> Lewis Namier, 1930

1. Vorbemerkung

Eine kritische Wissenschaftsgeschichte zur Landtagsforschung gibt es noch nicht. Die zahlreich vorhandenen Überblicke über den Stand der Forschung in den Einzeluntersuchungen zur Geschichte der Landtage sind in der Regel eher praktisch orientiert und lesen die Literatur lediglich im Hinblick auf die avisierte Untersuchung. Auch die zur Zeit ausführlichste und reflektierteste Darstellung der Forschung durch Tim Neu, welche die Forschungen zur Landtagsgeschichte unter den drei Überschriften des konstitutionellen, des etatistischen und des institutionellen Interesses subsumiert, läßt wichtige Aspekte aus.[2] Sie kann daher trotz ihrer ausführlichen Darstellung der Forschungsliteratur nicht als vorläufiger Abschluß einer Rücksicht auf die Forschungsgeschichte gelten. Am Ende lenkt Neu übrigens und durchaus überraschend wieder auf eine Wiederbelebung der Verfassungsgeschichte zurück, ohne allerdings die Geschichte der Verfassungsgeschichte im Einzelnen zu reflektieren.

Die politische Ausrichtung der Debatten um den Charakter der Landtage ist schon oft und sehr zu recht betont, aber keineswegs bereits in ihrer fachwis-

---

1   Sir Lewis Namier, England in the Age of the American Revolution, 2. Auflage, London 1961, S. 4. Die Bemerkung Namiers fällt im Zusammenhang mit der zeitgenössischen, aber unbegründeten Kritik des unreformierten House of Commons an der königlichen Prärogative als ein Beispiel für eine Aktualität „by force of ideological and linguistical survival".

2   Siehe Tim Neu, Die Erschaffung der landständischen Verfassung. Kreativität, Heuchelei und Repräsentation in Hessen (1509–1655), Köln 2013.

senschaftlichen Bedeutung ausreichend entfaltet worden. Die Einbettung der Landtagsforschung in die Entwicklung der Disziplin Geschichtswissenschaft fehlt nahezu völlig. Dagegen werden historiographische Traditionsbestände wie die positive Rolle Otto Brunners ohne nähere Analyse des Kontextes weiter mitgeschleppt.[3] Die folgenden Untersuchungen sollen einen Beitrag und Anstoß zur Wissenschaftsgeschichte der Landtagsforschung liefern. Sie behandeln nicht die Entstehung der historisch-politischen Literatur zu den Landtagen, die vom Ende des 18. Jahrhunderts bis weit in das 19. Jahrhundert reicht. Die Darstellung setzt vielmehr erst mit dem Streit um den Dualismus der landständischen Verfassung um 1900 ein und muß schon aus diesem Grund unvollständig bleiben.

Methodisch orientiert sich das Vorgehen an dem von Otto Gerhard Oexle (1939–2016) entwickelten Konzept der Problemgeschichte.[4] In einer Problemgeschichte wird versucht, drei Fragen systematisch nachzugehen: (1) Zunächst geht es um die im Zusammenhang mit der Geschichte der alteuropäischen Landtage verhandelten forschungsinternen Fragen, (2) dann wird der zeitgenössische politische Kontext der jeweiligen historischen Debatten berücksichtigt und (3) schließlich ist nach einer möglichen übergreifenden politisch-sozialen Bedeutung zu fragen. Im Mittelpunkt steht im Folgenden also nicht der reiche sachliche Ertrag der Forschung zu den vielen Einzelfragen über die Entstehung der Landtage, über die Kompetenzen der Landstände, über die politischen und finanziellen Kämpfe zwischen Fürsten und Landständen, über das Ende der landständischen Verfassungen oder über die Leistungen der Stände für die Herausbildung des modernen Staates seit dem hohen Mittelalter. Stattdessen wird die Frage nach den leitenden Forschungsfragen und nach der politischen Ausrichtung der jeweiligen Geschichtsschreibung akzentuiert.

---

3   Die verdienstvolle Darstellung Blänkners beschränkt sich doch zu sehr auf eine textimmanente Auslegung des Brunnerschen Werkes, siehe Reinhart Blänkner, Von der ‚Staatsbildung' zur ‚Volkwerdung'. Otto Brunners Perspektivenwechsel der Verfassungshistorie im Spannungsfeld zwischen völkischem und alteuropäischem Geschichtsdenken, in: Luise Schorn-Schütte (Hg.), Alteuropa oder Frühe Moderne. Deutungsmuster für das 16. bis 18. Jahrhundert aus dem Krisenbewußtsein der Weimarer Republik in Theologie, Rechts- und Geschichtswissenschaft, Berlin 1999, S. 87–135.

4   Otto Gerhard Oexle, Die mittelalterliche Zunft als Forschungsproblem. Ein Beitrag zur Wissenschaftsgeschichte der Moderne, in: Blätter für deutsche Landesgeschichte 118 (1982), S. 1–44, hier S. 7, wieder abgedruckt in ders., Die Wirklichkeit und das Wissen. Mittelalterforschung. Historische Kulturwissenschaft – Geschichte und Theorie der historischen Erkenntnis, Göttingen 2011, S. 691–742. Meine folgende Zusammenstellung von Literaturbelegen stellt keine genuine Quellen-Forschung dar, sondern nur eine erneute Lektüre der in der einschlägigen Literatur angeführten Texte. Daher wird keine annähernd vollständige Liste der Literatur zur landständischen Verfassung berücksichtigt. Eine von A. H. Loebl bereits im Jahr 1916 geforderte „Geschichte der Ansichten" zu den Landtagen und Landständen in der Geschichtswissenschaft des 19. und 20. Jahrhunderts fehlt noch immer.

2. Der Dualismus der landständischen Verfassung

Bis heute steht jede Beschäftigung mit den Landständen und den landständischen Versammlungen im Schatten der Dualismus-These, obwohl inzwischen in der Forschung niemand mehr ernsthaft diese Sichtweise vertritt. Aber sie ist in der Geschichtsschreibung und in den Einleitungen und Schlußworten immer noch ein zentraler Referenzpunkt, da es an überzeugenden und tragfähigen Alternativen fehlt. Insgesamt gesehen hat die Erforschung der landständischen Verfassung in der mittelalterlichen und der neueren Geschichte aber nur ein geringes fachwissenschaftliches Interesse gefunden. Sie hat ihre politische Brisanz und Bedeutsamkeit vielmehr inzwischen weitgehend verloren. Statt sich um den Vertretungscharakter der Stände und die Repräsentativität der Landtage zu streiten, wendet sich die aktuelle, kulturwissenschaftlich orientierte Forschung vornehmlich den Fragen nach der symbolisch-institutionellen Kultur, dem Zeremoniell oder der zeitgenössischen Semantik der Landtagsreden zu. Dennoch sind die „alten Fragen mit alten Kontroversen seit Below, Hartung und Brunner" (Peter Moraw) nicht einfach veraltet und bedeutungslos.[5] Eine Wissenschaftsgeschichte der alten Kontroversen ist mehr als nur ein weiteres, mehr oder weniger beliebiges, historisches Interessensgebiet. Sie ist für ein Verständnis der vorliegenden geschichtswissenschaftlichen Literatur und für die Einbettung der eigenen Fragestellungen und erst recht für ihre Ausarbeitung unabdingbar.

Zu den wichtigsten Eckpunkten, welche die Weitläufigkeit der Forschungen zur Geschichte der landständischen Versammlungen markieren, zählt an erster Stelle ihre zeitliche Dimension. Sie umfasst in der Frage nach der Entstehung der Landtage im 13., 14. oder 15. Jahrhundert und nach der Herausbildung des Ständestaates im 16. Jahrhundert einerseits das Spätmittelalter und die Frühe Neuzeit. Andererseits erstreckt sie sich im Hinblick auf die Kontinuität zu den konstitutionellen Landtagen des 19. Jahrhunderts und im Sinne einer Vorgeschichte des modernen Parlamentarismus in die neuere Geschichte hinein.[6] Ihrem Inhalt nach liegt die Brisanz des Themas nicht unmittelbar in der Institution Landtag. Erst durch die Koppelung mit der übergreifenden sowohl historischen als auch tagespolitischen Thematik der Staatsbildung gewinnen die Untersuchungen und die auf sie gestützten Thesen ihre spezifische Schärfe. Den Dreh- und Angelpunkt der gesamten deutschsprachigen Literatur zum Thema Landstände und ständische Verfassung bildet der Begriff der konstitutionellen Monarchie oder des Konstitutionalismus, ohne den die Motive und die Ausrichtung der einschlägigen Literatur nicht verständlich sind, und der daher in

---

5   Siehe Peter Moraw, Zu Stand und Perspektiven der Ständeforschung im spätmittelalterlichen Reich (1992), in: ders., Über König und Reich. Aufsätze zur deutschen Verfassungsgeschichte des späten Mittelalters, hg. v. Rainer Christoph Schwinges aus Anlaß des 60. Geburtstags von Peter Moraw am 31. August 1995, Sigmaringen 1995, S. 243–275, hier S. 254.

6   Siehe Barbara Stollberg-Rilinger, Vormünder des Volkes? Konzepte landständischer Repräsentation in der Spätphase des Alten Reiches, Berlin 1999; und Heinz Rausch (Hg.), Die geschichtlichen Grundlagen der modernen Volksvertretung. Die Entwicklung von den mittelalterlichen Korporationen zu den modernen Parlamenten, Bd. 1: Allgemeine Fragen und europäischer Überblick, Darmstadt 1980, Bd. 2: Reichsstände und Landstände, Darmstadt 1974.

einer Analyse der Forschungsgeschichte unabdingbar berücksichtigt werden muß.[7]

Ein weiteres Feld wird durch die Universitätsgeschichte abgedeckt. In einer Art Drei-Bande-Spiel geht es zum einen um das Verhältnis von Politischer Geschichte und Verfassungsgeschichte als geschichtswissenschaftlicher Teildisziplinen, zum anderen um die Kompetenz zweier unterschiedlicher Universitätsfächer, die sich um den gemeinsamen historischen Sachverhalt streiten: die Verfassungsgeschichte der Historiker und die Rechtsgeschichte als Teil der Jurisprudenz. Die Jahre von 1900 bis zum Ersten Weltkrieg, in denen die hier angesprochene Forschungsthematik entfaltet und in ihren Problemlagen fixiert wurde, sind daher von lebhaften Kontroversen mit den Rechtshistorikern geprägt.

Die Auseinandersetzung zwischen der Politischen Geschichte und der Verfassungsgeschichte drehte sich um die Frage, ob der geschichtliche Verlauf vor allem als Ausdruck von Machtverhältnissen zu interpretieren sei, wie die Politische Geschichte nahelegte, oder ob es in der Geschichte darüber hinaus nachweisbare ‚Prinzipien‘ und wirksame ‚Faktoren‘ gebe, welche die Geschichte nicht auf die reine Machtgeschichte reduzieren. Die Verfassungsgeschichte hatte angenommen, daß im Recht ein solcher Faktor zu finden sei. Damit berührte sich die Verfassungsgeschichte zwangsläufig mit der Rechtswissenschaft. Sie erhielt durch ihre entschiedene Abwehr, die Vergangenheit auf die rein positivistisch nachzuzeichnende und erzählende Geschichte der Machtverhältnisse und der siegreichen Mächte zu reduzieren, den Zug einer idealistischen Geschichtsschreibung, die in den jeweiligen Machtkämpfen der Vergangenheit nach Prinzipien, Typen, Prozessen der Geschichte suchte.

In den Debatten zwischen den Verfassungs- und den Rechtshistorikern vor dem Ersten Weltkrieg ging es bereits nicht mehr nur allein um Fächergrenzen und fachliche Abgrenzungen und Zuständigkeiten, sondern auch um methodische Probleme.[8] Im Rahmen einer grundsätzlich akzeptierten und von allen Seiten unbestrittenen entwicklungsgeschichtlichen Perspektive wurden Fragen nach der angemessenen Methodik und nach der wissenschaftlichen Begrifflichkeit aufgeworfen, mit der die vergangenen Phänomene zu erfassen sind. Außerdem stellten sich immer wieder Fragen nach dem gesellschaftlichen

---

7   Siehe auch Gerhard Oestreich, Ständestaat und Ständewesen im Werk Otto Hintzes, in: Dietrich Gerhard (Hg.), Ständische Vertretungen in Europa im 17. und 18. Jahrhundert, 2., unveränderte Auflage, Göttingen 1974, S. 56–71, hier S. 71. Man lese also nicht nur Belows Arbeiten zu Jülich oder ‚Territorium und Stadt‘, 1. Aufl. München 1900, sondern auch sein Buch ‚Das parlamentarische Wahlrecht in Deutschland‘, Berlin 1909, ferner von Otto Hintze, Staatenbildung und Verfassungsentwicklung. Eine historisch-politische Studie (1902) und Das monarchische Prinzip und die konstitutionelle Verfassung (1911), wieder abgedruckt im ersten Band seiner Gesammelten Abhandlungen, oder Fritz Hartung, Die Entwicklung der konstitutionellen Monarchie in Europa (1939), in: ders., Volk und Staat in der deutschen Geschichte, Leipzig 1940, S. 183–229.

8   Inwieweit in den wissenschaftlichen Disput von F. Rachfahl und G. v. Below mit F. Tezner oder später zwischen F. Hartung und O. Brunner auch die alltagsweltlichen Erfahrungen eine Rolle spielten, welche die ‚Preußen‘ in einem expansiven nationalen Machstaat von den ‚Wienern‘ in der zerfallenden Habsburger-Monarchie trennte, sollte ebenfalls geprüft werden.

Nutzen der Geschichtswissenschaft und allgemeine nach dem Verhältnis von Zeitbedingtheit und Wissenschaftlichkeit der historischen Erkenntnisse.

Den zeitgenössische Kontext der hier zunächst nur nach den beteiligten Feldern skizzierten Debattenlage bildete die in der Geschichtsschreibung schon vielfach diagnostizierte und beschriebene Krise um 1900, die als soziale, politische und kulturelle Krise zahlreiche Reaktionen hervorrief. Die im Kaiserreich von 1871 weitergeführte konstitutionelle Monarchie stand vor erheblichen politischen und strukturellen Herausforderungen.[9] Eine rein politische Machtgeschichte mußte angesichts der Erfolge der Sozialdemokratie in den Reichstagswahlen bis 1914, da die Sozialdemokraten ja immer noch als Staatsfeinde ausgegrenzt waren und außerhalb der bürgerlichen Respektabilität standen, als prekär und gefährlich erscheinen, wenn sie in anderen historischen Prinzipien und Faktoren kein Gegengewicht erhalten konnte. Solche suchte man im monarchischen Prinzip und in den verschiedenen Gestalten des Rechts, des historischen Rechts, des Patrimonialrechts oder des Staatsrechts. Beides galt der Abwehr des Parlamentarismus und der parlamentarischen Regierung. In kultureller Hinsicht war die zeitgenössische Aufregung eingebettet in einen zum Deutschtum gesteigerten Nationalismus, der sich in weit ausgreifender Weise auf ein spezifisches Bild der deutschen Vergangenheit berief.

> „Es ist … ein vergebliches Unternehmen,
> das ständische Verfassungsrecht irgend eines … Territoriums
> in jener Geschlossenheit zur Darstellung zu bringen,
> wie dies von dem Staatsrecht gefesteter
> konstitutioneller Monarchien gilt.
> Friedrich Tezner, 1901

a) Die innerfachlichen Themen der Dualismus-These im Rahmen der Staatsbildung

Wie immer die einzelnen Argumente auch gelagert waren oder untereinander verknüpft wurden, immer ging es in der Dualismus-These um die Entstehung des Staates und seine Geschichte vom Mittelalter bis in die Gegenwart. Da der Staat in dieser Perspektive wesentlich ein rechtliches Phänomen, wenn nicht gar der Garant der weltlichen Gerechtigkeit war, ging der weitverzweigte Diskurs über Landstände und Landtage in der Form eines Streits um rechtliche Ansprüche voran. Die fürstlichen Rechte, die Landesherrschaft, die Landeshoheit, die Verwaltung des Landes durch Gericht und Amt, die Domänen und die adligen Grundherrschaften, die Erhebung und Verwaltung von Steuern, die Verabschiedung der Landesgesetze und die Einrichtung, Berufung und Arbeitsweise der Landtage selbst waren zuerst und vor allem Rechtsfragen – und zwar Rechtsfragen im Sinne der im 19. Jahrhundert breit entfalteten universitären Rechtswissenschaften. Die Orientierung der Historiker an Rechtskategorien

---

9   Siehe Hans-Ulrich Wehler, Das deutsche Kaiserreich 1871–1918, Göttingen 1973.

allgemein ist ein zentrales Merkmal der wissenschaftlichen Literatur zum Dualismus. Historiker und Juristen trafen hier aufeinander, um Rechtsfragen zu klären.

Den harten Kern aller Diskussionen machten drei Annahmen aus. Erstens wurde die Existenz des Staates ideal vorausgesetzt, politische Herrschaft war staatliche Herrschaft, ein Bereich des öffentlichen Rechts, der streng vom Privatrecht unterscheidbar war. Strittig blieb dagegen wann der moderne Staat, in dem diese Unterscheidung vollständig ausgebildet ist, entstand und ob daher das Mittelalter den Staat kannte oder nicht. Zum Staat als Ideal gehörte zweitens die einheitliche Staatsgewalt, ein umfangreiches Bündel von Zuständigkeiten, Rechten und Befugnissen, die in den staatlichen Einrichtungen sichtbar werden. Die Staatsgewalt sollte idealerweise allein dem Souverän zustehen, historisch fanden sich jedoch ganz unterschiedliche Verteilungen von Elementen der Staatsgewalt auf den Fürsten, auf den Adel, auf Korporationen wie Städte, Klöster, Universitäten oder auf andere entsprechend Privilegierte. Die Verteilung der Staatsgewalt konnte dann in der Verfassungs- oder Rechtsgeschichte empirisch beschrieben und zu Typen und Entwicklungsverläufen zusammengefaßt werden. Waren der Staat und die Staatsgewalt auf diese Weise etabliert, konnten drittens die untersuchten historischen Zustände und Entwicklungen bewertet werden, indem allein der Fürst oder Fürst und Stände zusammen als Organe des Staates interpretiert wurden.[10] Das konkrete Verhalten von Fürst und Ständen ließ sich nun im Hinblick auf die als wünschenswert unterstellte Durchsetzung des modernen Staates einordnen und sowohl politisch wie moralisch bewerten.

Jede Dualismus-These enthält zunächst einmal eine formale Aussage über zwei irgendwie zu unterscheidende Instanzen, den Fürsten und die Landstände. Die Unterscheidung ist unproblematisch, soweit sie allein einer empirischen Beschreibung dient. Gegenstand der Debatte ist dagegen erst die Frage nach ihrer jeweiligen gesellschaftlichen Stellung und nach ihrem Verhältnis zueinander im Hinblick auf den Staat und die zu ihm gehörende Staatsgewalt.

Den Ausgangspunkt für eine entwickelte Dualismus-These gibt im allgemeinen das Werk des Juristen Otto v. Gierke (1841–1921) über die Rechtsgeschichte der deutschen Genossenschaften aus dem Jahr 1868. In ihm entfaltet er eine weitgespannte historische Konstruktion, in der sich seit dem späten Mittelalter der Fürst als Vertreter der Herrschaft und die Stände als eine freie Vereinigung, eine Genossenschaft mit Rechtspersönlichkeit, gegenüberstehen. Der historische Verlauf wird in dieser rechtlichen Perspektive darstellbar als die stark schwankenden Konjunkturen eines ständigen Kampfes zwischen dem Prinzip der Herrschaft und dem Prinzip der Einung oder der Freiheit, die Gierke in fünf Perioden gliedert. Zeigte die dritte Periode des Spätmittelalters von 1250 bis 1525 eine hohe Zeit des Prinzips der genossenschaftlichen Einungen, so brachte die

---

10 Die uns heute noch sehr vertraute Rede von den Staatsorganen ist erst im Vormärz im Zusammenhang der politischen Debatten um die konstitutionelle Verfassung von dem Göttinger Juristen Wilhelm Eduard Albrecht (1800–1876) mit geradezu durchschlagendem Erfolg eingeführt worden, siehe Michael Stolleis, Geschichte des öffentlichen Rechts, Bd. 2: Staatsrechtslehre und Verwaltungswissenschaft 1800–1914, München 1992 S. 368.

vierte Periode der Frühen Neuzeit bis 1806 den Sieg der Landeshoheit, in der das obrigkeitliche Prinzip der Herrschaft dominierte. Von seinem 19. Jahrhundert erwartete Gierke die endliche Versöhnung der „uralten Gegensätze" in der konstitutionellen Verfassung und im behördenmäßig voll ausgebauten Rechtsstaat.[11] Die deutsche Geschichte zeigt demnach eine dramatische historische Bewegung von ihrem glanzvollen Höhepunkt im Mittelalter über den anschließenden jahrhundertelangen Verfall durch Uneinigkeit, Partikularismus, egoistisches Privilegienwesen bis zu ihrem Tiefpunkt im Westfälischen Frieden und den mühsamen Wiederaufstieg im 19. Jahrhundert. Den § 51 seiner Rechtsgeschichte, aus dem einige Kernaussagen vorgestellt werden sollen,[12] widmete Gierke den landständischen Körperschaften in der Zeit von 1200 bis 1525:

> „… das Einungswesen [war] für die Umbildung der Territorien in Staaten, wie sie sich im 14. und 15. Jahrhundert vollzog, von kaum zu überschätzender Bedeutung! Nicht in der Ausbildung der Landeshoheit allein darf man die Quelle des deutschen Staatsgedankens suchen: neben und mit ihr war die landständische Entwicklung ein gleich wichtiges Element. Bedeutet aber jene die Umwandlung einer Herrschaft in eine Landesobrigkeit: so bedeutet diese die Organisation des Landes – sofern dieses der Obrigkeit gegenüber gedacht wird – durch die genossenschaftliche Einung der Stände. Landesherr und Land wurden so zu zwei nebeneinanderstehenden Trägern staatlichen Rechtes, die in ihrer Vereinigung den deutschen Staat darstellen, wie er aus dem Abschluß des Mittelalters hervorgieng."
>
> „Landesherr und Landschaft wurden so zwei von einander unabhängige Mächte, von denen keine ihr Recht von der andern ableitete. Die unumgängliche Nothwendigkeit ihres Zuammenwirkens aber und die Korrespondenz ihrer Rechte und Pflichten mußte zugleich mit ihrer Bildung dahin führen, für beide eine gemeinsame Quelle, eine Einheit über beiden zu erkennen. Als solche trat unter dem Einfluß des von beiden Mächten gleichmäßig betonten, gleichmäßig als Richtschnur hingestellten, gleichmäßig vertretenen öffentlichen Wohls des ganzen Landes in immer schärferen Zügen ein erweiterter Begriff des Landes, das Land als Staat, hervor."
>
> „Herrschaft und Landschaft waren zwei Rechtssubjekte nebeneinander, die durch die vielfachsten Rechtsbeziehungen verbunden, aber nicht Glieder einer von ihnen verschiedenen höheren Einheit waren.

---

11 Otto v. Gierke: Rechtsgeschichte der deutschen Genossenschaft (1868), ND Graz 1954, S. 9–11 (Das deutsche Genossenschaftsrecht Bd 1). Gierke nennt hier vor dem Hintergrund des preußischen Verfassungskonfliktes konkret den „Gedanken des allgemeinen Staatsbürgerthums und des repräsentativen Staats". Er verwendet den Begriff des Dualismus noch nicht. Der wird erst um 1900 geläufig.

12 Ebd., S. 534f, S. 537, S. 572 f und S. 575 f. Die längeren Zitate sollen auch einen Eindruck von dem Abstand vermitteln, der uns sprachlich und gedanklich bereits von Gierke trennt, wenn er vom Staat spricht.

Die Herrschaft bestand aus dem Herrn als dem Träger, aus Land und Leuten als den Gliedern des Verbandes, welchem aber nur die herrschaftlichen Diener und Grundholden durchaus, alle Andern nur insoweit angehörten, als ihr besonderes Rechtsverhältnis zum Landesherrn sie diesem unterwarf."

„Aber freilich war die Idee der Landesrepräsentation durch die Stände von unserm heutigen System der Volksvertretung im innersten Grunde verschieden.[13] Denn einmal war –...– die alte Landschaft Repräsentantin des Landes aus eigenem Recht; sie war nicht Organ, sondern Trägerin des Landesrechts und der Landeseinheit,... Zweitens aber –...– war die in der Landschaft zur Erscheinung kommende Rechtseinheit eine besondere, dem Landesherrn und seinem ganzen Herrschaftsverbande gegenüber zur politischen und privatrechtlichen Gesammtpersönlichkeit konstituierte Landesgemeinde. ... Eine außer- oder innerhalb des Staats existierende selbständige Rechtspersönlichkeit des Landes oder Volks – als Gegensatz zur Staatsregierung – ist für uns heute undenkbar: der Staat selber ist uns die Organisation des gesammten Volks – Herrschender und Beherrschter – zur politischen und juristischen Einheit."

Für die Zeit von 1525 bis ins 19. Jahrhundert führt Gierke im § 61, der das Verhältnis der modernen Staatsidee zur Genossenschaftslehre behandelt, über seine Sicht zu den Unterschieden zwischen der älteren Ständekörperschaft und dem im 19. Jahrhundert mit den modernen Volksvertretungen eingeführten Repräsentativsystem in der konstitutionellen Monarchie aus:

„... Fürst und Land sind nicht mehr zwei individuelle Rechtssubjekte nebeneinander, sondern Fürst und Landesvertretung sind Mitträger und Mitorgane eines einheitlichen Staates: ihre Vereinbarungen sind daher Gesetz, ihre Verhandlungen und Streitigkeiten aber innere Bewegungen und Erschütterungen des staatlichen Organismus."

„..., sie [die Volksvertretungen] sind kontrolirendes Staatsorgan für sich allein und rechtschaffendes Staatsorgan zusammen mit dem Fürsten."

„So ist mit dem Aufhören einer besonderen Landes- oder Ständegenossenschaft die Staatseinheit gegeben. Jene alte Zweiheit des Staats, deren Überwindung wir dem Absolutismus verdanken, ist mit der neuen Repräsentativverfasssung nicht zurückgekehrt. Es giebt begrifflich nur noch Eine untheilbare, einfache Staatspersönlichkeit, die sich nicht aus den Sonderpersönlichkeiten des Landesherrn und der

---

13   Gierke merkt an dieser Stelle in einer Fußnote an: „Dies wird bei Erörterung der Frage, ob die Landstände als Landesrepräsentanten gegolten haben, i. d. R. nicht gehörig gewürdigt, indem die verschiedenen Bedeutungen der Begriffe ‚Land' oder ‚Volk' und ‚repräsentiren' vermischt werden.", und verweist auf die ältere Literatur zu den Landständen. Heutige Leser Otto Brunners werden sich erinnern fühlen und ihnen wird manche der Formulierungen Gierkes bekannt vorkommen.

Landesgemeinde zusammensetzt, sondern in beiden als in ihren Organen zur Erscheinung kommt. … Häufig noch bringt die lange Gewöhnung des Volkes, den Staat über und außer sich zu suchen, die Anschauung hervor, daß Fürst und Volk verschiedene Rechtssubjekte seien. Eine solche, unseren früheren Zuständen ebensosehr als dem Staatsbegriff der meisten romanischen Völker entsprechende Auffassung, mag sie nun weiter im Sinne einer Fürstensouveränität …, mag sie nach französischer Weise umgekehrt die Volkssouveränität statuiren,…, mag sie endlich dem System der getheilten Souveränität huldigen, ist in allen Fällen unvereinbar mit der germanischen Staatsidee von heute."

„In der Forderung der Einheit von Staat und Volk liegt aber ferner zugleich die Forderung der Einheit von Staat und Recht. Im Gegensatz zu dem antiken und dem romanischen Staat wie zu dem vorübergehend bei uns verwirklichten Polizeistaat soll der moderne germanische Staat ein Rechtsstaat sein. Damit ist nicht gesagt, dass jener altgermanische Zustand je zurückkehren werde, in welchem der Staat vom Recht absorbirt wurde, nur um des Rechts willen da war, mithin unter dem Recht stand; aber ebenso wenig darf der Staat über dem Recht stehen, darf er seinerseits das Recht absorbiren. Vielmehr soll der Staat im Recht stehen, indem sein Organismus selbst Recht ist, indem mit anderen Worten ein öffentliches Recht als wirkliches Recht anerkannt und geschützt wird. Frei kann sich der Verfassungsstaat nur innerhalb der Verfassung auf dem Gebiet seines positiven Lebens, frei umgekehrt das Recht nur in den individuellen Beziehungen bewegen. … Die Verwaltung, welche den Inhalt des positiven Lebens des Staatswesens bildet, findet so am Recht ihre Grenze;…"[14]

Gierkes Rechtsgeschichte hat in vielen Hinsichten den Ton vorgegeben, in dem die Thematik der dualistischen landständischen Verfassung für die nächsten hundert Jahre aufgefasst wurde. Die staatsrechtliche Theorie des Dualismus interpretiert den Fürst und die Stände – bzw. die Landesgemeinde oder das Land – im Spätmittelalter und Früher Neuzeit als eigenständige, autonome Rechtssubjekte, so dass eine einheitliche Staatsgewalt oder ein einheitlicher Staat zunächst nicht bestanden habe, sondern erst geschaffen werden mußte.[15] Als Rechtgeschichte sind ihr zwangsläufig die Ursprünge und die Legitimität der jeweiligen Rechte von besonderer Wichtigkeit. Von daher erklärt sich zu einem

---

14   Ebd., S. 827 und S. 831.
15   Siehe auch Georg v. Below, Die landständische Verfassung in Jülich und Berg (1885–1891), ND Aalen 1965, S. 4: „Die Landstände des deutschen Mittelalters waren gewisse bevorzugte Klassen eines Territoriums in korporativer Vereinigung, die dem Landesherrn gegenüber das Land vertraten. Freilich war die Art dieser Vertretung prinzipiell von der der modernen Volksvertretung verschieden. Denn zunächst waren die Landstände ebenso wenig wie der Landesherr Organ eines einheitlichen Staates, sondern das mittelalterliche Territorium bestand aus zwei Gliedern, der Landesobrigkeit und den Landständen mit dem von ihnen vertretenen Lande, von welchen beiden Gliedern jedes Träger eines selbständigen Rechtssubjekts war."

guten Teil das große Übergewicht der älteren wie der neueren ständegeschichtlichen Literatur, die sich vorwiegend mit der Entstehung der Landtage zu
beschäftigen sucht. Im Mittelpunkt standen dennoch weniger die historischen
Verhältnisse, sondern der (moderne) Staatsgedanke oder die (deutsche) Staatsidee, die sich in oder hinter den vergangenen Zuständen verbirgt und den historischen Prozeß voran treibt.

Die Geschichte in rechtsgeschichtlicher Sicht ist eine Entwicklungsgeschichte
der Ideen oder Prinzipien vom Feudal- oder Lehensstaat über den Ständestaat
des 16. Jahrhunderts und den Absolutismus hin zum modernen Staat des
19. Jahrhunderts. Die Differenz des modernen Staates wird aber nicht nur zeitlich
gegenüber den älteren Zuständen im Sinne einer Vorgeschichte des modernen
Staates bestimmt. Der moderne Staat, von dem bei Otto v. Gierke, Georg v. Below
oder Otto Hintze (1861–1940) die Rede ist, ist zugleich ein deutscher Staat, ein
Staat, der eine spezifisch deutsche Staatsidee verwirklicht, die sich folglich von
der westeuropäischen Auffassung des Staates wesenhaft unterscheiden soll. Die
rechtstechnische Unterscheidung zwischen römischem Recht und Gemeinrecht,
zwischen Romanisten und Germanisten in der Rechtswissenschaft trägt natio-
nalistische und nationalpolitische Bedeutungen mit sich, welche die konstitutionelle Monarchie juristisch und historisch als eigenständige Staatsform rechtfertigen wollen, die für Deutschland oder das deutsche Volk politisch und kulturell in besonderer Weise angemessen sein sollte. Die Verfassungshistoriker
sind der entwicklungsgeschichtlichen rechtshistorischen Sichtweise zum deutschen Staat gefolgt und haben sie übernommen.

Zahlreiche mit der landständischen Verfassung verbundene Einzelfragen
sind in der Zeit nach Gierkes Buch allein eine Frage des empirischen Befundes für
die untersuchten Territorien und als solche weitgehend unstrittig.[16] Das gilt für
die Zusammensetzung der Landtage aus Prälaten-, Herren-, Ritter- und Städtekurie, die Häufigkeit der Tagungen und die Rolle der Landtagsausschüsse, die
Verfahrensmodalitäten der Landtage von der landesherrlichen Einberufung,
über die Verlesung der landesherrlichen Proposition, die anschließenden Verhandlungen bis zum Landtagsschluß, die Bewilligung von Landessteuern und
die Teilnahme an der Finanzverwaltung oder die Grundlagen der Landtagsfähigkeit in der Ritterkurie durch den Besitz eines Rittergutes, die persönliche
Qualifikation, das Indigenat und die Ahnenprobe. Die dauerhaften wissen-

---

16 Siehe die geradezu paradigmatische Übersicht einer Verfassungsgeschichte der nun auch defi-
    nitiv so bezeichneten und als historische Tatsache behandelten „landständischen Verfassung"
    bei Georg v. Below, System und Bedeutung der landständischen Verfassung, in: ders., Territo-
    rium und Stadt. Aufsätze zur deutschen Verfassungs-, Verwaltungs- und Wirtschaftsgeschichte,
    München und Leipzig 1900, S. 163–282. In neun Abschnitten handelt der Aufsatz von den
    Vorläufern der Landstände, der Entstehung der Landtagsverfassung, von ihrer Geschichte, der
    Gliederung des Landtags, der Form der Verhandlungen, dem Repräsentationscharakter der
    Stände, der Kompetenz des Landtags, der Tätigkeit der Stände und den Ursachen der land-
    ständischen Verfassung. Below betont zwar ebenso auch die Mannigfaltigkeit der Erscheinun-
    gen, die Konjunkturen des Augenblicks und die Rolle der Persönlichkeit in der Verwertung des
    historischen Moments, sie bilden aber kein Argument in der an juristischen Begriffen orien-
    tierten Verfassungsgeschichte.

schaftlichen Streitpunkte treten erst hervor, wenn die Landtagsteilnahme des Adels und die Tätigkeit der Landstände zur These einer Mitregierung der Stände im Territorium gebündelt wird, und wenn die mehr oder weniger sporadischen landständischen Versammlungen zu einem tragenden Verfassungselement oder sogar zu einem eigenen Staats-Typus, dem des Ständestaates, verallgemeinert werden. Denn die Systematisierung zu Typen und Entwicklungsverläufen oder die Zurückführung auf rechtliche Grundprinzipien hatte unmittelbare Implikationen für die politischen Verhältnisse der Gegenwart.

Der Brennpunkt der Auseinandersetzungen um den dualistischen Ständestaat um 1900 lag in der These von der rechtlichen Autonomie der Landstände, also in ihrer Unabhängigkeit von der fürstlichen Herrschaft, die es ihnen erlaubte, dem Herrscher gegenüber das Land zu repräsentieren. Aus der eigenständigen Rechtsstellung der Stände, gemeint ist vor allem die des im Lande angesessenen Adels, und dem Repräsentationscharakter der landständischen Versammlung folgten dann einerseits die Fragen nach der Mitregierung der Stände im spätmittelalterlichen und frühneuzeitlichen Territorium, nach ihrer Mitgesetzgebung und Steuerbewilligung. Andererseits eröffnete sich die Möglichkeit einer Periodisierung des Geschichtsverlaufs nach Aufstieg, Blüte und Verfall des ständischen Einflusses im deutschen Territorialstaat. Von historischer Seite haben Georg v. Below (1858–1927) im Jahr 1900 und 1902 dann vor allem Felix Rachfahl (1867–1925) die Landstände in dem Sinne interpretiert und bewertet,[17] daß sie zu ihrer Zeit als „wirkliche Vertreter des ganzen Landes" angesehen worden sind und dem Landtag der „Charakter einer repräsentativen Versammlung" zukomme.[18] Rachfahl ging ganz selbstverständlich davon aus, daß sich in diesem Punkt ein „ständisches Staatsrecht" zeige,[19] welches sich bei allen Unterschieden, die zwischen den einzelnen landesgeschichtlichen Fällen bestanden haben, zusammenhängend darstellen lasse. Seine Sicht der landständischen Verfassung hat er im Jahr 1916 rückblickend wie folgt umschrieben:

> „[M]an darf,…, von einer landständischen Verfassung erst dann reden, wenn der Landtag ein dauerndes Institut des territorialen Staatsrechts zur förmlichen Beschränkung des Landesherrn in der Zentralinstanz des territorialen Staatslebens in Vertretung der übrigen Untertanen, d.h. des ganzen Landes, also eine feste Landesvertretung mit be-

17 Georg v. Below lehrte von 1897 bis 1901 in Marburg und seit 1905 an der Universität Freiburg. Felix Rachfahl war nach einem Studium der Geschichte, Nationalökonomie und Rechtswissenschaft in Breslau und Berlin seit 1898 Extraordinarius an der Universität Halle, 1903 trat er seine erste Professur an der Universität Königsberg an. Nach einer Zwischenstation in Gießen ab 1907 arbeitete er seit 1914 ebenfalls an der Universität Freiburg.

18 Siehe Georg v. Below, System und Bedeutung der landständischen Verfassung, S. 244, der seine Bewertung der Tatsache entnahm, „sich unbefangen in die Quellen der Zeit" vertieft zu haben, und Felix Rachfahl, Der dualistische Ständestaat in Deutschland, in: Jahrbuch für Gesetzgebung, Verwaltung und Volkswirtschaft im Deutschen Reich, hg. v. Gustav Schmoller, 26 (1902) 3. Heft, S. 1062–1117, hier S. 1090. Rachfahl stützt sich mehrfach, z.B. hinsichtlich eines juristischen Begriffs des Volkes, auf Georg Jellineks im Jahr 1900 publizierte Allgemeine Staatslehre.

19 Felix Rachfahl, Der dualistische Ständestaat in Deutschland, S. 1116. Mit dem ständischen Staatsrecht ist auch der Ständestaat gegeben.

schließender Kompetenz ist, deren Beschlüsse bindende Kraft für das ganze Land haben."[20]

Diesem Institut stand dann aber laut Rachfahl im Unterschied zum modernen Staat die Kompetenz der Mitgesetzgebung zu. Der Dualismus umfasste also nicht nur den Gegensatz von Fürst und Ständen, er zeigte sich darüber hinaus in der Beteiligung der beiden Instanzen an der Gesetzgebung und an der in landesherrliche und landständische Behörden oder Amtsträger geteilten Landesverwaltung. Allerdings erfolgten diese Aufteilungen zufällig und ohne „einheitliches Prinzip".[21] Darin unterscheide sich der dualistische Ständestaat von der konstitutionellen Monarchie, also dem modernen Verfassungsstaat, in der zum einen die Aufteilung der legislativen und der exekutiven Kompetenz klar und vollständig, also nach Prinzipien, geregelt ist und zum anderen die Kompetenzen von Herrscher und Volksvertretung „organisch" verknüpft sind.

Die Einheit der historischen Darstellung und die Vergleichbarkeit der historischen Phänomene werden durch juristische Begriffe wie den der Gesetzgebungskompetenz gewährleistet, der als moderner Begriff des Staatsrechts für die historische Perspektivierung sorgt. Die Vergangenheit interessierte zwar vor allem als Vorgeschichte der Gegenwart. Genau das machte sie aber auch so interessant und unverzichtbar für ein Verständnis der aktuellen politischen Verhältnisse. Probleme entstanden dieser Art des Zugriffs aber in dem Versuch, die rechtssystematisch ebenfalls grundlegende Unterscheidung von öffentlichem oder staatlichem Recht und privatem Recht auf die Landstände und den dualistischen Ständestaat anzuwenden, da die nahezu regellose, nur empirisch zu ermittelnde Verteilung der öffentlichen und privaten Rechte auf Fürst oder Stände sich zu keinem allgemeiner verwendbaren Muster ordnen ließ. Da aber öffentliches und privates Recht Grundkategorien des Staatsrechts bilden, war ihre schwere Handhabbarkeit in den älteren Epochen ein großes Hindernis für die angestrebte Geschichtsschreibung der Staatsbildung und der Staatlichkeit des Mittelalters.

---

20 Felix Rachfahl, Waren die Landstände eine Landesvertretung?, in: Schmollers Jahrbuch für Gesetzgebung, Verwaltung und Volkswirtschaft im Deutschen Reiche 40 (1916), S. 1140–1180, hier S. 1142. Zu dieser Definition Rachfahls hat Günter Birtsch, Die landständische Verfassung als Gegenstand der Forschung, in: Dietrich Gerhard (Hg.), Ständische Vertretungen in Europa im 17. und 18. Jahrhundert, 2., unveränderte Auflage Göttingen 1974, S. 32–55, S. 40 süffisant angemerkt, wenn man die Definition ernst nimmt, „dann hätte es dieses Institut der deutschen Territorialgeschichte wohl überhaupt nirgendwo gegeben."

21 Felix Rachfahl, Alte und neue Landesvertretung in Deutschland, in: Jahrbuch für Gesetzgebung, Verwaltung und Volkswirtschaft im Deutschen Reich 33 (1909), S. 89–130, hier S. 116. Der strikt dualistische Ansatz eines gleichberechtigten Zusammenwirkens von Fürst und Ständen wurde später von Werner Näf weiter vertreten. Siehe seinen Aufsatz über ‚Herrschaftsverträge und Lehre vom Herrschaftsvertrag' (1949), in: Heinz Rausch (Hg.), Die geschichtlichen Grundlagen der modernen Volksvertretung. Die Entwicklung von den mittelalterlichen Korporationen zu den modernen Parlamenten, Bd. 1: Allgemeine Fragen und europäischer Überblick, Darmstadt 1980, S. 212–245, hier S. 214: „…, daß nun die Stände, neben dem Fürstenhaus, den andern Teil des werdenden modernen Staates darstellten: das Land."

Für die Periodisierung bedeutete der Ständestaat laut Felix Rachfahl das Ende der feudalen Welt des Mittelalters und leitete in die Epoche der neueren Geschichte über. Innerhalb der neueren Geschichte grenzte er hinsichtlich der staatlichen Entwicklung der deutschen Territorien eine ständische Periode von der absolutistischen Periode ab, um „volle und hinreichende Einsicht in den Werdegang des staatlichen Lebens" zu gewinnen.[22] Den klaren und trennenden Einschnitt zwischen den beiden Perioden markierte der Dreißigjährige Krieg, der eine Epochenschwelle zwischen den zuvor mächtigen und danach machtlosen Ständen darstellt:

> „Denn nicht um den faktischen Einfluß der privilegierten Klassen handelt es sich hier,…, sondern um ihren verfassungsmäßigen Anteil an der Regierung der einzelnen Länder durch das Mittel der Landtage. Das Wichtigste ist es doch eben, daß in der Epoche des Dreißigjährigen Krieges die Mitherrschaft der Stände in den einzelnen Territorien vernichtet wurde, daß die landständischen Versammlungen von da an keine politische Macht und Bedeutung mehr besaßen."
> „Aber, so belehrt uns Tezner, die alte landständische Verfassung wurde ja im Laufe des Dreißigjährigen Krieges keineswegs abgeschafft; sie bestand weiter, Landtag folgte auf Landtag, also blieb doch der Verfassungstypus ganz derselbe, wie in der Zeit vor dem dreißigjährigen Kriege. Die Formen blieben freilich scheinbar dieselben; doch der Geist war gebrochen. … Mochte der Landtag immerhin in der alten Form fortbestehen, die Sphäre selbständiger staatlicher Wirksamkeit war ihm geraubt, und wenn er auch hie und da an der Gesetzgebung auch fürderhin beteiligt wurde, so war das kein Recht mehr, sondern eine Gnadenbezeugung seitens des Herrschers."
> „Der Geist, der jetzt das Staatsleben durchdrang, war der des Absolutismus, wenngleich man, dem äußeren Anscheine nach die Formen der ständischen Verfassung weiter in Geltung beließ."[23]

Wie an diesen Zitaten deutlich wird, waren die beteiligten Diskutanten mit den historischen Tatsachen weitgehend bekannt, sie waren ihnen vertraut und als solche unstrittig: Vor und nach dem Dreißigjährigen Krieg fanden Landtage statt. Die Kontroverse entfachte sich an den Bedeutungen, die man den historischen Einzelerscheinungen zuschreiben wollte. In der ständegeschichtlichen Geschichtsschreibung Rachfahls geht es demnach letztlich nicht so sehr um die tatsächlich feststellbaren vergangenen Handlungen und Ereignisse. Sie sind nur Formen einer erst zu gewinnenden Bedeutung, die in dem ‚Geist' der Verfassungszustände liegt, der sie zur ‚Signatur einer Epoche' zusammenschließt. Anders als vielleicht der politische Historiker will der Verfassungshistoriker Rachfahl nicht das Geschehen als solches beschreiben. Vielmehr definiert er die Aufgabe des Historikers umfassender:

---

22   Felix Rachfahl, Der dualistische Ständestaat in Deutschland, S. 1109.
23   Die drei Zitate ebd., S. 1112, S. 1113 und S. 1114.

„Es ist die Aufgabe des Historikers, die Erscheinungen der Vergangenheit nicht nur festzustellen und zu beschreiben; er soll auch das Prinzip erklären, das für ihren Ursprung maßgebend war."[24]

Die Darstellung zielte gar nicht auf eine beschreibend erzählende Darstellung der Ereignisse oder historischen Abläufe, sondern auf eine Geschichte der wechselhaften Geschicke der in ihnen enthaltenen Prinzipien oder der zugrundeliegenden Ideen.[25] Sie ist in diesem Sinne nicht positivistische, sondern idealistische Geschichtsschreibung, weil sie sich mit der Aufarbeitung des historischen Materials, dem Geschehen als solchem, nicht zufrieden geben will. Sie kann daher auch nicht durch empirische Hinweise auf andere Quellen, andere Beispiele, andere Folgen gleicher Umstände entkräftet werden, da sie eine inhomogene, vielgestaltige und widersprüchliche Wirklichkeit voraussetzt. Denn ihre Leistung besteht ja genau darin, Ordnung in diese unübersichtliche Vielfalt zu bringen.

Felix Rachfahls Ausführungen aus dem Jahr 1902 sind eine unmittelbare Reaktion auf die im Jahr zuvor erschienene Schrift von Friedrich Tezner (1856–1925) über ‚Technik und Geist des ständisch-monarchischen Staatsrechts'.[26] In ihr hatte der Wiener Verwaltungsrechtler Tezner die Forschungsergebnisse der Historiker in Form einer „staatsrechtlichen Untersuchung" der „Rechtsinstitute des ständisch-monarchischen Staates" kritisch analysiert und genau die von Felix Rachfahl bekräftigten Thesen bestritten.[27] Beide Autoren hatten historische Studien zur frühneuzeitlichen österreichischen Verwaltungsgeschichte vorgelegt.[28] In seiner Rezension von Tezners Werk zur Verwaltungsrechtspflege in Österreich hatte Rachfahl die Darstellung der ständischen Verfassung kritisiert und ihm vorgeworfen, in seiner Darstellung den dualistischen Charakter des Ständestaats nicht zu berücksichtigen.[29] Auf Rachfahls Vorwurf reagierte Tezner mit der Schrift über die Technik des monarchisch-ständischen Staatsrechts, worauf Rachfahl wiederum in Schmollers Jahrbuch antwortete.

---

24 Felixe Rachfahl, Alte und neue Landesvertretung in Deutschland, S. 123.

25 Siehe für Below die Charakteristik seiner Geschichtsschreibung bei Hans Cymorek, Georg von Below und die deutsche Geschichtswissenschaft um 1900, Stuttgart 1998, S. 35 und S. 112 f.

26 Zu diesem viel zu wenig bekannten Verfasser siehe die, im Ton leider missratene und völlig unpassende, biographische Skizze von Nikolaus Schwärzler, Friedrich Tezner (1856–1925), in: Wilhelm Brauneder (Hg.), Juristen in Österreich (1200–1980), Wien 1987, S. 242–247. Tezner hatte seit 1895 eine außerordentliche Professur für Verwaltungsrecht an der Wiener Universität inne und wurde 1921 Senatspräsident des Verwaltungsgerichtshofes.

27 Friedrich Tezner, Technik und Geist des ständisch-monarchischen Staatsrechts, Leipzig 1901, S. 2 (Staats- und socialwissenschaftliche Forschungen, hg. von Gustav Schmoller, 19. Bd., 2. Heft). Die Debatte fand publizistisch ganz unter den Fittichen von Gustav Schmoller statt und in Publikationen im Verlagshaus Duncker & Humblot.

28 Felix Rachfahl, Die Organisation der Gesamtstaatsverwaltung Schlesiens vor dem 30jährigen Kriege, Leipzig 1894 (Staats- und socialwissenschaftliche Forschungen. Bd. 13, 1. Heft), und Friedrich Tezner, Die landesfürstliche Verwaltungrechtspflege in Österreich vom Ausgang des 15. bis zum Ausgang des 18. Jahrhunderts, Wien 1898.

29 Felix Rachfahl, Zur österreichischen Verwaltungsgeschichte, in: Jahrbuch für Gesetzgebung, Verwaltung und Volkswirtschaft im Deutschen Reich 33 (1899), S. 1111–1121.

Die Debatte drehte sich um die angemessenen staatsrechtlichen Typenbegriffe für die Landstände und Landtage der Frühen Neuzeit. Felix Rachfahl setzte eine ständische Verfassung voraus und sah innerhalb dieser Verfassung einen Gegensatz der Typen von dualistischem Ständestaat und absoluter Monarchie. Dem hielt Friedrich Tezner den einheitlicher konzipierten „monarchischen Ständestaat" und ein einheitliches „ständisch-monarchisches Staatsrecht" entgegen. Die Frühe Neuzeit bildete bei ihm eine Einheit dualistischer Staatlichkeit, eine Epoche langer Dauer, die erst vom „konstitutionell-monarchischen Staat" des 19. Jahrhunderts mit seiner ungeteilten Staatspersönlichkeit grundlegend abgelöst wurde. Daher markierte der Dreißigjährige Krieg bei ihm keinen bedeutsamen historischen Einschnitt, weil sich an der Grundkonstellation nichts änderte. Wie die Formel „ständisch-monarchisches Staatsrecht" andeutet, sieht Tezner zwar eine Teilung der Kompetenzen zwischen Herrscher und Ständen, aber keinen Dualismus gleichwertiger Akteure, sondern einen Vorsprung oder ein Übergewicht der fürstlichen Position, die sich bereits aufgrund des Fürstenamtes und seiner Pflichten ergibt und sich in der Gründung und dem Ausbau der landesherrlichen Behörden zeigt.

> „Deshalb wird die epochale Wendung in der staatsrechtlichen Gestaltung des Ständestaates nicht durch den dreißigjährigen Krieg, sondern durch die längstens im 16. Jahrhundert praktisch bethätigte Regalitäts- und die kanonische Privilegienlehre herbeigeführt, kraft deren einerseits der Fürst die staatliche Herrschaft in dem ganzen Umfange, in welchem ihm keine ständischen Privilegien entgegengesetzt werden, als jus regium an sich zieht, andererseits kraft dieses jus regium gegenüber jeder Art von Recht bis zu den Grenzen politischer Möglichkeit und bis zu den Grenzen seines eigenen dynastischen und politischen Interesses revisionell verfährt."[30]

Der überlegenen Kompetenz und Befähigung des fürstlichen Amtes zur praktischen Organisation des Gemeinwohls, die in den landesherrlichen Rechten gründet, steht auf der Gegenseite die „Zerklüftung" des Ständewesens und der Egoismus der einzelnen Stände gegenüber. Dementsprechend kann Friedrich Tezner auch nur den „Mangel eines wahrhaften, inhaltlich bestimmten Mitgesetzgebungsrechtes der Stände" erkennen. Stattdessen sah er in der Frühen Neuzeit „auf allen Gebieten staatlichen Lebens eine einseitige, normierende Thätigkeit" von König oder Landesherr.[31] Ähnlich ernüchternd sind seine Feststellungen zur Repräsentation und zur Steuerbewilligung:

> „Die Steuer soll eine vollkommen freie Gabe sein. Nichtsdestoweniger bieten die Quellen Anhaltspunkte dafür, daß für die Stände eine Rechtspflicht zur sachlichen Erledigung der königlichen oder landesherrlichen Postulate bestand,…, wie umgekehrt eine Rechtspflicht des

---

30   Fridrich Tezner, Technik und Geist des ständisch-monarchischen Staatsrechts, S. 89.
31   Ebd., S. 21 f.

Königs oder Landesherrn zu einer sachlichen Erledigung der ständischen Beschwerden."

„Ihrer rechtlichen Struktur nach ist die Volksvertretung eine Vertretung des Volkes in der Ausübung seines Anteils an der staatlichen Herrschaft. Daraus folgt,…, daß der Träger des Rechtes das Volk ist,…"

„Im ständisch-monarchischen Staate sind zur Mitbestimmung der staatlichen Angelegenheiten nur die Stände berechtigt. Wer des Status entbehrt – und das ist die große Masse des Volkes – ist politisch rechtlos. Schon aus diesem Grunde allein kann die Landschaft nicht … Vertretung des Volkes in der Ausübung seiner Selbstbestimmung, seines Herrschafts- oder Mitherrschaftsrechtes sein."

„Kurz, Landesfürst und Stände konkurrieren in der selbständigen Bestimmung der Landesinteressen nicht kraft eines Repräsentationsverhältnisses im Sinne der modernen Repräsentatividee, sondern kraft eines Überordnungsverhältnisses gegenüber dem landtagsunfähigen Teil des Volkes."

„Zusammenfassen lässt sich sagen: Landstand sein, heißt ein eigenes, und jedenfalls nicht vom Lande abgeleitetes Recht haben zur Mitherrschaft über das Land oder über die Landesinsassen. … Die Landschaft ist ein Verband von Mitherren des Landes."[32]

Friedrich Tezner spricht daher im Text auch von einer Gleichstellung der Stände mit dem Land oder, schärfer noch, in seinem regestenartigen Inhaltsverzeichnis davon, dass die privilegierten Stände „das Land selbst sind."[33] Aber die von ihm vorgenommene Relativierung der Steuerbewilligung und die Zurückweisung der These, die Landtage seien eine Landesvertretung gewesen, zielten darauf, jeder Hoffnung die Basis zu entziehen, die Landstände ließen sich als eine dauerhafte und wirksame Beschränkung der Herrschermacht interpretieren. Das Verhältnis zwischen Fürst und Landständen war vielmehr lediglich und allein eine Sache der wechselhaften Umstände, der Machtverhältnisse.[34] Der Verweis auf den Vorrang der Machtverhältnisse für die rechtliche Ausgestaltung der Stände und der Landtage bedeutete aber, die von Rachfahl betriebene Verfassungsgeschichte der Ideen und Prinzipien zu negieren, indem die Ständege-

---

32   Ebd., S. 63, S. 69 f, S. 73 und S. 74, siehe auch S. 62: „Verhältnismäßig am deutlichsten ausgeprägt unter den Rechtsinstituten des Ständestaates ist das Steuerbewilligungsrecht der Stände."

33   Siehe ebd., S. 75 und S. viii. Man darf sich hier wieder an Otto Brunner erinnert fühlen. Der Sichtweise Tezners, daß die Stände das Land nicht vertreten, sondern das Land sind, ist dann auch Otto Hintze, Typologie der ständischen Verfassungen des Abendlandes (1930), in: ders., Staat und Verfassung. Gesammelte Abhandlungen zur allgemeinen Verfassungsgeschichte, 2., erweiterte Auflage, Bd. 1, Göttingen 1962, S. 120–139, hier S. 122, gefolgt. Zustimmend auch Fritz Hartung, Deutsche Verfassungsgeschichte vom 15. Jahrhundert bis zur Gegenwart, 9. Auflage, Stuttgart 1969, S. 85.

34   Siehe z. B. Friedrich Tezner, Technik und Geist des ständisch-monarchischen Staatsrechts, S. 59: „Als eine aus wechselnden Machtverhältnissen hervorgehende Organisation findet die Landschaft mit ihren auf rechtliche Wirkung hinzielenden Schlüssen ihre Schranke nach oben wie nach unten an den thatsächlichen Machtverhältnissen.", oder S. 65: „So entscheiden auch hier nicht abstrakte Rechtsnormen, sondern Machtverhältnisse.", ferner S. 15 und S. 56.

schichte wieder in das Gebiet der politischen Geschichte überwiesen wurde. Das allein mußte schon Rachfahls Widerspruch provozieren und den Versuch, den ständestaatlichen Dualismus in seinem Sinne zu verteidigen.

Die Debatte berührte allerdings nicht allein die konkreten Fragen der Vertretung, der Gesetzgebung, Steuerbewilligung oder Periodisierung. Es ging auch um die Zuständigkeit des Historikers oder des Juristen für die landständische Verfassung der Vergangenheit, um den Vorrang der historischen Auffassung oder der formaljuristisch präzisen Begriffsverwendung. Friedrich Tezner hatte den Historiker Rachfahl auch vom methodischen Standpunkt des Staatsrechtlers aus kritisiert hinsichtlich seiner allgemeinen Auffassung vom „ständischen Staatsrecht".

> „[Der] Differenzierungstendenz der Juristen steht nun die durch juristische Skrupel nicht gehemmte Neigung des Historikers gegenüber, Vergangenes und Gegenwärtiges einander näher zu rücken, das Vergangene durch Beziehung desselben auf gegenwärtiges zu veranschaulichen."
>
> „Am stärksten aber wird der Jurist reagieren gegen die allzugroße Entschiedenheit, mit welcher selbst hervorragende Historiker Begriffe des modernen und des allermodernsten Staatsrechts, wie Gesetz, Gesetzeskraft, Autonomie, Organ, Repräsentation u.s.w., mit einem scharf ausgeprägten Inhalt zur Kennzeichnung höchst schwankender, gegen eine juristisch vollkommene Erfassung sich spröde verhaltender Einrichtungen der Vergangenheit verwenden, wodurch die große Kluft zwischen Gegenwart und Vergangenheit für den Unkundigen in täuschender Weise verdeckt wird."[35]

Tezners „Revision der bisher herrschenden staatsrechtswissenschaftlichen Vorstellungen von dem ständisch-monarchischen Staate" intendierte jedoch keineswegs die Aufkündigung des Gesprächs zwischen den beiden Disziplinen. Seine Kritik war vielmehr als Einladung an die Historiker gemeint, angesichts der fortschreitenden disziplinären Spezialisierung zusammen zu arbeiten und die Debatte im Vergleich der in juristischer bzw. in historischer Perspektive erlangten Ergebnisse weiter zu führen. Dazu ist es nicht gekommen. Es blieb bei den wechselseitigen Vorwürfen, über mangelnde Sachkenntnis zu verfügen und die vergangenen Verhältnisse einer unangemessenen Modernisierung zu unterwerfen.[36] In der geschichtswissenschaftlichen Literatur behauptete Rachfahl das Feld und es gelang relativ rasch, Tezners „Revision" vergessen zu machen. In den Forschungsüberblicken werden in der Regel nur Below und Rachfahl genannt, Tezner dagegen kaum einmal, und noch viel weniger gelesen. Die Dualismus-These siegte auf diese Weise sozusagen über die von ihm präsentierte

---

35 Ebd., S. 100 und S. 101 f.
36 Siehe Ebd., S. 99 Anm.2: „daß gerade Rachfahl eine weitgehende Modernisierung des ständischen Staatsrechts zur Last zu legen ist.", und Rachfahl, Der dualistische Ständestaat in Deutschland, S. 1116: „er seinerseits, wie wir gezeigt haben, [läßt] sich selbst ‚eine weitgehende Modernisierung des ständischen Staatsrechtes' zu Schulden kommen…"

Alternative einer stärker monistischen Erklärung, die vom Landesherrn, seinem Amt, aber auch seiner politischen und finanziellen Überforderung ausgeht.[37] Der Grund für dieses Ergebnis liegt möglicherweise nicht zuletzt darin, daß die Revision noch viel weiter ging, als Rachfahl in seinen Repliken wahrnehmen und diskutieren wollte. Die übergangene tieferliegende Provokation der juristischen Konstruktion von Tezners „ständisch-monarchischem Staatsrecht" liegt darin, überhaupt die Idee einer „ständischen Verfassung" als eines in der vergangenen Wirklichkeit existierenden systematischen Zusammenhangs abzulehnen und auf ihren unfertigen, schwankenden Charakter zu verweisen, wenn er beispielsweise betont:

> „Das Ständerecht verträgt … die Übertragung der modernen Begriffe von Gesetzgebung und Verordnung, Gesetzgebung und Vollziehung auf seine organisatorischen Einrichtungen nicht. Es kennt gar kein objektives, von der Tendenz der erschöpfenden Verteilung der staatlichen Kompetenzen beherrschtes Verfassungsrecht, es wird vielmehr beherrscht von dem Gegensatze der subjektiven Rechte des Königs oder Landesherrn, der Regalien, Majestätsrechte, Hoheiten und Obrigkeiten auf der einen Seite, und der Rechte der ständischen Versammlung, ihrer Unterabteilungen, und selbst einzelner Glieder derselben, auf der andern Seite. Diese letzteren Rechte zusammengefaßt, bilden die vom König oder Landesherrn anzuerkennende Landesverfassung."[38]

Die „landständische Verfassung" bildet kein System, sie enthält kein Prinzip, sondern ist nur der abkürzende Name für eine Zusammenfassung der vom Landesherrn anerkannten Einzelrechte. Der Fürstenstaat, oder besser noch: der Fürst, ist der Dreh- und Angelpunkt der ganzen Veranstaltung. Die jeweiligen Zustände, Rechte, Kompetenzen oder Privilegien sind zudem, wie Tezner mehrfach betont, nur Ergebnis der „Machtverhältnisse".

> „Dasselbe Bild größter Verschwommenheit und Unsicherheit, wie die gesamte Rechtsordnung des ständisch-monarchischen Staates überhaupt, bietet auch jener Teil derselben, der sich auf die Struktur der Landschaft selbst bezieht. Man pflegt die Landschaft bald als Korporation, bald als eine mit Rechtssubjektivität ausgestattete Zwangsgenossenschaft zu kennzeichnen. Allein damit erregt man bei den Juristen jene verhältnismäßig klaren Vorstellungen, die sich an diese modernen Gebilde knüpfen, die jedoch, auf die Landschaften selbst bezogen, ganz falsch sind."

---

37 Symptomatisch für die Ablenkung auf zweitrangige Probleme ist z. B. die Bemerkung von Fritz Hartung, Herrschaftsverträge und ständischer Dualismus in deutschen Territorien (1952), in: ders., Staatsbildende Kräfte der Neuzeit. Gesammelte Aufsätze, Berlin 1961, S. 62–77, hier S. 65: „Eine Auseinandersetzung wie die zwischen F. Rachfahl und F. Tezner über den landständischen Dualismus mußte unfruchtbar bleiben, da der eine sich auf schlesische und der andere auf österreichische und ungarische Verhältnisse berief."
38 Friedrich Tezner, Technik und Geist des ständisch-monarchischen Staatsrechts, S. 11.

„Es bestehen ... keine im vorhinein aufgestellten Rechtsnormen, welche die Voraussetzungen der Mitgliedschaft und die interna corporis in
abstrakter Form regeln würden, sondern alle diese Dinge passen sich
den jeweiligen Machtverhältnissen an und wir gewahren deshalb noch
im 15. Jahrhundert, und noch später, ein Schwanken in der Zusammensetzung innerhalb verhältnismäßig kurzer Zeiträume, ohne daß
demselben irgendwelche Satzungen entsprechen würden. Wo Lan-
desmatrikel bestehen, klären sie nicht das Recht, sondern spiegeln nur
die jeweilige Machtlage wieder."[39]

Dieser weiche, geradezu unmännliche Blick auf den dualistischen Ständestaat,
seine schwankende, unsichere, verschwommene und wechselhafte Erscheinung
war damals vielleicht zu schwer zu ertragen. Es hat jedenfalls lange gedauert, bis
ein Autor, der sich mit den spätmittelalterlichen Reichstagen und Landtagen
beschäftigt, sich 1992 getraute, im Hinblick auf die zeitgenössischen Akteure
„absichtsvoll vage" von einem Grundkonsens zu sprechen und hinsichtlich der
damaligen Rechtsverhältnisse auszuführen:

„Eine sehr große, für moderne Verhältnisse befremdliche Dehnbarkeit
dieser Rechtsverhältnisse ist konstitutiv hinzuzudenken. Solche ge-
waltige Dehnbarkeit galt längst auch für Privilegien oder vergleichbare
Texte,..."[40]

Die Dehnbarkeit der Rechtsverhältnisse, die Peter Moraw konstatiert, hätte
Rachfahl sicher ebenso staunen lassen, wie die für die spätmittelalterliche Verfassungsgeschichte von ihm formulierten Probleme der Kontinuität, der Kohä-
renz und des europäischen Blickpunkts einer sachlich angemessenen ‚deutschen
Geschichte'.[41] Von einem landständischen Dualismus ist in der spätmittelalterlichen Verfassungsgeschichte jetzt nicht mehr die Rede. Der König und der
Landesherr und ihre Höfe rücken stattdessen in den Mittelpunkt. Die Vorstellung von einer erhärtbaren und fixierbaren Verfassung verdunstet zugunsten
einer sehr spät im 15. Jahrhundert einsetzenden und sich im 16. Jahrhundert
länger hinziehenden „Verdichtung". Damit wird zugleich das viel gescholtene
Reich als herausragender zeitgenössischer Faktor rehabilitiert und die erfolgreiche Verkoppelung von Reich und Territorium als spezifische historische
Leistung in der deutschen Geschichte herausgestellt. Die Idee des mittelalterlichen Staates und der staatlichen Verfassung muß allerdings der allgemeineren
Kategorie der Kultur weichen, deren Absichten und Perspektive sich an die
weichere Idee der Herrschaft anlehnt und auf das Konzept einer alteuropäischen
Adelswelt stützt, einer Ranggesellschaft, in der die Behauptung und Steigerung
der Ehre, symbolisches Handeln und zeremonielle Formen strukturierend

---

39   Ebd., S. 56.
40   Peter Moraw, Zu Stand und Perspektiven der Ständeforschung im spätmittelalterlichen Reich,
      S. 258.
41   Siehe Peter Moraw, Neue Ergebnisse der deutschen Verfassungsgeschichte des späten Mittel-
      alters (1993), in: ders., Über König und Reich, S. 47–71.

wirkten.[42] Die neuen Überlegungen waren auch deshalb möglich, weil sich inzwischen ein anderes Problem, das der konstitutionellen Monarchie, in der deutschen Geschichte erledigt hatte.

> Ein parlamentarisches Regime ist
> in Deutschland ja aus verschiedenen Gründen
> unmöglich. Wir wünschen ein solches keineswegs.
> Georg v. Below, 1909

b) Die Verfassungsgeschichte und die konstitutionelle Monarchie des 19. Jahrhunderts

Der moderne Staat, von dem die historische Forschung in der klassischen Ständeforschung von Below und Rachfahl bis Otto Hintze (1861–1940) spricht, ist die konstitutionelle Monarchie, in der sie selbst lebten. Sie ist das große Vorbild für die Idee des staatsrechtlichen Dualismus. Erst mit ihr können die Existenz oder der Mangel eines Staats des Mittelalters und das unorganische Staatswesen des dualistischen Ständestaates von Landesherr und Landständen zum historiographischen Problem werden. Die Perspektive der Staatsbildung, die sie in die Geschichtswissenschaft einführten, betraf konkret ihre aus der jahrhundertelangen historischen Kontinuität erwachsene konstitutionelle Monarchie. Das historiographische Interesse war zudem angetrieben von den aktuellen politischen Problemen, die mit der Thematik verknüpft wurden, wie die historischen Staatsformen seit der Zeit der Karolinger und dieser moderne Staat der Gegenwart einander genau zuzuordnen waren.

Die politische und die theoretische Problematik der konstitutionellen Monarchie war eine Folge der in der Wiener Schlussakte vom 15. Mai 1820 festgelegten Neuordnung der europäischen Verhältnisse nach der Niederwerfung des napoleonischen Regimes. Für die mehr oder weniger souveränen Länder des aufgelösten Heiligen Römischen Reiches deutscher Nation, die von nun an den Deutschen Bund formen sollten, hatte die Schlußakte zwei besonders folgenreiche Bestimmungen fixiert:

> „Art. LIV. Da nach dem Sinne des dreizehnten Artikels der Bundes-Acte [vom 8. Juni 1815], und den darüber erfolgten spätern Erklärungen in allen Bundesstaaten landständische Verfassungen Statt finden sollen, so hat die Bundesversammlung darüber zu wachen, daß diese Bestimmungen in keinem Bundesstaate unerfüllt bleibe.
> Art. LVII. Da der deutsche Bund, mit Ausnahme der freien Städte, aus souvrainen Fürsten besteht, so muß dem hierdurch gegebenen Grundbegriffe zufolge, die gesammte Staatsgewalt in dem Oberhaupte des Staates vereinigt bleiben, und der Souverän kann durch eine

---

42   Siehe Werner Hechberger, Herzog und Herzogtum. Die Welfen in Bayern, in: Peter Schmid und Heinrich Wanderwitz (Hg.), Die Geburt Österreichs. 850 Jahre Privilegium Minus, Regensburg 2007, S. 78–101.

landständische Verfassung nur in der Ausübung bestimmter Rechte an die Mitwirkung der Stände gebunden werden."[43]

Die erste Bestimmung, in allen Mitgliedsstaaten „landständische Verfassungen" einzuführen, warf das Problem der Volksvertretung und der Repräsentativität der neuen konstitutionellen Landtage auf. Die andere Vorschrift über die Staatsgewalt, die allein und vollständig nur dem Fürsten zustehe, definierte das berühmt gewordene „monarchische Prinzip". Die Zuordnung von Volksvertretung und monarchischer Exekutive erfolgte in den schriftlich ausformulierten und in unterschiedlichen Formen erlassenen neuartigen konstitutionellen Verfassungen. Den Anhängern des Konstitutionalismus galt sie als die endlich geglückte Einheit der Staatsgewalt im modernen Staat des 19. Jahrhunderts und als „organische Verfassung", in der die zuvor in Fürst und Landstände zertrennten Rechtssphären zur beide übergreifenden Staatspersönlichkeit vereint wurden, so daß Fürst und Volksvertretung nun als Organe des modernen Staates agierten. Nach und nach wurden fast alle Staaten des Deutschen Bundes Verfassungsstaaten, und diesem Grundmuster folgten auch die Regelungen im Norddeutschen Bund und im Kaiserreich von 1870/71.

Hier lag nun verfassungsrechtlich und politisch tatsächlich erstmals ein unbestreitbarer Dualismus zweier Faktoren innerhalb der einen geschriebenen Verfassung vor. Inwieweit der Dualismus wirklich ein wissenschaftlichen Kriterien standhaltendes rechtliches Fundament hatte oder eine historische Legitimation in Prinzipien der gesellschaftlichen Organisation oder in der Tradition besaß, blieb dennoch unklar. Dem politischen Ergebnis von 1820 mußten seine Theorie und seine Geschichte noch nachgeliefert werden.[44]

Selbst diese Zugeständnisse des Adels und der herrschenden Dynastien an eine ‚volkstümliche' Verfassung nach den Lasten der anti-napoleonischen Kriege blieben hoch strittig und konnten nur gegen zähen Widerstand durchgesetzt werden. Die erste Hälfte des 19. Jahrhunderts prägten daher die zahlreichen und ausdauernden Kämpfe der liberalen Bewegung um die Einführung bzw. um die Ausgestaltung der Verfassung. Die Märzrevolution von 1848 und der preußische Verfassungskonflikt der 1860er Jahre waren nur zwei herausragende Höhepunkte einer an dramatischen Episoden reichen Geschichte. Auch nach der Gründung des Kaiserreiches war keines der verfassungsrechtlichen Probleme gelöst. Gegenbild und Alternative zur konstitutionellen Praxis war und blieb der Parlamentarismus, d. h. eine der Volksvertretung verantwortliche und von ihr gestellte Regierung und damit der Übergang von der Staatssouveränität zur

---

43 Schlußacte der über Ausbildung und Befestigung des deutschen Bundes zu Wien gehaltenen Ministerial-Conferenzen (Wiener Schlußakte) vom 8. Juni 1820, in: Hans Boldt (Hg.), Reich und Länder. Texte zur deutschen Verfassungsgeschichte im 19. und 20. Jahrhundert, München 1987, S. 210–229, hier S. 226.

44 Die philosophischen, juristischen und politischen Auseinandersetzungen der ersten Hälfte des 19. Jahrhunderts bündelten sich im Streit um den Begriff der Repräsentation und die Frage einer Kontinuität zwischen den Landtagen im Alten Reich und den neuen konstitutionellen Landtagen, siehe dazu umfassend und erschöpfend Barbara Stollberg-Rilinger, Vormünder des Volkes?

Volkssouveränität. Bis 1914 blieb das Wahlrecht zu den Landtagen und zum Reichstag ein umstrittenes Thema und die Änderung oder Manipulation der Wahlrechte ein unerschöpfliches Konfliktfeld.

Es kann daher nicht verwundern, daß die historische Verfassungsgeschichte und die juristische Rechtsgeschichte eine deutliche „Zeitbedingtheit" aufwiesen und die historischen Studien ihre jeweils behandelten Themen und Fragen immer mit einem Blick auf die politische Lage und die eigene politische Position durchgeführt haben.[45] Das gemeinsame Interesse an der Gegenwart einte die verschiedenen nationalen und konservativen Spielarten der Geschichtsschreibung aber auch. Gerade deshalb konnten sie im Detail erbittert über die Kompetenzen der frühneuzeitlichen landständischen Versammlungen, über ihren Vertretungscharakter und über ihre politische Macht streiten – je nachdem, ob sie mehr zur Volksvertretung und zur Freiheit des Bürgers neigten oder zur monarchischen Regierung und ihrer nationalen Machtpolitik. Die bedeutenden Verfassungshistoriker waren durchweg Anhänger der konstitutionellen Monarchie und lehnten die vorhandene Alternative, den Parlamentarismus, ab. Diese grundsätzliche Ausrichtung galt mindesten bis 1945.[46]

Indem Georg von Below in seiner lang erwarteten Verfassungsgeschichte von 1914 über ‚Den Deutschen Staat des Mittelalters' den mittelalterlichen Verhältnissen einen staatlichen Charakter attestierte, verteidigte er auch die Legitimität des monarchische Prinzips und der monarchischen Regierung.[47] Er wandte sich gegen die Thesen einer Auflösung des Staates in der mittelalterlichen Feudalwelt und gegen die patrimoniale Theorie, der Staat sei fürstliches Eigentum, weil diese die Landesherrn angreifbar machte für liberale Anschuldigungen einer Usurpation staatlicher Rechte. Außerdem beschäftigt er sich in einer Studie aus dem Jahr 1909 mit dem politischen Wahlrecht seiner Zeit, in der er nach Gegenmitteln gegen die Gefahren des gleichen Wahlrechts suchte. Hintergrund seiner Überlegungen war die Überzeugung:

> „Ein parlamentarisches Regime ist in Deutschland ja aus verschiedenen Gründen unmöglich;…"
> „Auch im preußischen Landtag sind die Voraussetzungen für ein parlamentarisches Regime nicht gegeben. Wir wünschen ein solches keineswegs."[48]

Diese Feststellung Belows war nicht als konservative politische Parteinahme gemeint. Das war sie zwar auch, aber sie glaubte sich auf den Gang der deut-

---

45 Das hat Ernst-Wolfgang Böckenförde, Die deutsche verfassungsgeschichtliche Forschung im 19. Jahrhundert. Zeitgebundene Fragestellungen und Leitbilder, Berlin 1961, breit ausgeführt.

46 Mit dem Untergang der Staatsform und der Gründung von Republiken in Österreich und Deutschland war das Problem der konstitutionellen Monarchie in der Wissenschaft noch nicht erledigt. Vielmehr gibt es einen sehr langen Überhang dieser Idee über die Umstände ihrer Entstehung.

47 Siehe Ernst-Wolfgang Böckenförde, Die deutsche Verfassungsgeschichtliche Forschung im 19. Jahrhundert, S. 204; und Hans Cymorek, Georg von Below und die deutsche Geschichtswissenschaft um 1900, S. 120–123.

48 Georg v. Below, Das parlamentarische Wahlrecht in Deutschland, Berlin 1909, S. 126 f.

schen Geschichte selbst stützten zu können. Unbeschadet der Veränderungen durch das mittelalterliche Lehnswesen der Feudalwelt, durch die Reformation, mit der die Einheit des christlichen Abendlandes zerbrach, oder im Gefolge der Auflösung des Heiligen Römischen Reiches sahen die Anhänger der konstitutionellen Verfassung sich in einer substantiellen Kontinuität zum deutschen Mittelalter bis zurück zur Karolingerzeit, und zwar gerade in dem über allen historischen Wandel hinweg kontinuierlich fortbestehenden deutschen Staat.[49] Daher konnte Rachfahl in seiner Besprechung von Tezners Buch zur österreichischen Verwaltungsgerichtsbarkeit mühelos vom 16. zum 19. Jahrhundert übergehen:

> „Im 16. Jahrhundert ist der Kanzler nicht nur vom Landesherr, sondern auch von den Ständen abhängig;... Die Sache spitzte sich dann zu einem Machtkonflikte zu, wie er auch noch heutzutage im modern-konstitutionellen Staate vorkommen kann."[50]

Weil die Verfassungsgeschichte eine Geschichte der hinter den Erscheinungen liegenden rechtlichen Prinzipien darstellte und die geschichtliche Kontinuität bis in die Gegenwart heraufreichte, waren die Ursprünge des Staates und der Charakter des mittelalterlichen Staates so wichtig. Ob es in karolingischer Zeit einen Einheitsstaat gegeben hat, in dem der König über einen einheitlichen Untertanenverband herrschte, der erst später vom Lehnswesen durchbrochen oder aufgelöst wurde, ob die Landstände im 14. und 15. Jahrhundert das Land repräsentierten und aus eigener Rechtsautonomie Landessteuern bewilligten, Gesetze beschlossen und Einfluß auf die Politik des Fürsten nahmen oder nur auf Befehl des Landesherrn zusammentraten und allein über ihnen vorgelegte Propositionen berieten, das hatte direkte Konsequenzen für den Handlungsspielraum, den die monarchischen Regierungen und die Volksvertretungen in der konstitutionellen Monarchie zu beanspruchen gedachten. Die Verfassungshistoriker und Rechtshistoriker waren, wenn sie sich mit den mittelalterlichen Zuständen beschäftigten, zugleich immer auch Lehrer der Normen der Politik in der konstitutionellen Monarchie.

Weil sie nach dem Ursprung der die Geschichte bestimmenden Rechtsprinzipien fahndeten und nicht nach den tatsächlich Gründungsakten, und weil sie an den Normen der Politik interessiert waren, widmeten sich die Verfassungshistoriker und Rechtshistoriker so überwiegend der ‚älteren deutschen Geschichte'. Sonst wäre es heute kaum verständlich, warum Rudolf Sohm (1841–1917) nur die Zeit der Merowinger und Karolinger behandelt, und warum die achtbändige ‚Deutsche Verfassungsgeschichte' von Georg Waitz (1813–1886) nur bis zur Mitte des 12. Jahrhunderts reicht.[51] Auch die ‚Deutsche Rechtsgeschichte'

---

49   Siehe für Below: Hans Cymorek, Georg von Below und die deutsche Geschichtswissenschaft, S. 123.

50   Felix Rachfahl, Zur österreichischen Verwaltungsgeschichte, S. 1119.

51   Zu Sohm und seinem einflußreichen Werk ‚Die fränkische Reichs- und Gerichtsverfassung', Leipzig 1871, siehe Ernst-Wolfgang Böckenförde, Die deutsche verfassungsgeschichtliche Forschung im 19. Jahrhundert, S. 191–197; zu Waitz siehe Fritz Hartung, Zur Entwicklung der

Heinrich Brunners (1840–1915), deren zwei Bände in der ersten Auflage in den
Jahren 1887 und 1892 erschienen sind, behandelt nur die „germanische" und die
„fränkische" Zeit.[52] Gierkes Rechtsgeschichte der deutschen Genossenschaft von
1868 hatte dagegen die gesamte ‚deutsche Geschichte' vom ältesten Recht vor
800 bis zum Jahr 1806 behandelt, da er die Geschichte und ihren tatsächlichen
Verlauf als „Kampf dieser beiden großen Principien", der Herrschaft und der
Genossenschaft oder Freiheit, darstellen wollte.[53] Georg v. Belows aus den
Quellen erarbeitete Studie über die landständische Verfassung von Jülich und
Berg endet ebenfalls sehr früh mit dem Jahr 1511 und der dritte Teil über „direkte
Staatssteuern" reicht bis 1535. Dennoch vermittelte die staatliche Kontinuität
problemlos zwischen den dualistischen mittelalterlichen ‚Ursprüngen' und der
konstitutionellen Gegenwart.

In den regierenden Dynastien war die so hoch geschätzte geschichtliche und
rechtliche Kontinuität allerdings auch für jeden Zeitgenossen alltäglich greifbar
und sichtbar. Im Jahr 1282 hatte Rudolf v. Habsburg seine Söhne mit dem Herzogtum Österreich belehnt, seit dem späten 12. Jahrhundert hatten die Wittelsbacher das Herzogtum Bayern inne, die Wettiner die Markgrafschaft Meißen. Die
Hohenzollern, welche die Burggrafschaft Nürnberg besaßen, wurden 1417 mit
dem Kurfürstentum Brandenburg belehnt, 1701 Könige in Preußen und stellten
1871 den deutschen Kaiser.[54] Über den Charakter der Fürstenstaaten, ob sie
Patrimonialstaaten im Eigentum der Dynastien waren oder Staaten im Sinne der
abstrakten Rechtsidee der Juristen darstellten, konnte man streiten. Daß die
Dynastien und ihre landesherrlichen Regierungen ihre politische Herrschaft in
den Ländern, Staaten und Königreichen rechtmäßig ausübten, war unbezwei-
felbar. Diese Kontinuität endete 1918. Ihr staatsrechtliches Ende verweist noch
einmal nachdrücklich auf die sozialgeschichtlich außerordentlich lange Dauer
der europäischen Adelswelt und der in ihr entwickelten Formen adliger Herr-

---

Verfassungsgeschichtsschreibung in Deutschland (1956), in: ders., Staatsbildende Kräfte der
Neuzeit. Gesammelte Aufsätze, Berlin 1961, S. 431–469, hier S. 438.

52   Die Beschränkung auf Germanen und Franken hat auch mit der Unterscheidung von Germa-
nistik und Romanistik in der Rechtswissenschaft zu tun. Da im 15. Jahrhundert das sogenannte
„fremde Recht" – also das römische Recht, das kanonische Recht, das langobardische Lehnrecht
– in Deutschland rezipiert worden sei, erstreckt sich eine ‚deutsche' Rechtsgeschichte vor allem
auf die Frühzeit vor der Rezeption, die dann angeblich das Recht des ‚deutschen Volkes' aufzeigt.
Die ‚deutsche' Rechtsgeschichte behandelt also nicht das in Deutschland geltende Recht, sondern das ‚deutsche Recht' im Gegensatz zum ‚fremden Recht'. Es spielt dann keine Rolle, dass
uns die ‚fremden' Rechtsinstitute vielleicht seit Jahrhunderten vertraut sind, während die
‚deutschen' uns unbekannt sind, was ‚fremd' war (seinem ‚Ursprung' nach), bleibt ‚fremd' (in
Bezug auf das ‚deutsche Wesen'). Inzwischen ist uns aber das deutsche Volk für diese Frühzeit
abhanden gekommen. Das alles mag kurios erscheinen, ist aber keineswegs kurios gemeint.

53   Siehe zum Kampf der Prinzipien Otto v. Gierke, Das deutsche Genossenschaftsrecht, Bd. 1:
Rechtsgeschichte der deutschen Genossenschaft (1868), Graz 1954, S. 1 f, Einheit gegen Vielheit,
und S. 13, Genossenschaft gegen Herrschaft. Bei dem Verfassungshistoriker Fritz Hartung
werden die Prinzipien des Rechtshistorikers Otto Gierke später übrigens zu „Faktoren'" herabgesetzt, die Einfluß auf die „geschichtlichen Entwicklungstendenzen" nehmen.

54   Siehe die große Auftragsarbeit von Otto Hintze, Die Hohenzollern und ihr Werk. 500 Jahre
vaterländische Geschichte, Berlin 1915.

schaft im politischen wie im weiteren gesellschaftlichen Sinne, die erst nach 1945 endgültig aufgelöst werden konnten.

Die Vorgeschichte der konstitutionellen Verfassung im dualistischen Ständestaat diente dem praktischen Zweck, daß aktuelle Verhältnis von Volksvertretung und monarchischer Regierung im Medium der historischen Entwicklung zu spiegeln und an historischen Fällen in seinen Möglichkeiten, Grenzen und Gefahren näher zu bestimmen. Umgekehrt konnten die in die älteren Verfassungszustände zurücktransportierten staatsrechtlichen Ansichten von der modernen Staatssouveränität einen Maßstab liefern, um die „Fülle des historischen Lebens" (Rachfahl) bewerten zu können. Der abstrakte Staatsbegriff definierte alle konkrete Regierungs-, Verwaltungs- und Gerichtstätigkeiten als vom Staat delegierte Gewalten und Kompetenzen, der zu Staatsämtern gebündelten konkreten Einrichtungen und zu Staatsorganen gemachten Fürsten und Stände. Auch die rechtstechnischen Unterscheidungen von Gesetz oder Vertrag, Gesetz oder Verordnung hatten eine normative und damit für gegenwärtiges oder vergangenes politisches Handeln immer auch kritische Seite.[55] Im Blick auf die später verwirklichten – und geradezu im Auftrag der Geschichte zu verwirlichenden – konstitutionellen Verfassungsstaaten konnten die Fürsten und die Stände Zensuren erhalten, inwieweit sie zum historischen Ziel beigetragen hatten oder nicht. Belege dafür finden sich z. B. in der Schrift von Alfred H. Loebl zu den landständischen Verfassungen um 1600, mit der er sich an der Kontroverse zwischen Rachfahl und Tezner beteiligte. In ihr stellte er u. a. trocken fest, daß „auch der Herrscher lernen mußte":

> „Weder besaßen die Stände ein Staatsbewußtsein in unserem Sinn, noch beseelte die meisten Herrscher außer dynastischen Machtfragen ein Reichsbewußtsein, wie man es ihnen zubilligen möchte (…)."
> „Der entbehrt der Kenntnis unserer Quellen, der behauptet, daß nur der Herrscher jene Grundgedanken einer über allen stehenden Pflicht und Volkswohlfahrt besessen habe, von dem wir wissen, daß er Prunkbauten und kostspielige Sammlungen errichtete, Landeskinder für Geld verkaufte, Geld für Lustbarkeiten und teure Liebhabereien, für Mätressen und Tänzerinnen erhandelte."
> „Die Stände selbst aber hatten den Fürsten den siegreichen Weg gewiesen. Engherzig, im Vollbewußtsein ihrer unverlierbaren Rechte, Prinzipienreiter namentlich in Indigenatssachen, brutal in der Betonung dieser Vorrechte, besonders gegenüber den bäuerlichen Untertanen und den Städten, so nach unten wie gegen die anderen Ständegruppen; dabei weit mehr besorgt um ihre isolierte Selbständigkeit als um ihre Körperschaft, starr auf dem Standpunkt des engsten klas-

---

55 Siehe zum Begriff des Gesetzes z. B. Michael Stolleis, Geschichte des öffentlichen Rechts in Deutschland, Bd. 2, S. 370 f.

senmäßigen Kastengeistes, rufen sie in ihren stetigen Streitigkeiten
selbst um landesfürstliche Kommissarien ..."[56]

Auf diese Weise konnte versucht werden, das zunächst schrankenlose monarchische Prinzip im Hinblick auf die Staatsidee zu disziplinieren. Wäre der
Fürstenstaat ein Patrimonialstaat, also Eigentum des Fürsten, dann gäbe es auch
keine Handhabe einer rechtlichen Kritik am Verhalten des Landesherrn und
seiner Regierung, denn im Rechtsbegriff des Eigentums war die freie, willkür-
liche Verfügung enthalten. Ebenso ließen sich unter dem Vorwurf des Kastengeistes Warnungen an die Politiker und Parteien der Volksvertretung formulieren. In dieser Hinsicht wollte die Verfassungsgeschichte immer mehr sein als eine
historische Darstellung des dualistischen Ständestaates oder eine Analyse seiner
Rechtsprinzipien und Verfahrensformen. Sie war Teil der Lehre von der Politik.
Auch ohne ausdrücklichen politischen Bezug, selbst wenn er möglicherweise
vom Autor geleugnet wurde, hatte die wissenschaftlich orientierte, rein juristische Darstellung des abstrakten Staatsgedankens, der organischen Verfassung
politische Implikationen für die in der Gegenwart politisch Handelnden, da ja
eine vom Staatsgedanken abweichende Politik sich automatisch ins Unrecht
setzte und delegitimierte.[57]

Die Werturteile über das Handeln von Fürst und Ständen in der Vergangenheit stand zwar weitgehend im Dienst der Gegenwart. Sie war nicht zuletzt
ein Lob der eigenen, endlich erreichten Leistung des modernen Staates. Aber es
sollte nicht übersehen werden, wie die scharfe Orientierung an den juristischen
Begriffen des konstitutionellen Staatsrechts die Differenz zur Vergangenheit,
ihre Alterität aufleuchten ließ. Im Anachronismus der juristischen Unterscheidungen von ‚privat' und ‚öffentlich' wurden die für das Mittelalter typischen
Vermischungen, Unklarheiten und Verhandelbarkeiten politischer Rechte,
Kompetenzen und Aufgaben nur um so sichtbarer. Allerdings fiel das Urteil
dann zumeist negativ aus, da man die „mittelalterlichen" Verhältnisse gerade
erst hinter sich gelassen hatte, sie in der eigenen Gegenwart keineswegs wieder
auferstehen sehen wollte und sich nicht vorrangig für die Intentionen und Ho-
rizonte der mittelalterlichen Akteure interessierte.

Zu den Diskussionen um den Ursprung der Stände und um die staatliche
Kontinuität gehört als weiterer Aspekt die entwicklungsgeschichtliche Periodisierung der Staatsbildung. Der mittelalterliche Feudalismus und der aus ihm

---

56 Alfred H. Loebl, Der Sieg des Fürstenrechtes – auch auf dem Gebiete der Finanzen – vor dem
     Dreißigjährigen Kriege, München und Leipzig 1916, S. 121, S. 122 und S. 69.
57 Das ist gegen die fatale Schmitt-Schule zu betonen, deren esoterische Sprache von Geschicht-
     lichkeit, Substanz, Neutralität und dem Politischen, der systematischen Rechtswissenschaft des
     19. Jahrhunderts und ihrer Rechtsgeschichte immer die Konstruktion eines fälschlich allge-
     meinen Staatsbegriffs vorhält, der eben ungeschichtlich und unpolitisch sei und dann auch noch
     auf die Vergangenheit angewendet werde, wodurch er eine „sachgerechte Erkenntnis der mit-
     telalterlichen politischen Ordnung" behindere. Das ist leider durch Böckenförde, Die deutsche
     verfassungsgeschichtliche Forschung, wieder hoffähig gemacht. Seitdem kann man diesen ab-
     wegigen Vorstellungen eines anti-modernen Ressentiments in der Wissenschaft immer wieder
     begegnen.

erwachsene dualistische Ständestaat bildeten in der Perspektive der vom Konstitutionalismus geprägten Staatsbildung historische Zwischenetappen. Am Anfang und am Ende der ‚deutschen' Geschichte steht der Einheitsstaat mit einheitlichem Untertanenverband. Dazwischen entfaltet sich die dramatische Geschichte von Niedergang und langsamen Wiederaufstieg im Absolutismus.[58] Den Tiefpunkt des historischen Verlaufs markierte der Westfälische Friede von 1648. Dieses Grundschema der politischen Geschichte ist auch für die Geschichte der landständischen Verfassung maßgebend. Es geht aber in ihm nicht nur um die Wechselfälle der militärischen Erfolge nach außen und der zentralisierten Herrschaft im Innern des Reiches. Es geht immer auch um nationale Ehre, um Triumph und Schande des deutschen Namens in der Welt, insbesondere im Vergleich mit der Geschichte des französischen Nachbarn. Auch in diesem Punkt gab die herrschende Staatstheorie – Einheit von Staatsgebiet, Staatsvolk und Staatsgewalt – die Leitlinien vor, nach denen der Ertrag der historischen Quellenforschung organisiert wurde.

Aus diesem Zusammenhang entwickelten sich die unter dem Begriff des Partikularismus behandelten Themen der Schwäche des Königs im Alten Reich, des Übergangs der Staatsbildung von der Ebene des Reiches auf die Ebene der Territorien oder Landestaaten und die weitreichenden Ansichten über die politische Kultur des ‚deutschen' Volkes, die der Partikularismus zu einer Unfähigkeit zur Politik verleitet habe. Die Landtage und Landstände erhalten in diesem Drama eine wechselhafte Rolle. Für die Zeit vor dem Dreißigjährigen Krieg werden regelmäßig ihre überwiegend noch positiven Leistungen, ihre das Land, die Landesherrschaft und die landesherrlichen Finanzen konsolidierende Rolle betont, wenn sie sich gegen dynastische Erbteilungen und die Verpfändung von Ämtern wenden oder die fürstlichen Schulden übernehmen und eine landständische Finanzverwaltung begründen und ausbauen. Nach dem Dreißigjährigen Krieg überwiegen dann, sofern die landständischen Versammlungen fortbestehen, die negativen Züge des ständischen Egoismus und des adligen Kastengeistes.

Die genannten Themen beherrschen auch die lange Zeit einflußreiche Darstellung der Landständethematik in Fritz Hartungs (1883–1967) Verfassungsgeschichte, die im Jahr 1914 in erster Auflage erschien, bis 1950 fünf erweiterte

---

58 Siehe z. B. Georg v. Below, Der Deutsche Staat des Mittelalters. Ein Grundriß der deutschen Verfassungsgeschichte, Bd. 1: Die allgemeinen Fragen, Leipzig 1914, S. 238: „Die Einheit des Reiches im alten Stil war dahin. Den entscheidenden Wendepunkt stellen das 12. und 13. Jahrhundert dar.", und Fritz Hartung, Volk und Staat in der deutschen Geschichte, Leipzig 1940, S. 12: „Damit ist schon gesagt, daß das, was die deutschen Territorien in ihrem engeren Rahmen an staatlichen Aufgaben nach dem Muster der großen Staaten Westeuropas schufen, keinen vollen Ersatz für die durch die Schwäche der deutschen Zentralgewalt verhinderte Entwicklung des Reiches zu einem modernen Staat bieten konnte.", und ebd., S. 13: „Vor allem aber konnte in dieser Enge kein politischer Sinn, kein politisches Verantwortungsbewußtsein entstehen; daß die Macht zur Selbstbehauptung die unerläßliche Grundlage für das Dasein eines Staates und für die Selbstachtung einer Nation ist, konnte hier nicht erlernt werden."

Neuauflagen erfuhr und in neunter Auflage noch 1969 neu herauskam.[59] Obwohl sie den Schwerpunkt auf den Vorrang der fürstlichen Gewalt hat und Hartung einen Dualismus von Fürst und Landständen ablehnt, zeigt sie die konventionelle Sicht auf den typischen Verlauf der Ständegeschichte, auf ihre Themen sowie die in allen Lagern vorherrschende Bewertung der politischen Verhältnisse als Partikularismus und den für die ständegeschichtliche Literatur so stereotypen Rückgriff auf das Jahr 1231:

> „Von Anfang an hat der territoriale Adel einen gewissen Einfluß auf die territoriale Regierung ausgeübt. Schon ein Reichsspruch vom Jahre 1231 bestimmt, daß es den Landesherrn nur mit Zustimmung der ‚meliorum et maiorum terrae' gestattet sei, ‚constitutiones vel nova iura facere'. … Der neue ritterschaftliche Adel ist in diese Rechte und Ansprüche des Lehnsadels ohne weiteres eingerückt."
>
> „… einem bleibenden ständischen Regiment stand im Wege, daß die Stände für die Übernahme politischer Pflichten wenig Neigung und Verständnis zeigten, daß sie auch jetzt noch die mittelalterliche Freiheit von staatlichen Pflichten höher schätzten als einen dauernden Anteil an der Regierung. Auch waren die Stände innerlich zu uneins;…"[60]

Trotz vieler Nuancen, welche die ständegeschichtliche Forschung in der Interpretation von Einzelfragen zur Entstehung der landständischen Verfassung, zur Zusammensetzung der Landtage, ihren Kompetenzen und ihrem politischen Einfluß kennzeichnen, ist sie von diesen um 1900 aufgestellten Formeln, insbesondere dem Reichsspruch von 1231, nicht mehr losgekommen.

Der Reichsspruch war im Jahr 1896 in den zweiten Band der Constitutiones der Monumenta Germaniae Historica unter der Überschrift ‚sentenia de iure statuum terrae' aufgenommen und in der Quellensammlung von Karl Zeumer unter dem Titel ‚Reichsspruch über das Recht der Landstände' vom 1. Mai 1231 kanonisiert worden.[61] Das Paradebeispiel für die typische Ursprungs- und Prinzipiengeschichte, die sich mit der Idee begnügt und nicht unbedingt auf

---

59 Das Buch trägt und tradiert die Sichtweisen der Geschichtswissenschaft um 1900 über ein gutes dreiviertel Jahrhundert weiter. Darin ist es nicht nur Ausdruck einer historiographischen Qualität, sondern auch Indikator des wissenschaftlichen Stillstandes.

60 Fritz Hartung, Deutsche Verfassungsgeschichte vom 15. Jahrhundert bis zur Gegenwart, 9. Auflage, S. 53 f und S. 88; siehe auch S. 1 seine Bestimmung der Verfassungsgeschichte: „Neben oder über diesen wechselnden Problemen steht beherrschend im Mittelpunkt der deutschen Verfassungsgeschichte das Verhältnis zwischen Reich und Territorien, zwischen Einheitsgedanke und Partikularismus."

61 MGH, Const. II., S. 420, Nr. 305; und Karl Zeumer, Quellensammlung zur Geschichte der deutschen Reichsverfassung in Mittelalter und Neuzeit, Tübingen 1907, S. 45, Nr. 45, unverändert in der 2. Auflage von 1913 auf S. 52 als Nr. 48. Sogar die von Paul Sander und Hans Spangenberg selbst herausgegebene Quellensammlung ‚Urkunden zur Geschichte der Territorialverfassung', Heft 3, Stuttgart 1923, beginnt den Abschnitt ‚Entstehung der landständischen Verfassung. A. Beteiligung des Adels und der Ministerialen am fürstlichen Regiment' mit der Nr. 130: ‚Reichsspruch König Heinrichs über das Zustimmungsrecht der maiores et meliores terrae'.

historische Belege und tatsächlich nachgewiesene Wirksamkeit angewiesen ist, findet sich in einem Aufsatz von Felix Rachfahls aus dem Jahr 1909:

> „Mit Fug und Recht darf man die Verfassungsbewegung, welche zur Entstehung der Landstände in Deutschland führte, an die bekannte reichsrechtliche Bestimmung vom Jahre 1231 anknüpfen: ‚ut neque prinicpes, neque alii quilibet constituiones et nova jura facere possint, nisi meliorum et majorum terrae consensus primitus habeatur.' Das ist freilich nicht in dem Sinne zu verstehen, als ob dadurch in irgendeinem Territorium die landständische Entwicklung direkt angeregt oder beeinflußt worden wäre; noch ist dafür, soviel mir bekannt ist, irgendwo der Nachweis erbracht worden. Wohl aber darf man sagen, daß für den Ursprung der landständischen Entwicklung eben die Rechtsauffassung wirksam geworden ist, die in diesem Reichsgesetze zum Ausdruck kam, wenngleich sie schwerlich sofort in irgendeinem Territorium zur praktischen Durchführung gelangte."[62]

Das Reichsgesetz ist also der Ausdruck einer Rechtsauffassung, die später für den Ursprung der landständischen Entwicklung wirksam geworden ist. Die Art der bei Rachfahl in diesem Zitat formulierten historischen Verknüpfung stellt keinen Ausrutscher an unglücklichen Formulierungen dar. Sie entspricht vielmehr genau dem Programm, sie ist präzise und unterstreicht Methodik und Sichtweise der idealistischen Geschichtsschreibung. Die zeitlichen Lücken im historischen Verlauf, die ganz unabhängig von den Wechselfällen einer Quellenüberlieferung eintreten, die zwischenzeitliche Wirkungslosigkeit des Gesetzes und die Abwesenheit jeglicher historischer Akteure spielen in dieser juristisch ausgerichteten Verfassungsgeschichte systematisch keine Rolle. Der historische Beobachter knüpft die für ihn sichtbare Verfassungsbewegung an dieses Datum an, um der konstitutionellen Verfassung einen möglichst ehrwürdigen historischen Stammbaum zuzulegen.

Friedrich Tezner hatte schon in seinem Buch zur österreichischen Verwaltungsrechtspflege aus dem Jahr 1898 einen Einfluß des Spruchs von 1231 bestritten.[63] In der Rezension des Buches stimmte Felix Rachfahl seiner negativen Bewertung der Annahme, „daß für die Ausbildung des eigentümlichen ständischen Staatsrechtes die bekannte reichsrechtliche Bestimmung Heinrichs … von Einfluß gewesen sei", noch zu, da sie mit gutem Grunde erfolge. Kurz nach Rachfahls wieder positiverer Einschätzung im Jahr 1909 hat es dann Hans Spangenberg in seiner Studie zur Entstehung der landständischen Verfassung von 1912 doch erneut für nicht zulässig erklärt, die Landstände auf das Jahr 1231

---

62 Felix Rachfahl, Alte und neue Landesvertretung in Deutschland, S. 95. Der Aufsatz geht auf einen am 12. August 1908 gehalten Vortrag in der Sektion für Rechts- und Wirtschaftsgeschichte des Internationalen Kongresses für historische Wissenschaften zurück und kann daher als offizielle Verlautbarung der ‚deutschen' Geschichtswissenschaft zu dieser wissenschaftlichen Frage gelten.

63 Siehe die Darstellung bei Felix Rachfahl, Zur österreichischen Verwaltungsgeschichte, S. 1116, zu diesem Zeitpunkt noch zustimmend.

zurückzuführen und die Betitelung als ‚Reichsspruch über das Recht der Landstände' als falsch bezeichnet.[64]

Nichtsdestotrotz wollte man in der ständegeschichtlichen Literatur von der liebgewonnenen Traditionsstiftung im hohen Mittelalter nicht lassen. Die ebenfalls für die Forschungsgeschichte bedeutende Übersicht von Günther Birtsch von 1964/69 über ‚Die landständische Verfassung als Gegenstand der Forschung' beruft sich geradezu natürlich wieder auf 1231, obwohl die Lage hinsichtlich der Quellenbelege für diese Annahme in den vergangenen siebzig Jahren nicht besser geworden waren.[65] Es kann daher nicht verwundern, dass historische Fallstudien zu den landständischen Versammlungen diesen autoritativen Vorgaben in der Regel unkritisch folgen und die These auf diese Weise immer wieder am Leben erhalten.[66] Der von Ernst Schubert 1991 erneut erhobene Protest und Einspruch gegen den „Hang zur Voreiligkeit", die Stände schon im 13. Jahrhundert beginnen zu lassen, verhallte daher weitgehend ungehört.[67] Unverändert scheint ein Hinweis auf den Text von 1231, wie weit hergeholt auch immer, noch in der einschlägigen Ausgabe der Enzyklopädie der Neuzeit unverzichtbar zu sein:

> „Lange galt dieser Reichsspruch als Gründungsurkunde der Landständischen Verfassung, doch wurde zu Recht dagegen eingewandt, dass Landtage mit fester Zusammensetzung und bestimmten Kompetenzen erst viel später entstanden und nicht schon 1231 förmlich gegründet wurden. Immerhin steht außer Frage, dass diese Urkunde politische Mitbestimmungsrechte bestätigte, die zum festen Bestandteil der europäischen Verfassungswirklichkeit gehörten. Sie ist darin der Carta Magna Leonesa des Königreichs Léon von 1188, der englischen Magna Charta Libertatum von 1215 und der ungarischen Goldenen Bulle von 1222 mit vergleichbaren Inhalten zuzuordnen."[68]

Der Hinweis, dass die Landtage manchmal erst Jahrhunderte nach dem Reichsspruch allmählich als mehr oder weniger feste Einrichtungen hervortraten, berührt in keiner Weise, daß es „außer Frage steht", wie die Mitbestim-

---

64 Hans Spangenberg, Vom Lehnstaat zum Ständestaat. Ein Beitrag zur Entstehung der landständischen Verfassung, München 1912, ND Aalen 1964, S. 14 f.

65 Günther Birtsch, Die landständische Verfassung als Gegenstand der Forschung, S. 44: „In dem bekannten Reichsweistum vom 1. Mai 1231 wird zum ersten Male der Zusammenhang von Reich und sich ausbildender landständischer Verfassung dokumentarisch greifbar."

66 Siehe z. B. Jutta Seitz, Die landständische Verordnung in Bayern, Göttingen 1999, S. 20, die trotz Tezners und Spangenbergs Arbeiten von der „unbestrittenen Bedeutung" des Reichsspruchs für die Grundzüge der landständischen Verfassung bis ins 18. Jahrhundert spricht.

67 Ernst Schubert, Steuer, Streit und Stände. Die Ausbildung ständischer Repräsentation in niedersächsischen Territorien des 16. Jahrhunderts, in: Niedersächsisches Jahrbuch für Landesgeschichte 63, 1991, S. 1–58, hier S. 2; oder Ernst Schubert, Fürstliche Herrschaft und Territorium im späten Mittelalter, München 1996 (EDG 35), hier S. 93 f und S. 105 f.

68 Kersten Krüger, Die landständische Verfassung,, München 2003 (EDG 67), S. 1 f. und S. 47 f. Das Buch ist ein Monument des intellektuellen Stillstandes.

mungsrechte durch ihn „bestätigt" wurden. Rechtsgeschichtlich mag das eventuell der Fall sein, historisch ist damit wenig anzufangen.

Die wissenschaftliche und daraus folgend wieder politische Brisanz des Verfassungskonstrukts ‚konstitutionelle Monarchie' über seine praktische tagespolitische Relevanz im 19. Jahrhundert hinaus speiste sich sehr stark aus einer Verknüpfung der konstitutionellen Verfassung mit der Idee eines von Westeuropa distinkten ‚Deutschtums', die mit der gesellschaftlichen Krise um 1900 besonders virulent wurde. Obwohl der Konstitutionalismus eine französische Erfindung war und zuerst in der ‚Charte constitutionelle' vom 4. Juni 1814 entworfen wurde,[69] sollte die konstitutionelle Verfassung die der deutschen Geschichte und den Deutschen schlechthin angemessene politische Ordnung sein. Verfassungshistoriker, die sich mit der landständischen Verfassung befassten, haben auch über den Charakter der konstitutionellen Monarchie, ihrer Monarchie, intensiv nachgedacht. Im Jahr 1911 veröffentliche Otto Hintze in den Preußischen Jahrbüchern seinen Aufsatz ‚Das monarchische Prinzip und die konstitutionelle Verfassung'. Er eröffnete seine Erörterungen mit den folgenden Feststellungen:

> „Das monarchisch-konstitutionelle Regierungssystem – im Gegensatz zum parlamentarischen – kann als das eigenartig preußisch-deutsche System bezeichnet werden. Es besteht gegenwärtig in einer ganz reinen und entschiedenen Form nur bei uns."
> „Das parlamentarische System entspricht der Tendenz zur Ausbildung jenes industriellen Staatstypus, den Herbert Spencer als die höchste Blüte der Zivilisation gepriesen hat; das monarchisch-konstitutionelle System dagegen beruht auf der Eigenart des kriegerischen Staatstypus, der auf dem Kontinent vorherrscht."
> „Bei uns hat der alte obrigkeitliche Staat, der mit und aus dem Kriegswesen entsprungen ist, die Führung behalten und ist nun bestrebt, die sozialen Klassengegensätze dem Staatsinteresse unterzuordnen."
> „Staat und Gesellschaft haben darum ein anderes Verhältnis bei uns und in England."
> „Dieses System wurzelt aber doch nicht bloß in der Persönlichkeit Bismarcks und in den Erfolgen seiner Politik, sondern in der gesamten Tradition des preußischen Staates und überhaupt in den historisch-politischen Bedingungen unserer staatlichen und nationalen Existenz; und diese Bedingungen dauern auch in der Gegenwart noch fort, wenn auch die lange Friedenszeit begreiflicherweise die Kraft ihres Einflusses auf das Volksbewußtsein erheblich abgeschwächt hat."[70]

---

69   Siehe Michael Stolleis, Geschichte des öffentlichen Rechts in Deutschland, Bd. 2, S. 103.
70   Otto Hintze, Das monarchische Prinzip und die konstitutionelle Verfassung (1911), in: ders., Staat und Verfassung, 2., erweiterte Auflage, Göttingen 1962, S. 359–389, hier S. 359, S. 365 und S. 377.

Dennoch fragte sich Otto Hintze besorgt, ob „auch bei uns das monarchisch-
konstitutionelle System nur als ein verhältnismäßig kurzer Übergangszustand
anzusehen [ist], auf den der Parlamentarismus mit einer Art von innerer historischer Notwendigkeit folgen muß? Oder liegt die Sache doch noch etwas anders?"[71] Sein Fazit läuft bereits in einen sehr skeptisch bis resignativ gehaltenen
Ton aus:

> „Vielleicht ist die allmähliche Demokratisierung des Staatslebens ein
> unabwendbares Geschick der modernen Welt, aber ein Glück und ein
> zu erstrebendes Ziel ist sie nicht, und vor allem dann nicht, wenn sie
> sich in zu schnellem Tempo vollzieht."[72]

Das zentrale Problem gerade für einen Anhänger der konstitutionellen Verfassung wie Hintze lag auf der Seite des monarchischen Prinzips, dem ja die Aufgabe der aktiven Politikgestaltung angesichts der ökonomischen, sozialen oder
militärischen Herausforderungen zufiel. Für Hintze hing 1911 alles an der Fähigkeit des Fürsten, „Schöpfer und Hüter des Staatsgedankens" zu sein und sich,
nach dem dergestalt aufgefaßten Vorbild Friedrich II. von Preußen, dem
Staatsinteresse unterzuordnen.[73] Drei Jahre später ist diese Hoffnung bekanntlich am Monarchen und seiner Regierung gescheitert.

Das Ideal der konstitutionellen Monarchie besaß bei Hintze eine ausgeprägt
historische Dimension. Für ihn bleiben, trotz der kritischen Bemerkungen
Friedrich Tezners, die ständischen Verfassungen „die Vorstufe" der konstitutionellen Verfassungen. Zu der eben die ganzen Gegensätze von kontinental und
insular, französisch und deutsch mitgehörten. Vor diesem Hintergrund versuchte er im Jahr 1930 eine ‚Typologie der ständischen Verfassungen des
Abendlandes aufzustellen und im Jahr darauf die ‚weltgeschichtlichen Bedingungen der Repräsentativverfassung' zu ermitteln.[74] Sein Aufsatz zur Typologie
endet daher mit dem Satz:

> „Diese Perspektive läßt erkennen, daß das ständische Verfassungs-
> system nicht – wie Tezner im Grunde meinte – dem modernen als
> etwas Andersartiges und Fremdes gegenüberzustellen ist, sondern
> daß es bei aller Gegensätzlichkeit doch zugleich ein Entwicklungs-

---

71 Ebd., S. 360.
72 Ebd., S. 378 f.
73 Ebd., S. 388. ‚Schöpfer und Hüter des Staatsgedankens' zu sein, darin sah Otto Hintze 1911 den
    eigentlichen historischen Rechtstitel der Monarchie.
74 Die beiden zuerst in der HZ erschienenen Aufsätze sind wieder abgedruckt in: Otto Hintze, Staat
    und Verfassung, 2., erweiterte Auflage, Göttingen 1962, S. 120–139 bzw. S. 140–185. Man ver-
    gleiche auch das Ergebnis der ‚Weltgeschichtlichen Bedingungen' von 1930, ebd., S. 178: „Die
    Singularität der ständischen Verfassung des Abendlandes hat geradezu ihren Hauptgrund in
    der Tatsache, daß sie eine Begleiterscheinung der eigenartigen Form der Staatsbildung ist, die
    wir nur in der abendländischen Geschichte finden.", mit der Feststellung von 1902 in ‚Staa-
    tenbildung und Verfassungsentwicklung. Eine historisch-politische Studie, ebd., S. 34–51, S. 46:
    „Die Ausbildung der ständischen Verfassung ist eine von selbst eintretende Begleiterscheinung
    der territorialen Staatsbildung. Das ist wohl das Hauptergebnis der neueren Forschungen über
    diese Seite der Verfassungsgeschichte."

stadium des modernen Staates, einen allgemeinen Übergangszustand zu dem modernen Konstitutionalismus bedeutet."

Hintze hat sehr zu Recht gespürt, dass Tezners am aktuellen Staatsrecht geschulte Argumentation bereits darauf hinausläuft, die Alterität der landständischen Verfassung zu betonen, die eben gar keine – sei es schriftliche sei es praktizierte – systematisierbare ‚Verfassung' besaß, sondern auf anders geartete politische Verhältnisse verwies. Damit wäre aber auch die geschichtliche Kontinuität unterbrochen und die Einheit der historischen Entwicklung in der Staatsbildung gefährdet worden. Die Ablehnung Tezners in der geschichtswissenschaftlichen Literatur zu den Landständen hat vielleicht hier eine ihrer wichtigsten Ursachen.

Mit dem Untergang der Monarchien war die Auffassung, die konstitutionelle Verfassung wäre eine dauerhaft funktionsfähige und spezifisch deutsche Staatsform, keineswegs erledigt. Sie blieb ein Wiedergänger der verfassungsgeschichtlichen und rechtshistorischen Theorien. Auch das „Sondertum" (Fritz Hartung) der Deutschen hörte mit der Weimarer Republik nicht auf. Vielmehr erlebte es aufgrund der als ehrverletzend empfundenen Bedingungen des Versailler Friedens eine beispiellose Hypertrophie. Die verknöcherten Sichtweisen aus der Vorkriegszeit und die Ablehnung der angeblich westlichen Politikformen erschwerten zusätzlich die Chancen der republikanisch-demokratischen Verfassung, akademisch und außerakademisch Anerkennung zu finden.[75] In der Wissenschaft hat erst ein Aufsatz Ernst-Wolfgang Böckenfördes von 1967 die Verhältnisse geklärt und die Ansicht durchgesetzt, daß die historischen Ausprägungen der konstitutionellen Monarchien einen Übergangscharakter auf dem Weg zur Volkssouveränität und zur Republik besessen haben.[76] Anders gesagt, handelte es sich um einen schmerzhaften und folgenschweren politischen Umweg. Dem Parlamentarismus wurde weiterhin der Geruch des Undeutschen angehängt, auch die Wissenschaft orientierte sich nicht mehr allein an der methodisch kontrollierbaren, theoretisch eingebetteten und empirisch gewonnenen Wahrheit, sondern sie wurde selbst ‚deutsch'.

Auch ein distanzierter konservativer Beobachter wie der Verfassungshistoriker Fritz Hartung bewegte sich ganz in diesen Formeln und gründete die Unterschiede der Regierungsformen zum Teil auf die „Wesensart der Nationen".

---

75   „Nur allzu sehr erinnerte das parlamentarische System, das sie nach westeuropäischem Vorbild errichtet hatte, in seiner Ausführung an die Reichstage des heiligen Reiches... Was im alten Reiche die Territorien mit ihrem Partikularismus gewesen waren, das waren nach 1919 die Parteien, lauter Eigenbrötler, die immer nur an das eigene Interesse, nie an das der Gesamtheit dachten", schrieb Fritz Hartung 1940 in: Volk und Staat in der deutschen Geschichte. Gesammelte Abhandlungen, Leipzig 1940, S. 26.

76   Ernst-Wolfgang Böckenförde, Der deutsche Typ der konstitutionellen Monarchie im 19. Jahrhundert (1967), in: ders., Recht, Staat, Freiheit. Studien zur Rechtsphilosophie, Staatstheorie und Verfassungsgeschichte, Frankfurt am Main 1991, S. 273–305. Der Aufsatz erschien in einem von Werner Conze herausgegebenem Band ‚Beiträge zur deutschen und belgischen Verfassungsgeschichte im 19. Jahrhundert'. Conze gab mit Reinhart Koselleck und Otto Brunner das Lexikon ‚Geschichtliche Grundbegriffe' heraus, für das Böckenförde als Mitarbeiter den neuzeitlichen Abschnitt des Artikels ‚Organ, Organismus, Organisation, Politischer Körper' verfaßte.

In einem Vortrag, den er 1938 in Zürich auf dem Internationalen Historikertag gehalten hatte und im Jahr darauf in der Historischen Zeitschrift veröffentlichte,[77] nahm er eine Rückschau auf den Konstitutionalismus in Europa vor.[78] Der Aufsatz enthält zugleich eine exemplarische Darstellung seiner Auffassung von den Aufgaben der Verfassungsgeschichte und eine indirekte Kritik an der seiner Zeit herrschenden völkischen Wissenschaft.

> „... nach dem Ausgang des preußischen Verfassungskonflikts und nach der Gründung des Reichs [wurde es] ein feststehender Sprachgebrauch der deutschen Wissenschaft, die konstitutionelle Monarchie, wie sie sich in Deutschland gestaltet hatte, als besondere historische und staatsrechtliche Form von der parlamentarischen Monarchie zu unterscheiden."

> „Es kann hier nicht ausgeführt werden, wie sehr dieses ganze Parteiwesen des Kaiserreiches durch die geschichtliche Entwicklung Deutschlands bedingt gewesen ist; es mag die Feststellung genügen, daß die Parteien nur neue Erscheinungsformen des deutschen Erzübels, des Partikularismus, gewesen sind. Wenn so die alte Zerklüftung des deutschen Lebens auf dem parlamentarischen Faktor unseres Konstitutionalismus lastete, so kam umgekehrt die geschichtliche Tradition dem monarchischen Faktor zugute."

> „Es ist in der westeuropäischen Literatur üblich gewesen, den monarchischen Konstitutionalismus des dualistischen Typs als rückständig gegenüber der parlamentarischen Monarchie nach englischem Muster hinzustellen,... Demgegenüber ist zu betonen, daß die mangelnde politische Einheit des Volkes, die in allen dualistischen Staaten – ... – die Ursache der stärkeren Stellung der Monarchie gewesen ist, nicht einfach als Rückständigkeit abgetan werden kann; sie hat in Deuschland ihre geschichtlichen, in Österreich und zum Teil in Rußland auch ihre völkischen Gründe gehabt und ist Ausdruck der besonderen Wesensart der Nationen."

> „Ebensowenig kann freilich heute noch die von der deutschen Staatslehre gerne vertretene Ansicht aufrechterhalten werden, daß der monarchische Konstitutionalismus dem parlamentarischen überlegen sei, weil er die Staatsführung vom Wechsel der parlamentarischen Mehrheiten unabhängig mache und ein un- oder überparteiliches Regiment des gerechten Ausgleichs der Interessen gewährleiste. Denn die drei großen Monarchien des dualistischen Typus sind dem Welt-

---

77   Siehe den Nachruf von Gerhard Oestreich, Fritz Hartung als Verfassungshistoriker (1883–1967), in: Der Staat. Zeitschrift für Staatslehre, öffentliches Recht und Verfassungsgeschichte, hg. v. Ernst-Wolfgang Böckenförde, Gerhard Oestreich, Helmut Quaritsch, Roman Schnur, Werner Weber, Hans J. Wolf, Bd. 7 (1968), S. 447–469, hier S. 463.

78   Zum wissenschaftspolitischen Kontext der Bemühungen Hartungs von 1938–40 in Opposition zur damals aktuellen und energisch propagierten Volksgeschichte siehe weiter unten den Abschnitt 2c) zu Methodenfragen in der Ständegeschichte.

krieg zum Opfer gefallen, während die parlamentarisch-demokratische Regierungsweise eine unerwartete Kraft entfaltet hat."

„Wirkliche Anschauung vom geschichtlichen Leben gewinnen wir nur, wenn wir nicht nur die rechtliche Organisation der Gewalten und das Funktionieren des staatlichen Apparats untersuchen, sondern die dahinter stehenden Kräfte des Volkes zu erkennen uns bemühen. Nur aus einer solchen Betrachtung kann deutlich werden, wie allgemeine Entwicklungstendenzen und besondere nationale Anlagen im geschichtlichen Leben aufeinander wirken."[79]

Die traditionelle Verfassungsgeschichte hatte 1918 ihr Ziel der Geschichte verloren. Die monarchische Regierung hatte versagt. Der weiterhin abgelehnte und angefeindete Parlamentarismus hatte, wie Hartung bitter festhielt, dagegen eine ihm so nie zugetraute militärische und politische Kraft entfaltet. Er regierte von 1919 bis 1933 sogar im eigenen Haus, breite Unterstützung und Anerkennung fand er aber nicht. Stattdessen gewannen autoritäre Theorien die Überhand. Mit dem Jahr 1945 waren der ‚deutsche' Staat und die ‚deutsche' Staatsidee endgültig Geschichte und der angefeindete ‚fremde' ‚westliche' Parlamentarismus das Gebot der Stunde.

Für die Landtagsgeschichte hatte das zwanzig Jahre lang praktisch keine Folgen, da sie nicht mehr im Zentrum der geschichtswissenschaftlichen Aufmerksamkeit stand. Erst seit der Mitte der 1960er Jahre gab es kurzzeitig Versuche zu fragen, inwieweit die vormodernen landständischen Versammlungen nicht in eine Vorgeschichte demokratischer Traditionen eingerückt werden können. Ein erster Versuch, die alten Landtage für das historische Bewußtsein der Deutschen zu retten, unternommen von dem unter den Nationalsozialisten vertriebenen Meinecke-Schüler Francis L. Carsten, fand in der deutschen Geschichtswissenschaft zunächst keine Gegenliebe.[80] Sein Buch blieb unübersetzt. Walter Grubes groß angelegte Darstellung zum Stuttgarter Landtag war eine landesgeschichtliche Auftragsschrift aus Anlaß eines 1957 zu feiernden fünfhundertjährigen Jubiläums des Landtags. Er sah eine relativ beachtliche Kontinuität zwischen den altständischen Verhältnissen und der konstitutionellen Verfassung von 1819. Darüber hinaus postulierte er, daß bei allem historischen Wandel der Landtag über die fünfhundert Jahre hinweg eine ‚Volksvertretung'

---

79 Fritz Hartung, Die Entwicklung der Konstitutionellen Monarchie in Europa, in: ders., Volk und Staat in der deutschen Geschichte, Leipzig 1940, S. 183–229; hier S. 186, S. S. 218, S. 224 f und S. 229. Zuerst erschienen in: HZ 159 (1939), S. 287–314 und S. 499–524.

80 Siehe F. L. Carsten, Princes and Parliaments in Germany from the Fifteenth to the Eighteenth Century, Oxford, 1959, S. „In my opinion the assemblies of the Estates of many German principalities were indeed ‚Parliaments' in the proper sense of the term, and their functions in the sixteenth, seventeenth, and eighteenth centuries were very similar to those of the English Parliament – not only in Württemberg ..." Vielleicht waren die anti-westlichen Resentiments noch zu lebendig. Daß Carsten eine grundlegende Revision der negativen Beurteilung der Landtage „in der deutschen Geschichtswissenschaft" vorgenommen habe, wie Krüger, Landständische Verfassung, S. 62 f behauptet, ist ja gerade nicht der Fall gewesen. Carstens Thesen bleiben die Meinung eines Außenseiters.

bleibe, „durch die in älterer Zeit die Untertanen am Staat teilhaben, durch die heute das Volk als Träger der Staatsgewalt Gesetzgebung und Überwachung der Exekutive ausübt."[81] Allerdings fehlte im Stuttgarter Landtag seit dem 16. Jahrhundert der Adel, wodurch er mit dem Standard-Landtag von, Rittern und Städten (und Prälaten) nur schwer vergleichbar wird. Thema seiner Untersuchung ist fast mehr das Werden des Landes Württemberg. Wie zahllose andere landesgeschichtliche Arbeiten und Festschriften blieb die Wirkung des Buches gering.

Karl Bosl (1908–1993), ein wichtiger Vertreter dieser Richtung, die Landtage in eine parlamentarische Tradition zu stellen, ging es 1974 schließlich darum den Verdacht einer deutschen Unfähigkeit zur Demokratie zu mindern:

> „Man macht den Deutschen oft zum Vorwurf, sie hätten Demokratie und entscheidendes selbstverantwortliches Handeln nicht gelernt. Das ist nicht ganz richtig; man hat nur vergessen, daß bei uns ebenso wie bei anderen europäischen Völkern seit dem 13. Jahrhundert ein korporativer ständischer Wille sich durchsetzte, der vom 13. bis zum 16./ 17. Jahrhundert in zunehmendem Maße den willkürlichen Willen der Landesherren und Staatsoberhäupter beschränkte und für sich die Repräsentation = legitime Vertretung des Landes, des Volkes, der Gesellschaft und ihrer Stände, des werdenden Staates neben dem Herrn in Anspruch nahm. Man hat deutsche Geschichte nach Kaisern, Königen, regierenden Fürsten und Landesherren geschrieben, aber den Aufstieg und die Entwicklung des Volkes zur Teilhabe an der Bestimmung seines politischen Schicksals noch niemals dargestellt. Das Volk als politisch handelnde Kraft hat seine eigene Geschichte, die mit der Entfaltung unserer Gesellschaft und Kultur Hand in Hand geht. Der erste Träger eines politischen Willens neben, mit und gegen die Herrscher war der hohe und der niedere Adel."[82]

Der Versuch, die ständische Verfassung aus einer ‚deutschen' Alternative zum westlichen Parlamentarismus geradewegs zu einem Vorläufer parlamentarischer Formen zu machen, blieb allerdings Episode.[83] Ihm hing zum einen zu sehr

---

81 Walter Grube, Der Stuttgarter Landtag. 1457–1957. Von den Landständen zum demokratischen Parlament, Stuttgart 1957, S. 2.

82 Karl Bosl, Die Geschichte der Repräsentation in Bayern. Landständische Bewegung, landständische Verfassung, Landesausschuß und altständische Gesellschaft, München 1974 (Repräsentation und Parlamentarismus in Bayern vom 13. bis zum 20. Jahrhundert. Eine politische Geschichte des Volkes in Bayern. Im Auftrag des Präsidenten des Bayerischen Landtages und im Rahmen der Kommission für bayerische Landesgeschichte bei der Bayerischen Akademie der Wissenschaften, hg. v. Karl Bosl, Bd. 1), Vorwort, S. ix. Er hatte seit 1960 den Lehrstuhl für bayerische Geschichte und vergleichende Landesgeschichte an der Universität München inne.

83 Allerdings verliert sich in der Wissenschaft, wie im Internet, nichts so ganz. Siehe Peter Blickle, Perspektiven der ständegeschichtlichen Forschung. Ein Diskussionsbeitrag, in: Hartmut Boockmann (Hg.), Die Anfänge der ständischen Vertretung in Preußen und seinen Nachbarländern, München 1992, S. 34–38, dem es um „mögliche demokratische Traditionen im Ständischen" zu tun ist, die er wieder in der ‚Kontinuität der Prinzipien' wie dem der Repräsentation und dem

der Geruch einer opportunen Nutzbarmachung der Vergangenheit für aktuelle politische Interessen einer Traditionsstiftung der Landtage in den Bundesländern an. Außerdem stützte sich Bosl sehr auf einen dubiosen, an die Volksgeschichte der dreißiger Jahre erinnernden Volksbegriff, der allzu schnell vom ‚Volk' ausging, um dann rasch und übergangslos beim Adel zu landen. Das entsprach bei aller Anbiederung nicht mehr dem Zeitgeist von Mitbestimmung, Emanzipation und Demokratisierung.

Zum anderen hatte sich in der Geschichtswissenschaft inzwischen der Schwerpunkt von der entwicklungsgeschichtlichen Perspektive weg entwickelt. Mit der Etablierung eines neuen Faches innerhalb der Geschichtswissenschaft, der Frühen Neuzeit, verlagerte sich das Interesse hin zu den Merkmalen und Eigenheiten der von den Wendemarken 1500 und 1800 bezeichneten Epoche.[84] Die ‚Strukturgeschichte' des ‚Ancien Régime' rückte ins Zentrum. Der Übergang wird faßbar in dem von Dietrich Gerhard herausgegebenen Band über ständische Vertretungen in Europa aus dem Jahr 1969. In seinen eigenen Beitrag zum Sammelband schrieb Gerhard:

> „Nur wenn man das Ancien Régime in seinen Lebensformen und überlieferten Vorstellungen voll begreift, zu denen die unter dem Fürstentum fortlebende ständische Welt gehört, kann man die ungeheure Bedeutung der Veränderung begreifen, die sich im frühen achtzehnten Jahrhundert anbahnt und seit der Jahrhundertmitte voll einsetzt."
>
> „Vor allem aber: Studien über Ständewesen und über ständische Vertretungen scheinen mir zu verlangen, daß man das Ständewesen als konstitutives Element in einer vom Hohen Mittelalter bis zum ausgehenden Ancien Régime gültigen Struktur untersucht – …"[85]

Dietrich Gerhard erneuerte in seinem Beitrag den schon durch Georg v. Below im Jahr 1900 aufgestellten Fragekatalog nach der Zusammensetzung und Arbeitsweise der Landstände, nach der Rolle der Ausschüsse, nach dem Umfang der Kompetenzen und Funktionen sowie nach dem Selbstverständnis der ständischen Vertretungen. Neu waren 1969 vor allem der Nachdruck auf das Selbstverständnis der Landtage und auf ihre Einbindung in den jetzt als Struktur

---

des institutionellen Pluralismus sucht, die wiederum anhand der Gravamina erforscht werden können.

84 Von zentraler Bedeutung für die Durchsetzung des Faches war die Errichtung eigener Lehrstühle, die sich besonders der Geschichte der Frühen Neuzeit widmen, welche im Zuge des Ausbaus und der Neugründung von Universitäten um 1970 möglich wurde, sowie die Gründung einer eigenen Fachzeitschrift, der Zeitschrift für Historische Forschung, siehe Barbara Stollberg-Rillinger, Das Alteuropa-Konzept in der ‚Zeitschrift für historische Forschung', in: Christian Jaser, Ute Lotz-Heumann, Matthias Pohlig (Hg.), Alteuropa – Vormoderne – Neue Zeit. Epochen und Dynamiken der europäischen Geschichte (1200–1800), Berlin 2012, S. 47–57.

85 Dietrich Gerhard, Probleme ständischer Vertretungen im frühen achtzehnten Jahrhundert und ihre Behandlung in der gegenwärtigen Forschung, in: ders. (Hg.), Ständische Vertretungen in Europa im 17. und 18. Jahrhundert, Göttingen 1969, S. 9–31, hier S. 31 und S. 12.

aufgefassten Epochenbegriff ‚Ancien Régime'.[86] Die Grundzüge seiner Argumentation hatte Gerhard bereits 1952 in einem Vortrag vor der Historischen und
Antiquarischen Gesellschaft zu Basel präsentiert.[87] Sie enthielten ein Plädoyer,
die zwischen den ‚Ursprüngen' und der ‚Moderne' aufgespannte genetische
Betrachtungsweise durch eine strukturelle zu ergänzen, die sich anstelle der
minoritären, verborgenen oder abseitigen Keime des Neuen, also den Elementen
des Wandels, stärker den beharrenden Elementen, den vorherrschenden Traditionen und Konventionen sowie den verloren und untergegangenen, in ihrer Zeit
aber maßgebenden und überwiegenden Elementen widmet, welche zusammengefasst die als Ancien Régime bezeichnete Struktur bildeten. Die von Gerhard betonten Elemente waren selbstverständlich den älteren Entwicklungs-
historiken nicht unbekannt gewesen, sie waren von ihnen nur nicht herausgestellt oder, mit Blick auf das unterstellte Ziel der Geschichte, überwiegend negativ bewertet worden.

Die Gegenüberstellung von Ancien Régime und Moderne ist nicht nur eine
bereits von den Zeitgenossen und Mitlebenden empfundene umfassende Zäsur
in der europäischen Gesellschaftsgeschichte. Durch sie hindurch veränderten
sich nicht allein die politischen Zustände. Vielmehr erlebte die gesamte Lebenswelt einen Umbruch. Agrarreformen und Fabrikindustrialisierung wälzten
die soziale Struktur um, die außerhäusige Frauenerwerbsarbeit forderte die
patriarchalische Dominanz heraus, die Rechtsgleichheit zerstörte die Natür-
lichkeit der ständischen Gliederung, die Privatisierung der Konfession verschob
die Stellung der Kirchen im Staat. Politisches Wahlrecht der zu Staatsbürgern
aufgestiegenen Untertanen, Handlungs- und Vertragsfreiheit, Volkssouveränität, rechtliche Emanzipation, Demokratisierung bildeten strittige Felder, die aber
als solche nicht mehr beseitigt werden konnten. Der Unterschied von rechtlicher
Gleichheit (Moderne) und ständischer Ungleichheit (Ancien Régime) wurde zur
Leitdifferenz.

---

86   Dietrich Gerhard spricht noch durchgehend vom Ancien Régime und noch nicht von dem bald
     darauf gebräuchlich werdenden Begriff Alteuropa. Siehe auch Kurt von Raumers Ausruf in
     seiner Rede auf dem Ulmer Historikertag 1956: „Was wäre Europa ohne sein ancien régime!",
     gedruckt unter dem Titel ‚Absoluter Staat, korporative Libertät, persönliche Freiheit, in HZ 183
     (1957), S. 55–96, S. 68, und ebd., S. 67: „Der Kampf, den der Geist alteuropäischer Indépendance
     von Ständen und Landschaften nicht nur gegen die Revolution, sondern Jahrhunderte hindurch
     gegen den vordringenden Absolutismus geführt hat, gehört keineswegs zu den so unrühmli-
     chen Überlieferungen Alteuropas, daß man ihn leichten Herzens vergessen sollte." Raumers
     Aufsatz wurde in Hanns Hubert Hofmann (Hg.), Entstehung des modernen souveränen Staates,
     Köln 1967, S. 173–199, und Walther Hubatsch (Hg.), Absolutismus, Darmstadt 1973, S. 152–201
     nachgedruckt. Raumer spricht bereits selbstverständlich von Alteuropa. Sein Beitrag belegt wie
     die bislang ubiquitäre Beigesellung des Adjektivs ‚deutsch' zu allem und jedem, die Ausdruck
     einer in Trümmern geendeten Lebenshaltung und Weltsicht gewesen war, jetzt dahinschwand
     und Europa mehr und mehr die vakante Stelle einnahm.
87   Dietrich Gerhard, Regionalismus und ständisches Wesen als ein Grundthema europäischer
     Geschichte1(1952), zuerst in: HZ 174 (1952), S. 307–337, dann in: Hellmut Kämpf (Hg.), Herr-
     schaft und Staat im Mittelalter, Darmstadt 1956, S. 332–364, und in dem Sammelband: Dietrich
     Gerhard, Alte und neue Welt in vergleichender Geschichtsbetrachtung, Göttingen 1962, S. 13–40.

Der Bruch mit dem Ancien Régime um 1800 ist nicht nur ein faktischer Vorgang, ein Sachverhalt, der erzählt werden kann, oder ein politischer Standpunkt, eine Ideologisierung, die man als Erbe der Aufklärung oder als Liberaler bejahen und als kirchentreuer Konservativer wegen der durch ihn verbreiteten Illegitimität des Neuen und Zerstörung der Ordnung verdammen kann. Sowohl die Kontinuität der staatsrechtlichen Prinzipien von ihren mittelalterlichen Ursprüngen an als auch der Untergang Alteuropas werfen Fragen der historischen Methode und Begrifflichkeit auf, die parallel zu den bislang vorgestellten inhaltlichen Streitpunkten über die landständische Verfassung und die historische Bedeutung der konstitutionellen Monarchie in der Literatur immer mitdiskutiert und verhandelt worden sind.

> Das Ständerecht verträgt … die Übertragung der modernen Begriffe
> von Gesetzgebung und Verordnung, Gesetzgebung und Vollziehung
> auf seine organisatorischen Einrichtungen nicht.
> Friedrich Tezner, 1901

c) Begriffe und Sachverhalte. Methodenfragen in der Ständegeschichte

Eine Betrachtung der in der Literatur zur landständischen Verfassung mitlaufenden Methodenreflexion steht vor dem Phänomen einer ausgeprägten Zweiteilung, die durch Otto Brunners Werk ‚Land und Herrschaft' aus dem Jahr 1939 markiert wird. Sie teilt die Thematik in zwei Perioden, den von Brunner angeblich erreichten Durchbruch und die vor ihm liegende und durch ihn bzw. durch die Brunner-Rezeption verdunkelte Zeit vor dem Ersten Weltkrieg. Daher bildet Brunners Werk, entgegen der Chronologie, den Ausgangspunkt.

An seinem Werk wird immer wieder gelobt, daß er für den Vertretungscharakter der Stände die Formel ‚Die Stände sind das Land' prägte,[88] daß er den „Nachweis der Unanwendbarkeit des modernen Staatsbegriffs auf die Verfassungsverhältnisse des Mittelalters" erbracht und erstmals eine „quellengemäße Begriffssprache" gefordert habe,[89] daß er die Begriffsgeschichte in die Geschichtswissenschaft eingeführt habe.[90] Die ältere Forschung von Gierke über

---

88   Siehe z. B. Kersten Krüger, Landständische Verfassung, S. 56–59.

89   Siehe z. B. Günter Birtsch, Die landständische Verfassung als Gegenstand der Forschung, S. 38. Laut Birtsch ist erst von Brunner die wesentliche Voraussetzung für das richtige Verständnis von Verfassungsbau und Handlungsgefüge geschaffen oder gegeben. Was immer hier „richtig" heißen mag. Über welchen (metahistorischen) Maßstab Birtsch außerhalb des Brunnerschen Ansatzes verfügt, um die Richtigkeit derart autoritativ zu ermitteln, bleibt unklar. Leider stützt auch Barbara Stollberg-Rilinger, Vormünder des Volkes?, Berlin 1999, S. 13, den Mythos der Verdienste Brunners: „Otto Brunner kommt bekanntlich das Verdienst zu, die perspektivische Verzerrung der Verfassungsgeschichte durch das Staatsrecht des liberalen Konstitutionalismus aufgedeckt zu haben." Es ist vielmehr offensichtlich unbekannt, daß ihm diese Verdienste nicht zukommen, sondern zugeschrieben wurden.

90   Siehe z. B. Reinhart Blänkner, Von der ‚Staatsbildung' zur ‚Volkwerdung', S. 134 zur Übertragung moderner Begriffe auf andere historische Sozial- und Kultursysteme: „Auf diese be-

Below bis Rachfahl erscheint in diesem Licht allenfalls noch als naiv und methodisch unbedarft, oder als im abwertenden Sinn zeitbedingt, wohingegen die
sich selbst als quellengemäß lobende Position implizit die fraglos sachlich angemessene Forschung darstelle.

Otto Brunner (1898–1982) nimmt in der gegenwärtigen Literaturgeschichte
der landständischen Verfassung nach einer treffenden Formulierung die Position
des „Spitzenahns" ein.[91] Wenn es heute auch nicht mehr den Anschein hat, so
war Brunners Spitzenposition doch keineswegs unangefochten, er ist erst zu ihr
gebracht worden. Dieser durchaus beeindruckende Aufstieg hängt unablösbar
an der Volksgeschichte der 1930er Jahre. Brunners Buch war nicht nur ein neues
Buch zu den Problemen einer Verfassungsgeschichte des Mittelalters. Es war das
allgemein erwartete Beispiel für die neue Volksgeschichte. Brunners Forderungen und Leistungen machen nur in diesem Kontext Sinn. Aufgrund seines
volksgeschichtlichen Ansatzes stand unvermeidlich die Frage über die Aufgaben und Methoden der Verfassungsgeschichte im Mittelpunkt der akademischen
Aufmerksamkeit. Daher blieb das Buch ‚Land und Herrschaft' von Anfang an
Gegenstand einer Jahrzehnte anhaltenden offen und verdeckt geführten Kontroverse.[92] Einige Stationen der Auseinandersetzungen, vor allem der Widerstand Fritz Hartungs gegen Brunner, sollen nun kurz rekapituliert werden.[93]

Brunner hatte sein Programm auf dem unter nationalsozialistischen Vor-
zeichen abgehaltenen Erfurter Historikertag 1937 in einem Vortrag und in einem
weiteren Beitrag im Jahr 1939 zur Festschrift von Hans Hirsch unter dem Titel
‚Moderner Verfassungsbegriff und mittelalterliche Verfassungsgeschichte' präsentiert. Die auf dem Historikertag ausgesprochene totale Kampfansage an die
bürgerlichen Vorgänger war unmißverständlich:

> „Wir erleben heute einen wissenschaftlichen Prozeß, der die Grund-
> begriffe der Staatswissenschaften im weitesten Sinn einer tiefgreifen-
> den Umformung unterwirft. Angesichts einer neuen Wirklichkeit
> versinken vor uns die Begriffe einer Zeit, die den Anspruch erhob, an
> ihren Grundkategorien jede geschichtliche Wirklichkeit zu messen.
> Man begann einen Streit um das Wesen des mittelalterlichen Staates,
> der ganz an dem heute so tief erschütterten Begriff der Staatsperson, an
> den juristischen Begriffen eines Rechtspositivismus orientiert war, der
> die Formeln zu besitzen glaubte, mit denen man das Recht und den
> Staat schlechthin in einer allgemeinen Rechts- und Staatslehre erfassen
> zu können meinte."

---

griffsgeschichtliche Problematik moderner Wissenschaft als Forschung nachdrücklich hingewiesen zu haben, ist ein bleibendes Verdienst Brunners,…"
91 Ich habe den Ausdruck bei Gerd Schwerhoff entlehnt.
92 Es ist daher sehr problematisch, Georg v. Below, Otto Hintze und Otto Brunner in eine Reihe und
auf einer gemeinsamen Seite der ständegeschichtlichen Forschung anzusiedeln.
93 Die Gegensätze und Verwerfungen in der konservativen Historikerschaft müßten noch näher
untersucht werden. So scheint sich Gerhard Oestreich als Hartung Schüler weitgehend von Otto
Brunner fern gehalten zu haben. Der spätere Gegensatz von älterer Politikgeschichte und jüngerer, sozialwissenschaftlicher Sozialgeschichte hat diese internen Querelen überdeckt.

„Worum es heute geht, ist eine Revision der Grundbegriffe. Uner-
träglich ist der Zustand, daß Begriffe, die einer toten Wirklichkeit
entstammen, noch immer die wesentlichen Maßstäbe und Fragestellungen für eine Zeit bestimmen, deren innerer Bau durchaus anderer
Art gewesen ist. Die Forderung kann gar nicht radikal genug formuliert werden. Gerade die selbstverständlichen Begriffe sind uns hier
problematisch geworden, es gibt aber auch keine noch so spezielle
Frage, die damit nicht vor die Notwendigkeit einer Überprüfung gestellt wird. Nichts ist gefährlicher als der Wahn, man könne den ganzen
ererbten Schatz an Kenntnissen und Begriffen im Kerne unverändert
übernehmen."[94]
„Dem Nationalsozialismus ist nicht mehr der Staat sondern das Volk
oberstes Prinzip des politischen Denkens. Das Volk ist hier nicht das
abstrakte ,Staatsvolk' einer ,Allgemeinen Staatslehre', der Summe
einzelner Untertanen oder Staatsbürger, die durch die Staatsgewalt
und nur durch diese zu einer nur juristischen Einheit zusammengefügt
werden, während alle anderen in diesem Volk bestehenden Beziehungen und Ordnungen nicht dem ,Staat', sondern der ,Gesellschaft'
angehören. ,Volk' ist hier vielmehr blut- und rassenmäßig geprägte
Wirklichkeit, die in einer konkreten Volksordnung lebt und sich dieser
Einheit im Erlebnis der Volksgemeinschaft bewußt wird."
„Die geschichtlichen Wissenschaften, …, haben noch immer nicht bemerkt, daß sie ihren Arbeiten ein Modell zugrunde legen, das nicht nur
widergeschichtlich ist, sondern nicht einmal den Anspruch erheben
kann, an der Gegenwart orientiert zu sein." … „Sehr lange kann es
wohl nicht mehr dauern, bis auch sie [die Rechtsgeschichte, AF] die
Entdeckung macht, daß jene Welt, die sie für ihre ,Gegenwart' hält,
längst nicht mehr existiert, daß es ihr darauf ankommen muß, die
geschichtlichen Grundlagen von Recht und Verfassung des Dritten
Reiches und nicht des ,bürgerlichen Rechtsstaats' und seiner absolutistischen Grundlagen aufzudecken. Keinesfalls aber kann den Historikern zugemutet werden, den veralteten Begriffsapparat der Rechtsgeschichte unbesehen zu übernehmen und sich vom juristischen
,Fachmann' darüber belehren zu lassen, wie sie ihre Wissenschaft zu
gestalten haben. Der politische Umbruch des letzten Jahrzehnts hat
uns von dem Druck einer längst brüchig gewordenen Welt befreit. Die
geschichtliche Bedingtheit des liberalen Rechtsstaates liegt klar zutage,
sein Anspruch, eine endgültige Form politischer Ordnung zu sein, aus
der allgemeingültige Maßstäbe und Begriffe zum Verständnis der
Vergangenheit gewonnen werden können, ist erloschen. Damit ist der

---

94 Otto Brunner, Politik und Wirtschaft in den deutschen Territorien des Mittelalters. Vortrag,
    gehalten auf dem 19. Deutschen Historikertag in Erfurt am 6. Juli 1937, in: Vergangenheit und
    Gegenwart. Zeitschrift für Geschichtsunterricht und politische Erziehung 27 (1937), S. 404–422,
    hier S. 421 f und S. 422. Die Hervorhebung stammt von Brunner.

Historie der Weg zu einem neuen Verständnis der Vergangenheit und zugleich zum Dienst an der Gegenwart eröffnet."[95]

Während der Rechtshistoriker Heinrich Mitteis ‚Land und Herrschaft' in einer 1941 in der Historischen Zeitschrift erscheinenden großen, passagenweise kritischen Rezension mit Blick auf den volksgeschichtlichen Ansatz als Baustein zu einem „völligen Neubau der deutschen Verfassungsgeschichte" vorstellte und daran „den Durchbruch einer neuen, fruchtbaren und sachgemäßen Methode, die aus den Quellen schöpft und der Neigung zu modernen Konstruktionen entschlossen Fehde ansagt", lobte, nahm der sicher nicht weniger konservative Historiker Fritz Hartung den Fehdehandschuh auf und opponierte gegen Brunners Volksgeschichte als Verfassungsgeschichte.

Unter den Bedingungen der damals geübten Zensur antwortete Hartung auf Brunners Provokation auf zwei Wegen. Erstens gab er das Werk seines gerade verstorbenen Lehrers Otto Hintze (1861–1940) heraus. Der erste Band der gesammelten Abhandlungen, der den Titel ‚Staat und Verfassung' erhielt, erschien im Jahr 1941 und wurde durch eine ausführliche Würdigung Hintzes durch den Herausgeber eröffnet.[96] Mit der Publikation von Hintzes inzwischen berühmten Aufsätzen über Staatsbildung und Verfassung, das Wesen des Feudalismus, die Typologie der ständischen Verfassungen oder die weltgeschichtlichen Bedingungen der Repräsentativverfassung verteidigte Hartung die Verfassungsgeschichte seines Lehrers hartnäckig und offensiv als die bessere Alternative und die richtige Verfassungsgeschichte.

Zweitens protestierte er in seinen eigenen Aufsätzen gegen die Überschätzung von Brunners Werk. Die erste Sammlung seiner historischen Arbeiten von 1940 unter dem zeittypischen Titel ‚Volk und Staat in der deutschen Geschichte' kann als Antwort auf Brunner und die von ihm so prominent repräsentierte Volksgeschichte verstanden werden. Die Volksgeschichte baute für die Ehre und das historisches Schicksal der Nation von den Staufern über den Westfälischen bis zum Versailler Frieden nicht mehr auf den Staat, sondern auf das Volk. Gegen die völkische Überhöhung des Volkes anstelle des Staates, hielt Hartung im Blick auf die in der deutschen Geschichte nicht gelungene Zentralisation der Staatsgewalt an der historischen Beobachtung fest:

---

95 Otto Brunner, Moderner Verfassungsbegriff und mittelalterliche Verfassungsgeschichte, in: Mitteilungen des Instituts für österreichische Geschichtsforschung, Ergänzungsband 14, 1939, S. 513–528, hier S. 517 und S. 528. Diese Abschnitte wurden im Nachdruck von 1955 fortgelassen. Nach Brunners eigener Aussage faßt der Aufsatz die Ergebnisse seines Buches ‚Land und Herrschaft' zusammen.

96 Otto Hintze, Staat und Verfassung. Gesammelte Abhandlungen zur allgemeinen Verfassungsgeschichte, hg. v. Fritz Hartung, Leipzig 1941 (Gesammelte Abhandlungen, Bd. 1), siehe auch Otto Hintze, Zur Theorie der Geschichte, hg. v. Fritz Hartung, Leipzig 1942 (Gesammelte Abhandlungen, Bd. 2), Otto Hintze, Geist und Epochen der preußischen Geschichte, hg. v. Fritz Hartung, Leipzig 1943 (Gesammelte Abhandlungen, Bd. 3). Die zweite, erweiterte Auflage besorgte Gerhard Oestreich, sie erschien zum Teil unter verändertem Titel in den Jahren 1962, 1964 und 1967.

„Aber die Schuld daran liegt nicht nur beim Staat, auch nicht am preußischen Staat des 18. Jahrhunderts, sondern ebenso sehr am deutschen Volk."[97]

In der Verfassungsgeschichte ging es nach Hartung daher um „die untrennbare wechselseitige Verbindung zwischen dem Volk als der natürlichen Grundlage des Staates und dem Staate als der politischen Organisation des Volkes".[98] Das Volk blieb bei Hartung „Grundlage", der eigentliche Gegenstand der Verfassungsgeschichte dagegen die „politische Organisation". Mit seinem Festhalten an der traditionellen Verfassungsgeschichte stellte sich Hartung zugleich gegen Carl Schmitt, der 1936 für die neuen Aufgaben einer – natürlich ‚deutschen' – Verfassungsgeschichte die „Herausarbeitung echter aus den Grundsätzen der nationalsozialistischen Weltanschauung gestalteter Formen der Lebensordnungen des deutschen Volkes" dekretiert hatte.[99] Die von Otto Brunner präsentierte Form der Verfassungsgeschichte erfolgte in Anlehnung an Carl Schmitt.[100] In einem 1939 gehaltenen und 1940 wieder abgedruckten Vortrag zur Konstitutionellen Monarchie in Europa antwortete Fritz Hartung direkt auf Brunners ‚Revision der Grundbegriffe':

> „Die Unsicherheit in der Anwendung des Begriffs der konstitutionellen Monarchie besteht also heute noch, und es ist deutlich, daß wir mit terminologischen Untersuchungen nicht weiter kommen können. Nicht aus dem Begriff, der selbst erst aus der geschichtlichen Entwicklung abstrahiert ist, sondern allein aus einer möglichst umfassenden Betrachtung dieser Entwicklung können wir Klarheit über die konstitutionelle Monarchie in Europa gewinnen."[101]

Hartungs Grundposition, die hier formuliert wird, besagt, daß nicht der Austausch der Begriffe, sondern die empirische Beobachtung des historischen Verlaufs über die Sache ‚konstitutionelle Monarchie' zu entscheiden hat. Auch nach 1945 hat Hartung seine Sicht deutlich ausgesprochen. So in seiner Darstellung der Verfassungsgeschichtsschreibung aus dem Jahr 1956, die auf ein Lob der Arbeiten Otto Hintzes hinausläuft:

---

97 Fritz Hartung, Volk und Staat in der deutschen Geschichte, in: ders., Volk und Staat in der deutschen Geschichte. Gesammelte Abhandlungen, Leipzig 1940, S. 7–27, hier S. 19.

98 Hartung im Vorwort seiner Aufsatzsammlung Volk und Staat in der deutschen Geschichte, S. 5. Der Buchtitel ist programmatisch zu lesen: die Verknüpfung ‚und' ist hier das entscheidende und damals leicht verständliche Signal.

99 Carl Schmitt, Über die neuen Aufgaben der Verfassungsgeschichte (1936), in: ders., Positionen und Begriffe im Kampf mit Weimar – Genf – Versailles, 1923–1939, Hamburg-Wandsbeck 1940, S. 229–234, hier S. 234. Seinen Ansatz kennzeichnete er ebd., S. 232, treffend: „Die schwierige Aufgabe des Umdenkens und Umpflügens der überlieferten Begriffe ruht dabei vor allem auf unserer neuen rechtswissenschaftlichen Arbeit."

100 In ‚Moderner Verfassungsbegriff und mittelalterliche Verfassungsgeschichte' beruft sich Brunner außer auf Ernst Rudolf Huber dreimal auf Carl Schmitts Verfassungslehre von 1928.

101 Fritz Hartung, Die Entwicklung der Konstitutionellen Monarchie in Europa (1939), in: ders., Volk und Staat in der deutschen Geschichte, S. 183–229, hier S. 187.

„Der noch zu Lebzeiten Hintzes einsetzende Einbruch des Nationalsozialismus in die Wissenschaft hat bewußt versucht, das Volk als
lebendigen Träger der Bewegung in den Mittelpunkt sowohl der
staatsrechtlichen wie der geschichtlichen Betrachtungen zu stellen und
den Staat auf ein Nebengleis abzuschieben; auch vom formellen Begriff
der Verfassung als einer festgelegten Ordnung hat er nichts mehr
wissen wollen."

„Überhaupt scheint mir sein [Brunners] Buch,…, die Aufgabe der
Verfassungsgeschichte nicht in vollem Umfange angepackt zu haben.
Denn es bleibt bei allen Bemühungen, ‚das Volk in der Ganzheit der alle
Seiten seines Lebens gestaltenden Ordnungen' erscheinen zu lassen,
bei dem alten, längst als unzulänglich erkannten Verfahren, Zustände
zu beschreiben, aber weder ihre Entstehung noch ihre weitere Entwicklung zu behandeln. Es ist einseitig auf die Statik beschränkt und
ignoriert die Dynamik völlig; diese weist Brunner grundsätzlich der
politischen Geschichte zu."[102]

Welche Bedeutung Hartung dem wissenschaftlichen Gegensatz zu den Thesen
Otto Brunners zugesprochen hat, zeigt außerdem seine ‚Deutsche Verfassungsgeschichte'. In der fünften Auflage von 1950 hat er in einem Text, der in der Regel
nicht auf Forschungskontroversen eingeht, eine gegen Brunner gerichtete Bemerkung eingefügt, über die „eigenartige, aber schwerlich haltbare Auffassung
von dem besonderen Charakter des mittelalterlichen ‚Landes'."[103] Dieses Urteil
ist in allen folgenden Auflagen bis 1969 stehen geblieben und wiederholt worden. Genützt hat es allerdings nichts. Auch in seinem Aufsatz von 1952 über
Herrschaftsverträge und ständischen Dualismus, in dem Hartung sich eigentlich
mit Werner Näfs Thesen beschäftigte, findet sich die Bemerkung:

„Unhaltbar scheint mir freilich die übrigens nicht ganz konsequent
durchgeführte Ansicht von O. Brunner, daß der Dualismus des in
Hintzes Forschungen zutage tretenden Mittelalterbildes ‚nichts als
eine Abspiegelung der inneren Gespaltenheit der neuzeitlichen Welt,
des Spannungsverhältnisses von Staat und Gesellschaft, von Einzel-
mensch und Verband' sei."[104]

---

102 Fritz Hartung, Zur Entwicklung der Verfassungsgeschichtsschreibung in Deutschland (1956), in:
     ders., Staatsbildende Kräfte der Neuzeit. Gesammelte Aufsätze, Berlin 1961, S. 431–469, hier
     S. 465 und S. 467, zuerst gedruckt in den Sitzungsberichten der Deutschen Akademie der Wis-
     senschaften zu Berlin. Auch hier zeigt sich wieder das Hauptargument Hartungs gegen Brunner:
     die mangelnde Beobachtung des tatsächlichen historischen Verlaufs. Brunner antworte Hartung
     im Vorwort zur vierten Auflage von ‚Land und Herrschaft' im Jahr 1959, S. viii.
103 Fritz Hartung, Deutsche Verfassungsgeschichte vom 15. Jahrhundert bis zur Gegenwart,
     9. Auflage, Stuttgart 1969, S. 85, siehe auch ebd. S. 56: „Der Begriff des Landes als der Gesamtheit
     aller Stände wurde dem Landesherr wohl gelegentlich entgegengehalten, aber lebendig emp-
     funden wurde diese Gemeinschaft in der Regel nicht."
104 Fritz Hartung, Herrschaftsverträge und ständischer Dualismus (1952), in: ders., Staatsbildende
     Kräfte der Neuzeit. Gesammelte Aufsätze, Berlin 1961, S. 62–77, hier S. 76. Hartung bezieht sich
     auf die S. 183 der 2. Auflage von Otto Brunner, Land und Herrschaft, von 1942.

Wenn man die zeitgenössischen Usancen über den öffentlichen Umgang unter deutschen Professoren der Geschichtswissenschaft berücksichtigt, dann stellt die Qualifizierung einer gegnerischen Ansicht am Satzanfang als „unhaltbar" einen nicht zu überhörenden Paukenschlag dar.

Hartungs Ablehnung von Brunners ,Land und Herrschaft' ist eine weitgehend übersehene und vergessene Episode der Forschungsgeschichte. Die mächtigeren Bataillone standen auf der Seite, die nach 1945 Brunners Rehabilitierung betrieb. Im Jahr 1952 sprach er auf dem Bremer Historikertag über ,Das Problem einer europäischen Sozialgeschichte', zwei Jahre später erhielt er wieder einen Lehrstuhl an der Universität Hamburg. Auf dem Ulmer Historikertag von 1956 warb Kurt v. Raumer in seinem Vortrag über ,Korporative Libertät' für Brunners Auffassung der Sozialgeschichte. Ferner erschien in diesem Jahr zum einen die erste Auflage gesammelter Aufsätze von Otto Brunner unter dem Titel ,Neue Wege der Sozialgeschichte'. Zum anderen gab Hellmut Kämpf in der frisch gestarteten Reihe der Wissenschaftlichen Buchgesellschaft ,Wege der Forschung' den Band ,Herrschaft und Staat im Mittelalter' heraus, der mit Brunners Aufsatz von 1939 ,Verfassungsbegriff und mittelalterliche Verfassungsgeschichte' eröffnet wurde.[105] Der zweite Beitrag war der Nachdruck der Besprechung von ,Land und Herrschaft' durch den Rechtshistoriker Heinrich Mitteis von 1941. Auch die 1961 erschienene Darstellung der Verfassungsgeschichte im 19. Jahrhundert von Ernst-Wolfgang Böckenförde ist zugleich eine Apologie Brunners.[106] Hartungs wissenschaftspolitische Interventionen durch seine Darstellung der Verfassungsgeschichte im Jahr 1956 und die Sammlung seiner eigenen Arbeiten unter dem Titel ,Staatsbildende Kräfte der Neuzeit' von 1961 und schließlich die erneute Herausgabe der Schriften Otto Hintzes in den 1960er Jahren dagegen zu halten, blieb in der Fachwissenschaft lange ohne jeden Effekt.[107] Diese wissenschaftspolitischen Querelen innerhalb der konservativen Historikerschaft bilden aber nur einen, auf die Universitäten, die Lehrstühle, Kommissionen und Förderprogramme bezogenen Aspekt. Nicht minder wichtig sind die fachwissenschaftlich materialen Thesen in den Kontroversen.

Mit Brunners Namen wird die daraufhin gängige Formel ,Die Stände sind das Land' verbunden. Ihr Hintergrund bildet der Versuch Brunners, in der germanischen und frühmittelalterlichen Geschichte bereits ein vom König, Herzog oder Herrn unterscheidbares ,Land' nachzuweisen. Das ,Land' in diesem Sinne besteht aus einem Verband von Personen, einer Rechtsgenossenschaft, der Landesgemeinde, die über ein ihr eigentümliches Recht, das Landrecht,

---

105 Hellmut Kämpf (Hg.), Herrschaft und Staat im Mittelalter, Darmstadt 1956 (Wege der Forschung Bd.2). Das Buch erlebte allein bis 1974 sechs Nachdrucke.

106 Ernst-Wolfgang Böckenförde, Die deutsche verfassungsgeschichtliche Forschung im 19. Jahrhundert. Zeitgebundene Fragestellungen und Leitbilder, Berlin 1961. Die Arbeit ist den „verehrten Lehrern" Ernst Schnabel und Otto Brunner gewidmet und bewegt sich auch konzeptionell in Brunners Bahnen.

107 Wenn man dagegen in einer genealogischen Lektüre den verschiedenen Spuren im Wechselspiel der verschiedenen Texte aufmerksam nachgeht, erhält man einen Eindruck davon, wie Geschichtsschreibung gemacht wird.

verfügt.[108] Zum Landrecht gehören ferner die ihm entsprechenden Landessitten und ein Landesbewußtsein. Brunner operiert demnach mit einem grundlegenden Dualismus vom unabhängigen, und – das ist die Pointe – historisch stabilen und dauerhaften Land und einem – instabilen, wechselhaften und auswechselbaren öffentlich-politische Herrschaft übenden – Landesherrn. Das ‚Land' kann weiterhin sprachlich mit dem ‚Volk' amalgamiert und das ‚Volk' mit den ‚Ständen' identifiziert werden.[109] Von dieser Grundlage aus kann Brunner in seiner Auseinandersetzung mit Friedrich Tezner dessen Darstellung, „eine dauernde Rechtsgrundlage im Verhältnis von Herrscher und Ständen habe überhaupt nicht bestanden", zurückweisen.[110]

In der Folge übernimmt Brunner ebenfalls die Formel, die Friedrich Tezner im Jahr 1901 geprägt hat und die dann auch von Otto Hintze akzeptiert wurde,[111] „die Stände ‚vertreten' nicht das Land, sondern sie ‚sind' es."[112] In der Sache gibt es zwischen Rachfahl, Tezner, Hintze und Brunner also keine bedeutende Differenz: Die alten Landstände sind mit den Abgeordneten der konstitutionellen Landtage und Parlamente nicht unmittelbar vergleichbar. Denn die Landstände üben kein Mandat aus, das ihnen von einer Wählerschaft übertragen wurde, so daß die Landstände eben nicht im Sinne von Vertretern und Mandataren der eigentlichen Rechteinhaber – den Untertanen, Staatsbürgern oder dem Volk – fungieren.[113] Die Unterschiede im Repräsentationsbegriff und die historischen Probleme, die zwischen den Diskutanten entstehen, liegen nicht in der historischen Beschreibung, sondern in der Bewertung und Einordnung. Nicht was die Stände tun, sondern ob sie es unabhängig tun, aufgrund eigenen Rechts, auf

---

108 Otto Brunner, Land und Herrschaft. Grundfragen der territorialen Verfassungsgeschichte Südostdeutschlands im Mittelalter, 3., ergänzte Auflage, Wien 1943 (Veröffentlichungen des Instituts für Geschichtsforschung und Archivwissenschaft in Wien, Bd. 1), S. 223. Die erste Auflage erschien 1939, die zweite 1942. Siehe auch Brunner, Politik und Wirtschaft in den deutschen Territorien des Mittelalters (1937), S. 405: „Das Land ist bestimmt durch die Einheit des Landrechts, dessen Träger die Landesgemeinde, die Landleute, das Landvolk sind." Der Begriff der Landesgemeinde begegnet schon bei Otto v. Gierke.

109 Siehe Otto Brunner, Moderner Verfassungsbegriff und mittelalterliche Verfassungsgeschichte (1939/1955), in: Kämpf (Hg.), Herrschaft und Staat im Mittelalter, S. 1–19, S. 15 seine gegen Georg v. Below gerichtete Bemerkung: „Leider läßt sich eine solche einheitliche obrigkeitliche Gewalt im Mittelalter nicht nachweisen. … Die gesuchte Einheit hätte man finden können, aber nicht in der als Staatsgewalt verstandenen Landeshoheit, sondern im Land und seinem durch das Landrecht geeinten Landvolk." Siehe auch Mitteis, Land und Herrschaft (1941), in: Kämpf (Hg.), Herrschaft und Staat im Mittelalter, S. 61 zu Brunners ‚Landvolk', „worunter er,…, in erster Linie die adligen Häuser versteht."

110 So referiert Brunner die These Tezners ebd., S. 479.

111 Sie findet sich wörtlich in dem regestartigen Inhaltsverzeichnis seines Buches, Geist und Technik des ständisch-modernen Staatsrechts. Siehe auch Gerhard Oestreich, Ständestaat und Ständewesen im Werk Otto Hintzes, in: Dietrich Gebhardt (Hg.), Ständische Vertretungen in Europa im 17. und 18. Jahrhundert, 2., unveränderte Auflage Göttingen 1974., S. 56–71, hier S. 66.

112 Otto Brunner, Land und Herrschaft, 3. Aufl., S. 484.

113 Zur Geschichte des Repräsentationsbegriff und seiner politischen Dimension siehe Hasso Hofmann, Repräsentation. Studien zur Wort- und Begriffsgeschichte von der Antike bis ins 19. Jahrhundert, Berlin 1974, und Barbara Stollberg-Rilinger, Vormünder des Volkes?, Berlin 1999.

eigener Rechtsgrundlage oder als Instrumente des Fürsten und auf seinen Befehl hin, bildet das entscheidende Problem, weil die Antwort darauf Folgen hat für die Legitimität der späteren parlamentarischen Versammlungen. Gilt ersteres, dann haben sie einen Rückhalt in der Geschichte und im Recht, gilt letzteres, dann sind sie entweder der monarchischen Gewalt rechtlich nach- und untergeordnet oder sie fußen auf rechtlicher Usurpation, auf dem revolutionären Bruch mit der Geschichte. Diese Vertretungs- und Legitimitätsfrage ist inzwischen in der bundesrepublikanischen politischen Kultur völlig bedeutungslos geworden. Die Formel wird in der Literatur daher nur deshalb noch aufgerufen, um den formalen Unterschied zwischen den modernen Verfassungen und den vormodernen Verhältnissen zu markieren.

Das zweite Lob Brunners schreibt ihm die Neuerung zu, für eine quellennahe Begrifflichkeit eingetreten zu sein und die Anwendung moderner Begriffe, insbesondere die Unterscheidung von Staat und Gesellschaft, auf die älteren Epochen der Geschichte, vor allem aber auf das Mittelalter abgelehnt zu haben. Für beides gibt es in seinen Schriften zahlreiche Belege, so daß diese Tatsache an sich unstrittig ist. Die von Brunner geforderte ,Revision der Grundbegriffe' ist bereits oben zitiert worden. Kritischer ist dagegen der Anspruch auf Originalität zu bewerten, der Brunner in der Literatur zugesprochen wird. Darüber hinaus ist nach der Art dieser Revision zu fragen. Der spezifische Sinn von Brunners Forderung erschließt sich erst, wenn man seine volksgeschichtlichen Vorstellungen einbezieht.

Die Einsicht, daß sich die modernen verfassungsrechtlichen Begriffe nicht in dem Sinne auf das Mittelalter anwenden lassen, daß sie unmittelbar die damaligen Verhältnisse abbilden oder beschreiben, war 1939 nicht neu, sondern bereits ein Topos der verfassungsgeschichtlichen Literatur. Die von Friedrich Tezner schon 1901 festgestellte Unübertragbarkeit der Begriffe ,Gesetzgebung und Verordnung' sowie ,Gesetzgebung und Vollziehung' auf die ständischen Verhältnisse ist oben bereits zitiert worden. In seinem bei Erscheinen viel besprochenen und kritisierten Buch ,Feudalstaat und bürgerliche Verfassung' griff der Historiker Paul Sander (1866–1919) im Jahr 1906 ausdrücklich die vorherrschende Begriffsverwendung in der Rechtsgeschichte an.[114] Sein Ausgangspunkt bestand in der Diagnose der „begrifflichen Unklarheiten", die auftreten, wenn die vergangenen Verhältnisse und Zustände unreflektiert mit modernen Begriffen bearbeitet werden. Zu einem Hauptbeispiel seiner Argumentation machte er die staatsrechtliche Unterscheidung zwischen ,privat' und ,öffentlich'.

> „Die Eigenart des mittelalterlichen Staates im Gegensatz zum modernen gilt es zu begreifen! Wo immer die älteren Verfassungseinrichtungen zum Gegenstand geschichtswissenschaftlicher Untersuchungen gemacht werden, kehrt bald in dieser, bald in jener Form die Frage wieder, wie sie sich in ihrer staatlichen Bedeutung zu den modernen Verfassungseinrichtungen verhalten, ob sie im Vergleich zu

---

114 Paul Sander, Feudalstaat und bürgerliche Verfassung. Ein Versuch über das Grundproblem der deutschen Verfassungsgeschichte, Berlin 1906.

diesen überhaupt schon als ‚wahrhaft' staatliche zu bezeichnen sind,
denselben ‚wirklich' öffentlichen Charakter tragen, der das Wesen des
heutigen Staates ausmacht,…? Mag die Frage so oder anders lauten:
auf die Unterscheidung von staatlichen und nichtstaatlichen, von öffentlichen und nichtöffentlichen Institutionen gründet sie sich stets."
„Ja, den Wörtern ‚öffentlich' und ‚privat' selbst wohnt – genau genommen – überhaupt keine positive, sondern nur eine komparative
Bedeutung inne. … Bevor man sich also darüber streitet, ob ein ge-
sellschaftliches Phänomen der Gegenwart oder der Vergangenheit
öffentlicher oder private Natur sei, empfiehlt es sich den Maßstab zu
nennen, an welchem die Dinge gemessen werden sollen. Geschieht das
nicht, so ist eine sachliche Verständigung unmöglich."
„Den Staat als ein System von öffentlichen und nichtöffentlichen Gewalten aufzufassen wird nun aber denen Schwierigkeiten bereiten,
welche die wahre Natur der staatlichen Gewalt vor allem aus der juristischen Konstruktion des Gegenwartstaates erkennen zu können
glauben."[115]

Ähnlich hatte dann Alfred Loebl im Jahr 1916 für die frühneuzeitliche Epoche
einen Katalog von sechs staatsrechtlichen Fragen zum Charakter des Ständestaates, der Delegierten, des Dualismus, zur Rechtskraft der Beschlüsse, zur
Rechtspflicht der Stände und zur Prädominanz von Fürst oder Ständen aufgestellt und im Anschluß an sie die methodischen Leitlinien formuliert, die seiner
Meinung nach zu beachten waren. Loebl unterstrich auch bereits, wie wichtig die
Sichtweisen und Absichten der Handelnden für eine historische Interpretation
der vergangenen Verhältnisse sein müssen:

„Das sind die staatsrechtlichen Fragen, zu welchen der Historiker der
Zeit vom 15. bis zum 18. Jahrhundert Stellung nehmen muß. … Er
[Loebls Aufsatz] versucht nur, für eine fruchtbringende Debatte zwischen Juristen und Historikern den Weg zu ebnen durch Klarstellung
der Begriffe, beziehungsweise Ablehnung juristisch-staatsrechtlicher
Vorstellungen und Funktionen, deren Geltungsbereich späteren Jahrhunderten, meist aber der unmittelbaren Gegenwart angehört. Nur die
damalige Vorstellungswelt der Stände und des Herrschers über ihre
Rechte und Pflichten und der tatsächliche Geltungsbereich der Ge-
wohnheitsrechte und Privilegien im 16. Jahrhundert können für ihre
[die staatsrechtlichen Fragen, A.F.] Beantwortung maßgebend sein.
Alle Fragestellungen, die von heutigen Rechtsanschauungen ausgehen, müssen schiefe, unzutreffende Antworten ergeben. Es handelt
sich also bei den Begriffen: Stände und ihre Aufgaben, ihr Verhältnis
zum Herrscher, zum Volke darum, klarzustellen, was sie unter dem
Wohle des Landes dachten, und was sie als ihr gutes Recht ansahen.

---

115 Ebd., S. 11, S. 55 und S. 82.

Wichtiger als die Darstellung, wie es gewesen, wäre es, eine Geschichte der Ansichten zu schreiben."[116]

Tezner, Sander und Loebl arbeiteten ganz im Horizont der damals gültigen Vorstellungen von einem Staatsrecht, von einer konstitutionellen Monarchie und von einem historischen Entwicklungsgang, der vom Feudalismus und Lehnsrecht zur konstitutionellen Verfassung führte. Dennoch waren sie sehr wohl in der Lage, die Frage der Begrifflichkeit zu reflektieren und erkannten ohne Schwierigkeiten die Andersartigkeit der mittelalterlichen Epoche.[117] Ihr Interesse richtete sich allerdings auf die jeweiligen Rechtsprinzipien und sie sahen sich in der Kontinuität zu der von ihnen untersuchten Vergangenheit.

Dreiunddreißig Jahre nach Sander griff Otto Brunner die Frage der angemessenen Begrifflichkeit erneut auf. Sein Hauptbeispiel war jetzt die Differenz zwischen dem (öffentlichen) Staat und der (privaten) Gesellschaft, die vor dem Absolutismus der zweiten Hälfte des 18. Jahrhunderts nicht bestanden habe und auf die älteren Epochen nicht anwendbar sei. Brunner verschärft aber die Attacke dahin, daß die Unterscheidung für die mittelalterliche Politik nicht nur sachlich falsch ist, sondern daß ihre Verwender auch kein Bewußtsein von dem historischen Ort der Unterscheidung besitzen.[118] Statt eine allgemeingültige Kategorie darzustellen, wie ihre Anhänger laut Brunner meinen, sei sie selbst nur ein geschichtliches Produkt des 19. Jahrhunderts und an die liberale Weltsicht dieser Zeit gebunden. Der Ausdruck ,geschichtlich' hat in diesem Zusammenhang die pejorative Bedeutung von ,substanzlos'.

Brunner wandte sich gegen ein ,positivistisches Trennungsdenken', das sich in der Formel der Trennung von Staat und Gesellschaft ausdrückt. Die Formel hatte er nach eigener Angabe von Ernst Rudolf Huber übernommen. Im Jahr 1935 veröffentlichte Huber in der Zeitschrift für die gesamte Staatswissenschaft den programmatischen Aufsatz ,Die deutsche Staatswissenschaft'.[119] In ihm wandte er sich besonders gegen fünf das ,liberale Trennungsdenken' oder ,Trennungssystem' kennzeichnende Unterscheidungen: Staat und Gesellschaft, Staat und Recht, Staat und Genossenschaft, Staat und Persönlichkeit, Staat und Wirtschaft. In der neuen Staatswissenschaft auf völkischer Grundlage sollten derartige Trennungen beseitigt werden, ebenso die zwischen Staatslehre und Gesellschaftslehre, zwischen Staatsrecht und Privatrecht.

---

116 Alfred H. Loebl, Der Sieg des Fürstenrechtes – auch auf dem Gebiete der Finanzen – vor dem Dreißigjährigen Kriege, S. 116 f.

117 Bei Tim Neu, Die Erschaffung der landständischen Verfassung, S. 47, kommt Tezner nur en passant vor, sowohl Sander als auch Loebl fehlen ganz.

118 Otto Brunner, Moderner Verfassungsbegriff und mittelalterliche Verfassungsgeschichte (1939/ 1955), S. 4: „Es fehlt die Einsicht, daß Erscheinungen wie Staat, Macht, Recht, Wirtschaft überhaupt erst in einer bestimmten geschichtlichen Lage, die seit Absolutismus und Aufklärung, gegeben war, als ,selbständige Faktoren', ,eigengesetzliche Lebensbereiche', deren ,Wechselwirkung' es zu erforschen gelte, gesehen werden konnten."

119 Ernst Rudolf Huber, Die deutsche Staatswissenschaft, in: Zeitschrift für die gesamte Staatswissenschaft 95 (1935), S. 1–65. Er gehörte mit Hermann Benthe und Andreas Predöhl zu den neuen Herausgebern, die in dem altehrwürdigen Organ die neue Lehre verkündeten.

Die ‚Revision der Grundbegriffe', die Otto Brunner forderte, läuft auf die
Zurückweisung und Ablehnung des konstitutionellen Staatsrechts und der zu
ihm gehörenden liberalen bürgerlichen Gesellschaft des 19. Jahrhunderts hinaus.
Es geht jedoch nicht nur um einen bloßen Anti-Liberalismus Brunners,[120] sondern um eine umfassende Negation des Liberalismus in verfassungsrechtlicher,
politischer, sozialer und kultureller Hinsicht. Die beabsichtigte Operation einer
Revision der Grundbegriff strebte nach einem Austausch der Begriffe. Anstelle
der im Liberalismus zur ‚Wirtschaftsgesellschaft' verdünnten Vorstellung sollten
die neuen Begriffe von Volk, Volksordnung, Gefolgschaft, Führung treten. Ihre
Vertreter setzten voraus: Diese Begriffe sind die wahre Wahrheit, welche an die
Stelle der falschen liberalen Wahrheiten von Gesellschaft, Parteien, Parlament,
Debatte treten sollen. Für die völkische Sichtweise bildete die Theorie von den
eigengesetzlichen Sphären in der Moderne nur die Auflösung des geschichtlichen Seins in „ein substanzloses System von Funktionen".[121] Es ist der Gegensatz
zur bürgerlichen Gesellschaft und zum liberalen Verfassungsstaat, der die begrifflichen Operationen leitet. Vor allem handelt es sich um eine grandiose
Selbststilisierung der Volksgeschichte als heroischer Durchbruch zur Wahrheit,
dem die Literatur bis heute in einem erstaunlichen Umfang gefolgt ist. Eine
Begriffsgeschichte im heutigen Verständnis einer Beobachtung der Vergangenheit im Medium ihrer sprachlichen Selbstäußerungen ist mit dieser Verurteilung
einer „toten Wirklichkeit" (1937) und „brüchig gewordenen Welt" (1939) und
mit der Ablehnung der „geschichtlichen Bedingtheit des liberalen Rechtstaates"
allerdings dezidiert nicht gemeint oder beabsichtigt. Brunner selbst hat auch
mindesten bis 1960 keine Begriffsgeschichte für sich beansprucht. Sein im Jahr
1939 präzise formuliertes Ziel hieß ‚politische Volksgeschichte'.[122]
    Die Schwierigkeiten, die Volksgeschichte der nationalsozialistischen Zeit
einzuordnen, liegen heute vielleicht in dem leicht entstehenden Eindruck, bei der
völkischen Lehre handele es sich um einen empirisch ausgerichteten Versuch, die
Vergangenheit statt vom Gesichtspunkt des Staates von dem des Volkes aus zu
beschreiben.[123] Das ist nicht der Fall. Die Volksgeschichte, wie alle völkischen
Ansätze, war eine esoterische Lehre, in der das ‚Volk' eben keine empirische

---

120 So Luise Schorn-Schütte, Religion, Kultur und Staat. Deutungsmuster aus dem Krisenbewußt-
    sein der Republik von Weimar. Eine Einleitung, in: dies. (Hg.), Alteuropa oder Frühe Moderne.
    Deutungsmuster für das 16. bis 18. Jahrhundert aus dem Krisenbewußtsein der Weimarer Re-
    publik in Theologie, Rechts- und Geschichtswissenschaft, Berlin 1999, S. 7–24, hier S. 19. Leider
    verhalten sich die Dinge nicht so harmlos, wie bei ihr suggeriert.
121 Otto Brunner, Moderner Verfassungsbegriff und mittelalterliche Verfassungsgeschichte (1939/
    1955), S. 3 Anm. 9.
122 Otto Brunner, Land und Herrschaft, 3. Aufl., S. 188.
123 Es ist ebenso merkwürdig wie aufschlußreich, daß ein so methodenbewußter und theoretisch
    beschlagener Autor wie Otto Gerhard Oexle, Sozialgeschichte – Begriffsgeschichte – Wissen-
    schaftsgeschichte. Anmerkungen zum Werk Otto Brunners, in: VSWG 71 (1984), S. 305–341, zu
    hilflosen Emotionen wie „peinigend" (S. 317) und „Gefühl der Betroffenheit" (S. 321) greift.
    Brunners Volksgeschichte samt des durch sie überwundenen Liberalismus des 19. Jahrhunderts
    wird zwar historisch eingeordnet, aber nicht ernst genommen, sondern vor allem als zeitbe-
    dingte Position gesehen. Die derart peinliche völkische Konzeption wird dann zumeist vom Lob
    der Brunnerschen Begriffsumwälzung abgekoppelt.

Gesamtheit bezeichnete. Das wäre die ja gerade erst abgelehnte bloße „Summe einzelner Untertanen oder Staatsbürger, die durch die Staatsgewalt und nur durch diese zu einer nur juristischen Einheit zusammengefügt werden", aus der liberalen Staatslehre gewesen.[124] Mit ‚Volk' wurde normativ eine spezifische Qualität bezeichnet.[125] Das völkische Volk sollte die seine Geschichte verbürgende Substanz schlechthin darstellen. Daher mußte aus dem völkischen Volk alles ausgeschlossen werden, was die selbsternannten Experten für artfremd erklärten. Das Volk der völkischen Geschichte ist jedoch nur Träger, nie selbst Akteur seiner Geschichte.[126] Gleich nach der emphatischen Proklamation des ‚Volkes' anstelle des ‚Staates' wird es wieder sistiert, kassiert und entmündigt zugunsten anderer Instanzen, welche durch ihr Führertum die Führung des Volkes besorgen:

> „Durch seinen Staat wird das Volk zur rechts- und handlungsfähigen Einheit; die Partei ist sein politischer Willensträger, die Wehrmacht das Volk in Waffen. Damit ist die Trennung von Staat und Gesellschaft aufgehoben, Volk, im besonderen Volksgemeinschaft und Führung, sind die zentralen Verfassungsbegriffe.[127]

Daher stellt Heinrich Mitteis in seiner ausführlichen Besprechung von ‚Land und Herrschaft' von 1941 auch mit einer gewissen Verwunderung fest, daß in Brunners Werk das ‚Volk' der mittelalterlichen Landesgemeinde nur aus dem Adel besteht.[128] In der Gegenwart dankt das Volk als ‚Volk' sofort wieder ab zugunsten der Partei, die Partei aufgrund des Führertums zugunsten des Führers, so daß – wie man bei Huber nachlesen kann[129] – in Wahrheit der Führer das

---

124 Otto Brunner, Moderner Verfassungsbegriff und mittelalterliche Verfassungsgeschichte (1939), S. 517.

125 Daher wird der bürgerliche Rechtsstaat, ebd. S. 528, auch nicht bloß als überlebt und historisch veraltet verabschiedet, sondern sprachlich präzise als „widergeschichtlich" bewertet.

126 Die völkische Geschichte, wie alle anderen akademischen völkischen Entwürfe, verfügte von Anfang an über keine tragfähigen wissenschaftlichen Grundlagen. Sie war schon in ihrer Zeit eine Pseudo-Wissenschaft, deren Ausgangs- und Endpunkt das Ressentiment war. In diesem Falle ist das sonst in der Wissenschaft so verpönte Unwerturteil aus bundesrepublikanischer Perspektive zwingend erforderlich. Siehe auch Axel Flügel, Ambivalente Innovation. Anmerkungen zur Volksgeschichte, in: Geschichte und Gesellschaft 26 (2000), S. 653–671.

127 Otto Brunner, Moderner Verfassungsbegriff und mittelalterliche Verfassungsgeschichte (1939), S. 517, Diese Sätze fehlen 1956. Siehe auch Hermann Bente, Gestaltung und Gestaltwandel der Volkswirtschaft, in: Zeitschrift für die gesamte Staatswissenschaft 95 (1935), S. 66–101, hier S. 99: „Im Mittelpunkt des vergehenden Wirtschaftszeitalters stand der ‚Einzelne' – im Mittelpunkt der werdenden steht das Volk. Nicht mehr soll sein Schicksal abhängen vom ‚freien Spiel' der Wirtschaftskräfte – Führer sollen es bewusst gestalten: durch Lenkung der Wirtschaft nach sinnvollen Zielen. … Die Gegenwart mit ihrem neuen und gewandelten Lebenswillen fordert gebieterisch, dass die Auslese der Führer nach ihrer inneren Berufung erfolgt. Zum Führertum gehören dreierlei: der Wille zur zielbewussten Tat, das Wissen um den Weg und das Können gegenüber den Aufgaben."

128 Siehe Heinrich Mitteis, Land und Herrschaft (1941), S. 50 f und S. 61.

129 Siehe Ernst Rudolf Huber, Die deutsche Staatswissenschaft, S. 40: „Der herrschaftliche Staat des deutschen Volkes ist Führerstaat. Er ist die Führungsordnung des politischen Volkes.", und S. 44: „Alle Volksgenossen und alle Sachgebiete werden von dem allgemeinverbindlichen politischen

Volk ist. Es ist nun genau dieses Programm der völkischen Geschichte, das Mitteis bei aller Kritik des Rechtshistorikers im Einzelnen als „Durchbruch einer neuen, fruchtbaren und sachgemäßen Methode" feierte. Nach 1945 wird die „sachgemäße Methode" der Volksgeschichte zur ‚Begriffsgeschichte' umgedeutet und in einer anhaltenden Werbung für ‚Land und Herrschaft' fortgeführt.

Die Perspektive des völkischen Programms bestimmt auch Brunners seit 1939 durchgehaltene Definition der Sozialgeschichte. Grundlegend für seine Auffassung ist der Dualismus von allgemeiner Geschichte und historischen Fachwissenschaften wie Wirtschaftsgeschichte oder Rechtsgeschichte, die sich begrifflich an die Nationalökonomie und die Rechtswissenschaft anlehnen. Während der Jurist sich mit den einzelnen Rechtsinstituten befaßt, den ‚Werken', geht es dem Historiker um die Volksordnung, den inneren Bau der menschlichen Verbände, denn:

> „Nicht der Staat, nicht die Kultur sind uns Gegenstand der Geschichte, sondern Menschen und menschliche Gruppen."[130]

Nach dieser Definition, worum es in der Geschichtswissenschaft gehen soll, dürfte in Brunners Geschichte für eine Begriffsgeschichte gar kein Platz mehr vorhanden sein, denn in seinem Sinne wäre sie Kulturgeschichte, der er immer äußerst ablehnend begegnet ist. Die Unterscheidung zwischen den Werken oder Schöpfungen und den Menschen als Gegenstände einer historischen Wissenschaft hatte der Germanist Otto Höfler (1901–1987) in seinem Vortrag ‚Das germanische Kontinuitätsproblem' auf dem Erfurter Historikertag von 1937 eingeführt.[131] Sie richtete sich gegen die Forschungen von Alfons Dopsch (1868–

Gesamtwert des Volkes erfasst. Dieses geschichtliche Lebensgesetz des Volkes hat in der nationalsozialistischen Weltanschauung Ausdruck gefunden; es wird im Führer und in der Bewegung dargestellt. Als politischer Willensträger des Volkes ist die Partei die bewegende, prägende und tragende Kraft des deutschen Staates geworden. Dieser in der Partei verkörperte politische Wille des Volkes gibt das Gesetz und die Richtung an, die für alle völkischen Lebensbereiche bestimmend sind." Darin steckt sicher auch der Traum des akademischen Experten, den Führer zu beraten und über ihn auf das Volk durchzugreifen. Siehe auch Oliver Lepsius, Die gegensatzaufhebende Begriffsbildung. Methodenentwicklung in der Weimarer Republik und ihr Verhältnis zur Ideologisierung der Rechtswissenschaft unter dem Nationalsozialismus, München 1994, hier S. 147: „Für Huber wird der Gemeinwille des deutschen Volkes im Führerentscheid sichtbar, der Führer sei Träger des völkischen Willens." Nach Lepsius war der Volksbegriff in der Rechtswissenschaft eine Begriffshülse ohne spezifischen Gehalt, in welche die jeweils opportunen Inhalte hineingelegt werden konnten.

130 Otto Brunner, Moderner Verfassungsbegriff und mittelalterliche Verfassungsgeschichte (1939/ 1955), S. 4. Brunner hat seine in den 1930er Jahren entwickelten Positionen und Beispiele erstaunlich konsistent beibehalten. In der Umetikettierung der Volksgeschichte zur Strukturgeschichte steckt daher weder eine veränderte Sichtweise noch eine modische Anpassung. Der Strukturbegriff findet sich vor 1945 bereits mehrfach an prominenter Stelle in seinen Aufsätzen, siehe nur ebd., S. 18: „Die Struktur einer Grundherrschaft etwa muß in ihrer totalen ‚politischen' wie ‚wirtschaftlichen Verfassung' beschrieben werden."

131 Gedruckt in der HZ 157 (1938), S. 1–26. Im Bericht von Ulrich Crämer, Der 19. Deutsche Historikertag vom 5.–7. Juli 1937, in: Vergangenheit und Gegenwart 27(1937), Heft 7/8, S. 345–369, S. 354, wurde an Höflers Vortrag gelobt, daß er zu „Grundfragen nationalsozialistischer Geschichtsauffassung vordrang". Höfler, seit 1922 Mitglied der SA, erhielt 1934 eine Professur in

1953) zum Übergang zwischen Römischen Reich und germanischem Frühmittelalter.[132] Im Schlußkapitel von ‚Land und Herrschaft' hat sich Brunner in einer klassischen Volte anti-empirischer und idealistischer Argumentation ausdrücklich auf Höfler und die ‚germanische Kontinuität' berufen:

> „Es geht auch keineswegs um die Kontinuität bestimmter Gruppen oder Institutionen, die kaum irgendwo nachzuweisen ist, sondern um die Tatsache daß alle grundlegenden Verfassungsformen des europäischen Mittelalters, so weit sie nicht der kirchlichen Sphäre angehören, nur aus germanischen Wurzeln verstanden werden können. Dies ist gerade angesichts des tiefen Grabens, den das 19. Jahrhundert bedeutet, das Entscheidende. Nicht um die einzelnen Einrichtungen und Rechtsinstitute geht es uns, sondern um die das deutsche Volk und seine Volksordnung bestimmenden Grundgedanken."[133]

Über den Graben des 19. Jahrhunderts hinweg kann jetzt die alte germanische Treue wieder die stärkste Kraft der Volksordnung werden.[134] Die Revision der Grundbegriffe zielt auf Erneuerung, auf Wiederaufnahme der durch den historischen deutschen Partikularismus und die liberale Rechts- und Gesellschaftsordnung des 19. Jahrhunderts unterbrochenen deutschen Geschichte. Nach 1945 fiel die germanische Kontinuität ebenso wieder weg wie das ‚politische Volk', die Auffassung der Geschichte aber blieb ohne Abstriche erhalten. Noch in dem viel zitierten Aufsatz Brunners über das Fach Geschichte von 1959 kann man lesen:

> „Geschichte im engeren Sinn, allgemeine Geschichte hat es weder mit der Politik, den politischen Abläufen um ihrer selbst willen, noch mit der Kultur a se zu tun, sondern mit deren Trägern, dem Menschen, sowohl mit dem einzelnen Menschen, der uns stets in gesellschaftlicher Verbundenheit entgegentritt, wie mit menschlichen Gruppen. Eine Geschichte im engeren Sinn haben daher nur Menschen und menschliche Verbände, Familien, Dörfer, Städte, Stände, Klassen, Staaten, Völker, Stämme usw. Menschen und menschliche Verbände ringen um ihre Existenz, behaupten sich selbst; sie handeln in diesem Sinne ‚politisch'. Es sind Sozialgebilde, in denen Herrschaftsverhältnisse bestehen, rechtlich geordnete Herrschaftsverhältnisse. Hier gibt es daher ständig ‚Politik' im engeren, jüngeren Sinn als Machtkampf.

Kiel. Zu Höfler siehe Ernst Klee, Das Personenlexikon zum Dritten Reich. Wer war was vor und nach 1945, aktualisierte Ausgabe, Frankfurt am Main 2005, S. 261.

132 Das kam Brunner, der mit seinem Kollegen Dopsch am Wiener Institut für Österreichische Geschichtsforschung in Streit lebte, inhaltlich wie wissenschaftspolitisch gelegen. Siehe Thomas Buchner, Alfons Dopsch (1868–1953). Die ‚Mannigfaltigkeit der Verhältnisse', in: Karel Hruza, Österreichische Historiker 1900–1945. Lebensläufe und Karrieren in Österreich, Deutschland und der Tschechoslowakei in wissenschaftlichen Porträts, Wien 2008, S. 155–190, hier S. 164f.

133 Otto Brunner, Land und Herrschaft, 3. Auflage 1943, S. 524. ‚Grundgedanken' oder ‚Rechtsprinzipien': Brunner steht eigentlich Rachfahl sehr nahe. Nur ist das Geschehen jetzt in eine völkische, germanische Frühzeit verlegt.

134 Ebd., S. 525.

Aber dieses Ringen um Herrschaft und Macht spielt in vorgegebenen
Ordnungsgefügen, ist also auch Politik im älteren, umfassenderen
Sinn, in der es um die Polis, die Respublica, das Gemeinwesen geht. So
hat das Politische hier zentrale Bedeutung, und unter den Verbänden
sind solche, die politisch handlungsfähig sind wie der Staat, von besonderem Gewicht. Daher der Vorrang, den die Politik hier besitzt.
Aber das politische Handeln kann nicht verstanden werden ohne
Kenntnis des inneren Gefüges, der sozialen Strukturen und der geis-
tigen Haltungen.“[135]

Dennoch wird Brunner auch von außergewöhnlich kenntnisreicher Seite die
Einführung der Begriffsgeschichte als einer innovativen historischen Methode in
die allgemeine Geschichtswissenschaft zugeschrieben.[136] Interessanterweise
wird ‚Land und Herrschaft‘ gerne entwicklungsgeschichtlich gelesen, indem
man in dem Buch von 1939 die Begriffsgeschichte der 1960er Jahre sucht wie die
Verfassungsgeschichte den Staat im Mittelalter.[137] Was Brunner 1937 bis 1939

---

135 Otto Brunner, Das Fach ‚Geschichte‘ und die historischen Wissenschaften (1959), in: ders., Neue
    Weg der Verfassungs- und Sozialgeschichte, 2., vermehrte Auflage, Göttingen 1968, S. 9–25, hier
    S. 19. Noch in diesem Aufsatz erwähnt Brunner an keiner Stelle eine Begriffsgeschichte. Für eine
    quellengemäße Geschichte der Geschichtsschreibung sollte man das aber erwarten. Brunners
    Aufsätze der 1950er Jahre wie ‚Abendländisches Geschichtsdenken‘ von 1954 bieten viel Kul-
    turradioprogramm taugliche Geschichtsphilosophie. Die bevorzugten Ausdrücke sind
    Abendland oder westliche Christenheit.

136 Siehe Reinhart Blänkner, Von der ‚Staatsbildung‘ zur ‚Volkwerdung‘, und Otto Gerhard Oexle,
    Sozialgeschichte – Begriffsgeschichte – Wissenschaftsgeschichte. Anmerkungen zum Werk Otto
    Brunners., in: VSWG 71 (1984), S. 305–341, hier S. 328. Oexle rückt Brunner ebd. S. 330 ganz nahe
    an Otto Hintze heran, was diesen wohl ebenso verwundert hätte wie Fritz Hartung, und er
    ‚europäisiert‘ Brunner in einem Maße, wie es nur nach einem verlorenen Weltkrieg möglich
    wurde.

137 Siehe besonders Reinhart Koselleck, Begriffsgeschichtliche Probleme der Verfassungsge-
    schichtsschreibung (1981), in: ders., Begriffsgeschichten, Frankfurt am Main 2006, S. 365–401,
    hier S. 371 f. Zusammen mit Werner Conze und Otto Brunner war er Herausgeber des Lexikons
    ‚Geschichtliche Grundbegriffe‘. Laut Koselleck wollte Brunner die nach rückwärts ausgedehn-
    ten Verfassungsgeschichten ihres konstitutionellen Vokabulars entblößen. „Um von den ver-
    gangenen Sachverhalten angemessen sprechen zu können, bediente er sich der Begriffsge-
    schichte. Er hat die Begriffsgeschichte als methodisches Vehikel in die überkommene Verfas-
    sungsgeschichtsschreibung eingebracht, um den Weg zu den Quellen von dem Gestrüpp jeweils
    zeitgenössischer Vorurteile freizulegen. Er versucht jenes sogenannte Trennungsdenken rück-
    gängig zu machen, um die Einheit von Wirtschafts-, Sozial- und Kriminalverfassung –…– ent-
    sprechend dem spätmittelalterlichen Sprachgebrauch wiederherzustellen.“ „Die verwendeten
    zentralen Begriffe wie Land und Herrschaft, Friede und Recht,…, gewinnen dann ihre zeit-
    spezifischen Valenzen zurück, deren Wandel zu uns hin dann einer kontrollierten Begriffshis-
    torie unterworfen wird, um entlang den Rückübersetzungen die Differenz zwischen heute und
    damals auszumessen.“ Das kann man so lesen und hinein interpretieren, aber das Gebot, die
    Vergangenheit erst einmal so zu begreifen, wie sie sich selbst sprachlich begriffen hat, ebd. S. 372,
    dürfte auch für Brunners Text von 1939 als Programmschrift der Volksgeschichte gelten. Es sei
    noch einmal betont: Es geht hier nicht um Brunners historiographische Leistungen, z. B. für die
    Interpretation der Fehde als die damalige Form der Politik, sondern ausschließlich um die
    merkwürdige und nicht überzeugende Vorverlegung der Begriffsgeschichte in die 1930er Jahre.

über seinen Ansatz, die Volksgeschichte, selbst gesagt hat, wird dagegen abge-
trennt und als bloß zeitbedingte Reminiszenz beiseite geschoben. Außerdem
wird zur Unterstützung autoritativ auf eine Anmerkung von Reinhart Koselleck
(1923–2006) verwiesen, in der er mit Blick auf ‚Land und Herrschaft' die schon
von Marx formulierte Differenz von Entstehungs- und Geltungszusammenhang,
„dass auch politische bedingte Erkenntnisinteressen zu theoretisch und methodisch neuen Einsichten führen können, die ihre Ausgangslage überdauern", auf
elegante Weise wiederholt hat.[138] Das alles ändert nichts daran, daß Otto Brunners ‚Revision der Grundbegriffe' von 1939 keine Begriffsgeschichte in irgend-
einem methodisch oder material entfalteten Sinn darstellt,[139] und im übrigen von
ihm auch nicht beansprucht worden ist, und daß die Begriffsgeschichte vermutlich erst in den 1960er Jahren erfunden wurde. Brunners Revision zielte allein
auf den Nachweis, daß die nach 1800 in der liberalen Rechts- und Gesell-
schaftstheorie geprägten Begriffe eine Fehldeutung und Verzerrung sowohl der
politischen Wirklichkeit als auch der Vergangenheit darstellten, wie sie in der für
ihn fälschlich als allgemein gültig behaupteten Unterscheidung von Staat und
Gesellschaft paradigmatisch sichtbar werde. An die Stelle der falschen Begriffe
des 19. Jahrhunderts müssen folglich die wahren Begriffe gesetzt werden.[140]

Brunners Grundbegriffe sind 1939 gar nicht so sehr Herrschaft, Haus, Land
und Reich, wie man gerne unterstellen möchte. Die sind nur das Material,
nämlich ‚Grundelemente der Landesverfassung', an dem Brunners Interesse für
Recht, Volk, Treue, Volksordnung, Führertum, Einheit (von Fürst und Land,

---

Die Literatur folgt immer noch zu sehr der grandiosen Selbststilisierung der Volksgeschichte
(vor und nach 1945) und ihrer Vertreter und der Schüler ihrer Vertreter. Eine wirklich liberale,
oder gar sozialistische, oder kritische akademische Geschichtsschreibung der vormodernen
Epochen scheint in Deutschland kaum aufzutreiben zu sein.

138 Siehe Luise Schorn-Schütte, Religion, Kultur und Staat. Deutungsmuster aus dem Krisen-
bewußtsein der Republik von Weimar. Eine Einleitung, in: dies. (Hg.), Alteuropa oder Frühe
Moderne. Deutungsmuster für das 16. bis 18. Jahrhundert aus dem Krisenbewußtsein der
Weimarer Republik in Theologie, Rechts- und Geschichtswissenschaft, Berlin 1999, S. 7–24, hier
S. 18 f, das Koselleck Zitat S. 19. Anm. 40. Die Diskussion, selbst bei Reinhart Blänkner, Von der
‚Staatsbildung' zur Volkwerdung', krankt daran, daß sie sich auf die immanente Entwicklung
Brunners bzw. seiner historischen Arbeiten beschränkt und zu wenig nach den von der Volks-
geschichte ignorierten, unterdrückten, vertriebenen und verfolgten Alternativen – insbesondere
über die bekannten Arbeiten von Marc Bloch, Johan Huizinga und Bernhard Groethuysen
hinaus – kümmert, sich also weitgehend affirmativ im – dazu noch nationalistisch verengten
‚deutschen' – Horizont der Protagonisten der Volksgeschichte bewegt. Reinhard Blänkners
Hinweis auf Hannah Arendt ist für die Debatte nicht wirklich hilfreich.
139 Siehe z. B. Otto Brunner, Land und Herrschaft, 3. Auflage 1943, S. 525: „Der vielleicht ge-
schichtlich wirksamste Faktor ist die germanische Treue, die uns heute nicht minder wesenhaft
ist, wie sie alle älteren Gebilde durchdringt." Brunners Grundbegriffe bieten Gegenbilder zur
‚älteren Lehre', keine Geschichte ihrer Bedeutungen und ihres Bedeutungswandels. Von
Rückübersetzungen kann hier nicht die Rede sein.
140 Otto Brunner hat in ‚Land und Herrschaft', 2. Auflage 1943, S. 503 sein Verfahren und Ziel der
Revision der Grundbegriffe, Land, Landrecht und Landvolk einzuführen, klar benannt: „Dabei
musste freilich der überkommene Begriffsapparat des 19. Jahrhunderts zerstört, die wesentlichen gelehrten Streitfragen der letzten Generation als Scheinprobleme enthüllt werden." Auch
das kann man, wenn man will, sicherlich Begriffsgeschichte nennen.

Land und Reich), und Ungeschiedenheit (der Sphären) demonstriert werden kann. Brunners Thema liegt, wie Heinrich Mitteis schon 1941 sehr gut erkannt hat, im Verhältnis von Macht und Recht.[141] In diesem Gegensatz fällt sein Interesse eindeutig auf die Seite des Rechts, dessen Gehalt, Beständigkeit und Überordnung für ihn zentral ist:

> „Anstelle eines bewußt oder unbewußt angewandten Begriffs der souveränen Staatsgewalt hat zu allererst die Darstellung der mittelalterlichen Rechtsauffassung zu zeigen, daß uns hier das Recht nicht als Summe positiver Satzungen, dem Willen von Fürst oder Volk entsprungen, entgegentritt, sondern als eine über den Menschen stehende, mit der Gerechtigkeit identische Ordnung."[142]

Das Recht bestimmt die patriarchalische Familie, die Herrschaftsordnung des ganzen Hauses (Munt) und die sozialen und politischen Strukturen in Land und Reich (Schutz und Schirm, Rat und Hilfe). Im mittelalterlichen Landrecht sucht Brunner eine über den Menschen stehende religiöse Ordnung, die mit der Gerechtigkeit identisch ist, und daher über eine Summe positiver Regelungen hinausgeht.[143] Genau in diesem überpositiven Gehalt, nicht in der faktischen Ordnungsleistung, liegt seine historische Bedeutung. Mit seiner Fixierung auf das Recht im Sinne einer substantiellen Ordnung bleibt Brunner der klassischen Ständegeschichte von Below und Rachfahl und ihrer Thematisierung der Staatlichkeit sehr nahe. Das gilt auch für den Versuch der Erklärung der mittelalterlichen Zustände durch ihre Zurückführung auf das System von Land und Landrecht. Er betreibt weiterhin die Geschichte der Rechtsprinzipien und steht somit am Ende einer mit Gierke einsetzenden Bewegung der auf das Recht hin fokussierten Verfassungsgeschichtsschreibung. Nur werden ihre Fundamente bei ihm in der germanischen Vorzeit und in der Volksordnung aufgesucht. Über den vom liberalen bürgerlichen 19. Jahrhundert verschuldeten Bruch hinweg schien die nationalsozialistische Herrschaft eine Wiederherstellung der Ordnung zu ermöglichen.[144]

Otto Brunner hebt an den vormodernen Verhältnissen regelmäßig ihren rechtlichen Charakter hervor und verteidigt sie gegen die aus der modernen

---

141 Heinrich Mitteis, Land und Herrschaft (1941), S. 23: „Macht und Recht ist das Grundproblem, das sich wie ein roter Faden durch das Ganze zieht. In ihm werden wie in einem Zauberspiegel die innersten und geheimsten Beziehungen des Verfassungslebens sichtbar."

142 Otto Brunner, Moderner Verfassungsbegriff und mittelalterliche Verfassungsgeschichte (1939/1955), S. 17. In dieser Ablehnung der Auffassung, die mittelalterlichen Politik sei bloße Machtgeschichte, teilt Brunner weitgehend die Ziele der von ihm so abgelehnten älteren Lehre der Verfassungsgeschichte, z. B. von Rachfahl oder Below. Daher ist ‚Land' für Brunner zuerst ein (idealisiertes) Verfassungsprinzip und dann ein fallweise auftretender empirischer Sachverhalt, siehe Brunner, Land und Herrschaft, 3. Auflage 1943, S. 505.

143 Siehe Otto Brunner, Land und Herrschaft, 3. Auflage 1943, S. 503.

144 Siehe ebd., 3. Auflage 1943, S. 517, den Brückenschlag vom germanischen Mittelalter bis in die Gegenwart mithilfe des Reichsbegriffs: „Denn in seinem Wesenskern ist das Reich das Reich des deutschen Volkes und bleibt es, über alle Wandlungen und allen Verfall hinweg bis in unsere Tage."

liberal-staatsrechtlichen Perspektive heraus erhobenen Vorwürfe der Willkür, der Usurpation staatlicher Kompetenzen oder des reinen Macht- und Gewaltverhältnisses.[145] Der Mediävist Brunner findet dagegen, wohin er auch schaut, überall rechtlich geordnete Verhältnisse. Sein berühmtestes Exempel ist die Interpretation der mittelalterlichen Fehde als rechtsförmiges politisches Verfahren der Zeit. Sie bestimmen aber auch seine Sicht auf die Herrschaft über Bauern oder das Verhältnis von Fürst und Ständen.[146] Die Darstellung von Landtag und Landständen in ‚Land und Herrschaft‘ widmet sich keineswegs ausführlicher oder exemplarisch einem konkreten Landtag, seinen Teilnehmern und ihren konkreten Verhandlungen.[147] Sie bewegt sich vielmehr auf einer ziemlich hohen synthetischen Ebene, die textlich Belows ‚System und Bedeutung der landständischen Verfassung‘ korrespondiert.

Die wissenschaftliche Polemik Brunners ist noch ganz an die spezifische Konkurrenz der separaten Fächer Verfassungsgeschichte und Rechtsgeschichte gebunden. Wie Below 1914 beginnt er 1939 in ‚Land und Herrschaft‘ seine Diskussion über den deutschen Staat des Mittelalters mit Carl Ludwig v. Hallers These vom Patrimonialstaat und folgt dann den juristischen Autoren von Paul Roth über Otto v. Gierke, Rudolph Sohm, Heinrich Brunner bis zu den Historikern Georg v. Below und Otto Hintze und dann zu Max Weber. Unmittelbar im Anschluß an diese Darstellung erhebt er seine berühmte Forderung nach einer „quellenmäßigen Begriffssprache". Sein Problem liegt in der Abgrenzung zwischen der Geschichtswissenschaft und den historischen Fachwissenschaften, die sich an die systematischen Fächer anlehnen. Daher lehnt er die modernen Begrifflichkeiten nicht völlig ab, sondern versucht, gegenüber den historisch arbeitenden Juristen und Ökonomen, die ihre modernen Begriffe verwenden und die Vergangenheit vor allem als Entwicklung hin zur eigenen Gegenwart darstellen, das Interesse der Historiker hervorzuheben, die mittelalterlichen Epochen in ihrem Zusammenhang und in der damit gegebenen spezifischen Funktionsweise zu beschreiben. Die Bedrohung lag für Otto Brunner nicht nur in dem Übergriff der systematisch arbeitenden Fächer auf das Gebiet der Historie und

---

145 Siehe z.B. Otto Brunner, Zum Problem der Sozial- und Wirtschaftsgeschichte, in: Zeitschrift für Nationalökonomie 7 (1936), S. 671–685, hier S. 682, wo er sich gegen die Vorstellung wehrt, der Feudalismus und die Grundherrschaft seien eine Sphäre der Knechtschaft und des Raubrittertums; siehe ferner den Abschnitt ‚Die Rechtsanschauung des Mittelalters‘ in seinem Buch ‚Land und Herrschaft‘.

146 Brunners Sozialgeschichte hat daher sehr wenig mit Interessen, sozialer Lage, Ausbeutung, Abschöpfung oder Emanzipation zu tun, aber sehr viel mit Ordnung, Gefüge, innerem Bau und Recht, siehe auch seinen Vortrag auf dem Bremer Historikertag im Jahr 1953: Otto Brunner, Das Problem einer europäischen Sozialgeschichte (1953), in: ders. Neue Wege der Verfassungs- und Sozialgeschichte, Göttingen 1968, S. 95: „Immerhin wird man sagen dürfen, daß der Bauer auch in den ungünstigsten Fällen Rechtsperson war. Seine Beziehung zum Herrn ist ein gegenseitiges Rechtsverhältnis, das den Herrn ebenso verpflichtet wie den Untertan. Daher besitzt er ein beträchtliches Maß wirtschaftlicher Selbständigkeit." Brunner bewegt sich vielmehr vorwiegend in den vorgegebenen Bahnen einer Rechtsgeschichte der germanistischen Richtung, die nach den ‚germanischen Wurzeln‘, dem ‚germanischen Erbe‘ in allen späteren Rechtsverhältnissen sucht.

147 Siehe Otto Brunner, Land und Herrschaft, 3. Auflage 1943, S. 473–503. Die Synthese streift immer wieder an die Grenze zu einer Geschichtsphilosophie des Mittelalters.

ihrer vereinfachten Thesen über die Zustände des Mittelalters. Darüber hinaus
wehrte er sich gegen die Herabstufung der Geschichtswissenschaft zur Dienst-
magd einerseits, die der an anderen Fakultäten betriebenen Rechtsgeschichte
oder Wirtschaftsgeschichte nur das Material der kritisch gesichteten Urkunden
und Akten zur Verfügung stellt, und andererseits gegen eine von ihm als Kulturgeschichte bezeichnete bloß antiquarische Haltung zur Vergangenheit:

> „Liegt nun aber nicht in der Feststellung, daß der Historiker im Ge-
> gensatz zur Rechts- und Verfassungsgeschichte der Juristen, zur
> Wirtschaftsgeschichte der Nationalökonomen seinen Blick nicht auf
> den gegenwärtigen Zustand des betreffenden Sachgebietes, sondern
> auf dessen Bedeutung in dem Aufbau einer bestimmten vergangenen,
> zeitlich und räumlich umgrenzten Welt richtet, eine letztlich unge-
> schichtliche, bloß antiquarische Haltung vor, die sich mit dem Sam-
> meln von Stoffmassen begnügt und ihre unhistorische Haltung in den
> leeren Sammelbegriff der ‚Kulturgeschichte‘ verbirgt?"[148]

Brunners Verfassungsgeschichte bewegt sich in diesem polemischen Dreieck,
sich gegen eine Rechtsgeschichte der modernen Staatsrechtswissenschaft, eine
auf bloße Erforschung und Kritik der Quellen beschränkte Hilfswissenschaft
und eine antiquarisch bleibende Kulturgeschichte zu behaupten. Gegen die
konkurrierenden Fächer richtete sich der Vorwurf der unangemessenen Begrifflichkeit, gegen die antiquarische Geschichte die immer wiederholte Beto-
nung einer Nützlichkeit der Geschichtswissenschaft für die Gegenwart. Seine
Verfassungsgeschichte bleibt dennoch weiterhin die konventionelle Geschichte
der Prinzipien. Die Geschichte der Taten und Ansichten der Akteure im Zusammenhang eines bestimmten Landtages und in einer bestimmten Zeitspanne
bleibt dagegen sekundär, sie ist vor allem Material für die eigentliche Geschichte.
    Die Historiker selbst traf seine Kritik eigentlich nur insoweit, als sie sich wie
Georg v. Below in ihrer Geschichtsschreibung ausdrücklich auf den Standpunkt
der historischen Fachwissenschaften gestellt hatten. Über die Geschichtswissenschaft selbst, „die Geschichte im echten Sinn", also das an den Universitäten
eigenständige Fach, spricht Brunner dagegen kaum. Seine Antwort auf die
selbstgestellte Frage, die er in ‚Land und Herrschaft‘ unter der Überschrift ‚Die
Aufgabe‘ gibt, ist nicht sehr erhellend:

> „Diesen Fachwissenschaften, die in der ständigen Gefahr positivisti-
> scher Vereinzelung ihres Gegenstandes stehen, gibt die Geschichte den
> Blick auf den lebendigen Träger alles geschichtlichen Geschehens, das
> Volk. Nicht politische Geschichte als bloße Machtgeschichte, nicht
> Rechtsgeschichte, Wirtschaftsgeschichte usf., die in einem antipoliti-
> schen, liberalen Sinn im Sammelbegriff der Kulturgeschichte äußerlich
> zusammengefasst werden, sondern politische Volksgeschichte heißt
> das Gebot der Stunde. Volksgeschichte kann nicht geschrieben werden

---

148 Otto Brunner, Zum Problem der Sozial- und Wirtschaftsgeschichte (1936), S. 676.

ohne Darstellung der inneren Volksordnung, durch die das Volk seine jeweilige geschichtliche Formung erhält."[149]

Der Blick auf das ‚politische Volk', auf die Volksordnung, enthält wenig spezifische Aussagen und bleibt äußerst interpretationsfähig. Brunner genügt es „den lebendigen Träger" gegen die Rechtsinstitute der Juristen auszuspielen. Auf den Umstand, dass das so bezeichnete Volk in Brunners mittelalterlicher Welt den Adel meint, wurde schon hingewiesen. Der Ausdruck ‚politisch' wird in der für diese Lehre charakteristisch esoterischen Bedeutung verwendet, die nichts mit der empirischen Bevölkerung, der Geschichte der Leute, der Untertanen oder dem Gegensatz zu den herrschenden Eliten zu tun hat.[150]

> „Wirkliches Volk im vollen Sinne ist nur das politische Volk. Politisches Volk ist nur Volk, das zum Bewußtsein seiner geschichtlichen Sendung erwacht ist und im Staate die Form gefunden hat, in der es diese geschichtliche Aufgabe erfüllen kann. Das politische Volk erwächst aus dem natürlichen Volk, das als blutmäßige und räumliche Einheit ursprünglich entstanden ist. … Erst die geschichtliche Idee, die als unentrinnbares Grundgesetz das Volk in Vergangenheit, Gegenwart und Zukunft bestimmt, erhebt das Volk aus der rein biologischen Existenz zum wahren politischen Sein."[151]
> „Der Staat ist die Herrschaftsordnung des politischen Volkes. … Drei Wesenszüge bezeichnen die Gestalt des deutschen Staates: die staatstragende Bewegung, das Führertum und die Totalität."[152]

Die Volksgeschichte ist mehr als nur eine zeitbedingte Einfärbung der an sich sachgemäßen Darstellung der mittelalterlichen Verfassungsgeschichte durch Otto Brunner.[153] Ohne sie verliert diese ihre Pointe. Die Differenzen liegen nicht in den deskriptiven Einzelheiten, in den historischen Tatsachen, die vielmehr von

---

149 Otto Brunner, Land und Herrschaft, 3. Auflage 1943, S. 188.
150 Ähnlich verhält es sich mit der ‚konkreten Ordnung'. Konkrete Ordnungen sind jene, welche die Volksgeschichte als solche deklariert, während die Gesellschaft eben nicht konkret, sondern abstrakt ist, weil es so sein soll. Der Sprachgebrauch der Volksgeschichte unterläuft in den Schlüsselbegriffen den Wortgebrauch der Alltagssprache und erheischt so eine unverdiente Zustimmung.
151 Ernst Rudolf Huber, Die deutsche Staatswissenschaft (1935), S. 35. Die Hervorhebung stammt von Huber. Die Unterscheidung von ‚naturhaftem' und ‚politischem' Volk belegt den im technischen Sinn sektiererischen Charakter der Volkslehre: nicht die faktische Bevölkerung, die Untertanen, die Staatsbürger bilden das ‚Volk', sondern nur die Qualifizierten, die Reinen. Die Reinigung von fremden, asozialen und unwürdigen Elementen ist hier bereits enthalten und sie ist zwingend geboten.
152 Ebd., S. 36f. Die Bewegung ist die NSDAP, die Grundaufgabe der Bewegung ist die Erziehung des Volkes zum politischen Volk, siehe ebd., S. 37f.
153 Brunner hat für sich immer die sachgemäße Begriffssprache und sachgemäße Darstellung der mittelalterlichen Verfassung beansprucht. Das kann man glauben. Es ist aber zunächst nichts weiter als eine polemische Formel, da sie der Geschichtsschreibung des 19. Jahrhunderts unterstellt, unsachgemäß zu sein. Wie diese simple Sachgemäßheit Brunners zu der ihm in der Forschung – z. B. bei Oexle oder Blänkner – zugeschriebenen Leistung der Historisierung passen soll, ist nicht nachvollziehbar.

den Diskutanten weitgehend geteilt werden und bekannt sind, sondern in den
ihnen zugeschriebenen Bedeutungen. Die Pointe liegt aber in der Sehnsucht nach
einer gesellschaftlichen Harmonie unter einem der willkürlichen Handhabung
durch Menschen entzogenem Recht, wie sie im Mittelalter in der Dreiheit von
Land, Landrecht und Landesgemeinde schon einmal bestanden haben soll, denn
Brunner verachtet alle nur ‚positivistisch‘, ‚äußerlich‘, in der Hand des Herrn
oder sonst wie mechanisch zur Einheit zusammengeschlossenen Formen.[154]

Otto Brunners Bild der Landtage und der Landstände vom 16. bis ins
18. Jahrhundert bleibt völlig konventionell.[155] Er schließt sich insgesamt der
Position Felix Rachfahls an und spricht vom Sieg des landesfürstlichen Absolutismus und den erstarrten und innerlich ausgehöhlten Landtagen, die noch bis
1848 fortdauerten. Die Landtage waren laut Brunner im 15. Jahrhundert entstanden. Auf ihnen stand anfangs das Miteinanderverhandeln von Landesherrn
und Landvolk im Vordergrund, später erwachse daraus der Gegensatz von
landständischer Korporation und zum Absolutismus tendierender Fürstenge-
walt, also der Dualismus des Ständestaates. Den Epochen des Dualismus und
des Miteinanderverhandelns geht nun eine Zeit voraus, in der das Hauptgewicht
auf dem Zusammenwirken von Landesherr und Landvolk lag. Wichtig ist für
Brunner zum einen der Nachweis einer Zeit des „gemeinsamen Handelns“ von
Landesherr und Landesgemeinde auf dem „Rechtsboden“ des Landrechts in
Gericht und Heer.[156] Zum anderen soll diese Zeit nicht als bloßer „Vorläufer“ der
landständischen Verfassung mit institutionalisiertem Landtag herabgestuft
werden.

> „Gerade die Frage nach den ‚Vorläufern‘ aber trägt die Gefahr in sich,
> eine Institution nicht aus den ursprünglichen Kräften, die sie ge-
> schaffen haben, zu verstehen, sondern bloß nach ihrer Unterscheidung
> von den ‚jüngeren‘ Gebilden abzufragen.“[157]

Diese Zeit harmonischen gemeinsamen Handelns der ursprünglichen Kräfte, die
ältere Zeit, umfasst das 13. und das frühe 14. Jahrhundert. Das ist das Ergebnis
und dafür wird der ganze Aufwand von Land, Landrecht, Landesgemeinde
betrieben. Das Miteinanderverhandeln und der Dualismus sind demgegenüber
bereits Verfallsepochen. Der Landtag als Rechtsinstitut hat überhaupt die meiste
Zeit seit dem 16. Jahrhundert bis 1848 nur als Schwundstufe des gemeinsamen
Handelns existiert. Wichtig ist hier nur der Nachweis der „ursprünglichen
Kräfte“. Die Details der Ereignisgeschichte bleiben dagegen kaum der Rede wert.
Die Intentionen der zeitgenössischen Akteure und ihre Sinnhorizonte sind hier

---

154 Siehe auch Reinhart Blänkner, Von der ‚Staatsbildung‘ zur ‚Volkwerdung‘, S. 98 f. Statt Brunner
     als sowohl antiliberal als auch methodisch innovativ zu paradoxieren, ließen sich die unter-
     stellten Leistungen auch als ungewollte Nebenfolgen eines verqueren Ansatzes verstehen, die
     nach 1945 dann als immer schon intendierte Ziele vermarktet werden konnten.
155 Siehe zum Folgenden Otto Brunner, Land und Herrschaft, 3. Auflage 1943, S. 474–503.
156 Es ist merkwürdig, wie unvermittelt dieser alte Kampfbegriff des Liberalismus, z. B. aus dem
     preußischen Verfassungskonflikt, vom „Rechtsboden“ bei Otto Brunner wieder auftaucht.
157 Otto Brunner, Land und Herrschaft, 3. Auflage 1943, S. 482.

genauso wenig von Bedeutung wie in jeder anderen juristischen Konstruktion eines mittelalterlichen deutschen Staates.

Nach 1945 wurde die Forderung nach einer quellengemäßen Begrifflichkeit vor allem als ein Problem innerhalb der Geschichtswissenschaft behandelt. Der Gegensatz zur Rechtsgeschichte als konkurrierender historischer Fachwissenschaft verblasste. Die von der Volksgeschichte betriebene Unterschätzung der Geschichtsschreibung des 19. Jahrhunderts wurde fortgesetzt, obwohl sie methodisch keineswegs so unreflektiert daherkam, wie man es gerne darstellte. Die Andersartigkeit des Mittelalters war jenen Autoren sehr wohl bekannt und vertraut, sie war aber nicht Gegenstand ihrer entwicklungsgeschichtlich ausgerichteten Untersuchungen. Abgesehen von den mediävistischen Spezialfragen zur mittelalterlichen Fehde oder zur Anwendung des Begriffs des Landes bestand der Beitrag Otto Brunners vor allem in der Abwendung von der Entwicklungsgeschichte und in dem mit der neuen Ordnung von 1933 zu Recht oder Unrecht installierten Zäsurbewußtsein.

Aus der tief empfundenen Ablehnung der bürgerlichen Gesellschaft des 19. Jahrhunderts mit ihrer Urbanisierung, ihrer Frauenbewegung, ihren politischen Parteien und ihrer vielgestaltigen kulturellen Moderne ergab sich ein Blick auf die Vergangenheit, der um 1800 einen Bruch sah und nicht mehr von der Kontinuität mit ihr ausging und sich daher in diesem direkten heroischen Sinn nicht mehr auf den geschichtlichen Verlauf stützen wollte.[158] Mit der vollständigen Abtrennung des Mittelalters von der Gegenwart mußte die Frage nach dem praktischen Nutzen der Geschichtswissenschaft für die Gegenwart neu beantwortet werden. In der Suche nach den „ursprünglichen Kräften", oder überhaupt nach den Ursprüngen, und im Festhalten am Recht als zentraler Kategorie gesellschaftlicher Ordnung und Orientierung verblieb Brunner jedoch ganz im geschichtswissenschaftlichen Horizont des 19. Jahrhunderts und möglicherweise sogar in der Kontinuität mit der auf diese Weise charakterisierten alteuropäischen Gesellschaft.

> Die Geschichtsforschung liebt es nicht,
> sich begrifflichen Erörterungen hinzugeben.
> Sie fürchtet die Ablenkung von ihrer Hauptaufgabe,
> dem Studium der Quellen.
> Paul Sander, 1906

> Es ist nicht Aufgabe des Historikers,
> die Welträtsel zu lösen, zumal sein Arbeitsgebiet
> nur einen kleinen Teil des Weltganzen umspannt.
> Georg v. Below, 1900

---

158 Die in verschiedenen politischen Lagern und intellektuellen Milieus weit verbreitete Ablehnung der bürgerlich-liberalen Gesellschaft des 19. Jahrhunderts verdiente eine eigene wissenschaftsgeschichtliche Studie.

3. Ergebnisse. Revisionismus, Alteuropa und politische Kultur

Die Forschungsgeschichte zur landständischen Verfassung hat in vielen Zügen einen mittlerweile geradezu exotischen Charakter angenommen und die Verbindungs- und Kontinuitätslinien zur Gegenwart sind nur noch dünn ausgezogen. Die Zeiten, in denen Historiker die Verfassungslehren der Juristen kritisch kommentierten, wie Fritz Hartung 1929 das im Jahr zuvor erschienene Buch von Carl Schmitt, oder ein Ordinarius für Privatrecht, Bürgerliches Recht und deutsche Rechtsgeschichte wie Heinrich Mitteis das Werk eines österreichischen Mediävisten in der Historischen Zeitschrift analysierte, dürften wohl vorbei sein.[159] In seiner Antrittsrede an der Preußischen Akademie der Wissenschaften im Jahr 1914 stellte für Otto Hintze die „allgemeine vergleichende Verfassungs- und Verwaltungsgeschichte der neueren Staatenwelt, namentlich der romanischen und germanischen Völker" als Beitrag zur Staatswissenschaft von historischer Seite das Ziel seiner Arbeiten dar.[160] Die Verfassungsgeschichte hat den Ansturm der Sozialgeschichte und aller nachfolgenden historischen Wenden seit den 1970er Jahren nicht überstanden. Der noch für Brunner so wichtige Gegensatz zwischen der Geschichtswissenschaft und den historischen Fachwissenschaften der anderen Fakultäten hat sich inzwischen weitgehend erledigt, da diese kaum noch eine Fachgeschichte der vormodernen Epochen betreiben und es sich daher in dem Gegensatz von Allgemeiner Geschichte und Wirtschaftsgeschichte nun immer mehr um Probleme innerhalb der Geschichtswissenschaft als Einzelfach handeln wird.[161]

---

159 Fritz Hartung, Verfassungslehre, in: Zeitschrift für die gesamte Staatswissenschaft 87 (1929), S. 225–239, hier S. 266, macht übrigens eine erhellende Bemerkung zu dem von Brunner im Anschluß an Carl Schmitt so sehr betonten Unterschied von geschriebener ‚Konstitution' und ‚Verfassung' im weiteren Sinn: „Für den Historiker, der längst gewöhnt ist, auch die Geschichte von nicht gesetzlich festgelegten Verfassungen zu untersuchen, ist dieser Gedanke freilich nicht eben neu, und auch die viel geschmähten positivistischen Juristen haben die Notwendigkeit dieser Unterscheidung längst eingesehen,…" Siehe ebenso Otto Hintzes Rezensionen von Hans Kelsen, Allgemeine Staatslehre, Berlin 1925 in: HZ 135 (1927), S. 66–75; und von Rudolf Smend, Verfassung und Verfassungsrecht, München 1928, in: HZ 139 (1929), S. 557–562.

160 Otto Hintze, Antrittsrede in der Preußischen Akademie der Wissenschaften (1914), in: ders., Staat und Verfassung, 3. durchgesehene und erweiterte Auflage, Göttingen 1970, S. 563–566. In der Rede skizziert Hintze bereits 1914 sein Arbeitsprogramm nicht erst durch den Vergleich, sondern von der Sache her, von der Geschichte selbst, als eine grundsätzlich gemein-europäische Geschichte.

161 Zum Stand der Veränderungen siehe z. B. die Beiträge von Pio Caroni, Blicke über den Gartenzaun. Von der Beziehung der Rechtsgeschichte zu ihren historischen Nachbarwissenschaften, in: Louis Pahlow (Hg.), Die zeitliche Dimension des Rechts. Historische Rechtsforschung und geschichtliche Rechtswissenschaft, Paderborn 2005, S. 27–55; und Christof Dipper, Geschichtswissenschaft und Rechtsgeschichte, ebd., S. 56–73. Selbstverständlich werden von Juristen weiterhin Deutsche Verfassungsgeschichten geschrieben, siehe Dietmar Willoweit, Deutsche Verfassungsgeschichte. Vom Frankenreich bis zur Wiedervereinigung Deutschlands. Ein Studienbuch, 6. erneut erweiterte Auflage, München 2009. Schließlich sind diese Handbücher eine etablierte Textgattung und die Einzelforschung bringt immer wieder neue Ergebnisse hervor. Aber die Allgemeinen Historiker lesen diese Handbücher wohl in der Regel nicht mehr.

Der inzwischen eingeleitete Wandel in der Allgemeinen Geschichte läßt sich schematisch anhand des Wechsels der leitenden Vorstellungen umreißen. In der älteren Geschichtswissenschaft dominierte, soweit sie sich nicht der unverzichtbaren Rekonstruktion der Ereignisse widmete, die Suche nach Ursprüngen und Prinzipien. Sie interessierte sich also für die Legitimität der bestehenden Institutionen und für ihre geschichtliche Entwicklung. Daher war sie in starkem Maße nationalistisch und folgte einer übersteigerten Vorstellung von einem Deutschtum. Als Entwicklungsgeschichte dieser Art unterlag sie einem starken Zwang zur Systematisierung und strebte danach, die ‚Vielfalt des historischen Lebens' in historische Typen, Stufen und Begriffe einzuordnen, die wie der Begriff des Absolutismus bis heute viel debattiert worden sind. Sie legte den Schwerpunkt auf das jeweils Neue, das zukünftig Bedeutsame und vernachlässigte den zeitgenössischen Kontext und die Bedeutung der Ereignisse für die Akteure. Die Geschichte war vor allem unter dem Aspekt interessant, Vorgeschichte der eigenen Gegenwart zu sein. Ihr Nutzen lag in dem Nachweis der Kontinuität zwischen Vergangenheit und Gegenwart, aus der dann auch tagesaktuelle Folgerungen gezogen werden konnten. Auch wenn sie inzwischen in Verruf steht, bleibt die Entwicklungsgeschichte eine kohärente und plausible Form der historischen Analyse und Darstellung.

Die neuere Geschichtswissenschaft kennzeichnet vor allem zweierlei. Sie hat den Kohärenzzwang für die älteren historischen Epochen abgeschwächt und sie ersetzt den Standpunkt einer Deutschen Geschichte durch den einer europäischen Geschichte. Indem der Zwang zur Systematisierung des historischen Materials aufgegeben wurde, sank der dazugehörige Druck, nach historischen Ursprüngen und historischen Prinzipien zu fahnden. Die schon von Friedrich Tezner um 1900 konstatierte Unvollkommenheit, das rasche Schwanken und die Wechselhaftigkeit und Unfertigkeit mittelalterlicher Zustände, konnte postmodern wieder anerkannt werden. Statt nach immer weiter zurückliegenden germanischen Anfängen zu graben, ließ sich der Beginn eines deutschen Staates von den Karolingern über die Ottonen und Staufer zum verdichteten Reich um 1500 vorverlegen. Der heutige moderne Staat entsteht jetzt frühestens um 1800 mit der Einführung geschriebener Verfassungen[162] oder er ist im Sinne des Republikanismus, der Volkssouveränität, der Menschen- und Bürgerrechte, der parlamentarischen Regierungsweise und des demokratischen Sozialstaates auf den 23. Mai 1949 zu datieren.[163] In der Bundesrepublik glaubt im Ernst niemand mehr, daß die karolingische Grafschaftsverfassung irgendeine Relevanz für das Verhältnis von Bund und Ländern oder daß die Bestätigung ständischer Privilegien im Jahr 1231 eine Bedeutung für die Kompetenzen des Bundestages hat.

---

162 Siehe z. B. Dieter Grimm, Deutsche Verfassungsgeschichte 1776–1866. Vom Beginn des modernen Verfassungsstaates bis zur Auflösung des Deutschen Bundes, Frankfurt am Main 1988, S. 29: „Die Vollendung des modernen Staates war erst das Werk der bürgerlichen Revolution." Da ‚Moderne' einen Relationsbegriff darstellt, gibt es auch mehrere Modernen. Es ist daher nicht verwunderlich, daß der ‚moderne Staat' um 1800 etwas anderes bedeutet als um 1900 oder nach 1945. Folglich wird es wohl auch noch mal eine noch neuere Moderne geben.

163 Als gelebte Alltagswirklichkeit ist er noch jünger und geht auf die 1960er Jahre zurück.

Ebensowenig würde man die preußische Geschichte heute zum Paradigma für das Leben „eines modernen Staates überhaupt" ansehen, wie Otto Hintze es tat.[164] Selbst die für Otto Brunner so wichtigen Germanen sind keine Deutschen mehr.[165]

Nach aktuellem Stand der Wissenschaft ist es auch nicht das ‚Land', sondern es sind die königliche Würde, die fürstliche Stellung, ihre jeweilige überragende Ehre (Honor) und der Aufbau landesherrlicher Ämter, welche die Territorialisierung und die Staatsbildung seit dem späten Mittelalter voranbringen.[166] Dagegen werden lange als quellenmäßig gesichert geltende Annahmen wie die eines jüngeren Reichsfürstenstandes von Julius Ficker (1826–1902) mittlerweile zu einer Fiktion erklärt.[167] An die Stelle einer feststehenden mittelalterlichen Rechtsordnung und Ständegesellschaft tritt eine dynamische, von Konkurrenz getriebene Ranggesellschaft, in der Verhalten und Lebensweise, Zeichen und Symbole von großer Bedeutung waren.[168] Der Schwerpunkt des Interesses verlagert sich von den späteren Folgen und Entwicklungen der mittelalterlichen Geschehnisse zu den zeitgenössischen Kontexten, den Bedeutungen, welche die Akteure, die Handelnden und die Beobachter, den Ereignissen, die sie bewirkten, und ihren Absichten beigelegt haben. Die einzelnen mittelalterlichen Ereignisse erhalten ein größeres Eigengewicht und können sich in ihrer Umwelt entfalten. Allerdings verlagert sich damit auch die gesellschaftliche Dynamik auf die rivalisierenden fürstlichen und königlichen Dynastien, denen kein gleichwertiger Partner zur Seite oder entgegen tritt. Der von Werner Näf (1894–1959) im Jahr 1949 erst für das 17. und 18. Jahrhundert und nur im Rahmen des Absolutismus konstatierte monistische Herrscherstaat dürfte dann für die gesamte Epoche des dynastischen Fürstenstaates gültig sein.[169]

---

164 Siehe Otto Hintze, Antrittsrede in der Preußischen Akademie der Wissenschaften (1914), S. 564. Wenn man jedenfalls von unserer Moderne ausgeht.

165 Siehe Karl Ferdinand Werner, Artikel ‚Volk III-IV', in: Geschichtliche Grundbegriffe. Historisches Lexikon zur politisch-sozialen Sprache in Deutschland, hg. v. Otto Brunner, Werner Conze und Reinhart Koselleck, Bd. 7, Stuttgart 1992, S. 186–244.

166 Auch die Otto Brunner, Land und Herrschaft, 3. Auflage 1943, S. 493, so wichtigen Landesherrn, die domini terrae, gelten heute als Fehlübersetzung, siehe Dieter Willoweit, Deutsche Verfassungsgeschichte, S. 67, der den Ausdruck mit einer gewandelten Vorstellung von Eigentum verknüpft. Ebenso gilt Julius Fickers jüngerer Reichsfürstenstand bei Peter Moraw, Fürstentum, Königtum und ‚Reichsreform' im deutschen Spätmittelalter, in: Blätter für deutsche Landesgeschichte 122 (1986), S. 117–136, S. 119 f, als Fiktion. Siehe auch Ernst Schubert, Fürstliche Herrschaft und Territorium im späten Mittelalter, München 1996, S. 104–106.

167 Siehe Peter Moraw, Fürstentum, Königtum und ‚Reichsreform' im deutschen Spätmittelalter, in: Blätter für deutsche Landesgeschichte 122 (1986), S. 117–136, hier S. 119 und S. 130.

168 Siehe Werner Hechberger, Herzog und Herzogtum. Die Welfen in Bayern, in: Peter Schmid und Heinrich Wanderwitz (Hg.), Die Geburt Österreichs. 850 Jahre Privilegium Minus, Regensburg 2007, S. 78–101.

169 Werner Näf, Herrschaftsverträge und die Lehre vom Herrschaftsvertrag (1949), in: Heinz Rausch (Hg.), Die geschichtlichen Grundlagen der modernen Volksvertretung. Die Entwicklung von den mittelalterlichen Korporationen zu den modernen Parlamenten, Bd. 1.: Allgemeine Fragen und europäischer Überblick, Darmstadt 1980, S. 212–245, hier S. 245.

Diese Sicht auf ein Mittelalter in seinen eigenen Worten wird gestützt von der Entnationalisierung der Geschichte. Das Alte Reich ist nun kein staatsrechtliches Monstrum mehr. Der für die deutsche Geschichte so fatale, bis in unsere mangelhafte politische Kultur hineinwirkende Partikularismus, erfährt einen neuen Stellenwert. Die von den Staufern an immer wieder gescheiterte Zentralisierung der politischen Gewalt in Deutschland kann eine Wiederholungsstruktur werden, die den Rückgriff erlaubt, sie als historische Erfahrung des werdenden Föderalismus zu lesen. Der Westfälische Friede ist dann keine Schmach mehr, kein Tiefpunkt deutscher Geschichte. Vielmehr wird er zu einer großen ordnungspolitischen Leistung von europäischem Rang, da sie das europäische Staatensystem mitbegründete.[170] Eine derartige Europäisierung hat jetzt auch der Deutsche Bund von 1815 erfahren.[171]

Indem das Deutsche als Fixpunkt zurücktritt und die nationalen Geschichten zur europäischen Geschichte vereint werden, ist es zudem leichter, die gemeinsame europäische Geschichte vor der Französischen Revolution als die Geschichte Alteuropas zusammenzufassen. Nach dem Ende der Monarchie in Deutschland ist auch die Kontinuität mit der Vergangenheit unterbrochen. Für die so lange verabscheute demokratische Massengesellschaft wird im historischen Rückblick der umfassende gesellschaftliche Wandel um 1800 zur sinnbildenden Zäsur, die Vormoderne und Moderne, Alteuropa und Gegenwart trennt. Die Unterscheidung lässt sich zum einen mit zahlreichen Gegensätzen anreichern, die sie konkretisieren. Der Industriellen Revolution, der Verstädterung, der Alphabetisierung und Rechtsgleichheit in der Moderne steht eine alteuropäische Welt der rechtlichen Ungleichheit gegenüber, die durch die Dominanz der Agrarwirtschaft, adlige Herrschaft und politische Unmündigkeit der Untertanen gekennzeichnet wird.[172] Zum anderen signalisiert der Ausdruck, daß der konventionell angenommene Beginn der neuzeitlichen Geschichte um 1500 zur Epochenschwelle um 1800 hin verlagert, die derart abgegrenzte Frühe Neuzeit aber mit dem späten Mittelalter zusammengefasst wird. Für die Frage nach der landständischen Verfassung und nach dem Ständestaat sind dann nicht mehr die vermuteten staatsrechtlichen Prinzipien ausschlaggebend. In den Vordergrund treten vielmehr die komplexen Phänomene adliger Herrschaft bzw. einer alteuropäischen Adelswelt, die von der Ebene des Alten Reiches bis zur lokalen Grundherrschaft mit Patrimonialgerichtsbarkeit eine spezifische ökonomische, soziale und kulturelle Praxis bezeichnet.

Die deutsche Forschung zu den landständischen Versammlungen hat sehr häufig vor der Folie des Parlamentarismus und der vom Kontinent so unter-

---

170 Siehe Johannes Burkhardt, Deutsche Geschichte in der Frühen Neuzeit, München 2009, der in seinen Arbeiten immer beharrlich gegen den antiquarischen Trend in der Geschichtswissenschaft ankämpft, siehe nur ebd., S.8: „Die politische Kernkompetenz der deutschen Geschichte ist ihre Föderalismusfähigkeit."

171 Siehe Wolf D. Gruner. Der Deutsche Bund 1815–1866, München 2012.

172 Alteuropa wird hier also im Sinne von Dietrich Gerhard verstanden, siehe dazu auch Ernst Hinrichs, Alteuropa, in: Enzyklopädie der Neuzeit, Bd. 1, Stuttgart 2005, Sp. 288–291, der aber zu weitgehend der Brunner-Legende folgt.

schiedlichen englischen Verfassungsgeschichte operiert. Es ist daher sehr erhellend zu registrieren, daß die englische Parlamentsgeschichte seit den 1960er Jahren einem tiefgreifenden Revisionismus unterworfen wurde, der sie den kontinentalen Landtagen deutlich stärker annäherte. Die traditionelle Darstellung, die abkürzend unter dem Titel ,Whig History', firmiert, sieht das House of Commons eingebettet in eine lange und verdienstvolle Geschichte der Freiheit von den mittelalterlichen Anfängen bis zu den großen Wahlrechtsreformen des 19. Jahrhunderts.[173] Der Höhepunkt der Entwicklungsgeschichte des englischen Parlaments liegt in der Zeit vom Ende des 16. Jahrhunderts bis zum englischen Bürgerkrieg von 1642. In der Sichtweise der Whig History bildete sich in den Elisabethanischen Parlamenten eine puritanische Opposition heraus, die feste politische Prinzipien vertrat und mit ihrer Hilfe den drohenden Absolutismus der Stuarts erfolgreich bekämpfte. Für ihre Vertreter gibt es keinen Zweifel, daß hinter den Tagesereignissen staatsrechtliche Fragen standen und daß nichts anderes verhandelt wurde als ein manifester „constitutional struggle", der unausweichlich zum Konflikt des Unterhauses mit der Krone führen musste.[174]

Eine Serie politischer Marksteine pflasterte den Weg zur englischen Revolution. Einer dieser Marksteine ist das ,Apology and Satisfaction' genannte Dokument aus dem Jahr 1604, in dem die politische Position des House of Commons niedergelegt ist. In einem berühmten Beitrag zur Festschrift von Garrett Mattingly hat Geoffrey R. Elton (1921–1994) 1965 in einem klassischen Stück kritischer Quellenanalyse die Ansichten der Whig History unter dem Titel ,A High Road to Civil War?'[175] einer Revision unterzogen. Er kam zu dem Ergebnis, daß die Apologie weder dem König präsentiert worden ist noch überhaupt im Parlament beschlossen wurde. Im Jahr 1604 gab es noch keine systematische Opposition im Unterhaus und die Apologie enthält kein Programm einer „opposition point of view". Mit seiner Attacke bestritt Elton nicht nur die Bedeutung einer Quelle, die für die Revolutionshistoriker so große Signifikanz besaß. Er machte in seinem Aufsatz darüber hinaus eine Reihe provokanter methodischer Punkte, indem er die Unvermeidlichkeit (,inevitability') der Ereignisabfolge bis zum Bürgerkrieg und die Unvermeidlichkeit des Konflikts mit dem König bestritt. Vielmehr forderte er die Historiker auf:

---

173 Hauptvertreter dieser Whig History sind Wallace Notestein (1878–1969), The Winning of the Initiative by the House of Commons, Oxford 1924 (Raleigh lectures on history 1924), ND London 1971, und John Ernest Neale (1890–1975), The Elizabethan House of Commons, London 1949. Sie wurde in den USA im Umkreis von J. H. Hexter unbeirrt weiter verfolgt, siehe z.B. seinen Aufsatz J.H Hexter, The Early Stuarts and Parliament: Old Hat and the Nouvelle Vague, in: Parliamentary History 1, 1982, S. 181–215.

174 Jack H. Hexter, The Early Stuarts and Parliament, S. 207: „After all there was a serious constitutional struggle going on under the early Stuarts, the Kings and the House of Commons were parties to it,…"

175 Geoffrey R. Elton, A High Road to Civil War? (1965), in: ders., Studies in Tudor and Stuart Politics and Government. Papers and Reviews 1946–1972, Bd. 2: Parliament, Political Thought, Cambridge 1974, S. 164–182. Elton hatte übrigens einen Lehrstuhl für Verfassungsgeschichte und gab eine kommentierte Quellensammlung ,The Tudor Constitution' heraus.

„We must stop reading the age back from its drastic end and try to read it forward through vicissitudes which, though serious enough, were not notably different from those that beset any political situation."[176]

Elton griff damit sowohl die vorherrschende entwicklungsgeschichtliche Perspektive an als auch das zu ihr gehörende Verständnis der parlamentarischen Institution, die sich am modernen Gegensatz von Regierung und Opposition orientierte, welche unterschiedliche politische Programme vertreten und diese in Wahlkämpfen und Gesetzesinitiativen durchzusetzen wünschen. In einem weiteren Aufsatz präsentierte Elton sein Gegenbild zum politisierten Unterhaus der Whig History, indem er nach den tatsächlich ausgeübten Funktionen des Parlaments im 16. Jahrhundert fragte.[177] Für Elton war das Parlament kein Forum politischer Grundsatzdebatten und vorwiegend keine Gesetzgebungsmaschine. Nicht die allgemeinen Gesetze (Statutes) machten das Hauptgeschäft des Unterhauses aus, sondern die ‚private laws', die Beschlüsse und Verordnungen zu lokalen Privilegien und Monopolen, zu lokalen Problemen der Verwaltungs- oder der Infrastruktur, oder familienrechtlichen Fragen, welche die Abgeordneten als Anträge aus ihren Wahlkreisen nach Westminster mitbrachten. Dessen ungeachtet war das Parlament vor allem ein Instrument der königlichen Regierung, das fest in der Hand parlamentarischer Manager aus dem Privy Council war.

„Parliament was not called for political reasons. Nor was it thought of as a political assembly: it was a court, and the best contemporary opinion of its functions brings in politics only very obliquely."
„The function of this Parliament was, in the first place, to resolve the problems of the subject – the whole nation, part of it, individuals – by legislation, and the problems of the Crown by granting money and making laws. Its history tends to reveal a continuous dominant management emanating from the government, rather than the influence of a rising opposition,…"[178]

Elton hat aber nicht nur die verfrühte Interpretation des Parlaments als politischer Bühne der Nation zurückgewiesen. Alternativ dazu hat er positiv gefordert, dem House of Lords eine größere Rolle in der Parlamentsgeschichte einzuräumen und die Interaktion zwischen den königlichen Ratgebern im Council, den Lords und den Commons zu erforschen, um den normalen Geschäftsgang dieser Institution zu verstehen. Seine Revision der englischen Parlamentsgeschichte des 16. und frühen 17. Jahrhunderts bettet das Parlament in den frühneuzeitlichen Fürstenstaat ein. Es erscheint als eine Institution dieses Fürstenstaates und der herrschenden, weit überwiegend adeligen Eliten, die am Hof, im Parlament und in den Lokalitäten das Sagen haben. Das Parlament bildet für

---

176 Ebd., S. 167.
177 Geoffrey R. Elton, Parliament in the Sixteenth Century: Functions and Fortunes, in: Historical Journal 22 (1979), S. 255–278. Siehe auch seine große, materialreiche Studie Geoffrey R. Elton, The Parliament of England 1559–1581, Cambridge 1986.
178 Ebd., S. 258 und S. 277.

Elton neben dem Hof und dem Geheimen Rat den dritten „Point of Contact", an dem der König bzw. seine Regierung Kontakt aufnimmt mit der Gesellschaft, deren Gemeinwohl ihm anvertraut ist, bzw. mit der politischen Nation, die in den Regionen die gute Verwaltung und die nötige Gerichtsbarkeit zu besorgen hat.[179]

Ein weiterer bedeutender und einflussreicher Vertreter der als Revisionismus bezeichneten Richtung der englischen Parlamentsgeschichte ist Conrad Russell (1937–2004). Wie Elton geht es ihm um die Erklärung des Zusammenbruchs der Regierung Charles I., den anschließenden Bürgerkrieg und die Hinrichtung des Königs. Der Streit mit der Whig History wird sowohl auf der Ebene der Quellen und Ereignisse wie auf der Ebene der Methoden und der Formen historischer Erklärungen geführt. Conrad Russell vertritt ebenfalls die Ansicht, daß der Bürgerkrieg nicht unvermeidlich war und daß er keine weit in die Vergangenheit zurückreichenden Ursachen und Vorbereitung kennt, sondern plötzlich eintrat aufgrund eines katastrophalen königlichen Mißmanagements der aktuellen Affären.[180] Die zweifellos vorhandenen Spannungen resultierten dagegen aus der Unfähigkeit der Parlamentarier, die Krone mit den finanziellen Mitteln auszustatten, die den von ihnen selbst geforderten Maßnahmen der Regierung entsprochen hätten. Dieser historiographische Kontext wirkt sich notwendigerweise auf die Interpretation der Parlamentsgeschichte aus.

In zwei Aufsätzen aus den Jahren 1976 und 1983 formulierte Conrad Russell seine Auffassung von der Natur der Parlamente in der Zeit der Stuarts.[181] Im frühen 17. Jahrhundert sind Parlamente immer noch nur unregelmäßig stattfindende Ereignisse von kurzer Dauer (‚events') und noch keine dauerhafte Einrichtung.[182] Sie waren königliche Schöpfungen und tagten nur solange es dem König gefiel. Sie hatten seinen Zwecken zu dienen und entsprechenden Rat zu geben. Vom König wurde allerdings erwartet, in bestimmten Fragen wie Kriegsführung und Steuererhebung den Rat des Parlaments zu hören. Zwischen dem König und seinen Parlamenten gab es jedoch keine Teilung der Gewalten,

---

179   Geoffrey Elton, Tudor Government: The Points of Contact (1974–76), in: ders. Studies in Tudor and Stuart Politics and Government, Bd. 3: Papers and Reviews 1973–191, Cambridge 1983, S. 3–57.

180   Ein entscheidendes Momentum erhielten die Konflikte dann mit der militärischen Intervention der Schotten in die englische Politik.

181   Das Folgende nach Conrad Russell, The Nature of a Parliament in Early Stuart England, in: Howard Tomlinson (Hg.), Before the English Civil War. Essays on Early Stuart Politics and Government, London 1983, S. 123–150; siehe auch Conrad Russel, Parliamentary History in Perspective, 1604–1629, in: History 61 (1976), S. 1–27, hier S. 20 zu den 1620er Jahren: „There appear to have been no important issues of principle which divided members of the so-called opposition from their friends in the Council."

182   Das änderte sich erst mit dem revolutionären Triennial Act von 1641, der erstmals feste Wahlperioden für das Unterhaus einführte. Regelmäßige jährliche Sitzungen und Parlamentswahlen schrieb erst der Triennal Act von 1694 vor, der bereits 1716 bewußt durch den Septennial Act abgelöst wurde.

vielmehr waren Parlamente Teil der königlichen Gewalt, die in einem auf diese Weise erweiterten Kreis den Konsens zur königlichen Politik abfragte.[183]

> „A parliament was an excellent device for sharing the responsibility as widely as possible ... Periods of exceptional parliamentary influence ... had recurred cyclically since Simon de Montfort's days, but they were always temporary: the object of the exercise was not to set up parliamentary government, but to repair the monarchy on a more stable basis."[184]

Zwischen dem Einfluß der Regierung auf die Wahlen und die Unterhausdebatten sowie der adligen Patronage einerseits und der Wahl der Abgeordneten in ihren Lokalitäten andererseits bestand in der politischen Kultur der Zeit kein Gegensatz. Die Parlamente waren ein Symbol der Einheit von König und Nation. Es gab keine rivalisierenden Rechtsauffassungen (‚constitutional ideologies'), vielmehr teilten König und Mitglieder des Parlaments denselben Bestand an Überzeugungen. Es war nicht die fortschrittliche Verteidigung der Freiheit gegen einen absolutistisch auftretenden Herrscher, sondern der strukturelle Konservatismus der Abgeordneten, der zur Quelle politischer Instabilität wurde. Russell bestritt schließlich sogar, dass zwischen den Ständeversammlungen Frankreichs und dem englischen Parlament ein prinzipieller Unterschied bestanden hat.

Der Revisionismus der englischen Parlamentsgeschichte zielte also ebenfalls auf eine Ablösung der entwicklungsgeschichtlichen Perspektive durch die Rekonstruktion der zeitgenössischen Bedeutung der Ereignisse und legte den Nachdruck auf einen Vorrang der Sichtweisen und Motive der Akteure vor den langfristigen Folgen ihrer Aktionen. Die in der Whig History so beliebten Schlüsselbegriffe wie ‚opposition' oder ‚constitutional issues' wurden erfolgreich als Anachronismen dekonstruiert, die aus der liberalen Geschichtsschreibung des 19. Jahrhunderts stammten.[185] Anstelle des Gegensatzes von Regierung und Opposition in der englischen Geschichte, der den Dualismen von Fürst und Ständen bzw. Staat und Gesellschaft entspricht, zeichnen die Revisionisten das Bild eines frühneuzeitlichen Gemeinwesens, in dem die in Hof und Geheimen Rat manifeste fürstliche Regierung unangefochten herrscht und mit einer grundsätzlich deferentiellen Gesellschaft zusammenarbeitet, in der der Adel im Lande und in der Zentrale die politische Macht im Namen des Fürsten handhabt. Die konventionelle Geschichte der englischen Verfassungsentwicklung oder der politischen Freiheitsidee wird verlassen zugunsten einer Analyse der zeitge-

---

183 Schließlich war der König ja konstitutiver Teil des Parlaments, das aus dem Zusammenwirken von King, House of Lords und House of Commons besteht.

184 Conrad Russell, The Nature of a Parliament in Early Stuart England, S. 127.

185 Selbstverständlich geht auch hier die Geschichte weiter und die revisionistischen Positionen haben ihrerseits viel Kritik erfahren, so daß noch jüngere Generationen den Revisionismus als neue Orthodoxie angreifen können.

nössischen politischen Kultur.[186] Der Ausdruck ‚politische Kultur' verweist hier auf die Einbettung der Ereignisse und Institutionen in ihren zeitgenössischen gesellschaftlichen Zusammenhang und die Vorstellung einer von der Gegenwart distinkten gesellschaftlichen Praxis.

In deutschsprachigen Arbeiten zur landständischen Verfassung ist der englische Revisionismus kaum zur Kenntnis genommen worden, obwohl er die Versuche unterstützen könnte, die überlieferte Dualismus-These der konstitutionellen Epoche zu den Akten zu legen, denn die Revision betrifft genau die Zeit, in welcher der deutsche Ständestaat seinen Höhepunkt gehabt haben soll.[187] In Deutschland hatte man sich nach der umfassenden militärischen, politischen und zivilisatorischen Niederlage von 1945 wieder der konventionellen rechtswissenschaftlich geprägten Verfassungsgeschichte zugewandt.[188] Nach der mit viel Aplomb als Neuerung aufgetretenen Volksgeschichte der dreißiger Jahre hatten es sozialgeschichtliche Ansätze in der konservativen Historikerschaft der Bundesrepublik schwer, Anerkennung und Unterstützung zu finden. Für die im Jahr 1951 im zweiten Anlauf von Lewis B. Namier auf den Weg gebrachte prosopographische Erforschung der einzelnen Parlamente durch den ‚History of Parliament Trust' gibt es für die landständischen Versammlungen kein Gegenstück.

Der Einfluß bzw. der Lobpreis Otto Brunners hat sich für die Weiterentwicklung der historischen Forschung sehr hemmend ausgewirkt.[189] Der sozialgeschichtliche und empirische Gehalt seiner Publikationen nach 1945 ist für einen unbefangenen Leser erstaunlich gering. Seine hoch gerühmte Studie über ‚Adeliges Landleben und europäischer Geist' von 1949 ist eine literargeschichtliche Arbeit zur adeligen Hausväterliteratur am Beispiel der Georgica Curiosa von 1682, an die weitreichende geschichtsphilosophische Überlegungen zum europäischen Geist schlechthin angelagert werden.[190] Sie kann am ehesten noch

---

186 Siehe Kevin Sharpe, Re-writing the History of Parliament in Seventeenth-Century England, in: ders., Remapping Early Modern England. The Culture of Seventeenth-Century Politics, Cambridge 2000, S. 269–293.

187 Siehe dazu beispielhaft Peter Baumgart (Hg.), Ständetum und Staatsbildung in Brandenburg-Preußen. Ergebnisse einer internationalen Fachtagung, Berlin 1983. Es handelt sich nach Dietrich Gerhards Band über die ständischen Vertretungen in Europa von 1969 um den zweiten Sammelband, welcher der ‚Internationalen Kommission zur Erforschung der ständischen Versammlungen und Parlamente' als Band 37 bzw. Band 66 präsentiert wurde. Die Tagung fand Ende Oktober 1980 statt.

188 Ihr letzter typischer Vertreter war Gerhard Oestreich (1910–1978).

189 Noch 1980 beurteilte Manfred Lanzinner in seiner Studie ‚Fürst, Rat und Stände. Die Entstehung der Zentralbehörden in Bayern 1511–1598', Göttingen 1980, S. 273, unter Hinweis auf Brunner die „Verquickung von Landschafts- und Fürstendienst" als „Pervertierung des alten Verhältnisses von Landesherr und Landesgemeinde" und verhinderte so, die ‚Verquickung' positiv als Merkmal frühneuzeitlicher Staatlichkeit wahrzunehmen und in der Geschichtsschreibung entsprechend zu etablieren. Siehe auch ebd., S. 288: „Eine ständische Opposition gegen Regierung und Verwaltung wurde überdies erschwert durch die Ämterverfilzung zwischen Landschaftsdienst und Fürstendienst."

190 Otto Brunner, Adeliges Landleben und europäischer Geist. Leben und Werk Wolf Helmhards von Hohberg (1612–1688), Salzburg 1949. Hohberg war Mitglied der Fruchtbringenden Ge-

als eine methodisch konventionelle Geistes- oder Ideengeschichte bezeichnet
werden, die den Niedergang der inneren Geschlossenheit der alteuropäischen
Adelswelt wortreich bedauert.[191]

Außerhalb des hohen Tons, der das abendländische Schicksal historisch zu
erfassen suchte, ging die empirische, quellengestützte Forschung zu den landständischen Versammlungen in den bei v. Below um 1900 systematisierten
Bahnen fort.[192] Entsprechend dieser Tradition der Wurzelsuche und Prinzipiengeschichte zeigen die Studien ein deutliches Übergewicht der Arbeiten zum
Spätmittelalter und zum 16. Jahrhundert.[193] Es wurde weiterhin die Entstehung
der Landtage, die Institutionen- und die Ereignisgeschichte einzelner Landschaften und landständischer Versammlungen erforscht.[194] Die leitende Konzeption blieb die eines Dualismus von Fürst und Ständen. Aber ihre Einbettung
in die Ziele der Rechtsgeschichte bzw. der Verfassungsgeschichte wurde nicht
mehr reflektiert und kommentiert.[195] Die Zusammensetzung und Zahl der

---

sellschaft. Sein Werk, ‚Georgica Curiosa. Das ist: Umständlicher Bericht und klarer Unterricht
Von dem Adelichen Land- und Feld-Leben. In Sechs Büchern Versweise beschrieben', erschien in
erster Auflage 1682. Die in Brunners Stil behandelte kleinste Zeiteit ist, wenn nicht direkt auf die
Griechen der athener Polis zurückgegriffen wird, das christliche Abendland.

191 Siehe ebd., S. 326–339, hier S. 333. Das Buch endet S. 339 mit der Bemerkung: „Wir wissen heute,
daß die Hochkulturen aus der Überschichtung von Ackerbauvölkern durch Hirtenkrieger,…,
hervorgegangen sind. … Diese adelig-bäuerliche Herrschaftswelt hat sich im neueren Europa
und dessen überseeischen Siedlungsländern zur industriellen Welt der Arbeit gewandelt und
diese ist nun daran, die ganze Erde zu ergreifen. Hier verschwindet nicht nur die adelige
‚Herrschaft', sondern auch das ‚bäuerliche Haus' wird als gültige Sozialform beiseite geschoben,
wenn nicht überhaupt aufgelöst. Dieser neuen Welt ist es aber bisher nicht gelungen, dauernde
Formen des menschlichen Zusammenlebens und ein ihr gemäßes Geistesleben zu gestalten."
Diese Ton- und Stillage war in den 1950er Jahren insgesamt sehr beliebt.

192 So konstatierte schon Annette v. Stieglitz, Landesherr und Landstände zwischen Konfrontation
und Kooperation. Die Innenpolitik Herzog Johann Friedrichs im Fürstentum Calenberg 1665–
1679, Hannover 1994, S. 6 und S. 247 für die Ständegeschichte den Mangel an übergeordneten
Gesichtspunkten, neuen Leitlinien und Perspektiven. Zwanzig Jahre später scheint sich am dem
konventionellen Schlummer kaum etwas geändert zu haben. In dem Beitrag von Rainer Walz,
Adel, Honoratioren und Landstände im Herzogtum Berg, in: Stefan Gorißen, Horst Sassin und
Kurt Wesoly (Hg.), Geschichte des Bergischen Landes, Bd. 1: Bis zum Ende des alten Herzogtums 1806, Bielefeld 2014, S. 469–499, der selbst ein Kenner der Materie aus eigener Forschung
ist, sind die Grundfragen der landständischen Verfassung immer noch die Frage nach der
Kontinuität oder Diskontinuität der alten Landtage mit den modernen Parlamenten, der Repräsentationscharakter der Landstände und ihr Beitrag zur Entwicklung des modernen Staates.

193 Zur relativen Vernachlässigung des späten 17. und des 18. Jahrhunderts siehe Walter Ziegler
(Hg.), Der Bayerische Landtag vom Spätmittelalter bis zur Gegenwart. Probleme und Desiderate
historischer Forschung. Kolloquium des Instituts für Bayerische Geschichte am 20. Januar 1995
im Maximilianeum in München, München 1995 (Beiträge zum Parlamentarismus, Bd. 8).

194 Siehe z. B. das in seiner Art vorzügliche Beispiel von Monika Schaupp, Die Landstände in den
zollerischen Fürstentümern Ansbach und Kulmbach im 16. Jahrhundert, München 2004, deren
Hauptkapitel der Entwicklung der landständischen Partizipation, der landständischen Verfassung, den Organen (sic!) landständischer Partizipation und den Themen landständischer Partizipation gewidmet sind.

195 Siehe z. B. Ulrich Lange, Die politischen Privilegien der schleswig-holsteinischen Stände 1588–1675.
Veränderung von Normen politischen Handelns, Neumünster 1980, S. 16 f, und Ulrich Lange, Der

Kurien, das Machtverhältnis von Fürst und Ständen, dokumentiert in den Landtagsabschieden und die Ersetzung der Plenarlandtage durch die Ausschüsse als Zeichen des politischen Niedergangs der Stände blieben die dominierenden Themen.[196] Die Landtagsakten werden wiederum besonders gern für die Frühzeit der landständischen Versammlungen ediert.[197] Abgesehen von einer Untersuchung der institutionellen Entwicklung der Landtage sind die Landtagsabschiede als Registratur der innenpolitischen Geschichte des Territoriums ausgewertet worden.[198]

Aber die fachpolitische und allgemeinhistorische Bedeutung der Landtagsgeschichte war nach dem endgültigen Untergang der konstitutionellen Verfassung vorüber. Im Fächerkanon der historischen Fakultäten verlagerte sich der Schwerpunkt der Forschung, sofern noch Ständeforschung betrieben wurde, folglich hin zur Landesgeschichte. Die Landtagsgeschichte wurde geradezu zu einer Domäne der Landesgeschichte, an der sie außerhalb der Dynastie ihre Berechtigung demonstrieren konnte.[199] Sie erhielt dadurch einerseits ihren trotz aller Rückbezüge auf die historiographische Tradition schwer zu vermeidenden antiquarischen Grundzug. Andererseits ist sie ein Beleg für die große Beharrungskraft der im 19. Jahrhundert in der Geschichtswissenschaft etablierten und seitdem immer wieder neu aufgegriffenen Gegenstände und Forschungsfragen.

In der Tradition der dualistischen Auffassung, die von der Landesgeschichte fortgesetzt wurde, tritt dem Fürsten weiterhin der Landtag, die Ritterschaft oder der Ausschuss als handelndes Kollektivsubjekt gegenüber, ohne daß in der Regel die darin enthaltenen Personen greifbar werden.[200] Für die konventionelle Verfassungsgeschichte entsteht daraus kein Problem, da es ihr nur um das Rechts-

---

ständestaatliche Dualismus – Bemerkungen zu einem Problem der deutschen Verfassungsgeschichte, in: Blätter für deutsche Landesgeschichte 117 (1981), S. 311–334.

196 Siehe das Literaturverzeichnis bei Kersten Krüger, Landständische Verfassung.

197 Siehe z.B. Werner Buchholz (Hg.), Pommersche Landtagsakten, Bd. 1: Von den Anfängen bis zum Erbteilungsvertrag 1541, 1. Teilband 1521–1535, Köln 2000. Sehr selten sind dagegen Editionen zum 18. Jahrhundert, siehe aber Günter Hollenberg (Hg.), Hessen-Kasselische Landtagsabschiede, 1649–1798, Marburg 1989.

198 Siehe z.B. Wieland Held, Der Adel und August der Starke. Konflikt und Konfliktaustrag zwischen 1694 und 1707 in Kursachsen, Köln 1999.

199 Siehe an neueren Arbeiten Uwe Heck, Stände und frühe ständische Aktivitäten in Mecklenburg von der Mitte des 12. bis zur Mitte des 15. Jahrhunderts, Rostock 1999; Wolf-Nikolaus Schmidt-Salzen, Die Landstände im Fürstentum Lüneburg zwischen 1430 und 1546, Bielefeld 2001 (Göttinger Forschungen zur Landesgeschichte, Bd. 4); oder Axel Metz, Der Stände oberster Herr. Königtum und Landstände im süddeutschen Raum zur Zeit Maximilians I., Stuttgart 2009 (Veröffentlichungen der Kommission für Geschichtliche Landeskunde in Baden-Württemberg, Reihe B, Forschungen, Bd. 174). Wenn man, wie Uwe Heck, ebd., S. 273 f, insbesondere Anm. 2, der damit Ulrich Lange folgt, den Dualismus zu einer Beziehung verdünnt, die „für ein Nebeneinander, Miteinander und Gegeneinander der Elemente" offen ist, und damit auch den rechtsgeschichtlichen Kontext des Begriffs ignoriert, dann wird er nicht nur beliebig und antiquarisch, sondern seine Verwendung ist dann völlig sinnlos.

200 Siehe z.B. Annette v. Stieglitz, Landesherr und Landstände zwischen Konfrontation und Kooperation, S. 162f: „Die Ritterschaft widersetzte sich offensiv und durch stille Obstruktion konsequent jeder Leistungsverpflichtung. Herzog und Geheime Räte ließen sie dabei in erstaunlicher Freiheit gewähren,…"

prinzip der Partizipation geht. Die mehrfache Einbindung der Landtagsbesucher in lokale und zentrale Ämter und Funktionen ist daher bislang kaum im Detail untersucht worden. In allgemeinhistorischer Sicht ist es aber von großem Interesse, inwieweit die fürstlichen Räte, welche die Proposition entwarfen, an dem Landtag teilnahmen, der die fürstlichen Forderungen dann bewilligte. Die Überschneidung von landesherrlicher und landständischer ,Sphäre' war natürlich bereits den Bearbeitern der Landtagsgeschichte um 1900 wohlbekannt, sie war für sie aber argumentativ nicht von Belang.

In den gebräuchlichen Vorstellungen von einem Dualismus in der Staatsbildung steckt zudem eine an die Landstände herangetragene Erwartung, die Stände hätten politische Ziele, ein irgendwie geartetes eigenes politisches Programm vertreten können oder vertreten sollen, eine Art Opposition zum absolutistischen Programm des Fürsten.[201] Diese Absichten ließen sich den ständischen Verhandlungen regelmäßig nicht entnehmen. Noch die viel zitierte kritische Bemerkung Fritz Hartungs, die Stände hätten keine Mitregierung, sondern eine „Freiheit vom Staat" gesucht, folgt dem bekannten Weg der nur auf die Prinzipien ausgerichteten Rechtsgeschichte.[202] Mit einem Verzicht auf diese aus der älteren Verfassungsgeschichte geerbten Erwartung, die Stände der Frühen Neuzeit verfolgten eigene allgemeine politische Ziele, würde auch die verbreitete Klage über die bloße Wahrung der eigenen Interessen durch die Stände hinfällig.

Eine Spätfolge der verfassungsgeschichtlichen Ausrichtung der Landtagsforschung zeigt sich ferner in ihrem mangelnden Sinn für Proportionen. Es ist eine Eigentümlichkeit (und ein Vorteil) der rechtswissenschaftlichen Perspektive, daß sie sich auf die Rechtsansprüche und deren Geltungsgründe und Reichweite beschränkt. Gegenüber dem Inhalt des Rechts oder dem Inhaber der Rechtsansprüche bleibt sie jedoch unempfindlich. Ob sich das Eigentum auf den Besitz eines Taschenmessers beschränkt oder einen Fürstenstaat umfaßt, das macht rechtstechnisch keinen Unterschied und ist prinzipiell gerichtlich durchsetzbar. Dasselbe gilt für die landständische Verfassung, wo ein Territorium wie Schwarzburg-Rudolstadt ungerührt neben Kursachsen gestellt werden kann. Gegen diesen Mangel an Proportionen und die ungenügende Rücksicht auf die jeweilige politische Macht haben im Hinblick auf die Landtagsgeschichte die Historiker der preußischen Schule wie Hartung immer wieder, allerdings immer auch erfolglos, protestiert.[203] Wenn v. Below, Rachfahl, Tezner oder Hintze von

201 Ulrich Lange, , Die politischen Privilegien der schleswig-holsteinischen Stände 1588–1675, S. 210: „Aber die Stände, das wird schon 1614 sichtbar, gaben sich mit persönlichen Vorteilen zufrieden und verzichteten auf politische Ziele;…"

202 Fritz Hartung Herrschaftsverträge und ständischer Dualismus in deutschen Territorien (1952), S. 75. Hartung spricht hier bezeichnenderweise – und wiederum präzise – vom „ursprünglichen Gedanken des Ständetums", also von einem Prinzip und nicht von konkreten historischen Zuständen.

203 Siehe Fritz Hartung, Deutsche Verfassungsgeschichte vom 15. Jahrhundert bis zur Gegenwart, 9. Auflage, S. 89 f: „Es fehlen nicht nur in vielen kleinen Territorien alle Voraussetzungen für den Dualismus, starke, vom Fürstentum unabhängige ständische Gewalten. Sondern auch in den

der landständischer Verfassung, von Staatsbildung und modernem Staat reden, dann haben sie Fürstenstaaten wie Schlesien, Bayern und Brandenburg oder Königreiche vor Augen, und nicht Territorien wie Schwarzburg-Rudolstadt oder die Grafschaft Lippe.[204] Diese kleinen Landesherrschaften hatten im Rahmen der Verfassung des Alten Reiches ihre Selbständigkeit und Rechte, aber machtpolitisch betrachtet oder soziologisch gesehen waren sie unbedeutend. Es fehlte ihnen nicht nur das militärische Potential, vielmehr mangelte es auch an sozialer und verwaltungstechnischer Komplexität, über welche die größeren Länder verfügen. Sie können daher zwar hinsichtlich der frühneuzeitlichen Landesherrschaft und ihrer Rechtskultur untersucht werden, bleiben bei aller formalen Landeshoheit aber nichts anderes als große Grundherrschaften.

Bei einer Ritterschaft wie der des Herzogtums Sachsen-Lauenburg, die insgesamt nur aus dreißig Gütern bestand und keine fünfundzwanzig Adlige zum Landtag schicken konnte, muß man bezweifeln, ob ihre Darstellung „einen Beitrag zur Beantwortung der alten Frage nach dem Werden des modernen Staates" leistet.[205] Von Lauenburg aus führt überhaupt kein Weg zum modernen Staat. Wenn man unter dem modernen Staat den souveränen Nationalstaat in der Form eines durchorganisierten Anstaltsstaates versteht, dann waren es gerade Territorien wie Sachsen-Lauenburg, die ihm im Weg standen. Auf diese an der Verfassungsgeschichte orientierte Weise wird gerade das historische Problem der Staatsbildung in Deutschland verdeckt, der über die Mediatisierung zahlreicher Landeshoheiten führte. Im Fall von Sachsen-Lauenburg führte er über das Aussterben der regierenden Askanier und den Anfall des Herzogtums an Kurhannover im Jahr 1706. Die im Rahmen einer Aufwertung des Alten Reiches als Gegenstand der historischen Forschung anstelle des Dualismus von Preußen und habsburgischem Österreich seit den 1970er Jahren erfolgende Hochschätzung der kleineren Reichsterritorien und der Reichsritterschaften hat bei allen Verdiensten, welchen diesen Bemühungen zukommt, nicht geholfen, einen Sinn für Proportionen zu entwickeln.[206]

---

größeren Territorien, selbst in den klassischen Ländern des Dualismus kann von einer vollen Gleichberechtigung zwischen Herrschaft und Landschaft nicht gesprochen werden."

204 Siehe z. B. Hans Herz, Ständische Land- und Ausschußtage in Schwarzburg-Rudolstadt vom 16. bis zum Beginn des 18. Jahrhunderts, Weimar und Jena 1995. Die Berechtigung und Notwendigkeit einer Untersuchung derartiger Verhältnisse soll und kann selbstverständlich nicht bestritten werden. Es geht hier ebenfalls wieder um ihre Einordnung und Bedeutung. Zumal besonders dann, wenn von 1561 bis 1629 keine Landtags- und Ausschußberatungen stattgefunden haben und der ständische Ausschuß nach 1724 nicht mehr zusammentrat.

205 Armgard v. Reden, Landständische Verfassung und fürstliches Regiment in Sachsen-Lauenburg (1543–1689), Göttingen 1974, S. 11. In Kursachsen war allein schon der Engere Ausschuß des Landtages mit vierzig Mitgliedern größer als die gesamte Ritterschaft des Herzogtums Lauenburg.

206 Siehe dazu die Arbeiten von Volker Press, z. B.: Die Landschaft aller Grafen von Solms. Ein ständisches Experiment am Beginn des 17. Jahrhunderts, in: Hessisches Jahrbuch für Landesgeschichte 27 (1977), S. 28–106. So kann Press ebd., S. 105, zwar eine „allzu sehr nur an juristischen Normen orientierte Verfassungsgeschichte" beklagen, bleibt aber dann dabei stehen, geradezu antiquarisch zu betonen, „daß das Funktionieren der alteuropäischen Gesellschaft ein überaus komplexes Problem ist."

Darüber hinaus verdeckt die Orientierung der jeweiligen Landesgeschichte an den rechtlichen Zuständen, in welchem Maße die seit dem 16. Jahrhundert ausgearbeitete Semantik der Staatsaufgaben und der Staatszwecke nicht nur die Legitimität privilegierter Korporationen wie die der Ritterkurie innerhalb der Territorien unterminierte, sondern am Ende auch die zur Kleinstaaterei herabgesetzten Landeshoheiten selbst und nicht weniger die geistlichen Staaten im Alten Reich. In der Bindung an die Rechtsperspektive geht ein zentrales historisches Problem verloren: die Änderung bestehender Rechte, insbesondere, wenn sich die Rechteinhaber gegen eine Veränderung sperren. Innerhalb des Rechtsdenkens gibt es für diesen Fall keine Lösung und daher liegt der Rückgriff auf Gewalt nahe. Gegen die Alternative eines Beharrens auf der Rechtsposition oder einer Durchsetzung der Rechtsänderung mit Gewalt entfaltete sich der politische Diskurs der Aufklärung, der mit der Definition des Wesens des Staates oder dem Verweis auf die gewandelten Umstände, die einmal als Recht etablierte Ansprüche mit der Zeit ins Unrecht setzt. Auf diese Weise kann ein Rechtswandel historisch vorbereitet oder begleitet werden. Die Entfaltung dieser nicht beschreibenden, sondern kritischen Funktion zeitgenössischer Theorien oder historischer Darstellungen ist daher ein integraler Teil einer Geschichte der landständischen Verfassung. Die Rechtsgeschichte wird dann nicht so sehr das Instrument der Darstellung sein, um eine landständische Verfassung und ihre Entwicklung zu ermitteln, sondern selbst zum historischen Phänomen, daß nämlich die Landtage, ihre Arbeit, der Landtagsbesuch und die Kritik an den Landtagen von den zeitgenössischen Akteuren in rechtliche Kategorien von Privileg, Partizipationsanspruch, Fürstenamt und Staatsaufgaben gekleidet wurden. Die alteuropäische politische Kultur entfaltete sich in großen Teilen, wie die großen Kodifikationen am Ende des 18. Jahrhunderts zeigen, in einem alle Aspekte durchdringenden Diskurs über Einzelrechte der Personen, Familien, Dynastien und Korporationen.

Noch in den 1980er Jahren dominierten die bald hundert Jahre alten Themen und die zu ihr gehörende ältere Literatur die Darstellungen der Landtagsgeschichte.[207] Immerhin aber hat Volker Press in seinen fünfzig Thesen zur Entwicklung des Ständewesens in Deutschland auf alte Defizite der Forschung hingewiesen. Für Press bleibt der Adel im Territorialstaat der Kern der Stände:

„8. Daraus relativiert sich das herkömmliche Dualismusmodell in der Betrachtung der Stände. Es hebt sich vielfach auf in den Personen, die gleichzeitig Angehörige der Stände, der Bürokratie und des Hofes sind."
„10. Die Funktionen aller Landstände bestehen in einer dreifachen Aufgabe: Interessenausgleich zwischen Fürst und Land, Gewährleis-

---

207 Siehe z. B. Volker Press, Formen des Ständewesens in den deutschen Territorialstaaten des 16. und 17. Jahrhunderts, in: Peter Baumgart (Hg.), Ständetum und Staatsbildung in Brandenburg-Preußen, S. 280–318. Auch der Zäsurcharakter des Dreißigjährigen Krieges ist ebd., S. 301, unbeschadet erhalten geblieben.

tung der Herrschaft durch die Mächtigen im Land und ihre finanzielle Sicherstellung. ..."

„12. Es zeigt sich ... in der Regel eine aktive Rolle des Landesfürsten und seiner Bürokratie einerseits und eine punktuelle und reagierende Rolle der Stände andererseits. Das rührt daher, daß der Adel meist seine lokalen und speziell wirtschaftlichen Interessen in den Vordergrund rückt."

„49. Zusammenfassend können die Stände als ein Instrument zur Einbindung der traditionellen adlig-feudalen Schicht in den modernen Staat angesehen werden, das heißt ihres Zusammenführens mit den wichtigen anderen privilegierten Kräften im Lande."[208]

In den Thesen deutet sich zumindest an, daß der frühneuzeitliche Fürstenstaat selbst ins Zentrum der Untersuchung rückt. Die Landtage sind nun stärker als im Dualismus-Modell ein Teil dieses dynastischen Fürstenstaates. Die personelle Verflechtung zwischen dem fürstlichen Hof, dem Geheimen Rat und den übrigen oberen Regierungs- und Gerichtskollegien mit den Besuchern der Landtage sind zu untersuchen, um die Funktionsweise der Regierung und Verwaltung zu verstehen. Landtags- und Ratskollegien vertreten keine gegensätzlichen Prinzipien von Freiheit und absoluter Herrschaft, sondern sind Teil einer einzigen adligen Herrschaftswelt, die nur z. T. bürokratisiert, verschriftlicht und kodifiziert ist.[209] Diese Korrekturen und Verschiebungen der Gewichte entsprechen der im englischen Revisionismus erfolgten Reinterpretation der politischen Strukturen des frühneuzeitlichen Fürstenstaates und des Verhaltens seiner zentralen Akteure.

Über alle historischen Schulen und die Zeiten hinweg hat sich jedoch eine These durchgehalten, die einen unbestrittenen Kernbereich landständischer Versammlungen und frühneuzeitlicher Parlamente definiert: die Bewilligung außerordentlicher Steuerbeiträge, welche die Untertanen zur Ergänzung der fürstlichen Kammereinkünfte im weiten Sinn leisten sollten.

> Georg v. Below, 1900: „Am greifbarsten und für das öffentliche Leben am folgenreichsten zeigt sich der Dualismus im Finanzwesen."
> Friedrich Tezner, 1901: „Verhältnismäßig am deutlichsten ausgeprägt unter den Rechtsinstituten des Ständestaates ist das Steuerbewilligungsrecht der Stände."

---

208 Volker Press, Vom ‚Ständestaat' zum Absolutismus. 50 Thesen zur Entwicklung des Ständewesens in Deutschland, in: Peter Baumgart (Hg.), Ständetum und Staatsbildung in Brandenburg-Preußen, S. 319–326.

209 Siehe auch für Österreich Petr Maťa und Thomas Winkelbauer, Einleitung. Das Absolutismuskonzept, die Neubewertung der frühneuzeitlichen Monarchie und der zusammengesetzte Staat der österreichischen Habsburger im 17. und frühen 18. Jahrhundert, in: Petr Maťa und Thomas Winkelbauer (Hg.), Die Habsburgermonarchie 1620 bis 1740. Leistungen und Grenzen des Absolutismusparadigmas, Stuttgart 2006, S. 7–42, hier S. 38, und Petr Maťa, Landstände und Landtage in den böhmischen und österreichischen Ländern (1620–1740). Von der Niedergangsgeschichte zur Interaktionsanalyse, ebd., S. 345–400.

Alfred Loebl, 1916: „Kurz, das Recht der Steuerbewilligung, der Verwendung und Beaufsichtigung blieb das Reich der Ständeherrlichkeit, wenn auch der Umfang dieser Rechte in einzelnen Territorien verschieden war."

Otto Brunner 1937: „Es ist die zentrale Aufgabe aller Landtage, dem Landesherrn im Falle der Landesnot außerordentliche Hilfe, Steuer und Kriegsdienste zu bewilligen."

Francis L. Carsten, 1959: „Finance remained the main field of the activity of the Estates."

Günter Birtsch 1969: „Eingriffe in die subjektive Rechtssphäre setzten deshalb das Einverständnis der Betroffenen voraus. Das kommt in dem Recht der Stände auf Bewilligung der landesherrlichen ‚Bede' ebenso zum Ausdruck, wie in dem Recht des Landesherrn auf die herkömmliche Steuer."

Volker Press 1983: „Nach dem gesagten wird deutlich, daß die eigentliche Bedeutung der Stände in der Finanzpolitik lag,…"

Kersten Krüger, 2003: „Alleiniges Recht auf Bewilligung von Steuern hatten die Landstände. Sie beteiligten sich maßgeblich am Aufbau des modernen Steuersystems."

Dieter Willoweit, 2009: „Die Landstände wirken auf das Handeln des Fürsten in der Regel durch die Bewilligung oder Verweigerung von Steuern ein."

Geoffey R. Elton, 1974: „The monarch's purposes are reasonably clear. Mostly they called Parliament to get money: Elizabeth was the first ruler of England who let not a single session pass without obtaining supply."[210]

Allerdings ist inzwischen im Zuge der Aufwertung der Reichsverfassung der Einfluß des Reiches auf die Herausbildung der landständischen Verfassungen und auf die Festigung des Steuerstaates im Verlauf des 16. Jahrhunderts deutlicher anerkannt als zuvor.[211]

---

210 Georg v Below, System und Bedeutung der landständischen Verfassung (1900), S. 251; Friedrich Tezner, Technik und Geist des ständisch-monarchischen Staatsrechts, Leipzig 1901, S. 62; Alfred H. Loebl, Der Sieg des Fürstenrechtes – auch auf dem Gebiete der Finanzen – vor dem Dreißigjährigen Kriege, München und Leipzig 1916, S. 35; Otto Brunner, Politik und Wirtschaft in den deutschen Territorien des Mittelalters, S. 411; Francis L. Carsten, Princes and Parliaments in Germany from the Fifteenth to the Eighteenth Century, Oxford, 1959, S. 429; Günter Birtsch, Die landständische Verfassung als Gegenstand der Forschung, in: Dietrich Gerhard (Hg.), Ständische Vertretungen in Europa im 17. und 18. Jahrhundert, 2., unveränderte Auflage Göttingen 1974, S. 32–55, S. 49; Volker Press, Formen des Ständewesens in den deutschen Territorialstaaten des 16. und 17. Jahrhunderts, in: Ständetum und Staatsbildung in Brandenburg-Preußen, hg. v. Peter Baumgart, Berlin und New York 1983, S. 280–318, hier S. 291; Kersten Krüger, Die landständische Verfassung, München 2003, S. 8; Dieter Willoweit, Deutsche Verfassungsgeschichte, S. 87. G.R. Elton, Tudor Government: The Points of Contact, S. 8. Die Liste könnte leicht ergänzt und verlängert werden.

211 Siehe z. B. Maximilian Lanzinner, Das Konfessionelle Zeitalter 1555–1618, in: Gebhardt. Handbuch der deutschen Geschichte, 10., völlig neu bearbeitete Auflage, Bd. 10, Stuttgart 2001, S. 71 f.

Umstritten blieb dagegen, inwieweit die landesherrlichen Geldforderungen für die Stände einen Hebel darstellen konnten, um eigene politische Forderungen und Ziele gegen die fürstliche Regierung durchzusetzen. Für Vertreter der Dualismus-These zeigt sich im fehlenden politischen Willen der Stände daher eine Schwäche der landständischen Verfassung. Die Einübung in die Steuerzahlung und die damit verbundene Ersetzung der Plenarlandtage durch landständische Ausschüsse besiegelt dann ihren Niedergang und den Sieg einer absolutistischen Herrschaft des Fürsten.

Die Forschung hat sich vor allem auf die Frage der unabweisbaren Anlässe für die Steuerforderungen, nämlich die Reichssteuern ('Türkensteuern'), die Landesnot aufgrund von Kriegen, die landesherrlichen Schulden oder fürstliche Heiratsprojekte konzentriert. Außerdem ging es um den Aufbau einer neben der fürstlichen Verwaltung ausgebauten eigenen Steuereinnahme der Landstände. Probleme bereiten dagegen die Einordnung des Steuerwesens in die allgemeine Territorialgeschichte unter der vorherrschenden Ausrichtung auf die Staatsbildung. Die Steuerbewilligung wird somit eng an die Frage nach einer politischen Partizipation der Untertanen im Fürstenstaat gebunden. Die Steuern stellten jedoch noch nicht die Quelle der Staatsfinanzen dar, sondern es handelte sich lediglich um einen Zuschuß zu den nicht mehr auskömmlichen Kammerintraden des Landesherrn, die für die Bestreitung der Kosten von Hofhaltung, Regierung, Verwaltung und Gerichtsbarkeit sorgen sollten. Die Ideologie, daß Steuern außerordentliche und nur temporär nötige Sonderabgaben sind und der Fürst von seinen Einkünften zu leben habe, blieb bis zum Ende des Ancien Régime die weithin geteilte Ansicht. Die außerordentlichen Abgaben teilen sich in indirekte Steuern und direkte Steuern. Die unzähligen Formen der indirekten Steuern wie die Zölle, das Stempelgeld, der Bieraufschlag, die Akzise betreffen vor allem den Konsum, den Handelsverkehr oder Dienstleistungen. Für sie ist es typisch, daß sie nur einmal eingerichtet und vom Landtag beschlossen werden, um eine Finanzierung für bestimmte öffentliche Zwecke bereitzustellen. Selbst wenn sie zunächst zeitlich befristet eingeführt wurden, tendieren sie rasch dazu, Tradition und Landesgebrauch zu werden und sich von der Landtagsbewilligung abzulösen.

Daher ist eine Landessteuer im nachdrücklichen Sinne nur die direkte Steuer, die unmittelbar vom mobilen oder immobilen Vermögen als Steuerobjekt oder von der Person als Personensteuer ('Kopfsteuer') erhoben wird. Die direkte Steuer ist die außerordentliche Steuer schlechthin, die immer nur auf Zeit und aushilfsweise bewilligt wird. Um sie dreht sich in erster Linie die ganze Problematik der Diskussion um ein Steuerbewilligungsrecht der Landstände und ihre mit ihm verknüpfte politische Macht und Partizipationschance im Fürstenstaat. In der Verfassungsgeschichte ist zwar der Zweck der Besteuerung, die Finanzierung der Staatsaufgaben bzw. die Tilgung der Landesschulden, deutlich formuliert, der Grund für das Zustimmungsrecht von Landsassen, die deshalb zu Landtagen zusammentreten bleibt vergleichsweise unklar.

Für Friedrich Tezner gibt es im ständisch-monarchischen Staat im eigentlichen Sinn keine rechtlich ausgearbeitet Steuerverfassung. Es herrscht vielmehr Rechtsunsicherheit, denn der Geist des Ständestaates „ist jeder Rechtsklärung feindlich": „So entscheiden auch hier nicht abstrakte Rechtsnormen, sondern Machtverhältnisse."[212] Demgegenüber vermutet er eine faktische, nicht weiter ausgeführte Rechtspflicht zur Bewilligung der landesherrlichen Postulate.[213] Er bindet sie also an das vom Fürsten ausgeübte Amt des Landesherrn und das zwischen dem Landesherrn und den Landsassen bestehende, durch Huldigung und Privilegienbestätigung begründete Verhältnis. Georg v. Below und Felix Rachfahl berufen sich auf das Reichsweistum von 1231, indem sie unter dem Ausdruck „constitutiones et nova iura" auch Steuern – allerdings fälschlicherweise – verstanden wissen wollen.[214] Der Verweis auf ein Reichsgesetz, welches ein Prinzip der Beteiligung statuiert haben soll, erklärt aber nicht, warum es dieses Gesetzes bedurft hatte. Otto Brunner bindet die außerordentliche Steuerleistung wie den Kriegsdienst der Untertanen an die Unterwerfung des Holden unter seinen Herrn. Im Fall der Landesherrschaft ist es die Immunität der landadeligen Herrschaften, welche die Zustimmung des Adels erheischt.[215] Die Hilfe der Steuerzahlung ist das Gegenstück zum Schutz, den der Landesherr garantiert. Günter Birtsch sieht ebenfalls eine recht abstrakt gehaltene Problematik der Besteuerungen, die nämlich als „Eingriffe in die subjektive Rechtssphäre" das Einverständnis der Betroffenen erforderten.

Die Einseitigkeit des verfassungsgeschichtlichen Ansatzes wird deutlicher, wenn man die Steuerthematik in der englischen Parlamentsgeschichte vergleichend heranzieht. In der anglo-amerikanischen Forschung ist ein Zusammenhang zwischen parlamentarischer Vertretung und Steuerbewilligung einerseits und dem Eigentum und der Freiheit der Untertanen andererseits geläufig. Die Parlamentsgeschichte ist hier eng mit einer juristischen und politischen Geschichte des Eigentumsbegriffs und der zeitgenössischen Eigentumsvorstellung verbunden.

> „First, by the early seventeenth century the doctrine of 'absolute property' had emerged in English Law in a form insisting that 'the propriety of any man's goods and chattels neither can nor ought to be charged, by any absolute authority of the King's Majesty without assent of Parliament'."
>
> „The requesting and granting of consent to statutes or taxes, then, was less the striking of a bargain between competing parties or interests

---

212 Friedrich Tezner, Technik und Geist des monarchisch-ständischen Staatsrechts, S.64 und S. 65.
213 Ebd., S. 63.
214 Georg v. Below, System und Bedeutung der landständischen Verfassung, S.171; und Felix Rachfahl, Alte und neue Landesvertretung in Deutschland, in: Jahrbuch für Gesetzgebung, Verwaltung und Volkswirtschaft im Deutschen Reich, hg. v. Gustav Schmoller, 33 (1909), S. 89–130, hier S. 95.
215 Otto Brunner, Land und Herrschaft, 3. Auflage 1943, S. 498: „Die rechtlichen Voraussetzungen dieser Bewilligungen sind uns bekannt. ‚Steuer und Reise‘ sind Verpflichtungen der ‚Holden‘ gegen den Herrn, dem Huldigung geleistet wurde. ... In erster Linie geht es hier um die Bewilligung von Steuer und Kriegsdienst der in den Immunitäten, unter Schutz und Schirm ihrer Herren sitzenden Holden, denen gegenüber dem Landesherrn kein unmittelbares Recht des Zugriffs zusteht."

than the ritual recognition that a social and political bond held the governed and the governors together for common profit. Completion of the negotiation signified the renewal of the ties that made the realm a healthy body politic, while failure of king and subject to reach concord, ..., indicated nothing less than the presence of disease in that same social body."

„Hence the raising of taxes – which necessarily involved encroachments on the subjects' property rights for the public good – was no less a political act whether it was achieved with ready agreement or by prerogative action."[216]

In deutschsprachigen Publikationen zur Landtagsgeschichte wird man aber den Ausdruck ‚Eigentum' in der Regel vergeblich suchen. Eine Ursache für diesen Mangel liegt darin, daß die Verfassungsgeschichte sich aufgrund ihrer staatsrechtlichen Orientierung am öffentlichen Recht ausrichtet, die Frage des Eigentums aber traditionell in das Privatrecht fällt. So ist die Steuerbewilligung also als staatliche Kompetenz des Fürsten oder der Landtage von Interesse und die Besteuerung nur ein Eingriff in eine „subjektive Rechtssphäre". Der Inhalt der Rechtsphäre, das Eigentum und die Fragen der Verfügung über sein Eigentum, bleiben dagegen unbeachtet. Das hat zur Folge, daß die Diskussion vollständig innerhalb der durch die staatsrechtliche Systematik gezogenen Grenzen verbleibt. Auf diese Weise kommen allein Kompetenzen, Steuerbehörden, Steuersystematik und vielleicht noch die Steuergerechtigkeit in den Blick, nicht aber der weitere soziale und politische Kontext der Steuerfrage. Am Beispiel der Landtags-Reverse lassen sich die Unterschiede in der Interpretation gut illustrieren.

Die Forschung hat seit langem darauf hingewiesen, daß die Landessteuern seit dem 16. Jahrhundert zu einer ständigen, regelmäßig wiederkehrenden und unverzichtbaren Einrichtung werden, was auch den betroffenen Zeitgenossen nicht verborgen geblieben war. Dennoch haben sich die Stände bei jeder erneuten Bewilligung durch den Landesherrn einen Revers ausstellen lassen, in dem ihnen die Freiwilligkeit und der vorübergehende Charakter der Steuer bestätigt wurden. In der staatsrechtlichen Perspektive muß hier ein Kuriosum oder ein unvernünftiger, formalistischer Traditionalismus vorliegen, wie die Ausführungen Friedrich Tezners über das Steuerbewilligungsrecht beispielhaft zeigen:

> „Immerhin ist auch dieses Rechtsinstitut beherrscht von jener naiven, für beide Teile erkennbaren und darum für eine moderne Vorstellungsweise höchst ergötzlichen Unaufrichtigkeit im rechtlichen Verkehr zwischen Fürst und Ständen, welche dem ständischen Verfassungsleben ein so eigentümliches Gepräge verleiht und den schwankenden Charakter der ständischen Einrichtungen hervorruft."

---

216 David Harris Sacks, The Paradox of Taxation: Fiscal Crises, Parliament, and Liberty in England, 1450–1640, in: Philip T. Hoffman und Kathryn Norberg (Hg.), Fiscal Crises, Liberty, and Representative Government, 1450–1789, Stanford 1994, S. 7–66, hier S. 55 und S. 57.

„Die publizistische Bedeutung der Steuer ist für die Stände klar, sie werden durch eine stetige Erfahrung von der Nutzlosigkeit der Verleugnung dieser Bedeutung belehrt. Nichtsdestoweniger lassen sie sich immer wieder durch Reverse versichern, daß die Steuer dem Herrscher ohne Rechtspflicht und freiwillig gegeben werde, und daß nicht wieder eine Steuer werde gefordert werden, und dieser Revers wird vom König oder Landesherrn immer wieder erteilt ohne ernstliche Absicht, ihn einzuhalten."[217]

Wenn man die enge Sicht einer Entwicklungsgeschichte der Staatsbildung verläßt, dann kann man versuchen, diese Praxis als einen Ausdruck der alteuropäischen politischen Kultur zu lesen. Möglicherweise liegt in ihr mehr Gewicht auf der Form der Interaktion als auf ihrem nackten materiellen Resultat. Denn das Ergebnis steht häufig von vornherein fest, weil der Bitte des Fürsten um Beihilfe nachgekommen werden muß. Es ist auch abgesehen von den verhandelbaren Modalitäten der genauen Höhe, der Zahlungstermine und Steuerobjekte für die Beteiligten nicht von so großem Belang. Problematisch war dagegen in der alteuropäischen Gesellschaft die an die Form geknüpfte Bedeutung für ihre soziale Stellung. Nicht die Zahlung machte den Unterschied, sondern ob sie aus freiem Willen erfolgte oder auf bloßen Befehl des Fürsten. Im ersten Fall gehörte sie zu Rat und Hilfe freier Männer, im zweiten Fall richtete sie sich an untergeordnetes Dienstpersonal und verletzte die Ehre.[218] Wenn Ansehen und Status, aber auch verbriefte Rechte in Interaktionen immer wieder neu manifestiert und symbolisch behauptet werden müssen, auch weil noch nicht alles verschriftlicht und in Verwaltungsordnungen umfassend und abschließend geregelt ist, dann sind auch die immer wieder neu ausgestellten Landtagsreverse nicht mehr so kurios wie Tezner behauptet.

Die aktuelle Forschung hat sich daher im Zeichen einer historischen Kulturwissenschaft von den klassischen Fragen der Verfassungsgeschichte abgewendet. Soweit die landständischen Verfassungen noch untersucht werden, widmen sie sich Fragen der politischen Kultur Alteuropas im weiten Sinne. Das Zeremoniell, die Rangstreitigkeiten und die symbolischen Formen der Verhandlungen oder Begegnungen am Hofe und auf Reichs- und Landtagen haben große Aufmerksamkeit gefunden, und zwar nicht als zeitbedingte Begleiterscheinungen, sondern als konstitutive Elemente einer spezifischen politischen Kultur.[219]

---

217 Friedrich Tezner, Technik und Geist des ständisch-monarchischen Staatsrechts, S. 62.

218 Siehe dazu Annette v. Stieglitz, Landesherr und Stände zwischen Konfrontation und Kooperation. Die Innenpolitik Herzog Johann Friedrichs im Fürstentum Calenberg 1665–1679, Hannover 1994, hier S. 105 und S. 108.

219 Siehe Barbara Stollberg-Rilinger, Zeremoniell, Ritual, Symbol. Neue Forschungen zur symbolischen Kommunikation in Spätmittelalter und Früher Neuzeit, in: Zitschrift für Historische Forschung, Bd. 27 (2000), S. 389–406; Barbara Stollberg-Rilinger (Hg.), Vormoderne politische Verfahren, Berlin 2001; Tim Neu, Michael Sikora und Thomas Weller (Hg.), Zelebrieren und Verhandeln. Zur Praxis ständischer Institutionen im frühneuzeitlichen Europa, Münster 2009.

> „Die hierarchische Ordnung nach Rängen war im Wertesystem der Vormoderne zweifellos ein schlechthin zentraler Wert, der dieses zugleich am deutlichsten von dem Wertesystem der Moderne unterscheidet. Soziale Harmonie, Einheit in der Vielfalt waren in der gesamten Schöpfung nur als Rangordnung vorstellbar – zumindest im Diesseits."[220]

Die bis zu diesem Punkt gemachten Anmerkungen zur Literatur über die frühneuzeitlichen Landtage können eine ausgearbeitete Wissenschaftsgeschichte dieses vielschichtigen historischen Feldes seit dem 18. Jahrhundert nicht ersetzen. Vielleicht können sie zu einem solchen Unternehmen anreizen. Es sollte indes deutlich geworden sein, daß die bestehende Landtagsforschung einen massiven historischen Überhang aus dem 19. Jahrhundert aufweist, der seine wissenschaftliche und politische Plausibilität weitgehend verloren hat. Die Bindung der verwendeten Begriffe und Perspektiven an die konstitutionelle Monarchie des 19. Jahrhunderts als genuin deutsche Staatsform, ihr Gegensatz zum westeuropäischen Parlamentarismus oder die Kontinuitätsfiktion vom frühen Mittelalter bis in die eigene Gegenwart sind ebenso obsolet geworden wie die Konkurrenz von historischer und juristischer Verfassungsgeschichte. Alle diese Topoi können der Wissenschaftsgeschichte überantwortet werden.[221] Aktuelle Forschungen zu den frühneuzeitlichen Landtagen sollten in ihrem Forschungsstand dagegen auf die verkürzte Wiedergabe einiger Thesen älterer Autoren wie v. Below oder Brunner verzichten. Forschungsgeschichte weiterhin als eine Form der Stillen Post zu betreiben, die nur halb rezipierte intensive ältere Konflikte nur mehr als leere Formeln weiterschleppt, muß unbefriedigend und unergiebig bleiben.

Anstelle der älteren Entwicklungsgeschichte des modernen Staates ist der Kontext des frühneuzeitlichen Fürstenstaates, von dem die allgemeinen Landtage, sofern sie weiter abgehalten wurden, einen normalen Bestandteil bildeten, zu der allgemeinen Perspektive geworden, in der die verschiedenen Fragen und Vorhaben der Einzelforschung organisiert und durchgeführt werden können. Im Vordergrund steht für uns die zeitgenössische Bedeutung eines Landtages einschließlich der symbolischen Formen und Zeichen sowie der von den Akteuren verwendeten Semantik. Obwohl sowohl die alten Landtage als auch die Kammern der konstitutionellen Verfassungen weiterhin zu unserer Vorgeschichte gehören, ist das Verhältnis der Landtagsgeschichte zu unserer Gegenwart

---

220 Barbara Stollberg-Rilinger, Symbolische Kommunikation in der Vormoderne. Begriffe – Thesen – Forschungsperspektiven, in ZHF 31 (2004), S. 489–527, hier S. 507.

221 Andererseits belegt dieser Fall, wie schwierig die Wiedergabe des Forschungsstandes ist, wenn sie sich nicht auf eine solide und breit angelegte Aufarbeitung der Forschungsgeschichte stützen kann. Ein Referat der verschiedenen Forschungspositionen im Forschungsstand, die Rachfahl, Brunner und Press auf eine Linie stellt, geht in den wichtigsten Fragen fehl. Daher wird insgesamt die Forschungsgeschichte oder die Wissenschaftsgeschichte der Begriffe, Themen, Konzepte, Felder, Fächer der Historie für eine gehaltvolle Forschung vermutlich immer wichtiger werden. Sich einfach den Quellen oder der Sache zuzuwenden, wird nicht sehr weit führen, sondern in der Regel nur alte Aufführungen reinszenieren.

demnach vermittelter und indirekter geworden als in der auf Legitimierung und Traditionsstiftung und auf unmittelbarere politische Nutzanwendung ausgerichteten älteren Dualismus-Vorstellung. Die Stichworte heißen jetzt Alteuropa, Fürstenstaat, Eigentum, Freiheit, politische Kultur. Entscheidend ist ihre Alterität zu den heutigen Verhältnissen und Auffassungen, die historisch gesehen nicht in ferner mittelalterlicher Vergangenheit wurzeln, sondern eher sehr jungen Datums sind.[222] Trotz der verminderten politischen Nutzanwendung einer solchen nicht auf eine ‚Wurzel‘, ein ‚Erbe‘, eine ‚Tradition‘ oder eine ‚Verpflichtung‘ der Geschichte bezogenen Landtagsgeschichte kann der Blick in den ‚fernen Spiegel‘ der Geschichte (Barbara Tuchman) dennoch sehr erhellend sein, um die heutige politische Kultur gerade auch mit Hilfe einer historischer Perspektive in ihren überzeugenden und vielleicht begeisternden wie in ihren irritierenden und dunklen Zügen als das Ergebnis eines komplexen, oft unbeabsichtigten und weitgehend unvorhersehbaren Wandels von Kultur und Gesellschaft besser zu verstehen.

2. Die Mitglieder der Ritterschaft im Landtag von 1742

Engerer Ausschuß

Nr.	Name	Rittergut	Kreis
1	Löser, Hans (Erbmarschall)	Reinharz und Clöden	ChK
2	Brühl, Hans Moritz v.	Statthalter Ballei Thüringen	TK
3	*Brühl, Hans Moritz v.*	Komtur zu Griefstädt	TK
4	Heringen, Hans Ludwig v.	Ottenhausen	TK
5	Planitz, Christian Ludwig Edler v.d.	Auerbach, unterer Teil	VK
6	Bülow, Johann Gottlieb v.	Beyernaumburg	TK
7	Marschall, Wolf Friedrich	Burgholzhausen	TK
8	Schönberg, Adam Friedrich v.	Börnichen	EK
9	Schönberg, Antonius v.	Limbach	EK
10	Fullen, Staz Hilmar v.	Störmthal	LK
11	Bünau, Heinrich v.	Domsen	TK
12	Berlepsch, Otto Heinrich v.	Gröbitz	TK
13	Wazdorff, Friedrich August v.	Kauschwitz	VK
14	Arnim, Siegmund August v.	Döben	LK
15	Uffel, Christian v.	Trünzig	EK
16	Zanthier, Haubold Siegmund v.	Zschernitz	LK
17	Zehmen, Moritz Christoph v.	Markersdorf	NK
18	Brühl, Heinrich v.	Grochwitz	ChK
19	Grünrodt, Hans George v.	Seifersdorf	MK

222 Ein die Alterität entfaltendes Konzept der frühneuzeitlichen Ständegeschichte, welches das ältere Modell der auf Tradition und historischer Kontinuität beruhenden Vorstellung eines Dualismus von Fürst und Ständen in der Allgemeinen Geschichte ersetzten kann, liegt noch nicht vor und bleibt eine erst zu leistende Aufgabe der historischen Forschung und Theoriebildung.

Engerer Ausschuß

Nr.	Name	Rittergut	Kreis
20	Werthern, Friedemann v.	Beichlingen	TK
21	Metzsch, Carl	Reichenbach	VK
22	Schönberg, Gotthelf Friedrich v.	Trebitz	ChK
23	Bodenhausen, Otto Wilhelm v.	Radis	ChK
24	Bose, Adam Heinrich	Mölbis	LK
25	Einsiedel, Hans George v.	Wolkenburg	LK
26	Mergenthal, August Philipp v.	Obereula	LK
27	Röder, Ludwig August v.	Helmsgrün	VK
28	Schönberg, Johann Friedrich v.	Bertelsdorf	MK
29	Ponickau, Johann August v.	Klipphausen	MK
30	Werthern, George v.	Neunheiligen	TK
31	Rockhausen, George Friedrich v.	Kirchscheidungen	TK
32	Berbisdorf, Hans August v.	Schweinsburg	EK
33	Schönfeld, Heinrich Rudolph v.	Löbnitz, Schloßteil	LK
34	Berlepsch, Caspar v.	Henningsleben	TK
35	Dießkau, Johann Adolph v.	Trebsen	LK
36	Veldheim, Josias v.	Ostrau	LK
37	Bünau, Heinrich v.	Nimritz	NK
38	Leipziger, Christoph Friedrich v.	Zwethau	ChK
39	Brühl, Johann Adolph v.	Zehista	MK
40	Zech, Bernhard v.	Schmorkau b. Königsbrück	MK

Weiterer Ausschuß

Nr.	Name	Rittergut	Kreis
1	Heringen, Hans Heinrich v.	Ottenhausen	TK
2	Carlowitz, Carl Adolph v.	Ottendorf bei Gießhübel	MK
3	*Vacat*	Abgeordneter der von Schönburg	LK
4	*Vacat*	Tautenburg u. Frauenprießnitz	TK
5	Winkel, Ernst Dietrich aus dem	Möst	ChK
6	Münchhausen, Philipp Adolph v.	Steinburg	TK
7	Tettenborn, Hans Carl v.	Gangloffsömmern	TK
8	Arnimb, Christoph Heinrich v.	Planitz	EK
9	Bünau, Heinrich v.	Püchau	LK
10	Marschall, Hans Julius	Zembschen	TK
11	Taubenheim, Johann Adolph v.	Bedra	TK
12	Hopfgarten, Friedrich Abraham v.	Mülverstedt	TK
13	Seebach, Hans Adolph Wilhelm v.	Schönewerda	TK
14	Arnimb, Christoph Ehrenreich v.	Neusorge	EK
15	Römer, Rudolph Gottlob	Neumark	EK
16	Wallwiz, Hans Joachim v.	Gepülzig	LK
17	Einsiedel, Curt Abraham v.	Gnandstein	LK
18	Planitz, Carl Ludwig Edler v.d.	Untergöltzsch	VK
19	Lindau, Adam Friedrich Brand v.	Wiesenburg	ChK

Weiterer Ausschuß

Nr.	Name	Rittergut	Kreis
20	Brühl, Friedrich Wilhelm v.	Martinskirchen	LK
21	Solms, Adolph Ludwig v.	Rössen	ChK
22	Münchhausen, Ernst Friedemann v.	Herrengosserstedt	TK
23	Erdmannsdorf, Johann Friedrich v.	Elbersdorf	MK
24	Creuz, Christoph Friedrich v.	Stockhausen	LK
25	Erdmannsdorff, Ernst Ferdinand v.	Kössern	LK
26	Beust, Carl Friedrich v.	Neuensalz	VK
27	Reibold, Hans Erdmann v.	Reinsdorf	VK
28	Bünau, Rudolph v.	Kleingera	VK
29	Brandenstein, August Heinrich v.	Sachsgrün	VK
30	Einsiedel, Heinrich Detlev v.	Oppurg	NK
31	Wolffersdorff, Friedrich Carl v.	Culmitzsch	NK
32	Seebach, Hans Wilhelm v.	Oppershausen	TK
33	Wurm, Friedrich Wilhelm v.	Großenfurra	TK
34	Zanthier, Otto Friedrich	Wünschendorf	EK
35	Möllendorff, Friedrich August v.	Döllsdorf	ChK
36	Wehlen, Johann George v.	Wiederau	ChK
37	Vittinghoff, Friedrich Wilhelm v.	Jessen	ChK
38	Helldorf, Wolff Heinrich v.	Gröst	TK
39	Berlepsch, Thomas Christian v.	Großwelsbach	TK
40	Berlepsch, Erich Volckmar v.	Uhrleben	TK
41	Eberstädt, Matthias Heinrich Jonas v.	Tackau	TK
42	Ende, Gottlob Ferdinand v.	Taubenheim	MK
43	Schönberg, Caspar Abraham v.	Maxen	MK
44	Holzendorff, Christian Gottlieb v.	Bärenstein	MK
45	Haugwitz, Johann Adolph v.	Fichtenberg	MK
46	Bünau, Rudolph v.	Lauenstein	MK
47	Nostitz, Rudolph Heinrich v.	Lüttewitz	MK
48	Thielau, Otto Moriz v.	Hirschfeld	MK
49	Poigk, Hans Christoph v.	Ringethal	EK
50	Hartizsch, Ferdinand Wilhelm v.	Dorfchemnitz (Oberdorf)	EK
51	Hennicke, Johann Christian v.	Wiederau	LK
52	Brandenstein, Friedrich August v.	Hermsdorf	LK
53	Wuthenau, Adam Ludwig v.	Glesien	LK
54	Schönberg, Caspar Joachim v.	Böhlen bei Döbeln	LK
55	Ende, Friedrich Heinrich v.	Hausdorf	LK
56	Bodenhausen, Otto George v.	Mühltroff	VK
57	Bose, Carl Alexander	Netzschkau	VK
58	Beulwitz, Christian August v.	Kloschwitz	VK
59	Wilde, Hans Christoph v.	Leubsdorf, unterer Teil	NK
60	Brandenstein, Carl August v.	Krölpa	NK

Allgemeien Ritterschaft
Churkreis

Nr.	Name	Rittergut	Kreis
1	Birckholz, Gottlob Heinrich v.	Stechau	ChK
2	Marschall v. Bieberstein, Friedrich Ludwig August	Polzen	ChK
3	Weltewiz, Julius Albrecht v.	Ottersitz	ChK
4	Belzig, Ludwig August v.	Spören	ChK
5	Leipziger, Hans Christoph v.	Wildenau	ChK
6	Globig, Christoph Heinrich v.	Grauwinkel	ChK
7	Lochau, August Haubold v.	Lübnitz	ChK
8	Drandorff, Wolff Gottfried v.	Kollochau, 2. Teil	ChK
9	Zanthier, Carl Ludolph v.	Salzfurth	ChK
10	Hartizsch, Hans Dietrich v.	Marxdorf	ChK

Thüringer Kreis

Nr.	Name	Rittergut	Kreis
1	Rothe, Wolff Heinrich	Löbitz	TK
2	Wizleben, Friedrich Wilhelm v.	Tauchard	TK
3	Wittern, Hans Melchior v.	Wundersleben	TK
4	Germar, Carl Heinrich v.	Gorsleben	TK
5	Goldacker, Heinrich Alexander Wilhelm	Weberstedt	TK
6	Werthern, August Heinrich Detlef v.	Brücken	TK
7	Hacke, Alexander Friedrich	Hackpüffel	TK
8	Brand, George Erasmus v.	Haardorf	TK
9	Bose, Otto Heinrich	Oberwünsch	TK
10	Bendeleben, Wilhelm Moriz v.	Kannawurf	TK
11	Werthern, Christian Erdmann Ludwig v.	Allerstedt	TK
12	Marschall, Christian Wilhelm	Altengottern	TK
13	Schütz, Adam Heinrich	Weißenschirmbach	TK
14	Töpffer, Heinrich Ernst v.	Sundhausen	TK
15	Landwüst, Gottlob v.	Gladitz	TK
16	Schenck, Friedrich Heinrich v.	Oberreißen	TK
17	Hopfgarten, Christian Friedrich v.	Mülverstedt	TK
18	Schlotheim, Friedrich Wilhelm v.	Stödten	TK
19	Krudel, Wilhelm Ludwig v.	Kleinballhausen	TK
20	Mezsch, Friedrich Carl	Mutzschau	TK
21	Marschall, Rudolph August	Altengottern	TK
22	Rockhausen, Friedrich August v.	Albersroda	TK
23	Marschall, Adolph Heinrich	Altengottern	TK
24	Schierbrand, Christian Thilo v.	Kirchheiligen	TK

Meißner Kreis

Nr.	Name	Rittergut	Kreis
1	Pflug, Otto Ferdinand	Strehla, Görziger Theil	MK
2	Gerßdorff, Friedrich Adolph v.	Obergurig	MK
3	Schönberg, Dietrich Ehrenreich v.	Zschaiten	MK
4	Flemming, Adam Friedrich v.	Hermsdorf bei Radeberg	MK
5	Mörner, Jacob Friedrich Ernst	Neukirchen	MK
6	Lüttichau, Wolff Siegfried Curth v.	Ulbersdorf, Ober- u. Nieder-	MK
7	Pflug, Dam Siegmund	Strehla, Trebnitzer Theil	MK
8	Wesenig, Heinrich Gottfried v.	Oelzschau	MK
9	Lüttichau, Johann Haubold Caesar v.	Ilkendorf	MK
10	Schleinitz, Christoph Friedrich v.	Schieritz	MK
11	Carlowitz, Hans George v.	Stösitz	MK
12	Schönberg, Otto Christian v.	Bornitz	MK
13	Dehn Rothfelßer, Friedrich Gottlob v.	Helfenberg	MK
14	Wesenig, Hans Carl v.	Casabra	MK
15	Schönfeld, Johann George v.	Wachau	MK
16	Marschall v. Bieberstein, Christian Leonhard	Choren und Wetterwitz	MK
17	Bose, Joachim	Burkersdorf	MK
18	Miltiz, Carl Werner Ernst v.	Batzdorf	MK
19	Bose, Carl Gottlieb	Schleinitz	MK
20	Hartizsch, Julius Alexander v.	Staucha	MK
21	Thielau, Carl Gottlieb v.	Lampertswalde	MK
22	Schönberg, Gottlieb Ferdinand v.	Wilsdruff	MK
23	Miltiz, Heinrich Gottlob v.	Oberau	MK
24	Schönberg, Hans Dietrich v.	Roth-Schönberg	MK
25	Polenz, Wolf Adolph v.	Linz	MK
26	Schönberg, Adolph Ferdinand v.	Reinsberg, Ober- u. Nieder-	MK
27	Lüttichau, Heinrich v.	Rittmitz	MK
28	Lüttichau, Rudolph August v.	Potschappel und Klein Kmehlen	MK
29	Racknitz, Gallo Maximilian v.	Lockwitz	MK
30	Stammern, Arendt Vollrath v.	Camitz	MK
31	Pistoris, August Adolph v.	Merschwitz	MK
32	Zinzendorff u. Pottendorff, Friedrich Christian v.	Hof	MK
33	Kölbel v. Geißing, Christian August	Munzig	MK
34	Heynitz, Gottlob Lebrecht v.	Miltitz	MK
35	Dießkau, Geißler v.	Neißen und Bockwitz	MK
36	Lochau, Gebhardt Gottlieb v.d.	Mühlbach	MK
37	Bünau, Heinrich v.	Zuschendorf	MK
38	Preuß, Heinrich August	Wendischbora	MK
39	Zehmen, Hannß Bastian v.	Stauchitz	MK
40	Starschedel, Adam Heinrich v.	Borna	MK
41	Beichlingen, Adolph Siegfried v.	Döbritzgen	MK
42	Wehlen, Johann Gottlieb v.	Riesa	MK
43	Pflug, Alexander Siegismund	Tiefenau	MK
44	Maxen, Johann George v.	Pulsnitz, Meißner Teil	MK
45	Pflug, Johann George	Zöschau	MK
46	Schleiniz, Haubold Sebastian Dietrich v.	Glauschnitz	MK

Erzgebirger Kreis

Nr.	Name	Rittergut	Kreis
1	Schütz, Christian Ernst v.	Erdmannsdorf	EK
2	Schönberg, Caspar Dietrich v.	Pfaffroda	EK
3	Mezsch, Siegmund August v.	Krumhermsdorf	EK
4	Mosel, Bernhard Dietrich v.d.	Mittelmosel	EK
5	Mosel, George Friedrich v.d.	Untermosel	EK
6	Weißenbach, Curth Haubold	Leubnitz	EK
7	Römer, Wolff Heinrich	Untersteinpleis	EK
8	Mezsch, Friedrich Gottlob v.	Reuth	EK
9	Planiz, Gottlob Heinrich Edler v.d.	Frankenhausen	EK
10	Hartizsch, George Carl v.	Weißenborn	EK
11	Wolffersdorff, Carl Ludwig v.	Silberstraße	EK
12	Carlowiz, Carl Adolph v.	Großhartmannsdorf	EK
13	Einsiedel, Curth Heinrich v.	Weißbach	EK
14	Schönberg, Friedrich August v.	Wingendorf	EK
15	Watzdorff, Friedrich Carl v.	Lichtenwalde	EK
16	Wolffersdorff, Heinrich Erdmann v.	Klein-Walthersdorf	EK
17	Schönberg, Hans Dietrich v.	Niederfrohna	EK
18	Rex, George Abraham	Blankenhain	EK
19	Römer, Carl Gottlob v.	Rauenstein	EK
20	Schönberg, Caspar v.	Gelenau	EK
21	Leubniz, Friedrich Gottlob	Olbernhau	EK

Leipziger Kreis

Nr.	Name	Rittergut	Kreis
1	Heynitz, George Ernst v.	Dröschkau	LK
2	Schönfeld, Johann Christoph v.	Löbnitz, Hofteil	LK
3	Vitzthum v. Eckstädt, Johann Friedrich	Kleinwölkau	LK
4	Oelschnitz, Christoph Wilhelm v.d.	Polditz	LK
5	Lüttichau, George v.	Falkenhain	LK
6	Polenz, Heinrich Dietrich v.	Gärtitz	LK
7	Ponickau, Otto Friedrich v.	Audigast	LK
8	Drandorf, Hans Adam v.	Niederwutzschwitz	LK
9	Osterhausen, Christian Gebhardt v.	Niedergrauschwitz	LK
10	Krosigk, Matthias Friedrich v.	Queis	LK
11	Üchteriz, Wolff Rudolph v.	Medewitzsch	LK
12	Poigk, August Wilhelm v.	Keuern	LK
13	Ponickau, Johann Dietrich v.	Baalsdorf	LK
14	Ponigkau, Johann Christoph v.	Pomsen	LK
15	Thümmel, Carl Heinrich v.	Schönefeld	LK
16	Sahrer von Sahr, Carl August	Kötzschwitz	LK
17	Pöllniz, Gottlob Heinrich v.	Kolkau	LK
18	Einsiedel, Heinrich v.	Kesselshain	LK
19	Trützschler v. Falckenstein, George Carl	Kleinhermsdorf	LK
20	Lindenau, Adam Friedrich v.	Ammelshain	LK

Leipziger Kreis

Nr.	Name	Rittergut	Kreis
21	Plötz, Joachim Siegmund	Kühnitzsch	LK
22	Lüttichau, August Heinrich v.	Noschkowitz	LK
23	Hartizsch, Hans Dietrich v.	Köckern	LK
24	Dießkau, Carl Heinrich v.	Knauthain	LK
25	Ponickau, Johann Alexander v.	Belgershain	LK
26	Leipziger, Gottlob Siegmund v.	Kossa	LK
27	Bünau, Rudolph v.	Wiederode	LK
28	Schiecke, Ernst Adolph	Gollma	LK
29	Ponickau, Johann George v.	Großzschocher	LK
30	Einsiedel, Augustus v.	Prießnitz	LK
31	Henckel, Erdmann Heinrich	Penkwitz	LK

Vogtländer Kreis

Nr.	Name	Rittergut	Kreis
1	Hayn, Hans Christoph v.	Raschau	VK
2	Gößniz, George Wolff v.	Jugelsburg	VK
3	Beulwiz, Christian Alexander v.	Erlbach	VK
4	Wazdorff, Christian Friedrich v.	Syrau	VK
5	Carlowiz, Carl Rudolph	Irfersgrün	VK
6	Röder, Heinrich Erdmann	Gansgrün	VK
7	Stubenberg, Wilhelm August v.	Straßberg	VK
8	Heyde, Philipp Ferdinand v.d.	Gutenfürst	VK

Neustädter Kreis

Nr.	Name	Rittergut	Kreis
1	Stein, Christian Heinrich v.	Miesitz	NK
2	Schauroth, Johann Julius v.	Geroda	NK
3	Trützschler, Adam Friedrich	Moderwitz	NK
4	Brandenstein, Christoph Wilhelm v.	Ranis (Burg-)	NK
5	Brandenstein, Adam Friedrich v.	Positz	NK
6	Oberniz, George Christoph v.	Bucha	NK
7	Oberniz, Heinrich August v.	Neidenberga	NK
8	Pöllniz, Hans George Traugott v.	Staitz	NK
9	Gablenz, Christoph Friedrich v.d.	Lemnitz	NK
10	Stein, Christoph Heinrich v.	Cospoda	NK
11	Dießkau, Adolph Otto v.	Molbitz	NK
12	Tümpling, Christian Gottlob v.	Sorna	NK
13	Berbisdorf, Christoph Wilhelm v.	Rockendorf	NK
14	Spiegel, Siegmund Ernst v.	Uhlersdorf	NK
15	Wolframsdorff, Moritz Carl v.	Teichwolframsdorf	NK
16	Taube, Dietrich Ernst v.	Niederpöllnitz	NK

Neustädter Kreis		
Nr. Name	Rittergut	Kreis
17 Pflug, Dietrich	Gütterlitz	NK
18 Ende, Carl Gottlob v.	Kaymberg	NK

(Quelle: HSTAD Dresden, Bestand 10.015,Landstände A Nr. 85)

3. Liste der neu erteilten Schriftsässigkeit für Rittergüter seit 1675

Jahr	Rittergut	Kreis	Amt	Datum	Leonhardi
1675	Großhermsdorf	LpK	Borna	31. März schriftsässig	L 2, S. 914
1679	Ossa	LpK	Rochlitz	12. Juni schriftsässig	L 2, S. 871
1682	Badrina	LpK	Delitzsch	21. Jan. altschriftsässig	L 2, S. 731
	Broda	LpK	Delitzsch	21. Jan. altschriftsässig	L 2, S. 732
	Döbernitz	LpK	Delitzsch	21. Jan. altschriftsässig	L 2, S. 732
	Glesien	LpK	Delitzsch	21. Jan. altschriftsässig	L 2, S. 733
	Klein-Wölkau	LpK	Delitzsch	21. Jan. altschriftsässig	L 2, S. 733
	Laue	LpK	Delitzsch	21. Jan. altschriftsässig	L 2, S. 733
	Löbnitz, Hofteil	LpK	Delitzsch	21. Jan. altschriftsässig	L 2, S. 733 f
	Löbnitz, Schloßteil	LpK	Delitzsch	21. Jan. altschriftsässig	L 2, S. 733 f
	Ostrau	LpK	Delitzsch	1682 altschriftsässig	L 2, S. 735
	Schenkenberg	LpK	Delitzsch	21. Jan. altschriftsässig	L 2, S. 736
1689	Borthen	MK	Pirna	30. April altschrift-sässig	L 2, S. 370
1691	Nieder-Rabenstein	EK	Chemnitz	14. März schriftsässig	L 3, S. 132
1698	Prieschka	MK	Mühlberg	1698 schriftsässig	L 2, S. 534
	Kitscher	LpK	Borna	5. Aug. schriftsässig	L 2, S. 909 f
1702	Lößnig	LpK	Leipzig	14. Dez. schriftsässig	L 2, S. 712 f
1709	Grödel	MK	Hayn	1709 separiert, alt-schriftsässig	L 2, S. 475
1716	Poßendorf	MK	Dippoldis-walde	1716 neuschriftsässig	L 2, S. 338
1737	Marschwitz	LpK	Colditz	16. Mai schriftsässig	L 2, S. 890
1738	Möbertitz	MK	Meißen	12. Febr. altschrift-sässig	L 2, S. 58
	Roitzsch	MK	Torgau	12. Febr. schriftsässig	L 2, S. 562
1741	Brambach	VK	Voigtsberg	24. Nov. altschriftsässig	L 3, S. 415
	Schloditz	VK	Voigtsberg	24. Nov. (neu-)schrift-sässig	L 3, S. 419
1742	Merzdorf	MK	Oschatz	7. April schriftsässig	L 2, S. 634
1743	Möckern	LpK	Leipzig	19. März schriftsässig	L 2, S. 713
1744	Crellwitz	ThK	Weißenfels	1744 altschriftsässig	L 1, S. 601
	Daspig	ThK	Weißenfels	1744 altschriftsässig	L 1, S. 601
	Deuben	ThK	Weißenfels	1744 altschriftsässig	L 1, S. 601
	Gröst	ThK	Freyburg	1744 altschriftsässig	L 1, S. 620
	Kreyschau	ThK	Weißenfels	15. März schriftsässig	L 1, S. 609
	Storkwitz	LpK	Delitzsch	25. März altschriftsässig	L 2, S. 736
1745	Ulbersdorf, Ober- u. Nieder-	MK	Hohenstein	6. Juli schriftsässig	L 2, S. 418

Jahr	Rittergut	Kreis	Amt	Datum	Leonhardi
1746	Dommsen	ThK	Weißenfels	12. Sept. altschriftsässig	L 1, S. 602
	Gangloff-Sömmern	ThK	Langensalza	12. Sept. schriftsässig	L 1, S. 673
1747	Groß-Vargula	ThK	Langensalza	27. Mai neuschriftsässig	L 1, S. 690
1748	Mißlareuth	VK	Voigtsberg	12. Febr. schriftsässig	L 3, S. 418
	Nöda	ThK	Weißenfels	16. Nov. schriftsässig	L 1, S. 609
1749	Unter-Greißlau	ThK	Weißenfels	4. Mai schriftsässig	L 1, S. 609
	Schalkendorf	ThK	Freyburg	15. Juli schriftsässig	L 1, S. 624
	Schilffa	ThK	Weißensee	26. Juli schriftsässig	L 1, S. 673
	Bonau	ThK	Weißenfels	15. Aug. schriftsässig	L 1, S. 608
	Ober-Röblingen	ThK	Sanger-hausen	22. Sept. neuschriftsässig	L 1, S. 660
	Merxleben	ThK	Langensalza	1. Okt. neuschriftsässig	L 1, S.°687
	Groß-Kayna	ThK	Weißenfels	2. Okt. schriftsässig	L 1, S. 608 f
	Schwand	VK	Plauen	20. Okt. schriftsässig	L 3, S. 452
1750	Deumen	ThK	Weißenfels	21. Jan. schriftsässig	L 1, S. 608
	Ober-Schmoon	ThK	Freyburg	20. Febr. schriftsässig	L 1, S. 624
	Ober- und Unter-Nessa	ThK	Weißenfels	20. Febr. schriftsässig	L 1, S. 609
	Balgstädt	ThK	Freyburg	20. Juli schriftsässig	L 1, S. 623
1752	Ober-Wünsch	ThK	Freyburg	29. Juni schriftsässig	L 1, S. 624
	Zingst	ThK	Freyburg	29. Juni schriftsässig	L 1, S. 624
1753	Pönitz	LpK	Delitzsch	30. Jan. altschriftsässig	L 2, S. 735 f
	Zembschen	ThK	Weißenfels	24. Okt. altschriftsässig	L 1, S. 608
1754	Großen-Jena / Jehna	ThK	Freyburg	1754 schriftsässig	L 1, S. 623
	Maxen	MK	Pirna	17. Juni 1754 u. 1. Juli 1763 altschriftsässig	L 2, S. 358
1756	Wüstermark	ChK	Schlieben	1756 schriftsässig	L 1, S. 500
	Pretschendorf	EK	Freyberg	23. Juni schriftsässig	L 3, S. 79
1763	Liebschütz, ob.T.	NK	Ziegenrück	1763 schriftsässig	L 3, S. 479
	Zöwiecker / Zöbigker	ThK	Freyburg	1. Juni schriftsässig	L 1, S. 624
	Poßeck	VK	Voigtsberg	14. Sept. schriftsässig	L 3, S. 418
1765	Taltitz	VK	Plauen	4. Okt. schriftsässig	L 3, S. 452
1772	Nieder-Kreyscha	MK	Pirna	20. Juli schriftsässig	L 2, S. 378
1773	Kleinmilkau	LpK	Rochlitz	13. Dez. schriftsässig	L 2, S. 870
1777	Gießenstein	MK	Pirna	11. Juli altschriftsässig	L 2, S. 376
1778	Liebschütz, u.T.	NK	Ziegenrück	23. Sept. schriftsässig	L 3, S. 479
1780	Wilmsdorf	MK	Dippoldis-walde	1780 abgetrennt u. neuschriftsässig	L 2, S. 338
1781	Ruppertsgrün	EK	Zwickau	20. Febr. schriftsässig	L 3, S. 329
1785	Reußen	Thk	Weißenfels	5. Jan. schriftsässig	L 1, S. 609
1787	Groß-Gestewitz	ThK	Weißenfels	31. Jan. schriftsässig	L 1, S. 609
1788	Beyersdorf, Ober- u. Nieder-	MK	Stolpen	8. April schriftsässig	L 2, S. 453
	Drehbach	EK	Wolken-stein	14. April neuschriftsässig	L 3, S. 226 f
	Dorn-Reichenbach	MK	Torgau	19. Aug. schriftsässig	L 2, S. 561
1790	Moderwitz	NK	Arnshaugk	3. Juni canzleyschriftsässig	L 3, S. 473
	Linz	MK	Hayn	21. Juli schriftsässig	L 2, S. 473

Jahr	Rittergut	Kreis	Amt	Datum	Leonhardi
1793	Hirschfeld	MK	Meißen	25. Juli schriftsässig	L 2, S. 71
1794	Doberschau	MK	Stolpen	14. Juni schriftsässig	L 2, S. 453 f
1795	Heyda	MK	Torgau	20. Mai schriftsässig	L 2, S. 562
1800	Kesselshayn	LpK	Borna	21. Jan. schriftsässig	L 2, S. 903

Quelle: Friedrich Gottlob Leonhardi, Erdbeschreibung der churfürstlich- und herzoglich sächsischen Lande, 3. Auflage
Abkürzungen: ChK = Churkreis, ThK = Thüringer Kreis, MK = Meißner Kreis, EK = Erzgebirger Kreis, LpK = Leipziger Kreis, VK = Vogtländer Kreis, NK = Neustädter Kreis, L = Leonhardi, Erdbeschreibung, Bd. 1 bzw. Bd. 2 und Bd. 3.

4. Die landtagsfähigen Rittergüter des Kollegiatstifts Wurzen

Nr.	Rittergut	Kreis	Amt
1	Adelwitz bey Belgern	Leipzig	Amt Wurzen
2	Ammelgoßwitz	Leipzig	Amt Wurzen
3	Burkhardtshayn	Leipzig	Erbamt Grimma
4	Dröschkau an der Elbe	Leipzig	Amt Wurzen
5	Falckenhayn an der Lossa	Leipzig	Amt Wurzen
6	Goldhausen	Leipzig	Amt Wurzen
7	Goselitz	Meißen	Amt Oschatz
8	Groß-Zschepa	Leipzig	Amt Wurzen
9	Hohburg an der Loßa	Leipzig	Amt Wurzen
10	Knathewitz	Meißen	Amt Torgau
11	Künitzsch	Leipzig	Amt Wurzen
12	Lossa bei Groß-Zschepa	Leipzig	Amt Wurzen
13	Martinskirchen	Meißen	Amt Mühlberg
14	Müglenz	Leipzig	Amt Wurzen
15	Mühlbach	Leipzig	Amt Wurzen
16	Nitzschwitz	Leipzig	Amt Wurzen
17	Ober-Eula	Meißen	Erbamt Meißen
18	Püchau	Leipzig	Amt Wurzen
19	Röcknitz	Meißen	Amt Torgau
20	Roitzsch	Leipzig	Amt Wurzen
21	Sachsendorf mit Wäldgen	Leipzig	Erbamt Grimma
22	Schmöllen	Leipzig	Amt Wurzen
23	Thallwitz an der Loßa	Leipzig	Amt Wurzen
24	Thammenhayn	Leipzig	Amt Wurzen
25	Voigtshayn	Leipzig	Amt Wurzen
26	Zschorna	Leipzig	Amt Wurzen

Quelle: Leonhardi Erdbeschreibung, Bd. 2, S. 49, 71, 561, 565, und S. 920: Dröschkau, eine Rittergut ohne Untertanen

5. Das Personal des Domstifts Meißen und Kollegiatstifts Wurzen im Jahr 1731

Nr.	Domstif Meißen	Titel	Rittergut
1.	v. Callenberg, Heinrich Graf	Dom-Probst, kaiserlicher General-Major, Kammerherr	Muskau (Oberlausitz)
2.	v. Pöllnitz, Friedrich Carl	Dom-Dechant, fstl. Merseburg. Hof-Marschall	Benndorf
3.	v. Mergenthal, August Philipp	Senior u. Dom-Cantor	Deutschenbohra u. Ober-Eula
4.	Börner, Christian Friedrich Dr.	Domherr u. Custos, theol. Prof. zu Leipzig	
5.	Klausing, Heinrich Dr.	Domherr, theol. Prof. zu Leipzig	
6.	v. Nostitz, Johann Heinrich Gottlob	Domherr	Ruppersdorf (OL)
7.	v. Watzdorf, Christian Heinrich Graf	Domherr u. Dom-Probst zu Budissin	Crostau (OL)
8.	v. Ponickau, Hans Alexander	Domherr	Belgershain
9.	Schlegel, Johann Friedrich Dr.	Stifts-Syndicus u. Baumeister, Appellations-Rat	

Nr.	Stifts-Regierung zu Wurzen	Titel	Rittergut
1.	v. Ponickau, Johann Christoph	Stifts-Hauptmann	Belgershain
2.	Schröter, Ludwig August Dr.	Stifts-Canzler	
3.	Zahn, Christian Albinus	Stifts-Rat	
4.	Beyer, Friedrich Gottlob	Stifts-Rat	Ammel-Goßwitz
5.	Plötz, Joachim Siegmund	Stifts-Rat	Kühnitzsch
6.	v. Könneritz, Bernhard Siegmund	Stifts-Rat	
7.	Zobel, Johann Jacob	Stifts-Rat (*1736: von Zobel*)	Gröppendorf

Nr.	Dom-Capitul zu Wurzen	Titel	Rittergut
1.	v. Huyssen, Heinrich Frh	Präpositus	
2.	v. Zech, Bernhard Frh	Vice-Präpositus u. Custos	Schmorkau
3.	Vacat	Decanus	
4.	Rivinus, Johann Florens Dr.	Senior	
5.	Beyer, Friedrich Gottlob	Scholasticus	
6.	Rudloff, Joachim Johann Heinrich	Canonicus	Wörmlitz
7.	Schröter, Ludwig August Dr.	Canonicus	
8.	Albhardt, Christian Heinrich Dr.	Canonicus	
9.	Kirsten, Abraham	Stifts-Syndicus	
10.	Kirsten, Johann Ehrenfried Lic.	Syndicus adjunct	

Quelle: Hof- und Staatskalender, Jg. 1731

6. Beispiele nobilitierter Familien in Kursachsen vom 16. bis 18. Jahrhundert

Jahr	Name	Funktion / Beruf	Rittergut
1521	Simon Pistoris (1489–1562), I.U.D.	Ordinarius der Universität Leipzig, Oberhofrichter, Kanzler	Seußlitz (1546), Merschwitz
Vor 1556	Ulrich Mordeisen (1519–1572), Dr. jur.	Ordinarius der Universität Wittenberg, Kammerrat, Canzler	Stentzsch, Goselitz, Dornreichenbach
1630	David Döring (1577–1638), Dr. iur	Kammerrat	Dahlen (1630), Börln u. Radegast (1635), Lamperswalde (1638), Böhlen, Seelingstedt, Hohnstädt, Mutzschen
1635	Johan Georg Oppel (1594–1661), I.U.D.	Hof- u. Justitienrat, geheimer Rat	Lomnitz (1632), Lampertswalde (1657), Wellerswalde (1660)
Um 1646	Christian Reichbrodt (v. Schrenckendorf)	Rat und geheimer Secretarius	Pesterwitz, Klingenberg
1650	Georg Winckler (1582–1654)	Kaufmann in Leipzig	Dölitz (1636)
1697	Johann Ernst Kregel (v. Sternbach) (1652–1731)	Wollhändler, Baumeister in Leipzig	Abtnaundorf (1693), Güldengossa (1720)
1704	David Fleischer (v. Fletzscher)	Kaufmann in Leipzig	Wiederau (1704)
1705	Friedrich Kühlewein		
1716	Bernhard Zech (1649–1720)	Hof u. Justitienrat, wirklicher Geheimer Rat	(Schmorkau, 1727)
1717	Peter Hohmann (1663–1732) (v. Hohenthal)	Kaufmann u. Bankier in Leipzig, Armeelieferant	Großstädteln (1716), Hohenprießnitz (1723), Crostewitz (1725)
1728	Johann Christian Hennicke (1681–1752)	Cammer- und Bergrat, Director der Cammer des Stifts Naumburg	Wiederau (1737)
1730	Thomas Fritsch (1700–1775)	Buchhändler in Leipzig, Hof- u. Justitienrat, geheimer Rat	Seerhausen (1729)
1745	Andreas Riaucour (1722–1794)	Legationsrat	Putzkau (1751)
1747	Franciscus Philippus Romanus (gest. 1750) (v. Muckershausen)	Hof- u. Justitienrat	Coschütz (um 1681)
1748	Adam Friedrich Glafey (1692–1753)	Hof- u. Justitienrat, Geheimer Archivar, Schrifsteller	Stötteritz, Laue
1748	Karl Heinrich Heinecken (1707–1791)	Bibliothekar v. Brühls, Direktor des Kupferstich-Kabinetts	Altdöbern in der Niederlausitz (1746)
1769	Christian Gotthelf Gutschmid (1721–1798), Dr. iur	Professor des Lehn-rechts zu Leipzig, Hof- u. Justitienrat, Prinzen- erzieher, Vizekanzler, geheimer Rat	Kleinwolmsdorf (1776)

Anmerkungen zu den einzelnen Familien:

Pistoris: Seußlitz ein säkularisiertes Kloster, gekauft vom Herzog Moritz, bis 1720 im Besitz der Familie, dann an den Kanzler Heinrich v. Bünau verkauft. Siehe Kneschke, Adels-Lexicon, Bd.7, S. 160 f; Sahrer v. Sahr, Bünau, S. 97 f: der Kanzler kaufte das Rittergut aus dem Konkurs des verschuldeten Hartmann v. Pistoris, Sohn des Oberhofrichters Ernst Ludwig v. Pistoris, der das Gut 1705 von seinem Bruder Ernst Justus v. Pistoris geerbt hatte. Der landesherrliche Consens wurde am 9. April 1722 erteilt.

Mordeisen auf Dorn-Reichenbach und Goselitz: siehe Kneschke, Adel-Lexicon, Bd. 6, S.352 f: nobilitiert durch Kaiser Karl V., der Enkel Ulrich (3) auf Dornreichenbach, Amt Torgau im Meißner Kreis, auf Stentzsch und auf Klein-Waltersdorf. Wilhelm Siegmund v. Mordeisen war 1695–1711 Deputierter des Amtes Torgau in der Allgemeinen Ritterschaft. Gottfried Wilhelm v. Mordeisen nahm 1711–7131 in der Allgemeinen Ritterschaft erst für Goselitz (Stift Wurzen) dann seit 1722 für das Rittergut Knathewitz im Leipziger Kreis teil.

Döring: siehe Heinker, Bürde des Amtes, S. 311 f und Poenicke, Album der Rittergüter, I. Section: Leipziger Kreis, S. 86: die Güter Hohnstädt, Böhlen Seelingstädt grenzen aneinander.

Oppel: siehe Heinker, Bürde des Amtes, S. 314, Schwiegersohn von David Döring. Julius Wilhelm v. Oppel saß für Krebs im Landtag von 1787, Carl Wilhelm v. Oppel für Wellerswalda im Landtag von 1799.

Reichbrodt: laut Zedler, Universal-Lexicon Bd. 35, Sp. 1177 der „Mignon" (Favorit) Johann Georgs I. Die Güter Pesterwitz und Klingenberg sind altschriftsässige Rittergüter im Amt Dresden, Klingenberg geht in den 1730er Jahren an die nobilitierten v. Zech

Winckler: Ludwig Adolph Zech (1683–1760) war in erster Ehe mit einer Winckler verheiratet.

Zech: siehe Heinker, Bürde des Amtes, S. 346 f. Sein Sohn Ferdinand Bernhard kaufte sich 1733 auf Klingenberg, Amt Dresden, ein und Bernhard II. lebte 1727 auf Schmorkau, Amt Stolpen, 1728 erfolgt der Eintritt in den Landtag. Im Jahr 1729 Reichsfreiherren- und 1745 dann Reichsgrafenstand für den Sohn Bernhard v. Zech (1681–1748), wirklicher Geheimer Rat und Conferenz-Minister, siehe auch Boetticher, Oberlausitzischer Adel, Bd. 3, S. 145–149.

Kregel v. Sternbach: siehe Jan Bergmann, Die Familie Kregel von Sternbach. Die Verbindung zwischen den Familien Kregel v. Sternbach und v. Zech entstand 1709 durch die Heirat von Christiane Florentina mit Ludwig Adolph v. Zech (1683–1760), einem Sohn Bernhards v. Zech, der von 1732 bis 1740 wirklicher Geheimer Rat war. Johann Ernst Kregel, Vater (1652–1731) und Sohn

(1686–1737), waren als Vertreter der Stadt Leipzig am Landtag im Engeren Ausschuß der Städtekurie. Mit den Enkeln, dem dritten Johann Ernst (1714–1789), er verkauft Güldengossa 1755 und wird in den Staatskalender seit 1765 als titular Amtshauptmann geführt, und Karl Friedrich (1717–1789) auf Abtnaundorf, verkauft 1750, endet die Linie der männlichen Kregel v. Sternbach.

Fletzscher oder Fletscher: siehe Kneschke, Adels-Lexicon, Bd. 3, S. 281: der Reichsadelsstand für David Fleischer wurde in Kursachsen am 3. Mai 1704 amtlich bekannt gemacht, später Freiherren. Laut Kneschke besaß die Familie um 1700 das Rittergut Croßen im Stift Naumburg-Zeitz, Amt Haynsburg. Poenicke, Album der Rittergüter, I. Section: Leipziger Kreis, S. 151 nennt das altschriftsässige Gut Wiederau im Amt Pegau, das bis 1718 bei Sachsen-Zeitz war. Es ging 1737 an Johann Christian Hennicke.

Kühlewein: Zedler, Universal-Lexicon, Bd. 15, Sp. 2030 f. Friedrich August (gest. 1748) war der Enkel von Friedrich Kühlewein (1606–1663), Dr. iur., Bürgermeister in Leipzig, Appellationsrat und Gesandter. Laut Zedler geht der Adel auf Kaiser Karl V. zurück. Franke, Standeserhebungen, nennt eine Adelsbestätigung im Jahr 1705. Ein Gutserwerb erfolgte erst 1742 durch den Erwerb von Skassa, altschriftsässig im Amt Hayn, und dauert nur bis 1755, da sein Sohn, der Amtshauptmann Friedrich August, Skassa an Oberst Georg Rudolf v. Heßler verkaufte. Laut Kneschke, Adels-Lexicon, Bd. 5, S. 316, waren die Kühlewein ein in der zweiten Hälfte des 17. Jahrhunderts zum Meißner Adel zählendes Geschlecht.

Hohmann/Hohenthal: siehe Schmidt, Familie der Grafen von Hohenthal. 1733/36 Reichs-Freiherrenstand für die Söhne Carl Ludwig (1704–1748), Landkammerrat, Theodor August (1705–1783) und Landkammerrat Georg Wilhelm (1707–1764) bzw. den Geheimen Kriegsrat Peter v. Hohenthal (1694–1763), den Oberhofgerichtsassessor Johann Friedrich (1697–1749), I.U.D., und den Kaufmann und Kammerrat Christian Gottlieb (1701–1763). Im Jahr 1790 folgte der Reichsgrafenstand für den Kreishauptmann, Vizedirektor des Oberkonsistoriums bzw. der Landes-Ökonomie-Deputation Peter Frh v. Hohenthal (1726–1794), auf Döbernitz, und alle seine Vettern im Reichsvikariat. Im Hof- und Staatskalender wird der 1732 verstorbene Peter Hohmann, Edler v. Hohenthal, ein einziges Mal geführt, und zwar im Jahrgang 1735 als titular Geheimer Kriegsrat.

Hennicke: siehe Allgemeine Deutsche Biographie, Bd. 11, S. 772 f: Freiherr 1741, Grafenstand 1745. Im Jahr 1734 Vizekammerpräsident, 1737 wirklicher geheimer Rat und Conferenz-Minister, gilt als Günstling und Werkzeug des Premierministers v. Brühl.

Glafey: siehe Verlohren, Stammregister der sächsischen Armee, S. 239 f: Anhalter Familie, Reichsadel 1748 für Adam Friedrich Glaffey. Johann Gottlieb Friedrich v. Glafey (1770–78), Besitzer von Großpösna, verheiratet mit einer v. Peine. Im Jahr 1660 war das Gut im Besitz des Oberpostmeisters zu Leipzig Christoph v.

Mühlbach, dann ging es an die beiden Töchter Johanna Maria, verehelichte v. Peine, und Barbara Elisabeth v. Mühlbach. Die v. Peine besaßen das altschriftsässige Gut Naunhof im Amt Moritzburg, Meißner Kreis, 1695 besuchte ein Ernst Christoph v. Peine den Landtag. Im Jahr 1735 besaß Ludwig Albrecht v. Peine das Rittergut Großpösna und vererbte es an seine beiden Töchter. Louise Charlotte Amalie Friederike Leopoldine v. Peine heiratete Johann Gottlieb Friedrich v. Glafey. Siehe auch Gotha, Adel B, Jg. 16 (1922): die Söhne gehen in den Militärdienst oder nach Anhalt und werden dort Hofmarschall und Oberstallmeister, bzw. nach Brandenburg-Bayreuth.

Fritsch: siehe Allgemeine Deutsche Biographie, Bd. 8, S. 110–116: Adelsstand 1730 und Freiherrenstand 1742 für Thomas Fritsch. Er war seit 1728 mit Johanna Sophie Winckler von Dölitz (1710–1777) verheiratet.

Riaucour: Siehe Schmidt, Minister Graf Brühl, S. 60, Anm. 9: Er wurde 1750 Geheimer Legationsrat, 1752 Titular Geheimer Rat und war seit 1748 Gesandter am Kurpfälzischen Hof; ferner Kneschke Adels-Lexicon, Bd. 7, S.483 f: kursächsischer Kammerrat Peter Riaucour (1693–1775), geadelt 1741, Freiherr 1745 und 1754 Reichsgrafenstand, auch Bankier in Warschau, und Söhne Joseph und Andreas. Bötticher, Oberlausitzischer Adel Bd. 3, S. 395 f: Das altschriftsässige Putzkau im Amt Stolpen war vor 1747 Kammergut, dann im Besitz des Premierministers v. Brühl, der es an Riaucour verkaufte. Der Sohn stiftete 1765 den umfangreichen, überwiegend in der Oberlausitz gelegenen Fideikommiß Putzkau-Gaußig.

Romanus (von Muckerhausen): siehe zum Adelsprädikat v. Muckerhausen, Hof- und Staatskalender 1747, Muckershausen war ein amtsässiges Rittergut und Stift Merseburger Lehn im Kreisamt Leipzig. Er war in dritter Generation Besitzer des altschriftsässigen Rittergutes, sein Großvater, der Amtmann zu Zwickau Johann Philipp Romanus, hatte es um 1681 von Carl Heinrich Bose gekauft. Seit 1687 war sein Vater Franciscus Romanus, ebenfalls Amtmann zu Zwickau, allein mit dem Gut Coschütz belehnt. Im Jahr 1710 wurde er mit dem Gut belehnt. Er übergab den Besitz 1746 durch einen Kauf an seine Tochter Dorothea Carolina, verehelichte v. Bülow, die es wiederum 1767 an ihre Tochter Amalie Henriette Caroline Friederike, verehelichte v. Zedtwitz, verkaufte. Im Jahr 1784 mußte sie es an den bürgerlichen Rittergutsbesitzer Johann Georg Adler auf Unterlauterbach veräußern. Das Rittergut war daher die ganze Zeit über nicht im Landtag vertreten.

Heinecken: siehe Neue Deutsche Biographie, Bd. 8, S. 297–299, und Schmidt, Minister Graf, S. 249: seit 1739 Bibliothekar des Premierministers Heinrich von Brühl und sein Beauftragter für Kunstankäufe und Architekturfragen. Auf v. Brühls Veranlassung 1742 verheiratet mit Friederika Magdalena, Tochter des Hofkochs Johann Jakob Nöller. 1746 kaufte der Schwiegervater das zur Versteigerung gekommene Rittergut Altdöbern. Brühl versorgt ihn als Direktor des General-Accis-Collegiums 1742 mit dem Posten eines Sekretärs bei der Genera-Accis-Expedition, 1752 erhält er unter v. Brühl auch den Titel eines „Cammer-

Rathes ohne Session". Der Sohn Carl Friedrich v. Heinecken (1752–1815) ist dagegen als Kammerherr im kursächsischen Staatskalender nicht nachweisbar.

Gutschmid: Allgemeine Deutsche Biographie Bd. 10, S. 221 f, 1768 Reichsfreiherrenstand verliehen durch Kaiser Joseph II.

VII. Literaturverzeichnis

1. Archivalien

Staatsarchiv Dresden
Bestand 10.006, Oberhofmarschallamt, Landtage, M 14 bis M 31
Bestand 10.015, Landtag, Landtagsakten, A 30 bis A 107
Bestand 10.024, Geheimer Rat, 091 Landstände
Bestand 10.080, Lehnhof Dresden, Ortsakten
Bestand 10.080, Lehnhof Dresden, Loc. 14.682, Eingesendete Amtsmatrikel 1681
Bestand 10.080, Lehnhof Dresden, Ritterguts-Matrikel 1728
Bestand 10.080, Lehnhof Dresden, Loc. 14.682 Kanzleimatrikel ca. 1750

2. Gedruckte Quellen und ältere Literatur

a) biographische Hilfsmittel und genealogische Literatur

Adelslexikon, 18 Bände, Limburg 1972–2012
Allgemeine Deutsche Biographie, 56 Bände, Leipzig 1875–1912
Boetticher, Walter v., Geschichte des oberlausitzischen Adels und seiner Güter 1635–1815, 4 Bde., Görlitz 1912–23
Donath, Matthias, Schwarz und Gold. Die Familie von Watzdorf in Thüringen, Sachsen und Schlesien, Meißen 2015
Feilitzsch, Wilhelm Ludwig Karl Adolph Freiherr v., Geschichte und Genealogie der Freiherrlichen Familie von Feilitzsch. Nach den vorhandenen Quellen für die Familie verfaßt und zusammengestellt, Neustadt a. d. Aisch 1875
Frank, Karl Friedrich v., Standeserhebungen und Gnadenakte für das Deutsche Reich und die österreichsichen Erblande bis 1806 sowie kaiserlich österreichische bis 1823, 5 Bde., Schloß Senftenegg 1967–1974
Genealogisches Handbuch des Adels, hg. von der Stiftung Deutsches Adelsarchiv, Bd. 1 ff, Limburg 1951 ff
Gothaisches genealogisches Taschenbuch der adeligen Häuser, Bd.1 ff, Gotha 1900 ff
Heynitz, Benno v., Beiträge zur Geschichte der Familie von Heynitz und ihrer Güter. I.-III. Teil. Als 2. Auflage neu bearbeitet und mit vielen Bildern und Briefen ausgestattet zur Erinnerung an die sächsische Heimat, Kirchrode 1971
Heynitz, Benno v., Beiträge zur Geschichte der Familie von Heynitz und ihrer Güter. V. Teil: Johann Friedrich v. Heynitz auf Heynitz, Wunschwitz, Groitzsch und Oppitzsch, sächsischer Geh. Rat und Assessor am Reichskammergericht, und seine Nachkommen, Kirchrode 1968

Heynitz, Benno v., Beiträge zur Geschichte der Familie von Heynitz und ihrer Güter. VI. Teil: Nicol v. Heynitz auf Wunschwitz (1507–1563) und seine Nachkommen (Die jüngere Linie), Kirchrode 1969

Königlich Pohlnische im Chur-Fürstenthume Sachsen zu observirende Neue Hof-Rang-Ordnung, Dresden 1755

Königlich Polnischer und Churfürstlich-Sächsischer Hoff- und Staatskalender auf das Jahr 1728. Worinnen der Königliche und Prinzliche Hof-Staat, Collegia und Militär-Wesen aufs accurateste beschrieben werden, Leipzig o.J. Weitere Jahrgänge erschienen für 1729, 1731–1733, 1735–1757, 1765–1773, 1775–1789, 1791–1807, 1809–1813

Jahrbuch des Deutschen Adels, hg. von der Deutschen Adelsgenossenschaft, 3 Bände, Berlin 1896–1899

Kneschke, Ernst Heinrich (Hg.), Neues allgemeines Deutsches Adels-Lexicon, 9 Bände, Leipzig 1859–1870, ND Hildesheim 1973

König, Valentin (Hg.), Genealogische Adels-Historie oder Geschlechts-Beschreibung derer im chur-sächsischen und angräntzenden Landen zum Theil ehemahls, allermeist aber nochietzo in guten Flor stehenden ältesten und ansehnlichsten adelichen Geschlechter und aus selben entsprungenen verschiednene freiherrlichen und hochgräflichen Häuser,…, Erster Theil, Leipzig 1727, Zweyter Theil, Leipzig 1729, Dritter Theil, Leipzig 1736

Matzerath, Josef, Aspekte sächsischer Landtagsgeschichte. Die Mitglieder der (kur-) sächsischen Landstände 1763 bis 1831, Dresden 2009

Matzerath, Josef unter Mitarbeit von Axel Flügel und Silke Marburg, Aspekte sächsischer Landtagsgeschichte. Die Mitglieder der (kur-)sächsischen Landstände 1694 bis 1749, Dresden 2015

Milhauser, Johann August, Tabellen derer gesamten Herren Stände von Ritterschaft und Städten bey dem Landtage zu Dresden 1787. Nach den Original-Verzeichnissen gefertiget, Dresden 1787

Milhauser, Johann August, Tabellen derer gesamten Herren Stände bey dem Landtage zu Dresden 1793, Dresden 1793

Milhauser, Johann August, Tabellen derer gesamten Herren Stände bey dem Landtage zu Dresden 1799, Dresden 1799

Neue Deutsche Biographie, 25 Bände, Berlin 1953–2013

Poenicke, Gustav Adolf (Hg.), Album der Rittergüter und Schlösser im Königreiche Sachsen, I. Section: Leipziger Kreis, II. Section: Meissner Keis, III. Section: Markgrafthum Oberlausitz, IV. Section: Erzgebirgischer Kreis, V. Section: Vogtländer Kreis, 1. Auflage Leipzig 1854, 2. Auflage Leipzig 1856–1860

Sächsische Biografie, hg. v. Institut für Sächsische Geschichte und Volkskunde e.V., wissenschaftliche Leitung Martina Schattkowsky, Online-Ausgabe http://www.isgv.de/saebi

Schmidt, Georg, Die Familie der Grafen v. Hohenthal. Als Manuskript für die Familie gedruckt, Halle 1896

Schumann, August, Vollständiges Staats- Post- und Zeitungs-Lexikon von Sachsen, enthaltend eine richtige und ausführliche geographische, topographische und historische Darstellung aller Städte, Flecken, Dörfer, Schlösser, Höfe, Gebirge, Wälder, Seen, Flüsse etc gesammter Königl. und Fürstl. Sächsischer Lande, mit Einschluß der

Fürstenthümer Schwarzburg und Erfurt, so wie der Reußischen und Schönburgischen Besitzungen, 18 Bde, Zwickau 1814–1833

Die gesamten Herren Stände von Ritterschaft und Städten bey dem Landtage zu Dresden, in: Miscellanea Saxonica 15 (1781), S. 50–91

Tabellen derer gesamten Herren Stände von der Ritterschafft und Städten bey dem Land-Tage zu Dresden 1766, Dresden 1766

Tabellen derer gesamten Herren Stände von der Ritterschafft und Städten bey dem Land-Tage zu Dresden 1769, Dresden 1769

Vehse, Eduard, Geschichte der Höfe des Hauses Sachsen, Sechster Theil, Hamburg 1854 (= Geschichte der deutschen Höfe seit der Reformation, Fünfte Abtheilung: Sachsen, Bd. 33)

Verlohren, Heinrich August, Stammregister und Chronik der kur- und königlich sächsischen Armee von 1670 bis zum Beginn des Zwanzigsten Jahrhunderts, hg. v. Max Barthold und Franz Verlohren, Leipzig 1910, ND Neustadt an der Aisch 1983

Verzeichnis von den sämtlichen bey dem Landtage zu Dresden im Jahre 1763 versammlet gewesenen Herren Ständen an Prälaten, Grafen und Herren ingleichen der löblichen Ritterschaft und Deputirten von den Städten nebst verschiedenen andern Nachrichten, Frankfurt und Leipzig 1763

Volck v. Wertheim, Heinrich, Vollkommenes Genealogisches Titular-Buch, in Frantzösischer und Teutscher Sprache verfaßt, in sich enthaltend: Die Titul aller Hohen Persohnen in Teutschland sowohl Geistlichen Standes, als auch Weltlicher Dignitaeten, Wie auch derer von Adel, der Gelehrten, Kriegs-Bedienten, Kauff- und Handels-Leute, Künstler und Handwercker, Ingleichen die Titul hohen und niedriger Weib-Personen, Bd. 1, Chemnitz 1712

Volck v. Wertheim, Heinrich, Anderer Theil des Vollkommenen Genealogischen Frantzösisch- und Teutschen Titular-Buchs, Begreift in sich den vorietzo florirenden resp. Königl. Poln. und Churfl. Sächsischen Hof-, Regierungs-, Militz-, Cammer-, Steuer-, General-Accis- und Kirchen-Staat, Nebst einen Frantzösischen Weg-Weiser, Bd. 2, Chemnitz 1712

Zedler, Johann Heinrich, Großes vollständiges Universal-Lexicon aller Wissenschaften und Künste, 64 Bände und 4 Supplement Bände, Halle und Leipzig 1732–1754

Zirschke, Johann Georg, Entwurf eines Chronologischen Verzeichnisses von des Hohen Hauses Sachsen, Albertinischer Linie, Hof-, Kriegs- und Civil-Staat seit zweyhundert Jahren. Erster Theil, den Hof-Staat betreffend, Görlitz 1754

Zirschke, Johann Georg, Entwurf eines Historisch-Chronologischen Verzeichnisses von des Hohen Hauses Sachsen, Albertinischer Linie, Hof-, Kriegs- und Civil-Staat seit Herzog Alberti Zeiten her. Zweyter Theil, den Kriegs-Staat betreffend, Görlitz 1755

Zirschke, Johann Georg, Zuverläßige Beschreibung der Hohen Generalität oder ausführliche Nachrichten von den Hohen Kriegsbedienten, welche seit dem Jahre 1680 dem Hause Sachsen, Albertinischer Linie, gedienet. Als Erste Fortsetzung des IIten Theils vom königl. chursächsischen Kriegstaate, Görlitz 1756

b) ältere Literatur (bis 1918)

Anderson, J.G.L., Geschichte der Deutschen Ordens-Commende Griefstedt, Erfurt 1867

Below, Georg v., Die landständische Verfassung in Jülich und Berg (1885–1891), ND Aalen 1965

Below, Georg v., System und Bedeutung der landständischen Verfassung, in: ders., Territorium und Stadt. Aufsätze zur deutschen Verfassungs-, Verwaltungs- und Wirtschaftsgeschichte, 1. Auflage, München 1900

Below, Georg v., Das parlamentarische Wahlrecht in Deutschland, Berlin 1909

Bernhardi, Gotffried August, Der Kriebenstein oder Versuch einer Geschichte des Schloßes und Herrschaft Kriebenstein aus Urkunden und Archivs Nachrichten mit Beylagen (1772), Hartha 2002

Bönhoff, Leo, Die ältesten Ämter der Mark Meißen, in: Neues Archiv für Sächsische Geschichte und Altertumskunde (NASG) 38 (1917), S. 17–45

Braun, Christian Heinrich, Kurze Nachrichten von den Naumburgischen Dompröbsten vom 15ten Jahrhunderte an bis gegen Ende des 18ten. Dem Hochwürdigen und Hochwohlgebornen Herrn Herrn Carl August von Uffel, Herrn auf Hainichen und Trünzig, Sr. Churfürstl. Durchlaucht. zu Sachsen hochbestalten Cammerherrn und der hohen Stiftskirche zu Naumburg hochansehnlichen Domprobst als Derselbe den 4. May 1795 Fünfzig Jahre im Capitularstande vollendet hatte, in unterthänigster Ehrfurcht gewidmet, Naumburg 1795

Bünau, Heinrich v., Genaue und umständliche teutsche Kayser- und Reichs-Historie, 4 Bde., Leipzig 1728, 1732, 1739 und 1743

Canzler, Johann Georg, Tableau historique pour servir à la connoissance des affaires politiques et économiques de l'Électorat de Saxe et des provinces incorporées ou réunis, Dresden und Leipzig 1786

Carlowitz, Maximilian Carl v., Die Natur der Ritterpferds-Gelder, deren Ursprung und Schicksale, Leipzig 1805

Caroc, Georg Adolf, Begründete Deduction von Land-Ständen, derselben Befugnisse, Pflichten und Nutzen, absonderlich in denen Landen des Reichs Teutscher Nation, o.O. 1718

Chur-Fürstlich Sächsische erneuerte Ordinanz 1686, Dresden 1686

Crome, August Friedrich Wilhelm, Geographisch-statistische Darstellung der Staatskräfte von den sämmtlichen, zum deutschen Staatenbunde gehörigen Ländern, III. Theil, Leipzig 1827

Fortgesetzter Codex Augusteus oder neuvermehrtes Corpus Juris Saxonici worinnen die in dem churfürstenthum Sachsen und darzu gehörigen Landen, auch denen Markgrafthümern Ober- und nieder-Lausitz publicirte und ergangene Constitutiones, Decisiones, Mandata und Verordnungen bis zum Jahre 1772 enthalten, nebst einem Elencho, dienlichen Summarien und vollkommenen Register, Leipzig 1772

Gierke, Otto v., Das deutsche Genossenschaftsrecht, Bd. 1: Rechtsgeschichte der deutschen Genossenschaft (1868), ND Darmstadt 1954

Glafey, Adam Friedrich, Kern der Geschichte des Hohen Chur- und Fürstlichen Hauses zu Sachsen, Frankfurt und Leipzig 1721

Gumpelzhaimer, Heinrich S., Die Reichs-Matrikel aller Kreise. Nebst den Usual-Matrikeln des Kaiserlichen und Reichs-Kammergerichts. Mit beygefügten, seit deren Entstehung bis auf gegenwärtige Zeit erfolgten Veränderungen, Ulm 1796

Hausmann, Friedrich Karl, Beiträge zur Kenntniß der kursächsischen Landesversammlungen. Erster und Zweiter Theil, Leipzig 1798

Hausmann, Friedrich Karl (Hg.), Kursächsische Landtags-Ordnung, nebst Beilagen, Bemerkungen und einem Anhange, Leipzig 1799

Hintze, Otto Der Commissarius und seine Bedeutung in der allgemeinen Verwaltungsgeschichte (1910), in: ders., Staat und Verfassung. Gesammelte Abhandlungen zur allgemeinen Verfassungsgeschichte, hg. v. Gerhard Oestreich, 3. durchgesehene und erweiterte Auflage, Göttingen 1970, S. 242–274

Hintze, Otto, Die Hohenzollern und ihr Werk. 500 Jahre vaterländische Geschichte, Berlin 1915

Hoë von Hoënegg, Matthias, Christliche Predigt als der Churfürst zu Sachsen einen LandTag 1640 zu Dreßden ausgeschrieben, Dresden 1640

Jellinek, Georg, Allgemeine Staatslehre, Berlin 1900

Jocksch-Poppe, Richard, Die patrimoniale Verfassung und Verwaltung der Standesherrschaft Forst und Pförten nebst Beiträgen zu ihrer Sozialgeschichte unter besonderer Berücksichtigung der gutsherrlich-bäuerlichen und lehnsherrlich-ritterschaftlichen Verhältnisse. Nach den Akten des gräflich von Brühlschen Archivs, in: Niederlausitzer Mitteilungen. Zeitschrift der Niederlausitzer Gesellschaft für Anthropologie und Altertumskunde, Bd. 9, Guben 1905, S. 1–180

Joksch-Poppe, Richard, Die historischen Grundlagen der kommunallandständischen Verfassung in den beiden Markgrafenthümern Ober- und Nieder-Lausitz, in: Niederlausitzer Mitteilungen. Zeitschrift der Niederlausitzer Gesellschaft für Anthropologie und Altertumskunde, Bd. 9, Guben 1905, S. 181–236

Kraus, Hans-Christof, Soldatenstaat oder Verfassungsstaat? Zur Kontroverse zwischen Carl Schmitt und Fritz Hartung über den preußisch-deutschen Konstitutionalismus (1934/35), in: Jahrbuch für die Geschichte Mittel- und Ostdeutschlands 45 (1999), S. 275–310

Kretschmann, Christian Gottfried, Handbuch für Sachsen und Ausländer. Ein Alphabetisches Verzeichnis der in dem Churfürstenthume Sachsen und denen dazu gehörigen Landen auch Stiftern befindlichen Ortschaften und Besitzungen in sich enthaltend, hauptsächlich zum Gebrauch für Obrigkeiten, Sachwalter, Kaufleute, Correspondenten, Spediteurs und Commissionairs, auch Gerichts-Bothen, Dresden und Leipzig 1791

Land- und Ausschußtags-Ordnung de Anno 1728. Mit Beylagen, Dresden 1799

Leonhardi, Friedrich Gottlob (Hg.), Erdbeschreibung der churfürstlich- und herzoglich sächsischen Lande, 4 Bände, dritte, vermehrte und verbesserte Auflage, Leipzig 1802–1806

Lerchenfeld, Gustav v., Die altbaierischen landständischen Freibriefe mit den Landesfreiheitserklärungen, München 1853

Marperger, Walther, Ein Land, das im Seegen Jehovä liegt, Dresden und Leipzig 1728

Martin, Paul, Graf Wackerbarth-Salmour. Oberhofmeister des sächsischen Kronprinzen Friedrich Christian. Ein Beitrag zur Geschichte der Reorganisation des sächsischen Staates 1763, Rudolstadt 1912

Mohl, Robert v., Die Polizei-Wissenschaft nach den Grundsätzen des Rechtsstaates, 2 Bde, Tübingen 1832/33

Moser, Johann Jacob, Neues teutsches Staatsrecht, Bd. 13: Von der Teutschen Reichs-Stände Landen, deren Landständen und Unterthanen, Landes-Freyheiten, Beschwerden, Schulden und Zusammnekünfften, Frankfurt und Leipzig 1769

Neue und vollständigere Sammlung der Reichs-Abschiede, Welche von den Zeiten Kayser Conrads des II. bis jetzo, auf Teutschen Reichs-Tägen abgefasset worden, Sammt den wichtigsten Reichs-Schlüssen, so auf dem noch fürwährenden Reichs-Tage zur Richtigkeit gekommen sind, In Vier Theilen, 2. Teil: Reichs-Abschiede von dem Jahr 1495 bis auf das Jahr 1551 inclusive, Frankfurt am Main 1747

Ô-Bÿrn, Friedrich August Freiherr, Camillo Graf Marcolini, königlich sächsischer Cabinetsminister, Oberstallmeister und Kämmerer. Eine biographische Skizze, Dresden 1877

Paul, Martin, Graf Wackerbarth-Salmour. Oberhofmeister des sächsischen Kronprinzen Friedrich Christian. Ein Beitrag zur Geschichte der Reorganisation des sächsischen Staates 1763, Rudolstadt 1912

Rachfahl, Felix, Die Organisation der Gesamtstaatsverwaltung Schlesiens vor dem dreißigjährigen Kriege, Leipzig 1894

Rachfahl, Felix, Der dualistische Ständestaat in Deutschland, in: Jahrbuch für Gesetzgebung, Verwaltung und Volkswirtschaft im Deutschen Reich, hg. v. Gustav Schmoller, Jg. 26, 1902, S. 1063–1117

Rachfahl, Felix, Alte und neue Landesvertretung in Deutschland, in: Jahrbuch für Gesetzgebung, Verwaltung und Volkswirtschaft im Deutschen Reich, hg. v. Gustav Schmoller, Jg. 33 (1909), S. 89–130

Römer, Carl Heinrich v., Staatsrecht und Statistik des Churfürstenthums Sachsen und der dabey befindlichen Lande, 4 Bände, Halle 1787 und 1788, Wittenberg 1792 und Leipzig 1803

Rößig, Carl Gottlob, Die Chursächsische Staatskunde nach ihren ersten Grundsätzen, Leipzig 1787

Rohr, Julius Bernhard von, Ein Denckmal kindlicher Pflicht wollte bey dem höchst-schmertzlichen Ableben des hochwürdigen, wohlgebornen Herrns, Herrn Julii Albrechts von Rohr, ihrer königl. Majest. in Pohlen und Churfürstl. Durchl. zu Sachsen hochbestalten Cammer-Herrns wie auch Hof-, Justitien- und Appellations-Raths, des hohen freyen Stiffts Meissen und derer beyder Stifter Merseburg und Naumburg respective Dohm-Dechants, Senioris und Dohm-Herrens,…, in nachgesetzten Zeilen gehorsamst auffrichten, Merseburg 1712

Sahrer v. Sahr, Carl, Heinrich des H.R.R. Graf von Bünau aus dem Hause Seußlitz, Erb-, Lehn- und Gerichtsherr auf Dahlen, Domsen, Nöthnitz, Göllnitz, Großkauschwitz und Oßmanstädt, Beider Römisch-Kaiserlichen Majestäten, wie auch Ihre Churfürstl. Durchlaucht zu Sachsen und Königl. Majestät zu Polen Wirklicher Geheimer Rath, des Löblichen Gräflich und Freiherrlich Bünauischen Geschlechts erwählter Aeltester, Director der Stände des Fürstenhtums Altenburg, des hochfürstl. Weimarischen Falken-, Königlich-Schwedischen Seraphinen- und des Johanniter-Ordens Ritter; „ein gelehrter Herr". Nach bisher meist unbenutzten Quellen, Erster Band, Erste Abtheilung: Bis zum Sturze des Cabinetsministers Grafen Carl Hoym (März 1731), Dresden 1869

Schmauß, Johann Jacob und Heinrich Christian v. Senckenberg (Hg.), Neue und vollständigere Sammlung der Reichs-Abschiede, welche von den Zeiten Kayser Conrads des II. bis anjetzo, auf den Teutschen Reichs-Tägen abgefasset worden, in vier Theilen, Zweyter Theil derer Reichs-Abschiede von dem Jahr 1495 bis auf das Jahr 1551 inclusive, Frankfurt am Main 1747

Schreber, Daniel Gottfried, Ausführliche Nachricht von den churfürstlich sächsischen Land- und Ausschußtägen von 1185 bis 1787. Auch wie die Steuern und Anlagen nach einander eingeführet und erhöhet worden. Nebst einem vierfachen Anhange, dritte, vermehrte und verbesserte Auflage, Dresden 1793

Schuster, O. und F.A. Francke, Geschichte der sächsischen Armee von deren Errichtung bis auf die neueste Zeit, Leipzig 1885

Seckendorff, Veit Ludwig v., Teutscher Fürsten-Stat, nun zum fünfftenmal übersehen und auffgelegt, auch mit einer gantz neuen Zugabe sonderbahrer und wichtiger Materien um ein grosses Theil vermehret, Franckfurt und Leipzig 1687

Seckendorff, Veit Ludwig v., Teutscher Fürsten-Staat, samt des sel. Herrn Autoris Zugabe sonderbarer und wichtiger Materien, vor itzo aber mit Fleiß verbessert und mit dienlichen Anmerckungen samt dazu gehörigen Kupffern, Summarien und Registern versehen durch Andres Simson von Biechling, hochfürstl. Sachsen-Meinigischen Geheimden Rathe, die neueste Auflage, Jena 1737

Tezner, Friedrich, Die landesfürstliche Verwaltungsrechtspflege in Österreich vom Ausgang des 15. bis zum Ausgang des 18. Jahrhunderts, Wien 1898

Tezner, Friedrich, Technik und Geist des ständisch-monarchischen Staatsrechts, Leipzig 1901

Vehse, Eduard, Geschichte der Höfe des Hauses Sachsen, Sechster Theil, Hamburg 1854

Völkel, A.F., Geschichte des Deutschen Ritterordens im Vogtlande. Ein Beitrag zur Heimatskunde, Plauen 1888

Volkmar, Reinhard Franz, Predigt bey Eröfnung des von Sr. Churfl. Durchl. zu Sachsen ausgeschriebenen allgemeinen Landtags, Dresden 1793

Wabst, Christian Gottlob, Historische Nachricht von des Churfürstenthums Sachsen und derer dazu gehörigen Lande jetziger Verfassung der hohen und niedern Justiz, aus authentischen Urkunden abgefasset, Leipzig 1732

Weber, Karl v., Friedrich, Graf Vitzthum von Eckstädt, in: ders., Aus vier Jahrhunderten. Mittheilungen aus dem Haupt-Staatsarchive zu Dresden. Neue Folge, Bd. 1, Leipzig 1861, S. 215–246

Witzleben, Cäsar Dietrich v., Die Entstehung der constitutionellen Verfassung des Königreichs Sachsen. Zur Feier des fünfzigjährigen Bestehens der Verfassungsurkunde vom 4. September 1831. Im Auftrag der königlichen Staatsregierung, Leipzig 1881

Wolff, Christian, Vernünfftige Gedancken von dem gesellschaftlichen Leben der Menschen und insonderheit dem gemeinen Wesen (Deutsche Politik) (1721), ND 4. Auflage 1736, in: ders. Gesammelte Werke, Abt. 1: Deutsche Schriften, Bd. 5, Hildesheim 1975

Zachariä, Karl Salomo, Handbuch des chursächsischen Lehnrechts, Leipzig 1796

Zachariä, Karl Salomo, Gegen das ausschliessende Sitz- und Stimmrecht des alten Adels auf den Chursächsischen Landes-Versammlungen, Leipzig 1805

3. neuere Literatur

Asch, Ronald G., ‚Wie die Fledermäuse'? Die Osnabrücker Ritterschaft im 18. Jahrhundert, in: Niedersächsisches Jahrbuch für Landesgeschichte 75 (2003), S. 161–184

Asch, Ronald G. und Dagmar Freist (Hg.), Staatsbildung als kultureller Prozess. Strukturwandel und Legitimation von Herrschaft in der Frühen Neuzeit, Köln 2005

Bauer, Volker, Repertorium territorialer Amtskalender und Amtshandbücher im Alten
Reich. Adreß-, Hof- Staatskalender und Staatshandbücher des 18. Jahrhunderts, Bd.1:
Nord- und Mitteldeutschland, Frankfurt am Main 1997

Baumgart, Peter (Hg.), Ständetum und Staatsbildung in Brandenburg-Preußen. Ergebnisse einer internationalen Fachtagung, Berlin 1983

Behrisch, Lars (Hg.), Vermessen, Zählen Berechnen. Die politische Ordnung des Raums
im 18. Jahrhundert, Frankfurt am Main 2006

Bergmann, Jan, Die Familie Kregel von Sternbach, in: Lars-Arne Dannenberg und Matthias Donath (Hg.), Lebensbilder des sächsischen Adels, Bd. 1, Bernstadt a. d. Eigen
2014, S. 31–82

Birtsch, Günter, Die landständische Verfassung als Gegenstand der Forschung, in: Dietrich Gerhard (Hg.), Ständische Vertretungen in Europa im 17. und 18. Jahrhundert,
Göttingen 1969, S. 32–55

Blanning, Tim C.W., Das Alte Europa 1660–1789. Kultur der Macht und Macht der Kultur,
Darmstadt 2006

Blaschke, Karlheinz, Das kursächsische Appellationsgericht 1559–1835 und sein Archiv,
in: Zeitschrift der Savigny Stiftung für Rechtsgeschichte, Germanistische Abteilung,
Bd. 84 (1967), S. 329–354, wieder abgedruckt in: ders., Beiträge zur Verfassungs- und
Verwaltungsgeschichte Sachsens, Leipzig 2002, S. 405–434

Blaschke, Karlheinz und Uwe Ulrich Jäschke, Kursächsischer Ämteratlas 1790, Chemnitz
2009

Böckenförde, Ernst-Wolfgang, Der deutsche Typus der konstitutionellen Monarchie im
19. Jahrhundert (1967), in: ders., Recht, Staat, Freiheit. Studien zur Rechtsphilosophie,
Staatstheorie und Verfassungsgeschichte, Frankfurt am Main 1991, S. 273–305

Boldt, Hans, Deutsche Verfassungsgeschichte, Bd. 1: Von den Anfängen bis zum Ende des
älteren Deutschen Reiches 1806, München 1984

Bonney, Richard (Hg.), The rise of the fiscal state in Europe, c. 1200–1815, Oxford 1999

Brakensiek, Stefan, Akzeptanzorientierte Herrschaft. Überlegungen zur politischen Kultur der Frühen Neuzeit, in: Helmut Neuhaus (Hg.), Die Frühe Neuzeit als Epoche,
München 2009, S. 395–406

Brakensiek, Stefan, Corinna von Bredow und Birgit Näther (Hg.), Herrschaft und Verwaltung in der Frühen Neuzeit, Berlin 2014

Brauneder, Wilhelm, Frühneuzeitliche Gesetzgebung: Einzelaktionen oder Wahrung eine
Gesamtrechtsordnung, in: Barbara Dölemeyer und Diethelm Klippel (Hg.), Gesetz
und Gesetzgebung im Europa der Frühen Neuzeit, Berlin 1998, S. 109–129

Bünz, Enno, Adel in Sachsen im Spätmittelalter und in der Frühen Neuzeit. Stand, Aufgaben und Perspektiven der Forschung, in: Die Familie von Einsiedel. Stand, Aufgaben und Perspektiven der Adelsforschung in Sachsen, Redaktion Birgit Richter,
Leipzig 2007, S. 7–41

Burg, Peter, Der Wiener Kongreß. Der Deutsche Bund im europäischen Staatensystem,
München 1984

Burkhardt, Johannes, Vollendung und Neuorientierung des frühmodernen Reiches 1648–
1763, in: Gebhardt. Handbuch der deutschen Geschichte, 10., völlig neu bearbeitete
Auflage, Bd. 11, Stuttgart 2006

Busch, Michael, Machstreben – Standesbewusstsein – Streitlust. Landesherrschaft und Stände in Mecklenburg von 1755 bis 1806, Köln 2013

Caroni, Pio, Blicke über den Gartenzaun. Von der Beziehung der Rechtsgeschichte zu ihren historischen Nachbarwissenschaften, in: Louis Pahlow (Hg.), Die zeitliche Dimension des Rechts. Historische Rechtsforschung und geschichtliche Rechtswissenschaft, Paderborn 2005, S. 27–55

Carsten, Francis L., Princes and Parliaments in Germany from the Fifteenth to the Eighteenth Century, Oxford 1959

Cottin, Markus, Quellen zur Geschichte der wettinischen Sekundogenitur Sachsen-Merseburg (1657–1738) in Domstiftsarchiv und –bibliothek Merseburg, in: Vinzenz Czech (Hg.), Fürsten ohne Land. Höfische Pracht in den sächsischen Sekundogenituren Weißenfels, Merseburg und Zeitz, Berlin 2009, S. 273–303

Croft, Pauline, The Parliament of England, in: Transactions of the Royal Historical Society, 6th series, Bd. 7 (1997), S. 217–234

Cust, Richard und Ann Hughes (Hg.), The English Civil War, London 1997

Cymorek, Hans, Georg von Below und die deutsche Geschichtswissenschaft um 1900, Stuttgart 1998

Czech, Vinzenz, Legitimation und Repräsentation. Zum Selbstverständnis thüringisch-sächsischer Reichsgrafen in der frühen Neuzeit, Berlin 2003

Czok, Karl, Zur Absolutismuspolitik Augusts des Starken – am Beispiel der Revisionskommission, in: Christine Klecker (Hg.), August der Starke und seine Zeit, Dresden 1995, S. 41–47

Czok, Karl, August der Starke und seine Zeit. Kurfürst von Sachsen, König in Polen, 4., neu gestaltete und erweiterte Auflage, Leipzig 2004

Fackler, Claus, Stiftsadel und geistliche Territorien 1670–1803. Untersuchungen zur Amtstätigkeit und Entwicklung des Stiftsadels, besonders in den Territorien Salzburg, Bamberg und Ellwangen, St. Ottilien 2006

Denk, Andreas und Josef Matzerath, Die drei Dresdner Parlamente. Die sächsischen Landtage und ihre Bauten. Indikatoren für die Entwicklung von der ständischen zur pluralisierten Gesellschaft, Wolfratshausen 2000

Deutsch, Andreas, Hierarchien der Ehre. Zur rechtlichen Dimension von Ehre und Unehrlichkeit in der Frühneuzeit, in: Sylvia Kesper-Biermann, Ulrike Ludwig und Alexandra Ortmann (Hg.), Ehre und Recht, Magdeburg 2011, S. 19–39

Dipper, Christof, Geschichtswissenschaft und Rechtsgeschichte, in: Louis Pahlow (Hg.), Die zeitliche Dimension des Rechts. Historische Rechtsforschung und geschichtliche Rechtswissenschaft, Paderborn 2005, S. 56–73

Donath, Matthias, Rotgrüne Löwen. Die Familie von Schönberg in Sachsen, 2., verbesserte Auflage, Meißen 2015 (Adel in Sachsen, Bd. 4)

Donath, Matthias, Schwarz und Gold. Die Familie von Watzdorf in Thüringen, Sachsen und Schlesien, Meißen 2015 (Adel in Sachsen, Bd. 6)

Drößler, Rudolf, Das Ende des Bistums Naumburg-Zeitz als Voraussetzung für die Bildung des Herzogtums Sachsen-Zeitz, in: Die sächsischen Wurzeln des Landes Sachsen-Anhalt und die Rolle der Sekundogenitur Sachsen-Zeitz. Protokoll des wissenschaftlichen Kolloquiums am 26.10.1996 in Zeitz, hg. v. Landesheimatbund Sachsen-Anhalt e.V., Halle 1997, S. 10–18

Dürichen, Johannes, Geheimes Kabinett und Geheimer Rat unter der Regierung Augusts des Starken in den Jahren 1704–1720. Ihre Verfassung und politische Bedeutung, in: Neues Archiv für Sächsische Geschichte und Altertumskunde 51 (1930), S. 68–134

Eddie, Sean A., Freedom's Price. Serfdom, Subjection and Reform in Prussia, 1648–1848, Oxford 2013

Elton, Geoffrey R., A High Road to Civil War? (1966), in: ders., Studies in Tudor and Stuart Politics and Government, Bd. 2, Cambridge 1974, S. 164–181

Elton, Geoffrey R., Parliament in the sixteenth century: Functions and Fortunes, in: Historical Journal 22 (1979), S. 255–278

Elton, Geoffrey R., Tudor Government: The Points of Contact, in: ders., Studies in Tudor and Stuart Politics and Government, Bd. 3, Cambridge 1983, S. 3–57

Esser, Raingard, Landstände im Alten Reich. Ein Forschungsüberblick, in: Zeitschrift für Neuere Rechtsgeschichte 27 (2005), S. 254–271

Fackler, Claus, Stiftsadel und geistliche Territorien 1670–1803. Untersuchungen zur Amtstätigkeit und Entwicklung des Stiftsadels, besonders in den Territorien Salzburg, Bamberg und Ellwangen, St. Ottilien 2006

Fellmann, Walter, Heinrich Graf Brühl. Ein Lebens- und Zeitbild, Würzburg 1990

Flügel, Axel, Bürgerliche Kritik und Landtagsrepräsentation. Die Ritterkurie des sächsischen Landtages im Jahr 1793, in: Geschichte und Gesellschaft 23 (1997), S. 384–404

Flügel, Axel, Bürgerliche Rittergüter. Sozialer Wandel und politische Reform in Kursachsen (1680–1844), Göttingen 2000

Flügel, Axel, Adelige Rittergutsbesitzer in der konstitutionellen Monarchie. Das Königreich Sachsen 1800–1866, in: Deutscher Adel im 19. und 20. Jahrhundert. Büdinger Forschungen zur Sozialgeschichte 2002 und 2003, hg. v. Günther Schulz und Markus A. Denzel, St. Katharinen 2004, S. 197–218

Fox, Thomas, Land Tenure, Feudalism, and the State in Eighteenth-Century Hesse, in: Richard Herr (Hg.), Themes in Rural History of the Western World, Ames, Iowa, 1993, S. 99–139

Friedeburg, Robert v., Europa in der frühen Neuzeit, Frankfurt am Main 2012

Gerhard, Dietrich, Regionalismus und ständisches Wesen als ein Grundthema europäischer Geschichte (1952), in: Hellmut Kämpf (Hg.), Herrschaft und Staat im Mittelalter, Darmstadt 1956, S. 332–364

Gerhard, Dietrich, Alte und Neue Welt in vergleichender Geschichtsbetrachtung, Göttingen 1962

Gerhard, Dietrich, Probleme ständischer Vertretungen im frühen achtzehnten Jahrhundert und ihre Behandlung in der gegenwärtigen Forschung, in: ders. (Hg.), Ständische Vertretungen in Europa im 17. und 18. Jahrhundert, Göttingen 1969, S. 9–31

Göse, Frank, Zwischen „Ständestaat" und „Absolutismus". Zur Geschichte des kursächsischen Adels im 17. Jahrhundert unter besonderer Berücksichtigung des Verhältnisses von Ständetum und Landesherrschaft, in: Katrin Keller und Josef Matzerath (Hg), Geschichte des sächsischen Adels, 1997, S. 139–160

Göse, Frank, Vom Aufstieg und Fall einer Favoritin: Die Gräfin Cosel, in: Michael Kaiser und Andreas Pecar (Hg.), Der zweite Mann im Staat, Berlin 2003, S. 101–120

Götz, Ulrike (Hg.), Graf Heinrich von Bünau – ein „merk-würdiger" Sachse. Festschrift der Ausstellung aus Anlaß seines 300. Geburtstages 1697–1997. Museum Schloß Nöthnitz 30. Mai 1887–13 Juli 1997, Nöthnitz 1997

Greindl, Gabriele, Untersuchungen zur bayerische Ständeversammlung im 16. Jahrhundert. Organisation, Aufgaben und die Rolle der adeligen Korporation, München 1983

Greindl, Gabriele, Die Ämterverteilung in der bayerischen Landschaft von 1508 bis 1593, in: Zeitschrift für Bayerische Landesgeschichte 51 (1988), S. 101–196

Grimm, Dieter, Deutsche Verfassungsgeschichte 1776–1866. Vom Beginn des modernen Verfassungsstaats bis zur Auflösung des Deutschen Bundes, Frankfurt am Main 1988

Groß, Reiner, Geschichte Sachsens, Berlin 2001

Groß, Reiner, Britta Günther, Nina Krüger und Renate Wißowa (Hg.), Landtage in Sachsen 1438–1831, Chemnitz 2000

Günther, Britta und Michael Wetzel (Hg.), Die Grafen und Fürsten von Schönburg im Muldental. Beiträge der Veranstaltungsreihe ‚100 Jahre Residenzschloss Waldenburg‘ im Jubiläumsjahr 2012 sowie des Kolloquiums am 23. Juni 2012 auf Schloss Waldenburg, Olbersdorf 2013

Gundolf, Friedrich, Anfänge deutscher Geschichtsschreibung von Tschudi bis Winckelmann [1938], Frankfurt am Main 1992

Haake, Paul, August der Starke, Berlin und Leipzig 1926

Halder, Winfried, Friedrich August III./I. (1763/1806–1827), in: Frank Lothar Kroll (Hg.), Die Herrscher Sachsens, S. 203–222

Haller, Johannes, Die Epochen der deutschen Geschichte, Tübingen 1922

Harding, Elizabeth, Landtag und Adligkeit. Ständische Repräsentationspraxis der Ritterschaften von Osnabrück, Münster und Ravensberg 1650 bis 1800, Münster 2011

Harding, Elizabeth und Michael Hecht (Hg.), Die Ahnenprobe in der Vormoderne. Selektion – Initiation – Repräsentation, Münster 2011

Hartmann, Peter Claus, Das Steuersystem der europäischen Staaten am Ende des Ancien Régime. Eine offizielle französische Enquête (1763–1768). Dokumente, Analyse und Auswertung. England und die Staaten Nord- und Mitteleuropas, München 1979, S. 226–241

Hartmann, Peter Claus, Das Heilige Römische Reich deutscher Nation in der Neuzeit 1486–1806, Stuttgart 2005

Hartung, Fritz, Deutsche Verfassungsgeschichte vom 15. Jahrhundert bis zur Gegenwart (1914), 9. Auflage, Stuttgart 1969

Hartung, Fritz, Herrschaftsverträge und ständischer Dualismus in deutschen Territorien (1952), in: ders., Staatsbildende Kräfte der Neuzeit. Gesammelte Aufsätze, Berlin 1961, S. 62–77

Hassinger, Herbert, Ständische Vertretungen in den althabsburgischen Ländern und in Salzburg, in: Dietrich Gerhard (Hg.), Ständische Vertretungen in Europa im 17. und 18. Jahrhundert, Göttingen 1969, S. 247–285

Haug, Heinrich, Das sächsische Obersteuerkollegium, in: Neues Archiv für Sächsische Geschichte und Altertumskunde, Bd. 21 (1900), S. 224–240

Haug-Moritz, Gabriele, Württembergischer Ständekonflikt und deutscher Dualismus, Stuttgart 1992

Heinker, Christian, Die Bürde des Amtes – die Würde des Titels. Der kursächsische Geheime Rat im 17. Jahrhundert, Leipzig 2015

Heinrich Graf von Bünau (1697–1762). Gedenkschrift zur Aussstellung aus Anlaß seines 240. Todestages, hg. von der Evangelisch-Lutherischen Kirchengemeinde Oßmannstedt, Oßmannstedt 2002

Held, Wieland, Der Adel und August der Starke. Konflikt und Konfliktaustrag zwischen 1694 und 1707 in Kursachsen, Köln 1999

Hengerer, Mark, Kaiserhof und Adel in der Mitte des 17. Jahrhunderts, Konstanz 2004

Herz, Hans, Ständische Land- und Ausschußtage in Schwarzburg-Rudolstadt vom 18. bis zum Beginn des 19. Jahrhunderts, Weimar 1995

Hexter, Jack H., The Early Stuarts and Parliament. Old Hat and the Nouvelle Vague, in: Parliamentary History 1 (1982), S. 181–215

Hindersmann, Ulrike, Der ritterschaftliche Adel im Königreich Hannover 1814–1866, Hannover 2001

Hindle, Steve, Law, law enforcement and state formation in early modern England, in: Ronald G. Asch und Dagmar Freist (Hg.), Staatsbildung als kultureller Prozess. Strukturwandel und Legitimation von Herrschaft in der Frühen Neuzeit, Köln 2005, S. 209–233

Hirst, Derek, The Place of Principle, in: Past & Present, Nr. 92 (1981), S. 79–99

Horowski, Leonhard, Die Belagerung des Thrones. Machtstrukturen und Karrieremechanismen am Hof von Frankreich 1661–1789, Ostfildern 2012

Huizinga, Johan, Über eine Definition des Begriffs Geschichte, in: ders., Wege der Kulturgeschichte, München 1930, S. 78–88

Iwasaki, Shuichi, Konflikt, Annäherung und Kooperation. Herrscher und Stände auf den niederösterreichischen Landtagen 1683 bis 1740, in: Frühneuzeit-Info 16 (2005), S. 18–34

Jäger, Volker und Jörg Ludwig, Die sächsischen Staatshandbücher, in: Neues Archiv für sächsische Geschichte, Bd. 76 (2005), S. 291–302

Jahns, Sigrid, Das Reichskammergericht und seine Richter. Verfassung und Sozialstruktur eines höchsten Gerichts im Alten Reich, Teil I: Darstellung, Köln 2011, Teil II: Biographien, 2 Bde, Köln 2003

Kaiser, Michael und Andreas Pečar (Hg.), Der zweite Mann im Staat. Oberste Amtsträger und Favoriten im Umkreis der Reichsfürsten in der Frühen Neuzeit, Berlin 2003

Keller, Katrin, Der Hof als Zentrum adeliger Existenz? Der Dresdner Hof und der sächsische Adel im 17. und 18. Jahrhundert, in: Ronald G. Asch (Hg.), Der europäische Adel im Ancien Régime. Von der Krise der ständischen Monarchien bis zur Revolution (1600–1789), Köln 2001, S. 207–233

Keller, Katrin, Landesgeschichte Sachsen, Stuttgart 2002

Keller, Katrin und Josef Matzerath in Zusammenarbeit mit Christine Klecker und Klaus-Dieter Wintermann (Hg.), Geschichte des sächsischen Adels, Köln 1997

Kesper-Biermann, Sylvia, Ulrike Ludwig und Alexandra Ortmann (Hg.), Ehre und Recht. Ehrkonzepte, Ehrverletzungen und Ehrverteidigungen vom späten Mittelalter bis zur Moderne, Magdeburg 2011

Klecker, Christine (Hg.), August der Starke und seine Zeit. Beiträge des Kolloquiums vom 16./17. Septmenber 1994 auf der Festung Königstein, Dresden 1995 (Saxonia. Schriftenreihe des Vereins für sächsische Landesgeschichte e.V., Bd. 1)

Klußmann, Jan (Hg.), Leibeigenschaft. Bäuerliche Unfreiheit in der frühen Neuzeit, Köln 2003

Kohler, Alfred, und Heinrich Lutz (Hg.), Alltag im 16. Jahrhundert. Studien zu Lebensformen in mitteleuropäischen Städten, München 1987

Koselleck, Reinhart, Staat und Gesellschaft in Preußen 1815–1848, in: Werner Conze (Hg.), Staat und Gesellschaft im deutschen Vormärz 1815–1848, Stuttgart 1962, S. 79–112

Kramer, Ferdinand, Die bayerischen Landstände im Zeitalter des Absolutismus und der Aufklärung, in: Walter Ziegler (Hg.), Der Bayerische Landtag vom Spätmittelalter bis zur Gegenwart, München 1995, S. 97–125

Kraus, Hans-Christof, Soldatenstaat oder Verfassungsstaat? Zur Kontroverse zwischen Carl Schmitt und Fritz Hartung über den preußisch-deutschen Konstitutionalismus (1934/35), in: Jahrbuch für die Geschichte Mittel- und Ostdeutschlands 45 (1999), S. 275–310

Kretzschmar, Hellmut, Zur Geschichte der sächsischen Sekundogeniturfürstentümer [1925/27], in ders., Vom Anteil Sachsens an der neueren deutschen Geschichte. Ausgewählte Aufsätze, hg.v. Reiner Groß und Manfred Kobuch, Stuttgart 1999, S. 141–203

Kroener, Bernhard R, Kriegswesen, Herrschaft und Gesellschaft 1300–1800, München 2013 (Enzyklopädie Deutscher Geschichte, Bd. 92)

Kroll, Frank Lothar, (Hg.), Die Herrscher Sachsens. Markgrafen, Kurfürsten, Könige. 1089–1918, München 2004

Krüger, Kersten, Finanzstaat Hessen 1500–1567. Staatsbildung im Übergang vom Domänenstaat zum Steuerstaat, Marburg 1980

Krüger, Kersten, Die landständische Verfassung, München 2003 (Enzyklopädie Deutscher Geschichte, Bd. 67)

Krüger, Nina, Landesherr und Landstände in Kursachsen auf den Ständeversammlungen der zweiten Hälfte des 17. Jahrhunderts. „… die zwischen Haupt und Gliedern eingeführte Harmonie unverrückt bewahren.", Frankfurt am Main 2007

Kruse, Horst, Stände und Regierung – Antipoden? Die calenbergisch-göttingschen Landesstände 1715–1802, Hannover 2000

Kummer, Katrin Ellen, Landstände und Landschaftsverordnung unter Maximilian I. von Bayern (1598–1651), Berlin 2005 (Schriften zur Verfassungsgeschichte, Bd. 74)

Kunze, Jens, Die Familie von Zech in der ersten Hälfte des 18. Jahrhunderts, Käbschütztal 2016 (Die Grafen von Zech und Zech Burkersroda, Bd. 2)

Lange, Ulrich, Die politischen Privilegien der schleswig-holsteinischen Stände 1588–1675. Veränderung von Normen politischen Handelns, Neumünster 1980,

Lanzinger, Margareth, „aus khainer gerechtigkeit…, sondern aus gnaden." Erbinnen – Handlungsoptionen und Geschwisterkonstellationen, in: Frühneuzeit-Info 15 (2004), S. 20–28

Lanzinner, Maximilian, Fürst, Räte und Landstände. Die Entstehung der Zentralbehörden in Bayern 1511–1598, Göttingen 1980

Lanzinner, Maximilian, Das Konfessionelle Zeitalter 1555–1618, in: Gebhardt. Handbuch der deutschen Geschichte, 10., völlig neu bearbeitete Auflage, Bd. 10, Stuttgart 2001

Laslett, Peter, The World We Have Lost. English Society before the Coming of Industry, New York 1965

Lehnert, Detlef (Hg.), Konstitutionalismus in Europa. Entwicklung und Interpretation, Köln 2014

Levi, Giovanni, Das immaterielle Erbe. Eine bäuerliche Welt an der Schwelle zur Moderne, Berlin 1986

Luh, Jürgen, Vom Pagen zum Premierminister. Graf Heinrich von Brühl (1700–1763) und die Gunst der sächsisch-polnischen Kurfürsten und Könige August II. und August III., in: Kaiser und Pečar (Hg.), Der zweite Mann im Staat, Berlin 2003, S. 121–135

Marburg, Silke und Josef Matzerath (Hg.), Der Schritt in die Moderne. Sächsischer Adel zwischen 1763 und 1918, Köln 2001

Maruhn, Armand, Necessitäres Regiment und fundamentalgesetzlicher Ausgleich. Der hessische Ständekonflikt 1646–1655, Darmstadt und Marburg 2004

Maťa, Petr, Ort der Distinktion – Ort der Entscheidung. Zur Teilnahme des Adels am oberösterreichischen Landtag unter Karl VI., in: Gabriele Haug-Moritz, Hans Peter Hye und Marlies Raffler (Hg.), Adel im „langen" 18. Jahrhundert, Wien 2009, S. 205–237

Matzerath, Josef, August der Starke empfängt den sächsischen Landtag. Kursachsens Stände im Dresdner Residenzschloß, in: ders., Aspekte sächsischer Landtagsgeschichte, Dresden 1998, S. 20–24

Matzerath, Josef, Adelsprobe an der Moderne. Sächsischer Adel 1763 bis 1866. Entkonkretisierung einer traditionalen Sozialformation, Stuttgart 2006

Matzerath, Josef, An der Tafel Graf Günther von Bünaus auf Dahlen (1768–1841). Zur Küche des Adels im frühen 19. Jahrhundert, in: Martina Schattkowsky (Hg.), Die Familie von Bünau. Adelsherrschaften in Sachsen und Böhmen vom Mittelalter bis zur Neuzeit, Leipzig 2008, S. 247–257

Matzerath, Josef, Aspekte sächsischer Landtagsgeschichte. Die Spätzeit der sächsischen Ständeversammlung (1763–1831), Dresden 2006

Matzerath, Josef, „… dass ich Zeit meines Lebens nicht mehr Confusion und Disordre gesehen". Eröffnungszeremonien des sächsischen Landtages und des englischen Parlaments am Beginn des 18. Jahrhunderts, in: Tim Neu, Michael Sikora und Thomas Weller (Hg.), Zelebrieren und Verhandeln, Münster 2009, S. 107–118

Matzerath, Josef, Die Einführung der Ahnenprobe in der kursächsischen Ritterschaft in der zweiten Hälfte des 17. Jahrhunderts, in: Elizabeth Harding und Michael Hecht (Hg.), Die Ahnenprobe in der Vormoderne, Münster 2011, S. 233–245

Matzerath, Josef, Aspekte sächsischer Landtagsgeschichte. Die Ständeversammlungen des 17. und frühen 18. Jahrhunderts, Dresden 2013

Matzke, Judith, Gesandtschaftswesen und diplomatischer Dienst Sachsens 1694–1763, Leipzig 2011

Meumann, Markus und Ralf Pröve (Hg.), Herrschaft in der Frühen Neuzeit. Umrisse eines dynamisch-kommunikativen Prozesses, Münster 2004

Molzahn, Ulf, Adel und frühmoderne Staatlichkeit in Kursachsen. Eine prosopographische Untersuchung zum politischen Wirken einer territorialen Führungsschicht in der frühen Neuzeit (1539–1622), phil. Diss., Leipzig 2005

Müller, Andreas, Die Ritterschaft des kurkölnischen Herzogtums Westfalen im Ancien Régime. Regionale Verflechtung und politische Eigenständigkeit, in: Bettina Braun, Frank Göttmann und Michael Ströhmer (Hg.), Geistliche Staaten im Nordwesten des Alten Reiches. Forschungen zum Problem frühmoderner Staatlichkeit, Köln 2003, S. 159–176

Müller, Andreas, Die Praxis der Ahnenprobe im deutschen Adel des 18. Jahrhunderts. Das Beispiel der Ritterschaft des kurkölnischen Herzogtums Westfalen, in: Elizabeth Harding und Michael Hecht (Hg.), Die Ahnenprobe in der Vormoderne, Münster 2011, S. 247–266

Müller, Reinhold, Die Armee Augusts des Starken. Das sächsische Heer von 1730 bis 1733, 2. Aufl., Berlin 1987

Müller, Tim S., Der Rittergutsbesitz im sächsischen Vogtland (1763–1945), Magisterarbeit TU Dresden 2005

Müller, Tim S., Verlusterfahrung und Konsolidierung. Adliger Rittergutsbesitz zwischen Rétablissement und Bodenreform – Eine Regionalstudie aus dem sächsischen Vogtland, in: Ivo Cerman und Luboš Velek (Hg.), Adel und Wirtschaft. Lebensunterhalt der Adeligen in der Moderne, München 2009, S. S. 285–299

Müßig, Ulrike, Forschungsaufgaben, Probleme und Methoden einer europäischen Verfassungsgeschichte, in: Helmut Neuhaus (Hg.), Verfassungsgeschichte in Europa, Berlin 2010, S. 175–216

Namier, Lewis, und John Brooke, The House of Commons 1754–1790, 3 Bde., London 1964

Neu, Tim, Strafbare Beleidigung oder vertrauliche Äußerung? Ein lokales Beispiel für die Transformation des Umgangs mit Ehrverletzungen in der Sattelzeit, in: Sylvia Kesper-Biermann, Ulrike Ludwig und Alexandra Ortmann (Hg.), Ehre und Recht, Magdeburg 2011, S. 117–131

Neu, Tim, Die Erschaffung der landständischen Verfassung. Kreativität, Heuchelei und Repräsentation in Hessen (1509–1655), Köln 2013

Neu, Tim, Michael Sikora und Thomas Weller (Hg.), Zelebrieren und Verhandeln. Zur Praxis ständischer Institutionen im frühneuzeitlichen Europa, Münster 2009

Neugebauer, Wolfgang, Otto Hintze. Denkräume und Sozialwelten eines Historikers in der Globalisierung 1861–1940, Paderborn 2015

Neuhaus, Helmut, Friedrich August I. (1694–1733) in: Frank Lothar Kroll (Hg.), Die Herrscher Sachsens. Markgrafen, Kurfürsten, Könige. 1089–1918, München 2004, S. 173–191

Novotny, Alexander, Parlament und parlamentarisches System, in: Grundbegriffe der Geschichte. 50 Beiträge zum europäischen Geschichtsbild, hg. in Zusammenarbeit mit dem Europarat und dem Internationalen Schulbuchinstitut, Gütersloh 1964, S. 289–298

Oestreich, Gerhard, Der brandenburgisch-preußische Geheime Rat vom Regierungsantritt des Großen Kurfürsten bis zur Neuordnung im Jahre 1651. Eine behördengeschichtliche Studie, Würzburg-Aumühle 1937

Oestreich, Gerhard, Ständetum und Staatsbildung in Deutschland (1966), in: ders., Geist und Gestalt des frühmodernen Staates. Ausgewählte Aufsätze, Berlin 1969, S. 277–289

Oestreich, Gerhard, Verfassungsgeschichte vom Ende des Mittelalters bis zum Ende des alten Reiches, München 1974 (Gebhard. Handbuch der deutschen Geschichte, hg. v. Herbert Grundmann, 9., neu bearbeitete Auflage)

Oexle, Otto Gerhard, Sozialgeschichte – Begriffsgeschichte – Wissenschaftsgeschichte. Anmerkungen zum Werk Otto Brunners, in: VSWG 71 (1984), S. 305–341

Osterhammel, Jürgen, Sklaverei und die Zivilisation des Westens, München 2000

Pečar, Andreas, Die Ökonomie der Ehre. Höfischer Adel am Kaiserhof Karls VI., Darmstadt 2003

Press, Volker, Vom ‚Ständestaat' zum Absolutismus. 50 Thesen zur Entwicklung des Ständewesens in Deutschland, in: Peter Baumgart (Hg.), Ständetum und Staatsbildung in Brandenburg-Preußen, Berlin 1983, S. 319–326

Rall, Hans, Kurbayern in der letzten Epoche der alten Reichsverfassung 1745–1801, München 1952

Rausch, Heinz (Hg.), Die geschichtlichen Grundlagen der modernen Volksvertretung. Reichsstände und Landstände, Darmstadt 1974

Rauscher, Peter (Hg.), Kriegführung und Staatsfinanzen. Die Habsburgermonarchie und das Heilige Römische Reich vom Dreißigjährigen Krieg bis zum Ende des habsburgischen Kaisertums 1740, Münster 2010

Rauscher, Peter, Andrea Serler und Thomas Winkelbauer (Hg.), Das 'Blut des Staatskörpers'. Forschungen zur Finanzgeschichte der Frühen Neuzeit, München 2012

Reden, Armgard v., Landständische Verfassung und fürstliches Regiment in Sachsen-Lauenburg (1543–1689), Göttingen 1974

Reinhard, Wolfgang, Kriegsstaat – Steuerstaat – Machtstaat, in: Ronald G. Asch und Heinz Duchhardt (Hg.), Der Absolutismus – ein Mythos? Strukturwandel monarchischer Herrschaft in West- und Mitteleuropa (ca. 1550–1700), Köln 1996, S. 277–310

Reinhard, Wolfgang, Freunde und Kreaturen. 'Verflechtung' als Konzept zur Erforschung historischer Führungsgruppen (1979), in: ders., Ausgewählte Abhandlungen, Berlin 1997, S. 289–310

Reinhard, Wolfgang, Geschichte der Staatsgewalt. Eine vergleichende Verfassungsgeschichte Europas von den Anfängen bis zur Gegenwart, 2., durchgesehen Auflage München 2000

Reinhard, Wolfgang, Was ist europäische politische Kultur? Versuch zur Begründung einer politischen Historischen Anthropologie, in: Geschichte und Gesellschaft Bd. 27 (2001), S. 593–616

Reinhard, Wolfgang, Probleme deutscher Geschichte 1495–1806, in: Gebhardt. Handbuch der deutschen Geschichte, 10., völlig neu bearbeitete Auflage, Bd. 9, Stuttgart 2001

Reinhard, Wolfgang, Lebensformen Europas. Eine historische Kulturanthropologie, München 2004

Richter, Birgit (Red.), Die Familie von Einsiedel. Stand, Aufgaben und Perspektiven der Adelsforschung in Sachsen. Kolloquium des Sächsischen Staatsarchivs/Staatsarchiv Leipzig in Zusammenarbeit mit der Universität Leipzig, 9. November 2005, Leipzig 2007

Richter, Birgit (Red.), Die Adelsfamilie von Schönberg in Sachsen. Fachkolloquium des Sächsischen Staatsarchivs, Staatsarchiv Leipzig, 22. Oktober 2010, Dresden 2011

Rosseaux, Ulrich, Vom geistlichen Fürstentum zur wettinischen Sekundogenitur. Zur Dynastisierung der Hochstifte Merseburg und Naumburg in der Frühen Neuzeit, in: Martina Schattkowsky und Manfred Wilde (Hg.), Sachsen und seine Sekundogenituren. Die Nebenlinien Weißenfels, Merseburg und Zeitz (1657–1746), Leipzig 2010, S. 73–96

Ruppert, Karsten, Die Landstände des Erzstifts Köln in der frühen Neuzeit. Verfassung und Geschichte, in: Annalen des Historischen Vereins für den Niederrhein, Bd. 174 (1972), S. 47–111

Russell, Conrad, Parliamentary History in Perspective, 1604–1629, in: History 61 (1976), S. 1–27

Russell, Conrad, The Nature of a Parliament in early Stuart England, in: Howard Tomlinson (Hg.), Before the Civil War, Basingstoke 1983, S. 123–150.

Schattkowsky, Martina (Hg.), Die Familie von Bünau. Adelsherrschaften in Sachsen und Böhmen vom Mittelalter bis zur Neuzeit, Leipzig 2008

Schattkowsky, Martina, Die Sekundogenituren und ihre Fürstinnen. Das Beispiel der Herzoginwitwe Christiane von Sachsen-Merseburg (1634–1701), in: dies. und Manfred Wilde (Hg.), Sachsen und seine Sekundogenituren, Leipzig 2010, S. 229–255

Schattkowsky, Martina (Hg.), Adlige Lebenswelten in Sachsen. Kommentierte Bild- und Schriftquellen, Köln 2013

Schattkowsky, Martina, Herrschaftspraxis und Herrschaftsverwirklichung adliger Grundherren in Kursachsen, in: Enno Bünz, Ulrike Höroldt und Christoph Volkmar (Hg.), Adelslandschaft Mitteldeutschland. Die Rolle des landsässigen Adels in der mitteldeutschen Geschichte (15.–18. Jahrhundert), Leipzig 2016, S. 305–320

Schaupp, Monika, Die Landstände in den zollerischen Fürstentümern Ansbach und Kulmbach im 16. Jahrhundert, München 2004

Schilling, Heinz, Aufbruch und Krise. Deutschland 1517–1648, Berlin 1988

Schirmer, Uwe. Grundriß der kursächsischen Steuerverfassung (15.–17. Jahrhundert), in: ders. (Hg.), Sachsen im 17. Jahrhundert, Beucha 1998, S. 161–207

Schirmer, Uwe, Die Verfassung des Hochstifts Merseburg vom 15. bis zur Mitte des 17. Jahrhunderts, in: Holger Kunde, Andreas Ranft, Arno Sames und Helge Wittmann (Hg.), Zwischen Kathedrale und Welt. 1000 Jahre Domkapitel Merseburg, Petersberg 2005, S. 121–132

Schlechte, Horst (Hg.), Die Staatsreform in Kursachsen 1762–63. Quellen zum kursächsischen Rétablissement nach dem Siebenjährigen Kriege, Berlin 1958

Schlögl, Rudolf, Kommunikation und Vergesellschaftung unter Anwesenden. Formen des Sozialen und ihre Transformation in der Frühen Neuzeit, in: Geschichte und Gesellschaft, Bd. 34 (2008), S. 155–224

Schlögl, Rudolf, Anwesende und Abwesende. Grundriss für eine Gesellschaftsgeschichte der Frühen Neuzeit, Konstanz 2014

Schlüter, Gisela, Heinrich Reichsgraf von Bünau – Stationen seines Lebens, in: Heinrich Graf von Bünau (1697–1762). Gedenkschrift zur Ausstellung aus Anlaß seines 240. Todestages, Oßmannstedt 2002, S. 22–76

Schmale, Wolfgang, Das Heilige Römische Reich und die Herrschaft des Rechts. Ein Problemaufriß, in: Ronald G. Asch und Heinz Duchhardt (Hg.), Der Absolutismus – ein Mythos? Strukturwandel monarchischer Herrschaft in West- und Mitteleuropa (ca. 1550–1700), Köln 1996, S. 229–248

Schmidt, Gerhard, Die Staatsreform in Sachsen in der ersten Hälfte des 19. Jahrhunderts. Eine Parallele zu den Steinschen Reformen in Preußen, Weimar 1966

Schmidt, Otto Eduard (Hg.), Minister Graf Brühl und Karl Heinrich von Heinecken. Briefe und Akten, Charakteristiken und Darstellungen zur sächsischen Geschichte (1733–1763), Leipzig 1921

Schneider, Joachim, Schriftsassen und Amtsassen, in: Martina Schattkowsky (Hg.), Adlige Lebenswelten in Sachsen, Köln 2013, S. 27–35

Schorn-Schütte, Luise, Vorstellungen von Herrschaft im 16. Jahrhundert. Grundzüge europäischer politischer Kommunikation, in: Helmut Neuhaus (Hg.), Die Frühe Neuzeit als Epoche, München 2009, S. 347–376

Schorn-Schütte, Luise, Konfessionskriege und europäische Expansion. Europa 1500–1648, München 2010

Schreiner, Klaus, und Gerd Schwerhoff (Hg.), Verletzte Ehre. Ehrkonflikte in Gesellschaften des Mittelalters und der Frühen Neuzeit, Köln 1995

Schubert, Ernst, Fürstliche Herrschaft und Territorium im späten Mittelalter, München
1996 (Enzyklopädie Deutscher Geschichte, hg. v. Lothar Gall, Bd. 35)

Schubert, Ernst, Landstände und Fürstenherrschaft. Kommentar zu den Beiträgen von Ulf
Molzahn und Frank Göse, in: Katrin Keller und Josef Matzerath (Hg.), Geschichte des
sächsischen Adels, Köln, Weimar, Wien 1997, S. 163–166

Schubert, Ernst, Einführung in die deutsche Geschichte im Spätmittelalter, Darmstadt
1998

Schubert, Ernst, Einleitung, in: Brage Bei der Wieden (Hg.), Handbuch der niedersächsischen Landtags- und Ständegeschichte, Bd. 1: 1500–1806, Hannover 2004, S. 9–19

Schultze, Werner, Heinrich von Bünau. Ein kursächsischer Staatsmann, Gelehrter und
Mäcen. Inauguraldissertation zur Erlangung der Doktorwürde der Philosophischen
Fakultät der Universität Leipzig, Leipzig 1933

Schulze, Winfried, Reich und Türkengefahr im späten 16. Jahrhundert. Studien zu den
politischen und gesellschaftlichen Auswirkungen einer äußeren Bedrohung, München 1978

Schulze, Winfried, Deutsche Geschichte im 16. Jahrhundert. 1500–1618, Frankfurt am
Main 1987

Schulze, Winfried, Einführung in die Neuere Geschichte, 2., verbesserte Auflage 1991

Schwennicke, Andreas, „Ohne Steuer kein Staat." Zur Entwicklung und politischen
Funktion des Steuerrechts in den Territorien des Heiligen Römischen Reichs (1500–
1800), Frankfurt am Main 1996 (Ius Commune, Sh 90)

Seitz, Jutta, Die landständische Verordnung in Bayern im Übergang von der altständischen Repräsentation zum modernen Staat, Göttingen 1999

Seresse, Volker, Politische Normen in Kleve-Mark während des 17. Jahrhunderts. Argumentationsgeschichtliche und herrschaftstheoretische Zugänge zur politischen Kultur der frühen Neuzeit, Epfendorf am Neckar 2005

Sharpe, Kevin, Remapping early modern England: from revisionism to the culture of
politics, in: ders., Remapping Early Modern England. The culture of seventeenth-
century politics, Cambridge 2000, S. 3–37

Sharpe, Kevin, Re-writing the history of parliament in seventeenth-century England, in:
ders., Remapping Early Modern England. The culture of seventeenth-century politics,
Cambridge 2000, S. 269–293

Sikora, Michael, Der Adel in der Frühen Neuzeit, Darmstadt 2009

Smolinsky, Heribert, Albertinisches Sachsen, in: Anton Schindling u. Walter Ziegler (Hg.),
Die Territorien des Reichs im Zeitalter der Reformation und Konfessionalisierung.
Land und Konfession 1500–1650, Bd. 2: Der Nordosten, Münster 1990, S. 9–32

Staszewski, Jacek, August III. Kurfürst von Sachsen und König von Polen. Eine Biographie, Berlin 1996

Stieglitz, Annette v., Landesherr und Landstände zwischen Konfrontation und Kooperation. Die Innenpolitik Herzog Johann Friedrichs im Fürstentum Calenberg 1665–
1679, Hannover 1994

Stieglitz, Annette v., Ständegeschichte der hessischen Grafschaft Schaumburg 1640–1821,
Melle 2000

Stollberg-Rilinger, Barbara, Zeremoniell als politisches Verfahren. Rangordnung und Rangstreit als Strukturmerkmale des frühneuzeitlichen Reichstags, in: Johannes Kunisch (Hg.), Neue Studien zur frühneuzeitlichen Reichsgeschichte, Berlin 1997, S. 91–132

Stollberg-Rilinger, Barbara, Vormünderdes Volkes? Konzepte landständischer Repräsentation in der Spätphase des alten Reiches, Berlin 1999

Stollberg-Rilinger, Barbara, Europa im Jahrhundert der Aufklärung, Stuttgart 2000

Stollberg-Rilinger, Barbara, Zeremoniell, Ritual, Symbol. Neue Forschungen zur symbolischen Kommunikation in Spätmittelalter und Früher Neuzeit, in: Zeitschrift für Historische Forschung, Bd. 27 (2000), S. 389–405

Stollberg-Rilinger, Barbara, Rang vor Gericht. Zur Verrechtlichung sozialer Rangkonflikte in der frühen Neuzeit, in: Zeitschrift für Historische Forschung, Bd. 28 (2001), S. 385–418

Stollberg-Rilinger, Barbara (Hg.), Vormoderne politische Verfahren, Berlin 2001

Stollberg-Rilinger, Barbara, Herstellung und Darstellung politischer Einheit. Instrumentelle und symbolische Dimensionen politischer Repräsentation im 18. Jahrhundert, in: Jan Andres, Alexa Geisthövel und Matthias Schwengelbeck (Hg.), Die Sinnlichkeit der Macht. Herrschaft und Repräsentation seit der Frühen Neuzeit, Frankfurt am Main 2005, S. 73–92

Stollberg-Rilinger, Barbara (Hg.), Was heißt Kulturgeschichte des Politischen?, Berlin 2005

Stollberg-Rilinger, Barbara, Ständische Repräsentation – Kontinuität oder Kontinuitätsfiktion?, in: Zeitschrift für Neuere Rechtsgeschichte 28 (2006), S. 279–298

Stollberg-Rilinger, Barbara, Die Symbolik der Reichstage. Überlegungen zu einer Perspektivenumkehr, in: Maximilian Lanzinner und Arno Strohmeyer (Hg.), Der Reichstag 1486–1613. Kommunikation – Wahrnehmung – Öffentlichkeiten, Göttingen 2006, S. 77–93

Stollberg-Rilinger, Barbara, Des Kaisers alte Kleider. Verfassungsgeschichte und Symbolsprache des Alten Reiches, München 2008

Stollberg-Rilinger, Barbara, State and Political History in a Culturalist Perspective, in: Antje Flüchter und Susan Richter (Hg.), Structures on the Move. Technologies of Governance in Transcultural Encounter, Berlin und Heidelberg 2012, S. 43–58

Stollberg-Rilinger, Barbara, Tim Neu und Christina Brauner (Hg.), Alles nur symbolisch? Bilanz und Perspektiven der Erforschung symbolischer Kommunikation, Köln 2013

Storrs, Christopher (Hg.), The Fiscal-Military State in Eighteenth-Century Europe. Essays in honour of P.G.M. Dickson, Farnham 2009

Täuber, Ines, Der „Poenicke" – eine Präsentation sächsischer Rittergüter, in: Silke Marburg und Josef Matzerath (Hg.), Der Schritt in die Moderne, Köln 2001, S. 95–114

Vann, James Allen, Württemberg auf dem Weg zum modernen Staat 1593–1793, Stuttgart 1986

Walz, Rainer, Adel, Honoratioren und Landstände im Herzogtum Berg, in: Stefan Gorißen, Horst Sassin und Kurt Wesoly (Hg.), Geschichte des Bergischen Landes, Bd. 1: Bis zum Ende des alten Herzogtums 1806, Bielefeld 2014, S. 469–499

Waitz v. Eschen, Friedrich Frh., Die Anfänge des gewerblichen Domänenstaates in Hessen unter Landgraf Philipp dem Großmütigen, in: Heide Wunder, Christina Vanja und Berthold Hinz (Hg.), Landgraf Philipp der Großmütige von Hessen und seine Residenz Kassel, Marburg 2004, S. 151–170

Weber, Matthias, Die schlesischen Polizei- und Landesordnungen der frühen Neuzeit, Köln 1996

Weber, Wolfgang E.J. (Hg.), Der Fürst. Ideen und Wirklichkeiten in der europäischen Geschichte, Köln 1998

Wehler, Hans-Ulrich, Das deutsche Kaiserreich 1871–1918, Göttingen 1973

Wieden, Brage bei der (Hg.), Handbuch der niedersächsischen Landtags- und Ständegeschichte, Bd. 1: 1500–1806, Hannover 2004

Wilde, Manfred, Die Ritter- und Freigüter in Nordsachsen. Ihre verfassungsrechtliche Stellung, ihre Siedlungsgeschichte und ihre Inhaber, Limburg 1997

Wilde, Manfred, Grundherrschaftliche Qualitäten von sächsischen Rittergütern bis zum 17. Jahrhundert, in: Uwe Schirmer (Hg.), Sachsen im 17. Jahrhundert, Beucha 1998, S. 43–67

Willoweit, Dietmar, Deutsche Verfassungsgeschichte. Vom Frankenreich bis zur Wiedervereinigung Deutschlands, 7. überarbeitete und wiederum erweiterte Auflage, München 2013

Winter, Robert, Friedrich August Graf von Rutowski. Ein Sohn Augusts des Starken geht seinen Weg, Dresden 2012

Winterling, Aloys, Der Hof der Kurfürsten von Köln 1688–1794. Eine Fallstudie zur Bedeutung „absolutistischer" Hofhaltung, Bonn 1986

Wollschläger, Thomas, Die „Military Revolution" und der deutsche Territorialstaat unter besonderer Berücksichtigung Brandenburg-Preußens und Sachsens. Determinanten der Staatskonsolidierung im europäischen Kontext 1670–1740, Norderstedt 2004

Wormald, Jenny, Conclusion, in: dies. (Hg.), The Seventeenth Century, Oxford 2008, S. 227–248

Yun-Casalilla, Bartolomé und Patrick K. O'Brien (Hg.), The Rise of Fiscal States. A Global History 1500–1914, Cambridge 2012

VIII. Verzeichnis der Tabellen im Text

1. Die Zahl der Schrift- und Amtsassen in den sieben erbländischen Kreisen im 18. Jahrhundert 75
2. Die Verteilung der Ritterpferde auf die sieben erbländischen Kreise im 18. Jahrhundert 91
3. Die kursächsischen Landesversammlungen und ihre Dauer, 1694–1805 97
4. Die Zahl der kursächsischen Ämter 102
5. Die ritterschaftlichen Mitglieder in der Deputation zur Revision des Lehnsmandates 1749 107
6. Die Anzahl an Stellen für die sieben erbländischen Kreise im Engeren und im Weiteren Ausschuss der Ritterkurie 111
7. Das Verhältnis der Stellen im Weiteren Ausschuss zur Zahl der landtagsberechtigten altschriftsässigen Rittergüter 113
8. Die Anzahl der amtsässigen Deputierten in den Ausschüssen des kursächsischen Landtages 120
9. Die Zahl der Teilnehmer an der Allgemeinen Ritterkurie des Landtags nach Kreisen, 1694–1749 149
10. Das Verhältnis der Landtagsbesucher in der Allgemeinen Ritterschaft zu den überhaupt landtagsberechtigen Rittergütern, 1694–1749 150
11. Das Verhältnis der Landtagsbesucher in der Allgemeinen Ritterschaft zu den vorhandenen Stellen im Weiteren Ausschuß, 1694–1749 152
12. Die Zahl neuer Mitglieder im Engeren und Weiteren Ausschuß, 1699–1749 . 155
13. Der Aufstieg aus der Allgemeinen Ritterschaft in den Weiteren Ausschuss im Landtag von 1731 161
14. Die Schriftsassen aus dem Kollegiatstift Wurzen (Leipziger Kreis) im Dresdner Landtag, 1694–1749 181
15. Die Zahl der kursächsischen Ämter und der deputierten Mitglieder der Amtsassen auf dem Landtag von 1718 200
16. Die Zahl der amtsässigen Deputierten und ihr Anteil an der Allgemeinen Ritterschaft, 1711–1749 202
17. Die Kreissteuer-Einnehmer im Hof- und Staatskalender von 1732 237
18. Die Ämter und das Personal des Dresdner Hofes im Jahr 1732/33 243
19. Die Stellen für adlige und bürgerliche Räte in den Landes-Collegien im Jahr 1733 269
20. Die Mitglieder des Geheimen Rates mit Sitz und Stimme 1731/32 277
21. Der monatliche Sold kursächsischer Offiziere im 18. Jahrhundert 316
22. Die Zahl der höheren Offizieren der Kavallerie, Infanterie und des Ingenieurkorps in der kursächsischen Armee 1732, 1742 und 1752 316
23. Die Zusammensetzung der Ritterschaft des allgemeine Landtags von 1742 .. 339
24. Die im Landtag von 1742 wieder zu besetzenden Stellen in den Ausschüssen 348
25. Die Verteilung der Mitglieder in der Ritterkurie im Jahr 1742 nach dem Jahr ihres ersten Landtagsbesuches 353
26. Die neuen Mitglieder in der Allgemeinen Ritterschaft 1742 354

27. Die Zusammensetzung der Ausschüsse und der Allgemeinen Ritterschaft im
     Jahr 1742 nach dem Eintritt ihrer Mitglieder in die Gremien der Ritterkurie .   356
28. Die Vertretung der amtsässigen Deputierten in den Ausschüssen der Ritter-
     kurie von 1742   362

Personenregister

(Verzeichnis der im Text und in den Fußnoten erwähnten Landtagsteilnehmer, Amtsträger, Höflinge, Offiziere, Rittergutsinhaber und Rittergutsbesitzerinnen)

Albert, Martin   400 f
 –, Gottfried Siegmund   400
 –, Gotthelff Siegmund   400
Alemann, Johann Daniel   195
 –, Johann Egidio v.   266
Amelin, Friedrich Wilhelm v.   371
Anhalt-Dessau, Leopold Fürst zu   195
Arnett, Johann Albrecht v.   322
Arnim, Christian August v.   260, 388
 –, Christoph Ehrenreich v.   260 f,
    388
 –, Christoph Julius v.   260, 384
 –, Johann Christian v.   260
 –, Johann Georg v.   260
 –, Karl Siegmund v.   127, 260
 –, Siegmund August v.   148, 260,
    356 f, 383
 –, Wolff Christoph v.   259 f, 388
 –, Wolff Christoph v. (1607–1668)
    259 f, 384
Arnold, Christoph   372

Baudissin, Heinrich Graf v.   267
Baumbach, Carl Friedrich Reinhold v.
 117
Becker v. Rosenfeld, Johanna Maria
 122
Beichlingen, Gottlob Adolph Graf v.
 330
 –, Wolf Dietrich Graf v.   128, 184
Bendeleben, Georg Adam Christian v.
 371
 –, Moritz Wilhelm v.   167, 205 f,
    370
Beneckendorf, Carl Christoph v.   148
 –, Caspar Heinrich v.   115, 156,
    228, 324 f, 403 f
 –, Christiane Henriette v.   403

 –, Eva v., geb. v. Schleinitz   325
 –, Hans Caspar v.   324
Berbisdorf, August v.   347
 –, Georg Wolff v.   258
 –, Hans August v.   380 f
Berck, Lebrecht Gotthold v.   371
Berga, Georg Otto v.   194
 –, Wolff Ernst v.   194
Berlepsch, Caspar v.   104, 160, 162,
    233, 347, 384
 –, Caspar Adam v.   233
 –, Erich Volckmar v.   351
 –, Gottlob Erich v.   130
 –, Heinrich v.   233
 –, Heinrich Moritz v.   117 f
 –, Otto Heinrich v.   162, 230, 233,
    237, 239, 306 f, 380, 384
 –, Rahel Wilhelmine v., geb. v. Kö-
    tteritz   306
 –, Thomas Christian v.   342, 351
Beulwitz, Adam Friedrich v.   406
 –, Agnisa Dorothea v., geb. v. Rei-
    bold   414
 –, Alexander August v.   364 f, 408
 –, Alexander Christian v.   364, 406,
    414
 –, Christian Alexander v.   364, 401,
    406, 408
 –, Christian August v.   107, 345,
    350 f, 364 f, 399, 401, 407
 –, Christiane Sophie v., geb. v.
    Schirnding   365, 407 f
 –, Johann Georg v.   128
 –, Louise Charitas v., geb. v. Zech
    128
 –, Louise Eleonore Caroline
    Dorothee v.   365
Beust, Carl Friedrich v.   236, 273, 412

–, Carl Leopold v. 409
–, Joachim Friedrich v. 409 f
–, Joachim Friedrich v. (1661–
1741) 409
–, Johanna Charlotta v., geb. Edle
v.d. Planitz 402
Beutes, Johann Andreas 374
Beyer, Friedrich Gottlob 184
Bibra, Carl Heinrich v. 215, 272
Biesenroth, Aemilie Sophie v. 175
Birckholz, Gottlob Heinrich v. 175,
233 f, 239
Bodenhausen, Carl Heinrich v. 194
–, Carl Wilhelm v. 250
–, Ilse Sophie v. 289
–, Kraft Burkhard v. 249 f
–, Otto George v. 351
–, Otto Wilcke v. 249
–, Otto Wilhelm v. 160, 250, 363,
380
Bomsdorf, Hiob Friedrich v. 195, 206,
253 f, 409
–, Johann Ernst v. 409
–, Loth v. 123
Bose, Adam Heinrich 182, 326 f, 329,
339, 344 f, 380
–, Anne Elisabeth, geb. v. Miltitz
289
–, Carl 323, 383
–, Carl Alexander Graf 290, 391
–, Carl Erdmann 405
–, Carl Ernst 326
–, Carl Gottfried Graf 238, 250,
289, 391
–, Carl Haubold 411
–, Carl Maximilian 290
–, Carl Siegmund v. 253, 411
–, Carl Zdislau 383, 405 f
–, Charlotte Johanne, geb. v. Schlei-
nitz 326
–, Christian Gottfried 374
–, Christoph Dietrich, d.Ä. 326 f,
380
–, Christoph Dietrich, d.J. 326 f,
380
–, Gottlob Siegmund 136

–, Joachim Dietrich v. 170
–, Johann Friedrich Carl Graf 290
–, Otto Heinrich 200
Boxberg, Julius Ferdinand v. 253
Brand v. Lindau, Adam Friedrich 390
Brandenstein, Adam Friedrich v. 224,
386
–, August Heinrich v. 406
–, Carl August v. 237, 239, 385
–, Friedrich August v. 224, 247,
386
–, Georg Albrecht v. 258
–, Georg Otto v. 258
–, Gisela Sophia v. , geb. v. Holtzen-
dorf 224
Braun, Adam Friedrich v. 322
Brause, Siegmund v. 98
Brawe, Johann Jacob 272
Bretschneider, Johann v. 322
Brück, Hans Adolph v. 371
Brühl, Friedrich Wilhelm v. 157, 164,
182, 219, 229, 378, 381
–, Hans Moritz v. 157 f, 333
–, Hans Moritz v., d.Ä. 157, 163,
338, 355, 377 f
–, Heinrich Graf v. 77, 93, 95, 116,
126, 130, 135–138, 141, 157 f, 160,
163–165, 177, 184, 219, 221, 223,
225, 229, 233 f, 236, 243 f, 263,
267 f, 272, 277, 286 f, 292 f, 300,
340, 350, 378–381, 392, 417
–, Johann Adolph v. 157, 163, 348,
375, 377 f
–, Moritz Graf v. 117
Bülow, Amalie Henriette Caroline Frie-
derike v., verh. v. Zedtwitz 402
–, Dorothea Carolina v., geb.
Romanus v. Muckershausen
402
–, Johann Gottlieb v. 72
Bünau, Christiana Amalia Henriette
v. 412
–, Christiane Elisabeth v., geb. v.
Arnim 260
–, Dorothea Sibylle v., geb. v.
Taube 236 f

–, Günther v. (Dahlen)   127, 142
–, Günther v. (Thürnhof)   412
–, Günther v., d.J. (Thürnhof)   412
–, Günther Graf v.   135, 142
–, Heinrich v. (Domsen)   92, 94 f,
   107, 110, 126, 134–139, 162, 165,
   212, 217, 228, 238 f, 260 f, 273,
   283, 286, 310, 339, 417
–, Heinrich v. (Lossa)   181 f
–, Heinrich v. (Nimritz)   342, 347,
   412
–, Heinrich v. (Püchau)   180 f, 182,
   236 f, 304, 342, 347, 392
–, Heinrich v. (Seußlitz)   94, 125 f,
   136–141, 154, 177, 212, 215, 219,
   228, 237 f, 243, 266, 275–277, 281,
   299 f, 306
–, Heinrich v. (Zuschendorf)   343
–, Heinrich v. (1656–1729)   237, 304
–, Heinrich v. (1722–1784)   127
–, Heinrich v. (1732–1768)   182
–, Heinrich v. (1755–1826)   127
–, Heinrich v. (Jagdjunker)   253
–, Maria Elisabeth v.   294
–, Rudolph v.   304
–, Rudolph v. (Kleingera)   236 f,
   385, 411 f
–, Rudolph v. (Lauenstein)   391
–, Rudolph v. (Lossa)   182, 184
–, Rudolph v. (Thürnhof)   412
–, Rudolph v. (Ottendorf)   236
–, Rudolph Graf v.   141, 228
Burgsdorff, Carl Gottlob v.   309
–, Georg Christoph v.   309

Canitz, Anna Maria v.   122
–, Christiane Sophie Friederike v.
   125
Carlowitz, Carl Adolph v.   74, 237,
   240, 272, 323, 349, 359, 389
–, Carl Rudolph v.   395
–, George Heinrich   253 f
–, Hans Adolph v.   251
–, Hans Carl v.   89, 171
–, Hans Karl August v.   324
–, Hans Georg v.   251

–, Henriette Margarethe v., geb. v.
   Neitschütz   251
–, Johann Georg v.   324
Cermin, Johann Andreas   371
Conrad, Rosina Elisabeth   374
Crux, Christoph Friedrich v.   273, 389

Dauderstedt, Regine Elisabeth   127
Dehn-Rothfelser, Carl Heinrich v.   274
–, Friedrich Gottlob v.   274
Dempsie, Barnabas ô   322
Diemar, Adam Alexander v.   117
Dieskau, Agnese v.   122
–, Carl Heinrich v.   237 f
–, Carl Hildebrand v.   238, 250 f
–, Geißler v.   238 f
–, Hans v.   375
–, Heinrich v.   250
–, Johann Adolph v.   347, 375
–, Otto Friedrich v.   238
Dietmann, Johann Paul   372
Döbner, Johann August   322
Dölau, Charlotta Johanna v.   409
–, Gottlob Christian v.   402, 409
–, Sophia Christiane v., geb. Edle
   v.d. Planitz   402
Döring, Augusta Helene v.   126 f, 136
–, Carl Heinrich v.   315
–, Dr. David   122
–, David Friedrich v.   122
–, Ernst Friedrich v.   122 f
–, Friedrich Gottlieb v.   125
–, Hans August v.   126, 136
–, Hans Christoph v.   371
–, Johann David v.   107, 125 f
–, Johann Christoph v.   145
–, Johann Georg Joachim v.   122
–, Siegmund Traugott v.   125
Drandorf, Johann Leopold v.   175
–, Hans Adam v.   360
–, Wolff Gottfried v.   175

Egidy, Carl Christoph v.   145
–, Charlotte Perpetua v., geb. v. Hartitz-
   sch   146
–, Otto Heinrich v.   145

–, Samuel Heinrich v.   145
–, Hans Dietrich v.   145
–, Hans Otto v.   146
–, Julius Heinrich v.   145 f
–, Otto Gottlob v.   145
–, Samuel v.   144 f
Einsiedel, Carl Heinrich v.   243
–, Caroline Wilhelmine v.   146
–, Curt Heinrich v.   394
–, Detlev Carl Graf v.   98, 227
–, Detlev Heinrich v.   385, 388
–, Eva Charlotte Friederike v., geb.
     v. Flemming   377
–, Gottlob Innocentius v.   224, 286
–, Hans Georg v.   182
–, Hans Haubold v.   227, 377
–, Haubold v.   224, 249
–, Heinrich v. (Kesselshain)   204,
     373, 394
–, Heinrich v. (Wolftitz)   255
–, Heinrich v. (1741–1781)   204
–, Johann Georg v.   375, 377
Ende, Carl Gottlob v.   107, 129
–, Christiane Friederika v., geb. v.
     Zech   129
–, Dietrich Carl Leopold v.   305
–, Friedrich Heinrich v.   372
–, Gottlob Ferdinand v.   177
–, Hans Adam v.   305
–, Hans Siegmund v.   254
–, Heinrich Gottfried v.   315
–, Leopold Nicolaus v.   305, 307
Erdmannsdorf, Anna Sophie, geb.
     Gräfin v. Hoym   388
–, Ernst Dietrich v.   246, 332, 387
–, Ernst Ferdinand v.   246–248, 387
–, Johann Friedrich v.   255, 387 f
–, Wolf Dietrich v.   246, 255, 387
Erffa, Eberhard Hartmann v.   305

Felgenhauer, Christoph v.   311
–, Wolff Christoph Friedrich v.   311
Feilitzsch, Adam Erdmann v.   414
–, Carl Moritz August v.   412
–, Carl Otto v.   414
–, Günther Gottlob v.   412

–, Hans Christoph v.   417
–, Heinrich Christian v.   412
–, Heinrich Ernst Ehrenreich v.   410
–, Heinrich Rudolph Erdmann v.
     414 f
–, Johann Siegmund Heinrich v.
     230
–, Johanna Emilie v., geb. v. Kosp-
     oth   417
–, Moritz August v.   412
–, Moritz Heinrich v.   237, 410
–, Urban Caspar   414
–, Wolff Heinrich v.   412
Flemming, Adam Friedrich Graf v.
     344
–, Carl Georg Friedrich Graf v.   72
–, Christiane Charlotte v., geb. v.
     Watzdorf   155, 221, 327
–, Georg Kaspar v.   221
–, Heino Heinrich v.   264, 320
–, Jacob Heinrich Graf v.   72, 154 f,
     220–222, 264 f, 276, 321, 328
–, Joachim Friedrich Graf v.   72,
     155, 220–222, 263, 327, 377
–, Johann Friedrich Graf v.   266
Fletzscher, David v.   131
Fleury et de Beaufort, François Joseph
     Wicardel Marquis de   266 f
Flößa v. Seilbitz, Johann Rudolph   230
Freyberg, Dr. Immanuel Gottlieb   307
Friesen, Carl v.   278
–, Christian August v.   182
–, Heinrich Friedrich Graf v.   163,
     242 f, 245, 267, 328
–, Julius Heinrich Frh v.   267
–, Otto Heinrich Frh v.   298 f
Fritsch, Thomas v.   131 f, 297
Füllmich, Heinrich   373
Fullen, Statz Hilmar v.   229 f, 233, 286,
     349, 379

Gablenz, Christoph Friedrich v.d.   195,
     206
Geißmar, Hans Dieter v.   157
Germar, Carl Heinrich v.   120, 166, 205
–, Georg Adam v.   206, 371

Gersdorf, Erasmus Leopold v. 80,
299 f
–, Friedrich Adolph v. 278
–, Gottlob Friedrich Frh v. 277–
279, 283
–, Hans Rudolph August v. 119
–, Henriette Catharina v., geb. v.
Friesen 278 f
–, Johann Georg Frh v. 279
–, Johanna Charlotte v., geb. v. Seid-
litz 300
–, Johanna Sophia v., geb. v.
Maxen 257
–, Nicol v. 278
–, Wigand Gottlob v. 300
–, Wolff Caspar Abraham v. 322
Globig, Christoph Ernst v. 313
–, Christoph Heinrich v. 205, 313,
341
–, Gottlob v. 176
–, Hans Gotthelf v. 312 f
–, Maria Augusta Amalia v., geb.
Gräfin v. Brühl 313
Gößnitz, Georg Wolf v. 351, 365, 399
Goldstein, Carl Gottlob v. 273
Grieb, Anna Dorothea 373
Grohe, Anna Eleonora 374
Grünrodt, Anna Magdalena v. 122
–, Hans Georg v. 123, 379
Gutschmid, Christian Gotthelf v. 47,
132, 298, 335
–, Gottlieb August Frh v. 335

Haberland, Christoph Siegmund v.
402
Hartitzsch, Caspar Heinrich v. 186
–, Julius Haubold v. 250 f, 325
–, Julius Moritz v. 255
Hasse, Carl Siegmund v. 122
Hauer, Sebastian Nicomedus 372
Haugwitz, Caspar Dietrich v. 196
–, Friedrich Adolph v. 245
–, Hans Adolph v. 246
–, Johann Adolph v. 243, 248, 359,
386 f
Haxthausen, Johann August v. 327

Hayn, Hans Christoph v. 406
Helldorf, Charlotte Sophie v. 256
–, Johann Julius v. 274
–, Wolff Heinrich v. 167, 373
Helmoldt, Carl Gustav .v 370
–, Christian Friedrich v. 370
–, Christian Ludwig v. 370
–, Christian Otto v. 370
–, Friedrich August v. 370
Henckel v. Donnersmarck, Erdmann
Friedrich Graf 338
–, Erdmann Heinrich Graf 338
–, Louise Sophia, geb. Gräfin Solms-
Sonnenwalde 338
Hennicke, Johann Christian v. 130,
140 f, 207, 236, 263, 269, 271 f, 291–
293, 345, 350, 392 f
Herberstein, Matthias Gundacker Frh
v. 73, 227
Heringen, Hans Heinrich v. 163–165,
167, 225, 348, 356, 381, 386
–, Hans Ludwig v. 164, 225, 355,
357
Heßler, Georg Friedrich v. 116
–, Georg Heinrich v. 116
–, Georg Rudolph v. 197
–, Johann Moritz v. 116, 156, 228,
261
Heyde, Philipp Ferdinand v.d. 351,
365, 399
Heynitz, Carl Wilhelm Benno v. 190
–, Christoph Heinrich v. 173
–, Friedrich Anton v. 244
–, Friedrich Christian v. 186 f,
188 f, 198
–, Friedrich Gottlob Benno v. 190
–, Georg Ernst v. 182, 198
–, Georg Rudolph v. 180, 189
–, Gottlob Lebrecht v. 394
–, Hans Georg v. 394
–, Heinrich August v. 190
–, Johann Friedrich v. 136, 198, 310
Hoffmann, Johann Gottfried 371
Hohenthal, Christian Gottlieb Frh v.
126
–, Christine Elisabeth Freiin v. 182

–, Peter Frh v. 126, 312, 411
–, Peter Friedrich Graf v. 126
Hohmann, Peter 126
Holtzendorf, Christian Gottlieb Graf
v. 107, 224, 229, 231 f, 312 f, 349,
358, 381 f
–, Christian Siegmund v. 224
–, Christoph Siegmund v. 232
–, Friederike Sophie v. , geb. Freiin
v. Bobran und Modlau 232
–, Gotthelf Siegmund v. 232
–, Henriette Charlotte v., verw. v.
Miltitz, geb. v. Schieck 232
Hopfgarten, Carl Gottlob v. 234, 308 f
–, Christian Friedrich v. 234, 308
–, Friedrich Abraham v. 161, 165,
234, 308, 343, 391 f
–, Georg Friedrich v. 161, 234, 308,
391 f
Houwald, Christoph Wilibald Heinrich
v. 253
Hoym, Adolph Magnus Graf v. 221 f,
263, 265, 267
–, Carl Heinrich v. 135, 138, 267
–, Carl Siegfried Graf v. 94, 138,
267
–, Ludwig Gebhardt Graf v. 247
Hübschmann, Gottlob Erdmann 414
Hünefeld, Ehrenfried Wilhelm Heinrich
v. 405
–, Friedrich Ludwig v. 405
–, Nikolaus Christoph v. 406
Huyssen, Bernhard Frh v. 184
–, Jannette Margarethe v., Gräfin
Flodrop 266

Janus v. Eberstädt, Gottfried Lebe-
recht 328
–, Heinrich George 199
Jobin, Johann Julius v. 128

Kanitz, Christoph Heinrich v. 332
Kasten, Johanna Friederika, geb. Renner 402
Kiesenwetter, Hans Christian v. 311,
320–322

–, Johann Rudolph, gen. Wolfers-
dorf 322
Knoche, Ernst Ferdinand 186
Kob, Johanna Christina 374
Köckeritz, Hans Adam v. 290
Könneritz, Bernhard v. 184
–, Bernhard Siegmund v. 184
Kötteritz, August Friedrich v. 255, 302
–, Hans Haubold v. 302
–, Hans Haubold v., d.J. 302
–, Magdalena Elizabeth v., geb. v.
Meusebach 256
–, Sebastian Friedrich v. 302
–, Wolff Gottlob v. 255, 303
–, Wolff Siegfried v. 302 f
Koseritz, Daniel Siegmund v. 411
–, Johann Daniel v. 411
Kospoth, Friedrich v. 417
–, Johann August v. 417
Kregel v. Sternbach, Christina Florenti-
na 129
–, Dorothea Sibylla, geb. v. Zech
127
Krosigk, Gebhardt Friedrich v. 73
Küstner, Dr. Gottfried Wilhelm 184
Kutzleben, Georg Friedrich v. 167

Lagnasco, Robert Taparel Graf 265
Landwüst, David v. 328
–, Georg Adam v. 203
Laun, Benjamin 371
Lecoq, Jacob 145
–, Johann Ludwig v. 145
Leiningen, Charlotte Maria Albertina,
Gräfin zu 338
Leipziger, August Friedrich v. 322
–, Balthasar Hieronymus v. 285
–, Christoph Friedrich v. 176, 205,
285, 344, 348, 363, 380
–, Christoph Heinrich v. 285, 377
–, Gottlob Hieronymus v. 249, 277,
284–286, 304, 310, 313
–, Hans Christoph v. 205, 239
–, Wolf Christoph v. 364
Lesgewang, Hans Caspar Graf v. 272

Leubnitz, Carl Gottlob v. 243, 246, 254, 387
–, Carl Heinrich v. 253, 255
–, Friedrich Gottlob v. 394
Lichtenhayn, Joachim Ernst v. 253
–, Valentin Dietrich 175 f
Lindenau, Johann Friedrich v. 306, 308
Lippold, Anna Marie 74
–, Christian 74
–, Johann Christoph 74
Lochau, Gebhard Gottlieb v.d. 340
–, Johann August v. 200
Löser, Curth 156
–, Hans v. (Pretzsch) 259
–, Hans (1645–1715) 103, 156
–, Hans Graf v. (1704–1763) 80, 116, 156, 179, 229, 233, 340, 346, 349, 381
–, Tham 115, 156, 199
–, Wolf Heinrich 156
Löwendal, Benedicta Margaretha Freiin v. 98
–, Woldemar Frh v. 98, 171, 242 f, 244, 264 f, 269, 286, 291, 377
Loß, Christian Graf v. 95, 130, 268, 280–282, 310–313
–, Hans Caspar v. 280, 311, 332
–, Johann Adolph Graf v. (1690–1759) 94, 130, 243, 245, 249, 268, 277, 280 f, 291, 311 f, 332
–, Johann Adolph Graf v. (1731–1811) 281
–, Johann Rudolph v. 280 f, 332
–, Johanna Carolina Tugendreich v., geb. v. Metzradt 281, 312
Luckowin, Cornelius v. 186
–, Georg Heinrich v. 186
–, Johanna Sibylle v. 186, 189
–, Nicol Ernst v. 186
Lüttichau, Carl Gottlob v. 251, 379
–, Georg v. 214
–, Hannibal v. 206
–, Heinrich v. 214, 394
–, Rudolph August v. 270 f
–, Rudolph Heinrich v. 214

–, Wolff Siegfried Curt v. 177, 206 f, 274
Lützelburg, Anton Graf v. 263–265
Lynar, Moritz Carl Graf zu 243

Mangoldt, Georg Christoph v. 407
Manteuffel, Ernst Christoph Graf v. 265
–, Gottliebe Agnese v., geb. Freiin v. Blodowska 265
Marperger, Bernhard Walther 105, 297
Marschall, Christian Rudolph 104
–, Hans Rudolph 323, 356
–, Johann Julius 160, 162, 356, 359
–, Wolff Friedrich 261, 375
Marschall v. Bieberstein, Carl Heinrich 207
–, Christian Leonhard 361
–, Friedrich Ludwig August 367
–, George Damian 176, 204
–, Johann Adolph 117
–, Moritz Dam 226
Maxen, Carl Maximilian v. 257
–, Caspar Abraham v. 202
–, Friedrich Gottlob v. 257
–, Hans Heinrich v. 202
–, Johann Friedrich v. 257
–, Johann Georg v. 256–258
–, Justina Eleonora v., geb. v. Werthern 257
–, Nicolaus v. 257
–, Wolff Heinrich v. 257
Mergenthal, August Philipp v. 182, 347, 374
Metzsch, Adam Friedrich 273
–, Carl 273 f, 344, 382, 402
–, Friedrich Carl 203
–, Hans Siegmund 392
–, Rudolph Wilhem 413
–, Rudolph Wilhem, d.J. 413
–, Wilhelm Dietrich 413
Meusebach, Johann Christoph v. 253
Miescizinski, Adam v. 273
Milckau, Moritz Friedrich v. 160, 329

Miltitz, Alexander v.   223, 249, 286–
    291
–, Anna Margaretha v., geb. Löser
    289
–, Carl v.   287, 289
–, Centurius v.   164, 169, 219 f,
    222 f, 232
–, Dietrich v.   222 f
–, Ernst Haubold Frh v.   256
–, Hans Dietrich v.   256
–, Haubold v.   287, 289
–, Haubold Ehrenreich v.   137, 240,
    327
–, Heinrich Gottlob v.   394
–, Ilse Sophia v., geb. v. Bodenhau-
    sen   289
–, Johanne Louise v.   246, 251
–, Magdalena Sibylle v., geb. v.
    Taube   256
–, Moritz Heinrich v.   256
–, Rudolf v.   256
Minckwitz, Hans Wilhelm v.   371
Möllendorf, Friedrich August v.   343,
    345, 351
Moschinski, Anton Graf   243
Mordeisen, Wilhelm Gottfried v.   136
–, Wilhelm Siegmund v.   181
Müller, Bernhard S.   374
Münchhausen, Ernst Friedemann v.
    391
–, Gerlach Adolph v.   178
–, Gerlach Heino v.   178
–, Philipp Adolph v.   178, 347

Natzmer, Joachim Ernst v.   72
–, Wolff Heinrich Ernst v.   72
Nauendorff, Adolph Friedrich Wilhelm
    v.   365
–, Georg Ehrenfried v.   408
–, Johann Ehrenfried v.   408
–, Wilhelm Friedrich Adolph v.
    409
Neitschütz, Carl Gottlob v.   294
–, Christiane Elisabeth v.   294
–, Christoph Adolph v.   246, 389
–, Johann Adolph v.   251

–, Johanne Louise v., geb. v. Mil-
    titz   251
Neuhaus, Christian   126
–, Johanna Elisabeth   126
Nimptsch, Carl v.   271
Nostitz, Johann Heinrich Gottlob v.
    183
–, Rudolph Heinrich v.   220, 345,
    350, 385
Nostitz und Jänkendorf, Gottlob
    Adolph Ernst v.   9, 49, 444

Öbschelwitz, Carl Wilhelm v.   195
Obernitz, Christoph Heinrich v.   104
Oppel, Dorothee Sophie v.   122
Oppen, Georg Christoph v.   372
Osterhausen, Carl Ludwig v.   401
–, Christian Gebhardt v.   371
Otto, Johann David   401
–, Paul   401

Pauli, Carl   322
Pforte, Hans Siegmund v.d.   256
Pflug, August Ferdinand Graf   244,
    263, 265
–, Dam Siegmund   123
–, Dietrich   394
–, Hans   190
–, Hans Siegmund   245, 289 f
–, Johann Georg   344
–, Sophia Hedwig, geb. v. Miltitz
    289
Pfuhl, Curt Christoph v.   322
Pistoris, August Adolph v.   125
–, Hans Ernst v.   125
–, Hartmann v.   125
Planitz, August Friedrich Edler v.d.
    413
–, Carl August Edler v.d.   383, 405
–, Carl Christoph Edler v.d.   415
–, Carl Friedrich Edler v.d.   415
–, Carl Ludwig Edler v.d.   359, 415
–, Christian Friedrich August Edler
    v.d.   415
–, Christian Ludwig Edler v.d.
    339, 383, 405 f, 415

–, Christian Ludwig Edler v.d. (Rüt-
zengrün) 413
–, Gottlob Heinrich Edler v.d. 415
–, Hans Christoph Edler v.d. 415
–, Hans Heinrich Edler v.d. 383,
405
–, Hans Ludwig, Edler v.d. 413
–, Heinrich Rudolph Edler v.d.
383, 405
–, Reinhard Edler v.d. 196
–, Sophie Polixene Edle v.d., geb.
Bose 383, 405
Plötz, Christian 180
–, Joachim Siegmund 183 f, 394
Plotho, Friedrich August Herr v. 253
Pöllnitz, Friedrich Carl v. 87, 182
Poigk, Hans Christoph v. 236 f, 271 f,
364, 389
Polenz, Magdalena Isabella v., geb. v.
Schönberg 374
Ponickau, Hans v. 376
–, Hans Christoph v. 169 f, 183
–, Hans Georg v. 183, 213
–, Johann Alexander v. 183, 376,
394
–, Johann August v. 375 f
–, Johann Christoph v. 170, 183,
376
–, Johann Dietrich v. 344
–, Johann Georg v., junior 213,
303, 309
–, Johann Georg v., senior 213,
303, 309
–, Sophie Auguste v. 301
Posern, Curt Ernst v. 257
–, Otto Friedrich v. 203
Preuß, Heinrich August 395
Prohinque, Pierre 243
Promnitz, Anshelm Graf v. 221
–, Erdmann Graf v. 266

Raab, Christoph Carl v. 333
Racknitz, Gallus Maximilianus zu 237
–, Gustav Carl Frh v. 245–247
Rauchhaupt, Ludwig Gustav v. 203
Rechenberg, Franz Adolph v. 272

Reibold, Gottlob Ferdinand v. 402,
404, 414 f
–, Hans v. 254, 414
–, Hans Erdmann v. 414
–, Philipp Ferdinand v. 245–247
Reitzenstein, Christoph Erdmann v.
104
–, Georg Christoph v. 401
–, Heinrich Friedrich v. 416
Renner, Georg Christoph 402
–, Helena Dorothea 402
Rex, Carl v. 169, 186, 293 f
–, Carl August v. 263, 291, 293–
295, 300
–, Christian Gottlob v. 294
–, Friedrich August v. 295
–, Friedrich Wilhelm v. 294
–, Georg Abraham v. 294, 394
–, Heinrich August Gottlob v. 295
–, Johann Caspar v. 294 f
Rockhausen, Friedrich August v. 121,
166
–, Georg Friedrich v. 120, 165, 347
Rodig, Dr. Daniel Ehrenreich 373
Röbel, Christian Dietrich v. 325
Röder, Christiane Henriette v., geb. v.
Beneckendorf 403
–, Christoph Wilhelm Ludwig v.
404
–, Friedrich Wilhelm v. 403
–, Gottfried Erdmann v. 404
–, Hans Christoph v. 403 f
–, Heinrich Erdmann 351, 365,
399, 404
–, Johann August Heinrich v. 404
–, Johanne Sophie v. 403
–, Ludwig August v. 233 f, 236,
347, 403 f
–, Sibylle Charlotte v. 403
–, Wolff Caspar v. 403
–, Wolff Christoph v. 403
Römer, Carl Christoph v. 308, 323
–, Carl Gottlob v. 307 f, 323
–, Hans Friedrich v. 87
–, Rudolph Gottlob 390
Rohr, Julius Albrecht v. 89, 170 f

–, Julius Bernhard v. 171
Romanus v. Muckershausen, Franciscus
    Philippus 401
Rothe, Wolff Heinrich v. 167
Rutowski, Friedrich August Graf 78,
    315, 321, 328

Sachsen-Weißenfels, Anna Maria Prin-
    zessin von 266
    –, Johann Adolph Herzog zu 266,
    321
Sahla, August Adolph v.d. 178
    –, August Siegmund v.d. 178
    –, Christoph Abraham v.d. 178
    –, Christoph Gottfried v.d. 178
    –, Erdmann Heinrich Wilhelm v.d.
    178
    –, Hans Christoph Abraham v.d.
    178
    –, Hans Friedrich v.d. 178
    –, Marie Dorothee v.d., geb. v. Bie-
    senroth 178
Sahrer v. Sahr, Carl August 335, 372
Schauroth, Johann Julius v. 394
Scheiding, Woldemar Frh v. 327
Schellenberg. Johanna Margaretha
    Freiin v., geb. Freiin v. Friesen 267
Schicke, Ernst Adolph 394
Schilling, Jacob Friedrich 297
Schindler, Friedrich Gottfried v. 371
Schirnding, August Carl Friedrich v.
    401
    –, Carl Friedrich v. 401
    –, Carl Siegmund v. 401
    –, Christiana Eleonora v., geb. v.
    Röder 400
    –, Elisabeth Susanne v. 401
    –, Georg Wolff v. 401
    –, Johann Georg v. 407
    –, Philipp Carl v. 400 f
    –, Philipp Siegmund v. 401
Schlegel, Johann Otto v. 323
Schleinitz, Augusta Friederica v. 371,
    373
    –, Christian v. 371
    –, Christoph Friedrich v. 177

–, Hermann Heinrich v. 177, 270
Schlieben, Christoph Albrecht v. 322
    –, Georg Ehrenreich Günther v.
    412 f
Schmerzing, Hannibal August Frh v.
    403
    –, Hannibal Germanus v. 198
Schönberg, Adam Friedrich v. (1654–
    1707) 225
    –, Adam Friedrich v. (1688–1751)
    164, 224–227, 229, 232, 381 f
    –, Adolph Ferdinand v. 273
    –, Agnes Christiane v. 232
    –, Antonius v. 383
    –, Auguste Marie v., geb. Marschall
    v. Bieberstein 226
    –, Carl August v. 227
    –, Caspar v. 273
    –, Caspar v. (Pfaffroda) 427
    –, Caspar v. (Bieberstein) 235, 252,
    256
    –, Caspar Abraham v. 74, 177, 202
    –, Caspar Heinrich v. 231
    –, Caspar Joachim v. 332 f, 389 f
    –, Charlotte Christiane v., geb. v.
    Nostitz 177
    –, Curt Alexander v. 226
    –, Dorothea Agnes v., geb. v.
    Taube 231
    –, Friedrich Alexander v. 227
    –, Friedrich August v. 226 f, 256,
    394
    –, Gotthelf Friedrich v. (Ober-
    gruna) 252
    –, Gotthelf Friedrich v. (Trebitz)
    160, 231, 251, 375
    –, Hans Caspar v. 332, 390
    –, Hans Dietrich v. 180
    –, Hans Heinrich v. 202, 215, 226,
    232, 312
    –, Hans Wolff v. 273
    –, Heinrich Friedrich v. 170
    –, Heinrich Maximilian v. 247
    –, Heinrich Wilhelm v. 227
    –, Johann Friedrich v. 277, 279 f,
    293, 343

–, Johann Tham v.   226, 258
–, Magdalene Sophie v.   231
–, Moritz Friedrich v.   234 f, 273
–, Wilhelmina Ernestina v., geb. v. Einsiedel   227
–, Wolff Georg v.   279
–, Wolff Rudolph v.   231, 249, 252
Schönburg, Hermann Graf zu   119
Schönfeld, Heinrich Rudolph v.   248, 347, 375
–, Johann Adam   223
–, Johann George v.   223
–, Johann Nicol v.   223
–, Johann Siegfried v.   223
Schönfels, Georg Heinrich v.   416
–, Hans Carl Friedrich v.   416 f
Schöning, Hans Adam v.   320
Schreiner, Tobias   373
Schröter, Dr. Ludwig August   184
Schubart, Dr. Rudolph August   374
Schütz, Conradine Elisabeth Catharina Augusta v., geb. v. Egidy   146
–, Jacob Ernst v.   146
–, Otto Ernst v.   146
Schwan, Hans Ernst v.   322 f
Schwarzburg-Sonderhausen, Christian Günther Fürst zu   87
Schwarzenfels, Georg Christoph v.   407
–, Wilhelm Ludwig v.   407 f
Seebach, Hans Adolph Wilhelm v.   161, 168
–, Hans Anton Gottlob v.   161
–, Hans Wilhelm v.   161, 261
–, Ludwig Alexander v.   166, 266
Seidewitz, Hans Joachim v.   197
Seidlitz, Eva Catharina v.   220
Selmnitz, Eleonora Elisabeth v.   238
–, Ernst Friedemann v.   238
Sewing, Johann Theodor   374
Seyfertitz, Adolph Frh v.   243, 246 f, 330
–, August Gottlob Frh v.   107
–, Georg Haubold v.   330
–, Georg Rudolph v.   330
–, Hans Adam Frh v.   329 f

–, Rudolph Gottlob Frh v.   245, 247, 330
Sommerlatt, Hans Christoph v.   175
–, Hans Heinrich v.   175
Spohr, Cajus Rudolph   107, 306 f, 323
Spohr, Georg Rudolph v.   307
Solms-Sonnenwalde, Heinrich Wilhelm Graf v.   338
Stammer, Arendt Vollrath v.   395
–, Hans Adam v.   301
–, Hieronymus Friedrich v.   80, 301
–, Johanna Auguste v., geb. v. Ponickau   301
Starschedel,, Friedrich Heinrich v.   136
Steglich, Johann Gottfried   284
Stein, Heinrich Sebastian v.   366
–, Karl v.   117
Steinau, Adam Friedrich v.   320
Stetten, Maximilian Wilhelm Siegmund v.   117
Stubenberg, Adolph Wilhelm v.   228, 301
–, Wilhelm August Graf v.   227, 300 f, 394
Studnitz, Adam Friedrich v.   271
Suhm, Burchard v.   322
–, Nicolaus v.   322
–, Peter v.   322
–, Ulrich Friedrich v.   322
Sulkowski, Alexander Joseph Fürst v.   163, 224, 244, 267 f, 299, 377

Tanner, Albrecht Andreas Frh v.   253
Taube, Ernst Dietrich Frh v.   317
–, Heinrich v.   237
–, Reinhard Frh v.   231
–, Reinhard Dietrich v.   231, 256
Taubenheim, Johann Adolph v.   161 f, 169
Teleki v. Szek, Adam Graf   253
Tempsky, Hans Rudolph v.   309
Tettau, Ferdinand Engelhard v.   414
–, Otto Wilhelm v.   407
Tettenbach, Johann Ernst Graf von und zu   408

Tettenborn, Hans Carl v.   167, 173,
    323 f, 390
Teubern, Carl Friedrich v.   322
Thielau, Carl Gottlieb v.   330 f, 392
    –, Carl Gottlob v.   332
    –, Gotthelff Friedrich v.   332
    –, Gottlieb Heinrich v.   332
    –, Hans Gottlieb v.   245, 306 f, 331,
        392
    –, Hans Rudolph v.   330
    –, Otto Florian v.   307
    –, Otto Moritz v.   306, 331 f, 364,
        392
Thoß, Carl Rudolph v.   401
Thümen, Christian Wilhelm v.   169,
    229, 363
    –, Joachim v.   229
    –, Sabine Hedwig v., geb. v. Schlie-
        ben   229
Tincker, Margaretha Elisabeth   374
Töpffern, Heinrich Ernst v.   120 f, 163,
    165, 356
Treicher, Christian Friedrich   373
Troyth, Hans George v.   199
Trützschler, August Willibald v.   404,
    414, 416
    –, Franciscus Oswald v.   399, 404,
        416 f
    –, Georg Abraham v.   197
    –, Georg Carl   204, 373
    –, Georg Christoph v.   411
    –, Hans Heinrich v.   196 f
    –, Hans Julius v.   405
    –, Heinrich Joseph v.   405
    –, Henriette Wilhelmine   204
    –, Jobst Christoph v.   410
    –, Johann Friedrich   411
    –, Johann Georg v.   410
    –, Johanne Sophie v., geb. v. Zeid-
        ler   197
    –, Julius Heinrich v.   405
Trützschler v. Falkenstein, Carl Fried-
    rich August   309
Tümpling, Charlotte Marie v., geb. v.
    Carlowitz   171
    –, Christian Gottlob v.   407

–, Georg Wolf v.   171
–, Karl Georg Heinrich v.   171
–, Ursula v., geb. v. Carlowitz   171

Uechtritz, Carl Heinrich v.   199, 203
    –, Lebrecht Carl Heinrich v.   203 f
Uffel, Carl August v.   382
    –, Christian v.   168 f, 343, 382
Unruh, Christoph v.   321

Veltheim, Josias v.   261, 311, 347, 376
Vitzthum v. Eckstädt, Christian   74,
    129, 280, 332
    –, Christoph   247
    –, Christoph Dietrich   270
    –, Friedrich Graf   247 f, 395
    –, Friedrich Wilhelm   87
Vitzrhum v. Eckstädte, Hartmann   373
    –, Johann Friedrich   395
    –, Johann Georg   221
    –, Ludwig Siegfried Graf   222
    –, Rahel Charlotte, geb. Gräfin v.
        Hoym   247

Wackerbarth, August Christoph Graf
    v.   85, 264–266, 321, 328
Wackerbarth-Salmour, Anton Gabaleon
    Graf   85, 267 f
Wallwitz, Hans Joachim v.   343, 347,
    390
Warnsdorf, Ernst Gotthard Adolph v.
    258
Wartensleben, Alexander Hermann v.
    266
Wartensleben-Flodrop, Carl Graf v.
    266
Watzdorf, Adam Friedrich v.   231,
    309 f
    –, Adam Friedrich August v.   231
    –, Christian Friedrich v.   344
    –, Christian Wilhelm v.   220
    –, Christoph Heinrich v.   220, 223,
        265
    –, Eleonore Ernestine Dorothee v.,
        geb. Senft v. Pilsach   129

–, Friedrich August v. 129, 230 f, 309 f, 349, 380, 402 f

–, Friedrich Karl Graf v. 221 f

–, Hans Friedrich v. 230

–, Heinrich Volrath v. 230

–, Johann Friedrich v. 230 f

Wehlen, Johann Georg v. 351, 391

Weltewitz, Julius Albrecht v. 395

Werther, Wolf Dietrich v. 186

Werthern, August Heinrich Detlef v. 395

–, Christian Erdmann Ludwig v. 395

–, Friedemann Graf v. 339

–, Friedrich v. 265

–, Georg Graf v. (1663–1721) 264 f, 289, 299

–, Georg Graf v. (1700–1768) 289, 347

–, Georg Christoph v. 261

–, Rahel Helene v., geb. v. Miltitz 289

–, Wolf v. 257

Wesenig, Heinrich Gottfried v. 206

Wessenberg, Rupert Florian v., Frh. v. Ampringen 268

Wichmannshausen, Georg Gabriel 271

–, Johann Georg v. 271

Wiedemann, Magdalene Sybille v., geb. Bose 331

Wilcke, Ernst Ludwig v. 328

Wilde, Hans Christoph v. 365, 385

Winckel, Christian aus dem 175

–, Ernst Dietrich aus dem 176, 204 f, 259, 348, 358

–, Hans Georg aus dem 333

–, Hans Titus aus dem 258

Winckelmann, Christoph Friedrich v. 350, 364

–, Johann Joachim 135

Witzleben, Christian Arnold v. 162, 261

–, Dietrich Wilhelm v. 162

–, Hartmann Ludwig 160–162, 174, 239

–, Philipp Heinrich v. 162, 174, 239

–, Raban Heinrich v. 160, 162, 174, 237, 239

–, Wolff Dietrich v. 174, 239

–, Wolff Dietrich Arnold v. 162

–, Wolff Friedrich v. 162

Wolfersdorf, Carl Ludwig v. 233, 246, 255, 387, 394

–, Friedrich Carl v. 345, 385

–, Heinrich Erdmann v. 394

Wolff, Rudolph Günther 371

Zanthier, Anton Georg Heinrich v. 335

–, Bodo Heinrich v. 336

–, Carl Ludolph v. 272, 334 f, 367

–, Carl Ludolph v., d.J. 335 f

–, Christoph Heinrich v. 335

–, Christoph Jobst v. 334

–, Erhard Titus v. 334 f

–, Georg Heinrich v. (1639–1699) 259, 335 f, 357

–, Georg Heinrich v. (1704–1773) 336

–, Hans Dietrich v. 158

–, Haubold Siegmund v. 203, 259, 335, 357, 363

–, Heinrich v. 334 f

–, Heinrich Dietrich v. 158, 239, 259, 336, 357

–, Jobst Heinrich v. 334

–, Otto Friedrich v., d.Ä. 334

–, Otto Friedrich v., d.J. 233, 272 f, 334 f, 389

–, Siegmund Alexander v. 336

Zech, August Ferdinand Graf v. 128 f, 283 f

–, Bernhard (1649–1720) 127 f, 184 f, 215, 266, 282

–, Bernhard v. (1681–1748) 124, 127–130, 166, 184 f, 215, 227, 263, 277, 282–284, 291–293, 348, 378, 381, 393

–, Bernhard August Ludwig Graf v. 284

–, Dorothee Charlotte v., geb. v. Watzdorf   129
–, Johanna Charitas v., geb. v. Winckler   129
–, Johanna Susanne v., geb. v. Jobin   128
–, Ludwig Adolph v.   127–130, 185, 284 f, 291
–, Ludwig Bernhard v.   129
–, Regine Elisabeth, geb. Dauderstedt   127
–, Sophie Dorothee v., geb. Vitzthum v. Eckstädt   129
–, Wilhelm Ernst v.   128, 284 f
Zehmen, Hans Bastian v.   169 f, 394
–, Johann George v.   130, 292

–, Moritz Christoph v.   376
Zeidler, Hans Carl Dietrich v.   197
–, Hans Siegmund v.   197
Zeumer, Dr. Johann Christoph   401
Zeutzsch, Caspar Heinrich v.   196
Ziegler, Gottlieb Ernst   373
Ziegler und Klipphausen, Carl Gottlob v.   325
–, Heinrich Anshelm v.   324 f
Zinzendorf und Pottendorf, Friedrich Christian Graf v.   394
–, Otto Christian Graf v.   328
Zobel, Heinrich Adolf Sigismund v.   184
–, Johann Jacob v.   184
Zobes, Johann Jacob v.   371